Cambridge-Enzyklopädie

Biologie

Organismen, Lebensräume, Evolution

VCH

Cambridge-Enzyklopädie

Biologie

Organismen, Lebensräume, Evolution

Herausgegeben von
Adrian Friday und David S. Ingram

Ins Deutsche übertragen von A. Bogenrieder,
H. Hemminger, O. Hoffrichter, H. Kleinig, B. Liedvogel,
P. Sitte, D. Vogellehner und D. Zissler
Koordination: H. Kleinig

VCH

Titel der Originalausgabe: The Cambridge-Encyclopedia of Life Sciences
Erschienen bei The Press Syndicate of the University of Cambridge, Cambridge CB2 1RP, England, New York, NY 10022, U.S.A., Melbourne 3166, Australia.

Lektorat: Dr. Hans-Joachim Kraus
Herstellerische Betreuung: Dipl.-Ing. (FH) Hans Jörg Maier

CIP-Kurztitelaufnahme der Deutschen Bibliothek

Cambridge-Enzyklopädie Biologie: Organismen, Lebensräume, Evolution/
hrsg. von Adrian Friday u. David S. Ingram.
Ins Dt. übertr. von Bogenrieder …
– Weinheim; Deerfield Beach, Fl.: VCH, 1986.
Einheitssacht.: The Cambridge encyclopedia of life sciences <dt.>
ISBN 3-527-26321-7
NE: Friday, Adrian [Hrsg.]

Vertrieb:
VCH Verlagsgesellschaft, Postfach 1260/1280, D-6940 Weinheim (Federal Republic of Germany)
USA und Canada: VCH Publishers, 303 N.W. 12th Avenue, Deerfield Beach FL 33442-1705 (USA)

Satz: Hagedornsatz, D-6806 Viernheim
Druck: Schnurr Druck GmbH, D-7730 Villingen-Schwenningen
Printed in the Federal Republic of Germany

Vorwort

Der Mensch hat sich wohl schon immer für die Lebewesen interessiert, mit denen zusammen er diesen Planeten bewohnt: zunächst aus ganz naheliegenden Gründen in seiner Rolle als Sammler und Jäger, dann als Ackerbauer und Hirte und schließlich, um die Welt, seine eigene Herkunft und sein Schicksal besser zu verstehen.

Seit wenigstens 2000 Jahren wurde versucht, die Beziehungen zwischen den lebenden Organismen zu erforschen und die ständig wachsende Zahl an bekannten Pflanzen und Tieren zu klassifizieren, ausgehend von den wenigen hundert bekannten Arten zur Zeit von Aristoteles und Theophrast bis zu den Tausenden zur Zeit Rays und Linnés und den Millionen, die heute mit modernen wissenschaftlichen Ausrüstungen studiert werden. Auch hat die Frage nach dem Ursprung des Lebens auf diesem Planeten die menschliche Vorstellung seit langem beschäftigt. Die wissenschaftlichen Erklärungen reichen von den Hypothesen des Aristoteles von einer spontanen Entstehung durch Naturkräfte bis zu den nicht ganz unähnlichen Ideen mancher moderner Wissenschaftler. Diese gehen von einer Synthese einfacher organischer Verbindungen durch elektrische Entladungen in Gasmischungen und dem Auftreten komplizierterer Moleküle in der „warmen verdünnten Suppe" (J. B. S. Haldane) der Urozeane aus. Man kann wohl mit Recht behaupten, daß die Neugier nach Ursprung und Vielfalt des Lebens zu einer der größten Revolutionen im menschlichen Denken geführt hat, zur Darwinschen Theorie der Evolution durch natürliche Auslese. Das angesammelte Wissen über die Organismen, mit denen wir diese Erde bewohnen, hat auch Einsicht in unsere eigene Natur gewährt und die Gefahren erkennen lassen, die den Menschen bedrohen.

Nach geläufiger Ansicht, die man häufig in Vorworten dieser Art antrifft, leben wir in einem Zeitalter der „biologischen Revolution". In einer Hinsicht ist dies ganz falsch, denn einige der früheren biologischen Erkenntnisse, wie die Aufgabe der Theorie von der spontanen Entstehung des Lebens durch Pasteur oder der Nachweis einer organischen Evolution und die Entdeckung ihrer Mechanismen durch Darwin, waren gedanklich wesentlich revolutionärer als irgendein neuerer Fortschritt in den biologischen Wissenschaften. Es ist der Einfluß der modernen Technologie auf die genaue Analyse der Lebensvorgänge, der zur Zeit revolutionäre Züge trägt. Besonders die Möglichkeit, lebende Zellen als physiko-chemische Systeme zu studieren, hat zu der gegenwärtigen spektakulären Bedeutung der Biophysik und Molekulargenetik geführt. Diese Bedeutung wird zweifellos einen wachsenden Einfluß auf viele Aspekte des menschlichen Lebens nehmen, von der verfeinerten Kontrolle unserer eigenen körperlichen Vorgänge bis zu dramatischen Veränderungen bei unseren Methoden der Nahrungsmittel- und Energieproduktion. Trotz seiner Erfolge kann der molekulare Ansatz nur einen begrenzten Beitrag zur Erklärung der Mechanismen liefern, wie Organismen als integrierte Einheiten funktionieren und in Verbänden und Populationen zusammenleben. Für ein Verstehenlernen so komplexer Organisationsstufen wie das Verhalten von Tier und Mensch beginnt man in der modernen Biologie erst jetzt, die Konzepte zu formulieren. Die letztlichen Auswirkungen dieser Forschung kann man sich noch nicht einmal vorstellen.

Der Versuch, das verfügbare Wissen über die Organismen, die die Erde bewohnen oder bewohnt haben, in einem einzigen Buch zusammenzufassen, ist, wenngleich keine unmögliche, so doch eine beängstigende Aufgabe. Die beiden naheliegendsten Gründe hierfür sind die außerordentliche Komplexität und die ungeheure Vielfalt der Organismen. Glücklicherweise haben aber die zahlreichen molekularen und biochemischen Untersuchungen gezeigt, daß bei allen lebenden Systemen die Mechanismen der grundlegenden zellulären Vorgänge – z. B. der Vererbung, des Stoffwechsels und des Wachstums – große Ähnlichkeiten aufweisen, obwohl diese Erkenntnis auch

eine Folge der angewandten Methoden sein könnte. Aus unserem Verständnis heraus ist es jedoch möglich und sinnvoll, die grundlegenden Zellfunktionen verschiedener Organismen wie Seegras und Orchidee, Aal und Affe vergleichend zu betrachten. Solche weiten Vergleiche werden zunehmend weniger brauchbar, wenn man sie auf Gewebe und Organe anwendet. Auf dieser Organisationsstufe mag es dann sinnvoller erscheinen, spezielle Aspekte der Zellfunktionen und besonders die Kommunikation zwischen Zellen zu betrachten. Die Aufklärung der integrativen Funktionen eines solchen Informationsaustauschs gehört heute zu den zentralen biologischen Problemen – z. B. in der Entwicklungsbiologie – und wird zweifellos ein wesentlicher Faktor für unser Verständnis der neuralen Grundlagen tierischen Verhaltens und unserer eigenen geistigen Fähigkeiten sein.

Dieses Buch beschreibt eine Hierarchie von Interaktionen oder, vielleicht besser, eine Hierarchie von Umgebungen: die verschiedenen der Kontrolle unterworfenen Umgebungen innerhalb der Zelle, die unmittelbare extrazelluläre Umgebung der Zelle innerhalb der Gewebe, die Umgebung der Gewebe durch ihre Organisation in Organen und die der Organe in einem Organismus sowie schließlich die physikalischen, chemischen und biologischen Gegebenheiten in der Umgebung der Organismen selbst. Die Adaptation von Pflanzen und Tieren an ihre Umwelt und ihre Beziehungen zu anderen Organismen in dieser Umwelt bilden zentrale Themen in diesem Buch. Dieser Schwerpunkt ist sehr wohl ein Produkt unserer Zeit; er spiegelt wider, wie die Umwelt in immer größerem Umfang erforscht, aber auch zerstört wird, und ist ein Zwischenbericht über den Fortgang der Wissenschaft vom Leben.

J. E. Treherne

Inhalt

Zweiter Teil: Lebensräume 147

Dritter Teil: Evolution und fossile Überlieferung. 299

Verzeichnis der Mitarbeiter

Herausgeber
Adrian Friday
Department of Zoology
University of Cambridge

David S. Ingram
Botany School
University of Cambridge

Berater
Richard S. K. Barnes
Department of Zoology
University of Cambridge

David E. Hanke
Botany School
University of Cambridge

Harry J. Hudson
Botany School
University of Cambridge

Redaktion
Steve M. Read
Department of Biochemistry
University of Cambridge

Bild
Marion Jowett

Autoren
John E. Almond
Department of Earth Sciences
University of Cambridge

W. Brad Amos
Department of Zoology
University of Cambridge

Peter Andrews
Department of Anthropology
British Museum
(Natural History)

Richard S. K. Barnes
Department of Zoology
University of Cambridge

Hilary B. Birks
22 Rutherford Road
Cambridge

Giles R. M. Courtice
Botany School
University of Cambridge

David W. T. Crompton
Department of Parasitology
Molteno Institute
University of Cambridge

Dianne Edwards
Department of Plant Science
University College, Cardiff

Kenneth J. Edwards
Department of Applied Biology
University of Cambridge

S. Keith Eltringham
Department of Applied Biology
University of Cambridge

William A. Foster
Department of Zoology
University of Cambridge

Adrian Friday
Department of Zoology
University of Cambridge

David E. Hanke
Botany School
University of Cambridge

Paul H. Harvey
School of Biological Sciences
University of Sussex

Harry J. Hudson
Botany School
University of Cambridge

David S. Ingram
Botany School
University of Cambridge

Christine M. Janis
Division of Biology
and Medicine
Brown University
Providence, Rhode Island

J. Michael Lock
Pembroke House
30 High Street
Milton, Cambridge

John A. Lucas
Department of Botany
University of Nottingham

Roger B. Moreton
Department of Zoology
University of Cambridge

E. Marjorie Northcote
Department of Zoology
University of Cambridge

Philip Oliver
Department of Genetics
University of Cambridge

Leslie Orgel
The Salk Institute
San Diego, California

Robert J. Paxton
School of Biological Sciences
University of Sussex

Steve M. Read
Department of Biochemistry
University of Cambridge

Philip H. Rubery
Department of Biochemistry
University of Cambridge

David B. Sattelle
Department of Zoology
University of Cambridge

Peter D. Sell
Botany School
University of Cambridge

Anthony J. Stuart
Department of Zoology
University of Cambridge

Brian A. Whitton
Department of Botany
University of Durham

Pat Willmer
Department of Zoology
University of Oxford

Tropischer Galleriewald in der Schlucht des Nyamugasani-Flusses. Queen Elizabeth Nationalpark, West-Uganda.

Einführung

Das erstaunlichste Merkmal irgendeiner natürlichen Ansammlung von Lebewesen ist die große Vielfalt in Größe und Form der darin enthaltenen Mikroorganismen, Pflanzen und Tiere. Diese Vielfalt mag in den tropischen Regenwäldern am auffälligsten sein, ist aber bei genauerer Betrachtung fast ebenso in den Wäldern der gemäßigten Breiten, in den kontinentalen Wüsten, den weiten Ozeanen, die den größten Teil der Erdoberfläche bedecken, und – vielleicht etwas unerwartet – auch in den Kulturlandschaften und Städten zu finden.

Die genaue Beobachtung der Natur hat in vielen Fällen zu großen Fortschritten in der Biologie geführt. Darwins Theorie der Evolution durch natürliche Auslese, die die Biologie des neunzehnten Jahrhunderts revolutionierte, war beispielsweise das Resultat einer lebenslangen Beobachtung von Pflanzen und Tieren. Heute ist die wissenschaftliche Beobachtung vielleicht wichtiger denn je, da die Aktivitäten des Menschen zur Veränderung oder Zerstörung von immer mehr Lebensräumen und zur Auslöschung einer wachsenden Zahl von Arten führen, von denen viele der Wissenschaft noch unbekannt sind und es wohl auch bleiben werden.

Das Vorgehen des Beobachtens und Beschreibens ist, obwohl für weitergehende Studien von entscheidender Bedeutung, doch begrenzt und reicht nicht aus, um alle Stufen der biologischen Organisation zu erklären. In der geschichtlichen Entwicklung der Naturwissenschaften wurde der deskriptive Ansatz in fast allen Gebieten durch einen kritischeren, experimentellen Zugang erweitert: Um die Eigenschaften der belebten Welt zu verstehen, müssen Fragen an die Natur in einer Weise gestellt werden, daß Antworten erhalten werden können, die zum Erkenntnisfortschritt beitragen.

Das Experimentieren entwickelte sich in der modernen Biologie im zoologischen Bereich früher als im botanischen. Obwohl Botanik und Zoologie aus der Medizin hervorgegangen sind, mag der Grund darin liegen, daß die Arbeit der Botanik darin bestand, alle Pflanzen für einen therapeutischen Gebrauch zu beschreiben und zu identifizieren, während sich die Zoologie aus vergleichenden Studien der menschlichen Anatomie und Physiologie entwickelte. Der Zoologe mußte daher wohl eher beides, die Beobachtung und das Experiment, in Betracht ziehen. Erst im zwanzigsten Jahrhundert jedoch wurde der experimentelle Ansatz für den gesamten Bereich der Biologie wichtig. Diese Entwicklung ist keinesfalls abgeschlossen, auch wenn durch die jüngsten Erfolge der Molekularbiologie der Mensch in der Lage ist, andere Organismen in einer Weise genetisch zu verändern, die noch vor wenigen Jahren undenkbar war.

Dieses Buch will einen Überblick geben über den derzeitigen Wissensstand der Biologie, der sich aus beidem, dem traditionellen beobachtenden und dem experimentellen Vorgehen zusammen ergeben hat. Die Untersuchungen von Mikroorganismen, Pflanzen und Tieren wurden lange weitergehend getrennt durchgeführt, bis – durch die Erfolge in der Zellbiologie vor relativ kurzer Zeit – die Einheitlichkeit der grundlegenden Zellstrukturen und Stoffwechselvorgänge bei allen Lebewesen erkannt worden ist. Dieses Buch beginnt daher auf der Ebene der Zelle und zeigt, wie Zellen konstruiert sind, wie ihre biochemischen und biopysikalischen Funktionen ablaufen und kontrolliert werden, wie sich Zellen reproduzieren und für spezielle Aufgaben differenzieren. Manche Organismen (alle Bakterien sowie viele mikroskopisch kleinen Tiere und Pflanzen) bestehen nur aus einer einzigen Zelle. Andere werden aus vielen Zellen gebildet und reichen in ihrer Komplexität von den Algen über die Blütenpflanzen bis zu den Wirbeltieren, die viele Millionen für zahlreiche Aufgaben unterschiedlich differenzierter Zellen besitzen. In den nächstfolgenden Abschnitten werden daher die Grundlagen und Prinzipien für die Kontrolle von Wachstum, Entwicklung, Physiologie und Vermehrung bei einzelligen und vielzelligen Organismen aufgezeigt. Die sich anschließende Diskussion der Verhaltensforschung und der Ökologie stellt die Lebewesen einschließlich des Menschen in ihrer Umwelt dar und zeigt, wie sie sich miteinander und mit ihrer Umwelt auseinandersetzen und Gruppen bzw. Gemeinschaften bilden.

Diese Analyse der Grundlagen von Funktion und Organisation aller Organismen ist eine sichere Basis, um dann einen Überblick zu geben über die Vielfalt der Organismen in den wichtigsten Lebensräumen dieser Erde: Meer, Küste, Festland und Süßwasser. Die physikalischen und klimatischen Gegebenheiten dieser Lebensräume werden beschrieben und die wichtigsten Gemeinschaften der Lebewesen in ihnen dargestellt. Dabei wird insbesondere auf strukturelle und physiologische Anpassungen eingegangen, die es den Organismen ermöglichen, die ihnen entgegentretenden Schwierigkeiten zu meistern. Immer wenn es angebracht erscheint, wird auch der Einfluß des Menschen auf diese Lebensräume diskutiert. Schließlich werden Zellen und vielzellige Organismen selbst als Lebensräume für Parasiten und Krankheitserreger erörtert.

Nach der Darstellung der heutigen lebenden Welt wendet sich das Buch der Evolution zu, einem Thema, das heute wie auch früher schon unter Wissenschaftlern und Laien lebhaft diskutiert wird. Die gegensätzlichen Theorien über die Entstehung des Lebens werden geprüft; die Zwänge für Selektion und Aussterben, deren Ergebnis wohl die heutige Flora und Fauna ist, werden anhand fossiler Überlieferungen sowie moderner Experimente und Beobachtungen diskutiert. Die Herkunft des Menschen selbst wird darüber hinaus ebenfalls beleuchtet.

Dieses Buch soll keine Naturgeschichte sein, die die lebende Welt katalogisiert, es versucht auch nicht, für oder gegen die Erhaltung der Natur einzutreten oder die großen ethischen Probleme zu erörtern, die die Gentechnologie mit sich bringt. Es soll die Biologie als eine Wissenschaft darstellen und die Erkenntnis vermitteln, daß alle biologischen Phänomene unlöslich miteinander verbunden sind, ein Faktum, das gleichzeitig der Faszination und Frustation aller Biologen zugrunde liegt.

Adrian Friday
David S. Ingram

Erster Teil

Funktion und Organisation

Zu den schwierigsten Problemen in der Biologie gehören solche, die Organisationsniveaus betreffen. Wie wird beispielsweise die genetische Information, die jedem Organismus eigen ist, während seiner Entwicklung in geordneter Abfolge abgerufen und realisiert, so daß dieser Organismus tatsächlich entsteht? Wie können Veränderungen im Erbgut an alle Mitglieder einer nachfolgenden Population weitergegeben werden? Wie ist es möglich, daß das Nervensystem durch das Zusammenspiel einzelner Nervenzellen die Fähigkeit erlangt, Botschaften der Sinnesorgane zu verarbeiten und mit komplexen Verhaltensmustern zu reagieren?

In den ersten Kapiteln dieses Buchs werden die grundlegenden chemischen Vorgänge in einem Organismus sowie die Prinzipien der Vererbung, sowohl auf molekularem Niveau als auch auf der Stufe des Organismus selbst, beschrieben. Die Art und Weise, in der vielzellige Pflanzen und Tiere konstruiert sind, kann häufig in Analogie zu technischen Konzeptionen verstanden werden: Elegante Lösungen technischer Probleme erweisen sich häufig als bereits lang bewährte „Erfindungen" der Natur. Welche besonderen Eigenschaften und Fähigkeiten lebende Systeme auch immer besitzen mögen, sie entstanden notwendigerweise im Einklang mit den physikalischen und chemischen Gesetzmäßigkeiten.

Tiere besitzen im allgemeinen ein Nervensystem und sind beweglicher als Pflanzen; sie zeigen Verhaltensmuster. Eine neuere Arbeitsrichtung in der Biologie beschäftigt sich mit den sozialen Verhaltensweisen innerhalb einer Art sowie zwischen verschiedenen Arten. Diese Aspekte und einige Konzepte der Verhaltensökologie, die tierisches Verhalten im Wechselspiel mit Umweltfaktoren untersuchen, sind Themen eines weiteren Kapitels.

Die Grundlagen der Ökologie, wie Pflanzen und Tiere in den verschiedenen Lebensräumen zusammenleben, werden in dem anschließenden Kapitel behandelt.

Die grundlegenden Gestaltungsweisen von Pflanze und Tier kommen im folgenden immer wieder dort zur Sprache, wo die Vielfalt der Organismen in den Lebensräumen dieser Welt vorgestellt und das Wesen der Evolution erläutert werden.

Rasterelektronenmikroskopische Aufnahme des Kopfs einer Mehlmotte *(Ephestia kunniella)* mit Komplexauge und aufgerolltem Rüssel (Proboscis) (x 84).

1 Die Zelle

1.1 Charakteristika der Lebewesen

Die weitaus größte Zahl aller lebenden Organismen sind Einzeller, Mikroorganismen, die mit bloßem Auge nicht zu erkennen sind. Der Großteil dieser Einzeller wiederum gehört zu den Bakterien, die relativ einfach strukturiert und von einer Zellmembran (Plasmamembran) umgeben sind. Diese Membran hat wichtige Funktionen. Sie ermöglicht der Zelle, ein internes molekulares Milieu aufrechtzuerhalten, das vollkommen verschieden von dem sie umgebenden Medium sein kann. Verschiedene Moleküle können diese Membran selektiv passieren, und manche Verbindungen werden aus dem Medium aktiv in die Zelle transportiert und dort akkumuliert. Das genetische Material ist in Bakterienzellen nicht in einem echten Zellkern – einem Kern, der von einer Kernhülle umgrenzt wird – enthalten. Solche Organismen bezeichnet man als Prokaryoten (Abb. 1-1); hierzu gehören auch die Blaualgen (Cyanobakterien).

Ganz anders sind hingegen die Eukaryoten organisiert. Ihre Zellen werden innerhalb der Plasmamembran in diskrete, von weiteren Membranen umgebene Kompartimente unterteilt, und das genetische Material liegt in einem echten, von zwei Membranen als Kernhülle umgrenzten Zellkern. Das den Kern umgebende Cytoplasma enthält die Zellorganellen (Kompartimente). Manche eukaryotische Zellen wie die Protozoen oder Hefen sind freilebende Mikroorganismen (s. Kap. 2.1); eukaryotische Zellen sind aber auch die Bausteine aller vielzelligen Organismen, der Pilze, höheren Pflanzen und Tiere (s. Kap. 2.2 bis 2.4 und Abb. 1-1). In einem vielzelligen Organismus sind die einzelnen Zellen aufeinander angewiesen und unterscheiden sich in ihrer Struktur und in ihren Funktionen.

Im Cytoplasma der Prokaryoten bewegen sich Moleküle, soweit man das heute weiß, nur auf Grund von Diffusion. Die Zeit, in der auf diese Weise eine bestimmte Strecke zurückgelegt werden kann, wächst dabei stets mit dem Quadrat der betreffenden Entfernung. Dieses Faktum begrenzt die Größe prokaryotischer Zellen, deren Volumen daher nur etwa 1 μm^3 beträgt. Eukaryotische Zellen dagegen haben einen Mechanismus, die Plasmaströmung, entwickelt, der eine effektive cytoplasmatische Kommunikation über weitaus größere Räume erlaubt. So besitzen beispielsweise Leberzellen oder die Meristemzellen der Wurzeln ein Volumen von 2 000 bis 4 000 µm, wobei Pflanzenzellen, die eine große Zentralvakuole aufweisen, noch bedeutend größer sein können.

Obgleich die strukturelle Organisation pro- und eukaryotischer Zellen so unterschiedlich ist, sind die für das „Leben" grundlegenden Funktionsabläufe wie Energiekonservierung und -transfer sowie Informationsfluß in allen Zellen gleich.

Energiekonservierung und -transfer

Vom energetischen Gesichtspunkt aus unterscheidet man zwei Arten von Reaktionen: solche, die spontan ablaufen, und solche, die der Zufuhr von Energie bedürfen. Das ist vergleichbar mit einem Wagen, der bergab von selbst rollt, bergauf aber geschoben werden muß, oder mit einem Wasserfall, dessen Wasser von selbst fällt, während ein Geysir nur durch Kontakt zwischen Wasser und heißem Gestein zustande kommt. So werden Zucker von Zellen leicht oxidiert und abgebaut, während zur photosynthetischen Bildung von Zucker aus Kohlendioxid und Wasser in den grünen Pflanzen die freie Enthalpie des Sonnenlichts ausgenützt wird. Die freie Enthalpie (oder Gibbsche freie Energie), eine thermodynamische Größe, ist die Energie, die bei einem spontan ablaufenden Prozeß frei wird oder bei einem energieabhängigen Vorgang aufgewendet werden muß. Die freie Enthalpie wird in Joule gemessen; durch 1 Joule wird 1 g Wasser um etwa 0,25 °C erwärmt. „Frei" bedeutet, daß die Energie Arbeit leisten kann, sie entspricht nicht der „Wärme". Arbeit bewirkt gerichtete Bewegung, Wärme Zufallsbewegung. Wird ein Vorgang, bei dem Energie frei wird, mit einem energiebedürftigen Vorgang in irgendeiner Weise direkt gekoppelt, so kann die frei werdende Energie zur Verrichtung von Arbeit verwendet werden, indem sie den energiebedürftigen Vorgang energetisch ermöglicht. Normalerweise, d. h. unter nicht idealen Bedingungen, geht dabei ein Teil der Energie als Wärme verloren.

Diese Art der Kopplung ermöglicht das Leben von Organismen. Zellen können die freie Enthalpie, die durch den Abbau von Nahrungsstoffen (Katabolismus) wie Zuckern oder Fetten verfügbar wird, dazu benützen, energiebedürftige Biosynthesen (Anabolismus) von Proteinen, Nucleinsäuren, Polysacchariden und anderen Polymeren aus ihren Untereinheiten ablaufen zu lassen. Hoch spezifische Katalysatoren, die Enzyme (s. Kap. 1.3), bewerkstelligen die biochemische Kopplung von spontan und nicht-spontan ablaufenden Prozessen. Energie, die in katabolischen Reaktionen frei wird oder, in photosynthetischen Organismen, während der Anregung von Chlorophyllmolekülen durch Licht gewonnen wird (s. Kap. 1.3), ermöglicht die Bildung von energiereichem Adenosintriphosphat (ATP) aus Adenosindiphosphat (ADP) und anorganischem Phosphat. Bei den in einer Zelle gegebenen Konzentrationen von Substraten und Produkten wird für die Synthese von einem Mol ATP ein Energiebetrag von etwa 60 Kilojoule benötigt. (Ein Mol ATP besteht aus 6×10^{23} ATP-Molekülen; diese Zahl, die sogenannte Loschmidtsche Zahl, entspricht der Anzahl von Atomen des Kohlenstoffisotops ^{12}C in 12 g Kohlenstoff.) Umgekehrt wird bei der Hydrolyse von ATP zu ADP und Phosphat ein entsprechender Energiebetrag wieder frei. Durch die Kopplung der ATP-Hydrolyse an einen energiebedürftigen Syntheseschritt, wobei ein spezifisches Enzym als Katalysator wirken muß, wird ein Teil der im ATP enthaltenen Energie während der Hydrolyse für den Syntheseschritt zur Verfügung gestellt und dieser somit erst ermöglicht.

Bildlich ausgesprochen handelt es sich bei den ATP-Molekülen um das Energiezahlungsmittel der Zelle. Unter Zuhilfenahme der Enzyme sind sie ein Bindeglied zwischen den verschiedensten biochemischen Reaktionen. Sie nehmen die aus den Nahrungsstoffen gewinnbare Energie auf und stellen sie zum Aufbau von Zellstrukturen und zur Umsetzung in zelluläre Abläufe wie z. B. die Plasmaströmung bereit. Andere Möglichkeiten der Konservierung von Energie und der Lei-

a

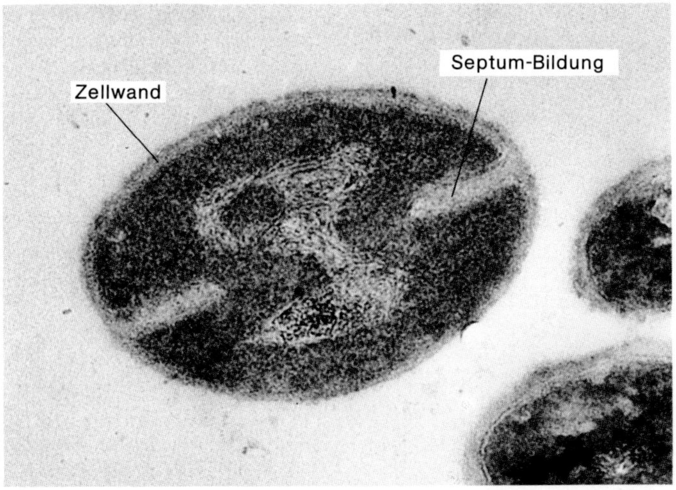

b

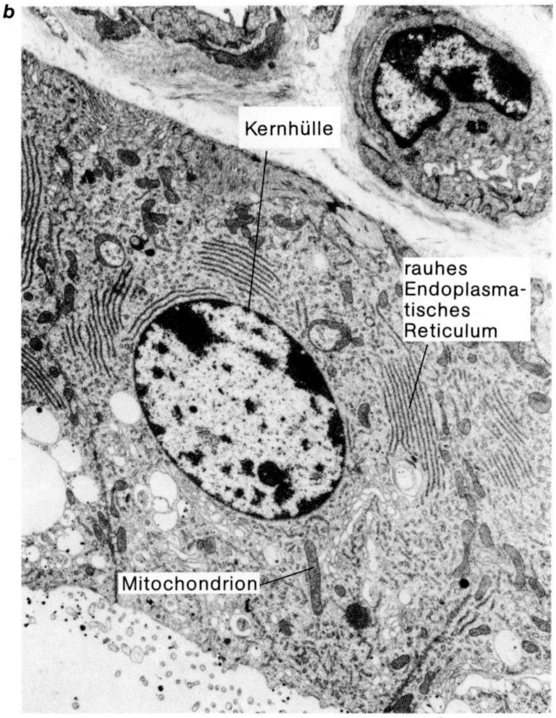

Abb. 1-1. (a) Prokaryotische Zelle. Elektronenmikroskopische Aufnahme eines sich teilenden Bakteriums (*Staphylococcus aureus*) (x 42 000). (b) Eukaryotische Zelle. Elektronenmikroskopische Aufnahme einer sekretorischen Epithelzelle aus dem Milchdrüsengewebe einer Kuh (x 3 600).

stung von Arbeit ergeben sich aus Konzentrationsgradienten von Ionen durch Membranen, z. B. von Natrium- und Kalium-Ionen bei der Plasmamembran (s. Kap. 1.4) oder von Wasserstoff-Ionen bei der inneren Mitochondrienmembran, sowie durch Gradienten elektrischen Potentials. Auf die Grundlagen des Zellstoffwechsels wird in Kapitel 1.3 näher eingegangen.

Informationsfluß

Ein Einzeller kann wachsen, seine Aktivitäten in Relation zu Signalen aus der Umwelt verändern und sich vermehren. In einem vielzelligen Organismus differenzieren sich die einzelnen Zellen (s. Kap. 1.6) und können mechanische, chemische und/oder elektrische Signale von anderen Zellen desselben Organismus oder aus der Umwelt aufnehmen (s. Kap. 1.4 und S. 90–96). Nur einige besondere Zellen dieses Organismus – diejenigen, die die sogenannte Keimbahn bilden – sind dazu ausersehen, die nächste Generation entstehen zu lassen, wenn der Organismus sich vermehrt.

Die Merkmale, durch die sich ein Organismus von einem anderen unterscheidet, lassen sich auf Unterschiede in den Eigenschaften ihrer Proteine zurückführen. Proteine stellen eine vielfältige Klasse von Makromolekülen dar und können als hochspezifische Katalysatoren (Enzyme und membrangebundene Translokatoren), als Antikörper, als interzelluläre Boten (Hormone, wie z. B. das Insulin) oder als Strukturkomponenten von Zellen und Geweben fungieren. Die Struktur der anderen wichtigen makromolekularen Bestandteile der Gewebe, der Polysaccharide, hängt wiederum von der Art der Enzymproteine ab, die diese Makromoleküle synthetisieren. Die Eigenschaften eines Proteins werden letztlich durch die Abfolge seiner Einzelbausteine, den Aminosäuren, bestimmt. Um einen bestimmten Organismus entstehen zu lassen, ist eine Information über die Aminosäuresequenzen aller seiner Proteine erforderlich. Diese Information ist – in codierter Form – in der Desoxyribonucleinsäure (DNA) enthalten (s. Kap. 3.1).

Die DNA, auch ein Makromolekül, ist aus vier verschiedenen Untereinheiten, den Nucleotiden, zusammengesetzt. Jedes Nucleotid enthält eine bestimmte stickstoffhaltige heterozyklische Base, und in der Sequenz dieser Basen im DNA-Molekül liegt die vererbbare Information der Zelle begründet. Während der mitotischen Teilung des Zellkerns, die stets der Zellteilung vorangeht, erhält jeder Tochterkern eine exakte Kopie der elterlichen DNA (s. Kap. 1.5). Auf diese Weise bleibt der gesamte Informationsgehalt des Zellkerns in einer sich nicht-sexuell vermehrenden Population erhalten, es sei denn, es tritt eine Mutation, d. h. eine spontane Veränderung in der Basensequenz der DNA auf (s. Kap. 3.1). Bei der sexuellen Vermehrung setzen jedoch Mechanismen ein, die eine Rekombination der genetischen Information erlauben (s. Kap. 1.5 und 3.2).

Zwei Aspekte sind bei der Abrufung der genetischen Information von der DNA wichtig. Einmal muß ein Mechanismus existieren, der die Information in molekulare Umwandlungen und Interaktionen übersetzt; zum anderen muß es eine Kontrollmöglichkeit geben, die eine selektive Expression der Information erlaubt (s. Kap. 3.1), denn die DNA enthält eine Fülle von Einzelinformationen, die eine Zelle während ihres Lebens abrufen kann. Was den ersten Aspekt betrifft, so programmiert die DNA die Synthese der Proteine, indem sie aus ihrer Basensequenz die Abfolge der 20 verschiedenen Aminosäuren in jeder Proteinsequenz festlegt. Ein Abschnitt auf der DNA, der die Information für ein Protein enthält, wird als Gen bezeichnet. Der zweite Aspekt, die Kontrolle der Genexpression, erfordert Mechanismen, die – als Antwort auf regulatorische Signale – bestimmte Gene an- und abschalten. Bei Prokaryoten werden diese Signale gewöhnlich durch die aktuelle Versorgungssituation an Nährstoffen in der Umgebung der Organismen geliefert. Zum Beispiel kann die Anwesenheit eines bestimmten potentiellen Nährstoffmoleküls zum Anschalten der Synthese solcher Enzyme führen, die zu seiner Metabolisierung notwendig sind, während das Fehlen von essentiellen Nährstoffen den Aufbau von Proteinen indu-

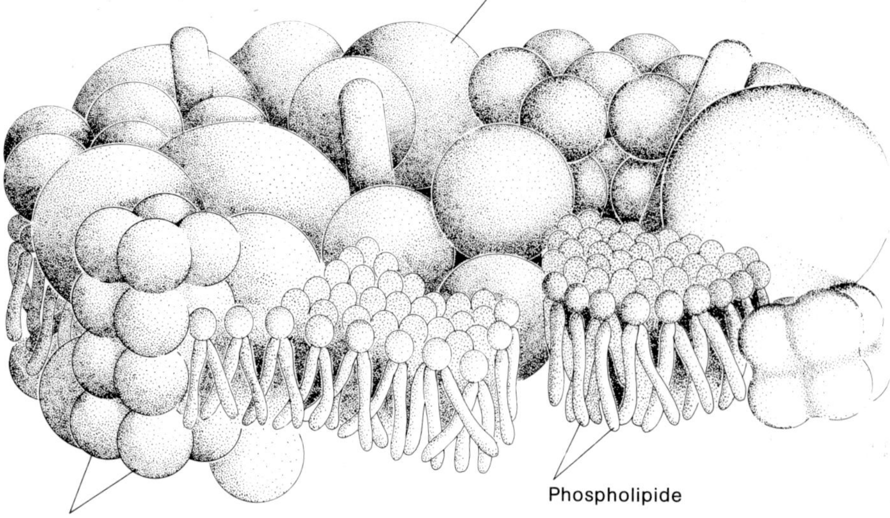

Abb. 1-2. Modell eines Ausschnitts der Mitochondrienmembran, die sehr reich an Proteinen ist. Die meisten Membranen bestehen aus einer Phospholipid-Doppelschicht, mit ein- und angelagerten Proteinen. Dabei füllt die Lipiddoppelschicht die Zwischenräume zwischen den Proteinen aus.

zieren kann, die zur Umwandlung einer stoffwechselaktiven Zelle in eine stoffwechselinaktive Spore benötigt werden.

Die Adaptation von Eukaryoten an Umweltänderungen und die vielen Möglichkeiten von Zelldifferenzierungen im vielzelligen Organismus (s. Kap. 1.6) sind sehr viel komplexer und auf molekularer Ebene noch kaum verstanden, insbesondere weil die Organisation und Expression des genetischen Materials in Eukaryoten wesentlich komplizierter als in Prokaryoten ist (s. Kap. 3.1). Man nimmt jedoch auch hier an, daß die Aufnahme von Signalen aus der Umwelt und – beim Vielzeller – von anderen körpereigenen Zellen sowie die Umsetzung dieser Signale in veränderte Zellaktivitäten und differentielle Genexpression für Morphogenese und Differenzierung verantwortlich sind.

1.2 Die Feinstruktur von Zellen

Die chemische Zusammensetzung und Funktion subzellulärer Strukturen sind Gegenstand der biochemischen Forschung, während elektronenmikroskopische Beobachtungen Informationen über die Gestalt und Anordnung dieser Strukturen liefern.

Biochemie

In einem lebenden System gibt es eine große Vielfalt von Molekülen, die auch in ihrer Größe sehr variieren können. Große Moleküle sind stabil und präzise konstruiert, dies wird jedoch auf Kosten der Geschwindigkeit der chemischen Reaktionen erreicht. Die größten Moleküle stellen die Desoxyribonucleinsäuren (DNA, s. Kap. 3.1), deren Aufgabe es ist, alle die genauen Anweisungen für den Aufbau einer Zelle über viele Generationen stabil zu erhalten. Für den Stoffwechsel einer Zelle sind auch sehr viele kleine Moleküle nötig, und die Verbindungen, die äußerst häufig chemisch umgesetzt werden, um die Zelle mit Energie zu versorgen, gehören zu den kleinsten (s. Kap. 1.3).

Die Strukturen einer Zelle werden durch Moleküle mittlerer Größe aufgebaut, durch Lipide und Proteine. Diese werden durch zahlreiche Wechselwirkungen zusammengehalten, die jedoch schwächer sind als covalente Bindungen. Sehr wichtig sind hierbei die sogenannten hydrophoben Wechselwirkungen, d. h. die Tendenz nicht-polarer Gruppen (die in organischen Lösungsmitteln löslich wären), sich zusammenzulagern und Wasser aus ihren Bereichen auszuschließen. Auch die Anziehungen zwischen Gruppen mit entgegengesetzten elektrischen Ladungen und die Wasserstoffbrücken gehören zu diesen relativ schwachen Bindungen.

Der Aufbau der Lipide, der Phospholipide und Glykolipide, folgt einem bestimmten Schema: Sie besitzen eine polare, wasserlösliche Gruppe und zwei lange unpolare Ketten, die nicht wasserlöslich sind. Solche Lipidmoleküle lagern sich in Doppelschichten zusammen, so daß die polaren Gruppen nach außen exponiert sind und die unpolaren Ketten innen eine hydrophobe Region bilden (Abb. 1-2). Diese Doppelschichten enthalten auch Proteine und sind immer in sich geschlossen, liegen also als Vesikel vor; sie sind die Biomembranen.

Jede Zelle ist umgeben von einer solchen nahtlosen Haut, der Plasmamembran. Innerhalb einer eukaryotischen Zelle umgrenzen Membranen einzelne Bezirke, die spezielle Funktionen ausüben und als Organelle oder Kompartimente bezeichnet werden. Viele Reaktionen laufen aber auch im Cytoplasma ab, das von der Plasmamembran nach außen hin geschlossen wird und in dem die Organellen – eingebettet sind.

Bei der komplizierten Faltung der aus covalent verbundenen Aminosäuren bestehenden Proteinketten entstehen auch unpolare Regionen, bevorzugt im Inneren der Proteinen Moleküle, und polare Bereiche, bevorzugt außen, was zur Stabilität der dreidimensionalen Struktur der Proteine beiträgt. Proteine, die in einer unpolaren Umgebung, wie z. B. im Inneren einer Lipiddoppelschicht, zu finden sind, exponieren ihre unpolaren Reste außen und ihre polaren innen. Manche Proteine, die im Cytoplasma, also in einem polaren wässrigen Milieu vorkommen, tragen trotzdem unpolare Regionen auf ihrer Oberfläche; wenn solche Proteine aufeinander treffen, lagern sie sich zu oligomeren oder multimeren Strukturen (Komplexen) zusammen. Solche Strukturen können sehr unterschiedlich in ihrer Größe und Komplexität sein, je nach Zahl und Form ihrer Untereinheiten, ihren hydrophoben Bereichen und anderen bindenden Gruppen. Sie können in ihrem Inneren unglaublich kompliziert sein, auch wenn sie relativ klein sind, wie z. B. die Ribosomen, oder sie können nur aus wenigen Arten von Untereinheiten zusammengesetzt sein und doch große Dimensionen erreichen, wie z. B. die Mikro-

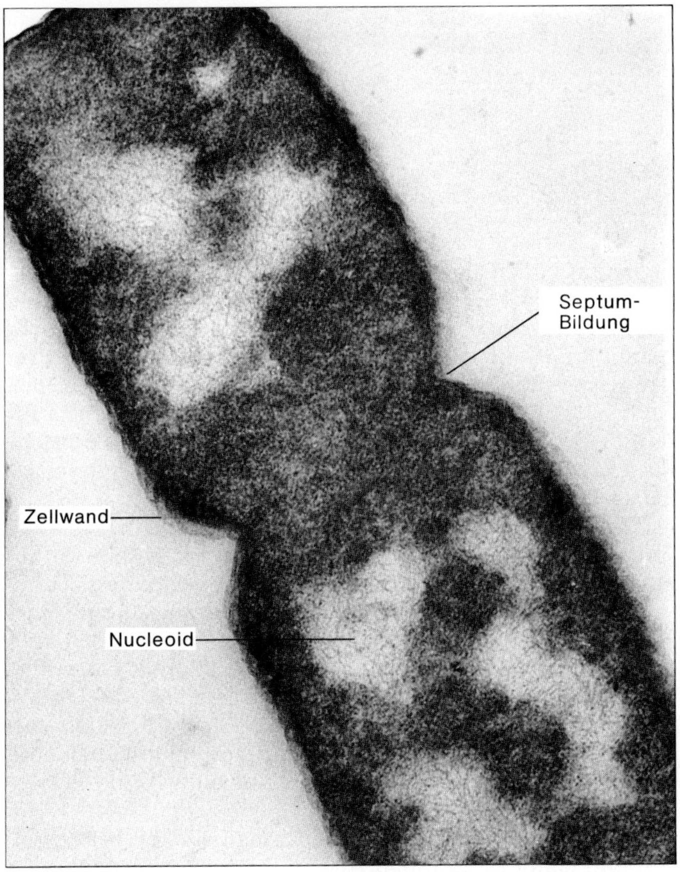

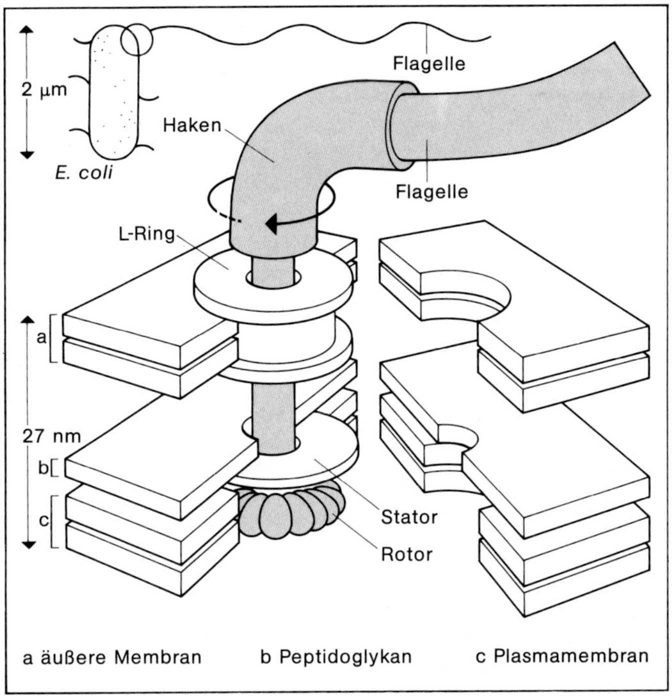

Abb. 1-3. (a) Elektronenmikroskopische Aufnahme eines Bakteriums *(Escherichia coli)* (x 60 000). (b) Schematische Darstellung der Verankerung einer Bakterien-Flagelle. Dieses Organell ist insofern einzigartig, als es wie eine Achse in einem Lager rotiert, angetrieben von einem „Motor" innerhalb der Zelle.

tubuli. Die Strukturen, die die Nucleinsäuren im Chromatin und auch in den Viren stabilisieren, entstehen aus solchen Wechselwirkungen zwischen Proteinen.

Bei den Proteinen, die als Bestandteile von Biomembranen vorkommem, unterscheidet man zwei Gruppen. Die sogenannten peripheren (extrinsischen) Membranproteine sind nur relativ locker an die Oberflächen der Membranen assoziiert, ohne mit diesen hydrophobe Wechselwirkungen einzugehen (Abb. 1-2). Die sogenannten integralen (intrinsischen) Membranproteine reichen dagegen weit in die Lipiddoppelschicht hinein oder durch sie hindurch und bilden hydrophobe Bindungen zu den Lipiden aus. Sie können zwischen den wässrigen Phasen auf beiden Seiten einer Membran kommunizieren, z. B. um Transportaufgaben zu übernehmen oder Signale durch die Membran zu vermitteln (s. Kap. 1.3 und 1.4).

Aufgrund ihrer besonderen Struktur bilden Membranen Barrieren für polare Moleküle und teilen dadurch eine Zelle in die verschiedenen Kompartimente auf, zwischen denen der Austausch von Ionen, Zuckern und anderen polaren Verbindungen durch Membranproteine kontrolliert wird. Wassermoleküle sind allerdings klein genug, um auch durch die hydrophoben Bereiche von Membranen frei diffundieren zu können. Membranen liefern auch das hydrophobe Milieu, das für bestimmte Reaktionen, wie z. B. die Synthese von Lipiden, und für den Elektronentransport (s. Kap. 1.3) notwendig ist.

Elektronenmikroskopie

Die meisten Strukturen in einer Zelle sind erheblich kleiner als die Wellenlänge des Lichts und können daher nur im Elektronenmikroskop aufgelöst werden. Dazu müssen diese Strukturen mit schweren Elementen wie Osmium, Blei oder Uran „kontrastiert" werden, um sie im Elektronenstrahl sichtbar zu machen. Bei der am häufigsten eingesetzten Methode, der Dünnschnittechnik, werden hauchdünne Schnitte (von 200–300 nm Dicke) toter, fixierter Zellen hergestellt und betrachtet. Um eine solche Schnittdicke erreichen zu können, müssen die Zellen gehärtet sein, daher werden sie vor dem Schneiden in Kunstharz eingebettet.

Dünnschnitte geben nur ein zweidimensionales Bild. Die Gefrierbruch-Technik erlaubt auch einen Blick in die dritte Dimension; dazu wird Gewebe schnell tiefgefroren, gebrochen und von der Bruchfläche ein Abdruck durch Bedampfen mit Kohle/Platin im Vakuum hergestellt. Die Bruchfläche verläuft häufig entlang der Mitte der Lipiddoppelschichten der Membranen, da hier dem Brechen wenig Widerstand entgegensteht. Die Abdrücke *(Replicas)* werden im Elektronenmikroskop betrachtet. Bei der Gefrierätz-Technik läßt man vor Herstellung der *Replicas* Eis von der Bruchfläche absublimieren. Es treten dann z. B. auch Oberflächen von Membranen zutage.

Sehr kleine Objekte wie isolierte Organelle, Mikrotubuli oder Viren können in ihren Details durch das Negativkontrast-Verfahren dargestellt werden, indem man in solchen Präparaten alle Zwischenräume, Vertiefungen etc. mit elektronendichten Materialien (Uranylacetat, Phosphorwolframsäure) ausfüllt. Die lichten Bereiche erscheinen dann in großer Deutlichkeit.

Zellstrukturen

Kern und Kernäquivalent

Prokaryotische Zellen besitzen einen zentralen Bereich, Kernäquivalent oder Nucleoid genannt (Abb. 1-3), in dem das zirkuläre DNA-Molekül enthalten ist, der jedoch nicht vom Rest der Zelle durch eine Membran abgegrenzt wird. Typisch für die eukaryotische Zelle ist der echte Zellkern mit Kernhülle als Sitz der DNA. Die genetische Information ist bei Eukaryoten nicht in einem einzigen zirkulären DNA-Molekül, sondern in mehreren linearen Molekülen gespeichert, die während der Mitose als diskrete Strukturen mikroskopisch sichtbar werden (s. Kap. 1.5). Ein anderes typisches Merkmal eukaryotischer DNA ist ihre Anordnung im Nucleosomen. In den Nucleosomen windet sich die negativ geladene DNA um Proteinpartikel, die aus zweimal vier positiv geladenen Proteinen, den Histonen, bestehen. Auf diese Weise entsteht eine perlenkettenartige Struktur. In den Bereichen zwischen den Perlen ist ein weiteres Histon mit der DNA assoziiert. Der Kern ist von zwei Membranen, der Kernhülle, umgeben. Durch sie führen Poren, die das Kernplasma mit dem Cytoplasma verbinden (Abb. 1-4). Teile des Chromatins, des gesamten chromosomalen Materials, liegen häufig dicht an der inneren Kernmembran und stehen dort mit speziellen Proteinen, die zur sogenannten Kernlamina gehören, in Kontakt. Innerhalb der Eukaryoten bietet die Algengruppe der Dinoflagellaten eine Besonderheit: Sie besitzen zwar einen typischen Kern mit Kernhülle, ihre DNA ist jedoch nicht mit Histonen komplexiert, was an Prokaryoten denken läßt.

Zellkerne enthalten ein oder mehrere relativ große und dichte Körperchen, die Nucleoli, die nicht von einer eigenen Membran umgeben sind; hier findet die Synthese der ribosomalen RNA und die Komplexierung dieser RNA mit Proteinen statt.

Cytoplasmatische Strukturen

Ribosomen (Abb. 1-4) sind cytoplasmatische Partikel von hohem Ordnungsgrad; sie haben einen Durchmesser von etwa 30 nm und enthalten über 50 Proteinspezies sowie die ribosomalen RNAs. Jedes Ribosom vermag die in der DNA gespeicherte Information mittels besonderer RNA-Kopien von den jeweiligen Genen, den sogenannten Boten-RNAs, mit großer Genauigkeit in die entstehenden Proteine zu übersetzen (Translation s. Kap. 3.1). Im Elektronenmikroskop betrachtet, erscheinen Ribosomen in Dünnschnitten als elektronendichte Partikel, mit der Gefrierätz-Technik können sie jedoch nicht dargestellt werden. In prokaryotischen Zellen liegen die Ribosomen im Bereich zwischen Nucleoid und Plasmamembran. Eukaryotische Ribosomen sind etwas größer als prokaryotische und kommen nur außerhalb des Zellkerns vor, sowohl frei im Cytoplasma als auch an Membranen gebunden, nämlich an die äußere Kernmembran und an das Membransystem des Endoplasmatischen Reticulums. Während der Proteinsynthese können sich mehrere Ribosomen an der Boten-RNA aufreihen, es entsteht so ein Polysom; jedes Ribosom in einem Polysom befindet sich in einem ganz bestimmten Stadium der Translation entlang der Boten-RNA.

Die Zisternen (flachen Vesikel) des Endoplasmatischen Reticulums (ER) umschließen einen schmalen Raum, das Lumen. ER und äußere Kernmembran können kontinuierlich ineinander übergehen; man bezeichnet die Kernhülle daher auch manchmal als Perinucleärzisterne. Die an das ER gebundenen Ribosomen synthetisieren entweder integrale Membranproteine, die dann in der Membran verbleiben, oder für den Export bestimmte Proteine, die in das Lumen abgegeben werden. In Zellen, die aktiv Protein exportieren, ist das ER sehr stark ausgebildet. Mit Exportprotein gefüllte Bereiche des ER lassen kleine Vesikel entstehen, die dieses Protein enthalten und mit dem Golgi-Apparat verschmelzen.

Der Golgi-Apparat einer Zelle besteht aus einem oder mehreren Dictyosomen. Jedes Dictyosom wiederum besteht aus einem Stapel flacher Membranvesikel, die relativ fest zusammenhalten. Das Material in den kleinen Vesikeln, die auf einer Seite, der Bildungsseite eines Dictyosoms, mit diesem verschmelzen, wandert in einem stetigen Vesikelfluß von Golgi-Zisterne zu Golgi-Zisterne bis an die andere Seite des Dictyosoms, der Sekretionsseite. Das während seiner Reise oft chemisch veränderte Exportmaterial wird dort, in größeren Vesikeln verpackt, abgeschnürt; man nennt diese Vesikel Golgi-Vesikel.

Golgi-Vesikel können mit der Plasmamembran verschmelzen und damit ihren Inhalt nach außen entlassen, womit der Exportvorgang beendet ist. Eine solche Sekretion wird auch als Exocytose bezeichnet. Golgi-Vesikel können aber auch innerhalb einer Zelle mit anderen Vesikeln, den Lysosomen, fusionieren.

Lysosomen sind kleine Vesikel und enthalten hydrolytische Enzyme, die Proteine, Lipide und Nucleinsäuren zu niedermolekularen Verbindungen abbauen können. Sie sind an der Selbstverdauung zellulärer Strukturen beteiligt und können auch zellfremdes Material abbauen, das auf einem der Exocytose entgegengesetzten Weg, der Endocytose oder Phagocytose, in Vesikel verpackt in die Zelle aufgenommen worden ist. Dazu verschmelzen Lysosomen mit diesen Endocytosevesikeln.

Lysosomen findet man in tierischen Zellen (Abb. 1-4). In Pflanzenzellen bilden sehr wahrscheinlich die Vakuolen (Abb. 1-5) ein den Lysosomen äquivalentes Kompartiment. Vakuolen stellen sehr große Vesikel dar, die den größten Teil einer Pflanzenzelle ausfüllen und den sauren Zellsaft enthalten, in dem viele organische Säuren bzw. deren Salze, wie z. B. das Kaliumsalz der Äpfelsäure, hydrolytische Enzyme, phenolische Verbindungen und andere organische Substanzen gelöst sind.

Plastiden kommen nur in Pflanzenzellen vor und sind charakteristisch für diese. Der wichtigste Plastidentyp ist der Chloroplast (Abb. 1-5), das Organell, das die Energie der Sonnenstrahlung in zelluläre Energie umsetzt (s. Kap. 1.3). Chloroplasten, wie alle anderen Plastidentypen auch, sind von zwei Membranen umgeben, die die Plastidenhülle bilden. Chlorophyll enthaltende flache Membranvesikel, die Thylakoide, kommen jedoch ausschließlich in Chloroplasten vor. Thylakoide können zu Grana gestapelt sein oder als einzelne Stromathylakoide vorliegen, die einzelne Grana verbinden. Das Plastidenstroma, auch Plastoplasma genannt, in dem die Thylakoide liegen, ist sehr reich an Enzymen. Plastiden besitzen in

Abb. 1-4. (a) Schematische Darstellung einer tierischen Zelle mit ihren Organellen. (b)–(d) Elektronenmikroskopische Aufnahmen. (b) Schrägschnitt im Bereich der Oberfläche des Einzellers *Tetrahymena* mit einer Serie von Cilien-Querschnitten (x 96 000). (c) Teil einer Darmepithelzelle eines Schweins mit Mikrovilli, d. h. Ausstülpungen der Plasmamembran, die durch Actinfilamente versteift sind (x 2 240). (d) Ausschnitt aus einer Leberzelle der Ratte, einer „typischen" tierischen Gewebezelle.

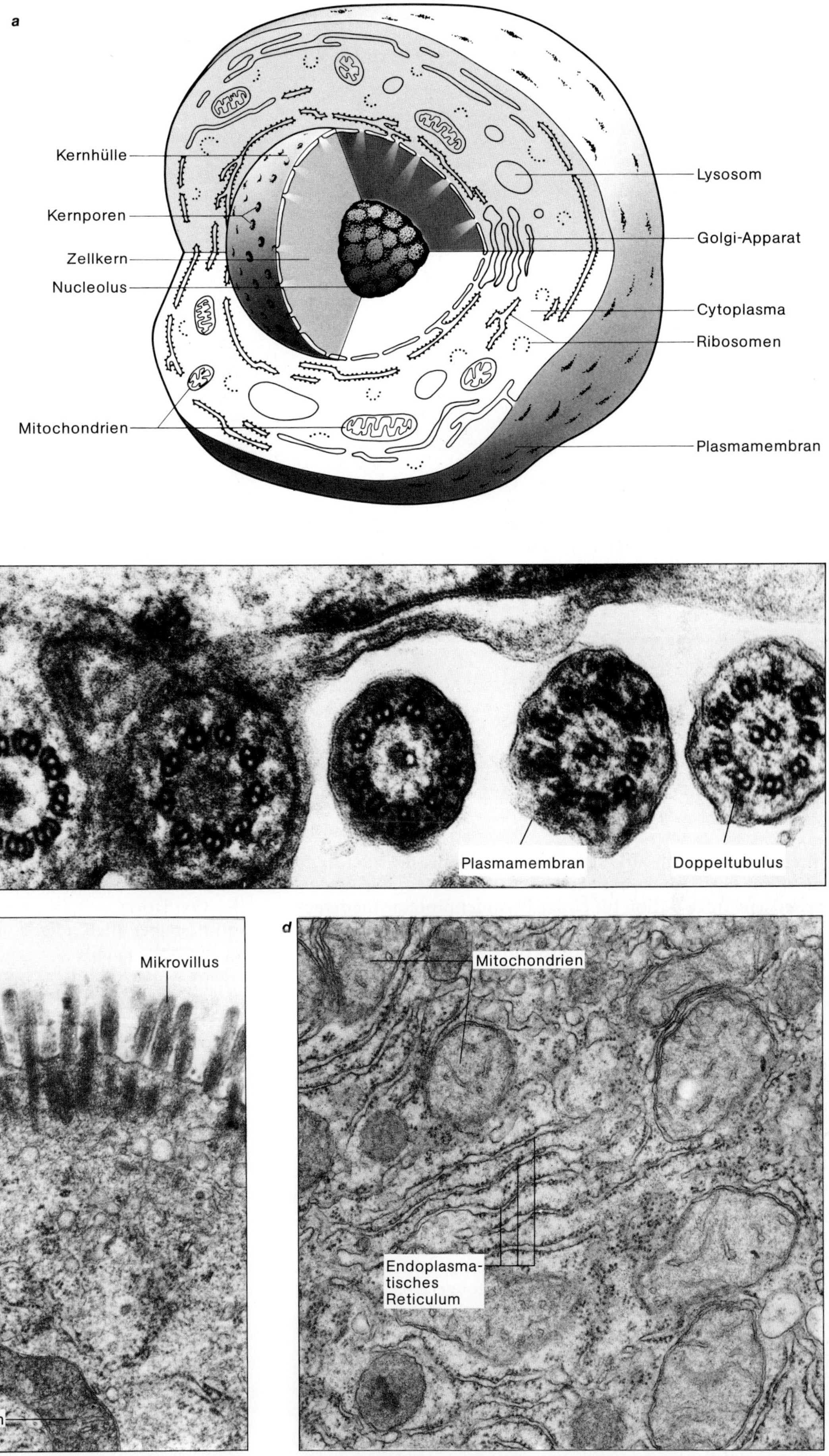

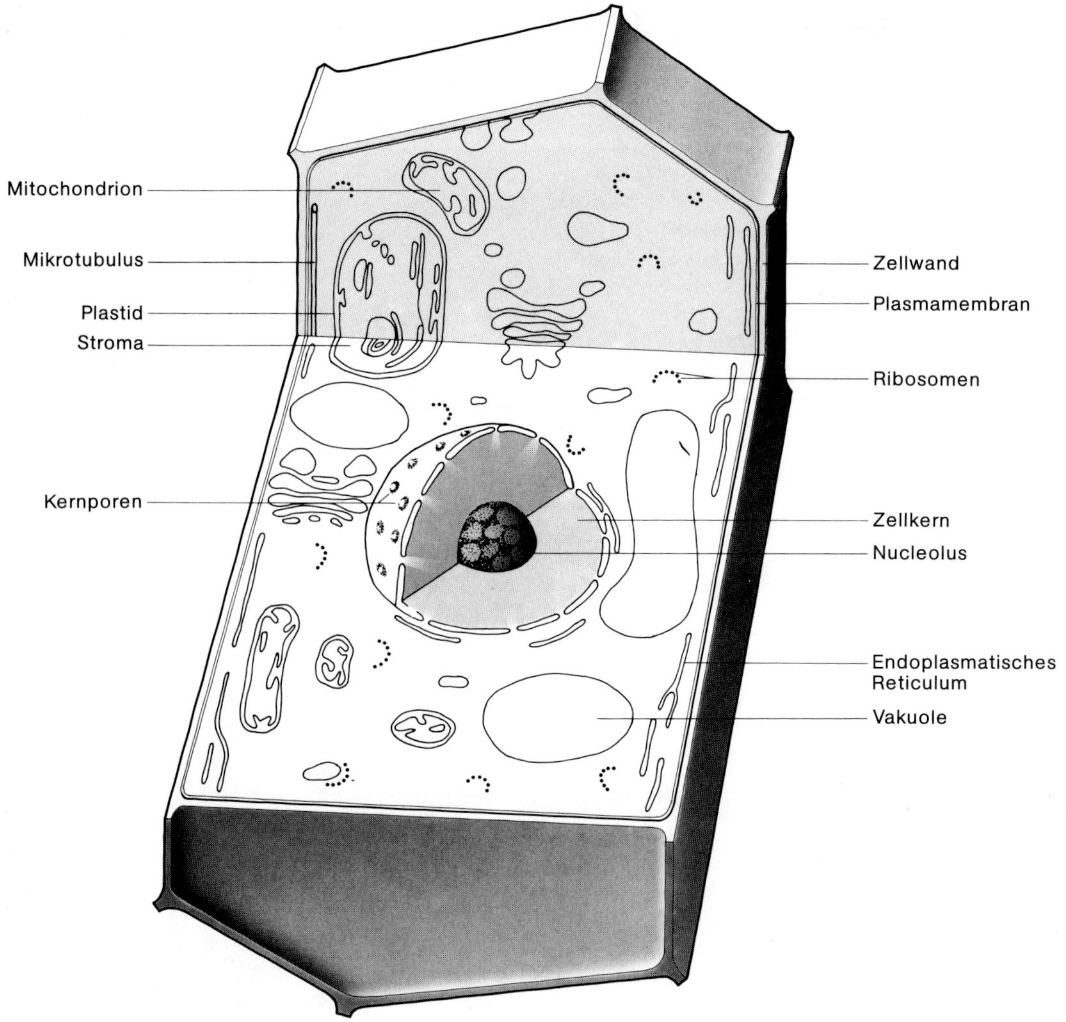

Abb. 1-5. Schematische Darstellung einer Pflanzenzelle mit ihren Organellen.

ihrem Stroma auch zirkuläre DNA-Moleküle, die allerdings nicht mit Histonen komplexiert sind. Auf dieser DNA ist die genetische Information für einige Plastidenproteine niedergelegt. Auch Ribosomen, die den prokaryotischen Ribosomen ähnlich sind, sowie die gesamte für die Proteinbiosynthese nötige Enzymmaschinerie sind in Plastiden vorhanden. Die Ähnlichkeit zwischen Chloroplasten und den prokaryotischen Blaualgen (Cyanobakterien), die in ihrem Cytoplasma ebenfalls Chlorophyll enthaltende Thylakoide aufweisen, führte zu der Hypothese, daß sich Chloroplasten von freilebenden Prokaryoten herleiten könnten, die – in irgendeiner Weise modifiziert – vor langer Zeit von anderen Zellen einverleibt worden sind.

Bei Belichtung können sich Chloroplasten durch Zweiteilung vermehren. Sie können sich aber auch aus einem sehr einfach aufgebauten Plastidentyp, dem Proplastid, entwickeln, der in nicht-photosynthetisierenden Zellen, vor allem Meristemzellen, vorkommt. Plastiden, die Stärkekörner als Vorratsspeicher enthalten, werden Amyloplasten genannt. Chromoplasten sind durch Carotinoide gelb bis rot gefärbte Plastiden, die in den Zellen der Blüten und Früchte auftreten können.

Mitochondrien (Abb. 1-4) sind wie die Plastiden von einer Hülle aus zwei Membranen umgeben und besitzen eine enzymreiche Matrix (auch Mitoplasma genannt), zirkuläre histonfreie DNA, prokaryotenähnliche Ribosomen, die Ausrüstung zur eigenen Proteinsynthese und die Fähigkeit, sich zu teilen. Hauptaufgabe der Mitochondrien ist die Synthese von energiereichen ATP-Molekülen durch die Oxidation von Pyruvat und von Fettsäuren; Pyruvat selbst ist das Endprodukt der Oxidation von Glucose im Cytoplasma. Mitochondrien erfüllen aber auch noch andere Funktionen im Gesamtstoffwechsel einer Zelle.

Die Stoffwechselreaktionen laufen in den Mitochondrien in der Matrix und an der sehr proteinreichen inneren Membran ab, die in zahlreichen fingerförmigen oder flächigen Ausstülpungen, den *Cristae,* in die Matrix hineinragt, wodurch die Membranoberfläche und damit die Kontaktfläche zur Matrix enorm vergrößert wird. Die innere Membran gewährt die Isolation, die für den Elektronentransport benötigt wird, und bildet eine Barriere, über die ein Protonengradient errichtet wird (s. Kap. 1.3). Der Enzymkomplex, die ATP-Synthase, die die Energie dieses chemischen und elektrischen Gradienten in chemische Bildungsenergie im ATP-Molekül umsetzt, kann im Elektronenmikroskop durch das Negativkontrast-Verfahren sichtbar gemacht werden; er erscheint als gestielte Partikel an der der Matrix zugewandten Membranfläche. Ganz im Gegensatz zu Chloroplasten sind Mitochondrien unregelmäßig gestaltet und sehr formveränderlich; sie bilden häufig Verzweigungen und sogar kleine Netzwerke aus.

Eine Gruppe subzellulärer Strukturen wird aus Proteinen ohne Beisein von Lipiden aufgebaut, ganz ähnlich wie die Ribosomen. Gemeint sind Proteinfilamente, die der eukaryotischen Zelle eine Art inneres Skelett verleihen, das gestaltgebend ist, aber auch die Bewegung von Zellbestandteilen relativ

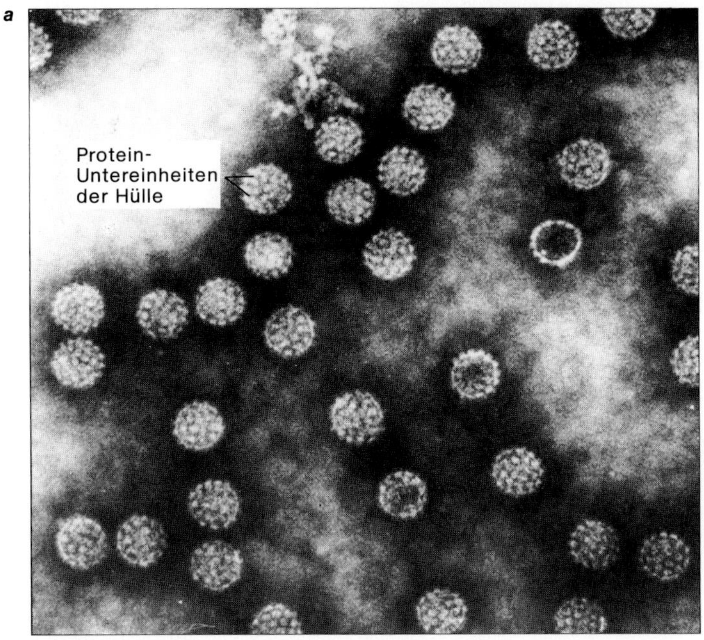

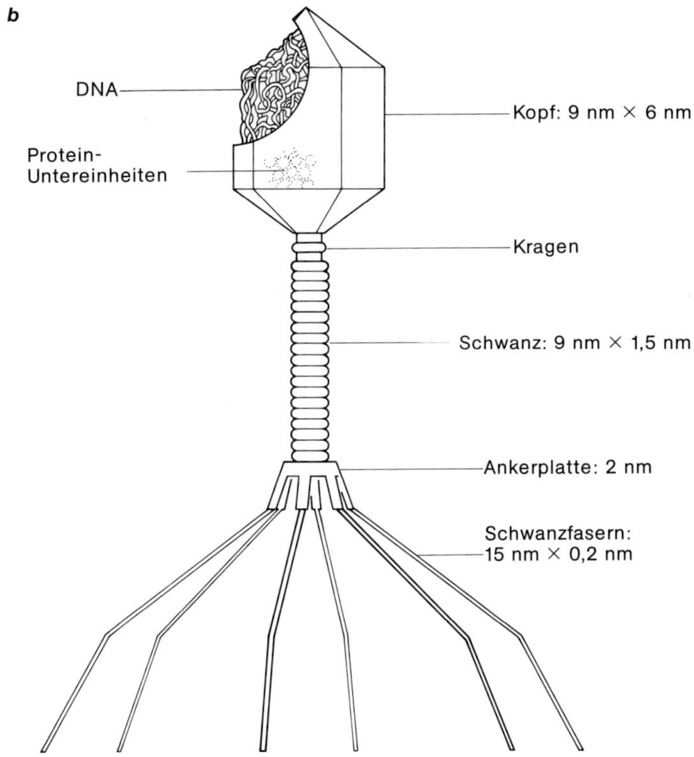

Abb. 1-6. (a) Elektronenmikroskopische Aufnahme von Warzen-Viren im Negativkontrast (x 135 000). (b) Eines der kompliziertest gebauten Viren, ein „T-even"-Bakteriophage.

zueinander erlaubt. Dieses Cytoskelett ist keine permanente Konstruktion, sondern kann rasch ab- und wieder aufgebaut werden.

Mit 25 nm Durchmesser sind die Mikrotubuli die größten dieser Strukturen (Abb. 1-5). Sie sind aus 13 langen parallelen Reihen von Untereinheiten zusammengesetzt, die eine dünne Röhre bilden. Die Protein-Untereinheiten sind die Tubuline. Jede Reihe ist relativ zu ihren beiden Nachbarn etwas versetzt, so daß eine helikale Anordnung von Untereinheiten rund um die Röhre resultiert. Mikrotubuli können schnell aus ihren Untereinheiten entstehen und wachsen von Mikrotubuli organisierenden Zentren der Zelle aus. Der Aufbau findet bevorzugt an einem Ende eines Mikrotubulus statt, dem Plus-Ende, der Abbau am entgegengesetzten Ende, dem Minus-Ende.

In allen eukaryotischen Zellen findet sich ein Netzwerk von Mikrotubuli in der Nähe der Plasmamembran, das – insbesondere bei Mikroorganismen – für die Gestalt der Zelle verantwortlich ist. Außerdem sind Mikrotubuli für die Chromosomenbewegung während der Mitose (s. Kap. 1.5) verantwortlich und bilden in den eukaryotischen Geißeln und Cilien ein Gerüst, in dem sich andere Mikrotubuli relativ zueinander bewegen.

Geißeln (Abb. 1-4) und Cilien sind Zellanhänge. Geißeln kommen in Einzahl oder zu nur wenigen pro Zelle vor, sie sind relativ lang (ca. 100 μm) und dienen durch ihre Schlagweise der Ortsveränderung der Zelle. Cilien sind kürzer (ca. 20 μm), treten in Vielzahl auf und werden ebenfalls zur Fortbewegung eingesetzt oder aber lassen durch ihren Schlag die die Zelle umgebende Flüssigkeit an ihr vorbeifließen. Geißeln und Cilien sind von der Plasmamembran umgeben und enthalten das bekannte 9+2-Muster, 9 periphere Mikrotubuli-Doubletten und 2 zentrale Einzeltubuli. Dieses komplizierte Gerüst ist durch Verbindungen zwischen den Einzelteilen verstärkt, und ein aktives Geleiten der Doppeltubuli relativ zueinander führt zum Geißel- bzw. Cilienschlag. Geißeln und Cilien wachsen jeweils von einem Basalkörper (Centriol) aus, der an der Zellperipherie liegt und aus 9 kurzen (0,5 μm) Mikrotubuli-Tripletts besteht. Basalkörper sind meistens in den entsprechenden Zellen vorhanden, können jedoch auch de novo entstehen.

Die Flagellen prokaryotischer Zellen sind extrazelluläre Gebilde, also nicht von einer Plasmamembran umgeben, und bestehen aus Reihen von Proteinuntereinheiten. Flagellen sind in der Plasmamembran verankert und bewegen die Zellen durch Rotation fort (Abb. 1-3).

Die Mikrofilamente haben einen Durchmesser von 6 nm und bestehen aus zwei helikal umeinander gewundenen Strängen aus Actin-Molekülen. Mikrofilamente in Verbindung mit Myosin sind für die Plasmaströmung und, in strukturell höchst organisierter Weise, auch für die Muskelkontraktion (s. Kap. 1.4) verantwortlich. Auch die Mikrofilamente besitzen eine Polarität. Ein Netzwerk von Mikrofilamenten in der Nähe der Plasmamembran ist am Aufbau des Cytoskeletts beteiligt, und die Zellausstülpungen, die der Oberflächenvergrößerung dienen und als Mikrovilli bezeichnet werden, sind durch Mikrofilamente stabilisiert (Abb. 1-4).

Die intermediären Filamente haben einen Durchmesser von 10 nm, sind eine heterogene Gruppe von Proteinfilamenten und stellen Komponenten des Cytoskeletts dar, die nicht an Bewegungsabläufen beteiligt sind. Bestimmte intermediäre Filamente sind für bestimmte Zelltypen charakteristisch: Cytokeratine für Epithelzellen oder Desmine für Muskelzellen. Desmosome, Zellverbindungen, werden durch solche Filamente stabilisiert.

Extrazelluläre Strukturen

Die äußere Oberfläche der Plasmamembran ist reich an Glykolipiden und Glykoproteinen, deren Zuckerreste, insbesonders bei tierischen Zellen, eine dünne Oberflächenschicht, die Glykokalyx, bilden. Die Verteilung dieser Verbindungen auf der Zelloberfläche wird durch das Cytoskelett kontrolliert.

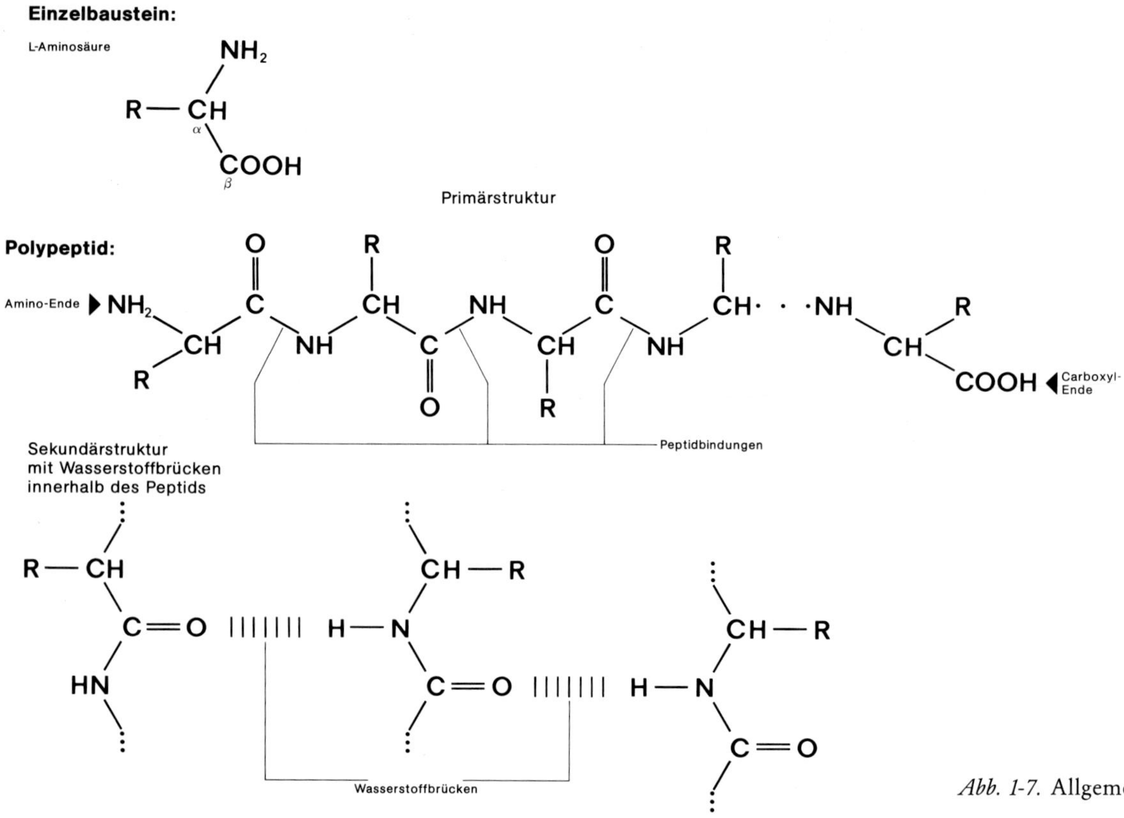

Abb. 1-7. Allgemeine Struktur von Proteinen.

Prokaryotische Zellen sind in den allermeisten Fällen von einer chemisch sehr kompliziert zusammengesetzten Zellwand umgeben. Sie besteht unter anderem aus Ketten von Aminozuckern, die durch Aminosäure-Ketten vernetzt sind und dadurch ein riesiges Netzwerk bilden. Zellwände wirken der Tendenz von Zellen entgegen, aufgrund der hohen Konzentration an gelösten Substanzen osmotisch zu schwellen und zu platzen. Viele Prokaryoten besitzen noch außerhalb der Zellwand eine schleimige Schicht, Kapsel genannt.

Pflanzenzellen sind ebenfalls von einer festen Zellwand umgeben, die den hydrostatischen Druck innerhalb der Zelle abpuffert und ein konstantes Zellvolumen gewährleistet. Pflanzenzellen wachsen, indem sie ihre Zellwand elastisch machen und sich somit ausdehnen können. Zellwände bestimmen auch die Gestalt der Zellen und sind verantwortlich für die Stabilität einer ganzen Pflanze, beispielsweise eines Baums.

Pflanzliche Zellwände kann man mit armiertem Beton vergleichen. Den Eisenstäben entsprechen Celluloseketten, Polymere der Glucose, die in langen und 2 nm dicken Mikrofibrillen auskristallisieren. Während des Zellwachstums ist die Matrix, in der die Cellulose liegt ein wässriges Gel saurer Polysaccharide. Wenn jedoch das Wachstum abgeschlossen ist, werden die Räume zwischen den Mikrofibrillen mit anderen Polysacchariden dichter ausgefüllt. Zellwände machen in einer Pflanze einen großen Teil des gesamten Materials aus, da sie aber aus Polysacchariden bestehen, enthalten sie nur sehr wenig Stickstoff. Es gibt jedoch auch ein Glycoprotein in der Zellwand, das durch einen reichen Gehalt an der modifizierten Aminosäure Hydroxyprolin charakterisiert ist.

Tierische Zellen leben im Gegensatz zu pflanzlichen bei konstantem hydrostatischem Druck und regulieren einen Wassereinstrom kurzfristig durch Volumensänderungen und langfristig durch Sekretion. Das extrazelluläre Material in tierischen Geweben dient nur der Integrität und manchmal auch der Festigkeit vielzelliger Gewebe. Die Menge an extrazellulärem Material schwankt zwischen dünnen Filmen, wie sie an den Desmosomenhälften zu finden sind, über Schichten, die einzelne Zellagen schützen (Basalmembranen von Epithelien), bis hin zu Knorpeln und Knochen, in denen einzelne Zellen verstreut liegen.

Wie in Pflanzen, so ist auch bei Tieren das extrazelluläre Material durch Längselemente verstärkt; in diesem Fall durch Kollagenfibrillen, die aus 1,5 nm dicken Tripelhelices eines an Hydroxyprolin reichen Glykoproteins bestehen. Die Matrix wird aus Glykosaminoglykanen gebildet, sauren sulfatierten Heteropolysacchariden, die an Polypeptidketten gebunden sind und als Proteoglykan bezeichnet werden. Ein hoher Anteil an Matrix ergibt ein weiches Material, wie z. B. Knorpel, ein hoher Anteil an fibrillären Komponenten ein härteres Material, wie es die Sehnen sind.

Viren

Viren sind für ihre Vermehrung vollkommen auf eukaryotische oder prokaryotische Zellen angewiesen (s. Kap. 10.2) und außerhalb ihrer Wirte stoffwechselinaktive, kristalline Strukturen von Proteinuntereinheiten, die eine Hülle um eine Nucleinsäure formen. Gelangen sie in ihren Wirt, wird die Hülle entfernt, und die Nucleinsäure programmiert die Synthesemaschinierie des Wirts um, so daß diese neue Viren produziert. Die Viren der Prokaryoten sind als Phagen bekannt: Bakteriophagen infizieren Bakterien, Cyanophagen Cyanobakterien.

Die Gruppe der Viren zeigt eine große Mannigfaltigkeit (Abb. 1-6). Die Nucleinsäure kann RNA oder DNA sein, einsträngig oder doppelsträngig (s. Kap. 3.1), zirkulär oder linear, in einem Molekül oder in mehreren Stücken. Bei den meisten

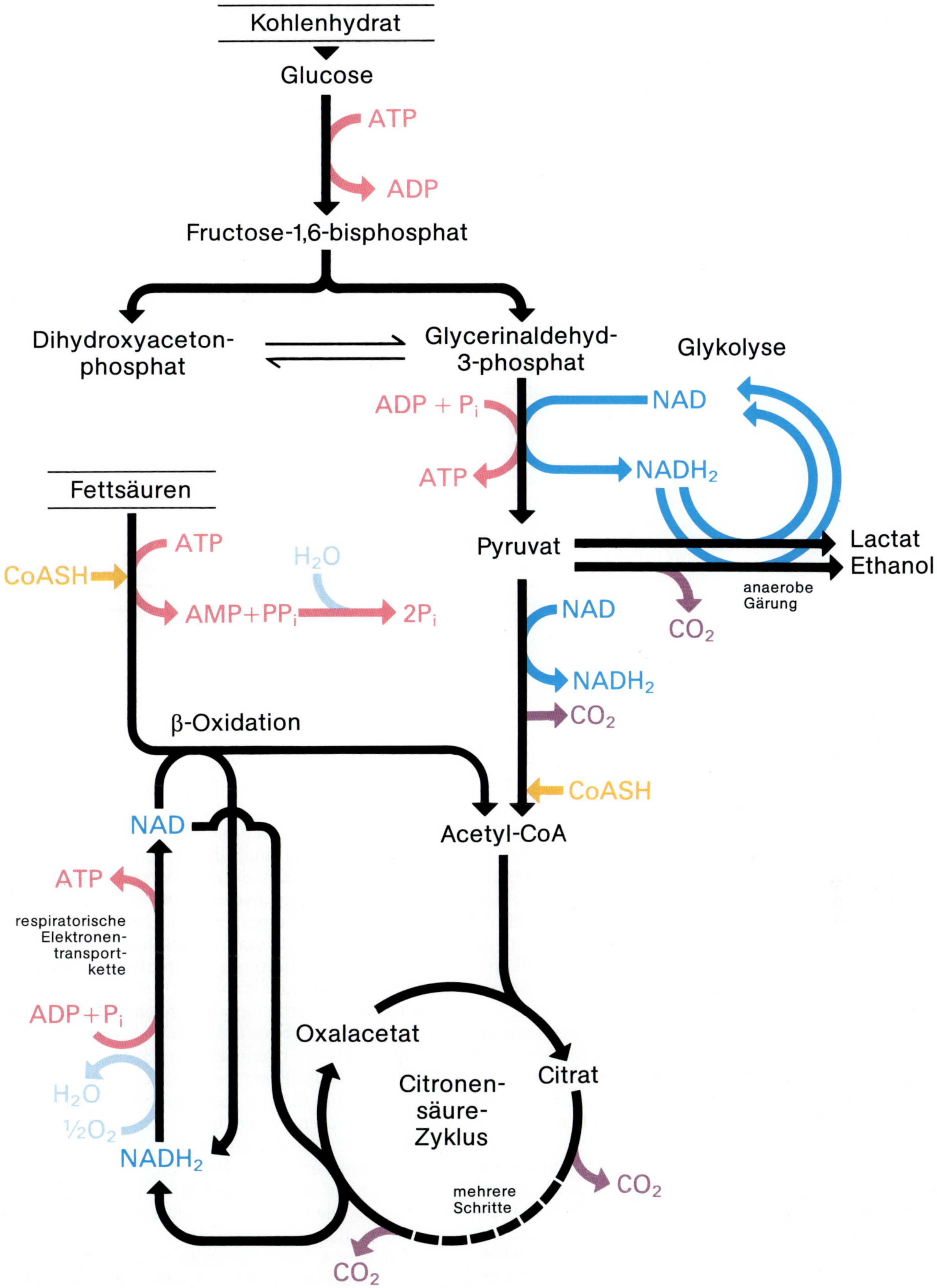

Abb. 1-8. Schema des Kohlenhydrat- und Fett-Abbaus. Bildung von Acetyl-CoA aus Glucose durch die Glykolyse und aus Fettsäuren durch die β-Oxidation; Oxidation von Acetyl-CoA zu Kohlendioxid und Wasser durch den Citronensäure-Zyklus und die Atmungskette.

Viren ist die Proteinhülle sehr einfach und besteht aus wenigen Proteinarten, die in Form von Ikosaedern (regelmäßige Zwanzigflächner) oder langen Zylindern angeordnet sind. Bei der Entstehung mancher Viren bildet sich die Proteinhülle um die Nucleinsäure, bei anderen um ein Proteingerüst, das verschwindet, bevor die Nucleinsäure in die fertige Hülle hineingelangt. Manche tierische Viren werden von der Plasmamembran ihrer Wirtszelle umgeben, wenn sie diese verlassen.

Am kompliziertesten sind die *T-even*-Bakteriophagen gebaut. An den DNA-haltigen Kopf schließt sich ein Kragen und ein tubuläres kontraktiles Mittelstück an, das die DNA in eine Bakterienzelle injizieren kann. Am distalen Ende befindet sich eine Ankerplatte mit sechs langen Schwanzfasern. Diese können eine Bakterien-Zellwand erkennen, sich an sie binden und dann die Kontraktion des Mittelstücks veranlassen. Am Aufbau dieses Phagen sind 40 verschiedene Proteine beteiligt, und 13 Gerüstproteine werden bei der Konstruktion benötigt.

1.3 Metabolische Vorgänge

Bei der Gesamtheit der Organismen ist eine Uniformität der biochemischen Strategien und der wichtigsten abbauenden und aufbauenden Stoffwechselwege zu beobachten. Die Art, wie der Fluß durch diese Stoffwechselwege kontrolliert wird, sowie die räumliche Anordnung dieser Wege in der Zelle können zwar zwischen Mikroorganismen, Tieren und Pflanzen erheblich differieren; die Abfolge der enzymkatalysierten Reaktionen und chemischen Umsetzungen innerhalb der wichtigen Stoffwechselwege (z. B. der vollständigen Oxidation von Glucose zu Kohlendioxid, die 19 Reaktionsschritte einschließt) ist dennoch bei allen Organismen im wesentlichen gleich. Die wichtigsten katabolischen (abbauenden) und anabolischen (aufbauenden) Wege sowie ihre Energiekopplung sind sehr kompliziert und werden hier nur kurz behandelt. Bei vielen Stoffwechselwegen ist eine große Zahl von Einzelschritten vonnöten, da einzelne Enzyme nur einzelne chemische Reaktionen katalysieren und da, bei katabolischen Wegen, die beim Abbau komplexer Moleküle freiwerdende Energie nur dann in Form von chemischer Bindungsenergie im ATP-Molekül erhalten werden kann, wenn der Abbau in diskreten Schritten stattfindet.

Metabolische Vorgänge können am besten mittels der zugrundeliegenden chemischen Logik der einzelnen Schritte verstanden werden; die Struktur der beteiligten Zwischenprodukte ist dabei aufschlußreicher als ihre Namen. Stoffwechselwege können nach verschiedenen Gesichtspunkten analysiert werden. Zu den wichtigsten Aspekten gehören die Umsetzung der Kohlenstoffatome, insbesondere die Frage, ob ein Zwischenprodukt solche gewonnen oder verloren hat; weiterhin die Energetik einer bestimmten Reaktion, ob ATP verbraucht oder gewonnen wird; und schließlich die Balance zwischen Oxidation und Reduktion, sofern solche Prozesse stattfinden, denn dabei sind spezielle oxidierende und reduzierende Agentien beteiligt, die auch irgendwie wieder regeneriert werden müssen. Weiterhin ist das Muster der chemischen Transformationen von Interesse, da Enzyme in ganz unterschiedlichen Stoffwechselwegen analoge Wege beschreiten können, um analoge chemische Probleme zu lösen. Die physiologischen Zusammenhänge sollten ebenfalls immer berücksichtigt werden; besonders wichtig sind die Faktoren, die Flußraten in einem bestimmten Zelltyp oder Organismus kontrollieren.

Proteine, Enzyme und Cofaktoren

Proteine sind Biopolymere und werden aus 20 verschiedenen Aminosäuren aufgebaut, die – mit Ausnahme von Prolin – durch die allgemeine Formel R-CH(NH_2)-COOH (Abb. 1-7) beschrieben werden können. Der Rest R steht am α-Kohlenstoffatom, wird als Seitenkette bezeichnet und gibt jeder Aminosäure ihre Besonderheit. Der Rest kann polar (hydrophil, mit elektrischer Ladung oder ohne solche) oder unpolar (hydrophob) sein. Die Aminosäuren in den Proteinen sind in linearer Sequenz durch kovalente Bindungen zwischen ihren α-Amino- (-NH_2) und Carboxyl- (-COOH) Gruppen aneinandergereiht. Diese Bindung wird als Peptidbindung bezeichnet. Ein typisches Protein mag etwa 500 Aminosäurenreste enthalten und damit eine relative Molekularmasse von etwa 60 000 aufweisen.

Die biologischen Eigenschaften der Proteine hängen davon ab, wie sich ihre lineare Primärsequenz von Aminosäuren (die genetisch festgelegt ist, s. Kap. 3.1) zu einer dreidimensionalen Struktur maximaler Stabilität in ihrer Umgebung faltet. Das Faltungsmuster und damit die Molekülgestalt wird weitgehend bestimmt durch schwache, nicht-kovalente Wasserstoffbrücken und hydrophobe Interaktionen, die sich bei physiologischen Temperaturen leicht bilden und lösen, so daß ein Protein seine Gestalt wechselnden Bedingungen anpassen kann. Sowohl bestimmte Seitenketten wie auch die Peptidbindung können an Wasserstoffbrücken beteiligt sein. Manche Proteine enthalten große Bereiche helikaler oder faltblattähnlicher Konformation, die man Sekundärstruktur nennt und die durch ein regelmäßiges Muster von Wasserstoffbrücken innerhalb der Peptidkette zustande kommt (Abb. 1-7).

Enzyme sind bemerkenswert effektive und spezifische Katalysatoren. Sie erlauben chemische Reaktionen vom Substrat bis zum Produkt unter physiologischen Bedingungen und damit unter Verhältnissen, unter denen diese Reaktionen sonst nicht innerhalb einer realistischen Zeitspanne zustande kämen. Die Geschwindigkeit einer katalysierten Reaktion ist anders als die einer unkatalysierten, weil sich die chemische Umgebung des Substrats in einer an das Enzym gebundenen Form von der in freier Lösung unterscheidet. Das Substrat wird vom Enzym an einer bestimmten Stelle, dem aktiven Zentrum, gebunden. Die hohe Spezifität von Enzymen, z. B. die Fähigkeit, zwischen optischen Isomeren des Substrats zu unterscheiden, wird durch eine enge Passung von Substrat/Produkt und aktivem Zentrum erreicht. Da Proteine keine starren Strukturen sind, können sich manche Enzyme nach der anfänglichen Bindung um ihre Substrate falten. Typische enzymkatalysierte Reaktionen sind Hydrolysen, Übertragungen von Phosphatgruppen vom ATP auf Akzeptoren wie Glucose und solche von Elektronen oder Wasserstoffatomen von einem Molekül auf ein anderes.

Wenn jedes in einer Probe enthaltene Enzymmolekül einer bestimmten Sorte mit einem Substratmolekül beschäftigt ist, so wird dieses Enzym als gesättigt bezeichnet und arbeitet mit maximaler Geschwindigkeit (V_{max}), d. h. keines dieser Sorte liegt in freier Form vor. Die Substratkonzentration, die für die Hälfte dieser maximalen Geschwindigkeit erforderlich ist, ist eine charakteristische Konstante eines jeden Enzyms (Michaelis-Konstante, K_m). Bei vielen Enzymen entspricht die Michaelis-Konstante etwa der physiologischen Konzentration des Substrats, so daß die Reaktionsgeschwindigkeit sich mit veränderten Substratkonzentrationen ebenfalls ändern kann.

Michaelis-Konstante sowie maximale Geschwindigkeit eines Enzyms werden durch Aktivatoren und Inhibitoren verändert, sie können daher für metabolische Kontrollen wichtig sein. Die katalytischen Eigenschaften eines Enzyms können z. B. auch durch Phosphorylierung einer Aminosäure-Seitenkette modifiziert werden. Ein Enzym in einem Stoffwechselweg, das im Vergleich zu den substratliefernden und produktentfernenden Enzymen eine geringere maximale Geschwindigkeit besitzt, kann potentiell den Durchsatz durch den gesamten Weg limitieren. Solche geschwindigkeitsbestimmenden Schritte sind häufig Kontrollpunkte, denn eine Veränderung der kinetischen Parameter dieses Enzyms wirkt sich auf die Geschwindigkeit des gesamten Stoffwechselwegs aus. Tatsächlich werden metabolische Wege auf diese Weise an mehreren Punkten kontrolliert.

Viele Enzyme benötigen für ihre Katalyse eine Verbindung nicht-proteinischer Natur, die insgesamt als Cofaktoren bezeichnet werden. Man unterscheidet prosthetische Gruppen, die fest an das Enzym gebunden sind, und nicht-gebundene Coenzyme. Die Palette der Cofaktoren reicht von anorganischen Ionen, wie z. B. Calcium-Ionen, bis zu großen organischen Molekülen, wie dem Häm-Ring. Einige der wichtigsten Cofaktoren einschließlich des Nicotin-adenin-dinucleotids (NAD) und des verwandten NADP vermitteln Reduktions-/Oxidations-Reaktionen (Redox-Reaktionen). Beide Nucleotide sind Coenzyme, und da sie als Cofaktoren vieler Redox-Reaktionen katalysierender Enzyme arbeiten, können sie durch Diffusion zwischen verschiedenen Enzymen zwei Reaktionen miteinander koppeln.

Katabolische Prozesse: Die Oxidation von Kohlenhydraten und Fettsäuren

Glucose stellt eine wichtige Energiequelle für viele Organismen dar. Bei Säugern ist sie im Blut enthalten (Blutzucker), bei Insekten und Pflanzen jedoch muß sie erst aus den Dasacchariden Trehalose bzw. Saccharose, die die Transportformen in den dortigen Gefäßsystemen darstellen, freigesetzt werden. Nahrungsstoffe werden von Zellen aufgenommen und entweder oxidiert, um Energie in Form von ATP zu liefern, oder als Reservesubstanzen abgelagert. Solche Reservesubstanzen sind gewöhnlich Fette und Polysaccharide (meistens Glykogen in Tieren und Stärke in Pflanzen), und diese Reserven werden zur Energiegewinnung abgebaut, wenn Bedarf besteht.

Die Oxidation von Glucose

Ist Glucose von einer Zelle aufgenommen worden, so wird sie zunächst durch Anfügen einer Phosphatgruppe zu Glucose-6-phosphat modifiziert. Der Donor dieser Gruppe ist nicht einfach anorganisches Phosphat, das wäre energetisch nicht möglich, sonder ATP, das dabei in ADP umgewandelt wird. Durch die Kopplung der Phosphorylierung von Glucose und die Spaltung der terminalen Bindung im ATP wird die Reaktion in Richtung Glucose-6-phosphat getrieben. Die Phosphorylierung bewirkt, daß die Glucose in der Zelle bleibt, da geladene Moleküle wie Glucose-6-phosphat Membranen nur schwer passieren können, und macht sie gleichzeitig für nachfolgende chemische Reaktionen handhabbar.

Glucose-6-phosphat liegt an einem Verzweigungspunkt im Stoffwechsel, der in Richtung Oxidation oder in Richtung Reservesubstanz führen kann. Die Oxidation von Glucose, die Atmung, (Abb. 1-8) findet in zwei Stufen statt. Die erste Stufe ist die Glykolyse, die bei Eukaryoten im Cytoplasma, gegebenenfalls auch in Abwesenheit von Sauerstoff (anaerob), abläuft. Die C_6-Einheit Glucose wird dabei in zwei C_3-Einheiten, zwei Moleküle Pyruvat gespalten. In der zweiten Stufe, der aeroben Atmung, wird Pyruvat im Citronensäure-Zyklus (Krebs-Zyklus) zu Kohlendioxid und Wasser abgebaut. Bei Eukaryoten findet man die Enzyme des Krebs-Zyklus in den Mitochondrien, d. h. das Pyruvat muß zur weiteren Verwertung zunächst die Mitochondrienmembranen durchqueren. Ist Sauerstoff limitierender Faktor, wie z. B. in sich rasch kontrahierenden Muskeln oder in anaerob wachsenden Hefezellen, so wird der Citronensäure-Zyklus außer Funktion gesetzt, und die aus Glucose gewinnbare Energie, gemessen in ATP-Molekülen, wird stark reduziert. Unter solchen Bedingungen müssen die Glykolyse-Produkte fortgeschafft werden, damit dieser Weg weiter funktionieren kann.

Beim Abbau von Glucose zu Pyruvat sind zwei Reduktionsschritte beteiligt, wobei zwei Reduktionsäquivalente auf oxidierendes NAD als Coenzym übertragen werden, das dabei reduziert wird. Wie viele Cofaktoren ist NAD nur in geringen Mengen in einer Zelle anzutreffen, und wenn die Glykolyse unter anaeroben Bedingungen weiter aktiv bleiben soll, muß daher nicht nur das Produkt Pyruvat entfernt, sondern auch die reduzierte Form von NAD ($NADH_2$) zu NAD reoxidiert werden. Unter aeroben Bedingungen kann $NADH_2$ seine Reduktionsäquivalente direkt an die Mitochondrien abgeben, wobei es unter Sauerstoff-Verbrauch oxidiert wird und drei ATP-Moleküle entstehen. In anaeroben Muskelzellen wird $NADH_2$ durch Pyruvat selbst reoxidiert, das dabei in Lactat verwandelt wird und in das Blut gelangt. Hefezellen decarboxylieren Pyruvat zunächst zu Acetaldehyd und reduzieren diesen anschließend mit $NADH_2$ zu Ethanol (dies ist die für die

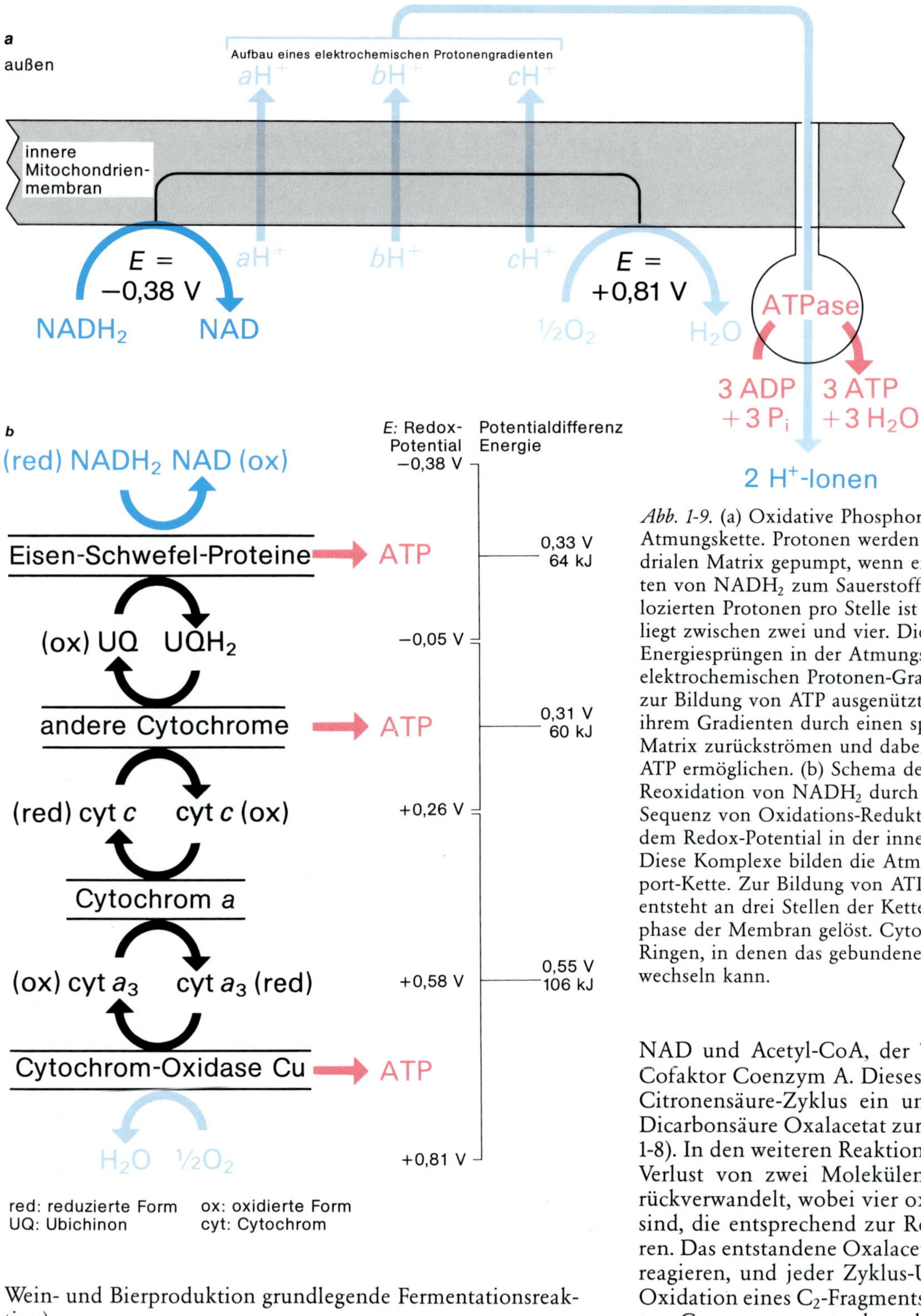

Abb. 1-9. (a) Oxidative Phosphorylierung durch die mitochondriale Atmungskette. Protonen werden an drei Stellen aus der mitochondrialen Matrix gepumpt, wenn ein Paar von Reduktionsäquivalenten von $NADH_2$ zum Sauerstoff gelangt. Die Anzahl der translozierten Protonen pro Stelle ist noch nicht eindeutig geklärt und liegt zwischen zwei und vier. Die „Stellen" entsprechen den Energiesprüngen in der Atmungskette. Die in dem entstehenden elektrochemischen Protonen-Gradienten enthaltene Energie wird zur Bildung von ATP ausgenützt, indem die Protonen entlang ihrem Gradienten durch einen speziellen Protein-Kanal in die Matrix zurückströmen und dabei die enzymatische Synthese von ATP ermöglichen. (b) Schema der Elektronentransport-Kette. Die Reoxidation von $NADH_2$ durch Sauerstoff geschieht durch eine Sequenz von Oxidations-Reduktions-Komplexen mit zunehmendem Redox-Potential in der inneren Mitochondrienmembran. Diese Komplexe bilden die Atmungskette oder Elektronentransport-Kette. Zur Bildung von ATP ausreichende freie Enthalphie entsteht an drei Stellen der Kette. Das Ubichinon ist in der Lipidphase der Membran gelöst. Cytochrome sind Proteine mit Häm-Ringen, in denen das gebundene Eisen zwischen Fe^{2+} und Fe^{3+} wechseln kann.

Wein- und Bierproduktion grundlegende Fermentationsreaktion).

Insgesamt liefert die Glykolyse unter anaeroben Bedingungen pro Molekül Glucose zwei Moleküle Lactat (oder je zwei Moleküle Ethanol und Kohlendioxid) und vier Moleküle ATP, von denen zwei zu Beginn des Wegs für Phosphorylierungen verbraucht werden. Unter aeroben Bedingungen kann das Pyruvat in den Mitochondrien oxidativ komplett abgebaut werden, wodurch die Ausbeute an ATP-Molekülen ganz erheblich gesteigert wird.

Um in den Citronensäure-Zyklus eingeschleust werden zu können, muß das Pyruvat zunächst oxidativ decarboxyliert werden. Dabei entsteht Kohlendioxid sowie $NADH_2$ aus NAD und Acetyl-CoA, der Thioester aus Acetat und dem Cofaktor Coenzym A. Dieses „aktivierte" Acetat tritt in den Citronensäure-Zyklus ein und verbindet sich mit der C_4-Dicarbonsäure Oxalacetat zur C_6 -Tricarbonsäure Citrat (Abb. 1-8). In den weiteren Reaktionen des Zyklus wird Citrat unter Verlust von zwei Molekülen Kohlendioxid zu Oxalacetat rückverwandelt, wobei vier oxidative Schritte eingeschlossen sind, die entsprechend zur Reduktion von Coenzymen führen. Das entstandene Oxalacetat kann erneut mit Acetyl-CoA reagieren, und jeder Zyklus-Umgang bedeutet praktisch die Oxidation eines C_2-Fragments zu Kohlendioxid. An reduzierten Coenzymen entstehen drei $NADH_2$-Moleküle und ein reduziertes Flavin-adenin-dinucleotid ($FADH_2$). Deren Reoxidation verbraucht zwar Sauerstoff, liefert insgesamt jedoch 14 Moleküle ATP. Ein weiteres ATP-Molekül entsteht direkt im Citronensäure-Zyklus.

Zusammengenommen ist die vollständige aerobe Oxidation von Glucose in der Zelle mit der Bildung von 38 ATP-Molekülen gekoppelt. Da die chemische Verbrennung von einem Mol Glucose unter Standardbedingungen 2 900 Kilojoule liefert, kann man ausrechnen, daß etwa 70 % der in der Glucose steckenden Energie vorübergehend in ATP gespeichert wird.

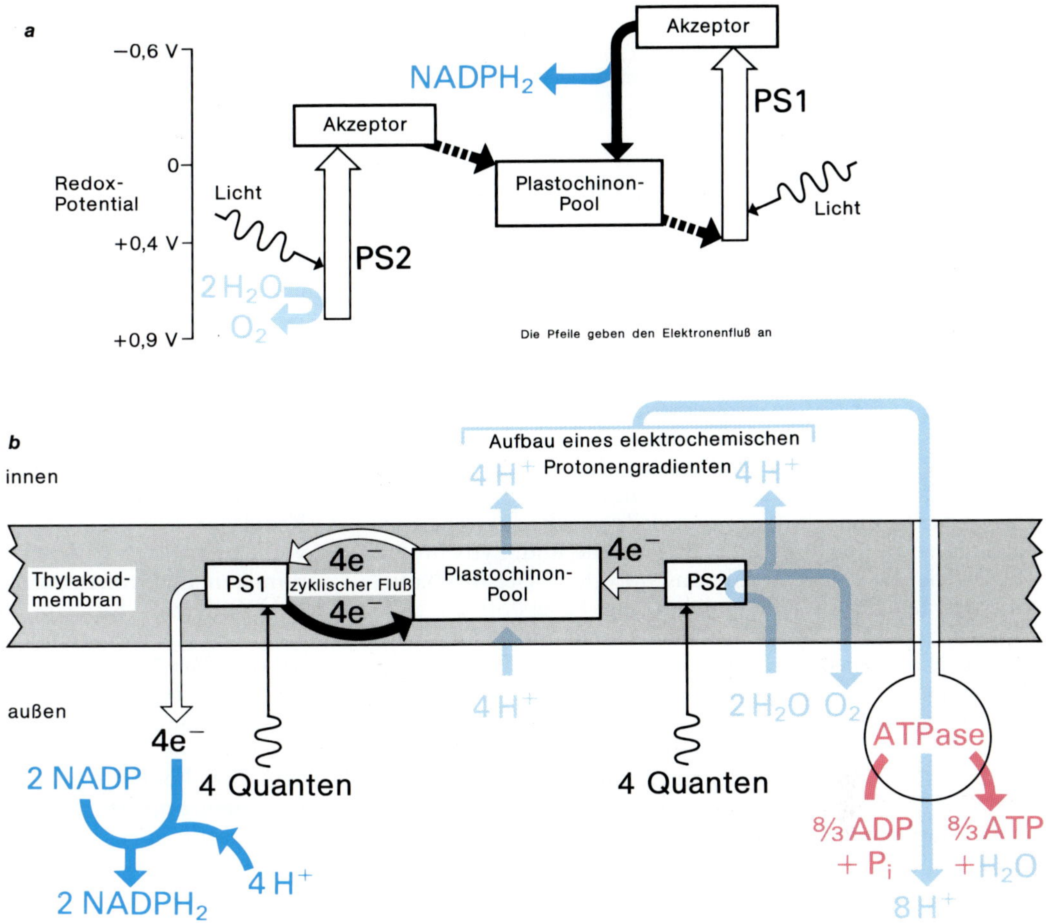

Abb. 1-10. (a) Z-Schema der Photosynthese. Der licht-getriebene Transfer von Elektronen vom Wasser zum NADP wird als nicht-zyklischer Elektronenfluß bezeichnet und ist durch die Bildung von Sauerstoff gekennzeichnet. Die beiden Photosysteme sind durch eine Kette von Oxidations-Reduktions-Komplexen verbunden, die die Elektronen vom reduzierten Akzeptor des Photosystems 2 zum Photosystem 1 übertragen. Das Plastochinon ähnelt dem mitochondrialen Ubichinon. (b) Transfer von Protonen während des lichtgetriebenen Elektronentransports und Rückfluß unter ATP-Bildung entsprechend der chemiosmotischen Hypothese. Durch den zyklischen Elektronenfluß können weitere Protonen transloziert und zusätzliches ATP gewonnen werden, ohne daß Sauerstoff und $NADPH_2$ entstehen.

Die Oxidation von Fetten

Auch Fette sind wichtige Energiequellen, insbesondere für Säugetiere. Fette der Nahrung werden ganz allgemein als Triacylglycerine (Fettsäureester des Glycerins) in Fettgeweben gespeichert. Sie können auch aus Acetyl-CoA aufgebaut werden, das aus Kohlenhydraten *via* Glykolyse entstanden ist. Bei erhöhter Konzentration des Hormons Insulin im Blut z. B. gelangt nicht das gesamte Acetyl-CoA in den Citronensäure-Zyklus, sondern kann aus den Mitochondrien in das Cytoplasma transportiert werden, wo Fettsäuren und anschließend Triacylglycerine entstehen. Freie Fettsäuren werden nicht gespeichert, da sie toxisch sind.

Bei der Fett-Mobilisierung werden freie Fettsäuren aus dem Fettgewebe an das Blut abgegeben, binden sich dort an bestimmte Proteine und gelangen zu den Geweben, in denen sie abgebaut werden. Die meisten Fettsäuren enthalten 16 oder 18 C-Atome. In den Mitochondrien werden sie von einem Ende her in C_2 -Fragmenten gespalten und in Acetyl-CoA überführt, das dann zur Oxidation im Citronensäure-Zyklus zur Verfügung steht. Bei der Bildung eines Acetyl-CoA aus einer -CH_2-CH_2-Gruppe in einer Fettsäure werden NAD und FAD zu $NADH_2$ und $FADH_2$ reduziert, deren Reoxidation durch Sauerstoff fünf ATP-Moleküle pro Acetyl-CoA einbringt. Da die Oxidation von Acetyl-CoA im Citronensäure-Zyklus selbst 12 ATP-Moleküle liefert, stellen Triacylglycerine insgesamt ausgezeichnete Energiereserven dar. Ein Molekül Tripalmitoylglycerin (mit drei C_{16}-Säuren und einem C_3-Glycerin) ist ein Äquivalent für 410 ATP-Moleküle. Fette sind deshalb effizientere Energiereserven als Polymere der Glucose, weil ihre Kohlenstoffatome weniger oxidiert sind.

Die zentrale Rolle des Citronensäure-Zyklus im Stoffwechsel

Der Citronensäure-Zyklus ist der Angelpunkt im Stoffwechsel. Er vermag Kohlenhydrate und Fette nach Umwandlung in das allgemeine Intermediärprodukt Acetyl-CoA nach dem gleichen Schema zu oxidieren. Weiterhin resultieren aus dem Abbau von Aminosäuren manche Moleküle, die in den Zyklus eingeschleust werden. Er ist außerdem nicht nur mit Aufgaben des Katabolismus betraut, denn etliche seiner Zwischenprodukte dienen als Biosynthese-Vorstufen, besonders für die Bildung von Aminosäuren und Häm-Ringen, und das Citrat selbst kann die Acetyl-Gruppe aus den Mitochondrien in das Cytoplasma zur Synthese von Fettsäuren transportieren. Diese zweifache Rolle scheint auch eine problematische Seite zu haben: wenn Intermediate des Zyklus für Synthesen abgezweigt werden, können sie nicht mehr Oxalacetat ergeben und damit nicht mehr die weitere Oxidation von Acetyl-CoA-Molekülen aufrechterhalten. Der ganze Zyklus würde dadurch unterbrochen werden. Diese Schwierigkeit wird durch die Existenz anderer Reaktionen umgangen, die direkt den Nachschub von Oxalacetat ermöglichen und dadurch den Zyklus in Gang halten. Ein wichtiges Beispiel hierfür ist die Synthese von Oxalacetat aus Pyruvat und CO_2 (Abb. 1-8).

Die Bildung von ATP: Atmungskette und oxidative Phosphorylierung

Die Oxidation reduzierter Cofaktoren wie $NADH_2$ durch Sauerstoff läßt eine große Menge von Energie freiwerden. Um eine wirkungsvolle Kopplung dieser Oxidation mit der Synthese von ATP zu gewährleisten, geschieht diese Reaktion innerhalb der Atmungskette in einer Reihe diskreter Schritte (Abb. 1-9). Bei jedem Schritt reduziert ein Intermediat unter eigener Oxidation das nächste Glied der Kette, wobei die Intermediate in der Kettenabfolge zunehmend bessere Oxidantien sind, bis schließlich die Kette bei molekularem Sauerstoff, der zu Wasser reduziert wird, endet. Zu den Gliedern der Atmungskette gehören der initiierende Cofaktor $NADH_2$, Flavoproteine und Chinone mit jeweils zwei Reduktionsäquivalenten sowie Nicht-Häm-Eisen-Proteine und Cytochrome mit jeweils nur einem Reduktionsäquivalent. Der Mechanismus der Reduktion von molekularem Sauerstoff zu zwei Molekülen Wasser – wozu vier Reduktionsäquivalente benötigt werden – ist ein wichtiges noch ungelöstes Problem der Biochemie.

Alle Komponenten der Atmungskette liegen bei Eukaryoten an der Oberfläche oder innerhalb der inneren Mitochondrienmembran und bei Bakterien an und in der Plasmamembran. Der Mechanismus der oxidativen Phosphorylierung, bei der die hintereinander geschalteten Oxidations-/Reduktions-Reaktionen in die Synthese von ATP umgesetzt werden, anstatt als Wärme verloren zu gehen, wird am besten durch die von P. Mitchell aufgestellte chemiosmotische Hypothese erklärt (Abb. 1-9). Während der Passage von Reduktionsäquivalenten entlang der Kette werden Protonen (natürlich hydratisiert in wässriger Lösung) durch die innere Mitochondrienmembran nach außen gepumpt. Dadurch bilden sich ein chemischer Protonengradient und ein elektrischer Gradient, da die Protonen eine positive elektrische Ladung tragen; zusammen bilden sie einen Energiespeicher ähnlich wie eine elektrische Batterie. Die Protonen können durch die Membran über einen Enzymkomplex zurückfließen, der diejenige Energie zur Bildung von ATP aus ADP und anorganischem Phosphat ausnützt, die durch die sich entlang ihres elektrochemischen Gradienten bewegenden Protonen frei wird. Dieser Enzymkomplex ist eine ATP-Synthase, wird aber oft irreführend auch ATPase genannt. Ein Zurückfließen von Protonen an anderen Stellen durch die Membran würde zwar die Atmung weiterlaufen lassen, koppelt aber die Phosphorylierung von ihr ab.

Photosynthese

Die Absorption und Verwertung von Licht

Grüne Pflanzen nutzen in der Photosynthese die Energie des Sonnenlichts aus, um Reaktionen durchzuführen, die als Umkehr der Atmung erscheinen. Bei der Atmung werden Zukker und Sauerstoff in Kohlendioxid und Wasser verwandelt, während die Photosynthese atmosphärisches Kohlendioxid zu Kohlenhydrat reduziert, wobei der aus Wasser entstehende Sauerstoff in die Atmosphäre abgegeben wird. Die Mechanismen der beiden Vorgänge sind jedoch sehr verschieden. Eine Übertragung von vier Reduktionsäquivalenten pro entlassenem Sauerstoffmolekül oder fixiertem Kohlendioxidmolekül ist erforderlich.

Das primäre photochemische Ereignis, die Lichtreaktion, besteht in einer Ladungstrennung im Chlorophyllmolekül. Die Absorption eines Lichtquants führt zur Anregung eines Elektrons im Chlorophyll und, innerhalb von Picosekunden (10^{-12} Sekunden), zu seinem Transfer auf einen Primärakzeptor, wodurch das Chlorophyll oxidiert wird. Alle nachfolgenden Reaktionen sind vom Licht unabhängig, einschließlich der Bildung von ATP und $NADPH_2$, die die assimilatorische Energie für die biochemische Kohlenstoff-Fixierung liefern. Die Reduktion des oxidierten Chlorophylls hat die Entstehung von Sauerstoff aus Wasser zur Folge und die Reoxidation des primären Elektronenakzeptons letztlich die Reduktion von NADP. Dieses Konzept einer primären photochemischen Trennung von oxidierenden und reduzierenden Agentien entwickelte Van Niel in den zwanziger Jahren, und es bildete die Grundlage für die moderne Forschung.

Die Pigmentmoleküle (verschiedene Chlorophylle und akzessorische Pigmente wie die gelben Carotinoide) sind in den Thylakoiden der Chloroplasten in photosynthetischen Einheiten organisiert und umfassen Antennenregionen, die Licht absorbieren, sowie Reaktionszentren, an die die absorbierte Lichtenergie weitergeleitet wird. Die Chlorophyllmoleküle in den Reaktionszentren liegen in einer besonderen Umgebung, und nur diese werden durch den Transfer eines angeregten Elektrons auf einen Akzeptor oxidiert.

Die quantitative Beziehung zwischen der aus Licht verfügbaren Energie und der für die Assimilation von Kohlendioxid und die Sauerstoff-Entwicklung benötigten Energie gibt Hinweise auf den möglichen Mechanismus der Photosynthese. Grüne Pflanzen verwenden Licht zwischen etwa 400 nm (blau) und 700 nm (rot) Wellenlänge, während manche photosynthetische Bakterien noch infrarotes Licht bis etwa 1100 nm ausnützen können. Ein einzelnes Lichtquant der Wellenlänge 680 nm, das nahe beim Absorptionsmaximum des Chlorophylls liegt, enthält eine Energie von $2{,}9 \times 10^{-19}$ Joule und ein Mol dieser Quanten 175 Kilojoule. Die Assimilation von einem Mol Kohlendioxid und die Produktion von einem Mol Sauerstoff erfordert 470 Kilojoule, und wenn vier Rotlichtquanten pro Molekül dafür ausreichten, würde der Prozeß eine Effizienz von 67 % haben. Man nimmt jedoch an, daß acht oder zehn Quanten benötigt werden, was eine realistischere Energieausbeute im Hinblick auf die große Zahl von „Dunkelreaktionen" bedeutet, die den primären Lichtreaktionen folgen. Die Vorstellung von acht Lichtquanten pro Sauerstoffmolekül kann in Experimenten belegt werden, die Lichtblitze von genügend kurzer Dauer verwenden, um die Photosynthese nur einen Durchgang lang arbeiten zu lassen. Da die Ladungstrennung, die in einem einzigen Photosystem induziert wurde, nicht ausreicht, um ein Reduktionsäquivalent von Wasser auf NADP zu übertragen, ist wohl eine etwas differenziertere Vorstellung nötig.

In grünen Pflanzen und Cyanobakterien arbeiten zwei verschiedene Lichtreaktionen in zwei getrennten Photosystemen in parallel geschalteten Quantenvorgängen zusammen, um diese Energielücke zu überbrücken (Abb. 1-10). In den sogenannten photosynthetischen Bakterien jedoch werden stärkere Reduktionsmittel als Wasser verwendet (z. B. Schwefelwasserstoff oder Wasserstoff selbst); Sauerstoff entsteht hierbei nicht, und eine einzige Lichtreaktion genügt.

Das Photosystem 2 der grünen Pflanzen arbeitet mit Licht von Wellenlängen unter 680 nm und liefert eine stark oxidierende Verbindung ($P680^+$), die aus Wasser Sauerstoff freisetzen kann, und einen relativ schwachen Reduktanten. Das Photosystem 1 kann längerwelliges Licht ausnützen und läßt eine relativ schwach oxidierende Verbindung enstehen ($P700^+$), jedoch einen starken Reduktanten, der letztlich NADP reduziert. P680 und P700 entsprechen Chlorophyllmolekülen in besonderer Umgebung innerhalb der Reaktionszentren; sie sind nach der Wellenlänge ihrer Absorptionsmaxima benannt. Die beiden Photosysteme werden durch eine Kette von Redox-Molekülen verbunden, über die in einem freiwillig ablaufenden Dunkel-Prozeß der schwache Reduktant im Photosystem 2 die schwach oxidierende Verbindung im Photosystem 1 reduziert. Es werden also zwei Lichtquanten verbraucht, um Reduktionsäquivalente vom Wasser zum NADP zu führen, was von einer Sauerstoff-Entwicklung begleitet ist. Dieses sogenannte Z-Schema ist in Abbildung 1-10 gezeigt; die zentrale Kette von Redox-Verbindungen ähnelt der Atmungskette in den Mitochondrien (Abb. 1-9).

Wie in Mitochondrien ist an den Elektronenfluß vom Photosystem 2 über die Redox-Kette zum Photosystem 1 eine Protonenbewegung durch die Membran gekoppelt, in diesem Fall aus dem Stroma hinaus und in den Thylakoid-Binnenraum hinein. Während der Umwandlung von zwei Molekülen Wasser in Sauerstoff werden die entstehenden Protonen ebenfalls in die Thylakoide verlagert. Der entstandene Protonengradient wird dann wieder über eine ATP-Synthase in die Bildung von ATP umgesetzt. Die Stöchiometrie dieses Schemas besagt, daß acht Lichtquanten für jedes entstehende Sauerstoffmolekül absorbiert werden, wobei zwei Moleküle $NADPH_2$ gewonnen und acht Protonen in den Thylakoid-Binnenraum verlagert werden, was wiederum die Synthese von 2 ⅔ Molekülen ATP erlaubt, da für jedes gebildete ATP drei Protonen durch die ATP-Synthase zurückfließen müssen. Nach dieser Stöchiometrie wird die Lichtenergie (bei 680 nm) mit einer Effizienz von 38 % in $NADPH_2$ und ATP umgesetzt. Da die Fixierung eines Kohlendioxidmoleküls im Calvin-Zyklus (s. unten) drei ATP-Moleküle und zwei $NADPH_2$-Moleküle benötigt, scheint ein Defizit an ATP zu bestehen. Dieses Defizit kann durch den sogenannten zyklischen Elektronentransport des Photosystems 1 ausgeglichen werden, bei dem zwar ATP, jedoch weder $NADPH_2$ noch Sauerstoff gebildet werden.

Die Assimilation von Kohlendioxid

Kohlendioxid wird im Stroma der Chloroplasten über einen reduktiven Weg, den sogenannten Calvin-Zyklus (Abb. 1-11), fixiert. Schlüsselenzym darin ist die Ribulosebisphosphat-Carboxylase (Rubisco), die Kohlendioxid an Ribulosebisphosphat anfügt. Das C_6-Produkt ergibt unmittelbar zwei C_3-Fragmente, zwei Moleküle 3-Phosphoglycerat. Jedes der beiden Phosphoglycerate wird unter $NADPH_2$- und ATP-Verbrauch zu Glycerinaldehyd-3-phosphat reduziert, und fünf von jeweils sechs dieser Moleküle werden in einer Reaktionssequenz zu drei Molekülen Ribulose-5-phosphat umgebaut, die unter ATP-Verbrauch schließlich wieder Ribulosebisphosphat ergeben. Insgesamt werden also für jedes fixierte Kohlendioxid zwei $NADPH_2$ und drei ATP verbraucht. Das sechste, nicht fixierte Glycerinaldehyd-3-phosphat repräsentiert sozusagen die drei fixierten Kohlendioxid-Moleküle und gelangt in das Cytoplasma, wo es weiter metabolisiert und hauptsächlich zum Aufbau von Saccharose eingesetzt wird. Saccharose wird zur Versorgung anderer Pflanzenteile aus dem Blatt exportiert (s. Kap. 2.2). Chloroplasten selbst sind auch sehr vielseitig in ihren Syntheseleistungen, das als 3-Phosphogylcerat fixierte Kohlendioxid wird in eine große Zahl von Verbindungen, darunter Aminosäuren und Fettsäuren, eingebaut.

Die Rubisco ist das häufigste Protein auf der Erde und macht etwa 50 % des gesamten Blattproteins aus. Das liegt daran, daß dieses Enzym sehr ineffektiv ist und eine geringe Affinität zu seinem Substrat Kohlendioxid im Verhältnis zu dessen Konzentration in der Atmosphäre hat. Diese Menge wird offenbar benötigt, um genügend Kohlendioxid fixieren zu können. Eine wichtige Pflanzengruppe, die sogenannte C_4-Pflanzen (s. Kap. 2.2), sind gut an hohe Temperaturen und starkes Sonnenlicht adaptiert und haben einen Mechanismus entwickelt, Kohlendioxid in besserer Ausbeute zu binden. Das Kohlendioxid wird zunächst in Mesophyllzellen nahe der Blattoberfläche durch die Phosphoenolpyruvat-Carboxylase fixiert, ein Enzym, das hohe Affinitäten zu seinem Substrat besitzt. Nach Transport der Produkte in die Bündelscheidenzellen wird das Kohlendioxid wieder freigesetzt, und zwar in so hohen Konzentrationen, die den Eigenschaften der dortigen Rubisco entspricht. In manchen C_4-Pflanzen besitzen die Chloroplasten in den Bündelscheidenzellen kein Photosystem 2, sie führen also nur die zyklische Phosphorylierung durch und entwickeln daher keinen Sauerstoff, der einen Inhibitor der Rubisco darstellt. Dies erlaubt eine erhöhte Fixierungsausbeute.

Biosynthese-Mechanismen

Die Biosynthese kleiner Moleküle

Grüne Pflanzen sind autotroph, d. h. sie können alle ihre eigenen Konstituenten selbst aufbauen, wenn Licht, Kohlendioxid, Wasser und anorganische Salze wie Nitrate und Phosphate zur Verfügung stehen. Viele Mikroorganismen sind ebenfalls bemerkenswert vielseitig und können mit einfachen Molekülen als Kohlenstoff-Quelle leben; die zentralen Stoffwechselwege der Glykolyse und ähnlicher Zuckerumwandlungen sowie des Citrat-Zyklus liefern dann Ausgangsprodukte für viele weitere komplizierte Wege. Im Gegensatz dazu können und müssen die Tiere von anderen Organismen leben und sind biosynthetisch weniger vielseitig. Man bezeichnet sie als heterotroph. Insbesondere vermögen sie nicht, viele aromatische und verzweigtkettige Kohlenstoffverbindungen zu syn-

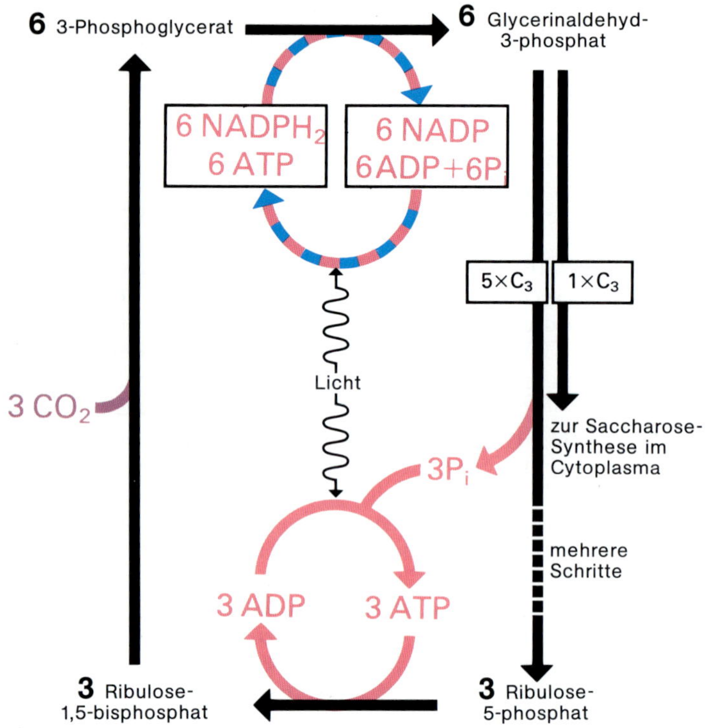

Abb. 1-11. Schema des Calvin-Zyklus. Kohlendioxid wird im Stroma der Chloroplasten assimiliert, wobei aus Ribulosebisphosphat plus Kohlendioxid zwei Moleküle 3-Phosphoglycerat entstehen. Das Schema zeigt, daß von drei fixierten CO_2-Molekülen zwei zur erneuten Bildung von Ribulosebisphosphat verwendet werden und nur eins tatsächlich als fixierter Kohlenstoff gewonnen wird. Die benötigte Energie in Form von ATP und $NADPH_2$ entsteht während den Lichtreaktionen (Abb. 1-10).

thetisieren. Die Vorstufen vieler Cofaktoren wie NAD müssen daher als Vitamine in der Nahrung enthalten sein. Die Abhängigkeit von den biosynthetischen Fähigkeiten anderer Organismen erstreckt sich dabei auch auf manche Aminosäuren und bestimmte ungesättigte Fettsäuren.

Die Biosynthese von Polymeren

Charakteristisch für den Aufbau der verschiedenen Polymere, die in lebenden Systemen vorkommen, ist die Verwendung aktivierter monomerer Bausteine, die die monomere Einheit in einer freiwillig ablaufenden Reaktion an einen Rezeptor weitergeben, sei es an das Polymere selbst oder an eine Struktur, an dem das Polymere entsteht. Für die Synthese der aktivierten Vorstufen wird die Energie von ATP oder ähnlicher Verbindungen ausgenutzt.

Als Beispiel soll im folgenden der Aufwand von Energie und Information zur Synthese von Glykogen betrachtet werden. Glykogen ist ein häufig, aber zufallsgemäß verzweigtes Polymeres der Glucose und wird in Leber und Muskel als Kurzzeitspeicher für Energie und Kohlenstoff verwendet. Die Monomeren der α-D-Glucose (eines besonderen Stereoisomers der Glucose) sind über ihre Kohlenstoffatome 1 und 4 verbunden, und etwa alle 12 Untereinheiten findet man eine Verzweigung über eine α-(1→6)-Bindung.

Die Knüpfung einer α-(1→4)-Bindung durch einfache Addition von Glucose zu Glykogen unter Eliminierung von Wasser ist energetisch nicht möglich, da das Gleichgewicht der Reaktion weit auf Seiten der Hydrolyse von Glykogen liegt. Daher wird die aktivierte Form der Glucose, Uridindiphosphatglucose (UDPGlc) als Donor verwendet. Deren Synthese erfordert Glucose, Energie in Form von ATP und ein verwandtes Nucleotid, UTP, in dem die Base Adenin durch Uracil ersetzt ist. UDPGlc kann dann mit Glykogen reagieren und fügt seinen Glucose-Rest an das nicht-reduzierende Ende des Glykogenpolymers unter Freisetzung von Uridindiphosphat (UDP). Das entstandene UDP wird durch ATP zu UTP rephosphoryliert, so daß insgesamt zwei energiereiche Phosphatbindungen verbraucht werden, um die Anfügung eines Glucose-Rests an Glykogen energetisch zu ermöglichen.

Es gibt in der Zelle eine sehr aktive Pyrophosphatase, und da die Spaltung eines anorganischen Pyrophosphats in zwei Phosphate viel Energie freisetzt, verläuft diese Reaktion irreversibel. Dies begünstigt jede Reaktion, bei der Pyrophosphat frei wird, wie das auch bei der Bildung von UDPGlc aus UTP und Glucose-1-phosphat der Fall ist.

Ein Verzweigungsenzym bewirkt die Verzweigungen im Glykogen, indem es eine kurze Kette (1→4)-verbundener Reste vom wachsenden Ende auf einen nahen internen Glucose-Rest überträgt; dabei bleibt die bei der Lösung der (1→4)-Bindung frei werdende Energie zur Knüpfung der (1→6)-Bindung erhalten. Die Spezifität von nur zwei Enzymen reicht also aus, um die charakteristische Struktur des Glykogens zu gewährleisten. Ganz allgemein resultiert die Sequenz und das Verzweigungsmuster auch bei komplizierteren Polysacchariden mit verschiedenen Monomeren aus der Spezifität der beteiligten Enzyme.

Nucleinsäuren und Proteine werden ebenfalls aus aktivierten Vorstufen, den Nucleosidtriphosphaten bzw. Aminoacyl-Transfer-RNAs zusammengebaut, aber im Gegensatz zur Situation bei den Polysacchariden wird hier die Information für Sequenz und Art der Monomeren durch eine Matrize *(Template)* festgelegt: durch DNA für die Synthese von Nucleinsäuren, durch Boten-RNA für die Synthese von Proteinen (s. Kap. 3.1). Proteine können allerdings nach ihrer Synthese noch modifiziert und z. B. durch sequentielles Anhängen von verschiedenen Zucker-Resten (ohne *Template)* in Glykoproteine umgewandelt werden. Viele Proteine, besonders solche der Zelloberfläche, sind Glykoproteine.

Stoffwechselumsatz (Turnover) von Makromolekülen

Makromoleküle bleiben nicht für immer erhalten. Die Konzentration eines bestimmten Proteins beispielsweise wird festgelegt durch das Verhältnis von seiner Biosynthese und seinem Abbau durch proteinolytische Enzyme. Sogar die DNA, die bisher als äußerst stabiles Molekül angesehen worden ist, kann einer Umordnung von Sequenzen und der Reparatur von Schadstellen unterworfen sein. Der *Turnover* der Proteine erhöht die Möglichkeiten einer Zelle, die Menge eines bestimmten Enzymes als Antwort auf Kontrollsignale zu verändern, und auch Synthese- und Abbaugeschwindigkeiten können moduliert werden. Das ist besonders für die vielzelligen Eukaryoten wichtig; die meisten ihrer Zellen teilen sich nicht, so daß sie nicht wie Bakterien ein unerwünschtes Enzym über mehrere Generationen einfach ausdünnen können. Proteine zeigen unterschiedliche *Turnover*-Zeiten, beide Vorgänge, die Selektivität des Proteinabbaus und die Kontrolle seiner Geschwindigkeit, sind jedoch bisher kaum verstanden. Die unterschiedlichen Stabilitäten der verschiedenen Boten-RNAs kann man sich bisher noch weniger erklären. Merkwürdigerweise zeigt auch die Fettreserve im Fettgewebe von Säugetieren einen schnellen metabolischen *Turnover.*

Strategien der Stoffwechselregulation

Der Fluß von Metaboliten durch einen bestimmten Stoffwechselweg muß einer Kontrolle unterliegen, z. B. die Aufteilung von Kohlenhydraten aus der Nahrung für eine Glykogenreserve und für die Glykolyse oder die Kanalisierung des aus Glucose entstandenen Acetyl-CoA in den Citronensäure-Zyklus und die Fettsäuresynthese. Häufig werden Stoffwechselwege an Verzweigungspunkten reguliert, und man findet daher auch oft die geschwindigkeitsbestimmenden Enzyme eines Wegs an solchen Punkten. Jede Änderung der katalytischen Aktivität dieser Enzyme verändert auch den Fluß durch den gesamten Weg. Geschwindigkeitsbestimmende Enzyme werden dabei oft durch kleine Moleküle aktiviert oder inhibiert, die an das Enzym binden und es damit in seiner katalytischen Aktivität beeinflussen. Die sogenannte Endprodukt-Hemmung *(Feedback*-Hemmung) ist besonders häufig: z. B. hemmt Citrat die Glykolyse an ihrem geschwindigkeitsbestimmenden Schritt, den die Phosphofructokinase katalysiert (Abb. 1-8). Die Verhältnisse von ADP zu ATP und von Adenosinmonophosphat (AMP) zu ATP sind ebenfalls wichtige metabolische Signale; hohe Werte zeigen einen Energiebedarf an und aktivieren z. B. die Phosphofructokinase und steigern damit den Fluß durch die Glykolyse sowie die Produktion von ATP. Umgekehrt vermindern hohe ATP-Konzentrationen die Aktivität energieliefernder Wege.

Regulatorische Enzyme können auch rasch zwischen aktiver und inaktiver Form durch Bindung oder Verlust einer kovalenten Gruppe, wie einer Phosphat-Gruppe, wechseln, oft als indirekte Antwort auf ein Hormonsignal. Das führt dann zu großen Veränderungen von Aktivitäten. Der Abbau von Fett-und Kohlenhydrat-Depots, der durch die Hormone Glucagon und Adrenalin stimuliert wird, unterliegt weitgehend einem solchen Kontrollmechanismus; das Hormon induziert die Zunahme eines intrazellulären „sekundären Botenmoleküls", das die Phosphorylierung und damit Aktivierung der Glykogen und Fett abbauenden Enzyme stimuliert. Über längere Zeiträume (Stunden oder Tage) wird die Anzahl der betreffenden Proteinmoleküle durch Veränderung ihrer Synthese- bzw. Abbauraten reguliert, oft ebenfalls als Antwort auf Hormonsignale und Veränderungen im Nahrungsangebot.

Die Kompartimentierung der eukaryotischen Zelle bietet günstige Gelegenheiten für eine Regulation. Beispielsweise geschieht die Oxidation von Fettsäuren in Tieren in den Mitochondrien, während ihre Synthese im Cytoplasma abläuft. Doch die Vorstufe der Fettsäuren, Acetyl-CoA, wird wiederum in den Mitochondrien hergestellt, und Fettsäuren, die aus dem Blutstrom zum Abbau in eine Zelle gelangen, müssen durch das Cytoplasma transportiert werden. Um ein sinnloses Umlaufen von Material zu verhindern, ist es nötig, daß für Oxidation und Synthese jeweils ein ganzer Satz an Enzymen aktiviert und ein anderer inhibiert wird. Daneben müssen auch Bewegungen von Vorstufen und Endprodukten durch Membranen stattfinden. Da diese Transporte durch Membranproteine katalysiert werden, ergeben sich weitere Möglichkeiten der Kontrolle analog zur Enzymkontrolle. So wird die Aufnahme von Fettsäuren in die Mitochondrien durch Malonyl-CoA inhibiert, das nur dann im Cytoplasma in höheren Konzentrationen auftritt, wenn Fettsäuren dort synthetisiert werden. Im allgemeinen unterliegen die Abbau- und Synthesewege für eine bestimmte Klasse von Molekülen einer reziproken Kontrolle, so daß nur einer dieser Wege unter bestimmten physiologischen Bedingungen dominierend ist.

1.4 Zellphysiologie und Biophysik

In diesem Abschnitt werden einige physikalische Eigenschaften eukaryotischer Zellen, grundlegende physiologische Vorgänge und die Möglichkeiten der interzellulären Kommunikation zur Koordinierung der Aktivitäten einzelner Zellen behandelt.

Biophysikalische Eigenschaften der Biomembranen

Fast alle physiologischen Vorgänge hängen von Membranen ab. Wie die Plasmamembran die Zelle von ihrer Umgebung abschirmt, so trennen in der eukaryotischen Zelle Membranen verschiedene intrazelluläre Kompartimente, und bestimmte chemische Verbindungen können dort konzentriert werden, wo Bedarf besteht. Membranen enthalten auch eine Reihe von Enzymen, die am zellulären Metabolismus beteiligt sind. Die physikalischen und chemischen Eigenschaften von Membranen sind an ganzen Zellen sowie an Vesikeln, die durch Zentrifugationstechniken aus Zellhomogenaten gewonnen wurden, eingehend untersucht worden.

Über die Plasmamembran tierischer Zellen weiß man inzwischen am meisten, jedoch sind wohl prinzipiell alle Biomembranen nach dem gleichen Schema – Lipiddoppelschicht plus darin enthaltene Proteine – aufgebaut (s. Kap. 1.2). Obgleich das Verhältnis von Lipid zu Protein, die Art der Lipid- und Proteinmoleküle sowie die Festigkeit und Fluidität von Membran zu Membran stark variieren können, sind ihre allgemeinen Eigenschaften sicherlich nicht so sehr von denen der Plasmamembran tierischer Zellen verschieden.

Die Plasmamembran reguliert den Durchtritt von Substanzen in die Zelle hinein und aus der Zelle heraus. Ihre Permeabilität, d. h. ihre Durchlässigkeit für verschiedene Substanzen, kann leicht durch Messung der Aufnahme von radioaktiv markierten Verbindungen in eine Zellpopulation gemessen werden. Man fand, daß kleine, nicht-polare Moleküle, die in organischen Lösungsmitteln löslich sind, die Plasmamembran leicht passieren können, während polare, wasserlösliche Moleküle wie Zucker oder Aminosäuren sehr viel langsamer hindurchgelangen. Außerdem erwies sich, daß die Permeabilität von Membranen für wasserlösliche Verbindungen hoch selektiv ist. Anorganische Salze, die in Lösung als Ionen vorliegen, passieren Membranen kaum, und es gibt große Unterschiede in der Permeabilität für Ionen ähnlicher Größe und Ladung.

Zum Beispiel sind Muskelzellen generell leicht permeabel für Anionen, während alle Nervenzellen nahezu impermeabel für diese sind; und fast alle Membranen sind selektiv permeabel für Kalium-Ionen, fast 100 mal besser als für Natrium-Ionen, obgleich sich der Durchmesser der Ionen in hydratisierter Form nur um 30 % unterscheidet.

Die Erklärung für diese Beobachtungen ist, daß die Lipiddoppelschicht der Membranen für alle polaren Moleküle fast nicht passierbar ist. Derartige Verbindungen können eine Membran nur dann passieren (in beiden Richtungen), wenn spezielle Proteine durch die Lipiddoppelschicht hindurchragen. Diese Proteine sind in der Lage, wassergefüllte Poren oder Kanäle zu bilden, durch die Ionen hindurchgelangen. Solche Poren tragen häufig elektrische Ladungen an ihren Eingängen und haben dann geladene Aminosäure-Reste dort exponiert, so daß Ionen mit gegensätzlicher Ladung dorthin Affinitäten ausbilden können. Die Selektivität würde dann in der Ladung und in der Größe des Porenkanals liegen. Daß ein solcher Mechanismus grundsätzlich möglich ist, zeigen Experimente mit Peptid-Antibiotika wie Gramicidin, die sich in Membranen „hineinlösen", dort z. B. Poren bilden und damit eine selektive Permeabilität für bestimmte Ionen induzieren.

Die Bewegung von geladenen Ionen durch eine Membran läßt einen elektrischen Strom entstehen, so daß die Ionen-Permeabilität dieser Membran indirekt durch ihre Leitfähigkeit (oder durch die reziproke Größe, den Widerstand) gemessen werden kann. Die elektrischen Eigenschaften von Zellmembranen mißt man gewöhnlich durch Einführen einer oder mehrerer Mikroelektroden in die betreffende Zelle; dies sind Glaskapillaren mit einem Spitzendurchmesser von weniger als 1 µm, die mit einer konzentrierten Salzlösung (z. B. 3 molarer Kaliumchlorid-Lösung) als Leiter gefüllt sind. Messungen dieser Art sind an vielen Zellen wie Nervenzellen, Muskelzellen, Drüsenzellen und sogar Protozoen, durchgeführt worden. Ein Quadratzentimeter Zellmembran besitzt gewöhnlich einen Widerstand in der Größenordnung von einigen Tausend Ohm, d. h. den 10^6-fachen Wert einer gleich dicken Schicht einer Salzlösung. Durch ihre hydrophobe Lipiddoppelschicht sind Biomembranen also hervorragende Isolatoren. Membranen besitzen auch eine meßbare Kapazität, sie liegt in dem Bereich von 1 bis 2 $\mu F/cm^2$.

Biomembranen sind grundsätzlich fluide Strukturen: Obwohl die Lipidmoleküle in mehr oder weniger regelmäßiger Weise in einer Doppelschicht angeordnet sind, behalten sie eine gewisse laterale Beweglichkeit, so daß die in sie eingebetteten Proteine in der Ebene der Membran diffundieren und ihre molekulare Konformation unterschiedlichen Gegebenheiten anpassen können. Diese Fluidität ist entscheidend für das richtige Funktionieren der Membranproteine: Wenn beim Abkühlen von Zellen die Lipide kristalline Strukturen bilden, ist die Funktion vieler Membranproteine zumindest stark beeinträchtigt. Ein Merkmal der Adaptation von Organismen an ein Leben bei niedrigen Temperaturen ist der Einbau von mehr ungesättigten Fettsäuren in die Membranlipide. Mit ihren abgewinkelten Kohlenwasserstoffketten stören diese Fettsäuren die Packungsordnung der Lipidmoleküle und erniedrigen damit die Temperatur, bei der sich kristalline Strukturen ausbilden. Cholesterol und andere Sterole zeigen ähnliche Effekte und sind wichtige Konstituenten von Membranen.

Wegen ihrer Semifluidität ist die Plasmamembran flexibel und kann daher selbst nicht zur Gestalt einer Zelle beitragen. Viele Zellen besitzen deshalb ein Cytoskelett, das verschiedene Teile einer Zelle verbindet und für die Gestalt-Konstanz sorgt; auch auf die Verteilung der Proteine in der Plasmamembran hat es einen Einfluß. Die Plasmamembran der roten Blutzellen ist sehr robust und behält selbst dann ihre Form, wenn die Lipidbestandteile weitgehend entfernt sind, weil ein besonderes Membranskelett direkt unter ihr auf der Plasma-Seite liegt. Membranen sind dehnenden Kräften gegenüber weniger widerstandsfähig. Die Konzentration an gelösten Substanzen in tierischen Zellen ist daher auch der in den Körperflüssigkeiten sehr ähnlich. Andernfalls würden osmotische Kräfte die Zellen zum Platzen oder Kollabieren bringen. Pflanzenzellen bilden hier eine Ausnahme, da die Zellwände ein Schwellen verhindern; und der hydrostatische Druck innerhalb dieser Zellen, ihre Turgeszenz, ist häufig für die Gestalt der ganzen Pflanze mitverantwortlich. Manche Protozoen, die im Süßwasser leben, müssen Energie aufwenden, um den ständigen osmotischen Einfluß von Wasser auszugleichen. Wasser wird kontinuierlich durch ein besonderes Organell, die kontraktile Vacuole, aus der Zelle gepumpt.

Ionenpumpen

Obgleich die Plasmamembran Wasserströme nicht verhindern kann, gewährleistet ihre geringe Permabilität für Ionen, daß die Zelle ein internes ionales Milieu aufrechterhalten kann, das vom Außenmedium völlig verschieden ist. Fast alle tierische Zellen sind reich an Kalium Ionen und organischen Anionen und relativ arm an Natrium- und Chlorid-Ionen, während die extrazelluläre Flüssigkeit vor allem Natriumchlorid enthält. So bestehen verschiedene Ionengradienten über die Plasmamembran, die die Zelle wie eine Batterie als Energiequelle zum Import benötigter Verbindungen und zum Erhalt spezieller Prozesse wie des Aktionspotentials der Nervenzellen verwenden kann.

Die Konzentrationsgradienten von Ionen zusammen mit der selektiven Ionenpermeabilität der Zellmembran sind Ursache einer elektrostatischen Potentialdifferenz durch die Plasmamembran. Kalium-Ionen tendieren dazu, entlang ihrem Gradienten die Zelle zu verlassen, die Anionen in der Zelle sind jedoch organischer Natur und können die Membran nicht passieren. Natrium-Ionen können nur sehr langsam in die Zelle eindringen, da die Plasmamembran für Kalium-Ionen wesentlich durchlässiger ist als für Natrium-Ionen (anders ausgedrückt: Natrium-Ionen können die Kalium-Kanäle nicht benutzen). Sobald einige Kalium- Ionen die Zelle verlassen haben, erlangen die negativen Ladungen in der Zelle ein Übergewicht und „ziehen" Kalium-Ionen zurück in die Zelle. Wenn die elektrische Potentialdifferenz den Konzentrationsgradienten ausgleicht, geschieht keine Nettobewegung von Kalium-Ionen, das sogenannte Donnan-Gleichgewicht ist erreicht. Dann entspricht das elektrische Potential dem Gleichgewichtspotential für Kalium-Ionen und ist dem Logarithmus des Verhältnisses von externer zu interner Kalium-Ionen-Konzentration proportional.

Messungen mit Mikroelektroden haben gezeigt, daß alle Zellen dieses (innen negative) Ruhepotential besitzen, das von -20 mV (rote Blutzellen) bis -120 mV (bei der Alge *Chara)* reichen kann. Praktisch haben jedoch alle Membranen eine endliche Permeabilität auch für andere Ionen. Daher ist das Ruhepotential niemals so negativ, wie aufgrund der gemessenen externen und internen Kalium-Ionen-Konzentrationen zu erwarten ist, sondern es findet ein langsamer Ersatz der intrazellulären Kalium- durch Natrium-Ionen statt. Dies ist leicht in vergifteten Zellen zu beobachten und kann Minuten bis Stunden dauern, je nach Größe der Zellen. In gesunden Zellen wird dies durch eine energiegetriebene Natrium-Pumpe verhindert, die Natrium-Ionen gegen den elektrischen Gradienten und den Konzentrationsgradienten aus der Zelle bringt. Dieser aktive Transport wird durch einen Natrium-Kalium-Austausch erreicht, der zuerst in den Riesenzellen des Axons entdeckt und danach besonders gut in roten Blutzellen untersucht worden ist. Das Transportprotein hydrolysiert bei diesem Austausch ATP, es arbeitet jedoch nur dann, wenn Natrium-Ionen innen und Kalium-Ionen außen vorhanden sind. Der exakte Mechanismus, durch den die Hydrolyse von ATP mit dem spezifischen Ionen-Austausch gekoppelt wird, ist noch nicht genau bekannt. Das Protein bildet wahrscheinlich einen Kanal, dessen Konformation und Affinitäten für Ionen durch die ATP-Hydrolyse verändert werden. Man hat für diesen Transport eine merkwürdige Stöchiometrie gefunden: bei der Hydrolyse von 1 ATP werden 3 Natrium-Ionen aus der und 2 Kalium-Ionen in die Zelle transportiert. Das Resultat ist eine Netto-Abnahme von Kationen in der Zelle, die vielleicht den osmotischen Effekt von Nahrungsmolekülen ausgleichen mag und bei manchen Zellen eine meßbare Zunahme des elektrischen Potentials bewirkt, wenn die Pumpe aktiv ist. Die Natrium-Kalium-Pumpe kommt wahrscheinlich in allen tierischen Zellen vor, wurde in Pflanzenzellen jedoch bisher nicht gefunden.

Zellen müssen auch ihren Calcium-Ionen-Gehalt und ihren pH-Wert regulieren. Die intrazelluläre Konzentration an Calcium-Ionen ist für die Kontrolle vieler Stoffwechselwege wichtig und normalerweise sehr gering (weniger als 1 µmol/l). Um diese niedrige Konzentration gegen einströmende Calcium-Ionen aufrecht zu erhalten, verfügt die Zelle über eine Calcium-Pumpe. Auch dieses Transportprotein hydrolysiert, wenn in Aktion, ATP.

Die Regulierung des intrazellulären pH-Werts ist schwieriger und erfordert mehrere Ionen-Pumpen. Der Austausch von intrazellulären Chlorid-Ionen gegen extrazelluläre Hydrogencarbonat-Ionen ist daran beteiligt und sorgt gleichzeitig für einen niedrigen intrazellulären Chlorid-Gehalt, was für manche Nervenzellen wichtig ist. Ein aktiver Transport von Chlorid ist der Hauptmechanismus für die Sekretion von Salzsäure in den Magen; er ist auch bekannt für die Fische, die ihren Säure-/Basen-Ausgleich über die Kiemen regulieren. Pflanzenzellen beeinflussen ihren zellulären pH-Wert durch Exkretion von Protonen oder Hydroxyl-Ionen durch die Wurzeln und durch einen biochemischen Puffermechanismus, indem Kohlendioxid zur Senkung des pH-Werts in organischen Säuren fixiert wird oder diese Säuren zu seiner Hebung decarboxyliert werden.

Zusätzlich zu diesen allgemeinen Ionen-Pumpen kann man in vielen Geweben spezielle aktive Transportmechanismen finden. Die Epithelzellen der Speicheldrüsen, Schweißdrüsen, Nierentubuli und des Dickdarms transportieren Wasser, indem sie zunächst Ionen durch die Zellen pumpen. Der entstehende Gradient osmotischen Drucks läßt einen passiven Nachstrom von Wasser folgen; das Resultat ist ein Transport einer Salzlösung durch ein Epithel.

Zellen müssen Nahrungsstoffe wie Zucker und Aminosäuren aufnehmen können. Diese wird durch Kopplung an den Natrium-Ionengradienten erreicht. Glucose z. B. lagert sich an ein Membranprotein, das auch extrazelluläre Natrium-Ionen zu binden vermag; durch eine Konformationsänderung des Proteins gelangen beide, Glucose und Natrium-Ion, in die Zelle. Glucose kann gegen ihren Konzentrationsgradienten akkumuliert werden, da die zum Transport nötigen Natrium-Ionen sich mit ihrem Konzentrationsgradienten bewegen. Auf diese Weise wird die Wirkung der Natrium-Kalium-Pumpe, die Natrium-Ionen aus der Zelle befördert, indirekt für eine ganze Reihe anderer Transportprozesse ausgenutzt (diese Transportprozesse werden als sekundär aktiv bezeichnet, da direkt kein ATP, wohl aber der durch ATP-Verbrauch entstandene Natrium-Ionen-Gradient benötigt wird). In Pflanzenzellen steht für die gleichen Zwecke anstelle des Natrium-Ionengradienten ein Protonengradient zur Verfügung (s. Kap. 2.2).

Kommunikationen zwischen Zellen

Kommunikationen zwischen Zellen und Organen sind für das geordnete Funktionieren eines Organismus unumgänglich; sie können auf verschiedene Weise geschehen. Die augenfälligste und schnellste Möglichkeit ist bei Tieren durch das Nervensystem gegeben, wo die Eigenschaften der Plasmamembran und ihrer Ionen-Pumpe ausgenutzt werden, um elektrische Impulse über lange Fortsätze der Nervenzellen weiterzuleiten. Für Signale über kurze Strecken und für lange Dauer haben sich chemische Mechanismen entwickelt.

Die Nervenleitung

Botschaften im Nervensystem werden in Form einer Folge von identischen elektrischen Pulsen, den Nervenimpulsen oder Aktionspotentialen, weitergegeben, die sich mit einer Geschwindigkeit von 1 bis 100 m/s ausbreiten, je nach Größe der Nervenfaser. Aktionspotentiale können außerhalb der Nerven über ein paar Drähte und einen Verstärker registriert werden. In einem ganzen Nerven überlagern sich die Signale der einzelnen Fasern. Unter günstigen Umständen läßt sich eine einzelne Faser, das Axon einer Nervenzelle, isolieren

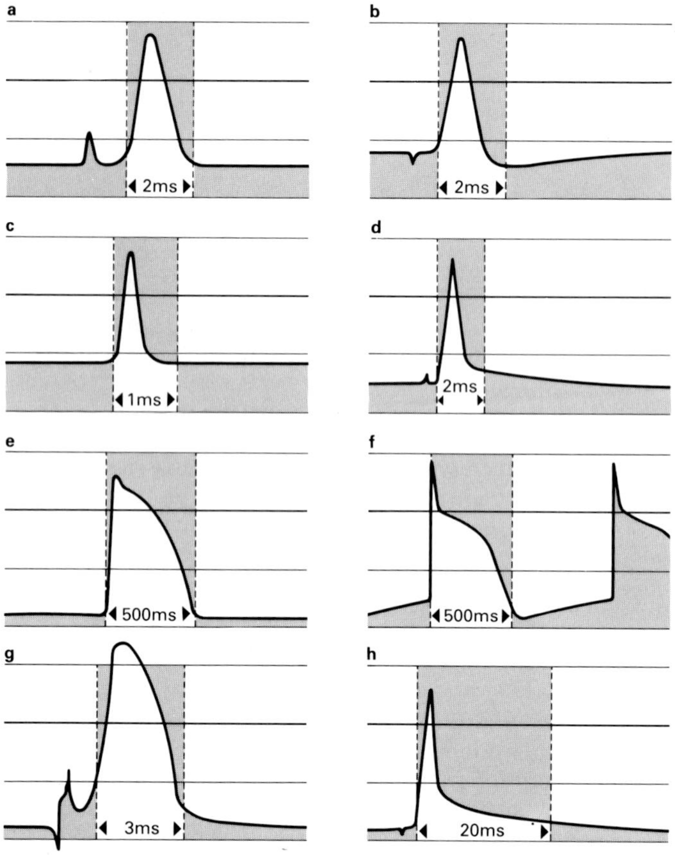

Abb. 1-12. Zelluläre Ruhe- und Aktionspotentiale. Die dicken, horizontalen Linien zeigen das Potential 0, die dünneren Linien darüber und darunter die Potentiale +50 mV bzw. −50 mV an. Die kleinen Potentiale vor den eigentlichen Aktionspotentialen sind durch die Stimulation bedingte Artefakte. (a) Axon des Tintenfischs *in situ* bei 8,5° C; (b) isoliertes Tintenfisch-Axon bei 12,5° C; (c) myelinisierte Faser einer Katze; (d) motorisches Neuron im Rückenmark einer Katze; (e) Herzmuskelfaser eines Froschs; (f) Purkinje-Faser im Herzen eines Schafs; (g) Elektroplatte im elektrischen Organ eines elektrischen Fischs *(Electrophorus electricus)*; (h) Muskelfaser im Sartorius-Muskel eines Froschs.

(Abb. 1-12). In große Nervenfasern (mit Durchmessern von 10 µm und mehr) können sogar Mikroelektroden eingeführt werden. Das negative Ruhepotential (-50 bis -70 mV) wird so meßbar. Die Elektrode zeichnet auch das Aktionspotential als eine vorübergehende Umkehr dieses Membranpotentials auf, die typischerweise 1 bis 2 ms dauert (Abb. 1-12). Manche Evertebraten besitzen außergewöhnlich große Nervenfasern, sogenannte Riesenaxone. Beim Tintenfisch hat das Riesenaxon einen Durchmesser von bis zu einem Millimeter, so daß Elektroden durch ein angeschnittenes Ende längs eingebracht werden können.

Im Ruhezustand ist die Axonmembran selektiv durchlässig für Kalium-Ionen. Wenn sie jedoch leicht depolarisiert wird, öffnen sich Kanäle für Natrium-Ionen. Natrium-Ionen fließen entlang ihrem Konzentrationsgradienten und dem elektrischen Gradienten ein und depolarisieren die Membran weiter, wodurch sie noch permeabler für diese Ionen wird, so daß das Membranpotential schnell zu positiven Werten umgekehrt wird und dadurch schließlich dem weiteren Einstrom von Natrium-Ionen entgegenarbeitet. Die Öffnung der Natrium-Kanäle ist jedoch nur vorübergehend, sie gehen sehr bald in einen inaktiven Zustand über. Gleichzeitig erhöht sich die Permeabilität der Membran für Kalium-Ionen. Entsprechend ihrem Konzentrationsgradienten verlassen sie die Zelle, und das Membranpotential geht in seinen innen negativen Ruhezustand zurück. Calcium-Ionen spielen bei den molekularen Abläufen dieser Permeabilitätsänderungen eine wichtige Rolle.

Das Aktionspotential hat die Eigenschaft, sich entlang der Nervenfaser fortzupflanzen. Der Einstrom von Natrium-Ionen erzeugt einen elektrischen Strom an der betreffenden Stelle des Axons. Dieser Strom breitet sich im Cytoplasma aus, verleiht benachbarten Regionen positive Ladungen und depolarisiert sie dadurch, was eine Erhöhung der Permeabilität der Membran für Natrium-Ionen zur Folge hat usw. Auf diese Weise breitet sich das Aktionspotential entlang des Axons aus, ohne seine Größe oder Gestalt zu ändern. Die Ausbreitungsgeschwindigkeit hängt davon ab, wie weit sich die lokalen Ströme ausdehnen; in dicken Axonen ist dies besser möglich, da der elektrische Widerstand in dickeren Cytoplasma-Zylindern geringer wird, so daß ein Aktionspotential schneller wandern kann. Deshalb haben manche Tiere Riesenaxone entwickelt, die schnelle Fluchtreaktionen ermöglichen.

In einem komplexen Nervensystem ist jedoch kein Platz für viele Riesenaxone. Die Wirbeltiere haben das Geschwindigkeitsproblem auf andere Weise gelöst; bei ihnen wird jedes Axon zusätzlich durch eine Myelinscheide isoliert, die aus zahlreichen, um das Axon spiralig aufgewundenen Membranlagen einer besonderen Zelle, der Schwannschen Zelle, besteht. Diese umgibt das Axon in seiner ganzen Länge bis auf regelmäßig vorkommende Lücken, die Ranvierschen Schnürringe. Der lokale Strom, der bei einem Aktionspotential auftritt, breitet sich gezwungenermaßen im Axon soweit aus, bis er den nächsten Schnürring erreicht, so daß das Aktionspotential sozusagen von einem zum nächsten Schnürring springt. Der Abstand zwischen den Schnürringen beträgt gewöhnlich etwa einen Millimeter, so wird die Ausbreitungsgeschwindigkeit erheblich erhöht. Zum Beispiel leitet eine myelinisierte Nervenfaser von 20 µm Durchmesser bei der Katze einen Impuls mit einer Geschwindigkeit von 100 m/s, während das Riesenaxon des Tintenfischs mit etwa 25facher Dicke nur auf 25 m/s kommt. Mit Ausnahme der dünnsten Nervenfasern besitzen alle Fasern bei den Wirbeltieren eine Myelinscheide. Ihre weiße Farbe gibt dem Rückenmark und den inneren Regionen des Gehirns ihr fahles Aussehen. Verschiedene Krankheiten, wie z. B. die multiple Sklerose, sind von einer Zerstörung der Myelinscheiden begleitet, was zu schlimmen Konsequenzen führt.

Die Frequenz, mit der Aktionspotentiale in einem Axon aufeinander folgen können, hängt davon ab, wie schnell die inaktivierten Natrium-Kanäle nach Wiederherstellung des Ruhepotentials erneut aktiviert werden können. Solange die Natrium-Kanäle geschlossen sind, kann kein weiteres Aktionspotential entstehen (Refraktärzeit). Eine maximale Frequenz von 200 Impulsen pro Sekunde ist bei den meisten Wirbeltier-Axonen möglich. Die Nervenzellen der Gehörorgane und die mancher elektrischer Fische kommen sogar auf 1200 Impulse pro Sekunde.

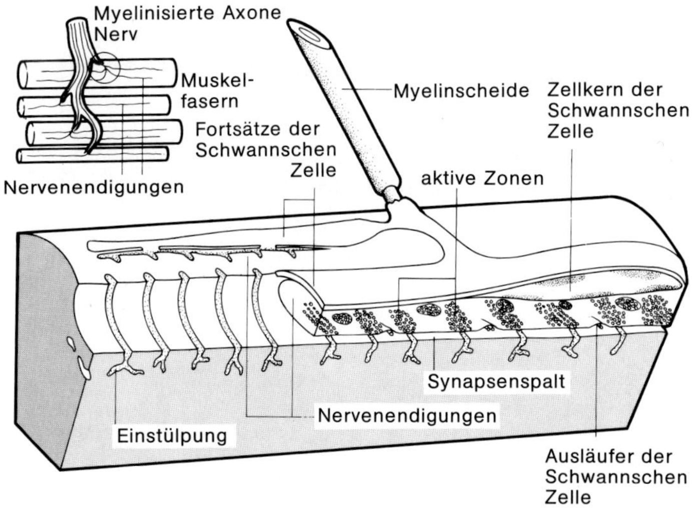

Abb. 1-13. Neuromuskuläre Verbindung beim Frosch. Synaptische Vesikel sind in „aktiven Zonen" angereichert, von wo aus die Transmitter in den Synapsenspalt entlassen werden. Ausläufer von Schwannschen Zellen reichen zwischen die Nervenendigungen und die synaptische Membran.

Die Fortleitung eines Aktionspotentials und die Reaktivierung der Nervenfaser erfordert keine direkte Aufwendung von Energie; Permeabilitätsänderungen und Ionen-Bewegungen sind allerdings indirekt an die energieverbrauchende Arbeit der Natrium-Kalium-Pumpen gekoppelt, die die Konzentrationsgradienten von Natrium- und Kalium-Ionen unterhalten. Bei jedem Aktionspotential werden diese Gradienten nur geringfügig reduziert.

Manche Muskelzellen können ebenso wie Nervenzellen Aktionspotentiale weiterleiten. In quergestreiften (dem Willen unterworfenen) Muskeln sind sie denen der Nervenzellen ähnlich (Abb. 1-12), so daß eine ganze Muskelfaser sich als Antwort auf ein Aktionspotential einer einzigen Nervenendigung hin kontrahieren kann. Herzmuskeln besitzen ein komplexeres Aktionspotential (Abb. 1-12), an dem der Einstrom von Natrium- und Calcium-Ionen beteiligt ist. Im Herzen befindet sich auch eine spezielle Schrittmacher-Region, die Aktionspotentiale in regelmäßigen Zeitabständen induziert. Glatte (dem Willen nicht unterworfene) Muskeln, die z. B. für Bewegungsvorgänge in den inneren Organen verantwortlich sind, können keine Aktionspotentiale weiterleiten, sie sind auf die Anwesenheit von Nervenendigungen entlang jeder Faser angewiesen. Dies trifft ebenfalls für die meisten Muskeln der Evertebraten zu.

Chemische Kommunikationen zwischen Zellen

Wenn ein Aktionspotential in einer Nervenfaser entstanden ist, breitet es sich in deren gesamter Länge aus. Mit Ausnahme einiger Sonderfälle, wo es auf extreme Geschwindigkeiten ankommt, springt das Aktionspotential nicht auf benachbarte Zellen über. Eine Übertragung zwischen Nervenzellen und zwischen Nerven- und Muskelzelle geschieht chemisch an besonders ausgebildeten Regionen, den Synapsen. In diesen Regionen sind die Membranen der prä- und postsynaptischen Zellen durch den synaptischen Spalt von 50 nm Breite getrennt. Trotz dieser kleinen Entfernung verhindert der hohe elektrische Widerstand der postsynaptischen Membran eine direkte Übertragung von der präsynaptischen Membran. Elektrische Vorgänge in der präsynaptischen Zelle induzieren jedoch die Ausschüttung einer Transmitter-Substanz, die schnell durch den Spalt diffundiert und mit einem Rezeptorprotein in der postsynaptischen Membran interagiert, wodurch die Ionen-Permeabilität dieser Membran verändert wird. Es tritt dort eine kurzzeitige Änderung des Membranpotentials ein, die ein Aktionspotential initiiert oder, in Muskelzellen, zur Kontraktion führt. Solche chemischen Synapsen treten auch zwischen Nerven- und Drüsenzellen auf, wo Nervenimpulse zur Sekretion führen.

Viel unseres Wissens über Synapsen stammt aus Experimenten mit Mikroelektroden an neuromuskulären Verbindungen bei Wirbeltieren (Abb. 1-13), und es scheint, daß viele Synapsen zwischen Nervenzellen ähnlich funktionieren. Der Transmitter ist hier das Acetylcholin, das in der präsynaptischen Zelle in Vesikeln von 5 bis 6 nm Durchmesser konzentriert ist. Jede Vesikel enthält einige Tausend Acetylcholin-Moleküle. Ein ankommender Nervenimpuls induziert einen Calcium-Ionen-Einstrom in die Nervenendigung, der wiederum das Signal für die Exocytose von etwa 300 Vesikeln (im Falle der neuromuskulären Verbindung) in den Synapsenspalt darstellt. Die Acetylcholin-Moleküle lagern sich reversibel an Rezeptorproteine in der postsynaptischen Membran an, wodurch in dieser Membran Kanäle für Natrium- und Kalium-Ionen, vielleicht noch für andere Kationen geöffnet werden. Die resultierende Depolarisierung wird als exzitatorisches postsynaptisches Potential bezeichnet. Eine Reihe von Schlangengiften, darunter das α-Bungarotoxin, verhindern die Bindung von Acetylcholin und sind daher als kompetitive Inhibitoren für die Untersuchung der molekularen Vorgänge sehr wertvoll.

Die Ausschüttung von Neurotransmittern dauert nur kurz, so daß das exzitatorische postsynaptische Potential nur solange bestehen bleibt, bis der Transmitter aus dem Synapsenspalt verschwunden ist. Das Enzym Acetylcholin-Esterase beschleunigt den Abbau von Transmitter-Molekülen; trotzdem hält das postsynaptische Potential 3 bis 5 ms an und ist somit wesentlich länger als das präsynaptische.

Acetylcholin ist nicht der einzige Transmitter, es gibt noch eine Reihe anderer, darunter γ-Aminobuttersäure (GABA), Adrenalin und Noradrenalin. Sie wirken an speziellen Synapsen. Manche Transmitter können auch zu einer Inhibition der postsynaptischen Zelle führen, je nach Art des dortigen Rezeptors; Rezeptoren, die Kanäle für Kalium- oder Chlorid-Ionen öffnen, bewirken eine Hyperpolarisation der postsynaptischen Zelle und verhindern damit die Entstehung eines exzitatorischen Potentials.

Die chemische Kommunikation zwischen Synapsen ist schnell und führt z. B. in der neuromuskulären Verbindung nur zu einer Verzögerung von einer Millisekunde; sie ist ferner unidirektional und bewirkt entweder eine Exzitation oder eine Inhibition. Bei manchen Synapsen zwischen Nervenzellen induziert nicht jedes präsynaptische Potential auch sofort ein postsynaptisches, es müssen sich dazu mehrere präsynaptische Ereignisse in schneller Folge summieren. So kann ein einzelnes Neuron die Eingänge von vielen exzitatorischen

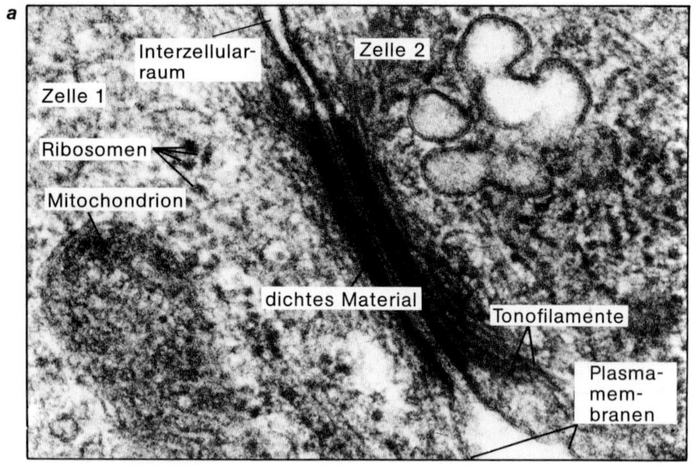

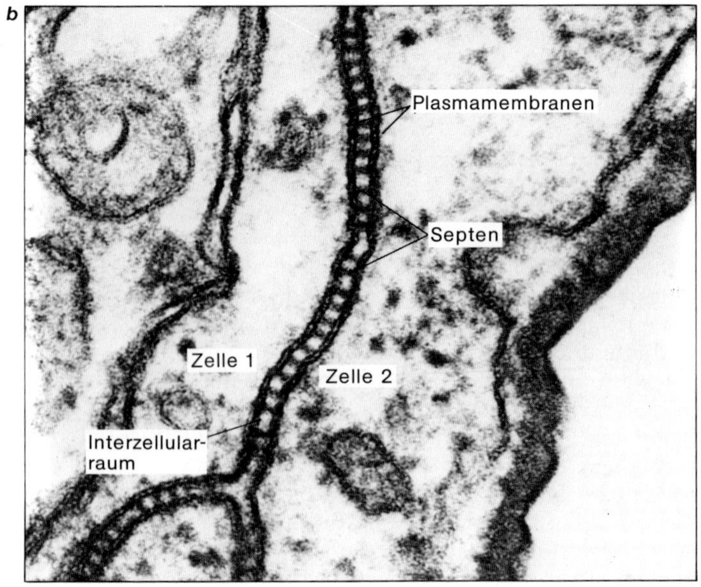

Abb. 1-14. Zell-Zell-Kontakte. (a) Desmosom in der Milchdrüse einer Ziege (x 75 000). (b) Sogenannte *„Septate Junction"* im Tracheen-Epithel eines Heuschrecken-Auges (x 132 000).

und inhibitorischen Synapsen integrieren und das Ergebnis in eigene elektrische Aktivitäten übersetzen. Diese integrierenden Eigenschaften sind zweifellos ganz entscheidend für das Nervensystem.

Eine Kommunikation über chemische Synapsen ist nur zwischen wenigen spezialisierten Zellen möglich; man weiß heute jedoch, daß viele tierische Zellen einen direkteren Weg der Verbindung über interzelluläre Strukturen, den sogenannten *Gap Junctions* (Abb. 1-14) besitzen. Innerhalb dieser Bereiche sind die Plasmamembranen der beiden betreffenden Zellen auf etwa 2 nm angenähert, und Proteinpartikel von 8 bis 9 nm Durchmesser verbinden die beiden Cytoplasmen der Zellen über ihre etwa 1,5 nm weiten Kanäle direkt miteinander. Diese Kanäle können von Ionen und kleineren Molekülen bis zu einer relativen Molekularmasse von etwa 1000 frei passiert werden. Experimente mit Mikroelektroden haben gezeigt, daß die Zellen elektrisch gekoppelt sind, wie zu erwarten war. Die Stärke dieser Kopplung ist nicht konstant, sondern offensichtlich vom Entwicklungszustand der Zellen abhängig. Der Öffnungszustand der Kanäle wird durch Calcium-Ionen in den Zellen reguliert.

Direkte Kommunikationen von Zelle zu Zelle dürften wichtig sein für die Ernährung spezialisierter Zellen und für eine Synchronisation der Zellentwicklung in einem Gewebe, für den Austausch von Aminosäuren, Nucleotiden und besonders regulatorischen Faktoren und für eine gleichzeitige Anwort z. B. eines ganzen Epithels auf einen Stimulus von außen. Ein besonderer Fall sind die elektrischen Synapsen, die zwischen manchen Nervenzellen vorkommen; sie sind *Gap Junctions* und erlauben eine direkte Übertragung eines Aktionspotentials von Zelle zu Zelle.

In pflanzlichen Geweben sind die Zellen durch ausgesprochen breite cytoplasmatische Verbindungen miteinander gekoppelt; es handelt sich hierbei um die sogenannten Plasmodesmen, die einen Durchmesser von 30 bis 50 nm besitzen. Ionen, die durch die Oberfläche der Wurzeln aufgenommen werden, wandern über diese Verbindungen in das Innere. Große Plasmodesmen finden sich zwischen Pollenmutterzellen während ihrer synchronen Meiose, und die höchste Dichte an Plasmodesmen kann man zwischen meristematischen Initialzellen (s. Kap. 2.2) beobachten. Manche Zellen, z. B. die Nebenzellen der Schließzellen, die Makrosporen und die Zygoten, besitzen jedoch keine cytoplasmatischen Verbindungen zu ihren Nachbarn. Bei anderen sind Plasmodesmen nur zu ganz bestimmten Nachbarzellen ausgebildet; so weisen Siebelemente nur zu ihren Geleitzellen solche Verbindungen auf.

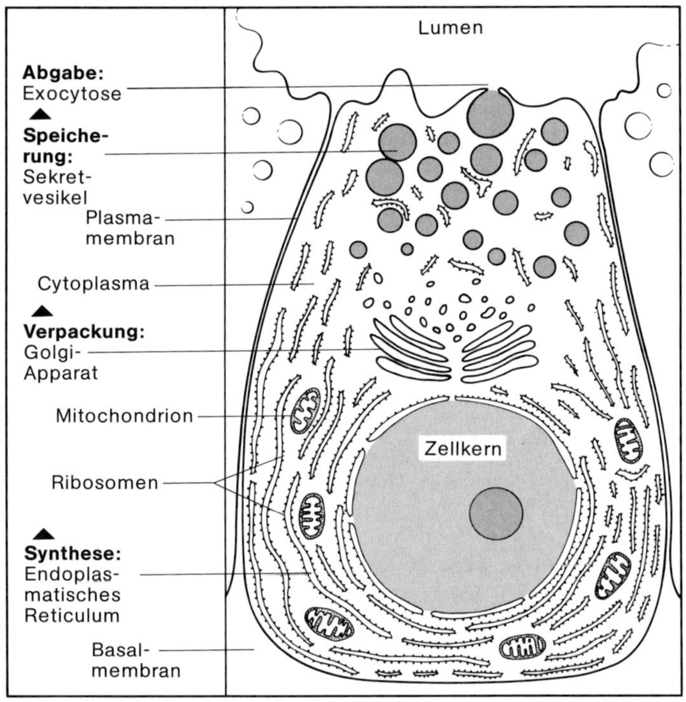

Abb. 1-15. Sekretion von Protein durch eine exokrine Zelle eines Säuger-Pankreas.

Chemische Kommunikationen sind nicht nur auf benachbarte Zellen beschränkt. Über größere Distanzen in einem Organismus vermitteln Hormone, die in Tieren in besonderen Drüsen synthetisiert und über den Blutstrom transportiert werden. Chemisch gehören diese Verbindungen unter anderem zu den Peptiden (z. B. Insulin) oder Steroiden (z. B. Cortisol). Diese primären chemischen Boten werden durch spezifische Rezeptoren der Plasmamembranen erkannt, und ihre Bindung induziert die Weitergabe eines Signals an oder durch die Membran, z. B. in Form einer veränderten Ionen-Permeabilität (ebenso wie in der Synapse) oder einer enzymatischen Aktivität in der Zelle, die die Konzentration an sekundären Boten wie Calcium-Ionen oder zyklischem AMP beeinflussen, wodurch Stoffwechselgeschehen in der betreffenden Zelle kontrolliert werden. Calcium-Ionen sind verbreitete sekundäre Boten und besonders wirksam, da ihre Konzentration im Cytoplasma normalerweise äußerst gering ist. Ein kleiner Einstrom oder eine geringfügige Freisetzung aus intrazellulären Speichern kann zu dramatischen Erhöhungen ihrer cytoplasmatischen Konzentration führen und zu einer erheblichen Verstärkung eines an sich schwachen Signals führen. In Pflanzen koordinieren stabile Wachstumsregulatoren kleiner Molekularmassen wie Auxine und Cytokinine Wachstum und Entwicklung. Sie gelangen in den gleichen Geweben durch die Pflanze, in denen auch Zucker, Salze und Wasser transportiert werden. Auxine sind insofern einzigartig, als sie auch ein eigenes polares Transportsystem vom Sproß zur Wurzel besitzen, was die Polarität von Wachstum und Regeneration im Pflanzengewebe sicherstellt.

Eine noch weiter reichende Form der chemischen Kommunikation, die zwischen den Individuen einer Art von Bedeutung ist und Verhaltensänderungen induzieren kann, wird über besondere Verbindungen, die Pheromone, erzielt. Beispiele für solche Pheromone sind die Sexuallockstoffe der Schmetterlinge.

Mechanismen der Exocytose

Viele wichtige Substanzen werden von Zellen sezerniert (exocytiert), z. B. Hormone, Verdauungsenzyme oder extrazelluläre Materialien wie beispielsweise die Konstituenten des Bindegewebes und der Zellwände von Pflanzen und Bakterien. Der Prozeß der Exocytose beginnt mit der chemischen Synthese der Produkte, die sezerniert werden sollen. Sie werden anschließend an einen Speicherort in der Zelle transportiert, von wo aus sie auf ein entsprechendes externes Signal hin durch die Plasmamembran nach außen entlassen werden. Besonders eingehend wurde die Exocytose von Verdauungsenzymen wie Trypsinogen im exokrinen Pankreas untersucht (Abb. 1-15), die grundlegende Abfolge der Einzelschritte gilt jedoch auch für andere sezernierende Zellen.

Die Synthese der Proteinmoleküle beginnt an freien Ribosomen im Cytoplasma; die Anfangssequenz (Signalsequenz) der wachsenden Polypeptidkette bindet sich jedoch sehr bald an ein Rezeptorprotein im Endoplasmatischen Reticulum (ER). Dadurch wird eine Art Kanal in der Membran geöffnet, und die Signalsequenz gelangt durch die Membran in das Zisterneninnere. Dort spaltet eine Peptidase die Signalsequenz vom Rest der Polypeptidkette ab. Die wachsende Kette faltet sich in der Zisterne in ihre dreidimensionale Struktur und wird dadurch quasi durch die Membran gezogen. Nach Beendigung der Synthese schnüren sich vom ER kleine Vesikel ab, in denen die für den Export vorgesehenen Proteine enthalten sind, und wandern zum Golgi-Apparat. Während der Passage durch den Golgi-Apparat können die Exportproteine chemisch verändert und auch konzentriert werden. Die Passage ist energieabhängig, ihren genauen Mechanismus kennt man jedoch noch nicht. Auf der Sekretionsseite des Golgi-Apparats werden die Proteine in Vesikeln, den Golgi-Vesikeln, verpackt abgegeben und im Cytoplasma bis zum letzten Schritt, der eigentlichen Sekretion, gespeichert.

Bei der Abgabe des zu sezernierenden Materials nach außen verschmelzen die Golgi-Vesikel mit der Plasmamembran und entlassen so ihren Inhalt in den Interzellularraum. Das Signal hierfür wird wiederum durch eine Erhöhung der Calcium-Ionen-Konzentration in der Zelle gegeben, die selbst durch die Interaktion eines externen Botenmoleküls, eines Hormons oder Neurotransmitters, mit einem entsprechenden Rezeptormolekül in der Plasmamembran zustande kommt. Das Verschmelzen der Vesikel mit der Plasmamembran erfordert die Hydrolyse von ATP.

Die Exocytose ist ein wichtiger Weg zum Export von großen Molekülen durch die Plasmamembran, ohne daß dadurch ihre selektive Permeabilität für Ionen und kleine Moleküle in irgendeiner Weise beeinträchtigt wird.

Zellbewegungen und Muskelkontraktion

Durch die Kombination von ultrastrukturellen, biochemischen und biophysikalischen Untersuchungen gelingt es allmählich, die molekularen Mechanismen zellulärer Bewegungsvorgänge zu verstehen. Das spektakulärste Beispiel einer mechanischen Bewegung in Zellen ist die Muskelkontraktion, aber alle tierischen und eine Reihe pflanzlicher Zellen zeigen irgendeine Form von Motilität in irgendeinem Stadium ihrer Entwicklung. Verschiedene Mechanismen können dabei unterschieden werden wie z. B. das Schlagen einer Geißel (das Bewegungsorganell von Spermatozoen und vielen einzelligen Organismen), die Bewegung von Cilien am Epithel des respiratorischen Trakts, die direkte Verlagerung von Zellbestandteilen durch die Plasmaströmung oder die amöboide Bewegung von Zellen.

Der Bewegungsmechanismus, der zur Kontraktion der Skelettmuskeln von Wirbeltieren führt, ist am besten bekannt. Jede Muskelfaser ist eine vielkernige Zelle (Abb. 1-16), in der die Mitochondrien (zur Versorgung der Zelle mit Energie in Form von ATP) sowie die Myofibrillen auffallen, die einen Durchmesser von etwa einem Mikrometer (μm) haben und aus zahlreichen Proteinfilamenten in hexagonaler Anordnung bestehen. Die einzelnen Filamente erstrecken sich nicht über die gesamte Länge einer Myofibrille, sondern sind in kürzeren Einheiten, den Sarkomeren, angeordnet. Diese Sarkomere sind im relaxierten Zustand etwa 2,5 μm lang und werden durch scheibenähnliche Strukturen, die Z-Scheiben voneinander getrennt. Die Sarkomere benachbarter Myofibrillen sind gewöhnlich genau gleich angeordnet, was der Muskelfaser im Lichtmikroskop ihr gestreiftes Aussehen verleiht. Im Elektronenmikroskop lassen sich zwei Sorten von Filamenten unterscheiden, dünnere und dickere. Die dünneren Filamente sind

Abb. 1-16. Aufbau eines quergestreiften Muskels bei einem Wirbeltier.

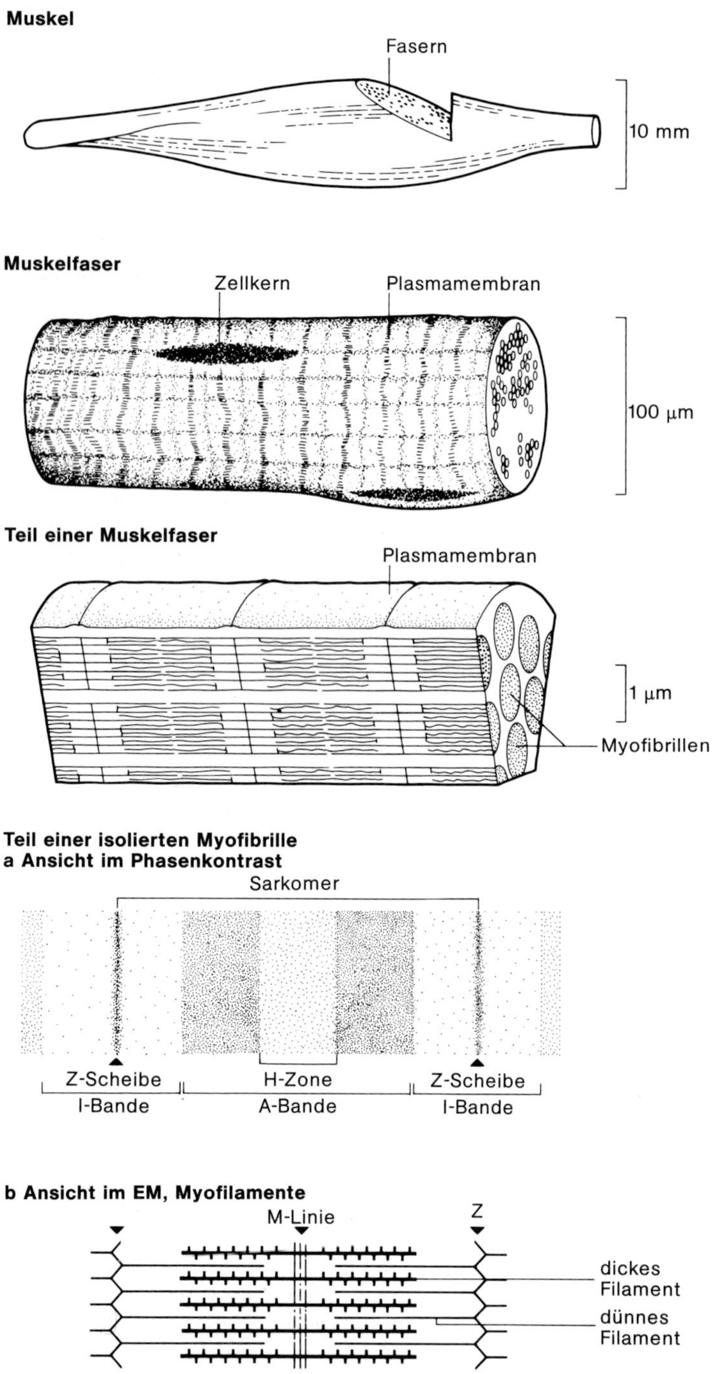

in den Z-Scheiben verankert und werden vor allem aus dem Protein Actin und Kontrollelementen, wie z. B. den Calcium-Ionen bindenden Protein Troponin, gebildet; die dickeren Filamente nehmen den zentralen Raum eines Sarkomers ein und bestehen aus Myosin. Jedes Myosinmolekül weist ein langes Schwanzstück und einen Kopfteil auf, der aus den dickeren Filamenten herausragt und eine ATP-spaltende Aktivität besitzt. Die Myosinmoleküle sind symmetrisch angeordnet, wobei die Schwanzstücke zur Mitte des Filaments weisen und die Kopfteile jeweils etwa 40 nm voneinander entfernt sind.

Myofibrillen kontrahieren nach einem Gleitfaser-Mechanismus, wie Untersuchungen an isolierten Proteinen und Filamenten sowie physikalische Studien und Beugungsmessungen an ganzen Muskelzellen ergaben. Ein an einer neuromuskulären Verbindung ankommendes Aktionspotential wird über die Oberfläche der Muskelzelle und entlang von Einstülpungen der Plasmamembran in das Cytoplasma, den Sarkotubuli, in das Innere weitergeleitet. Es induziert die Freisetzung von Calcium-Ionen aus dem Sarkoplasmatischen Reticulum (dem ER der Mukelzelle) in das Cytoplasma woraufhin sich die Konformation der dünnen Filamente ändert und Actinmoleküle sich in regelmäßigen Abständen an Myosinköpfe binden können, was zu einer Annäherung der beiden Filamenttypen führt. Nach Hydrolyse von ATP und einer Konformationsänderung im Myosinkopf wird ein Zug in Längsrichtung auf die Actinfilamente ausgeübt. Schließlich wird die Bindung zwischen den beiden Filamenten gelöst, und der ganze Zyklus wiederholt sich an der nächsten Bindungsstelle im Actinfilament. Auf diese Weise gleiten die Filamente aneinander entlang und verkürzen damit die Sarkomere, pro Schritt um etwa 10 nm.

Nach Beendigung des Aktionspotentials werden Calcium-Ionen aktiv aus dem Cytoplasma durch das sarkoplasmatische Reticulum entfernt, die cytoplasmatische Calcium-Ionen-Konzentration sinkt dabei unter 1 µmol/l, die Bindungsstellen an den Actinfilamenten verschwinden und die beiden Filamenttypen können auseinanderweichen, die Faser relaxiert. Jedes Aktionspotential löst also eine Kontraktionswelle aus, die typischerweise etwa 1/10 Sekunde dauert.

Auf einem Gleitfaser-Mechanismus basieren viele Arten zellulärer Bewegungen. So sind Actin und Myosin in Protozoen, Pflanzen, Pilzen und Tieren weit verbreitet, obgleich das Myosin in anderen Zellen nie in so hohen Konzentrationen vorkommt wie in Muskelzellen und die Filamente nirgends einen so hohen Organisationsgrad erreichen wie hier. Actinfilamente spielen offensichtlich auch eine entscheidende Rolle bei der Plasmaströmung in Planzenzellen, die besonders ausgeprägt in den Algen *Chara* und *Nitella* und bei den amöboiden Bewegungen tierischer Zellen beobachtet werden kann. Ein Gleitfaser-Mechanismus, mit anderen Konstituenten, ist ebenfalls verantwortlich für die Biegung von Geißeln und Cilien. Hier sind es die Tubuline und die ATPase Dynein, die an der Peripherie dieser Organelle zu Doppelmikrotubuli angeordnet und über andere Proteine sowohl untereinander als auch mit einem zentralen Mikrotubuluspaar verbunden sind.

Eine etwas ungewöhnliche Rolle spielt das Actin im Akrosom, einer Struktur in der Spitze der Spermatozoen. Während des Befruchtungsvorgangs läßt die rasche Polymerisation von Actin zu Filamenten eine Ausstülpung entstehen, die die äußere Hülle der Eizelle durchdringt.

Nicht alle Formen von Bewegung basieren auf gleitenden Filamenten und der direkten Hydrolyse von ATP. Bei den Flagellen der Bakterien z. B. wird ein Protonengradient ausgenützt, um einen helikalen Schaft, der nur aus einer Proteinart, dem Falgellin, besteht, rotieren zu lassen. Verschiedene Organelle von Protozoen (Myoneme und Spasmoneme) kontrahieren sich durch Veränderung ihres strukturellen Ordnungsgrads, die durch Calcium-Ionen induziert wird. Natürlich ist auch für diese Prozesse Energie nötig; sie wird zur Bildung und Erhaltung der notwendigen ionalen Konzentrationsgradienten aufgewendet.

1.5 Die Zellteilung

Die Zellteilung ist ein geordneter Ablauf von Ereignissen, während der aus einer Mutterzelle zwei oder mehrere komplette Tochterzellen entstehen. Meistens sind die Tochterzellen mit der Mutterzelle genetisch identisch, wie es bei der mitotischen Zellteilung der Fall ist. Die Vermehrung von einzelligen Prokaryoten sowie Wachstum und Zellerneuerung bei vielzelligen Organismen geschieht über mitotische Teilungen.

Die meiotische Teilung ist eine besondere Form, bei der die Tochterzellen nur die Hälfte des genetischen Materials der Mutterzelle erhalten und bei der auch eine Neukombination von Genen stattfindet. Diese Teilung geschieht nur in bestimmten Stadien eines Lebenszyklus und ist bei vielzelligen Organismen auf bestimmte Zellen, die Zellen der Keimbahn, beschränkt.

Die Zellteilung bei Prokaryoten

Der Teilung einer Zelle in zwei Tochterzellen geht bei Prokaryoten die Replikation der zirkulären DNA voraus. Nach der Replikation (s. Kap. 3.1) gelangen die beiden DNA-Kopien, die an die Plasmamembran angeheftet sind, in die gegenüberliegenden Enden der Zelle. In ihrer Mitte wächst ein Septum (Plasmamembran und Wandmaterial) irisblendenartig nach innen aus und trennt schließlich die beiden Tochterzellen voneinander.

Die Kontrollmechanismen, die bei der Zellteilung der Prokaryoten eine Rolle spielen, sind nicht genau bekannt. Nur das Darmbakterium *Escherichia coli* ist in dieser Hinsicht etwas genauer untersucht worden. Die Septenbildung kann erst dann einsetzen, wenn die DNA-Replikation beendet ist, und beide Vorgänge nehmen eine ganz bestimmte Zeitspanne ein. Der Zeitraum zwischen erfolgter Septenbildung und Start einer erneuten DNA-Replikationsrunde ist variabel und hängt u. a. von den Ernährungsbedingungen ab. Bei Bakterien können Teile aufeinander folgender Teilungszyklen teleskopartig ineinander geschoben sein, indem bereits eine neue DNA-Replikation startet, bevor die vorangehende beendet ist.

Die mitotische Zellteilung

Im Prinzip ist die mitotische Teilung der eukaryotischen Zellen der prokaryotischen Teilung recht ähnlich. Die Replikation der DNA (s. Kap. 3.1) während der sogenannten S-Phase (S von Synthese) geht der Teilung des Zellkerns in zwei Tochterkerne (der eigentlichen Mitose) und der sich anschließenden Aufteilung der beiden Kerne mit jeweils einem Teil des Cytoplasmas in zwei Tochterzellen (Cytokinese) voraus. Die Cytokinese folgt der Mitose direkt, es sei denn, es wird eine vielkernige Zelle gebildet. Im allgemeinen liegt jedoch zwischen der Teilung und der nächsten S-Phase eine bestimmte Zeit, die G_1-Phase (G von *Gap,* engl. Bezeichnung für Lücke) und ebenso zwischen dem Ende der S-Phase und dem Beginn der Mitose, die G_2-Phase. Diese gesamte Sequenz wird als Zellzyklus bezeichnet. Eukaryotische Zellzyklen können nicht teleskopartig ineinander geschoben werden, wie es bei Prokaryoten vorkommt. Die Bedeutung des Zellzyklus für Entwicklungsvorgänge wird an anderer Stelle diskutiert werden (s. Kap. 1.6).

Die Mitose

Eine festgelegte Abfolge von Ereignissen gewährleistet, daß während der Mitose die beiden Chromosomensätze exakt auf die Tochterzellen verteilt werden. Dies läuft in vier aufeinander folgenden Phasen ab, die als Prophase, Metaphase, Anaphase und Telophase bekannt sind (Abb. 1-17). Die nichtmitotischen Phasen des Zellzyklus bilden zusammen die Interphase. Der Eintritt in die Prophase beginnt mit einer Kondensation des in der Interphase strukturlosen Kernmaterials, des Chromatins, zu Chromosomen, die im Lichtmikroskop gut sichtbar sind. Die beiden Kopien jedes Chromosoms, die in der S-Phase synthetisiert wurden, bleiben aneinander haften (Stadium der Schwester-Chromatiden). Jedes Chromatid besitzt eine Art Einschnürung, das Centromer oder Kinetochor, an die sich die Mikrotubuli des Spindelapparats anheften und so die Voraussetzung für ein Auseinanderweichen der Chromatiden schaffen.

Die Mitosespindel bildet sich außerhalb des Zellkerns während der Prophase. Bei tierischen Zellen wachsen die Mikrotubuli von einem Organisationszentrum, der amorphen Umgebung eines Centriolenpaars aus. Diese Centriole stehen merkwürdigerweise immer senkrecht zueinander. Vor der Prophase sind die Mikrotubuli nur sehr kurz; diese Struktur ist als Aster bekannt. Während der G_1-Phase besitzt jede Zelle nur ein Centriolenpaar, das in der Nähe des Kerns liegt. In der S-Phase jedoch entsteht in enger Nachbarschaft zum bereits bestehenden ein weiteres Paar. In der Prophase spaltet sich der Aster in zwei, und die beiden Centriolenpaare wandern auseinander, während die Mikrotubuli sich zwischen ihnen verlängern, bis sie entgegengesetzte Enden des Zellkerns erreicht haben und die Mitosespindel vollständig ausgebildet ist.

Bei Algen bilden Centriole immer die Pole der Mitosespindel, höhere Pflanzen jedoch enthalten keine Centriole. Hier reorganisieren sich die Mikrotubuli, die während der Interphase überall direkt unterhalb der Plasmamembran zu finden sind, zu Beginn der Prophase zu einem dicht gepackten Ring an der Stelle um die Zelle, wo sehr viel später die neue Querwand zwischen den beiden Tochterzellen ansetzen wird. Dieses Präprophase-Band verschwindet wieder, wenn sich die Spindelmikrotubuli über die Zellkern-Oberfläche ausbilden. Die beiden Organisationszentren an den Polen der Spindel stellen hier strukturlose Bereiche dar.

Der Übergang von der Prophase zur nächsten Phase, der Metaphase, ist gekennzeichnet durch das Verschwinden bzw. die Fragmentierung der Kernhülle in kleine Vesikel. Zu dieser Veränderung und Destabilisierung des Kerns trägt eine Phosphorylierung von Strukturproteinen bei, die im nicht-phosphorylierten Zustand Kernhülle, Porenkomplexe und Chromatin stabilisieren. Die Spindelmikrotubuli haben nun die

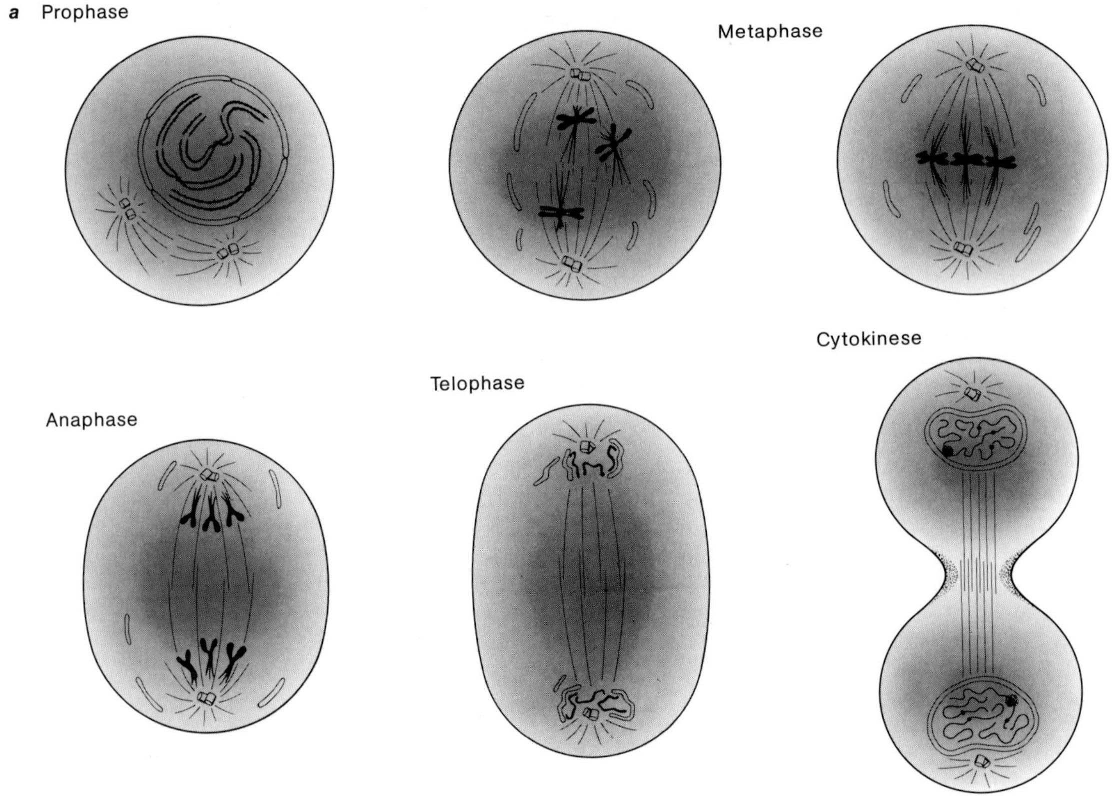

Möglichkeit, in den ehemaligen Kernraum einzudringen und mit den Chromosomen in Kontakt zu kommen, an deren Kinetochore sich gleichzeitig ebenfalls Mikrotubuli angeheftet haben. Zunächst werden die Chromosomen in der Art in den Äquator der Mitosespindel transportiert, daß die Kinetochore der beiden Chromatiden zu entgegengesetzten Polen der Spindel weisen. Daraufhin beginnt für alle Chromosomen gleichzeitig ein relativ rasches Auseinanderweichen der Chromatiden in Richtung auf die Pole der Spindel zu.

Diese beginnende Trennung der Schwester-Chromatiden kennzeichnet den Anfang der Anaphase, während der die Schwester-Chromatiden vollständig separiert werden. Dies geschieht teilweise durch eine Bewegung der Kinetochore in Richtung auf die Spindelpole hin, wobei die Enden der Chromatiden nachgezogen werden, teilweise durch ein weiteres Auseinanderweichen der Spindelpole selbst. Sobald die Schwester-Chromatiden sich getrennt haben, sind sie zu Chromosomen der Tochterzellen geworden. Die Verkürzung der Kinetochor-Mikrotubuli dürfte durch eine Depolymerisation an ihrem freien Ende zustande kommen (Abb. 1-18). Die Kraft für die Auseinanderbewegung der Pole wird dort zwischen den beiden Populationen von Polmikrotubuli erzeugt, wo sie sich in Höhe des Äquators überlappen. Hinzu kommt noch eine Verlängerung der Polmikrotubuli an ihren freien Enden, um ein Überlappen auch während des Auseinanderweichens der Pole beizubehalten.

Der Mechanismus der Chromosomen-Trennung ist von zentraler Bedeutung, und bei primitiveren Eukaryoten findet man noch große Unterschiede in dem Ausmaß, in dem diese verschiedenen Vorgänge zur eigentlichen Bewegung der Chromosomen beitragen. Es scheint so zu sein, daß ein Auseinanderweichen der Spindelpole durch ein Wachsen der Spindelmikrotubuli die Grundlage der frühesten Mechanismen war und daß während der Evolution eine höhere Effektivität durch eine Bewegung der Kinetochore in Richtung Pole infolge einer zunehmenden Verkürzung der Kinetochor-Mikrotubuli sowie durch eine aktive Gleitbewegung der beiden Populationen von Polmikrotubuli aneinander vorbei erreicht worden ist.

Die Ankunft der Chromosomen an den Spindelpolen markiert die Grenze zwischen Anaphase und Telophase, die im wesentlichen eine Umkehr der Vorgänge während der Prophase ist. Die Strukturproteine des Zellkerns werden wieder dephosphoryliert, um die Chromosomen herum entsteht eine neue Kernhülle mit Porenkomplexen, und die Chromosomen verlieren ihre kondensierte Form und werden im Lichtmikroskop unsichtbar. Die RNA-Synthese, die gegen Ende der Prophase aufgehört hatte, wird wieder aufgenommen und der Nucleolus (oder die Nucleoli) bilden sich aufs Neue.

Die Cytokinese

In der späten Telophase findet man einige Überreste von Mikrotubuli in Höhe des ehemaligen Spindeläquators, wo sich die beiden Populationen von Polmikrotubuli überlappten. Kleine Vesikel und amorphores Material, das im Elektronenmikroskop nach Kontrastierung mit Schwermetall-Ionen darstellbar ist, sammeln sich um die Mikrotubulus-Reste in dieser Region. Bei tierischen Zellen wird die gesamte Struktur als Mittelkörper bezeichnet, in dem das amphore Material gewöhnlich dominiert; bei Pflanzenzellen ist es der Phragmoplast, in dem die Vesikel meistens sehr zahlreich sind.

Bei tierischen Zellen wird die Teilung des Cytoplasmas gewöhnlich durch einen Vorgang erreicht, der als Furchung bekannt ist; die Plasmamembran schnürt sich am Zelläquator rund um die Zelle ein. Die Furche erscheint zuerst in der Anaphase und vertieft sich im weiteren Verlauf. In der Basis der Teilungsfurche verläuft ein Ring von Actinfilamenten

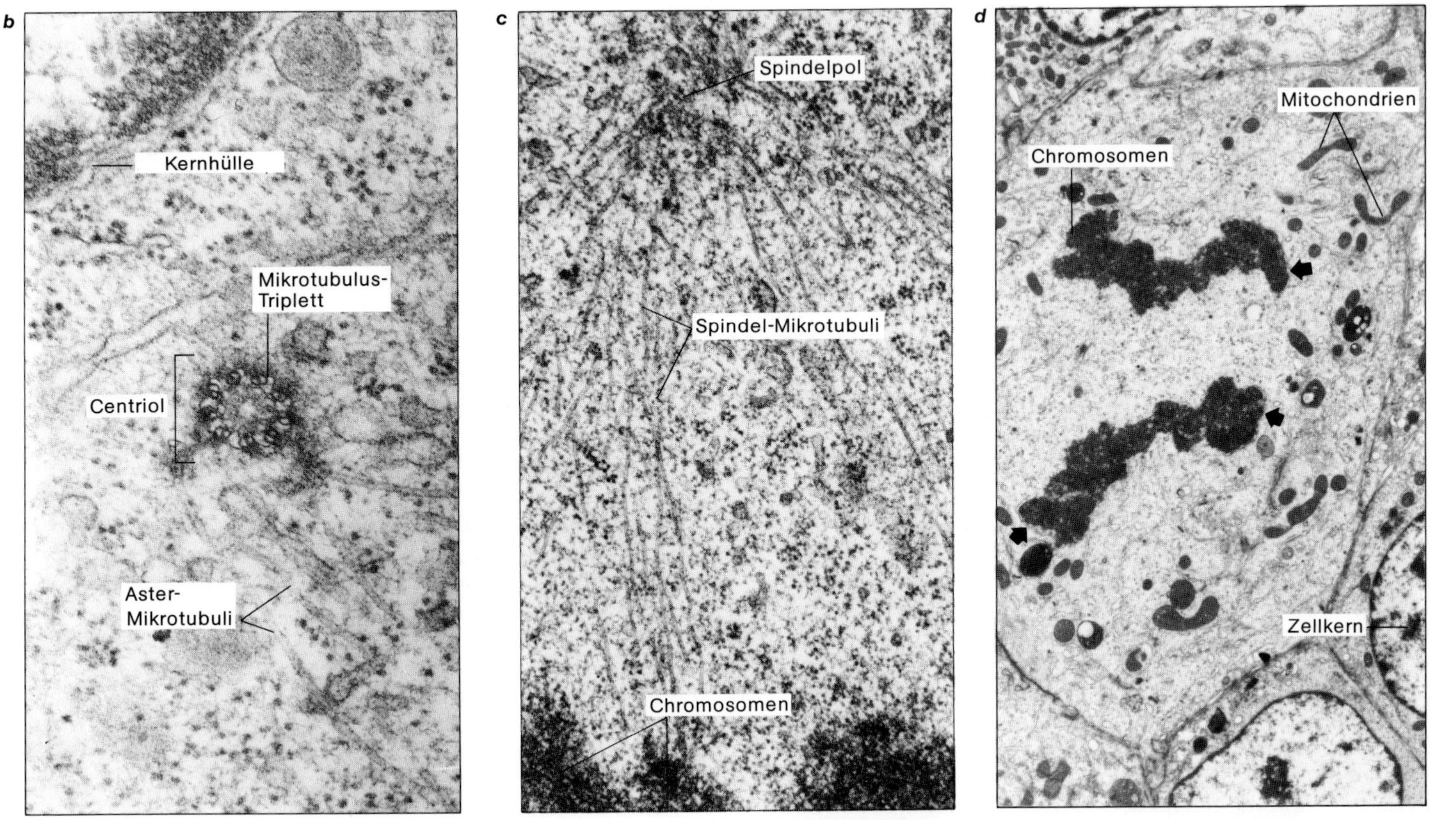

Abb. 1-17. (a) Schematische Darstellung der Mitose-Stadien bei einer tierischen Zelle. (b)–(d) Elektronenmikroskopische Aufnahmen. (b) Ein Centriol mit seinem aus Mikrotubuli bestehenden Aster (x 60 000). (c) Halbe mitotische Spindel in der frühen Anaphase, wenn die Chromosomen gerade beginnen, zu den Polen zu wandern (x 30 000). (d) Beginn des Wiederaufbaus der Kernhülle während der Telophase, wobei sich zunächst flache Membranvesikel an die Chromosomen anheften (Pfeile) (x 1 000). (e) Spätes Stadium der Cytokinese (x 5 600).

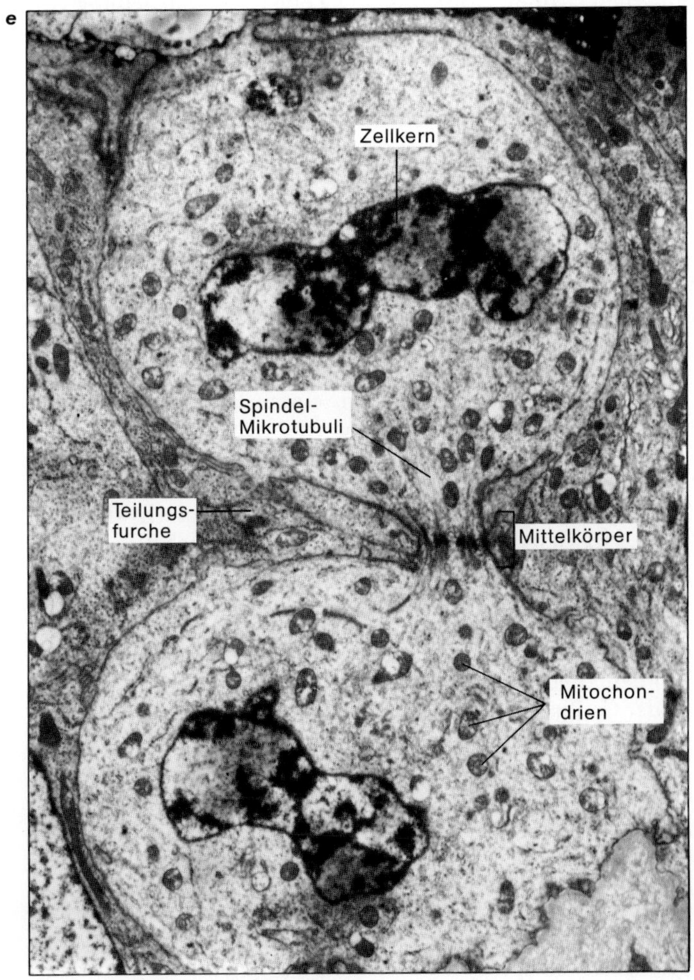

(kontraktiler Ring), der durch seine Kontraktion an dem Einschnürungsprozeß beteiligt ist. Gewöhnlich tritt eine kurze Verzögerung ein, wenn die Teilungsfurche den Mittelkörper erreicht, bevor sich die beiden Tochterzellen endgültig trennen.

Die Zellen vielzelliger Pflanzen, mit Ausnahme der Rotalgen, teilen sich nach einem anderen Modus, den man manchmal auch bei tierischen Zellen beobachten kann, wenn sie sich „en bloc" teilen. Die Vesikel, die sich bei einer sich teilenden Pflanzenzelle im Phragmoplasten ansammeln, stammen aus dem Golgi-Apparat und enthalten das Matrix-Material für die neu zwischen den beiden Tochterzellen zu bildende Zellwand. Sie beginnen, in der Äquatorialebene der Mitosespindel zu fusionieren und formen sich zu einer flachen, diskusförmigen Vesikel, der Zellplatte, aus. Die Zellplatte wächst durch weitere Aufnahme von Vesikeln an ihrem Rand, bis sie die innere Oberfläche der Plasmamembran erreicht und mit dieser verschmilzt, wodurch zwei Tochterzellen entstehen. Die Verschmelzung mit der Plasmamembran geschieht an der Stelle, an der zuvor das Präprophase-Band von Mikrotubuli lag.

Insgesamt werden also das genetische Material, die DNA, einer Zelle während der S-Phase verdoppelt und die beiden identischen Kopien eines jeden DNA-Moleküls während der Mitose mit großer Präzision in die beiden entgegengesetzten

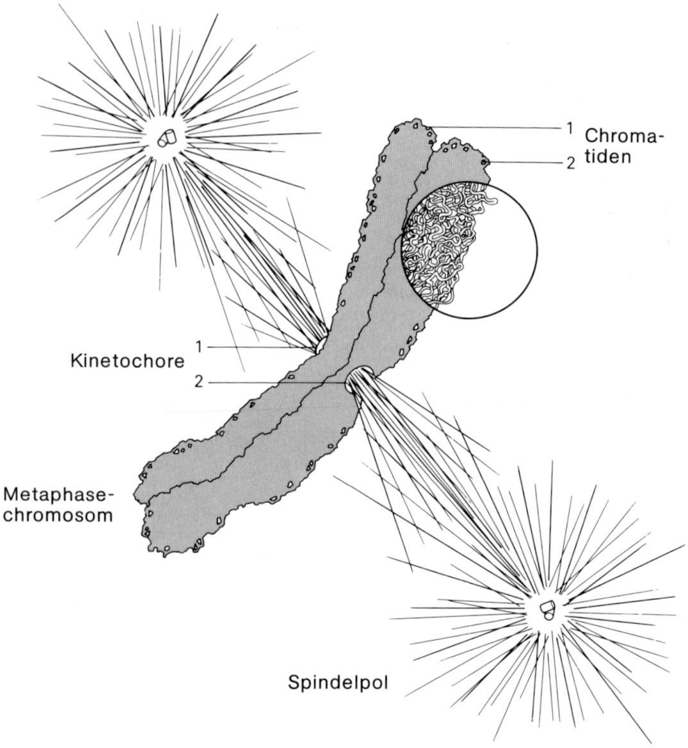

Abb. 1-18. Schematische Darstellung eines Chromatiden-Paars während der Metaphase in einer tierischen Zelle. Die Kinetochor-Mikrotubuli sind mit ihren wachsenden Enden an den Kinetochoren angeheftet; während der Chromosomen-Bewegung verkürzen sie sich. Im Gegensatz dazu sind die Spindel-Mikrotubuli mit ihren nicht-wachsenden Enden zu den Polen hin orientiert; sie verlängern sich während der Wanderung der Chromosomen. Dadurch entfernen sich die beiden Pole voneinander.

Zellpole verteilt. Das Cytoplasma wird in zwei Portionen geteilt, die jeweils mit einem der Pole der ursprünglichen Zelle assoziiert sind. Manche Zellorganelle, wie die Mitochondrien und die Plastiden, können in der Zelle nur durch Teilung von Organellen des gleichen Typs vermehrt und die Proteine für neue Ribosomen können nur an bereits existierenden Ribosomen synthetisiert werden. Die zufallsmäßige Verteilung der Organelle der Mutterzelle auf die Tochterzellen gewährleistet, daß beide Tochterzellen vollständig ausgerüstet werden.

Die meiotische Zellteilung

Eine haploide Zelle enthält nur einen Satz der gesamten Information, der zum Überleben des betreffenden Organismus notwendig ist, d. h. nur einen Satz der Chromosomen. Eine diploide Zelle besitzt zwei solcher Sätze, als Resultat einer vorangegangenen Verschmelzung zweier haploider Zellen von zwei verschiedenen Individuen, einem „mütterlichen" und einem „väterlichen" Organismus. In einer diploiden Zelle ist daher jedes Chromosom zweimal vertreten (S. Kap. 3.2). Wenn die Zahl der Chromosomen im haploiden Satz n ist, so besitzt eine diploide Zelle $2n$ Chromosomen. Im Mitose-Zyklus wird der DNA-Gehalt der Zellen beibehalten, gleichgültig, ob es sich um einen oder zwei Informationssätze handelt, indem jedes Chromosom während der Replikation verdoppelt wird und seine Schwester-Chromatiden bei der Teilung auf die Tochterzellen verteilt werden. Alle Chromosomen einer diploiden Zelle werden in der S-Phase kopiert, so daß diese Zelle in der G_2-Phase, vor der Mitose, den vierfachen DNA-Gehalt einer haploiden Zelle in der G_1-Phase aufweist. Während der Mitose wird diese DNA so verteilt, daß jede Tochterzelle eine Kopie des väterlichen und des mütterlichen Satzes erhält, da sich die Chromosomen unabhängig voneinander im Äquator der Teilungsspindel ansammeln und jedes in zwei identische Chromatiden gespalten wird.

In der Meiose dagegen werden die Informationssätze gemischt und so auf vier Tochterzellen aufgeteilt, daß zwar jede einen kompletten Satz erhält, der jedoch von den Sätzen der anderen verschieden ist. Da jede der Zellen nur einen Chromosomensatz mitbekommt, sind sie haploid. Die Meiose hat zwei Funktionen. Erstens schafft sie neue Kombinationen von Chromosomenabschnitten sowie neue Kombinationen ganzer Chromosomensätze und ist daher für die Unterschiede zwischen den einzelnen Individuen einer Population verantwortlich und somit für die Evolution von großer Bedeutung. Zweitens gehen bei der Meiose aus diploiden Zellen haploide hervor. Dies ist eine notwendige Voraussetzung für die Schaffung neuer Kombinationen durch Fusion von jeweils zwei dieser haploiden Zellen aus verschiedenen Individuen, um im Zuge der sexuellen Reproduktion die diploide Version wiederherzustellen.

Eine meiotische Zellteilung setzt sich aus zwei aufeinander folgenden modifizierten mitotischen Zellzyklen zusammen (Abb. 1-19). Beim ersten Zyklus ist die Prophase stark abgewandelt, hier wird die Mischung der mütterlichen und väterlichen Informationssätze vorgenommen. Der zweite Zyklus zeichnet sich durch den Fortfall der S-Phase aus, wodurch die haploide Version erreicht wird.

Die erste meiotische Prophase (Prophase I) dauert länger als alle anderen Phasen zusammen (Abb. 1-19). Sie wird konventionsgemäß in fünf Stadien unterteilt. Im Leptotän kondensieren sich die Chromosomen wie während der Mitose, nur lassen sich hier keine Schwester-Chromatiden unterscheiden, und die Enden der Chromosomen sind an die innere Kernmembran angeheftet.

Im Zygotän paaren sich die homologen, d. h. die sich jeweils im väterlichen und im mütterlichen Satz entsprechenden, Chromosomen. Diese enthalten unterschiedliche Versionen der einzelnen Instruktionen, die auf der DNA codiert sind, die Anordnung der Gene entlang der beiden Homologen jedoch ist die gleiche. Jedes Homologenpaar legt sich in ganzer Länge exakt aneinander und beginnt damit oft an seinen an der Kernmembran festliegenden Enden. Bei dieser Ausrichtung der Homologen sind Proteine beteiligt, die entlang eines jeden Chromosoms eine Art Kette bilden; die Ketten werden durch weitere Proteine miteinander verbunden, was zu einer leiterartigen Struktur zwischen den Homologen führt. Die Passung ist so perfekt, daß sich entsprechende Gene gegenüberliegen und daß sich eine Schleife bildet, wenn eine bestimmte Länge der DNA in einem Homologen relativ zum entsprechenden Stück im anderen invertiert ist. Die Homologenpaare werden als Bivalente bezeichnet.

Wenn diese exakte Paarung erreicht ist, befindet sich der Kern im Pachytän, in dem Stadium, in dem die Chromosomen auch am dicksten aussehen. Jetzt werden durch *Crossing-over* (s. Kap. 3.2) verschiedene Abschnitte der väterlichen und mütterlichen Chromosomen neu kombiniert. An einigen, zufällig verteilten Stellen eines jeden Chromosoms wird die DNA in beiden Homologen geschnitten und überkreuz wieder zusammengefügt. Die Homologen sind nun durch zwei DNA-Doppelhelices direkt miteinander verbunden, ein Chiasma ist entstanden. Das Resultat ist ein Austausch von genetischem Material, von verschiedenen Versionen der gleichen Gene, zwischen den Partnern.

Abb. 1-19. Darstellung der aufeinanderfolgenden Meiose-Stadien. Die diploide Chromosomenzahl beträgt in diesem Fall 8, wobei die mütterlichen Chromosomen weiß, die väterlichen schwarz gezeichnet sind. In jedem haploiden Satz sind zwei lange und zwei kurze Chromosomen enthalten. In dieser Darstellung haben die beiden langen Chromosomen-Paare jeweils zwei Chiasmata und ein kurzes Chromosomen-Paar ein Chiasma gebildet.

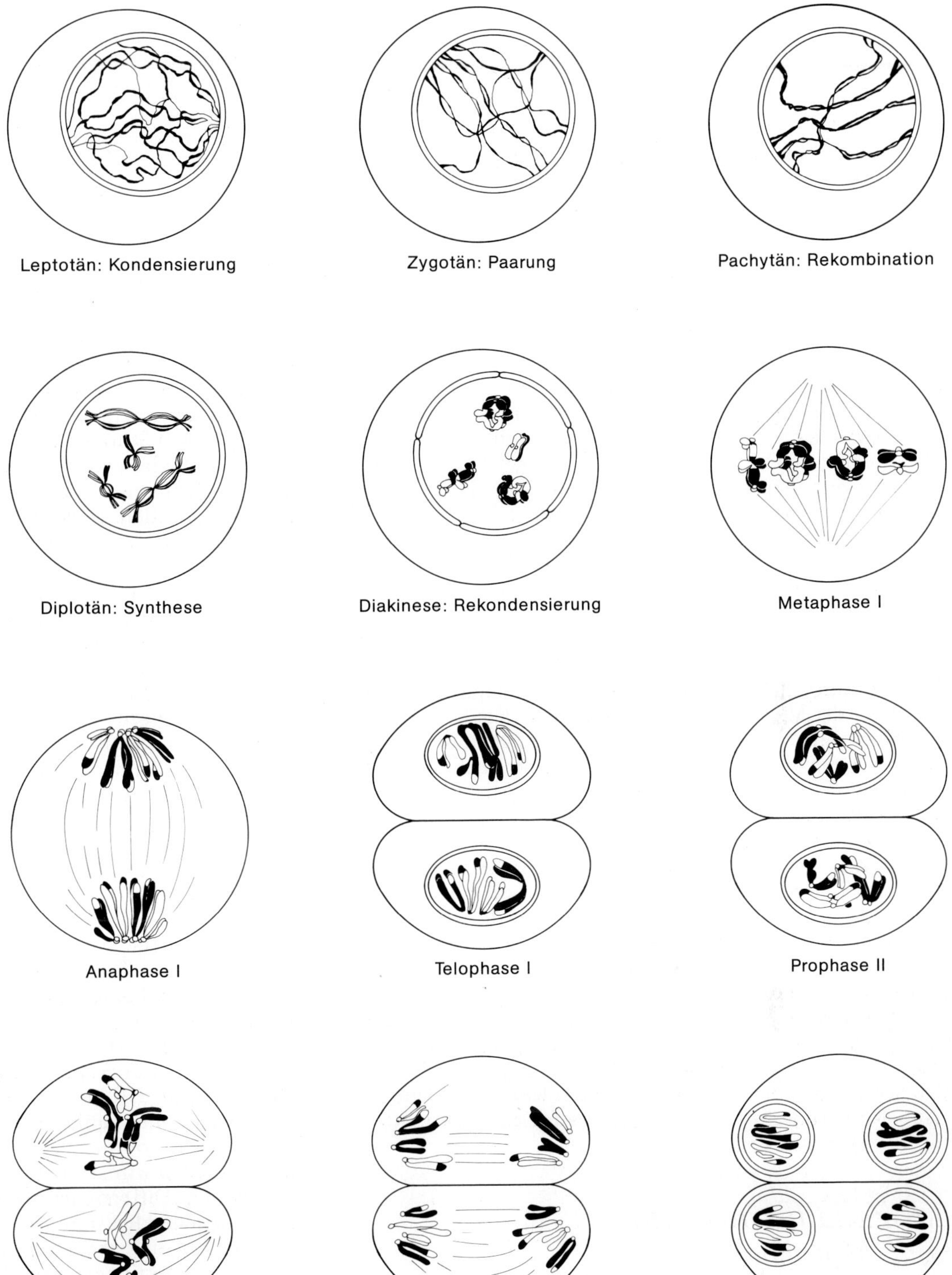

Das Ende des Pachytäns ist dadurch gekennzeichnet, daß die Proteinkomplexe zwischen den Homologen verschwinden und die Homologen selbst auseinander weichen bis auf die Bereiche, in denen ein Chiasma besteht. Jetzt lassen sich auch Schwester-Chromatiden unterscheiden; das Stadium wird daher als Diplotän bezeichnet. Das Diplotän ist auch bekannt als Synthese-Stadium, denn, falls die Meiose die Entstehung großer Eizellen zur Folge hat, dekondensieren jetzt die Chromosomen und Transkriptionen setzen ein. Im Cytoplasma akkumulieren große Mengen an Reservestoffen. Bei sich entwickelnden Eiern kann in diesem Stadium der Meioseverlauf für lange Zeit, manchmal für Jahre, unterbrochen werden.

Die Rekondensation und eine Abstoßung zwischen den Centromeren markieren das beginnende letzte Stadium der Prophase, die Diakinese. Die Chiasmata werden an die Enden der hoch kondensierten Chromosomen verlagert, und es entstehen so ringförmige (bei zwei Chiasmata) oder kreuzförmige (bei einem Chiasma) Bivalent-Strukturen (Abb. 1-19). Eine Spindel formiert sich außerhalb der Kernmembranen, und diese fragmentieren zu Beginn der Metaphase I.

An jedem Chromosom sind jetzt wie üblich die beiden Kinetochore zu erkennen, je eins an jeder Chromatide. Allerdings liegen die Kinetochore bei der meiotischen Teilung nicht auf den entgegengesetzten Seiten der Schwester-Chromatiden wie in der Mitose, sondern nahe beieinander und weisen vom anderen Homologen des Bivalenten fort. Die gepaarten Kinetochore eines Homologen werden mit dem gleichen Spindelpol verbunden. Diese Verbindung entsteht, während sich die Bivalente im Äquator der Teilungsspindel anordnen und orientieren. Die Zufälligkeit dieses Vorgangs, denn jedes Bivalente orientiert sich unabhängig von seinen Nachbarn in der Spindel, bringt es mit sich, daß zu jedem Spindelpol ein Gemisch von väterlichen und mütterlichen Homologen weist.

Die Anaphase I wird nicht eingeleitet durch die Teilung der Kinetochore wie in der Mitose, sondern durch die Auflösung der Chiasmata. Jede der beiden Chromosomengruppen, die in der Telophase I an die beiden Pole der ersten meiotischen Spindel gewandert sind, besteht aus einem vollen haploiden Satz von Chromatidenpaaren, wie das in einer haploiden Zelle direkt vor der Mitose der Fall ist. Nur stellen die kompletten haploiden Sätze eine Mischung von mütterlichen und väterlichen Chromatidenpaaren dar, und die Chromatiden eines Paars sind nicht völlig identisch wie bei der Mitose, da während des Pachytäns Austausche zwischen väterlichen und mütterlichen Homologen stattgefunden haben.

Die Zeit zwischen den beiden meiotischen Teilungen variiert bei verschiedenen Organismen von der Länge einer normalen Interphase (normal heißt ohne Fehlen der DNA-Synthese) bis zu einer verkürzten Form, bei der die Telophase I ausgelassen wird und die Metaphase II direkt nach einer Längsspaltung der Teilungsspindel folgt.

Wenn sich die Chromatidenpaare im Äquator der Spindel in der Metaphase II anordnen, weisen ihre Kinetochore in entgegengesetzte Richtung wie in einer Mitose, und die folgenden Schritte der Meiose sind mit denen einer Mitose identisch (Abb. 1-19). Als Resultat sind vier haploide Zellen entstanden, die alle genetisch verschieden sind.

1.6 Zelldifferenzierung und Morphogenese

Differenzierung

Bei einzelligen Organismen ist die einzelne Zelle vielseitig und führt all die Funktionen aus, die für ein Überleben und für die Verbreitung der Art notwendig sind. Bei Prokaryoten betrifft diese Vielseitigkeit vor allem die biochemische Ebene mit einer großen Palette induzierbarer Enzyme, um entsprechend viele Nahrungsstoffe verwerten zu können. Die wenigen strukturellen Spezialisierungen der Prokaryoten sind Flagellen für die Beweglichkeit und sogenannte Sex-Pili zum Austausch von genetischer Information. Einzellige Eukaryoten dagegen besitzen häufig komplizierte strukturelle Besonderheiten in ihrem Cytoplasma, die der Ortsbewegung, der Nahrungsaufnahme und der Erkennung physiologisch wichtiger Parameter aus der Umwelt, wie der Perzeption von Licht (s. Kap. 2.1), dienen. Die Anordnung dieser Besonderheiten in der Zelle manifestiert sich häufig in gewissen Mustern; ein Beispiel sind die Cilien-Reihen an der Oberfläche des Ciliaten *Paramecium,* die in festgelegter Weise schlagen und der Zelle damit ein Vorder- und ein Hinterende geben.

Gleichzeitig muß es einzelligen Eukaryoten, die sich durch Zellteilung vermehren, möglich sein, ihre spezialisierten cytoplasmatischen Strukturen an die neue Generation weiterzugeben. Eine Reihe von diesen Strukturen repliziert sich selbst von der Zellteilung und wird nicht etwa neu synthetisiert in den Tochterzellen. So wird die Anzahl der Cilien-Reihen auf einer *Paramecium*-Zelle strikt über das Cytoplasma vererbt und wird z. B. nicht durch den Kernaustausch während der Konjugation dieser Organismen beeinflußt. Der Vorteil dieser Form von Vererbung liegt darin, daß das festgelegte Muster der cytoplasmatischen Strukturen stetig beibehalten und die Expression spezieller Funktionen während der Reproduktion nicht unterbrochen wird.

Bei vielzelligen Organismen können sich einzelne Zellen die vielfältigen Funktionen, die zum Überleben und zur Verbreitung notwendig sind, aufteilen; auf diese Weise wird jede Zelle mehr und mehr spezialisiert und gleichzeitig auch effizienter in der Erfüllung ihrer besonderen Aufgabe (s. Kap. 2.2 bis 2.4). Man beobachtet ganz allgemein, daß sich spezialisierte Zellen nicht teilen. Ausnahmen sind besondere Fälle, wie z. B. die Regeneration nach einer Verwundung, und sogar dann nehmen hoch spezialisierte Zellen wie Nervenzellen oder pflanzliche Siebröhren eine Teilungsaktivität nicht wieder auf. Die Zellvermehrung selbst wird bei vielzelligen Organismen zu einer spezialisierten Funktion, die nur von sogenannten Stammzellen bei Tieren und meristematischen Zellen bei Pflanzen ausgeführt wird. Andere spezielle Funktionen sind dann Aufgabe der Nachkommen dieser Zellen. Dies bedeutet, daß ganz im Gegensatz zu Einzellern die Aufteilung spezieller Funktionen auf bestimmte Zellen bei Vielzellern nicht kontinuierlich von Generation zu Generation weitergegeben wird, sondern jeweils neu entsteht. Durch den Vorgang der Differenzierung werden Zellen verschieden von den sich teilenden, undifferenzierten Zellen, aus denen sie hervorgehen, und ebenso von anderen Zellen, die andere spezialisierte Funktionen entwickeln.

Die beiden wichtigsten Kriterien für einen differenzierten Zustand sind biochemische und strukturelle Spezialisation. In differenzierten Zellen ist, offensichtlich durch selektive Expression der genetischen Information, nur ein bestimmtes Spektrum an Proteinen vorhanden. Die Steuerung dieser selektiven Expression geschieht im Zellkern. Eine strukturelle Spezialisation drückt sich in einer besonderen festgelegten Organisation von Zellstrukturen im Cytoplasma aus, die die Gestalt der Zelle und die Art der Ablagerung von extrazellulärem Material bestimmt; die chemische Zusammensetzung des extrazellulären Materials, z. B. die pflanzliche Zellwand, wird durch die biochemische Spezialisation entschieden.

Im Knochenmark der Säugetiere z. B. teilen sich Stammzellen und bringen eine Reihe von Zelltypen hervor, darunter

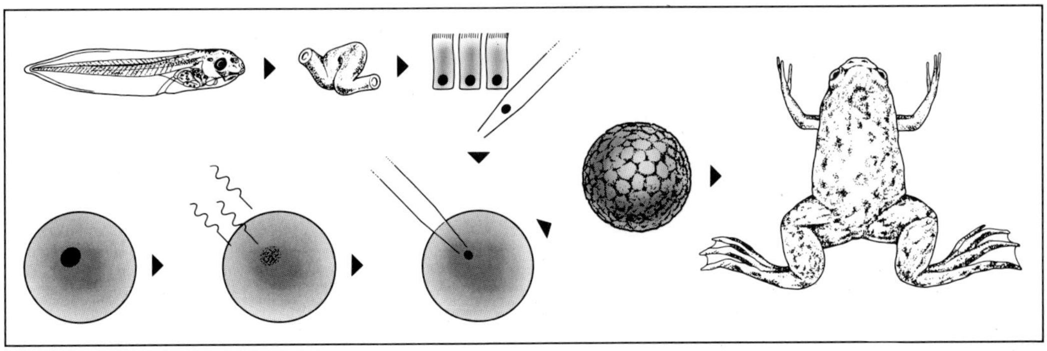

Abb. 1-20. Kern-Transplantation bei einer Kaulquappe zum Nachweis der Totipotenz von Kernen aus Gewebezellen. Werden genetisch markierte Kerne aus Darmepithelzellen in Eier, deren Kerne zuvor zerstört wurden, injiziert, so können sich daraus adulte Frösche entwickeln. Die Ausbeute beträgt allerdings nur etwa 2 %.

auch den Erythrocyten, der strukturell durch ein besonderes Membranskelett innerhalb seiner Plasmamembran und biochemisch durch seinen hohen Gehalt an dem Sauerstoff transportierenden Protein Hämoglobin gekennzeichnet ist. Bei der Ausbildung von Xylemgewebe in Pflanzen (s. Kap. 2.2) stellen manche der Zellen, die aus meristematischen Zellen entstanden sind, die Teilung ein und erhalten durch Bündel von Mikrotubuli, die sich in der Nähe der Plasmamembran in einem ringförmigen Muster anordnen, eine strukturelle Spezialisation. Dieses Muster spiegelt die Art und Weise wider, in der später massiv Cellulose außerhalb der Zelle abgelagert wird. Die Zellen erreichen auch eine biochemische Spezialisierung, indem in ihnen das Enzym Phenylalanin-Ammonium-Lyase gebildet wird, das den ersten Syntheseschritt für das Zellwand-Polymer Lignin, das die Zellwand verfestigt, katalysiert.

Der differenzierte Zustand

Über die Mechanismen, die die festen Muster cytoplasmatischer Strukturen in differenzierten Zellen permanent gewährleisten, ist wenig bekannt mit Ausnahme der Tatsache, daß das Cytoskelett den Rahmen liefert für die Position von bestimmten Molekülen, subzellulären Strukturen und Organellen. Beispielsweise besitzen die Zygoten der Alge *Fucus* (s. Kap. 2.2) zunächst keine Polarität Thallus → Rhizoid, diese wird erst später durch Bindung von Calcium-Ionen-Pumpen und Natrium-Ionen-Pumpen in der Plamemembran an das Cytoskelett eines Zellpols etabiliert.

Es ist auch nicht bekannt, wie eine differenzierte Zelle ihr besonderes und charakteristisches Proteinmuster beibehält. Es ist allerdings wohl sicher, daß ein irreversibler Verlust von Genen für solche Proteine, die nicht exprimiert werden, ausgeschlossen ist. Differenzierte Parenchym- und Mesophyllzellen verschiedener Pflanzenarten können entnommen und in speziellen Nährlösungen kultiviert werden; sie behalten zum Teil die Fähigkeit, sich zu kompletten neuen Pflanzen zu entwickeln. Wenn ein Zellkern aus dem Darmepithel einer Kaulquappe von *Xenopus* in ein Frosch-Ei injiziert wird, aus dem der Zellkern zuvor entfernt worden ist, so entwickelt sich daraus ein fertiler Frosch, der mit dem Kernspender genetisch identisch ist (Abb. 1-20). Die differenzierte Pflanzenzelle und der Kern aus einer Tierzelle besitzen also noch in reaktivierbarer Form all die genetische Information, die nötig ist, um einen neuen Organismus ihrer Art entstehen zu lassen. Diese Zellen sind noch totipotent.

Die Art und Weise, wie in einer differenzierten Zelle ein Teil des genetischen Materials aktiviert, ein anderer Teil inaktiviert wird, ist bisher ein Geheimnis geblieben. Man nimmt allerdings an, daß hierbei eine Reihe von Mechanismen eine Rolle spielen. Ein Großteil des genetischen Materials liegt als kondensiertes und inaktives Heterochromatin vor (s. Kap. 3.1), und der Anteil dieser Form am gesamten Chromatin nimmt von wenigen Prozent im embryonalen Zellen bis zur überwiegenden Menge in spezialisierten Zellen zu. Auch korreliert die Anzahl nicht-methylierter Cytosin-Reste in Abschnitten der DNA im Großen und Ganzen mit der Aktivität der entsprechenden Gene, und durch den Einbau von chemisch hergestellten Cytosin-Analoga (die nicht methyliert werden können) in der DNA, kann bei kultivierten Säugerzellen die Inaktivierung von Genen aufgehoben werden. Schließlich deuten Untersuchungen zur Expression von Paarungstyp-Genen in der Hefe darauf hin, daß Gene solange inaktiv bleiben können, bis sie an eine andere Stelle des Chromosoms in die Nähe einer Promotorsequenz verlagert (transponiert) werden.

Der Differenzierungsprozeß

Da die molekularen Grundlagen des Differenzierungszustands noch weitgehend unklar sind, ist der Differenzierungsprozeß vielleicht noch schwieriger zu verstehen. Trotzdem kann man einige seiner Charakteristika beschreiben. Aus vielen Studien wird deutlich, daß es bei der Differenzierung zwei aufeinander folgende Phasen gibt. In der zweiten Phase sind die spezialisierten Funktionen eines Zelltyps absolut manifest. In der vorangehenden Phase jedoch, in der die Proteine und besonderen Strukturen noch nicht ausgearbeitet sind, sind die Zellen bereits auf diese Entwicklung hin festgelegt. Den Vorgang, durch den diese Festlegung auf eine bestimmte Differenzierungsrichtung erreicht wird, nennt man Determination.

Beispielsweise sind die Stammzellen im Knochenmark in der Lage, alle Blutzelltypen hervorzubringen; sie sind pluripotent, aber festgelegt auf die Produktion von Blutzellen. Die Entscheidung, zu welchem Blutzelltyp die Tochterzellen der Stammzellen werden, hängt von ihrer Umgebung ab. Eine der Zellinien, die von den Stammzellen abstammen, ist nur Vorläufer von Granulocyten und Makrophagen, eine weitere Einschränkung der Entwicklungsmöglichkeiten. Ein besonderes Glykoprotein, das als Antwort auf eine Infektion synthetisiert wird, stimuliert diese Vorläuferzellen zur weiteren Teilung und Differenzierung. Die Stärke dieses Signals hat auch einen Einfluß, denn je höher die Konzentration des Glykoproteins ist, desto höher ist der Anteil an Granulocyten. Die Differenzierung von Erythrocyten wird durch ein anderes Glykoprotein, das Erythropoietin, stimuliert, das in der Niere in Relation zur aktuellen Konzentration von Erythrocyten im Blut produziert wird. Die aus den Stammzellen hervorgegangenen Zellen werden allerdings erst dann für Erythropoietin sensibel, wenn sie zur Differenzierung in Erythrocyten determiniert sind. Determinierte Zellen, die sich einige Zellzyklen vor dem Endstadium „Erythrocyt" befinden, antworten auf das Erythropoietin-Signal mit einer Proliferation, wodurch noch mehr Vorläuferzellen des gleichen Typs entstehen.

Die Determination ist also erstens ein gradueller Prozeß, eine Sequenz immer eingeschränkterer Möglichkeiten, die schließlich nach endgültiger Differenzierung zu einem einzigen Zelltyp führt. Zweitens ist der determinierte Zustand stabil, weitere Zellteilungen sind jedoch erlaubt, wodurch dieser Zustand an Tochterzellen weitergegeben werden kann. Sowohl das Heterochromatinmuster der Chromosomen wie auch das Methylierungsmuster der Cytosin-Reste in der DNA zeigen diese Merkmale einer graduellen Veränderung während der Differenzierung, sind jedoch stabil während einer Zellteilung.

Drittens können einzelne Schritte in Richtung End-Differenzierung mit besonderen Zellzyklen verbunden sein. Wenn z. B. die Siebröhren in einem Leitbündel des Sprosses einer *Coleus*-Pflanze (s. Kap. 2.2) beschädigt werden, redifferenzieren benachbarte Parenchymzellen zu Transportkanälen, die die beschädigte Stelle umgehen. Genau vier Mitosezyklen sind dazu nötig. Aus dem ersten Zyklus geht eine Phloem-Vorläuferzelle und eine weitere Parenchymzelle hervor. Die Vorläuferzelle teilt sich dann im zweiten Zyklus in zwei gleich kompetente Phloem-Vorläuferzellen. Eine oder beide dieser Zellen lassen durch Teilung eine Phloem-Parenchymzelle und eine Prä-Phloemzelle entstehen. Die Prä-Phloemzelle schließlich teilt sich in zwei Zellen, die sich in eine Siebzelle und in eine Geleitzelle differenzieren. Teilungen, die zu Zellen mit identischem Entwicklungspotential führen (Zyklus zwei) nennt man proliferativ. Die Zyklen eins, drei und vier sind determinierend.

Innerhalb einzelner Zellzyklen scheint der Beginn einer besonderen Differenzierung auf bestimmte Phasen beschränkt zu sein. Die Zellen des Brustdrüsenepithels bei der Maus befinden sich in der späten G_1-Phase. Durch die Hormone Insulin, Hydrocortison und Prolactin werden sie zum Wiedereintreten in den Zellzyklus angeregt, und nur wenn sie in Anwesenheit dieser Hormone die frühe G_1-Phase wieder erreicht haben, können sie auch auf die gleichen hormonellen Signale Milchproteine synthetisieren. Mesophyllzellen von *Zinnia*-Blättern differenzieren sich zu Xylem, wenn sie durch das Pflanzenhormon Auxin stimuliert werden. Aber auch hier müssen sie offensichtlich nach Wiederaufnahme des Zellzyklus in Gegenwart von Auxin ein bestimmtes G_1-Stadium passieren, ehe die Differenzierung einsetzt.

Viertens kann im Zuge der Differenzierung eine Reihe verschiedener Stadien durch das gleiche Signal beeinflußt werden, woraus folgt, daß zu verschiedenen Stadien die Übersetzung des Signals in Differenzierungsschritte unterschiedlich ist. Eine noch unbewiesene Hypothese besagt, daß Veränderungen im Übersetzungsmodus an festgelegten Punkten eines Zellzyklus erfolgen. Die natürliche Auslese hat die Schaffung von Verknüpfungen zwischen einem Signal und dem resultierenden Differenzierungsmuster begünstigt, und auf diese Weise wurden ganze Folgen von Differenzierungsschritten an bestimmte Signale gebunden, die mit einzelnen Ereignissen im Leben eines Organismus wie Geburt, Infektion oder Blutverlust im Zusammenhang stehen. In Pflanzen akkumuliert Auxin an Verwundungen, und Saccharose läuft aus verletzten Siebröhren aus. Das Verhältnis von Auxin zu Saccharose bestimmt die Richtung der künftigen Differenzierung: Parenchymzellen bilden bei einem hohen Verhältnis Xylemgewebe, bei einem niedrigen Verhältnis Phloemgewebe.

Schließlich ist der Prozeß einer Differenzierung oft nicht so deutlich als eine Phase zwischen dem Ereignis der Determination und dem Einsetzen der besonderen physiologischen Rolle der Zelle nach erfolgter Differenzierung zu erkennen, sondern eher ein langwieriger und gradueller Vorgang. Die Veränderung von Proteinmustern als Antwort auf Signale kann während des ganzen Lebens einer Zelle andauern. Zum Beispiel antworten voll ausdifferenzierte Oviduktzellen des Huhns auf das Steroidhormon Östrogen mit einer Synthese von Ovalbumin, das als Eiklar-Protein den Dotter umgibt, wenn das Ei den Ovidukt durchwandert. In diesem Fall bindet sich das Hormon an einen löslichen Rezeptor in der Zelle, der daraufhin im Chromatin die Transkription des Ovalbumin-Gens induziert. Die Synthese dieses Rezeptors war ein wesentlicher Teil der Determination. Auch sind viele differenzierte Zellen auf Seneszenz und Tod vorprogrammiert. Bei Pflanzen wird diese Entwicklung als Antwort auf die Wachstumssubstanz Ethylen in Gang gesetzt und fortgeführt.

Morphogenese

Unter Morphogenese wird die Ausbildung der Gestalt verstanden. Ein wichtiger Aspekt dabei ist, wie die Zahl, Größe und Gestalt von Zellen sowie ihre Verbindung untereinander zur Gestalt von Geweben, Organen und Organismen führen. Dieser Prozeß ist durch das ihn begleitende zelluläre Differenzierungsmuster sehr schwer zu verstehen.

Bei Tieren und Pflanzen verläuft die Morphogenese sehr unterschiedlich. Eine Pflanze nimmt ihre Umgebung opportunistisch in Anspruch, um möglichst effektiv die Ausbeutung von Licht, Kohlendioxid und Mineralsalzen zu erreichen. Die Gestalt einer Pflanze wird durch ihren Standort mitbestimmt. Jede Pflanze beginnt als Keimling, der alle nötigen Funktionen erfüllen kann, da die physiologischen Beziehungen zwischen seinen Zellen, Geweben und Organen sehr einfach sind. Die weitere Morphogenese besteht im wesentlichen darin, mehr dieser einfachen Strukturen an bestmöglichen Positionen hinzuzufügen.

Im Gegensatz dazu überleben die tierischen Organismen aufgrund ihrer vielseitigen und hoch sensiblen Physiologie, dem Resultat fein abgestimmter und miteinander verketteter Prozesse. Durch die hohe Präzision dieser Vorgänge wirkt sich der Ausfall eines Organs meistens fatal aus. Die Morphogenese führt hier zu einem in jedem Detail vollständigen Organismus und ist daher auf einen kurzen, aber intensiven Zeitabschnitt zu Beginn des Lebenszyklus beschränkt. Während dieses verletzbaren, nicht voll funktionierenden Entwicklungsabschnitts wird der Embryo durch die Elterngeneration geschützt und ernährt.

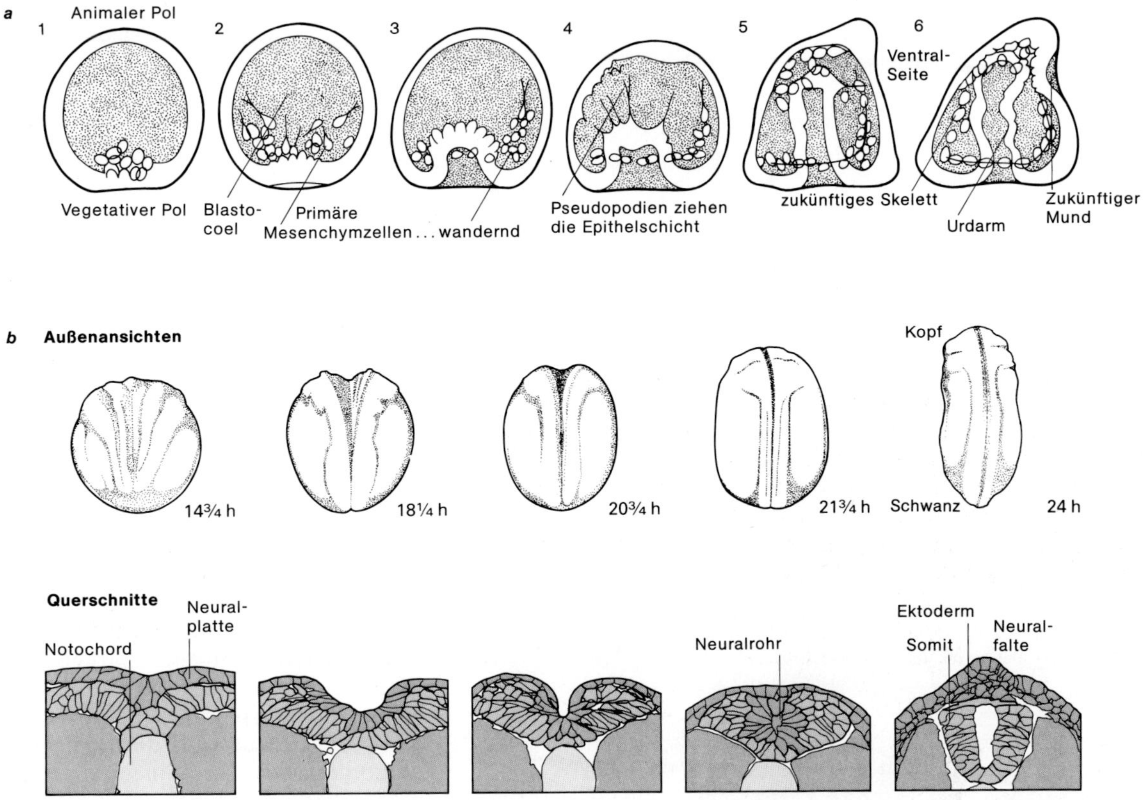

Morphogenetische Prozesse

Zellteilungen sind Voraussetzungen für eine Morphogenese. Bei Pflanzen besteht diese weitgehend in der Kontrolle von Verteilung und Funktion der Zonen mitotischer Aktivität, der Meristeme, und innerhalb dieser Meristeme in der Kontrolle von Mustern, Intensitäten und Orientierungen der Zellteilungen. Bei der Entwicklung von Tieren bestimmt die Zellteilung nicht so häufig die endgültige Gestalt eines Organismus, weil tierische Zellen zunächst nicht so ortsfest sind wie pflanzliche. Das Auswachsen der Gliedmaßenanlagen bei Wirbeltierembryonen jedoch geschieht durch eine Akkumulation von Zellen, die aus Teilungen in der Spitze der Anlagen hervorgehen.

Das Streckungswachstum von Zellen ist für die Gestalt einer Pflanze von großer Bedeutung. Die Orientierung der Mikrotubuli im Cytoplasma unterhalb der Plasmamembran legen die Orientierung der nicht dehnbaren Cellulosefibrillen in der Zellwand fest. Der turgeszente Protoplast übt nach allen Seiten einen hydrostatischen Druck auf die Wand aus, und eine Streckung erfolgt bevorzugt senkrecht zur Hauptorientierungsrichtung der Mikrofibrillen. Ein kontrolliertes Streckungswachstum ist die Grundlage für eine Verlängerung von Sproß und Wurzel und für die Morphogenese von Epidermen, Pallisaden- und Schwammparenchymen im Blatt.

Die Gestalt einer tierischen Zelle kann jederzeit durch eine Reorganisation des Cytoskeletts und der kontraktilen Bündel von Actinfilamenten verändert werden. Veränderungen der Zellgestalt geschehen auch während der gesamten Morphogenese. Besonders dramatisch ist dies bei den ersten Stadien der Gastrulation während der Embryonalentwicklung und später während der Einsenkung der Neuralplatte bei der Bildung des Neuralrohrs im Wirbeltierembryo (Abb. 1-21).

Zell-Adhäsionen können zwischen tierischen Zellen sehr spezifisch ausgebildet sein. Beispielsweise führt ein proteinolytischer Abbau von Oberflächenproteinen unter milden

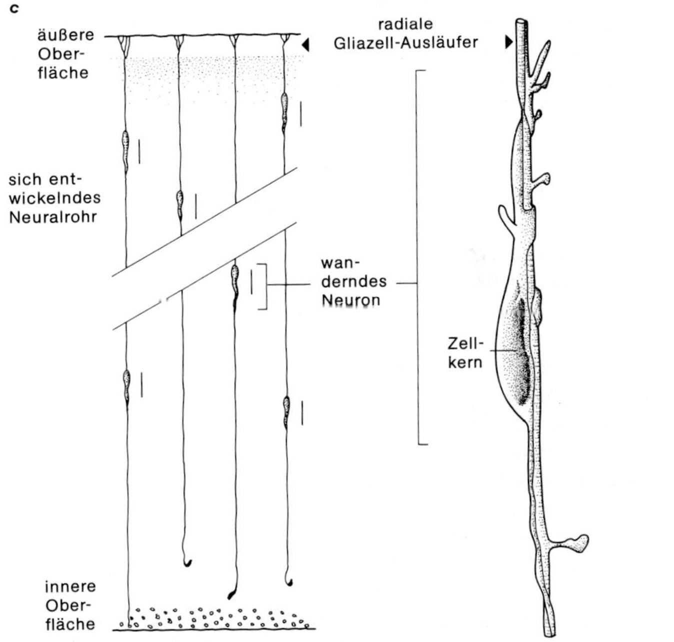

Abb. 1-21. Morphogenetische Vorgänge bei der Entwicklung von Tieren. (a) Gastrulation bei einem Seeigel-Embryo. Eine Veränderung in der Zellform an einem Ende der hohlen Blastula leitet den Vorgang der Inversion ein. Änderungen in der Adhäsion von Zellen lassen die primären Mesenchymzellen freiwerden.
(b) Neurulation bei Wirbeltier-Embryonen. Durch eine Veränderung in der Zellform entlang des dorsalen Ektoderms entsteht die Neuralfurche, deren Ränder sich schließen und so das Neuralrohr bilden. (c) Junge motorische Neuronen finden ihren Weg zur Oberfläche des Rückenmarks, indem sie an Glia-Zellen entlangwandern.

a

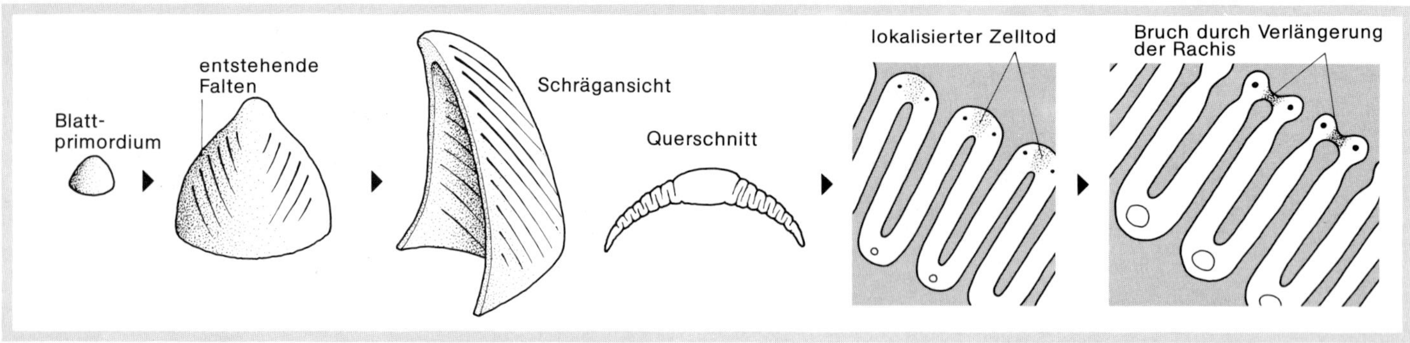

b

Abb. 1-22. Palmblätter entstehen aus einem Gewebe, das sich während des Wachstums in eine Reihe paralleler Falten legt. Lokalisierter Zelltod entlang der Schneiden läßt die Fiedern entstehen. Die Photographie zeigt ein junges noch gefaltetes und ein bereits offenes Palmblatt.

Bedingungen zu einer Trennung der Zellen verschiedener Organe im Wirbeltierembryo; die Zellen haben jedoch die Tendenz zu einer Reaggregation. Wenn Zellen verschiedener Organe gemischt werden, reaggregieren sie organspezifisch, und im Falle der Amphibien-Gastrula bilden die dissoziierten Zellen wieder eine dreischichtige Gastrula in ihren ursprünglichen Positionen. Für ein festes Aneinanderheften von Zellen sind die Desmosomen verantwortlich. Diese Verbindungen können sich in Zellgruppen und -lagen gleicher Herkunft oder zwischen Zellen unterschiedlicher Herkunft, die nach einer Periode der Zellbewegung spezifisch aneinanderhaften, im Embryo ausbilden.

Zellbewegungen während der Entwicklung sind typisch für tierische, aber ganz und gar nicht für pflanzliche Zellen. Beispielsweise bestehen die Muskeln in den Extremitäten der Wirbeltiere aus Zellen, die undifferenziert aber voll determiniert in die Anlagen einwandern und zu diesem Zeitpunkt mit den in den Anlagen bereits vorhandenen Zellen identisch zu sein scheinen, welche sich jedoch später in Bindegewebszellen differenzieren. Manchmal werden determinierte Zellen durch den Blutstrom an ihren Bestimmungsort gebracht: Bei Küken gelangen die Keimzellen, die Stammzellen der Gameten, auf diese Weise an den Ort der Gonaden und die Blut-Stammzellen in das Knochenmark. Bei Nervenzellen ist es nur ein zarter Zellfortsatz, nicht die ganze Zelle, der in andere Gewebe eindringt. In allen Fällen aber wird eine erfolgreiche Wanderung durch spezifische Adhäsionen an andere Zellen beendet und anschließend das korrekte Zellmuster beibehalten.

Bei diesen Wanderungen benutzen manche Zellen feste Routen. In Wirbeltieren z. B. bringt der dünne aus den Neuralfalten hervorgegangene Epithelstreifen, der die dorsale Seite des Neuralrohrs bedeckte, Zellen hervor, die wandern und unter anderem periphere Neuronen und Pigmentzellen (Melanocyten) bilden. Wenn die disaggregierten Zellen eines frühen Embryonalstadiums einer Albinomaus und einer braunen Maus gemischt werden, so entsteht eine Maus, deren Gewebe eine Mischung von genetisch verschiedenen Zellen darstellen, d. h. eine Chimäre. Die Flecken weißer und brauner Haut der chimären Maus laufen als breite Streifen von der dorsalen zur ventralen Mittellinie und zeigen damit die Bahnen an, auf denen die Pigmentzellen gewandert sind. Für manche Zellen wird die Wanderungsrichtung durch andere Zellen, über die sie sich bewegen, festgelegt. So wandern unreife motorische Nervenzellen an die Oberfläche des Rückenmarks über stark verlängerte Gliazellen. Dagegen nutzen andere Zellen die Polarität der extrazellulären Matrix aus. Wandernde Fibroblasten z. B. folgen der Orientierung von Proteinmolekülen, von Fibronectinen, im Matrixmaterial.

Der Zelltod ist eine weitere Form der Selektivität für wandernde Zellen. Wenn Zellen nicht genau an ihren Bestimmungsort gelangen, sterben sie. Beispielsweise sterben alle durch den Blutstrom transportierte Keimzellen im Küken, die nicht an die Genitalleisten adhärieren. Bei der Innervierung von Muskelzellen dient der Zelltod dazu, Redundanz zu vermeiden: Zunächst stehen genügend Neuronen mit Muskelzellen in Kontakt, um sicherzustellen, daß jede Muskelzelle mehrere Innervierungen aufweist; danach wird durch ein Absterben von überflüssigen Neuronen erreicht, daß jede Muskelzelle mit nur einer Nervenzelle verbunden ist. Korrekturen durch Zelltod sind also selbst dann möglich, wenn bereits spezifische Kontakte stattgefunden haben.

Ein programmierter Zelltod, oft von ganzen Zellgruppen, geschieht häufig während der Morphogenese. Das unreife Palmblatt besteht aus einer kontinuierlichen Schicht von Zellen und wird entlang Linien lokalisierten Zelltods buchstäblich in Streifen geschnitten, wodurch das reife Blatt seine Gestalt erhält (Abb. 1-22). In allen Pflanzen sterben z. B. auch Zellen im Blattmesophyll in unmittelbarer Nachbarschaft zu den sich entwickelnden Nebenzellen und machen dadurch Platz für die Stomata-Kammer. Bei Wirbeltieren schafft der lokalisierte Zelltod in einer Zellschicht die Zwischenräume zwischen Fingern und Zehen.

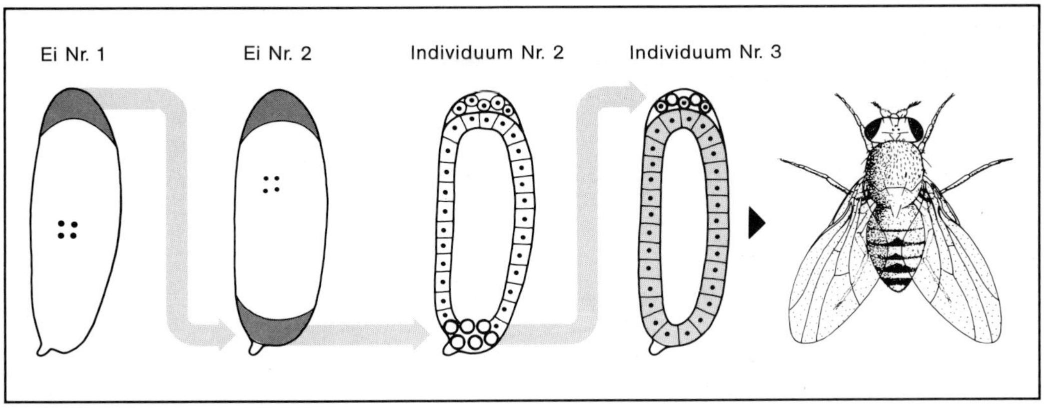

Abb. 1-23. Das Cytoplasma von Insekten-Eiern enthält Faktoren, die das Schicksal der entstehenden Zellen bestimmen. Um dies zu zeigen, wird Cytoplasma vom Hinterende des Eis Nr. 1 in das Vorderende des Eis Nr. 2 übertragen. Normalerweise tragen die Zellen, die am Vorderende entstehen, nicht zur Gameten-Bildung bei. Man kann jedoch zeigen, daß Zellen vom Vorderende des Eis Nr. 2 nach Transplantation in das Hinterende eines genetisch markierten Embryos in diesem (Individuum Nr. 3) zur Gameten-Bildung fähig sind.

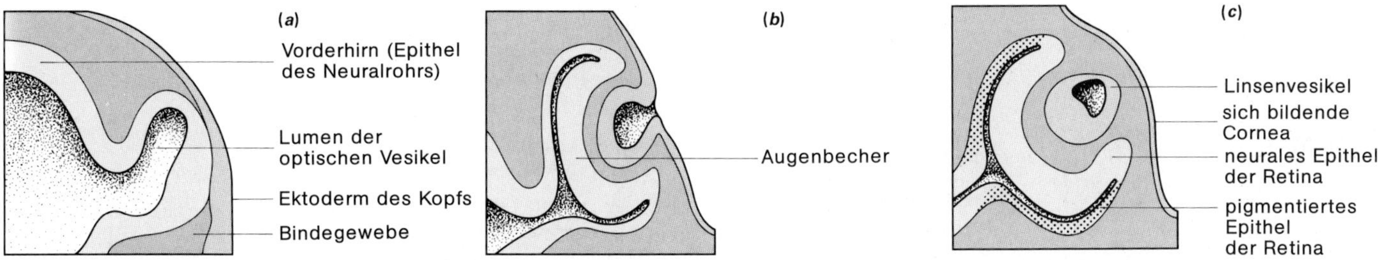

Abb. 1-24. Bildung der Linse im Wirbeltierauge als Beispiel für eine Kontrolle eines morphogenetischen Vorgangs durch Induktion. Der Augenbecher, eine Verlängerung des Neuralrohrs und daher aus dem Ektoderm stammend, induziert das benachbarte Ektoderm zur Invagination. So entsteht eine Vesikel mit ektodermalem Epithel, aus der die Linse hervorgeht.

Die Kontrolle morphogenetischer Prozesse

In sich entwickelnden Tieren und Pflanzen folgt jede Zelle einer Sequenz von morphogenetischen Vorgängen. Die allgemeine Sequenz, die in verschiedener Weise abgewandelt werden kann, ist für Pflanzenzellen Zellteilung, Streckungswachstum und schließlich Zelltod oder Differenzierung; und für Tierzellen Zellteilung, Zellwanderung, Zelladhäsion, Veränderungen in der Zellgestalt und Zelltod oder Differenzierung. Manche dieser Stadien können unter Umständen ausgelassen, ausgeweitet oder sogar wiederholt werden. Das zentrale Problem für ein Verstehen der Morphogenese liegt darin, wie jede Sequenz für jeden Zelltyp kontrolliert wird und wie die einzelnen Sequenzen koordiniert werden, um höhere Stufen vielzelliger Organisation bis hin zum ganzen Organismus zu erreichen.

Die Art der Kontrollen läßt sich zunächst einmal beschreiben und einteilen in solche Ereignisse, die ohne Beeinflussung der Zelle von außen automatisch aufeinander folgen (autonome Kontrolle), und solche, die als Antwort auf extrazelluläre Signale geschehen (Kontrolle von außen).

Bei manchen Organismen ist ein internes Entwicklungsprogramm sehr stark ausgeprägt, das zu festgelegten Zahlen der einzelnen Zelltypen führt. Die dazu nötige Kontrolle und Koordination wird durch eine exakte Verknüpfung der Entwicklungsschritte mit der Abfolge der Zellzyklen erreicht, und das Schicksal einer jeden Zelle wird allein durch ihre Abstammung bestimmt. Diesen Mechanismus *(Cell Lineage)* findet man häufig bei niederen Tieren, für die eine genaue Anordnung von relativ wenigen Zellen typisch ist, wie bei Ctenophoren (Rippenquallen) und Nematoden. Bei fast allen somatischen Zellen eines Nematoden beeinflußt eine Zerstörung von Nachbarzellen ihre weitere Enwicklung nicht. Diese Art von Entwicklungssystem, das zu einer Selbstkorrektur nicht fähig ist, ist ein Charakteristikum niederer Organismen und bei größeren und komplexeren Tieren seltener verwirklicht. Es wäre völlig ungeeignet für Pflanzen, die während ihrer Entwicklung sehr empfindlich und genau auf die Umwelt reagieren. Jedoch werden kurze terminale morphogenetische Sequenzen, wie bei der Bildung von Epidermis-Haaren von Pflanzen (und Insekten), häufig nur durch Zellinien *(Cell Lineage)* kontrolliert. Dadurch können in kleineren Bereichen Muster hoher Präzision entstehen, z. B. die Verteilung der Stomata an Blattunterseiten.

Wenn die Information für die Entwicklungsrichtung nicht von außerhalb der Zelle kommt und jede Zellgeneration andere Entscheidungen treffen muß, um das Ende der Differenzierung zu erreichen, dann muß jede Zellgeneration diese Information an die Tochterzellen weitergeben. Der Einfluß, den eine Elterngeneration von Zellen ausüben kann, ist besonders gut an Eizellen studiert worden. Kerntransplantationen bei *Xenopus* haben gezeigt, daß das Cytoplasma des Eis, und nicht etwa der Zellkern der neu entstandenen Zygote, die frühesten Schritte der Embryogenese kontrolliert. Der Einfluß des mütterlichen Cytoplasmas für die Determination mancher Zellen zu potentiell unsterblichen Keimbahnzellen, während der Rest der Zellen hingegen somatisch bleibt, ist bei Amphibien und Insekten bestens belegt. In den Eiern der Fruchtfliege *Drosophila* z. B. können nur solche Kerne, die in das Cytoplasma des posterioren Eipols einwandern und dort Zellen bilden, zur Keimbahn beitragen (Abb. 1-23). Dieses besondere Plasma, das Pol- oder Keim-Plasma, kann an den posterioren Eipol einer genetisch markierten Fliege übertragen werden, und die dort entstehenden Zellen lassen nach Übertragung in das posteriore Ende eines dritten Eis lebensfähige Gameten entstehen, wenn dieses dritte Ei sich zu einer adulten Fliege

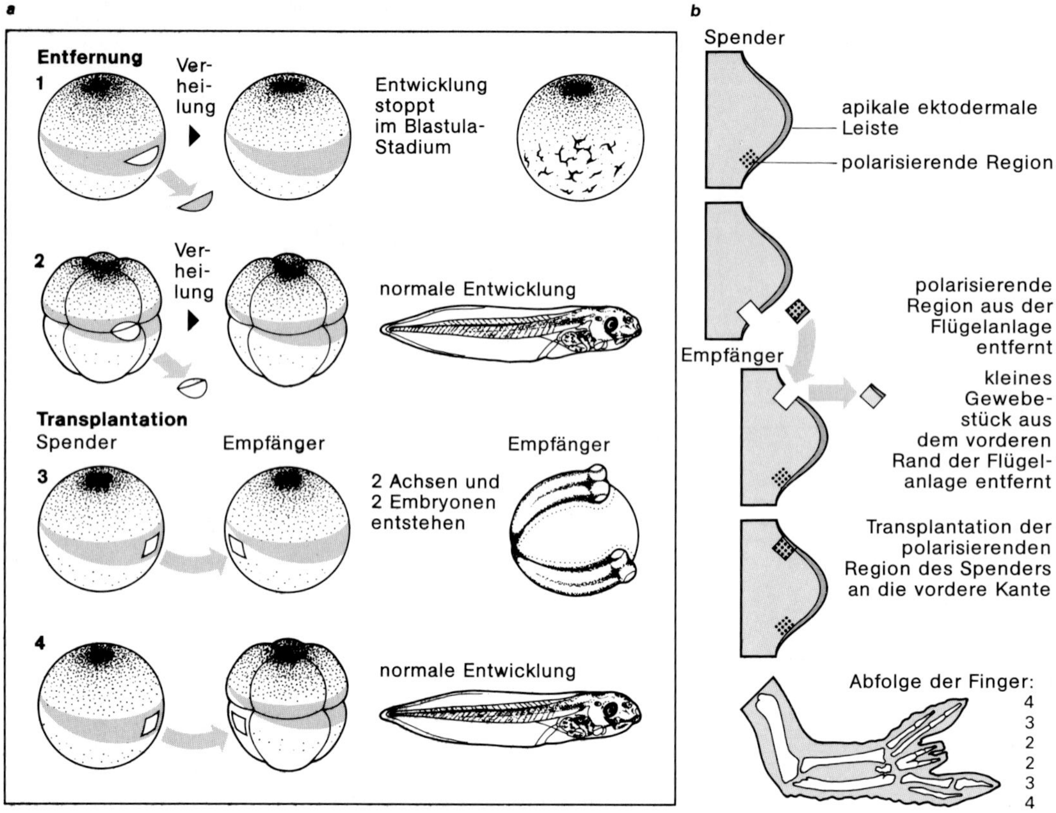

Abb. 1-25. Beispiele für eine Kontrolle von morphogenetischen Vorgängen durch Referenzpunkte. (a) Einfluß des grauen Halbmonds auf die Entwicklung von Amphibien-Embryonen. Zu einem sehr frühen Zeitpunkt, vor Erreichen des 8-Zell-Stadiums, legt der graue Halbmond die Longitudinalachse des Embryos fest. (b) Einfluß der polarisierenden Region auf die Entwicklung von Extremitätenanlagen bei Wirbeltieren. Diese Region befindet sich an der Hinterkante der Anlage und determiniert die Polarität der Extremität.

entwickelt hat. Der Kern wird durch das Keimplasma spezifisch zur Bildung von Keimzellen veranlaßt.

Die Mosaik-Theorie besagt, daß das Cytoplasma von Insekten- und auch Amphibieneiern ein räumlich festgelegtes Mosaik von Instruktionen darstellt und jeder Mosaikbereich das Schicksal der Zellen im Embryo festlegt, die aus dem Cytoplasma dieses Bereichs hervorgehen. Mit Ausnahme der Zellen der Keimbahn werden jedoch Mutationen, die bestimmte Zelltypen im Embryo betreffen, gleichermaßen von der mütterlichen und der väterlichen Linie vererbt und nicht allein von der mütterlichen Seite, woher das Ei-Cytoplasma stammt. Bei den Eiern von Säugetieren gibt es keine Hinweise auf autonome Determinanten in besonderen Regionen des Cytoplasmas. Wenn die Zellen eines 4-Zellenstadiums einer weißen Maus disaggregiert und mit solchen Zellen von zwei 4-Zellenstadien schwarzer Mäuse vermischt werden, erhält man drei perfekte Chimären, wobei Zellen der weißen Maus an allen drei Keimbahnen teilhaben.

Eine Kontrolle von außerhalb der Zelle wird dann besonders deutlich, wenn ein Hormon beteiligt ist. Beispielsweise wird das komplexe Geschehen bei der Metamorphose einer Kaulquappe in einen Frosch durch das Thyroxin aus der Schilddrüse kontrolliert und koordiniert. Die Strategie einer Bindung langer und komplexer Entwicklungsschritte an ein chemisches Signal, wobei diese Schritte oft verschiedene und unerwartete Antworten verschiedener Gewebe einschließen, wird besonders in Pflanzen verfolgt, um die eigene Entwicklung an die Umwelt anzupassen. In Birkenkeimlingen z. B. zeigt eine erhöhte Konzentration an Cytokininen eine verbesserte Verfügbarkeit von Nahrungsstoffen an, worauf Blattzellen mit einem verzögerten Seneszenzbeginn, schlafende Meristeme in Knospen jedoch mit einer Wiederaufnahme der Mitosezyklen antworten.

Eine Information von außerhalb der Zelle mag in Form besonderer physikalischer Eigenschaften einer Oberfläche oder chemischer Eigenschaften der Oberflächen-Moleküle benachbarter Zellen oder sogar in anorganischer Form bestehen, die in intrazelluläre Signale übersetzt werden muß. Die Rotlicht-Signale, die eine Morphogenese in den Zellen eines Dunkelkeimlings induzieren, wirken über eine Veränderung der cytoplasmatischen Calcium-Ionen-Konzentration. Die beiden primären Symmetrieachsen eines Amphibienembryos werden in dem runden und symmetrischen Ei durch willkürliche Parameter festgelegt: durch die Richtung der Gravitation (die die dorsiventrale Achse bestimmt) und die Eintrittsstelle des Spermiums (die für die anterio-posteriore Achse ausschlaggebend ist). Die Benutzung solcher Parameter wird als „symmetriebrechend" bezeichnet.

Beispiele dafür, daß eine Zellgruppe die Entwicklung einer anderen benachbarten Gruppe beeinflußt („Induktion"), gibt es bei der Embryogenese der Wirbeltiere häufig (Abb. 1-24). Gewöhnlich arbeiten solche Mechanismen über eine Art künstlichen Filters und beruhen daher auf einem chemischen Signal, in manchen Fällen jedoch, wie bei der Bildung der Nierentubuli, ist ein direkter Zellkontakt notwendig.

Bei der Morphogenese dienen gewisse Dinge als „Referenzpunkte", die an bestimmten Stellen auftauchen und wahrscheinlich Signale für die weitere Entwicklung bedeuten. Der graue Halbmond im Amphibien-Ei ist ein Beispiel hierfür. Wenn dieser kleine Cytoplasma-Bereich aus dem Ei entfernt wird, kann die longitudinale Symmetrieachse im Embryo nicht entstehen; wenn jedoch ein zweiter grauer Halbmond eingepflanzt wird, bildet sich eine zweite Symmetrieachse, und ein Doppelembryo entsteht (Abb. 1-25). Ein anderes Beispiel für einen Referenzpunkt ist die polarisierende Region einer Extremitätenanlage bei Wirbeltieren, eine Gruppe von wenigen Hundert Zellen an der Hinterkante dieser Anlage. Die Transplantation einer zweiten solchen Region in die vordere Kante der Anlage hat eine deformierte Extremität zur Folge, die aus zwei spiegelbildlichen hinteren Hälften besteht.

Abb. 1-26. Bedeutung der larvalen Imaginalscheiben für die Entwicklung einer Fruchtfliege. Diese Gruppen von undifferenzierten Zellen befinden sich an verschiedenen Stellen der Larve. In der Puppe autolysiert larvales Gewebe, und die verschiedenen Strukturen der adulten Fliege (Imago) entwickeln sich jeweils aus ganz bestimmten Imaginalscheiben.

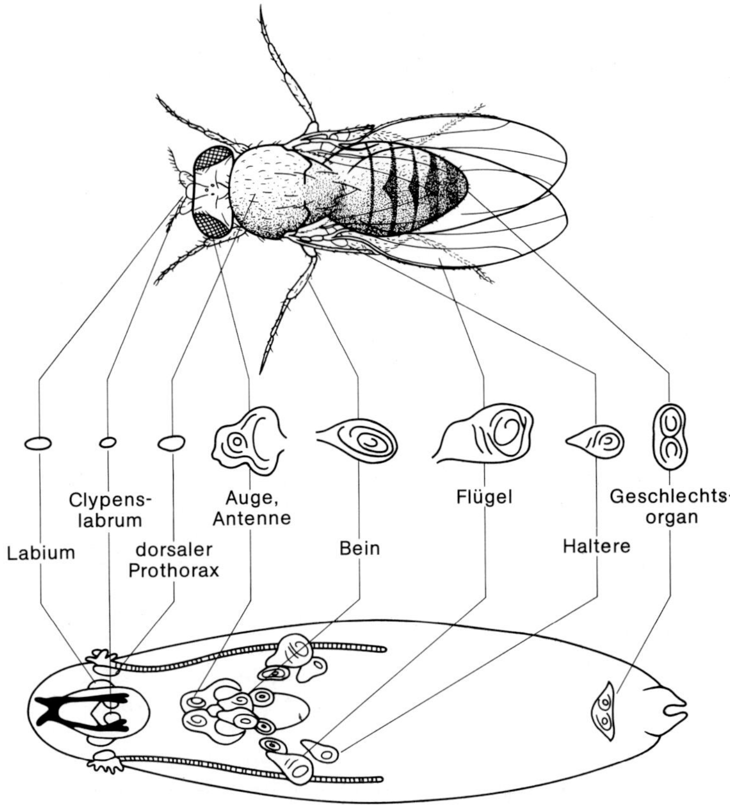

Da diese Region aus der hinteren Kante einer Flügelanlage beim Hühnchen nach Implantation in die vordere Kante einer Beinanlage dort ein deformiertes Bein induziert, wird angenommen, daß diese Zellen Ausgangspunkt eines Gradienten reiner Positionsinformation sind. Von diesem Signal in ihrer Nachbarschaft werden Zellen von Extremitätenanlagen nicht darin beeinflußt, welche Art von Extremität, sondern vielmehr welchen Teil einer Extremität sie bilden (Abb. 1-25).

Die Rolle der Determination bei der Entwicklung scheint darin zu liegen, die Art der Antwort auf ein Signal von außen festzulegen und damit der Zelle zu ermöglichen, ihren bestimmten Weg zu verfolgen, indem ihre Antwort anders ausfällt als die vorangegangenen Antworten oder die Antworten anderer Zellen, wenn auch manchmal das Signal unverändert geblieben ist. Wenn beim Hühnchen Gewebe aus der proximalen Region einer Beinanlage in den distalen Teil einer Flügelanlage verpflanzt wird, dann bilden die transplantierten Zellen distale Strukturen eines Beins aus. Zur Zeit der Transplantation waren die Zellen also determiniert für die Art der Extremität, jedoch noch nicht für die proximale oder distale Position (Abb. 1-25).

Die graduelle Art der Determination wird auch durch die Ergebnisse einer „klonalen Analyse" der Fruchtfliegen-Entwicklung demonstriert (Abb. 1-26). Imaginalscheiben sind Taschen undifferenzierten Gewebes, die über die Larve verteilt sind und sich zu jeweils bestimmten Strukturen in der adulten Fliege entwickeln. Einzelne Zellen in den Scheiben können zu bestimmten Zeiten in ihrer Entwicklung genetisch markiert werden: Für bestimmte Gene heterozygote Larven (s. Kap. 3.1) werden mit Röntgenstrahlen bestrahlt, um einen Chromatiden-Austausch zu induzieren, was zur Folge hat, daß die nächsten beiden Tochterzellen nun homozygot sind, jede für eine Variante des betreffenden Gens. Jede Zelle ist dann Ausgangspunkt für ein kleines mutiertes Gewebe. Meistens ist der Umriß dieser Gewebe-Flecke unregelmäßig, aber an bestimmten Stellen, wie nahe der Mitte des Flügels, ist die Grenze glatt und gerade, da hier eine unsichtbare Mittellinie die Vorder- und Hinterhälfte des Flügels trennt. Man bezeichnet die beiden Flügelhälften als entwicklungsmäßig seperate Kompartimente, und die Mittellinie ist die Grenze zwischen ihnen. Bei *Drosophila* ist eine Reihe von Entwicklungsmutanten bekannt, bei denen der Organtyp in einem Kompartiment durch einen anderen Organtyp ersetzt ist. Beispielsweise wird in der *Engrailed*-Mutante Gewebe im posterioren Kompartiment von Flügel und Bein in die anteriore Form umgewandelt. Dies bedeutet, daß im Wildtyp der Fliege verschiedene Gene in den beiden Kompartimenten aktiv sind. Wenn die klonalen Gewebeflecken im posterioren Kompartiment von Flügel oder Bein den *Engrailed*-Phänotyp tragen, werden sie interessanterweise nicht durch die oben erwähnte Grenzlinie voneinander getrennt; ihnen fehlt sehr wahrscheinlich die Eigenschaft der spezifischen Adhäsion der posterioren Flügelzellen untereinander, die normalerweise die Zellen beider Kompartimente auseinanderhält (Abb. 1-26). Derartige feste Kompartimente sind in Wirbeltierembryonen wohl nicht vorhanden; solche Mutanten sind nicht bekannt und das Bild wird durch die weit verbreitete Zellwanderung eher noch kompliziert. Dennoch entsteht allmählich ein allgemeines Bild der Morphogenese, das für vielzellige Organismen gilt. Gruppen in der Größenordnung von hundert Zellen wählen bei jedem Schritt eine von wenigen ihnen offenstehenden Möglichkeiten in Relation zum vorangegangenen Stadium. Die Zellgruppe wird dann durch den Vorgang der Determination zu dieser Wahl befähigt, was eine stabile Veränderung von morphogenetischen Eigenschaften dieser Zellgruppe, wie z. B. spezifische Adhäsionen zwischen den Zellen, einschließt. Als Folge der Determination entstehen Subgruppen von Zellen, die zu proliferieren oder das Informationsmuster für die Entwicklung zu verändern oder beides vermögen. Die Subgruppen werden in den nachfolgenden Stadien weiter unterteilt, bis die ganze Komplexität von Zelltypen erreicht ist und die endgültige Differenzierung einsetzen kann. Ähnliche Vorgänge dieser Art kann man auch bei Pflanzen beobachten, wo Signale von außen für die Blatt- und Blüten-Morphogenese durch apikale Meristeme von nur wenigen hundert Zellen aufgenommen werden.

Weiterführende Literatur

Alberts, B., Bray, D., Lewis, J., Raff, M., Roberts, K., and Watson, J. D.: *Molecular Biology of the Cell.* Garland, New York 1983.

Czihak, G., Langer, H., und Ziegler, H. (Hrsg.): *Biologie.* 3. Aufl.; Springer, Berlin 1981.

Ede, D. A.: *Einführung in die Entwicklungsbiologie.* Thieme, Stuttgart 1981.

Jungermann, K. und Möhler, H.: *Biochemie.* Springer, Berlin 1980.

Karlson, P.: *Kurzes Lehrbuch der Biochemie.* 12. Aufl.; Thieme, Stuttgart 1984.

Kleinig, H. und Sitte, P.: *Zellbiologie.* 2. Aufl.; Fischer, Stuttgart 1986.

Knippers, R.: *Molekulare Genetik.* 4. Aufl.; Thieme, Stuttgart 1985.

2 Der Organismus

2.1 Einzellige Organismen

Eukaryoten-Zellen enthalten zahlreiche intrazelluläre Strukturen mit spezifischen Funktionen; sie unterscheiden sich dadurch von den prokaryotischen Zellen der Bakterien und Blaualgen (s. Kap. 1.2). Die Strukturen für die zentralen Stoffwechselleistungen wie Zellkern und Mitochondrien variieren bei den Lebewesen nur wenig. Bei anderen intrazellulären Strukturen schwankt dagegen die biochemische Aktivität (etwa beim sekretorischen Endomembransystem) und die Gestalt stark; so beruht die erstaunliche Vielfalt der Formen und Fortsätze eukaryotischer Zellen auf der Vielseitigkeit des Cytoskeletts. Die ältesten Eukaryoten waren vermutlich Einzeller, ausgestattet mit allen lebenswichtigen Funktionen. Manche ihrer Nachkommen sind Einzeller geblieben, die meisten haben sich jedoch zu Vielzellern in ihrer ganzen heutigen Vielfalt entwickelt (s. Kap. 2.2 bis 2.4). Es wäre allerdings ein Mißverständnis, würde man die heutigen Einzeller als Überreste früherer Evolutionsstadien auffassen: Wenn auch einige von ihnen primitive Mechanismen für lebenswichtige Vorgänge wie die Kernteilung benutzen, so hat doch die hunderte von Jahrmillionen währende Selektion ausgezeichnete Anpassungen bewirkt. Einzeller besitzen oft besonders präzise gebaute Cytoskelette und bilden geformte Sekrete, wie sie bei Vielzeller-Zellen nicht vorkommen.

Die verschiedenen Einzeller (Protisten) werden vor allem nach ihren Fortsätzen klassifiziert. Die amöboide Form besitzt Plasmafortsätze, die Pseudopodien, die je nach den Erfordernissen der Bewegung und Nahrungsaufnahme vorgeschoben oder zurückgezogen werden können. Formen mit Geißeln werden als Flagellaten zusammengefaßt, solche mit Cilien als Ciliaten.

Die Flagellaten sind heterogen. Unter ihnen gibt es Typen, die den ursprünglichen Eukaryoten vielleicht am ähnlichsten sind. Es kommen verschiedene Plastidensorten vor, sowie unterschiedliche Formen von Mitose und Meiose, jener Kernteilungsvorgänge, die für Eukaryoten charakteristisch sind (s. Kap. 1.5). Bei Dinoflagellaten und Euglenen bleibt die Kernhülle während der Mitose intakt, und die Dinoflagellaten besitzen Chromosomen ohne Histon; jedes Chromosom erinnert an ein prokaryotisches Nucleoid. Alle Flagellaten können heterotroph leben, aber viele besitzen Chloroplasten und vermögen Lichtenergie zu nutzen. Mehrere Flagellatengruppen wie die Euglenen und Dinoflagellaten umfassen Formen mit Photosynthese-Aktivität und heterotropher Ernährungsweise; danach können solche Organismen entweder den einzelligen Algen oder den Protozoen (tierischen Einzellern) zugerechnet werden.

In struktureller Hinsicht sind die Flagellaten überaus vielfältig. Schon die Geißeln (1–5 pro Zelle) können durch zusätzliche Innenstrukturen oder haar- und schuppenförmige Oberflächenanhängsel stark variieren. Die Flagellenmembran kann seitlich als dünner Lappen ausgebildet sein, dessen Randsaum an der Plasmamembran hängt („undulierende Membran"). Einige Formen tragen ein Außenskelett aus sezernierten Schuppen. Dinoflagellaten besitzen ein Endoskelett aus Cellulose oder Kieselplatten, die unmittelbar unter der Plasmamembran in Vesikeln liegen. Bei den Euglenen bildet das periphere Cytoskelett eine feste, aber flexible Pellicula.

Abgesehen von den verschiedenen Flagellatengruppen gibt es nur wenige einzellige Pflanzen. Schon die primitiven, prokaryotischen Blaualgen wachsen meistens als fädige oder flächige Kolonien. Und da autotrophes Leben nur eine relativ einfache Zellorganisation voraussetzt, ist auch die intrazelluläre Komplexität gering. Die wichtigste Gruppe pflanzlicher Einzeller sind die Kieselalgen (Diatomeen), die sowohl im Meer wie im Süßwasser vorkommen und schätzungsweise 20–25 % der Primärproduktion auf der Erde leisten. Bei ihnen handelt es sich um goldbraun gefärbte Algen, sie sind mit Flagellaten verwandt, die ähnliche Plastiden besitzen. Jede Diatomee lebt in einer feingemusterten, schachtelartigen Schale aus Silikat (Abb. 2-1a), und die Tochterzellen erhalten entweder Deckel oder Boden des Kieselpanzers; in jedem Fall wird aber ein Boden zum vorhandenen Schalenteil ergänzt. Daher werden die Zellen in aufeinanderfolgenden Generationen immer kleiner, bis schließlich durch sexuelle Fortpflanzung wieder die ursprüngliche Maximalgröße hergestellt wird. Diatomeen können sich heterotroph ernähren, und viele bewegen sich durch einen eigenartigen Gleitmechanismus, wobei sie eine Schleimspur hinterlassen. Die übrigen einzelligen Pflanzen gehören zu den Grünalgen mit Plastiden und Zellwänden wie bei Landpflanzen. Bei den einzelligen Grünalgen sind auch die Zieralgen mit ihren eigenartigen Formen, sowie auch die Schirmalge *Acetabularia,* eine der kompliziertest gebauten einzelligen Algen, einzuordnen. Der Kern der Schirmalge bleibt im Haftorgan an der Zellbasis, die übrige Zelle bildet einen 2–5 cm langen „Stiel", der „Zweige" und schließlich einen grünen Schirm trägt.

Unter den amöboiden Formen gibt es solche, die Pseudopodien und Geißeln aufweisen. Die bekannte *Amoeba proteus* ist nackt, sie besitzt lediglich eine Pellicula; aber das ist eine Ausnahme. Die meisten Amöben umgeben sich mit einer Schale (Theka) mit Öffnungen für die breiten Pseudopodien. Die Schale besteht entweder aus skulpturierten Schuppen oder aus verbackenen Sandkörnern. Foraminiferen fügen ständig weitere Kammern an ihre Schalen und bilden außerhalb ein Netzwerk fädiger Pseudopodien, um Nahrung einzufangen. Die im Wasser schwebenden Radiolarien und die grundbewohnenden Heliozoen haben ein Innenskelett aus Silikat und zarte, nadelförmige Pseudopodien, die mehrere 100 Mikrometer lang werden und durch quervernetzte Mikrotubuli ausgesteift sind.

Die höchstentwickelten und kompliziertesten Einzeller sind die Ciliaten. Die Cilien sind regelmäßig angeordnet und festverankert in einem Maschenwerk von Cytoskelett-Filamenten, das die feste Pellicula bildet. Die lokomotorischen Cilien stehen in Längsreihen. Bei manchen Arten sind mehrere Cilien jeweils zu Gruppen zusammengefaßt und hängen in Bündeln (Cirren) zusammen, mit denen diese Tiere zu laufen und sogar zu springen vermögen.

Durch die komplexe Pellicula werden bestimmte Funktio-

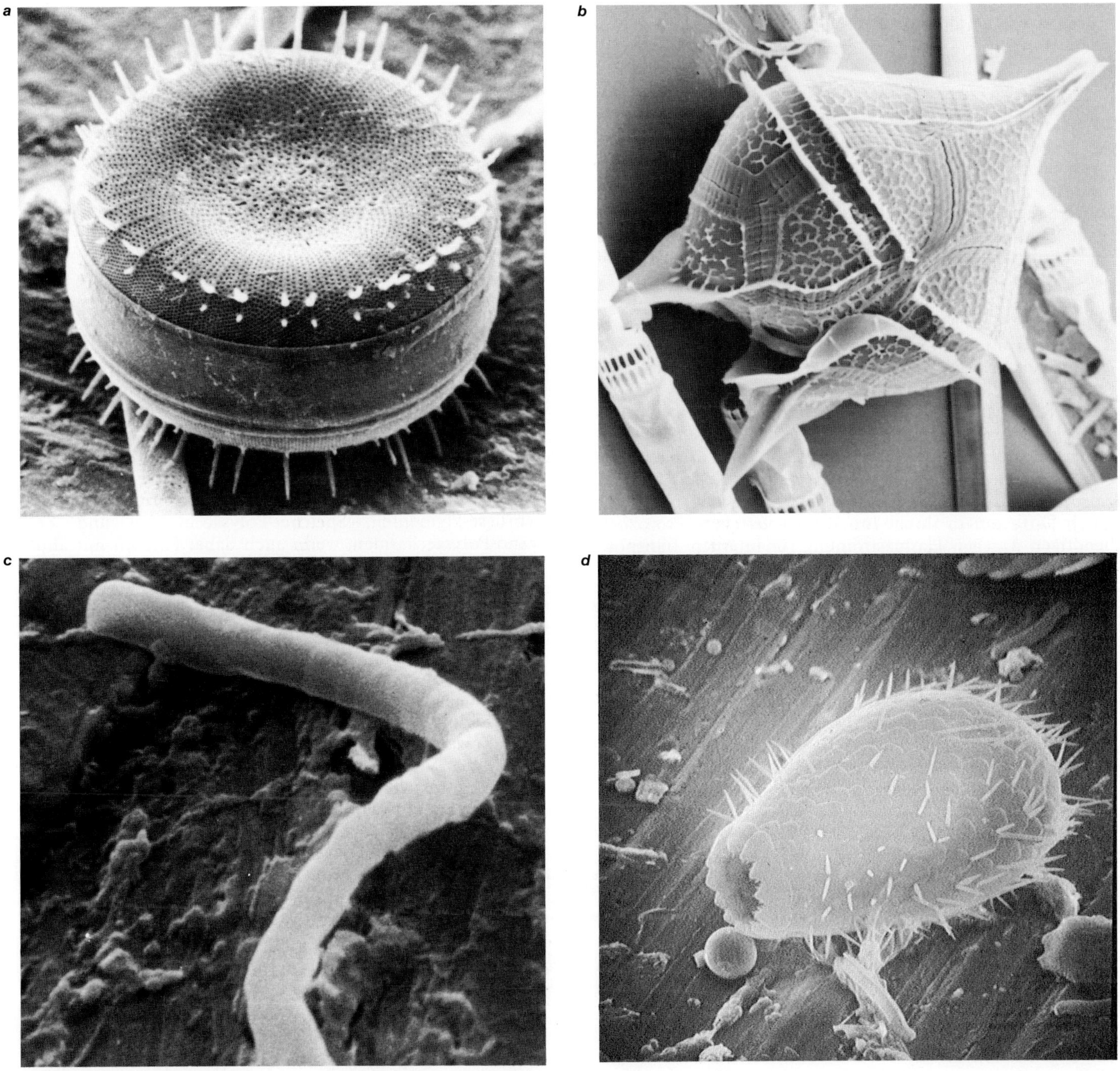

Abb. 2-1. Rasterelektronenmikroskopische Aufnahmen einzelliger Organismen. (a) Die Kieselalge *Stephanodiscus* (2 730 x). (b) Der Dinoflagellat *Protoperidinium* (1 040 x). (c) Zellen des Bakteriums *Bacillus megaterium* (9 000 x). (d) Die Schale einer Thekamöbe, *Euglyphus ciliata,* eines Protozoons (4 000 x).

nen bei Ciliaten und vielen Flagellaten auf entsprechende Orte der Zelloberfläche festgelegt. Süßwasser-Einzeller müssen osmotisch im Überschuß aufgenommenes Wasser wieder ausscheiden, und bei Amöben wandert eine Vakuole in der Zelle umher, nimmt kleinere Vesikel auf und verschmilzt zuletzt mit der Plasmamembran. Beim Pantoffeltierchen *(Paramecium,* ein Ciliat) öffnet sich eine große „kontraktile" Vakuole an einer präformierten Stelle; sie wird durch kontraktile Kanäle, die mit dem endoplasmatischen Reticulum zusammenhängen, mit Flüssigkeit versorgt. Auch die Nahrungsaufnahme – unterstützt von eigenen Cilien-Reihen – und die Abscheidung unverdaulicher Reste erfolgen an vorbestimmten Stellen. Zwischen den Cilien-Reihen sind Orte für Schleimabsonderung oder, bei manchen Arten, für das Ausschleudern von ätzenden Sekreten. Diese hochentwickelten Strukturen bedürfen spezieller Mechanismen, um bei Zellteilungen entsprechend verdoppelt zu werden.

Manche Ciliaten sind mit Stielen festgewachsen und benutzen ihre Cilien zum Herbeistrudeln von Nahrung. Die Suctorien weisen nur zu Beginn ihres Lebenszyklus Cilien auf; sie haben Saugrüssel zum Festhalten und Aussaugen von Beutetieren entwickelt. Zahlreiche Ciliaten und einige Flagellaten sind Räuber, die andere Tiere erkennen und verfolgen und dabei komplizierte Verhaltensweisen an den Tag legen.

Viele Einzeller enthalten entweder einen polyploiden Kern (mit zahlreichen Kopien des genetischen Materials – z. B. Radiolarien und große Diatomeen) oder besitzen mehr als einen Kern, wie die Ciliaten. Der dadurch erhöhte DNA-Gehalt der Zelle erlaubt den Einzellern die Erzeugung relativ großer RNA-Mengen, um die beträchtliche Plasmamenge mit ihren komplexen Strukturen ständig zu ergänzen. Im Vergleich zu normalen Vielzeller-Zellen sind die meisten einzelligen Organismen recht groß. Prokaryotische Zellen und die Körperzellen tierischer Vielzeller sind klein genug, um Stoffe durch Diffusion in ihrem Inneren zu verteilen; Protozoen benötigen dagegen Plasmaströmung für internen Transport, und dasselbe gilt für die großen Zellen ein- und vielzelliger Pflanzen.

Da die Körpermasse der größten Einzeller im Mikrogramm-Bereich liegt, sind diese Organismen Umwelteinflüssen sehr stark ausgesetzt. Viele vertragen Austrocknung, doch brauchen sie für aktives Leben flüssiges Wasser; ihr Vorkommen ist daher auf Meere, Süßwasser oder feuchten Boden beschränkt. Vielzeller dagegen können für ihre Zellen eine eigene Umwelt schaffen und sie gegen die Außenwelt wirksam abschirmen. Die Innenwelt von Vielzellern schafft jedoch auch gute Lebensbedingungen für Einzeller, und tatsächlich sind viele von diesen Parasiten. Die Erreger der Schlafkrankheit und der Chagas-Krankheit sind Flagellaten (Trypanosomen), und die Amöbenruhr wird durch *Entamoeba histolytica* hervorgerufen.

Vielzellige Organismen, die keine Spezialisierung ihrer Zellen aufweisen, sind auf der Organisationsstufe von Zellkolonien verblieben; aber dergleichen ist selten. Das Geheimnis hoher Leistungsfähigkeit ist die Spezialisierung (Arbeitsteilung), sei es nun innerhalb einer Einzeller-Zelle oder zwischen den Zellen eines Vielzellers. Heute lebende Einzeller sind intrazellulär spezialisiert, besonders hinsichtlich der Organisation des Cytoskeletts und der Membranen. Die Urahnen der heutigen Vielzeller folgten einem anderen Evolutionstrend, indem unterschiedliche Anteile ihres genetischen Materials in verschiedenen, spezialisierten Zellen innerhalb desselben Organismus exprimiert werden, was die Entwicklung einer präzisen interzellulären Koordination der Genexpression voraussetzt. Dadurch konnten sie aber größere Ausmaße und höhere Komplexitäten entwickeln als es Einzeller je vermochten.

2.2 Pflanzen

Einführung

Verwandtschaftskreise bei Pflanzen

Vertreter von Grundformen pflanzlicher Organisation sind in Abbildung 2-2 gezeigt. Die einfachsten Formen finden sich hauptsächlich im Meer in der Abteilung der Algen. Dennoch sind sie hinsichtlich ihres Baues und der vorkommenden Lebenszyklen vielfältiger als alle anderen Pflanzentypen. Die Algen werden gewöhnlich nach dem Bau ihrer Zellen gegliedert; diese Systematik deckt sich mit der aufgrund von Photosynthese-Pigmenten, Speicher-Polysacchariden und Zellwand-Polysacchariden, wenn auch dabei Formen mit ähnlicher Organisation und ähnlichen Lebenszyklen voneinander getrennt werden. Offenbar haben sich ähnliche Organisationsstufen und Lebenszyklen in verschiedenen Klassen unabhängig voneinander entwickelt. Alle nachfolgend aufgezählten Algen, bei denen auch vielzellige Formen auftreten, benutzen Chlorophyll a als Hauptpigment der Photosynthese. Die Blaualgen (Cyanobakterien) sind prokaryotisch (s. Kap. 1.1), haben jedoch mit den eukaryotischen Rotalgen (Rhodophyten) das Photosynthesepigment Phycocyanin (blaugrün) und Phycoerythrin (rot) gemein, außerdem ein dem Glykogen ähnliches Speicher-Polysaccharid. Rotalgen besitzen keine Geißeln, ihre Fortpflanzungsformen erinnern eigenartigerweise an die von Schlauchpilzen (s. Kap. 2.3). Braunalgen (Phaeophyceen) verdanken ihre Färbung dem Photosynthesepigment Fucoxanthin und enthalten Laminarin als Speicher-Polysaccharid. Agar ist ein Polysaccharid der Zellwand-Grundsubstanz, das nur bei Rotalgen vorkommt; die chemisch andersartigen Polysaccharide Alginat und Fucoidan sind dagegen auf die Braunalgen beschränkt. Die Grünalgen (Chlorophyten) entsprechen den Landpflanzen durch den Besitz von Chlorophyll b als akzessorisches Photosynthesepigment und das Speichern von Stärke innerhalb der Plastiden – unter Algen einmalig. Bei Landpflanzen variieren die Plastiden kaum noch; sie dürften alle von Grünalgen abstammen, die im Süßwasser dominieren.

Landpflanzen werden nach Ähnlichkeiten in Bauplänen und Lebenszyklen klassifiziert. Leber- und Laubmoose (Bryophyten) verfügen nur über Andeutungen von Leitgewebe mit Xylem und Phloem, und die gametenerzeugenden Organe sind so klein, daß sie lange Zeit übersehen wurden; daher der allgemeine Name „Kryptogamen". Kryptogamen mit Leitbündeln gliedern sich in Farne, Schachtelhalme und Bärlappe, die gemeinsam als Pteridophyten bezeichnet werden. Alle übrigen Gefäßpflanzen erzeugen Samen und werden daher als Spermatophyten bezeichnet. Man unterscheidet bei ihnen Nacktsamer (Gymnospermen, Samen während der Reife nicht umhüllt) und Bedecktsamer (Angiospermen, Samen entwickeln sich im geschlossenen Fruchtknoten). Es gibt zwei Untergruppen von Angiospermen: Die Monokotylen (Einkeimblättler) mit parallelnervigen Blättern, schwach verzweig-

a

b

c

d

Abb. 2-2. Beispiele wichtiger Gestalttypen von Pflanzen. (a) Der zu den Braunalgen gehörende Sägetang *Fucus serratus.* (b) Das Moos *Bryum argenteum* (Bryophyta). (c) Der Farn *Dryopteris borreri,* ein Pteridophyt. (d) Eine Angiosperme, die insektenblütige, zweikeimblättrige *Primula.* (e) Eine Gymnosperme, die immergrüne Fichte *(Picea abies).*

e

ten Wurzeln und nur einem Keimblatt, und die Dikotylen (Zweikeimblättler) mit netznervigen Blättern, verzweigten Pfahlwurzeln und zwei Keimblättern am Embryo.

Pflanzenformen

Die Formen der verschiedenen Pflanzengruppen entwickelten sich zur Verbesserung der Photoautotrophie, also der Umsetzung von Lichtenergie, Kohlendioxid (CO_2), Wasser und Mineralstoffen in Biomasse. In jeder einzelnen Zelle bildet das Cytoplasma einen dünnen Film zwischen Zentralvakuole und Zellwand, und das ermöglicht auf einfachste Weise die Bildung großer Oberflächen zur Materialaufnahme. Der Vorteil dieser Organisationsform ist so groß, daß sie im Pflanzenreich allgemein verbreitet ist und die Nachteile, z. B. Unbeweglichkeit, in Kauf genommen wurden. Wenn sich Umweltbedingungen verändern, können die meisten Tiere durch Ortswechsel ausweichen; Pflanzen müssen sich aber anpassen, was oft zu geändertem Wachstum und andersartiger Entwicklung führt. Während es bei der Entwicklung von Tierkörpern zu ausgedehnten Zellwanderungen kommt, entsteht die Gestalt einer Pflanze durch Zellteilungen, die nach Häufigkeit und Richtung entsprechend festgelegt sind. Auch Zelltod und Auflösung des Zellinhaltes spielen eine wichtige Rolle bei der Gestaltbildung und der Erzeugung leerer Zellwandstrukturen, wie z. B. bei Gefäßen im Holz.

Die einfachsten Pflanzen sind einzellig, und durch Teilung entstandene Tochterzellen lösen sich aus der Mutterzellwand, die gespalten oder verdaut werden muß. Bei koloniebildenden Algen, die keine richtigen Vielzeller sind, werden gelatinisierte elterliche Zellwände noch für einige Zeit erhalten, so daß scheiben- oder kugelförmige Kolonieformen entstehen. Die einfachste, echt vielzellige Struktur, in der die ursprüngliche Zellwand beibehalten wird und wächst, ist ein Faden, der durch Beschränkung der Zellteilungen auf eine Richtung entsteht. Diese Struktur kann abgeändert werden durch Differenzierung einer basalen Haltezone und die Beschränkung von Zellteilungen auf das andere Fadenende, und es können Verzweigungen durch gelegentliches Abweichen von der Zellteilungsrichtung entstehen. Die kompliziertesten Fadensysteme bestehen aus einem horizontalen, dem Untergrund anliegenden Fadengeflecht mit vertikal aufstrebenden Abzweigungen. Sind Zellteilungen auf zwei Richtungen beschränkt, entstehen blattartige Formen wie die des Meersalats *(Ulva lactuca,* eine Grünalge). Die komplizierten Strukturen der Rotalgen werden von zahlreichen verzweigten Fäden gebildet, die längsseits wachsen und zwischen den zunächst getrennten Fäden Cytoplasmabrücken ausbilden. Solche „pseudoparenchymatischen" Konstruktionen ähneln jenen von Pilzen (s. Kap. 2.3). Echtes parenchymatöses Wachstum setzt Zellteilungen in allen drei Dimensionen voraus; solches kommt bei Braunalgen und allen Landpflanzen vor.

Pflanzenphysiologie

In diesem Abschnitt wird zunächst der Einbau lebloser Materie in Biomasse, der durch Sonnenenergie vermittelt wird, beschrieben. Anschließend werden die Konstruktionsprinzipien der grünen Pflanze, ihre Anpassungen an die Umwelt und ihre Veränderungen während des Lebenszyklus erläutert. Schließlich werden die verschiedenen Typen von Lebenszyklen vorgestellt und ihr Beitrag zur Arterhaltung durchleuchtet.

Blätter

Bei Algen und vielen Moosen treiben praktisch alle belichteten Partien Photosynthese. Bei höher organisierten Pflanzen gibt es dagegen besonders ausgebildete Organe dafür, die Blätter. Das ausgewachsene Blatt gleicht einem chemischen Labor, wo Sonnenlicht, über Wurzeln und Sproßachsen geliefertes Wasser sowie Kohlendioxid aus der Luft in Zucker umgeformt werden, die dann als Energie- und Kohlenstoffquelle für alle übrigen Pflanzenteile dienen.

Der Lichteinfang

Die oberen Zellschichten des Blattes (Abb. 2-3) verwerten das ankommende Sonnenlicht. Die Lichtstrahlen durchlaufen zunächst die durchsichtige Cuticula, die bei Wüstenpflanzen wie *Yucca* und *Agave* Stoffe zur Absorption gefährlicher Ultraviolett-Strahlung (UV) mit Wellenlängen von 280–320 Nanometern (nm) enthalten. Es folgt eine Lage nicht-photosynthetischer Zellen, die Epidermis, die bei Blütenpflanzen Flavonoide zur Ausfilterung von langwelligem UV (320–400 nm) enthält. Unter diesen Schutzschichten liegen die photosynthetisch aktiven Zellen der Palisadenschicht, die zum Mesophyll – dem Gewebe zwischen oberer und unterer Epidermis – gehört. Die Palisadenschicht ist gewöhnlich ein oder zwei Zellagen dick, und die Zellen sind angeordnet wie der Flor eines Teppichs. Die Lichtenergie wird dabei ausschließlich von den Photosynthese-Pigmenten der Chloroplasten eingefangen. Meeresalgen besitzen neben Chlorophyll, das rotes und blaues Licht absorbiert, zusätzliche Pigmente für grünes und gelbes Licht (Braunalgen: Fucoxanthin, Rotalgen: Phycoerythrin), die Energie auf Chlorophyll übertragen. Schlammiges Küstenwasser absorbiert viel Licht; durch die akzessorischen Pigmente können die Algen jedoch auch geringe Lichtintensitäten voll ausnutzen.

Blätter sind durch eine Reihe von Eigenschaften in der Lage, das Ausmaß des Lichteinfanges zu regulieren (Abb. 2-4). Um Reflexionsverluste zu verringern, ist die Cuticula oft matt, und die flächige Entwicklung der Blätter schafft maximale Absorptionsflächen. Ausgewachsene Blätter stellen sich durch entsprechendes Wachstum der Blattstiele in bestimmte Richtungen zum Lichteinfall. Auf analoge Weise können Blätter auch der Beschattung durch andere Blätter ausweichen und bilden so ein charakteristisches „Blättermosaik".

Schattenblätter sind besonders angepaßt. Sie weisen oft größere Flächen durch die Vergrößerung von Epidermiszellen auf, sowie geringere Dicke durch weniger hohes, immer einschichtiges Palisadengewebe. Zugleich steigt die Zahl der Lichtsammel-Pigmentmoleküle pro Reaktionszentrum (s.

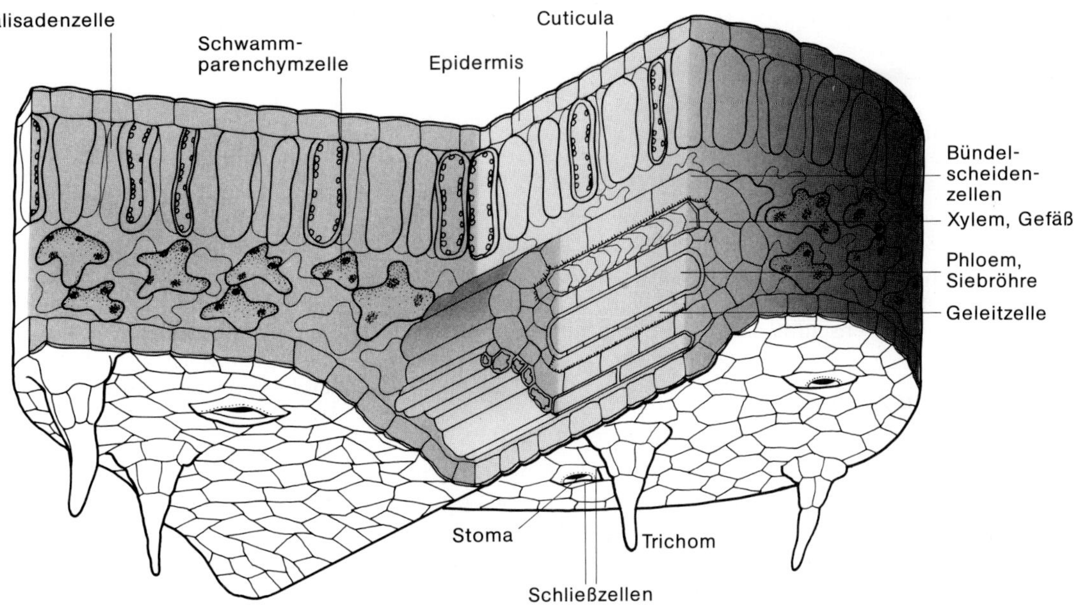

Abb. 2-3. Schematische Darstellung des Baues und der Gewebeverteilung in einem typischen Laubblatt, dem Organ der Photosynthese.

Kap. 1.3); in tiefem Wasser wachsende Rotalgen vermehren entsprechend ihren Phycoerythrin-Gehalt. Durch diese Erhöhung der Effizienz des Lichteinfanges erreichen Schattenblätter ähnliche Fixierungsraten von Kohlendioxid (CO_2) durch das Enzym Ribulosebisphosphat-Carboxylase (s. Kap. 1.3) wie Sonnenblätter bei viel höheren Lichtintensitäten. Bei vielen Pflanzen, zumal Bäumen, sind die Blätter einem breiten Bereich von Lichtintensitäten angepaßt; Nutzpflanzen verlangen dagegen fast immer hohe Lichtintensität.

Wasseraufnahme

Flüssiges Wasser kommt durch die Wurzeln in die Pflanze; aber die Energie zur Aufnahme und Weiterleitung wird in den Blättern erzeugt. Außer bei dampfgesättigter Luft oder tiefen Temperaturen ist der Ausstrom von Wasser aus den Blättern in die Atmosphäre – die Transpiration – irreversibel, und ein steiler Gradient der Wasserkonzentration hat eine entsprechend starke Auswärtsdiffusion von Wasser zur Folge. Die Diffusionsrate ist allerdings in Abhängigkeit von Blattemperatur und Wassersättigung der Luft sehr variabel, und um Austrocknung zu vermeiden, müssen Blätter über entsprechende Kontrollmechanismen der Transpiration verfügen.

Diese Kontrolle wird dadurch ermöglicht, daß das Mesophyll als photosynthetisches Gewebe zwischen zwei Epidermisschichten mit dicht zusammenschließenden Zellen liegt (Abb. 2-3). Die Cuticula der Epidermis-Außenseiten besteht aus biegsamem Cutin, einem Polyester aus langkettigen Fettsäuren, der mit wasserabstoßenden Ölen und Wachsen imprägniert ist. Damit nun überhaupt Wasserdampf aus den Blättern entweichen kann, sind die Epidermen von Spaltöffnungen (Stomata) durchbrochen. Die maximale Öffnung des Stoma ist 10 Mikrometer (μm) breit. Der Wasserdurchtritt kann durch teilweises oder völliges Schließen reguliert werden. Der Öffnungszustand wird durch ein Paar langgestreckter Zellen, die Schließzellen, kontrolliert. Zwischen ihnen liegt der eigentliche Spalt. Die Salzkonzentration in den Vakuolen der Schließzellen wird durch Austausch mit Nachbarzellen reguliert, und osmotisch ein- oder ausströmendes Wasser erzwingt Zellvergrößerung oder -schrumpfung. Die Schließzellen sind so gebaut, daß sich der Spalt öffnet, wenn sie sich aufblähen,

Abb. 2-4. Ein australischer Eukalyptus mit vertikal hängenden Blättern als Anpassung an ständig hohe Lichtintensitäten. Am Mittag, wenn die Intensität der Sonnenstrahlung am höchsten ist, bieten diese Blätter der Sonne die geringste Fläche dar.

und schließt, wenn sie schrumpfen. In Blättern der Ackerbohne bilden Mesophyllzellen beim Welken Abscisinsäure; sie veranlaßt Spaltenschluß und Zurückhaltung von Wasser.

Aufnahme von Kohlendioxid

Im Gegensatz zu Licht und Wasser ist die Verfügbarkeit von CO_2 stets dieselbe. Die Luft enthält 0,03 Volumenprozent davon. Es dringt durch Diffusion in die Blätter ein, doch ist der Konzentrationsgradient wegen der niedrigen Konzentration in Luft sehr flach. Der Bau des Blattes gewährleistet dennoch eine effiziente Aufnahme von CO_2.

Um in einem dichten Blätterdach die ständige Nachfuhr von CO_2 sicherzustellen, sind Luftbewegungen erforderlich. Doch auch bei Wind wird durch Reibung eine unbewegte Luftschicht an den Blattoberflächen festgehalten. Rauhigkeiten, wie z. B. Blattrippen, Haare oder vorgewölbte Schließzellen, erzeugen Turbulenzen, die diese unbewegte Grenzschicht durchbrechen. Faltige oder wellige Ränder bei Tangen dienen in strömendem Wasser demselben Zweck.

Da CO_2 nicht durch die Cuticula diffundieren kann, muß es durch offene Stomata aufgenommen werden. Der Abstand der Stomata entspricht der 10fachen Porenweite. Das gewährleistet maximale Diffusion von CO_2 in das Blatt, denn Diffusion durch eine perforierte Barriere wird durch seitliche Diffusion zu den Porenrändern hin gefördert, solange die Poren nicht zu dicht stehen. Obwohl die Spaltöffnungen nur etwa 1% der cuticularisierten Blattoberfläche ausmachen, wird durch die Erhöhung der Diffusionsrate an den Porenrändern ein fast unbehindertes Eindringen von CO_2 ermöglicht; der Abstand der Spaltöffnungen ist hinsichtlich der Diffusionskonstante von CO_2 demnach optimal. Bei geöffneten Stomata stellt also die Epidermis praktisch keinen Diffusionswiderstand für CO_2 dar; andererseits hängt die tatsächliche Aufnahme sehr stark vom Öffnungszustand der Spalten ab. Bei den meisten Blatttypen befinden sich praktisch alle Stomata in der unteren Epidermis, und die Mesophyllzellen sind so angeordnet, daß die Diffusion von CO_2 zu den photosynthetisch aktiven Palisadenzellen möglichst unbehindert ist. Zwischen Palisadenschicht und unterer Epidermis sind die Mesophyllzellen unregelmäßig geformt und werden oft von großen, gasgefüllten Interzellularräumen getrennt (Schwammparenchym). Unmittelbar unter den Stomata liegen besonders große Interzellularräume, die „Atemhöhlen". Jede Spaltöffnung versorgt einen Gewebewürfel von 100 µm Seitenlänge über verzweigte Lufträume. Ähnliche geometrische Verhältnisse herrschen auch in den Lungen und Tracheen bei Tieren – in allen diesen Fällen geht es um eine Verkürzung von Diffusionswegen.

Am Ende seines Weges – von Zelloberflächen zu den entsprechenden Enzymen – diffundiert das CO_2 in gelöster Form. Die Diffusionsrate in flüssigen Medien ist 10 000 mal geringer als bei Gas, aber wieder wird dies durch die Gewebegeometrie des Blattes kompensiert: Da die Palisadenzellwände nur 0,2 µm dick sind und die Chloroplasten ihnen unmittelbar anliegen, beträgt der Flüssigkeitsweg nur 1/1000stel des Gasweges; zugleich wird die Diffusionsfläche vergrößert, die Gesamtoberfläche der Mesophyllzellen ist 30–80 mal größer als die Blattfläche.

Insgesamt ist also das Blatt so gebaut, daß CO_2 am Ort seiner Fixierung durch Ribolosebisphosphat-Carboxylase mit 50–80 % seiner Konzentration in Luft verfügbar ist. Bei geöffneten Stomata ist es tatsächlich die Aktivität dieses Enzyms, welche die Rate des Einbaues von CO_2 in organisches Material limitiert, nicht die Nachlieferung von CO_2. Freilich, wenn die Stomata geschlossen sind (z. B. um gefährliche Wasserverluste zu vermeiden), dann begrenzt die Aufnahme von CO_2 auch die Photosynthese im Licht; extrem niedrige CO_2-Konzentrationen können jedoch wieder die Öffnung der Stomata bewirken.

Stoffaufnahme und Stoffabgabe durch Blätter

Die Wasserabgabe von Blättern geschieht durch die Spaltöffnungen; aber da Wasser schneller diffundiert als CO_2, ist der Abstand der Stomata in der Epidermis für Wasser nicht ebenso optimal wie für CO_2. Der sich ergebende Wasserverlust ist ungefähr proportional der Gesamtfläche der Spalten. Vollgeöffnete Stomata limitieren die Aufnahme von CO_2 nicht, und wenn sie sich zu schließen beginnen, ist die Wasserabgabe stärker beeinflußt als die CO_2-Aufnahme. Das Verhältnis abgegebener Wassermoleküle zu aufgenommenen Molekülen von CO_2 ist bei vollständig geöffneten Stomata doppelt so hoch (340 : 1) wie bei schwach geöffneten (160 : 1).

Diesen Umstand nutzen die besonders angepaßten sogenannten C_4-Pflanzen aus, die in hellen, trockenen Gebieten wachsen. Ihr besonderer Mechanismus, CO_2 am Enzym Ribulosebisphosphat-Carboxylase zu konzentrieren (unter Verwertung von Lichtenergie und Säuren mit 4 Kohlenstoffatomen als Überträger von CO_2) führt zu viel niedrigeren Konzentrationen von CO_2 in der Gasphase der Blätter und erzwingt einen hohen CO_2-Einstrom auch bei teilweise geschlossenen Stomata, wenn der Wasseraustritt schon stark reduziert ist. Eine weitere Variante der Photosynthese, bei der das molekulare Verhältnis abgegebenes Wasser zu fixiertem CO_2 noch günstiger wird, haben sukkulente (dickblättrige) Pflanzen entwickelt: Den Crassulaceen-Säure*(Acid)*-Metabolismus (CAM). Bei diesen CAM-Pflanzen sind die Stomata nur während der kühlen Nachtstunden offen, um CO_2 aufzunehmen. Photosynthese und die Fixierung von CO_2 als Zucker durch den Calvin-Zyklus (s. Kap. 1.3) werden während des Tages bei geschlossenen Stomata fortgesetzt, weil das CO_2 in der Nacht als Säure mit 4 Kohlenstoffatomen gespeichert und am Tag daraus innerhalb der Blätter und Sprosse wieder freigesetzt wird. Biochemisch ist das ähnlich der Anpassung der C_4-Pflanzen, doch ist die Speicherkapazität der CAM-Pflanzen für die entstehenden Säuren in den Vakuolen nicht beliebig groß, so daß ihre Produktivität gering ist im Vergleich zu C_4-Pflanzen unter Starklichtbedingungen. Zu den C_4-Pflanzen zählen die ertragreichsten tropischen Nutzpflanzen wie Mais, Rispen- und Kolbenhirse sowie Zuckerrohr, während CAM von lang-

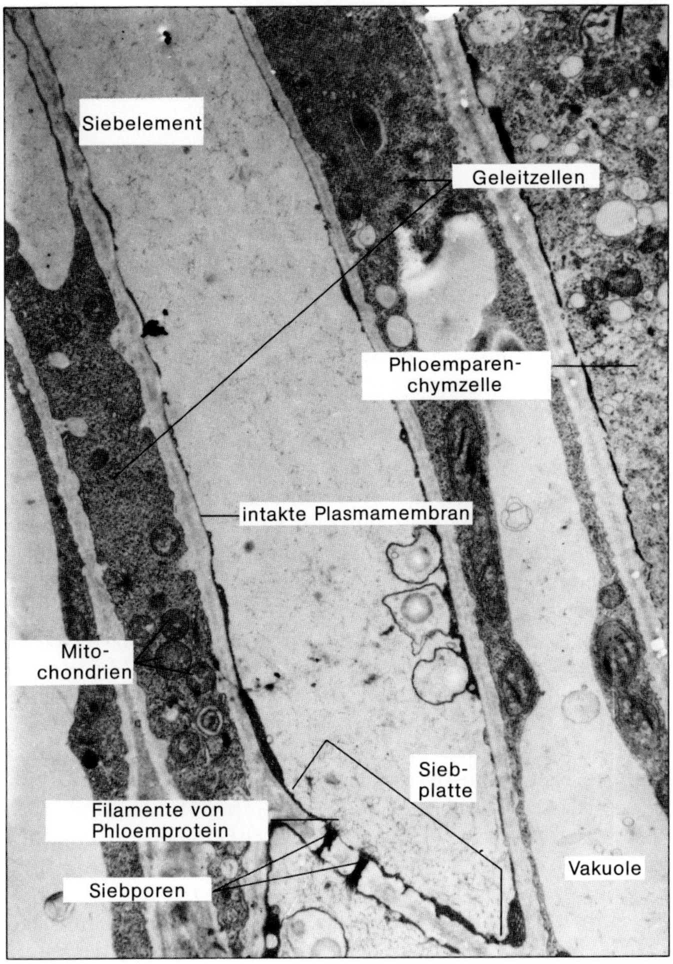

Abb. 2-5. Transmissionselektronenmikroskopisches Bild eines Dünnschnittes durch einen Platanenstamm, der den Feinbau von Phloemzellen zeigt (6 400 x).

samwachsenden Dickblattgewächsen lebensfeindlicher Dürregebiete praktiziert wird.

Beim Einfangen von Lichtenergie können es die Blätter nicht vermeiden, auch infrarote Strahlung zu absorbieren, die sie erwärmt, und zahlreiche Anpassungen zur Verminderung dieser Hitzebelastung haben sich entwickelt (Abb. 2-4). Zunächst ist die Strahlungsabsorption bei Wellenlängen über 700 nm (nahes Infrarot) nur gering. Eine weiße Cuticula reduziert die Absorption weiter durch gesteigerte Reflexion und ist daher typisch für Pflanzen besonders heller Standorte (alpine Region, Meeresküsten, Wüsten). Bei besonders starker Belichtung können Blätter durch Wachstumsbewegungen so gedreht werden, daß das direkte Licht sie nur streift; bei manchen Eukalyptus- und Akazienbäumen, die unter ständigem Starklicht wachsen, sind die Blätter dauerhaft vertikal orientiert. Steht genügend Wasser zur Verfügung, wird gewöhnlich die Verdunstungskälte von Wasser bei geöffneten Stomata ausgenutzt; bei Wassermangel müssen allerdings die Stomata geschlossen werden, und dann helfen nur noch Luftbewegungen. Pflanzen, die öfter in solche Situationen geraten, besitzen gewöhnlich kleine Blätter, um die Luftkonvektion nicht zu behindern; das gilt z. B. für Nadelhölzer, deren dunkle Blätter viel Infrarot absorbieren.

Letztlich wird die Stoffwechselleistung der Blätter durch die Stomata kontrolliert. Schließzellen reagieren nicht nur auf Abscisinsäure oder CO_2-Mangel, sondern auch auf Blaulicht, und ihre Reaktion kann durch einen inneren Tagesrhythmus beeinflußt werden. Ihre Funktion besteht darin, die Aufnahme von CO_2, die Wasserabgabe und die Blatt-Temperatur möglichst optimal zu halten. Diese Anforderungen sind oft unvertraglich miteinander, und die Schließzellen müssen dann einen möglichst guten Kompromiß unter Berücksichtigung aller übrigen Anpassungen der Pflanze finden. Daher ist das Verhalten der Schließzellen auch sehr komplex und bei unterschiedlichen Pflanzen ganz verschieden; es läßt sich am besten aus der besonderen Überlebensstrategie einer jeden einzelnen Pflanzenart verstehen.

Transportphänomene und die Rolle der Wurzeln

Die Plasmamembran ist eine sehr wirkungsvolle und selektive Barriere bei der Bewegung von Zuckern und Ionen. Auch gegenüber Wasserbewegungen wirkt sie als Hemmnis – zwar nicht sehr effektiv, aber auch nicht zu vernachlässigen. Sie trennt zwei Transportbereiche (Kompartimente) in der Pflanze: Der Apoplast ist der Bereich außerhalb der Plasmamembranen, also Zellwände und Interzellularräume; der Symplast wird dagegen von den lebenden Zellkörpern gebildet, die über Plasmabrücken, die Plasmodesmen, miteinander verbunden sind (s. Kap. 1.4). Hauptkomponenten des Transports innerhalb der Pflanze sind zum einen Zucker, die durch das Phloem (Siebteil der Leitbündel) von den Blättern zu den Wurzeln und zu den wachsenden Sproßspitzen gelangen, zum anderen Wasser und Mineral-Ionen, die durch das Xylem (Holzteil der Leitbündel) aus den Wurzeln zu den Blättern und Sproßspitzen gebracht werden.

Phloemtransport aus dem Blatt

Zucker entsteht in den Blättern in einer nicht direkt verwertbaren Form, gewöhnlich als Saccharose, verläßt die Palisadenzellen und sammelt sich im Apoplast des Blattes. Dort wird er aktiv von Phloemzellen aufgenommen (Abb. 2-5).

Die Transportzellen des Phloems sind die Siebelemente. Sie sind zu langen Siebröhren aneinandergereiht. Die Siebelemente sind große Zellen, die ihren Kern verloren haben und deren Inhalt innerhalb der Plasmamembran verflüssigt ist. Der Stofftransport zwischen den Siebelementen erfolgt durch Siebporen; dies sind stark vergrößerte Plasmodesmen in den Endwänden. Diese Querwände der Siebröhren werden als Siebplatten bezeichnet; die Siebporen machen dabei etwa die Hälfte ihrer Fläche aus. Jedes Siebelement ist über zahlreiche Plasmabrücken mit einer Geleitzelle verbunden, die voller Organelle und sehr stoffwechsel-aktiv ist. Obwohl beide Zelltypen viel Saccharose enthalten, wird dieser Zucker ständig weiter aus dem Apoplast hereingepumpt. ATP-getriebene Protonenpumpen in der Plasmamembran (s. Kap. 1.1) schaffen Protonen nach außen, und Saccharose wird durch einen Cotransport mit Protonen in die Zellen hereingeschafft. Bei manchen krautigen Angiospermen ist die Saccharose transportierende Plasmamembran durch fingerförmige Vorwölbungen der Zellwände vergrößert – in Analogie etwa zu den Mikrovilli der Tiere.

In den Siebröhren erreicht die Saccharose-Konzentration 20–30 %, und durch den osmotischen Wassernachstrom aus dem Apoplast wird hier der hydrostatische Druck sehr hoch (20–30 Atmosphären, entsprechend 2–3 Megapascal). Um diesem Druck zu widerstehen, ist die Zellwand dick und reich an Cellulose, einem sehr reißfesten Polysaccharid, dessen Fibrillen wie die Reifen eines Fasses angeordnet sind. Plasmodesmen, über die der Druck sich entladen könnte, sind nur zu den ebenfalls zuckerreichen Geleitzellen hin ausgebildet.

Alle Teile der Pflanze – Wurzeln, Früchte, wachsende Meristeme – sind von Phloem durchzogen, aus dem der Zucker nach Bedarf entnommen werden kann. An diesen Verbrauchsstellen ist der hydrostatische Druck der Siebröhren daher vermindert, so daß sich in den Siebröhren zwischen Blättern und Verbrauchsorten ein Druckgefälle einstellt. Nach Messungen beträgt dieses Druckgefälle 0,5–5 Atmosphären (50–500 Kilopascal) pro Meter; dadurch bewegt sich der flüssige Inhalt der Siebröhren mit einer Geschwindigkeit von etwa 50 cm pro Stunde. Die Energie für diesen Transport stammt vom ATP, das in den Blättern durch die Protonenpumpen für die Zuckerbeladung verbraucht wird. Bis heute gibt es keine überzeugenden Hinweise auf andere Energiequellen des Phloemtransports.

Jede Verletzung des Druckstromsystems würde – in Analogie zum Kreislauf der Wirbeltiere – ein „Bluten" zur Folge haben. Doch werden durch jeden plötzlichen Druckabfall Proteinfilamente der Siebröhren in die Siebporen geschwemmt und bilden dort ein Gerinnsel. Schon nach wenigen Minuten werden solche Poren durch sofortige Synthese eines Polysaccharids, der Kallose, fest verschlossen.

Stammesgeschichtlich ist das Phloem wahrscheinlich älter als das wassertransportierende Xylem. Braunalgen besitzen den Siebröhren ähnliche Elemente, um Photosyntheseprodukte zu den Haftorganen zu verlagern. Bei den Tangen wird statt Saccharose Mannit transportiert. Mannit ist auch der Transportstoff der Angiospermen-Familie der Oleaceen (zu ihr gehören Olive, Esche und Liguster), die Rosengewächse (einschließlich der Obstbäume) benutzen Sorbit. Überall handelt es sich um Zucker, die sonst im Zellstoffwechsel keine Rolle spielen; so kann ihre Bildung, Verlagerung, Kompartimentierung und ihr Abbau getrennt vom Zellstoffwechsel reguliert und nach den Erfordernissen der osmotischen Druckpumpe eingestellt werden. Wirbeltiere können es sich dagegen leisten, die metabolisch aktive Glucose als Transportzucker zu verwenden – sie verfügen mit dem Herzen über eine mechanische Druckpumpe!

Durch das Hinauspumpen von Protonen wird der Siebröhreninhalt alkalisch (pH-Wert 8–8,5). Das schränkt die Fähigkeit des Phloems zum Transport der Ionen von Eisen, Calcium, Mangan und Kupfer ein – sie sind „Phloem-immobil". Sie werden apoplastisch über das Xylem transportiert; Mangelerscheinungen treten daher zunächst an jungen Blättern auf, die noch nicht transpirieren. Der wichtigste Phloem-Entladungsort ist bei Gefäßpflanzen die Wurzel. Dort wird Saccharose symplastisch in die Wurzelrinde geschafft, die das zentrale Leitbündel – auch Stele genannt – umgibt (Abb. 2-6); sie wird dort bei der Ionenaufnahme und -auswahl verwertet.

Ionenaufnahme durch die Wurzel

Bei Algen dienen die basalen Strukturen lediglich der Verankerung; die photosynthese-aktiven Teile sind von mineralreichem Wasser umspült und versorgen sich selbst daraus mit Ionen. Bei den komplexer gebauten Landpflanzen haben die Wurzeln auch die Aufgabe der Ionenaufnahme übernommen.

Wurzeln verfügen dazu in der Bodenlösung über eine enorme Oberfläche. Von den Hauptwurzeln abzweigende und ständig erneuerte Nährwurzeln dringen immer wieder neu in den Boden vor. Zusätzlich wachsen Epidermiszellen zu langen „Wurzelhaaren" aus, welche die äußere Oberfläche um das 30fache vergrößern. Man schätzt, daß die gesamte Wurzeloberfläche einer vier Monate alten Roggenpflanze 630 m^2 beträgt, entsprechend einer Fläche von 25 x 25 m. Wie Nährwurzeln, sind auch die Wurzelhaare kurzlebig, so daß über längere Zeit diese Fläche eigentlich noch viel größer ist. Die Ionen aus dem Boden diffundieren praktisch ungehindert durch alle Zellwände der Wurzelrinde, so daß die gesamte Ionen aufnehmende Fläche der Plasmamembranen noch sehr viel größer ist als die Wurzeloberfläche.

Wenn Mykorrhiza ausgebildet wird (s. Kap. 2.3 und 10.1), wird das Auswachsen der Wurzelhaare gewöhnlich unterdrückt. Bei dieser Symbiose von Bodenpilzen mit Wurzeln wachsen Pilzhyphen in die Rindenzone der Wurzeln ein; der Pilz liefert Mineralstoffe aus dem Boden an und wird dafür von der Wurzel mit Zucker versorgt.

Das Kalium-Ion (K^+) ist von allen Mineralstoffen in der Pflanze am stärksten konzentriert. Es ist das wichtigste Kation in Vakuolen, wo es osmotische Wasseraufnahme erzwingt und damit den Turgor erzeugt, und auch im Cytoplasma ist es der wichtigste Elektrolyt. Das Natrium-Ion (Na^+) kann K^+ in Vakuolen ersetzen, ist aber für das Cytoplasma giftig. K^+ wird im Boden an den negativ geladenen Oberflächen von Ton- und Humuspartikeln festgehalten, es kann sich jedoch auch leicht an die ebenfalls negativ geladenen Zellwand-Polymeren anlagern. Von dort wird es durch eine sehr leistungsfähige K^+-Pumpe der Plasmamembran aufgenommen, die ATP-getrieben ist und Na^+ nicht transportiert. Bei hohen Außenkonzentrationen werden K^+ und Na^+ durch ein elektrisches Potential (–100 mV innen) durch die Plasmamembran getrieben, das seinerseits durch Herauspumpen von Protonen entsteht. Die Aufnahme des Ammonium-Ions (NH_4^+) geht ähnlich vor sich wie die von K^+, mit einer eigenen, hochspezifischen Pumpe.

In den organischen Verbindungen lebender Systeme sind die Atome von Stickstoff, Phosphor und Schwefel kovalent gebunden. Im Boden liegen sie hauptsächlich in Überresten solcher Systeme vor, aus denen sie durch Mikroorganismen freigesetzt werden. Im Falle des Stickstoffs häuft sich dabei zunächst NH_4^+ an, das aber (außer bei Mangel an nitrifizierenden Bakterien) in wenigen Tagen zu Nitrat-Ionen (NO_3^-) aufoxidiert wird. Auch Schwefel muß vor seiner Aufnahme in Pflanzen durch Bakterien zu Sulfat (SO_4^{2-}) oxidiert werden. Organische Phosphatgruppen werden als anorganisches Phosphat abgespalten ($H_2PO_4^-$ und HPO_4^{2-}, gemeinsam als P_i bezeichnet).

Nitrate sind leicht löslich und entsprechend verfügbar im Boden; stickstoffbindende Bakterien sorgen gewöhnlich für ausreichenden Nachschub an NO_3^-. In schlecht durchlüfteten Böden, z. B. bei Staunässe, steht diesen Bakterien aber nicht genügend Sauerstoff zur Verfügung, und dann kann Stickstoff leicht zum Mangelfaktor des Pflanzenwachstums werden. Mehr NO_3^- steigert auch die Fähigkeit der Wurzeln zur Nitrataufnahme. P_i und SO_4^{2-} liegen im Boden oft als unlösliche Salze oder festgebunden an Bodenteilchen vor. Dennoch ist Sulfat so häufig und wird von der Pflanze nur in so mäßigen Mengen gebraucht, daß gewöhnlich kein Schwefelmangel besteht. Dagegen wird von Phosphat oft mehr gebraucht als im Boden verfügbar ist. Die geringe Löslichkeit der Phosphate schließt auch ein Diffundieren zu Wurzeln (wie beim Nitrat) aus, und so müssen sich die Wurzeln durch ständiges Wachstum immer wieder neue Bodenbezirke erschließen. Besonders bei Phosphatmangel sind Mykorrhiza-Pflanzen besser daran, weil Pilze in der P_i-Aufnahme leistungsfähiger sind als Wurzeln. Es gibt Aufnahmemechanismen unterschiedlicher Affinität für P_i, und ein System hoher Affinität für SO_4^{2-}.

Alle aufgenommenen 2- und 3-wertigen Kationen (z. B. Magnesium, Calcium, Zink) aktivieren spezifische Enzyme; die Übergangsmetalle Eisen, Kupfer, Mangan und Molybdän nehmen an Oxidations-Reduktions-Reaktionen teil. Außer für Calcium, Magnesium und Eisen ist indessen der Bedarf sehr gering, man spricht von „Spurenelementen". Das Calcium-Ion (Ca^{2+}) ist das wichtigste Gegenion für die Polyanionen der Zellwand; das Magnesium-Ion (Mg^{2+}) ist Bestandteil des Chlorophylls und das wichtigste zweiwertige Kation im Cytoplasma. Eisen ist Bestandteil vieler Elektronen übertragender Proteine wie der Ferredoxine und der Cytochrome (Abb. 1-9).

In fruchtbaren Böden dominieren Calcium-Ionen an den negativen Oberflächen der Bodenteilchen. Sie können durch Wasserstoff-Ionen ersetzt werden und lokale Ansäuerung abpuffern. Die Calcium-Konzentration im Boden, die in weiten Grenzen schwankt, bestimmt daher den pH-Wert des Bodens und die Verfügbarkeit 2- und 3-wertiger Metall-Ionen. Bei alkalischem pH-Wert fallen diese Metalle aus, und die Verfügbarkeit von P_i sinkt, während die entsprechenden Ionen im sauren Bereich leicht verfügbar sind. Für alle 2-wertigen Kationen gibt es ein Aufnahmesystem, um das sie gegenseitig konkurrieren. Diese Konkurrenz schafft nur dann Probleme, wenn ein bestimmtes Ion entweder kaum oder überreichlich vorhanden ist. Immerhin kann geringe Eisenaufnahme das Pflanzenwachstum limitieren, da der Bedarf – ähnlich wie bei P_i – groß und die Verfügbarkeit (außer in sauren Böden) gering ist. Die Wurzeln bestimmter Pflanzen erschließen sich – zum Teil durch Protonensekretion – eine bessere Verfügbarkeit von Eisen.

Während K^+, Na^+ und NH_4^+ aufgenommen werden, werden Zucker in organische Säuren (besonders Malat) umgebaut, die dann zusammen mit Wasserstoff-Ionen sezerniert werden, um die elektrische Neutralität zu wahren. Die meisten Phosphat-Ionen werden sofort nach ihrer Aufnahme organisch gebunden, wogegen Nitrat- und Sulfat-Ionen vor ihrem Einbau zu Amino-(NH_2-) und Sulfhydryl-Gruppen (-SH) reduziert werden müssen. So entstehen im Cytoplasma Nitrit-Ionen (NO_2^-) durch die Aktivität der Nitrat-Reduktase, und die Bildung dieses Enzyms wird durch Nitrat-Ionen induziert. Die Reduktion von Nitrit- und Sulfat-Ionen erfolgt in Plastiden. Bei den meisten Pflanzen wird das Nitrat teils in den Wurzeln, teils in Blättern reduziert, Sulfat dagegen ausschließlich in Blättern.

Für die Erzeugung der entsprechenden Reduktionspotentiale für die Nitrat-Reduktion ist Zucker erforderlich, für die Bildung von ATP zur Ionenaufnahme Sauerstoff. Die Atmung der Wurzeln hängt teils vom Eindiffundieren von Luft in den Boden, teils von dem zusammenhängenden System gasgefüllter Interzellularräume in der Pflanze ab, das bis in die Wurzelrinde hinunterreicht.

Die Verfügbarkeit von Mineralstoffen im Boden variiert stark in Abhängigkeit von Verdunstung und Niederschlag, sowie von der Verteilung und Zusammensetzung verwesender Organismen. Wurzeln vermögen diese Unterschiede abzupuffern und die Pflanzen über Hungerperioden zu bringen, da sie unter günstigen Umständen durch ihre Niederaffinitäts-Aufnahmesysteme und die große Speicherfähigkeit der Vakuolen, die 70 % des Wurzelvolumens ausmachen, große Mengen an Ionen zu speichern vermögen.

Nach innen hin wird die absorbierende Wurzelrinde von der einschichtigen Zell-Lage der Endodermis begrenzt, die eine Scheide um den Zentralzylinder bildet und den Apoplast dieser Stele, der ausgewählte Ionen in angereicherter Lösung enthält, vom Rinden-Apoplast trennt, der von Bodenwasser durchtränkt ist. Dadurch ist ein Rückstrom von Ionen ausgeschlossen. Die Isolierung wird durch Versiegelung der Radialwände der Endodermis mit Suberin, einem ionen- und wasserdichten Polyester ähnlich dem Cutin, bewerkstelligt. Dieser „Casparysche Streifen" trennt als bandartige Struktur die Zellwände von Stele und Rinde voneinander. Die in der Rinde aufgenommenen Mineralstoffe gelangen zusammen mit Wasser durch die Endodermiszellen in den Symplast der lebenden Zellen des Zentralzylinders.

Freilich kommen nur in einer spitzennahen Zone auf diese Weise Mineralstoffe ins Xylem. In der eigentlichen Spitzenregion – noch vor der Differenzierung von Xylem und Phloem – werden die aufgenommenen Ionen für die wachsenden Gewebe verbraucht, und weiter hinten verkorken die äußeren Rindenzellen durch Anlagerung von Suberin und isolieren dadurch die Wurzelrinde vom Boden.

Xylem-Transport aus der Wurzel

Die Leitbahnen zu den Blättern hinauf sind Zellen des Xylems. Ihr lebender Inhalt und die Plasmamembranen sind aufgelöst; sie sind ebenso wie die Zellwände der Stele durchspült von einer Lösung von Mineralsalzen, die als Anionen auch organische Säuren enthält, unter ihnen den Komplexbildner Citrat, um mehrwertige Kationen in Lösung zu halten. Ein pH-Wert von 5,5–5,7 verhindert Ausfällungen. Der Saftstrom steigt nach oben, weil er unter Saugspannung steht: Die

Transpiration der Blätter liefert die Energie dafür, und diese Zugspannung wird über ununterbrochene Flüssigkeitsfäden bis in die Wurzeln übertragen. Ein Abreißen dieser Wasserfäden wird durch die relativ starke Kohäsion von Wassermolekülen (überraschenderweise erreicht die Zugfestigkeit von Wasser 10 % jener von Kupferdraht) und die gute Benetzbarkeit der inneren Gefäßwände verhindert.

Bei Angiospermen dienen Xylem-Gefäße als Leitbahnen. Sie bestehen aus 0,2 mm weiten Zellen, den Gefäßgliedern, deren Querwände wegverdaut wurden, so daß sich durchgehende Röhren bis zu mehreren Metern Länge gebildet haben. Ein Kollabieren dieser „Tracheen" unter der Zugspannung des Inhaltes wird durch Cellulose-Aussteifungen verhindert, die in starres Lignin eingepackt sind. Die Tracheen der Angiospermen bedeuten gegenüber den dünneren Tracheiden anderer Pflanzen – die ebenfalls tote, lignifizierte Zellen sind, deren Querwände aber erhalten und lediglich von Kanälen (Tüpfeln) durchbrochen sind – einen wesentlichen Fortschritt. Die Tracheiden der Gymnospermen sind nur einige Millimeter lang und erreichen nur 1/10 des Durchmessers von Angiospermen-Gefäßen, so daß der Strömungswiderstand in ihnen viel größer ist.

Wasser strömt durch Gefäße etwa eine Million mal leichter als durch lebendes Gewebe. Aus diesem Grund wird die Transportrate größer, wenn der Transportweg im Mesophyll abnimmt. Dementsprechend sind Blätter von feinverzweigten „Nerven" (Leitbündeln) durchzogen (3,8 m Gesamtlänge allein in einem einzigen Buchenblatt!). Keine Zelle im Blatt ist weiter als sechs Zellen vom nächsten Leitbündel entfernt.

Die zarten Blattleitbündel sind von einer einschichtigen Lage lebender Zellen umgeben, der Bündelscheide; ihre Zellen schließen lückenlos aneinander (Abb. 2-3). Bei manchen hochentwickelten Angiospermen sind die Innenwände der Bündelscheidenzellen wie bei den Geleitzellen mit fingerartigen Fortsätzen versehen, wodurch die Oberfläche der Plasmamembran, durch welche die Ionenaufnahme vom Xylem-Apoplast erfolgt, 5 bis 10fach vergrößert wird. Diese Zellen heißen Transferzellen. Die Bündelscheide ist hinsichtlich ihrer „Nierenfunktion" zur Absorption von Ionen so leistungsfähig, daß trotz Fehlens von Caspary-Streifen kaum freie Ionen in die Mesophyll-Zellwände gelangen.

Auf diese Weise kommen also die Ionen in den Symplast der Blätter. Das Wasser geht teils ebenfalls durch ihn, teils durch die Zellwände zu den verdunstenden Oberflächen der Blätter.

Wachstum und Entwicklung

Primäres Wachstum

Organische und anorganische Nährstoffe werden vor allem auch zu den Wachstumszonen der Wurzeln und Sprosse geliefert, wo das primäre Wachstum erfolgt – die Bildung der Grundgewebe. Bei allen makroskopischen Pflanzen gibt es besondere Meristeme, die auf Zellteilung in allen Raumrichtungen spezialisiert sind. Dabei erfolgt das Wachstum vor allem an den Spitzen (apikal), um neugebildete Organe in eine optimale Position zur Aufnahme von Licht (beblätterter Sproß) oder Mineralsalzen (Wurzel) zu bringen.

Jedes apikale Meristem (Vegetationspunkt) ist eine kleine, kuppelförmige Zellgruppe (Durchmesser 0,1–0,25 mm) mit einigen Tausend Zellen, die eine Zentralzelle (bei den fucoiden Braunalgen, Moosen und Farnpflanzen) oder eine Zellgruppe (bei Gymno- und Angiospermen) mit geringer Teilungsrate enthält. Darum herum sind sehr teilungsaktive Zellen gruppiert, die Initialen. In Angiospermenwurzeln bestimmen die Zentralzellen, die ein „ruhendes Zentrum" bilden, die Form des Organs und regenerieren Initialen nach Verletzung; an Sproß-Vegetationspunkten ist die zweite Funktion nicht gegeben. Durch passend geregelte Teilungsrichtung und -geschwindigkeit schiebt sich das Meristem vor der wachsenden Achse her. Die Teilungstätigkeit erlischt in der Achse zuerst im zentralen Bereich und an der Oberfläche und beschränkt sich weiterhin auf einen Hohlzylinder („hohl" in dem Sinne, daß er nicht mehr teilungsaktives Gewebe umschließt), aus dem später das Leitgewebe hervorgeht. Bei Wurzelspitzen lassen sich relativ klar getrennte Zonen der Zellteilung, der Zellstreckung und – weiter hinten – der Differenzierung für bestimmte Funktionen unterscheiden. Solange die Zellen teilungsbereit sind, bleiben sie klein, doch sobald die Teilungen und damit die fortwährenden Halbierungen aufhören, wachsen sie ohne weitere Unterbrechung. Im Zentrum der Wurzel entstehen weitere Gefäße im „Metaxylem", so daß ausgewachsene Tracheen verfügbar sind, sobald die Wurzel mit der Stoffaufnahme beginnt. Im Hohlzylinder sich weiter teilender Zellen entstehen abwechselnd Stränge von Phloem und Protoxylem; dieses letztere bildet kleinere Gefäße, entwickelt sich sehr schnell und überbrückt die Zeit bis zum Aktivwerden des Metaxylems. Das Phloem dagegen beliefert vor allem das noch unfertige, wachsende Gewebe. Vor dem Vegetationspunkt befindet sich eine Wurzelhaube aus kurzlebigen, ständig erneuerten, schleimproduzierenden Zellen, die das Einwachsen der zarten Wurzelspitze zwischen die Bodenteilchen erleichtert (Abb. 2-6).

Dieses einfache Muster primären Wachstums ist im Sproß durch Blattbildungen kompliziert (Abb. 2-7). Jedes Blatt beginnt als Vorwölbung, Primordium genannt, an der Flanke des Vegetationskegels. Die Vorwölbung entsteht durch Teilungsaktivität in der Tiefe des Gewebes, wo aus dem apikalen Meristem mehrere seitliche Meristeme entstehen. Die Lage jedes neuen Primordiums wird festgelegt durch die Gestalt des Vegetationskegels und die nächstliegenden, schon gebildeten Primordien; daher stehen benachbarte Blätter in immer gleichen Winkeln zueinander und es kommt zu einem artspezifischen Blattstellungsmuster (Phyllotaxis). Häufig bildet sich eine Schraubenlinie, in der auf 5 Umläufe 8 Blätter kommen, was die gegenseitige Beschattung der Blätter minimal hält.

Innerhalb der Sproßachse (unter jedem Primordium) werden Längsteilungen in Zellen des vorhin erwähnten Hohlzylinders induziert, wodurch ein Prokambium-Strang („Kambium" bedeutet die Meristemregion von Leitgewebe) entsteht. Mit der fortwährenden Neubildung von Primordien wird der

Abb. 2-6. Schematische Darstellung eines Längsschnittes durch eine Wurzelspitze, die die Entwicklungsfolge der primären Wurzelgewebe verdeutlicht.

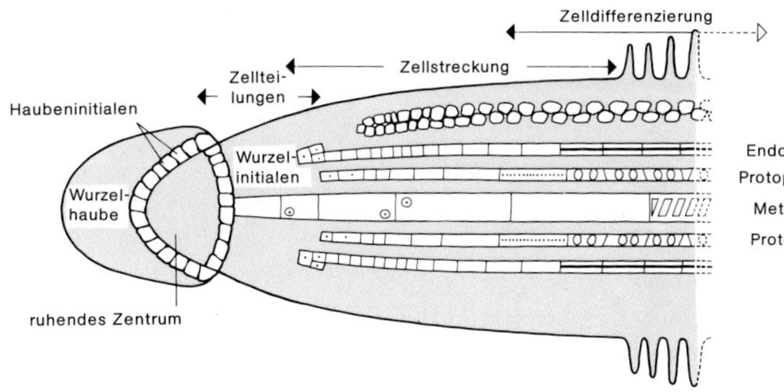

Abb. 2-7. Schematische Darstellung des Sproßscheitels: Das Muster der Blattanlagen determiniert die Ausbildung der Leitbündel.

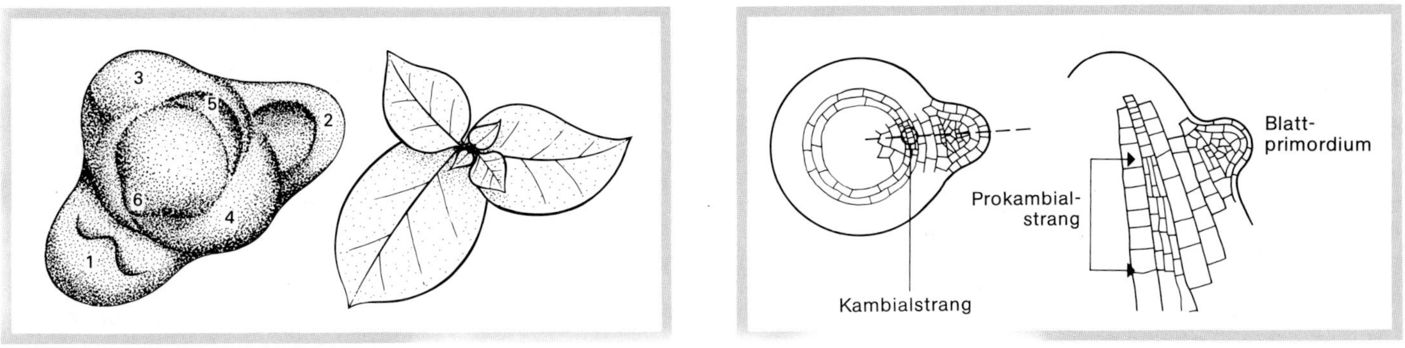

gesamte Hohlzylinder in Prokambialstränge verwandelt, und jeder bildet Xylem und Phloem aus. Im Sproß wird also die Anordnung der Leitbündel von den Blättern her bestimmt, die von diesen Leitbündeln zu versorgen sind.

Blätter werden von Meristem-Folgen gebildet, wobei jedes einzelne Meristem nur kurz aktiv ist („begrenzte" Meristeme; Abb. 2-8). Zunächst wächst ein apikales Meristem zu einem ~1 mm langen Stift aus. Dann beginnen sich Zellen an den beiden Flanken des Stiftes zu teilen und bilden den Rand einer dünnen Platte aus 5–6 Zell-Lagen „Randmeristeme". Aus dem Stift wird die Mittelrippe, aus der Platte die Spreite des späteren Blattes. Die zuletzt vorhandenen 7–12 Zellschichten entstehen durch eine von der Spitze zur Basis durchlaufende Teilungswelle.

Ein vererbtes Programm schränkt Aktivitätsdauer und Auftreten dieser Meristeme ein und kontrolliert so die Blattgestalt. Beispielsweise ist das Randmeristem bei Coniferen-Nadeln fast gar nicht aktiv. Die zusammengesetzten Fiederblätter der Farne und vieler Dikotylen entstehen durch Beschränkung des Randmeristems auf einzelne Punkte, deren jeder eine Blattfieder bildet.

Diese Meristemfolge läuft auch bei manchen Monokotylen ab, z. B. Lilien und Gräsern. Bei anderen gibt es zusätzliche meristematische Phasen (Abb. 2-8). Das Randmeristem stellt seine Tätigkeit ein, nachdem die Primordialbasis den Vegetationskegel umwachsen hat, und ein neues, der Sproßachse abgewandtes (abaxiales) Meristem erzeugt radiärsymmetrisches Blattgewebe an einer außen und innen unterschiedlichen Scheide, die von einem basalen „Scheidenmeristem" gebildet wird. Das abaxiale Meristem produziert mitunter die Hauptmasse des Blattes (so bei der Zwiebel und beim Schilfrohr), in anderen Fällen aber nur die Blattspitze (Tulpe, Banane). Wegen der Unterdrückung des Randmeristems werden zusammengesetzte Blätter bei Monokotylen anders gebildet, indem bestimmte Blattbereiche zugrunde gehen und an vorbestimmten Stellen Löcher oder Spalten entstehen *(Monstera;* Palmen). In derselben Weise entstehen übrigens auch die entsprechenden Formen bei Braunalgen *(Laminaria).*

Auf die Zellteilung folgt Zellstreckung. Jene Mesophyllschichten, die damit als erste wieder aufhören, werden zum Schwammparenchym auseinander gezogen. In den Atemhöhlen werden ganze Zellen aufgelöst. Die Zellstreckung ist zuerst an der Blattspitze vollendet und zuletzt am Blattstiel (soweit vorhanden), wo sie zur richtigen Einstellung der Blattfläche noch lange erhalten bleiben kann. Um jedes Blatt an das Transportsystem anzubinden, wird ein Meristemstrang induziert, der bis zum Prokambiumstrang für dieses Blatt heranwächst (Abb. 2-7), und dieser bekommt seitlichen Kontakt mit älteren Strängen. Zunächst wird dabei das Phloem ausgebildet, doch folgt auch das Xylem rasch mit zunehmender Ausformung des Prokambiumstranges.

Für das allgemeine Größenwachstum des Sprosses sind verschiedene Meristemzonen verantwortlich. Bei Dikotylen kommt es durch ein „subapikales" Meristem zu raschem Längenwachstum; bei Rosettenpflanzen ist es dagegen verzögert. Bei Gräsern hält das Sproßwachstum an, ist aber beschränkt auf Bereiche unmittelbar über den Knoten (Blattansatzstellen). Solche „interkalare" Meristeme befinden sich auch an den Blattbasen, die beim Abweiden nicht miterfaßt werden. Bei bestimmten Meerestangen, den Laminarien, gibt es Entsprechendes; neue Thalluslappen entwachsen dem Stamm zwischen den alten. Bei Monokotylen sind die Zellteilungen, durch die sich die Sproßachse verdickt, auf eine Ringzone gleich unter dem schlanken Vegetationskegel konzentriert; Leitgewebe, das diese Wachstumszonen oder interkalaren Meristeme kreuzt, wird gestreckt, zerstört und ersetzt.

Für die Versorgung wachsender Gewebe sind besondere Zellen zuständig. Die Wandaussteifungen von Protoxylem-Gefäßen bestehen aus getrennten Ringen oder dehnbaren Schrauben. Phloem wird von Faserzellen begleitet, die an ihren Enden wachsen, während sich in ihrer Mitte bereits eine dicke, nicht weiter dehnbare Cellulosewand gebildet hat. Unter der Epidermis liegen Kollenchym-Zellen mit stark verdickten Wänden aus abwechselnden Celluloseschichten zur Festigung und Pektinlagen, die eine Wanddehnung in Abstimmung mit Nachbarzellen zulassen. In der Schlußphase der primären Entwicklung spielen Meristemoide eine Rolle, winzige Meristeme, die über die Epidermis verstreut sind: Einzelne Zellen beginnen sich erneut zu teilen und differenzieren sich zu Schließzellen, vielzelligen Haaren oder Drüsen.

Das Zellteilungsmuster in Meristemen steht unter einer noch unbekannten, aber sehr strengen internen Kontrolle. Das gesamte Sproßmeristem kann nur funktionieren, wenn es von der übrigen Pflanze mit Wachstumsregulatoren versorgt wird – mit Auxin, Cytokinin und Gibberellin, wobei die tatsächlich benötigten Mengen je nach Art verschieden sind. Das natürliche Auxin ist in fast allen Fällen Indol-3-Essigsäure, die in sich teilenden Zellen und autolysierendem Xylem gebildet und vom Sproßscheitel zur Wurzel hin durch Parenchymzellen der Stele in einem strikt „polaren" Transport (etwa 1 cm pro Stunde) transportiert wird. Das bedeutendste Cytokinin ist *trans*-Zeatin, das von Meristemzellen der Wurzel geliefert wird. Die wichtigsten natürlichen Gibberelline sind verschiedene Gibberellinsäuren (GA_1, GA_3 und GA_7), die wahrscheinlich in jungen Plastiden gebildet und aus jungen Blättern exportiert werden. Welches Gibberellin im konkreten Einzelfall vorherrscht, hängt von der betrachteten Pflanzenart ab.

Heranwachsende Blätter beeinflussen den sie tragenden Stamm durch die Lieferung von Auxin und Gibberellin. Das subapikale Meristem reagiert auf Gibberellin mit vermehrter Zellteilung, und die Zellstreckung der Achse hängt vom Auxinangebot ab (ohne allerdings davon limitiert zu sein). Bei Pflanzen wie den Korbblütlern und Gräsern wird Streckung von Achsenzellen auch durch Gibberellin gefördert. Auxin und Gibberellin gemeinsam steuern die Faserbildung aus Zellen, die entsprechend vorprogrammiert sind. Die Lieferung von Cytokinin durch die Wurzel ist mit der Verfügbarkeit von Mineralstoffen korreliert; Cytokinin stimuliert das Streckungswachstum von Blattzellen.

Primäres Wachstum hängt auch von einer Reihe von Umweltsignalen wie Wind, Licht oder Verletzung ab. Wind und mechanische Hindernisse fördern die Synthese von Ethylen. Dieser gasförmige pflanzliche Wachstumsregulator steuert die Längsstreckung von Zellen in Dickenwachstum um, so daß kurze, widerstandsfähige Sproßachsen entstehen. Zellstreckung kann auch so gesteuert werden, daß sich Sproßachsen entgegen der Schwerkraft ausrichten (Gravitropismus) oder parallel zum Lichteinfall stellen (Phototropismus; die Lichtempfindlichkeit besteht im blauen Spektralbereich). Jene Zellen, die auf Schwere- und Blaulichtreize ansprechen, finden sich in der Wurzelhaube, den Bündelscheiden (Blattorientierung) und – im Sproß – oft in der Endodermis. Bei der Reizaufnahme spielen Plastiden eine wichtige Rolle: beim Gravitropismus stärkehaltige Amyloplasten, die im Gegensatz zu anderen Plastiden in den betreffenden Zellen nach unten sinken; beim Phototropismus gelbe Chromoplasten. Allerdings sind die zugrunde liegenden Vorgänge noch völlig ungeklärt.

Pflanzen können andere Pflanzen, die über ihnen wachsen, durch ein infrarot-empfindliches Proteinpigment erkennen, das Phytochrom, das in zwei ineinander umwandelbaren Formen auftritt, P_r und P_{fr}. Rotlicht (Wellenlängenoptimum 660 nm, allgemein kürzer als 700 nm) wandelt P_r in P_{fr} um, dunkelrotes Licht (Wellenlängenoptimum bei 740 nm, allgemein länger als 700 nm) umgekehrt P_{fr} in P_r. Die Durchlässigkeit von Blättern für Dunkelrot, wodurch eine Überhitzung verhindert wird, bewirkt, daß Licht im Blattschatten einen größeren Dunkelrotanteil aufweist. Darauf reagieren Blätter mit einer verminderten Zahl von Stomata; umgekehrt wird deren Zahl in Rotlicht vermehrt, was erhöhte Photosynthese und stärkere Kühlung im Sonnenlicht zur Folge hat.

Durch Verletzungen wird der polare Auxin-Transport unterbrochen. Lokale Anhäufung von Auxin bewirkt aber bei fast allen Zellen erneute Teilungsaktivität. So füllt sich die Wunde mit einem zunächst undifferenzierten Gewebe, Kallus genannt, in dem später durch entsprechende Differenzierung die ursprünglichen Funktionen wieder hergestellt werden (Regeneration).

Sekundäres Wachstum

Im primären Gewebe von Gefäßpflanzen ruhende Meristeme können auf verschiedene Weise aktiviert werden, um weiteres – sekundäres – Wachstum zu bewirken.

Die Abstände auseinanderwachsender Zweige werden zwangsläufig größer, und die entsprechenden Zwischenräume werden durch Verzweigung ausgefüllt. Bei niederen Pflanzen – Tangen, Lebermoosen, vielen Farnen – können sich Apikalmeristeme in zwei neue aufspalten. Bei anderen Pflanzen nehmen dagegen ruhende Meristeme am Sproß, unter dem Einfluß von Verletzungen, besonderen Ernährungssituationen oder internen Entwicklungsprogrammen, ihre Aktivität wieder auf. Schlafende Knospen für Seitenzweige können auf erhöhte Lichtintensität ansprechen. Wurzelverzweigungen nehmen von Auswüchsen des Zentralzylinders ihren Ausgang.

Das Verzweigungsmuster ist von Art zu Art verschieden, und es gibt keinen allgemeinen Kontrollmechanismus. In schlafenden Sproßknospen ist immerhin ein Hemmstoff, die Abscisinsäure, allgemein verbreitet. Wenn die Anlieferung von Auxin über den polaren Transport abnimmt (z. B. bei Entfernung des Gipfeltriebes), bauen die Knospen den Hemmstoff ab und treiben aus. Die Dominanz des Haupttriebes hängt von genügender Mineralversorgung ab, wobei Cytokinine eine Mittlerrolle übernehmen. Dominanz ist besonders ausgeprägt bei Wassermangel, der zu vermehrter Synthese von Abscisinsäure führt. Seitenwurzelbildung wird dagegen durch polar herantransportiertes Auxin stimuliert, das zugleich den gesteigerten Bedarf für ein expandierendes Sproßsystem signalisiert.

Wenn Achsenorgane durch immer mehr Blätter und Zweige überlastet werden, strecken sie sich und bilden zusätzliche

Abb. 2-8. Schematische Darstellung der meristematischen Phasen bei der Bildung von (a) einfachen Blättern mancher Dikotylen sowie verschiedener Monokotylen (Gräser, Lilien), (b) Blättern anderer Monokotylen und (c) zusammengesetzten Dikotylen-Blättern.

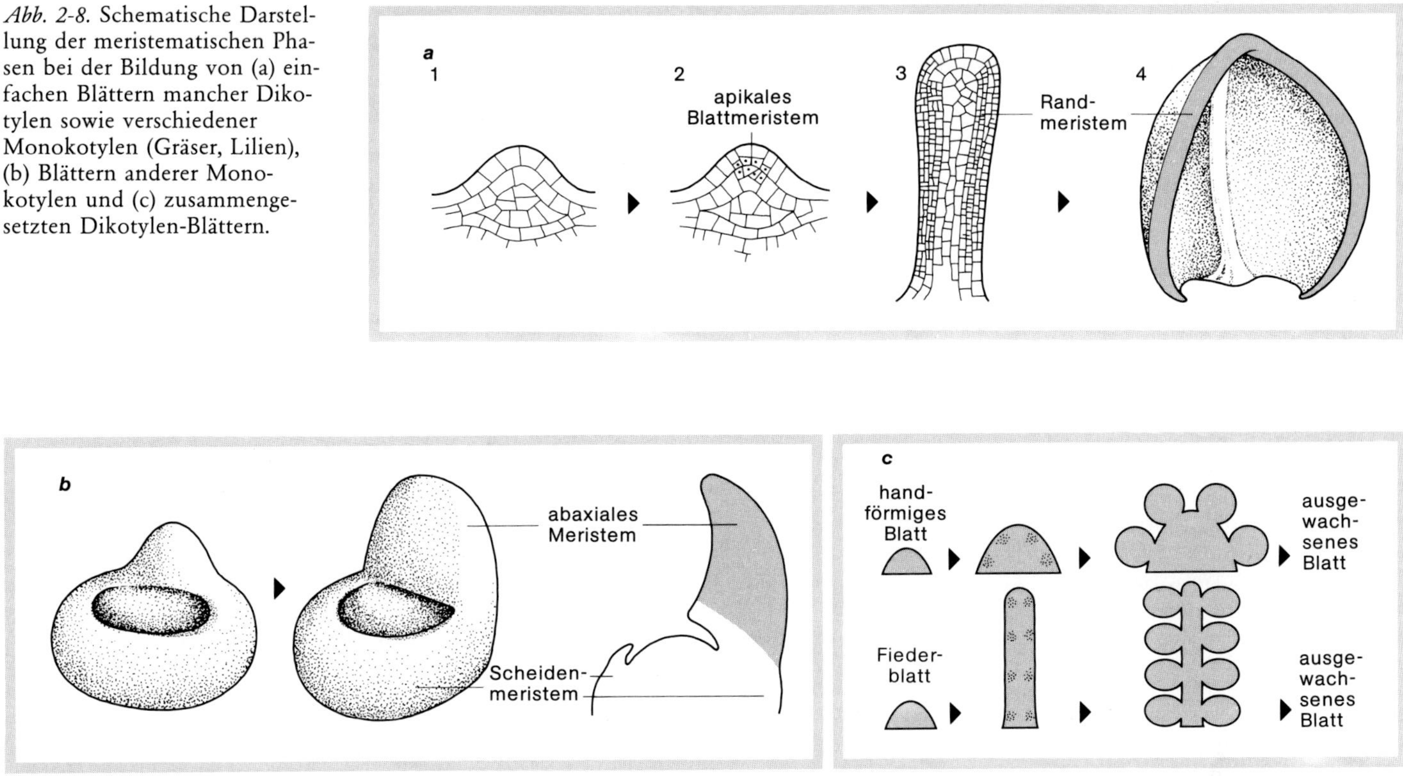

„Adventiv-Wurzeln", oder sie beginnen – zumal bei den Nadelhölzern und den Holzgewächsen unter den Angiospermen – ein sogenanntes sekundäres Dickenwachstum, um Festigkeit und Versorgung der Sprosse auch weiterhin zu gewährleisten. Palmen praktizieren eine alternative Strategie, indem sie schon durch ihr primäres Meristem stark in die Dicke wachsen, bevor sich die Sproßachse streckt.

Bei sekundärem Dickenwachstum nehmen Zellen zwischen Xylem und Phloem sowie zwischen den Leitbündeln ihre mitotische Teilungstätigkeit wieder auf und bilden so einen Hohlzylinder sich teilender Zellen, der als Sproß- bzw. Wurzelkambium bezeichnet wird. Seine meristematischen Initialzellen sind – außer in Radialrichtung – schon ausgewachsen, und sie dehnen sich auch nur in Radialrichtung, nachdem sie durch Längsteilung nach innen Xylem- oder nach außen Phloemzellen abgegliedert haben. Das sekundäre Xylem wird als Holz bezeichnet, es besteht überwiegend aus toten Tracheiden (bei Gymnospermen) oder Gefäßen (Tracheen der Angiospermen). Radial verlaufende Verbände lebender Zellen – nach ihrem Aussehen in Sproßquerschnitten als „Markstrahlen" bezeichnet – verschließen alte Tracheen durch Zellwucherungen (Tylosen) und scheiden Fungizide ab. Markstrahl-Initialzellen sind klein und teilen sich seltener als benachbarte Kambium-Initialzellen; das wird jedoch durch eine verstärkte Radialstreckung der Markstrahlzellen wieder ausgeglichen.

Durch die Anhäufung von Xylemzellen innerhalb des Kambium-Ringes nimmt der Umfang des Kambiums ständig zu. Bei manchen Arten teilen sich die Kambiumzellen immer wieder auch durch radial orientierte Längswände, so daß die Zahl der Initialen zunimmt und sich dem Umfangzuwachs anpaßt. So entstehen „Stockwerks-Kambien". Bei anderen Arten wachsen die zugespitzten Enden der Initialzellen aus und drängen sich zwischen andere Initialzellen hinein; dabei entsteht ein „fusiformes" Kambium. Es liefert ein weniger regelmäßig gebautes Holz, das dementsprechend auch weniger leicht entlang von Schwachzonen gespalten werden kann.

Außerhalb des Sproßkambiums liegende Zellen werden durch sekundäres Dickenwachstum noch stärker gedehnt, und ihr Schutz erfordert die Neubildung von Korkschichten, die aus dicht aneinanderschließenden, kubischen Zellen mit suberinisierten Wänden bestehen. Das „Korkkambium" liegt außerhalb des Sproßkambiums. Bei einigen Arten hält es Schritt mit dem Dickenwachstum, die entstehende Borke ist dann glatt. In anderen Fällen sterben die äußeren Schichten von Zeit zu Zeit ab und werden durch weiter innen liegende neue Korkkambien ersetzt, woraus eine dicke, rissige Borke resultiert. Damit Sauerstoff zum lebenden Gewebe innerhalb der Korkschichten gelangen kann, werden an verstreuten Orten vom Korkkambium rundliche, nur locker zusammenhängende Zellen gebildet; diese gasdurchlässigen Bereiche brechen aus dem Kork wie Pusteln hervor und werden als Lentizellen bezeichnet.

Wie das Streckungswachstum, so ist auch das sekundäre Dickenwachstum des Sprosses abgestimmt auf die Entwicklung des Laubwerkes, das vom Stamm getragen und versorgt wird. Die Teilung von Kambiumzellen hängt von der Versorgung mit Auxin und Gibberellin ab. Das in Plastiden gebildete Gibberellin fördert die Differenzierung von Phloem zum Abtransport der ebenfalls in Plastiden gebildeten Zucker, während Auxin aus den Sproßspitzen die Xylembildung stimuliert, das seinerseits die Festigkeit und die Wasser- und Mineralversorgung des Sprosses gewährleistet. Auch in der Wurzel wird die Kambiumtätigkeit und die Bildung von Seitenwurzeln durch Auxin aktiviert.

Transformation

Bei der Zelldifferenzierung verschieben sich biochemische Leistungen und Strukturen zu neuen stabilen Mustern, was auf dem Übergang zu einem anderen Bestand an aktivierten Genen beruht (s. Kap. 1.6 und 3.1). Betrifft eine solche Verschiebung größere Zellmassen gleichzeitig, spricht man von Transformation. Transformation dient der Ausgestaltung des Pflanzenkörpers, so daß z. B. die Apikalmeristeme von Zweigen in den ihnen angemessenen Zustand verminderter Aktivität übergehen und etwa „Kurztriebe" bei Lärchen oder Obstbäumen bilden oder – im Falle von Wurzeln – Nährwurzeln. Entsprechend große Veränderungen der Aktivität bedeuten das Vorrücken in eine weitere Phase des Lebenszyklus, sei es nun unter der Kontrolle eines inneren Programms oder als Antwort auf Umweltsignale. Die erste Transformation bei Samenpflanzen erfolgt beim Eintritt des Embryos in die Samenruhe. Sie wird durch Anhäufung von Hemmstoffen (einschließlich Abscisinsäure) aus dem umgebenden Gewebe ausgelöst. Bei vielen Arten beginnt der Embryo erneut zu wachsen, wenn die Hemmstoffe wieder verschwinden, während bei anderen Arten die Samen nur nach Ablauf einer bestimmten Signalfolge auskeimen. Diese angeborene Samenruhe entspricht einem transformierten Zustand, der sicherstellen soll, daß Keimung nur unter günstigen Lebensbedingungen erfolgt. Die Bereitschaft zur Aufnahme dieser Signale wird durch Anquellen der Samen hergestellt, und als Signale können Frost, Rotlicht, periodischer Temperaturwechsel oder Nitrat-Ionen fungieren. Die Natur der Sensoren im Samen ist unbekannt, ausgenommen bei Lichtkeimung, wo das Phytochrom-System eingeschaltet ist. Es gibt Hinweise darauf, daß die richtige Signalfolge erhöhte Spiegel von Cytokininen, Gibberellinen oder von beiden zur Folge hat.

Die nächste wichtige Transformation betrifft die Umsteuerung zur Blütenbildung. Es handelt sich um einen Zweistufenprozeß, bei dem zunächst das jüngste fertige Blatt so transformiert wird, daß es den Sproßvegetationspunkt zur Blütenbildung induziert. Soweit dabei die Umwelt mitspielt, können verschiedene Signale wie Abkühlung oder die Nachtlänge (Photoperiodismus) vom Blatt verarbeitet werden. Bei photoperiodischer Induktion wird eine Verbindung zwischen dem von Phytochrom aufgenommenen Lichtsignal und tatsächlicher Induktion über eine „innere Uhr" hergestellt. Eine Form dieser Uhr wird im Morgengrauen gestartet und läuft 24 Stunden („circadiane Rhythmik"); sie verstärkt eine andere, die in der Abenddämmerung ausgelöst wird und für kürzere Zeit läuft. Phytochrom wird im Dunkeln enzymatisch in P_r umgewandelt, P_{fr} entsteht daraus dann bei Tagesanbruch. Während einer festgelegten Zeit nach Einbruch der Nacht (und nicht früher) verhindert P_{fr} die Transformation des Blattes, so daß für die Blühinduktion mehrere lange Nächte erforderlich sind. Es gibt in dieser Hinsicht zwei Gruppen von Pflanzen: herbstblühende „Kurztag-Pflanzen", bei denen induzierte Blätter die Transformation zur Blühreife bewirken, und im Frühjahr blühende „Langtag-Pflanzen", bei denen induzierte Blätter die Pflanze vom blühenden in einen nichtblühenden Zustand überführen.

Wie das induzierte Blatt die Umwandlung des Sproßvegetationspunktes bewirkt, ist unbekannt. Manches deutet darauf hin, daß die Erzeugung von Wachstumsregulatoren durch das Blatt oder die Umverteilung solcher Substanzen aus der Wurzel durch das Blatt in komplizierter Weise verändert wird. Die Verwandlung des Sproßmeristems zur Blütenbildung umfaßt die Bildung von Primordien-Wirteln und ihre Transformation – oft unter dem Einfluß von Wachstumsregulatoren – zu männlichen oder weiblichen Blütenteilen, Kronblättern, Kelchblättern usw.

Ähnlich ist die Bildung schlafender Knospen bei Holzpflanzen. Das Blatt wird durch Umweltfaktoren transformiert – gewöhnlich Trockenheit oder lange Nächte – und transformiert dann seinerseits die Blattprimordien, die sich zu Knospenschuppen entwickeln und mit einem Apikalmeristem die Knospe bilden. Die Rückverwandlung von Knospen in aktiv wachsende Sproßscheitel erfordert ähnliche Signale wie Samenkeimung, z. B. längere Kälte bei Überwinterungsknospen.

Die letzte Transformation eines jeden Pflanzenteils ist die zur Seneszenz, die kein plötzliches Aufhören des Lebens ist, sondern vielmehr die konzertierte Synthese neuer Enzyme für ein selbstgesteuertes Autolyse-Programm, den Abtransport von verwertbarem Material aus dem absterbenden Teil und schließlich seine Abtrennung vom übrigen Pflanzenkörper durch „Abscission" umfaßt. Ähnliche Prozesse laufen in Früchten während des Reifens ab, das mit dem Fruchtwachstum startet, welches seinerseits gewöhnlich durch Wachstumssubstanzen des Pollens bei der Bestäubung ausgelöst wird und nach einem selbstregulierenden Programm abläuft. Transformation zur Seneszenz erfolgt durch sinkende Auxin-, Cytokinin- und Gibberellinspiegel (sowie – im Falle von Dürre – gesteigerte Mengen von Abscisinsäure). Die nachfolgenden Veränderungen werden durch Ethylen beschleunigt, das von alternden und reifenden Geweben gebildet wird. Es bewirkt Zellvergrößerung und die Auflösung der Zellwände in der Abscissionszone, wo die Abtrennung von der Pflanze erfolgt. Bei manchen Arten – gewöhnlich nach der Samenreife – ergreift das Seneszenzprogramm die gesamte Pflanze, und in diesen Fällen kommt das Signal offenbar von den Samen. Solche „monokarpe" Pflanzen (sie sterben nach einmaliger Blüte ab) sind gewöhnlich ein- oder zweijährige Gewächse, doch gibt es auch mehrjährige Pflanzen dieser Art (z. B. Bambus oder Agave).

Lebenszyklen

Im Pflanzenreich – zumal bei Algen – gibt es eine große Vielfalt von Lebenszyklen, von denen manche sehr kompliziert sind. Das rührt daher, daß verschiedene Funktionen in die Zyklen eingebaut werden müssen, und daß durch Biosynthese Material für Wachstum angehäuft werden muß. Die wichtigste Leistung ist die Vermehrung und Verbreitung der Art und der Austausch genetischer Information zwischen Einzelindividuen, um neue Varianten zu kreieren, die es der Art erlauben, sich Umwelteinflüssen anzupassen. Festgewachsene Vielzeller sind erfolgreich bei der Ausnutzung der mannigfaltigen

Umwelt auf Landmassen und Küsten, aber ortsfeste Lebensweise verträgt sich nicht mit der Ausbreitung der Artgenossen und dem Austausch genetischer Information. Daher konnte sich der festgewachsene Zustand bei vielzelligen Pflanzen nur für Teilstadien des Lebenszyklus entwickeln, während andere Stadien für Verbreitung und sexuelle Fortpflanzung entstehen mußten.

Bei einfach gebauten Pflanzen gibt es einzellige Verbreitungsformen, die Sporen. Bei vielen Algen sind die Sporen begeißelt (Zoosporen). Sporenbildung und -verbreitung, gefolgt von Festsetzung und Auswachsen zu sessilen vielzelligen Organismen ist bei Algen häufig. Da es hierbei nicht zum Austausch von Genen zwischen Individuen kommt, handelt es sich um ungeschlechtliche Vermehrung. Ähnlich einfache Zyklen, bei denen Teile festgewachsener Pflanzen für Verbreitung und Bildung neuer Individuen abgegliedert werden, sind im Pflanzenreich weit verbreitet („vegetative Vermehrung": z. B. Kartoffel-Knollen, unterirdische Sprosse vom Flachs).

Freilebende Zellen, die Genaustausch vermitteln, sind als Gameten bekannt; sie sind haploid (s. Kap. 1.5). Während Sporen darauf festgelegt sind, sich an ein Substrat anzuheften, suchen sich Gameten gegenseitig auf, um zu verschmelzen und eine diploide Zelle, die Zygote, zu bilden; erst dann wird Substratanheftung angestrebt, um einen neuen, festgewachsenen Organismus bilden zu können. Irgendwo zwischen der diploiden Zygote und der erneuten Bildung haploider Gameten durch das neue Individuum muß es zu einer meiotischen Teilung kommen (s. Kap. 1.5). Bei den Armleuchteralgen (Charophyten) und den fädigen Grünalgen teilt sich bereits die Zygote selbst meiotisch, so daß die ganze festgewachsene Phase haploid ist. Bei den fucoiden Braunalgen (wie auch bei Tieren) findet dagegen die Meiose unmittelbar vor der Gametenbildung statt, die festgewachsene Pflanze ist daher diploid. Bei den laminaroiden Blaualgen, vielen Grünalgen, den Rotalgen, Moosen und Farnpflanzen ist der Fortpflanzungszyklus durch die Einschaltung einer obligaten Vermehrungsphase durch Sporen ausgeweitet. Diese Sporen entstehen durch Meiose an einer diploiden, sessilen Form, dem Sporophyten, und wachsen ihrerseits zu einer haploiden sessilen Form aus, dem Gametophyten, der durch Mitosen Gameten bildet. Die Zygoten wachsen zu Sporophyten aus (Generationswechsel, Abb. 3-6).

Selektion auf sicheres Durchlaufen des gesamten Lebenszyklus findet ständig und bei allen Pflanzen statt. Offensichtlich haben sich dabei gleichgerichtete Fortschritte unabhängig in verschiedenen Pflanzengruppen ergeben, was darauf hindeutet, daß es nur wenige echte Verbesserungen von Lebenszyklen gibt. Die bei Gameten, festgewachsenen Formen und Sporen gefundenen Anpassungen können daher bis zu einem gewissen Grade unabhängig von einer bestimmten Pflanzenart betrachtet werden.

Gameten

Einfachere Grünalgen (wie *Ulva* und *Cladophora)* und Braunalgen (z. B. *Ectocarpus)* bilden zweigeißlige Gameten, die innerhalb jeder Art gleich aussehen (Isogamie), obwohl chemische Unterschiede bestehen müssen, da nur Gameten von verschiedenen Organismen miteinander verschmelzen können.

Die Selektion begünstigt einerseits Gameten mit größeren Nahrungsreserven, die gute Startbedingungen für die Bildung festgewachsener Formen bieten, andererseits aber wiederum solche Gameten, die besonders wenig Reservestoffe enthalten und daher gut beweglich sind. Die beste Lösung ist die Bildung beider Gametenformen durch dieselbe Art, wobei die eine Gametensorte nur mit der jeweils anderen fusionieren kann; so haben sich Geschlechtsunterschiede entwickelt. In weniger extremen Fällen besitzt auch der größere, „weibliche" Gamet noch Geißeln und ist beweglich (Anisogamie); dergleichen gibt es z. B. bei der Braunalge *Cutleria* und bei den siphonalen Grünalgen. Bei allen höherentwickelten Pflanzen ist der weibliche Gamet jedoch eine völlig unbewegliche Eizelle (Oogamie), z. B. bei den fucoiden Braunalgen.

Mit zunehmender Ausstattung von immer weniger, dafür aber größeren Eizellen mit Nährstoffen werden solche Formen durch die Selektion bevorzugt, bei denen die Eizellen während ihrer Entwicklung entsprechend geschützt sind (Abb. 2-9). Die weiblichen Gameten der Moose und Farne z. B. entwickeln sich am Grunde flaschenförmiger Organe mit langem, engem Hals, den Archegonien.

Da reife Eizellen unbeweglich sind und ohnehin nicht zwischen Individuen transferiert werden können, werden von der Auslese solche Typen bevorzugt, die auch nach ihrer Reifung nicht freigesetzt werden (wie bei fucoiden Braunalgen), sondern aus Sicherheitsgründen auf der sessilen Form verbleiben (wie bei Rotalgen und Charophyten). Bei den letztgenannten wird die befruchtete Eizelle nach außen abgegeben, während bei den Rotalgen zunächst noch eine weitere Vermehrungsphase eingeschaltet ist, in der sich die Zygote in diploide Sporen (Karposporen) teilt; erst diese werden freigelassen.

Die konsequente Fortführung der Risikoverkleinerung hinsichtlich eines Verlustes der für die nächste Generation investierten Materialien liegt darin, die aus der Zygote auswachsende sessile Form sich an dem elterlichen Organismus entwickeln zu lassen. Dies ist eine Möglichkeit, die freilich nur bei Typen mit mehr als einer festsitzenden Phase gegeben ist, damit noch Verbreitungsmöglichkeiten für die Art bestehen bleiben. Solche Lebenszyklen haben sich bei den laminaroiden Braunalgen sowie den Moosen und Farnen entwickelt, wo der diploide Sporophyt auf dem haploiden Gametophyten auswächst; damit bieten die durch Meiose vom Sporophyten gebildeten Sporen die einzige Möglichkeit der Verbreitung.

Festgewachsene Formen

Bei Grünalgen (z. B. *Ulva),* Braunalgen (z. B. *Dictyota)* oder Rotalgen *(Rhodymenia)* sind Gametophyten und Sporophyten oft ähnlich (isomorpher Generationswechsel). In diesen Fällen sind die Vorteile, welche die Abwechslung der Generationen bietet, nicht einsichtig. Bei vielen größeren und komplexeren

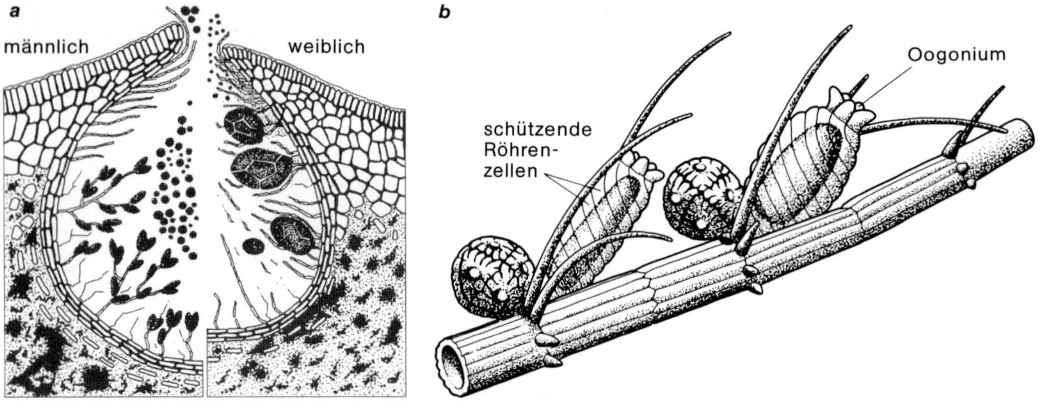

Abb. 2-9. Beispiele für Schutzeinrichtungen sich entwickelnder Eizellen: (a) Bei Braunalgen *(Fucus)* entwickeln sich beide Gametensorten in „Konzeptakeln", die in das Gewebe dieser Tange eingesenkt sind. (b) Bei Charophyten, die zu den Grünalgen zählen, entwickeln sich die weiblichen Gameten zwar an der Oberfläche, werden aber von schützenden Zellen umwachsen.

Typen sind jedoch die beiden Phasen deutlich verschieden und entsprechend spezialisiert (heteromorpher Generationswechsel). Manchmal wird der Großteil der biosynthetischen Leistung und Entwicklung durch den haploiden Gametophyten vollbracht, z. B. bei der Braunalge *Cutleria.* Mit der Evolution in Richtung auf Zurückhaltung der Eizelle, der Zygote und des Sporophyten auf dem Gametophyten kann die biosynthetische Funktion des Sporophyten ganz verloren gehen; seine Funktion erschöpft sich dann in der Verbreitung durch Sporen, wie das bei der Rotalge *Phyllophora truncata* und bei den Moosen der Fall ist; bei *Phyllophora* ist der Sporophyt zu kleinen „Warzen" auf dem Gametophyten reduziert.

Alternativ kann jedoch auch der diploide Sporophyt den Löwenanteil der photosynthetischen Produkte liefern wie bei den Laminarien (Braunalgen), den Farnen und den Samenpflanzen (Gymno- und Angiospermen). Ein Grund dafür, daß diese Alternative bei den höchstentwickelten und leistungsfähigsten Formen vorherrscht, ist die Überlegenheit diploider Organismen über haploide hinsichtlich ihrer Anpassungsfähigkeit im Laufe der Evolution: Bei Diplonten wirkt sich die genetische Variation nicht unmittelbar aus, so daß rezessive Gene für künftige Anpassungsprozesse erhalten bleiben können (s. Kap. 3.2). Bei Samenpflanzen wurde die haploide sessile Phase praktisch ganz aus dem Lebenszyklus eliminiert, und auch bei fucoiden Braunalgen gibt es nur diploide Gewebezellen. Ein weiterer Grund für die Vergrößerung der diploiden Form könnte in der unterschiedlichen Spezialisierung liegen: Gametophyten sorgen für effizienten Gametenaustausch, Sporophyten für wirkungsvolle Verbreitung. Die Gametophyten von Laminarien sind dünne Fäden, sie bilden einen dichten Filz am Meeresboden, und die enge Nachbarschaft genetisch verschiedener Individuen an einem Standort bewirkt optimale Gametenübertragung bei vernachlässigbarer Selbstbefruchtung und nur geringem Gametenverlust. Im Gegensatz dazu werden die Sporen von großen, weit voneinander wachsenden Sporophyten in bewegtes Wasser abgegeben. Bei Farnen ist flüssiges Wasser für das Hinüberschwimmen der begeißelten männlichen Gameten zu den Archegonien erforderlich. Dies erfolgt gewöhnlich in einem Wasserfilm in Bodennähe, dementsprechend sind die Gametophyten klein und liegen dem Boden an.

Bei einigen Pflanzen erstreckt sich die Spezialisierung der Gametophyten auf die von ihnen erzeugten Gameten. Auch bei isogamen Formen können zwei Sorten von Gametophyten auftreten, die daran unterscheidbar sind, daß ihre Gameten jeweils nur mit solchen vom anderen Typ fusionieren können; ein Beispiel dafür ist *Ulva.* Die Braunalge *Dictyota* ist oogam, und männliche und weibliche Gameten werden an verschiedenen Individuen gebildet. Man nennt solche Gametophyten eingeschlechtig. Unter den Landpflanzen liefert der Schachtelhalm ein Beispiel für eingeschlechtige Gametophyten.

Sporen

Dasselbe Selektionsprinzip, das bei Gameten zwei Typen hervorbrachte – einen für Nährstoffspeicherung und einen für gute Beweglichkeit – wirkt sich auch bei den Sporen aus (Abb. 2-10). Ist der Sporophyt kräftig genug für ein Leben in strömendem Wasser, dann wird dieses Medium auch größere Verbreitungseinheiten wie etwa die Zygoten fucoider Tange in der Umwelt gut verteilen. *Dictyota* erzeugt große, unbegeißelte Sporen, die nach der Meiose in Vierergruppen vereint bleiben (Tetrasporen), und läßt sie passiv verbreiten. Für Rotalgen ist die Bildung von Tetrasporen allgemein charakteristisch. Alternativ kann aber die Nährstoffspeicherung in Sporen auch durch Verkleinerung des Gametophyten verringert sein; in diesem Sinn haben etwa die Laminarien die Notwendigkeit für Nährstoffe in den Sporen reduziert, die Sporen bleiben klein (und sind begeißelt). Die winzigen Sporen der Landpflanzen werden passiv durch Wind oder Insekten verbreitet, wofür sie durch eine feste, wasserdichte Hülle aus Sporopollenin entsprechend geschützt sind. Wenn nun auch die Gametophyten von Bärlappen, Schachtelhalmen, Farnen und ihren Verwandten sehr viel kleiner und einfacher sind als die Sporophyten, so sind sie doch freilebend und gewöhnlich zweigeschlechtig. Bei einigen Farnpflanzen verbleibt aber der kleine Gametophyt in der schützenden Sporenhülle (Endosporium) und wächst nur soweit hervor, daß die männlichen Gameten austreten können. Solche Gametophyten – sie können in der Sporenhülle keine Photosynthese machen – müssen von der vorausgehenden Generation mit Nährstoffen ausgestattet werden, um die nächste Generation bilden zu können. Das würde aber die Verbreitungsmöglichkeiten der Sporen mindern. Dieses Problem wurde in derselben Weise gelöst wie bei den Gameten: Es gibt bei endosporen Arten immer zwei verschieden gestaltete Sporensorten (Heterosporie; sie ist stets verbunden mit Eingeschlechtigkeit der Gametophyten). Man findet dergleichen bei den Brachsenkräutern *(Isoetes)* und Moosfarnen *(Selaginella)* – beide Verwandte des Bärlapps – sowie bei Wasserfarnen. Diese Pflanzen bilden große Megasporen, die sich zu weiblichen Gametophyten entwickeln, und kleine, leicht verbreitbare Mikrosporen, die zu männlichen Gametophyten auswachsen, welche ihrerseits einige Gameten in nächster Nachbarschaft zur Eizelle freisetzen. Die Sporenverbreitung dient hier – im Gegensatz zu Moosen und Farnen – lediglich dem Gametenaustausch, nicht der Verbreitung; sie

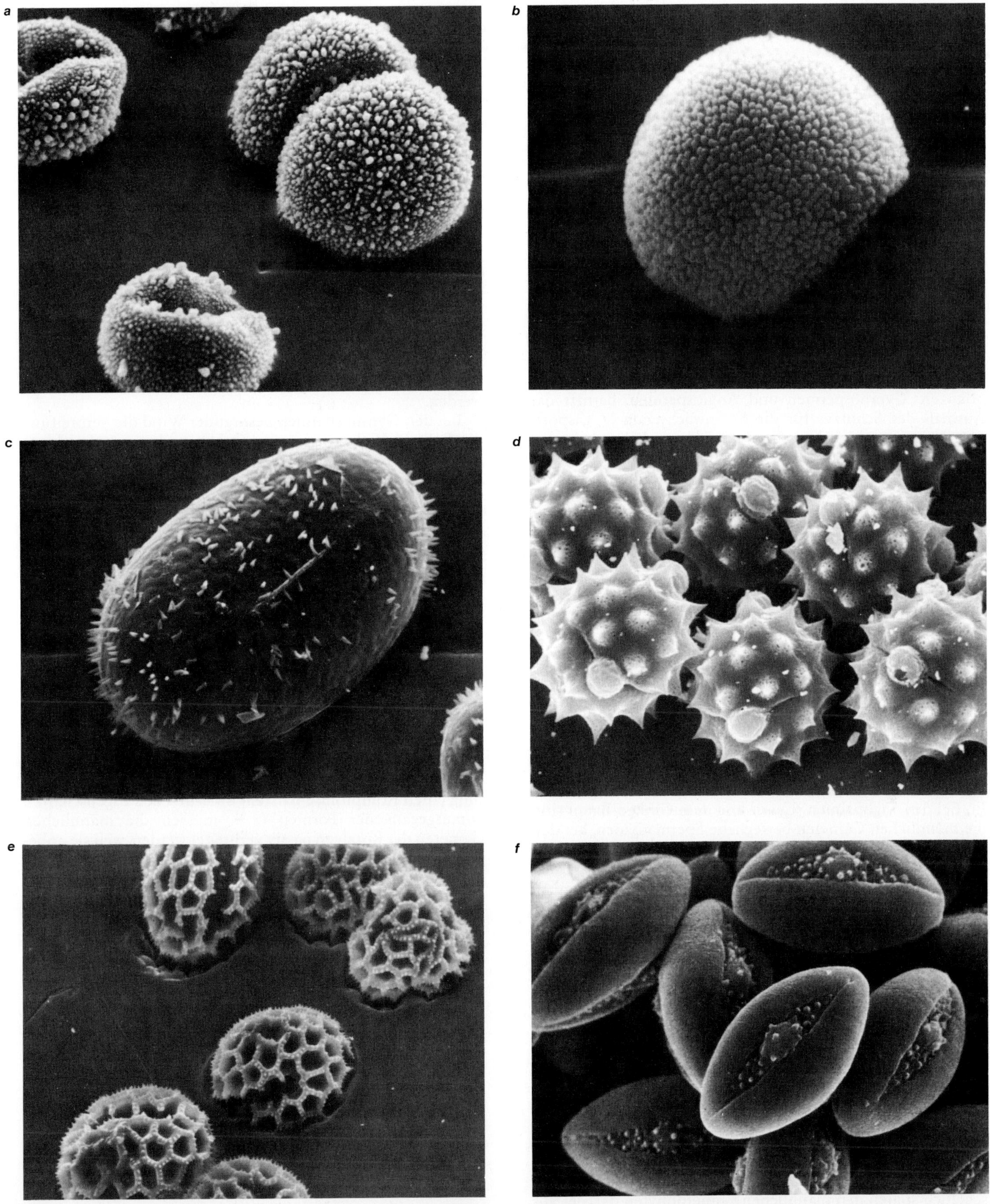

Abb. 2-10. Rasterelektronenmikroskopische Aufnahmen der Sporen von Laubmoosen (a, *Polytrichum gracile,* 1650 x; b, *Funaria,* 3500 x), von dem Farn *Polypodium* (c, 1100 x) sowie von Pollenkörnern (Mikrosporen) verschiedener dikotyler Angiospermen (d, *Chrysanthemum mycoais,* 1225 x; e, Grasnelke, *Armeria maritima,* 400 x; f, Roßkastanie, *Aesculus hippocastanum,* 1250 x).

macht außerdem den Austausch von Genotypen unabhängig vom Durchschwimmen von Flüssigkeitsfilmen mit Hilfe von Geißeln.

Der letzte Schritt bei der Entwicklung des Fortpflanzungszyklus zu größtmöglicher Sicherheit besteht in der Zurückhaltung der Megaspore auf dem elterlichen Sporophyten, bis die Eizelle in dem darin enthaltenen Gametophyten verläßlich befruchtet ist. So kann der Sporophyt der neuen Generation vom Elternsporophyten ernährt werden und dann – gut versehen mit Nährstoffen – als Same verbreitet werden. Der Hauptunterschied zwischen den beiden Gruppen der Samenpflanzen, Gymnospermen und Angiospermen, betrifft das Ausmaß des Schutzes für die heranwachsende Megaspore. Megasporen entwickeln sich in einer kleinen Gewebemasse, dem Nucellus, der durch Zellschichten geschützt wird, die sogenannten Integumente. Die gesamte Anordnung wird als Samenanlage bezeichnet. Männliche Gameten werden, wenn sie zur Samenanlage gelangen, aus der Mikrospore entlassen, aus der sich dann gewöhnlich die Verbreitungsform bildet. Liegt die Samenanlage frei an der Oberfläche von Pflanzen, spricht man von Gymnospermen (Nacktsamern), sonst von Angiospermen (Bedecktsamern). Bei letzteren entstehen die Samenanlagen in geschlossenen Hüllen, den Fruchtblättern, die zum Fruchtknoten verwachsen sind.

Bei den Gymnospermen gelangen die Mikrosporen (der Pollen) durch eine als Mikropyle bezeichnete Öffnung in den Integumenten zum Nucellus. Die Eizellen – also die weiblichen Gameten – befinden sich in Archegonien am Vorderende des weiblichen Gametophyten. Nach der Bestäubung verflüssigen sich die Gewebe zwischen Mikropyle und Archegonienhals und ermöglichen damit die Freisetzung der männlichen Gameten in dieser „Pollenkammer" und ihr Vordringen zum Ei. Bei den Sagopalmen *(Cycas)* und dem Ginkgo-Baum sind die männlichen Gameten bewegliche Spermatozoen, bei den Nadelhölzern und weiterhin bei den Angiospermen sind sie unbegeißelt und werden durch den Pollenschlauch, der aus der Mikrospore (Pollenkorn) auswächst, zur Eizelle gebracht. Befruchtete Eizellen entwickeln sich zu embryonalen Sporophyten, gewöhnlich mit mehreren Keimblättern (Cotyledonen), und die Integumente verwandeln sich vor dem Abwurf der Samen zur Samenschale (Testa). Das haploide Gametophytengewebe (das Prothallium) dient als Nährstoffspeicher für die Samenkeimung. Bei Angiospermen muß der Pollenschlauch das Fruchtblatt durchwachsen, um zu den Samenanlagen zu gelangen. Das geschieht an der Narbe. Die Gametophyten-Generation ist minimal. Der haploide Kern der Megaspore teilt sich nur dreimal und bildet 8 Kerne, von denen zwei zu einem diploiden Kern verschmelzen, während sich die anderen mit Plasmabezirken und zarten Zellwänden umhüllen. Nur eine dieser Zellen, die mittlere einer Dreiergruppe am mikropylaren Ende des Gametophyten, spielt die Rolle des weiblichen Gameten. Pollenkörner und Pollenschlauch stellen den männlichen Gametophyten dar, der aus einer kleineren haploiden Zelle innerhalb einer größeren haploiden Zelle besteht. Die kleinere teilt sich noch einmal mitotisch, und einer der entstehenden Gametenkerne verschmilzt mit der Eizelle, nachdem er aus dem Pollenschlauch in die verflüssigten Reste der beiden Nachbarzellen der Eizelle übergetreten ist. Der andere männliche Gamet verschmilzt mit dem diploiden Fusionskern im weiblichen Gametophyten zu einer triploiden Zelle. Aus dieser „doppelten Befruchtung" entsteht nicht nur eine Zygote, sondern zusätzlich noch das triploide Endosperm, das bei vielen Arten als Nährgewebe im Samen fungiert. Wie bei den Gymnospermen tritt auch hier der sich entwickelnde Embryo in eine Ruhephase ein, während welcher die Samen (oder – unter Einschluß verwandelter Fruchtblätter – die Früchte) verbreitet werden.

Bei den Gymnospermen besorgt der Wind die Verbreitung des Pollens. Viele Angiospermen haben aber eine Symbiose mit Tieren entwickelt: Die Tiere erhalten pflanzliche Produkte (Nektar, Pollen) und besorgen dafür die Verbreitung des Pollens. Um diese Verbreitungsart zu verbessern, wurden die zahlreichen zusätzlichen Strukturen der Blüte um Fruchtblätter und Staubblätter herum evoluiert (Schauapparate u. dgl.). Tiere verbreiten oft auch die Samen, und wieder werden sie in vielen Fällen dazu verlockt durch weiches, süßes, auffällig gefärbtes Fruchtgewebe, das sich um die Samen herum ausbildet.

Folgerungen

Der Status der Angiospermen kann verglichen werden mit innerer Befruchtung und Viviparie (Lebendgebären) bei Tieren. Ihr Fortpflanzungszyklus hat sich schrittweise aus dem ständigen Generationenwechsel der Meeresalgen als Anpassung an das Landleben entwickelt. Ein Grund für die große Vielfalt von Lebenszyklen bei Pflanzen ist, daß jede Anpassung einen Kompromiß darstellt zwischen den Eigenschaften vorausgegangener Formen (z. B. müssen die männlichen Gameten der Rotalgen passiv verbreitet werden, weil sie unbegeißelt sind) und der Selektion auf größere Lebenstüchtigkeit. Da die Art der Selektion unter verschiedenen Lebensbedingungen unterschiedlich ist, sind auch diese für die Vielfalt der Fortpflanzungszyklen mit verantwortlich. So ist etwa der Lebenszyklus der fucoiden Braunalgen eine Anpassung an das Leben in der Gezeitenzone: Gameten werden bei Ebbe freigesetzt, da sie sich dann in den dünnen Oberflächenfilmen von Wasser leicht gegenseitig finden, während die Zygoten wenig später von der anrollenden Flutwelle verbreitet werden. Andere Braunalgen, wie z. B. die Laminarien, sind im tieferen Wasser angesiedelt; sie verfügen über andere Mechanismen der Festheftung, der Verbreitung und des Austausches genetischer Information. So ist der Lebenszyklus einer jeden Pflanze auf ihre spezifische Umwelt abgestimmt.

2.3 Pilze

Einführung

Die Pilze sind durch viele Unterscheidungsmerkmale von Tieren und Pflanzen deutlich getrennt und verdienen es, als eigenes Organismenreich behandelt zu werden. Im Gegensatz zu grünen Pflanzen vermögen sie Sonnenlicht nicht auszunutzen für die Synthese organischer Verbindungen aus Wasser und CO_2, sondern brauchen organische Nährstoffe: sie sind heterotroph. Im Gegensatz zu Tieren können sie keine geformte, sondern nur gelöste Nahrung aufnehmen. Freilebende Pilze werden als Saprotrophe bezeichnet, aber es gibt auch symbiontische und parasitische Pilze, die in enger Verbindung mit anderen Organismen leben (s. Kap. 10). Pilze können in verschiedenen Ökosystemen vielerlei Verbindungen („Substrate") ausnutzen, sie spielen eine wichtige Rolle bei der Wiederverwertung organischen Materials (s. Kap. 5.4).

Die Lebenszyklen der Pilze zeigen manche Besonderheiten. Bei vielen gibt es verschiedene, dennoch gleichzeitig auftretende Zustände, einen geschlechtlichen Zustand, bei dem nach Kernverschmelzung und Meiose Sporen gebildet werden, und einen ungeschlechtlichen mit Sporenbildung durch Mitosen (s. Kap. 1.5). Diese Zustände werden nach den in ihnen gebildeten Sporen unterschieden; sie entsprechen unterschiedlichen Phasen des Lebenszyklus. Die systematische Gliederung der Pilze beruht auf den Sporen und Besonderheiten des Fortpflanzungszyklus; daneben wird auch die Chemie der Zellwände immer mehr zu einem brauchbaren Klassifizierungsmerkmal.

Man kennt heute etwa 44 000 Pilzarten, zusätzlich 18 000 Formen, die mit Algen vergesellschaftet als Flechten auftreten (Tab. 2-1). Die echten Pilze (Eumycota) werden üblicherweise in fünf Gruppen eingeteilt, in die Mastigomyceten, Zygomyceten, Ascomyceten, Basidiomyceten und Deuteromyceten. Bei den letztgenannten wurden ursprünglich alle jene Pilze zusammengefaßt, die nur ungeschlechtlich Sporen bilden (*Fungi imperfecti:* Pilze mit „unvollständigem" Lebenszyklus); aber für einige von ihnen sind inzwischen doch auch geschlechtliche Stadien entdeckt worden, die zunächst bei den Asco- oder Basidiomyceten unter anderen Namen beschrieben worden waren. Man hält daher heute diese Gruppe für keine natürliche Einheit, sondern für eine künstliche Ansammlung von Asco- und Basidiomyceten, die ihre sexuelle Vermehrungsfähigkeit verloren haben, oder wo diese einfach noch nicht entdeckt bzw. mit dem betreffenden Organismus in Verbindung gebracht worden ist. Der vegetative Pilzkörper – ohne Fortpflanzungsorgane – kann aus kugeligen oder ellipsoidischen Einzelzellen bestehen (Abb. 2-11). Solches ist typisch für Hefen, kann aber auch als hefeähnliches Stadium bei anderen Pilzen auftreten, zumal bei den Chytridialen (die zu den Mastigomyceten gehören). Bei den Chytridien und den verwandten Blastocladialen gibt es zusätzlich ein besonderes System aus sehr dünnen, stark verzweigten, spitz auslaufenden Fortsätzen ohne Querwände. Man nennt diese Fortsätze Rhizoide; sie dienen der Anheftung und Nahrungsaufnahme.

Tab. 2-1. Artenverteilung der Pilze nach *Dictionary of the Fungi* von Ainsworth and Bisby (1971).

		Anzahl von Arten
„Echte" Pilze	Mastigomyceten	1 100
	Zygomyceten	610
	Ascomyceten	15 000
	Basidiomyceten	12 000
	Deuteromyceten	15 000
		gesamt 43 710
Flechten (Lichenes)		18 000
		total 61 710

Prozentsatz aller lichenisierten Pilze: 29 %

Die große Mehrzahl der Pilze besteht jedoch in der vegetativen Phase aus verzweigten, zylindrischen Fäden, den Hyphen, die einen Filz oder ein Gewebe bilden, das Mycel (Abb. 2-11). Querwände (Septen) können in Hyphen vorhanden sein oder fehlen. Die volle Ausnutzung dieser einfachen Organisationsform hat wesentlich zur ökologischen Vielfalt und dem Erfolg der Pilze beigetragen. Die morphologische Einförmigkeit ihrer vegetativen Phase ist ein auffälliger Kontrast zur Mannigfaltigkeit und Kompliziertheit anderer fädig organisierter Gruppen wie der Rotalgen, aber auch zu den relativ komplizierten Fortpflanzungsstrukturen der Pilze.

Wachstum der Hyphen

Wie Pflanzenzellen (s. Kap. 2.2), ist auch die Pilzzelle von einer Zellwand umgeben. Auf den ersten Blick sehen sich die Hyphen verschiedener Pilze sehr ähnlich: es handelt sich um verzweigte, dünnwandige Röhren. Sie unterscheiden sich aber stark in Bau und Zusammensetzung der Wände, nach Art, Zahl und Lage der Kerne sowie in der Art der Septen (falls vorhanden). Man hält dies für einen Hinweis darauf, daß die typischen Eigenschaften der Pilze mehrfach unabhängig entstanden sind.

Die Zellwände der Hyphen enthalten 80–90 % Polysaccharide, 1-15 % Protein und 2–10 % Lipide (Prozentangaben bezogen auf Trockengewicht). Die Polysaccharide sind sehr vielfältig. Die Zellwände der meisten Pilze enthalten Chitin, ein β-(1→4)-verknüpftes Polymer von N-Acetylglucosamin, das zwischen 3 und 60 % der Wände ausmacht. Chitin ist gewöhnlich vergesellschaftet mit β-(1→3)- und β-(1→6)-verknüpften Glucose-Polymeren (Glucanen); die Oomyceten (zu den Mastigomyceten gehörig) enthalten ein β-(1→4)-Glucan, also Cellulose. Die Zellwände der Hefen enthalten Mannose-Polymere. Die Zellwandchemie der Pilze liefert wichtige systematische Merkmale und erlaubt auch die klare Unterscheidung der Pilze von anderen Lebewesen, vor allem von Bakterien und Algen.

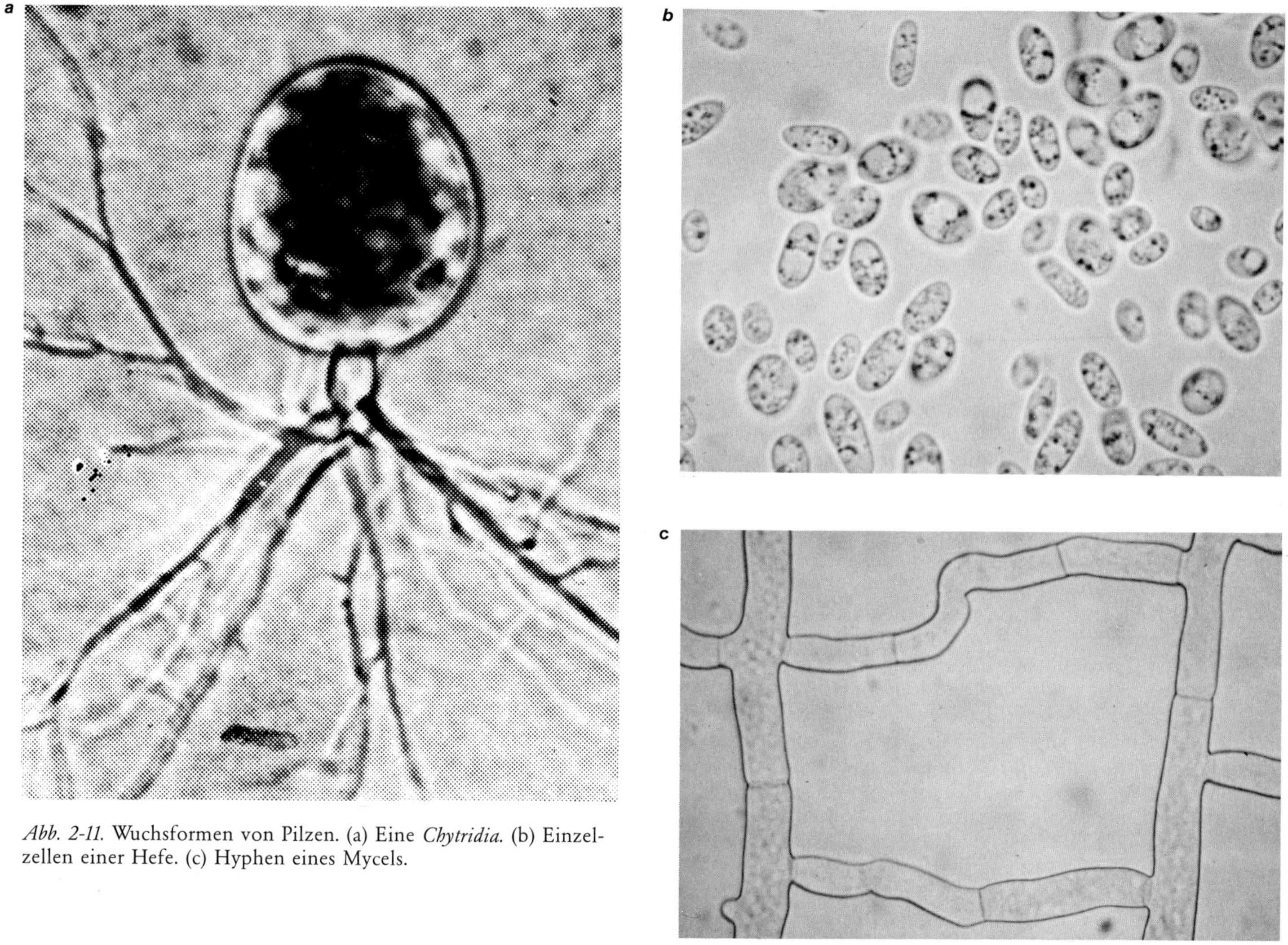

Abb. 2-11. Wuchsformen von Pilzen. (a) Eine *Chytridia.* (b) Einzelzellen einer Hefe. (c) Hyphen eines Mycels.

Aber auch ganz verschieden zusammengesetzte Pilzzellwände verleihen den Hyphen stets Festigkeit und Form, und durch Veränderungen der Wandkonstruktion vermögen Pilze eine beträchtliche Vielfalt von Fortpflanzungsstrukturen und Sporen zu bilden. Im Lichtmikroskop erscheinen Hyphenwände gewöhnlich homogen, aber im Elektronenmikroskop wird an Ultradünnschnitten ihr Schichtenbau deutlich. Die Innenseite weist ein auffälliges Mikrofibrillen-Geflecht auf, während die Außenseite amorph erscheint; dazwischen gibt es viele weitere Zellwandschichten. Die Mikrofibrillen gelten als wesentliche Skelettsubstanz der Wände; sie bestehen aus Cellulose und/oder Chitin und sind in eine amorphe Matrix verschiedener Glucane eingebettet. Das Protein dürfte diese Komponenten fest miteinander vernetzen. Wandstruktur und -zusammensetzung des Schimmelpilzes *Neurospora* sind in Abbildung 2-12 dargestellt. Diese Zellwände sind insoweit ungewöhnlich, als sich hinter der wachsenden Hyphenspitze ein Netzwerk aus Glykoproteinen zwischen der fibrillären Innen- und der amorphen Außenschicht befindet.

Hyphenwachstum ist streng polar, es erfolgt nur an der äußersten Spitze, was für die Mechanik des Pilzwachstums entscheidend wichtig ist. Dieses Spitzenwachstum läßt sich leicht durch Beobachtung der Abstände von Septen und Verzweigungen relativ zur Hyphenspitze sowie untereinander nachweisen. Der Volumenszuwachs beruht ausschließlich auf einer Ausdehnung der Hyphenspitze in einer weniger als 20 µm langen Wachstumszone. Hier ist die Wand nicht starr, sondern kann besonders an der Hyphenspitze plastisch verformt werden. Allerdings erfolgt die Synthese von Protoplasma-Komponenten in einer „hinteren" Wachstumszone, die 1–2 mm lang ist und von wo aus das neusynthetisierte Material durch Plasmaströmung zur Spitze geliefert wird.

Für die Verlängerung der Hyphen ist ein innerer Druck erforderlich, der diesen Prozeß vorantreibt. Durch die intensive Absorptionstätigkeit der Hyphen ist die Konzentration gelöster Stoffe im Hypheninneren viel höher als außen; daher strömt durch Osmose Wasser ein, so daß ein beträchtlicher Binnendruck in der Hyphe entsteht. Dieser „Turgor-Druck" erreicht 4-8 Atmosphären (0,4–0,8 Megapascal); bei Punktierung oder Beschädigung der Wand drückt er den Hypheninhalt nach außen. Bringt man Hyphen in konzentrierte Zucker- oder Salzlösungen, dann strömt Wasser aus, der Turgor sinkt und das Wachstum wird sofort eingestellt, nach Verdünnung des Außenmediums aber wieder fortgesetzt. Die Wanddehnung wird also durch den Turgor bewirkt. An der Hyphenspitze ist die Wand durch Einbau von neuem, plastischem Wandmaterial weich, weiter hinten durch Vernetzung der Polysaccharidketten dagegen fest. So kann der Turgor nur

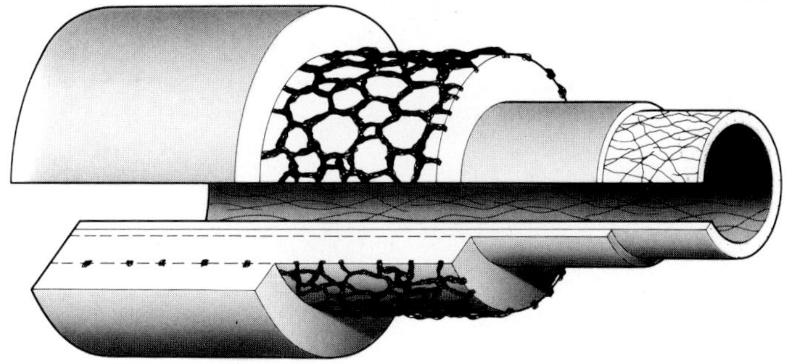

Abb. 2-12. Schematische Darstellung des Schichtenbaues einer Hyphenwand bei *Neurospora.*

Spitzenwachstum bewirken. Das Spitzenwachstum ermöglicht den Pilzen rasches Wachstum auf festen Oberflächen – manchmal mehr als einen Millimeter in der Stunde.

Für Wachstum in allen Raumrichtungen sind zwei weitere Eigenschaften von Hyphen besonders wichtig: ihre Verzweigung und die Abscheidung von Enzymen, die das umgebende Substrat zu verdauen vermögen. Verzweigungen werden in bestimmten Abständen hinter wachsenden Spitzen angelegt, wo die Zellwände an sich schon starr sind. An der Verzweigungsstelle wird jedoch eine eng umgrenzte Stelle in der Zellwand – vermutlich durch Enzyme – wieder aufgeweicht, der Turgor bedingt eine Vorwölbung dieser Wandzone, und eine neue wachsende Spitze ist entstanden.

Auf flachen Unterlagen bilden sich Mycelien und zweiseitige Verzweigungen von voranwachsenden Haupthyphen. Die Haupthyphen wachsen viel schneller als ihre Verzweigungen und dringen in noch unbesiedeltes Substrat vor. Die Seitenhyphen dagegen reichen in schon besiedeltes und teilweise erschöpftes Substrat vor. Bei der Sporenkeimung gehen mehrere Haupthyphen von der Spore aus. Ihre Dominanz über Verzweigungen wird schwächer, wenn diese in noch unbesiedelte Bereiche zwischen den auseinanderwachsenden Haupthyphen gelangen und diese Lücken ausfüllen. So entsteht ein kreisförmiges bzw. kugeliges Mycel. Durch die regelmäßige und dichte Verzweigung kann der Pilz sein Substrat sehr dicht durchwachsen und ihm ein Maximum an Nährstoffen entziehen. Aufgrund der vielfachen Verzweigungen und der Festigkeit älterer Zellwände ist das Mycel gut verankert, und die Spitzen vermögen bei ihrem Wachstum einen beachtlichen mechanischen Druck auszuüben.

Pilze erzeugen Enzyme, die sie nach außen abscheiden und die ihr Substrat verdauen. Dadurch entstehen lösliche Bruchstücke, die aufgenommen und für das Wachstum verwertet werden. Zugleich wird das Substrat aufgeweicht, so daß die Hyphenspitzen dort leichter einzudringen vermögen. Die dünnen, fädigen Hyphen besitzen relativ zu ihrem Volumen eine enorme Oberfläche. Das wirkt sich bei der Ausbeutung massiger Substrate wie Holz, Laubstreu oder Boden günstig aus, da viele physiologische Vorgänge an die Oberfläche gebunden sind – so die Ausscheidung von Enzymen und die Aufnahme von Nährstoffen sowie nur in minimaler Konzentration vorliegenden Mineralstoffen.

Große Oberflächen haben aber auch Nachteile: Ungünstige Umweltfaktoren – besonders Trockenheit – wirken sich verstärkt aus. Das Überleben von Mycelien hängt von hohem Wassergehalt und angemessener Feuchtigkeit des Substrates ab. Da die meisten Hyphen keine Cuticula besitzen, sind sie gegen Austrocknung besonders empfindlich. Das erklärt vermutlich, daß die meisten Pilze in ihrem Substrat wachsen und daß diejenigen, die an die Luft herauskommen, oft wasserdichte Wände besitzen, die mit Melaninen imprägniert sind.

Mit fortgesetztem Spitzenwachstum werden die älteren Hyphenabschnitte zunehmend vakuolisiert, schließlich sterben sie ab und werden durch Septen verschlossen. Die einzelnen Zellen sterben in Folge von Nährstoffmangel und der Anhäufung giftiger Stoffwechselschlacken. Könnte ein Pilz auf einer unbegrenzten Fläche wachsen, dann würde er schließlich aus einem peripheren Ring aktiv wachsender Hyphen bestehen, die sich ständig verzweigen und neue wachsende Spitzen produzieren, so daß der Ring immer größer wird und neue Nährstoffressourcen erschließt; zugleich aber würde das Mycel im Zentrum nach und nach altern und absterben.

Querwände in Hyphen

Die grundlegende taxonomische Zweiteilung der Pilze wird zwischen den Mastigomyceten und Zygomyceten auf der einen, den Ascomyceten, Basidiomyceten und Deuteromyceten auf der anderen Seite vorgenommen. Die Vertreter der ersten beiden Gruppen bilden keine so komplexen Fruchtkörper, wie es jene der zweiten Gruppe tun. Außerdem sind die Hyphen der fädigen Mastigo- und Zygomyceten querwandlos (aseptat). Ihre Hyphen enthalten viele mitotisch entstandene Kerne, doch finden keine Zellteilungen und daher keine Querwandbildungen statt (coenocytische Organisation). Zwar gibt es auch bei ihnen Septen, diese dienen jedoch nur zur Abgrenzung gegen abgestorbene oder verletzte Hyphen und finden sich nur im Zusammenhang mit Sporenbildung. Die Hyphen der anderen drei Gruppen besitzen Septen, die allerdings durchbrochen sind. Bei den Ascomyceten und den meisten Deuteromyceten wächst jedes Septum von der Hyphenwand wie eine Irisblende nach innen, wobei eine kleine zentrale Öffnung von 0,05–0,5 μm übrig bleibt (Abb. 2-13). Dadurch hängen die Plasmen benachbarter Kompartimente zusammen, und Kerne können zwischen ihnen wandern. Diese Hyphen bestehen also nicht aus unabhängigen Zellen, sondern sind eigentlich Coenocyten mit unvollständigen Septen, aber ohne echte Querwände, die aus der Zellplatte einer Zellteilung hervorgingen (s. Kap. 1.5). Bei vielen Basidiomyceten ist die Pore kein einfaches Loch, sondern ist flanschartig verlängert zu einem Kanal, der an seinen Enden locker mit halbmondförmigen Strukturen überdeckt sein kann, den Porenkappen. Diese Strukturen sind nur im Elektronenmikroskop sichtbar. Der Kanal ist zwar nur 0,1–0,2 μm weit, vermittelt aber dennoch Plasmakontinuität. Die Septenstrukturen der Asco-, Basidio- und Deuteromyceten lassen die Unterscheidung von aseptaten und septaten Hyphen als nicht so schwerwiegend erscheinen; aufgrund der Septumporen dürfte der Unterschied in physiologischer Hinsicht nur gering sein.

Die Septen verleihen den Hyphen zusätzliche Festigkeit durch Verklammerung der Längswände, so daß sie inneren oder äußeren Drucken besser widerstehen können. Bei Beschädigung der Hyphen oder Wandrissen können die Poren

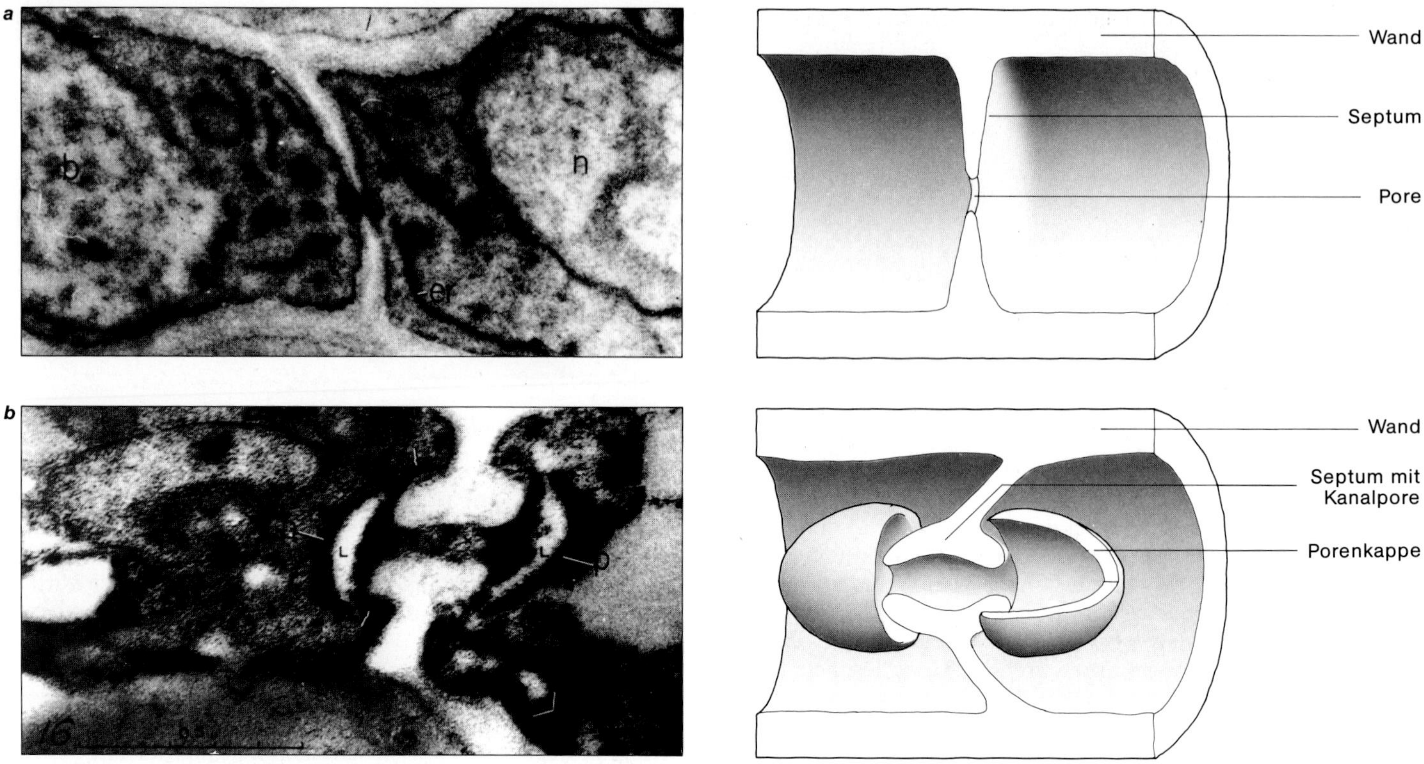

Abb. 2-13. Septenstruktur. Längsschnitte einzelner Hyphen mit Septen bei Ascomyceten (a) und Basidiomyceten (b).

leicht verstopft werden, so daß größere Verluste an Hypheninhalt vermieden werden. Die Hauptfunktion der Septen dürfte jedoch darin liegen, daß sie Differenzierung ermöglichen und in nächster Nachbarschaft unterschiedliche Zelltypen ausgebildet werden können, wie etwa Skelett- und Verbindungshyphen bei den Porlingen.

Vermehrungsformen und Fruchtkörper von Pilzen

Pilze vermehren sich sowohl ungeschlechtlich wie geschlechtlich durch Sporen. Die Sporen dienen gewöhnlich der Verbreitung, doch gibt es auch Dauersporen, welche dem Pilz das Überleben unter ungünstigen Bedingungen ermöglichen, und oft sind beide Funktionen vereinigt. Sexuell (durch Kernverschmelzung und nachfolgende Meiose) erzeugte Sporen bilden die Quelle genetischer Variation in der Population. Die taxonomische Unterteilung der Pilze beruht vielfach auf der Art der gebildeten Sporen, zumal der geschlechtlich entstandenen; Abbildung 2-14 vermittelt einen Eindruck von ihrer Vielfalt. Bei den meisten Asco- und Basidiomyceten bilden sich aus der Vereinigung vieler Hyphen mikroskopische oder makroskopische Fruchtkörper, die mitunter erstaunlich fest sind. Sie tragen zahlreiche Asci bzw. Basidien. Dies sind Zellen oder Zellgruppen, die auf geschlechtlichem Wege Sporen bilden. Die Fruchtkörper der Basidiomyceten sind die kompliziertesten und größten, und bei ihrer Bildung spielen Differenzierungen der Hyphen, Zusammenlagerung sowie Verzweigung, Verschmelzung und das lokale Anschwellen von Hyphen, schließlich Verdickung ihrer Wände eine wichtige Rolle. Zwei Beispiele aus dem Bereich der Hymenomyceten (sie gehören zu den Basidiomyceten) sollen einen Eindruck von der herrschenden Vielfalt vermitteln: Der zarte, kurzlebige Champignon und der harte, langlebige *Polyporus,* ein Holzpilz.

Die Agaricalen, zu denen der Champignon gehört, machen einen guten Teil der „Schwämme" und „Pilze" im landläufigen Sinne aus (ein wissenschaftlicher Unterschied zwischen diesen Bezeichnungen besteht nicht). Der Fruchtkörper entwickelt sich aus einem im Boden wachsenden Mycel und hat die Form eines Schirmes, der auf einem Stiel hochgehoben ist. Die Basidien sitzen an der Hutunterseite auf Lamellen (das ist so bei allen Blätterpilzen oder Agaricalen), in Röhren (wie beim Steinpilz) oder auf Stacheln (bei Stoppel- und Habichtspilz). Die Entwicklung solcher Fruchtkörper variiert stark, aber die zuletzt doch immer ähnliche Form der Fruchtkörper scheint von Erfordernissen gesteuert, die sich aus den Eigenschaften der einzelnen Basidie ergeben. Basidien schleudern ihre Sporen bis 0,2 mm weit ab, so daß sie zwar benachbarte Basidien treffen können, aber nicht gegenüberliegende Flächen von Lamellen, Porenwänden oder Stacheln. Der Stiel hebt den Hut hoch genug, so daß die herunterfallenden Sporen von Luftturbulenzen verbreitet werden können. Die Basidien könnten nicht so wirken, wenn sie von Wasser benetzt wären – dazu wäre die Kraft beim Abschleudern der Sporen zu gering. Der Hut sorgt dafür, daß Regen ferngehalten wird. Andererseits müssen aber die Basidien voll turgeszent sein, die Luft in ihrer unmittelbaren Umgebung sollte also wasserdampf-gesättigt sein, denn in trockener Luft hört das Sporenabschleudern praktisch auf. Durch die dichtstehenden Lamellen (bzw. Röhren, Stacheln) wird die Wassersättigung der Luft um die Basidien herum sichergestellt, auch wenn die Feuchtigkeit der übrigen Luft stark fluktuiert. Schließlich können sich die freistehenden Lamellen und Stacheln (nicht allerdings die miteinander verwachsenen Röhren) auch gemäß einer Neigung der Hutunterseite bis zu einem gewissen Grad umorientieren.

a

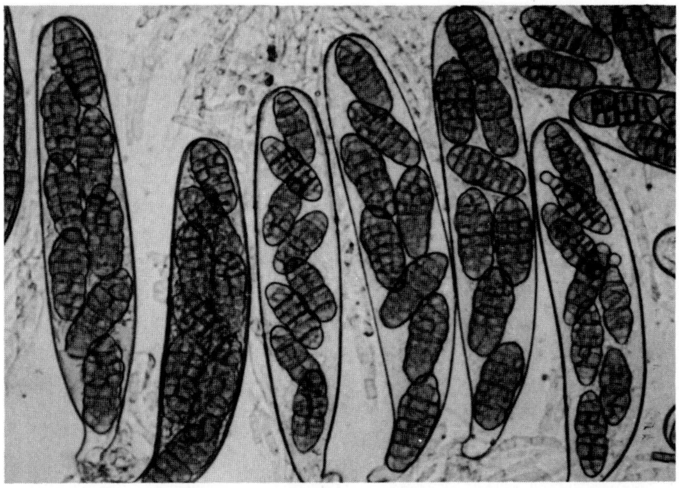

b

c

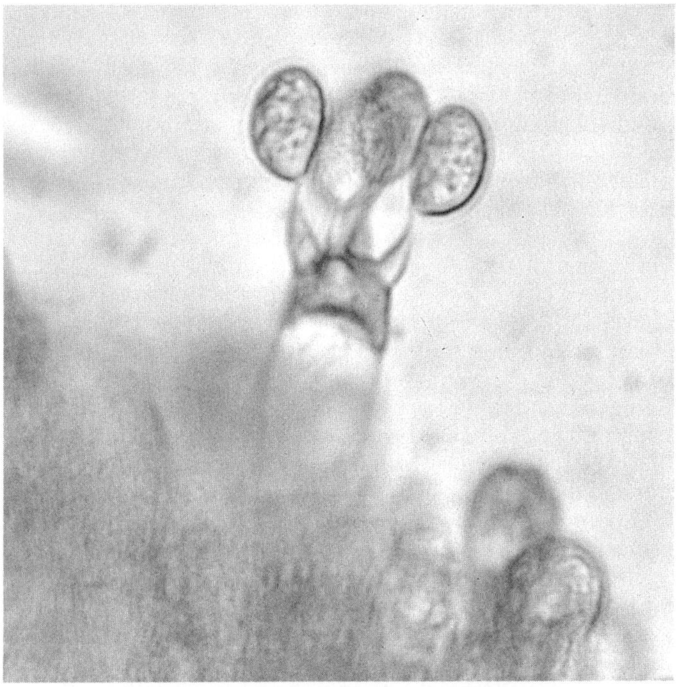

d

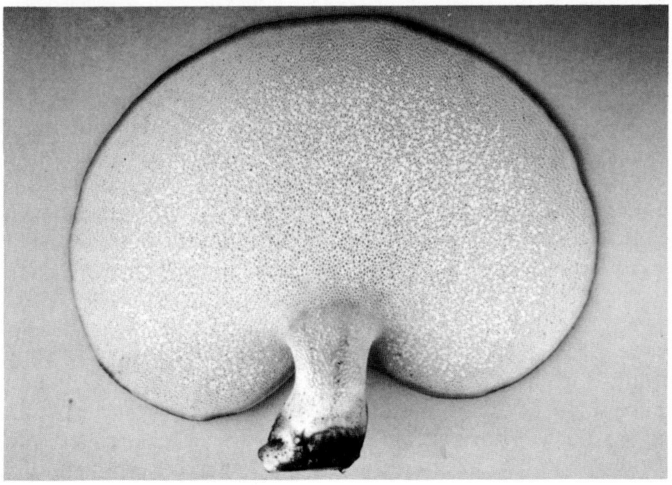

e

Abb. 2-14. Fortpflanzungsorgane. (a) Asci und Ascosporen von *Pleospora herbarum.* (b) Fruchtkörper der Morchel, *Morchella esculenta.* (c) Basidiosporen an einer Basidie. (d) Hutunterseite des Porlings *Polyporus squamosus,* mit Röhren und Stiel. (e) Konidien von *Cladosporium.*

Die Agaricalen weisen in Stiel und Hut nur geringe Differenzierung der Hyphen auf. Der Stiel muß über Festigkeit verfügen und Wasser sowie Nährstoffe zu den Basidien leiten können, aber die betreffenden Gewebe unterscheiden sich nicht voneinander. Zwar sind einige Hyphen dicker, länger und weniger verzweigt als andere, aber darüber hinausgehende Unterschiede werden nicht beobachtet. Diese „fleischigen" Fruchtkörper sind gewöhnlich kurzlebig, ihre Festigkeit beruht auf dem Turgor der Hyphen, und so entwickeln sie kein eigenes Festigungsgewebe. Bei Trockenheit verlieren sie schnell ihr Wasser und schrumpfen; die Sporenausstreuung hört auf und erneute Befeuchtung vermag sie nicht wieder zu beleben. Diese Abhängigkeit von hoher Feuchtigkeit erklärt, warum Schwämme vor allem im Herbst auftreten. Doch sind die meisten kälteempfindlich und verschwinden mit den ersten Frösten.

Die Fruchtkörper der Aphyllophoralen, der Baumschwämme oder Porlinge, unterscheiden sich von den Lamellenpilzen durch ihre ledrige, korkige oder sogar holzartige Beschaffenheit. Sie sind gewöhnlich langlebig, einige – wie *Ganoderma adspersum* – sogar ausdauernd. Bei ihnen können drei Hyphenarten unterschieden werden: generative Hyphen sowie Skelett- und Verbindungshyphen. Bei den generativen Hyphen handelt es sich um die gewöhnlichen, dünnwandigen, verzweigten und septierten Hyphen. Aus ihnen bilden sich im Fruchtkörper die beiden anderen Formen. Skelethyphen sind dickwandig und dünnlumig, nicht septiert und gewöhnlich verzweigt. Sie wachsen unbegrenzt und verleihen dem Fruchtkörper seine Festigkeit. Verbindungshyphen zeigen begrenztes Wachstum, sie sind dickwandig, nur selten septiert sowie stark und unregelmäßig verzweigt. Sie entwickeln sich in einiger Entfernung vom wachsenden Hutrand. Die generativen Hyphen bilden also ein Maschenwerk, das durch Skeletthyphen ausgesteift wird, und die Verbindungshyphen verfestigen die ganze Konstruktion durch starre Verbindung dieser Komponenten. Tatsächlich sind solche Fruchtkörper oft so fest, das man sie mit den Händen nicht auseinanderbrechen kann. Nur ganz wenige Porlinge sind zentral gestielt. Gewöhnlich sitzen sie einem Holzstamm seitlich mit breiter Basis an und sind wie horizontale Fächer ausgebreitet. Die Basidien sind auf der Hutunterseite vor Nässe geschützt und geben ihre Sporen in die Luftströmungen ab. Bei den meisten Porlingen stehen die Basidien an der Innenseite von Röhren, die miteinander verwachsen und keiner Umorientierung fähig sind. Bei *Ganoderma adspersum* sind diese Röhren („Poren") über 10 mm lang bei Durchmessern von nur 0,1 mm. Für erfolgreiche Sporenfreisetzung müssen diese Röhren genau vertikal orientiert sein – stünden sie nur um 2° schräg, so würden über 70 % der Sporen nicht herausfallen können. Die präzise Ausrichtung nach der Schwerkraft wird zunächst durch entsprechendes Röhrenwachstum erreicht und später durch die breite Anheftung des sehr festes Hutes an einen stabilen Baumstamm beibehalten. Weniger feste und/oder gestielte Fruchtkörper besitzen kürzere Röhren mit größeren Durchmessern, so daß die Sporen auch bei mäßiger Schräglage noch herausfallen können.

Solche Fruchtkörper können in einem Sommer 3 Milliarden Sporen abwerfen. Mit ihnen ist der höchste Komplexitätsgrad erreicht, den Pilze überhaupt hervorbringen können; und dies bei nur minimaler Differenzierung der einzelnen Zellen.

2.4 Tiere

Bauprinzipien bei Tieren

Die Vielfalt der Körperformen ist im Tierreich enorm, und sie war – wie Fossilienfunde zeigen – in früheren Evolutionsstadien noch größer. Zunächst erscheint die Mannigfaltigkeit der Baupläne unbegrenzt; dennoch gelingt es, auch hier eine systematische Ordnung aufzustellen. Dies zeigt, daß viele Tierarten gemeinsame Merkmale aufweisen und die Zahl unterschiedlicher Grundbaupläne eben doch begrenzt ist (Abb. 2-15). Die Entwicklung neuer Organisationsformen muß von den Bauplänen bereits existierender Organismen ausgehen, und auch bei diesen nicht allzu zahlreichen Grundformen des Tierreiches bestehen noch zusätzliche Beschränkungen, die sich aus dem Zusammenwirken von Größe, Gestalt und Lebensraum ergeben. Es gibt eben keine mikroskopisch kleinen Säugetiere oder Rieseninsekten, und wir können uns ständig unter Wasser lebende Vögel ebenso wenig vorstellen wie Tintenfische auf dem Land. Für die Evolution bestehen also klare Grenzen hinsichtlich der Entwicklungsmöglichkeiten des vorhandenen Artenmaterials, und bevor wir Strukturen und Funktionen des Tierkörpers beschreiben, müssen wir die zugrundeliegenden Bauprinzipien des Tierkörpers näher betrachten.

Vielleicht ist die Größe eines Tieres das wichtigste Organisationsmerkmal. Sehr kleine Tiere können einfach nicht so komplex gebaut sein wie größere – wo sollten auch alle die Gewebe und Organe untergebracht werden, die bei größeren Wesen unerläßlich sind? Das kleinstmögliche Lebewesen entspricht einer Plasmamembran, die einen Nucleinsäurestrang und genügend viele Ribosomen umschließen kann, um vielleicht 100 verschiedene Proteine zu synthetisieren (s. Kap. 1.1); diese unterste Grenze wird vermutlich von Mycoplasmen mit nur 0,3 Mikrometer Durchmesser erreicht. Die uns vertrauten, mehr- und vielzelligen Tiere sind weit größer, ihre Körpermassen umfassen einen Bereich von 13 Größenordnungen und reichen bis zu jenen der Riesenwale, die 30 Meter lang sind und über 100 Tonnen wiegen.

Große Organismen haben auch eine größere Kapazität zu innerer Spezialisierung. In größeren Zellen können mehr Organelle untergebracht werden, und bei vielzelligen Tieren (Metazoen) können verschiedene Zellen unterschiedliche Funktionen übernehmen. Freilich kann die Körpervergrößerung auch Nachteile haben – Komplexität und Spezialisierung werden zu unabdingbaren Voraussetzungen, und das bewirkt verschiedene Einschränkungen, die bei kleinen Tieren wegfallen. Die einfachsten und kleinsten Tiere, die einzelligen Protozoen, sind biologisch gesehen nicht weniger erfolgreich als größere Lebewesen: Es gibt eben für alle verschiedenen Körpergrößen passende Lebensräume, und die verschiedenen Tiertypen haben sich jeweils entsprechend angepaßt.

Die erste Folge zunehmender Größe betrifft die Versorgung der einzelnen Körperzellen. Bei Wassertieren können Nährstoffe, Abfallstoffe und Atmungsgase durch einfache Diffusion der Moleküle durch die Zellmembranen hindurch ausgetauscht werden; aber bei größeren Tieren ist der Weg vom umgebenden Medium bis zu den innersten Zellen viel zu lang für hinreichend schnelle Diffusion – Abfälle werden sich rascher anhäufen als sie abgegeben werden können, und die Zellen werden an Sauerstoff- und Nährstoffmangel leiden. Aus diesen Gründen kann ein dichtgepacktes Zellaggregat nicht größer werden als 0,8 mm Durchmesser. Besitzt ein

Organismus einen Darm, der die innenliegenden Zellen versorgt, dann kann diese Grenze überschritten werden, und die Körpergröße kann auf 1–2 mm ansteigen. Tatsächlich sind Organismen dieser Größe typisch für Tierstämme, deren Vertreter keine Körperhöhlen besitzen. Bei ihnen kann eine weitere Größenzunahme nur unter Konstanthaltung des Oberflächen/Volumen-Verhältnisses erreicht werden, entweder durch Ausfaltung dünner Zell-Lagen (wie bei Schwämmen und Hohltieren, wo der Körper überall nur zwei Zell-Lagen dick ist) oder durch Abflachung des gesamten Körpers (Plattwürmer). Größere, massige Körper erfordern ein Kreislaufsystem, also Unterstützung der Diffusion durch Konvektion, um den Gas- und Nährstoffbedarf überall zu decken und Abfall wegzuschaffen. Dieser Entwicklungsweg wurde von den meisten vielzelligen Organismen beschritten. Einige Möglichkeiten sind in Abbildung 2-15 gezeigt. Die einfachste Anordnung ist ein offener Kreislauf, wo die inneren Zellen an flüssigkeitsgefüllte Körperhöhlen grenzen und die Flüssigkeit durch die Bewegungen des Tieres durchmischt wird. Das entspricht etwa den Gegebenheiten bei größeren Hohltieren (Coelenteraten) wie den Seeanemonen, wobei allerdings ihre „Körperhöhle" ein weitgehend abgeschlossener Teil der Außenwelt ist. Eine echte Körperhöhle ist vollständig von Zellschichten umschlossen, gewöhnlich von Mesoderm – sie wird dann Coelom genannt. (Das Mesoderm ist das mittlere „Keimblatt", das zwischen dem äußeren Keimblatt, dem Ektoderm, und dem inneren Keimblatt, dem Entoderm, liegt.) Offene Kreisläufe sind charakteristisch für viele Stämme der Wirbellosen, z. B. für die Würmer, die Mollusken und die Arthropoden, wobei allerdings die Herkunft der Körperhöhle ganz verschieden sein kann. Der ungerichtete und träge Flüssigkeitsstrom in solchen Systemen reicht bei größeren oder besonders aktiven Tieren nicht aus; in diesen Fällen ist ein geschlossenes Kreislaufsystem erforderlich mit einem Herzen, das das Blut in den Gefäßen in Umlauf hält. Die Wirkungsweise verschiedener Kreislaufsysteme wird später geschildert (s. S. 76–79).

Eine andere Folge zunehmender Körpergröße ist die Notwendigkeit von Stützelementen, die auch Bewegung ermöglichen. Einzeller können sich mit Cilien, Geißeln oder durch Plasmaströmung fortbewegen – aber das funktioniert bei größeren Organismen nicht mehr. Cilien z. B. würden bei einem Tier, das größer als ein Plattwurm ist, unter dem Körpergewicht des Organismus zusammenbrechen, wenn dieser sich über eine Unterlage fortbewegt; und sie könnten selbst freischwimmende, große Tiere nicht bewegen, auch wenn diese ringsum Cilien trügen. Alle größeren Tiere brauchen Muskeln, diese ihrerseits ein Skelett, mit dem sie verbunden sind und auf das sie einwirken: Festigung und Bewegung sind miteinander eng verknüpfte Funktionen.

Stützsysteme können grob eingeteilt werden in hydrostatische Skelette und solche mit Hartteilen (Abb. 2-16). Hydrostatische Skelette erfordern lediglich eine eingeschlossene, inkomprimierbare Flüssigkeit, gegen die Muskeln arbeiten können. Dergleichen steht in Gestalt von Körperhöhlen zur Verfügung. In einem wurmförmigen Körper gibt es gewöhnlich zwei Systeme von antagonistisch wirkenden Muskeln: längsorientierte Muskelstränge sowie querverlaufende Ringmuskeln. Bei den Nematoden (Fadenwürmern) und an bestimmten Körperzonen anderer Tiere, wo starke Widerstände gegen Körperverformungen bestehen, genügt allerdings ein einziger Satz von Muskeln. Oft sind hydrostatisches Skelett und Muskeln in Segmenten angeordnet (ein bekanntes Beispiel hierfür ist der Regenwurm), wodurch ein durch Muskelkontraktion bewirkter Druckwechsel lokal erfolgen kann, was Energie spart und eine besser abgestimmte Kontrolle der peristaltischen Bewegung (einer den ganzen Körper entlang laufenden Kontraktionswelle) ermöglicht. Ein derartiger Bewegungsablauf eignet sich besonders gut für ständig im Boden lebende Tiere. In anderen Fällen ist ein unsegmentiertes hydrostatisches Skelett zweckmäßiger, das umfangreicheren Gestaltwechsel erlaubt, insbesondere bei gelegentlichem Eindringen in weiche Substrate. In einigen speziellen Fällen kommen lokalisierte hydraulische Systeme vor, wie im sogenannten Ambulacralsystem der Echinodermen (Stachelhäuter, z. B. Seeigel oder Seesterne), das Schreitbewegungen der auf der Unterseite der Tiere befindlichen Füßchen ermöglicht.

Hartskelette sind eine Alternative oder besser eine Ergänzung für hydrostatische Skelette (denn die meisten Tiere werden auch hydrostatisch ausgesteift). Hier werden Hartteile in den Körper eingebaut, gewöhnlich zusammen mit antagonistischen Muskeln, die an ihnen ansetzen. Diese Skelette bestehen meistens aus Faserproteinen, wie z. B. Kollagen, oder aus Chitin, einem polymeren Kohlenhydrat aus Aminozuckern, das in einer Proteinmasse abgelagert wird. Der organische Anteil ist gewöhnlich mineralisiert, oft durch Imprägnation mit Calciumcarbonat, Calciumphosphat oder Silikat, oder durch Quervernetzungen starr gemacht. Hartskelette können äußerlich sein, wie die Exoskelette der Arthropoden und vieler Mollusken, oder es handelt sich um Innenskelette, wie bei den Wirbeltieren und den Echinodermen (Abb. 2-16). Exoskelette umschließen den Körper entweder ganz, wie bei den Arthropoden, was während des Wachstums Häutungen erforderlich macht, oder sind unvollständig, wie die Schalen der Weichtiere, die an ihren Rändern ständig weiterwachsen können. Tiere mit Innenskeletten (Endoskeletten) brauchen als zusätzlichen Oberflächenschutz eine Haut, die ihrerseits wieder befestigt sein kann und in vielen Gruppen abgestorbene Isolationsstrukturen wie Schuppen, Haare oder Federn trägt. Bei allen Hartskeletten ist die Möglichkeit der Ausbildung von Gelenken und damit von beweglichen Gliedern gegeben, was die Art der Fortbewegung grundlegend erweitert. Mit Gelenken ausgestattete Gliedmaßen erlauben fein abgestimmte Schreitbewegungen auf dem Untergrund und sind daher für das Landleben wie geschaffen; darüber hinaus ergibt sich auch die Möglichkeit zur Entwicklung von Flügeln als weitere Anpassung bei landbewohnenden Tieren. Vom mechanischen Standpunkt aus sind Gelenke sehr vorteilhaft; sie ermöglichen schnelle und doch energiesparende, reibungsarme Fortbewegung des vom Boden abgehobenen Körpers. Geschwindigkeit und Geschicklichkeit konnten sich so dramatisch erhöhen. Die verschiede-

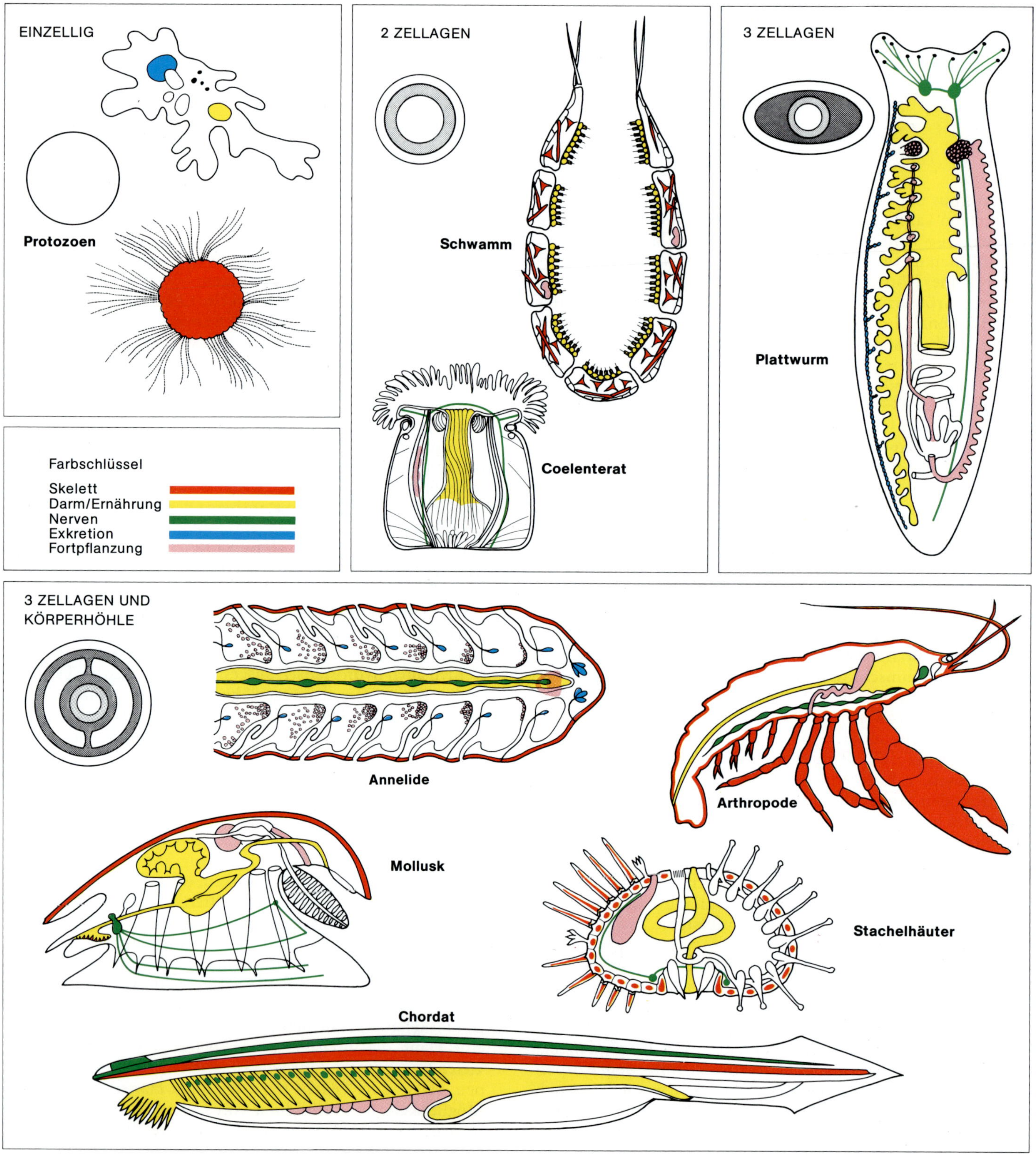

Abb. 2-15. Grundtypen von Bauplänen bei Tieren.

nen Typen von Exo- und Endoskeletten haben natürlich ihre besonderen Vor- und Nachteile, die gewöhnlich wieder mit der Körpergröße zusammenhängen. Kleine Tiere können schon durch dünne Lagen von Hartmaterial hinreichend gestützt und geschützt sein, während besonders große Tiere unverhältnismäßig massive und schwere Skelette brauchen. Für sie ist ein Innenskelett mit vielen Gelenken die ökonomischste Lösung. Da Röhren gegen Bruch und Verbiegung widerstands-

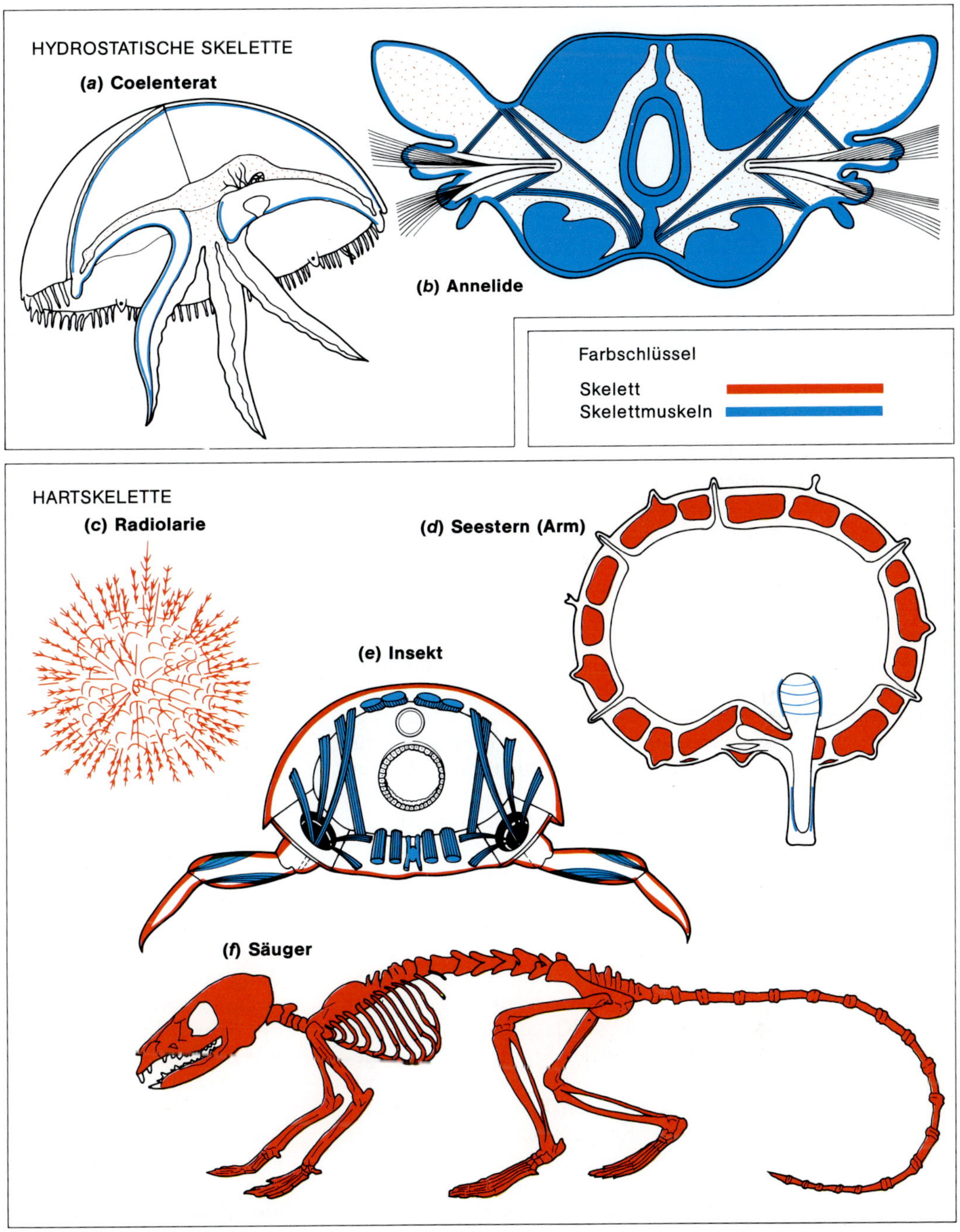

Abb. 2-16. Skelettsysteme beruhen oft auf der Ausnutzung hydrostatischer Eigenschaften von Flüssigkeiten in Kanalsystemen (a) oder ausgedehnten Körperhöhlen (b); in vielen Fällen werden aber auch starre Skelettelemente gebildet, entweder äußerlich als Schalen oder Cutikeln (c, e) oder als innengelegene kleinere (d) oder größere Knochen (f).

fähiger sind als massive Stäbe derselben Masse, sind Außenskelette bei kleineren Tieren auch unter mechanischen Gesichtspunkten günstiger. Bei größeren Tieren ist wegen ihrer gewaltigen Masse die Beschädigungsgefahr bei Zusammenstößen größer, hier ist es zweckmäßiger, das Skelett durch Verlagerung nach innen und Umhüllung mit verformbarem Gewebe vor Bruch zu schützen. Die Wirbeltiere benützen die Vorteile beider Systeme, indem sie ein hartes Endoskelett ausbilden, besonders empfindliche Organe jedoch durch weit außen gelegene Knochenhüllen (Schädel, Becken, Brustkasten) schützen.

Unter den Funktionserfordernissen der Abstützung und des Schutzes bieten daher relativ leichte Exoskelette und relativ massige Endoskelette die beste Lösung; in bestimmten Lebensräumen erreichen allerdings die größeren Arthropoden eine ähnliche Körpergröße wie kleine Wirbeltiere (Vertebraten), man vergleiche nur Hummer und kleine Meeresfische, oder Heuschrecke und Spitzmaus. Unter ungünstigen Standortbedingungen, z. B. in Trockengebieten, werden die unterschiedlichen Eigenschaften der beiden Skelettarten besonders betont. Für kleine Tiere wird unter solchen Bedingungen das Verhältnis Oberfläche/Volumen wegen der Wasser- und Salzverluste kritisch, so daß ein möglichst undurchlässiges Außenskelett zur Lebensnotwendigkeit wird; das dürfte zum außerordentlichen Erfolg der kleinen Landinsekten beigetragen haben.

Für einen großen Körper mit Kreislaufsystem sowie Stütz- und Bewegungsapparat besteht noch ein drittes Problem, nämlich die richtige Koordination und Regulation des komplexen Organismus. Die Körperflüssigkeiten müssen alle

Zellen mit genügend Nährstoffen und Sauerstoff versorgen, so daß die Spezialisierung des Darmes und der Mundregion sowie von metabolischen Zentren wie der Leber, zusammen mit der Entwicklung der atmenden Oberflächen besondere Bedeutung erlangen. Kohlendioxid sowie stickstoffhaltige Abfälle des Stoffwechsels müssen abgesondert werden, bevor sie gefährliche Konzentrationen erreichen, so daß auch besondere Exkretionsmechanismen erforderlich werden. Unter diesen Umständen müssen große Teile der Körperhöhlungen mit spezialisierten Geweben und Organen ausgefüllt werden, wie das für höhere Tiere typisch ist. Viele von diesen Systemen werden später genauer beschrieben.

Abgesehen von der Regulation der Zusammensetzung von Körperflüssigkeiten müssen alle die verschiedenen physiologischen Systeme eines Tieres aufeinander und auf die Umwelt abgestimmt werden. Dies erfordert sowohl die Wahrnehmung von Veränderungen in der Umwelt als auch die jeweils richtige Reaktion darauf. Große und hochentwickelte Tiere besitzen daher Sinnesorgane und Nervensysteme, um auf kurzfristige Änderungen zu reagieren, und chemische Kontrollen für Langzeitänderungen (s. S. 89, 93). Der letztlich wichtigste und komplizierteste Prozeß im Tierleben ist die Fortpflanzung (s. S. 96–98), und wieder lassen sich bei allen offensichtlichen Unterschieden auch grundlegende Ähnlichkeiten aufdecken.

Außer der Körpergröße wirken noch zwei weitere kritische Faktoren auf die Bauprinzipien der Tiere ein. Erstens bestimmen die phylogenetischen (evolutiven) Beziehungen einer Art ihre Gestalt grundsätzlich mit. Durch die Herkunft ist ein bestimmter Bauplan vorgegeben, und wie auch immer er während der Embryonalentwicklung abgewandelt wird, er kann doch als diagnostisches Merkmal zur Klassifizierung benutzt werden. Freilich ist es nicht immer leicht, diese stammesgeschichtlichen Beziehungen bei Tieren anzugeben, denn ähnliche Formen können sich auch bei der Lösung gleichartiger Anpassungsprobleme durch Konvergenz herausgebildet haben. Zweitens können in einer Gruppe einheitlichen Ursprungs dennoch auch sehr abweichende Formen infolge von Anpassung an unterschiedliche Lebensweisen auftreten. Sie bestimmen beispielsweise die Komplexität von Exkretionsorganen bei Meeres-, Süßwasser- und Landtieren; der Ernährungsapparat variiert mit der Nahrung, und fast beliebige Veränderungen in Gestalt und Funktion können bei Tieren auftreten, die parasitisch oder in Kolonien leben. Solche Unterschiede können sogar bei ein und demselben Tier bei der Verwandlung von der Larve zum ausgewachsenen Individuum auftreten, wenn Lebensgewohnheiten und Lebensräume der beiden Entwicklungsstadien verschieden sind. Die besondere Lebensweise einer bestimmten Art zusammen mit den phylogenetischen Determinanten und dem Faktor Körpergröße – das sind die immer wiederkehrenden Bestimmungsgrößen für jede Betrachtung von Struktur und Funktion.

Kreisläufe

Ein System zur Zirkulation der Körperflüssigkeit ist, wie bereits dargelegt, Voraussetzung für zunehmende Körpergröße. Die im Kreislaufsystem eingeschlossene Flüssigkeitsmenge erfüllt dabei eine ganze Reihe allgemeiner Funktionen: Nährstofftransport vom Darm zu den Geweben; Transport von Exkretionsprodukten von Geweben zu Entgiftungszentren und/oder Exkretionsorganen; Gastransport zwischen Atmungsflächen und Geweben; Transport chemischer Botenstoffe (Hormone); Transport von Blutzellen zur Immunabwehr, Blutgerinnung und für weitere Reaktionen; Abführung von Stoffwechselwärme zur Körperoberfläche, oder Zuführung von Außenwärme ins Körperinnere; Stützung durch ein hydrostatisches Skelett; und schließlich die Übertragung von Kräften und Drucken zur Bewegung, zur Ausstülpung bestimmter Körperteile und für die Ultrafiltration in Exkretionsorganen.

Diese Leistungen beziehen sich auf einen sehr weiten Bereich biologischer Vorgänge, so daß das Kreislaufsystem in vieler Hinsicht den Schlüssel für ein Verständnis aller übrigen Aspekte der Physiologie großer Tiere liefert. Alle vorhin aufgezählten Transportfunktionen tragen zur Homöostase bei, der Konstanterhaltung der Lebensbedingungen für alle Körperzellen, damit sie optimal und ohne besondere Belastungen funktionieren können, und das auch bei Änderungen der Umweltbedingungen. Die beiden zuletzt aufgezählten Funktionen ermöglichen Bewegungen in der Umwelt zur Vermeidung von extremen Bedingungen.

Im Hinblick auf die Vielfalt der verschiedenen Funktionen der Körperflüssigkeit überrascht die große strukturelle Mannigfaltigkeit, die man beobachtet, nicht. Offene und geschlossene Kreislaufsysteme stellen dabei nur die Endpunkte kontinuierlicher Übergänge dar. Die meisten Gruppen kleiner Meeres-Invertebraten besitzen offene Kreisläufe, die Flüssigkeit befindet sich in einer großen Höhle zwischen Schichten von Zellen und Geweben, aber ohne besondere Vorrichtung zur Bewegung der Flüssigkeit. Für größere oder aktivere Formen reicht dies nicht aus, um Nährstoffe und Sauerstoff schnell genug zu transportieren. Eine Lösung dieses Problems bietet ein offener Kreislauf mit einigen Blutgefäßen; oft saugt ein kontraktiles Herz bei seiner Ausdehnung Blut aus der größten Körperhöhle an und preßt es dann durch eine begrenzte Zahl von Arterien aus, die auf besonders stoffwechselaktive Gewebe gerichtet sind (z. B. Atmungsflächen, Exkretionsorgane, Gehirn). Von dort kehrt das Blut in die offenen Höhlungen zurück. Bei besonders großen oder aktiven Tieren genügt aber auch dies nicht mehr, das Blut wird vollständig von Gefäßen eingeschlossen und durch peristaltische Kontraktionen der Gefäßwände weitergepumpt, wobei es nach Bedarf zu den verschiedenen Organen und Muskeln strömt. Tiere mit einem solchen geschlossenen Kreislauf sind relativ selten; allerdings gehören viele vertraute Formen dazu, wie z. B. die Wirbeltiere.

Die Vielfalt tierischer Kreislaufsysteme ist in Abbildung 2-17 angedeutet. Schon bei manchen größeren Protozoen gibt es so etwas wie Kreislauf, indem Protoplasma aus der Region des Zellschlundes wegströmt zur Verteilung der aufgenommenen Nährstoffe. Bei den Tiergruppen mit nur zwei Zellschichten (insbesondere Schwämme und Coelenteraten) befindet sich jede Zelle nahe genug am Außenmedium, um Moleküle unmittelbar austauschen zu können. Bei den Schwämmen werden zusätzlich Strömungen durch begeißelte Zellen erzeugt; bei den Hohltieren wird dies erreicht durch Muskelkontraktionen am Darm; Durchpressen von Flüssigkeit durch Kanäle in einer gelatinösen, nichtzellulären Masse findet sich bei größeren, durch Rückstoß schwimmenden Quallen.

Einige der Tiergruppen mit drei Keimblättern sind ohne Kreislaufsystem; immerhin dient der blind endende Darm der Plattwürmer der Verteilung von Metaboliten. In den meisten dieser Tierstämme ist aber ein Kreislaufsystem im Mesoderm (dem mittleren Keimblatt) ausgebildet. Bei vielen wurmartigen Gruppen handelt es sich dabei um eine einfache, offene Höhlung, und ihre Transportleistung – besonders für Atmungsgase – ist beschränkt. Die Nemertini (Schnurwürmer) und die Anneliden (Gliederwürmer) besitzen geschlossene Kreisläufe. Bei den Anneliden dient das Netzwerk der Blutgefäße auch der Atmung; Kapillaren erstrecken sich bis unter die Körperoberfläche oder zu besonderen Kiemen hin. Gefäße versorgen auch die einfachen Gehirne solcher Würmer, und gewöhnlich führen in jedem Körpersegment auch Blutgefäße zu den Nephridien, den Exkretionsorganen. Doch gibt es bei den Anneliden auch Ausnahmen von dem Kreislaufsystem wie es in Abbildung 2-17 dargestellt ist: Die Blutegel sind wieder zu einem offenen Kreislauf mit locker verbundenen Bluträumen zurückgekehrt. Dies hängt vielleicht damit zusammen, daß die Egel beim Blutsaugen ihr Körpervolumen drastisch vergrößern müssen, was bei einem fest organisierten Gefäßsystem nicht möglich wäre.

Bei den bekannten Invertebraten-Gruppen der Mollusken und Arthropoden ist der Kreislauf im wesentlichen offen, die Flüssigkeit wird als Hämolymphe bezeichnet. Bei kleineren Organismen dieser beiden Stämme gibt es überhaupt keine Gefäße oder allenfalls ein unter dem Rücken liegendes peristaltisch arbeitendes Herz bzw. ein kontraktiles Gefäß (Aorta); so ist es bei vielen Wasserschnecken und Muscheln, bei kleinen planktontischen Krebsen und den meisten Insekten, und jedenfalls bei fast allen Larvenstadien. Aber größere und/oder besonders aktive Vertreter besitzen einen mehr und mehr von Gefäßen umschlossenen Kreislauf, wie das bei Garnelen und Krabben, bei den größten aktiven Insekten wie Bienen und Schmetterlingen, und vor allem bei den sich schnell bewegenden Mollusken, den Tintenfischen, zu beobachten ist. Bei dieser letztgenannten Gruppe, in der stattliche Räuber wie die Kalmare und der *Octopus* vorkommen, gibt es völlig geschlossene Kreisläufe mit einem Hauptherzen und zusätzlichen Kiemenherzen für eine gute Durchblutung der Kiemen.

Andere Tiere besitzen sowohl offene als auch geschlossene Abschnitte in ihrem Kreislauf. Zu ihnen zählen die Stachelhäuter – Seeigel und Seesterne. Sie weisen sehr merkwürdige Gefäßsysteme auf: Zum einen gibt es bei ihnen eine große Körperhöhle, von der aus die meisten Zellen versorgt werden, zusätzlich aber sind zwei oder drei separate Kanalsysteme vorhanden, wobei jedes von ihnen einige der bereits besprochenen Funktionen erfüllt. Vielleicht am wichtigsten ist das Wassergefäßsystem, ein geschlossenes hydraulisches System, über das die Füßchen bewegt werden. Die Füßchen sind übrigens nicht nur an der Bewegung, sondern auch an Nahrungsfang und Atmung beteiligt.

Bei den Chordatieren schließlich gibt es verschiedene kleine und sessile Formen ohne wirklich geschlossenen Kreislauf, vor allem die Tunicaten (Manteltiere). Aber die meisten Chordaten sind Wirbeltiere und besitzen ein geschlossenes Blutgefäßsystem mit einem ventralen Herzen als Pumpe in enger Verbindung mit den Atmungsorganen. Bei Fischen gibt es nur einen Kreislauf, die Säuger besitzen dagegen einen doppelten (Lungenkreislauf und Körperkreislauf) mit einem als Doppelpumpe gebauten Herzen. Dies ermöglicht einen niedrigeren Blutdruck in den Lungen. Bei den Wirbeltieren treten abgestufte Entwicklungsreihen der Kreisläufe auf (Abb. 2-13), wobei im Bereich der Reptilien einfache oder doppelte Pumpen vorkommen. Stets gibt es jedoch große Gefäße, die zu Darm und Leber, zu den Nieren, zum Kopf und zu den wichtigsten Muskeln des Bewegungsapparates hinführen. Im Gegensatz zu den Wirbellosen strömt das Blut auf der Bauchseite nach vorn, auf der Rückenseite nach hinten.

Der Erfolg der Wirbeltiere hängt unter anderem von mehreren Komponenten ihres Kreislaufsystems ab. Die Gewebe werden durch dickwandige, muskulöse Arterien versorgt, die sich zu feinen Arteriolen und zuletzt in ein Netzwerk von Kapillaren verzweigen. Die Verzweigungsdichte schwankt mit der Stoffwechselintensität des betreffenden Gewebes, und der Diffusionsweg zu den aktiven Zellen ist sehr kurz. Nach dem Durchgang durch die Kapillaren gelangt das Blut in Venolen und über Venen zurück zum Herzen. Die Venen sind dünnwandig und weniger muskulös als die Arterien, da sie von der Druckpumpe weiter entfernt sind und daher bei geringerem Druck arbeiten. Aus den Kapillarwänden tritt beständig etwas Flüssigkeit in den Raum zwischen den Gewebezellen aus; sie wird in Lymphgefäßen gesammelt, die ein zweites, parallelgeschaltetes Kreislaufsystem bilden, allerdings ohne ein eigenes Herz. Zuletzt wird auch die Lymphe wieder dem Blutstrom einverleibt. Das Herz bildet die Pumpe für den gesamten Kreislauf der Vertebraten. Bei den Säugern besteht es aus vier Kammern (Abb. 2-18). Die kleinere rechte Seite nimmt sauerstoffarmes venöses Blut aus dem Körper in die rechte Vorkammer auf und pumpt es durch die rechte Hauptkammer in die Lungen, während die linke Vorkammer das mit Sauerstoff frisch beladene Blut aus den Lungen aufnimmt und es über die sehr muskulöse linke Hauptkammer in den Körper pumpt. Die zwei Hauptkammern ziehen sich fast synchron und mit großer Kraft zusammen, um das Blut in die Arterien zu treiben. Der Herzmuskel folgt dabei einem eigenen Erregungsprogramm, er bedarf keines Nervenreizes von außen, wobei allerdings die Pulsfrequenz durch eine Schrittmacherregion aus Muskelgewebe durch nervöse Stimuli reguliert werden kann; dadurch wird die Herztätigkeit auf die jeweiligen Bedürfnisse des Körpers abgestimmt.

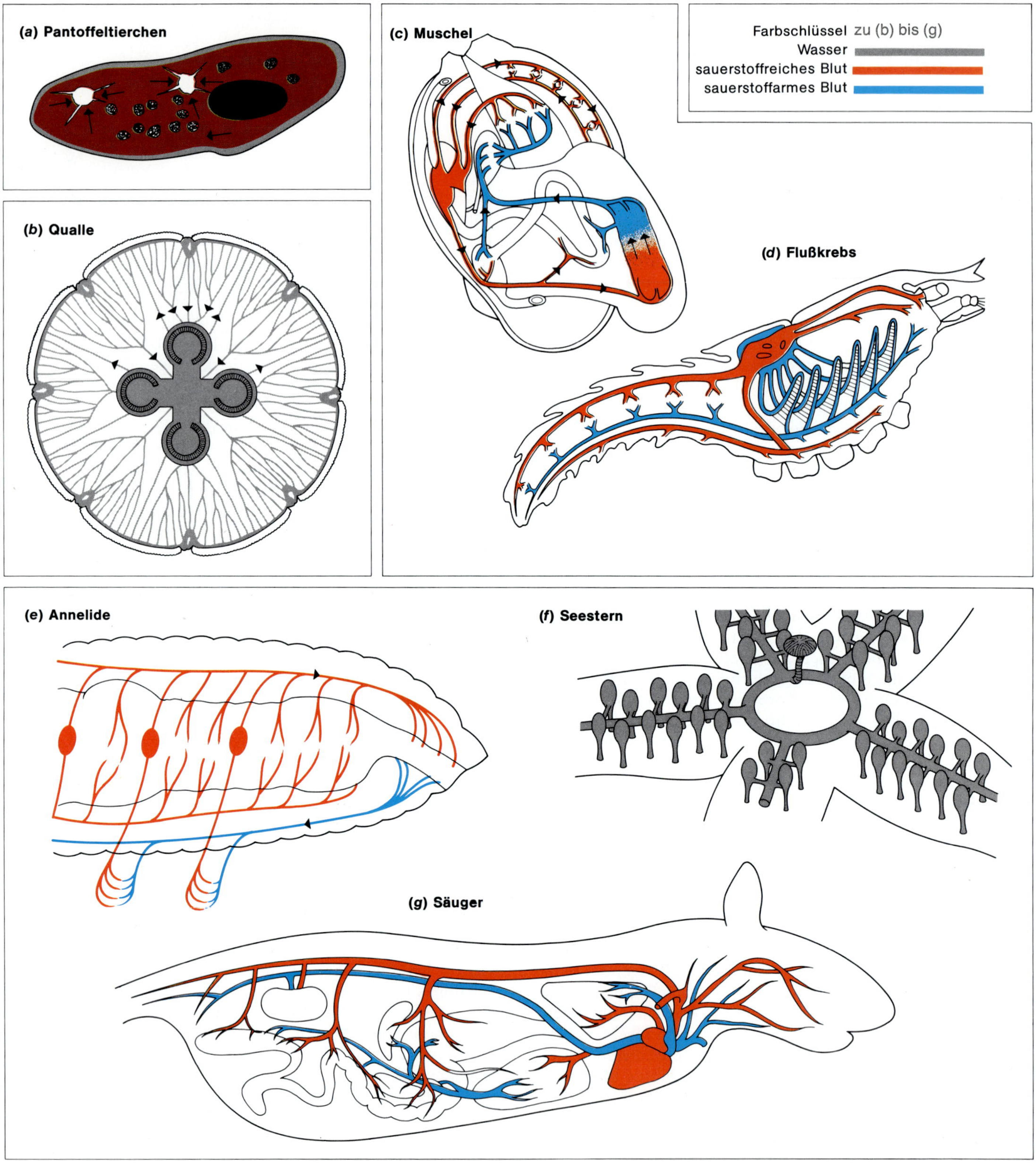

Abb. 2-17. Kreislaufsysteme haben viele verschiedene Funktionsweisen, was sich in ihren unterschiedlichen Strukturen widerspiegelt. Sie reichen von Plasmaströmung (a), Meereswasser-Kanälen (b) und Hämolymph-Systemen (c, d), wo das Blut nur teilweise in Adern verläuft („offener Blutkreislauf"), bis hin zu den geschlossenen Kreislaufsystemen der Anneliden (e), Echinodermen (f) und Wirbeltiere (g).

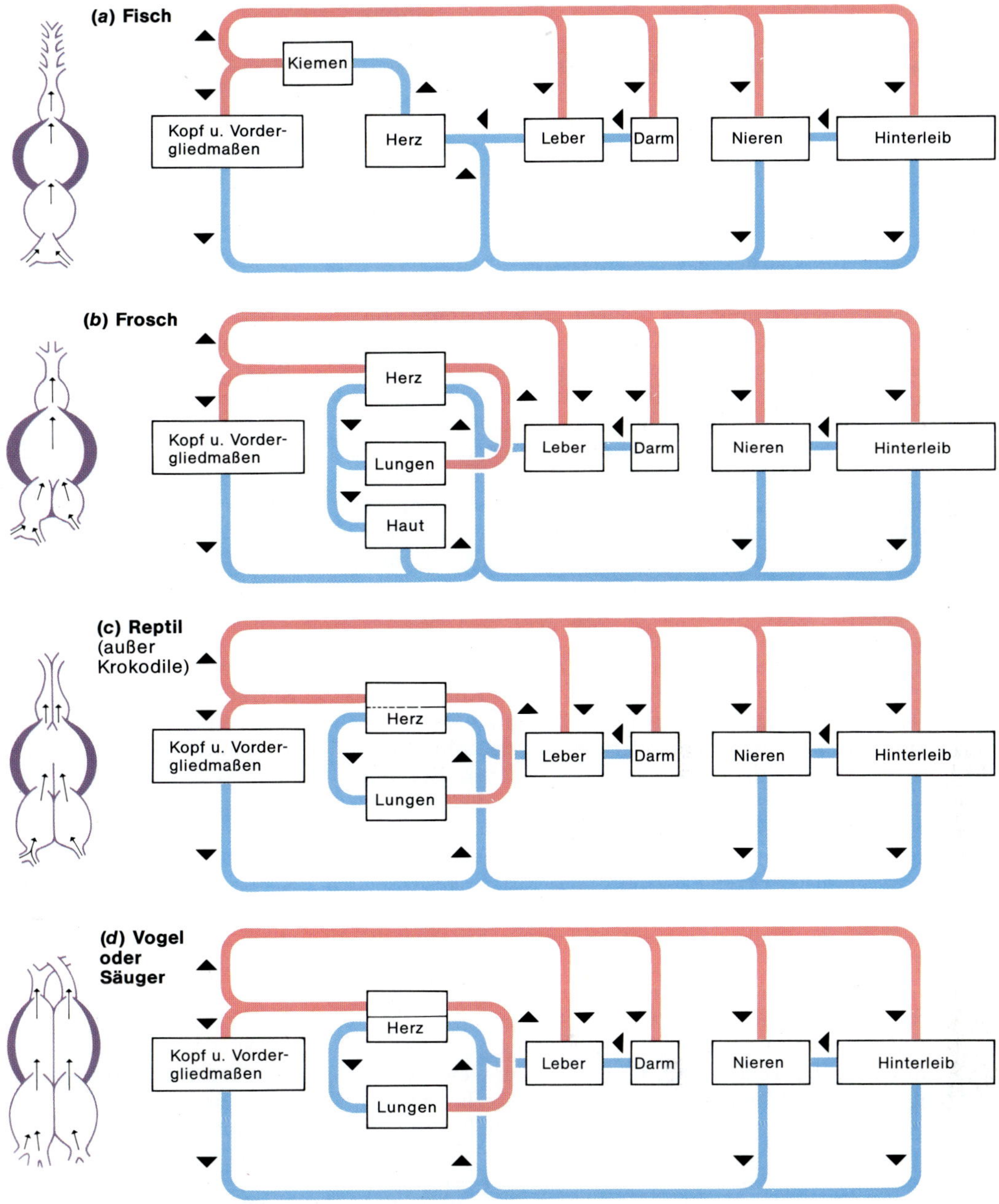

Abb. 2-18. Bau des Herzens und Anlage des Kreislaufsystems bei verschiedenen Wirbeltieren. Die meisten Fische (a) besitzen einen einfachen Blutkreislauf; bei Amphibien und Reptilien (b, c) treten Zwischenformen auf, doch nur die Vögel und Säuger (d) besitzen ein vollständig zweigeteiltes Herz und zwei Kreisläufe (großer Kreislauf = Körperkreislauf, sowie kleiner Kreislauf = Lungenkreislauf). Rot: Sauerstoffgesättigtes, arterielles Blut; blau: Sauerstoffarmes, venöses Blut.

Die wichtigste Komponente des Kreislaufsystems ist natürlich das Blut selbst. Es besteht zum größten Teil aus Wasser (ein leichtflüssiges Medium mit guten Lösungseigenschaften), enthält aber auch Mineralstoffe, Nährstoffe, Metaboliten, Hormone und Proteine mit Transportfunktionen. Bei den meisten Tieren, und jedenfalls bei allen Vertebraten, werden auch gelöste Gase transportiert, und vielfach gibt es dazu eigene Blutfarbstoffe, die Gasmoleküle binden und transportieren können. In diesen Fällen muß die Zusammensetzung des Blutes gut reguliert sein, sowohl der pH-Wert wie die Ionen- und Nährstoffkonzentrationen müssen konstant gehalten werden, weil die Wirkungsweise der Blutfarbstoffe davon empfindlich beeinflußt wird. Bei anderen Tieren kommt allerdings dem Blut die Funktion des Gastransportes nicht zu, und dann kann die Flüssigkeit hinsichtlich Menge, Druck und Anteil an gelösten Substanzen viel variabler sein. Dies trifft besonders für die Insekten zu, die ihren Sauerstoff über röhrenförmige Einstülpungen der Körperoberfläche, die Tracheen, beziehen; für diese kleinen Landlebewesen ist ein anpassungsfähiges offenes Kreislaufsystem besonders geeignet.

Die zirkulierenden Körperflüssigkeiten fast aller Tiere enthalten neben den gelösten Stoffen auch Zellen. Bei Wirbeltieren findet sich der Blutfarbstoff in den roten Blutkörperchen. Weiße Blutzellen (Leukocyten) werden bei fast allen Gruppen (einschließlich der Wirbeltiere) gefunden. Sie bilden ein Abwehrsystem des Organismus gegen eingedrungene Parasiten, Krankheitserreger und Giftstoffe und spielen auch bei der Wundheilung eine wichtige Rolle.

Atmung

Unter dem Begriff „Atmung" ist sowohl die zelluläre Oxidation organischer Stoffe zur Energiegewinnung (s. Kap. 1.3) als auch die Aufnahme und Abgabe von Gasen sowie ihre Verteilung im Körper zu verstehen. Hier soll nur auf den zweiten Aspekt eingegangen werden. Er schließt die Aufnahme von Sauerstoff und die Abgabe von Kohlendioxid ein, von Gasen also, die für den Zellstoffwechsel benötigt werden oder bei ihm als Abfall entstehen. Gase diffundieren durch Flüssigkeiten nicht schnell genug, um jede atmende Zelle zu erreichen, es sei denn, es besteht ein intimer Kontakt zwischen Medium und Zellmembran. Daher benötigen jene Tiere, die größer als einige Millimeter sind, ein besonderes Verteilungssystem für Gase in ihrem Körper, und sie verfügen auch in der Regel über spezielle Vergrößerungen ihrer Oberfläche zur Erleichterung des Gasaustausches mit ihrer Umwelt.

Sehr kleine Invertebraten können genügend Sauerstoff über ihre Körperoberfläche bekommen. Dies trifft für die Coelenteraten und Schwämme sowie für verschiedene Stämme der Würmer zu, wo die Flüssigkeiten der Körperhöhlen an der Verteilung der Gase mitwirken. Unmittelbare Diffusion genügt auch bei den Echinodermen, deren Röhrenfüßchen allerdings ebenfalls an der Atmung teilhaben. Bei den Anneliden können zwar ebenfalls Gase durch die äußeren Schichten (Cuticula und Epidermis) hindurch ausgetauscht werden, aber diese Gliederwürmer sind mit Blutgefäßen ausgestattet und transportieren Gase im Blut gelöst. Viele Anneliden, wie z. B. der Borstenwurm *Nereis,* besitzen mit Gefäßen versorgte Kiemen an jedem Segment, und viele röhrenbewohnende Formen haben einen Fächer von Kiemenfäden am Vorderende der Röhre. Wirkungsvolle Atmung erfordert große, feuchte Oberflächen, die außen von sauerstoffhaltiger Flüssigkeit umspült und innen mit Blutgefäßen gut versorgt sind. Dies kann entweder durch feinunterteilte Gewebeausstülpungen aus dem Körper oder durch gegliederte Taschen im Körper erreicht werden. Allgemein wird die erste Lösung als Kieme, die zweite als Lunge bezeichnet (Abb. 2-19 und 2-20). Kiemen eignen sich besonders für Wassertiere, da der Auftrieb im Medium sie trägt, und das an Sauerstoff verarmte Blut kann mit sauerstoffreichem Wasser ein Gegenstromsystem ausbilden, das maximale Austauschraten sicherstellt. Für Landtiere sind Lungen die bessere Lösung, weil Kiemen ohne Skelett-Aussteifung kollabieren würden und weil die eigentlichen Austauschflächen innerhalb des Körpers leichter feucht gehalten werden können; schließlich können Wasserverluste für Landtiere leicht zu einem ernsten Problem werden. Ein Liter Wasser enthält natürlich weniger Sauerstoff als ein Liter Luft, und Gase diffundieren in Lösung langsamer als in Luft; um Stau und Sauerstoff-Mangel zu vermeiden, braucht daher Atmung im Wasser Vorkehrungen für kräftige Strömung an den austauschenden Oberflächen, was an ausgestülpten Kiemen leichter als an Lungen erreicht werden kann. So entscheidet also der Lebensraum über die Form des Atmungsapparates.

Bei Mollusken gibt es eine bemerkenswerte Vielfalt von Atmungsorganen. Im Meer lebende Formen – die meisten Muscheln und viele Schnecken – verfügen über ein Paar oder mehrere Paare von Kiemen, die aus feinen Fäden bestehen, die ihrerseits mit Cilien besetzt sind und oft eine große strukturelle Komplexität aufweisen. Manche Formen benutzen diese Kiemen zugleich als Filter zur Nahrungsgewinnung. Kopffüßler – sie leben samt und sonders im Meer – besitzen ebenfalls gepaarte Kiemen, die mittels Kiemenherzen mit Blut versorgt werden. Landlebende Mollusken – viele Schnecken und Nacktschnecken – haben ihre Kiemen verloren und atmen statt dessen über die Oberflächen stark durchbluteter innerer Höhlungen (Lungen), die sich nach außen über ein sogenanntes Pneumostom öffnen. Einige Süßwasserschnecken, die vermutlich vom Land- zum Wasserleben zurückgekehrt sind, besitzen dieselben Atmungsorgane wie Landschnecken.

Bei Arthropoden ist die Atmung ebenfalls weitgehend vom Lebensraum bestimmt. Fast alle marinen Formen (unter Einschluß der Meereskrebse und des Schwertschwanzes *Limulus)* weisen federförmige Kiemen auf, die von einem hauchdünnen, durchlässigen Exoskelett überzogen sind und gewöhnlich segmentweise über den Beinen liegen; bei manchen größeren Krebsen und Asseln sind die Kiemen in einer Falte der Cuticula verborgen und äußerlich kaum sichtbar (Abb. 2-19). Von den landbewohnenden Arthropoden haben die meisten Spinnentiere innere, vielblättrige Strukturen, die Blätterlungen; die Hundert- und Tausendfüßler sowie die Insekten verfügen über ein System innerer Tracheen, die zwar unter die Definition von Lungen fallen, aber viel besser als eigene Klasse von Atmungsorganen aufgefaßt werden sollten. Tracheen sind von einer Cuticula ausgekleidete Röhren, die sich von segmentweise angeordneten Poren oder Spirakeln (gewöhnlich verschließbar) nach innen hin verzweigen und schließlich ein feines Netzwerk von Tracheolen bilden, die alle Gewebe durchziehen und die Zellen umspannen. Zur Vergrößerung des Speichervolumens, zur Isolierung und Gewichtsverringerung können noch zusammendrückbare Luftsäcke vorhanden sein, die auch eine aktive Durchströmung des gesamten Systems durch Pumptätigkeit der Hinterleibmuskeln gestatten. Dieser Atmungsapparat scheint besonders zweckmäßig für kleine, aktive Landtiere und liefert genügend Sauerstoff für die Flugmuskeln der Insekten, die das stoffwechselaktivste Gewebe überhaupt darstellen. Tracheen erlauben aber auch eine Rückkehr ins Wasser; viele wasserlebende Insektenlarven besitzen zusätzliche Kiemen, die aus dem Hinterleib abstehen und mit dem luftgefüllten Netzwerk der Tracheen zusammenhängen.

Bei größeren Landtieren wäre allerdings ein Tracheensystem unzweckmäßig, und bei den Wirbeltieren kommt es in Zusammenhang mit der Verlagerung des Habitats vom Wasser auf das Land zu einem graduellen Verlust der Kiemen und zur Entwicklung von Lungen. Man nimmt an, daß sich die Wirbeltierlunge aus einem Vorläufer der Schwimmblase, wie sie sich bei den heutigen Fischen findet, entwickelt hat. Die meisten Fische besitzen typische Kiemen, die unmittelbar dem Wasser ausgesetzt und mit komplexen Kiemenarterien ausgestattet sind. Bei manchen Formen bildet jedoch eine sackartige Ausstülpung des Darmes eine Schwebeeinrichtung, die bei höheren Wirbeltieren dann durch paarige unterteilte Säcke ersetzt wird, die mit Blutgefäßen gut versorgt sind. Bei den Amphibien sind diese Lungen noch einfach gebaut, weil diese Tiere noch weitgehend durch die Haut atmen und weder

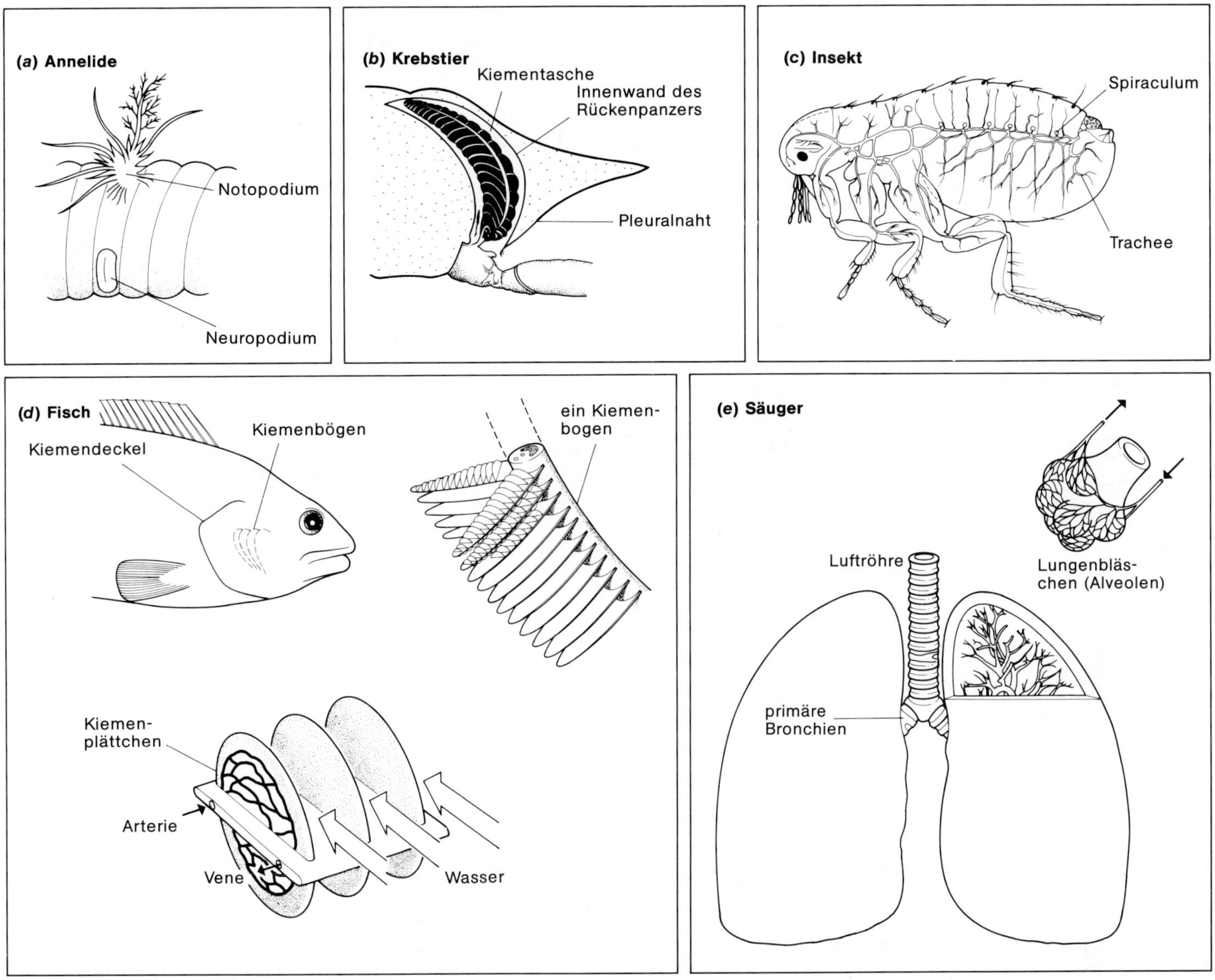

Abb. 2-19. Atmungsmechanismen. Wasserbewohnende Wirbellose und Fische (a, b, d) sind mit Kiemen ausgestattet, die dem durchströmenden Wasser große Oberflächen bieten, während bei Landbewohnern Luft entweder über Tracheen in den Körper eintritt (c), oder in Lungen eingesaugt wird (e).

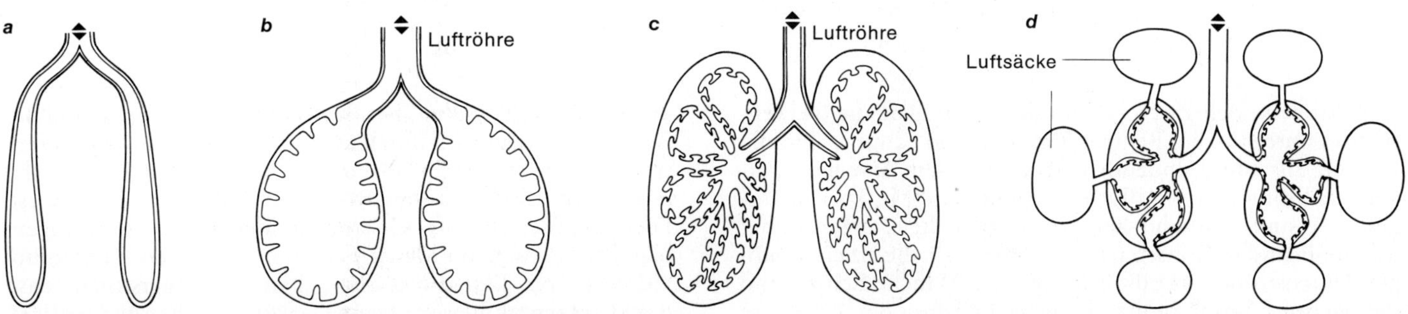

Abb. 2-20. Zunehmende Komplexität der Lungenstruktur bei Landwirbeltieren (schematisch). Alle Systeme zeigen eine periodische Umkehr der Luftströmung mit Ausnahme der Vogellungen (d), bei denen eine ständige Durchströmung aufrecht erhalten wird durch Vermittlung der Luftsäcke, die wie Blasebälge funktionieren.

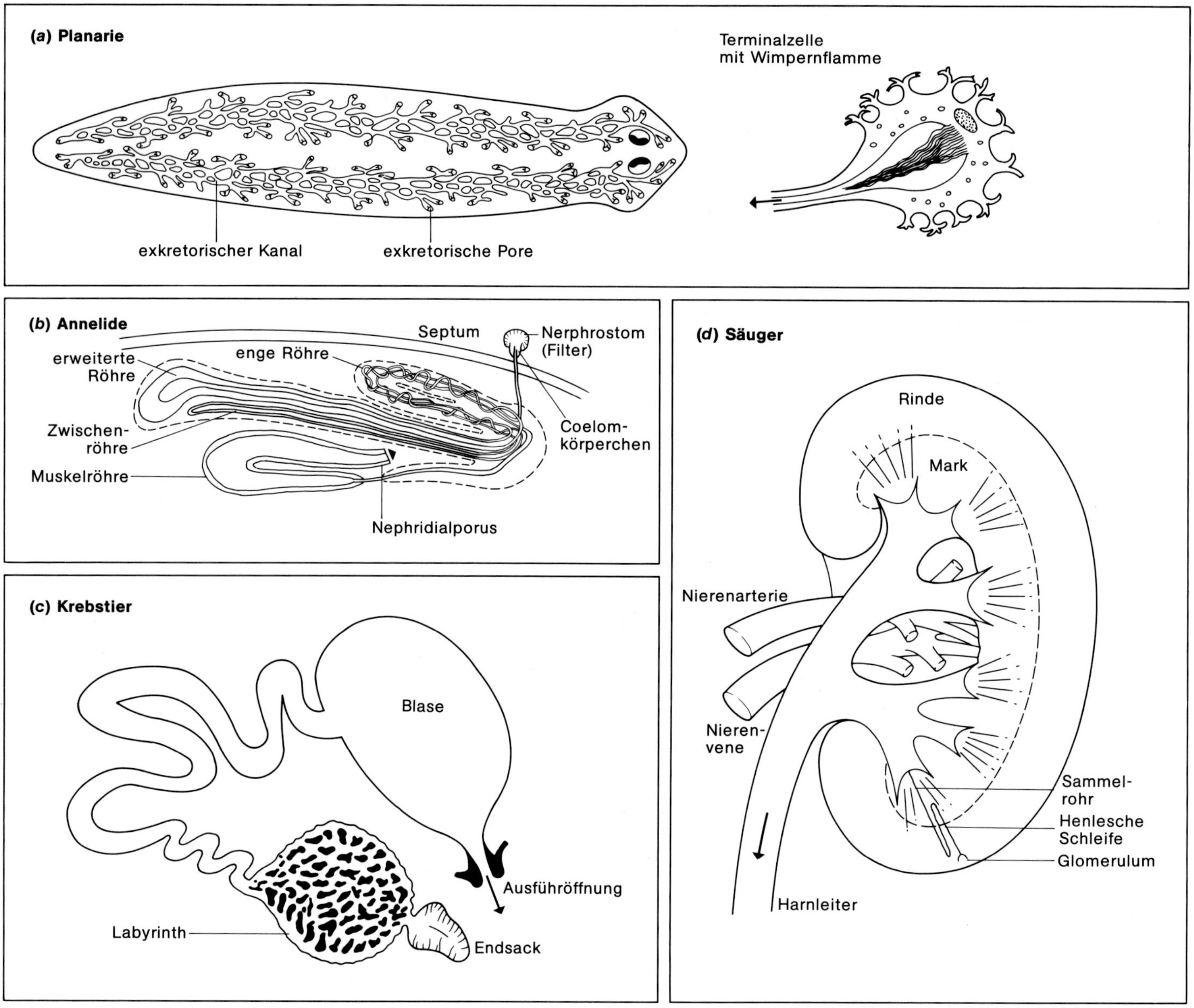

Abb. 2-21. Exkretionssysteme bei Tieren. Kleine Organismen ohne Körperhöhlen besitzen zahlreiche Reusengeißelzellen mit „Wimpernflamme" (a). Die meisten größeren Tiere sind mit wenigen Organen ausgestattet – zwei pro Segment bei den Anneliden (b) oder ein Paar für den gesamten Körper (c, d). Länge und Komplexität der Nierentubuli sind bei den hier gezeigten Süßwasser- und Landformen stets größer als bei meeresbewohnenden Verwandten.

über Rippen noch Zwerchfellmuskeln verfügen, die die Ventilation unterstützen. Bei den Reptilien und Säugern sind die Lungen aus blind endenden Säckchen, den Alveolen, aufgebaut, die intensiv mit Blut versorgt und mit Muskulatur ausgestattet sind, während bei den Vögeln die Lungen feiner unterteilt sind in Röhren („Lungenpfeifen"), die einen ständigen Durchstrom von Luft ermöglichen. Manche Echsen und die meisten Vögel besitzen Luftsäcke, die wie Blasebälge wirken und einen besseren Gasaustausch in den Lungen bei jedem Atemzug ermöglichen.

Die Säugerlunge liegt als sehr großes und kompliziertes Organ im Brustkasten. Luft wird angesaugt und ausgepreßt durch Nase und Mund über Bewegungen der Rippen und des Zwerchfells. Blut wird durch den Lungenkreislauf angeliefert, und jede Alveole steht in intimem Kontakt mit Blutkapillaren, so daß die Diffusionsstrecke der Atemgase nur kurz ist. Die gesamte, feuchte Oberfläche der Alveolen (Lungenbläschen) kann beim Menschen 100 m^2 erreichen. Kohlendioxid wird vom Blut direkt abgegeben und Sauerstoff ebenso direkt aufgenommen, weil beide Gase von hohen zu niedrigen Konzentrationen diffundieren, was einen sehr wirkungsvollen Gasaustausch gewährleistet. Die Lungen der höheren Wirbeltiere sind zudem sehr anpassungsfähig, sie ermöglichen Vögeln den Flug in 10 000 m Höhe und den Meeressäugern ein Tauchen bis fast 1200 m Tiefe.

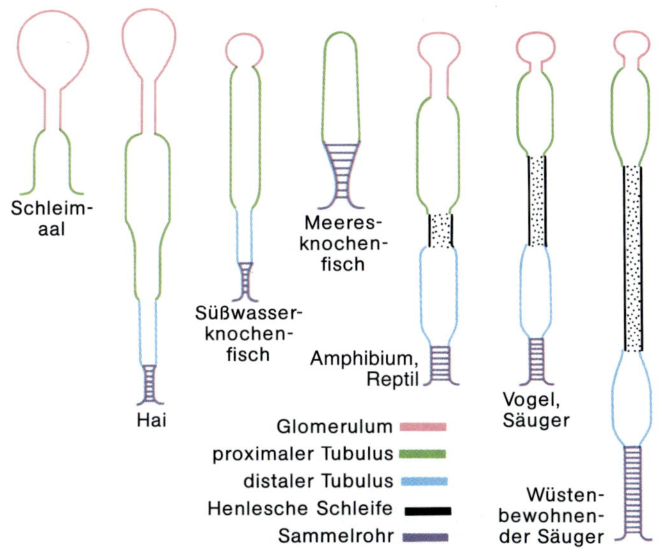

Abb. 2-22. Nierentubuli bei Wirbeltieren: Der Tubulus ist um so länger, je lebensfeindlicher der Standort ist (vgl. Text).

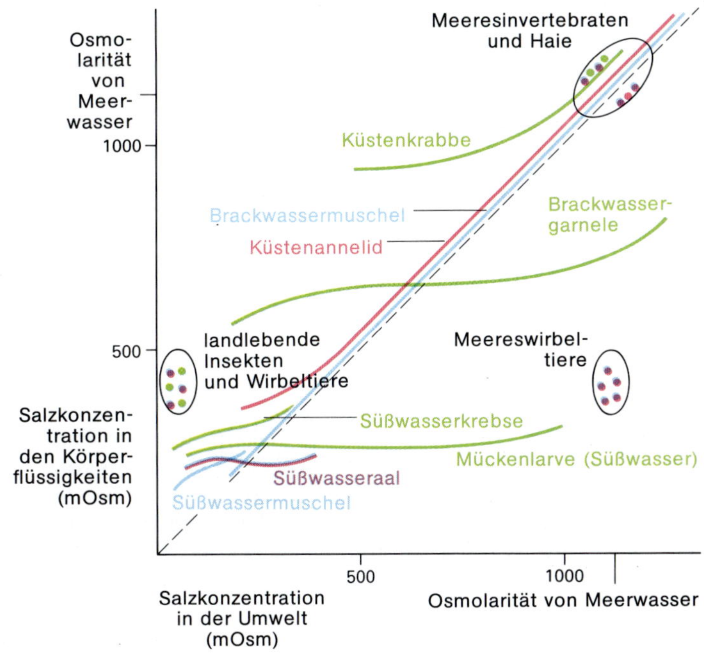

Abb. 2-23. Regulation der Zusammensetzung von Körperflüssigkeiten bei Tieren. Marine Wirbellose leben gewöhnlich im Gleichgewicht mit ihrer Umgebung, während Brack- und Süßwassertiere – in Abhängigkeit von der Ionen-Konzentration in ihrer Umwelt – verschiedene Grade von Osmoregulation zeigen: Brackwassermuscheln und Küstenanneliden vermögen ihre Körperflüssigkeiten stark zu verdünnen (osmotische Anpassung), Mückenlarven und Garnelen im Brackwasser halten dagegen ihre Körperflüssigkeiten einigermaßen konstant. Meereswirbeltiere entwickelten sich wahrscheinlich aus Süßwasserbewohnern und haben Osmoregulation und niedrige Konzentrationen im Blut beibehalten. Ähnliche Konzentrationsbereiche blieben auch bei jenen Gruppen erhalten, aus denen Landbewohner hervorgingen.

Atmung bedeutet aber auch die Verteilung des aufgenommenen Sauerstoffs an die verschiedenen Gewebe des Körpers. Bei Kleintieren löst er sich einfach im Blut, und bei den Insekten gelangt er über die Tracheen direkt zu den Gewebezellen, so daß sich ein weiterer Massentransport erübrigt. Bei Lebewesen von der Größe des Menschen werden jedoch von den Zellen etwa 250 ml Sauerstoff pro Minute verbraucht, und 180 l Blut müßten in der Minute durch das Herz gepumpt werden, wenn der Sauerstoff einfach im Blut gelöst wäre. In Wirklichkeit durchströmen aber nur etwa 5 l Blut in der Minute unser Herz, weil das Hämoglobin der roten Blutkörperchen einen viel intensiveren Gastransport ermöglicht. Dieser Blutfarbstoff befördert sowohl Sauerstoff als auch Kohlendioxid; 100 ml Blut mit Hämoglobin können 20 ml Sauerstoff und ca. 50 ml Kohlendioxid transportieren, wogegen die Blutflüssigkeit allein nur 0,25 ml Sauerstoff und 2,7 ml Kohlendioxid befördern würde. Der Sauerstoff wird reversibel an das Eisenatom im Zentrum des Hämoglobin-Moleküls gebunden; dadurch ist auch das arterielle Blut heller rot als das venöse, dessen Hämoglobin seinen Sauerstoff wieder abgegeben hat. Das Gas wird an jedes Gewebe abgegeben, das Mangel daran hat, und an seiner Stelle wird Kohlendioxid (CO_2) aufgenommen, meist in Form des Bicarbonat-Ions (HCO_3^-).

Tab. 2-2. Atmungspigmente bei Tieren.

Pigment	Art und relative Molekularmasse	Vorkommen	
Hämoglobin	Eisen-Porphyrin Protein Komplex, 17 000–3 000 000 (68 000 bei den meisten Wirbeltieren)	meiste Wirbeltiere, einige Polychäten, wenige Stachelhäuter, Plattwürmer, Insekten, Protozoen gelegentlich sogar in Pflanzen	in Zellen oder gelöst
Chlorocruorin	Eisen-Porphyrin Protein Komplex 2 500 000–3 000 000	einige Polychäten	stets in Lösung
Hämerythrin	eisenhaltiges Protein 60 000–150 000	Sipunculiden, Priapuliden, Brachiopoden	stets in Zellen
Hämocyanin	kupferhaltiges Protein 300 000–9 000 000	viele Mollusken, einige Krebstiere	stets in Lösung

Hämoglobin ist nur einer der Blutfarbstoffe von Tieren – allerdings der verbreiteste (Tab. 2-2). Bei kleinen Invertebraten ist er im Blut gelöst und nicht in Zellen konzentriert. Größere Formen benötigen jedoch höhere Hämoglobin-Konzentrationen, wodurch das Blut zu viskös werden würde. Bei ihnen wird daher das Hämoglobin in hoher Konzentration in die roten Blutkörperchen verpackt und dadurch auch das potentiell giftige Eisen „unter Verschluß genommen". Andere Blutfarbstoffe enthalten andere Metalle, mit denen sich Sauerstoff verbinden kann, sie sind dann auch anders gefärbt. Die blaue Farbe des Blutes vieler Mollusken geht gewöhnlich auf den Farbstoff Hämocyanin zurück, und die Ausstattung mit diesem weniger wirkungsvollen Blutfarbstoff ist möglicherweise die Ursache dafür, daß die Tintenfische – in mancher Hinsicht die fortschrittlichsten Wirbellosen – auf einen einzigen Lebensraum beschränkt geblieben sind.

Körperflüssigkeiten: Wasser, Salze und Exkretion

Die Steuerung des Wassergehaltes im Körper ist für die meisten Tiere ein grundlegendes Lebenserfordernis. Bei meeresbewohnenden Wirbellosen ist die Gesamtkonzentration des Zellinhaltes ähnlich jener des Meereswassers, so daß nur minimale osmotische Unterschiede bestehen und dementsprechend kaum Wasser verschoben wird. Die meisten übrigen Tiere müssen jedoch ihren Wassergehalt mehr oder weniger regulieren. Marine Wirbeltiere weisen fast stets geringere Konzentrationen als das umgebende Meerwasser auf, was vielleicht auf eine stammesgeschichtliche Entstehung im Süßwasser hindeutet, und müssen daher Mechanismen zur Vermeidung von Wasserverlusten entwickeln. Rezente Süßwasser-Organismen sind mit dem umgekehrten Problem konfrontiert, bei ihnen strömt ständig Wasser ein, das sie wieder ausscheiden müssen, um Schwellung und Platzen zu verhindern. Andererseits müssen Landtiere wiederum Verluste an Wasser und gelösten Stoffen zu vermeiden suchen, und obwohl Haut und Cuticula dabei gute Dienste leisten, muß doch meistens auch eine osmotische Regulation durch jene Organe, die allgemein als Exkretionsorgane bezeichnet werden, stattfinden.

Während im Meerwasser Natrium als wichtigstes Kation (positiv geladenes Ion) auftritt, überwiegt in den Zellen das Kalium-Ion; sowohl Magnesium-Ionen als auch Sulfat-Ionen sind innerhalb der Zellen weniger konzentriert als im Meer. Daher müssen alle Zellen – auch die von Meerestieren – einige Energie zur Steuerung des Ionenmilieus aufwenden. Bei Vielzellern kann dieser Energieaufwand durch Etablierung einer „inneren Umwelt" in Form des Blutes vermindert werden. Die Aufgabe, die Ionenkonzentrationen in den Zellen zu regulieren, wird dabei auf wenige spezialisierte Bereiche übertragen, und die Steuerung des Ionenmilieus wird zur zweiten Hauptaufgabe der Exkretionsorgane.

Die dritte und bekannteste Funktion der Exkretionsorgane besteht in der Beseitigung stickstoffhaltiger Abfallstoffe. Solche Stoffwechsel-Abfälle stammen aus der bei Vielzellern ständig ablaufenden Zellregeneration, aber den größten Anteil liefern Verdauungsprozesse. Alle mit der Nahrung aufgenommenen Proteine werden zu Aminosäuren abgebaut, die nach Abspaltung der Aminogruppe in Form von Ammoniak in den Stoffwechsel eingespeist werden. Ammoniak ist sehr giftig und darf sich auf keinen Fall im Organismus anreichern. Es ist ein kleines, sehr gut wasserlösliches Molekül, so daß es bei vielen kleinen Wassertieren einfach durch Haut oder Kiemen abdiffundieren kann. In diesen Fällen sind die Exkretionsorgane nur minimal an der Beseitigung stickstoffhaltiger Abfälle beteiligt. Landbewohner verfügen aber nicht über genügend Wasser, um Ammoniak auf ähnliche Weise auszuscheiden. Bei vielen Landtieren wird daher Ammoniak mit dem ebenfalls unerwünschten Kohlendioxid zu Harnstoff vereinigt. Diese Verbindung ist nur schwach giftig und gut genug löslich, so daß nur wenig Wasser für seine Ausscheidung benötigt wird. Harnstoff ist das hauptsächliche Ausscheidungsprodukt großer Landtiere wie der Säuger. Von kleineren Tieren kann aber nicht einmal eine begrenzte Wasserabgabe ertragen werden, und so tritt bei Vögeln, Reptilien und Insekten Harnsäure an die Stelle von Harnstoff. Harnsäure ist ungiftig, aber sehr schlecht löslich. Wenn Wasser entfernt wird, fällt sie als Kristallmasse aus; so kann sehr wasserarmer Harn erzeugt werden. Exkrete können sogar im Körper zurückgehalten werden: Einige Insekten bauen Salze der Harnsäure in ihre Cuticula ein, und viele Vögel lassen beim Schlüpfen eine Ablagerung von Harnsäure in den Eischalen zurück. So hängen also die Funktionen der Exkretionsorgane sowie die Art des Exkrets vom Lebensraum und der Größe des betreffenden Tieres ab.

Die kleinsten Meerestiere – Einzeller wie Vielzeller – benötigen keine besonderen Exkretionsorgane, bei ihnen besorgt jede Zelle selbst die Ionenregulation. Kleine Süßwassertiere müssen jedoch ständig Wasser abscheiden. Bei Einzellern und Schwämmen gibt es dafür ein Organell, die kontraktile Vacuole. Sie füllt sich mit Flüssigkeit aus dem umgebenden Cytoplasma, ihr Inhalt wird durch aktive Herausnahme von Ionen verdünnt und in periodischen Intervallen ausgespritzt. Einige Süßwasserformen der Coelenteraten besitzen allerdings keine solche Vacuole; ihre Osmoregulation ist nach wie vor ein Rätsel.

Im übrigen Tierreich gibt es zwei Haupttypen von Exkretionsorganen, wobei die Klassifizierung im Einzelfall nicht immer leicht zu treffen ist. Ein Typ ist als Nephridium bekannt (Abb. 2-21); es bildet sich als Einfaltung des Ektoderms und besitzt einen interzellulären Gang, der mit Cilien ausgekleidet ist. In der einfachsten Form – den Protonephridien der Plattwürmer, Rädertiere und Schnurwürmer – handelt es sich um blind endende Röhren. Flüssigkeit wird durch Reusengeißelzellen als Filtrat vom Körper angesaugt und dann durch den Ausführungsgang von schlagenden Cilien hinausgedrückt. Bei anderen Tieren ist die Röhre offen und erhält durch einen mit Cilien versehenen Wimperntrichter Verbindung zur Körperhöhle. Die enge Beziehung zu Blutgefäßen führt zu einem Ausfiltern der Körperflüssigkeit. Solches wird bei manchen Anneliden und bei Larven von Invertebraten gefunden. Der zweite Haupttyp von Exkretionsorganen, als Coelomoduct bekannt (Abb. 2-21), wächst aus dem Mesoderm, das die Körperhöhle auskleidet, nach außen und besitzt einen interzellulären Ausführgang. Oft dient dieser zugleich als Ausführgang für Gameten. Dieser Organtyp kommt bei den höheren Invertebraten vor, insbesondere bei Mollusken und Krebstieren, sowie bei den Wirbeltieren – dort als Niere. Gliederwürmer können als Übergangsgruppe angesehen werden, da einige einen echten Coelomoduct besitzen und andere eine Zwischenform, die sich aus Nephridien und Coelomoducten zusammensetzt.

Die Exkretionsorgane der meisten Plattwürmer, Anneliden und Krebse sind vor allem mit der Regelung des Wasserhaushaltes befaßt. Daher besitzen Süßwasser-Plattwürmer mehr Reusengeißelzellen als ihre im Brack- oder Salzwasser lebenden Verwandten, die oft überhaupt keine haben, und Süßwasserkrebse sind mit viel längeren Ausführungsgängen der Exkretionsorgane („grüne Drüsen") ausgestattet als Meeresgarnelen und Hummer. Die Tendenz zur Vermehrung oder Verlängerung der Exkretionsorgane bei abnehmendem Salzgehalt des Mediums dient allgemein der Oberflächenvergrößerung für die Regulierung des Ionenhaushalts. Die in die Organe einströmende Flüssigkeit (Primärharn genannt) ist ursprünglich einfach ein Filtrat der Körperflüssigkeit. Im Organ selbst können während der Ableitung durch den Ausführungsgang Ionen rückresorbiert oder in den Harn sezerniert werden, und je länger der Kanal ist, desto größer können die bewirkten Konzentrationsveränderungen sein.

Dasselbe Prinzip ist in der Niere der Wirbeltiere wirksam. Sie besteht aus zahlreichen Röhren (Nephrone), von denen jede als separate Filtereinheit wirkt; sie sind zusammengesetzt aus einem Glomerulum, das ein Ultrafiltrat des Blutes herstellt, und einem Tubulus, in dem die Konzentration dieses Filtrats entsprechend verändert wird. Der dem Glomerulum nähere „proximale" Tubulusabschnitt resorbiert Salze und einige gelöste organische Stoffe aus dem Primärharn, während im „distalen" Tubulusteil weitere Ionen und auch Wasser rückresorbiert werden, was auch noch im Sammelrohr am Ende geschieht. Länge und Komplexität dieser Tubuli hängen vom Ausmaß der osmotischen Probleme ab, die ein Tier bewältigen muß (Abb. 2-22). Beim Schleimaal *(Myxine)* weist das Blut praktisch die Konzentration von Meerwasser auf; da hier keine Regulation der Wasserabgabe erforderlich ist, sind die Nephrone kurz. Andere Fische haben dagegen verdünntes Blut, die Ionenkonzentration erreicht nur etwa 30 % des Wertes von Meerwasser. Im Meer lebende Arten müssen Osmoregulation betreiben, um Wasser zurückzuhalten, im Süßwasser lebende Arten, um Ionen zurückzuhalten und Wasser abzuscheiden. Bei marinen Knorpelfischen (Rochen, Haie) wird das Ionendefizit des Blutes durch organische Verbindungen – insbesondere Harnstoff – ausgeglichen, die Nierentubuli bleiben vergleichsweise einfach. Marine Knochenfische häufen dagegen keinen Harnstoff an und müssen das Wasser, das sie an ihre Umgebung verlieren, zurückgewinnen; sie nehmen Meerwasser auf, haben aber das dabei im Überschuß aufgenommene Natriumchlorid wieder auszuscheiden. Dies geschieht durch aktive Sekretion über die Kiemen, da die Nieren der Knochenfische nicht für die Konzentrierung von Salzlösungen eingerichtet sind. Im Süßwasser nehmen Knochenfische ständig Wasser auf und korrigieren das sowohl durch Abscheidung von stark verdünntem Harn als auch durch aktive Ionenaufnahme durch die Kiemen.

Das Problem der übrigen Vertebraten besteht vor allem in der Zurückhaltung von Wasser (wenn auch Amphibienlarven einen verdünnten Harn abgeben und wie die Fische Salze durch Haut oder Kiemen aufnehmen). Bei ausgewachsenen Amphibien sowie bei Reptilien, Vögeln und Säugern wird die Funktion der Niere als Exkretions- und Regulationsorgan immer wichtiger, und zwischen den proximalen und distalen Teilen der Nierentubuli tritt eine zusätzliche Zone auf. Sie ist bei den meisten Reptilien kurz (bei diesen Tieren entspricht die Konzentration des Harnes jener des Blutes), aber bei Vögeln und Säugern trockener Lebensräume bildet sie eine lange Haarnadelschleife (Henlesche Schleife). Sie dient dazu, den Harn einzudicken (bis zu 25fach höhere Konzentration als die des Blutes kann erreicht werden). Bei den Echsen und einigen Vögeln ist der Harn vergleichsweise dünn, und die Rückgewinnung des Wassers wird von der sogenannten Kloake am Ende des Sammelrohres besorgt, in der eine Paste von Harnsäure entsteht. Meeresvögel verfügen über Salzdrüsen in der Nase, um den Salzüberschuß der Nahrung wieder loszuwerden. Insgesamt sind – wie auch bei anderen Gruppen – die Vorgänge von Exkretion und osmotischer Regulation vielfältig ausbalancierte Mechanismen, bei denen neben den eigentlichen Exkretionsorganen auch Haut, Kiemen und Darm mitspielen.

Die Insekten besitzen eine ganz andere Lösung des Wasserproblems; sie benutzen Organe, die mit Nephridien oder Coelomoducten nichts zu tun haben und eine Flüssigkeit durch Sekretion und nicht durch Ultrafiltration produzieren. Es handelt sich um die Malpighischen Gefäße, blind endende Röhren, die vom Mitteldarm ausgehen. Zusammen mit dem Enddarm vermögen sie eine trockene Paste von Uraten (Salzen der Harnsäure) zu bilden. Auch hier ist das System wieder am besten entwickelt bei Bewohnern von Trockengebieten, bei denen das Wasser nach dem Gegenstromprinzip zurückgewonnen wird. Bei Insekten wird der Wasserhaushalt auch durch die undurchlässige Cuticula unterstützt, die in manchen Fällen sogar aus dampfgesättigter Luft über einen noch kaum verstandenen Mechanismus Wasser aufzunehmen vermag.

Jedenfalls können die meisten Landbewohner die Gesamtkonzentrationen von Blut und Zellinhalten konstant halten, wogegen für die meisten Invertebraten des Meeres das Außenmedium konstant ist, so daß sie entsprechende Probleme gar nicht haben. Die Umwelt der Süß- und Brackwassertiere kann andererseits plötzlichen Veränderungen unterworfen sein (s. Kap. 7 und 9). In diesen Fällen regulieren die Tiere ihren Ionenhaushalt entweder über Kiemen oder exkreterzeugende Oberflächen unter Energieverbrauch (Osmoregulation, wie bei Landtieren), oder sie ertragen die geänderten Bedingungen (osmotische Anpassung, z. B. bei einfachen Meeres-Invertebraten), und dann muß jede Zelle mit dem osmotischen Streß selbst fertig werden (Abb. 2-23).

Ernährung und Verdauung

Alle Organismen benötigen Nährstoffe, zum einen als Stoff- und Energiequelle für die Erhaltung und Erneuerung der Gewebe, zum anderen für Arbeitsleistungen und Wachstum. Im Gegensatz zu den grünen Pflanzen können Tiere allerdings nicht ihre eigenen Nährstoffe aufbauen, sie sind auf geeignete Nahrung angewiesen. Die Ernährung schließt daher bei Tieren das Auffinden, Fangen, Fressen und Verdauen der richtigen Nahrung ein.

Die Nahrungserfordernisse sind dabei erstaunlich genau festgelegt. Alle Tiere müssen Kohlenhydrate aufnehmen, sowie Fettstoffe verschiedener Art, ferner Proteine, die genügend „essentielle" Aminosäuren (Verbindungen, die das Tier nicht selbst synthetisieren kann) enthalten, schließlich Wasser mit Mineralsalzen unter Einschluß von Spurenelementen sowie bestimmte Vitamine. Nach der Nahrungsaufnahme werden die Kohlenhydrate, Lipide und Proteine durch Verdauungsenzyme zu einfachen Zuckern, Glycerin und Fettsäuren sowie zu Aminosäuren abgebaut, die dann von den Zellen aufgenommen werden.

Nur eine begrenzte Auswahl von Nahrungsquellen kann diesen Ansprüchen genügen. Viele Tiere nehmen Nahrungs-

a

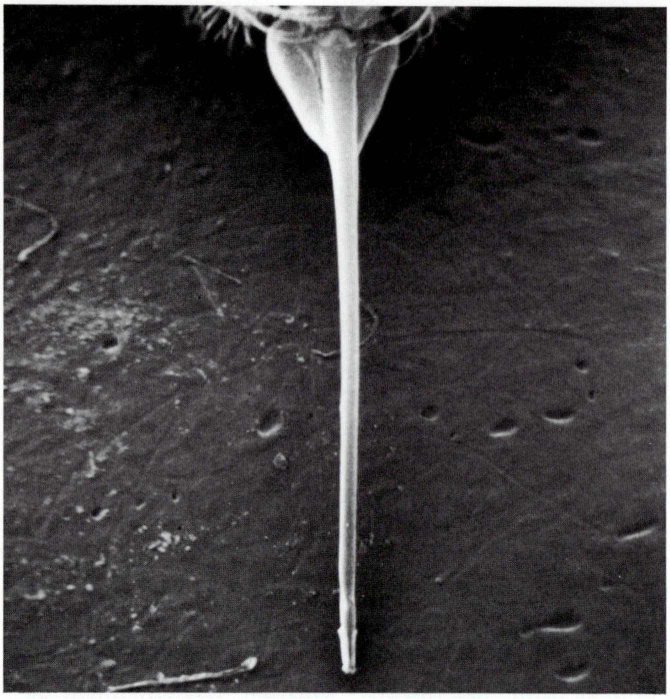

b

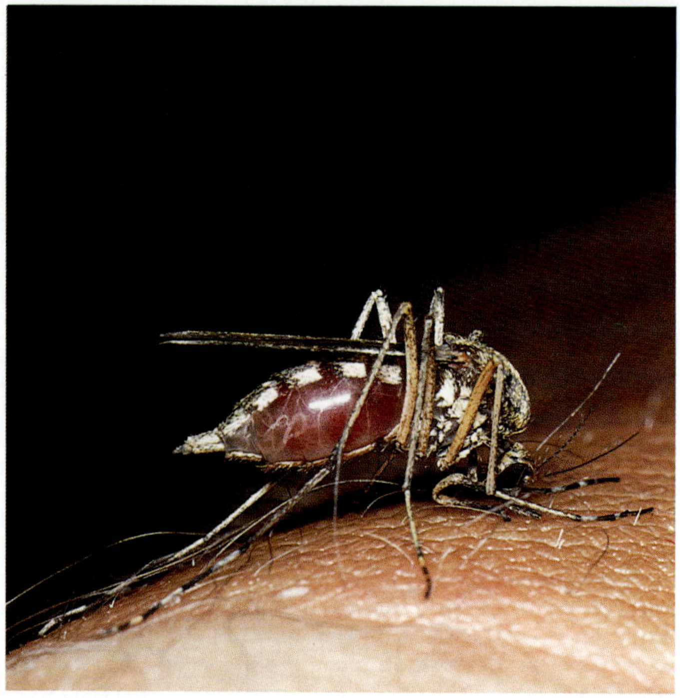

Abb. 2-24. (a) Rasterelektronenmikroskopische Aufnahme des Stechrüssels einer blutsaugenden Tsetsefliege *(Glossina).* (b) Weiblicher Moskito *(Aedes);* die Rotfärbung der Blutnahrung ist im geschwollenen Hinterleib gut erkennbar.

stücke auf, die im Verhältnis zu ihrer Körpergröße klein sind (Mikrophagie); andere leben von großen Stücken von Pflanzen oder Tieren (Makrophagie; Pflanzen- und Fleischfresser), und schließlich gibt es solche, die von Flüssigkeiten anderer Lebewesen leben. Natürlich erfordert jeder Ernährungstyp eigene Anpassungen und legt bestimmte Konstruktionsmerkmale fest.

Die meisten Wirbellosen im Wasser ernähren sich durch Mikrophagie; zum Fang der Mikroorganismen hat sich eine große Vielfalt von Filtriervorrichtungen entwickelt. Oft handelt es sich um feingegliederte, mit Cilien ausgestattete Oberflächen, an denen sich Partikel fangen, die von den Cilien herbeigestrudelt wurden. Die Kragengeißelzellen der Schwämme, die Tentakelkrone festsitzender Anneliden (Röhrenwürmer) und die Kiemen der meisten Muscheln gehören zu diesem Typ. Andere Tiere, insbesondere die Tunicaten und einige Muscheln, ernähren sich durch Filtrieren an Schleimfilmen (Abb. 6-11). Es gibt auch Tiere, die durch Skelett ausgesteifte Körperstrukturen als Filter einsetzen: Die Borstenkämme bei kleinen Krebstieren, die Reusenkiemen von Fischen wie Hering und Walhai, der Schnabel des Flamingo und die Barten der Bartenwale dienen alle der Gewinnung von im Wasser enthaltenen Nahrungspartikeln. Schließlich sind auch viele Mikroorganismen mikrophagisch, indem sie andere, kleine Organismen in Verdauungsvakuolen aufnehmen. Da bei allen Mikrophagen die Nahrung von vornherein aus kleinen Partikeln besteht, erfolgt die Verdauung häufig in den einzelnen Zellen, ohne daß Verdauungsenzyme in einen besonderen Darm abgegeben werden müssen.

Bei makrophagen Tieren dagegen liegen die Probleme ganz anders. Einige ernähren sich von Detritus (feines, durch Zersetzung von Tier- und Pflanzenresten entstehendes Material) und gewinnen aus ihm organisches Material; ein bekanntes Beispiel hierfür ist der Regenwurm. Die meisten anderen fressen entweder grüne Pflanzen oder fangen Tiere. Dabei ist die Ernährung mit grünen Pflanzen nicht so einfach, weil nur die wenigsten Tiere Cellulose-Wände verdauen können, so daß meist nur das wenige lösliche Material der Pflanzenzelle für sie verfügbar ist. Nur drei Tiergruppen waren wirklich erfolgreich bei der Verwertung von Pflanzen als ausschließliche Nahrungsquelle: die Schnecken, mit einer rauhen Radula in der Mundhöhle; einige Insektenordnungen mit scharfen Mandibeln zum Zerschneiden und Zerquetschen grünen Gewebes; schließlich bestimmte Säuger mit mahlenden Backenzähnen. Meist wird dabei das mechanische Zerreiben der Pflanzen durch chemische Attacken unterstützt, wobei die erforderlichen Cellulasen fast immer von symbiontischen Mikroorganismen im Darm geliefert werden (s. Kap. 5.4). Manche spezialisierten Pflanzenfresser, insbesondere Insekten, vermögen ihre bevorzugten Nahrungspflanzen am Geruch spezifischer Inhaltsstoffe zu erkennen.

Die Verdauungsprobleme sind geringer bei räuberischer Lebensweise. Fleischfressende Wirbeltiere fangen und fressen ihre Beute gewöhnlich ganz, und die Nesselzellen an den Fangarmen der Coelenteraten ermöglichen auch diesen Organismen eine derartige Ernährungsweise. Der Fleischfresser kann seine Beute aber auch mit Gliedmaßen oder Kiefern fangen und Stücke herausreißen, die dann verschlungen werden. Das erfordert Hartteile im Mundbereich; Zähne und die Mandibeln von Insekten sind bekannte Beispiele, doch werden Kiefern und schnabelartige Strukturen auch bei manchen Würmern (Polychaeten) und Mollusken (Tintenfische) gefunden.

Bei Makrophagen (Detritus-, Pflanzen- und Fleischfressern) ist der Darm gewöhnlich gegliedert. Das geläufige Bauschema umfaßt Mund und Rachenhöhle, eine ins Körperinnere führende Speiseröhre, einen Kropf zur Speicherung oder einen verdickten Kaumagen zur weiteren mechanischen Zerkleinerung der Nahrung, dann Magen und Gedärm für die fortschreitende enzymatische Verdauung und Resorption, schließ-

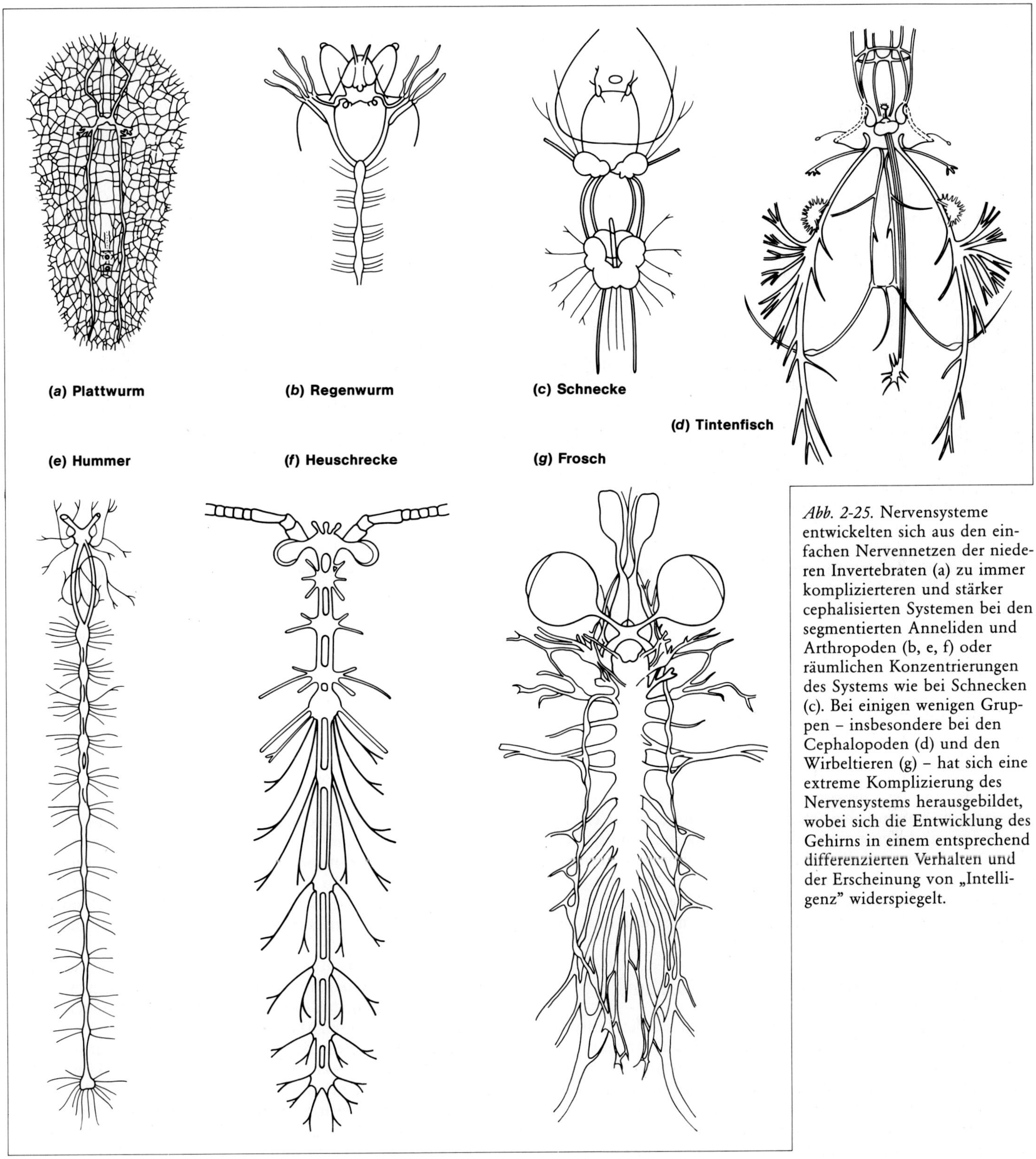

Abb. 2-25. Nervensysteme entwickelten sich aus den einfachen Nervennetzen der niederen Invertebraten (a) zu immer komplizierteren und stärker cephalisierten Systemen bei den segmentierten Anneliden und Arthropoden (b, e, f) oder räumlichen Konzentrierungen des Systems wie bei Schnecken (c). Bei einigen wenigen Gruppen – insbesondere bei den Cephalopoden (d) und den Wirbeltieren (g) – hat sich eine extreme Komplizierung des Nervensystems herausgebildet, wobei sich die Entwicklung des Gehirns in einem entsprechend differenzierten Verhalten und der Erscheinung von „Intelligenz" widerspiegelt.

lich einen Enddarm zur weiteren Aufnahme von Nährstoffen, Salzen und Wasser vor der Kotabscheidung durch den After.

Die dritte Kategorie möglicher Nahrung sind Flüssigkeiten, und tatsächlich gibt es manche Flüssigkeit von beträchtlichem Nährwert. Manchmal werden sie „freiwillig" angeboten, wie z. B. der Blütennektar für Insekten, Vögel und Fledermäuse; gewöhnlich sind aber Flüssigkeitsverwerter auch Parasiten, die wie z. B. die Pflanzenläuse aus dem Phloem oder Xylem von Pflanzen saugen, oder die, wie z. B. Stechmücken, Zecken und Blutegel (Abb. 2-24), das Blut anderer Tiere anzapfen. Dazu können raffinierte Stechrüssel und Saugpumpen ausgebildet sein, und der Körper ist oft sehr dehnbar, um die selten, dann aber in großen Mengen aufgenommene Nahrung speichern zu können. Spinnen und Seesterne sind ebenfalls Flüssigkeitsverwerter, aber sie verdauen ihre Opfer außerhalb des eigenen Körpers, was bei Spinnen durch Injektion der Enzyme über Mundwerkzeuge geschieht, bei den Seeigeln durch einen ausgestülpten Magen. In beiden Fällen wird die durch die Verdauung entstehende „Suppe" dann aufgesaugt. Auch Endoparasiten sind gewöhnlich Flüssigkeitsverwerter (s. Kap. 10.2). Bandwürmer haben z. B. ihren Verdauungstrakt ganz verloren, sie nehmen das vorverdaute Material aus dem Darm ihrer Wirte durch ihre Haut auf. Dieses Beispiel zeigt wieder sehr deutlich, wie Lebensraum und Herkunft den Bauplan von Tieren bestimmen.

Wie auch immer die Nahrung aufgenommen wird, bei den biochemischen Prozessen der Verdauung, durch welche die Nahrung überhaupt erst für die Zellen verwertbar wird, gibt es wenig Abwechslung. So finden sich die bei Wirbeltieren eingehend untersuchten Enzyme in sehr ähnlicher Form auch bei den Wirbellosen wieder. Proteine werden ganz allgemein durch Enzyme abgebaut, die dem Pepsin im Magen und dem Trypsin im Darm der Säuger verwandt sind; Fette werden durch Lipasen zerlegt, Kohlenhydrate durch Amylase und ähnliche Enzyme. Die Hauptunterschiede ergeben sich hinsichtlich des Ortes, wo diese Verdauung stattfindet. Es ist nicht einfach so, daß die intrazelluläre Verdauung der Protozoen fortentwickelt wurde bis zur extrazellulären Verdauung im Darm der Säugetiere. Vielmehr verdauen Mikrophagen – von den Schwämmen bis zu den Bartenwalen – ihre Nahrung in den Zellen und ihr Darm kann dementsprechend einfach gebaut sein. Makrophagen dagegen benötigen einen komplizierteren Verdauungstrakt, in dem es verschiedene Zonen für die Verdauung und Resorption unterschiedlicher Nahrungsformen gibt, jede mit besonderen Enzymen ausgestattet und mit Sekreten, die eine optimale Enzymwirkung sicherstellen. Extra- und intrazelluläre Verdauung schließen sich nicht gegenseitig aus, oft sorgt die extrazelluläre Verdauung im Darm nur für die Herstellung hinreichend kleiner Nahrungsbruchstücke, die dann von Zellen aufgenommen und intrazellulär weiter verdaut werden können.

Energetik, Temperatur und Homöostase

Eine der Hauptfunktionen der Ernährung ist die Beschaffung von Energie, und bei den meisten Tieren ist die Nahrungsaufnahme auf den Energiebedarf optimal abgestimmt. Während körperlicher Aktivität wird zusätzliche Nahrung aufgenommen, in Ruhe- oder Schlafperioden dagegen überhaupt keine – der dann noch ablaufende, träge Stoffwechsel wird aus Reserven gespeist. Die Stoffwechselrate (Energieaufwand pro Zeiteinheit) ist daher ein guter Indikator dafür, wie der jeweilige Organismus arbeitet. Sie wird oft über den Sauerstoff-Verbrauch bestimmt, da die Freisetzung von Nahrungsenergie über die Zwischenverbindung ATP molekularen Sauerstoff erfordert (s. Kap. 1.2). Die verschiedenen Tiere unterscheiden sich im Sauerstoff-Verbrauch stark voneinander, und auch einzelne Gewebe variieren erheblich; Muskeln, Exkretionsorgane und das Gehirn brauchen beispielsweise viel Sauerstoff. Außerdem kann die Art der Ernährung in verschiedenen Körperteilen variieren; während z. B. die meisten Gewebe von Säugern Fettsäuren verwerten können, muß das Gehirn mit Glucose versorgt werden, obwohl sich aus Glucose weniger Energie pro Mol gewinnen läßt. Stoffwechselrate und Energetik sind stark von der Körpergröße eines Tieres abhängig: kleinere Tiere verbrauchen mehr Energie pro Masseneinheit als große. Dies hängt vermutlich damit zusammen, daß so viele physiologische Vorgänge an Oberflächen gebunden sind: z. B. die Gasaufnahme, die Diffusion vom Blut ins Gewebe und die Nahrungsaufnahme im Darm. Mit der Volumenszunahme eines Tierkörpers nimmt seine relative Oberfläche ab, und viele Vorgänge verlangsamen sich.

Auch die Regulation der Körpertemperatur ist eng mit der Körpergröße verknüpft, was oft als Erklärung der Korrelation von Größe und Stoffwechselrate bei Säugern und Vögeln gegeben wurde. Da jeder Stoffwechselprozeß auch Wärme freisetzt, ist die Temperaturregulation mit der Energetik eng gekoppelt. Vögel, Säuger und einige andere Landbewohner, wie z. B. besonders große Insekten, sind homöotherm (warmblütig), sie können in ihren Körpern größere Wärmemengen erzeugen, die dann durch isolierende Schichten (Federn, Haarkleid) zurückgehalten werden, so daß eine ungefähr konstante Körpertemperatur resultiert. Diese sinkt nur in Zeiten umweltbedingter Ruheperioden wie dem Winterschlaf. Bei kleineren Tieren ist das wärmeerzeugende Volumen aber zu gering, die Wärme entweicht durch die relativ große Oberfläche in die Umwelt. Solche Tiere sind normalerweise wechselwarm (poikilotherm), sie erhalten ihre Körperwärme gewöhnlich von außen und können das durch besondere Verhaltensweisen (z. B. Sonnenbaden) fördern. Eidechsen und Schmetterlinge sind bekannte Beispiele dafür. Bei kleinen Warmblütern besteht das Problem der Wärmeabgabe natürlich auch, und sie müssen tatsächlich einen Großteil ihrer Nahrung durch einen entsprechend intensiven Stoffwechsel nur für die Erhaltung ihrer Körpertemperatur einsetzen. Hätte eine Maus einen ähnlich trägen Stoffwechsel wie das Rind, dann müßte zur Erhaltung der Körpertemperatur ihr Fell 20 cm dick sein! Wenn nun auch Homöothermie energetisch aufwendig ist (zumal bei kleinen Tieren), so bringt sie doch den großen Vorteil, daß diese Tiere bei Tag und Nacht sowie in fast allen Klimazonen aktiv sein können und Nahrungsquellen auszubeuten vermögen, während Wechselwarme durch Kälte unbeweglich werden. Wechselwarme Tiere können nur innerhalb enger Temperaturbereiche voll aktiv sein.

Temperaturregulation ist nur ein Aspekt des Phänomens der Homöostase (Aufrechterhaltung eines konstanten Innenmilieus). Viele physiologische Mechanismen tragen dazu ebenfalls bei, unabhängig davon, ob dieses Milieu durch eine extrazelluläre Flüssigkeit, durch Körperhöhlen oder durch Blut gegeben ist: Nährstoffe werden aus dem Darm angeliefert und bei Überfluß gespeichert, Ionen und Wasser werden durch Nieren reguliert, und die Menge gelöster Gase wird nach Bedarf über die Atmungsintensität gesteuert. Das alles ist nötig, weil Zellen nur unter ganz bestimmten Bedingungen hinsichtlich Säuregrad, Temperatur und der Konzentration von Ionen und organischen Verbindungen optimal arbeiten.

Dies gilt insbesondere für ihre Enzyme, die die zellulären Reaktionen steuern. Je besser ein Tier alle Eigenschaften seiner Körperflüssigkeiten regulieren kann, desto unabhängiger wird es von Außenumständen, desto weitere Umweltbereiche vermag es zu besiedeln, auch solche, die sonst unzugänglich blieben. Das ist besonders für Landbewohner wichtig, denn die Lebensräume des Wassers sind von sich aus stabiler; dementsprechend haben insbesondere Säuger und Vögel sehr wirkungsvolle homöostatische Regulationsmechanismen entwickelt.

Nervensysteme

Um die komplizierten physiologischen Systeme aufeinander und auf Außenbedingungen abstimmen zu können, benötigen alle Tiere entsprechende Koordinationsmöglichkeiten. Tiere können auf Reize aus ihrem Inneren oder aus der Umwelt ansprechen. Alle Zellen sind in gewissem Ausmaß „erregbar", und bei Einzellern ist die Zelle sowohl Rezeptor der Reizaufnahme als auch Effektor der Reizbeantwortung. Bei einigen Wirbellosen behalten manche Epithelzellen diese Doppelfunktion bei, wie z. B. die Epithelmuskelzellen der Coelenteraten. Die meisten Vielzeller besitzen aber ein echtes Nervensystem, Nervenzellen verbinden spezialisierte Sinnesrezeptoren mit Effektorzellen, z. B. in Muskeln oder Drüsen. Das Nervensystem ist ursprünglich ein Netzwerk der Kommunikation, doch wird diese Funktion in verschiedener Weise erweitert: So vermag es aus der Vielzahl von Reizen wichtige Informationen auszuwählen; es kann zum Integrationszentrum für Sinneseindrücke werden; es fällt Entscheidungen und steuert spontane Aktivitätsmuster, und schließlich entwickeln fortschrittliche Nervensysteme einen Informationsspeicher, das Gedächtnis, aus dem ausgewählte Einzelinformationen wieder abgerufen werden können. Alle diese Leistungen werden von Neuronen vollbracht; das sind Zellen, aus denen das Nervengewebe aufgebaut ist und bei denen besonders die Fähigkeit zur Impulsleitung ausgebildet ist (s. Kap. 1.4). Es gibt verschiedene Formen von Neuronen, aber ihr Grundaufbau ist bei allen Tieren gleich. Die Komplexität eines Nervensystems ergibt sich aus der Art und Vielfalt der Verknüpfungen dieser Einheiten an besonderen Stellen, den Synapsen. Impulsübertragung zwischen einem Neuron und einer nachgeschalteten Zelle über eine Synapse hinweg erfolgt durch Diffusion von Transmittermolekülen zwischen zwei unmittelbar gegenüberliegenden Zellmembranen. Jedes Neuron besitzt einen Zellkörper und gewöhnlich einen oder mehrere davon ausgehende lange Fortsätze, die Axonen, die entweder von einer Sinneszelle ausgehen oder zu einer Effektorzelle führen. Bei niederen Invertebraten kommen auf einen Zellkörper gewöhnlich mehrere Axone (multipolares Neuron), während die Neuronen der höheren Wirbellosen und der Wirbeltiere oft monopolar sind. Integrative Interneuronen im Zentralnervensystem, die benachbarte Neuronen verbinden, bilden überhaupt keine Axone aus. Neben den Axonen besitzen die meisten Nervenzellen noch verzweigte Dendriten, bäumchenförmige Fortsätze, die elektrische Signale von Nachbarzellen aufnehmen. Zentrale Interneuronen weisen dementsprechend besonders gut entwickelte Dendriten auf.

Im Nervensystem gibt es noch andere Zelltypen, gewöhnlich als Glia-Zellen bezeichnet, welche die Neuronen voneinander isolieren und durch Ausbildung von Markscheiden um Axone die Geschwindigkeit der Erregungsleitung steigern, das Ionenmilieu stabilisieren und das Nervenwachstum steuern, damit sich die Neuronen richtig miteinander verbinden.

Aus diesen Bauelementen sind die zahllosen Nervensysteme vielzelliger Tiere aufgebaut. Einige Beispiele für die Konstruktion von Nervensystemen zeigt Abbildung 2-25. Bei radiärsymmetrischen Tieren (z. B. Coelenteraten und Echinodermen) durchzieht ein diffuses Nervennetz den gesamten Körper. Allerdings gibt es schon bei den Hohltieren Längsstränge von Nerven zum Einziehen der Fangarme, und bei den Stachelhäutern zieht ein Nervenring um die Mundöffnung. Bei bilateralsymmetrischen Tieren tritt die Tendenz zur Konzentrierung des Nervensystems klarer hervor. Die meisten Wirbellosen weisen ein an der Ventralseite liegendes Bauchmark auf, das allgemein aus der Verschmelzung zweier oder mehrerer embryonaler Nervenstränge hervorgeht. Bei segmentierten Tieren besitzt gewöhnlich jedes Segment eine Ansammlung von Zellkörpern (Ganglion genannt), das viele Synapsen aufweist. Die Axone von Rezeptoren und zu Effektoren sind dabei in segmentalen Wiederholungsmustern angeordnet. Bei höheren Arthropoden verschmelzen die Ganglien der Segmente zu größeren Strukturen; manche Fliegen besitzen zusätzlich zum Gehirn nur noch ein thorakales und ein abdominales Ganglion. Unsegmentierte Wirbellose wie die Mollusken enthalten weniger Ganglien; bei den Tintenfischen ist immerhin das vordere zentrale Ganglion besonders gut entwickelt.

Auch bei den Wirbeltieren ist das Nervensystem segmentiert, und von jedem Segment des Rückenmarks zweigen Nervenstränge zu Muskeln ab. Allerdings tritt hier die Segmentierung mit der zunehmenden Bedeutung des Gehirns als integratives Organ weniger deutlich hervor. Die Nervenstränge der Wirbeltiere und Wirbellosen sind nicht nur unterschiedlich gelagert (Rückenmark/Bauchmark), sondern auch verschieden organisiert: Bei den Ganglien der Invertebraten liegen die Zellkörper der Neuronen außen, während sie bei den Vertebraten zentral liegen („graue Substanz"). Diese Zentralzone enthält viele Interneuronen, und die einfachsten Reizbeantwortungen, wie z. B. die Reflexe, werden hier ohne Beteiligung höherer Gehirnzentren vermittelt. Die meisten Sinnesorgane werden durch Axone der außenliegenden „weißen Substanz" zum Gehirn weitergeleitet, wo die angemessene Reizbeantwortung ausgelöst wird.

Das Vertebratengehirn ist ein außerordentlich kompliziertes Organ, das freilich wieder aus denselben Grundelementen aufgebaut ist wie jedes Nervensystem. Das Gehirn kann in drei Bereiche gegliedert werden, deren Evolution in Abbildung 2-26 skizziert ist. Bei den Säugern sind Rinde und Großhirn besonders entwickelt, und die Zuordnung von Bezirken des Gehirns zu bestimmten Sinneswahrnehmungen und Bewe-

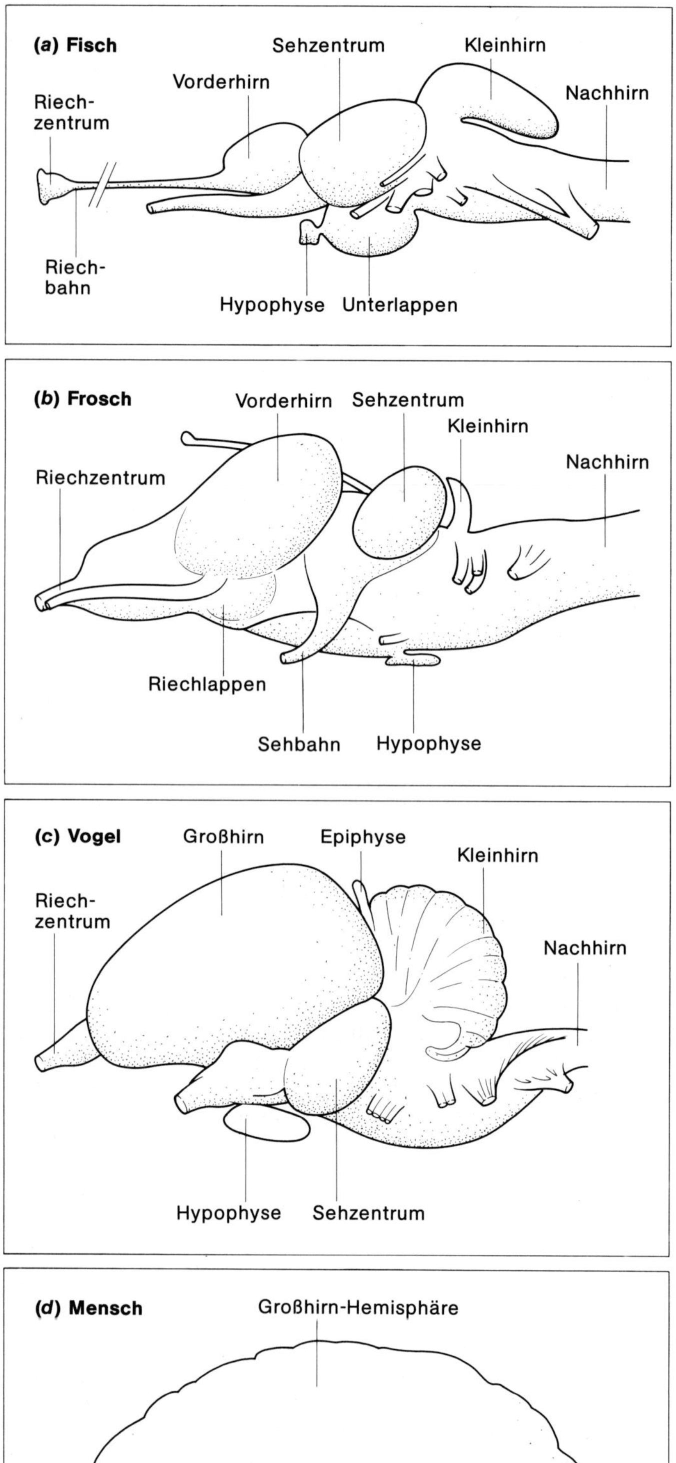

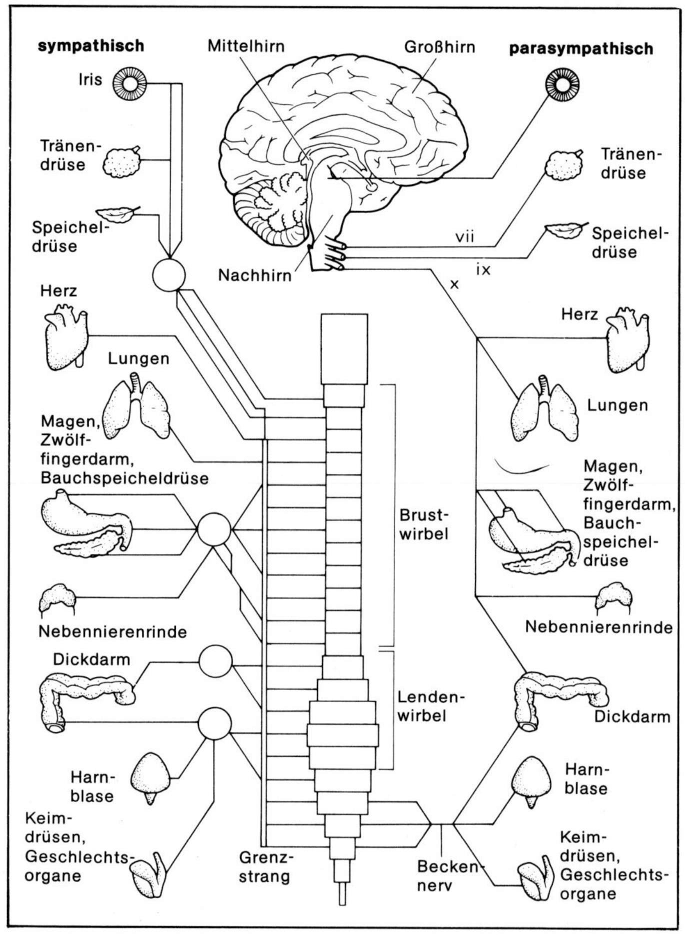

Abb. 2-26. (Links) Gehirnentwicklung während der Vertebraten-Evolution: Die Bedeutung des Großhirns nimmt immer mehr zu, wobei der relative Anteil der verschiedenen Sinneszonen in Abhängigkeit von der Lebensweise variiert.

Abb. 2-27. (Oben) Das autonome (unwillkürliche) Nervensystem der Wirbeltiere, das die meisten Drüsen, Organe und glatten Muskeln steuert. Die Wirkungen des Sympathicus – gesteigerte Pulsfrequenz, erhöhter Blutdruck, Pupillenerweiterung, Aufrichten von Haaren und verstärkte Transpiration – entsprechen jenen des Hormons Adrenalin. Die Effekte des parasympathischen Systems (insbesondere jene des Vagus) sind dem genau entgegengesetzt.

gungssteuerungen ist genau bekannt. Die Entwicklung der Zonen variiert mit den Lebenserfordernissen und Sinnesleistungen einer jeden Tierart.

Weite Bereiche des Wirbeltierkörpers werden vom „autonomen Nervensystem" über Nervenstränge von Schädel und Rückenmark versorgt (Abb. 2-27). Sie bilden einen eigenen Kontrollmechanismus für die inneren Organe, die dem bewußten Willen kaum unterworfen sind.

Sinne und Wahrnehmung

Die Abstimmung der Aktivitäten eines Tieres auf Vorgänge in seiner Umwelt setzt voraus, daß Information über diese Umwelt aufgenommen und in geeigneter Form an die Effektoren weitergegeben wird. Sinnesrezeptoren – seien es nun Neuronen oder sekundär mit Nerven verbundene Epithelzellen – verwandeln verschiedene Energieformen der Umwelt

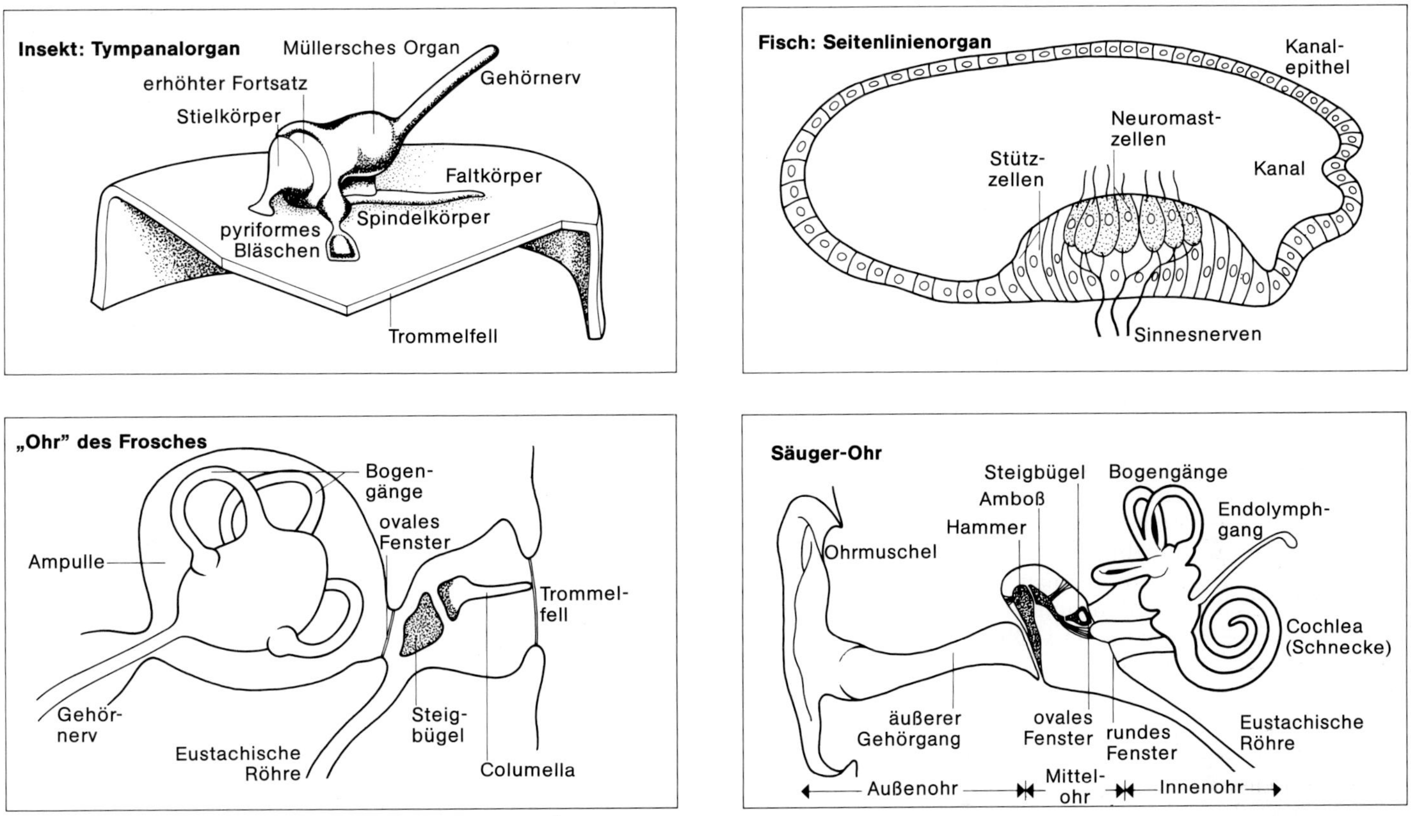

Abb. 2-28. Der Bau von Ohren und verwandten Sinnesorganen (Lage- und Schwingungsdetektoren) bei Insekten und Wirbeltieren.

in elektrische Impulse (Transduktion), wie sie im Nervensystem benutzt werden. Rezeptoren sind gewöhnlich spezialisiert durch ihren besonderen Bau oder Membraneigenschaften und reagieren daher nur auf eine ganz bestimmte Energieform. Sie können danach in mechanische, chemische oder auf Licht ansprechende Rezeptoren eingeteilt werden. Die Information, die vom Rezeptor zum Zentralnervensystem geht, hängt von der Codierung des Reizes ab. Dies betrifft Stärke und Frequenz des Nervensignals, oder auch die Frage, ob eine Sinneszelle tonisch (nur auf Beginn oder Ende eines Reizes reagierend) oder phasisch (dauernd wirkend, solange der Reiz anhält) ist. Manche Rezeptoren sprechen auf Änderungen von Reizen an, die vom betreffenden Tier selbst ausgesandt wurden, wie z. B. bei der Ultraschallortung der Fledermäuse, Wale und Delphine oder den elektrischen Feldern, die von elektrischen Fischen aufgebaut werden. Es gibt vielfältige Möglichkeiten für Spezialisierungen von Sinnesorganen.

Mechanorezeptoren liefern Information über Bewegung, Spannung, Druck, Gleichgewichtslage und Schwingungen (auch Schallwellen). Die Sinneseindrücke können ausgelöst werden vom Körpergewicht, der Bewegung der Gliedmaßen oder entsprechenden Einflüssen der Umgebung auf die Körperoberfläche. Die meisten dieser Rezeptoren reagieren nur auf Reize mit niederen Frequenzen, seien es nun Sensoren für Berührungsreize von außen (taktile Rezeptoren) oder innen (sogenannte Propriorezeptoren, die z. B. die Spannung von Muskeln feststellen). Höherfrequente Reize – Schallwellen – werden nur von speziellen Gehörorganen wahrgenommen.

Einfache taktile Rezeptoren kommen bei praktisch allen vielzelligen Tieren vor, und sogar die Protozoen können Berührungsreize an ihrer Zellmembran wahrnehmen. Bei den meisten Organismen fungieren Borsten oder Haare als Sensoren, die Sinneszellen sprechen auf deren Bewegung an. Die Außenskelette der Insekten sind mit Sinnesborsten übersät, deren jede einen besonderen Ansatz in der Cuticula hat, während bei den Säugern die Haut vielerlei Mechanorezeptoren trägt, die auf Berührung und Druck reagieren – besonders an den Fingerspitzen, in der Mundregion und an den Genitalien. Propriorezeptoren vermitteln Information über Lage und Bewegung von Gelenken und Muskeln. Die Muskelspindeln der Wirbeltiere sind spezialisierte Muskelfasern, die ihren Streckungsgrad an das Rückenmark melden und dadurch über die Anpassung des Muskels informieren. Auch Arthropoden verfügen über ähnliche Streckungsrezeptoren in Muskeln, und alle übrigen Tiere müssen ebenfalls analoge Rezeptoren in ihrem Bewegungsapparat besitzen. Rezeptoren zur Spannungswahrnehmung sind auch im Enddarm, in der Harnblase sowie in den Eileitern vieler Tiere von Bedeutung; sie müssen den Füllungszustand dieser Organe signalisieren und die Entleerungsbereitschaft angeben. Mechanorezeptoren für das Gleichgewicht gibt es ebenfalls bei Wasser- und Landtieren; sie arbeiten oft mit Statocysten. Dies sind dichte, von einer Flüssigkeit umschlossene Partikel, die auf Sinneshaare drücken. Coelenteraten und Plattwürmer besitzen solche Strukturen, ebenso viele Arthropoden, und auch die halbkreisförmigen Bogengänge im Vertebraten-Ohr wirken in ähnlicher Weise.

Die höchstentwickelten Mechanorezeptoren sind jene des Gehörorgans. Ihre Kompliziertheit steigt mit jener des Tieres an (Abb. 2-28). Tatsächlich verfügen nur wenige Wirbellose über einen echten Gehörsinn. Ausnahmen sind die Insekten, manche von ihnen besitzen Tympanalorgane an Thorax, Hinterleib oder Beinen, die aus einem dünnen, cuticularen „Trommelfell" und zahlreichen damit verbundenen sensorischen Neuronen in unterschiedlicher Orientierung bestehen. Im Bereich der Wirbeltiere ist das Seitenlinienorgan der Fische ein einfacher Schwingungsdetektor, während sich das Ohr ursprünglich als Gleichgewichtsorgan entwickelte. Die Cochlea des Innenohrs, die Schallwellen mit einer feinabgestimmten vibrierenden Basilarmembran empfängt, die mit Sinneszellen ausgestattet ist, ist bei Fischen noch unentwickelt und bei Reptilien und Vögeln relativ klein; erst bei den Säugern ist sie voll ausgebildet. Das Mittelohr als Schallüberträger und -verstärker tritt erstmals bei Amphibien auf. Das Außenrohr, das Schallwellen sammelt und ausrichtet, tritt nur bei Säugern in Erscheinung. Das Ohr der Landsäugetiere ist ein extrem hochentwickeltes Gehörorgan, es spricht außerordentlich empfindlich auf Frequenz, Amplitude und Richtung von Schall an.

Die zweite wichtige Klasse tierischer Sensoren sind die Chemorezeptoren. Auch sie reichen von einer allgemeinen Empfindlichkeit protozoischer Membranen bis zu kompliziertesten Organen wie Nase und Zunge bei Säugern oder den Fühlern von Insekten. In vielen Fällen ist der Rezeptor nur eine exponierte Membran, an die sich Moleküle der Reizstoffe binden können – sei es in gelöster Form (Geschmack) oder gasförmig (Geruch). Komplexe Rezeptorzonen sind auf besonders wichtige Umweltstoffe spezialisiert und führen dementsprechend zu spezifischer Reizbeantwortung. Stoffe, die besonderes Verhalten bei Tieren auslösen, spielen vielfach eine wichtige Rolle im Leben – so etwa die Pheromone bei der Auffindung von Paarungspartnern, oder das Suchen von Beute oder Wirten und die Erkennung von Nahrungspflanzen. Bei Insekten sind die chemischen Sinne besonders gut entwickelt, es gibt da Rezeptoren an feinen Borsten oder Poren in der Cuticula und die hochentwickelten Fühler (Antennen). Auch im Inneren des Tierkörpers sind Chemorezeptoren vorhanden (Homöostase!), die Veränderungen in der Zusammensetzung von Körperflüssigkeiten erkennen und entsprechende Regelkreise in Gang setzen können.

Photorezeptoren sind lichtempfindliche Zellen. Sie gibt es bei praktisch allen Tieren (Abb. 2-29). Protozoen vermeiden im allgemeinen grelles Licht, und bei manchen Arten von *Euglena* („Augentierchen") gibt es besonders pigmentierte Augenflecken. Bei Vielzellern konzentriert sich die Lichtempfindlichkeit zunehmend auf spezielle Zellen, die entweder einzeln über die Epidermis verstreut sind oder – bei Anneliden und Plattwürmern – in Gruppen als Lichtsinnesorgane auftreten. Bei einfacheren Tieren erzeugen solche Organe keine optischen Bilder, da sie keine Linsen besitzen – gewöhnlich handelt es sich um scheibenförmige Anhäufungen lichtempfindlicher Zellen, die auf Lichtstärke und -richtung ansprechen. Bei höheren Tieren werden aber Linsen ausgebildet, und die damit ausgestatteten Strukturen können als Augen bezeichnet werden. Dabei gibt es zwei Haupttypen von Augen, das Kameraauge der Cephalopoden (Mollusken) und der Wirbeltiere, und das Komplexauge (Facettenauge) der Arthropoden.

Das Kameraauge der Vertebraten ist sehr hoch entwickelt, es besitzt zahllose monopolare Rezeptoren in Form der Stäbchen und Zapfen, die ihrerseits eine Retina bilden, auf der durch Vermittlung der Linse ein scharfes Bild entsteht. Jedes Auge des Menschen enthält etwa 125 Mio. Stäbchen und 6,5 Mio. Zapfen (diese sind für das Farbsehen zuständig). Das Komplexauge der Arthropoden ist aus vielen getrennten Sehelementen (den Ommatidien) zusammengesetzt, deren Zahl im Auge von einigen wenigen bis zu vielen Tausenden variiert, je nach der Lebensweise der betrachteten Art. Jedes Ommatidium enthält 6–8 monopolare Neuronen, eine einfache Cuticularlinse und eine Pigmentscheide und funktioniert als unabhängiges, wenn auch grobes bilderzeugendes System. Von den beiden Augentypen kann nur das Kameraauge ein scharfes Bild auf der Retina erzeugen. Das Komplexauge dagegen formt ein Mosaik aus vielen Bildern, spricht aber sehr empfindlich auf Bewegungen oder blinkende Lichtquellen an. Beide Augentypen können durch Pigmentmodifikationen für die Absorption verschiedener Wellenlängen auch farbtüchtig sein.

Tab. 2-3. Die wichtigsten Hormone bei Säugern.

HORMON	HERKUNFT	STOFFKLASSE	HAUPTFUNKTIONEN
Verdauung und Stoffwechsel			
Secretin	Zwölffingerdarm	Peptid	Sekretion der Bauchspeicheldrüse
Gastrin	Magen	Peptid	Sekretion von Magensaft
Insulin	Bauchspeicheldrüse (Pankreas)	Peptid	Regulation des Blutzuckerspiegels über die Leber
Glucagon		Peptid	
Noradrenalin	Nebennierenmark	Tyrosinderivat	Durchblutung, Blutzuckerspiegel
Thyroxin	Schilddrüse	Tyrosinderivat	Stoffwechselbelebung
Corticosteron	Nebennierenrinde	Steroid	Kohlenhydratstoffwechsel
Wasser- und Salzhaushalt			
Vasopressin (= antidiuretisches Hormon, ADH)	Hypothalamus	Peptid	Wasserresorption in der Niere
Aldosteron	Nebennierenrinde	Steroid	Natriumhaushalt
Wachstum			
Parathormon	Nebenschilddrüsen	Peptid	Calciumhaushalt, Knochenwachstum
Calcitonin	Schilddrüse	Peptid	
Wachstumshormon	Hypophyse	Peptid	Wachstum, über Leberstoffwechsel
Androgene	Nebennierenrinde	Steroid	postpubertäres Wachstum, besonders bei Männchen
Fortpflanzung			
Follikel-stimulierendes Hormon (FSH)	Hypophyse	Peptid	Entwicklung der Ovarialfollikel und der Tubuli seminiferi
Luteinisierendes Hormon (LH)	Hypophyse	Peptid	Corpus luteum-Bildung, Steuerung von Progesteron
Östrogen	Eierstock	Steroid	Geschlechtsmerkmale und Zyklussteuerung bei Weibchen
Progesteron	Eierstock	Steroid	
Prolactin	Hypophyse	Peptid	Milchproduktion
Testosteron	Hoden	Steroid	männliche Geschlechtsmerkmale
Oxytocin	Hypothalamus	Peptid	Uteruskontraktion, Milchejektion

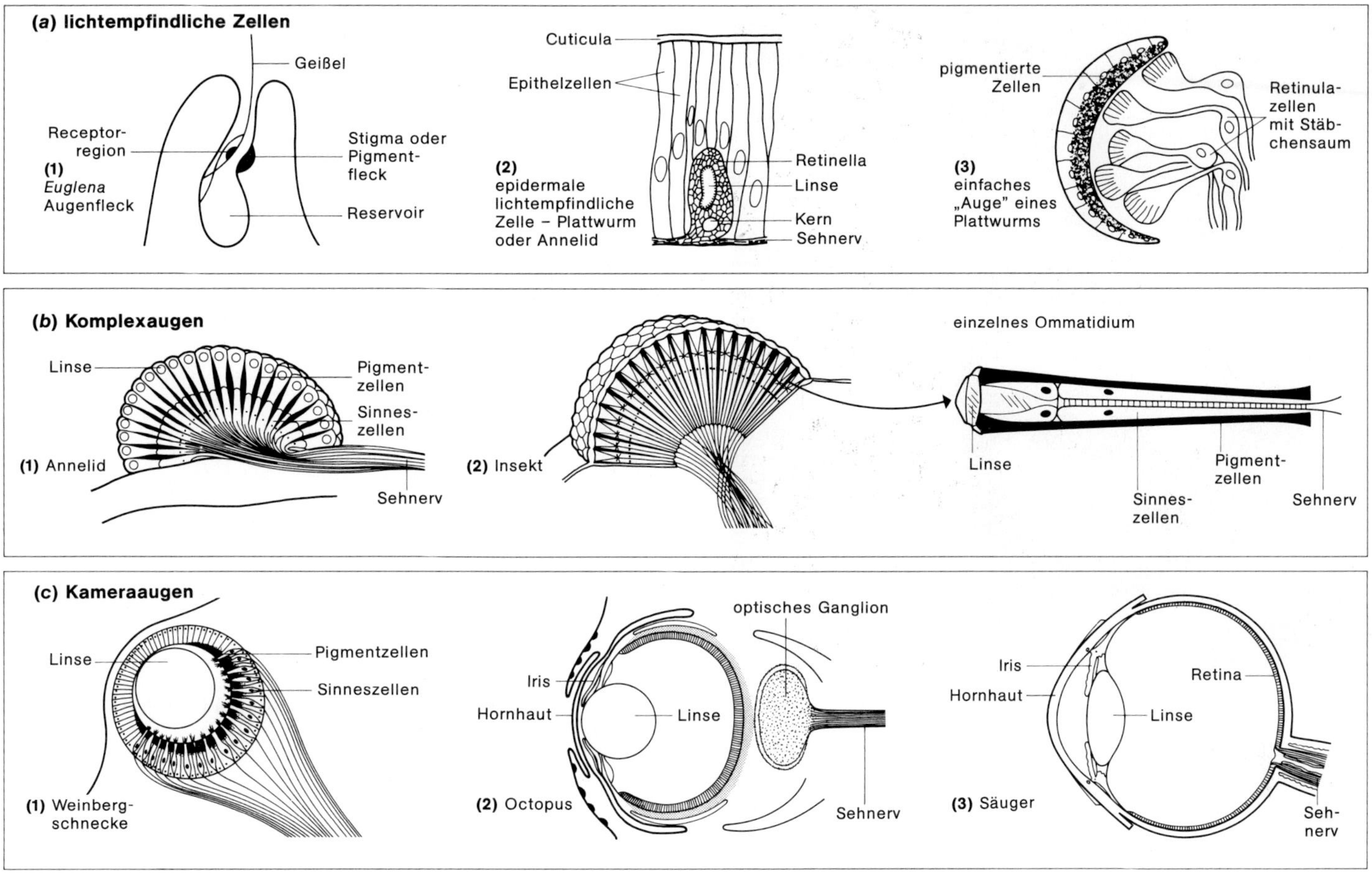

Abb. 2-29. Lichtsinnesorgane reichen von einfachen lichtempfindlichen Zellen (bei kleinen Wirbellosen, a) bis zu den uns eher vertrauten „Augen", bei denen es sich entweder um Ansammlungen vieler einfacher Elemente (bei Arthropoden, b), oder um Kameraaugen mit einer Retina, auf der ein optisches Bild entsteht, handelt (insbesondere bei Tintenfischen und Wirbeltieren, c).

Bei allen bisher analysierten visuellen Systemen bewirkt Rhodopsin als Sehpigment die primäre Lichtabsorption. Es handelt sich dabei um ein Molekül, das aus Retinal (ein Abkömmling von Vitamin A) und dem Protein Opsin zusammengebaut ist. Die Vereinigung dieser Komponenten wird bei Lichtabsorption aufgehoben, indem das Retinalmolekül seine Gestalt etwas ändert und damit letztlich einen elektrischen Impuls an der Rezeptormembran auslöst.

Außer den bisher besprochenen, besonders auffälligen Sensortypen verfügen Tiere noch über weitere Formen, die auf andere Energieformen ansprechen, uns aber aus unserer Sinnenwelt nicht so vertraut sind. Viele Organismen besitzen einen Temperatursinn, der sowohl Änderungen der Umgebungstemperatur als auch der Körpertemperatur anzeigt. Zur Konstanthaltung der Körpertemperatur sitzen bei Säugern Thermosensoren einerseits in der Haut, andererseits im Gehirn. Einige Tiere verfügen auch über einen elektrischen Sinn, der auf Feldänderungen in der Umgebung anspricht. Bestimmte Fische benutzen abgewandelte Muskelzellen zur Erzeugung kräftiger Felder und können über ihr Seitenlinienorgan Feldänderungen durch nahe Gegenstände wahrnehmen. Wieder andere Tiere sprechen auf Magnetfelder an und sind damit in der Lage, Richtungen festzulegen; die Physiologie dieser Fähigkeit ist noch nicht gut erforscht, aber ein Magnetsinn ist für so verschiedene Organismen wie Bakterien, Schnecken, Bienen und Tauben postuliert worden.

Mit die wichtigste Eigenschaft des Sinnesapparates eines Tieres – aufgebaut aus so zahlreichen möglichen Sorten von Sinnesorganen – ist die Anpassung an die Bedürfnisse und Gewohnheiten des betreffenden Tieres. Endoparasiten z. B. haben gewöhnlich nur sehr wenige Rezeptoren von jeder Sorte. Tiefsee- und Höhlenbewohner besitzen oft keine Augen, dafür jedoch hochentwickelte chemische, taktile und akustische Organe; umgekehrt verfügen landbewohnende Räuber über ausgezeichnete Augen und binokulares Sehen, kombiniert mit empfindlichem Gehör und Geruchssinn. Aus der Anordnung der Sinneszellen und den Anteilen der entsprechenden integrativen Zentren im Nervensystem läßt sich daher einiges über Lebensweise und Umwelt eines Tieres ablesen.

Kontrolle durch Hormone

Sinnesorgane, Nervensysteme sowie Effektoren, wie z. B. Muskeln, stellen die auffälligsten Hilfsmittel dar, mit denen Tiere ihre Aktivitäten auf ihre Umwelt abstimmen können, und sie geben gemeinsam ein koordinierendes Informations-

Abb. 2-30. Kopf der Libelle *Cordulegaster boltonii* mit großen Komplexaugen.

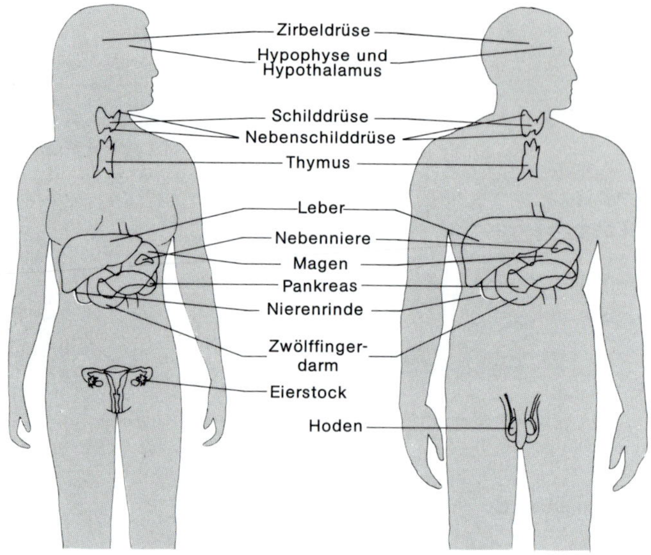

Abb. 2-31. Endokrine Drüsen (Hormondrüsen) beim Menschen.

geflecht ab, das sehr spezifisch und schnell zu reagieren vermag – manchmal schon wenige Millisekunden nach einem Reiz. Indes müssen auch langsamere biologische Vorgänge reguliert und integriert werden, und zu diesem Zweck haben die meisten Tiere ein zweites Koordinationssystem, das statt mit elektrischen mit chemischen Signalen arbeitet. Die dabei verwendeten Stoffe sind die Hormone, die in speziellen „endokrinen" Drüsen erzeugt werden, mit den Körperflüssigkeiten zirkulieren und auf verschiedene entfernt liegende Zellen oder Organe einwirken, die mit passenden Rezeptoren ausgestattet sind.

In Wirklichkeit gibt es keine absolute Trennung zwischen nervösen und hormonellen Systemen, da ja auch die Nerven ihre Impulse an den meisten Synapsen durch Transmitter übertragen (s. Kap. 1.4), und andererseits viele Hormone nach nervöser Stimulation aus ihren Speicherzellen freigesetzt werden (Neurosekretion). Jedes einzelne Regelsystem kann mehr als nur eine dieser Komponenten und noch zusätzlich chemische Kontrollprozesse innerhalb der Zellen (s. Kap. 1.3) einsetzen und sie durch positive wie negative Rückkoppelungen verknüpfen.

Hormone sind vor allem bei Säugern untersucht worden. Man kennt heute mehr als 50 Stoffe aus verschiedenen Drüsen, die beim Menschen Hormonwirkung entfalten (Abb. 2-31). Die wichtigsten mit ihren Erzeugungsorten und Wirkungen sind in Tabelle 2-3 aufgelistet. Diese Hormone können nach ihrer Wirkung recht gut klassifiziert werden. Bei Säugern lassen sich vier Hauptgruppen aufstellen: sie betreffen Verdauung und Stoffwechsel, Osmoregulation, Wachstum und Skelettbau sowie schließlich die Fortpflanzung. Secretin und Gastrin gehören zur ersten Gruppe, sie steuern den Zufluß von Verdauungssäften in den Darm; hierher gehören auch Insulin, Glucagon, Noradrenalin, die die Zuckeraufnahme und -Verwertung regulieren, sowie Thyroxin und die Nebennierenrinden-Hormone (Corticoide), die die Stoffwechselraten im Körper festlegen. Unter den Osmoregulatoren sind Vasopressin und Aldosteron die wichtigsten, weil sie die Durchlässigkeit und Ionenaufnahme-Kapazität der Nephrone in der Niere regulieren und dadurch den Gesamtwasserhaushalt des Tieres bestimmen. Wachstumshormon, Thyroxin, die Androgene und die den Calciumspiegel regulierenden Hormone Parathormon und Calcitonin sind die bekanntesten Regulatoren von Körpergestalt und -größe. Sie wirken allgemein über viel längere Zeiten als Stoffe, die andere physiologische Prozesse steuern. Die vierte Gruppe, die auf die Fortpflanzung einwirkt, ist besonders komplex, und eine ganze Batterie von Hormonen ist verantwortlich für die Regulation des Menstruationszyklus und der Schwangerschaft bei weiblichen Säugetieren.

Chemisch gesehen gehören die Säuger-Hormone (trotz ihrer großen Wirkungsvielfalt) nur drei verschiedenen Verbindungsklassen an: den Steroiden, den Peptiden und Proteinen, sowie den Tyrosin-Abkömmlingen. Bei vielen Kontrollsystemen von Wirbeltieren ist das primäre Hormon ein Peptid oder Protein, das durch Neurosekretion aus dem Hypothalamus und Hypophysen-Komplex (dem Organisationszentrum der hormonellen und nervösen Integration) freigesetzt wird. Die primären Hormone dieses hochkomplizierten Zentrums wirken nun wieder auf andere Drüsen ein, die sekundäre Hormone erzeugen. Vielfach ist durch Regelkreise dafür gesorgt, daß die Steuermechanismen fein abgestimmt sind und nicht ihrerseits außer Kontrolle geraten können.

Bei Invertebraten ist die Verbindung nervöser und hormoneller Systeme noch ausgeprägter, die Sekretion der meisten bekannten Botenstoffe wird von Nerven kontrolliert. Wegen ihrer geringeren Organisationshöhe haben die Wirbellosen vermutlich weniger Hormone als die Vertebraten, und die meisten Vertebratenhormone sind bei ihnen wirkungslos. Hormone sezernierende Organe wurden mit Sicherheit bei Mollusken, Anneliden, Arthropoden und Tunicaten (Mantel-

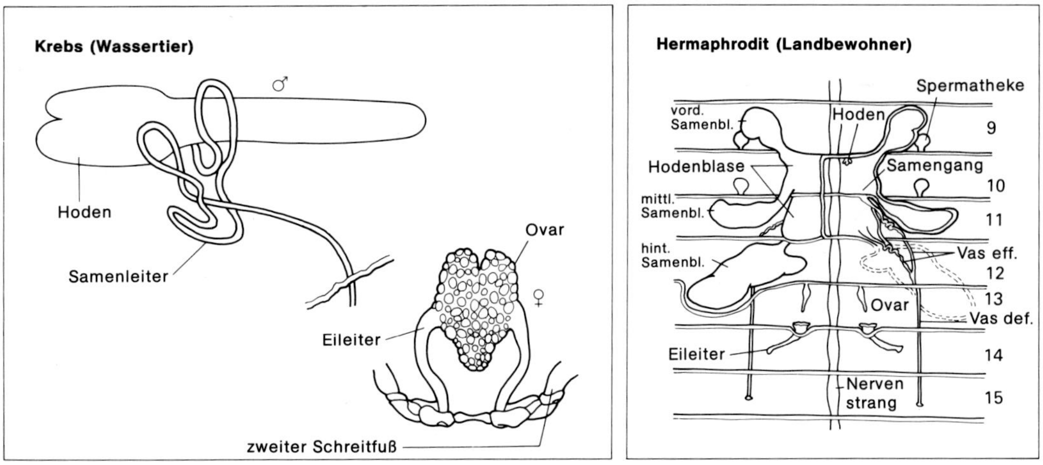

Abb. 2-32. Fortpflanzungsorgane lassen gewöhnlich den Lebensraum eines Tieres erkennen. Wasserbewohner können Spermien und Eizellen in die Umgebung entlassen, während es bei Landtieren zu intimer Begattung mit „innerer Befruchtung" kommt. Weibliche Tiere vermögen oft Spermien in besonderen Spermatheken zu speichern und besitzen besondere Drüsen, um die Eizellen vor der Eiablage mit Schutzschichten zu umgeben.

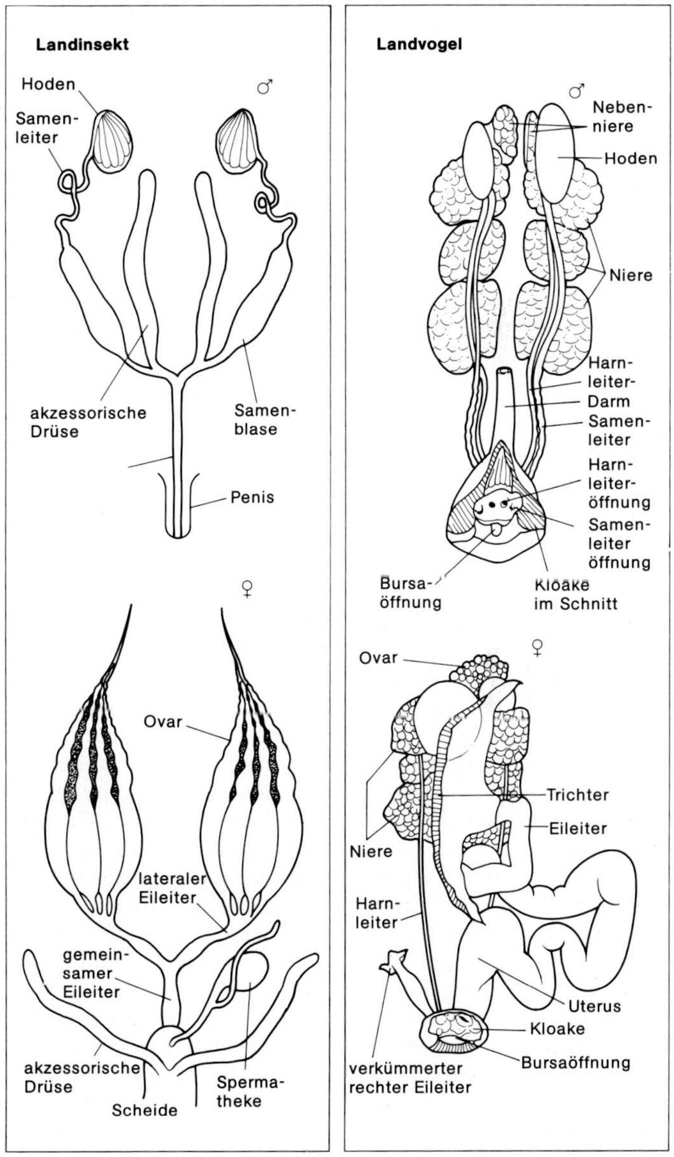

tieren) nachgewiesen. Ihre Produkte nehmen in den meisten Fällen Einfluß auf Gestaltbildung und geschlechtliche Reifung. Besonders gut untersucht ist der Umwandlungsprozeß von Insektenlarven in ausgewachsene Tiere (Metamorphose), an dem zwei Haupthormone, das Juvenilhormon und das Ecdyson, mitwirken. Analoge Kontrollmechanismen spielen bei der Häutung von Krebstieren mit, wobei eine Drüse im Augenstiel dem *Corpus cardiacum* der Insekten, bzw. ein Y-förmiges Organ im Kopf der Prothoraxdrüse der Insekten entspricht. Bei beiden Gruppen gibt es auch Fortpflanzungshormone, insbesondere bei Weibchen. Allerdings spielt bei Insekten in dieser Hinsicht ebenfalls das Juvenilhormon die Hauptrolle, das beim ausgewachsenen Tier ja zur Erhaltung der Jugendcharaktere von Epidermis und Cuticula nicht mehr benötigt wird. Man kennt auch einige weitere Arthropoden-Hormone, die solche physiologischen Vorgänge wie die Sekretion der Malpighischen Gefäße und die Schlagfrequenz des Herzens regulieren.

Bei vielen anderen Invertebraten-Gruppen gibt es keine leicht erkennbaren endokrinen Organe, wohl aber verstreute neurosekretorische Zellen, die Wachstum und Fortpflanzung zu beeinflussen scheinen. In mehreren Fällen werden auch Farbwechsel wesentlich von ihnen beeinflußt, indem die Pigmentverteilung in der Epidermis verändert wird. Eine hormonelle Kontrolle solcher Phänomene wird bei den höheren Wirbeltieren weniger oft beobachtet.

Pheromone sind chemische Botenstoffe, die zwischen Individuen ausgetauscht werden; sie können als Sexuallockstoffe, zur Spurenmarkierung, als Gefahrensignale und Aggregationssignale wirken. Am besten untersucht sind sie bei Insekten, die besonders auf chemische Sensoren und Kommunikation über Pheromone angewiesen sind, zumal bei sozialen Insekten (Ameisen, Bienen und Termiten). Doch sind Pheromone auch bei Coelenteraten bedeutsam, ferner bei Mollusken, Anneliden und Echinodermen – vielleicht letztlich bei

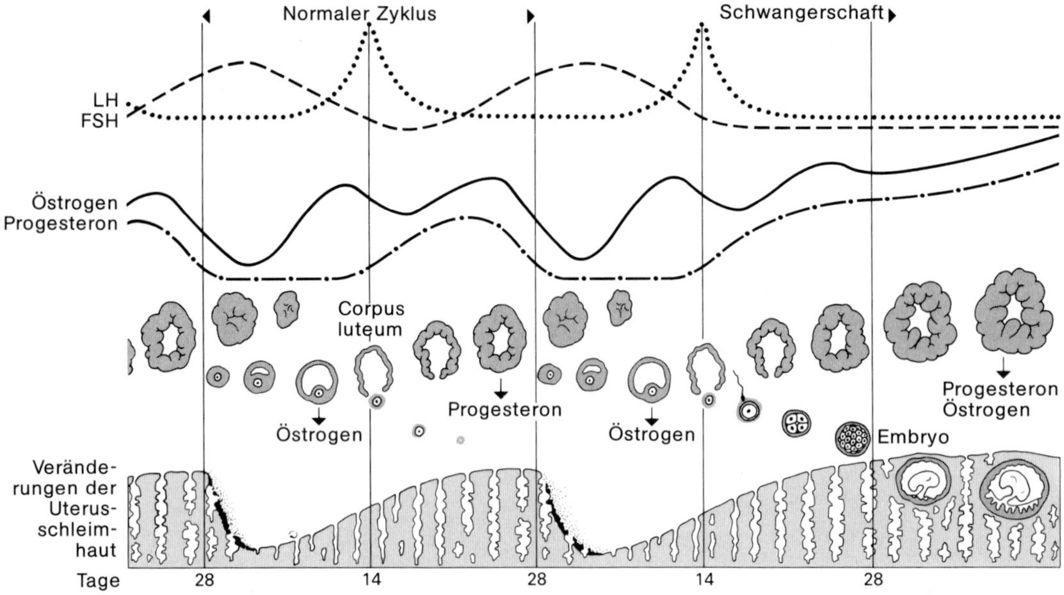

Abb. 2-33. Hormonelle Veränderungen während des Menstruationszyklus und der Schwangerschaft von Primaten. Das follikelstimulierende Hormon (FSH) bewirkt die Reifung der Eifollikel im Eierstock, die ihrerseits Östrogen erzeugen, um die Gebärmutterschleimhaut vorzubereiten und eine Steigerung des luteinisierenden Hormons (LH) auszulösen. LH stimuliert dann das Corpus luteum (noch im Eierstock) zur Sekretion von Progesteron. Die Progesteron-Sekretion hält aber nur dann an, wenn sich ein befruchtetes Ei in der Gebärmutter festsetzt und sich eine Schwangerschaft entwickelt; andernfalls sinkt der Progesteron-Spiegel wieder ab und eine Menstruation wird ausgelöst.

allen Tiergruppen. Bei wasserbewohnenden Wirbellosen steuern sie das Laichverhalten, wie sie ja auch bei Vertebraten das Paarungsverhalten beeinflussen, indem Nervenimpulse von den Geruchsorganen zum Hypothalamus ausgelöst werden. Sogar beim Menschen gibt es Pheromone, die auf das Verhalten einwirken, obwohl sie gewöhnlich von willkürlichen, sozialbestimmten Mechanismen überlagert werden.

Fortpflanzung und Embryologie

Eine Tierart kann sich in einem gegebenen Lebensraum nur dann durchsetzen, wenn genügend viele Individuen strukturell und physiologisch so angepaßt sind, daß sie heranwachsen können und sich fortzupflanzen vermögen. Anpassung hinsichtlich der Fortpflanzungsprozesse ist daher ein absolutes Muß in der Überlebensstrategie einer Art.

Organismen können sich entweder ungeschlechtlich oder geschlechtlich fortpflanzen (s. Kap. 3.2). Bei der ungeschlechtlichen Fortpflanzung werden von einem Individuum zwei oder mehr identische Individuen erzeugt – sei es durch einfache Teilung (wie bei Protozoen), oder durch Knospung, die zu Abtrennung oder Koloniebildung führt (bei vielen Coelenteraten, Plattwürmern und Tunicaten). Bei einigen höheren Tieren kommt es zu ungeschlechtlicher Fortpflanzung über die Entwicklung unbefruchteter Eizellen (Parthenogenese), ein Vorgang, der bei bestimmten Insekten wie den Blattläusen sehr häufig vorkommt. Alle diese Mechanismen erlauben eine schnelle Vermehrung der Individuenzahl und die rasche Ausbeutung geeigneter Lebensräume und Nahrungsangebote. Bei geschlechtlicher Vermehrung verschmelzen zwei haploide Keimzellen (Gameten) von verschiedenen Individuen miteinander, um wieder Diploidie herzustellen (s. Kap. 1.5); damit wird die Fortpflanzung mit einer Vermischung von Erbsubstanz gekoppelt. Die meisten Vielzeller pflanzen sich wenigstens einmal in ihrem Lebenszyklus geschlechtlich fort, und auch bei vielen Einzellern gibt es geschlechtliche Zellverschmelzung.

Da es bei der sexuellen Fortpflanzung zur Verschmelzung zweier kleiner und relativ ungeschützter Keimzellen kommt, muß sie in einem wässrigen Medium stattfinden. Viele Komplizierungen animalischer Fortpflanzungssysteme dienen genau diesem Zweck, indem sie dem Spermium gestatten, zum Ei zu schwimmen, und auch Flüssigkeit liefern, in der sich das befruchtete Ei entwickeln kann. Der Lebensraum hat insoweit entscheidenden Einfluß darauf, als nur Wassertiere Sperma und Eier unmittelbar in ihre Umgebung abgeben können. Landtiere müssen dagegen für den Schutz ihrer Gameten in allen Stadien sorgen, und gewöhnlich findet die Befruchtung im weiblichen Körper statt (innere Befruchtung). Das erfordert eine genaue zeitliche Abstimmung der Gametenproduktion, die Zusammenführung der Paarungspartner und der eigentlichen Begattung sowie schließlich die Steuerung physiologischer Vorgänge und des Verhaltens nach der Befruchtung.

Wasserbewohnende Wirbellose geben Spermien und Eier gewöhnlich einfach in ihre Umwelt ab (äußere Befruchtung). Männliche wie weibliche Geschlechtsorgane können daher sehr einfach gebaut sein, es sind lediglich sperma- und eierproduzierende Gewebe und wenige zusätzliche Strukturen erforderlich (Abb. 2-32). Allerdings gehen dabei viele Gameten verloren, und daher müssen beträchtliche Mengen von ihnen produziert werden, um einige Befruchtungen sicherzustellen. Manche Wassertiere erzeugen allerdings weniger Gameten, statten die Eier mit Nährstoffspeichern in Form von Dotter aus und erhöhen die Befruchtungshäufigkeit durch enge Nachbarschaft der Geschlechtspartner vor und während der Gametenfreisetzung. Viele Süßwasserbewohner praktizieren dies; in einigen Fällen werden die befruchteten Eier von den Weibchen in Bruttaschen geborgen, da die kleinen Eier und Larven im ionenarmen Süßwasser besonders starkem physiologischem Streß ausgesetzt wären.

Bei Landtieren müssen diese Probleme durch innere Befruchtung bewältigt werden, und das erfordert zusätzliche Organe für die Übertragung und Aufnahme des Spermas. Die Gefährdung der sich entwickelnden Keime kann auf dreierlei Art verringert werden: durch Rückkehr in das Wasser zum Laichen (wie es die meisten Amphibien machen), durch Einschluß der befruchteten Eier in wasserdichte Hüllen (das führt zu den bekannten, mit Schalen versehenen Eiern der Vögel, Reptilien, Insekten und Spinnentiere) oder schließlich durch Zurückhaltung der Eier im Körper bis zum Schlüpfen. Dieses letzte Verfahren kommt bei manchen „viviparen" Reptilien

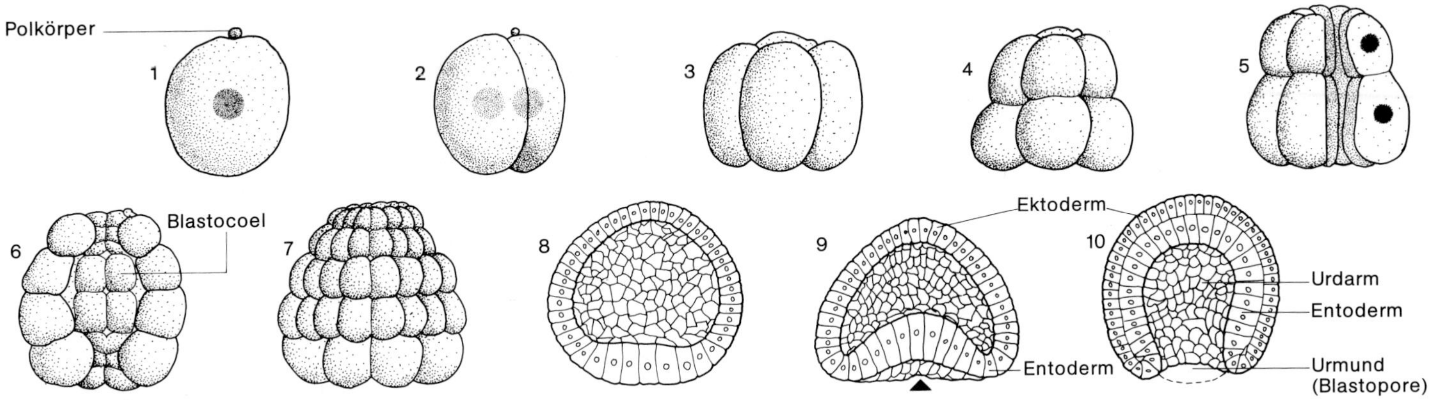

Abb. 2-34. Frühentwicklung eines Embryo mit Bildung der Blastula (6) und der Gastrula (9).

und Insekten vor, die lebende Junge gebären; es wird aber erst bei den placentalen Säugern zur Vollkommenheit entwickelt, bei denen sich der Embryo in der Gebärmutter einnistet, wo er ernährt und geschützt wird, bis er groß genug ist um eine selbständige Existenz zu beginnen. Verglichen mit äußerer Befruchtung, dem Schlüpfen und Heranwachsen mariner Wirbelloser, ist dies natürlich ein ungemein komplizierter Vorgang, und die dafür entwickelten Strukturen und Verhaltensweisen der Säuger sind entsprechend komplex.

Es ist auch eine entsprechend komplizierte chemische Regulation nötig, um den weiblichen Menstruationszyklus und die Vorgänge während der Schwangerschaft zu steuern (Abb. 2-33). Allerdings sind auch die Vorteile offenkundig: Nur wenige Gameten sind nötig, um Befruchtung sicherzustellen; und der Embryo hat die größtmögliche Überlebenschance, zumal er oft noch nach der Geburt vom Muttertier umsorgt wird.

Bei allen Vielzellern sind Spermien und Eizellen für die geschlechtliche Fortpflanzung von zentraler Bedeutung. Gewöhnlich werden sie in getrennten Individuen (Männchen mit Hoden, Weibchen mit Eierstöcken) gebildet; freilich gibt es auch hermaphrodite Tiere (Zwitter, z. B. Schnecken), von denen sowohl Spermien wie Eier in einem als Ovotestikel bezeichneten Organ produziert werden. Das Spermium ist stets der bewegliche Gamet und besitzt gewöhnlich einen Geißelschwanz, ein Mittelstück mit einer Schraubenstruktur und einen Kopf mit dem Zellkern und den Anheftungsstellen für das Ei. Die Spermien verschiedener Tiere unterscheiden sich hinsichtlich Größe und Form, und in einigen Fällen bewegen sie sich statt durch eine Schwanzgeißel amöboid. Die Eier sind unbeweglich und weniger auffällig differenziert als die Spermien, sie variieren bei verschiedenen Tieren vor allem hinsichtlich Größe und Dottergehalt.

Nach der Verschmelzung des Spermienkerns mit dem Kern der Eizelle kommt es zu einer Embryonalentwicklung, die in ihren Anfangsstadien bei fast allen Tiergruppen recht ähnlich verläuft (mit Ausnahme der Schwämme, die sich stammesgeschichtlich sehr früh von den übrigen Metazoen abgespaltet haben). Bei allen übrigen vielzelligen Tieren läuft die Keimesentwicklung – außer bei sehr dotterreichen Eiern – etwa so ab wie in Abbildung 2-34 dargestellt. Bei den meisten Gruppen schreitet die Entwicklung über eine Hohlkugel aus Zellen, die Blastula, durch Einstülpung zur zweischichtigen Gastrula fort, gefolgt von der schließlichen Entstehung des Mesoderms als dritter Zellschicht. Damit sind die drei Keimblätter etabliert:

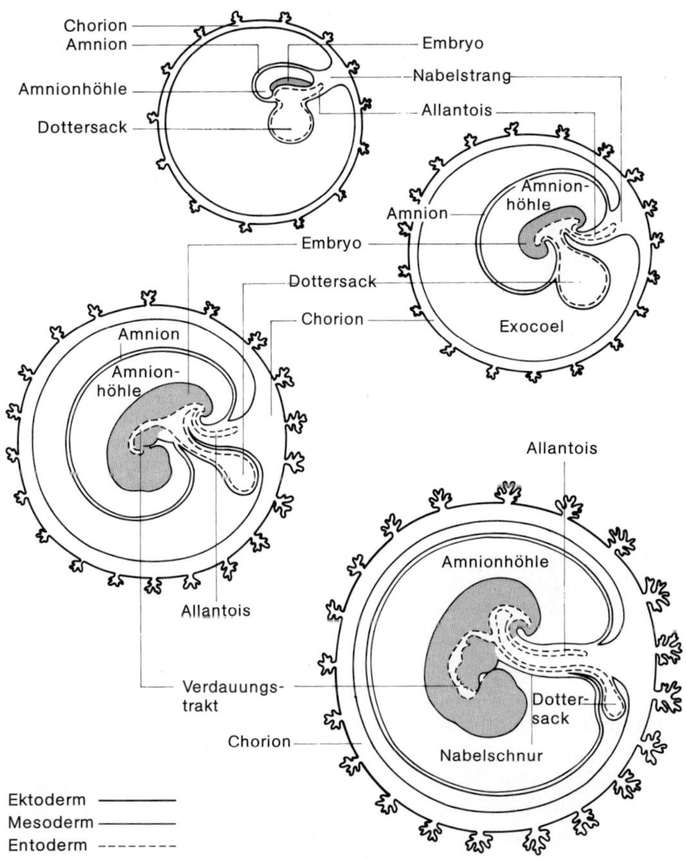

Abb. 2-35. Entwicklung eines Säugerembryos in den Hüllen der Placenta: Amnion und Chorion vergrößern sich und umwachsen den Embryo, während Allantois und Dottersack Verbindung zum Verdauungstrakt gewinnen, obwohl ihre ursprünglichen, hauptsächlich absorptiven Funktionen überwiegend von der plancentalen Blutzufuhr übernommen werden.

Aus dem Ektoderm bilden sich später Haut, Nervensystem und Sinnesorgane, dem Mesoderm entstammen die meisten inneren Gewebe, und das Entoderm bildet Darm und Verdauungsdrüsen. Schon in diesen frühen Stadien wird eine Gliederung der Tiere in zwei große Gruppen deutlich, die als grundlegende evolutorische Dichotomie aufgefaßt wird. Die erste Gruppe, die Protostomier (mit „primärem" Mund), umfaßt Plattwürmer, Anneliden (Gliederwürmer), Mollusken und Arthropoden. Bei ihnen wird aus der Blastopore (Urmund) – jener Öffnung, die sich in der Gastrula beim Einstülpungsprozeß bildete – schließlich die Mundöffnung des Tieres, der After bildet sich später als zweite Körperöffnung aus. Diese Tiere weisen auch sowohl in der Art der Zellteilungen (Furchungsteilungen) nach dem 4-Zell-Stadium als auch bei der Bildung der Körperhöhle Ähnlichkeiten auf. Zur anderen Gruppe, den Deuterostomiern (mit „sekundärem" Mund), gehören die Echinodermen, Hemichordaten und Chordaten. Bei ihnen wird der Urmund zum After, und die Mundöffnung bildet sich sekundär irgendwo anders in der sich formierenden Zellmasse des Keimes. Auch in dieser Gruppe gibt es wieder ähnliche Furchungsmuster. Im Bereich der Wirbellosen sind demnach zwei klar voneinander geschiedene embryologische Gruppen festzustellen, und die Wirbeltiere scheinen den Echinodermen am nächsten zu stehen.

Diese Zweiteilung (sie ist allerdings keine absolute) spiegelt sich auch in der Form der entstehenden Larven wider. Larven stellen zwar immer Anpassungen an bestimmte Umwelten dar und sind dementsprechend oft stark abgewandelt, aber wenigstens bei den Meeresbewohnern können die einfachen planktontischen Larvenstadien auf zwei Grundtypen zurückgeführt werden. Es bestehen auffällige Ähnlichkeiten zwischen den Larven der Anneliden, Mollusken und Krebstiere. Entsprechend sind die Larven der Echinodermen mit jenen der Eichelwürmer (sie gehören zu den Hemichordaten) vergleichbar, deren ausgewachsene Formen wiederum an die Kaulquappen-Larven der Manteltiere und der Amphibien erinnern.

Die späteren Embryonalstadien mit Gewebe- und Organbildung werden notgedrungen immer unterschiedlicher, und die endgültigen Formen der ausgewachsenen Tiere treten immer deutlicher hervor. Das trifft insbesondere auf Landtiere mit dotterreichen Eiern zu. Beispielsweise finden bei den Insekten Furchungsteilungen überhaupt nur in einer von Zellen gebildeten Oberflächenschicht auf der zentralen Dottermasse statt, und die Entwicklung nach dem Ausschlüpfen ist je nach den speziellen Bedürfnissen der Larven, Puppen und ausgewachsenen Tiere stark modifiziert. Ähnliche Komplikationen sind auch bei landbewohnenden Mollusken, Würmern und Spinnentieren festzustellen. Bei Wirbeltieren ist die Embryoentwicklung gewöhnlich durch extrazelluläre Dotteranhäufung sowie durch die Notwendigkeit bestimmt, das Entoderm in deren Nachbarschaft zu entwickeln. Bei Reptilien, Vögeln und Säugern wird das klassische Entwicklungsschema noch weiter durch komplizierte Bildungen von Schutzhüllen um den Embryo abgewandelt. Bei den Säugern dienen diese Hüllen zur Verankerung der Embryonen in der Gebärmutter, und auf Dotteranhäufungen kann verzichtet werden, da das mütterliche Blut alle Nährstoffe durch die Placenta hindurch anliefert (Abb. 2-35).

Die Steuerung all dieser verschiedenen embryologischen Vorgänge – von der Befruchtung bis zur Organbildung – stellt die chemische Koordination vor beträchtliche Probleme. Während dieser Ontogenese muß der ursprüngliche genetische Besitz der Zelle entsprechend gesteuert und in seiner Wirkung verändert werden, indem bestimmte Gene in einigen Zellen unterdrückt, in anderen Zellen dagegen voll aktiviert werden. Man fängt gerade an, jene Vorgänge zu verstehen, durch welche die DNA der Gene entweder maskiert oder zur Realisierung freigelegt wird. Natürlich müssen dabei die Wechselbeziehungen zwischen Zellen kontrolliert werden, um die Entstehung der richtigen Entwicklungsmuster zu gewährleisten. Auch dies unterliegt chemischer Kontrolle, und Zellwachstum und -teilung werden über lokale Konzentrationsgradienten gesteuert (vgl. Kap. 1.6). Vielfach organisieren bereits differenzierte Regionen des heranwachsenden Körpers die Entwicklung von Nachbargeweben. Die schließlich erreichte Körpergestalt ist also räumlich und zeitlich genau kontrolliert von den Produkten des genetischen Apparates, der sich von den beiden ursprünglichen Gameten herleitet. Das neue Individuum bildet dabei die typische Gestalt und Lebensweise aus, wie sie zu seinem Lebenstil und seinem Lebensraum paßt.

Weiterführende Literatur

Czihak, G., Langer, H. und Ziegler, H. (Hrsg.): *Biologie.* 3. Aufl.; Springer, Berlin 1981.

Denffer, D. v., Ehrendorfer, F., Bresinsky, A. und Ziegler, H.: *Lehrbuch der Botanik für Hochschulen.* 32. Aufl.; Fischer, Stuttgart 1983.

Das Leben. 4. Aufl.; Herder, Freiburg 1979.

Vogel, G. und Angermann, H.: *dtv-Atlas zur Biologie.* 3 Bände; Deutscher Taschenbuch Verlag, München 1984.

Lexikon der Biologie. 8 Bände; Herder, Freiburg; Bände erscheinen seit 1983.

Libbert, E.: *Allgemeine Biologie.* 4. Aufl.; Fischer, Stuttgart 1982.

Starck, D., Fiedler, K., Harth, P. und Richter, J.: *Biologie – Eine Vorlesungsreihe für Mediziner und Naturwissenschaftler.* Verlag Chemie, Weinheim 1981.

Nultsch, W.: *Allgemeine Botanik.* 7. Aufl.; Thieme, Stuttgart 1982.

Hadorn, E. und Wehner, R.: *Allgemeine Zoologie.* 20. Aufl.; Thieme, Stuttgart 1978.

Siewing, R. (Hrsg.): *Lehrbuch der Zoologie.* 2 Bände, 3. Aufl.; Fischer, Stuttgart 1980, 1985.

3 Genetik

3.1 Molekulare Genetik

Molekulare Genetik – das ist die Untersuchung jener Makromoleküle, die die Information für Entwicklung und Wachstum eines Organismus enthalten und die von Generation zu Generation weitergegeben werden. Das Gebiet schließt Struktur und Organisation dieser Moleküle ein, weiterhin dann auch die Mechanismen, durch die ihre Information in der Zelle und während des Lebenszyklus eines jeden Organismus richtig ausgewertet wird. Molekulare Genetik bedient sich chemischer und biochemischer Methoden, um diese biologischen Phänomene zu untersuchen.

Das genetische Material

Eine der charakteristischen Eigenschaften, durch die sich Organismen und Zellen als Lebewesen erweisen, ist ihre Fortpflanzungsfähigkeit. Die Nachkommen gleichen ihren Eltern, weil sie während ihres Lebens dieselben Proteine in entsprechender und genau kontrollierter Weise erzeugen können. Diese Eigenschaften sind also „erblich". Die Besonderheiten jedes einzelnen Proteins sind durch seine spezifische Sequenz von Aminosäuren festgelegt. Proteine können aber keine Kopien von sich selbst machen. Dazu bedarf es eines Bauplanes, und die zum Aufbau eines Organismus und seiner Proteine erforderliche Information muß irgendwie gespeichert werden können. Diesen Bauplan nennt man die genetische Information. Sie ist in den Chromosomen der Zellen gespeichert. Die Chromosomen werden verdoppelt, und die ursprünglichen Chromosomen und ihre Kopien während der Zellteilung an die Tochterzellen weitergegeben (s. Kap. 1.5).

Chromosomen bestehen aus Proteinen und Desoxyribonucleinsäure (DNS; international üblich als DNA abgekürzt, A steht für „acid", engl. Wort für Säure). Die DNA-Moleküle sind für die Erbeigenschaften der Zellen und Organismen verantwortlich, sie sind das genetische Material. DNA ist eine Nucleinsäure, ein langes, lineares Polymer aus aneinandergereihten Nucleotiden. Jedes noch unreplizierte Chromosom enthält einen einzigen DNA-Strang. Die Nucleotide ihrerseits bestehen aus je einem Zuckerrest, einer stickstoffhaltigen Base und einer Phosphatgruppe. Die Phosphatgruppen bedingen die Säureeigenschaften der DNA-Moleküle. Die Zucker sind im Falle von DNA Desoxyribosen, bei der ebenfalls in allen Zellen vorkommenden RNA (internationale Bezeichnung für RNS, Ribonucleinsäure) dagegen Ribosen. RNA weicht auch sonst von DNA ab, vor allem werden viele RNAs ständig synthetisiert und wieder abgebaut, während die DNA im Stoffwechsel recht stabil ist. DNA kommt im Zellkern vor, aber auch in semiautonomen Organellen wie den Mitochondrien und Plastiden, und zwar in präzise festgelegten Mengen. Sie unterliegt keinem Abbau. Vor jeder Zellteilung wird sie verdoppelt. Dieses Kopieren wird als Replikation bezeichnet; es ist jener molekulare Vorgang, welcher der Weitergabe der genetischen Information von Generation zu Generation zugrunde liegt.

Die in DNA niedergelegte Information ist als „Genotyp" bekannt. Wenn sich die äußerlich sichtbaren Eigenschaften einer Zelle oder eines Organismus, der sogenannte Phänotyp, herausbilden, geschieht dies durch ein Exprimieren des Genotyps. Um die entsprechenden Informationen von der DNA des Zellkerns in das Cytoplasma zu übertragen, wo die Proteinsynthese stattfindet, werden spezielle Überträgermoleküle benötigt, die einer besonderen Art von RNA entsprechen. Sie wird im Kern gebildet, wobei die Nucleotidsequenzen der DNA „abgeschrieben", kopiert werden (Transkription). Die RNA bleibt zum Teil im Kern und wird dort rasch wieder abgebaut, doch wandern drei Sorten von RNA schließlich auch ins Cytoplasma. Eine davon ist die Boten- oder *Messenger*-RNA (mRNA), die eine Art Bindeglied zwischen DNA und Proteinen darstellt: mRNA-Moleküle enthalten Kopien jener DNA-Sequenzen, die für bestimmte Proteine codieren. Im Cytoplasma wird die Nucleotidsequenz der mRNA in eine entsprechende Sequenz von Aminosäuren übersetzt, was als Translation bezeichnet wird. Das Lexikon für diese Übersetzung liefert eine weitere RNA-Sorte, die Transfer-RNA (tRNA). Die Übersetzung selbst findet an Ribosomen statt, welche die erforderlichen Enzyme und Proteinfaktoren sowie eine dritte Sorte von RNA-Molekülen enthalten, die ribosomale RNA (rRNA). Die mRNA ist kurzlebig; dagegen sind tRNAs und rRNAs relativ stabil – sie dienen ja auch der Translation beliebig vieler verschiedener mRNA-Moleküle in Proteinsequenzen.

Dieses grundlegende Muster des Informationsflusses in Lebewesen (Abb. 3-1) wurde von Crick als „Zentrales Dogma" bezeichnet. Alternative Prozesse werden damit zwar nicht ausgeschlossen, sind aber aufgrund unserer heutigen Kenntnisse unwahrscheinlich. Allerdings können bestimmte RNA-Viren mit einem besonderen Enzym, der reversen Transcriptase, ihre RNA-Sequenz in DNA umschreiben. Es gibt auch Hinweise darauf, daß Sequenzen in der DNA von Säugern, die als „Pseudogene" bezeichnet werden, möglicherweise durch eine Rückübersetzung von mRNA in DNA entstanden sind, doch ist über die Bedeutung solcher hypothetischer Vorgänge nichts bekannt.

Abb. 3-1. Das „Zentrale Dogma".

Die Struktur der Nucleinsäuren

In den Nucleotiden der DNA kommen vier verschiedene Stickstoffbasen vor: Zwei Purine, nämlich Adenin und Guanin, und zwei kleinere Pyrimidine, Cytosin und Thymin. Das Rückgrad des DNA-Moleküls besteht aus abwechselnden Zucker- und Phosphatgruppen; die Basen sind jeweils am Zuckerrest angehängt (Abb. 3-2). Die beiden Bindungsstellen der Zucker für Phosphatgruppen sind unterschiedlich und verleihen der DNA-Kette einen Richtungssinn; das gesamte

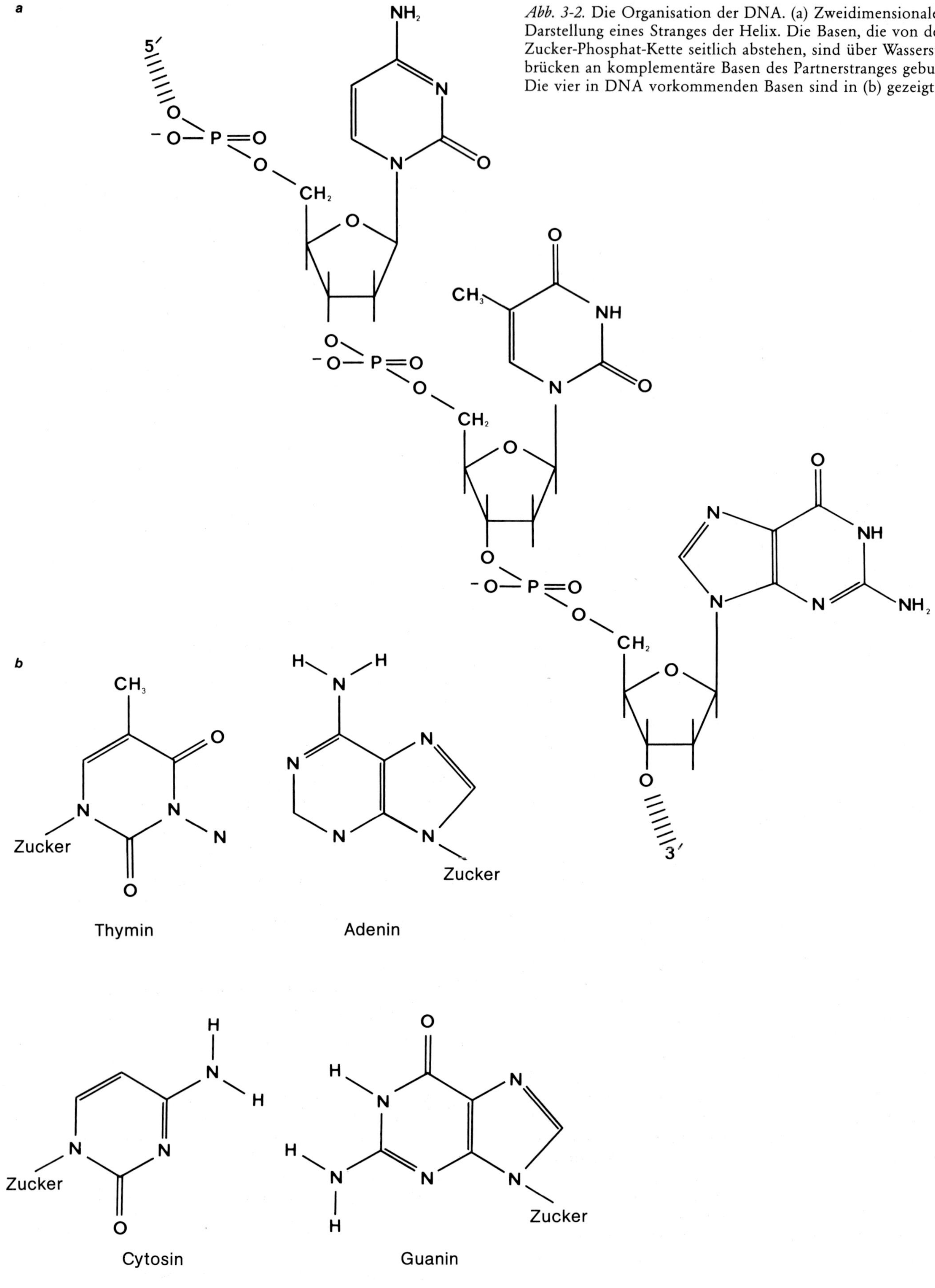

Abb. 3-2. Die Organisation der DNA. (a) Zweidimensionale Darstellung eines Stranges der Helix. Die Basen, die von der Zucker-Phosphat-Kette seitlich abstehen, sind über Wasserstoffbrücken an komplementäre Basen des Partnerstranges gebunden. Die vier in DNA vorkommenden Basen sind in (b) gezeigt.

Kettenmolekül besitzt ein 5'-Phosphat-Ende und ein 3'-Hydroxyl-Ende. Die Reihenfolge der Einzelbausteine wird üblicherweise in 5' → 3' Richtung angegeben.

Aus Röntgendiagrammen kristallisierter DNA haben Wilkins und Franklin, sowie Watson und Crick die Struktur der DNA ermittelt. Nach diesen Daten gebaute Molekülmodelle ergaben als wahrscheinlichste Struktur eine Doppelhelix mit den beiden Zucker-Phosphat-Ketten außen, der wässrigen Umgebung zugekehrt, und den Basen innen flach übereinanderliegend und senkrecht zur Schraubenachse orientiert (Abb. 3-2). Dabei müssen Adenin und Thymin bzw. Guanin und Cytosin gepaart sein – jede Abweichung davon würde nicht in die Struktur der Doppelhelix passen. Die Beobachtung von Chargaff, daß in Zellkernen stets gleiche Mengen von Guanin und Cytosin bzw. Adenin und Thymin vorliegen, konnte somit erklärt werden. Die beiden DNA-Stränge der Doppelhelix sind gegenläufig oder „antiparallel". Das Ionenmilieu im Zellkern weicht jedoch von jenem in DNA-Kristallen stark ab, und die DNA ist an Protein gebunden; es ist also möglich, daß kürzere Abschnitte der Kern-DNA – zumal bei hohem Guanin- plus Cytosin-Gehalt – andere Strukturen besitzen als die traditionelle DNA-Doppelhelix.

Die Doppelhelix der DNA ist eine relativ steife Stabstruktur, und die chemisch reaktiven Basen sind im Inneren verborgen. Bei Replikation und Transkription müssen die beiden Stränge getrennt werden, um Paarung mit neu hinzutretenden Basen zu ermöglichen. Diese Strangtrennung wird durch Proteine katalysiert, die sich an Einzelstrang-DNA binden und diese stabilisieren. Die metabolisch aktiven RNAs sind überwiegend einzelsträngig, obwohl es auch hier Doppelstrangbereiche gibt, die durch Basenpaarung zwischen verschiedenen Abschnitten desselben, in sich zurückgefalteten Moleküls entstehen (Abb. 3-3). RNA enthält auch andere Zuckerreste als DNA, und an die Stelle der Base Thymin tritt bei ihr Uracil. Dadurch sind RNA-Doppelstränge weniger steif als die DNA-Doppelhelix, sie können leicht auseinandergedreht werden und bieten leichteren Zutritt für Enzyme, die bestimmte Basensequenzen erkennen. Andererseits ist aber die „Sekundärstruktur", wie die Basenpaarung zwischen verschiedenen Teilen eines Nucleinsäuremoleküls genannt wird, wichtig für die räumliche Struktur von RNA-Molekülen wie tRNA und bildet allgemein die Grundlage für ihre Wechselwirkung mit Proteinen. RNA-Moleküle sind auch viel kürzer als die von DNA, sie stellen Kopien von kurzen DNA-Abschnitten dar.

Eine Leberzelle enthält etwa 2 Meter DNA, das entspricht dem 100 000-fachen des Zelldurchmessers. Diese DNA muß daher zusammengefaltet und stark kondensiert sein, um in den Zellkern hineinzupassen. Wird DNA aus den Zellen höherer Organismen extrahiert, finden sich basische Proteine mit ihr assoziiert, die Histone. Der DNA-Histon-Komplex wird Chromatin genannt. Dieses hat die Struktur einer Perlenkette (Abb. 3-3), wobei Oktamere von Histonen den Perlen entsprechen; um sie ist ein DNA-Stück von 200 Basenpaaren gewickelt. Das ganze Gebilde wird als Nucleosom bezeichnet. Ein weiteres, einzelnes Histonmolekül kann benachbarte Nucleosomen zusammenziehen. Nun ist ja die DNA selbst eine Doppelhelix, und durch ihr Herumwinden um das Histonoktamer entsteht eine Superhelix. Die Nucleosomen stapeln sich ihrerseits übereinander und können dabei Schraubenstrukturen, sogenannte Solenoide, bilden, wodurch die Packung noch dichter wird. Die schließlich entstehenden Chromatinfibrillen mit 25 nm Durchmesser entsprechen den feinen Strängen, die das Elektronenmikroskop in Eukaryoten-Kernen erkennen läßt.

Eukaryoten besitzen „echte" Zellkerne, die vom Cytoplasma durch eine Doppelmembran getrennt sind und mehrere Paare langer, linearer Chromosomen enthalten, 4 Paare bei der Essigfliege, 50 beim Goldfisch, 23 beim Menschen. Dagegen ist das eine, ringförmige Chromosom von Prokaryoten (Bakterien) nicht vom Zellplasma der Bakterienzelle gesondert, und die mRNA wird während der noch fortgesetzten Transkription auch schon translatiert. Bakterien-DNA ist mit nur einer Sorte Strukturprotein assoziiert. Viren enthalten entweder RNA oder DNA als genetisches Material, dieses befindet sich geschützt in der Proteinhülle der Viruspartikel – zumindest außerhalb von Wirtszellen. Viroide, die verschiedene Pflanzenkrankheiten verursachen, bestehen überhaupt nur aus einem zirkulären RNA-Molekül, das sich stellenweise mit sich selbst paart, aber ohne jede schützende Hülle ist.

Die genetische Struktur des Bakterienchromosoms ist vergleichsweise einfach. Die DNA von Prokaryoten und anderen einfachen Organismen wie den Pilzen enthält praktisch nur einmalige Sequenzen, die für Proteine codieren. („Einmalige" Sequenzen kommen im haploiden Genom nur einmal vor.) Die Gene der Bakterien sind auch nur durch kurze Abschnitte voneinander getrennt, die nicht transkribiert werden. Diese kompakte Organisation des Bakterienchromosoms ermöglicht eine effektive Kontrolle der Genexpression und schnelle Replikation. Der Zwang, möglichst kleine Chromosomen zu entwickeln, ist bei Viren, die ihre DNA oder RNA innerhalb einer sehr kleinen und einfachen Proteinhülle unterbringen müssen, besonders stark. Tatsächlich hat man Fälle von Gen-Überlappung gefunden, wo also ein Sequenzabschnitt viraler DNA für mehr als ein Protein codiert.

Höhere Organismen können eine größere Anzahl unterschiedlicher Proteine herstellen als Bakterien und haben dementsprechend auch mehr Gene. Man schätzt ihre Zahl bei Säugern auf 10 000 bis 15 000 und mehr, während Bakterien nur 4 000 bis 5 000 verschiedene Gene besitzen. Nun ist aber der Gesamtgehalt an DNA bei Eukaryoten gewöhnlich 100 bis 1 000 mal größer als für die Proteincodierung erforderlich wäre. Dementsprechend enthält die DNA höherer Organismen neben einmaligen Sequenzen, die für Proteine codieren, noch zwei weitere Sequenzklassen, die als hochrepetitive (1 000 bis 1 000 000 Kopien pro Genom) und mittelrepetitive (20 bis 200 Kopien pro Genom) bezeichnet werden. Die hochrepetitiven Sequenzen werden nicht transkribiert, sie sind oft an bestimmten Orten im Chromosom konzentriert, wie z. B. an den Enden oder den Zentren, wo sie vermutlich bei der Chromosomenpaarung in der Meiose eine Rolle spielen. Manche mittelrepetitive Sequenzen sind dicht mit codieren-

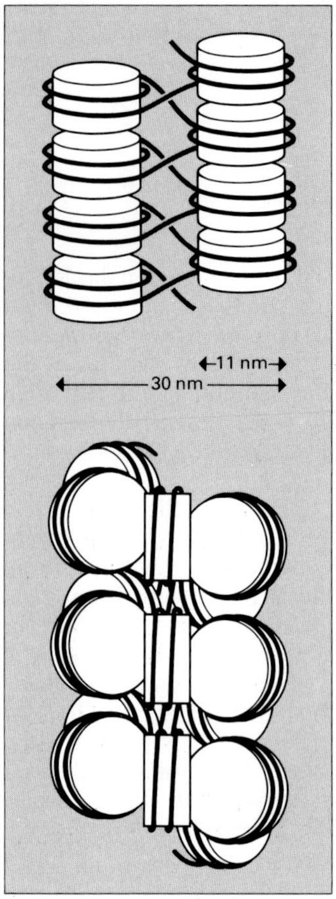

Abb. 3-3. Modelle, die für DNA-Strukturen höherer Ordnung vorgeschlagen wurden. Die DNA-Doppelhelix ist um Histone gewunden und bildet Nucleosomen; diese sind ihrerseits zu Chromatinsträngen aneinandergereiht.

den Sequenzen durchsetzt und werden in RNA umgeschrieben, die jedoch den Kern nicht verläßt, sondern wieder abgebaut wird. Beispiele dafür sind die als Introns bekannten Zwischensequenzen vieler Eukaryoten-Gene. Insgesamt ist aber das Verhältnis repetitiver DNA-Sequenzen zu einmaligen noch nicht gut verstanden.

Replikation

Wenn sich eine Zelle teilt, liefert sie für jede Tochterzelle eine genaue Kopie ihrer DNA-Moleküle. Das Kopieren der ursprünglichen DNA wird als Replikation bezeichnet; es geschieht jeweils in einem ganz bestimmten Zeitabschnitt in der Aufeinanderfolge von Zellwachstum und Zellteilung.

Durch die Basenpaarung in der DNA-Doppelhelix können die ursprünglichen Stränge als Matrizen für die Nucleotidsequenzen neuer Stränge dienen, und durch das Auseinanderwinden und Kopieren der Stränge einer Doppelhelix können zwei neue Doppelhelices gebildet werden. Meselson und Stahl zeigten, daß jede Tochterhelix aus einem ursprünglichen und einem neu gebildeten DNA-Strang besteht. Diese Art der Replikation heißt „semikonservativ". Da die beiden Stränge der ursprünglichen Doppelhelix gegenläufig sind (5' → 3' und 3' → 5'), würde man erwarten, daß die DNA synthetisierenden Enzyme nach beiden Richtungen arbeiten können. Tatsächlich können sie aber nur in der 5' → 3' Richtung synthetisieren. Man nimmt daher an, daß nur ein Strang kontinuierlich, der andere durch rückläufige Synthese in kurzen Teilstücken synthetisiert wird (Abb. 3-4), die dann durch das Enzym DNA-Ligase aneinander geknüpft werden.

Die Stelle, wo die DNA-Synthese beginnt, wird als Replikationsstart bezeichnet. Bakterien haben nur eine solche Stelle an ihrem einzigen Chromosom; für jedes Chromosom eines Eukaryoten gibt es dagegen viele Startpunkte. Von jedem dieser Punkte wachsen die DNA-Ketten in beiden Richtungen und bilden zwei Replikationsgabeln. Das geht so weiter, bis eine Basensequenz erreicht wird, die den Replikationsschluß signalisiert.

Bei der Replikation kann es viele Fehler geben, z. B. den Einbau einer inkorrekten Base oder Auslassung bzw. Hinzufügung einer Base. Wenn sich solche Mutationen in Sequenzen ereignen, die nicht für ein Protein codieren, bleiben sie unwirksam. Es gibt auch Mutationen, die ein Protein nur unwesentlich verändern, daneben allerdings auch solche, die ein unbrauchbares Protein zur Folge haben und dann tödlich für Zelle bzw. Organismus sein können. Der Replikations-Apparat verfügt jedoch über raffinierte Mechanismen zur Verringerung der Fehlerrate und zur Korrektur bereits eingetretener Fehler („Korrektur-Lesen"). Bei der Replikation von Bakterien-Chromosomen gibt es nur etwa einen Fehler auf 100 Mio. Basen, also im Mittel weniger als einen Fehler bei der Replikation des gesamten Chromosoms von *Escherichia coli.* Die geringe Variation, die durch nicht korrigierte Replikationsfehler bedingt ist, liefert andererseits Angriffspunkte für natürliche Selektion.

Transkription

Bei der Transkription wird die Sequenz der Desoxyribonucleotide eines DNA-Abschnittes als komplementäre Sequenz von Ribonucleotiden eines RNA-Moleküls kopiert, wobei jeweils die Basen Guanin als Paarungspartner für das in der DNA enthaltene Cytosin sowie Adenin für Thymin, Cytosin für Guanin und Uracil für Adenin auftreten. Die RNA-Synthese wird durch die DNA-abhängige RNA-Polymerase katalysiert, ein großes Enzym, das aus mehreren verschiedenen Untereinheiten aufgebaut ist. In Bakterienzellen gibt es nur eine Sorte RNA-Polymerasen, in Eukaryotenzellen dagegen drei, von denen jede eine andere RNA-Sorte synthetisiert. Die Transkripte sind einzelsträngige RNA-Moleküle unterschiedlicher Länge und Lebenszeit; sie sind im Gegensatz zur DNA einem ständigen Auf- und Abbau unterworfen. Die in Mitochondrien oder Plastiden synthetisierte RNA verbleibt in diesen Organellen. Dagegen liefert der Zellkern drei RNA-Sorten an das Cytoplasma.

Mengenmäßig überwiegt in der Zelle die ribosomale RNA (rRNA), eine Strukturkomponente der Ribosomen, jener cytoplasmatischen Partikel, welche die aus dem Kern kommende Information in Polypeptidsequenzen übersetzen. Ribosomen bestehen aus zwei unterschiedlich großen Untereinheiten, deren jede mindestens einen langen Strang von rRNA enthält.

Abb. 3-4. Schematische Darstellung der DNA-Replikation.

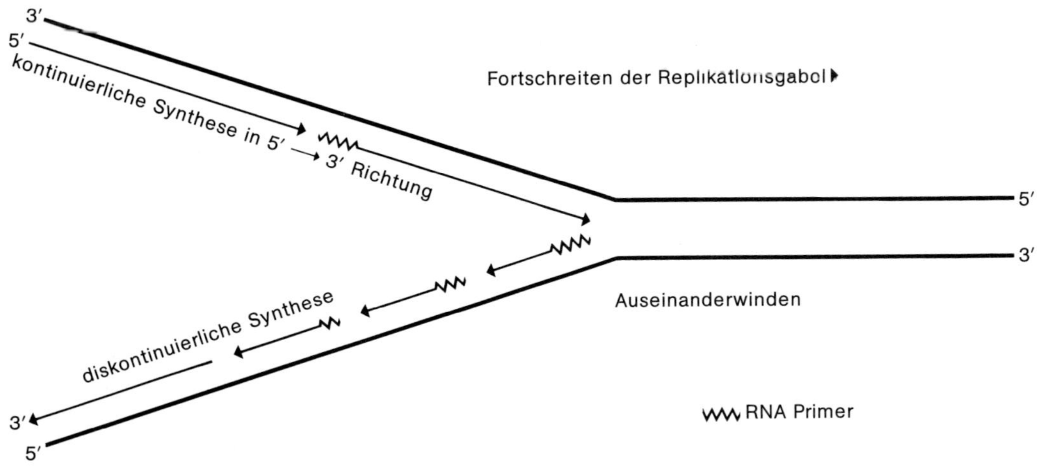

rRNA ist besonders stabil. Der zweite stabile RNA-Typ ist die Transfer-RNA (tRNA), die während der Translation die Auswahl der richtigen Aminosäuren vornimmt. Die dritte RNA-Sorte, die *Messenger*-RNA (mRNA), ist dagegen kurzlebig und trägt die Information von der DNA zu den Ribosomen, wo ein Teil der Nucleotidsequenz der mRNA in die Aminosäuresequenz von Proteinen übersetzt wird. Die Ribosomen werden bei diesem Translationsvorgang durch mRNA programmiert.

Die Basiseinheit der genetischen Information ist das Gen. Man versteht darunter einen DNA-Abschnitt, der – zusammen mit regulatorischen Sequenzen – für ein bestimmtes Protein codiert. Der Gesamtbestand eines Organismus an Genen wird als Genom bezeichnet. Die Struktur eines Gens kann durch die Kartierung aller in ihm gefundenen Mutationen ermittelt werden. Zwei im selben Gen lokalisierte Mutationen können durch *Crossing-over* während der Meiose rekombiniert werden (s. Kap. 1.5), und je häufiger dies vorkommt, desto weiter sind die beiden Mutationsorte voneinander entfernt. Yanofsky analysierte die Reihenfolge von Mutationsorten im Gen für das Enzym Tryptophan-Synthetase von *Escherichia coli,* und zusätzlich die Aminosäuresequenzen der Proteine aller dieser Mutanten. Die Reihenfolge der Mutationsorte im Gen war dieselbe wie die der mutativ veränderten Aminosäuren im Protein; das Gen und seine Produkte sind „colinear". Mit modernen Techniken können die Basensequenzen auch relativ langer DNA-Abschnitte leicht ermittelt werden, und da es experimentell möglich ist, RNA in Form von DNA zu kopieren, sind auch zahlreiche RNA-Sequenzen bestimmt worden. Auf diese Weise und auch durch klassische genetische Analyse ist die genaue Struktur vieler Gene und ihrer Transkripte inzwischen ermittelt worden.

Bei Pro- und Eukaryoten ist der Zentralteil der mRNA-Moleküle colinear mit dem fertigen Protein-Produkt. Die Basensequenz von Anfang bis Ende der codierenden Region im mRNA-Strang ergibt die gesamte Sequenz der Aminosäuren im Protein. Die Bereiche am Anfang und Ende des mRNA-Moleküls codieren aber nicht für das jeweilige Protein, sondern tragen z. B. Informationen über die Anheftung an Ribosomen oder die Alterung des mRNA-Moleküls. Beidseits der in RNA transkribierten Bereiche befinden sich in der DNA Sequenzen, die z. B. die Bindung der RNA-Polymerase kontrollieren oder die Beendigung der Transkription bewirken. Mutationen in diesen Bereichen der DNA beeinflussen nicht die Sequenz der gebildeten RNA, wohl aber die Transkriptionsrate.

Nach Beginn der Transkription liest die RNA-Polymerase die DNA fortlaufend ab und verlängert den RNA-Strang, bis sie an ein Stopsignal kommt. Bei Prokaryoten ist dieses Primärprodukt auch schon die endgültige RNA, die dann translatiert wird. Bei Eukaryoten ist die Genstruktur dagegen komplizierter und kann Sequenzabschnitte enthalten, die zwar in RNA transkribiert werden, aber nicht für ein Protein codieren. Die RNA-Polymerase kopiert die gesamte DNA-Sequenz zwischen Start- und Stopsignal, aber das „primäre Transkript" ist wesentlich länger als die reife mRNA, wie sie vom Kern in das Cytoplasma geliefert wird. Primäre Transkripte stellen eine besondere RNA-Sorte dar, die als heterogene nucleäre RNA bekannt ist (hnRNA). Sie ist von sehr unterschiedlicher Größe (daher „heterogen") und hat im Kern nur wenige Minuten Bestand. Aus ihr werden nicht-codierende Sequenzen herausgeschnitten. Diese in der endgültigen mRNA fehlenden Abschnitte werden als intervenierende Sequenzen bezeichnet. Sie codieren keine Aminosäure-Sequenzen. Im typischen Eukaryoten-Gen sind zwischen die codierenden Abschnitte entsprechende „Introns" eingestreut. Die Introns haben Längen zwischen 50 und mehreren 1000 Nucleotiden, sie sind insgesamt gewöhnlich weit länger als die codierenden Teilsequenzen (Exons), die auf der DNA entsprechend weit voneinander entfernt sein können. Unter den bisher untersuchten Eukaryoten-Genen sind nur jene für Interferon und für die Histone ohne Introns, während z. B. das Gen für Kollagen – jenes wichtige Faserprotein des Bindegewebes – über 50 Introns aufweist.

Reife eukaryotische mRNA, wie sie im Cytoplasma auftritt, trägt an beiden Enden zusätzliche Sequenzen. Am 5'-Ende weist sie eine als *Cap* (Kappe) bezeichnete Sequenz auf, welche die mRNA vermutlich vor Abbau schützt und die Erkennung durch das Ribosom erleichtert. Das 3'-Ende trägt eine Reihe von Adenylat-Resten, den sogenannten poly A-Schwanz, der zwischen 20 und 200 Nucleotide lang ist und vielleicht mit dem Export der mRNA aus dem Kern und ihrer Stabilisierung im Cytoplasma zu tun hat.

Ein Sequenzvergleich von DNA und Primärtranskript läßt den Startpunkt der Transkription genau erkennen. Mutationen, die die Genaktivität – also die Rate der Transkription – beeinflussen, ermöglichen eine Eingrenzung des Promotors, jener Stelle, an welcher sich die RNA-Polymerase zunächst an die DNA anheftet. Die Promotor-Sequenz auf der DNA ist unsymmetrisch, sie bestimmt den zu kopierenden Strang und legt die Transkriptionsrichtung fest. Die Bindungsstelle der RNA-Polymerase kann gefunden werden, indem man jene DNA-Stücke sequenziert, die nach Bindung der RNA-Polymerase gegen enzymatische Verdauung geschützt sind. Normalerweise umfaßt die Promotor-Sequenz 40–60 Nucleotide, die dem Ort des eigentlichen Transkriptions-Starts vorgelagert sind.

Bei Bakterien, die keinen Zellkern besitzen und wo die Translation der mRNA in Protein schon während ihrer Transkription beginnt (Abb. 3-5), ist die Menge eines bestimmten Proteins oft durch die Promotor-Aktivität für das entsprechende Gen festgelegt. Ein besonders aktiver Promotor, der viele RNA-Polymerasen bindet, so daß viele Kopien des Gens erzeugt werden, hat eine hohe Initiations-Frequenz. Die Promotoren auf Virus-DNA sind häufig von dieser Art und steuern daher die Proteinsynthese infizierter Zellen in Richtung auf die Erzeugung viraler Proteine um.

Die RNA-Polymerase von Bakterien transkribiert solange, bis sie zu einem Terminationssignal auf der DNA kommt, und fällt dann von der DNA ab. Das eigentliche Signal scheint übrigens nicht auf der DNA selbst zu liegen, sondern auf der neugebildeten RNA, die an dieser Stelle eine – natürlich von der DNA abgeschriebene – Sequenz enthält, die eine Paarung mit sich selbst und damit die Bildung einer Haarnadelschleife erlaubt. Dies sowie eine Reihe von Uracil-Resten ergeben zusammen das Terminationssignal; manchmal ist auch noch ein besonderer Proteinfaktor, als ρ bezeichnet, erforderlich.

Bei höheren Organismen weiß man weniger über die Vorgänge der Initiation und Termination, sie sind auch komplizierter. Beispielsweise ist die Lage des Promotors relativ zur Initiationsstelle sehr variabel. In einer Hinsicht sind allerdings die Bakterien komplizierter: Eukaryotische mRNAs codieren jeweils nur für ein Protein, und die Ribosomen brauchen nur ihr 5'-Ende zu binden und die einzige Initiationsstelle für die Translation aufzufinden. Prokaryotische mRNAs sind dagegen polycistronisch, d. h. sie enthalten die Information für mehrere Proteine, und dementsprechend gibt es auch mehrere Initiationsstellen. Das hängt damit zusammen, daß bei Bakterien Gene für Proteine mit verwandten Funktionen oft beisammen liegen und gemeinsam von einem einzigen Promotor kontrolliert werden, wie es etwa auf die Gene aller an der Biosynthese von Histidin beteiligten Enzyme zutrifft. Die Mengen dieser Enzyme werden also koordiniert gesteuert, da sie ja alle entsprechend der Aktivität ihres gemeinsamen Promotors synthetisiert werden. Bei Überschuß von Histidin lagert sich ein Repressor-Protein an den Promotor und verhindert die weitere Transkription der Gene; bei Histidinmangel kann dieses Protein sich nicht an den Promotor binden, und die Enzyme werden synthetisiert. Bei Eukaryoten jedoch sind die Mengen gebildeter Enzyme nicht einfach durch die Transkriptionsrate ihrer Gene reguliert.

Translation

Die Proteinsynthese läuft im Cytoplasma aller Zellen an den Ribosomen ab. Diese bestehen etwa zur Hälfte aus RNA und Protein und werden von zwei Untereinheiten mit je einem langen RNA-Strang und 20 bis 40 verschiedenen Proteinmolekülen gebildet. Die rRNAs sorgen einerseits für die richtige Anordnung der ribosomalen Proteine und können andererseits bestimmte Sequenzen von mRNAs und tRNAs durch Basenpaarung erkennen. Die ribosomalen Proteine sind zum Teil Enzyme, die gemeinsam die sehr komplizierten Vorgänge der präzisen Übertragung einer Basensequenz in die entsprechende Aminosäuresequenz ausführen. Bei artgleichen Organismen stimmen die Ribosomen genau überein; aber Prokaryoten und Eukaryoten besitzen unterschiedlich große Ribosomen. Die Ribosomen der eukaryotischen Mitochondrien und Plastiden entsprechen eher prokaryotischen Ribosomen als jenen des Eukaryoten-Cytoplasmas.

In Proteinen findet man 20 verschiedene Aminosäuren, und diese müssen durch die Reihenfolge der vier verschiedenen Nucleotid-Basen der RNA bzw. DNA eindeutig festgelegt sein. Das wird erreicht, indem jeweils drei aufeinanderfolgende Basen eine Aminosäure codieren. Mit vier Basen können 64 verschiedene Basentripletts oder Codonen zusammengestellt werden, und tatsächlich bedeuten 61 von ihnen jeweils eine bestimmte Aminosäure. Für einige häufige Aminosäuren gibt es mehr als ein Codon. Die restlichen drei Codonen sind Stopsignale der mRNA, sie bedeuten die Beendigung der Proteinsynthese. Der genetische Code (Zuordnung von Basentripletts und Aminosäuren) ist praktisch universell, d. h. (fast) alle Organismen besitzen denselben Code. Da bei der Translation die Basensequenz in Dreiereinheiten gelesen wird, muß der gesamte Prozeß an einer sehr genau definierten Stelle beginnen; wenn der Leseraster auch nur um eine Base verfehlt wird, würde ein völlig anderes Protein entstehen.

Abgesehen von den drei Stopcodonen entspricht jedem Codon der mRNA eine Aminosäure und ein bestimmtes tRNA-Molekül. Die tRNA ist es letztlich, die Basentripletts in Aminosäuren übersetzt, indem das tRNA-Molekül am einen Ende mit einem Codon der mRNA paaren kann, während es am anderen die entsprechende Aminosäure trägt. Alle tRNAs haben eine charakteristische Sekundärstruktur, und ein herausragender Teil, die Anticodon-Schleife, exponiert ein Basentriplett, das zu einem passenden Codon der mRNA komplementär ist. Cytoplasmatische Enzyme erkennen die einzelnen tRNA-Moleküle und beladen sie mit den jeweils richtigen Aminosäuren. Die beladenen tRNAs können sich dann an geeignete Codonen der mRNA binden. So ergibt sich am Ribosom die richtige Reihenfolge der Aminosäuren, die durch Enzyme zur Polypeptidkette des Proteinmoleküls verbunden werden.

Die erste in das entstehende Protein eingebaute Aminosäure ist stets Methionin oder ein Derivat davon, so daß also das Initiatorcodon stets jenes für Methionin ist, nämlich Adenin-Uracil-Guanin (AUG). Die Nucleotidsequenzen der mRNA vor diesem Codon sind nicht-codierend, doch sind sie wichtig für Erkennung und Bindung am Ribosom. Bei Prokaryoten gibt es eine Homologie zwischen diesen nicht-codierenden Sequenzen der mRNA und einem Abschnitt der rRNA in der kleinen Ribosomen-Untereinheit, die dem Ribosom die Bindung der mRNA in unmittelbarer Nachbarschaft zum AUG-Initiatorcodon ermöglichen. Bei Eukaryoten fehlt eine entsprechende Bindung an rRNA, hier sorgt die *Cap*-Struktur am 5'-Ende des mRNA-Moleküls für die Bindung, und das Ini-

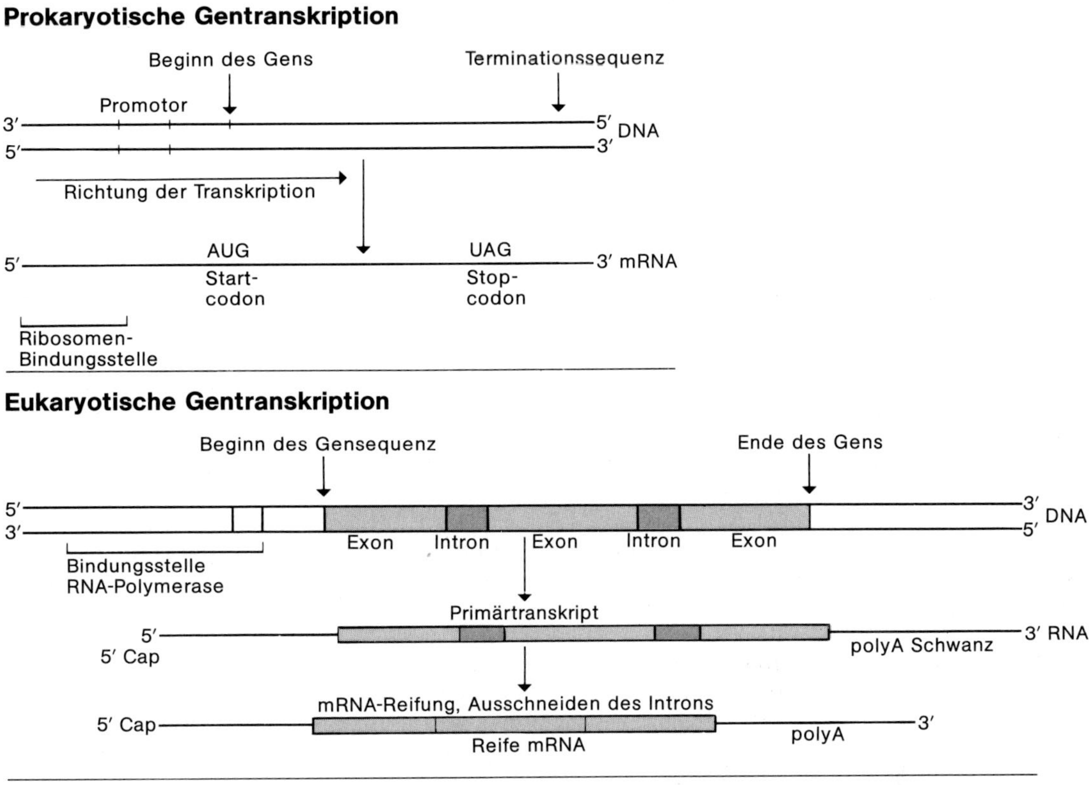

Abb. 3-5. Die Organisation prokaryotischer und eukaryotischer Gene und ihre Beziehung zu den schließlich gebildeten Messenger-RNAs.

tiatorcodon AUG ist das erste für die Translation verfügbare Triplett.

Das Ribosom bewegt sich dann Codon um Codon entlang der mRNA in der Richtung 5'→ 3', bindet der Reihe nach die passenden tRNAs und verknüpft die durch sie herangeschafften Aminosäuren zur wachsenden Polypeptidkette. Gelangt das Ribosom zu einem nicht-codierenden Codon, dann löst es sich vom mRNA-Strang ab und entläßt das fertige Proteinmolekül ins Cytoplasma.

Der Translationsprozeß muß mit hoher Genauigkeit ablaufen, sonst würden viele fehlerhafte Proteinmoleküle synthetisiert. An zwei Stellen der Translation bestehen daher Korrekturmöglichkeiten, um etwa entstandene Fehler noch auszumerzen. Allerdings ist die hier geforderte Präzision nicht so hoch wie bei der Replikation, da Fehler nicht auch gleich erblich fixiert werden.

Die Menge eines Proteins in der Zelle hängt von verschiedenen Faktoren ab, unter denen die mRNA-Menge und die Abbaugeschwindigkeit des Proteins besonders wichtig sind. Aber auch die Initiationsrate ist von Bedeutung: mRNAs mit hoher Affinität zu Ribosomen werden mehr Protein erzeugen als solche mit geringer Ribosomenbindung. Die Elongationsgeschwindigkeiten sind auch bei unterschiedlichen Genen sowohl auf der Ebene der Transkription wie der Translation konstant, und es sind tatsächlich Unterschiede in der Initiationsrate, die zu unterschiedlichen Produktmengen führen. Virale mRNAs besitzen allgemein eine sehr hohe Ribosomen-Affinität, so daß in infizierten Zellen beträchtliche Mengen von Virus-Proteinen gebildet werden, auch wenn nur wenige Virus-mRNAs mit den sehr vielen mRNA-Molekülen der Wirtszelle konkurrieren müssen.

Nach dem Translationsende werden viele Proteine einfach in das Cytoplasma hinein freigesetzt, wo sie ihre Wirkung entfalten. Nun sezernieren Zellen aber auch Proteine, exportieren sie also durch die Plasmamembran hindurch nach außen, und in Eukaryoten-Zellen müssen bestimmte Proteine auch in die internen, membranumschlossenen Kompartimente der Zelle eingeschleust werden. Ein Teil der Ribosomen sitzt daher bei Eukaryoten auf Membranen des endoplasmatischen Reticulums fest (bei Bakterien entsprechend an der Plasmamembran), und die von ihnen gebildeten Proteine werden bei der Synthese durch diese Membranen hindurchgeschleust. Die Anfangssequenz der Aminosäuren solcher Sekretproteine bilden ein spezielles Signal und veranlassen die Ribosomen, sich an die Membranen zu heften und die wachsende Polypeptidkette durch die Membran zu schieben. Sobald diese Signalsequenz auf der anderen Membranseite angekommen ist, wird sie durch ein Enzym entfernt, und der Rest des Proteins wird an seinen Bestimmungsort transportiert.

Die Gene für Sekretproteine sind gute Beispiele dafür, daß genetische Information viel mehr ist als nur eine Basensequenz, die eine Aminosäure-Sequenz codiert. Das Gen in der DNA enthält auch Sequenzen, welche die Anbindung der RNA-Polymerase am richtigen Abschnitt ermöglichen, wobei die Bindungsaffinität zugleich die mRNA-Menge reguliert. Bei höheren Organismen ist die eigentliche Codierungssequenz der späteren mRNA von intervenierenden Sequenzen unterbrochen, die ausgeschnitten werden müssen, bevor die reife mRNA ins Cytoplasma gelangt. Diese mRNA trägt am 5'-Ende Strukturen, die für Erkennung und Bindung durch Ribosomen wichtig sind, und eine nicht-codierende Sequenz am 3'-Ende. Sogar die neugebildeten Proteinketten können Teilsequenzen enthalten, die während besonderer Reifungs- und Transportprozesse entfernt werden müssen. Bei allen diesen Schritten können regulative Vorgänge eingreifen.

3.2 Die Genetik der Organismen

Fortpflanzung

Ein wesentliches Charakteristikum aller Lebewesen ist ihre Fortpflanzungsfähigkeit. Organismen einer Art erzeugen Nachkommen derselben Art, in dieser Hinsicht ist die Fortpflanzung extrem konservativ. Doch ist auch die Variabilität innerhalb einer Art oft erblich festgelegt, und unter den Nachkommen zweier etwas verschiedener Individuen kann es solche geben, die dem einen oder anderen Elter gleichen, daneben aber auch solche, für die das nicht zutrifft oder die eine neuartige Mischung elterlicher Merkmale aufweisen.

Die genetische Konstitution eines Organismus wird als sein Genotyp bezeichnet, seine physischen und biologischen Eigenschaften als sein Phänotyp. Bei den meisten Organismen können genotypische Unterschiede nur als erbliche Phänotyp-Differenzen erkannt werden. Zellen enthalten sehr viele Enzyme, von denen einige solche Substanzen im Stoffwechsel umsetzen, die für das Zellwachstum benötigt werden. Ein erster wichtiger Schritt zum Verständnis der Genwirkung war die „Ein Gen/Ein Enzym-Hypothese". Sie besagt, daß die meisten Gene für je eine Polypeptidkette mit einer bestimmten Funktion codieren. Verschiedene Versionen eines bestimmten Gens, wie sie durch Mutation entstehen können, werden als Allele dieses Gens bezeichnet.

Die Tatsache, daß die Erbinformation in der DNA gespeichert ist, wurde bereits geschildert. Die DNA-Replikation – also das exakte Kopieren der Basensequenzen und damit der genetischen Information der DNA – liefert die Basis für den konservativen Aspekt der Vererbung. Bei Bakterien z. B. wird das eine DNA-Molekül, das sie normalerweise enthalten, repliziert, und wenn sich die Zelle teilt, bekommt jede Tochterzelle eine Kopie der DNA mit. Die neu entstandenen Zellen sind mit der ursprünglichen Zelle genetisch identisch, und das bleibt auch in weiteren Generationen so, bis sich irgendwann eine Mutation ereignet. Hierunter ist eine Änderung der Basensequenz zu verstehen, entweder Basenaustausch oder die Wegnahme oder Hinzufügung von Basen in der Sequenz. In der Natur sind Mutationen einzelner Gene gewöhnlich äußerst selten. Bei höheren Organismen rechnet man mit nur einem Mutationsereignis in 100 000 000 Zellgenerationen.

Mutationen sind Zufallsereignisse, die Wahrscheinlichkeit ihres Auftretens hat mit ihrer Wirkung nichts zu tun. Ein Basenaustausch in einem bestimmten Codon (Basentriplett, s. Kap. 3.1) kann unter Umständen zu einem neuen Codon führen, das – wegen der Redundanz des genetischen Codes – dennoch dieselbe Aminosäure bedeutet. Wahrscheinlicher ist allerdings, daß nun auch eine andere Aminosäure eingebaut wird. Auch das bedeutet aber nicht notwendigerweise, daß das betreffende Enzym nicht mehr funktioniert, obwohl dieses letztlich der häufigste Fall ist. Da Mutationen nur dann entdeckt werden können, wenn die Enzymfunktion verändert ist, beruht der Phänotypunterschied, wie er durch die Mehrzahl der Mutationen bewirkt wird, auf einer Funktionsunfähigkeit des betreffenden Genprodukts. Wenn der Ausfall eines Enzyms in einer biochemischen Reaktionskette nicht lebensgefährlich für den Träger ist, entsteht ein veränderter Phänotyp. Ein Beispiel: Die Normalform eines Enzyms katalysiert einen der Schritte in der Biosynthese einer lebenswichtigen Aminosäure aus einfacheren Vorstufen. Eine mutierte Zelle kann dann nur wachsen, wenn diese Aminosäure von außen zugeführt wird. Diese Abhängigkeit gibt es bei vielen mutierten Bakterien- und Pilz-Stämmen, sie werden als „Ernährungsmutanten" oder „Mangelmutanten" zusammengefaßt.

Mehrere Faktoren machen die erbliche Variation bei höheren Organismen komplizierter als bei Bakterien. Zunächst sind eukaryotische Zellen komplizierter als Bakterienzellen. Zwar sind auch bei den Eukaryoten die Gene hintereinander aufgereihte Bestandteile der DNA, aber diese DNA ist mit verschiedenen Proteinen zu einer komplexen Überstruktur, dem Chromatin, verbunden. Bei allen Eukaryoten ist außerdem das genetische Material auf mehrere Chromosomen verteilt, z. B. auf 23 Chromosomenpaare beim Menschen und 10 beim Mais. Die Chromosomen der Eukaryotenzelle sind darüber hinaus in einem besonderen Kompartiment, dem Zellkern, enthalten (s. Kap. 1.2).

Zweitens sind viele höhere Organismen Vielzeller und schon dadurch physiologisch komplexer als Bakterien: Die Herausbildung unterschiedlicher Gewebe (Differenzierung, s. Kap. 1.6), oder die Entwicklung und Alterung des Individuums gibt es nur bei Vielzellern. Allerdings enthält (mit wenigen Ausnahmen) jede Vielzeller-Zelle einen kompletten Satz der genetischen Information des betreffenden Organismus. Sogar der eukaryotische Einzeller ist physiologisch wesentlich komplizierter als ein Bakterium.

Aber es gibt noch einen dritten und genetisch besonders bedeutsamen Unterschied zwischen Prokaryoten und Eukaryoten: Höhere Organismen pflanzen sich häufig geschlechtlich fort, während dies bei Bakterien sehr selten vorkommt, manchmal überhaupt nicht. Die typische Zellteilung der Eukaryoten ist die Mitose. Sie führt zur Erzeugung zweier Tochterzellen, die mit der Ausgangszelle fast stets genetisch identisch sind. Wachstum und Entwicklung vielzelliger Organismen kommt durch diesen Teilungstyp zustande. Bei Einzellern entsprechen die Tochterzellen bereits wieder neuen Individuen, und diese ungeschlechtliche (vegetative) Fortpflanzung ist auch bei manchen Vielzellern möglich.

Im Gegensatz dazu sind für die sexuelle Fortpflanzung zwei spezialisierte Zellen erforderlich, die Gameten, die von verschiedenen Individuen derselben Art stammen können und zu einer Zygote verschmelzen. Aus dieser Zygote entsteht ein neuer Organismus. Der Kern der Zygote ist das Verschmelzungsprodukt der beiden Gametenkerne und enthält daher die genetische Information beider. Dennoch enthält er nicht etwa doppelt soviel genetische Information wie Zellen der Elternorganismen, weil die Gameten durch eine besondere Zellteilung entstehen, die Meiose, bei der nur ein Chromosom eines jeden Paares und damit das halbe Erbmaterial der Elternzelle in die Tochterzellen gelangt (s. Kap. 1.5).

Wie alle Säuger kann sich auch der Mensch nur sexuell fortpflanzen. Als Gameten fungieren Spermien und Eizellen, und die befruchtete Eizelle entspricht einer Zygote; aus ihr entwickelt sich der Embryo und letztlich der erwachsene Mensch durch mitotische Teilungen. Bei manchen Organismenarten kommen aber beide Fortpflanzungstypen nebeneinander vor. So kann sich die Kartoffelpflanze (eine *Solanum*-Art) vegetativ aus den „Augen" der Kartoffelknolle, aber auch über Blüten und Samen fortpflanzen. Bei der Vermehrung von Nutz- und Gartenpflanzen ist die vegetative Fortpflanzung von gewaltiger Bedeutung. Sie liefert große Mengen genetisch übereinstimmender Pflanzen, und die geschlechtliche Fortpflanzung ist bei Kulturpflanzen oft sogar von untergeordneter Bedeutung. Manche Plantagenpflanzen können sogar über Gewebekultur vermehrt werden.

Wegen der physiologischen Kompliziertheit höherer Organismen ist – abgesehen von Transkription und Translation (s. Kap. 3.1) – viel weniger über die Wirkungsweise ihrer Gene bekannt als etwa beim Bakterium *Escherichia coli*. Man nimmt aber an, daß auch bei ihnen die Produkte der einzelnen Gene als Enzyme den Stoffwechsel in ähnlicher Weise steuern wie bei Bakterien. Im Ganzen kommt der Phänotyp eines Individuums durch Wechselwirkungen von Genotyp und Umwelt während der gesamten Entwicklung zustande. Wenn auch die molekularen Details dieser Vorgänge unbekannt sind, so lassen sich doch über die genetische Grundlage erblicher Unterschiede viele Aussagen machen. Die molekularen Grundlagen der Vererbung wurden erst lange Zeit nach der Entdeckung der Vererbungsgesetze aufgeklärt. Die gleich zu besprechenden genetischen Erklärungen wurden aus einfachen Erbgängen abgeleitet, die man heute allerdings aus dem Verhalten der DNA von Zellen und Organismen verstehen kann.

Das Verhalten der Chromosomen während des Lebenszyklus

Bei vielen Organismen kann man die Chromosomen im Lichtmikroskop sehen, wenigstens in sich teilenden Zellen. In diesen erscheinen sie nach geeigneter Präparation und Färbung als stab- oder bandartige Strukturen. Die einzelnen Chromosomen eines Satzes können gewöhnlich an ihren Strukturbesonderheiten gut unterschieden werden (Abb. 1-17). Dadurch konnte auch gezeigt werden, daß Chromosomen persistierende Einheiten sind und daß ihre Zahl und Größe für jede Art charakteristisch ist. Die genetische Information jeder einzelnen Zelle eines Vielzellers (dies ist jeweils eine komplette Kopie der genetischen Information des betreffenden Organismus) ist in einem Satz von Chromosomen enthalten, der bei praktisch allen Zellen dieses Individuums übereinstimmt. So konnte auch das Verhalten der Chromosomen während Mitose und Meiose genau verfolgt werden (s. Kap. 1.5).

Chromosomen sind gewöhnlich nur während der Zellteilungen sichtbar. Dies hängt damit zusammen, daß sie zwischen den Teilungen stark aufgelockert und einfach zu zart sind, um im Lichtmikroskop erkennbar zu sein. Während der Kernteilungen kondensieren sie sich zu kurzen, dicken Strukturen, die nunmehr gut erkennbar sind.

Wenn die Chromosomen in einer Zelle, die sich zur Teilung anschickt, sichtbar zu werden beginnen, sind sie bereits über ihre gesamte Länge verdoppelt, mit Ausnahme des Centromers, jener Region, an der Spindelfasern angreifen. Die sichtbare Längsspaltung der Chromosomen ist Folge der vorausgegangenen DNA-Replikation (s. Kap. 3.1). Die beiden Komponenten eines replizierten Chromosoms, die nach ihrer Trennung zu Tochterchromosomen werden, heißen Chromatiden. Jede Chromatide enthält eine DNA-Doppelhelix. Durch die genaue Replikation der DNA, die Verpackung der beiden Kopien in zwei Chromatiden, die Trennung dieser Chromatiden in der Mitose und ihre präzise Verteilung auf die Tochterzellen ist sichergestellt, daß diese Zellen genetisch identisch sind.

Bei der Meiose folgen zwei Teilungsschritte aufeinander. Die Chromosomen fügen sich nach ihrer Verdoppelung zunächst zu Paaren zusammen. Im ersten Teilungsschritt werden diese Paare replizierter Chromosomen wieder getrennt und auf zwei Zellen verteilt, die daher nur noch die Hälfte der Chromosomenzahl der ursprünglichen Zelle enthalten. Diese beiden Zellen teilen sich dann mitotisch, wobei die Chromatiden der replizierten Chromosomen auf letztlich vier Zellen verteilt werden. Diese Zellen sind entweder bereits Gameten oder bilden solche über zwischengeschaltete Mitosen.

Während der meiotischen Chromosomenpaarung (also noch vor der ersten meiotischen Teilung) kann es über die gesamte Chromosomenlänge zu *Crossing-over* kommen (s. Kap. 1.5). Dabei findet ein Austausch von DNA-Segmenten zwischen einer der beiden Chromatiden des einen Chromosoms und einer der Chromatiden seines Paarungspartners statt. Dieser Austausch wird durch ein besonderes Enzymsystem vermittelt, das Chromatiden an korrespondierenden Stellen auseinanderbricht und die Bruchstellen überkreuzt wieder verschmelzen läßt (Abb. 3-9). So können Chromosomen mit neuen Allel-Kombinationen erzeugt werden. Stückaustausch zwischen den identischen Chromatiden desselben Chromosoms wären genetisch bedeutungslos und werden gewöhnlich unterdrückt.

Da alle Gameten eine Kopie jedes Stückes der genetischen Information enthalten, mußte die ursprüngliche elterliche Zelle je zwei Versionen davon enthalten haben, nämlich die paarweise ähnlichen Chromosomen, die bei der ersten meiotischen Teilung voneinander getrennt werden. Man nennt diese Paare homologe Chromosomen; sie enthalten jeweils gleiche Gensätze, diese weisen aber oft unterschiedliche Allele auf. Zellen mit Paaren homologer Chromosomen sind diploid, solche mit nur einer Kopie jedes Chromosoms (etwa die Gameten) dagegen haploid. Zygoten sind als Verschmelzungsprodukte zweier haploider Gameten wiederum diploid. Bei allen sich geschlechtlich fortpflanzenden Organismen gibt es haploide und diploide Phasen des Lebenszyklus, die allerdings sehr verschieden lang sein können. Bei Säugern sind nur die Gameten (Spermien und Eizellen) haploid, bei vielen Pilzen dagegen ist die Zygote die einzige diploide Zelle. Verschiedene mögliche Lebenszyklen (s. Kap. 2.1 bis 2.4) sind in Abbildung 3-6 dargestellt. Arten mit vorherrschender Diplophase werden als Diplonten bezeichnet; wenn die Haplophase überwiegt, spricht man von Haplonten.

Diplophase und Meiose komplizieren das Vererbungsgeschehen bei sexuell sich fortpflanzenden Organismen. Durch die Beschreibung von Kreuzungsexperimenten werden die Zusammenhänge im folgenden kurz erläutert. Derartige Experimente haben seinerzeit dazu beigetragen, die genetische Grundlage der geschlechtlichen Fortpflanzung zu enträtseln.

Der Schimmelpilz *Aspergillus nidulans* besitzt den in Abbildung 3-6c gezeigten Lebenszyklus. Vorherrschend ist hier die Haplophase, in der die grau-grünen Fadenkolonien der „Schimmelflecken" ausgebildet werden (s. Kap. 2.3). Gameten entstehen aus diesen Kolonien durch Mitose, und wenn zwei von ihnen verschmelzen, entsteht als einzige diploide Zelle die Zygote. Durch Meiose bilden sich aus ihr vier Sporen („Ascosporen"), die auskeimen und wieder zu fädigen Kolonien auswachsen.

Normale „Wildtyp"-Kolonien von *Aspergillus nidulans* sind grünlich. Mutationen können zu gelbgefärbten Stämmen führen. Nach Kreuzung des Wildtyps mit einer gelben Form entstehen aus den Zygoten Sporen, aus denen in etwa gleicher Zahl entweder grüne oder gelbe Kolonien heranwachsen. Das beweist, daß tatsächlich beide Gameten Erbinformation für die Zygote beisteuern. Es werden aber keine Zwischenfarben gebildet, was eine Vermischung der genetischen Information während der Meiose bedeuten würde. Vielmehr trägt jede Ascospore entweder die Information für grün oder für gelb.

Die beiden alternativen Merkmale entsprechen den Allelen jenes Gens, das die Koloniefärbung bestimmt (wobei der Begriff „Gen" hier ein Element der genetischen Information bezeichnet). Das Wiederauftreten unveränderter Eigenschaften der Eltern in der Nachkommenschaft wird als Segregation (Aufspaltung) dieser Eigenschaften bezeichnet. Entsprechend kann man auch von einer Segregation der Allele in der Meiose sprechen. Eine Vermischung der beiden Informationstypen, die neuartige genetische Information und einen Zwischen-Phänotyp entstehen ließe, kommt nicht vor, und es ist auch kein Mechanismus bekannt, der so etwas zustande bringen könnte.

Einfache Kreuzungsversuche mit diploiden Organismen

Das folgende Kreuzungsexperiment mit einem Diplonten betrifft einen besser bekannten Organismus, nämlich die Gartenerbse *(Pisum sativum)*. Gregor Mendel, der Pionier der genetischen Analyse, verfügte über mehrere Erbsenstämme, die sich in bestimmten Eigenschaften unterschieden und reinerbig waren. Wurde Pollen zur Bestäubung von Narben derselben Pflanze verwendet (Selbstbefruchtung), dann glichen alle Nachkommen den Eltern. Es war anzunehmen, daß reine Linien hinsichtlich der betrachteten Merkmale nur eine Version genetischer Information enthielten. Erbsen sind Diplonten; nur die Gameten – Pollenkörner und Eizellen – und wenige, mit ihnen assoziierte Zellen sind haploid. Die Gameten entstehen durch Meiose aus diploiden Zellen in den männlichen und weiblichen Geschlechtsorganen der Pflanze. Bei Selbst- oder Fremdbefruchtung verschmelzen Gameten unterschiedlichen Geschlechtes paarweise, und im Fruchtknoten bilden sich aus den Zygoten durch Mitosen die Samen (Erbsenkörner).

Zwei von Mendels reinen Linien unterschieden sich dadurch, daß die eine glatte Körner bildete, die andere runzelige. Bei Kreuzbefruchtung (Pollen der glattsamigen Rasse auf Narben der runzelsamigen oder umgekehrt) bildeten alle Nachkommen glatte Samen – woher auch immer der Pollen stammte. Diese Samen und die aus ihnen erwachsenden Pflanzen werden als F_1-Generation bezeichnet. Sie enthielten aber auch noch die Erbinformation für Runzelsamigkeit; wurden nämlich F_1-Pflanzen selbstbefruchtet, traten unter den Samen der nächsten Generation (F_2) auch wieder runzelige auf; dies im ungefähren Mengenverhältnis von 3 (glatt) : 1 (runzelig). Die beiden Allele für das Merkmal Samengestalt werden als „glatt" und „runzelig" bezeichnet, wobei das Anführungszeichen darauf hinweisen soll, daß die Namensgebung nicht von den genotypischen Eigenschaften der Allele, sondern von den durch sie bestimmten Merkmalen stammt. Die Individuen der F_1-Generation haben das Allel „glatt" vom einen, das Allel „runzelig" vom anderen Elter erhalten. Da sich nur glatte Samen bildeten, muß die Realisierung der Information „runzelig" in Gegenwart des „glatt"-Allels unterdrückt sein. Man sagt, „glatt" sei dominant über „runzelig", bzw. „runzelig" ist rezessiv gegenüber „glatt". Besitzt ein diploider Organismus zwei identische Allele eines Gens, wird er als homozygot (reinerbig) bezeichnet. Unterscheiden sich die Allele, ist er heterozygot (mischerbig) bezüglich dieses Gens. In Abbildung 3-7 sind die F_1-Samen heterozygot hinsichtlich der Allele „glatt" und „runzelig".

Bei dem oben beschriebenen *Aspergillus*-Experiment hat die Hälfte der durch Meiose aus der mischerbigen Zygote entstandenen Zellen das eine, die andere das andere Allel erhalten. Bei der Erbse verschmelzen die Meiose-Produkte bei der Selbstbefruchtung zufallsmäßig (wenn auch natürlich immer männlich/weiblich). Abbildung 3-7 zeigt die 4 Genotypen der F_2-Nachkommenschaft, die in gleicher Häufigkeit entstehen sollten. Die Allele sind dabei durch Buchstaben symbolisiert; R steht für glattsamig, r für runzelsamig (übereinkunftsgemäß werden für dominante Allele Großbuchstaben, für rezessive Kleinbuchstaben verwendet). Unter den 4 Genotypen der F_2-Generation von Abbildung 3-7 sind jene Samen, die homozygot für das „glatt"-Allel sind, auch phänotypisch glatt. Aber auch die beiden heterozygoten Samentypen sind glatt, und nur die homozygot-runzeligen Samen sind tatsächlich runzelig. Sie machen nur 1/4 der Nachkommenschaft aus, so daß sich das von Mendel gefundene 3 : 1-Verhältnis zwanglos erklärt.

Der molekulare Grund für Dominanz von Allelen ist bei höheren Organismen nur selten bekannt. Allerdings sind mutierte Allele von Genen, die für ein bestimmtes Enzym codieren, gewöhnlich rezessiv gegenüber dem Wildtyp-Allel. Diploide Zellen mit einem Wildtyp-Allel und einem mutierten Allel, das kein brauchbares Enzym bilden kann, werden normal funktionieren, solange das Wildtyp-Allel genügend Enzym produziert. In diesem Fall wird das mischerbige Individuum normal erscheinen, d. h. das Wildtyp-Allel ist dominant.

Manchmal zeigen Allelen-Paare keine Dominanz. Beispielsweise gibt es beim Löwenmäulchen *(Antirrhinum)* ein Gen, das im homozygoten Zustand eines bestimmten Allels rote, eines anderen Allels weiße Blüten bildet; heterozygote Exemplare haben rosa Blüten. Bei den weißen Blüten fehlt ein rotes Pigment, dessen Bildung auf einem Enzym beruht, das vom Allel rotblühender Pflanzen codiert wird; die Produktion dieses Enzyms ist bei Pflanzen mit nur einem „Rot"-Allel zu gering, um wirklich rote Blüten hervorzubringen.

Das nächste Kreuzungsexperiment zeigt die Folgen der Meiose in einem diploiden Organismus, der heterozygot ist für zwei verschiedene Gene auf verschiedenen Chromosomen. Zwei der vier Meiose-Produkte werden das eine Allel des ersten Gens, die beiden anderen das andere enthalten. Die Verteilung der Chromosomen in der ersten meiotischen Teilung ist zufällig (s. Kap. 1.5). Wenn also die beiden betrachteten Gene auf verschiedenen Chromosomen lokalisiert sind, wird deren Verteilung unabhängig von jener der Allele des erstens Gens sein.

Mendel untersuchte diesen Fall an einem Erbgang für Samengestalt und Samenfärbung bei Erbsen. Wenn Vertreter eines reinerbigen Stammes mit glatten, gelben Samen gekreuzt wurden mit reinerbigen Erbsen mit runzeligen und grünen Samen, erzeugten alle F_1-Individuen glatte und gelbe Körner. „Gelb" ist also dominant über „grün", „glatt" über „runzelig". Aus der Selbstbefruchtung von F_1-Pflanzen ergab sich eine F_2-Generation mit den Zahlenverhältnissen 9 (glatt und gelb): 3 (glatt und grün): 3 (runzelig und gelb): 1 (runzelig und grün). Einige dieser Pflanzen entsprechen also wieder den Elternindividuen, andere zeigten aber Kombinationen, die bei den Eltern nicht gegeben waren (Rekombinanten). Man bezeichnet mit Y das Allel für gelbe, mit y jenes für grüne Samen; und R bedeutet – wie vorhin – das Allel für glatte, r jenes für runzelige Körner. F_1-Pflanzen sind heterozygot für beide Gene, die Hälfte der erzeugten Gameten tragen r, die andere R. Wenn nun Y und y unabhängig von R und r segregieren, sollten vier Gametentypen gleich häufig sein (Abb. 3-8a). Das Kombinationsquadrat (Abb. 3-8b) zeigt, was an Gametenverschmelzungen alles möglich ist. Bei gleicher Wahrscheinlichkeit aller denkbaren Paarungen sollten die verschiedenen zu erwartenden Phänotypen in den tatsächlich gefundenen Zahlenverhältnissen 9 : 3 : 3 : 1 auftreten. Die Spaltungsverhältnisse für jede einzelne Anlage sind auch hier immer 3 : 1, aber innerhalb der beiden Kategorien ist das Spaltungsverhältnis für die andere betrachtete Eigenschaft noch einmal 3 : 1. Man spricht von unabhängiger Segregation der beiden Charaktere.

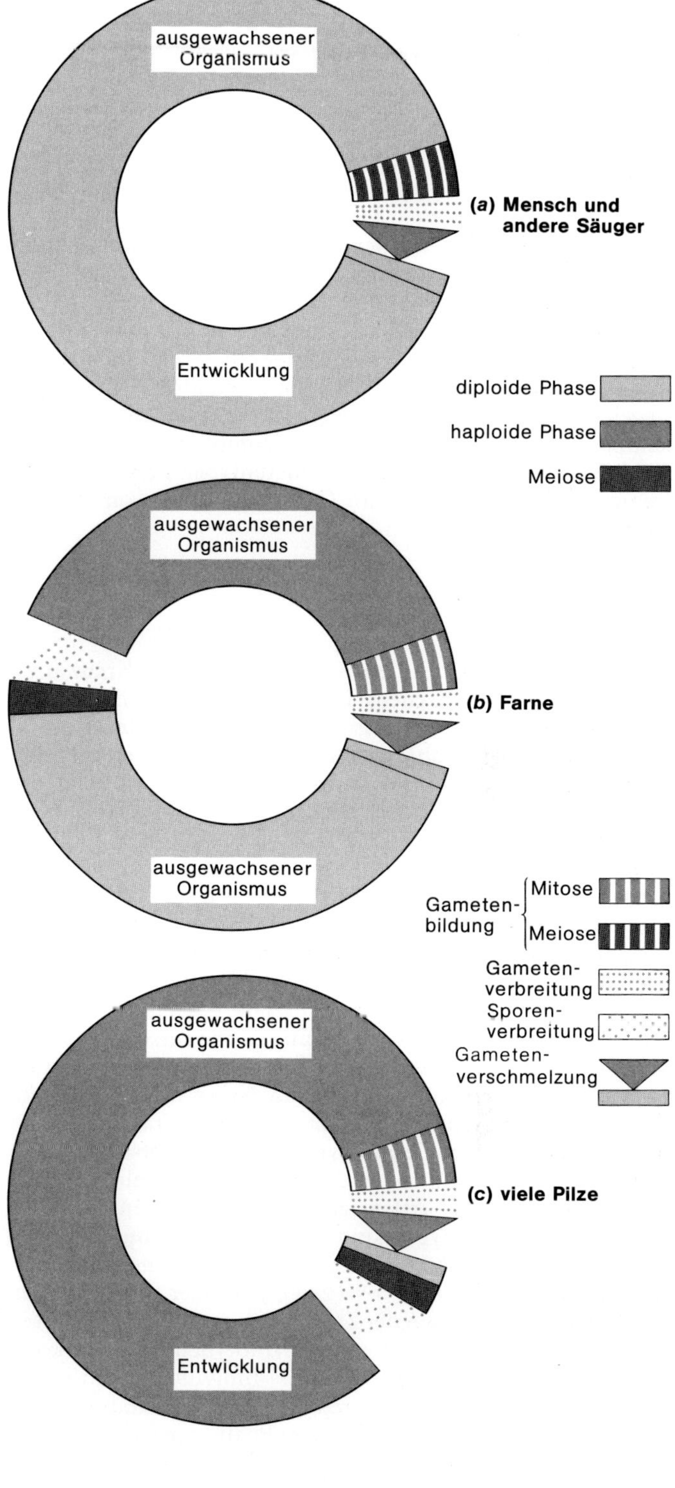

Abb. 3-6. Die relative Bedeutung haploider und diploider Phasen in drei verschiedenen Lebenszyklen. (a) Mensch, viele höhere Tiere und Pflanzen. Die haploide Phase ist entweder auf die unmittelbaren Meiose-Produkte (Gameten) beschränkt, wie beim Menschen und anderen Säugern, oder sie besteht nur aus wenigen Zellgenerationen, wie bei höheren Pflanzen. (b) Farne. Hier gibt es zwei recht verschiedene Formen eines Individuums: Das haploide Prothallium, ein unansehnliches, herzförmiges Gebilde, und die uns vertraute Farnpflanze, die diploid ist. (c) Bei vielen Pilzen ist die diploide Phase stark reduziert, die Zygote teilt sich sofort nach ihrer Bildung durch Meiose. Viele Organismen zeigen Lebenszyklen, die Zwischenformen der hier gezeigten Abläufe darstellen.

Bei diploiden Organismen stammt das eine Chromosom eines Homologen-Paares vom einen, das andere vom anderen Elter. Bei der Gametenbildung erhält jeder Gamet nur ein Chromosom von jedem Homologen-Paar. Das ergibt bei Organismen mit vielen Chromosomen riesige Zahlen unterschiedlicher Gameten von jedem einzelnen Elter. Schon allein wegen dieser unabhängigen Segregation der Chromosomen kann jeder Vertreter einer Art mit 20 Homologen-Paaren mehr als eine Million verschiedener Gametentypen hervorbringen, wenn bei ihm wenigstens ein Gen pro Chromosom heterozygot ist.

Koppelung von Genen

Unterscheiden sich die Elternstämme in einem Kreuzungsexperiment in zwei Genen, die auf demselben Chromosom lokalisiert sind, sollte man erwarten, daß jede Allelen-Kombination dieser Gene während der Meiose unverändert erhalten bleibt, da sie ja zusammenhängen. Die erzeugten Gameten können unter diesen Umständen nur wieder die elterlichen Kombinationen zeigen (z. B. die in Abb. 3-8a gezeigten).

Ein weiterer – und hier letzter – Kreuzungsversuch mit Erbsen zeigt jedoch, daß die tatsächlichen Verhältnisse komplizierter sind. Hier ist eine dritte Eigenschaft von Bedeutung: die Anwesenheit oder das Fehlen von Ranken. Das Allel für Rankenbildung (T) ist dominant über jenes, durch das keine Ranken gebildet werden (t). Die F_1-Generation nach Kreuzung zweier reiner Linien – eine glattsamig und mit Ranken, die andere runzelsamig ohne Ranken – wächst aus glatten Samen zu Pflanzen mit Ranken heran. Nun werden bei diesem Experiment F_1-Pflanzen gekreuzt mit einem Stamm, der für beide rezessiven Gene homozygot ist (rt/rt; Abb. 3-9a). Alle Gameten dieser Linie tragen die Allele für runzelige Körner und fehlende Ranken (rt), wogegen die F_1-Pflanzen, die ja für beide Gene heterozygot sind (RT/rt), vier Gametensorten erzeugen sollten, wenn die Gene auf verschiedenen Chromosomen sitzen. Abbildung 3-9b zeigt diese vier Sorten zusammen mit den Genotypen der Zygoten, die sich mit rt-Gameten bilden, und den entsprechenden Phänotypen der Nachkommenschaft. Jeder Gametentyp von F_1-Individuen führt in der Nachkommenschaft dieser Kreuzung zu einem anderen Phänotyp. Die relative Häufigkeit dieser Phänotypen ist ein direktes Maß für die Häufigkeit der F_1-Gameten (wobei vorauszusetzen ist, daß alle Zygoten gleich lebensfähig sind). Man spricht von einer Rückkreuzung oder Testkreuzung. In Abbildung 3-9c sind die Ergebnisse einer solchen Kreuzung zusammengefaßt. Die meisten Gameten von F_1-Pflanzen zeigen tatsächlich die elterlichen Genanordnungen (Klassen A und D), aber 16 Gameten waren rekombinant (B und C). Die beiden Gene sind also nicht auf verschiedenen Chromosomen lokalisiert, denn dann müßten parentale und rekombinante Typen gleich häufig sein. Vielmehr sitzen die Gene auf demselben Chromosom und die kleine Rekombinantenzahl entstand durch *Crossing-over* und Homologen-Paaren dieses Chromosoms vor der ersten Reifeteilung in F_1-Pflanzen.

Abbildung 3-9d zeigt, daß *Crossing-over* in einem Austausch von DNA-Segmenten zwischen zwei Chromatiden besteht; die beteiligten Chromatiden gehören je einem der zu Beginn der Meiose dichtgepaarten homologen Chromosomen an (s. Kap. 1.5). Rekombinante Gameten entstehen immer dann, wenn ein Austausch zwischen den heterozygoten Genen in der F_1-Generation stattfindet; dann ist die Austauschhäufigkeit ein Maß für den Abstand der beiden Gene auf dem Chromosom. Wenn *Crossing-over* an anderen Stellen erfolgt, bleibt die elterliche Genkombination erhalten und der Rekombinationsvorgang selbst ohne sichtbare Auswirkungen.

Die Fraktion der Rekombinanten eines Genpaares in einer Testkreuzung wird zahlenmäßig in Prozent der erhaltenen Nachkommenschaft ausgedrückt (rf-Wert). Zwei Gene auf verschiedenen Chromosomen haben einen rf-Wert von 50 %; Gene mit geringeren rf-Werten sind gekoppelt.

Gelegentlich wird eine ganze Gruppe von Genen gefunden, die alle untereinander gekoppelt sind. Die für Paare von ihnen ermittelten rf-Werte sind additiv, wenigstens solange die einzelnen rf-Werte nicht in der Nähe von 50 % liegen. Es ist dann möglich, für solche Gene eine lineare Sequenz anzugeben. Sie entspricht der gegenseitigen Anordnung der Gene auf dem Chromosom und wird als Genkarte bezeichnet. Die einzelnen rf-Werte – sie entsprechen der Häufigkeit von *Crossing-over* zwischen zwei betrachteten Genen – entsprechen auch dem Abstand dieser Gene; man spricht von „Kartenabständen". Sie sind allerdings nicht notwendigerweise mit der Anzahl der DNA-Basenpaare zwischen den Genorten korreliert. Es ist nämlich möglich, daß mehr als ein *Crossing-over* im Zwischenstück stattgefunden hat und bei diesem mehrfachen *Crossing-over* auch wieder die elterliche Koppelung entsteht. Dieser Effekt ist bei großen Genabständen nicht zu vernachlässigen, und so stellt man Genkarten mit möglichst dicht gekoppelten (nahe beisammenliegenden) Genorten auf oder nimmt mathematische Korrekturen vor. Durch die Verminderung von Rekombinanten führen multiple Austauschvorgänge zu einer scheinbaren Verringerung des Kartenabstandes weit entfernter Gene. Das kann so weit gehen, daß zwei gekoppelte, aber weit entfernte Gene nicht häufiger in dieselben Gameten kommen als wenn sie auf verschiedenen Chromosomen säßen, d. h. ihr rf-Wert liegt bei 50 %. Errechnet man aber den Kartenabstand solcher Gene aus der Summe der Kartenabstände von allen dazwischenliegenden Genen, ergeben sich höhere Abstandswerte.

Es ist auch zu berücksichtigen, daß *Crossing-over* nicht in allen Regionen eines Chromosoms gleich häufig erfolgt, und in vielen Fällen ist ein Austausch nachweislich auf bestimmte Zonen beschränkt. Lokalisierung und Häufigkeit von Austauschvorgängen ist bei vielen Organismen durch mancherlei Mechanismen kontrolliert. So ist also die Fähigkeit, Variabilität durch Neukombination von Gen-Allelen auf einem Chromosom hervorzubringen, auch ihrerseits variabel und kann sehr wirkungsvoll vom Genotyp des Individuums beeinflußt werden.

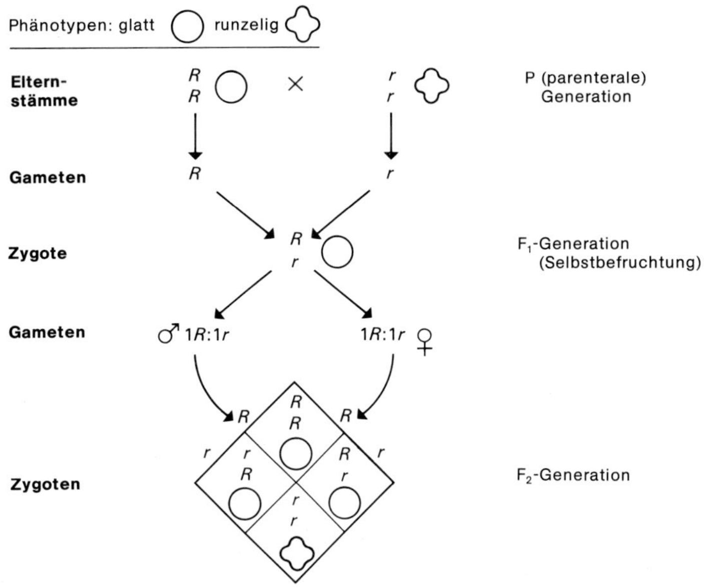

Nachkommen-klassen in F_2 (gleich häufig)					
	Genotyp	R R	R r	r R	r r
	Phänotyp	glatt	glatt	glatt	runzelig

Abb. 3-7. Ergebnisse einer Kreuzung von zwei reinen Erbsen-Linien, die sich in der Samengestalt unterscheiden, bei Selbstbefruchtung der erhaltenen Nachkommenschaft.

Multiple Allele und Wechselwirkungen zwischen Genen

Durch die vorhin beschriebenen Kreuzungsexperimente werden manche wichtige Eigenschaften von Genen nicht berührt. Beispielsweise können mehr als zwei Allele eines Gens gefunden werden, wenn auch ein bestimmter diploider Organismus jeweils nur zwei von ihnen besitzen kann. Im allgemeinen wird die Zahl nachgewiesener mutierter Allele von den physiologischen Effekten des betreffenden Genproduktes – eines Proteins – abhängen, und natürlich auch von der Empfindlichkeit der Methode, mit der Phänotyp-Unterschiede erfaßt werden können.

Man kennt drei Allele jenes einzelnen Gens, welches das ABO-Blutgruppensystem des Menschen bestimmt. Dieses Gen legt die antigenen Kohlenhydrat-Moleküle auf der Oberfläche der roten Blutkörperchen fest. Das Allel (I^A) bewirkt das Auftreten von „A-Antigen", ein zweites (I^B) bedeutet „B-Antigen", und das dritte Allel (I^0) kann weder A- noch B-Antigen bewirken. Die Antigene können unmittelbar durch Blutuntersuchungen mit Antikörpern nachgewiesen werden. I^A und I^B sind beide dominant über I^0, Heterozygote vom Typ $I^A\ I^0$ bilden das A-Antigen, solche vom Typ $I^B\ I^0$ das B-Antigen. I^A und I^B werden als codominante Allele bezeichnet; in Heterozygoten vom Typ $I^A\ I^B$ werden beide Antigene gebildet.

Eigenschaftsunterschiede können natürlich auch durch mehrere Allele eines einzelnen Gens bestimmt werden. Wenn es zwei rezessive Mutanten desselben Gens gibt, dann wird ein heterozygotes Individuum mit beiden mutierten Allelen auch einen veränderten Phänotyp zeigen. Dasselbe Erscheinungsbild ergibt sich jedoch auch dann, wenn zwei rezessive Allele in einem von zwei (oder mehreren) Genen zusammentreffen, die dasselbe Merkmal betreffen. In diesem Fall wird nun aber ein Individuum, das z. B. bezüglich zweier solcher Gene doppelt-heterozygot ist, wie der Wildtyp aussehen. Man spricht in solchen Fällen von Komplementation, die beiden Gene werden als komplementär bezeichnet. Der Nachweis von Komplementation muß je nach dem verwendeten Organismus verschieden geführt werden; er ist ein wichtiges Hilfsmittel, um zu entscheiden, ob Mutationen ein einziges Gen oder verschiedene Gene betreffen.

Da die Produkte zweier Gene (bzw. deren Wirkungen) physiologisch interagieren können, ist es möglich, daß unterschiedliche Allele eines Gens die Wirkung eines anderen Gens beeinflussen. Dadurch können die Beziehungen zwischen Genotypen und Phänotypen recht kompliziert werden. Es ist z. B. möglich, daß durch die Mutation eines Gens der Phänotyp so verändert wird, daß die Wirkung eines anderen Gens maskiert bleibt. Bei der Fruchtfliege *Drosophila melanogaster* sind verschiedene Gene bekannt, die die rote Augenfarbe des Wildtyps verändern. Nun gibt es aber ein mutiertes Allel eines anderen Gens, das homozygot die Augenbildung überhaupt unterdrückt, und dieser Phänotyp bleibt unbeeinflußt von den Allelen für Augenfarbe. Man sagt, die augenlose Mutante sei epistatisch über Mutanten der Augenfarbe. Zusätzlich können Dominanz-Verhältnisse durch die Allelenunterschiede anderer Gene beeinflußt werden, und die Ausprägung mutanter Phänotypen – Abweichungen vom Wildtyp – kann durch die Allele anderer Gene verändert sein.

Es ist nicht immer möglich, solche modifizierende Gene zu identifizieren. Das ist besonders beim Vergleich von Stämmen so, die aus verschiedenen Wildtyp-Populationen isoliert wurden, weil sich solche Stämme oft in sehr vielen Genen unterscheiden. Nicht im einzelnen analysierte, doch stetig vorhandene Genotyp-Unterschiede zwischen solchen Stämmen werden als genetischer Hintergrund bezeichnet – ein etwas vager, aber doch nützlicher Begriff. Dominanzverhältnisse und die Ausprägung mutierter Phänotypen können je nach genetischem Hintergrund durchaus verschieden ausfallen.

Kontinuierlich variierende Eigenschaften

Bisher hatten wir es mit diskontinuierlicher Änderung von erblichen Eigenschaften zu tun: Die Individuen lassen sich klar unterschiedenen Klassen zuordnen, wie etwa glattsamigen oder runzelsamigen Erbsen oder den grünen bzw. gelben *Aspergillus*-Kolonien. Es gibt jedoch auch erbliche Variation, bei der keine klar definierten Kategorien unterschiedlicher Phänotypen auftreten. Ein Beispiel ist die Körperlänge des Menschen; will man eine große Zahl von untersuchten Personen in Längenklassen gruppieren, muß man willkürliche Gruppengrenzen festlegen. Es gibt hier eben eine stetige Verteilung von Phänotypen, und diese kontinuierliche Variation kann dennoch durch Gene determiniert sein, die sich in ihrer Wirkung von den bisher beschriebenen nicht unterscheiden.

Dabei kann es sein, daß der Streubereich kontinuierlich variierender Eigenschaften, wie der Körperlänge, nur wenigen unterschiedlichen Genotyp-Unterschieden entspricht, deren Auswirkung jedoch durch Differenzen in der Umwelt ver-

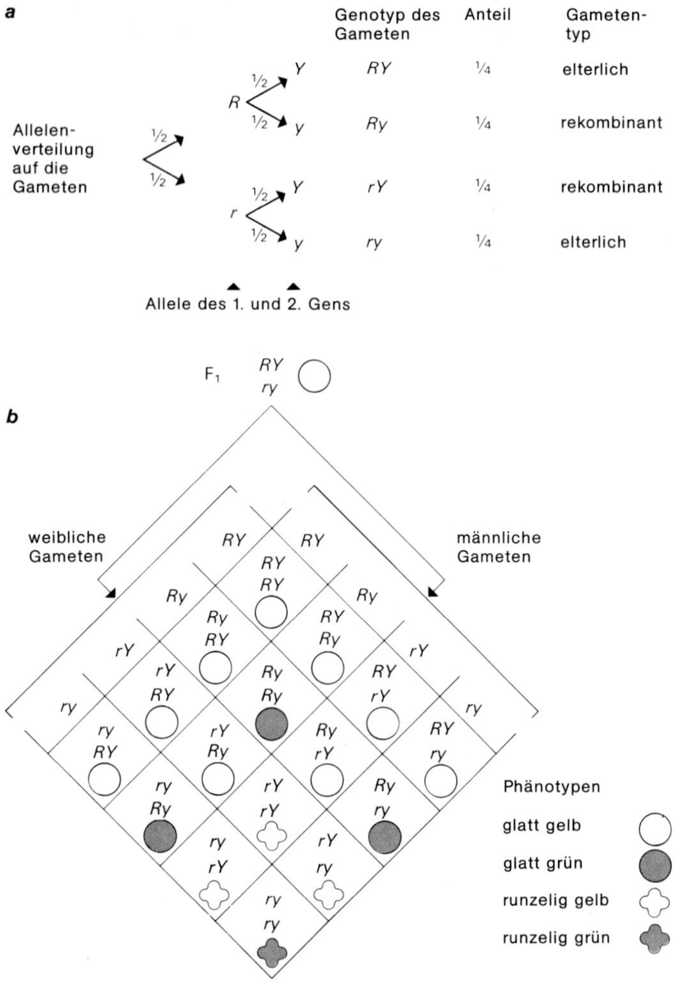

Abb. 3-8. Zwei Erbfaktoren der Erbse, die unabhängig voneinander weitergegeben werden. (a) Kombinationsmöglichkeiten bei den zu erwartenden vier Gametentypen und ihre relative Häufigkeit. (b) Kombinationsquadrat, aus dem sich die zu erwartenden Typen der Nachkommenschaft ergeben, und ihre Häufigkeit, wenn die Gametenverschmelzung zufallsmäßig zustandekommt.

wischt wird. Die Körperlänge kann z. B. durch Ernährung oder Körpertraining beeinflußt werden. Alternativ können aber auch so viele verschiedene Genotypen, welche die Körpergröße beeinflussen, in der Population vorhanden sein, daß sie aus den Phänotypen nicht identifizierbar sind. Derartige Verhältnisse liegen besonders dann vor, wenn viele Gene additiv auf die Körperlänge einwirken (Abb. 3-10).

Wenn die kontinuierlich-variierende Eigenschaft zahlenmäßig ausgedrückt und also jedem Individuum eine Zahl zugeordnet werden kann, lassen sich zwei wichtige statistische Größen zur Beschreibung der Eigenschaften in der Population ermitteln: Mittelwert und Varianz. Der Mittelwert entspricht dem Durchschnitt. Die Varianz ist gleich dem Mittelwert der Quadrate der Einzelwert-Abweichungen vom Durchschnitt der Population; sie ist umso größer, je größer die Streuung der Einzelwerte ist. Die Varianz einer Population als mathematischer Ausdruck der Variabilität einer Eigenschaft kann im einfachsten Fall aufgefaßt werden als die Summe zweier Varianzen, die Ausdruck von Umweltfaktoren bzw. genetischen Unterschieden sind. In komplizierteren Modellen wird noch die gegenseitige Beeinflussung von Erbgut und Umwelt berücksichtigt, und die genetische Varianz noch feiner aufgegliedert.

Das folgende einfache Beispiel zeigt, wie Kreuzungsschemata in Kombination mit statistischen Methoden benutzt werden können, um zu klären, ob jene Gene, die am Zustandekommen einer kontinuierlichen Variabilität beteiligt sind, den Mendelschen Gesetzen gehorchen, d. h. sich so verhalten wie oben beschrieben. Zunächst müssen genetische Faktoren und Umwelt-Faktoren voneinander getrennt werden. Dazu geht man von zwei unterschiedlichen Stämmen aus, die sich möglichst wie reine Linien verhalten, was durch fortgesetzte Selbstbefruchtung erreicht werden kann. In den aufeinanderfolgenden Generationen nimmt dabei der Anteil an Homozygoten immer mehr zu und es entstehen „reine Linien", die den reinerbigen Rassen entsprechen, wie sie Mendel verwendete. Variationen, die sich für ein bestimmtes Merkmal in diesen reinen Linien als Varianz ausprägen, sind dann umweltbedingt.

Bei der Kreuzung zweier solcher reiner Linien ist die Nachkommenschaft (F_1) genetisch einheitlich, da sie für praktisch alle Gene heterozygot ist, soweit sie die betrachtete Eigenschaft beeinflussen. Auch in dieser Generation ist also praktisch die gesamte beobachtete Variation umwelt-bedingt.

Wenn nun durch Selbstbefruchtung der F_1-Individuen eine F_2-Generation entsteht, deren Variabilität signifikant größer ist als die der F_1-Generation, dann ist daraus zu folgern, daß Gene segregiert sind, welche die ausgewählte Eigenschaft beeinflussen. Wurden die Außenbedingungen konstant gehalten, dann sollten auch die Umwelteinflüsse in jeder Generation gleich sein, und die Zunahme der Varianz in der F_2-Generation hat genetische Gründe. Auf diese oder ähnliche Weise kann der Anteil erblicher Faktoren an der Variabilität einer gemischten Population bestimmt werden. Mit derselben Logik, die bei diskontinuierlicher Variabilität zu Genkarten der entsprechenden Allele führte, können manchmal auch kompliziertere Kreuzungsschemata und statistische Techniken dazu benutzt werden, solche Gene zu lokalisieren, die für die Ausbildung kontinuierlich variierender Eigenschaften von Bedeutung sind. Man nimmt dabei an, daß die Substitutionen der Allele entsprechender Gene additiv sind, obwohl das Ausmaß der phänotypischen Auswirkungen unterschiedlicher Allele bei den einzelnen Genen verschieden ist. Natürlich sind dabei die Gene mit der größten Wirkung am leichtesten zu analysieren.

Künstliche Auslese

Eigenschaften mit kontinuierlicher Variation lassen sich gewöhnlich durch Auslese (Selektion) beeinflussen – ausgewählte Exemplare einer Population werden als Elternindividuen benutzt, und dies wird über viele Generationen hinweg an Stelle zufälliger Kreuzbefruchtung fortgesetzt. Werden die Elternorganismen nach ihrer Überlegenheit hinsichtlich bestimmter nützlicher Eigenschaften selektiert, nimmt die Nützlichkeit im Laufe der Generationen – zumindest anfäng-

(a) Kreuzungsversuch

Elternstämme	Genotyp	$\frac{RT}{RT}$	×	$\frac{rt}{rt}$
	Phänotyp	glattsamig, mit Ranken		runzelsamig, ohne Ranken
F_1-Generation, rückgekreuzt mit doppelt-rezessivem Elter	Genotyp	$\frac{RT}{RT}$	×	$\frac{rt}{rt}$
	Phänotyp	glattsamig, mit Ranken		runzelsamig, ohne Ranken
			Nachkommen aus Rückkreuzung	

(b) mögliche Nachkommen-Typen aus der Rückkreuzung

Phänotyp	Klasse	Gamet von F_1	Gamet des rezessiv-Homozygoten	Genotyp der Zygote
glattsamig, mit Ranken	A	*RT*	*rt*	$\frac{RT}{rt}$
glattsamig, ohne Ranken	B	*Rt*	*rt*	$\frac{Rt}{rt}$
runzelsamig, mit Ranken	C	*rT*	*rt*	$\frac{rT}{rt}$
runzelsamig, mit Ranken	D	*rt*	*rt*	$\frac{rt}{rt}$

(c) repräsentative Rückkreuzungs-Nachkommenschaft einer Testkreuzung

Klasse	Phänotyp	gefundene Zahlen
A	glattsamig, mit Ranken	516
B	glattsamig, ohne Ranken	9
C	runzelsamig, mit Ranken	7
D	runzelsamig, ohne Ranken	492
		1024

Berechnung der Rekombinantenfraktion (rf) aus den links gegebenen Daten:

$$\text{rf} = \frac{\text{Rekombinantenzahl}}{\text{Gesamtzahl der Nachkommenschaft}} \times 100\,\%$$

$$= \frac{\text{Zahl (B)} + \text{Zahl (C)}}{1024} \times 100\,\%$$

$$= \frac{9 + 7}{1024} \times 100\,\% = 1{,}56\,\%$$

(d)

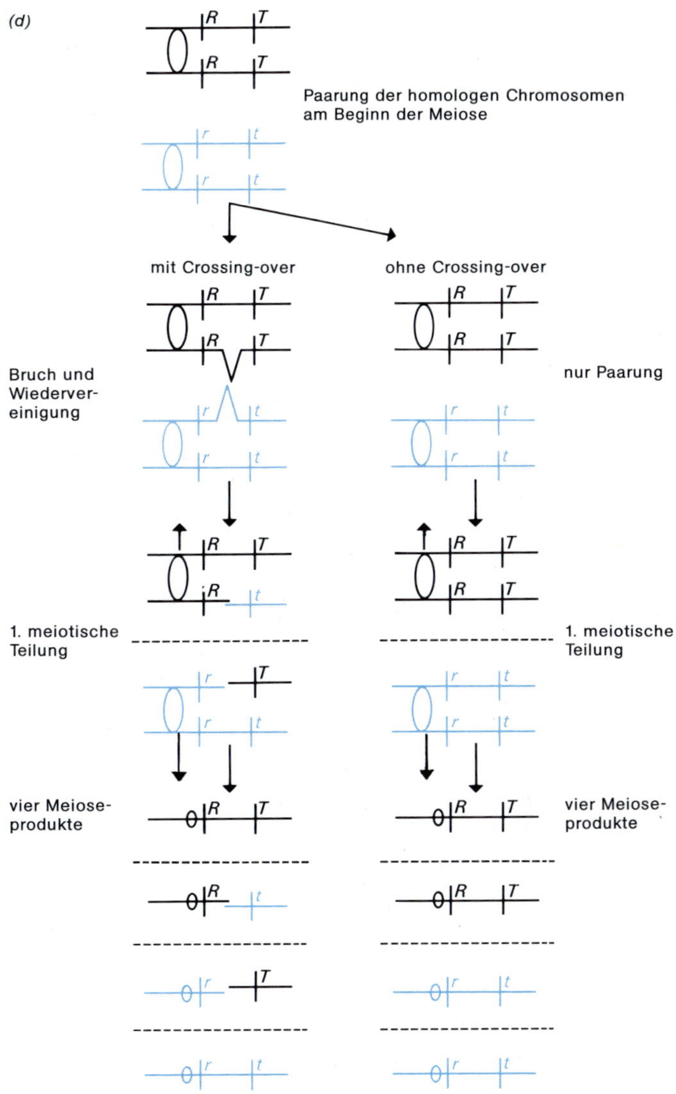

Abb. 3-9. Messung der Rekombinationshäufigkeit im Kreuzungstest. (a) F_1 einer Kreuzung von zwei reinen Linien mit zwei unterschiedlichen Merkmalen wird mit einer reinen Linie mit den beiden entsprechenden, rezessiven Merkmalen gekreuzt. (b) Mögliche Genotypen der Nachkommenschaft. (c) Beispiel für typische Daten. (d) Durch *Crossing-over* zwischen den beiden Genorten während der Meiose in einem doppelt-heterozygoten Organismus entstehen rekombinante Gameten. Das ist hier gezeigt für jenes Chromosom der Erbse, welches die beiden gekoppelten Gene für Samengestalt und für An- oder Abwesenheit von Ranken trägt. Zu Beginn der Meiose in F_1-Pflanzen paaren sich die beiden homologen Chromosomen. Wenn es zwischen den beiden Genorten zu *Crossing-over* kommt (links), entstehen zwei rekombinante und zwei elterliche Gameten. Ohne *Crossing-over* (rechts) entstehen nur parentale Gameten. Die übrigen Chromosomen der Erbse sind nicht gezeigt.

lich – zu. Entsprechend können natürlich auch Eigenschaften abgeschwächt werden. Zugleich mit der Verschiebung des Mittelwertes von Eigenschaften (in welcher Richtung auch immer) nimmt gewöhnlich auch die genetische Varianz ab.

Sehen wir uns die Auswirkung künstlicher Zuchtwahl auf gesteigertes Samengewicht einer Pflanze an, wobei wir von einer variierenden Population ausgehen, also weder von reinen Linien noch von Inzuchtstämmen. Wenn die Schwankungen des Samengewichtes zwischen Individuen dieser Population auch nur teilweise auf genetische Faktoren zurückgehen, werden Elternindividuen, die aufgrund besonders hoher Samengewichte ausgesucht worden sind, wahrscheinlich mehr Allele für hohe Samengewichte enthalten als Durchschnittspflanzen. Diese Allele sind dann in der nächsten Generation bereits zahlreicher vertreten. Nach und nach werden aber immer mehr Individuen hinsichtlich der relevanten Gene homozygot werden, und alle diese Gene werden in Form ihrer „Hochgewicht"-Allele vorliegen. Daher nimmt die Varianz und auch die Wirksamkeit weiterer Selektion immer mehr ab. Wird die Auswahl dennoch fortgesetzt, also ein Selektionsdruck aufrechterhalten, kann es aber doch – nach Maßgabe des Neuauftretens genetischer Variation in den folgenden Generationen – zu einer langsamen weiteren Zunahme des Samengewichtes kommen. Diese Fähigkeit zur Veränderung der genetischen Information wird als genetische Variabilität bezeichnet. Neue Genotypen können durch Mutation oder Rekombination zustande kommen.

Kreuzungsexperimente mit bestimmten Arten bestätigen die geschilderten Erwartungen. So ist etwa Selektion auf höheres Samengewicht bei reinen Linien von Bohnen erwartungs-

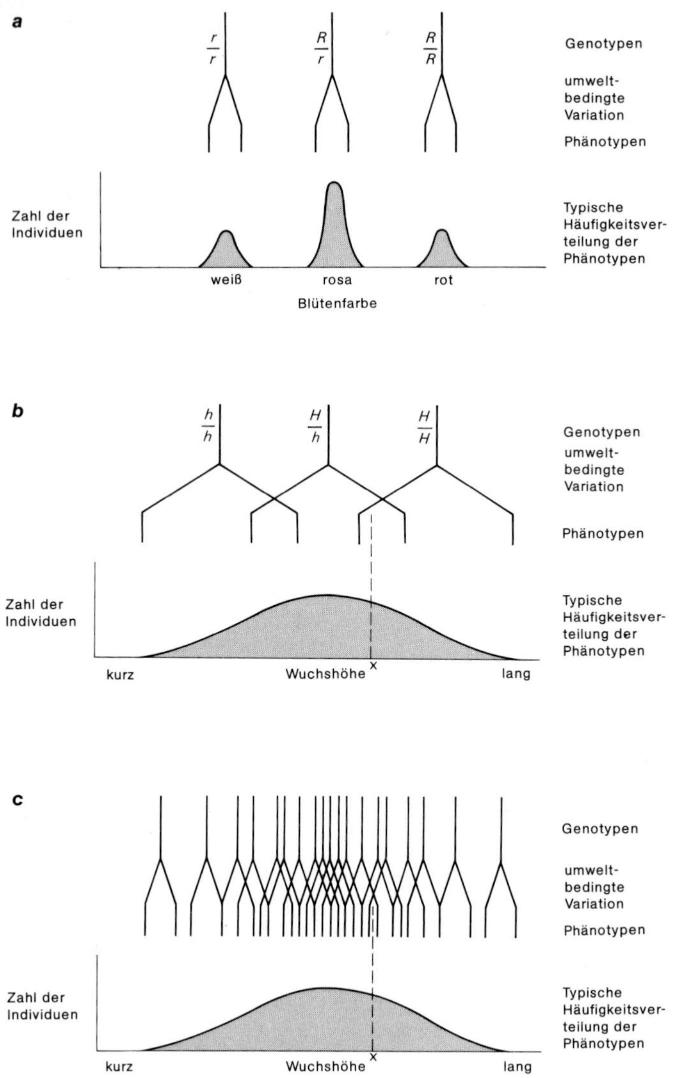

Abb. 3-10. Genetische Erklärung der kontinuierlichen Variabilität. (a) Variabilität, die durch nichterbliche Faktoren bedingt ist, führt zu Variationen in jedem erblichen Typ. (Hier sind die Typen durch Segregation zweier Allele eines Gens für die Blütenfarbe einer Pflanze entstanden, wobei rot keine Dominanz über weiß zeigt.) Trotz dieser Variabilität kann im vorliegenden Fall der Genotyp einer jeden Pflanze am Phänotyp eindeutig erkannt werden. (b) Bei größerem Einfluß der Umwelt sind Typenunterschiede bei gleicher genetischer Situation (die Gene beeinflussen die Wuchshöhe) verwischt. Beispielsweise ist der Genotyp einer Pflanze der Höhe x ohne weitere Kreuzung unsicher. (c) Wenn die Änderung zahlreicher additiv wirkender Gene den Phänotyp beeinflussen kann, resultiert ein breiter Bereich von kontinuierlichen Phänotypen auch dann, wenn die Variabilität der Umweltfaktoren nicht größer ist als in (a): Die Kombination verschiedener Genotypen kann zu jeder beliebigen Wuchshöhe führen.

gemäß fast wirkungslos, da eine genetische Variabilität, über welche die Selektion wirken könnte, praktisch nicht besteht. Eigenschaften, die sich unter Selektion zunächst rasch verändern, reagieren auf weitere Auswahl nicht mehr annähernd so stark.

Züchtung durch künstliche Elternwahl hat bei Nutzpflanzen und -tieren wiederholt dramatische Verbesserungen der Erträge gebracht. Freilich sind zusammen mit agronomischen Verbesserungen unfreiwillig auch ungünstige Eigenschaften wie Sterilität mitgezüchtet worden. Beispielsweise sind erbliche Krankheiten unter Rassehunden bei der Herauszüchtung biologisch fragwürdiger Eigenschaften zwangsläufig mit entstanden.

Züchtung – künstliche wie natürliche – setzt genetische Variation voraus. Die Verdrängung agronomisch überholter Arten und Rassen in der modernen Agrikultur gibt Anlaß zur Sorge, denn dadurch gehen dem Züchter unersetzliche Quellen genetischer Variation verloren.

Genetische Variation in Populationen

Unter einer Population artgleicher Organismen versteht man eine Gruppe von sich beliebig kreuzenden Individuen, und in jeder solchen Gruppe gibt es ein bestimmtes Ausmaß genetischer Variation. Wir kennen als Beispiele dafür bereits die Blutgruppen und die Körperlänge des Menschen. Das Ausmaß der genetischen Variation in einer Population sowie die Mechanismen ihrer Beibehaltung oder auch Veränderung im Laufe der Zeit sind Gegenstand der Populationsgenetik.

Verschiedene Formen eines Proteins können biochemisch durch Gel-Elektrophorese nachgewiesen werden, und durch Mendelsche Kreuzungsversuche kann man leicht klären, ob diese Formen auf verschiedenen Allelen des entsprechenden Gens beruhen. Solche Allele entstehen durch Mutationen, die zum Austausch von Aminosäuren führen, ohne die enzymatische (oder sonstige) Funktion des Proteins zu stören. Ohne biochemische Betrachtungsweise würde man in solchen Fällen von Wildtyp-Allelen sprechen. Untersuchungen an natürlichen Populationen haben gezeigt, daß fast immer zahlreiche solche Allele für beliebige Gene vorhanden sind. Man sagt, diese Gene seien in der Population polymorph, d. h. es gibt von ihnen mehr als nur ein Allel. Die Bezeichnung „genetischer Polymorphismus" wird in allgemeinerem Sinne benutzt, um die Situation zu charakterisieren, wenn in einer Population zwei oder mehr diskontinuierliche Phänotypen unter genetischer Kontrolle vorkommen. Enzym-Polymorphismen zählen hier auch dazu, wobei allerdings die phänotypische Eigenschaft dem Produkt eines einzelnen Gens entspricht. Das MN-Blutgruppensystem des Menschen ist ein weiteres Beispiel; der Phänotyp wird durch Blutgruppenuntersuchungen festgestellt (in Abb. 3-11 ist die Verbreitung unterschiedlicher Allele dargestellt). Auf einem viel höheren Niveau phänotypischer Komplexität kann auch das Sexualsystem eingeschlechtiger Arten als Polymorphismus angesehen werden. Die phänotypische Eigenschaft entspricht hier der Gesamtheit der Geschlechtsmerkmale, und auch die genetische Determinierung der männlichen und weiblichen Ausbildungsform ist komplex.

Die Allel- oder Gen-Frequenz ist der Anteil, den ein bestimmtes Allel an allen verschiedenen Ausprägungen eines Gens in der Population erreicht. Dieser Begriff spielt in der Populationsgenetik eine große Rolle, er beschreibt zeitliche Veränderungen von Gen-Frequenzen in einer Population unter dem Einfluß von Selektion, wobei allerdings gewöhnlich nur ein Gen oder wenige Gene zugleich berücksichtigt werden.

Eine grundlegende Vereinfachung solcher Analysen ermöglicht das Hardy-Weinberg-Gesetz, das Gen-Frequenzen in Beziehung bringt zu verschiedenen diploiden Genotypen. Das Gesetz besagt, daß für Allele eines Gens, das entsprechend den Mendelschen Gesetzen vererbt wird, zwischen zwei Generationen keine Häufigkeitsverschiebungen auftreten. Vielmehr kann ein Gleichgewichtszustand erreicht werden, bei dem aufeinanderfolgende Generationen stets dieselben relativen Häufigkeiten von Individuen verschiedener Genotypen aufweisen. Voraussetzungen für die Erreichung eines solchen „Hardy-Weinberg-Gleichgewichts" sind zufallsgemäße Partnerfindung (jede Paarung kommt durch zufälliges Zusammentreffen der Partner zustande) und das Fehlen jeder Selektion (alle Zygoten sind gleich lebenstüchtig). Wenn zwei Allele eines Gens (A, a) die Häufigkeiten p bzw. q aufweisen, wobei $p + q = 1$ ist, dann sind die Genotyp-Frequenzen AA:Aa:aa in einer stabilen Population $p^2{:}2pq{:}q^2$. Eine einfache Uberlegung zeigt, daß diese Verhältnisse zutreffend sind (wenngleich auch das Gesetz dadurch nicht strikt bewiesen werden kann): Bei der Gametenbildung einer bestimmten Generation erhält jeder Gamet ein Allel des untersuchten Gens. Wenn man alle Gameten der Population – den Gameten-*Pool* – gemeinsam betrachtet, dann ist der Anteil der Gameten mit A gleich p, jener mit a gleich q, denn das ist das Verhältnis der Allele in der Parental-Generation. Bei zufälliger Gametenpaarung ergibt sich die relative Häufigkeit der Geno- und Phänotypen in der nächsten Generation gemäß dem Diagramm von Abbildung 3-12, und zwar zu $p^2 : 2pq : q^2$, dem Gleichgewichtsverhältnis der Elterngeneration.

Künstliche Zuchtwahl führt zu Änderungen der Allel-Frequenzen bei allen Genen, die für jene Eigenschaften relevant sind, auf die selektiert wird. Auch natürliche Selektion bringt Verschiebungen in Allel-Frequenzen mit sich, weil bestimmte Genotypen Organismen entsprechen, die in der Weitergabe ihrer Gene erfolgreicher sind als andere. Der Anteil der Allele dieser ausgewählten, hinsichtlich der Fortpflanzung erfolgreicheren Genotypen steigt nach und nach an (s. Kap. 11.1). Als quantitatives Maß des Fortpflanzungserfolges benutzt der Genetiker den Begriff der Fitness; Genotypen mit größerer Fitness werden durch natürliche Selektion immer häufiger. Unter Adaptation dagegen wird die Eignung für bestimmte Rollen, gewöhnlich in Anpassung an den Lebensraum, verstanden.

Wie kann Polymorphismus durch natürliche Selektion beibehalten werden? Das ist eine immer wieder diskutierte Frage. An sich sollte man erwarten, daß eine bestimmte Ausprägung des Polymorphismus sich gegenüber allen anderen als überlegen erweist und daher schließlich allein übrig bleibt. Es hat sich aber gezeigt, daß es viele Mechanismen gibt, die Polymorphismen stabil erhalten können. Weit verbreitet ist die Heterosis: Organismen, die bezüglich zweier Allele eines Gens heterozygot sind, besitzen eine höhere Fitness als die beiden homozygoten Formen. Unter solchen Umständen werden durch Selektion beide Allele in der Population erhalten bleiben. Wenn andererseits durch Polymorphismus zwei unterschiedliche Phänotypen ausgebildet werden, kann es vorkommen, daß jede dieser Formen nur dann einen Selektionsvorteil bietet, wenn sie in der Population nicht vorherrschend ist. Frequenz-abhängige Selektion dieser Art vermag ebenfalls Polymorphismen zu stabilisieren. Schließlich kann eine Form für bestimmte Lebensabschnitte oder Jahreszeiten vorteilhaft sein, in anderen benachteiligt. Im konkreten Fall ist es freilich oft schwer zu entscheiden, ob solche Faktoren in natürlichen Populationen wirksam sind.

Manche Biologen nehmen an, daß Enzym-Polymorphismen, wie sie durch Gel-Elektrophorese feststellbar sind, überhaupt keiner Selektion unterworfen sind, weil die betreffenden Allele selektions-neutral sind und die Fitness des Organismus nicht beeinflussen. Die Frequenz solcher Allele kann sich zufallsmäßig durch sogenannte genetische Drift verändern. Verschiebungen dieser Art – auch sie können übrigens theoretisch analysiert werden – spielen in kleinen Populationen eine größere Rolle als in großen (s. Kap. 7.5).

Nicht zuletzt hängt die genetische Struktur einer Population auch vom gewählten Zuchtsystem ab. Bei geschlechtlicher Fortpflanzung ist die Verwandtschaft der Partner von Bedeutung; und wenn Paarungspartner in der Regel näher miteinander verwandt sind als bei zufälliger Partnerzusammenführung, spricht man von Inzucht. Sie kann sich bei geringer Populationsgröße ergeben, aber auch durch beliebige Abweichungen von zufälliger Partnerfindung. Selbstbefruchtung ist – wo überhaupt möglich – ein Extremfall unzufälliger Paarung, und auch die Kreuzung von Individuen mit beiden oder einem Elter ist häufig.

Bei Inzucht werden Gene – auch ungünstige oder tödliche Allele – in zunehmendem Maße homozygot. Inzuchtlinien bei Arten, wo Inzucht nicht von Natur aus vorkommt, zeigen daher gewöhnlich einen Abfall von Fertilität und Lebenstüchtigkeit. Das umgekehrte gilt für Kreuzungen zwischen zwei Inzuchtstämmen. So brachten Hybride zwischen verschiedenen Kulturvarietäten des Mais *(Zea mays)* deutlich verbesserte Ernteerträge.

Der Inzuchtanteil bei natürlichen Populationen hängt von den Bestäubungs- oder Paarungssystemen der jeweiligen Art ab. Bei manchen Pflanzen und Tieren, die potentiell selbstfertil sind (hermaphrodit), wird Selbstbefruchtung durch Ausbildung bestimmter Strukturen verhindert und so die genetische Vielfalt erhalten. Doch gibt es andere Arten, die an Selbstbefruchtung bis zu einem gewissen Grade angepaßt sind.

Das Vorhandensein genetischer Variation ist offensichtlich wichtig, damit eine Art bei ständig wirkender natürlicher

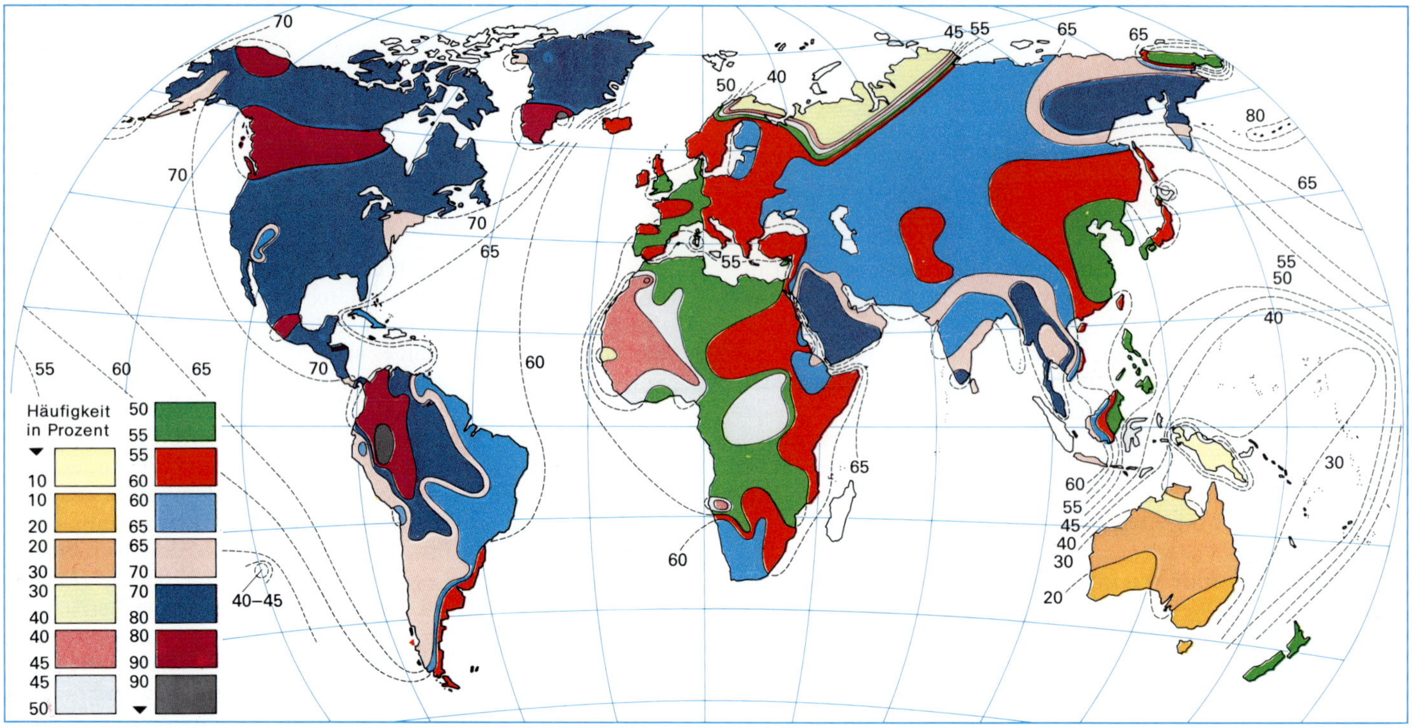

Abb. 3-11. Variation der Allelen-Häufigkeit in Eingeborenen-Populationen, die hinsichtlich der Gene für das MN-Blutgruppensystem polymorph sind. Konturlinien verbinden Orte mit gleicher Häufigkeit des M-Allels. Die zugrunde liegenden Daten wurden durch Tests mit ausgewählten Personen ermittelt, wobei zur Identifizierung der MN-Typen Antiseren verwendet wurden.

Selektion bestehen kann. Alle erblichen Eigenschaften, die bisher hier beschrieben worden sind (und noch andere mehr), beeinflussen die Möglichkeit, auf geänderte Umweltbedingungen zu reagieren. Besonders wichtig ist dabei auch der Gebrauch geschlechtlicher oder ungeschlechtlicher Fortpflanzung. In der diploiden Phase des Lebenszyklus kann Dominanz die Wirkung rezessiver, mutierter Gene maskieren, bis durch Gametenverschmelzung homozygote Individuen hervorgebracht und diese Allele damit der Selektion unterworfen werden. Durch Rekombination entsteht Vielfalt, sei es durch die unabhängige Segregation der Chromosomen – besonders bei Organismen mit großen Chromosomenzahlen – oder durch *Crossing-over* zwischen Genorten – vor allem bei schwacher Koppelung. Auch jede Abweichung von Zufallspaarung kann sich auf die natürliche Selektion auswirken. Bei geschlechtlicher Fortpflanzung können schließlich vorteilige Allele verschiedener Gene in einem Individuum und seinen Nachkommen vereinigt werden, die vorher in verschiedenen Linien getrennt waren. Viele Organismenarten benutzen daher sowohl geschlechtliche Fortpflanzung (um jene Mannigfaltigkeit zu bewahren, auf die natürliche Selektion einzuwirken vermag) wie auch ungeschlechtliche (um die rasche Verbreitung erfolgreicher Genotypen sicherzustellen). Selektion wirkt auf Phänotypen, und daher ist die Verknüpfung von Phänotyp und Genotyp für Vererbungsstudien immer besonders wichtig.

Weiterführende Literatur

Bresch, C. und Hausmann, R.: *Klassische und molekulare Genetik.* 3. Aufl.; Springer, Berlin 1972.
Kaudewitz, F.: *Genetik.* Ulmer, Stuttgart 1983.
Knippers, R.: *Molekulare Genetik.* 4. Aufl.; Thieme, Stuttgart 1985.
Kühn, A. und Hess, O.: *Grundriß der Vererbungslehre.* 8. Aufl.; Quelle & Meyer, Heidelberg 1984.
Watson, J. D.: *Molekulare Biologie des Gens.* 2. Aufl.; Inter Europ. Ed., Amsterdam 1975.

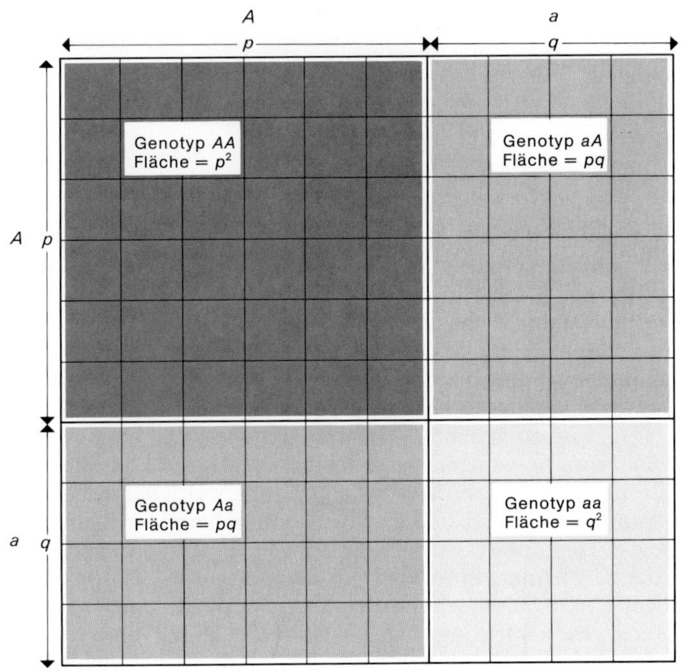

Abb. 3-12. Das Diagramm zeigt die Mengenverhältnisse unterschiedlicher Genotypen für ein Gen mit zwei Allelen (A und a) in einer Population, die sich im Hardy-Weinberg-Gleichgewicht befindet. Die Allel-Frequenz von A ist p, jene von a ist q. Werden die Seiten des Quadrats im Verhältnis p:q geteilt, dann entsprechen die Teilflächen des Quadrats (ausgedrückt als Anteile am Gesamtquadrat) den Zahlenverhältnissen entsprechender Genotypen in der Population. p ist hier angenommen zu 0,6 (so daß also 6 von 10 Allelen in dieser Population A entsprechen), q zu 0,4. Von den 100 Netzmaschen fallen 36 in den AA-Abschnitt, je 24 in die beiden Aa-Bereiche, und 16 entsprechen aa.

4 Ethologie und Soziobiologie

Nach Niko Tinbergen stellen Verhaltensforscher in der Regel vier verschiedene Fragen. Sie fragen nach den physiologischen Ursachen eines Verhaltens, nach seiner individuellen Entwicklung, seinem Anpassungswert und seiner Stammesgeschichte. Das menschliche Gehen z. B. kommt durch Muskelbewegungen zustande, die von Umweltreizen gesteuert werden (physiologische Ursachen). Es wird nach einer Krabbelphase erworben, indem das Kind sich an Stützen aufrichtet und dabei das Gehen übt (individuelle Entwicklung oder Ontogenese). Das Gehen dient dem Menschen zur Fortbewegung, weil es sich bei der natürlichen Auslese im Lebensraum der Vormenschen als günstig erwies (Anpassungswert). Wenn wir mehr über die Evolution des Menschen wüßten, verstünden wir möglicherweise den Übergang von einem Brachiator – wie dem heutigen Gibbon, der sich mit den Armen von Ast zu Ast schwingt – zum auf den Knöcheln laufenden Vierfüßler – wie dem heutigen Gorilla – und schließlich zum aufrecht gehenden Vorfahren des Menschen (Stammesgeschichte).

Physiologische Ursachen

Die physiologischen Ursachen eines Verhaltens werden in der Regel durch einfache neurophysiologische Modellvorstellungen beschrieben, oder man verdeutlicht sie durch eine Analogie. Je komplizierter die untersuchten Verhaltensweisen sind, desto komplizierter muß auch die Vorstellung über ihre Ursachen werden. Zu den einfachen Gehirnfunktionen gehören dabei Reflexe wie der bekannte Kniesehnenreflex. Solche Reflexe werden nicht direkt vom Gehirn gesteuert, und ihr Ablauf bleibt unverändert, wenn sie mehrfach ausgelöst werden. Es gibt keine Rückmeldungen an die Reflexsteuerung. Weiterhin gehören zu vielen Handlungsketten bestimmte Verhaltensmuster, die Lorenz als Erbkoordinationen oder angeborene Instinkthandlungen bezeichnet hat. Sie bilden die angeborenen, in der Form konstanten und für die Art typischen Reaktionen, die im Gehirn als Programm festliegen und zur Ausformung keine Umweltinformation benötigen. Obwohl fraglich ist, ob die genannten Kriterien bei allen Erbkoordinationen oder (wie man heute sagen würde) modalen Bewegungsabläufen zutreffen, kann an der Existenz fester Verhaltensprogramme in der *„Hardware"* des Gehirns kein Zweifel sein. Ein Beispiel ist die Eirollbewegung der Graugans: Das brütende Tier streckt seinen Hals aus, um ein außerhalb des Nests liegendes Ei zurückzuholen. Wenn das Ei wegrutscht, während der Hals zurückgezogen wird, beendet die Gans die Bewegung ins Leere hinein. Eine Rückmeldung über Sinnesorgane ist für diese Reaktion also unnötig. Solche festgelegten Verhaltensprogramme sind bei Wirbellosen und niederen Wirbeltieren häufig, und sie treten auch oft in den Handlungsketten höherer Wirbeltiere auf.

Es gibt einen Übergang von festen Erbkoordinationen zu Verhaltensweisen, die als Reiz-Reaktionsfolge ablaufen. Solche Handlungsketten erlauben es, das Verhalten an verschiedene Umweltbedingungen anzupassen. Das Verhalten höherer Wirbeltiere ist meist variabel, da es die Rückmeldungen aus der Umwelt ausnutzt. Die Eirollbewegung kann als Erbkoordination ablaufen, da sie nur Rückmeldungen über die richtige räumliche Orientierung erfordert. Die Futtersuche dagegen erfordert bei den meisten Vögeln, daß sie auf wechselnde Umweltreize variabel reagieren.

Dabei ist zu beachten, daß sich verschiedene Tierarten in ihren Sinnesleistungen erheblich unterscheiden können, und daß nicht alle Reize, die wahrgenommen werden, auch „interessant" für das Tier sind und Reaktionen hervorrufen. Reize, die ein Tier „interessieren", werden als Signale oder Schlüsselreize bezeichnet. Eine Raubvogelsilhouette bildet für Singvögel einen Schlüsselreiz, der Flucht auslöst, und der rote Bauch eines Stichlingsmännchens bildet einen aggressionssteigernden Schlüsselreiz für andere in Balzstimmung befindliche Männchen.

Zur Erkennung solcher Reize gibt es angeborene Strukturen des Gehirns, die die Wahrnehmungen des Tieres so filtern, daß die relevanten Signale erkannt werden. In diesem Fall spricht man von einem angeborenen auslösenden Mechanismus (AAM), der eine Reaktion hervorruft. Man vermutete früher, daß jede Information, die die Sinnesorgane erhalten, an das Gehirn weitergegeben wird, und daß erst dort durch die Integration mit anderen Sinnesmeldungen der Filterprozeß abläuft. Heute dagegen ist bekannt, daß die Filterung der Sinnesinformationen auf allen Verarbeitungsebenen stattfindet, vom Rezeptor selbst bis hin zu den höheren Bezirken des Großhirns. Ein Beispiel bietet sie Beutefangreaktion von Fröschen auf kleine, sich bewegende Objekte, z. B. auf Fliegen. Die neurophysiologische Untersuchung zeigte hier, daß die Auswahl relevanter Informationen für diese Reaktion bereits bei den Stäbchen und Zapfen der Netzhaut beginnt, die also bereits Teil eines AAM sind. Die Vorstellung von angeborenen auslösenden Mechanismen ist zwar nützlich für die Analyse des Verhaltens Wirbelloser und niederer Wirbeltiere, bei höheren Wirbeltieren wird aber weitgehend durch Lernen bestimmt, welche Reize ein Verhalten auslösen. Die Lernprozesse können durchaus auf AAM's aufbauen, aber durch sie kann die genaue Form eines Signals sehr kompliziert werden.

Neben der jeweiligen Umwelt bestimmt aber der innere Zustand, die Bereitschaft, eines Tieres, welches Verhaltensmuster auftritt. Beispielsweise hängt das Verhalten der Futtersuche vom Ausmaß des Hungers ab. Diese nicht direkt erfaßbaren inneren Faktoren hinter den erkennbaren Verhaltensmustern werden auch als Antriebe bezeichnet. Sie bestimmen die Wahrscheinlichkeit, mit der ein Tier auf einen bestimmten Reiz hin tatsächlich mit dem zugehörigen Verhalten reagiert. Lorenz schlug ein sogenanntes psychohydraulisches Modell vor, um die Funktion eines Antriebs darzustellen (Abb. 4-1). Beispielsweise kann eine große Wassermenge im oberen Behälter großen Hunger (eine hohe Bereitschaft) bedeuten. In diesem Fall wird sich das Ventil leicht öffnen lassen, so daß das zugehörige Verhalten (Nahrungssuche, Fressen) leicht auslösbar ist. Allerdings hängt dies auch von dem Gewicht ab, das auf das Ventil drückt, und das die Reizstärke symbolisiert, also die angebotene Qualität oder Menge an Futter. Wenn das

Ventil Wasser durchläßt, tritt dieses aus dem unteren Behälter durch Röhren aus, die in aufsteigender Ordnung angebracht sind. Jede Röhre steht für eine Verhaltensweise, wobei die der untersten Röhre zuerst (bei der schwächsten Verhaltenstendenz) auftritt, dann folgt das zweite Verhalten usw. Das Modell veranschaulicht einige Zusammenhänge recht gut, z. B. beschreibt es die wechselnde Reaktionsbereitschaft eines Tieres. Wenn ein Tier gefressen hat, wird es erst wieder auf Nahrungssuche gehen, wenn es wieder Hunger hat, d. h. wenn im Modell der obere Behälter wieder gefüllt ist. Hat das Tier nicht genug gefressen, bleibt der Wasserspiegel im oberen Behälter hoch, und es wird schneller soweit kommen, daß wieder Wasser durch das Ventil austritt. Auch die sequentielle Ordnung des Verhaltens wird von dem Modell beschrieben: Bei niedriger Motivation sind nur die ersten Glieder einer Handlungskette zu beobachten, das Wasser tritt nur durch die untersten Röhren aus. So wird eine Katze, die nicht sehr hungrig ist, eine Maus zwar fangen, sie aber nicht fressen. Ihre Motivation muß eine gewisse Stärke haben, wenn sie die Maus fangen, sofort töten und dann fressen soll.

Das psychohydraulische Modell und andere seiner Art sind Analogien, die wir benutzen müssen, weil wir die neuralen Mechanismen von Antrieb und Motivation nicht völlig verstehen. Der Wert solcher Modelle ist daher begrenzt. Zum Beispiel hängt die Stärke einer Verhaltenstendenz in der Regel nicht nur von der Triebbefriedigung und der Reizstärke ab. Andere Faktoren wie Hormone und innere Rhythmen (biologische Uhren) spielen beim Auftreten bestimmter Verhaltensmuster ebenfalls eine Rolle. Es gibt endogene Rhythmen der Ernährung, die das Freßverhalten oft stärker bestimmen als das physiologische Defizit. Nahrungsaufnahme von Schmeißfliegen ist gut untersucht und folgt einem solchen Muster; es kann als Ergebnis von Reflexen und negativer Rückkopplung in einer Neuronenpopulation erklärt werden. Solche Systeme sind von einfachen Modellvorstellungen nicht erfaßbar.

Tiere befinden sich selten in einer Situation, in der nur eine Verhaltensbereitschaft aktiviert ist. Bei einem Vogel, der im Schwarm Futter sucht, treten Tendenzen zum Ernährungsverhalten, zur Feindvermeidung und zu verschiedenen sozialen Verhaltensweisen mit sexueller, aggressiver oder defensiver Motivation auf. In jedem Moment wird ein bestimmtes Verhalten resultieren, und zwar abhängig von der Stärke der jeweiligen, die einzelnen Bereiche betreffenden Reize. Die Ethologie hat versucht festzustellen, wie die verschiedenen Verhaltenstendenzen in einer solchen Situation zusammenwirken, und auf welche Weise ein Tier von einem Verhalten zum anderen übergeht. Beispielsweise könnte man annehmen, daß ein hungriges und durstiges Tier schnell zwischen Fressen und Trinken wechseln würde. In Wirklichkeit beobachtet man lange Phasen des Fressens, die von langen Trinkperioden unterbrochen werden. Der physiologische Mechanismus, der diesen Rhythmus bestimmt, ist unbekannt. Es könnte sein, daß die Schwelle für das Auftreten einer Verhaltensweise höher ist als die für ihr Verschwinden, so daß schnelle Wechsel nicht vorkommen.

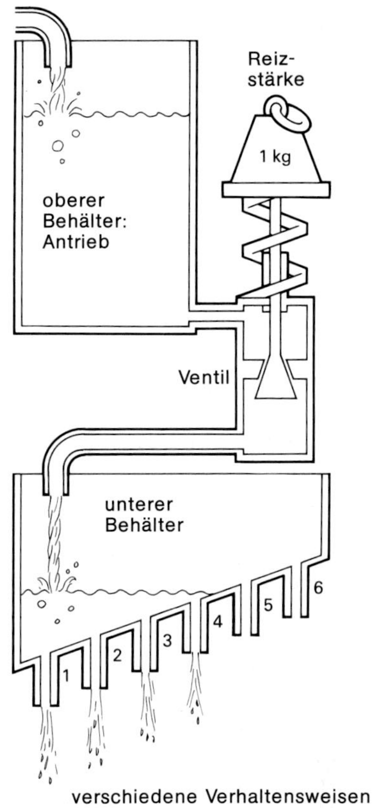

Abb. 4-1. Das psychohydraulische Triebmodell von Konrad Lorenz.

Wenn zwei ähnlich starke Verhaltenstendenzen auftreten, von denen das Tier nur einer folgen kann, entsteht ein Konflikt. Oft drückt sich ein solcher Konflikt in Verhaltensweisen aus, die Elemente beider Bereiche enthalten. Beispielsweise zeigen Vogelmännchen beim Drohen gegen einen Rivalen Verhaltensweisen, die Aggressivität und Angst gleichzeitig ausdrücken. In anderen Fällen treten bei einem Konflikt scheinbar unpassende, seltsame Verhaltensweisen auf, die als Übersprunghandlungen bezeichnet werden. Es wurde vermutet, daß der Konflikt zweier starker Verhaltenstendenzen die Hemmung eines dritten, an und für sich unabhängigen Verhaltens aufhebt, das dann zusammenhanglos erscheint. Es mag auch sein, daß zwar relevante, aber zur Zeit nur schwache Reize bestimmen, welches Übersprungverhalten auftritt.

Die Bedeutung von Hormonen in der Verhaltenssteuerung, besonders beim Fortpflanzungsverhalten, ist recht gut bekannt. Hormone beeinflussen das tierische Verhalten auf drei Wegen direkt: einmal durch eine Anregung des zentralen Nervensystems (Aktivierung), dann durch physiologische oder anatomische Änderungen in der Peripherie und schließlich durch die Bildung von Auslösern, die ihrerseits den Zustand der Sozialpartner des Tiers beeinflussen. Jedes einzelne Hormon bringt mehrere verschiedene Wirkungen hervor. Die große Anzahl unterschiedlicher Verhaltensmuster wird aber nur dadurch möglich, daß eine ganze Anzahl von Hormonen zusammenwirken.

„Biologische Uhren" verschiedenster Art gibt es bei allen Eukaryoten, und sie beeinflussen fast alle Verhaltensbereiche. Sie messen den Zeitablauf sowohl über innere Mechanismen als auch anhand äußerer Einflüsse. Wenn synchronisierende Einflüsse von außen fehlen, folgen alle biologischen Uhren ihrem eigenen endogenen Rhythmus. Viele Verhaltensrhythmen hängen trotzdem offensichtlich mit einer äußeren Periodik zusammen, z. B. mit der Tagesrhythmik (circadianer Rhythmus), der Jahresrhythmik oder den Mondperioden. In diesen Fällen dienen bestimmte Zeitgeber dazu, die nur ungefähr stimmende innere Uhr an die äußere Periodik anzugleichen. Die Tagesrhythmik von Ratten und Schaben richtet sich z. B. nach der Abenddämmerung und dem Sonnenaufgang, durch die die biologische Uhr geeicht wird. In einer künstlichen Umgebung im Labor können sie einen Rhythmus entwickeln, der von der natürlichen Tageszeit völlig abweicht. Die physiologische Grundlage von schnellen Rhythmen konnte einige Male ermittelt werden. Sie werden von der Aktivität kleiner Gruppen von Nervenzellen, oder sogar nur von einer Nervenzelle mit oszillierender Aktivität, gesteuert. Die Grundlage von langsamen inneren Rhythmen muß dagegen komplizierter sein. Beispielsweise funktioniert die circadiane Steuerung der Aktivität von Vögeln nur, wenn die Epiphyse (Zirbeldrüse) arbeitet. Bisher konnte noch keiner der vielen Tagesrhythmen im Tierreich physiologisch erklärt werden.

Auch Wanderungen sind im Tierreich allgemein verbreitet, z. B. die festgelegten jährlichen Wanderungen von Zugvögeln, die in gemäßigten und kalten Zonen brüten. Die Fähigkeit, sicher zu navigieren und weite Strecken zurückzulegen, ist für solche Tiere von offensichtlichem Vorteil bei der Lösung der Aufgabe, so schnell wie möglich zwischen günstigen Lebensräumen hin und herzuwandern. Auch in diesen Fällen versteht die Wissenschaft die physiologischen Ursachen der Wanderungsrhythmik nicht. Verschiedene Arten benutzen auch verschiedene Anhaltspunkte für die Navigation, hinzu kommt die unterschiedliche individuelle Erfahrung der Tiere. Es gibt Navigation anhand von Landmarken und Sonnenstand, anhand von Sternbildern, anhand des Magnetfelds usw., wobei diese Orientierungshilfen einzeln oder kombiniert benutzt werden können.

Individuelle Entwicklung

Einige tierische Verhaltensmuster hängen direkt von genetischer Information ab, wie Kreuzungsexperimente zeigen. Beispielsweise gibt es eine „hygienische" Rasse der Honigbiene, in der die Arbeiterbienen die Zellen toter Larven öffnen und die Leichen entfernen. Andere Rassen sind „unhygienisch" und belassen den verwesenden Leichnam in der Wabe. Hybriden zwischen hygienischen und unhygienischen Rassen verhalten sich phänotypisch „unhygienisch". Kreuzungsexperimente (Tab.4-1) zeigen, daß es zwei Genloci (Orte auf den Chromosomen) gibt, von denen der eine das Öffnen der Zellen und der andere das Entfernen des Körpers bewirkt. Durch Rückkreuzung entstandene Tiere entfernen darum manchmal den Körper nur dann, wenn die Zelle vorher geöffnet wurde, und andere öffnen die Zelle, aber entfernen die tote Larve nicht. Bei höheren Wirbeltieren ist eine so enge genetische Kontrolle des Verhaltens selten. Auch angeborenes

Tab. 4-1. Der Verhaltensunterschied zwischen „hygienischen" und „unhygienischen" Rassen der Honigbiene geht auf einen Erbgutunterschied an zwei Genorten zurück. Ein Gen mit den Allelen U oder u bewirkt die Fähigkeit zum Öffnen der Zellen, das andere mit den Allelen R oder r das Entfernen der toten Larven. „Hygienische" Bienen sind für beide Merkmale homozygot, besitzen also jeweils zwei Kopien der rezessiven Allele (uurr). Die „unhygienischen" Rassen haben die Allelkonfiguration UURR. Eine Kreuzung liefert in der ersten Generation (F_1) nur „unhygienische" Tiere mit der Erbinformation UuRr. Eine Rückkreuzung mit der hygienischen Rasse liefert vier verschiedene Genotypen mit gleicher Häufigkeit.

F_1 Hybride ♀ UuRr Gameten vom ♀	ur	UR	uR	Ur
Hygienische Rassen ♀ alle Gameten ur	uurr*	UuRr†	uuRr‡	Uurr§

* öffnet Zellen, entfernt tote Larven
† unhygienisch
‡ öffnet Zellen, entfernt tote Larven nicht
§ entfernt tote Larven nur aus vorher geöffneten Zellen

Verhalten, das auf genetische Information zurückgeht, gewinnt seine endgültige Form nur durch ein komplexes Wechselspiel zwischen der Wirkung vieler Gene und den Umwelteinflüssen, die während der Ontogenese einwirken.

Die Entwicklung von Verhaltensweisen hängt von der Entwicklung der nötigen Sinnesleistungen und motorischen Fähigkeiten ab. Viele Tiere benötigen nach der Geburt noch lange Zeit, bis ihr Verhaltensrepertoire ausreicht, um die Geburtsumgebung oder die Fürsorge der Eltern verlassen zu können. Während der Jugendentwicklung wirken Umwelteinflüsse oft entscheidend auf die Ontogenese von Verhaltensmustern ein. Beispielsweise entwickelt sich die Sehfähigkeit junger Katzen nur dann normal, wenn sie während der ersten Lebenswochen visuelle Sinneserfahrungen machen können. Die Plastizität der angeborenen Strukturen des Sehsystems und ihre „Eichung" durch die Umwelt stellt wahrscheinlich eine nützliche Anpassung dar. Katzen benötigen als optisch orientierte Jäger ein genaues binokulares Sehen zur Tiefenwahrnehmung und Entfernungsschätzung. Würde die Integration der Meldungen von beiden Augen angeborenermaßen erfolgen, wäre jede kleine Ungenauigkeit eine Katastrophe.

Die Bedeutung von Umweltreizen für die Entwicklung der Koordination zwischen den Sinneseingängen und der motorischen Reaktion ist von Art zu Art verschieden. Beim Menschen hängt die Integration sensorischer und motorischer Bereiche oft völlig vom Lernen ab, während z. B. der Salamander nur wenige Lernprozesse benötigt. Besonders gut wurde diese Eingangs-Ausgangsbeziehung am Beispiel der Entwicklung des Vogelgesangs studiert. Einige Vogelarten entwickeln ihren Gesang ohne jeden Einfluß der Umwelt, während der Gesang anderer Arten völlig davon abhängt, welche Gesangsmuster sie als Jungvögel gehört haben. Der Buchfink nimmt eine Mittelstellung ein, daher läßt sich seine Gesangsentwicklung als Beispiel für das Zusammenwirken von genetischen Prädispositionen mit individueller Erfahrung benutzen.

Abb. 4-2. Die typische Körperhaltung (Ausdrucksverhalten) eines (a) rangniedrigen und eines (b) ranghohen Rhesusaffen *(Macaca mulatta).*

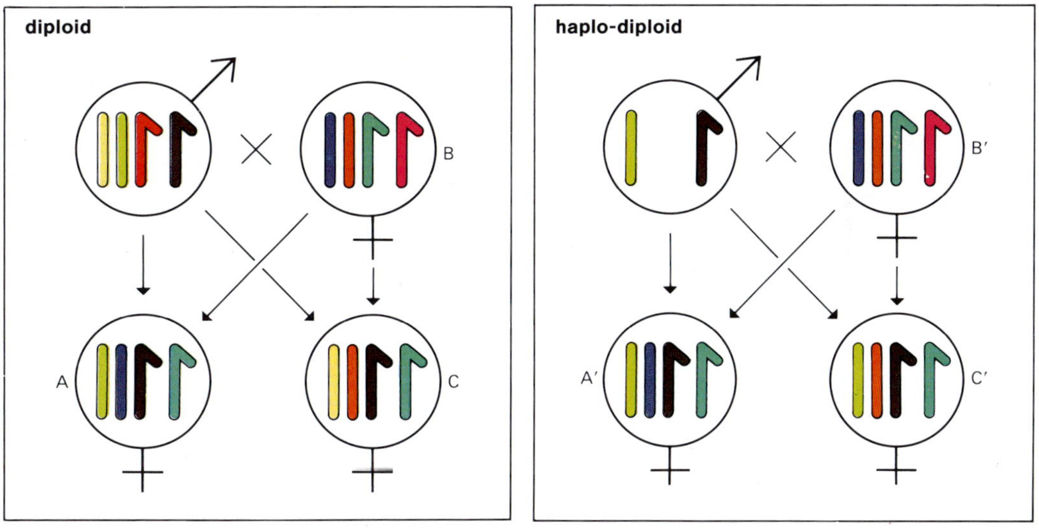

Abb. 4-3. Bei normalen diploiden Arten (links) ist die Wahrscheinlichkeit 1/2, daß ein neues Allel aus dem Erbgut der Mutter B, das das Weibchen A von ihr erbt, auch bei der Schwester C im Erbgut vorliegt. Für neue Allele des väterlichen Erbguts gilt dasselbe, so daß zwei Schwestern jedes seltene Allel mit der Wahrscheinlichkeit 1/2 gemeinsam haben. Bei einer haplo-diploiden Art (rechts) beträgt die Wahrscheinlichkeit, daß die Schwestern A und C ein neues Allel des mütterlichen Erbguts B gemeinsam haben, ebenfalls 1/2; ein väterliches Allel haben sie aber mit Sicherheit gemeinsam. Daher haben Schwestern hier ein seltenes Allel mit der Gesamtwahrscheinlichkeit 3/4 gemeinsam, sind also näher verwandt. Dadurch sind haplo-diploide Arten für die Evolution steriler Weibchen als Arbeiterinnen prädisponiert.

Ein Buchfink muß den vollständigen Buchfinkengesang in einer sensiblen Phase währen der Jungenentwicklung hören, wenn er später selbst den vollständigen Gesang beherrschen soll (Gesangsprägung). Ohne Vorbild entsteht nur ein einfach aufgebauter Restgesang, aber das Vorbild muß dem Buchfinkengesang ungefähr entsprechen, sonst wird er nicht erlernt.

Prägungen bilden ein besonders eindrucksvolles Beispiel für Lernprozesse, die zur Verhaltensentwicklung gehören. Das bekannteste Beispiel bildet die Elternprägung neugeborener Jungtiere. Kurz nach dem Schlüpfen reagieren Enten- und Hühnerkücken auf Schlüsselreize, die von der Mutter oder – im Labor – von einem Ersatzobjekt ausgehen, und folgen ihr nach. Dabei lernen sie die Mutter unwiderruflich kennen (Nachfolgeprägung). Auch die Mutter prägt sich die Merkmale ihrer Jungen ein (Jungenprägung) und ihr Brutpflegeverhalten wird so selektiv, daß sie andere Jungtiere ignoriert, wegtreibt oder sogar tötet. Oft erlernen die Jungen zusätzlich die individuellen Merkmale ihrer Brüder und Schwestern (Geschwisterprägung). Dieser Prozeß kann, zusammen mit der Elternprägung, einen Langzeiteffekt auf die spätere Wahl des Sexualpartners ausüben, da viele Vögel die Paarbildung mit nahen Verwandten vermeiden. Es ist häufig, daß sie Partner bevorzugen, die wie die erwachsenen Tiere aussehen, die sie als Junge erlebt haben. Dies beobachtet man, wenn Jungvögel von Erwachsenen einer anderen Art aufgezogen werden. Man spricht in einem solchen Fall von Sexualprägung; interessanterweise läuft dieser Lernprozeß ab, nachdem die Geschwister ihr adultes Federkleid entwickelt haben, aber bevor sie die Familie verlassen. Man nimmt an, daß ein einziger Lernprozeß gleichzeitig zum individuellen Erkennen der nahen Verwandten führt und festlegt, wie ein späterer Sexualpartner aussehen sollte. Geringfügige Unterschiede sollten bestehen, um die Nachteile einer Inzucht zu umgehen. Daß es auch eine Prägung auf den Geruch von Verwandten gibt, haben Experimente mit sozialen Insekten gezeigt. Diese erkennen fremde Individuen am abweichenden Geruch und können so ihre Kolonie gegen Eindringlinge verteidigen.

Anpassung

Unterschiede im Verhalten von Tieren können ebenso wie morphologische Unterschiede aus der Sicht der Evolutionstheorie untersucht werden. Meist versteht man die physiologischen Gründe für Verhaltensunterschiede jedoch wenig, da unbekannt ist, ob eine bestimmte Verhaltensanpassung auf genetische Information oder auf Umwelteinflüsse auf das Individuum zurückgeht. Aus Gründen der Vereinfachung wird eine Verhaltensanpassung in der Verhaltensökologie oder Soziobiologie meist durch ihre Funktion und nicht durch ihr Zustandekommen beschrieben.

Von unterschiedlich guter Anpassung kann man dann sprechen, wenn sich Tiere in der selben Situation unterschiedlich verhalten und dadurch einen unterschiedlichen Fortpflanzungserfolg erzielen. Das Verhalten, das zu einem höheren Fortpflanzungserfolg (einer größeren Fitneß) führt, wird adaptiver genannt. Die Güte einer Anpassung kann daher nur im Vergleich ermittelt werden, und die Unterschiede müssen keineswegs auf verschiedenes Erbgut zurückgehen. Anpassungsprozesse, wie z. B. Lernen oder kulturelle Traditionen, verändern das Verhalten auch innerhalb der individuellen Lebenszeit und sorgen dafür, daß es sich viel genauer an eine bestimmte Umgebung anpaßt, als es durch Erbgutänderungen möglich wäre. Allerdings beruht wohl auch die Lernfähigkeit selbst auf genetischer Information und wurde durch die natürliche Auslese hervorgebracht, da sie offensichtlich häufig von großem Vorteil ist.

In der frühen Ethologie gab es gewisse Mißverständnisse über die Evolution von Verhaltensweisen, die besonders im Bereich des Sozialverhaltens zu Irrtümern führten. Es wurde übersehen, daß die natürliche Selektion nur am unterschiedlichen Fortpflanzungserfolg von Individuen ansetzen kann, der seinerseits zur Änderung von Genhäufigkeiten in der Population einer Art führt (s. Kap. 3.2 und 11.1). In der Ethologie ging man dagegen oft von der Vorstellung aus, daß tierisches Verhalten unmittelbar durch seine Vorteile für die Gruppe oder für die ganze Art erklärt werden kann. Die theoretische Grundlage dieser Vorstellung wurde in den frühen sechziger Jahren formuliert, als z. B. angenommen wurde, daß das Verhalten von Tieren auf die Beschränkung ihrer Bevölkerungsdichte und Fortpflanzungsrate zielt. Dadurch wäre es möglich, über viele Generationen eine maximale Ausnutzung der Nahrungsressourcen sicherzustellen, so daß die Art, gemessen an ihrer Gesamtproduktivität, den bestmöglichen ökologischen Erfolg hätte. Es wurde vermutet, daß mehrere soziale Verhaltensmuster Ausdruck von gemeinsamen Strategien wären, die Bevölkerungszahlen zu begrenzen. Viele tierische Signale, so nahm man an, dienten als eine Art von individuellem Ausweis, der den Gruppenmitgliedern erlauben könnte, ihre Anzahl festzustellen. Von Rangordnungen wurde vermutet, daß sie im Laufe der Evolution als ein Mechanismus entstanden wären, die unbegrenzte Vermehrung zu verhindern, indem die Fortpflanzung auf einige dominante Tiere beschränkt wird. Ein großer Teil des tierischen Sozialverhaltens schien durch solche Vorstellungen erklärbar zu sein.

Die Kritik an dieser Position kam von zwei Seiten. Zum einen wiesen Evolutionsbiologen darauf hin, daß die natürliche Selektion zwischen ganzen Tiergruppen (Gruppenselektion) zwar in der Evolution wirken kann, daß sie aber meist weniger bewirkt als die Selektion zwischen Individuen. Nur unter recht unwahrscheinlichen Bedingungen, z. B. bei extremer Geschlossenheit der Gruppen nach außen hin und häufigem Aussterben ganzer Gruppen, kann die Gruppenselektion wichtiger als die Individualselektion werden. Sogenannte „Schmarotzer", die durch Mutation entstehen könnten und die die Kooperativität der anderen Gruppenmitglieder ausnutzen, hätten unter den meisten Umständen einen großen Selektionsvorteil, auch wenn dies zum Nachteil der ganzen Gruppe wäre. Zum zweiten entstand auch Kritik, weil es an Evidenz für die Gruppenselektion fehlte. Ökologen und Feldethologen wiesen darauf hin, daß Tiere mit wenigen Ausnahmen in jeder Generation so viele Junge haben, wie es unter den momentanen Bedingungen möglich ist (Tab. 4-2). Auch soziale Signale können oft besser erklärt werden, wenn man annimmt, sie dienten dem individuellen Selektionsvorteil. Beispielsweise können Rangordnungen entstehen, indem jedes Individuum mit jedem anderen so interagiert, daß der schwächere Partner die offene Konkurrenz um Nahrung oder Geschlechtspartner vermeidet: Es ist dann zu erwarten, daß die dominanten Tiere körperliche Auseinandersetzungen mit rangniederen Tieren tatsächlich gewinnen (Abb. 4-2).

Tab. 4-2. Die Gelegegrößen (Eizahlen) und die durchschnittliche Zahl flügge gewordener Junger wurden in einer zwischen 1958 und 1961 am Mauersegler durchgeführten Studie ermittelt. Mauersegler legen in Abhängigkeit von ihrem Alter zwei bis drei Eier, die Gelege mit vier Eiern wurden künstlich durch Hinzulegen von Eiern erzeugt. Vertreter der Theorie der Gruppenselektion hatten vermutet, Vögel wie der Mauersegler würden weniger Eier legen als ihnen möglich wäre, um so die Zahl der Jungen zu begrenzen und die Futterquellen nicht zu erschöpfen. Wie die Ergebnisse zeigen, legen Mauersegler jedoch soviele Eier, daß sie den höchstmöglichen Bruterfolg erzielen. Wenn mehr als drei Junge zu versorgen sind, sinkt die Chance, daß überhaupt eines bis zum Flüggewerden überlebt. (Nach D. Lack: *Population studies of birds.* Oxford Univ. Press, Oxford 1966).

Eizahl	Verlust in %	Durchschnittlich pro Brut aufgezogene Junge
2	3	1,94
3	15	2,55
4	58	1,68

Obwohl die Selektion im allgemeinen tatsächlich dazu führt, daß Tiere ihren eigenen Fortpflanzungserfolg maximieren, gibt es viele Ausnahmen. Man spricht etwas mißverständlich von „Altruismus", wenn ein Individuum durch sein Verhalten eigene Fortpflanzungsmöglichkeiten verliert und diejenigen eines anderen Tieres fördert, besser ist der Begriff „Helferverhalten". Es gibt viele Arten sozialer Hautflügler (Wespen, Bienen, Ameisen), bei denen die große Mehrzahl der Weibchen zu „Arbeitern" werden und Zeit und Energie aufwenden, um Geschwister – anstatt eigener Nachkommen – aufzuziehen. Dies ist erklärbar, weil das Verhalten, nahe Verwandte zu unterstützen, sich durch Selektion ausbreiten kann, falls es den Verwandten Fortpflanzungsvorteile verschafft. Der Grund ist, daß die „altruistische" Erbinformation bei den Verwandten mit einer gewissen Wahrscheinlichkeit ebenfalls vorliegt, da sie von denselben Vorfahren abstammen. Bei den Hautflüglern führt der „haplo-diploide" Erbgang sogar dazu, daß die Wahrscheinlichkeit für das Auftreten desselben neu entstandenen Gens bei der Schwester eines Weibchens größer ist als bei den eigenen weiblichen Nachkommen (Abb. 4-3). Weil bei diesen Tieren die Männchen haploid und die Weibchen diploid sind (s. Kap. 1.5), ver-

a

b

c

Abb. 4-4. Das Leben in Gruppen. (a) Junge Kaiserpinguine rücken zusammen, um sich im Antarktiseis gegenseitig zu wärmen. (b) Gnus sammeln sich zu großen Herden. Anders als bei Gazellen, sind die Kälber dazu imstande, den Müttern gleich nach der Geburt zu folgen. Die Tiere halten Verluste in Grenzen, indem sie streng synchron ihre Kälber gebären, so daß die lokal anwesenden Räuber an die Grenze ihrer Aufnahmefähigkeit gelangen. (c) Thompsongazellen grasen in Herden, die eng zusammenhalten. Jedes der Tiere profitiert von der erhöhten Möglichkeit der Gruppe, Raubfeinde zu entdecken. Einzeltiere müssen dagegen ihre Umgebung beim Grasen in regelmäßigen Intervallen nach Feinden absuchen.

a

b

Abb. 4-5. (a) Eine Elefantenkuh wendet sich um, um ihre abziehende Familiengruppe zu schützen. Solche Gruppen bestehen in der Regel aus einer Matriarchin und ihren nahen Verwandten und Nachkommen. (b) Erwachsene Moschusochsen stellen sich schützend vor ein Kalb.

fügen alle Schwestern über dasselbe Erbgut von Seiten des männlichen Elternteils, während sie ein Gen von der mütterlichen Seite nur mit der Wahrscheinlichkeit einhalb gemeinsam haben. Bei einer Schwester beträgt diese Wahrscheinlichkeit dagegen drei Viertel. Daher kann ein Gen, das ein Weibchen zur Sterilität und zur Aufzucht von Geschwistern in der Kolonie veranlaßt, sich sehr wohl schneller in der Population verbreiten als ein Gen, das das Verlassen der Kolonie und die Aufzucht eigenen Nachwuchses bewirkt. Wenn sich das Erbgut einer Population auf diese Weise verändert, spricht man von Sippenselektion *(Kin Selection).* Auch in Gruppen ohne haplo-diploidem Erbgang, wie den Wirbeltieren, gibt es Helferverhalten, das durch Sippenselektion entstanden zu sein scheint. Beispielsweise benutzen viele Vögel und Säugetiere Warnrufe, die Artgenossen auf Raubfeinde aufmerksam machen. Obwohl solche Warnrufe häufig an Nachkommen gerichtet sind, werden sie auch ohne deren Gegenwart geäußert. Neue Forschungen bei Erdhörnchen und Präriehunden haben gezeigt, daß Warnrufe dort die Funktion haben, nahe verwandte Gruppenmitglieder zu schützen.

Helferverhalten muß nicht in jedem Fall durch Sippenselektion entstehen. Unter gewissen Bedingungen kann es zur Selektion von Erbgut kommen, das ein sogenanntes reziprokes Helferverhalten bewirkt. Dabei verhält sich ein Tier so, daß es im Moment den eigenen Fortpflanzungserfolg schmälert und den eines anderen fördert, weil die gleiche Hilfe wahrscheinlich später umgekehrt ihm zugute kommt. Solche Verhaltensweisen können sich in einer Population ausbreiten, wenn ihre Nachteile gemessen am Fortpflanzungserfolg für jedes Tier geringer sind als die durchschnittlichen Vorteile. Ein klares Beispiel für reziprokes Helferverhalten findet sich beim

a

b

c

Abb. 4-6. (a) Zwei ausgewachsene Rothirsche kämpfen während der Brunft im Oktober um den Besitz eines Harems. Die Kämpfe sind gefährlich, einer von fünf Hirschen hat bis zum Ende der Brunftzeit irgendeine Verletzung davongetragen. (b) Ein Rothirsch röhrt zu einem Rivalen hin. Die Geschwindigkeit, mit der ein Röhren auf das andere folgt, bildet ein Maß für die Kampffähigkeit eines Hirsches und wird von Herausforderern dazu benutzt, um den Platzhirsch zu beurteilen. (c) Eine liegende Hirschkuh beriecht den Platzhirsch. Während der Brunft prüfen beide Geschlechter regelmäßig die Geruchssignale des anderen Geschlechts.

Anubispavian *(Papio anubis).* Wenn ein Weibchen in den Oestrus kommt und damit sexuell empfänglich wird, schließt sich ihr ein bestimmtes Männchen als Sexualpartner an. Dann gehen manchmal zwei andere Männchen ein Bündnis ein, indem der eine den Partner des Weibchens in einen Kampf verwickelt, während der andere sich mit dem Weibchen zurückzieht. Beide Männchen steigern durch ein solches Verhalten ihren Fortpflanzungserfolg, weil sie ihre Rollen bei jeder Interaktion mit einem Paar wechseln; jeder kämpft manchmal mit dem Männchen und kopuliert manchmal mit dem Weibchen. Solange die Kämpfe nicht zu ernsten Schäden führen, stellt dieses Verhalten für Männchen niederen Rangs eindeutig eine günstige Anpassung dar, da sie sonst wohl gar nicht in der Lage wären, Nachkommen zu zeugen.

Solche reziproken Hilfen unterscheiden sich vom sogenannten Mutualismus, wo es keine Wartezeit für den Helfer gibt, sondern alle Partner gleichzeitig profitieren. Mutualistische Verhaltensweisen stellen kein eigentliches Helferverhalten dar, ihre Entstehung scheint ein wesentlicher Grund dafür zu sein, daß Tiere sich überhaupt zu Gesellschaften zusammenschließen.

Das Leben in Gruppen

Für das Leben in Gruppen (Abb. 4-4) wurden immer wieder verschiedene Vor- und Nachteile angenommen; einige hiervon sind experimentell untersucht worden. Unter den Vorteilen rangiert die Abwehr von Raubfeinden, die Nahrungsgewinnung, das Finden von Geschlechtspartnern, das Lernen von anderen (Traditionsbildung) und das Überleben in besonders schwierigen Lebensräumen. Dagegen stehen Nachteile wie die Möglichkeit, leichter von Raubfeinden gefunden zu werden, die Konkurrenz um Futter und die Ansteckung mit Krankheiten.

Das Risiko, einem Raubfeind zum Opfer zu fallen, wird durch das Leben in Gruppen reduziert. Wenn die Gruppe nicht viel besser auffindbar ist als ein Einzeltier, kann durch das Leben in einer Vierergruppe das Risiko auf fast ein Viertel gesenkt werden. Häufig rückt die Gruppe bei der Annäherung eines Jägers dichter zusammen. Es könnte sein, daß dabei jedes Tier versucht, in die Mitte der Gruppe zu gelangen, um das Risiko für sich selbst zu verringern, da periphere Tiere eher angegriffen werden. Man spricht dabei vom Prinzip der „egoistischen Herde". Weiterhin gibt es Belege dafür, daß Raubfeinde einer Gruppe gegenüber weniger erfolgreich jagen als Einzeltieren gegenüber. Durch Experimente mit Stichlingen bei der Jagd auf Wasserflöhe *(Daphnia)* konnte ein Konfusionseffekt bewiesen werden. Es fällt den Stichlingen schwer, sich auf eine einzige Daphnie zu konzentrieren, solange mehrere andere ständig durch ihr Gesichtsfeld schwimmen. Man hat vermutet, daß auch das heftige Hochspringen einiger Hirscharten (Cervidae) bei Störungen eine ähnliche Funktion hat. Außerdem können die Gruppenmitglieder natürlich auch aktiv zusammenarbeiten, um sich zum gegenseitigen Vorteil gegen einen Raubfeind zu wehren, wenn ein Einzeltier dem Angriff nicht gewachsen wäre. Gemeinsame Gruppenverteidigung (Abb. 4-5) kann sowohl aggressiv als auch defensiv sein. Beispielsweise stellen sich Elen-Antilopen in einer schützenden Formation um ihre Kälber auf, um Angriffe von Hyänen abzuwehren. Dagegen fallen viele Vögel allein oder gemeinsam lärmend über Eulen, Falken und andere mögliche Räuber her („Hassen"). Schließlich sehen viele Augen mehr als zwei und es wurde bewiesen, daß Tiere in großen Schwärmen Raubfeinde in weiterer Entfernung erkennen, so daß deren Chancen sinken, auch nur ein Tier zu erbeuten.

Das Leben in Gruppen ist auch mit gewissen Vorteilen bei der Futtersuche verbunden. Der Anblick nahrungssuchender Tiere zieht oft andere Artgenossen an, wie der erfolgreiche Einsatz von Attrappen bei der Entenjagd zeigt. Fleischfresser schließen sich zusammen, um große Beutetiere jagen zu können. Ein einzelner Löwe hätte es schwer, ein gesundes Gnu zu überwältigen, auch wenn er es erfolgreich gestellt hat. Ein Löwenrudel kann hier kurzen Prozeß machen und dadurch Nahrung für alle erbeuten. Die Jagd in Gruppen muß aber nicht immer auf Zusammenarbeit beruhen. Jedes Gruppenmitglied könnte auch versuchen, die Beute für sich zu fangen. Sogar das Abschneiden von Fluchtwegen könnte eher eine individuelle als eine kollektive Jagdstrategie sein. Trotzdem gehören Vorteile bei der Futtersuche wohl zu den wichtigsten Gründen für Gruppenzusammenschlüsse: So können sich einzelne Blattwespenlarven nicht durch den Wachsüberzug von Kiefernnadeln fressen, während es den Anstrengungen einer Ansammlung der Tiere gelingt, das nährstoffreiche Innere zu erreichen.

Andere Vorteile der Gruppenbildung können beim Erwerb von Sexualpartnern liegen, z. B. bei Arten mit Arenabalz, wo die empfängnisbereiten Weibchen durch große Ansammlungen balzender Männchen angelockt werden. Weiterhin tendieren viele Tiere auch dazu, sich an Stellen anzusammeln, wo begrenzte Ressourcen zur Verfügung stehen, z. B. an Nistplätzen, an Futterquellen oder an Überwinterungsorten. In jedem Einzelfall von Gruppenbildung können mehrere der genannten Ursachen wirksam sein, aber immer gibt es auch erkennbare Nachteile. Diese werden oft dann wichtig, wenn die optimale Gruppengröße, wo immer diese im Einzelfall liegen mag, deutlich überschritten wird. Große Zusammenschlüsse, wie die riesigen Herden von Grasfressern bei ihrer Wanderung durch die Serengeti, können die Aufmerksamkeit von Raubfeinden auf sich ziehen. Wenn die Ansammlung groß genug wird, um für die Jäger eine ständige Nahrungsquelle zu bilden, könnte es für ein Einzeltier von Vorteil sein, die Herde zu verlassen. Außerdem kann die Konkurrenz um Nahrung bedeutsam werden, wenn Tiere sich in immer größerer Anzahl zusammenfinden. Die Ergiebigkeit und die Dichte von Futterquellen ist in der Regel begrenzt und setzt auch die Grenze, jenseits der rangniedere Tiere die Gruppe verlassen müssen, weil sie bei der Nahrungsaufnahme zu sehr behindert werden. Schließlich ist die Ansteckungsgefahr in Gruppen natürlich größer als beim Einzelleben. Dieser Punkt, die Beeinträchtigung des Gruppenlebens durch die Verbreitung von Krankheiten, wurde bisher allerdings nicht hinreichend untersucht und beachtet.

Fortpflanzungssysteme

Wenn Tiere in Gruppen leben, hat jedes Individuum Zugang zu mehr als einem möglichen Sexualpartner. Man kann sagen, daß jedes Geschlecht für das andere zu einer begrenzten Ressource wird, und daß die natürliche Auslese daher Anpassungen bewirkt, die die optimale Auswahl eines Partners und die erfolgreiche Konkurrenz mit den gleichgeschlechtlichen Artgenossen fördern. In der Regel gewinnen Weibchen keinen Selektionsvorteil, wenn sie mit mehr als einem Männchen kopulieren, während Männchen grundsätzlich in kurzer Zeit viele verschiedene Weibchen befruchten können. Daher konkurrieren in vielen Arten die Männchen untereinander um den Zugang zu empfängnisbereiten Weibchen. Oft verteidigen sie Gruppen von Weibchen gegen die Annäherung anderer Männchen. Diese Situation gibt es bei Säugetieren häufig, man spricht von einem Harem (einer Form der Vielweiberei oder Polygynie): Die Weibchen bilden zum Schutz gegen Raubfeinde eine Gruppe, und erfolgreiche Männchen verteidigen die Gruppe gegen andere Männchen. Je stärker polygyn eine Art ist (d. h., je mehr Weibchen ein Harem enthält), desto mehr Männchen müssen außerhalb der Fortpflanzungsgemeinschaften leben, und desto stärker wird der Selektionsdruck auf hohe Wettbewerbsfähigkeit der Männchen gegenüber anderen Männchen. Dieser Wettbewerb zwischen den Männchen (Abb. 4-6) kann zu Unterschieden in der Morphologie von Männchen und Weibchen führen. Der Geschlechtsdimorphismus wird ausgeprägter, je größer der durchschnittliche Harem einer Art ist. Die Männchen sind bei solchen Arten größer als die Weibchen, und die Waffen, wie z. B. die Eckzähne der Affen oder die Geweihe der Hirsche, sind ebenfalls relativ stärker entwickelt. Bei monogamen, in Einehe lebenden Säugetieren sind Männchen und Weibchen stets ungefähr gleich groß.

Da männliche Säugetiere keine Milch bilden, müssen die Weibchen die Jungen ernähren, dadurch wurde im Laufe der Evolution die Entstehung von Polygynie gefördert. Bei Vögeln liegt eine andere Situation vor, hier können Männchen und Weibchen die Jungen gleich gut versorgen. Dadurch gewinnt dasjenige Weibchen einen Selektionsvorteil, das sich die Hilfe des männlichen Partners bei der Brutpflege sichern kann und dessen Verhalten verhindert, daß der Partner seine Energie zum Werben um andere Weibchen benutzt. Daher findet sich bei Vögeln Monogamie viel häufiger als bei Säugetieren, und das Verhalten zur Auswahl der Geschlechtspartner ist völlig unterschiedlich. Bei Säugetieren verteidigen die Männchen ihre Weibchen, während Vögel statt dessen ihr Habitat und dessen Ressourcen verteidigen. Bei Vogelarten der gemäßigten Breiten teilen die Männchen das verfügbare Habitat in Reviere auf, und jedes Weibchen wählt eine Kombination von Revier und Sexualpartner aus. Dabei können Ressourcen unregelmäßig über den gesamten Lebensraum verstreut sein, wie das Beispiel der Prärieammer *(Calamospiza melanocorys)* zeigt. Die Ressource, die die Männchen vor allem verteidigen, ist ein schattiger Nistplatz; viele Männchen besetzen Reviere, in denen ein einziges Weibchen brütet, dem sie bei der Jungenaufzucht helfen. Trotzdem gewinnen manche Weibchen einen Selektionsvorteil, wenn sie im Revier eines Männchens brüten, das mehr als einen schattigen Nistplatz enthält, obwohl das Männchen nur die Jungen seines bevorzugten Weibchens füttern wird. Die Alternative wäre aber, im Revier eines Männchens zu brüten, das gar keine schattigen Nistplätze enthält. Und obwohl dieses Männchen bei der Fütterung helfen würde, würden die Jungen Gefahr laufen, durch Überhitzung zu sterben.

Bei den meisten Fischen gibt es keine Brutpflege. Wenn sie aber auftritt, bewacht bei Arten mit äußerer Befruchtung das Männchen die Eier, und bei Arten mit innerer Befruchtung das Weibchen. Bei äußerer Befruchtung legt das Weibchen zuerst die Eier und kann sich dann entfernen, während das Männchen sie befruchtet, so daß das Männchen die Jungen allein aufziehen muß. Bei innerer Befruchtung kann das Männchen umgekehrt längst woanders sein, bis das Weibchen die Eier legt. Bei Süßwasserfischen tritt Brutpflege häufiger auf als bei Meeresfischen, vielleicht weil das offene Meer einen viel gleichmäßigeren Lebensraum darstellt als Teiche und Flüsse. Im Süßwasser könnte die Brutpflege nötig sein, um das Verdriften der Eier an ungeeignete Orte zu verhindern.

Die unterschiedlichen Fortpflanzungssysteme wirken sich stark auf die Bevölkerungsstruktur einer Tierart aus. Die Kenntnis der Bevölkerungsstruktur wiederum gehört zu den notwendigen Voraussetzungen, um die stammesgeschichtlichen Veränderungen der Art zu verstehen. Wenn z. B. die Dispersionsrate, also die Geschwindigkeit, mit der die Individuen sich in der Population vermischen und zerstreuen, nicht bekannt ist, kann die effektive Größe der zu verändernden Population nicht bestimmt werden. Modellrechnungen über die Möglichkeit der Artbildung oder die relative Bedeutung von Individualselektion und Gruppenselektion können dann ebenfalls nicht durchgeführt werden. Untersuchungen mit markierten Tieren, die über lange Zeiträume beobachtet worden waren, haben ergeben, daß Tiere oft sehr zuverlässig zu bestimmten Fortpflanzungsstätten zurückkehren. Allerdings gibt es häufig zwischen den Geschlechtern Unterschiede hinsichtlich der Dispersionsraten.

Dispersion

Die meisten Daten über die Beweglichkeit von Tieren in ihrem Lebensraum liegen von Säugetieren und Vögeln vor, und sie machen unmittelbar deutlich, daß die beiden Gruppen sich erheblich unterscheiden. Man kann die gesamte Dispersionsrate einer Art in die natale Dispersion (die Dispersion vom Geburtsort zum Ort der ersten Fortpflanzung) und in die adulte Dispersion (Dispersion zwischen aufeinanderfolgenden Orten der Fortpflanzung) auftrennen. Die adulte ist fast immer geringer als die natale Dispersion, da Tiere ungern einen Ort aufgeben, an dem sie sich einmal erfolgreich fortgepflanzt haben. Die viel häufigere natale Dispersion ist in der Regel für Männchen und Weibchen verschieden stark. Bei Säugetieren bleiben die Weibchen üblicherweise an ihrem Geburtsort oder in der Gruppe, in der sie aufgezogen wurden. Männchen dagegen wechseln oft zu einer anderen Gruppe oder in ein anderes Revier über, wenn sie geschlechtsreif werden, und zwar zum Teil freiwillig, zum Teil auch weil sie von den Eltern oder anderen Gruppenmitgliedern vertrieben werden. Bei Vögeln finden wir das umgekehrte Bild: Dort zerstreuen sich die Männchen, wenn überhaupt, typischerweise nur über kurze Entfernungen, bevor sie zum ersten Mal brüten. Die Weibchen dagegen streifen vor der ersten Brut weiter umher.

Der Unterschied zwischen Vögeln und Säugetieren wird verständlich, wenn man die natale Dispersion als eine Strategie betrachtet, Inzucht zu vermeiden. Vögel kehren in der Regel in die Umgebung zurück, in der sie aufgewachsen sind. Sie kennen sich dort aus und die Wahrscheinlichkeit, daß sich das Habitat noch immer zur Fortpflanzung eignet, ist groß. Da die Männchen ihr Revier besetzen, bevor die Weibchen ihre Wahl treffen, führt eine größere Dispersion der Weibchen zu einer Verminderung der Inzucht. Bei Säugetieren ist die Situation anders, da die Weibchen sich in der Regel in der Gruppe fortpflanzen, in der sie selbst geboren wurden. Hier müssen die Männchen weiter umherziehen, um eine Gruppe von Weibchen zu finden, die sie verteidigen können. Man weiß von dominanten Pavianmännchen, daß sie von einer Gruppe zur anderen wechseln können, um jeweils diejenige auszuwählen, die im Moment die meisten empfängnisbereiten Weibchen hat. Zweifellos hat das Vermeiden von Inzucht einen hohen Anpassungswert. Es ist bekannt, daß die erzwungene

Abb. 4-7. Wie Rothirsche wehren Brüllaffen Eindringlinge durch oft wiederholte Lautäußerungen ab. Da es nicht um den Besitz eines Harems, sondern um die Verteidigung des Gruppenreviers geht, beteiligen sich auch die Weibchen an dem Gesang. Die lauten Rufe werden erzeugt, indem Luft über den Rand des vergrößerten, kelchförmigen Zungenbeins geblasen wird.

Inzucht bei Zootieren zu einer hohen Jungensterblichkeit führt. Auch eine Felduntersuchung bei der Kohlmeise *(Parus major)* zeigte, daß die gelegentlich vorkommende Verpaarung von Geschwistern Bruten mit hoher Nestlingssterblichkeit hervorbringt.

Entscheidung in Konkurrenzkämpfen

Zum Leben in Gruppen, zur Konkurrenz um Geschlechtspartner, zur Investition von Eltern in ihre Nachkommen und zur Ausbreitung der Nachkommen gehört es, daß Konflikte zwischen den Verhaltenszielen von Individuen der selben Art entstehen. Wie werden solche Konflikte entschieden? Welche Mitglieder sollen gehen, wenn eine Gruppe zu groß wird? Welche Regeln gelten für das Verhalten von Männchen, die um Weibchen kämpfen? Welches Geschlecht übernimmt die Brutpflege und warum? Welches Geschlecht wandert bevorzugt aus, um die Gefahr der Inzucht zu umgehen? Wenn solche Fragen unter dem Aspekt individueller Selektionsvorteile geprüft werden, müssen die verschiedenen Strategien berücksichtigt werden, die den Tieren möglich sind. Die Auswirkungen von Auseinandersetzungen müssen als Änderungen der Fitness gemessen werden, um den Schluß zu rechtfertigen, daß die Verhaltensweise, die zum größeren Fortpflanzungserfolg führt, die bessere Strategie darstellt. In Einzelfällen kann man dabei theoretisch evolutionsstabile Strategien finden, das sind Fälle, in denen zwei oder mehr verschiedene Strategien gleichzeitig in der Population vorkommen und miteinander im Gleichgewicht stehen, ohne daß die natürliche Auslese zum Aussterben einer Form führen kann.

Ein einfaches theoretisches Beispiel stellt die Auseinandersetzung zwischen Individuen einer Art dar, wobei die einen ein Verhalten zeigen, daß wir „Falke" nennen können, während die anderen sich als „Tauben" verhalten. Das „Falkenverhalten" besteht im Kämpfen bis zum Sieg oder bis zur Niederlage durch eine Verletzung, während „Tauben" nur abwartend agieren und sich bei ernsthaften Angriffen zurückziehen. Dann werden für die Gewinne oder Verluste an Fitness plausible Werte eingesetzt; eine Verletzung bedeutet 100 Punkte Verlust, ein Sieg 60 Punkte Gewinn, und eine lange Auseinandersetzung kostet beide Seiten 10 Punkte. Wenn ein „Falke" auf eine „Taube" trifft, flieht die „Taube" und hat weder Vor- noch Nachteile, während der „Falke" 60 Punkte gewinnt. Wenn zwei „Tauben" sich treffen, kostet sie ihre Art der Auseinandersetzung je 10 Punkte. Aber weil eine von ihnen schließlich siegt, liegt der durchschnittliche Gewinn bei 60/2 –10, also bei 20 Punkten. Wenn zwei „Falken" sich treffen, gewinnt einer und der andere wird verletzt. Das bedeutet, daß diese Verhaltensweise dabei im Durchschnitt einen Verlust von (60–100)/2, also von –20 Punkten erbringt. Dadurch hängt der Vorteil oder Nachteil beider Strategien davon ab, wie oft die Tiere auf Vertreter der eigenen oder der anderen Strategie treffen. Wenn „Falken" selten sind, werden sie in einer Population von „Tauben" durch die Auslese zunehmen. Aber ebenso werden seltene „Tauben" sich in einer Population von „Falken" vermehren. Keine der Strategien ist gegen das Auftreten der anderen in der Evolution stabil, daher wird die Auslese in der Population ein Gleichgewicht beider Verhaltensformen hervorbringen. Aber man kann das Spiel noch weiter treiben: Eine dritte mögliche Strategie wäre die des „Bluffers", der die Auseinandersetzung aggressiv beginnt, aber sofort flieht, sobald der Gegner ernsthaft angreift. Ein solches Verhaltensmerkmal wird sich in einer Population von „Falken" ausbreiten, da es nicht zu Verletzungen führt. Es vermehrt sich aber auch in einer Population von „Tauben", da Tiere mit „Tauben"-Strategie immer fliehen. Trotzdem ist auch diese Strategie nicht gegen die anderen evolutionsstabil. In einer Population aus „Bluffern" vermehrt sich das Falkenverhalten, denn „Falken" gewinnen gegen „Bluffer" und werden in den Auseinandersetzungen nicht verletzt. Ganz offensichtlich kann sich diese Strategie ebenfalls in dem schon vorher polymorphen Erbgut der Art etablieren. Bereits dieses einfache theoretische Beispiel unterstreicht die wichtige Erkenntnis, daß der Anpassungswert jeder sozialen Verhaltensweise davon abhängt, wie sich die anderen Tiere der Population verhalten.

Im obigen Beispiel wurde angenommen, daß alle Auseinandersetzungen symmetrisch ablaufen. Häufig stimmt das nicht, vielmehr ist ungleiche, asymmetrische Kampfkraft die Regel. Ein Maß dafür bildet z. B. die relative Größe der Gegner: Die kleineren Tiere ziehen sich meist zurück, bevor sie ernsthaft verletzt werden. Unter gewissen Umständen ist es denkbar, daß solche erkennbaren Unterschiede, die die Kampfkraft eines Tieres anzeigen, zur Entscheidung führen. In dem Fall, in dem zwei Tiere um eine Ressource kämpfen, und das eine, genannt „Besitzer", schon vorher Zugang zu der Ressource hatte, liegt eine Asymmetrie vor. Eine Modellrechnung ähnlich der obigen zeigt, daß Tiere, die der Regel „Bekämpfe nie einen Besitzer, aber wenn du Besitzer bist, kämpfe" folgen, damit eine evolutionsstabile Strategie benutzen. Man führte Experimente durch, in denen zwei Schmetterlinge (durch ständiges künstliches Auswechseln) dazu gebracht wurden, sich jeweils als „Besitzer" ein und desselben Reviers zu fühlen. Dies führte zu Kämpfen von einer noch nie beobachteten Intensität.

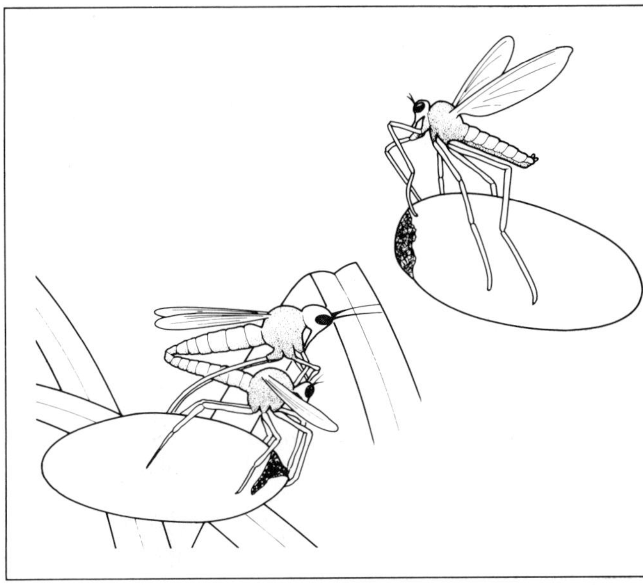

Abb. 4-8. Das Männchen einer Art der Gattung *Empis* aus der Familie der Tanzfliegen übergibt dem Weibchen während der Werbung einen leeren Seidenkokon. Dieses Verhalten wirkt auf den ersten Blick unverständlich. Die Untersuchung weiterer Arten der Gattung zeigt jedoch, wie dieses Verhalten durch Ritualisierung aus anderen Verhaltensweisen entstanden sein könnte. Bei der heutigen Art kommt ein Männchen nur aufgrund der ritualisierten Werbung zur Kopulation.

Stammesgeschichte

Verhaltensweisen hinterlassen keine Fossilien, und daher können Ethologen, anders als Morphologen, die Stammesgeschichte von Verhaltensmustern nicht anhand von Versteinerungen untersuchen. Wenn die Morphologie aber einen Stammbaum entwickelt hat, kann die Ethologie auf dieser Grundlage auch die Stammesgeschichte von Verhaltensweisen prüfen. Bereits 1951 schrieb Niko Tinbergen: „Die Tatsache, daß die Morphologie viel weiter entwickelt ist als die Ethologie, macht es möglich, die Stammesgeschichte von Verhaltensweisen vergleichend zu untersuchen, ohne die Homologien der Verhaltensmuster genau zu kennen. Wenn es der Morphologie gelungen ist, die Verwandtschaftsbeziehungen in einer Gruppe zu klären, können wir davon ausgehen und die Verhaltensweisen der einzelnen Arten vergleichen."

Man benutzt dabei eine Methode, die externer Vergleich genannt wird. Man stelle sich z. B. eine hypothetische Gattung vor, die einige baumbewohnende und einige terrestrische Arten enthält. Wir können uns fragen, welche Lebensweise in der Familie, zu der die Gattung gehört, die ursprüngliche war. Um diese Frage zu klären, würden wir zuerst die Lebensweise in anderen Gattungen derselben Familie untersuchen. Diese anderen Gattungen stellen die externe Gruppe dar, und wenn sie alle nur baumbewohnende Arten enthalten, wäre die einfachste Annahme die, daß das Baumleben in dieser Familie ursprünglich ist. Wenn aber einige Gattungen aus baumlebenden und andere aus terrestrischen Arten bestünden, könnten wir nicht entscheiden, welche Lebensweise ursprünglich und welche abgeleitet ist. Die Methode beruht natürlich darauf, daß man den Stammbaum der Familie in groben Zügen bereits anhand von anderen Merkmalen aufgeklärt hat.

Der Brutparasitismus bei den nordamerikanischen Kuhstärlingen stellt ein Beispiel für die Anwendung eines externen Vergleichs dar. Einige Kuhstärlinge sind Brutparasiten, andere nicht. Weil sich aber unter den nahen Verwandten der Kuhstärlinge keine Brutparasiten befinden, kann man schließen, daß dieses Verhalten im Laufe der Stammesgeschichte neu entwickelt worden ist.

Insbesondere die Stammesgeschichte von Verhaltensmustern, deren Form eher willkürlich wirkt, erregte das Interesse der Forschung. Beispielsweise zeigte sich, daß Verhaltensmuster aus anderen Bereichen oft auch als soziale Signale wie z. B. als Balz- oder Beschwichtigungsgesten dienen, man spricht dann von einem Funktionswechsel. Das ursprüngliche Verhalten wird zu diesem Zweck formkonstant und oft auffälliger ausgeführt. Der hier zugrunde liegende stammesgeschichtliche Ablauf wird nach Julian Huxley Ritualisierung genannt. Er beschrieb mit diesem Wort das bemerkenswerte Balzverhalten des Haubentauchers. Zur Werbung benutzen diese Vögel Verhaltensmuster, die sich durch Ritualisierung vom Nestbauverhalten ableiten.

Tanzfliegen der Gattung *Empis* liefern ein Beispiel dafür, daß die Herkunft eines abgeleiteten Verhaltens durch den Vergleich mit anderen Arten ermittelt werden kann. Bei einer Art bietet das Männchen dem Weibchen bei der Werbung einen leeren Seidenkokon an (Abb. 4-8). Da es bei anderen Arten Übergangsstadien zu diesem Verhalten gibt, kann seine Herkunft ermittelt werden. Die Weibchen dieser räuberischen Gattung sind angriffslustig und neigen dazu, die Männchen während der Balz als Beute zu betrachten. Es gibt einige Arten, bei denen das Männchen deshalb dem Weibchen ein Beuteinsekt überreicht, das es während der Paarung frißt. Die nächste Stufe zeigen Arten, bei denen das Männchen die Beute in Seide einspinnt, um mehr Zeit zur Paarung zu gewinnen. Die letzte Stufe der stammesgeschichtlichen Entwicklung wird mit der Übergabe eines leeren Kokons erreicht. In vielen anderen Fällen kann die Stammesgeschichte sozialer Signale nicht geklärt werden, da es selbst bei verwandten Arten keine ähnlichen Verhaltensweisen gibt.

Eine Funktion des Balzverhaltens besteht darin, die Paarung von Tieren aus verschiedenen Arten zu verhindern (Isolation), da Bastarde fast immer keine lebenskräftigen Nachkommen sind. Wenn zwei verwandte Arten denselben Lebensraum bewohnen, nachdem sie sich vielleicht vorher durch geographische Separation auseinanderentwickelt haben, besteht ein starker Selektionsdruck, die Unterscheidungsmerkmale der Balz oder der sexuellen Signale zu verstärken. Beispielsweise zeigen verschiedene Arten amerikanischer Glühwürmchen, die im selben Habitat leben, genau definierte Unterschiede in dem Zeitmuster der Lichtblitze, mit denen sie Geschlechtspartner anziehen.

Zusammenfassung

Ethologen beschäftigen sich, wie gesagt, mit vier Aspekten des Verhaltens: Seiner physiologischen Ursache, seiner individuellen Entwicklung, seiner Anpassung und seiner Stammesgeschichte. Diese Aspekte sind nicht unabhängig voneinander. Beispielsweise wird der stammesgeschichtliche Übergang von der Bewegungsweise einer Art zu der einer anderen Art dadurch vorgegeben, daß jede Übergangsform angepaßt sein und überleben muß. Darum benötigt die Untersuchung jedes Aspekts nicht nur Informationen über alle anderen Aspekte, sondern auch Informationen aus dem übrigen Bereich der Biologie sowie aus den Naturwissenschaften insgesamt. Fragen nach den physiologischen Ursachen eines Verhaltens lassen sich z. B. oft durch mechanische Modellvorstellungen beantworten, die von Ingenieuren stammen, wie bei der Untersuchung des Fliegens. Der ethologische Forscher muß daher in zunehmendem Maß sowohl sein weites Forschungsgebiet überblicken als auch das Fachwissen anderer Gebiete heranzuziehen verstehen.

Weiterführende Literatur

Eibl-Eibesfeldt, I.: *Grundriß der vergleichenden Verhaltensforschung.* 5. Aufl.; Piper, München 1978.

Hassenstein, B.: *Instinkt, Lernen, Spielen, Einsicht.* Piper, München 1980.

Immelmann, K. (Hrsg.): *Grzimecks Tierleben; Ergänzungsband Verhaltensforschung.* Kindler, Zürich 1974.

Immelmann, K.: *Einführung in die Verhaltensforschung.* 2. Aufl.; Parey, Berlin 1979.

Lorenz, K.: *Über tierisches und menschliches Verhalten; ges. Abhandlungen; Bd. I und II.* Piper, München 1965.

Tinbergen, N.: *Instinktlehre.* Parey, Berlin 1972.

Wilson, E. O.: *Sociobiology.* Harvard Univ. Press, Cambridge 1975.

5 Ökologie

Die Ökologie ist die Lehre von den Wechselbeziehungen der Organismen zu ihrer Umwelt. Als Teildisziplin der Biologie beschäftigt sie sich mit der Untersuchung von Umweltfaktoren und deren Auswirkung auf Verhalten, Stoffwechsel, Wachstum und Vermehrung, Lebensgeschichte, Verbreitungsgebiet und Häufigkeit von Organismen. Dabei kann es sich sowohl um abiotische Faktoren handeln (Klima, Gesteinsart, Boden) als auch um Artgenossen oder Angehörige anderer Arten, seien es Beutetiere, Parasiten, Räuber oder Nahrungskonkurrenten.

In der traditionellen Einteilung der Ökologie spiegelt sich nicht nur die große Zahl äußerer Faktoren, sondern auch die Vielfalt der Möglichkeiten, mit der diese Umweltfaktoren den Lebenslauf von Organismen beeinflussen können: Die „Autökologie" beschäftigt sich mit den Reaktionen des Einzelorganismus, seinen Wachstums- oder Verhaltensänderungen und seinen physiologischen Reaktionen. Sie wird in die Teilgebiete Physiologische Ökologie, Verhaltensökologie (s. Kap. 4) und einige weitere Gebiete untergliedert. Untersuchungsobjekt der „Populationsökologie" sind dagegen ganze Populationen einer bestimmten Art oder auch Vorgänge, die zu Veränderungen der Populationsgröße, des besiedelten Areals oder des Genbestandes führen. Ihre Teilbereiche umfassen Evolutionsökologie, Produktionsbiologie und ökologische Genetik. In der „Synökologie" und der zugehörigen Biozönose- bzw. Ökosystemforschung geht es schließlich um Lebensgemeinschaften und die gegenseitigen Abhängigkeiten unterschiedlicher Spezies, einschließlich der Stoff- und Energieflüsse, um Verteilungsmuster der Arten im Ökosystem, um Langzeitkonstanz, Stabilität sowie Reife- und Verfallzeit eines Ökosystems. Jede dieser Teildisziplinen der Ökologie hat eigene Arbeitsmethoden entwickelt, hängt aber ihrerseits mit einer Reihe von anderen biologischen Teilgebieten zusammen.

5.1 Der Organismus und seine ökologische Nische

Alle Organismen haben gegenüber den Umweltfaktoren artspezifische Toleranzbereiche. Sie können nur in bestimmten Bodentypen oder Feuchtigkeitsbereichen, bei bestimmten Lichtintensitäten, Temperatur- oder Salinitätsbedingungen existieren. Für heterotrophe Organismen stellt darüberhinaus das Nahrungsangebot einen besonders wichtigen Umweltfaktor dar. Die augenblickliche Größe einer Umweltvariablen kann außerdem die Fähigkeit zur Tolerierung anderer Faktoren beeinflussen; so wird beispielsweise maximale Temperaturtoleranz in der Regel nur dann erreicht, wenn alle anderen Faktoren optimal sind. Falls einer oder mehrere Faktoren sich außerhalb des Optimums befinden, können Temperaturextreme nur noch in einem eingeschränkten Temperaturbereich ertragen werden. Fortpflanzungs- oder Jugendstadien sind hier oft besonders empfindlich.

Denkt man sich jede physikalische, chemische und biologische Größe auf eine Achse aufgetragen, die jeweils im rechten Winkel zu den anderen Achsen steht (eine rein imaginäre Darstellung!) und markiert dann auf jeder Achse gedanklich den Toleranzbereich einer bestimmten Art, dann ergibt sich ein n-dimensionaler Hyperraum, in dem die betreffenden Organismen vorkommen können. Auf diese Weise erhält man eine Vorstellung von der grundsätzlich möglichen ökologischen Nische dieser Art, der sogenannten Fundamentalnische. Jeder Organismus bewohnt seinen eigenen Hyperraum, wobei sich die Hyperräume der verschiedenen Spezies in unterschiedlichem Ausmaß überlappen können.

Dieser imaginäre Raum sagt lediglich, wo ein Organismus in den verschiedenen Abschnitten seines Lebens überhaupt vorkommen kann, er sagt jedoch noch nichts über den tatsächlichen Lebensraum. Historische und geographische Faktoren sind oft die Ursache dafür, daß viele Arten nicht zu allen geeigneten Lebensräumen Zugang gefunden haben. Werden sie aber durch den Menschen in geeignete Gebiete gebracht, dann können sich diese Arten in der neuen Umgebung oft ganz besonders gut entwickeln – genau so ist es ja beim europäischen Star in Nordamerika, bei der Gemse in Neuseeland und der chinesischen Wollhandkrabbe in Europa gewesen. Von ebenso grundsätzlicher Bedeutung ist die Beobachtung, daß Organismen gewöhnlich der Randbereich ihrer ökologischen Nische von anderen Arten streitig gemacht wird. Bereiche an der Peripherie der ökologischen Nische liegen oft im Zentrum der Nische einer anderen Art. Fast immer aber sind Organismen im Zentrum ihres Lebensbereichs erfolgreicher als an seinem Rand, deshalb bleiben die meisten Organismen gewöhnlich weit innerhalb ihres Toleranzbereichs; die „aktuelle Nische" ist nur ein kleiner Hyperraum im Zentrum der grundsätzlich möglichen ökologischen Nische.

Aus diesem Grunde kann man davon ausgehen, daß Organismen normalerweise in der Lage sind, die klimatischen Bedingungen im Zentrum ihres Lebensbereichs zu ertragen. Es bleiben für das Überleben vier weitere, unabdingbare Voraussetzungen, von denen drei unmittelbar und eine zumindest auf längere Sicht erfüllt sein müssen: Organismen benötigen Nahrung, sie müssen es außerdem vermeiden, anderen als Nahrung zu dienen, und schließlich müssen sie auch in der Lage sein, genügend Platz für sich zu erobern. Als Langzeitbedingung gilt darüberhinaus, daß möglichst viele überlebende Nachkommen erzeugt werden sollten. Alle anderen Fähigkeiten eines Organismus dienen lediglich dazu, diese vier grundsätzlichen Bedingungen zu erfüllen. Nahrung und Raum haben mehrere gemeinsame Eigenschaften und können deshalb unter dem Oberbegriff Ressourcen abgehandelt werden.

Manche der von Organismen benötigten Ressourcen sind im Überfluß vorhanden, etwa Sauerstoff für Landtiere und Wasser für Meerestiere, andere aber stehen nur in begrenzten Mengen zur Verfügung und können nicht die Bedürfnisse aller potentiellen Nutznießer erfüllen, z. B. Licht, Wasser und Nährsalze im Falle der autotrophen Landpflanze oder bestimmte organische Verbindungen bei heterotrophen Organismen. Wenn die Nachfrage nach einer Ressource das Angebot übersteigt, so hat dies Konkurrenz um die betreffende Ressource zur Folge. Auswirkungen solcher Konkurrenz sind

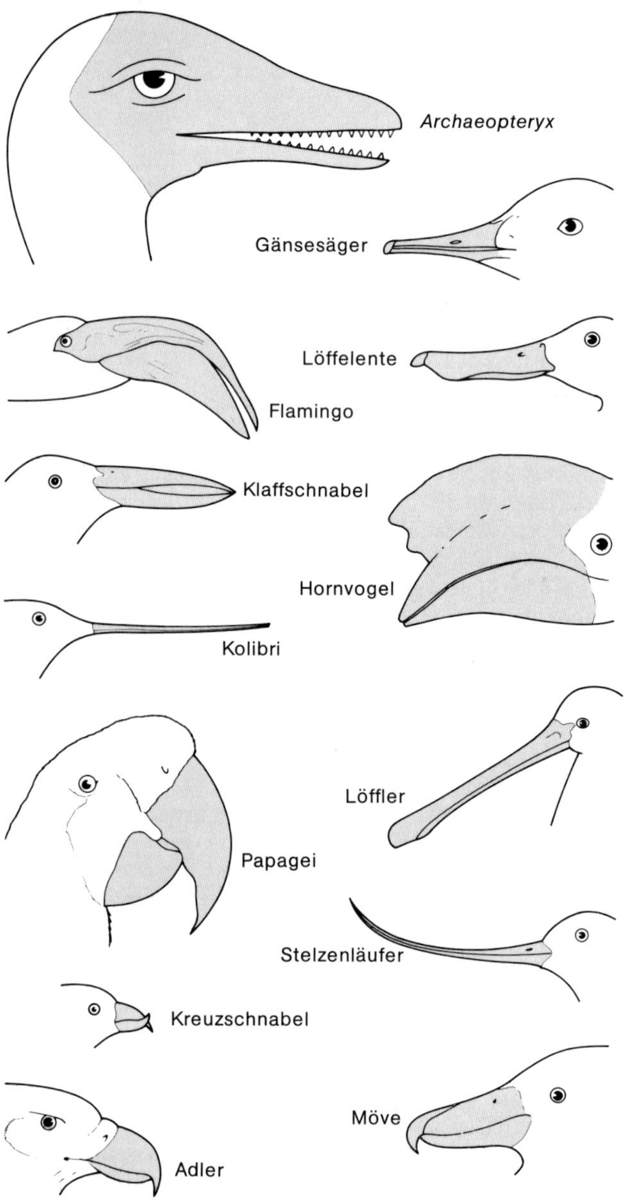

Abb. 5-1. Der bezahnte „Schnabel" des urtümlichen *Archaeopteryx* und die spezialisierten, zahnlosen Schnäbel einiger rezenter Vögel.

auf kürzere oder mittlere Sicht vor allem verringertes Wachstum und geringere Reproduktion der beteiligten Individuen, vielleicht sogar ihr Tod. In großen Zeiträumen, d. h. im Laufe der Evolution, führt Konkurrenz allerdings zu ganz anderen Ergebnissen. So kann sich z. B. einer der beiden Konkurrenten zum Spezialisten entwickeln, der den gemeinsamen Teilbereich im Spektrum der Ressourcen mit zunehmender Leistungsfähigkeit für sich ausbeutet (Abb. 5-1). Dieser Fall ist besonders häufig, wenn die Ressource für den potentiellen Spezialisten das ganze Jahr zur Verfügung steht, z. B. in äquatornahen Gebieten. Dagegen dürfte es etwa in Europa für einen Brombeerspezialisten unter den Beerenfressern kaum ein Auskommen geben, denn Brombeeren gibt es ja nur wenige Wochen im Jahr. Selbst Vorratslager und die Möglichkeit des Winterschlafes können daran nichts Grundsätzliches ändern. Eine weitere evolutionäre Antwort auf Konkurrenz ist die Erweiterung des Spektrums der benutzten Ressourcen auf jene Teilbereiche, die der Konkurrent nicht nutzen kann. Je großzügiger sich ein Individuum bei der Befriedigung seiner Ansprüche verhält, desto größer ist die Chance, daß eine Ersatz-Ressource gefunden werden kann, wenn sich die ursprüngliche Ressource als unzureichend erweist. Solche Generalisten (Abb. 5-1) sind charakterisiert durch große ökologische Nischen, deren genaue Grenze von den jeweiligen Konkurrenten bestimmt wird. Fehlt ein wichtiger Konkurrent, so führt das häufig dazu, daß sich der Generalist bis weit in den unbesetzten Ressourcen-Raum ausdehnen kann. Einige Arten aus dem Gezeitenbereich der tropischen Mangrove zeigen dies besonders schön: Normalerweise verdrängen Krabben *(Metaplax)* den Schlammspringer *(Macrophtalmus)* aus dem oberen Teil des Niedrigwasserbereichs. Im tropischen Teil Australiens gibt es die Gattung *Metaplax* nicht, hier besetzt *Macrophtalmus* sowohl die untere als auch die obere Niedrigwasserzone. Drittes und letztes Ergebnis anhaltender Konkurrenz ist schließlich die Möglichkeit, daß der unterlegene Konkurrent in einigen Gebieten völlig verschwindet.

Arten mit völlig übereinstimmenden Nischen können auf die Dauer nicht nebeneinander existieren. Es ist eine interessante Frage, wie stark sich zwei konkurrierende Arten in ihren Ansprüchen unterscheiden müssen, wenn nicht eine von beiden auf längere Sicht verschwinden soll. Die Antwort auf diese Frage kann bisher nur ziemlich vage formuliert werden: Jede der beiden Arten muß in der Lage sein, sich im Spektrum der gemeinsamen Ressourcen einen bestimmten Freiraum zu verschaffen und diesen ausschließlich für sich auszubeuten. Untersuchungen an nahe verwandten Arten mit gemeinsamem Verbreitungsgebiet haben allerdings gezeigt, daß es auch individuelle Sonderfälle gibt.

Je ähnlicher die Ansprüche zweier Arten, um so größer die Teilareale, in denen sie sich gegenseitig in Konkurrenz treten. Gewöhnlich findet man bei ökologisch ähnlichen Tierarten weitgehend übereinstimmende Habitat-Ansprüche, wenn jede Art für sich allein vorkommt. Treten aber solche Arten im selben geographischen Gebiet auf (man sagt dann, sie leben sympatrisch), dann unterscheiden sie sich in ihrer Nahrungspräferenz, im bevorzugten Mikrohabitat, oft auch in ihrer Körpergröße oder in der Größe einzelner Organe. Durch dieses Phänomen der Merkmalsverschiebung wird die Konkurrenz zwischen den Arten wesentlich gemildert. Normalerweise liegen in diesen Fällen die linearen Größenunterschiede im Bereich von 1:1,3 (ein Masseverhältnis von etwa 1:2). Eine derartige Größenverschiebung kann man häufig beobachten, wenn nebeneinander lebende Organismen ähnliche Ressourcen ausbeuten, seien das nun Wasserflöhe, Schnecken, Eidechsen, Vögel oder Mäuse. Es hat den Anschein, als sei eine Längendifferenz von 1:1,3 (bei Schnäbeln, Mandibeln, Tentakeln usw.) das notwendige Minimum, um den konkurrenzbedingten Ausschluß einer der beiden Arten zu vermeiden.

5.2 Populationen

Populationsgröße

Einzelne Organismen leben nur selten ganz getrennt von ihren Artgenossen. Vom Standpunkt des Menschen aus gesehen ist oft gerade die Anzahl von Individuen pro Flächeneinheit eine Frage größten ökologischen Interesses, seien es nun Schädlinge oder Nahrungslieferanten. Einige Arten zeigen starke Schwankungen ihrer Individuenzahl, während andere über viele Jahre hin hochgradig konstant bleiben. Alle diese Faktoren sind, ebenso wie die heute üblichen Methoden zur Begrenzung von Schädlingen, demographischen Überlegungen zugänglich und fallen in das Fachgebiet der „Populationsdynamik".

Eine Population ist eine sich kreuzende Gruppe von Organismen derselben Art. Im Idealfall erfolgen bei einer Population Zu- oder Abgänge nur durch Geburt oder Tod, doch dürfte dieser Fall nur für ganz wenige Populationen kleiner Inseln zutreffen. Im allgemeinen sind Organismen entweder beweglich oder sie können in einem bestimmten Abschnitt ihres Lebens (z. B. als Same) passiv verfrachtet werden. Aus diesem Grund sind nur wenige Populationen wirklich vollständig in sich abgeschlossen, vielmehr sind Zu- und Abwanderungen üblich und häufig. Deshalb beziehen sich in der Praxis die meisten Populationsuntersuchungen viel häufiger auf die Populationsdichte pro Flächeneinheit als auf die Gesamtpopulation, in der Annahme, daß die jeweilige Untersuchungsfläche repräsentativ sei für die Population als Ganzes. Je kleiner aber das untersuchte Gebiet und je größer und uneinheitlicher andererseits die Gesamtpopulation, desto geringer wird die Wahrscheinlichkeit, daß diese Annahme wirklich zutrifft.

Veränderungen der Populationsgröße in einem bestimmten Zeitabschnitt können wie folgt wiedergegeben werden:

$$\text{Änderungen der Populationsgröße} = B + I - D - E,$$

wobei B der Zuwachs durch Vermehrung, I die Zahl der Zuwanderer (Immigranten), D die Zahl der Todesfälle und E die Verluste durch Abwanderung (Emmigration) ist. Bei einer weitgehend idealen Population können I und E vernachlässigt werden. Da B und D ihrerseits von der Populationsgröße N abhängig sind, ist es besser, sie durch die Geburtenrate b und die Sterberate d zu ersetzen, die beide auf die vorhandene Individuenzahl bezogen sind. Für die Zu- oder Abnahmegeschwindigkeit der Population ergibt sich dann:

$$\text{Änderungsrate} = bN - dN = (b-d)N.$$

Der Ausdruck $(b-d)$ ist eine für die betreffende Population charakteristische Größe und wird als potentielle Zuwachsrate r bezeichnet, meist angegeben in Prozent pro Jahr. Die potentielle Vermehrungsrate kann sich nur dann einstellen, wenn keine Begrenzung auf die Geburtenrate einwirkt und nur altersbedingte Todesfälle in der Population auftreten. Wie aber bereits Malthus, Darwin und andere festgestellt haben, würde unter solch idealen Bedingungen das Populationswachstum exponentiell verlaufen (Abb. 5-2a). In der Natur wird aber exponentielles Wachstum nur selten beobachtet, hier muß es also bestimmte Mechanismen geben, die das Wachstum begrenzen.

Man kann zunächst von der einfachen Annahme ausgehen, daß bei zunehmender Populationsgröße ein lineares Ansteigen der Todesrate und ein ebenfalls lineares Absinken der Geburtenrate erfolgt, was eine Begrenzung des Populationswachstums zur Folge hätte. In diesem Falle gilt

$$b = b_o - K_b N \text{ und } d = d_o + K_d N,$$

wobei K_b und K_d postive Konstanten sind und b_o und d_o durch Extrapolation der Geburts- bzw. Todesrate auf die Populationsgröße Null gewonnen werden. Das Wachstum der Population wird zum Stehen kommen, wenn Geburten- und Todesrate übereinstimmen, wenn also

$$b_o - K_b N = d_o + K_d N,$$

was bei einer Populationsgröße von

$$N = (b_o - d_o) / (K_b + K_d)$$

der Fall ist. Die stabile Populationsgröße N wird also durch den Wert von K bestimmt, dem Fassungsvermögen (mittlere Gleichgewichtsdichte, Kapazität) des Lebensraumes für die betrachtete Population. Das Wachstum bis zum Wert K verläuft nicht exponentiell, sondern es folgt einer sigmoiden Kurve gemäß Abbildung 5-2b, der sogenannten logistischen Kurve. Das Wachstum verläuft am Anfang langsam (*lag*-Phase), dann schnell (exponentielle Phase) und schließlich wieder langsam, bis die stationäre Phase erreicht ist. In der Natur sind allerdings die Voraussetzungen für einen derart einfachen, logistischen Verlauf kaum einmal gegeben, doch kann man die Gleichung durch das Einfügen einiger Korrekturglieder in bessere Übereinstimmung mit der Wirklichkeit bringen. In dieser Form bildet sie dann die Basis für die meisten mathematischen Modelle des Populationswachstums.

Geburten- und Sterberate

Es gibt viele Ursachen, die bei einer wachsenden Population die Geburtenrate herabsetzen und gleichzeitig die Sterberate ansteigen lassen.

Veränderungen der Geburtenrate

Ganz gleich ob sich ein Organismus durch Teilung oder Sprossung, durch Sporen, Samen oder Früchte vermehrt, die Anzahl der Nachkommen schwankt zwar in gewissen Grenzen, doch hat dabei jede Art eine bestimmte Schwankungsbreite und einen festen Durchschnittswert. Das kann bedeuten, daß pro Jahr viele Millionen Nachkommen produziert werden, es kann aber ebenso bedeuten, daß immer nur einzelne Tochterorganismen entstehen, vielleicht sogar im Abstand von mehreren Jahren. Während Veränderungen des Durchschnittswerts nur in den großen Zeiträumen der Evolution auftreten

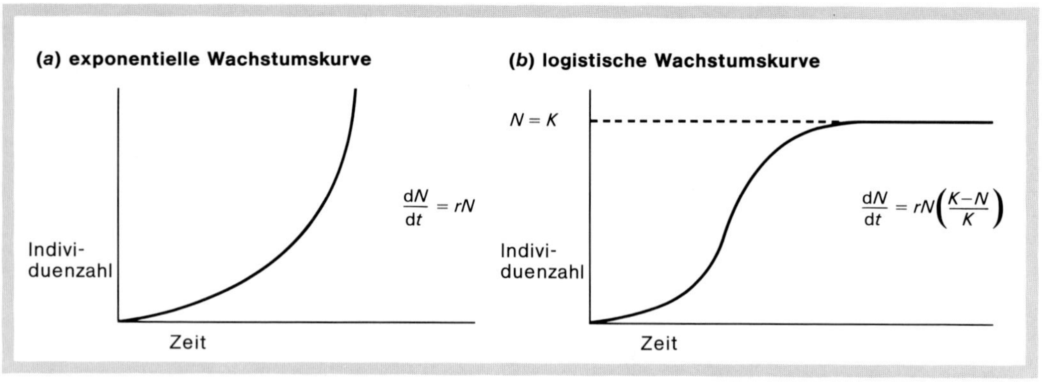

Abb. 5-2. (a) Zunahme der Individuenzahl bei einer exponentiell wachsenden Population. (b) Logistische Kurve des Populationswachstums mit direkter Abhängigkeit der Geburten-und Sterberate von der Individuenzahl.

können, unterliegen die tatsächlichen Zahlen einer wesentlich kurzfristiger wirkenden Regelung.

Wenn die äußeren Bedingungen vom Optimum abweichen, so bedeutet das bei den meisten Organismen gleichzeitig eine Abnahme der Zahl vegetativ oder sexuell erzeugter Nachkommen. Darüber hinaus sind die Überlebensaussichten der relativ wenigen, unter derart widrigen Bedingungen entstandenen Nachkommen vergleichsweise gering.

Ein anderer wichtiger Faktor bezüglich der Zahl überlebender Nachkommen ist der körperliche Zustand und die Brutpflegebereitschaft der Eltern. Individuen mit einer Mangelkrankheit oder einer schweren Parasiteninfektion haben meist weniger Nachkommen als gesunde. Wenn Nahrungsmangel bei der Begrenzung der Nachkommenzahl eine Rolle spielt, so braucht dieser Mangel nicht alle Individuen einer Population in gleicher Weise zu betreffen: Es mag durchaus noch Nahrung vorhanden sein, dennoch kann beispielsweise ein hierarchisches Sozialsystem dazu führen, daß die untergeordneten Individuen bereits Mangel leiden. Bei höher entwickelten Tieren mit sozialen Systemen hat gelegentlich auch ein besonderes ausgeprägtes Territorialverhalten Rückwirkungen auf die Zahl der insgesamt erzeugten Jungen, weil es die Größe der zur Fortpflanzung gelangenden Teilpopulation beeinflußt. So besetzen etwa manche Vogelarten während der Brutzeit lückenlos aneinandergereihte Reviere und verteidigen diese Territorien gegen Neuankömmlinge. Obwohl die Größe der Reviere keineswegs unveränderlich ist, kann ein geeignetes – und vielleicht besonders günstiges – Gebiet doch nur für eine begrenzte Anzahl von Territorien Platz bieten. Wer hier kein Revier ergattert, muß das Brutgeschäft für dieses Mal aufgeben oder in ein weniger günstiges Brutgebiet abwandern, wo die Chancen einer erfolgreichen Fortpflanzung geringer sind.

Veränderungen der Sterberate

Veränderungen der Sterberate sind bezüglich der Regulation von Populationsgrößen im allgemeinen noch wirksamer als eventuelle Änderungen der Geburtenrate, obwohl in beiden Fällen oft dieselben Faktoren beteiligt sind. Hierher gehören z. B. außergewöhnliche Witterungsbedingungen, Konkurrenz um Ressourcen, das Gefressenwerden, aber auch der Sonderfall sozialinduzierter Sterblichkeit. Wenn man von allgemeinen Katastrophen wie Wirbelstürme oder Überschwemmungen einmal absieht, wird man rasch zur Feststellung gelangen, daß klimatische Faktoren als Todesursache am Rand eines Verbreitungsgebiets von größerer Bedeutung sind als in seinem Zentrum. Mit den Auswirkungen des harten Winters 1962/63 auf bestimmte Meeresorganismen läßt sich diese Tatsache gut belegen: Die britische Insel liegt im Bereich der nördlichen Verbreitungsgrenze mehrerer Arten; genau diese Arten wurden damals besonders schwer getroffen. Viele waren so kältestarr, daß sie von den Gezeiten einfach passiv an den Strand geworfen wurden. Andere wiederum erstickten, weil in dem außergewöhnlich kalten Wasser die Cilien auf ihren Kiemen zu langsam schlugen. Für die arktischen Arten brachte dagegen dieser harte Winter erwartungsgemäß keine Schwierigkeiten.

Neben klimatischen Faktoren ist Konkurrenz eine der Hauptursachen für hohe Sterblichkeit in einer Population. Eine notwendige, aber noch nicht hinreichende Bedingung für gegenseitige Konkurrenz zweier Arten ist der gemeinsame Bedarf für dieselbe Ressource. Wirkliche Konkurrenz ergibt sich erst dann, wenn die Ergiebigkeit der gemeinsamen Ressource nicht mehr ausreicht, um die Ansprüche aller Konsumenten zu erfüllen. Dabei müssen verschiedene Arten von Konkurrenz unterschieden werden: Betrifft sie Mitglieder derselben Art, so spricht man von intraspezifischer Konkurrenz, handelt es sich aber um Konkurrenz zwischen verschiedenen Arten, so spricht man dagegen von interspezifischer Konkurrenz. Auch die Formen des Wettbewerbs sind unterschiedlich. Man muß unterscheiden zwischen dem bloßen Ergattern und der wirklichen Auseinandersetzung. Beim Zusammensuchen der Ressourcen hat jedes Individuum die gleiche Chance, einen bestimmten Anteil der begrenzten Vorräte zu finden, Unterschiede der tatsächlich erbeuteten Menge sind hier allein vom Zufall abhängig. Bei der kämpferischen Form des Wettbewerbs kommt es im Falle des Erfolges zu einer vorteilhaften Ungleichverteilung von Nahrung, Raum oder Geschlechtspartnern – allerdings nur so lange der überlegene Sozialstatus aufrecht erhalten werden kann. Über die eben dargestellten Möglichkeiten hinaus muß man zwei weitere, grundsätzlich verschiedene Formen des Wettbewerbs unterscheiden. Um direkte Ausbeutung handelt es sich, wenn es einem Konkurrenten gelingt, eine Ressource zu erschließen und für sich selber abzuzweigen. Dagegen spricht man von „Interferenz", wenn einer der beiden Konkurrenten dem anderen den Zugang zu einer freien Ressource verwehrt, sei es durch chemische Beeinflussung, direkten Angriff oder Habitatveränderung zum Schaden des Konkurrenten. Auf diese Weise können erhebliche Teile eines Angebots dem allgemeinen Zugriff entzogen werden, bevor der Wettlauf um die Ausbeutung überhaupt eingesetzt hat. So ist beispielsweise auch die Frage zur Diskussion gestellt worden, ob nicht das Verfaulen von Früchten eine Interferenz-Strategie der Mikroorganismen darstellt, um tierische Konsumenten an der Nutzung dieser Ressource zu hindern.

Ein letzter, ganz wichtiger Faktor der Mortalität sind räuberisch lebenden Arten. Unter diesem Begriff werden im allgemeinen alle natürlichen Feinde zusammengefaßt, obwohl nur ein kleinerer Teil dieser Freßfeinde ihr Opfer wirklich tötet, während andere (z. B. grasende Rinder) nur regenerierbare Teile der „Beute" abfressen. Räuberische Arten können auf die wechselnde Dichte ihrer Beutetiere auf drei verschiedene Weisen reagieren: Ist das Nahrungsangebot reichlich, dann steigt zunächst auch der Konsum, wobei in vielen Fällen bei entsprechend hohem Angebot auch ein Wechsel der hauptsächlich genutzten Beuteart erfolgen kann. Obwohl viele Räuber bei Überfluß von Nahrung außerordentlich wählerisch werden und nur noch bestimmte Teile ihrer Beute verzehren, gibt es doch eine Obergrenze dessen, was überhaupt noch verwertbar ist. In solchen Fällen überdurchschnittlichen Nahrungsangebots kommt es dann auf längere Sicht durch Zuwanderung aus Nachbargebieten zu einer Ansammlung der räuberischen Arten. Eine dritte Reaktion der Räuber auf hohes Nahrungsangebot ist eine erhöhte Zahl von Nachkommen. Damit steigt die Populationsgröße der Räuber in der folgenden Generation an, ohne daß dieser vergrößerten Anzahl dann auch unbedingt eine entsprechende Beutemenge gegenübersteht; man spricht von einem verzögerten oder auch generationenübergreifenden Effekt.

Die Bedeutung der einzelnen Faktoren bei der Begrenzung der Größe von Populationen

Es hat lange Auseinandersetzungen darüber gegeben, welcher der Faktoren, die einen Einfluß auf die Geburten- oder Sterberate haben, der wichtigste bei der Begrenzung von Populationen sei. Manche Autoren haben versucht, populationsdynamische Prozesse in erster Linie mit der Wirkung eines einzigen Faktors (Klima, Verfügbarkeit von Ressourcen, soziale Interaktionen usw.) zu erklären. Es gibt aber mit Sicherheit Unterschiede zwischen jenen Prozessen, die in den Randgebieten einer Population von Bedeutung sind und solchen, die zentral angreifen. Ebenso muß man unterscheiden, ob ein Faktor eine Veränderung in Gang setzt oder ob er eher dazu geeignet ist, sie zum Stehen zu bringen.

Von großer Wichtigkeit ist dabei die Frage, wie oft und wie lange Populationsgrößen sich in der Nähe des Fassungsvermögens ihres Habitats bewegen. Eine Population kann am ehesten dann die Obergrenze des Fassungsvermögens erreichen, wenn der Wert für die maximale Tragfähigkeit nicht allzu stark schwankt. Das ist der Fall, wenn die Veränderungen der Umwelt nur gering sind und die dichteabhängige Mortalität lediglich den Überschuß an Individuen beseitigt. Diese Situation findet man in erster Linie bei Populationen in relativ konstantem Klima (etwa in den Tropen); und hier stellt wahrscheinlich die Konkurrenz zwischen den Individuen einen der wichtigsten dichteregulierenden Faktoren dar, was wiederum zur Folge hat, daß diese Populationen bereits auf kleine Änderungen der Tragfähigkeit ihres Habitats sehr deutlich reagieren. Im Gegensatz dazu befinden sich Populationen bei rasch wechselnden Klimabedingungen nur selten im Grenzbereich der Tragfähigkeit ihres Habitats, weil sich in diesem Fall die Tragfähigkeit schneller verändert, als die Populationsgröße zu folgen vermag.

Witterungsunbilden sind häufig die Hauptursache, wenn eine Population aus dem Gleichgewicht gerät. Sie treten normalerweise völlig unabhängig von der Größe und der Dichte von Populationen auf und wirken entweder unmittelbar über den Anstieg der Sterberate oder aber über Veränderungen der Quantität oder Qualität von Ressourcen. Witterungsbedingte Erhöhungen der Sterberate haben zur Folge, daß die Sterberate zeitweise die Geburtenrate übertrifft. In diesen Fällen sinkt die Populationsgröße, bis die Bedingungen sich wieder verbessern, dabei können jedoch peripher und außerhalb des Optimums angesiedelte Populationen sehr leicht ausgelöscht werden. Bei solchen Ereignissen wird die konkurrenzbedingte Sterblichkeit durch klimatische Einwirkungen verstärkt und ist dann nicht mehr als ein Faktor anzusehen, der die Population auf eine gegebene Tragfähigkeit des Lebensraumes einreguliert, sondern eher als die Ursache für den Zusammenbruch der Population bei schnell abnehmender Tragfähigkeit des Lebensraums. Die größten Schwankungen der Individuenzahl treten bei solchen Populationen auf, die entweder besonders empfindlich reagieren oder den größten Änderungen der Außenbedingungen unterworfen sind. Umgekehrt werden Populationen, die am wenigsten von klimatischen Faktoren abhängig sind, ganz überwiegend durch Konkurrenz und andere dichteabhängige Größen reguliert. Es hat übrigens den Anschein, als seien die Individuenzahlen bei jenen Arten, die den Wettbewerb um traditionelle Ziele zugunsten der Etablierung eines Sozialsystem aufgegeben haben, geringeren Schwankungen unterworfen; möglicherweise bildet das Sozialsystem einen gewissen Puffer gegen das Auf und Ab der tatsächlichen Ressourcen.

„Konkurrenz" ist ein zentraler Begriff vieler evolutionstheoretischer und ökologischer Lehrsätze, obwohl dieses Phänomen eigentlich erst in auffallend wenigen Fällen wirklich klar nachgewiesen werden konnte. Bewegliche Arten reagieren nämlich in der Regel auf Konkurrenzdruck nicht einfach durch Absterben, was ja leicht festzustellen wäre, sondern durch Abwanderung oder das Ausweichen auf andere Ressourcen. Beim experimentellen Nachweis von Konkurrenz ist es üblich, zunächst den möglichen Konkurrenten durch künstliche Mittel zu beseitigen und dann zu beobachten, ob die untersuchte Art mit einer Zunahme der Individuenzahl, Biomasse oder Produktivität reagiert. Allerdings ist die vollständige Ausschaltung eines Konkurrenten nicht immer leicht. Auch kann es sein, daß die Individuenzahl der untersuchten Art aus irgend einem anderen Grund gerade rückläufig ist, dann reagiert sie auf die Entfernung eines Konkurrenten nicht unbedingt mit zunehmender Dichte.

Weil „Konkurrenz" ein überaus wichtiger Begriff in der theoretischen Biologie ist, sollen nun zwei Fälle beschrieben werden, in denen die Wirkung von Konkurrenz unmittelbar erkennbar wird. Die beiden Seepocken *Chthalamus stellatus* und *Balanus balanoides* der Felsküste Nordwesteuropas leben normalerweise in zwei klar abgegrenzten Zonen des oberen Gezeitenbereichs, wobei die erstgenannte Art immer oberhalb

Abb. 5-3. Beispiele von Organismen, die verschiedener Selektion unterworfen sind. (a) K-Selektion: Elephant; (b) S-Selektion: Säulen-Kaktus; (c) r-Selektion: Mohn an einer Straßenböschung.

a

der zweiten vorkommt. Entfernt man jedoch auf künstlichem Wege *Balanus* aus der tiefer gelegenen Zone, so kann sich hier *Chthalamus* ebenfalls ansiedeln. Tatsächlich beobachtet man auch unter natürlichen Bedingungen in dieser Zone immer wieder junge Individuen von *Chthalamus,* sie werden aber von der schneller wachsenden *Balanus*-Art regelmäßig erdrückt oder überwachsen und können sich deshalb in Mischpopulationen mit einem hohen Anteil von *Balanus* nicht durchsetzen. Weil *Chthalamus* eine größere Austrocknungsresistenz besitzt als *Balanus,* hat diese Art dennoch im höher gelegenen Küstenbereich einen Lebensraum gefunden. Handelt es sich hier um ein Beispiel interspezifischer Konkurrenz, so kann das entsprechende intraspezifische Phänomen sehr leicht in den beiden normalerweise getrennten Habitaten beobachtet werden.

Das zweite Beispiel betrifft einen recht häufigen innerartlichen Ausschluß-Wettbewerb. Viele Vögel kämpfen stellvertretend statt um wirkliche Ressourcen um Territorien. Dabei werden Vögel, die kein Revier erobern konnten, von den Verteidigern der Reviere nachdrücklich an den Rand des Brutgebietes befördert. Diese Habenichtse kommen nur zum Brüten, wenn einer der „Grundbesitzer" seinen Platz räumt, was sehr leicht durch einen Räuber in die Wege geleitet werden kann. In diesem Fall kann der Ausgestoßene den freien Platz einnehmen und dann auch erfolgreich brüten. Die Überlebenschance der Habenichtse ist sehr gering, wenn sie nicht auf diese Weise ein Territorium erobern können, sie fallen z. B. sehr viel eher einem Raubtier zum Opfer als die Territorienbesitzer. Ihr höheres Lebensrisiko beginnt mit der Vertreibung aus dem Brutrevier. Wenn vordergründig schließlich Räuber, Krankheiten oder widrige Witterungsbedingungen ihr Schicksal besiegeln, so ist die eigentliche Ursache ihres Todes das geschilderte Sozialverhalten und der gewalttätige Territorialausschluß.

Die Rolle der Freßfeinde bei der Kontrolle der Populationsgröße ihrer Beute ist umstritten. Die meisten klaren Fälle einer solchen Kontrolle scheinen sich auf Situationen zu beziehen, in denen die Populationen irgendwie gestört oder bewußt vom Menschen beeinflußt waren. Unter natürlichen Bedingungen hängt zumindest die Zahl der räuberischen Vertebraten eher von ihren Beutetieren oder Nahrungspflanzen ab als umgekehrt. Wegen der verzögerten, generationenübergreifenden Auswirkung auf die Anzahl von Freßfeinden ist es aber durchaus möglich, daß räuberische Organismen das Zusammenschmelzen einer bereits abnehmenden Population beschleunigen können (man vergleiche hierzu das Beispiel der Algenblüte in Kap. 6.3), aber sie scheinen kaum einmal einen Zusammenbruch wirklich selber auszulösen. Die Auswirkung wirbelloser Feinde ist bis jetzt weniger eingehend untersucht, deshalb sind hier noch keine Verallgemeinerungen möglich. In vielen Fällen wird wohl auch hier die Feststellung gelten, daß in der Regel die Größe einer Ressource über die Anzahl der Konsumenten entscheidet, die Konsumenten aber nur selten über die Menge eines bestimmten Angebots.

Jene Faktoren, die die Gesamtgröße einer Population begrenzen, sind nicht unbedingt auch die dichtebestimmenden Faktoren. Viele Populationen sind weit vom oben angenommenen Idealzustand entfernt und häufig gibt es beträchtliche Wanderungsbewegungen von einer Teilpopulation zur anderen. Die Gesamtpopulation ist oft über ein großes, uneinheitliches Gebiet verstreut und enthält deutliche genetische Unterschiede, die durch den Flickenteppich ihres Lebensraums verursacht werden. Die Abnahme einer Teilpopulation aufgrund ungünstiger lokaler Umstände kann leicht durch die Zunahme an anderer Stelle ausgeglichen werden. Bei einer großen, weit verstreuten Population heben sich solche unabhängigen Veränderungen meist gegenseitig auf; so mag zwar die Populationsdichte örtlich schwanken, im ganzen aber

b

c

bleibt die Zahl weitgehend konstant. Die Ursachen gelegentlicher Populationsexplosionen, wie etwa kürzlich bei der Türkentaube *(Streptopelia decaocto)* in Europa, sind weitgehend unbekannt.

Habitatstabilität

Es ist leicht einzusehen, daß Tiere und Pflanzen an die normalen Umweltbedingungen ihres Lebensraumes angepaßt sind. Allerdings gilt das nicht für Gebiete mit starken und unregelmäßig auftretenden Schwankungen der äußeren Bedingungen. Bewegt sich eine Population an der Grenze der Tragfähigkeit des Lebensraumes, dann kommen nur so viele Nachkommen über das Jugendstadium hinaus, wie es die natürliche Sterberate der Population zuläßt. Wenn in einem solchen Fall außerdem noch die Konkurrenz um Ressourcen die wichtigste Todesursache darstellt, so haben unter diesem hochgradigen Konkurrenzdruck nur die lebenstüchtigsten Individuen eine Überlebenschance. Reproduktion bedeutet immer einen Verlust von Energie und Substanz, deshalb erreichen viele Arten ihre Geschlechtsreife erst nach einer relativ langen Jugendphase, in der sie ihre eigene Position im System festigen. Die Wahrscheinlichkeit des Reproduktionserfolgs steigt, wenn die eigenen Nachkommen durch Nahrungsreserven oder Brutpflege zunächst vor äußerer Konkurrenz abgeschirmt werden. Das bedeutet allerdings eine so große zusätzliche elterliche Investition, daß in solchen Fällen nur wenige Nachkommen pro Zeiteinheit hervorgebracht werden und die reproduktive Phase sich über größere Zeiträume erstrecken muß. Man bezeichnet den äußeren Druck, der in einem einigermaßen stabilen Lebensraum zu größeren Investitionen für die einzelnen Nachkommen zwingt, als „*K*-Selektion". Beispiele für *K*-Strategen sind die großen Wirbeltiere und auch der Mensch.

Ganz andere Bedingungen gelten dagegen für das Leben in schwierigen Habitaten, wo die Ressourcen nicht infolge der hohen Nachfrage knapp sind, sondern aufgrund widriger äußerer Bedingungen. Beispiele dieser sogenannten „*S*-Selektion" findet man bei Wüstenpflanzen und Tiefseebewohnern. Wenn nämlich die Umgebungsbedingungen einem ständigen Wechsel unterworfen und geeignete Lebensräume weder zeitlich noch räumlich auf irgend eine Weise im voraus auszumachen sind, dann ist eine Strategie erforderlich, die mehr auf eine Fähigkeit zur schnellen Ausbreitung und raschen Nutzung freier Ressourcen abzielt. Konkurrenzbedingte Sterblichkeit spielt in diesem Fall nur eine untergeordnete Rolle, deshalb kann hier alle Energie für die Produktion einer großen Zahl von möglichst kleinen Nachkommen eingesetzt werden, die leicht von Wind oder Wasser verdriftet werden. Wenn ein Individuum 10 Jahre lang jeweils 10 Nachkommen erzeugt, diese Nachkommen alle überleben und ihrerseits wieder eine entsprechende Zahl von Jungen hervorbringen, dann wären das schließlich fast 26 Milliarden Nachkommen – genau die gleiche Zahl übrigens, die sich ergeben würde, wenn die einzelnen Individuen nur jeweils ein Jahr zu leben hätten, dafür aber immer 11 Nachkommen hervorbringen würden. Bei 12 Jungen läge die Zahl der potentiellen Nachkommen nach 10 Jahren in der Nähe von 62 Milliarden. Daraus kann man schließen, daß bei einer möglichst hohen spezifischen Zuwachsrate r die ganze Energie der Organismen darauf gerichtet sein muß, möglichst früh und möglichst viele Nachkommen zu erzeugen, die eigene Lebensspanne kann dabei durchaus kurz bemessen sein. Eine solche Strategie ist das Ergebnis der sogenannten „*r*-Selektion"; sie kennzeichnet die Opportunisten unter den Organismen, z.B. Ackerunkräuter, Wanderheuschrecken und Blattläuse.

K-Selektion, *S*-Selektion und *r*-Selektion sind Beschreibungen extremer Fälle. Die meisten Organismen zeigen deshalb

a

b

Abb. 5-4. Urbarmachung eines Kahlschlags in Ghana: (a) kurz nach der Rodung; (b) neun Monate später.

Abb. 5-5. Blanker, beim Rückzug eines Gletschers freigegebener Fels in Uganda.

eher eine Kombination entsprechender Strategie-Eigenschaften. Sogar innerhalb ein und desselben Habitats können sich einige Arten wie *r*-Strategen verhalten (z. B. Algen, Bakterien, Protozoen), während andere (z. B. größere räuberische Vertebraten) vorwiegend der *K*-Selektion unterworfen sind.

5.3 Biozönosen und Ökosysteme

Eigenschaften von Lebensgemeinschaften

r-Strategen sind in der Regel klein und kurzlebig. Trotz ihrer meist geringen Biomasse pro Flächeneinheit entwickeln sie aber oft aufgrund ihres schnellen Wachstums eine erstaunliche Produktivität an neu gebildeter organischer Substanz. Umgekehrt neigen *K*-Strategen, die im allgemeinen größer und auch langlebiger zu sein pflegen, zu hoher Biomasse bei geringer Produktivität. Das gilt nicht nur für Einzelindividuen, sondern auch für ganze Lebensgemeinschaften, sofern sie überwiegend von *K*-Strategen geprägt werden. Typisch sind *K*-Strategen vor allem für reich strukturierte und vorwiegend vom Wettbewerb geprägte Systeme, in denen ein starker Konkurrenzdruck für einen hohen Wirkungsgrad bei der Nutzung der zur Verfügung stehenden Ressourcen sorgt. In einem solchen System trägt jede Einheit der photosynthetischen Produktion eine große Biomasse, dagegen ist in Systemen mit vorherrschender *r*-Selektion die Situation gerade umgekehrt. Das Verhältnis der jährlichen Produktion zur gesamten Biomasse ist deshalb ein gutes Maß für den Wirkungsgrad, mit dem die Ressourcen eines Systems genutzt werden, und es ermöglicht außerdem Aussagen über das Gesamtsystem und die beteiligten Arten. Die wirkliche Größe der Biomasse und Produktivität kann damit allerdings nicht bestimmt werden, denn das Verhältnis der beiden Zahlen kann bei einem oligotrophen See mit sehr niedriger Produktion und bei einem Korallenriff mit seiner hohen Produktion völlig übereinstimmen.

Das ineinandergreifende Beziehungsgefüge von verschiedenartlichen Populationen untereinander und mit ihrer Umwelt wird als Ökosystem bezeichnet. Darunter versteht man relativ große, gegen andere Systeme deutlich abgegrenzte Lebensräume, wie etwa Seen, Hochmoore oder Regenwälder, während mit dem Ausdruck Lebensgemeinschaft oder Biozönose kleinere Untersysteme des Ökosystems gemeint sind, beispielsweise die Bodenorganismen in einem Waldboden oder die Lebewesen des freien Wasserkörpers in einem See. Man sollte sich jedoch vor Augen halten, daß diese Begriffe – ebenso wie die Vorstellung von Populationen – Idealisierungen darstellen und deshalb mit der Wirklichkeit nur begrenzt übereinstimmen. Ökologische Systeme sind niemals vollständig voneinander abgegrenzt, es gibt immer einen gewissen Austausch von Energie und Materie zwischen zwei benachbarten Ökosystemen. In Wirklichkeit untersuchen Ökologen ja auch immer die Struktur und Dynamik von Artengruppen in einem ganz bestimmten, tatsächlich existierenden Gebiet und nicht in einem lediglich gedanklich abgegrenzten Raum.

Zonierung und Sukzession

Räumliche „Zonierung" und eine bestimmte zeitliche Abfolge („Sukzession") gehören zu den charakteristischen Eigenschaften von Lebensgemeinschaften und Ökosystemen.

Wenn äußere Bedingungen ein bestehendes System aus dem Gleichgewicht bringen oder sogar zerstören, dann schaffen sie damit neuen Siedlungsraum, in dem eine charakteri-

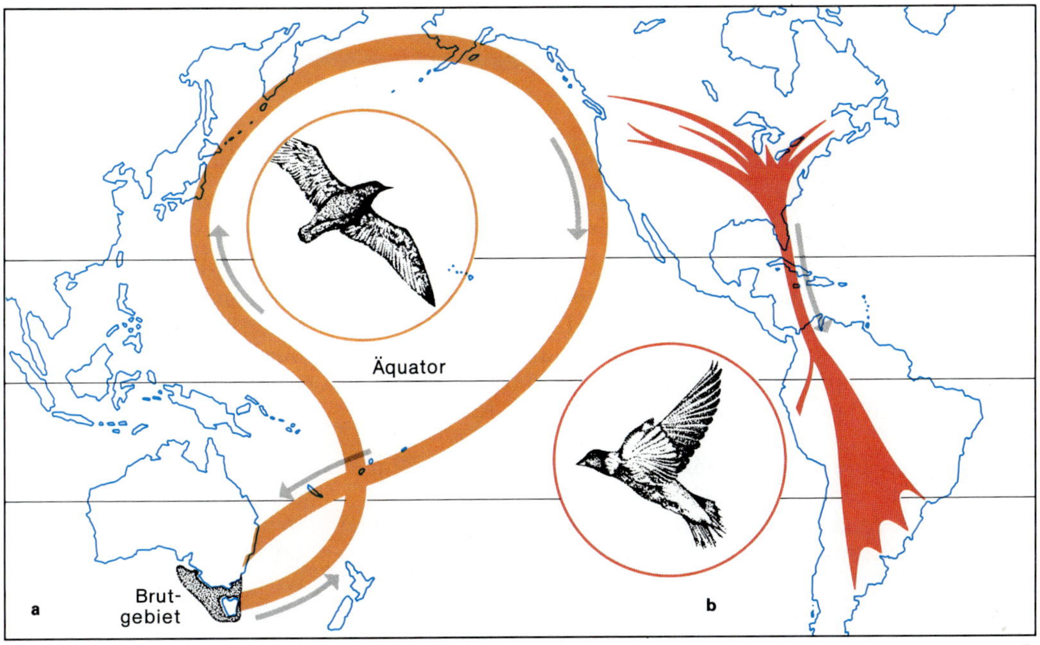

Abb. 5-6. Wanderwege zweier Langstrecken-Zugvögel. (a) Die transpazifische Rundreise des tasmanischen Kurzschwanz-Sturmtauchers *Puffinus tenuirostris.* (b) Die jahreszeitliche Wanderung des Bobolink *Dolichonyx oryzivorus.*

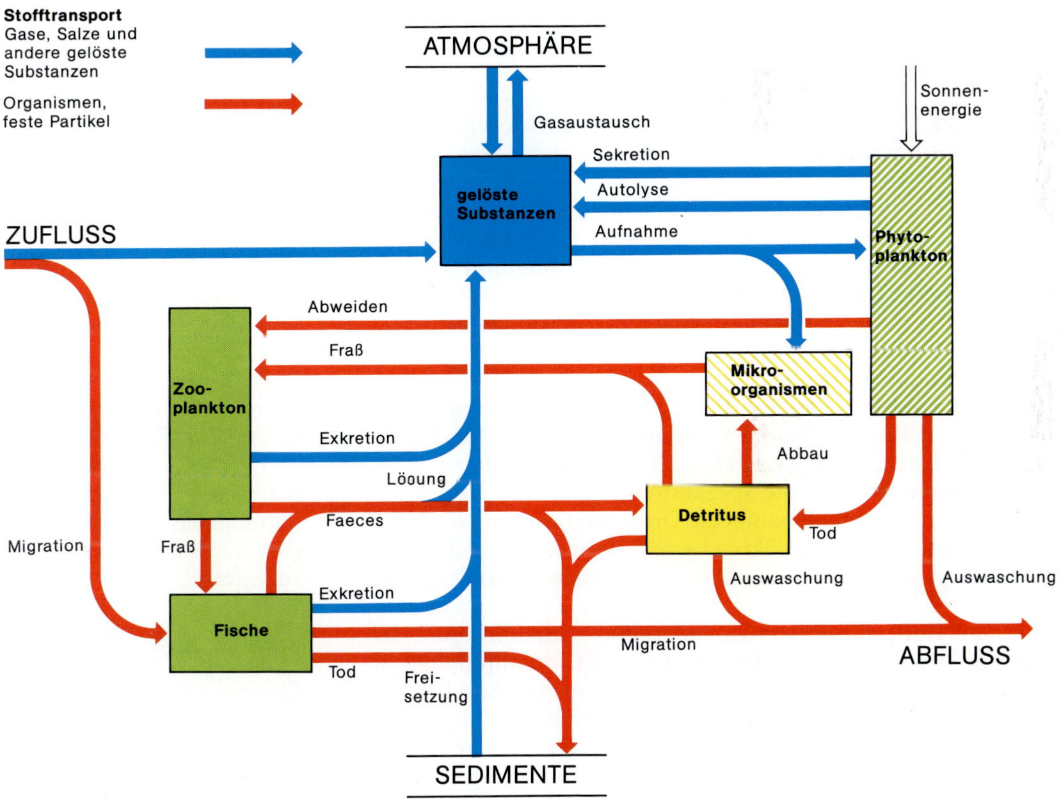

Abb. 5-7. Schematische Darstellung der komplizierten Stoffumsetzungen in einem Ökosystem: die pelagische Zone eines Sees.

stische Abfolge (Sukzession) von jeweils vorherrschenden Organismen zu beobachten ist (Abb. 5-4). Umfang und Ausmaß solcher Störungen sind außerordentlich unterschiedlich, sie reichen von der kleinen Lichtung, die ein stürzender Baum in den dichten Bestand eines tropischen Regenwaldes gerissen hat, bis zu den wiederholten Vorstößen der arktischen Eismassen mit ihren gewaltigen Zerstörungen und den ebenso großen Siedlungsflächen, den sie bei ihrem Rückzug jeweils freigegeben haben (Abb. 5-5). Neue Siedlungsräume werden zunächst von *r*-Strategen erobert. Oft behaupten sich diese, an Arten und Biomasse gleichermaßen armen Gesellschaften ziemlich hartnäckig, bis sie schließlich von den größeren, aber langsamer vordringenden Arten verdrängt werden. Die konkurrenzschwachen Opportunisten geraten auf die Verliererstraße, wenn keine neuen, frei zugänglichen Ressourcen mehr vorhanden sind und deshalb in zunehmendem Maße die Konkurrenz eine entscheidende Rolle spielt. Auf diese Weise kommt es bei insgesamt steigender Artenzahl zu einem allmählichen Artenwechsel, gleichzeitig steigt der Wirkungsgrad bei der Ausnutzung der knapper werdenden Ressourcen. Ein gutes

Beispiel einer derartigen Sukzession bietet brach liegendes Ackerland, auf dem sich zunächst nur einjährige Unkräuter, dann Stauden und Sträucher entwickeln, bis schließlich mit dem Aufkommen von Bäumen das Endstadium erreicht wird. Wenn die notwendige Ernährungsbasis vorhanden ist, stellen sich meist auch rasch die zugehörigen tierischen Konsumenten ein.

Die Sukzession wird unterbrochen oder zurückgeworfen, wenn erneute Störungen auf das betrachtete System einwirken. Das Allgemeinklima sowie die Häufigkeit solcher Störungen bestimmen die Geschwindigkeit, mit der eine Sukzessionsserie durchlaufen wird. Sind die Störungen nicht allzu häufig und das Klima einigermaßen günstig, so steht am Ende einer solchen Sukzessionsreihe eine Lebensgemeinschaft mit einem hohen Wirkungsgrad bei der Nutzung der Umwelt-Ressourcen.

Effizienz und Spezialisierung

Tropische Systeme gehören zu den höchst entwickelten Ökosystemen der Erde. Der hohe Selektionsdruck hat hier Lebensgemeinschaften hervorgebracht, in denen keine Ressource für längere Zeit ungenutzt bleibt. Die Nährstoffe durchlaufen die Kette der Verbraucher außerordentlich rasch und wandern sofort wieder zurück in die Biomasse der Primärproduzenten. Einen ähnlich raschen Stoffumsatz findet man auch bei Korallenriffen, von deren hoher Grünalgenproduktion in der Regel deshalb nichts zu sehen ist, weil sie, ebenso schnell wie sie entsteht, von Konsumenten abgeweidet wird (s. Kap. 7.4). Einer der Gründe für die hohe Effizienz tropischer Systeme ist die für niedere Breiten typische Konstanz der klimatischen Faktoren. Höchster Wirkungsgrad bei der Nutzung von Ressourcen bedeutet in der Regel die Spezialisierung der einzelnen Arten auf ganz bestimmte Ressourcen. Die Spezialisierung wird hier entscheidend durch die Tatsache gefördert, daß viele Ressourcen das ganze Jahr über zur Verfügung stehen. Da andererseits ein festes Angebotsspektrum eine größere Zahl von Spezialisten als Generalisten erträgt, erklärt dies schließlich auch die hohe Artenvielfalt der Tropen. Die hohe Produktivität ist dagegen ein Ergebnis der starken Sonneneinstrahlung, begrenzender Faktor ist allerdings das geringe Nährstoffangebot.

Die große Artenvielfalt der Bäume eines tropischen Regenwaldes (s. Kap. 8.11) ist angesichts des gleichmäßigen tropischen Klimas eigentlich überraschend. Man sollte erwarten, daß einige wenige Bäume allen anderen im Wettbewerb überlegen sind. Warum sind aber dann die unterlegenen Konkurrenten im Lauf der langen Geschichte des tropischen Regenwaldes nicht längst untergegangen? Der Regenwald hat sich keineswegs zu einer Monokultur entwickelt, im Gegenteil. Es muß irgendwelche Ursachen dafür geben, daß dieser konkurrenzbedingte Ausschluß nicht eintritt. Möglicherweise sind das eben solche regelmäßig wiederkehrenden Störungen, wie z. B. zusammenbrechende Baumriesen oder schwere Stürme.

Spezialisierung und steigende Effizienz ist eine der möglichen Reaktionen auf die Verknappung von Ressourcen. Man muß sich fragen, ob es nicht für eine Spezies von Vorteil sein könnte, dem immanenten Trend von Ökosystemen zu hoher Effizienz durch einen Abstieg auf der ökologischen Stufenleiter, hin zu weniger effizienten Systemen auszuweichen, z. B. durch Abwanderung in höhere Breiten, wo jedem Konsumenten mehr Nahrung zur Verfügung steht. Tatsächlich gibt es solche Wanderungsbewegungen. Viele Arten verbringen Lebensabschnitte mit erhöhten Anforderungen an die Ressourcen (etwa während der Aufzucht ihrer Jungen) in Habitaten mit leicht zugänglichen Angeboten: zahlreiche Zugvögel wandern zur Brut in höhere Breiten (Abb. 5-6), Fische laichen oft in flachen, nahrungsreichen Mündungstrichtern, viele terrestrische Insekten besitzen wasserlebende Jugendstadien. Hohe, saisonale Nahrungsangebote können von seßhaften Arten wegen unvermeidlichen Verzögerungszeiten beim Populationswachstum nicht wirklich effektiv genutzt werden, wandernde Arten sind dazu jedoch sehr wohl in der Lage, sofern sie das Problem der zeitlichen Abstimmung lösen können. Parallel zur Zunahme der relativen Verfügbarkeit von Ressourcen läßt in vielen Fällen gleichzeitig auch der Druck von räuberischen Arten nach, dafür müssen die wandernden Arten während des Winters aus der gemäßigten, borealen oder sogar arktischen Zone zurück in Gebiete niedriger Breitengrade, in denen das Nahrungsangebot in dieser Jahreszeit reichlicher ist.

Man kann die Fremdausbeutung von uneffektiv genutzten Ressourcen gut mit dem einst weit verbreiteten Kolonialsystem menschlicher Gesellschaften vergleichen. Ein Kolonialstaat kann sich der Ressourcen einer „unterentwickelten" Kolonie bemächtigen, hält damit den eigenen Lebensstandard hoch, den der Kolonie aber niedrig. In ganz ähnlicher Weise liefert das Plankton in aquatischen Ökosystemen große Mengen von Nahrung an das Benthos (s. Kap. 6.3). Deshalb besitzt das Plankton selbst nur eine relativ geringe Biomasse, während das Benthos auf dem Grunde des Gewässers eine viel größere Biomasse aufweist als es seiner eigenen Produktivität zukommt.

Nahrungsketten

Eine wichtige Eigenschaft jedes Ökosystems ist die Art und die Geschwindigkeit des Stoff- und Energieflusses. Ernährungsbedingte (trophische) Abhängigkeiten werden in der Regel als einfache, lineare Kettenmodelle dargestellt, obwohl es sich dabei eigentlich immer um komplizierte Beziehungsnetze handelt (Abb. 5-7). In jedem Falle ist jedoch die photosynthetische Fixierung der Sonnenenergie erster Schritt des gesamten Stoff- und Energieumsatzes. Ein Teil dieser Energie wird bereits durch die Atmung der Primärproduzenten in Wärme verwandelt, ein anderer Teil wandert durch jene Organismen, die sich direkt oder indirekt von den Primärproduzenten ernähren. Die wohl bekannteste Nahrungskette führt von den Pflanzen über die Pflanzenfresser zu den Fleischfressern; doch wird bei der Passage durch diese Nahrungskette wegen der vielen unverdaulichen Bestandteile in Pflanzen vergleichsweise wenig Energie freigesetzt. Vielmehr fließen ungefähr 90 % der Energie über die Nahrungskette der Zersetzer (s. Kap.

Abb. 5-8. Ein Pilz der Gattung *Termitomyces* auf einem Termitenbau.

Abb. 5-9. Der Porling *Piptoporus betulinus* am Stamm einer Birke.

5.4). Sie wird von Bakterien, Pilzen sowie Konsumenten der Mikrofauna gebildet und stützt sich auf pflanzliche oder tierische Abfälle und totes Gewebe.

Nur ein Teil der von Organismen aufgenommenen Energie wird zum Aufbau eigener Körpersubstanz verwendet. Lediglich dieser Teil ist später für räuberische Organismen erreichbar, der ganze Rest wird durch die Atmung in Wärme verwandelt. Dadurch entstehen auf jeder Stufe der Nahrungskette Energieverluste, die bei terrestrischen Systemen auf etwa 90 % geschätzt werden, bei marinen Systemen auf etwas weniger. Bei einer Nahrungskette von A über B, C und D nach E und einem anfänglichen Energieinhalt von 100 Einheiten wird man also bei E nur noch 0,01 Einheiten wiederfinden. Deshalb ist die Länge von Nahrungsketten und die Zahl der Kettenglieder nicht unbegrenzt. Die Sonneneinstrahlung liefert in der Regel den Pflanzenzellen mehr Energie, als diese in organische Verbindungen umwandeln können. Begrenzende Faktoren sind daher häufig eher Stickstoff, Phosphor oder bestimmte Spurenelemente; ihr Vorrat ist in allen Ökosystemen sehr begrenzt, obwohl einige Cyanobakterien und Bakterien in der Lage sind, atmosphärischen Stickstoff zu binden. Wenn diese Elemente in lebendes Gewebe eingebaut werden, bleiben sie dem verfügbaren Vorrat des Ökosystems so lange entzogen, bis sie wieder in anorganischer Form erscheinen. Nur wenige Bakterien, Protozoen und Algen können diese Nährstoffe in organischer Form aufnehmen, die meisten photosynthetischen Organismen sind auf Nährelemente in gelöster, anorganischer Form angewiesen. Deshalb ist die Mineralisation, also die Rückverwandlung organisch gebundener Nährstoffe zum gelösten anorganischen Zustand, z. B. der Abbau der stickstoffhaltigen Proteine zu Ammonium oder Nitrat, ein außerordentlich wichtiger Prozess des Stoffkreislaufs. Er vollzieht sich im heterotrophen Stoffwechsel der Bakterien, Protisten, Pilze und Tiere, deren Ausscheidungen die Nährstoffe wieder dem gemeinsamen Vorrat zufügen und damit den Stoffkreislauf schließen. Einige organische Substanzen, wie etwa die Huminstoffe des Bodens, sind sehr abbauresistent und haben eine ziemlich lange Halbwertszeit. Unter besonderen Bedingungem besteht die Möglichkeit, daß organische Substanzen in Sedimente eingeschlossen werden, bevor sie mineralisiert sind. Hier können sie im Verlauf erdgeschichtlicher Zeiträume in Kohle oder Öl umgewandelt werden, beides übrigens Substanzen, die aufgrund ihres äußerst geringen Nährwertes für die allermeisten Organismen als Energiequelle nicht in Frage kommen.

5.4 Ökologie der Pilze

Abbau organischer Substanz

Primärproduzenten im Ökosystem sind in allererster Linie die grünen Pflanzen mit ihrer Fähigkeit zur Nutzung der Sonnenenergie. Im Vergleich dazu spielen chemolithotrophe Bakterien, die ihre Energie aus reduzierten anorganischen Verbindungen gewinnen, und auch photoautotrophe Bakterien nur eine bescheidene Rolle. Die Menge von Kohlenstoff, die jährlich von Land- und Wasserpflanzen aus dem gasförmigen Kohlendioxid in die pflanzliche Biomasse überführt wird, liegt in der Größenordnung von 70 Mrd. Tonnen. Kohlenstoff ist mit etwa 50 % des Trockengewichts der Hauptbestandteil organischen Materials. Die Nachlieferung von Kohlendioxid aus der Atmosphäre ist jedoch nicht unbegrenzt, deshalb muß der Kohlenstoff des organischen Materials durch die Tätigkeit der Mikroorganismen, vor allem Bakterien und Pilze, wieder als Kohlendioxid in die Atmosphäre zurückgegeben werden. Wenn diese Abbautätigkeit bei unverändert weiterlaufender Photosynthese je ausfallen sollte, dann würde das Leben in weniger als 20 Jahren wegen des fehlenden Kohlendioxids zum Erliegen kommen.

Die Primärproduktion eines Ökosystems kann von heterotrophen Organismen auf zweierlei Arten weiterverwendet

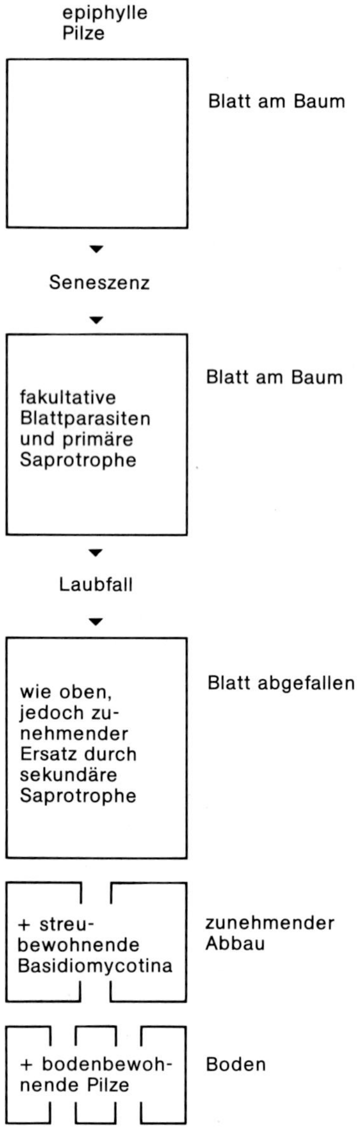

Abb. 5-10. Schematische Darstellung der Pilz-Sukkzession auf Laubblättern von Bäumen.

werden. Entweder sie durchläuft eine sogenannte Lebendfresserkette, wird also zuerst von Herbivoren (Primärkonsumenten) aufgenommen, die dann ihrerseits von Carnivoren (Sekundärkonsumenten) gefressen werden, oder aber sie mündet in die sogenannte Zersetzerkette, wenn Primärproduzenten oder Primär- bzw. Sekundärkonsumenten sterben und ihre Körpermasse in Zersetzung übergeht. Etwa 90% der Primärproduktion fließt durch die Zersetzerkette, sie ist deshalb ein sehr wichtiger Teil des allgemeinen Kohlenstoff-Kreislaufs.

Der Celluloseabbau

Ungefähr ein Drittel der durch die Photosynthese erzeugten organischen Substanz besteht aus Cellulose. Cellulose ist ein wesentlicher Bestandteil pflanzlicher Zellwände und fällt deshalb in Form abgestorbener Pflanzenteile in großen Mengen zum Abbau an. Ausdifferenziertes Holzgewebe enthält zwischen 40 und 60% Cellulose, Getreidestroh etwa 40%. Sie ist einerseits eine der wichtigsten Kohlenstoff-Quellen für heterotrophe Organismen, andererseits ist ihr Abbau zur Aufrechterhaltung des Kohlenstoff-Gleichgewichts unbedingt erforderlich. Zersetzer von Cellulose sind in erster Linie Pilze. Pilzhyphen haben ausgeprägtes Spitzenwachstum, schon kurz hinter der wachsenden Spitze wird die Zellwand ziemlich fest, darüber hinaus verankern viele seitliche Verzweigungen das wachsende Pilzgeflecht (Mycelium) im gerade durchwachsenen Material. Auf diese Weise kann die Spitze eine beträchtliche vorwärts gerichtete Kraft entwickeln, was zusammen mit der Produktion extrazellulärer Cellulasen, die die Cellulose erweichen oder auflösen, schließlich zu einer vollständigen Durchwucherung auch des härtesten Holzgewebes führt. Bakterien können einen Abbau nur durch den enzymatischen Angriff auf die Cellulose in ihrer unmittelbaren Nachbarschaft einleiten, erzeugen also eher flache Korrosionslöcher als ausgedehnte Tunnelsysteme. Pilze und Bakterien gehören zur Gruppe der saprotrophen Organismen, wobei in diesem Fall die Nahrungssubstanz durch Ausscheidung des Enzyms Cellulase außerhalb der Zelle zerlegt und dann in löslicher Form aufgenommen wird.

Größere Bedeutung als Pilze haben die Bakterien lediglich unter folgenden Bedingungen: In nasser oder sehr feuchter Umgebung, in der sich die Bakterienzellen in den alles überziehenden Wasserfilmen ausbreiten können; ferner im Pansen von Wiederkäuern, in dem die Cellulose zum großen Teil in mechanisch aufgeschlossener Form vorliegt und damit eine größere Angriffsfläche bietet; schließlich allgemein unter anaeroben oder fast anaeroben Bedingungen, bei denen Pilze nicht wachsen können.

Nicht alle Pilze können Cellulose verwerten, kräftige und durchgreifend wirkende Cellulose-Zersetzer sind sogar in der Minderheit. Die meisten Cellulose-Abbauer findet man bei den Basidiomyceten, bei den Blätterpilzen, Porlingen, Bovisten und deren Verwandten *(Agaricus, Coriolus, Lycoperdon* und andere).

Die übrigen Cellulose abbauenden Organismen umfassen eine große Anzahl von Bakterien, aber nur relativ wenige Vertreter anderer Gruppen. Viele Pflanzenfresser (z. B. Rinder) beherbergen in ihrem Magen-Darm-Trakt Cellulose abbauende Bakterien oder Flagellaten, die ihrerseits von den Wirtstieren verdaut werden und so den Kohlenstoff in aufbereiteter Form zur Verfügung stellen. Von den Tierarten mit eigener Cellulase-Produktion ist die Weinbergschnecke *(Helix pomatia)* wohl am bekanntesten. Allerdings ernährt sich diese Art kaum einmal von derart massiver Cellulose wie sie im Holz vorliegt, obwohl sie sonst zu den unersättlichen Herbivoren zu zählen ist. Unter den Arthropoden ist beim Silberfischchen *(Ctenolepisma lineata)* und den Larven des Klopfkäfers *(Xestobium rufovillosum)* eigene Cellulase-Produktion im Verdauungstrakt nachgewiesen, möglicherweise gibt es so etwas auch beim Regenwurm *(Lumbricus terrestris).* Der Wirkungsgrad, mit dem diese und andere Tiere die Cellulose angreifen, mag im Vergleich zur übrigen Abbauleistung vielleicht gering erscheinen, viel wichtiger ist der physikalische Aufschluß des Materials bei der Passage durch den Verdauungstrakt. Ihre Kothäufchen sind nämlich für Pilze und

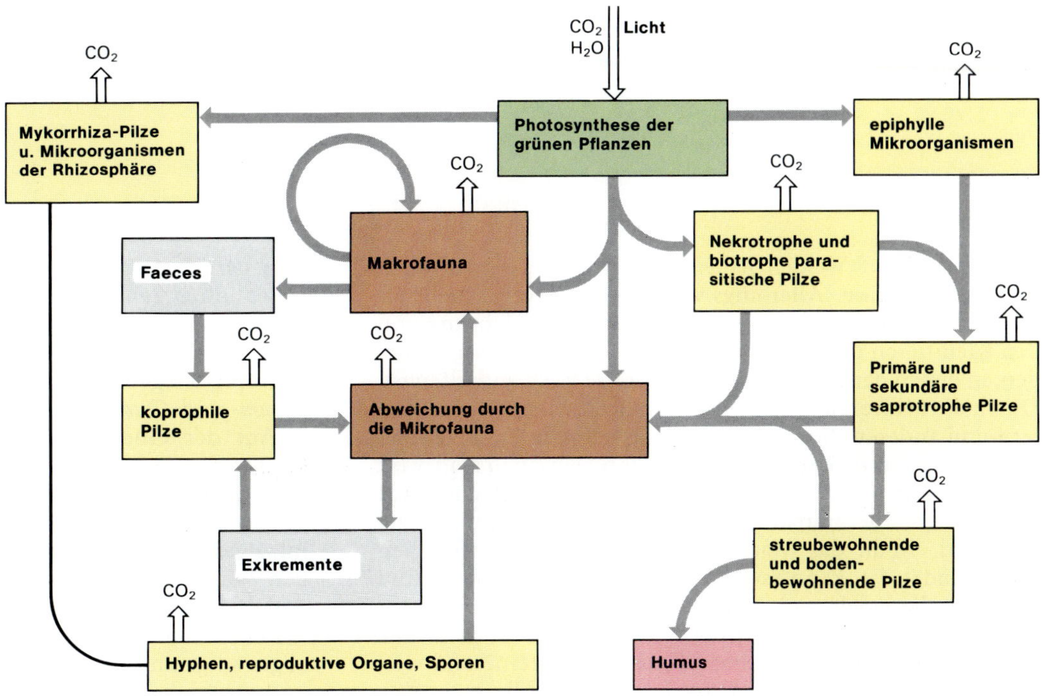

Abb. 5-11. Der Kohlenstoff-Kreislauf.

Bakterien ein sehr viel günstigeres Substrat als das unveränderte Ausgangsmaterial. Manche der „niederen" Termiten verlassen sich beim Abbau der Cellulose des aufgenommenen Holzes auf die Mikroorganismen in ihrem Darmkanal, während „höhere" Termiten bestimmte Pilze (z. B. *Termitomyces)* in den unterirdischen Kammern ihrer Erdhügel züchten (Abb. 5-8). Beim Abfressen dieser Pilze nehmen sie gleichzeitig einen wichtigen Teil des Cellulase-Enzymkomplexes in sich auf.

Der Ligninabbau

Über weite Teile der Erde bestimmen ausdauernde Holzpflanzen das Bild der Vegetation. Neben 40 bis 60 % Cellulose enthält Holz immerhin 20 bis 30 % Lignin. Lignin ist ein kompliziert gebautes, hydrophobes Makromolekül, das die Cellulosefibrillen der pflanzlichen Zellen miteinander verkittet und dadurch die mechanischen Eigenschaften des Holzes entscheidend verbessert. Gleichzeitig scheint es aber auch als eine Art Isoliermaterial zu wirken, welches verhindert, daß die Cellulase sehr viele Bindungen innerhalb des Cellulose-Makromoleküls erreicht und dadurch eine Hydrolyse in größerem Umfang hervorruft. Aus diesem Grund, aber auch wegen seines eigenen Kohlenstoff-Gehalts, ist der Abbau des Lignins im Rahmen des Kohlenstoff-Kreislaufs von großer Wichtigkeit. Die Fähigkeit zum vollständigen Ligninabbau scheinen nur Pilze zu besitzen, z. B. Weißfäule-Erreger des Holzes und einige streuzersetzende Basidiomyceten. Andere holzzerstörende Pilze können nur einen Teilabbau durchführen. Dabei entstehen Substanzen, die schließlich als „Huminsäuren" in die langlebigen Bestandteile des Bodenhumus eingebaut werden.

Unter terrestrischen Bedingungen gibt es zwei grundsätzlich verschiedene Arten des Holzabbaus, nämlich Weißfäule und Braunfäule. Bei der Weißfäule werden die Polysaccharide der Zellwand (Cellulose, Hemicellulosen und Pektine) mehr oder weniger gleichzeitig mit dem Lignin angegriffen, wobei das Holz mit dem Verschwinden des bräunlich-rötlichen Lignin deutlich heller wird und darüberhinaus eine fasrige Struktur annimmt. Die Erreger der Braunfäule nutzen dagegen in erster Linie die Polysaccharide der Zellwand und lassen das Lignin mehr oder weniger unverändert; dabei wird das Holz allmählich dunkler. In beiden Fällen durchwuchern die wachsenden Hyphen das Holz entlang von Leitgefäßen und intrazellulären Hohlraumsystemen, dann werden zunehmend auch die Zellwände selbst durchbrochen, wobei die Öffnungen durch Zusammenwirken von enzymatischer Erosion und mechanischem Vordringen der Hyphenspitzen entstehen. Bei der Weißfäule ist mit fortschreitendem Abbau der Zellwandbestandteile eine zunehmende Ausdünnung der Zellwände von innen her zu beobachten und zwar ziemlich gleichmäßig über den gesamten Angriffsbereich. Bei der Braunfäule gibt es diese Ausdünnung nicht, weil hier die ausgeschiedenen Enzyme über die volle Tiefe der Zellwand angreifen. Sie zerlegen die strukturgebenden Cellulosefibrillen und lassen auf diese Weise nur das amorphe Lignin als notdürftig konstruktionsstabilisierenden Bestandteil zurück. Deshalb zeigen braunfaule Hölzer zunächst wenige äußerlich erkennbare Schäden, bis schließlich die Zellwände vollständig zusammenbrechen. Eine Pilzgruppe, die fast ausschließlich auf Holz vorkommt, sind die sogenannten Konsolenpilze der Ordnung Aphyllophorales, z. B. *Coriolus (Trametes) versicolor,* der Schmetterlingsporling, einer der häufigsten mitteleuropäischen Porlinge auf verschiedenen Laubhölzern (s. auch Abb. 5-9).

Die Mikrofauna des Bodens

In jedem Ökosystem spielen Tiere eine wichtige Rolle im Kohlenstoff-Kreislauf. Pflanzenfresser und Raubtiere sind im Zusammenhang mit der sogenannten Lebendfresserkette bereits erwähnt worden. In Wald-Ökosystemen verbraucht jedoch eine Kleintierfauna aus Milben, Springschwänzen und Tausendfüßern den größten Teil des jährlichen Streuanfalls, in

Wiesen und auf Weiden haben Regenwürmer eine ähnlich wichtige Funktion. Allerdings werden in der Regel mehr als 60 %, oft sogar über 90 % der aufgenommenen Nahrung von den Kleintieren in Form von Kothäufchen wieder ausgeschieden, in denen der größte Teil der Cellulose noch enthalten ist. Durch die Mikrofauna wandern zwar große Mengen von Blättern und anderem Streumaterial, doch entnehmen die Kleintiere daraus nur jenen geringen Teil, der für sie einen Nährwert besitzt, während der weitaus überwiegende Teil chemisch unverändert, aber immerhin stark zerkleinert, wieder abgegeben wird. Wenn das Material erst einmal in Kothäufchen umgewandelt ist, kann es schnell und leicht von Pilzen und Bakterien besiedelt und abgebaut werden.

Pilzhyphen und Fruchtkörper von Pilzen sind für Tiere eine gute Quelle für Kohlenhydrate, Fette und Proteine und werden deshalb gerne gefressen (Mycophagie). Auf direktem Weg kann die Mikrofauna nur einen kleinen Teil der Streu wirklich nutzen; sie verläßt sich in vielen Fällen auf die Pilzbesiedelung des Substrats und gewinnt dadurch auf indirekte Weise Zugang zu den noch verbliebenen Nahrungsstoffen. Pilze bauen Cellulose, Lignin und andere Makromoleküle ab und überführen sie in die eigene Körpersubstanz; in dieser Form wird sie dann von der Mikrofauna aufgenommen.

Pilze erfüllen auch noch weitergehende Nahrungsansprüche von Detritusfressern. Sie sind reich an Cholin, B-Vitaminen und Ergasterol, ein weit verbreitetes pilzliches Sterol, das leicht in Cholesterol umgewandelt werden kann. Holzzersetzende Pilze sind darüber hinaus reich an wichtigen Elementen wie Phosphor und Stickstoff. Ein holzbewohnendes Insekt müßte 13 Gramm Holz fressen um die gleiche Menge Stickstoff aufzunehmen, wie sie in einem Gramm Pilzgeflecht an den Wänden seines Fraßgangs enthalten sind. Außerdem nehmen mycophage Organismen sehr viele pilzliche Enzyme in sich auf, die die Fähigkeit zur Verdauung bestimmter Stoffe deutlich vergrößern. Holzfressende oder streufressende Arthropoden sind auf diese Weise in der Lage, auch Cellulose, Hemicellulosen, Pektin und Chitin zu verarbeiten.

Pilze auf Blättern und Laubstreu

Der terrestrische Lebensraum

Auf die Blätter von Bäumen fällt ein ständiger Regen verschiedener Sporen, die von Luftströmungen heran gebracht werden. Einige von ihnen keimen unmittelbar auf der Blattoberfläche aus und können sich auf ihr auch weiter entwickeln. Zu diesen sogenannten Epiphyllen gehören neben einer Vielzahl von Bakterien vor allem Hefen und hefeähnliche Organismen (z. B. *Sporobolomyces roseus),* einige fädige Pilze, aber auch Algen, Flechten und Lebermoose. Die heterotrophen Organismen ernähren sich meist saprophytisch von einfachen Substanzen, die aus dem Blatt austreten oder aus ihm herausgewaschen werden (Aminosäuren, verschiedene Zucker und anorganische Ionen) und fügen der Pflanze weiter keinen Schaden zu. In ganz ähnlicher Weise ernähren sich Mikroorganismen in unmittelbarer Nähe von Pflanzenwurzeln, der Rhizosphäre, von den Ausscheidungen der Wurzeln. Gewöhnlich gehen mit dem Blattabwurf die Blattflächenbewohner zugrunde, es gibt jedoch Arten, die dann das abgestorbene Blatt als primäre saprotrophe Organismen (auch primäre Saprophyten genannt) auch weiterhin besiedeln, z. B. *Aureobasidium-* und *Cladosporium-*Arten.

Auf der Oberfläche lebender Blätter keimen auch die Sporen von parasitischen oder pathogenen Pilzen, anschließend dringen sie in das lebende Blattgewebe ein. Manche von ihnen, die „Biotrophen“, zu denen auch die Rost- und Brandpilze gehören, beziehen ihre Nahrung direkt und ausschließlich von lebenden Zellen. Sie verursachen, zumindest am Anfang, nur geringe Gewebeschäden. Dabei wird die vom Wirt bei der Photosynthese erzeugte Saccharose vom Pilz abgezweigt und dann in Trehalose, Mannitol oder Glykogen umgewandelt, in Verbindungen jedenfalls, die die Wirtspflanze nicht mehr verwenden kann. Die symbiontischen Mykorrhiza-Pilze der Pflanzenwurzel ernähren sich auf ähnliche Weise, in diesem Fall wird jedoch der Wirt mehr als entschädigt durch die Tatsache, daß der Pilz die Nährstoffaufnahme in die Wurzel, insbesondere die Aufnahme von Phosphat, ganz entscheidend verbessert. Andere Pilze, die „Nekrotrophen“, zu denen beispielsweise die Blattflecken erzeugenden Arten gehören, töten die Zellen vor dem Eindringen ab und beziehen ihre Nahrung aus totem Gewebe.

Mit der Seneszenz des Blattes können fakultative Parasiten auch auf das absterbende Gewebe übergreifen (obligate Parasiten wachsen ausschließlich auf lebendem Gewebe). Jetzt keimen auch die Sporen der primär saprotrophen Pilze (falls sie nicht schon auf der Blattoberfläche einige Zeit als Epiphylle gewachsen sind) und dringen in das Blatt vor. In ihrer überwiegenden Mehrzahl gehören diese Pilze zu den Ascomyceten; meist handelt es sich um asexuelle Stadien verschiedener *Cladosporium-*Arten sowie von *Aureobasidium pullulans, Epicoccum purpurescens* und *Alternaria alternata.* Sie besiedeln gewöhnlich alle Arten von Blättern, ganz gleich ob es sich um Bäume oder krautige Arten, einkeimblättrige oder zweikeimblättrige Pflanzen handelt. Die meisten dieser Pilze verwenden leicht abbaubare Kohlenstoff-Verbindungen, z. B. Zucker und Stärke. Einige können jedoch auch Cellulose angreifen, dies allerdings nur ziemlich langsam. Nach dem Laubfall beginnen sie, begünstigt durch die höhere Luftfeuchtigkeit in der Streuschicht, mit einer überaus reichlichen Sporenproduktion, werden aber schließlich von der reichen Palette der sekundären saprotrophen Organismen verdrängt (Primäre Saprophyten besiedeln weitgehend intakte Blätter, während sekundäre Saprophyten auf solchen Blättern wachsen, die bereits teilweise von primären Saprophyten abgebaut worden sind). Mit der Einarbeitung in die Streuschicht werden die Blätter schließlich von den Mycelien der streubewohnenden Basidiomyeten (Röhren- und Blätterpilze) durchwachsen, die sich der bis dahin noch unzersetzten Makromoleküle Cellulose und Lignin bemächtigen. Gemessen am Trockengewichtsverlust sind diese Pilze die wichtigsten Zersetzer der Blätter. Durch die Tätigkeit der Mikrofauna und der Tiere in der Streuschicht werden die Blätter immer weiter zerkleinert, und ihre Überbleibsel wandern schließlich, zusammen mit den Resten früherer Bewohner, in die mineralhaltigen Schichten des Bodens, wo sie dann von echten Bodenpilzen der Gattungen *Mortierella, Penicillium* oder *Trichoderma* besiedelt werden.

Auf jedem Blatt entwickelt sich also eine bestimmte Sukzession von Pilzen, deren Abfolge in Abbildung 5-10 in groben Zügen wiedergegeben ist. Es muß darauf hingewiesen werden, daß es sich hier nicht um deutlich voneinander abgegrenzte Vorgänge handelt, sondern daß die einzelnen Stadien fließend ineinander übergehen, wobei die Entwicklung jederzeit durch Änderungen der chemischen und physikalischen Umweltbedingungen unterbrochen werden kann.

Der aquatische Lebensraum

Wenn die Blätter laubabwerfender Bäume in flache, schnellfließende Gewässer fallen, dann werden die kleinen Gruppen der allgegenwärtigen primären Saprophyten sehr schnell von asexuellen Stadien der aquatischen Hyphomyceten (Fadenpilze) verdrängt. In stagnierendem Wasser mit geringerem Sauerstoff-Gehalt treten dagegen andere Pilzgruppen in den Vordergrund; hier besitzt auch der bakterielle Abbau ein größeres Gewicht. Die aquatischen Hyphomyceten sind eine sehr bemerkenswerte Pilzgruppe, denn sie produzieren eine ungeheure Vielfalt von vierarmigen Konidiosporen. Sehr wahrscheinlich besitzt die eigentümliche Gestalt dieser Sporen einen besonderen Anpassungswert, denn Pilze anderer aquatischer Lebensräume, z. B. marine, holzbewohnende Ascomyceten, haben ganz ähnliche Formen hervorgebracht. Es ist möglich, daß sich die vierarmigen Sporen bei zufälliger Berührung mit untergetauchten Blättern leichter und besser verankern können als Sporen der normalen Form. Interessanterweise besitzen einige dieser Pilze auch terrestrische Stadien als Ascomyceten oder Basidiomyceten mit normalen, vom Wind ausgebreiteten Sporen. Die amphibische Lebensweise erlaubt es diesen Pilzen, das weit verbreitete und reichlich vorhandene Substrat abgefallener Blätter sowohl in aquatischer als auch in terrestrischer Umgebung auszunutzen.

Der größte Teil des jährlichen Eintrags an organischem Material in Fließgewässer besteht aus Blättern, bei deren Abbau den Pilzen eine Schlüsselrolle zufällt. Über diese Funktion hinaus sind sie aber auch wichtige Zwischenglieder der Nahrungskette, denn viele Flüsse haben eine geringe Primärproduktivität, besonders wenn sie durch Waldgebiete fließen und deshalb teilweise beschattet sind. In diesem Fall werden sie jedoch von der flußbegleitenden Vegetation meist reichlich versorgt. Bei seinem Weg durch ein Waldgebiet fallen in einen Fluß auf jedem Meter seiner Fließstrecke im Jahr mindestens ein Kilogramm Blätter. Von diesem zusätzlichen organischen Material können bestimmte Tiergemeinschaften ganz gut leben. Wie in terrestrischen Systemen wird allerdings auch hier nur ein kleiner Teil der Energie des organischen Materials von der Mikrofauna auf direktem Wege ausgenutzt. So verlassen sich beispielsweise viele Insektenlarven und kleine Crustaceen auf die Tätigkeit der aquatischen Hyphomyceten. Die Pilze zersetzen die Cellulose und andere Makromoleküle des Blattes und werden selbst verdaut, wenn die pilzdurchsponnenen Blätter ihrerseits von der Mikrofauna aufgenommen werden. Solche Blätter haben einen Proteingehalt, der oft mehr als doppelt so hoch liegt als der von nicht besiedeltem Material. Manche Detritus-Fresser der Flüsse bevorzugen in auffälliger Weise teilzersetzte Blätter gegenüber jenen, die frisch abgefallen oder noch nicht infiziert sind; das Pilzmycel stellt nämlich im Vergleich zum unveränderten Blattmaterial die wesentlich wertvollere Nahrungsquelle dar.

Der Abbau von Blättern beginnt im Grunde bereits bei ihrer Entfaltung. Er geht über die gesamte Zeit ihrer Funktion bis zur Altersphase und zum Tod weiter, ist also keineswegs ein Prozeß, der sich ausschließlich in der Streuschicht des Waldbodens abspielt. Am Anfang unterscheiden sich die beteiligten Pilze je nach Art des Blattes; nach dem Abwurf bestimmen jedoch zunehmend die physikalischen Faktoren der Umwelt die weitere Abfolge der pilzlichen Besiedler.

Die Rolle der Pilze im Kohlenstoff-Haushalt ist noch einmal in Abbildung 5-11 zusammengefaßt. Wie schnell der organisch gebundene Kohlenstoff wieder als Kohlendioxid an die Atmosphäre zurückgegeben wird, hängt davon ab, in welcher Form er ursprünglich vorlag. Es ist ein Unterschied, ob lediglich einfache Zucker wie etwa Saccharose abzubauen sind oder ob es sich um komplexere Makromoleküle wie Cellulose oder Lignin handelt.

Weiterführende Literatur

Larcher, W.: *Ökologie der Pflanzen.* 4. Aufl.; Ulmer, Stuttgart 1984.
Müller, H. J. (Hrsg.): *Ökologie.* Fischer, Jena 1984.
Odum, E. P.: *Grundlagen der Ökologie.* Thieme, Stuttgart 1983.
Remmert, H.: *Ökologie.* 3. Aufl.; Springer, Berlin 1984.
Schubert, R. (Hrsg.): *Lehrbuch der Ökologie.* Fischer, Jena 1984.
Schwerdtfeger, F.: *Lehrbuch der Tierökologie.* Parey, Hamburg 1978.
Streit, B.: *Ökologie. Ein Kurzlehrbuch.* Thieme, Stuttgart 1980.
Tischler, W.: *Einführung in die Ökologie.* 3. Aufl.; Fischer, Stuttgart 1984.

Zweiter Teil

Lebensräume

Im zweiten Teil dieses Buches werden die verschiedenen Lebensräume und ihre Einflüsse auf die Pflanzen und Tiere, die dort existieren, dargestellt.

In manchen dieser Lebensräume müssen die dort ansässigen Organismen gegen harte Umweltbedingungen ankämpfen; in anderen sind diese Bedingungen nicht so extrem, hier tritt mehr die Konkurrenz zwischen den Organismen in Erscheinung.

Es ist ein mühseliges Unterfangen, den Energiefluß zwischen Organismen zu bestimmen, und in manchen Lebensräumen verschwinden Arten so schnell, daß man sie kaum erfassen kann. Dies gilt besonders für manche der großen Regenwälder auf der Erde.

Im folgenden wird zunächst der Lebensraum „Meer" behandelt. Die Ozeane stellen einen wesentlich größeren bewohnbaren Raum dar als das Land, und die biologische Produktivität, die Energieflüsse und die Nahrungsketten wurden im Meer besonders gut untersucht.

Viele terrestrische Organismen müssen marine Vorfahren gehabt haben. Die physiologischen Gegebenheiten, die im ersten Teil dieses Buches beschrieben wurden, sowie die im dritten Teil vorgestellten fossilen Überlieferungen scheinen dies in der Tat zu bezeugen. Viele der Besonderheiten von Landpflanzen und insbesondere von Landtieren sind direkter Ausdruck der erhöhten Schwerkraftwirkung an Land im Vergleich zum Leben im Wasser. Auch waren terrestrische Organismen dem Zwang unterworfen, Strategien für einen sparsamen Wasserhaushalt zu entwickeln.

Die Vielfalt der Lebensräume läßt sich vielleicht am besten im Zusammenhang mit den Anpassungserscheinungen der Organismen und weiträumigen klimatischen Veränderungen über geologische Epochen hin begreifen. Die Zusammenarbeit zwischen den einzelnen biologischen Wissenschaften kommt in diesem Buch zum Tragen, denn Organismen sind nicht als isolierte physiologische Systeme zu betrachten, sondern sie interagieren untereinander und sind an ihre besonderen Umgebungen angepaßt. Bei wissenschaftlichen Untersuchungen werden häufig Organismen oder Teile isoliert, um bestimmte Aspekte ihrer Organisation, losgelöst von der Vielfalt der Erscheinungsformen und Faktoren, zu studieren. Mit dieser Vielfalt müssen sich Organismen in ihrer Umwelt jedoch auseinandersetzen. Das Studium von Lebewesen in ihrer natürlichen Umwelt wird uns die Feinheit ihrer Anpassungen und Überlebensstrategien allmählich verstehen lassen.

Afroalpine Vegetation in einer Höhenlage von etwa 3 900 m im Ruwenzori-Gebirge, West-Uganda. Im Vordergrund die Reste nächtlichen Schnees. Große Rosettenpflanzen *(Dendrosenecio adnivalis* und *Lobelia wollastonii)* und kleinere Sträucher *(Helichrysum)* bilden die Hauptvegetation.

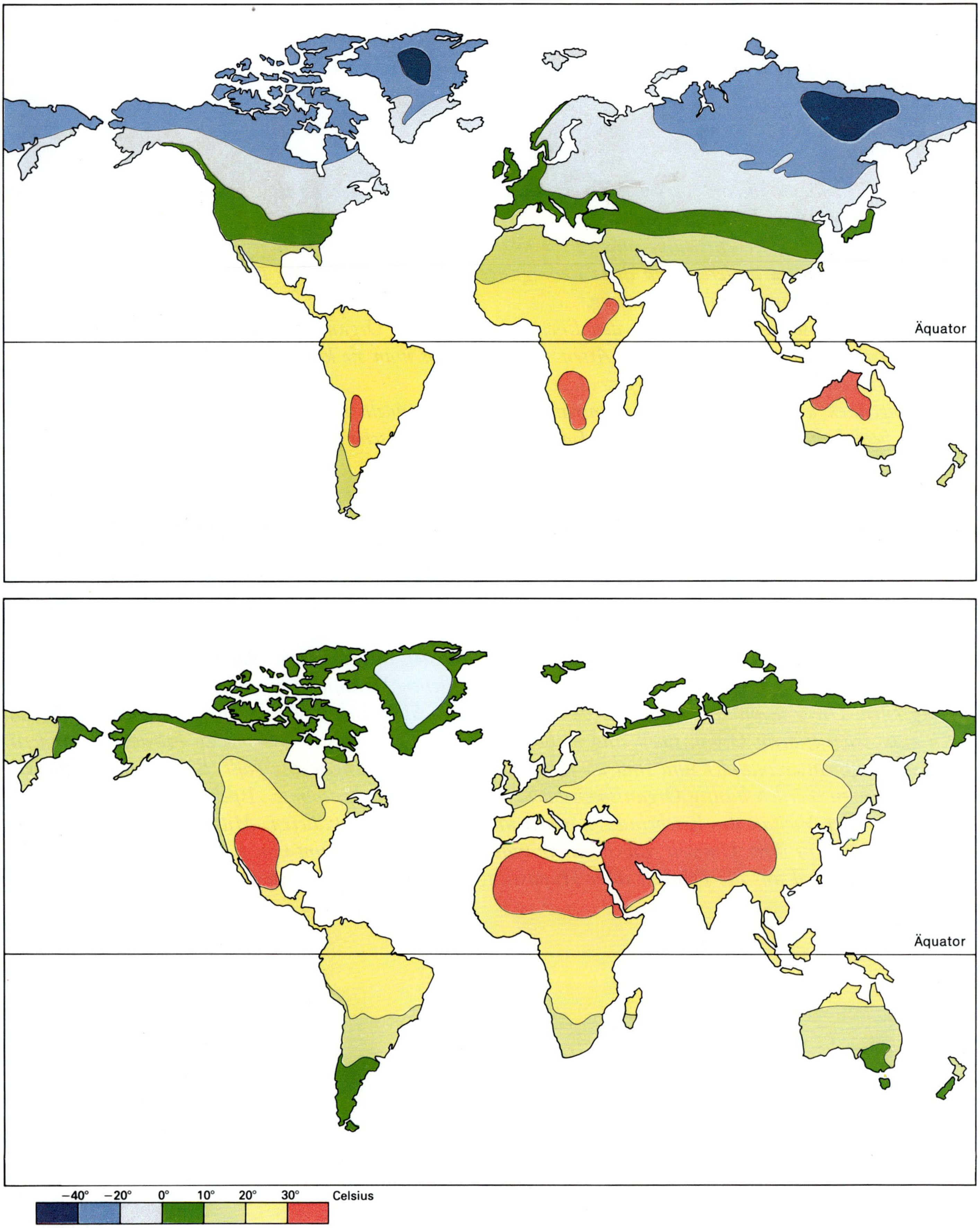

Temperaturen im Januar (oben) und im Juli (unten).

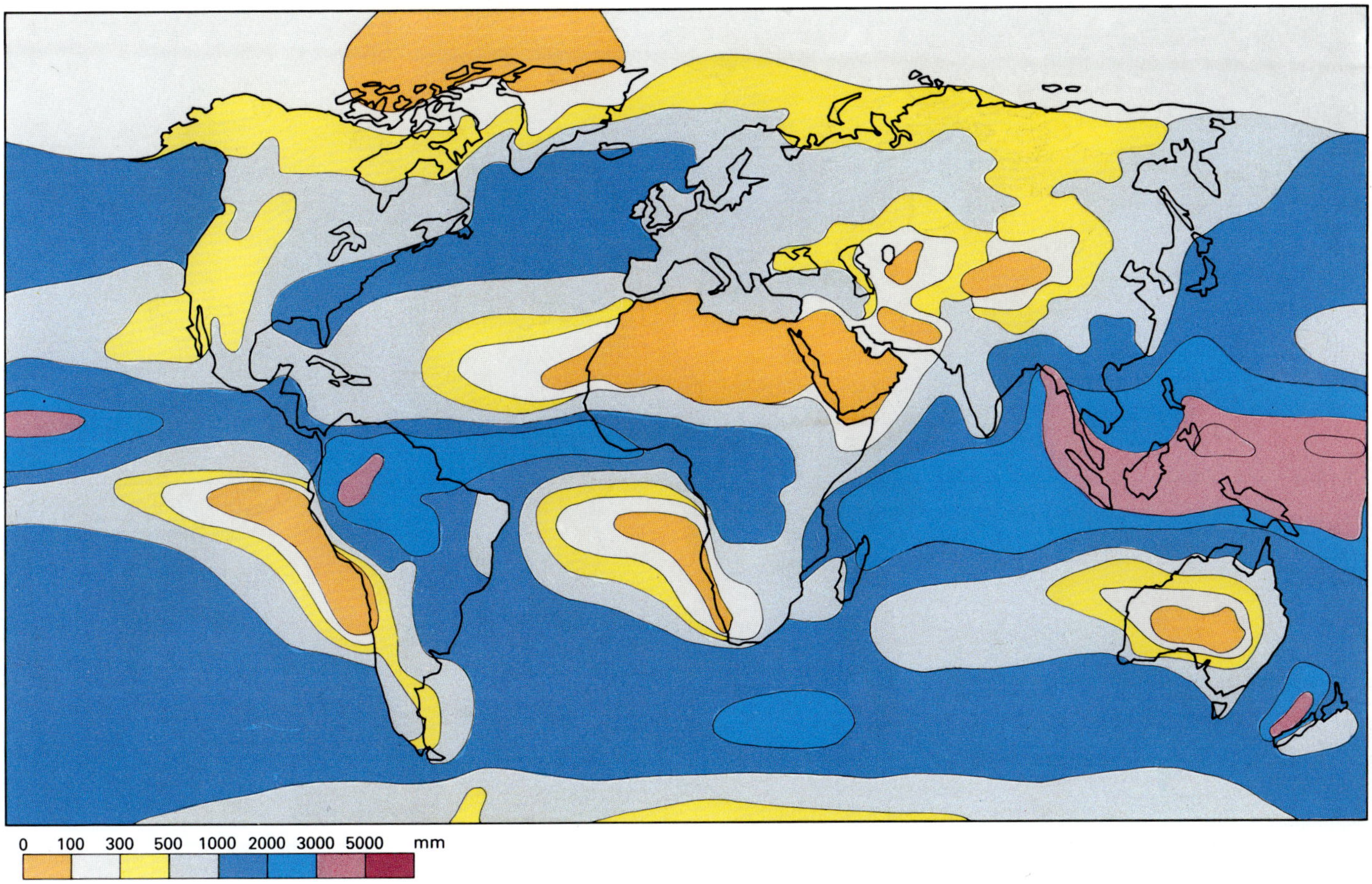

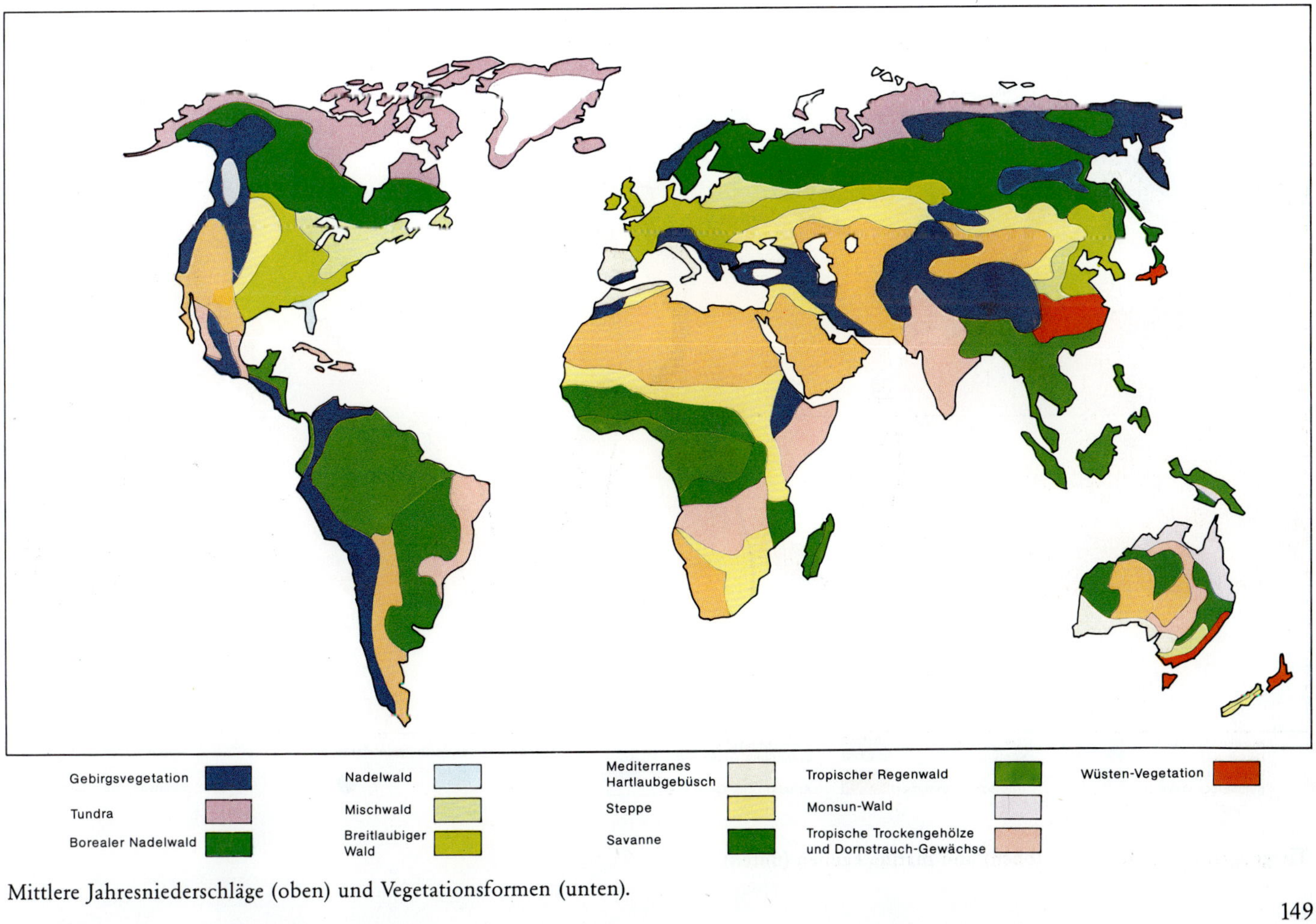

Mittlere Jahresniederschläge (oben) und Vegetationsformen (unten).

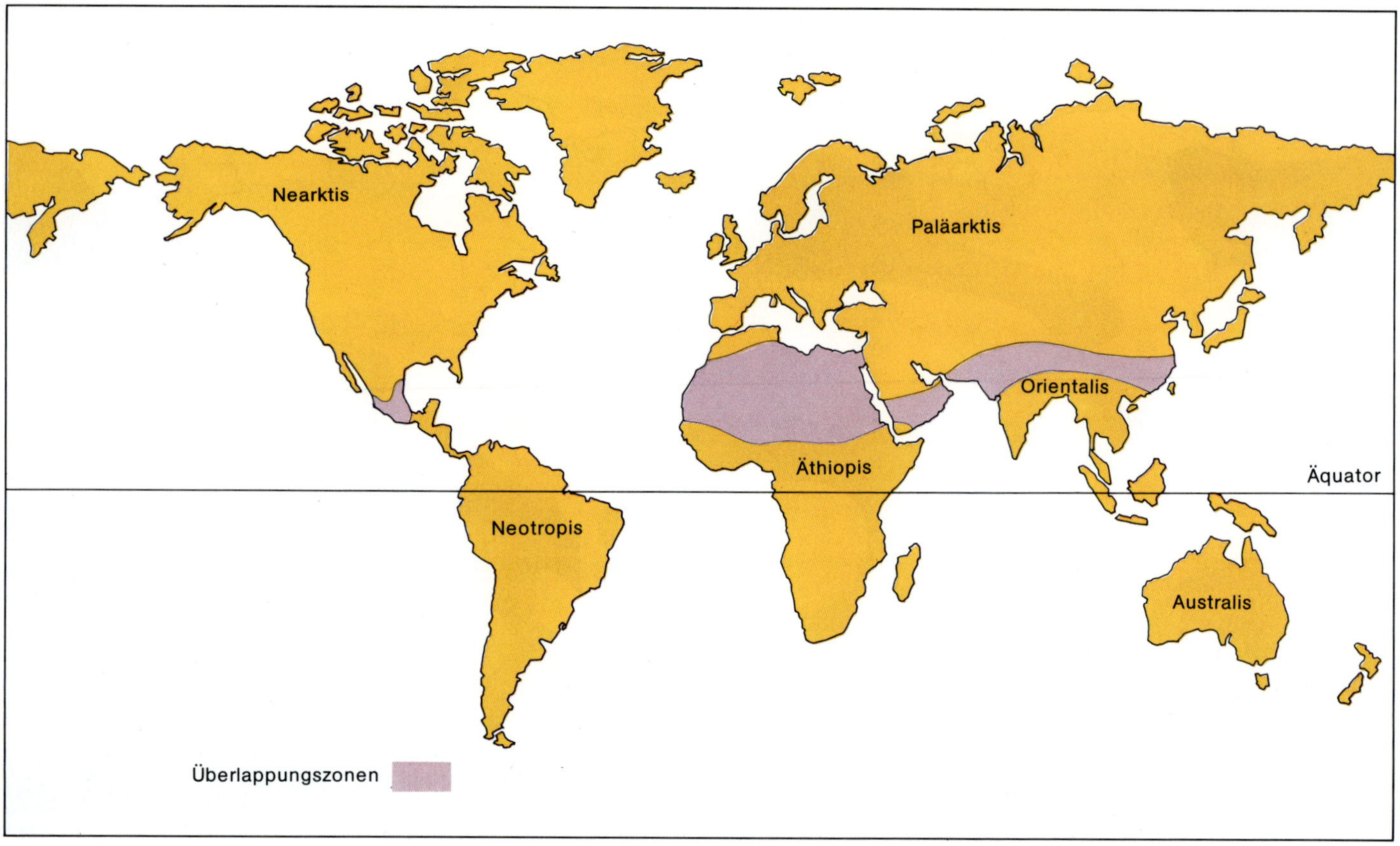

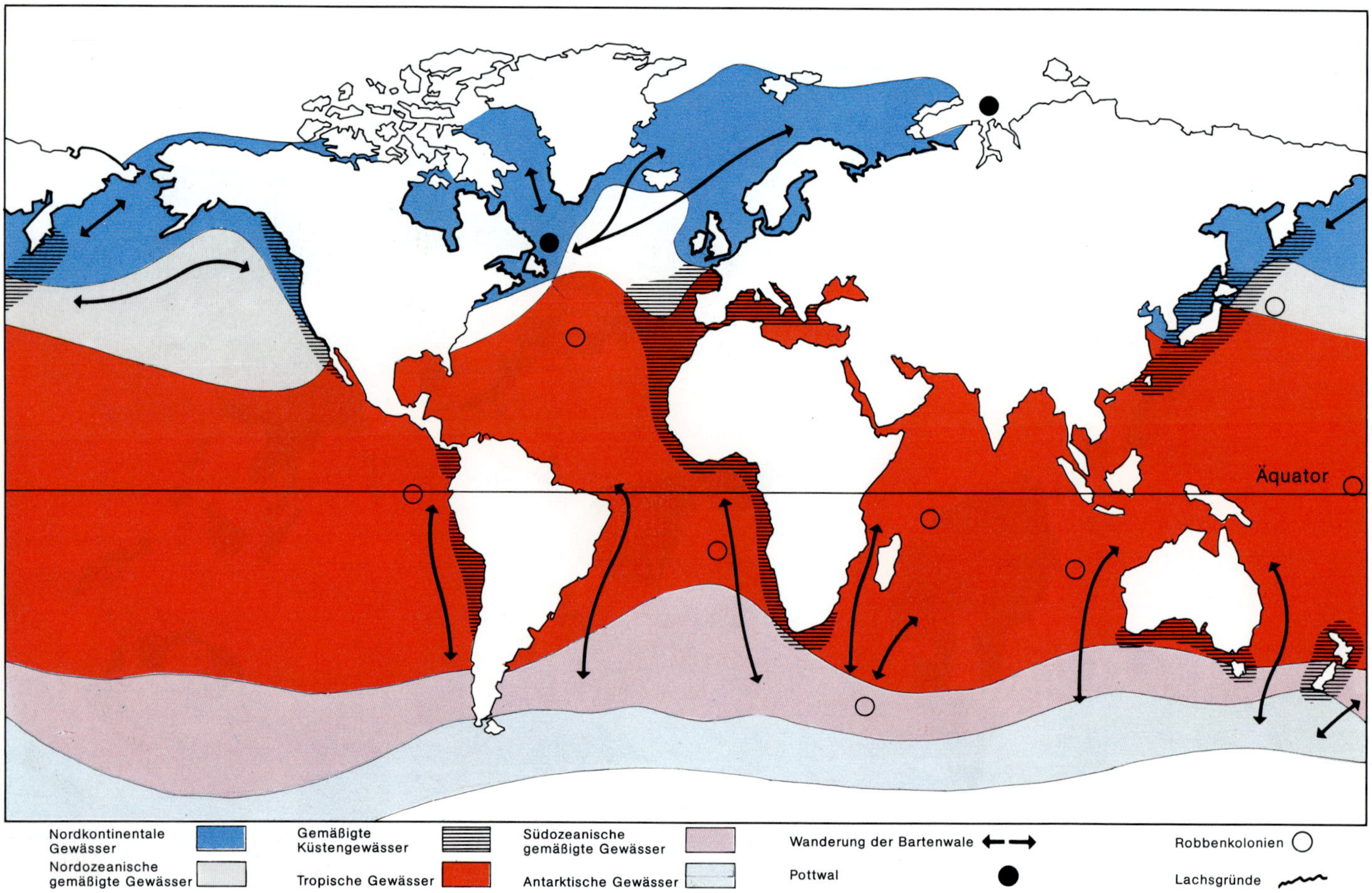

Tiergeographische Regionen (oben) und marine Faunen (unten).

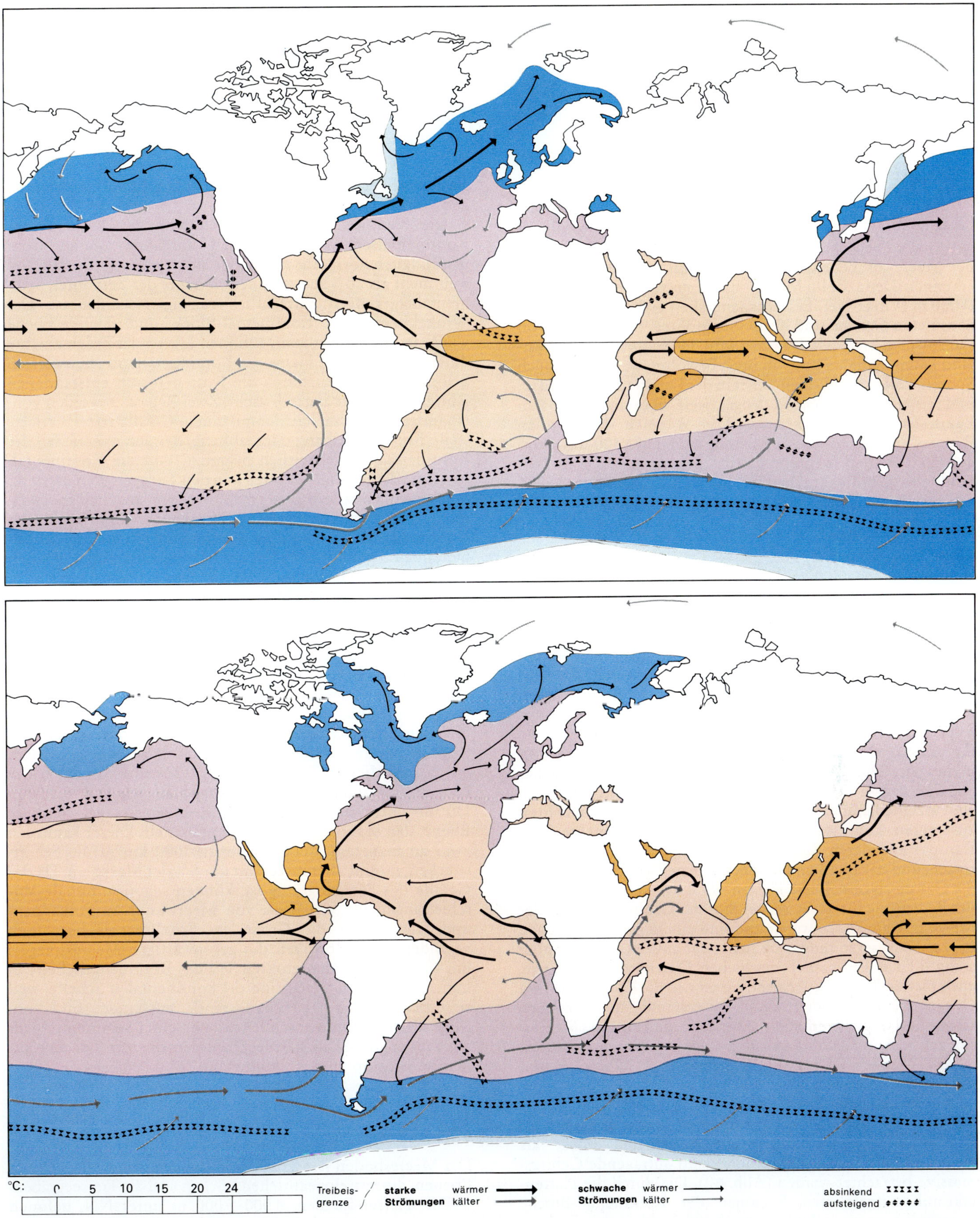

Oberflächen-Temperaturen und Meeresströmungen im Januar (oben) und im Juli (unten).

6 Das Meer als Lebensraum

6.1 Die Ozeane

Fast drei Viertel der gesamten Erdoberfläche (71 %) sind von Meerwasser bedeckt, und doch läßt diese Zahl die Bedeutung der Meere als Lebensraum der Organismen letztlich nicht erkennen. Denn die im Mittel 3800 m, maximal etwas mehr als 11 000 m (Vitiaz-Tief im Marianengraben östlich der Philippinen) tiefen Ozeane sind bis in ihre größten Tiefen hinab von Organismen besiedelt. Dagegen wird der Raum über dem Festland kaum mehr als 10–15 m hoch bewohnt, wenngleich auch Sporen, Pollen und Samen höher in der Luft verdriftet werden, und einige Insekten und Vögel weit über den höchsten Baumwipfeln fliegen können. Das Volumen des marinen Raumes, in dem Leben möglich ist, kann auf 1 400 Mio. km^3 geschätzt werden, während das des Lebensraumes über dem Festland nur 2 Mio. km^3 beträgt. So umfassen die Meere 99,9 % des von Organismen besiedelten Raumes unseres Planeten.

Die Meeresbecken

Die Meere der Erde, Ozeane, Mittel- und Schelf-Meere, sind in unterschiedlichem Maße alle miteinander zu einem System, dem Weltmeer, verbunden. Ähnlich wie auf dem Festland breiten sich auf dem Meeresboden Ebenen (Tiefsee-Ebenen) aus, von denen sich Gebirgsketten (mittelozeanische Rücken) erheben, oder die von tiefen Einbrüchen (Tiefseegräben) durchfurcht werden. Tiefsee-Ebenen und mittelozeanische Rücken sind Bildungen der Erdkruste (s. Kap. 12.2). Dort, wo die Rücken aus dem Meer herausragen, stellen sie die Kontinente dar. Die Erdkruste aber ist nicht, wie man früher annahm, ein in sich geschlossener Panzer, sondern setzt sich aus einzelnen, nur zum Teil miteinander verwachsenen Platten zusammen; kontinentalen Platten, die die Kontinente (z. B. Europa) und deren Rand- oder Schelfmeere (z. B. Nordsee) tragen, und ozeanischen Platten, auf denen die großen Meere, die Ozeane, lagern. Diese Platten – und das ist von tiefgreifender Bedeutung für unser Verständnis der Geomorphologie der Meere (s. Kap. 12.2) – waren und sind einem geodynamischen Prozeß ausgesetzt, indem sie sich, zwar äußerst langsam, aber stetig auf dem Erdmantel verschieben. Durch solche Vorgänge, auch Platten-Tektonik genannt, haben sich die Kontinente und Ozeane im Laufe der Erdgeschichte ständig in ihrer Lage, Größe und Gestalt verändert. Aber auch die Höhe des Meeresspiegels war und ist Veränderungen unterworfen, je nachdem, welche Menge Wasser, zu Eis gefroren, als Gletscher und polare Eiskappen festgelegt war und ist.

Nimmt man die Tiefsee-Ebenen (abyssale Tiefsee, 4 000–6 000 m), die etwa 42 % der ozeanischen Böden umfassen, als Bezugssystem, dann können die Kontinental-Blöcke als zwischen 4 400 und 6 000 m hohe, steil aufragende Gebirgsmassive betrachtet werden (Abb. 6-1). Die durch die Plattentektonik aufgefalteten Regionen der Kontinental-Blöcke steigen bis zu einer Höhe von 13 300 m über den Tiefsee-Ebenen an. Das Festland, das 6 000 m Höhe und mehr über diesen Ebenen (= d. h. etwa 1 500 m und mehr über dem gegenwärtigen Meeresspiegel) erreicht, macht nur einen winzigen Anteil der Erdoberfläche aus.

Die Kontinentalhänge, die sich von den Rändern des Kontinentalschelfs sehr schnell absenken, waren wohl ursprünglich noch sehr viel steiler und wiesen ein Gefälle von weit mehr als 20 % auf, das aber im Laufe der Zeit durch Sedimentablagerungen beträchtlich verringert worden ist. Der Winkel zwischen Kontinental-Block und Tiefsee-Ebene wurde in Hunderten von Millionen Jahren der Erdgeschichte durch die von den Flüssen am Kontinentalrand abgelagerten Sedimente und den durch die Küstenerosion entstandenen Abtragungsschutt abgeschwächt. Zwei Regionen werden voneinander unterschieden: der mit einem Gefälle von 7 % relativ steile Kontinentalhang oder -abhang, der den oberen Teil des Kontinental-Blocks seitlich begrenzt, und die Kontinentalbasis, die den Übergangsbereich in den Tiefseeboden darstellt, und deren Gefälle durch große Mengen angehäufter Sedimente auf 1,5 % verringert ist. Horizontal können sich die Kontinentalhänge über eine Strecke von 100 km, die Kontinentalbasen gar über 600 km ausdehnen. Zusammen nehmen beide 16 % der Flächen des Meeresbodens ein. Vor allem sind es die großen Flüsse, die Material vom Festland ins Meer verfrachten, und viele setzen ihren Lauf als untermeerische Canyons fort, indem sie die Kontinentalhänge zerklüften und das mitgeführte Material an der Kontinentalbasis absetzen, von wo aus es durch die Tiefseeströme über weite Flächen des Meeresbodens verteilt wird.

Nicht die gesamte Oberfläche der Kontinental-Blöcke liegt über dem gegenwärtigen Meeresspiegel. Die Kontinentalplattform ist häufig schulterartig abgesetzt und bildet mit einem durchschnittlichen Gefälle von nur 0,2 % eine von der Küste bis zum Kontinentalhang hin leicht abfallende und im Mittel 130 m unter dem gegenwärtigen Meeresspiegel liegende Ebene, den sogenannten Kontinentalschelf. Dieser kann sich zwar an manchen Stellen mehr als 1000 km in die See erstrecken, nimmt aber insgesamt nur 5 % der Meere ein. Da das Gefälle des Schelfs gering ist, können schon minimale Verschiebungen im Verhältnis von Meerwasser zu Polkappen- und Gletschereis die Größe des Schelfmeeres beachtlich verändern. Ein Absinken des gegenwärtigen Meeresspiegels um 100 m würde den größten Teil des Kontinentalschelfs in Land verwandeln. Flach sind die kontinentalen Schelfe, weil sie durch Erosion der Festlandsränder entstanden sind, vom Meer überflutet und anschließend von einer Sedimentschicht aus Sanden und Schlick bedeckt wurden, die zum Teil auch auf marine Erosion zurückzuführen ist.

Der Meeresboden

Der Meeresboden ist in drei Bereiche gegliedert: die Tiefsee-Ebenen, die mittelozeanischen Rücken und die Tiefseegräben.

Die Tiefsee-Ebenen, 4 000–5 000 m unter NN, nehmen etwas weniger als 42 % des Meeresbodens ein und bestehen aus äußerst flachen und strukturlosen Plateaus, deren feines Sediment meist marinen, seltener terrestrischen Ursprungs ist. Es

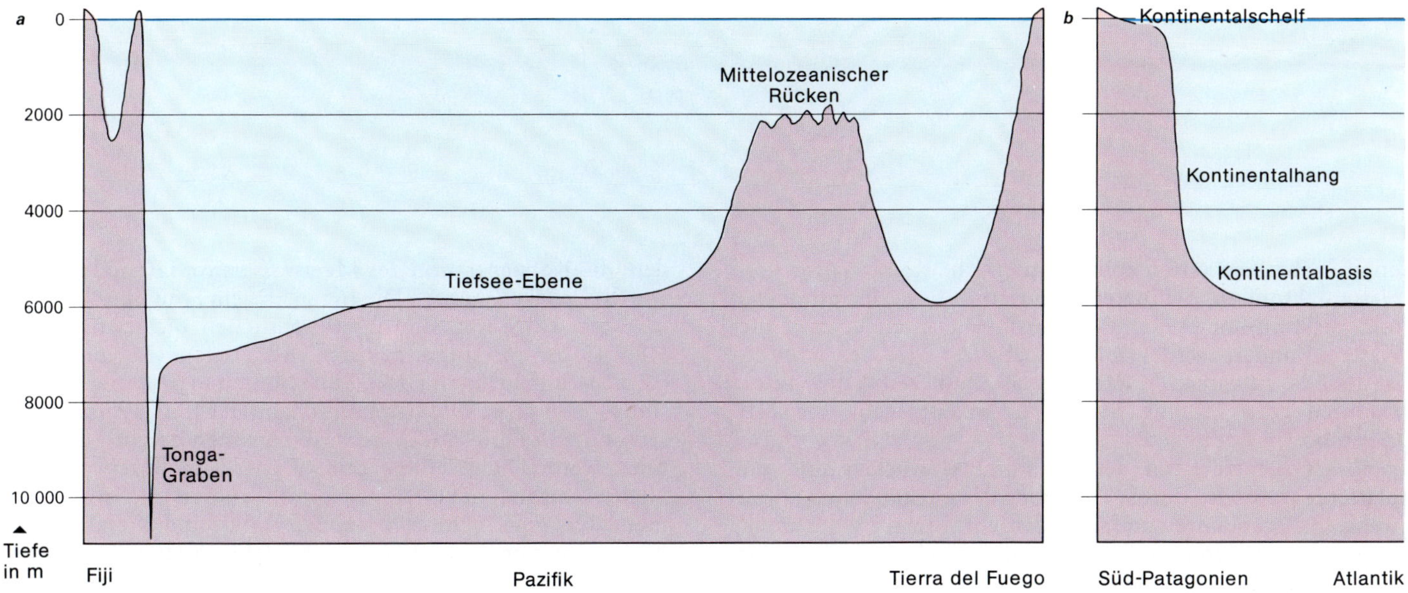

Abb. 6-1. Morphologie des Meeresbodens. (a) West-östliches Profil durch den Süd-Pazifik von Fiji zur südlichsten Spitze von Südamerika mit dem Tonga-Graben und dem mittelozeanischen Rücken. (b) Kontinentalschelf, -hang, -basis an der atlantischen Küste der Südspitze von Südamerika.

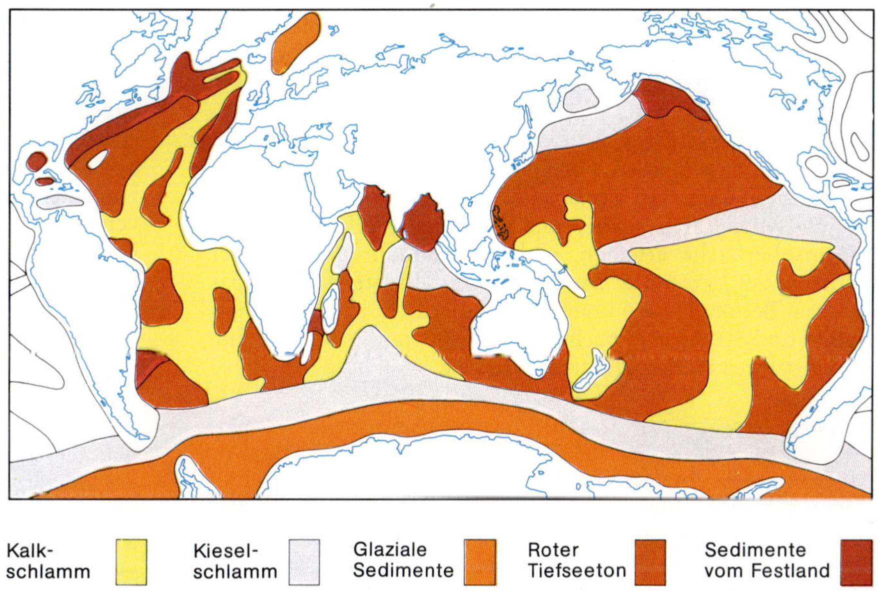

Abb. 6-2. Ozeanische Sedimente.

sind vor allem drei Komponenten, die das Sediment bestimmen (Abb. 6-2). Sowohl in den äquatorialen wie in den polaren Regionen bedecken siliciumhaltige Sedimente (Kieselschlamm), die von Skeletten von Vielzellern oder von winzigen planktonischen Einzellern (Diatomeen, Radiolarien) stammen, weite Flächen und nehmen so 14 % der Tiefsee-Böden ein. Andere planktonische Einzeller (Protisten), wie Foraminiferen und Coccolithophoren liefern kalkhaltige Schalen, so daß auf 48 % der Tiefsee-Böden Kalkschlamm lagert. Calcit und Aragonit, die beiden von Organismen aufgebauten Calciumcarbonat-Minerale zerfallen aber unterhalb einer bestimmten Tiefe, der daher so benannten Carbonat-Kompensationstiefe. Im Gegensatz zum Tiefenwasser ist das Oberflächenwasser der Meere immer mit Calciumcarbonat übersättigt, so daß hier Organismen ihre hartschaligen Panzer leicht aufbauen können. Aragonit löst sich in verhältnismäßig flachem Wasser, doch die Kalkgerüste der meisten Organismen bestehen aus Calcit, der sich erst in tieferen Zonen löst, im Atlantik z. B. erst unterhalb von 4 500 m. Daher sind die flacheren Bezirke der Meeresböden sowie jene Regionen, in denen die Sedimentationsrate des Calcits die Rate seiner Löslichkeit übersteigt, durch Kalkablagerungen gekennzeichnet. Die restlichen 38 % der Tiefsee-Ebenen bestehen aus feinen, roten, eisenoxidhaltigen Tonen. Dieses Substrat charakterisiert die tiefsten Böden ebenso wie solche Zonen, in denen die planktonische Produktivität gering ist.

Die mittelozeanischen Rücken entstanden entlang jener Linien, durch die neues Material in die Erdkruste eindrang. Dadurch dehnte sich der Ozeanboden nach beiden Seiten bis zu Entfernungen von 2 000 km aus. Im allgemeinen liegen die Gipfel dieser Rücken etwa 2 500 m unter dem Meeresspiegel, doch einige erreichen Höhen bis zu 4 000 m über dem Meeresboden und ragen so als Inseln aus den Ozeanen hervor, wie z. B. Island oder die Galapagos-Inseln. Obgleich die Rücken 36 % der untermeerischen Flächen einnehmen, sind sie aufgrund ihrer zerklüfteten Topographie biologisch weitgehend unerforscht. Inselketten können durch eine Kombination von plattentektonisch bedingter Wanderung des Meeresbodens und diskontinuierlichem Vulkanismus entstehen, d. h. die Platten wandern weiter und das als *Hot Spot* bezeichnete, stationäre vulkanische Zentrum ist nur zeitweilig aktiv. Dadurch entsteht eine Serie von Vulkankegeln, die den Ozeanboden überragen.

Das Gegenstück zu den ozeanischen Rücken sind die plattentektonisch durch Subduktion entstandenen, weit weniger ausgedehnten und so noch nicht einmal 2 % der untermeerischen Region umfassenden ozeanischen Gräben. Sie stellen tiefe Spalten dar, die von der Tiefsee-Ebene bis zu einer derzeit maximal bekannten Tiefe von 11 000 m unter dem Meeresspiegel absteigen. Sie sind schmal, einige sind nur 15–20 km breit, doch können sie sehr lang sein und liegen immer in der Nähe von Küsten und Inselbögen. Solche Gräben, wie sie etwa der Westküste von Süd-Amerika folgen, bilden ein zusammenhängendes System von nahezu 8 000 km Länge.

So stellt jeder Ozean ein riesiges, wassergefülltes Becken dar, das im allgemeinen 4 000–5 000 m tief ist, dessen Randzonen sich über den kontinentalen Schelf erstrecken und dessen Boden durch Gräben und Rücken, die sich bis über die Meeresoberfläche erheben, in kleinere, mehr oder minder voneinander getrennte Untereinheiten aufgeteilt wird. Das gesamte Becken ist von einer Sedimentschicht bedeckt, deren Stärke und Struktur je nach lokaler Topographie, Geschichte und Art ihrer Herkunft verschieden ist.

Meerwasser

Meerwasser ist eine 3,5 %ige Lösung aus zahlreichen verschiedenen Salzen. Üblich ist jedoch, die Konzentration (Salinität) in Promille (‰) anzugeben. So beträgt die Salinität des Meerwassers 35 ‰. Über 75 Elemente hat man im Seewasser nachgewiesen, und doch sind es allein zwei, Natrium-Ionen (30,6 %) und Chlorid-Ionen (55,1 %), die bereits 85,7 % aller gelösten Salze ausmachen; nimmt man noch die mengenmäßig nächstbedeutenden hinzu, wie Sulfat-Ionen (7,7 %), Magnesium-Ionen (3,7 %), Calcium-Ionen (1,2 %) und Kalium-Ionen (1,1 %) dann werden 99,4 % aller gelösten Substanzen von nur sechs Ionen-Arten gebildet. Doch die verbleibenden Komponenten, obgleich nur in Spuren vorhanden, stellen wichtige Nährsalze für die Primärproduzenten im Meer dar. Stickstoff in Form von Nitrat- und Ammonium-Ionen kommt z. B. nur in einer durchschnittlichen Konzentration von 0,5 ppm (parts per million) im Seewasser vor, und der Gehalt an Phosphor als anorganischem Phosphat ist sogar noch zehn mal geringer. Außerdem enthält Seewasser etwas mehr als 1 % gelöste organische Verbindungen, und ferner sind als Schweb- und Sinkstoffe Organismenreste vorhanden, die man Detritus nennt.

Woher aber stammen die Salze im Meer? Viele gehen auf Fels-Verwitterungen auf dem Festland zurück und wurden über das Grundwasser und die Flüsse ins Meer gebracht. Doch ist die Zusammensetzung von See- und Flußwasser sehr verschieden; die Konzentration des Meerwassers ist 320 mal so hoch wie die des Flußwassers. Die Ionen, die ein Fluß üblicherweise ins Meer befördert, sind im wesentlichen Bicarbonat-Ionen (48,9 % des gesamten gelösten Materials), Calcium-Ionen (12,5 %), Silikat-Ionen (11 %), Sulfat-Ionen (8,5 %) und Magnesium-Ionen (3 %). Die Unterschiede in der Ionen-Zusammensetzung von Fluß- und Meerwasser können darauf zurückgeführt werden, daß einige gelöste Salze im Meerwasser als Niederschläge (Präzipitate) ausgefällt wurden und in die Sedimente gelangten, so z. B. in den kalk- und kieselhaltigen Bodenschlamm, der sich an verschiedenen Stellen des Meeresbodens ansammelt. Von anderen Elementen, wie Chlor, Schwefel und Brom, kann jedoch nur ein geringer Anteil der Gesamtmenge aus Erosionsvorgängen an Land stammen. Möglicherweise wurden sie durch die Tätigkeit mariner Vulkane freigesetzt, was ja auch für das Wasser selbst gilt.

Unterhalb einer Tiefe von 1000 m ist die Salinität mit 34,5 ‰–35 ‰ weitgehend konstant. Im Oberflächenwasser dagegen führen hohe Verdunstung und geringe Ausfällung zu einer höheren Salinität, so daß der Salzgehalt im Oberflächenbereich tropischer Ozeane im allgemeinen 36,5 ‰ erreicht. Umgekehrt kann Oberflächenwasser auch durch Süßwasser verdünnt werden, so durch Zufuhr aus Flüssen oder in hohen Breiten durch Schmelzen von Eis während des Polarsommers. Hunderte von Meilen vor der Mündung des Amazonas oder Zaire-Flußes ist noch Süßwasser im Atlantik zu beobachten. Solche Auswirkungen machen sich vor allem in den flachen Küstengewässern bemerkbar.

Ein weiteres besonderes Kennzeichen der Ozeane ist die unterschiedliche Temperatur des Meerwassers an unterschiedlichen Orten; Temperatur und Salinität bestimmen die Dichte des Wassers, und von ihr hängen wiederum weitere Eigenheiten ab. Mit Ausnahme von geothermischen Vorgängen, die jedoch nur lokal von Bedeutung sind, wird das Meerwasser von der Sonneneinstrahlung aufgeheizt. Das Oberflächenwasser wird erwärmt, nimmt dabei an Dichte ab und schwimmt auf dem kälteren Tiefenwasser. Es ist also gerade umgekehrt wie beim Kochtopf, bei dem die Wärme von unten an den Wasserkörper gelangt und die Konvektion heißes und kaltes Wasser durchmischt. Im Meer besorgen dies die Winde, indem sie die Oberflächenschichten erfassen, aber nur selten bis unter 200 m Tiefe reichen. Das Ergebnis ist eine Schicht warmen Oberflächenwassers, die von dem beträchtlich größeren Wasservolumen darunter durch eine Zone schnell abfallender Temperatur und entsprechend ansteigender Dichte, der sogenannten Sprungschicht oder Thermokline, scharf abgegrenzt ist (Abb. 6-3).

Dort wo die Sonneneinstrahlung während des Jahres stark ist, ist die Thermokline ständig vorhanden und liegt verhältnismäßig tief im Wasser. Die Menge der Sonnenstrahlung nimmt mit ansteigenden Breitengraden ab und die Lage der permanenten Thermokline sinkt. In den Polargebieten gibt es keine Thermokline. In den übrigen Breiten wird eine permanente Thermokline während der Sommermonate von einer relativ flachen, saisonbedingten Thermoklinen überlagert. Sie entsteht im Frühling, überdauert den Sommer und geht im

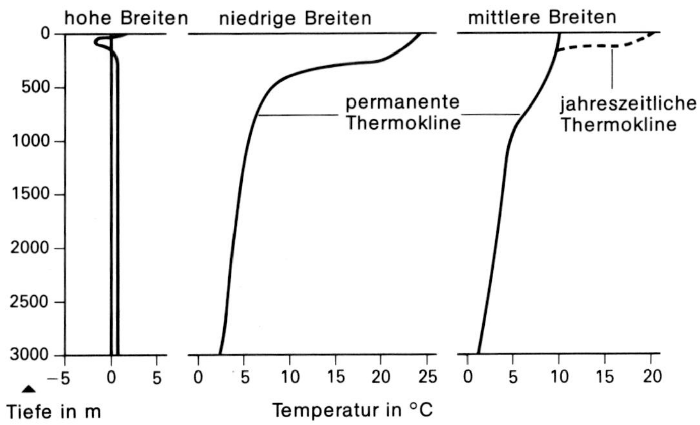

Abb. 6-3. Temperatur-Profile der Hochsee. Die Abweichung im sonst senkrecht verlaufenden Profil der Polarregion ist auf die Kälte und den geringen Salzgehalt des Oberflächenwassers zurückzuführen.

Herbst zurück, bis sie schließlich durch die Winterstürme zerstört wird. Unabhängig vom Breitengrad ist daher unterhalb von etwa 1000 m die Wassertemperatur mit 1–5 °C nahezu konstant und erreicht in ihren größten Tiefen 1 °C. Die Temperatur des Oberflächenwassers jedoch kann wechseln zwischen einem Maximum von 30 °C, wie z. B. im Roten Meer, und bis zu −1,3 °C in der Antarktis. Im Gegensatz zu den großen Temperaturschwankungen in der Luft sind die täglichen Temperaturwechsel des Seewassers gering und erreichen im Normalfall höchstens Bruchteile eines Grades, mit Ausnahme in den flachen Küstengewässern.

Auch in vielen Süßwasserseen stellt sich eine Thermokline ein (s. Kap. 9-2). In ihnen wird oft das Bodenwasser sauerstoffarm, weil Sauerstoff nur von der Oberfläche her einströmen kann, und die Thermokline zeigt, daß ein Durchmischen, das die Ausbreitung von Sauerstoff erhöhen könnte, fehlt. Mit Ausnahme weniger Küstengewässer kommt jedoch im Meer Sauerstoffentzug nicht vor. Von der Oberfläche bis in die tiefsten Regionen der Ozeane ist Sauerstoff in 4–6 ‰ pro Volumen vorhanden. Darüber hinaus kann sogar das Oberflächenwasser sauerstoffärmer sein als Tiefenwasser, weil Sauerstoff sich in warmem Wasser weniger löst als in kaltem. Eine Schicht minimaler Sauerstoff-Konzentration findet sich in der Tat bei einer Tiefe zwischen 400 und 1000 m, in der mehr Sauerstoff verbraucht als durch Diffusion von oben her ergänzt wird. Doch auch hier ist das Wasser gewöhnlich weit davon entfernt, völlig sauerstofffrei zu sein.

Auch noch andere Gase sind im Meerwasser gelöst, aber ihre gegenseitigen Anteile sind aufgrund ihrer unterschiedlichen Löslichkeiten sehr verschieden von denen in der Atmosphäre. Der Kohlendioxidanteil z. B. beträgt in der Luft nur 0,03 %, im Meerwasser dagegen mehr als 74 % des gelösten Gases. Dies aber bedeutet, daß immer mehr als ausreichend CO_2 zur Photosynthese im Meer zur Verfügung steht. Das meiste Kohlendioxid liegt in Form von Bicarbonat-Ionen vor und dient so als Puffer gegen pH-Veränderungen im Meer. Seewasser ist mit einem pH-Wert von 8,1–8,3 leicht alkalisch.

Meeresströmungen

Die Tatsache, daß die Tiefen der Meere gut mit Sauerstoff versorgt werden, während in entsprechenden Regionen von Seen dies nicht der Fall ist, kann auf die großen Meeresströmungen zurückgeführt werden, die durch die Dichteänderungen des Seewassers entstehen. Die polaren Eiskappen kühlen das Meerwasser ab und lassen seine Dichte ansteigen. Durch das Gefrieren von Meerwasser zu Eis steigt der Salzgehalt und damit auch die Dichte des verbleibenden Wassers. Das dichtere Wasser sinkt ab und fließt an den Kontinentalhängen nach unten, notwendigerweise in Richtung niederer Breiten und wird durch Oberflächenwasser ersetzt, das sich seinerseits jetzt abkühlt. Der Dichteanstieg ist relativ gering (Oberflächenwasser in den Tropen hat eine Dichte von 1,025–1,026 g/cm^3, während am antarktischen Kontinentalabhang abfließendes Wasser eine Dichte von 1,028 g/cm^3 aufweist), aber dieser Unterschied genügt, um die Masse kalten Wassers am Meeresboden zu halten. Im Atlantik kann das von der Antarktis nordwärts fließende, kalte und dichte Wasser bis zu 30° nördlicher Breite verfolgt werden. Jede Sekunde fließen so 20000 m^3 Wasser nordwärts in den Atlantik. Das aus dem kalten Oberflächenwasser der Polarregion stammende und absinkende Wasser ist sauerstoffreich und bringt als Tiefenstrom 160 l Sauerstoff pro Sekunde von der Antarktis in die atlantischen Gewässer.

Die meisten marinen Organismen leben im Oberflächenwasser der Ozeane und werden im wesentlichen von anderen Wasserbewegungen beeinflußt als denen, die durch Dichtegradienten entstehen. So wird das Oberflächenwasser sowohl durch Winde in Bewegung gesetzt, die je nach Topographie sehr verschieden sein können, wie durch die infolge der Erddrehung verursachten Coriolis-Kraft. Da die Erde sich um eine Achse dreht, die ungefähr durch die Pole verläuft, fließen die Wassermassen über einer festen Fläche, die sich mit unterschiedlicher Geschwindigkeit auf unterschiedlichen Breiten bewegt, d. h. ein Ort der Erde nahe des Pols wandert in einer Zeit-Einheit zwar durch den gleichen Winkel wie ein Ort am Äquator, legt dabei aber eine wesentlich kürzere Entfernung zurück. Wasser, das sich zu den niedrigeren Breiten, also vom Pol zum Äquator bewegt, wird so hinter der rotierenden festen Oberfläche zurückbleiben und gegen den Äquator hin abweichen, während Wasser, das in Richtung der höheren Breitengrade, vom Äquator zum Pol strömt, schneller ist als die unterlagerte Erdoberfläche und gegen die Pole abweicht. So drehen Strömungen auf der Nordhemisphäre nach rechts und solche auf der Südhemisphäre nach links ab. Dadurch werden in den Oberflächenschichten große rotierende Wasserkörper geschaffen, die sich auf der Nordhalbkugel im Uhrzeigersinn, auf der Südhalbkugel entgegengesetzt bewegen (Abb. 6-4).

Da als Folge der Erddrehung das Oberflächenwasser nördlich des Äquators dazu neigt, nordwärts und das südlich des Äquators südlich abgelenkt zu werden, müßte sich entlang des Äquators eine Rinne bilden, was aber durch von unten aufsteigendes Wasser verhindert wird. Ein solches Aufsteigen ist jeweils dort zu beobachten, wo Körper von Oberflächenwasser divergieren. Umgekehrt wird Oberflächenwasser absteigen, wenn Wassermassen konvergieren. Wird durch ständige Winde Wasser von der Küste weggeführt, drängt Wasser von unten nach, manchmal aus Tiefen bis zu 600 m. Wenn jedoch Wasser auf die Küste zugetrieben wird, strömt es nach unten weg. Die Passatwinde und die Coriolis-Ablenkung verursachen einen Aufstieg entlang der Westküsten der Kontinente und einen Abstieg entlang der Ost-Küsten. Das Abfließen von Wasser rund um die Antarktis fordert einen ausglei-

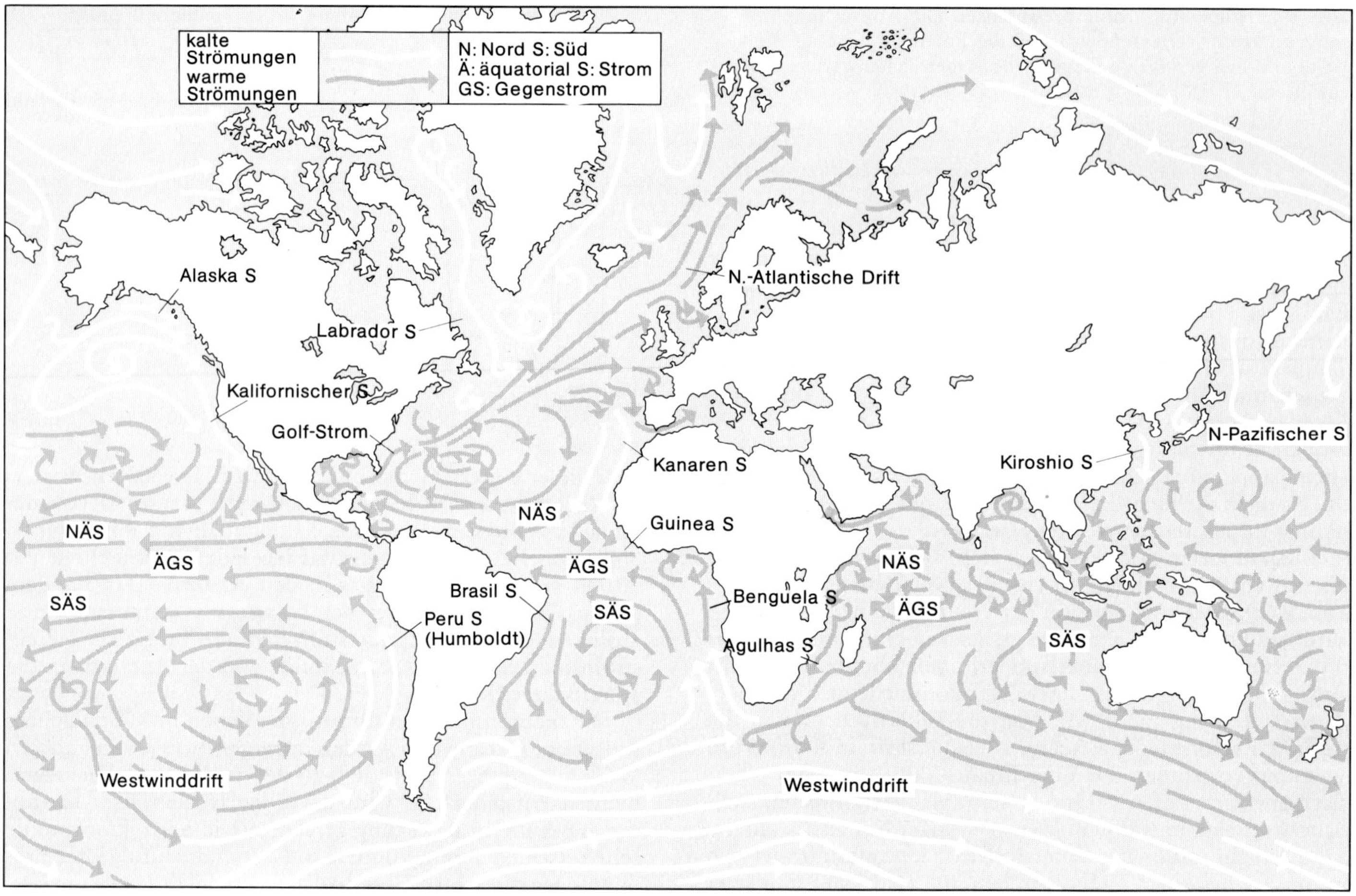

Abb. 6-4. Oberflächenströmungen der Weltmeere.

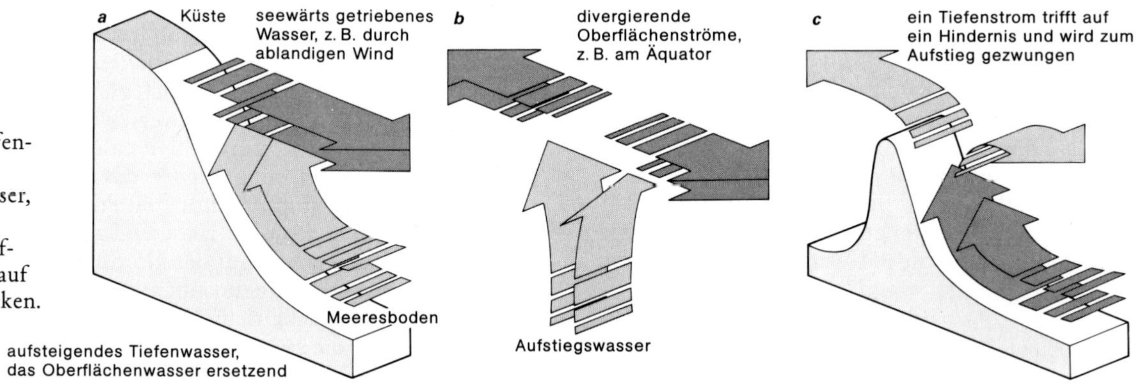

Abb. 6-5. Aufstieg von Tiefenwasser verursacht durch (a) ablandiges Oberflächenwasser, (b) Divergieren von Oberflächenströmen und (c) Auftreffen eines Tiefenstroms auf einen untermeerischen Rücken.

chenden Zufluß, der durch Wasser aus Tiefen von unter 2 000 m erfolgt. Die Bedeutung des Aufsteigens liegt darin, daß es der einzige wichtige Mechanismus ist, durch den Tiefenwasser mit Oberflächenwasser gemischt wird (Abb. 6-5).

Ein wesentlicher Umweltfaktor sei zum Schluß noch erwähnt: das Sonnenlicht. Eine große Menge des auftreffenden Lichtes wird an der Meeresoberfläche gestreut, und das meiste des eindringenden Sonnenlichtes wird schnell absorbiert. Die Intensität des Lichtes nimmt im klaren Wasser der offenen Ozeane je 85 m Tiefe um das zehnfache ab, im Küstenbereich sogar noch rascher. So ist ein für die Photosynthese ausreichender Lichteinfall nur in den oberen Meeresschichten, im Höchstfall bis etwa 250 m Tiefe gegeben. Mit Ausnahme des geringen Lichtes, das einige Organismen selbst erzeugen, ist das Meer unterhalb von 1250 m ganz und gar dunkel. Die Oberflächenschicht, in der Photosynthese möglich ist, wird als photische, alles was darunter liegt, als aphotische Zone bezeichnet. Im Wasser vorhandene Schwebstoffe, wie suspendierte Sedimente und Organismen, halten selbst eine Menge Licht zurück. Da die kurzen Wellenlängen (blaues Licht) tiefer eindringen als die langen, haben sich viele marine phototrophe Organismen an diese kurzwellige Energie-Quelle angepaßt.

6.2 Marine Organismen

Biotope

Aller Wahrscheinlichkeit nach entstand das Leben im Meer und blieb für Hunderte von Millionen Jahren auf diesen Raum beschränkt. Auch heute noch sind die Ozeane für viele Stämme, Klassen und Ordnungen der Organismen der Lebensraum schlechthin. Die frühe Entfaltung der Protisten (Einzeller) wie der Metazoen (vielzellige Tiere) vollzog sich im Meer und führte durch sogenannte adaptive Radiation zu einer schier unübersehbaren Mannigfaltigkeit an Formen. Adaptive Radiation bedeutet, daß – von einer zentralen Form ausgehend – die neuen Arten nach Maßgabe der ökologischen Gegebenheiten entstanden. Einige Formen waren später in der Lage, entweder direkt von der Küste her oder über Buchten und Flußmündungen, also über Süßgewässer, das Land zu erobern. Dort aber waren nur jene erfolgreich, aus denen sich die für uns typischen Landbewohner wie die Gefäßpflanzen, die Pilze, Tausendfüßer, Spinnen, Insekten und die Wirbeltiere entwickelten. Einige Arten dieser im wesentlichen terrestrisch lebenden Gruppen sind wieder in den marinen Lebensraum zurückgekehrt und haben sich dem Gezeitengürtel oder dem angrenzenden Küstenbereich angepaßt.

Wie schon früher erwähnt, sind die Meere miteinander zu einem einzigen System verbunden. Folglich können die großen Meeresströme sowohl Wasser als auch Organismen von einer Region in eine andere verfrachten. Dagegen besteht das Festland aus getrennten Kontinenten und Inseln, und die Kontinente selbst sind wiederum durch Gebirge, Wüsten und andere natürliche Barrieren unterteilt und schränken so die Verbreitung der Land-Organismen ein. Neue Arten sind großenteils dadurch entstanden, daß einzelne Individuen von einer Fortpflanzungsgemeinschaft durch geographische Barrieren abgetrennt wurden. Der Artenreichtum in einer gegebenen Gruppe von Organismen ist oft die Folge des Entstehens geographischer Barrieren gegenüber dem Genfluß (s. Kap. 11). Obwohl nur wenige Formen an Land gegangen sind, haben sich diese doch in sehr viele Arten aufgespalten. Im Gegensatz hierzu haben die großen Gruppen, die im Meer verblieben sind, nur relativ wenige Arten hervorgebracht.

Weiterhin sind für die Beziehung zwischen der Artenzahl im Meer und dem Ausmaß der Unterteilung mariner Lebensräume zwei Quellen ersichtlich. Bei den marinen Organismen können pelagische Arten, die im freien Wasser leben, von benthischen, die den Meeresboden besiedeln, unterschieden werden. Auch wenn die beiden Kategorien nicht scharf voneinander zu trennen sind – einige Fische graben sich zeitweilig in den Boden ein, während sie sonst freischwimmend sind, und verschiedene Wirbellose leben als Erwachsene benthisch, während sie als Larven pelagisch sind – so ist die Einteilung doch sinnvoll. Der Meeresboden ähnelt in erheblicherem Maße den Verhältnissen an Land als der pelagische Bereich: Untermeerische Gebirge und wenig lebensgünstige Sedimente können Barrieren für solche Arten darstellen, die keine pelagischen Larven haben. Insbesondere die Tiefseegräben sind voneinander isoliert.

Ferner sind viele benthische Arten auf die flachen Küstenregionen der Kontinente und Inseln beschränkt, da diese Küstengewässer durch das Offene Meer voneinander getrennt sind, das die Flachwasserbewohner nicht überqueren können. Die Zahl der Festlandsmassen hat sich während der geologischen Zeiträume verändert, entsprechend änderte sich auch das Ausmaß der Isolation küstenbewohnender Arten. Die Anzahl der fossilen Familien benthischer Wirbelloser aus der Küstenregion während der einzelnen Zeitperioden läßt eine grobe Korrelation zur Anzahl bestehender Kontinente erkennen: waren viele Kontinente vorhanden, war auch die globale Vielfalt benthischer Familien groß und umgekehrt. Daraus läßt sich schließen, daß Vielfalt dann auftrat, wenn Verbreitungsbarrieren entstanden waren, und Faunenvermischungen in Folge von Kontinentenvereinigungen zu einem Verlust an Mannigfaltigkeit führten.

Der Erfolg einer Tiergruppe wird durch den Grad an Mannigfaltigkeit, d.h. die Anzahl an Arten, Gattungen und Familien unter Beweis gestellt. Andere Kriterien, wie die Zahl oder Biomasse der Individuen oder die geologische Zeitspanne, in der ein Bauplan Bestand hatte, sind kein Maß für den Erfolg einer systematischen Einheit. Viele marine Gruppen können bis ins Präkambrium zurückverfolgt werden, und nicht wenige pelagische Arten haben mehr Individuen als etwa alle landlebenden Wirbeltiere zusammen. Dabei muß allerdings bedacht werden, daß der Biotop, der einer pelagischen Art zur Verfügung steht, den einer terrestrischen Art um ein Vielfaches an Größe übertrifft.

Kennzeichen pelagischer Organismen

Pelagische Organismen reichen sowohl hinsichtlich ihrer Größe als auch ihrer systematischen Stellung von den Bakterien bis zum Blauwal. Was allerdings ihre Fähigkeit, aktiv zu schwimmen, betrifft, muß man sie in verschiedene Kategorien aufteilen. Das Plankton umfaßt kleine Organismen, die im Wasser schweben oder dahintreiben, die sich jedenfalls nicht aus eigener Kraft über weite Strecken fortbewegen können. Die Gesamtheit all jener größeren Organismen, die aktiv schwimmen, bezeichnet man als Nekton. Viele Plankton-Organismen besitzen überhaupt keine Fortbewegungseinrichtungen, andere können zwar schwimmen, jedoch ist ihre Eigenbewegung viel zu gering, um gegen Strömungen anzukommen.

Da aufgrund ihres Proteingehaltes alle Organismen schwerer sind als Meerwasser, würden sie ohne Einrichtungen zur Verringerung der spezifischen Dichte absinken. Das gilt besonders für die Plankton-Organismen, die aus den ihnen gemäßen Wasserschichten verdriftet werden können und folglich dem entgegenwirken müssen. Viele, besonders die kleinsten, sind durch ihre Form an die von Wind und Strömungen erzeugten Turbulenzen angepaßt und werden so in der für sie günstigen oberflächennahen Schicht gehalten. Andere, größere Organismen können mit einer Geschwindigkeit auf-

a

b

Abb. 6-6. Zwei an den Strand gespülte Hohltiere aus dem Pleuston. (a) Portugiesische Galeere *(Physalia).* (b) Segelqualle *(Velella).*

wärtsschwimmen, die das Absinken ausgleicht oder gar übertrifft. Schließlich sind Auftriebseinrichtungen der unterschiedlichsten Art, wie Öltropfen, Gasvakuolen und -kammern entwickelt, oder es sind relativ schwere Ionen wie Calcium- und Sulfat-Ionen durch leichtere wie Ammonium- und Chlorid-Ionen ersetzt worden. Bei den meisten Arten können solche Auftriebseinrichtungen das Absinken beträchtlich verringern, gänzlich ausschalten können sie es aber nicht. Hingegen sind einige Fische und Tintenfische *(Nautilus, Sepia)* in der Lage, sich mit Hilfe eines gasgefüllten Kammersystems auf die gewünschte Tiefe einzuregulieren.

Einige Plankton-Organismen, besonders solche, die im warmen Oberflächenwasser der Tropen leben, sind durch nadel- oder federartige Fortsätze gekennzeichnet. Zweifellos vergrößert sich im Verhältnis zu Körpervolumen und Gewicht ihre Körperoberfläche, dadurch erhöht sich der Reibungswiderstand und folglich verringert sich die Absinkgeschwindigkeit. Doch ist es wahrscheinlicher, daß die Hauptfunktion dieser Fortsätze darin besteht, die Gesamtgröße des Organismus bei nur geringer Massenzunahme zu erhöhen, um so die Zahl der Räuber zu verringern; denn zweifellos ist es leichter und ungefährlicher, eine Kugel zu verschlingen als eine Nadel von gleichem Volumen.

Nur wenige Arten haben Einrichtungen mit Tragvermögen entwickelt und treiben folglich in der Grenzschicht zwischen Wasser und Luft. Die größeren von ihnen besitzen ein gasgefülltes Floß, das in die Luft ragt, während ihr Körper nach unten ins Wasser gerichtet ist. Solche Organismen bilden das Pleuston. Zu ihnen gehören vor allem drei Staatsquallen, die Scheibenqualle *Porpita,* die Segelqualle *Velella* und die allseits bekannte und zu recht gefürchtete „Portugiesische Galeere". Die kleineren Formen leben gewöhnlich an der Unterseite des Oberflächenfilms des Wassers und werden als Neuston zusammengefaßt. Pleuston und Neuston werden mehr durch den Wind als durch Strömungen verdriftet.

Mit Ausnahme des Pleustons und ungeachtet der oben erwähnten Anpassungen sind die meisten pelagischen Arten schwerer als Seewasser, woraus sich ein zwar langsames, aber ständiges Absinken solcher Organismen erklärt, die nicht schnell genug dagegen anschwimmen können. Da zudem eine nicht geringe Zahl von Plankton-Organismen Räubern zum Opfer fällt, muß ihre Vermehrungsrate hoch sein, um die Verluste auszugleichen.

Im gesamten Organismenreich gilt eine Korrelation zwischen der Körpergröße und der möglichen Rate des Populationsanstiegs. Große Organismen müssen wesentlich mehr Energie für ihr Wachstum aufwenden als kleine. Diese Energie könnten sie theoretisch auch für die Fortpflanzung nutzen. Folglich müssen große Organismen länger leben, um genügend Nachkommen erzeugen zu können. Kleine Organismen haben dagegen eine hohe Fortpflanzungs- und Vermehrungsrate, nicht selten eine Generationsdauer von nur Tagen oder gar Stunden. Das Plankton besteht aus kleinen Organismen, die sich genügend schnell vermehren, um die Verluste durch Schwerkraft und Räuber auszugleichen.

Die terrestrischen photosynthetischen Primärproduzenten, die Kräuter, Sträucher und Bäume sind durch eine große Biomasse gekennzeichnet, von denen nur geringe Anteile von Pflanzenfressern verzehrt werden. Im Meer jedoch sind die vorherrschenden phototrophen Organismen kleine einzellige Algen, nur wenige größer als 0,5 mm im Durchmesser, so daß sie von ihren Konsumenten vollständig verschlungen werden können. Landpflanzen sind auf Stützgewebe angewiesen, die die Lage und Stellung der Blätter im Raum gewährleisten und ihnen ermöglichen, in Konkurrenz mit anderen Pflanzen dem Licht entgegenzuwachsen. Die photosynthetischen Meeresalgen, das Phytoplankton, bedürfen solcher Stützgewebe nicht, weil sie im Oberflächenwasser schwebend, überall dem Licht nahe sind. Durch das Fehlen größerer Stützelemente können sie von ihren Konsumenten leichter aufgenommen und verdaut werden.

Landpflanzen sind ferner auf Wurzelsysteme mit großer Oberfläche angewiesen, um ausreichend Nährstoffe aus dem Boden aufnehmen zu können. Die geringe Größe der Organismen des Phytoplanktons gibt ihnen im Verhältnis zu ihrem Volumen eine genügend große Oberfläche zur Aufnahme von Ionen, ohne daß besondere Strukturen hierzu notwendig sind. Auch die Tendenz abzusinken, kann von Vorteil sein, da

a

b

Abb. 6-7. Vertreter des Nekton. (a) Riesenmanta *(Manta birostris)*, aus der Familie der Teufelsrochen. (b) Gaukler *(Chaetodon semilarvatus)*. (c) Weddell-Robbe *(Leptonychotes weddelli)*.

c

hierdurch das Phytoplankton in andere, nährstoffreichere Schichten gelangt. Die Kleinheit mindert das Risiko mechanischer Schäden, die durch Turbulenzen im Wasser entstehen könnten.

Obgleich es einen gewissen Austausch von Faunen verschiedener Tiefen gibt, sind die Organismen gleicher Tiefenzonen durch einige gemeinsame Merkmale gekennzeichnet. Die Arten nahe der Oberfläche sind öfters in verschiedenen Abstufungen blau gefärbt. Dies mag sowohl als Schutz vor UV-Strahlen als auch vor allem als Tarnung dienen: es erschwert Räubern von oben aus der Luft wie von unten aus dem Wasser, ihre Beute im Oberflächenwasser zu entdecken. Meeresvögel, wie z. B. die Scherenschnäbel (Rynchopidae) haben Schnäbel, mit denen sie das Neuston geradezu abschöpfen können. Die zum Teil recht auffallenden Farben und Farbmuster vieler pelagischer Tiere werden ähnlich wie die Blaufärbung der Oberflächenbewohner als Tarnung gedeutet. In den stark lichtdurchfluteten oberen Zonen der Meere ist das Plankton häufig durchsichtig und das Nekton gegenschattiert. In Tiefen, in die nur noch blaues Licht dringt, sind Plankton und Nekton schwarz, braun, violett oder grellrot, da in blauem Licht all diese Farben ebenso dunkel wie der Hintergrund erscheinen. In noch größeren Tiefen, wo überhaupt kein Licht mehr hinkommt, fehlt häufig jegliche Färbung.

Pelagische Arten der Zwielichtzone zwischen 250 und 1000 m Tiefe, im wesentlichen einige Fische und Tintenfische, sind vielfach mit kleinen Leuchtorganen ausgestattet, in denen Bakterien enthalten sind, die Licht verschiedener Wellenlänge aussenden, wenn sie angeregt werden. Es gibt jedoch auch Bakterien, die kontinuierlich leuchten. In solchen Fällen kann für eine zeitweilige Verdunkelung eine Haut, gleichsam ein Lid, als Vorhang über das Organ gezogen werden. Durch Ausstrahlen von Licht entsprechender Wellenlänge und Intensität können die Leuchtorgane ihre Träger dadurch schützen, daß sie den Hintergrund anleuchten. Im allgemeinen haben sie jedoch andere Aufgaben, wie z. B. das Erkennen des Sexualpartners oder das Zusammenhalten eines Verbandes. Sie dienen auch als Such- und Köderlampen beim Beutefang und umgekehrt der Beute zur Flucht, indem diese den Räuber blendet und sich im Dunkeln davonstiehlt.

Die Produktion von Licht und seine Verwendung zur Tarnung setzt voraus, daß andere Organismen in der Lage sind, Licht wahrzunehmen. Fische aus den Zonen bis zu 1000 m Tiefe besitzen große Augen mit Pupillendurchmessern, die in direkter Beziehung zur Tiefe stehen. Unterhalb dieser Tiefe fehlt Sonnenlicht vollständig, und das von lebenden Organismen produzierte Licht nimmt ebenfalls stark ab. Als Folge hiervon sind bei Bewohnern dieses Bereichs Augen rudimentär, sofern sie überhaupt noch vorkommen. Da die Nahrung spärlich ist, ist auch die Dichte der Bewohner gering: in 1000 m^3 Wasser befindet sich durchschnittlich nur noch ein einziger Fisch. Hieraus ergeben sich besondere Anforderungen an die Lebensweise der Pelagier, nicht zuletzt beim Aufsuchen des Geschlechtspartners. Eine Möglichkeit, den Fortpflanzungspartner zum rechten Zeitpunkt zur Verfügung zu haben, besteht darin, daß beide ständig beieinander bleiben, wenn sie sich erst einmal gefunden haben. Die kleinen Männchen vieler Anglerfische verbringen nach dem Larvenstadium nur eine kurze freilebende Phase, um dann ein Weibchen aufzusuchen und sich an ihm festzuheften. Schließlich dege-

Abb. 6-8. Grönlandwal *(Balaena mysticetus);* im halbgeöffneten Mund sind die Barten zu sehen.

a

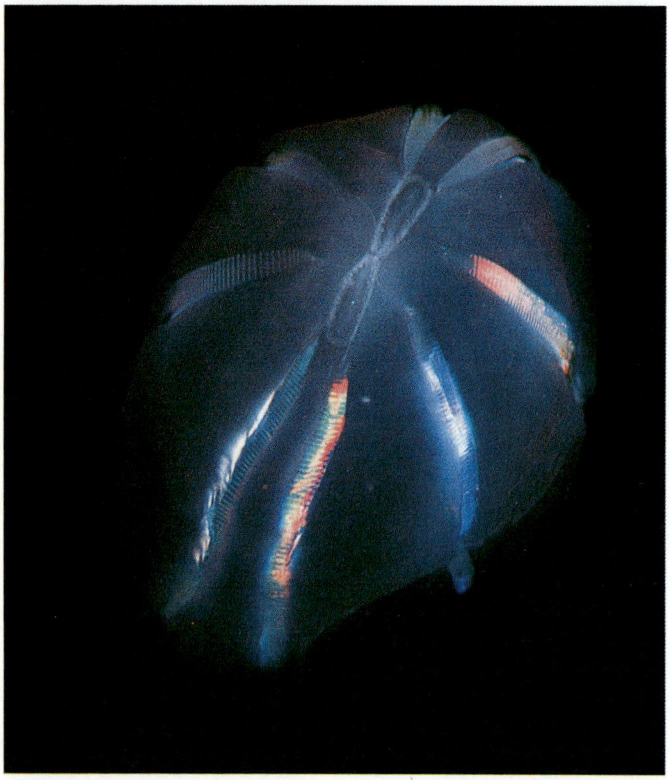

b

Abb. 6-9. Zwei Vertreter des Zooplanktons. (a) Eine Rippenqualle. (b) Antarktischer Krill *(Euphausia superba).*

nerieren sie zu einem winzigen, nahezu nur noch aus Hoden bestehenden Anhang am wesentlich größeren Weibchen, werden an dessen Blutkreislauf angeschlossen und über ein placenta-artiges Organ ernährt.

Auch der Nahrungserwerb der Tiefseeräuber ist durch eine Reihe ähnlich bizarrer Anpassungen sichergestellt. Viele der Raubfische haben riesige, dehnbare Mägen und derart große Mundöffnungen, daß sie andere Fische, die vielleicht doppelt so groß sind wie sie selbst, verschlingen und in ihrem Darm unterbringen können. Trotzdem müssen auch längere Zeiten ohne jegliche Beute überstanden werden, was Einrichtungen zur Drosselung des Energiebedarfs erfordert. Die Körper vieler pelagischer Tiefseefische sind sehr klein und gallertig, enthalten viel Flüssigkeit und haben nur schwach ausgebildete Knochen und Muskeln. Energieverbrauchende Gewebe und Aktivitäten sind so eingeschränkt, daß ein Überleben mit Hilfe nur seltener Mahlzeiten möglich ist. Einige Räuber können nur auf kurzen Strecken ausreichend Muskelkraft entwickeln, so daß die Beute angelockt werden muß. Das kann bei Nahrungstieren mit Augen dadurch geschehen, daß der Räuber einen beleuchteten Köder unmittelbar vor die eigene Mundöffnung hält, die, wenn sie rasch und vollständig geöffnet wird, einen solchen Sog erzeugt, daß das Opfer regelrecht hineingezogen wird. Ein Entkommen wird durch lange rückwärts gerichtete Zähne verhindert. Wenn die Beute zu groß ist, um vollständig verschlungen zu werden, kann sie auch stückweise abgebissen werden. Vielfach wird die Beute mit Hilfe sinneszellenbesetzter Barteln oder Tentakeln geortet oder durch ein Ferntastsinnesorgan, die Seitenlinien, wahrgenommen, die auf Druckveränderungen reagieren, wie sie die Bewegungen der Beute im Wasser auslösen.

Nekton und Plankton, einschließlich des Bakterioplanktons, bilden ein in sich geschlossenes Ökosystem. Primärproduzent ist das Phytoplankton, das organische Stoffe aufbaut, einige davon in eigenes Gewebe und das seiner Nachkommen einbaut und den Rest als lösliche Verbindungen freisetzt. Das vom Phytoplankton synthetisierte Material dient dann den Tieren des Zooplanktons (Abb. 6-9) und des Nektons direkt als Nahrung, oder wird im Falle gelöster Stoffe von Bakterien aufgenommen. Ausscheidungen von Tieren stellen wiederum lebensnotwendige Nährstoffe zur Verfügung *(Recycling).*

Der größte Teil des Zooplanktons fängt seine Nahrung, indem er Phytoplankton durch Netze verschiedener Form und Maschenweite aus dem Wasser herausfiltert. Einige, darunter die Manteltiere (Abb. 6-11) verwenden Schleimhüllen mit sehr

Abb. 6-10. Im Benthos sind viele Tierstämme vertreten: (a–c) Stachelhäuter (a – Seestern, b – Seegurke, c – Seeigel); (d) Hohltiere (Seeanemone); (e) Gliederfüßer (Assel); (f) Wirbeltiere (Muräne).

Abb. 6-11. Zwei Filtrierer aus dem Benthos und ihre Fangapparate. (a) Eine koloniebildende Seescheide (mit einem inneren Filtrationssystem). (b) Ein solitärer Fächerwurm mit äußerer Tentakelkrone.

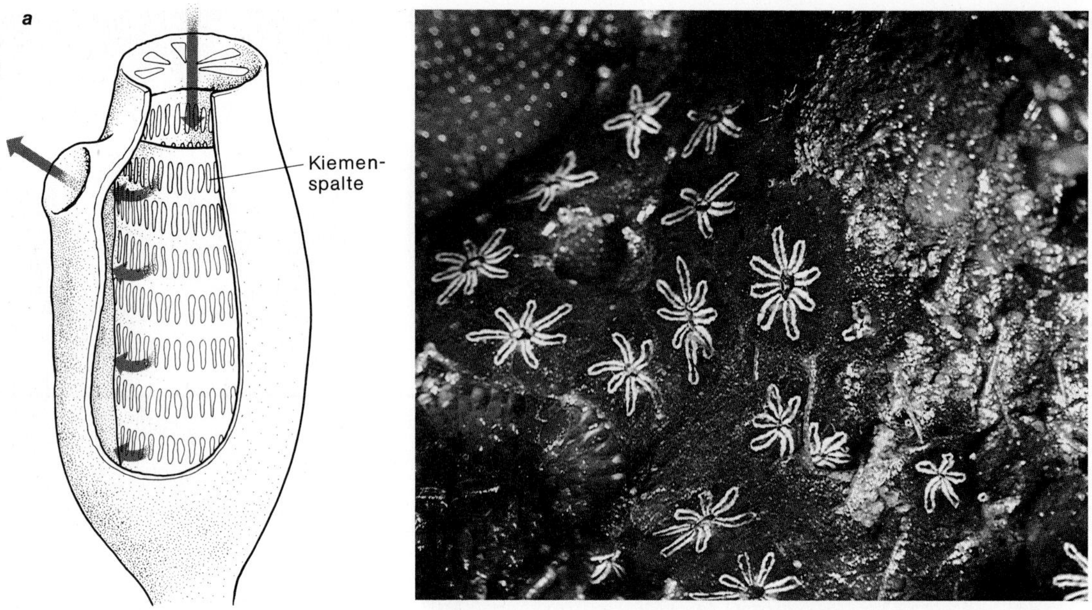

geringer Maschenweite, die Algen von nur wenigen μm Durchmesser zurückhalten. Andere, wie z. B. viele Crustaceen, tragen an ihren Körperrändern fächerartig angeordnete Borsten, die als grobe Siebe die größeren Formen unter den Algen aufnehmen. Eine dritte Gruppe von Pflanzenfressern verwendet Cilien, mit denen sie verhältnismäßig wahllos Nahrungsteilchen heranstrudeln, um dann das Verwertbare auszusortieren. Viele Organismen des Phytoplanktons können – in einigen Fällen in eine schützende Schleimschicht gehüllt – den Darm von Pflanzenfressern unversehrt durchlaufen und gegebenenfalls im Freien wieder ihre Lebensaktivitäten entfalten. Andere werden jedoch beim Heraussieben mechanisch zerstört und sterben, ohne daß sie verzehrt worden sind.

Viele planktonische Tiere sind Fleischfresser, die ihre Beute einzeln greifen oder sie mit Tentakeln überwältigen, die Nessel- oder Klebzellen tragen, z. B. die Nesseltiere (Polypen und Quallen) oder die ihnen nahestehenden Rippenquallen (Ctenophoren). Phyto- und Zooplankton bilden die Nahrung vieler Nekton-Tiere, deren größte Formen, Riesenhaie, Walhaie und Bartenwale an den Kiemenbögen Seihapparate besitzen, mit denen sie das Plankton (im allgemeinen Krebse) herausfiltern. Die meisten der anderen Nekton-Tiere fangen ihre Nahrung einzeln, entweder ebenfalls Zooplanktonten oder andere Nektonten. Viele Räuber sind schnelle Jäger, wie Tintenfische und einige Fische, die die Auftriebseinrichtungen ihrer Vorfahren verloren haben, um rasch in verschiedene Tiefen zu gelangen, was allerdings bedeutet, daß sie ununterbrochen aktiv schwimmen müssen, um nicht abzusinken. Die Fangapparate dieser Konsumenten an der Spitze der Nahrungskette sind relativ einheitlich: Kiefer und Zähne bei den Wirbeltieren und Tentakel mit Haken und Saugnäpfen bei den Tintenfischen.

Wanderungen von Plankton und Nekton

Das Plankton ist den Umwälzungen der Wassermassen ausgesetzt. Dadurch kann die Nahrungszufuhr schwierig werden. Einige Phytoplanktonten gelangen in den neuen Wasserkörpern durch Absinken an ihre Nahrung; andere haben eine gewisse Eigenbeweglichkeit und strudeln sich mit Hilfe von Geißeln Nahrung herbei. Das Zooplankton (Abb. 6-9) hat das gleiche Problem durch eine Reihe von Verhaltensweisen gelöst, die man alle zusammen als Vertikalwanderungen bezeichnet.

Am Tage halten sich viele Plankton-Tiere in den tieferen Oberflächenschichten des Meeres auf. Mit Beginn der Abenddämmerung schwimmen sie dann nach oben, verteilen sich während der Nacht und versammeln sich in der Morgendämmerung wieder an der Oberfläche, um anschließend auf Tagestiefe abzusinken. Für die kleineren Formen des Zooplanktons betragen die zweimal am Tag zurückzulegenden Vertikal-Entfernungen 100–400 m, während die größeren Arten Tiefen von 600–1000 m durchwandern können. Zeit- und Auslösemechanismus sind Änderungen in der Lichtintensität. Sie bewirken, daß die Tiere bei ihrer 24stündigen Wanderung durch die Wassersäule der Intensität des jeweils eingestrahlten Sonnenlichtes folgen und sich dann, wenn es völlig dunkel ist, verteilen. Dieses weit verbreitete, jedoch nicht universelle Wanderungsmuster ist je nach Art und Region und zudem von Tag zu Tag verschieden. Hinzu kommt, daß einige Arten zeitweilig umgekehrte Wanderungen unternehmen, indem sie sich tagsüber an der Oberfläche und des Nachts in tieferen Regionen ansammeln. Individuen, die keine Nahrung aufnehmen, wandern auch selten und kommen nur saisonbedingt in solchen Bereichen vor, in denen die Nahrungszufuhr variiert.

Die funktionelle Bedeutung dieses Verhaltensmusters liegt in der Absicherung des Ernährungsunterhalts des Zooplanktons. Da Strömungen in verschiedenen Tiefen der Meere sich in ihrer Geschwindigkeit und Richtung unterscheiden, kann das Zooplankton Vertikalwanderungen nutzen, um große horizontale Entfernungen mit geringem Energieaufwand zurückzulegen. Wenn die Nahrung in einem bestimmten Wasservolumen aufgebraucht ist, erlauben Vertikalwanderungen relativ leicht, an neue Vorräte zu kommen.

Vertikalwanderungen des Zooplanktons können darüber hinaus noch weitere Folgen haben. Dadurch, daß sich Wasserschichten in ihrer horizontalen Bewegungsrichtung, wie auch in ihrer Geschwindigkeit häufig unterscheiden, können Populationen einzelner Arten miteinander vermischt und verbreitet werden, so daß der Gen-Fluß erleichtert und Artbildung verhindert wird. Ferner wird das Räuber-Beute-Verhältnis beeinflußt. Im allgemeinen werden Räuber ihrer Beute folgen, und da Räuber aus der photischen, lichtdurchfluteten Zone mit Hilfe von Augen ihre Beute ausmachen, ist es für die

b

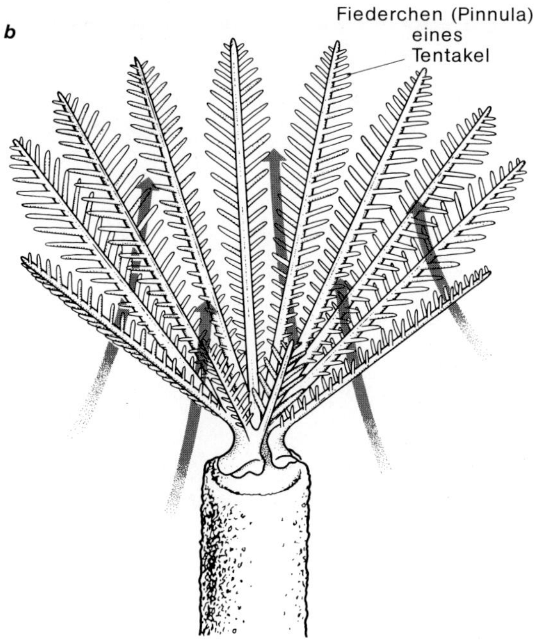

Verfolgten von Vorteil, ihre Wanderungen so einzurichten, daß sie sich so lange wie möglich in Zonen geringer Lichtintensität aufhalten. Doch können auch Räuber aus den Tiefen des Meeres aufsteigen, um abwärtswandernden Arten entgegenzuschwimmen. So können Ansammlungen größerer, mobiler Räuber (meist Fische) zustande kommen, die – seit man sie mit dem Echolot ortet – als „streuende Tiefenschichten" bekannt sind. Es ist auch möglich, daß Konsumenten, die vertikal aus den wärmeren in die tieferen Schichten wandern, ihre Nahrung energetisch besser ausnutzen, denn im wärmeren Oberflächenwasser ist die Aktivität verhältnismäßig hoch. Zwar können dort mehr Nahrungstiere gefangen werden, aber der Energiebedarf ist dann, bedingt durch den intensiveren Stoffwechsel, auch entsprechend höher, so daß im Endeffekt auch viel mehr Nahrung gebraucht wird. Nach Abwandern in tiefere, kältere Regionen kann die Nahrung unter den Bedingungen einer niedrigeren Stoffwechselrate umgesetzt werden, damit bleibt mehr Energie für Wachstum und Fortpflanzung übrig. Wenn bestimmte Areale erschöpft sind, räumen auch die Räuber das Feld, so daß den Beutetieren Gelegenheit zur Regeneration gegeben ist, und die Areale dann für eine Neubesiedlung durch Konsumenten bereit stehen. So lassen die Vertikalwanderungen der Konsumenten als Folge von Änderungen des Nahrungsspiegels ein dynamisches horizontales Mosaik entstehen. Dabei treten Areale mit einer Mehrzahl von Konsumenten und solche mit überwiegender Zahl an Produzenten auf.

Große Mobilität ist das Kennzeichen der Nekton-Tiere schlechthin. Eine Reihe von Walen wandern jährlich von den Polen zum Äquator und zurück, und verschiedene Fischarten überqueren im Laufe ihres Lebens die Ozeane. Dabei nutzen sie stets die Meeresströmungen und schwimmen daher in den entsprechenden Tiefen. Das gilt selbst für Fische des kontinentalen Schelfs, wie z. B. der Scholle. In der Nordsee haben die Gezeitenströmungen je nach Tide entgegengesetzte Richtung. Die Schollen bleiben bei ihren Wanderungen nach Norden so lange am Boden liegen, wie der Tidenstrom südwärts läuft, und lassen sich erst dann, wenn er sich umgekehrt hat, in den mittleren Wasserschichten nordwärts treiben.

Solche gerichteten Wanderungen sind oft Züge zu den Brutplätzen. Hier laichen die Fische und kehren dann zu ihren Ausgangsorten zurück. Die Eier und die aus ihnen sich entwickelnden Larven driften häufig als Planktonten so lange im Oberflächenwasser, bis sie eine „Kinderstube" gefunden haben. Solche Kinderstuben sind insofern erforderlich, als die meisten Tiere in den verschiedenen Entwicklungsphasen ihres Lebens unterschiedliche Nahrung verzehren, die in direkter Beziehung zur Größe des Individuums steht. Jungtiere vermögen nicht die gleiche Nahrung zu nutzen wie die Erwachsenen derselben Art. Nach der Metamorphose ihrer Larven wachsen die Jugendformen in den Kinderstuben im allgemeinen sehr schnell heran, was für sie von selektivem Vorteil ist, weil die meisten Räuber nur kleine Beute zu fangen vermögen. Ab einem bestimmten Alter aber verlassen sie die Kinderstube und wandern zum Standort (Habitat) der Erwachsenen. Damit schließt sich der Generationenkreislauf, der auch als Dreieck mit den Eckpunkten Laichplatz, Kinderstube und Habitat beschrieben werden kann. Neben den Fischen führen auch andere Tiere des Nektons ähnliche Wanderungen durch, obgleich z. B. Wale, die ihre Jungen erst relativ spät am Ende ihrer Gesamtentwicklung zur Welt bringen, keine Larval- oder Metamorphosestadien aufweisen.

Ungeachtet ihrer hohen Mobilität und abgesehen davon, daß gerade die Arten von wirtschaftlicher Bedeutung große Wanderungen durchführen, nutzen die meisten Nekton-Tiere ihre Schwimmfähigkeit, um am selben Ort zu bleiben. Eine solche Seßhaftigkeit findet man besonders bei Arten, die am Meeresboden, territorial oder in Familien und Verbänden *(Home-Ranges)* mit abgegrenzten Arealen leben.

Benthische Organismen

Die Mannigfaltigkeit der auf und im Meeresboden lebenden Organismen, des Benthos, ist im wesentlichen der des Planktons und Nektons ähnlich, auch wenn sie durch einige besondere Formen gekennzeichnet ist. Dazu gehören die einzig echten Meerespflanzen in Form der bewurzelten Angiospermen der Salzwiesen, Mangrovesümpfe und Seegraswiesen, sowie die Seetange und Kalkalgen, die zwar am Boden anhaften, nicht aber in ihm verwurzelt sind. Die Seetange, vielzellige Braunalgen, wachsen häufig auf bei Niedrigwasser freifallenden Felsen, während andere photosynthetisch aktive Algen in den Zwischenräumen von Sand und Schlick, im sogenannten Interstitial, vorkommen und einige Arten Überzüge

Abb. 6-12. Drei Plankton-Larven benthischer Arten. (a) Nauplius-Larve einer Seepocke. (b) Larve der der Seeanemone verwandten Gattung *Cerianthus.* (c) Zoea-Larve eines Einsiedlerkrebses.

a

auf der Sedimentoberfläche bilden. All diese Primärproduzenten sind auf jenen Teil des Meeresbodens beschränkt, zu dem noch genügend Licht für die Photosynthese durchdringt, kommen also nicht tiefer als 30 m im Meer vor (s. Kap. 7).

Die Tange haften am Substrat und werden in einem durch die Gezeiten und Strömungen ständig erneuerten Wasser schwimmend gehalten. So sind sie, im Gegensatz zu den planktontischen Algen, nur wenig in ihrem Größenwachstum begrenzt, und einige können mehr als 50 m lang werden. Auch die auf dem Meeresboden lebenden Tiere können wesentlich größer werden als die meisten Tiere des Zooplanktons. Typisch pelagische Crustaceen sind die nur wenige Millimeter langen Ruderfußkrebse, während zu den benthischen Großformen Hummer und Taschenkrebs gehören.

Die Organismen des größten Teils des Meeresbodens leben in Tiefen, in der keine Photosynthese mehr möglich ist und wo Bakterien, Protozoen oder höhere Tiere ausschließlich Konsumenten, nicht jedoch Produzenten sind. Immer sind sie auf Nahrung aus dem Pelagial oder Küstenbereich angewiesen. Einige Bakterien jedoch gewinnen ihre Energie durch Chemosynthese, indem sie elementaren Schwefel zur Fixierung von Kohlendioxid nutzen, was besonders im Bereich der vulkanisch tätigen mittelozeanischen Rücken beobachtet wird. Andere Bakterien bauen organische Stoffe ab, die aus ursprünglich durch Photosynthese aufgebautem Material entstammen. Benthos-Organismen müssen also einerseits immer auf Fang und Nutzen von absinkendem oder abgesunkenem Material aus sein und andererseits vermeiden, selbst als Nahrung verzehrt zu werden.

Es ist anzunehmen, daß benthisches Leben sich ursprünglich nur an der Grenzschicht Sediment – Wasser abspielte, daß dann aber, vermutlich um Räubern zu entkommen, einige Tiere die Fähigkeit erlangten, in das Sediment einzudringen. Benthische Protisten – die Mikrofauna – können sich ohne besondere Lokomotionsanpassungen im Sediment bewegen, dasselbe ist auch noch den weniger als 0,5 mm großen Vielzellern – der Meiofauna (s. Kap. 7.3) – möglich, ohne daß sie beim Schwimmen oder Kriechen in den Interstitialräumen Sandpartikel wegschieben müssen. Die Makrofauna dagegen muß aktiv Material versetzen und aufwühlen.

Um sich eingraben zu können, benötigen größere Tiere ein Skelett. Bei den frühesten Grabtieren war dies eine flüssigkeitsgefüllte Körperhöhle, ein sogenanntes Hydroskelett (s. Kap. 2.4). Das Graben im Sediment konnte erleichtert werden, als die Körperhöhle in eine Reihe von Einzelkammern unterteilt wurde, die unabhängig voneinander betätigt werden konnten. Das erste erfolgreiche Grab- und Kriechtier, das so konstruiert war, dürfte ein annelidenähnlicher Wurm gewesen sein. Doch mit dem Einwandern ins Sediment wurde die Sauerstoff-Versorgung problematisch, so daß vermutlich der erste gut an die Bedingungen im Sediment angepaßte Wurm ein segmentierter Annelide mit Blutfarbstoff war. Tiere, die im Meeresboden leben, faßt man als Infauna zusammen, und Tiere, die die Bodenoberfläche besiedeln, werden als Epifauna bezeichnet. Möglicherweise war die Gefährdung durch Räuber der Anlaß, daß sich Tiere der Makrofauna ins Sediment zurückzogen. Diese These wird durch Beobachtungen gestützt, daß in der Tiefsee, wo Räuber selten sind, verschiedene normalerweise zur Infauna gehörende Gruppen zum Leben auf der Sedimentoberfläche zurückgekehrt sind.

Die Nahrung der benthischen Organismen besteht aus dem im Wasser aufgeschwemmten oder dem auf dem Boden abgelagerten Material. Doch handelt es sich dabei im wesentlichen nur um Nahrungsvorstufen, die erst von Bakterien in assimilierbare Nährstoffe umgesetzt werden müssen, was bedeutet, daß die Primärproduzenten des Benthos von Bakterien und deren Stoffwechselprodukten leben. Ähnliche Detritus verwertende Nahrungsketten finden sich an Land bei den Pilzen (s. Kap. 5.4). In flachem Wasser kann auch lebendes Plankton zum Benthos gerechnet werden.

Auf dem Land und im Pelagial müssen Tiere ihrer Nahrung – im wahrsten Sinne des Wortes – nachgehen, auf dem Meeresboden dagegen können sie sich die Bewegung des Wassers zunutze machen, d. h. sie können, gegebenenfalls ihr ganzes Leben, an einer Stelle festsitzen und aus der Suspension Nahrungsteilchen herausfiltern oder beim Absinken einsammeln. Viele benthische Tiere haben eine sessile Lebensweise als Filtrierer oder Suspensionsfresser angenommen und bilden dann häufig Kolonien, indem sie sich durch Knospung ungeschlechtlich fortpflanzen, wie z. B. bei den Nesseltieren die Polypen. Koloniebildung ist ein besonderes Kennzeichen der Filtrierer; denn viele kleine Filter arbeiten wirkungsvoller als ein einziger großer. In einigen Fällen verläuft die Filtration ohne Energieaufwand, indem ein Filter in die Strömung gehängt wird, die meisten Suspensionsfresser erzeugen jedoch mit Hilfe von Cilien oder Tentakeln eigene Nahrungsströme (Abb. 6-11).

Sessile Arten sind besonders charakteristisch für festen Untergrund, was sich daraus erklärt, daß Felsen sich sehr gut als Haftflächen eignen. Die über sie hinweggehenden Strömungen weisen hohe Geschwindigkeiten auf, so daß die Versorgung mit angeschwemmter Nahrung reichlich ist und zudem keine Gefahr besteht, unter Sedimenten begraben zu werden. Doch können sich Tiere auch auf feinem Sediment ansiedeln, wenn es ihnen gelingt, sich im Sand oder Schlick zu verankern und sich mit Hilfe von Stielen oder ähnlichem über die Sedimentoberfläche zu erheben. Anpassungen in dieser Richtung finden sich bei Seefedern, Seelilien und gestielten Seescheiden.

Epifaunale, sessile Lebensweise liefert einen Organismus relativ leicht einem Räuber aus. So überrascht es nicht, daß morphologische wie auch chemische Abwehrmittel weit ver-

b

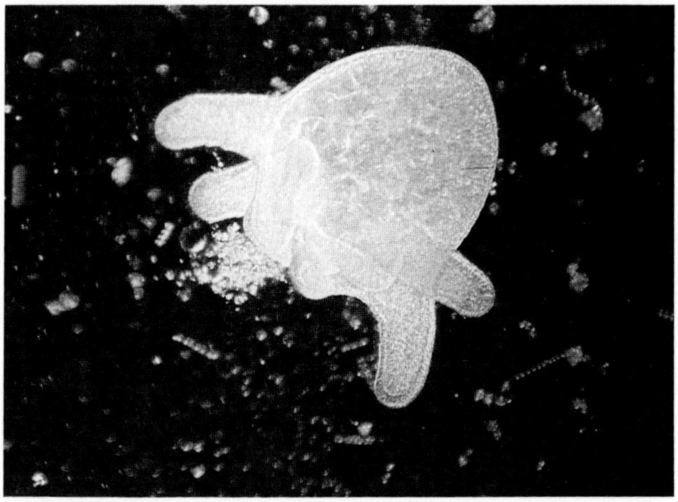

c

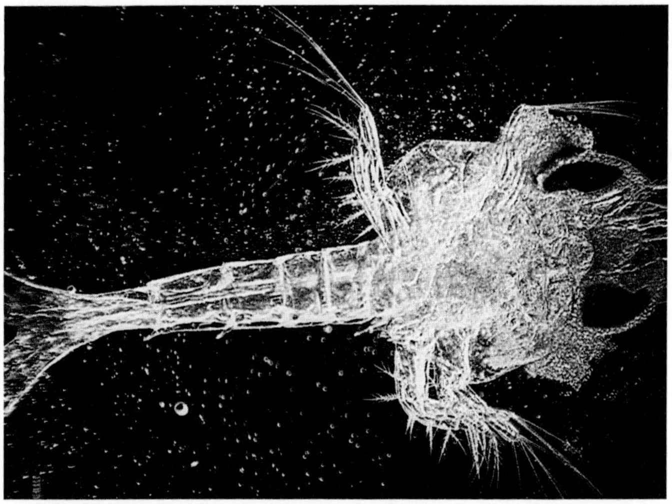

breitet sind. Benthos-Tiere können in gallertige, kalkhaltige oder lederartige Panzer und Schutzhüllen eingeschlossen sein oder hohe Konzentrationen chemischer Substanzen, wie etwa Schwefelsäure enthalten, und sie können sich nach Verletzungen mühelos regenerieren. Für wachsende Kolonien besteht die Gefahr, von Nachbarkolonien derselben oder einer anderen Art überwuchert zu werden (Raumkonkurrenz). Hier werden unter anderem wieder chemische Substanzen gegen die Gewebe anderer Kolonien eingesetzt.

Benthische Suspensionsfresser (Mikrophagen) müssen jedoch keineswegs kolonial, sessil oder epifaunal sein. Viele verfolgen eine geradezu entgegengesetzte Strategie, indem sie unterhalb der Sedimentoberfläche geschützt in provisorischen oder dauerhaften Bauten leben und entweder einen einziehbaren Filter-Apparat in das freie Wasser strecken oder einen Wasserstrom durch ihre Behausung treiben. Solche Unterkünfte, in denen die Bewohner zwar seßhaft, aber bis zu einem gewissen Grade doch beweglich sind, bieten einen beträchtlichen Schutz gegenüber Feinden. Decapode Krebse, wie z. B. Garnelen und Krabben, die unter der Sedimentoberfläche leben, haben dünnere und weniger schwere Kalkpanzer als die ihnen nahe verwandte Arten, deren Lebensraum die Sedimentoberfläche ist.

Suspensionsfresser bewohnen vor allem flache Meeresregionen und/oder Gebiete, in denen die Wasserkörper verhältnismäßig große Mengen aufgeschwemmten organischen Materials enthalten. Andere Meeresgebiete werden von Substratfressern besiedelt, Tieren, die das organische Material verzehren, das sich allmählich im Sediment angesammelt hat. Sie leben in der In- oder Epifauna, sind meist freibeweglich; einige bilden auch Kolonien. Was die Nahrungsaufnahme betrifft, so nehmen einige selektiv, andere aufs Geradewohl Bodensubstanz auf und verdauen das, was sich an Bakterien, anderen Mikroorganismen oder Meiofauna zwischen den Sedimentteilchen befindet. Die massigen und zum Teil schweren Schutzpanzer der sessilen Suspensionsfresser wären für mobile Tiere recht hinderlich, insofern hat sich in Gebieten mit vielen Räubern mehr eine In- als eine Epifauna entwickelt. Immerhin sind viele Schnecken epifaunale Bodenfresser, die durch ihr Haus ja gut geschützt, dafür in ihren Bewegungen aber recht langsam sind.

Die Grenze zwischen sessilen Suspensionsfressern und mobilen Substratfressern ist verständlicherweise gleitend, denn die Anpassungen können bei beiden nahezu identisch sein; einige Arten ernähren sich auf beide Weisen. Es gibt Muscheln, die im Boden eingegraben leben und durch lange Siphonen mit Ein- und Auslaßmündungen einen Wasserstrom erzeugen, aus dem sie das aufgeschwemmte Material herausfiltern. Wenn das Wasser aus der freien, über dem Sediment stehenden Wassersäule stammt, ist die Muschel als Suspensionsfresser anzusehen, wenn hingegen das Wasser aus der Grenzschicht am Sediment entnommen wird, die Oberflächenablagerungen also erneut aufgeschwemmt werden, wäre sie streng genommen als Bodenfresser einzuordnen.

Obgleich viele Organismen Anpassungen besitzen, die die Möglichkeit, einem Räuber zum Opfer zu fallen, stark herabsetzen, werden sie dennoch öfters erbeutet, benthische Arten machen da keine Ausnahme. Große koloniale und sessile Suspensionsfresser werden häufig von wesentlich kleineren Räubern angegriffen. Diese kriechen über die Kolonie und saugen Einzeltiere aus, wenn es ihnen gelingt, die Gallerte oder den Panzer zu durchdringen. Aus solchen Beziehungen sind offenbar verschiedene Formen einer dauernden Abhängigkeit entstanden. So leben verschiedene Asselspinnen auf ihrer sessilen Beute, dabei erscheinen sie gegenüber den kleinen Polypen von Hydrozoenkolonien als Räuber, während man sie auf den großen Aktinien eher als Parasiten bezeichnen muß. Suspensions- und Substratfresser werden hauptsächlich von Organismen erbeutet, die wenigstens genau so groß sind wie sie selbst. Einige Fische, die an der Grenze zwischen Wasser und Sediment „weiden", fressen nur jene Teile ihrer eingegrabenen Nahrungstiere, die über die Bodenfläche hinausragen; andere rühren das Oberflächensediment auf und fangen die aufgescheuchten Bewohner.

Viele benthische Organismen sind sessil oder sedentär, und da die meisten nur unzureichend schwimmen können, ist ihre Weiterverbreitung problematisch. Außerdem kann das schnelle Heranwachsen der Jungen zu einer Nahrungskonkurrenz mit den Erwachsenen führen. Beiden Problemen wird dadurch begegnet, daß viele benthische Tiere planktonische Larven haben, die sich in Gestalt und Lebensweise und damit auch im Nahrungsbedarf stark von den Erwachsenen unterscheiden (Abb. 6-12). Nach einer groben Einteilung kann man lecitotrophe und planktotrophe Typen unterscheiden. Lecitotrophe Larven („Dotterverzehrer") sind mit Nahrungsreserven versehen und dienen ausschließlich der Verbreitung. Planktotrophe Larven leben von Plankton und können über ein Jahr in der photischen Zone bleiben, wenn auch die meisten nur wenige Tage oder Wochen alt werden. Immer aber kehren sie nach der entsprechenden Zeit zum Meeresboden zurück, schwimmen noch so lange umher, bis sie eine geeignete Stelle zum Festsetzen gefunden haben und vollenden dann ihre Metamorphose. Wenn keine entsprechende Stelle gefunden wird, kann die Umwandlung für kurze Zeit hinausgezögert werden. In den meisten Fällen muß die Larve sich aber früher oder später auch mit einer weniger günstigen Region begnügen.

Man hat in Planktonproben immer wieder Riesenformen gefunden und sie als planktotrophe Larven mit verzögerter Metamorphose, aber weiterem Körperwachstum gedeutet. Manche Organismen zeigten dabei bereits Entwicklungsanfänge der Geschlechtsorgane. Dieser ontogenetische Befund veranschaulicht, wie möglicherweise planktonische Gruppen phylogenetisch aus benthischen Vorfahren entstanden sind: durch Neotenie, d. h. Ausbildung von geschlechtsreifen Jugendformen.

Benthische Arten, denen meist ein planktonisches Larvenstadium fehlt, zeigen direkte Entwicklung, d. h. aus den Eiern schlüpfen direkt kleine Erwachsene, die eben nur noch auf deren Größe heranwachsen müssen. Häufig werden mehr Eier gelegt als sich gegebenenfalls entwickeln. Nicht selten werden von den zuerst geschlüpften Jungtieren die in der Entwicklung zurückgebliebenen Eier gefressen. Bei wenigen Arten entsteht eine Larve von pelagischem Typ, die ihre kurze Larvalphase innerhalb des Sediments verbringt, manchmal sogar innerhalb des Gangsystems der Eltern. Die beiden einzigen großen Gruppen benthischer Arten, denen pelagische Larven fehlen, sind die Bewohner der hohen Breiten, wo Nahrung während des größten Teils des Jahres fehlt, und die Tiefseeformen, für die die Entfernung zwischen dem Lebensraum der Erwachsenen und der photischen Zone, in der pelagische Larven Nahrung finden können, zu groß ist. Beide Typen leben somit in einer Umwelt, in der die ungenügende Nahrungsversorgung nur eine geringe Eiproduktion erlaubt, und die Tiere folglich ein hohes Alter, gegebenenfalls mehr als 100 Jahre, erreichen, um genügend Nachkommen zu erzeugen.

6.3 Das Pelagial

Die Produktivität des Planktons

Die Primärproduktion im Meer, d. h. die Umwandlung von Kohlendioxid in organische Verbindungen, ist im wesentlichen von der Photosynthese des pelagischen Phytoplanktons abhängig. Daher spielen in der Meeresbiologie die Faktoren eine bedeutende Rolle, die die globale Verteilung dieser Produktion sowie ihr lokales oder jahreszeitliches Ausmaß bestimmen. Letztlich ist die Verteilung phytoplanktonischer Produktivität eine direkte Folge des Umfangs der Sonneneinstrahlung, die die Erde in Form von Licht und Wärme erhält. Sie läßt sich am besten unter vier Gesichtspunkten beschreiben: dem Licht, der Tiefe, bis zu der sich die durch Wind bedingten Umwälzungen auswirken, der Zufuhr von Nährstoffen und dem Einfluß der Freßfeinde in Form des herbivoren Zooplanktons.

Der Lichtbedarf

Das Prinzip der Photosynthese beruht auf der Reduktion von Kohlendioxid unter Zufuhr von Wasserstoff und Freiwerden von gasförmigem Sauerstoff. Zur Abspaltung von Wasserstoff aus Wassermolekülen dient Licht als Energiequelle. Licht aber dringt nur über eine kurze Strecke ins Meer ein, und seine Intensität nimmt mit der Tiefe exponentiell ab. Das blaue Licht mit kürzeren Wellenlängen reicht am tiefsten. Das beim Phytoplankton überwiegend vorhandene Chlorophyll absorbiert Licht der Wellenlängen 670–695 nm, doch werden Wellenlängen bis etwa 400 nm von vielen anderen akzessorischen Pigmenten wie Xanthophyllen und Carotinen (s. Kap. 2.2) absorbiert. Mehr als 40 akzessorische Farbstoffe sind aus dem Phytoplankton bekannt, was erklärt, warum Algen häufig weniger grün als vielmehr gelb, braun oder rot sind.

Ungeachtet dieser Anpassung an die am weitesten ins Meer eindringenden Wellenlängen gibt es immer eine relativ geringe Tiefe, in der die Lichtintensität auf ein Maß reduziert ist, bei dem die Menge des Kohlenstoffs, die eine Alge bei der Photosynthese zu binden vermag, sich mit der, im Stoffwechsel verbrauchten Menge gerade die Waage hält. Die Lichtintensität, bei der sich dieses Gleichgewicht einstellt, wird als Kompensationspunkt und die Tiefe, in der dies auftritt, als Kompensationstiefe bezeichnet. Diese Kompensationstiefe, die unter anderem von der Klarheit des Wassers abhängt, ändert sich mit dem Tages- und dem Jahresverlauf, so daß es üblich ist, sie als Durchschnittswert für 24 Std. anzugeben. Unterhalb der Kompensationstiefe, die gewöhnlich nicht tiefer als 250 m liegt, können Algen nur mit Hilfe gespeicherter Reservestoffe überleben, während oberhalb dieser Tiefe die Photosyntheseproduktion den Verbrauch durch die Atmung überschreiten kann und dann Wachstum und Teilung hervorruft.

Wo die Lichtintensität an der Oberfläche sehr hoch ist, kann die Photosynthese sogar durch ein Übermaß an Einstrahlung beeinträchtigt werden, nicht nur durch den schädlichen Einfluß der UV-Strahlung, sondern auch durch das lichtbedingte starke Ansteigen der Atmung und durch die Verwendung von Lichtenergie für oxidative biochemische Vorgänge. Daher kann in grellem Licht die Produktion an der Oberfläche relativ gering sein, unmittelbar unter der Oberfläche jedoch zu ihrem Maximum ansteigen, um mit fortschreitender Tiefe sehr schnell abzufallen. Hingegen liegt das photosynthetische Maximum in weniger intensivem Licht an der Oberfläche und hat eine dichte Algenblüte zur Folge, die ihrerseits durch Beschattung einen Lichtmangel unterhalb der Oberfläche hervorruft.

Der Einfluß des Windes

Die Oberflächenschichten des Meeres werden von den Winden umgewälzt. Wenn die Kompensationstiefe verhältnismäßig nahe der Oberfläche liegt, kann das Phytoplankton durch solche Turbulenzen unter diese Tiefe gebracht werden und dort nicht mehr zur Photosynthese in der Lage sein. Vorausgesetzt, daß die Algen, solange sie noch oberhalb der Kompensationstiefe sind, genügend Kohlenstoff assimiliert haben, um Verluste auszugleichen, kann die Nettoproduktion noch fortgesetzt werden. Dies ist jedoch nicht der Fall, wenn die Lichtintensität zu gering ist.

Es ist durchaus möglich, vorherzusagen, ob das Phytoplankton durch Umwälzungen zu lange unter der Kompensationstiefe bleiben wird oder nicht. Wenn die Tiefe, die die Turbulenzen erreichen – sie kann bei 200 m liegen – geringer ist als die berechnete kritische Tiefe, wird die Photosynthese die Verluste durch die Atmung ausgleichen. Wenn jedoch die Algen unter die kritische Tiefe verfrachtet werden, ist ein Reingewinn nicht mehr möglich, bis die Windintensität nachläßt oder die Lichtintensität ansteigt.

Die Nährstoffzufuhr

Die Photosynthese erfordert die Zufuhr von Kohlendioxid und Wasser; beide sind in der photischen Zone in ausreichendem Maße vorhanden. Darüberhinaus werden aber Nährstoffe, wie Stickstoff und Phosphor zum Aufbau der Proteine und Proteinderivate benötigt. Auch sie werden dem Wasser entnommen, durchwandern dann die Nahrungsketten und werden dann gegebenenfalls Teil aller lebenden und auch vieler abgestorbener Gewebe im gesamten Meer. Doch dort, wo keine Durchmischung von photischem und aphotischem Wasser stattfindet, was durch die Thermokline (s. Kap. 6.1) angezeigt wird, kann das Wasser der photischen Zone so gut wie nährstofffrei werden, ohne die Möglichkeit zur Ergänzung aus der Tiefe zu haben. So kann im Laufe der Zeit – aufgrund des Nährstoffzyklus innerhalb der photischen Zone und der in die Tiefe herabsinkenden abgestorbenen Organismen sowie der ebenfalls nach unten transportierten Lebewesen – eine beträchtliche Nährstoffverarmung der Oberflächenschichten eintreten, wenn kein Ausgleich durch Aufwärtsbewegung erfolgt. In tropischen Meeren können die Konzentrationen an Stickstoff und Phosphor unterhalb der Thermokline um einige Zehnerpotenzen größer sein als oberhalb.

Eine ständige Thermokline bedingt also eine dauernde Nährstoffarmut. Tritt die Thermokline dagegen jahreszeitlich begrenzt auf, dann können sich in den kälteren und relativ dunklen Wintermonaten, wenn die Wasserkörper durchmischt werden, Nährstoffe anreichern, deren Konzentration während der Sommermonate wieder zurückgeht. So erklärt sich der Jahreszyklus der Nährstoffkonzentration. So wie sich mit zunehmender Lichtintensität im Frühling die Phytoplankton-Populationen entwickeln, nehmen die Nährstoffkonzentrationen in den Oberflächenschichten ausgehend von ihrem winterlichen Höchststand ab und erreichen dann ein Minimum, wenn die Menge des Phytoplanktons am größten ist. Ursache hierfür ist, daß die meisten Nährstoffe in den Zellen und Geweben der Algen und Organismen gebunden sind, die diese und deren Produkte verzehrt haben. Danach bleiben die Nährstoffkonzentrationen gering, bis die Thermokline zu Beginn des Winters zusammenbricht.

Die Photosynthese der Algen vermindert also die Nährstoffe im Lebensraum, aber es ist noch keineswegs klar, ob die Höhe der Nährstoffmenge die Planktonproduktion begrenzt. Eine Korrelation zwischen globaler Produktivität und wesentlichen Nährstoffkonzentrationen in den Oberflächenschichten ist deutlich vorhanden. Ferner haben Laboruntersuchungen gezeigt, daß das Wachstum einzelliger Algen nachläßt, wenn die Nährstoffkonzentrationen in ihrem Kulturmedium reduziert werden. Künstliche Nährstoffanreicherung in halb abgeschlossenen Wasserkörpern, wie sie in vielen ozeanischen Becken gegeben ist, in die Kloakenabwässer eingeleitet werden, führen häufig zu vermehrter Algen-Produktion. Solche Korrelationen müssen jedoch keineswegs ursächlich miteinander verbunden sein, wie es auch nicht ohne weiteres möglich ist, Ergebnisse, die in Laborversuchen unter kontrollierten Bedingungen an einzelnen Arten gewonnen wurden, auf natürliche Lebensräume zu übertragen, in denen komplexe Gemeinschaften vielen ständig sich ändernden Parametern ausgesetzt sind. Ein kleines Nährstoffangebot muß nicht unbedingt niedrige Produktivität bedeuten, denn das Algenwachstum wird durch die Gesamtmenge eines innerhalb einer bestimmten Zeitspanne zur Verfügung stehenden Nährstoffs begrenzt. Daher sind die einzelnen Raten des Nährstoffeingangs ebenso wichtig oder gar wichtiger als die jederzeit vorhandenen Nährstoffkonzentrationen. Das herbivore Zooplankton scheidet unter normalen Umständen täglich 2–10 % des Stickstoff- und 5–25 % des Phosphor-Gehaltes der Algen aus und kommt auf noch höhere Werte, wenn genügend Algennahrung vorhanden ist und die Nährstoffe von den Algen schnell aufgenommen werden können. Auf diese Weise können Phosphor-Atome in einem Recycling-Prozeß alle 1 1/2 Tage zurückgewonnen werden.

Neben den Elementen Stickstoff und Phosphor sind auch organische Nährstoffe ebenso unerläßlich für das Wachstum der Algen. Die meisten photosynthetisch aktiven Algen, besonders die Dinoflagellaten, können nicht alle lebensnotwendigen organischen Verbindungen aufbauen und müssen die fehlenden Substanzen, darunter häufig spezifische Vitamine, aus dem umgebenden Wasser aufnehmen. Alle Algen geben organische Verbindungen ins Wasser ab, die von anderen Algen wieder genutzt werden. Eine Alge, die z. B. Vitamin B_{12} braucht, gedeiht nur dann gut, wenn die von anderen Algen abgegebene Menge dieses Vitamins eine bestimmte Konzentration erreicht hat.

Die Abnahme von Nährstoffkonzentrationen geht in der Natur nicht immer mit reduzierter Produktivität einzelner Algen einher, wie man es im Labor beobachtet. Vielmehr tritt eine Veränderung in der Zusammensetzung des Phytoplanktons zugunsten solcher Arten ein, die in der Lage sind, trotz der allmählich geringer werdenden äußeren Konzentration, immer noch genügend Nährstoffe aufzunehmen. In der Tat sind im Meer die Arten, die an Regionen angepaßt sind, in denen die Nahrung im Verhältnis zur Zahl der Verbraucher knapp ist, höchst leistungsfähig im Auffinden und Ausnutzen der Nahrungsquellen. Die Arten, die in Regionen oder in Zeiten mit Nahrungsarmut auftreten, sind an sich schon weniger produktiv. So kann ein niedriges Nährstoffangebot, vor allem eine geringe Nitrat-Konzentration, die gesamte Planktonproduktivität durch Selektion zugunsten wenig produktiver Algenarten begrenzen.

Unterschiede des Nährstoffangebots im Raum, häufig nur über Entfernungen von wenigen Millimetern, sind ebenso von Bedeutung wie Unterschiede in der Zeit. Eine Alge kann

Nährstoffe nur dem dünnen Wasserfilm entnehmen, der sie unmittelbar umgibt, und lokale Konzentrationen von organischen und anorganischen Nährstoffen, ebenso wie die verschiedenen physikalischen Faktoren bedingen ein auf die Zeit bezogen bemerkenswert veränderliches Bild. Vermutlich ist es gerade diese räumliche und zeitliche Heterogenität, die so vielen verschiedenen Arten im Phytoplankton die Koexistenz erlaubt, denn die Bedingungen in einem genügend großen Areal und in einem genügend langen Zeitraum sind niemals so einheitlich, als daß eine einzelne Art einen solchen Selektionsvorteil erhält, daß sie die anderen verdrängen kann.

Der Algenkonsum durch Pflanzenfresser

Eine weitere mögliche Begrenzung der Phytoplanktonproduktion liegt im Konsum von Algen durch die Pflanzenfresser, die Herbivoren. Wenn die Phytoplankton-Organismen schneller verzehrt als produziert werden, wird verständlicherweise die Algenproduktivität abnehmen. Doch ist es ungewiß, ob dies wirklich allgemein gilt. Unter der Annahme der anfänglich vorhandenen Biomasse, der Lichtintensitäten, der Vermehrungsraten und anderer Faktoren ist es möglich, die Gesamt-Biomasse der Algen zu schätzen, die nach einer bestimmten Zeit vorliegen sollte. Der Unterschied zwischen dem errechneten und dem tatsächlichen Wert kann als die von den Pflanzenfressern verbrauchte Menge betrachtet werden. Schätzungen dieser Art streuen zwar beträchtlich, doch dürften immerhin in einigen Gebieten mehr als 99 % der Algen-Produktion von Pflanzenfressern verzehrt werden.

Pelagische Nahrungsnetze

Nach Verzehr und Abbau von Phytoplankton scheiden die Herbivoren einen hohen Anteil der von den Algen aufgebauten Nährstoffe wieder aus. Andere von Algen synthetisierte Stoffe werden von ihnen in Form löslicher organischer Verbindungen ins Wasser abgegeben und dort von Bakterien genutzt. Unsere Kenntnis über die Produktivität pelagischer Bakterien ist gering, doch Schätzungen zufolge dürfte sie der des Phytoplanktons gleichkommen. Auch Bakterien verbrauchen anorganische Nährstoffe, und das kleinere Zooplankton, wie auch einige größere Plankton-Tiere, unter ihnen besonders solche, die Schleimnetze als Nahrungsfilter verwenden, fressen Bakterien und scheiden von ihnen aufgebaute Substanzen aus, die dann ihrerseits von Algen aufgenommen werden können. Befunde vom Benthos – und es gibt keinen Grund zur Annahme, daß sich das Plankton anders verhält – zeigen, daß tierische Konsumenten einen Teil ihres Stickstoffs in Form von gelösten organischen Verbindungen ausscheiden, die erst in weiteren Zyklen zu anorganischen Stickstoff-Verbindungen umgebaut werden müssen, bevor sie zur Aufnahme durch die Algen infrage kommen. Demgegenüber wird der größte Teil des Phosphors gleich in Form von anorganischen Salzen freigesetzt. Dies dürfte erklären, warum häufig Stickstoff und nicht Phosphor als der die Produktivität des Phytoplanktons begrenzende Faktor gilt.

Ein anderer Weg des Nährstoffflusses ist die Nahrungskette des Detritus, die tote Zellen und Gewebe, Bakterien und deren Abbauprodukte wie ihre mikroskopischen Konsumenten umfaßt (s. Kap. 5.4). Die Vorstellungen über die Bedeutung des Detrituswegs im pelagischen System gehen noch weit auseinander, es gibt jedoch Hochrechnungen, wonach etwa 90 % des gesamten Energieflußes über Konsumenten läuft.

Die Produktion lebenden Algengewebes durch Photosynthese ist die Grundlage aller pelagischen Nahrungsnetze. Viele Jahre lang wurde angenommen, daß herbivore Organismen einfach das lebende Phytoplankton verzehren und selbst von Carnivoren gefressen werden. Zweifellos gibt es diese Nahrungskette, aber diejenige Kette, die auf von Plankton freigesetzten, löslichen organischen Verbindungen beruht, sowie die von abgestorbenen Geweben ausgehende Detritus-Kette, sind gleichfalls wichtige Bestandteile des Systems. Wie dem auch sei, es ist immer die Photosynthese des Phytoplanktons, die das pelagische System und gleich danach die Küstenregionen „auftankt". Die Produktivität der Konsumenten gleicht der der Algen, aber die Wirksamkeit, mit der die Nahrungsenergie durch das Nahrungsnetz läuft, ändert sich mit dem relativen Überangebot an Nahrung. In Bereichen hoher Algen-Produktivität bedeutet Überfluß nicht notwendigerweise erhöhte Wirksamkeit. Die Produktion der Herbivoren kann nur etwa 5 % der des Phytoplanktons betragen, wohingegen dort, wo die Algenproduktivität relativ gering ist, die Produktion der Herbivoren 25 % von der des Phytoplanktons ausmachen kann. Die Produktionsverhältnisse von Konsumenten zu Konsumiertem betragen nahezu 20 % für das Verhältnis Herbivoren – Algen, 10–15 % für Carnivoren – Herbivoren und Carnivoren – Carnivoren. Die Raten liegen wesentlich höher als die für das Festland typischen Werte und zwar deshalb, weil Meeresalgen „verdaulicher" sind als Landpflanzen. In Bezug auf die Primär-Produktion liefert das Meer daher eine wesentlich größere Sekundär-Produktion als das Land.

Ausnahmen von dieser Beziehung zwischen mariner Primär- und Sekundär-Produktivität treten während des intensiven Wachstums bestimmter Dinoflagellaten (Rote Tide) auf, die organische, für viele Tiere giftige Substanzen freisetzen. Ausnahmen gibt es auch in den produktivsten Regionen, wenn durch die nächtliche Atmung der Algen und den Abbau toten Phytoplanktons ein Sauerstoff-Defizit hervorgerufen wird. Wenn Wasser aus einer sauerstoffarmen Schicht aufsteigt, z. B. an der Südwestküste Südafrikas, kann das ein Massensterben von Plankton-Organismen zur Folge haben, wobei dann beträchtliche Mengen Schwefelwasserstoff freigesetzt werden.

Globale Verteilung planktonischer Produktivität

Die tropischen Meere erhalten während des Jahres eine hohe Intensität an Licht- und Wärmeeinstrahlung. Die Photosynthese kann daher noch in verhältnismäßig tiefen Wasserschichten erfolgen. Durch eine permanente Thermokline ist aber die Nährstoffkonzentration in den Oberflächenschichten gering. Die konstanten Umweltfaktoren und der ständige

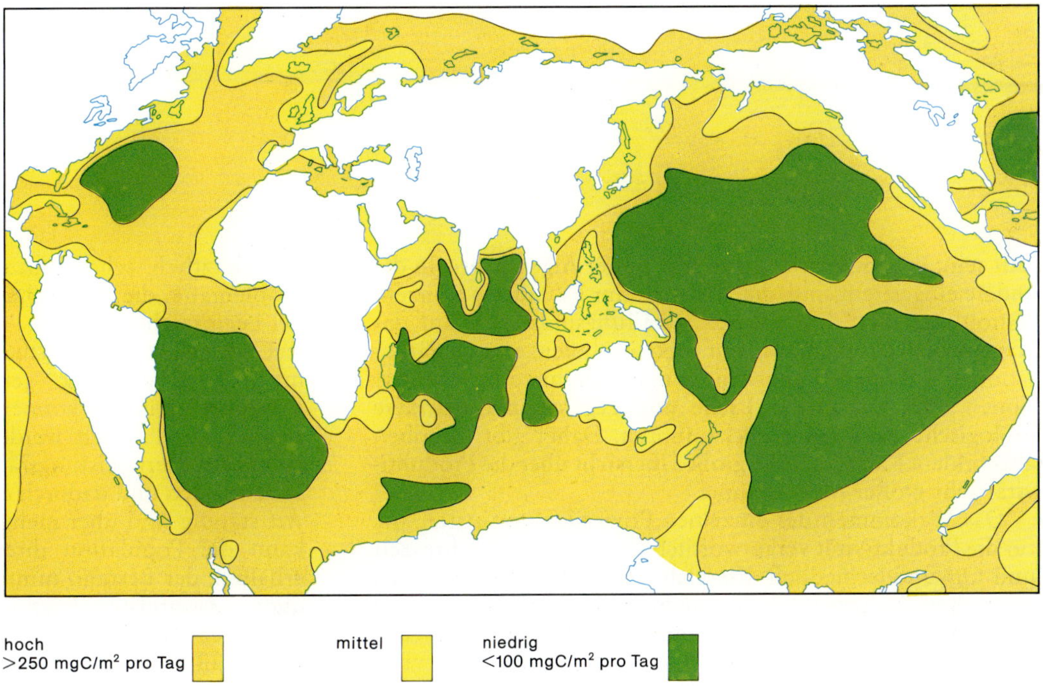

Abb. 6-13. Durchschnittliche Tagesrate der Phytoplankton-Produktivität in den Weltmeeren.

Nährstoffmangel bedingen so ein niedriges, doch stabiles Niveau an Phytoplankton-Produktivität, und die Nahrungsreserven an Algen erlauben den Herbivoren, ihr für diesen Lebensraum maximales Niveau, d. h. die Tragfähigkeit oder Kapazität des Biotops, zu erreichen.

Von den tropischen Ozeanen zu den Meeren der höheren Breiten wird die jahreszeitliche Einstrahlung von Licht und Wärme zunehmend extrem. Die Winter sind durch niedrige Lichtintensitäten, durch eine geringe kritische Tiefe – die höher liegt als die maximale Tiefe, in der noch Durchmischung stattfindet – und durch eine nicht geschichtete Wassersäule gekennzeichnet. Folglich werden die Produktivitäten vom Lichtmangel und den Turbulenzen bestimmt, die die Algen unter die kritische Tiefe bringen. Herbivore Organismen können ohne Nahrungsaufnahme überwintern. Im Frühjahr und Sommer verbessern sich dann die Bedingungen, und während die Nährstoffe in Fülle im Oberflächenwasser vorhanden sind, kann das Phytoplankton mehr Kohlenstoff binden als durch die Atmung verbraucht wird. In den höchsten Breiten ist diese Periode maximaler Lichtintensität und großen Nährstoffangebotes sehr kurz. Aber die Produktivität während dieser 3 Monate kann so hoch sein, daß die gesamte Jahresproduktion pro Oberflächeneinheit etwa zweieinhalb bis dreimal höher liegt als die in den tropischen Gewässern. In den mittleren gemäßigten Breiten beginnt die Produktion im Frühjahr und wird dann durch Ausbildung einer Thermoklinen – und den daraus entstehenden Mangel an Nährstoffen und/oder durch die Auszehrung mittels herbivorer Organismen – bis zur Abnahme des Lichtes mit beginnendem Winter eingeschränkt.

In einigen Regionen, wie dem Nordpazifik, sind die wichtigsten Konsumenten hervorragend an die Frühjahrsproduktion angepaßt. Aufgrund von Nahrungsreserven sind sie in der Lage, sich noch vor Beginn der Phytoplanktonblüte zu vermehren, um dann bei Einsetzen der Algenproduktion das Nahrungsangebot optimal zu nutzen. Daher bleibt im Nordpazifik während der Produktionsphase der Algen die Biomasse verhältnismäßig konstant. Im Nordatlantik dagegen pflanzen sich die Herbivoren nicht eher fort, als bis die Teilung der Algen begonnen hat. So erreicht die Anzahl der Herbivoren ihr Maximum erst etwa 7 Wochen nach dem der Algen. Die durch die Sommer-Thermokline verursachte Nährstoffknappheit dürfte die anfängliche Zunahme des Phytoplanktons zum Stillstand bringen. Gleichzeitig vermehren sich die Herbivoren, so daß die Algen-Populationen schließlich zusammenbrechen. Wird jedoch die Thermokline aufgelöst, bevor die Bedingungen für die Photosynthese (Licht, Wasserdurchmischung) erneut ungünstig werden, dann kann im Herbst ein zweiter, kleiner Anstieg der Algen-Populationen erfolgen.

Neben dem durch die Breiten bedingten Gefälle spielt ein von der offenen See zur Küste verlaufender Gradient eine wesentliche Rolle. Küstengewässer sind beinahe immer reich an Nährstoffen. Meist sind sie flach, so daß die gesamte Wasserschicht vom Wind umgewälzt wird und ein Nährstoffverlust an tiefere Schichten nicht möglich ist. Ferner werden ihnen aus Flüssen und Abwässern anorganische wie organische Nährstoffe zugeführt. Das Ergebnis ist, daß die Produktivität in den Küstengewässern die der ozeanischen Regionen um das Dreifache übertrifft. Einige Küstenregionen werden ebenso von aufsteigendem, nährstoffreichem Wasser aus der Tiefe versorgt, wie es oben (s. Kap. 6.1) für einige ozeanische Bereiche beschrieben wurde. Die Produktivität in solchen Gebieten ist im Durchschnitt achtmal so hoch wie im übrigen Ozean.

Die Phytoplankton-Produktivität des Meeres ist daher am größten entlang der flachen und durch Aufwärtsströmungen gekennzeichneten tropischen Küsten, ferner in den hohen Breiten und im allgemeinen auch in ozeanischen Gewässern, soweit sie flach sind und/oder von Aufwärtsströmungen begünstigt werden. Sie ist am niedrigsten in den ausgedehnten tropischen Ozeanen (Abb. 6-13). Bedingt durch die Größe der tropischen Meere, entstehen dennoch 80 % des gesamten Phytoplanktons in diesen Gebieten.

Trotz dieser augenfälligen Unterschiede zwischen den einzelnen Meeresregionen, ist die Produktivität in eben diesen Bereichen keineswegs einheitlich. In jeder Region oder jedem Wasserkörper kann das Phytoplankton durchaus ungleich verteilt sein. Es gibt Bereiche mit sehr hoher Algendichte, in die andere eingestreut sind, die vielleicht nur 1/20 dieser Konzentration erreichen. Ein solches Verteilungsmuster ist auf das abweidende Zooplankton, auf Mikroturbulenzen und Zirkulationen, auf lokale Unterschiede in den Nährstoffkonzentrationen oder auf physikalische und gegebenenfalls andere biologische Faktoren zurückzuführen. Daher gibt die oben abgebildete Karte nur eine grobe Übersicht über die Produktivität sehr großer Meeresräume.

Das Vorkommen der einzelnen Phytoplankton-Arten, die für die Produktivität verantwortlich sind, ist je nach Jahreszeit und Ort unterschiedlich. Kieselalgen sind für Wassermassen mit hohem Nährstoffgehalt charakteristisch und beherrschen daher die Küstenregionen, die hohen Breiten und die Aufstiegszonen. Andererseits sind Dinoflagellaten und viele winzige planktonische Geißeltierchen für tropische Meere kennzeichnend.

Die Produktion des Nektons: Fischfang

Die Jahresproduktion an Nekton ist von besonderem Interesse, weil sie die Grundlage des Weltfischfangs bildet. Das Meer liefert weniger als 1% der gesamten Nahrung des Menschen, und trotz hochentwickelter Technologie gleicht die Nutzung der Produktivität des Meeres noch eher der Stufe der Jäger und Sammler. Die Meerestiere werden in den meisten Fällen nur unter Energieverlust gefangen, da der Energiegehalt des beim Fang verwendeten Treibstoffs beträchtlich über dem der gewonnenen Nahrung liegt. Mehr als 1/3 der Weltfischfangquote wird zu Fischmehl oder Öl verarbeitet und als Viehfutter oder Dünger in der Landwirtschaft verwendet, was nichts anderes bedeutet, als daß der größte Teil ihrer Energie in den terrestrischen Nahrungsketten auf der Strecke bleibt.

Damit soll keineswegs gesagt werden, daß die Ernte aus dem Meer belanglos wäre. Doch ist ihre Bedeutung zur Zeit noch auf bestimmte Gebiete konzentriert. Ein Beispiel: 1/3 des peruanischen Exports in den Jahren 1967–1970 wurde durch den Verkauf von Fischmehl erzielt. Außerdem ist in den ärmeren Bevölkerungsschichten – vor allem auch in den ärmeren Ländern – Fisch mit Abstand die wichtigste Proteinquelle und kann mehr als 3/4 des Eiweißbedarfs decken. Hinzu kommt, daß eine Reihe von Meeresfrüchten wie Austern und Krebse (von den fälschlich Krabben genannten Garnelen bis zum Hummer) sowie Lachs und Thunfisch als besondere Delikatesse weltweit geschätzt werden. Doch könnte zweifellos eine bessere ökologische Bewirtschaftung der Meere zur Lösung der Welternährungsprobleme beitragen.

Der laufende Ertrag aus dem Meer bringt 60 Mio. Tonnen Frischgewicht, davon sind 87 % Fische. Von ihnen sind die Heringe mit 23 % des gesamten Fanggewichts die bedeutendsten Speisefische. Es folgen mit 19 % die Dorsche, wie z. B. Kabeljau und Schellfisch. Plattfische umfassen weniger als 2 % und werden so vom Anteil des Fangs an Tintenfischen und bodenlebenden Krebsen übertroffen.

Die Jahresfangquote ist in den letzten 10 oder mehr Jahren zwar gleichgeblieben, aber nur deshalb, weil der Aufwand, um diese Erträge zu erreichen, ständig gesteigert wurde. Das sind letztlich schon Anzeichen eines Überfischens, eine Problematik, die inzwischen fast den gesamten Fischereihandel beeinträchtigt.

Geringe Erträge kann man mehr oder minder beliebig lange mit verhältnismäßig geringem Einsatz aufrechthalten, Ertragssteigerungen können nur durch entsprechend größere Bemühungen erzielt werden. Wenn jedoch die inzwischen bemerkenswert leistungsfähigen Fangmethoden voll eingesetzt werden und dadurch ein großer Teil des Bestandes einer Art ständig und über mehrere Jahre entnommen wird, dann kann die Population ihren Zahlenbestand nicht aufrecht erhalten, der Bestand nimmt ab und folglich auch die Fangquote. Zweifelsfrei liegt irgendwo zwischen diesen beiden Extremen das Maximum dessen, was als Fang vertretbar ist, ohne daß nachhaltige Schäden am Fischbestand die Folge sind.

Der Wert eines Fangs hängt von zwei Faktoren ab. Ein Ertrag, sagen wir von 100 kg, kann durch einen Fang von 100 Fischen zu je einem oder durch einen Fisch von 100 kg Gewicht zustande kommen. Beides, die Anzahl der Fische einer Population und ihre durchschnittliche Größe, kann durch das Abfischen beeinträchtigt werden. Viele Fischarten wachsen während ihres ganzen Lebens und können nach der Geschlechtsreife durchaus noch an Größe zunehmen. Erfolgt der Fang zu einem Zeitpunkt, zu dem die Fische noch verhältnismäßig klein sind, so geht verständlicherweise der Nutzen, den der Fisch nach weiterem Wachstum bringen würde, verloren. Folglich wird ein solcher Fang einen geringeren Ertrag liefern als eine spätere Ernte. Man spricht von Wachstums-Überfischen. Andere Arten wachsen nach der Geschlechtsreife so gut wie nicht mehr. Ein Fang mit zu vielen unreifen Individuen dieser Arten wird deren künftige Generationen schmälern. Dies ist als Rekrutierungs-Überfischen bekannt.

Für die am häufigsten gefangenen Fischarten liegen die Schätzungen der Menge angelandeter Fische in der Größenordnung von 100 Mio. Tonnen Frischgewicht pro Jahr. Da die gegenwärtig genutzten Bestände aber schon überfischt sind, kann eine künftige Ertragssteigerung nur erreicht werden, wenn man sich den bisher noch weitgehend unversehrten Beständen zuwendet und so die am schwersten betroffenen Gebiete sich erholen läßt. Daneben wird der Jahresertrag an Tintenfisch auf 100 Mio. Tonnen geschätzt. Bedingt durch die Abnahme des Bartenwals, eines der natürlichen Freßfeinde des Krills, stehen diese kleinen Krebse in erhöhtem Maße zur Verfügung, und es werden ebenfalls bis zu 100 Mio. Tonnen pro Jahr erwartet.

Wir wissen jedoch immer noch viel zu wenig über die Ökologie und Biologie der Konsumenten im Meer, und viele Nektontiere müssen noch wesentlich genauer untersucht werden.

6.4 Das Benthos

Die Produktivität des Benthos

Benthische Photosynthese, unabhängig davon, ob sie sich in Sproßpflanzen, Algen oder Bakterien vollzieht, ist nur in den flachen Küstengewässern möglich. Diese nehmen allerdings alles in allem nur 0,1 % der Meere ein. Auf den tiefen Meeresböden gibt es mit Ausnahme jener wenigen Zentren, an denen Chemosynthese stattfindet, keine Primärgeneration, die als Nahrung für andere dienen könnte, abgesehen von jenen Regionen, wo im flachen Wasser reichlich Plankton vorhanden ist, ist das Benthos immer auf abgestorbenes Material aus dem Pelagial angewiesen. Dieses enthält Fäkalien, gehäutete Panzer und anderes Material von nur geringem Nährwert und ist bereits während des Absinkens durch die Wassersäule einer großen Anzahl von Bakterien und Tieren zur Aufarbeitung ausgesetzt. So gelangen vermutlich nur 1–3 % des an der Oberfläche produzierten organischen Materials jemals in Tiefen unter 2 000 m; folglich ist das Benthos in der Tiefsee spärlich und unproduktiv.

Auch die Produktivität der benthischen Konsumenten muß also gering sein, es sei denn, sie sind in der Lage, Plankton zu fangen. Dies ist in den flacheren Teilen des kontinentalen Schelfs möglich, wo zahlreiche Suspensionsfresser leben, und die sekundäre Produktivität das 5 000fache des Wertes der Tiefsee betragen kann. Dabei übersteigt die Produktion auf dem Kontinentalschelf allerdings selten 5 % derjenigen in der Wassersäule darüber, obgleich hier das tierische Benthos, ähnlich wie das im Pelagial, eine wichtige Rolle bei der Regenerierung der Nährstoffe spielt, so daß diese vom Phytoplankton wieder genutzt werden können.

Doch unsere Kenntnis der benthischen Produktivität ist sehr gering, sie besteht aus Schätzungen und Vermutungen, denen nur wenige Daten über die Wachstums- und Umsatzraten zugrunde liegen. Mit Ausnahme des flachen Kontinentalschelfs beträgt die Biomasse des gesamten Meeresbodens weniger als 10 g/m^2, wobei der größte Teil sogar noch unter 0,1 g/m^2 bleibt. Die Werte für den Kontinentalschelf liegen dagegen bei 500 g/m^2 und erreichen gelegentlich auch das Doppelte. Das ist z. B. auf dem Antarktischen Schelf der Fall, obwohl gerade in solchen Regionen die Produktivität am Boden sehr viel geringer ist als im freien Wasser. Auch die Wachstumsraten in der Tiefsee scheinen sehr niedrig zu sein. Eine kleine Muschel von einer Größe, die in flachem Wasser in weniger als einem Jahr erreicht werden könnte, braucht in der Tiefe 50 Jahre bis zur Reife und wird dort vielleicht über 100 Jahre alt. Auch das Wachstum von Tiefsee-Bakterien ist hundertmal langsamer als das von Arten, die bei der gleichen Temperatur an der Oberfläche leben.

Das Darmsystem der größeren benthischen Konsumenten hat keine Enzyme, die in der Lage sind, die aus dem pelagischen Bereich herabkommenden Zerfallsstoffe abzubauen. Folglich sind sie auf Bakterien angewiesen, die sie direkt mit dem Detritus aufnehmen oder über die Nahrungskette mit Protisten und/oder der Meiofauna erhalten. Selbst in flachen Gewässern, in denen benthische Algen leben, enthält das Sediment immer nur einen kleinen Anteil organischen Materials, von dem wiederum die Sedimentfresser nur einen Bruchteil verdauen können. Benthische Borstenwürmer, Krebse und Weichtiere aus dem Sand und Schlick der Gezeitenzonen können höchstens 10 % des organischen Materials ihres Sediment-Habitats verwerten, während sie Reinkulturen von Kieselalgen oder Bakterien bis zu 70 % auszunutzen vermögen. Der Nutzeffekt, mit dem die Konsumenten der Tiefsee den algenfreien Schlamm oder Schlick verdauen, liegt vermutlich noch weit unter 10 %, zumal für große Teile des Meeresbodens der gesamte organische Inhalt des Schlamms weniger als 25 % beträgt. Sedimentfresser müssen sich folglich regelrecht durch den Meeresboden fressen, um ausreichend Nahrung herausholen zu können.

Ein Gramm Sediment vom Meeresboden enthält im allgemeinen nahezu eine Million Bakterien, aber ihre Produktivität ist äußerst gering und kommt möglicherweise nur auf 3 % der pelagischen Algenproduktion der tropischen Ozeane. Wie einige Untersuchungen zeigen, wachsen viele Bakterienkolonien ab einem bestimmten Stadium nicht mehr, obwohl sie auf der Oberfläche der Sedimentpartikel nur einen kleinen Prozentsatz einnehmen. Raum kann also nicht der begrenzende Faktor sein. Vielmehr ist es offensichtlich Nährstoffmangel, der die Bakterienproduktivität im Sediment begrenzt.

Die tieferen Zonen der Meere sind relativ reich an Nährstoffen, aber die Tiefsee- und die Schelfsedimente sind feinkörnig und folglich von geringer Permeabilität. Wenn die Nährstoffe ins Interstitialwasser gelangt sind, erfolgt ihre Ergänzung aus den überlagernden Wasserschichten durch Diffusion in den benthischen Schlamm sehr langsam. Bakterien haben einen großen Bedarf an Stickstoff und Phosphor. Da die Detritusstoffe, die aus dem Pelagial herabsinken, arm oder gar völlig frei von diesen Nährstoffen sind, können die Bakterien sie nur dem interstitiellen Wasser entnehmen. Man vermutet, daß die Bakterienkolonien sich deshalb nicht teilen, weil sie die Nährstoffe in ihrer Nachbarschaft aufgebraucht haben. Turbulenzen, die durch die Bewegungen der Meiofauna in den Interstitialräumen verursacht werden, könnten den Bakterien Nährstoffe zuführen; auf andere Weise kann eine lokale Nährstoffversorgung nur durch Tiere erreicht werden, die sich durchs Sediment fressen, Bakterien verdauen und anorganische Nährstoffe ins Wasser entlassen. In beiden Fällen ist die Bakterienproduktivität von der Aktivität der Konsumenten und nicht von der Detrituszufuhr abhängig. In den tiefsten Zonen des Meeres dürfte es jedoch die geringe Versorgung mit organischem Kohlenstoff sein, die das Wachstum begrenzt. Organisches Material scheint sich im Gegensatz zu den flachen benthischen Habitaten in der Tiefsee niemals anzuhäufen.

Die Produktivität benthischer Bakterien ist, aus welchen Gründen auch immer, sehr gering, das relative Raummuster der benthischen Produktivität spiegelt jedoch, aufgrund seiner strengen Abhängigkeit von der Phytoplanktonproduktion, das der pelagischen Bakterien wider (s. Kap. 6.3; Abb. 6-14). Es sind aber auch Areale unerwarteter hoher Produktion und Biomasse in Regionen zu beobachten, denen Zerfallsstoffe aus den angrenzenden Küstengewässern zugeführt werden oder denen Gebiete mit chemosynthetischer Aktivität benachbart sind. Tiefe Wasser im Küstenbereich können z. B. Holz und andere pflanzliche Abbauprodukte über die Flüsse oder Mangrovesümpfe erhalten. Eine solche Region befindet sich zwischen Timor und den Molukken in Indonesien mit 7 000 m Tiefe, und sie liefert das 70fache der normalerweise in einer solchen Tiefe zu erwartenden Biomasse. Seegras aus dem Küstenbereich kann, von Wind und Wellen erfaßt, weit verfrachtet und auf dem Meeresboden abgelagert werden. Seegrasmaterial war nahezu auf jeder der 5 000 Photographien zu sehen, die vom Meeresboden in einer durchschnittlichen Tiefe von 4 000 m aufgenommen worden waren.

Die Mannigfaltigkeit der Lebensgemeinschaften am Meeresboden

Um die Struktur der marinen Lebensgemeinschaften besser kennenzulernen, wurden Konkurrenz und gegenseitiges Räuber-Beute-Verhalten insbesondere von Arten des Benthos untersucht, weil unter allen marinen Ökosystemen der Meeresboden einen geradezu zweidimensionalen Lebensraum darstellt. Zudem hat es sich als leichter erwiesen, bestimmte biologische Beziehungen hier und nicht in dem an sich zugänglicheren freien Wasser zu analysieren. Untersuchungen über Nahrung und Nahrungsbeziehungen sind den Fragen nachgegangen, wie es kommt, daß verschiedene Areale des Meeresbodens so unterschiedliche Artenzahlen ernähren, warum einige artenreich, andere artenarm sind und warum die Tiefsee z. B. von einer artenreichen, aber individuenarmen Fauna bewohnt wird.

Analysen sehr verschiedener Lebensräume zeigen, daß Tier-Populationen, die in einer weitgehend stabilen Umwelt leben, ihr maximales Wachstumsniveau erreichen, d. h. die Kapazität des Lebensraumes ausschöpfen können (s. Kap. 5). Man nimmt an, daß starke Konkurrenz, insbesondere Nahrungskonkurrenz, über lange evolutionäre Zeiträume hin, eine Vielzahl von Arten dadurch entstehen läßt, daß Populationen sich voneinander trennen, indem sie sich auf verschiedene Nahrung spezialisieren und damit unterschiedliche Nahrungsnischen besetzen. So wird die Koexistenz vieler spezialisierter Arten in einem Lebensraum erklärbar, während Generalisten überall dort, wo ihre Nahrungsquellen überlappen als Konkurrenten vermutet werden müssen. Demnach ist in einem Lebensraum, in dem die Nahrungsquellen über eine genügend lange Zeit konstant geblieben sind, ein Gefüge von Arten zu erwarten, wobei jede Art in ihrer Entfaltung durch die Menge der speziellen Nahrung begrenzt ist, auf die sie sich spezialisiert hat.

Einer alternativen, auf Untersuchungen in Flach- und Tiefseegewässern beruhenden Überlegung zur Folge kann in einem über lange Zeit unverändert gebliebenen Lebensraum auch eine einzelne, allen anderen überlegene Art so erfolgreich sein, daß es eher zu einer den Biotop beherrschenden Monokultur als zu einem vielfältigen Miteinander von Spezialisten kommt. Ein solcher Konkurrenzausschluß wird aber vermieden, wenn alle gegeneinander konkurrierenden Arten unterhalb der Tragfähigkeit des Biotops bleiben, so daß Konkurrenz erst gar nicht entsteht. So betrachtet, ist die Artenvielfalt in stabilen Lebensräumen des Meeresbodens nicht die Folge von Nahrungskonkurrenz, sondern von Kontrolle der Populationsdichte, etwa durch Räuber.

Es werden aber noch andere Faktoren angenommen, die die Populationen unter jenem Niveau halten, bei dem Konkurrenten entstehen können, oder verhindern, daß alles beherrschende Arten auftreten. Das Sediment, besonders das der Tiefsee, ist mobil und kann ausgewaschen oder mitsamt der in ihm lebenden Organismen verfrachtet werden und dann die Fauna am neuen Ort überdecken. In flachem Wasser kann der Boden ebenso von Stürmen umgeschichtet wie von Detritusfressern aufgewühlt werden, wobei im einen wie im andern Fall kleinere Organismen durch mechanische Einwirkungen getötet werden.

Die beiden Deutungen der benthischen Mannigfaltigkeit schließen sich keineswegs vollständig aus. Vielleicht liegt auch hier, wie häufig bei alternativen Theorien, die Wahrheit in der Mitte. Sie versuchen, eine Antwort auf die Frage zu geben, ob die einzelnen benthischen Arten durch Nahrungsmangel, Räuber oder andere Mortalitätsfaktoren in Grenzen gehalten werden. Detritus ist fast immer in Fülle vorhanden, so daß die tierischen Konsumenten keineswegs durch Mangel an organischer Substanz begrenzt werden können, wohl aber durch die Rate, mit der Bakterien diese Nahrung für sie aufschließen. So ist es möglich, daß die Konsumenten von der Produktivität der Bakterien abhängig sind. Mechanismen, die durch Räuber oder Lebensbeeinträchtigungen Konkurrenzausschluß vermeiden, sind geeignet, eine hohe lokale Vielfalt aufrechtzuhalten. Das Vermeiden von Konkurrenz durch Spezialisierung ist ein Langzeitprozeß bei der Entstehung von Mannigfaltigkeit.

Die meisten Untersuchungen über die Bedeutung von Konkurrenten und Räubern wurden nur in flachen Gewässern durchgeführt, die Erkenntnisse aber vielfach verallgemeinert. Die bisher gewonnenen Belege für Konkurrenz zwischen den Arten des marinen Benthos müssen noch als Indizienbeweise angesehen werden, auch wenn die Beziehungen der Arten untereinander gut bekannt sind und, was die Gezeitenbewohner auf den Felsküsten betrifft, Beweise für Raumkonkurrenz vorliegen. Leider wissen wir sehr wenig darüber, was Detritusfresser von dem aufgenommenen Material auch wirklich verdauen. Systeme, in denen eine Reihe von Arten die gesamten zur Verfügung stehenden Resourcen unter sich aufteilen, scheinen nur dann erklärbar, wenn sie sich so entwickelt haben, um die Konkurrenz unter den Arten zu verringern. So sind beispielsweise viele benthische Arten dafür bekannt, daß sie Sedimente von spezifischer Partikelgröße und entsprechendem Wassergehalt bevorzugen oder auf sie beschränkt sind, und daß sie sich innerhalb des Sediments auf verschiedene Tiefen verteilen. Ähnlich ist es in der Gezeitenzone, wo verschiedene Arten in verschiedenen Tidenstufen vorkommen. Fehlt eine Art in einem bestimmten geographischen Bereich, können andere sich in die freie Zone ausbreiten und so Regionen besetzen, die sie bei Anwesenheit der fehlenden Art nicht einnehmen würden. Manchmal sind zwei Arten einander unähnlicher, wenn sie zusammen vorkommen, als wenn sie voneinander getrennt leben (s. Kap. 5.1). Diese Unter-

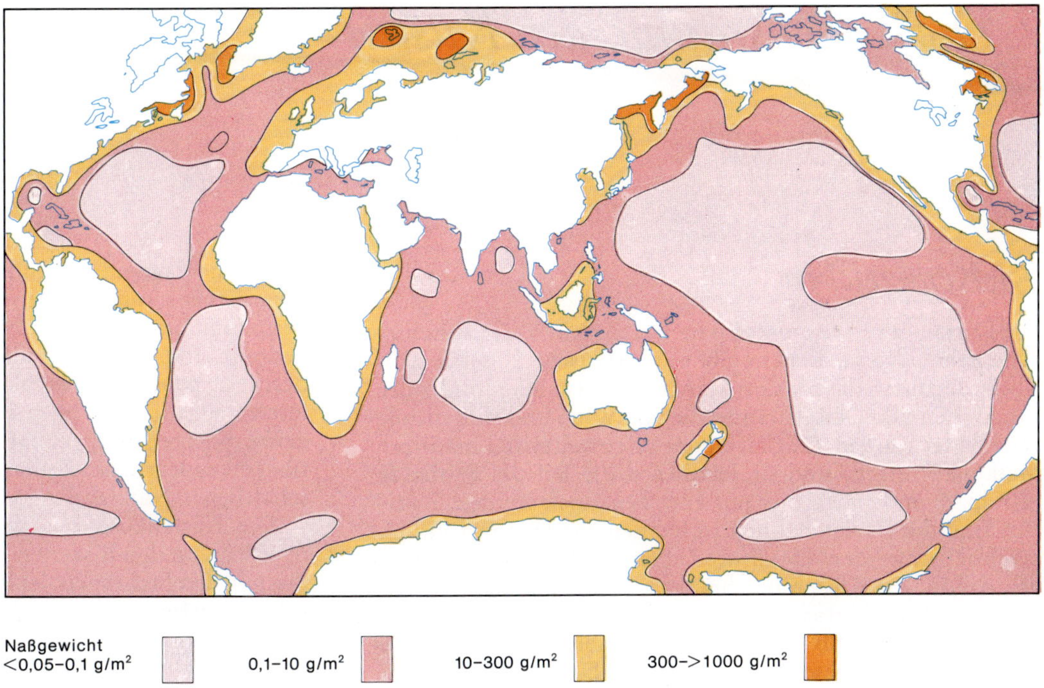

Abb. 6-14. Die Biomasse (Naßgewicht) der benthischen Organismen in den Weltmeeren.

schiede können auch als Mechanismus zur Konkurrenzvermeidung gedeutet werden. Schließlich wurde gezeigt, daß künstlich erhöhte Individuendichten einzelner Arten zur vollständigen Vernichtung ihrer jeweiligen Nahrungstiere führt. In all diesen Fällen glaubt man in der Erscheinung der Konkurrenz den Schlüssel zum Verständnis gefunden zu haben.

Als eine andere Art von Konkurrenz sind wohl die Lebensbeeinträchtigungen bestimmter Arten durch andere zu sehen. Tiere, die sich aktiv durchs Sediment bewegen, können die mehr seßhaften, Röhren und Gänge bewohnenden Arten zerstören, und umgekehrt können die Röhren der Infauna die Grabtiere in ihrer Bewegungsfreiheit einschränken. Viele der sedentären Höhlen- und Röhrenbewohner sind Suspensionsfresser und können die Larven anderer Arten, aber auch die eigenen, zumindestens beschädigen, wenn diese sich gerade auf dem Substrat festzusetzen versuchen. Larven können durch den Filtrationsapparat der Suspensionsfresser in Schleim gehüllt werden und sind dann nicht mehr in der Lage, sich zu befreien, wenn sie in den pseudofaecalen Klümpchen – wie man das vom Filter zurückgehaltene, aber nicht verdaute, sondern verworfene Material nennt – zu Boden sinken. Von einigen Arten ist bekannt, daß sie organische Stoffe ins interstitielle Wasser entlassen und damit andere Arten, die gegenüber diesen Substanzen empfindlich sind, von bestimmten Arealen fernhalten. Auch sie werden als Raumkonkurrenten betrachtet, obgleich nicht auszuschließen ist, daß auch noch andere Formen von Konkurrenz im Spiel sind.

Der Nachweis, daß benthische Arten von Räubern kontrolliert werden, ist immer noch lückenhaft. Viele Räuber können nur die Körperteile ihrer infaunalen Beute fressen, die über die Bodenfläche herausragen, wie die Fang- und Filterapparate der Röhrenwürmer, die Siphonen von Muscheln oder die Schwänze der Wattwürmer, wenn sie gerade zum Koten aus der Röhre an die Oberfläche geführt werden. Doch sind die so geschädigten Tiere meist fähig, die verlorengegangenen Teile zu regenerieren. Arten der Epifauna sind zwar in der Minderheit, aber einige werden von ihren Räubern vollständig verzehrt. In solchen Fällen halten die Räuber dadurch eine hohe Vielfalt ihrer Nahrung aufrecht, daß sie sich auf die jeweils wertvollere Beute stürzen. Die Beseitigung der Räuber, etwa durch Abfangen, kann einen beachtlichen Anstieg der bevorzugten Beute zur Folge haben, wie es beispielsweise in Nova Scotia (Kanada) beobachtet wurde, wo die Seeigel-Populationen drastisch zunahmen, als ihre Freßfeinde, die Hummer abgefischt worden waren. Jedoch stimmen die Reichweiten oder Mikrohabitate von epifaunalen Räubern und ihren Beuten nur selten exakt überein.

Die Tiefseefauna ist durch eine große Formenvielfalt gekennzeichnet. Soweit man weiß, werden die Tiefsee-Arten nicht oder nur sehr geringfügig von Räubern kontrolliert. Tiefsee-Tiere haben geringe Fortpflanzungsraten, folglich gibt es immer in ihren Populationen eine große Zahl an alten Individuen. Diese lassen keine besonderen Anpassungen an Räuber erkennen. Da ihre Dichte pro Flächeneinheit so gering ist, wird verständlich, daß Räuber fehlen. Sie hätten ja kaum eine Chance, an Beute zu kommen.

Allerdings ist über das Tiefsee-Benthos so gut wie nichts bekannt. Auf den Kontinentalabhängen, den mittelozeanischen Rücken und einigen Gebieten der Tiefsee-Ebene haben ferngesteuerte Kameras eine Fülle von Arten nachgewiesen, darunter auch Formen, die mit Hilfe bisher üblicher Fang- und Sammelmethoden kaum entdeckt worden wären. Genannt seien nur die bis zu 1 m langen Vestimentifera und die großen Protisten *Xenophyophoriae* und *Komokiaceae,* deren wissenschaftliche Namen ihrer Ungewöhnlichkeit gerecht werden.

Weiterführende Literatur

Carson, R. L.: *Geheimnisse des Meeres.* Biederstein, München 1952.
Fioroni, P.: *Einführung in die Meereszoologie.* Wissenschaftliche Buchgesellschaft, Darmstadt 1981.
Fraser, J.: *Treibende Welt. Eine Naturgeschichte des Meeresplanktons.* Springer, Heidelberg 1965.
Götting, K.-J., Kilian, F., und Schnetter, R.: *Einführung in die Meeresbiologie. 1. Marine Organismen – Marine Biogeographie.* Vieweg, Braunschweig 1982.
Tardent, P.: *Meeresbiologie. Eine Einführung.* Thieme, Stuttgart 1979.
Thorson, G.: *Erforschung des Meeres. Eine Bestandsaufnahme.* Kindler, Zürich 1972.

7 Die Lebensräume der Küsten

7.1 Kennzeichen

Die Küsten der Erde umfassen im wesentlichen vier verschiedene Lebensräume. Erstens gibt es terrestrische Systeme, z. B. Kliffs, die durch die Erosion des Meeres entstanden sind, oder Sanddünen und Geröllstrände, die von Wind und Wellen aufgeschichtet wurden. Obgleich diese alle zweifelsfrei maritime Merkmale zeigen, sind sie letztlich doch Teil des Festlands (s. Kap. 8) und sollen hier nur kurz behandelt werden. Zweitens sind die Gezeitenzonen zu nennen, die hier ausführlich beschrieben werden. Der dritte Lebensraum stellt ein System dar, das auf die Küsten beschränkt ist, jedoch aus einer Vielzahl von Kleinbiotopen besteht, die wir schon an anderer Stelle kennengelernt haben. Am Beispiel der Ästuare und Lagunen wird das besonders klar werden. Der am weitesten ins Meer hineinragende Lebensraum der Küste ist der Kontinentalschelf, dessen Gewässer in vielem dem offenen Meer ähneln (s. Kap. 6). Ein kurzer Anhang befaßt sich mit terrestrischen Organismen kleiner Inseln, besonders solcher Eilande, die weit ab vom Festland im Meer liegen.

Veränderungen im Laufe der Zeit

Eines der wesentlichsten Kennzeichen der Küsten als Grenzen zwischen Land und Meer ist, daß sie ständig in Bewegung sind. Ebbe und Flut verändern sie im Tages- oder Halbtagesrhythmus der Gezeiten ebenso, wie sich durch Langzeiteinwirkungen ganze Umgestaltungen vollziehen können.

Wellen schlagen an Land, besonders bei Stürmen und waschen schnell die Abhänge zu Kliffs aus oder fressen sich unmerklich, aber nachhaltig in die Felsküsten ein. Der Druck, den Wellen entwickeln können, beträgt unter Umständen 26 000 kg/m^2. Jedes Jahr wird gut 1 Mio. m^3 Material der Holderness-Klippen an der englischen Küste abgetragen, so daß in den letzten 1 000 Jahren jeweils 1–6 m Land pro Jahr ans Meer verloren gingen. Die erodierten Sedimente werden auf dem Schelf abgelagert, einige auch wieder an Land zurückverfrachtet. Wellen, die senkrecht niederstürzen und daher von der Küste weg eine viel größere Bewegungskraft entfalten, wirken zerstörend, während solche, die an Land klatschen, Sedimente am Küstenhang ablagern. Sand und Kies können angelandet werden und Strände und Landzungen aufbauen. Die bei starker Bewegung im Küstenwasser suspendierten Schlick- und Sandpartikelchen werden bei ruhigem Rückfluß abgesetzt. Es bilden sich die Schlick- oder Feinsandböden, die durch ständige Materialzufuhr bis zu 20 cm im Jahr wachsen, sofern sie durch Pflanzen der Gezeitenzone befestigt werden. So kann neues Land entstehen und, gegebenenfalls (z. B. Malayischer Archipel) durch Mangrovegewächse gefördert, kann die Ausbreitung dieser halbterrestrischen Schlammregionen mit einer Zuwachsrate von 125 m/Jahr erfolgen. Häufig ist die Existenz des so entstandenen Landes nur von kurzer Dauer, weil Phasen des Aufbaus von solchen der Erosion abgelöst werden. Immerhin entsteht auf der Erde zur Zeit mehr Land als durch Erosion verlorengeht.

Zunehmend macht sich auch der Mensch die Regionen der Gezeitenablagerungen und Küstengewässer nutzbar, so daß diese Lebensräume heute möglicherweise weniger durch die Verschmutzung unserer Meere als durch Urbarmachung bedroht sind. Während über 2 000 Jahre dem Meer nur in bescheidenem Maße Land abgerungen wurde, hat es in den letzten 50 Jahren ein hochtechnisierter Dammbau ermöglicht, ganze Buchten und Ästuare von mehr als 4 000 km^2 Fläche trocken zu legen, um Bauland, Industrieflächen und landwirtschaftliches Nutzland zu gewinnen.

Die Küstenkonturen, wie wir sie heute vorfinden, sind deutlich von den Eiszeiten geprägt. Meerwasser wird ja periodisch in den Eiskappen der Pole und den Gletschern der Hochgebirge gebunden und dann wieder ins Meer entlassen. Entsprechend verändert sich der Meeresspiegel. Derzeit befinden wir uns in einer Zwischeneiszeit. Das Abschmelzen des Eises am Ende der letzten Vergletscherung vor gut 12 000 Jahren (s. Kap. 5.1) hat tiefliegende Landstriche überschwemmt und flache Randmeere, wie z. B. die südliche Nordsee geschaffen und Flußtäler zu Ästuaren werden lassen. Während der Eiszeiten lag der Meeresspiegel um gut 100 m niedriger als heute, und das Land nahm auf Kosten des Meeres zu, besonders im Bereich der Schelfmeere, wo der Meeresboden nur leicht abfällt. Wenn alle zur Zeit vorhandenen Eisflächen schmelzen würden, müßte das Meer um etwa 100 m ansteigen und ein gut Teil des Landes bedecken. So liegt in vielen Gebieten die derzeitige Küstenlinie nicht mehr dort, wo sie vor 15 000 Jahren lag. Nach ähnlich langer Zeit wird man in Zukunft die Küstenlinien erneut an anderen Stellen finden.

Im Vergleich zum Binnenland sind die mehr terrestrischen Anteile des Küstenbereichs relativ unproduktiv. Das salzhaltige Spritzwasser ist für die meisten Pflanzen schädlich, der Boden häufig ungeeignet, weil er aus trockenem, nährstoffarmem Sand oder Kies, abrutschenden Kliffs oder hartem Fels besteht, auf dem Pflanzen höchstens in Spalten oder auf Vorsprüngen Halt finden. Doch die Küstengewässer sind, insbesondere im Vergleich zur Tiefsee, reich an Nährstoffen und folglich hochproduktiv. Hier wird die Photosynthese des Phytoplanktons durch die der benthischen Algen und aquatischen oder halbaquatischen Blütenpflanzen ergänzt. Hinzu kommt all jener Detritus, der aus dem Zerfall dieses Pflanzenmaterials entsteht. Die Photosynthese-Produktivität der Meere ist im Bereich der Küsten gewöhnlich um das 35–75fache höher als die der Hochsee, und die benthische Küstenproduktivität pro Flächeneinheit übersteigt die im freien Wasser um das zehnfache. Die Küstenregionen sind daher die eigentlichen Nahrungslieferanten des Meeres. Die Photosynthese am Boden des Küstenbereichs, der ja nur 0,1% der Meeresoberfläche umfaßt, liefert etwa 10 % der gesamten marinen Photosynthese-Produktion, und 20 % der Photosynthese des Phytoplanktons stammt ebenfalls aus dem Bereich der Randmeere. So werden um die 30 % der gesamten marinen Produktivität in den Küstengewässern bereitgestellt.

Meeresverschmutzung

Obwohl Schiffsreisende immer wieder und übereinstimmend von Verschmutzungen der Oberfläche der Hochsee berichteten, ist das Meer als Ganzes noch verhältnismäßig frei von Schadstoffen. Doch die Küstenbereiche und besonders von Land umschlossene Buchten, Ästuare und Häfen sind ernsthaft bedroht, und gerade Nordsee und Mittelmeer geben genügend Anlaß zur Beunruhigung. Zweifellos lassen sich eine Reihe von Schadstoffen im Meer nachweisen, aber das Hauptproblem liefert das Öl und seine Derivate. Organische Verbindungen einschließlich des Kloakenwassers setzen den Sauerstoff-Gehalt des Wassers herab, während die chemischen Substanzen vor allem durch ihre Konzentrierung schädlich sind.

Viele Unfälle, insbesondere solche, bei denen Öl ausfließt (Abb. 7-1), wären mit etwas mehr Sorgfalt oder durch bessere Kontrollen vermeidbar. Ferner sind bestimmte Formen der Abfallbeseitigung oder Verklappung oft vorsätzlich. Einige Substanzen sind in der Konzentration, in der sie ins Meer entlassen werden, zunächst harmlos, aber sie können sich in den Geweben unempfindlicher Tiere anhäufen und folglich in den Konsumenten an der Spitze der Nahrungspyramide in millionenfacher Konzentration beträchtliche Schäden hervorrufen. Chlorierte Kohlenwasserstoffe und Schwermetalle, wie Cadmium und Quecksilber, sind in dieser Hinsicht besonders heimtückisch, nicht zuletzt deshalb, weil sie offenbar bei einigen Menschen nach Verzehr von Meerestieren zu Vergiftungen mit tödlichem Ausgang führten. Radioaktive Isotope wie die von Caesium, Strontium und Jod werden auf sehr ähnliche Weise angehäuft.

Auch das Freisetzen organischer Abfälle kann zum ernsthaften Problem werden, wenn diese nicht angemessen verteilt werden. Halbumschlossene Wasserkörper haben nur eine geringe Strömung, d. h. es kann Tage dauern, bis das ganze Wasser dieses Systems ausgetauscht ist. Schadstoffe häufen sich verständlicherweise an, wenn sie schneller in solche Bezirke ein- als ausströmen können. Heterotrophe Bakterien bauen das organische Material ab, was nicht ohne Sauerstoff-Verbrauch geht. Die Haushaltsabwässer, die jeden Tag von einer Million Menschen produziert werden, mit all jenen anderen Stoffen, die ihren Weg ins Abwasser nehmen, benötigen ungefähr 300 t Sauerstoff für ihren vollständigen Abbau, was gleichbedeutend ist mit dem Sauerstoff-Gehalt von 30 Mio. m^3 Küstenwasser. Dieser tägliche Sauerstoff-Entzug überschreitet allzu häufig die Zufuhr, und folglich sind die Buchten, in die ungeklärte Abwässer eingeleitet werden, unzureichend mit Sauerstoff versorgt. Auch wenn die gleiche Menge Abwasser in Filtrierbecken oxidiert wird, bevor man sie entläßt, wird immer noch ein Zufluß von 9 000 kg anorganischem Stickstoff und 2 000 kg anorganischem Phosphor erreicht, der eine Algenproduktion in Gang setzt und zu einer weitverbreiteten Eutrophierung wie zu einer Sauerstoff-Verknappung führen kann (s. Kap. 9.2). Richtig ausgewählte Einleitungsorte, an denen die Abwässer nur zu Zeiten der stärksten Strömung freigesetzt werden, können in großem Maße dazu beitragen, die Verschmutzung der Küstengewässer zu vermindern.

7.2 Terrestrische Lebensräume der Küste

Wo immer Land an Meer grenzt, sind die terrestrischen Lebensräume vom Meer beeinflußt. Das zeigt sich ebenso in Form der kleinen salzdurchtränkten Areale wie den wenigen marinen Arten in sonst rein terrestrischer Vegetation. Kliffs, Dünen und Kiesstrände, wie wir sie von den Küsten kennen, kommen auch im Binnenland vor und werden hier wie dort von ähnlichen bis gleichen Arten besiedelt, einige aber sind typische Küstenbewohner.

Wo die Gezeitenzone einen ausgeprägten Sandstrand bildet, der bei Niedrigwasser austrocknet, können vom Meer kommende Stürme, die Geschwindigkeiten bis zu 16 km/h erreichen, die oberen Sandkörner erfassen und sie an anderer Stelle zu Dünen aufhäufen (Abb. 7-2). Salztolerante Pflanzen, die an der Drift- oder Strandlinie wachsen, wo der Nährstoffgehalt aufgrund des Abbaus gestrandeter organischer Substanz hoch ist, können als Pioniere den Wind brechen. Wenn dessen Geschwindigkeit unter die Schwelle von 16 km/h fällt, entstehen im Umfeld dieser Pflanzen oder im Lee der Driftlinie kleine Erstlings- oder Primärdünen (Embryonaldünen). Einige Arten, besonders Gräser, können ebenso schnell oder gar noch schneller wachsen als der Sand ansteigt und können durch ihr Wurzelwerk die Erstlingsdüne stabilisieren. Ein hervorragender Dünenbildner ist der Strandhafer *(Ammophila)*, der große Mengen Wind verblasenen Sandes auffangen und festlegen kann.

Da die Windgeschwindigkeit mit der Höhe über dem Boden ansteigt, kann gegebenenfalls ein Ausgleich erreicht werden, wenn die Rate des herangebrachten Sandes gleich der des weggeführten ist. Trotzdem können die Dünen einige Meter hoch werden, die höchste Küstendüne auf Moreton Island bei Australien erreicht die beachtliche Höhe von 275 m. Werden hintereinander und strandparallel mehrere Sandhügel aufgeschüttet, deren Alter entsprechend von der See zum Land hin zunimmt, spricht man von einer Dünenküste.

Mit der Abnahme der Sandzufuhr der einzelnen Dünen geht das Wachstum der für diese Erstlingsphase typischen Gräser zurück, die zunehmend von terrestrischen Formen wie Moosen (z. B. *Ceratodon purpurescens)*, Flechten und Blütenpflanzen ersetzt werden. Junge Dünen sind wasser- und nährstoffarm und durch den Schill, wie man die Bruchstücke von Muschel- und Schneckenschalen nennt, häufig leicht kalkhaltig. Wenn sich eine Pflanzendecke entwickelt, nehmen die Humusstoffe im Boden zu und ermöglichen die Wasserspeicherung, während der Regen fortschreitend das Calciumcarbonat aus dem Sand auswäscht. In den gemäßigten Zonen braucht es gut drei Jahrhunderte, bis sich in den oberen Zentimetern des Dünensandes das Calciumcarbonat verloren hat, das zu Anfang etwa 5 % ausmacht. Ältere Dünen weisen zumeist einen sauren pH-Wert auf und sind von Heidekraut bewachsen.

Obwohl im allgemeinen durch die Vegetation festgelegt, können Dünen oder Teile von ihnen wandern, was häufig dadurch ausgelöst wird, daß durch grabende Tiere oder auch nur durch einen Fußtritt eine zunächst kleine nackte Stelle

Abb. 7-1. Ölverschmutzter Höckerschwan.

entsteht, die dann der Wind weiteraushöhlt. So wird der Sand an der dem Wind zugekehrten Seite der Düne abgetragen und an der dem Wind abgewandten Seite angelagert. Wenn dieser Vorgang anhält, kann die gesamte Düne mit einer Geschwindigkeit von 5 bis 7 Metern pro Jahr landeinwärts wandern. Da wandernde Dünen menschliche Siedlungen beeinträchtigen können, werden sie häufig durch Anpflanzung von Strandhafer und später Kiefern befestigt.

Mit Ausnahme der Rinnen zwischen den parallelen Dünenrücken (Dünentälchen), in denen sich Wasser sammeln kann, sind Dünen aufgrund der Porosität des Sandes recht trockene Standorte. Folglich haben Dünenpflanzen Einrichtungen, um den Wasserverlust herabzusetzen. Die Blätter des Strandhafers z. B. sind eingerollt, um so die Spaltöffnungen gegen den Wind abzudecken. In den gemäßigten Breiten blühen und fruchten viele Pflanzen sehr früh im Jahr, noch bevor durch

Abb. 7-2. (a) Erstlings- oder Primärdüne. (b) Weiß- oder Sekundärdüne. (c) Grau- und Braundüne oder Tertiärdüne.

Abb. 7-3. Baßtölpel-Kolonie.

die sommerliche Hitze der geringe Wasservorrat verdunstet, der sich im Winter angesammelt hat. Abgesehen von den spezifischen Dünenbildnern handelt es sich bei den meisten Pflanzen und den Tieren um solche, die im Binnenland auf trockenen Sandböden oder kalkhaltigen Grasländern vorkommen.

In Regionen starker Winde, hoher Wellen und großen Tidenhubs können an die Stelle von Sand auch Kies und Steine treten. Das geschieht dort, wo das flache Schelfmeer einen Zustrom von Geröll erhält, das durch die Gletscher vom Land abgetragen wurde. Gezeitenkies ist ohne Leben, weil die von den Wellen bewegten Steine jeden Organismus zermalmen würden, der zwischen ihnen Zuflucht sucht. Höher auf dem Strand kann der Kies mit organischem Material angereichert und zusammen mit durch die Luft herangebrachtem Sand und Staub so gefestigt werden, daß die große Durchlässigkeit des Gerölls vermindert und dadurch so viel Feuchtigkeit gespeichert wird, daß sich Pflanzen, wenn auch spärlich, ansiedeln können.

Viele Pflanzenarten, die sich auf den Dünen oder in ihrer Nähe finden, wachsen auch auf Kies und Felsklippen und sind häufig sukkulent, d. h. sie bilden Wasserspeichergewebe aus. Dabei können sowohl Blätter und Sproß als auch die Wurzel fleischig werden, was der Mensch sich ja bei einigen seiner Kulturpflanzen zunutze gemacht hat. Die Wildform unserer Kohlarten ist der an Felsküsten, auf Kies- und Sandstränden wachsende Klippenkohl *(Brassica oleracea)*.

Die Klippen dienen vielen Seevögeln als Brutplätze (Abb. 7-3), wie sie es vermutlich auch für die Flugsaurier waren (s. Kap. 14.2). Die Hauptursache hierfür liegt wohl darin, daß die Tiere an diesen Stellen Schutz vor Störungen und terrestrischen Räubern finden. Viele Seevögel bauen ihre Nester auf den abgeflachten Kuppen kleiner Eilande. Nur wenn solche Plätze rar sind, oder vom Menschen und in seinem Gefolge von Ratten und streunenden Hunden und Katzen beeinträchtigt werden, wählen sie auch die Felsklippen als Brutplätze. Nur wenige bauen ein richtiges Nest, meist wird das Ei auf den bloßen Fels gelegt. Vielfach ziehen die Tiere – unter ihnen besonders die Alkenvögel, wie z. B. die Lummen – es vor, dicht gedrängt in Kolonien zu brüten. So kann ein kleiner Klippenrand von Vögeln übervölkert sein, während andere Kanten, offensichtlich nicht minder als Brutplatz geeignet, unbeachtet bleiben. Haben jedoch einige Tiere begonnen, diese leeren Terrassen zu kolonisieren, dann werden rasch andere folgen und dicht neben ihnen nisten. Dieses Verhalten wird als Gruppenverteidigung gegen Jungenräuber oder Eier stehlende Vögel gedeutet (s. Kap. 4.1): sollte eine Möwe ein Lummen-Ei zu stehlen versuchen, sähe sie sich unvermittelt einer Batterie von Schnäbeln gegenüber.

7.3 Lebensräume der Gezeitenzone

Salzwiesen und Mangrovesümpfe

Überall wo die obersten Regionen des Gezeitenbereichs aus weichem Sediment bestehen, tragen sie Salzwiesen oder Mangrovesümpfe. Beides sind einander entsprechende Lebensgemeinschaften: die Salzwiesen kommen in den kälteren und trockeneren Gebieten der Welt vor, die Mangrovesümpfe in den warmen und feuchten Tropen (Abb. 7-4). Nur an den Küsten Südost-Australiens und den Golfstaaten der USA finden sich beide, doch kann sich auch in trockenen Regionen innerhalb der tropischen Mangrovebuchten eine Art Salzwiese ausbilden. Obgleich Salzwiesen und Mangrovesümpfe geographisch einander entsprechen, gibt es einen bedeutenden Unterschied in der Wuchsform ihrer Pflanzen: Salzwiesen werden von Gräsern, kleinen Kräutern und niedrigen Büschen beherrscht, während die Mangrovesümpfe eine große Zahl von Bäumen enthalten, die bis zu 30 m hoch werden.

Beide Lebensgemeinschaften entstehen prinzipiell auf sehr ähnliche Weise wie die Sanddünen (s. Kap. 7.2), wobei allerdings Wasser statt Wind das abzulagernde Material transportiert. Ein Teil der im Wasser schwebenden Schlickpartikel sinkt mit abnehmender Geschwindigkeit des Flutstroms zu Boden und kann meist vom Ebbestrom nicht wieder aufgewirbelt werden. Die Schlickpartikel, die sich absetzen, bleiben am Schleim benthischer Algen sowie an bereits abgesetztem Material kleben und heben so allmählich das Niveau der Küste. Samen, Früchte und Sproßteile von Küstenpflanzen werden ebenfalls vom Tidenstrom abgesetzt und können auskeimen oder Wurzel schlagen. Wenn sich eine dünne Pflanzendecke gebildet hat, wird der Wasserfluß weiter gebremst, so daß sich immer mehr Sediment ablagern kann; an den Pflan-

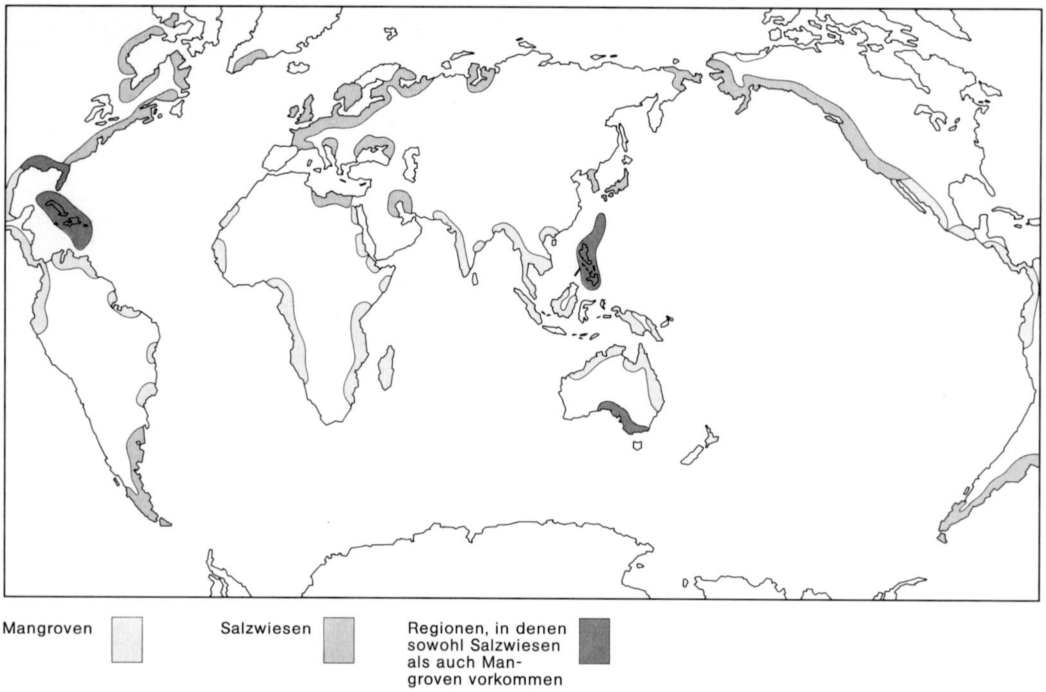

Abb. 7-4. Die Verbreitung von Salzwiesen und Mangroven an den Küsten der Weltmeere.

Abb. 7-5. (rechts) Salzwiesen. (a) Schlickgras *(Spartina).* (b) Eine Salzwiese an der Küste von Suffolk mit Meer-Lavendel.

zen selbst verfängt sich zusätzliches Material. So hebt sich die Küste und vermindert dadurch die Zeit, während deren sie von Gezeitenwasser bedeckt ist. Das hat zur Folge, daß sich nun auch gegen das Überfluten weniger tolerante Pflanzen ansiedeln und einige der ersten Kolonisten verdrängen können. Haben sie erst einmal Fuß gefaßt, dann können sie sich auch bald vegetativ ausbreiten und in den Salzwiesen z. B. einen Grasrasen bilden (Abb. 7-5). Einige der Mangrovebäume sind vivipar, d. h. auf ihren Zweigen entwickeln sich Sämlinge, die dann abfallen, im Schlick Wurzeln treiben und zu Wäldern heranwachsen (Abb. 7-6). Dort, wo sich die Höhe der Küste dem Niveau der höchsten Tide nähert, läßt die Materialversorgung durch das Meer nach, doch organische Zerfallsstoffe können den Aufbau der Küste, wenn auch langsamer, noch fortsetzen.

Schlick und Pflanzenmaterial werden hauptsächlich dort abgelagert, wo das Wasser langsam fließt. Da die Pflanzendecke sich von diesen Zentren ausbreitet, wird der Tidenfluß fortschreitend auf die ursprünglichen Zonen der größten Wassergeschwindigkeit begrenzt. Diese bilden die Hauptwege für den Flutstrom bis er sich schließlich durch Nebenarme voll über Watt und Salzwiese verteilt. Der Ebbestrom folgt in umgekehrter Richtung, wobei die Erosion die Rinnen verlängert und aufzweigt, bis aus ihnen ein kompliziertes Netzwerk entstanden ist (Abb. 7-5). Mit Ausnahme dieses Rinnensystems kann die gesamte Küste von der Hochwasserlinie bei Spring-Tiden bis zur Niedrigwasserlinie ganz von Pflanzen bedeckt sein, auch wenn einige besondere Formen der Salzwiesen, einschließlich der von Nordwesteuropa, sich nur unterhalb der Hochwasserlinie bei Nipptiden finden.

Die in Salzwiesen und Mangroven vorherrschenden Blütenpflanzen sind eine Gesellschaft nicht untereinander verwandter Arten, die sich konvergent an das Leben in wenig festen und häufig anaeroben, marinen und periodisch von Salzwasser überschwemmten Sedimenten angepaßt haben. Der Begriff „Mangrove" schließt Pflanzen aus 20 Familien und 12 Ordnungen ein. Wenige Arten, die unter diesen Bedingungen gedeihen, sind salzliebend. Die meisten haben daher besondere Mechanismen entwickelt, um mit den unerwünschten Salzen fertigzuwerden. Salze können durch spezielle Salzdrüsen in den Blättern ausgeschieden oder in inaktiven Geweben gespeichert werden. Einer hohen inneren Salzkonzentration kann durch die Aufnahme von Wasser widerstanden werden (Sukkulenz). Tatsächlich wachsen viele Pflanzen der Salzwiesen oder Mangroven bei Abwesenheit von Salzen wesentlich kräftiger, und sie sind nur auf diese salzhaltigen Standorte beschränkt, weil durch das Salz Konkurrenten ferngehalten werden.

Mariner Schlick hat nur eine geringe Durchlässigkeit, und der Abbau pflanzlichen Detritus durch Bakterien verbraucht so gut wie allen freien Sauerstoff im interstitiellen Wasser. Verschiedene anaerobe Bakterien können den erforderlichen Sauerstoff aus gelösten Nitraten gewinnen, und wenn diese

a

a

b

aufgebraucht sind, aus Sulfaten. So sind der Salzwiesen- und Mangroveschlick unter jener Oberflächenschicht, die noch in unmittelbarem Kontakt mit der Atmosphäre oder dem Gezeitenwasser steht, sauerstoffarm bis -frei und enthalten zudem giftige Sulfide. Wurzeln, die ausschließlich dazu dienen, Pflanzen zu verankern, können durch eine inaktive Schicht gegen den schwefelhaltigen Boden geschützt sein, daneben wird aber auch feines Wurzelwerk zur Aufnahme von Wasser und Nährstoffen benötigt. Bei Mangrovegewächsen reicht es nur in das dünne sauerstoffreiche Oberflächensediment und wird bei einigen Arten von besonderen Strukturen ergänzt, sog. Pneumatophoren oder Luftwurzeln, die als „Schornsteine" die Luft aufnehmen und das Wurzelgewebe unter der Oberfläche belüften. Aufgrund der Sauerstoff-Armut der Sedimente haben die Mangrovepflanzen keine tiefreichenden Wurzeln. Zur Verankerung eines Baumes breiten sich dessen Wurzeln im wesentlichen nur horizontal aus. Bei einigen Gewächsen gehen die kabelartigen Wurzeln gerade nur unter die Bodenoberfläche, während die Rhizophora-Arten beachtliche Luftwurzeln bilden (Abb. 7-6).

Obgleich in den Salzwiesen wie in den Mangroven die Gefäßpflanzen besonders auffallen, leben hier aber auch nicht wenige mikroskopische und makroskopische Algen, sowohl auf der Schlickoberfläche wie an den Sproßpflanzen selbst. Die meisten der hier vorkommenden Tiere ernähren sich von diesen Algen, nur wenige von den Geweben der großen

Abb. 7-6. Mangrovegewächs *Rhizophora.* (a) Die Bäume sind mit Stelzwurzeln in brackigem Boden verankert. (b) Stelzwurzeln, die deutlich die Atemporen (Lentizellen) erkennen lassen. (c) Vivipare Sämlinge an den Zweigen.

b

c

Blütenpflanzen. Lebende Pflanzen werden nur von einigen Insekten, und in den Mangrovesümpfen von Laub fressenden Affen abgeweidet. So entsteht eine Menge Streu, wenn in den gemäßigten Zonen einmal jährlich und in den Tropen praktisch das ganze Jahr über das Laubwerk abstirbt. Ein Teil des Fallaubs gelangt in die Sedimente, anderes trägt die Flut davon. Auch Stürme können große Mengen an Pflanzenmaterial befördern, so daß unter normalen Witterungsbedingungen die Hälfte der Nettoproduktion des gesamten Systems abgeführt werden kann. Das nahe Küstenwasser kann auf diese Weise mit organischem Material angereichert werden. In Buchten und in Gebieten großen Tidenhubs kann Genistmaterial als ein breiter Spülsaum entlang der Grenze zwischen Salzwiese und Trockenland abgelagert werden, und viele Marschen können Nutznießer solcher Zerfallsstoffe werden.

Was auch immer mit dem pflanzlichen Detritus geschieht, die Wiesen und Wälder oberhalb der Küste sind offenbar aufgrund des Nährstoffreichtums höchst produktiv. Die Nährstoffmenge, die den Wurzeln der meisten Landpflanzen zur Verfügung steht, ist immer begrenzt, in die Salzwiesen und Mangrovesümpfe aber werden mit jeder Flut reichlich Nitrate und Phosphate eingeschwemmt, so daß hier die Produktion unbegrenzt anhält.

Zweimal am Tage sind die Salzwiesen und Mangroven Land und dann wieder Meer. Die Wipfel der Mangrovebäume ragen immer aus dem Wasser, während ihre Wurzeln zeitlebens im Schlick stecken. So besteht auch die Fauna in diesem amphibischen Lebensraum aus marinen wie terrestrischen Formen. Landsäuger können während des Niedrigwassers hier ihre Nahrung finden und Fische während des Hochwassers einschwimmen. Die in die Luft ragenden Teile der Pflanzen können eine primär terrestrische Fauna beherbergen. Immerhin können auch Meeresschnecken die Mangrove-Bäume erklettern, was man ja bei Ebbe auch an einigen Krabben beobachten kann, und selbst Meeresmuscheln finden sich auf den Blättern der Mangrove-Gewächse. Viele Vögel rasten auf den Bäumen und warten hier, bis die Tide fällt und Nahrungsgründe freigibt, oder sie nutzen die Zweige als küstennahe Nistplätze. Marine Arten, die sonst auf Felsküsten leben, also epifaunal sind, können hier Stämme und Luftwurzeln der Mangroven besiedeln.

Im allgemeinen beherrschen Arten, die für marine Weichböden typisch sind, die Buchten- und Rinnensysteme sowie die Areale mit stehendem Wasser wie die mit verhältnismäßig geringem Tidenhub. In den Salzwiesen ist die Sedimentoberfläche die Grenze zwischen Land und Meer und wird in gleicher Weise von Formen beider Lebensräume bewohnt. Verschiedene Land-Arthropoden umgehen die herankommende Flut, indem sie einem inneren Verhaltensrhythmus folgend sich rechtzeitig in luftgefüllte Gänge, Spalten und Höhlen im Schlick zurückziehen. Andere fliegen für die Zeit der Überflutung aufs höhere Land. Zu einem guten Teil ist die Fauna vom Feuchtigkeitsgrad des Oberflächensediments abhängig. So wird der weichere Schlick hauptsächlich von marinen Arten bewohnt, obwohl gerade der weicheste, wie etwa der von dem schnellwüchsigen Schlickgras *Spartina* bewachsene, nur eine verarmte Fauna aufweist; die Tiere sind hier auf die Rinnen und deren Ränder beschränkt.

Weder Mangrove- noch Salzwiesen-Pflanzen können längere Überschwemmungsperioden überstehen, so daß sie häufig in den unteren Küstenregionen durch Algen ersetzt werden.

Seegraswiesen

Seegräser sind die einzigen echten marinen Gefäßpflanzen. Die Arten aus sechs Familien der Monocotyledonen, die diese ökologische Gruppe umfassen, kommen in allen Breiten vor. Einige Arten leben noch in den unteren Teilen der Gezeitenzone. Die meisten finden sich jedoch im Bereich zwischen der Niedrigwasserlinie und einer Tiefe von 15–30 m, je nach Trübungsgrad des Wassers, allerdings sind Extreme von 60 m und in einem Fall sogar von 90 m Tiefe bekannt. Obgleich Seegräser auch an offenen Sandstränden wachsen, sind sie doch im wesentlichen auf geschützte Buchten, Lagunen, Riffe und auf die Küsten-Leeseite von vorgelagerten Barriere-Inseln beschränkt. Die verschiedenen Gattungen haben sehr verschiedene Blattformen entwickelt, darunter die riemenförmigen, grasähnlichen Blätter, denen sie ihren Namen verdanken, obwohl sie keine echten Gräser sind. Die Blätter wachsen in Form von Büscheln aus einem unterirdischen Stamm oder Rhizom. Bei den kleineren Arten können bis zu 15 000 Schößlinge auf einem Quadratmeter Meeresboden wachsen.

Die Blätter der Seegräser werden von Meeresschildkröten, Seekühen wie dem Dugong und Lamantin, einigen Fischen und Seeigeln gefressen. Ähnlich wie bei den Wiederkäuern enthält der Darmkanal dieser Tiere Mikroorganismen, die die Cellulose aufschließen (s. Kap. 5.4). Auch noch einige andere Tiere sind in der Lage, Seegras zu verdauen, wenn auch viele eher die auf der Oberfläche dieser Blätter lebenden kleinen Algen verzehren. Der größte Teil des Grasmaterials endet daher als Streu und Detritus. Man hat es ebenso in 8 000 m Tiefe gefunden wie in Form großer schwimmender Flöße, so z. B. nach Stürmen vor Florida.

Die Blätter von Seegras sowie der Salzwiesen- und Mangrove-Vegetation werden abgeworfen; allerdings sind dann bereits viele der in ihnen vorhandenen Nährstoffe in den zurückbleibenden Sproß verlagert. Die meisten der dann noch in den Blättern vorhandenen Substanzen werden sehr schnell in das umgebende Seewasser entlassen, nach 2–4 Wochen sind alle löslichen Zucker verschwunden. Bakterien beginnen die Blätter zu besiedeln, und nach 7–10 Wochen bauen Bakterien und Protisten sowie eine ansehnliche Meiofauna die Blätter ab. In den Tropen verlieren Seegrasblätter jede Woche 10–20 % ihrer anfänglichen Masse, in den gemäßigten Breiten beträgt der Abbau nur 1/8 bis 1/10 dieser Rate, in der Tiefsee kann das Seegraslaub einige Jahre lagern. Nach etwa 15 Wochen hat sich durch das Mikrobenwachstum Stickstoff in den Zerfallsstoffen angereichert und ist so zu einer einträglicheren Nahrungsquelle für die Detritusfresser geworden. Eine Analyse zeigte, daß ein Gramm Trockenmasse älteren Seegras-Detritus 10^9 bis 10^{10} Bakterien, 5×10^7 bis 10^8 Flagellaten und 10^4 bis 10^5

Ciliaten enthielt. Eine andere Studie wies in einem Milliliter interstitiellen Wassers aus absterbenden *Spartina*-Bulten mehr als 10^7 Bakterien, 10^5 heterotrophe Flagellaten und Ciliaten sowie über 10^5 photosynthetisch aktive Algen und 10^5 Kieselalgen nach.

Da Seegras im Gegensatz zur übrigen Küstenvegetation eine rein aquatische Pflanze ist, wird seine Produktivität zu einem viel höheren Maße in die marinen Nahrungsnetze einbezogen als die der Salzwiesen oder Mangrovesümpfe. Zusammen mit den benthischen Algen, deren Produktivität auf die Hälfte der Gesamtproduktion berechnet wird, können die Seegraswiesen eine reiche Fauna beherbergen und dienen vielen Garnelen und Fischen als Kinderstube (s. Kap. 6.3).

Sand- und Schlickböden

Nicht alle Küsten mit Weichböden sind durch Seegraswiesen, Salzwiesen oder Mangrovesümpfe gekennzeichnet. Offene Sandstrände sind häufig völlig frei von Gefäßpflanzen. Dasselbe gilt auch für viele Schlickküsten. Photosynthetische Organismen können jedoch in Form benthischer Flagellaten und Diatomeen zahlreich sein. Auf den Schlickböden finden sich makroskopische Grünalgen und ein breites, die Oberflächenschichten bedeckendes Spektrum an Cyanobakterien. Diese dürften für die Photosynthese-Aktivität verantwortlich sein, die hier pro Quadratmeter ebenso hoch ist wie in den reichen Aufstiegszonen weit entfernt von den Küsten (s. Kap. 6.3). Im allgemeinen haben die mehr geschützten Küsten eine größere Photosynthese-Produktion.

Im Gegensatz zu den bisher beschriebenen Küstenbiotopen werden jedoch die Sand- und Schlickstrände, so auch das einzigartige Watt an der friesischen Nordseeküste, von Tieren beherrscht, deren Zahl und Mannigfaltigkeit dort besonders groß ist, wo Wasserbewegung und Wellenschlag sehr gemäßigt sind.

Offene Sandstrände werden von der Brandung bearbeitet, die die obere Schicht – und manchmal auch noch tiefer – aufwühlt und umwälzt. Tiere, die hier leben, müssen sich schnell eingraben können, wenn sie vermeiden wollen, ausgewaschen und weggeschwemmt zu werden. Da die Wellenbewegung verhindert, daß sich leichtes, organisches Material wie Tierleichen absetzt, bieten solche Strände kaum Nahrung für Aasfresser. Nur vom freien Wasser wird Nahrung herangebracht, und so sind die meisten Bewohner Suspensionsfresser.

Das andere Extrem sind stark geschützte Küsten, in deren feinem Sand sich organisches Material ansammelt. Eine nur leichte Bewegung der Wasseroberfläche, die das Sediment aufschwemmt, kann schon genügen, die Filtrationsapparate der Suspensionsfresser zu verstopfen. Ferner kann – bedingt durch die zahlreichen organischen Zerfallsstoffe – bereits wenige Millimeter unter der Bodenoberfläche Sauerstoff-Mangel eintreten, dem nur wenige Arten gewachsen sind. Diesen aber bietet sich eine derart reiche Nahrung, daß sie große Biomassen und eine hohe Produktivität liefern. Die nur 0,5 cm große Wattschnecke *Hydrobia* kann in Dichten von 100 000 Individuen pro Quadratmeter auftreten. Detritus fressende Schnecken, Ringelwürmer, Amphipoden unter den Krebsen und in den Tropen vor allem Krabben sind die wesentlichen Faunenelemente solcher Biotope. Die meisten gewinnen ihre Nahrung, indem sie sich die obere, ein oder zwei Millimeter starke Schicht einverleiben und das organische Material daraus verdauen. Ein Vorsortieren in verwertbares und unverdauliches Material ist nur selten zu beobachten. Vermutlich sind die Detritusfresser hinsichtlich ihrer Nahrung völlig unspezialisiert und können je nach Angebot und Nährwert sehr unterschiedliche Stoffe nutzen. Ringelwürmer der Gattung *Nereis* leben von toten Garnelen, Muscheln, Algenresten und Diatomeen. Aus der Suspension können sie totes wie lebendes Material gewinnen, indem sie am Eingang ihrer Röhre einen Schleimpfropf als Filter ausbilden. Den zur Atmung notwendigen Sauerstoff erhalten die meisten im Sediment eingegrabenen Tiere dadurch, daß sie einen Wasserstrom durch ihre Wohnröhren und Gänge treiben.

Küsten, die hinsichtlich Wellen- und Wasserbewegung eine Mittelstellung zwischen den beiden oben beschriebenen Formen einnehmen, bieten Bedingungen, die Suspensions- wie Bodenfressern zuträglich sind. Die den Wellen ausgesetzten Sande sind mobil, die Schlicke dagegen eher fest und stabil und erlauben im Substrat lebenden Arten (der Infauna) den Bau ständiger Gang- und Röhrensysteme. Die Arten-Vielfalt kann daher hoch sein. Viele röhrenbewohnende Borstenwürmer entfalten bei Flut ihre herrlichen Filtrationsfächer. Muscheln, Garnelen, andere Krebse und viele Borstenwürmer leben unter der Oberfläche und sind Filtrierer. Schnecken, Stachelhäuter, Krabben und auch eine Reihe von Borstenwürmer suchen ihre Nahrung im Sediment. Darüber hinaus gibt es hier auch gerade bei Weichtieren und Borstenwürmern nicht wenige Räuber.

Fische kommen bei Flut an alle diese Küsten und können mehr Wirbellose verzehren als etwa die unserer Beobachtung viel zugänglicheren Watvögel. Plattfische und die große Zahl ihrer Jungen sind bedeutende Räuber, die die über die Sedimentoberfläche hinausragenden Körperteile von Bodentieren abweiden, oder schlicht das ganze Maul voll Sediment nehmen und die Organismen aussieben. Große Scharen von Watvögeln sind nicht minder erfolgreiche Räuber. Bei ablaufendem Wasser sondieren sie den Boden. Arten, die dem Tidenstrom folgen, sind darauf aus, kleine vom ablaufenden Wasser aufgestörte Organismen sowie dem Ebbestrom bis zur Niedrigwasserlinie folgende Tiere zu erbeuten. Vogelarten, die das Sediment absuchen, machen – entsprechend der Länge ihrer Schnäbel – Beute aus verschiedenen Tiefen (Abb. 7-7). Solche mit langen Schnäbeln (Austernfischer, Uferschnepfen, Brachvögel und einige der größeren Strandläufer) spüren tief eingegrabene Muscheln und Borstenwürmer auf. Die Spitzen ihrer Schnäbel sind ebenso tastempfindlich wie biegsam, so daß das Endstück sich öffnen und die Beute aufnehmen kann, während die Basis geschlossen bleibt. Nur selten zufällig, im allgemeinen erst nach Anzeichen von Aktivität in den Gang- und Röhrenöffnungen (Abb. 7-8), stechen die Vögel zu. Auch verschiedene Enten-Arten besuchen oft die Weichböden und „durchschnattern" auf der Suche nach Kleinlebewesen den feuchten Oberflächenschlamm.

Der Mikrobenthosraum des Sandes

Wo auch immer Sand in terretrischen oder aquatischen Lebensräumen vorkommt, gewährt er Schutz gegen Hitze und Kälte ähnlich wirkungsvoll wie ein fester Körper. Sand hat aber auch Eigenschaften einer Flüssigkeit. Tiere vermögen in ihm zu graben oder, wenn sie klein genug sind, auch zwischen den Sandkörnern zu schwimmen. Diese winzigen Sandlückenbewohner sind von dem zwischen den Sandkörnern kapillar gehaltenen Wasser abhängig. Sogar in heißen Wüsten – wie der Namib in Südwestafrika – hält Sand noch Spuren von Wasser zurück, die ausreichen, um Algen das Leben in einer Tiefe von nur wenigen Zentimetern unter der sonnenverbrannten Oberfläche zu ermöglichen. Die engen und gewundenen Wasserkanäle haben jedoch einen erheblichen Nachteil, da die Diffusion von Sauerstoff und Nährstoffen begrenzt ist. Unterhalb einer gewissen Tiefe können in den Meeressanden z. B. nur noch spezialisierte Bakterien leben.

Eine andere Gefahr für die Sandlückenfauna im Meer- wie im Süßwasser besteht darin, ausgewaschen und verdriftet zu werden. Viele Arten ziehen sich daher vor jeder Flut tiefer in den Sand zurück und folgen dabei einem inneren Verhaltensrhythmus, der auch Flagellaten und Kieselalgen eigen ist. Eine weitere Anpassung ist ihr Kontaktverhalten zu einer festen Oberfläche: mit Hilfe besonderer Borsten, Cilien oder Drüsen heften sie sich fest an die Sandkörner (eine Erscheinung, die man Thigmotaxis nennt) und können selbst durch heftiges Schütteln nicht ausgewaschen werden.

Im natürlichen Zustand ist es schwierig, die Sandlückenfauna zu studieren. Doch mit einer ebenso einfachen wie eleganten, von G. Uhlig von der Biologischen Anstalt Helgoland erarbeiteten Methode gelingt es, die Bewohner unverletzt vom Sand zu trennen. Dazu wird der Sand in einen unten wasserdurchlässigen Standzylinder gefüllt und darauf gefrorenes Seewasser gelegt. Viele der Organismen fliehen dann vor der Kälte in ein kleines, unter dem Zylinder stehendes wassergefülltes Glas, aus dem man sie herausfischen und unter dem Mikroskop bestimmen kann. Solche Methoden offenbaren eine an Zahl und Vielfalt reiche Fauna, insbesondere aus Sanden, die viel organisches Material enthalten oder aus geschützten Buchten oder Ästuaren stammen. Nicht selten läßt sich sogar aus als leer vermuteten Sanden eine beachtliche Mikrofauna gewinnen. T. Fenchel untersuchte Sand aus einer Tiefe von 10 m vor der dänischen Küste und fand, daß die Mikrofauna nur 2 % der gesamten Masse des lebenden Materials ausmachte, das überwiegend aus großen Muscheln bestand. Kleine Organismen haben aber einen aktiveren Stoffwechsel, und Fenchel berechnete, daß die unauffällige Mikrofauna seiner Sandprobe für ein volles Drittel des gesamten Sauerstoff-Verbrauchs verantwortlich war.

Aufgrund der methodischen Schwierigkeiten war die Sandlückenfauna bis in die zwanziger Jahre dieses Jahrhunderts nur spärlich untersucht. Heute sind Hunderte charakteristischer Sandlückenarten beschrieben, und neue werden ständig entdeckt. Die interstitiellen Räume sind alle klein, und so sind die meisten der hier gefundenen Vielzeller die kleinsten Arten ihrer Gruppe. Alle größeren Wirbellosen sind hier als Miniaturen vertreten: die Muschel *Caecum glabrum* ist z. B. nur 2 mm lang und die Seegurke *Leptosynapta minuta* ebenso klein. Andererseits sind die interstitiellen Urtierchen häufig Riesen in ihrer Gruppe, so das Wimpertierchen *Helicoprorodon*, das 4 mm groß ist.

Tiere aus völlig verschiedenen Stämmen haben sich in Anpassung an diesen Lebensraum so entwickelt, daß sie sich beachtlich ähneln. Die Mehrzahl ist wurmförmig oder abgeflacht und im Vergleich zu verwandten nicht-interstitiellen Organismen häufig sehr viel einfacher gebaut. Unter den Hydroiden finden sich z. B. Arten, bei denen nur noch wenige Tentakeln ausgebildet sind. Ferner macht sich die Tendenz breit, daß normalerweise paarige Organe, wie etwa Hoden, nur noch einfach vorhanden sind. Die Zellen, die diese winzigen Organismen aufbauen, sind nicht kleiner als andere, sondern in ihrer Anzahl beschränkt; was die Fortpflanzung betrifft, so werden auch weniger Eier produziert. Hin und wieder sind diese einfachen Organismen als stammesgeschichtliche Vorfahren von nicht-interstitiellen Formen gedeutet worden, was dann auch im Namen, wie etwa Archiannelida, zum Ausdruck kommt. Doch ist es wahrscheinlicher, daß sie durch Verlust komplexer Strukturen sekundär, in Anpassung an das Sandlückensystem vereinfacht worden sind.

Aufgrund der isolierenden Eigenschaften und der niedrigen Diffusionsrate gelöster Substanzen kann Sand große Schwankungen von Temperatur, Licht, Sauerstoff und Nährstoffen aufweisen. Das bedeutet, daß sich im Sand auf kleinem Raum völlig verschiedene Lebensräume ausbilden können und zu einer Vertikal-Zonierung der Mikroflora und Mikrofauna führen. Fenchel hat den Küstenbereich und Meeresboden der Ostseeküste Dänemarks untersucht und zwar in gezeitenarmen Regionen, die für derartige Studien besonders geeignet sind. Indem er durch drei senkrecht in den Boden eingeführte Röhren Sandsäulen oder Sandkerne herausstach, gelang es ihm, eine Tiefenverteilung der Organismen zu ermitteln. Unterhalb einer bestimmten Tiefe, die sich mit der Jahreszeit und den Witterungsverhältnissen veränderte, färbte sich der Sand aufgrund von Sulfiden dunkel, der Sauerstoff-Gehalt nahm ab und die Konzentration an Sulfid-Ionen nahm zu. Eine Elektrode, die in den Sand eingeführt wurde, registrierte ein um 0,5 Volt negativeres Potential als an der Oberfläche (Abb. 7-9). Diese Änderung wird durch die sich im Sand vollziehende Zersetzung organischer Substanz hervorgerufen. Viele Bakterien nutzen die Abbauprodukte und dienen selbst wiederum als Nahrung für die Sandlücken-Tiere. Wenn diese Schicht die Sandoberfläche erreicht hat, entstehen Farbflecken von Schwefelbakterien und in Folge eine charakteristische Fauna von Ciliaten und Nematoden. Die phototrophen Schwefelbakterien führen eine Photosynthese durch, die sich von der der grünen Pflanzen dadurch unterscheidet, daß die Bakterien statt Wasser Sulfide als Reduktionsmittel nutzen und folglich auch keinen Sauerstoff abgeben. Vielleicht ähneln diese Bakterien jenen, die im sauerstofffreien Wasser der Erde lebten, bevor Pflanzen und Tiere auftraten. Vielleicht sind sie die wahren Relikte der interstitiellen Welt.

Abb. 7-7. Schnabellängen von Watvögeln in Relation zur Tiefe des Vorkommens ihrer Beute im Sediment.

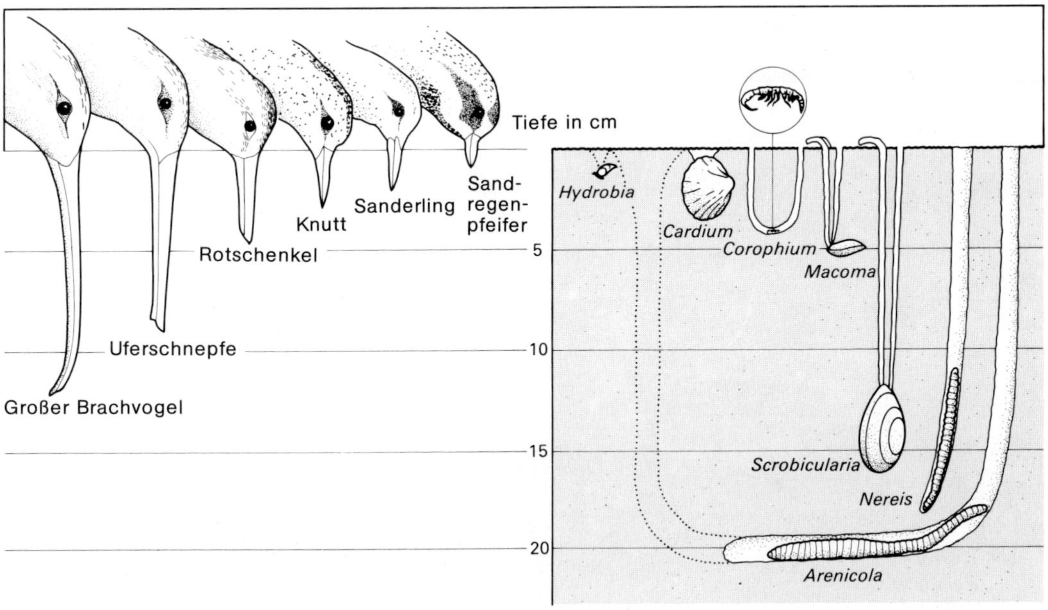

Felsküsten und Tangwälder

Wo die Wellen oder Strömungen besonders stark sind oder wo Küstenkliffs bis unter die Niedrigwasserlinie reichen, ist die Gezeitenzone eine reine Felsküste. Dieser Lebensraum kann sich bis in das Sublitoral, d. h. unter die Niedrigwasserlinie ausdehnen. Die Wasserbewegungen sind hier so mächtig, daß die Sedimente in Suspension gehalten werden und die Küstenabtragung gefördert wird. Das Ausmaß, mit dem die Felsen der Gezeitenzone zu Blöcken und Zacken zerfressen werden, hängt von mehreren Faktoren ab, einschließlich der Art des Gesteins, des Neigungswinkels, der Häufigkeit der Bruchflächen, der klimatisch bedingten Verwitterung und anderem mehr. Da Spalten, Risse, Höhlen und Kolke andere Lebensräume darstellen als etwa eine völlig glatte Felsfläche, ist auf den stark zerklüfteten Felsküsten eine wesentlich größere Floren- und Faunenmannigfaltigkeit zu finden. Der andere wesentliche Faktor, der die Artenmannigfaltigkeit auf diesen Küsten beeinflußt, ist der verhältnismäßig geringe Einfluß der Wellen. Wie schon für die Sandstrände beschrieben, fördern

Abb. 7-8. Oberflächenspuren. Die sternförmigen Fraßspuren stammen von der Pfeffermuschel *Scrobicularia plana,* die Kotwürstchen vom Wattwurm *Arenicola marina.*

Abb. 7-9. (unten) Vertikalverteilung der Interstitialfauna und elektisches Potential (Eh) eines Sandstrands in Dänemark.

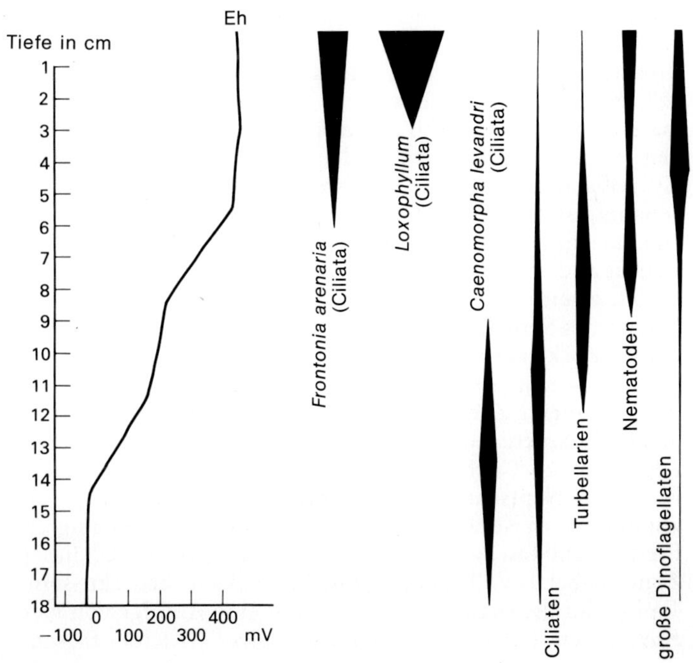

Abb. 7-10. Felsküste mit Algen-Zonierung bei Tresco auf den Scilly-Inseln, England.

Küsten mit einem mittleren Welleneinfluß die Faunen- und Florenmannigfaltigkeit.

Eines der auffallendsten Merkmale der Verbreitung der Organismen auf Felsküsten ist die Zonierung, d. h. die Mehrzahl der Arten besiedelt nur bestimmte Stockwerke zwischen der Hoch- und der Niedrigwasserlinie. Das kann manchmal den Eindruck erwecken, als sei die gesamte Küste in deutlich voneinander getrennte Zonen aufgeteilt und jede von diesen durch eine oder wenige Arten gekennzeichnet (Abb. 7-10). Wo die Fauna und Flora reicher ist, beobachtet man indessen, daß sich die Zonen überlappen. Die Zonierungsmuster der größeren oder verbreiteteren Organismen lassen jedoch nicht automatisch das Muster erkennen, nach dem jede Art einzuordnen ist. Drei Zonen sind jedoch weltweit verbreitet.

Die oberste Gezeitenzone, die von den höchsten Springtiden und sonst nur von den Spritzern der Brandung erreicht wird, ist eine echte Übergangszone zwischen Land und Meer. Sie wird besonders in Ritzen und Spalten von wenigen terrestrischen Arten bewohnt, die salztolerant sind und ein gelegentliches Überspültwerden ertragen sowie auch von marinen Formen, die sich gegen Austrocknung schützen können. In kleinen Winkeln finden sich Krustenflechten und Cyanobakterien. Diese oberste Randzone, Supralitoral genannt, ist besonders gut an solchen Küsten ausgeprägt, die einer mächtigen Brandung ausgesetzt sind, weil hier die Gischt weit über die Hochwasserlinie hinausreicht.

Die zweite Zone, das Eulitoral, reicht von der unteren Grenze des Supralitorals, die häufig durch das erste Auftreten von Seepocken gekennzeichnet ist, bis zu jenem Teil der Küste hinunter, der meist nur bei Springtiden freifällt. Charakteristisch in dieser Zone sind die Seepocken, doch gibt es viele lokale Varianten. Hin und wieder konkurrieren in den unteren Regionen mit den Seepocken andere Organismen wie Muscheln, Napfschnecken und Röhrenwürmer, in den Tropen kommen noch Korallen hinzu. In den nördlichen gemäßigten Breiten kann fast an allen offenen Stellen der obere Teil dieser Zone nahezu vollständig von Braunalgen bedeckt sein. Typisch für die englische Küste z. B. ist eine Abfolge von vier *Fucus*-Arten: *Pelvetia caniculata, Fucus spiralis* (Kleiner Blasentang), *Fucus vesiculosus* (Großer Blasentang) und *Fucus serratus* (Sägetang).

Die dritte Zone, das Sublitoral, stellt die Übergangsregion zwischen dem Gezeitenbereich und den bei Ebbe nicht mehr freifallenden Schichten dar. Seine reiche Fauna enthält zahlreiche Arten, die an kurze Zeiten des Trockenliegens angepaßt sind. Viele Felsen sind von Rotalgen der Gattung *Lithothamnion* bewachsen. In gemäßigten Breiten und in Regionen aufsteigenden Wassers herrschen die großen Braunalgen (die Tange) vor, und diese bilden nur die obersten Teile mächtiger sublitoraler Tangwälder. In wärmeren Breiten kann diese Zone von großen Seescheiden bestimmt werden. In allen Regionen der Meere ist das „Erdgeschoß" von rasenbildenden Rotalgen bedeckt.

Die Zonierungsmuster der einzelnen Arten, sowohl der vorherrschenden als auch der zahllosen mit ihnen vorkommenden Formen, scheinen von zwei Faktorenkomplexen bestimmt zu werden. Jede Felsküste weist zwei Gradienten auf: eine küstenaufwärts erfolgende Zunahme physikalischer Bedingungen (z. B. Schwankungen von Temperatur und Salzgehalt, Zunahme der Gefahr der Austrocknung) und eine küstenabwärts gerichtete Zunahme biologischer Anforderungen (z. B. Nahrungs- und/oder Raumkonkurrenz, Räuber). Die obere Verbreitungsgrenze von Felsküstenbewohnern scheint durch den ersten, die untere durch den zweiten Gradienten bestimmt zu werden. Mit anderen Worten, gegen Konkurrenten oder Räuber anfällige Arten können von biologischem Druck verhältnismäßig freie Areale im oberen Küstenbereich durch Anpassung an deren physikalisch und klimatisch rauhere Bedingungen besiedeln. Aber es gibt eine Grenze, bis zu der die Anatomie und Physiologie eines Meeresorganismus an ein Leben mehr in der Luft als im Wasser angepaßt werden kann. Daher wird die marine Fauna und Flora der Küsten nach oben zu immer spärlicher, während terrestrische Arten zunehmen, die einem periodischen Überschwemmtwerden gewachsen sind.

Allen Unbilden stark ausgesetzte Felsküsten werden im allgemeinen nur von wenigen Arten beherrscht. Die geschütztesten Küsten können regelrecht von einem Dschungel großer

a

b

Abb. 7-11. Lebensräume an Felsküsten. (a) Felstümpel. Unter den Bewohnern fallen besonders die Napfschnecken und Seeanemonen auf. (b) Wand einer Meereshöhle auf der Signy-Insel, Australien, von Organismen unterschiedlicher Tierstämme besiedelt, darunter Schwämme und Seesterne.

Abb. 7-12. Algen aus dem oberen Sublitoral an der Küste bei Tresco auf den Scilly-Inseln, England. Rechts im Bild *Laminaria digitata* (Fingertang), deutlich ist der Unterschied zwischen Cauloid und Phylloid zu erkennen.

Tange oder anderer Algen überwuchert sein. Aber die Mehrzahl der Felsstrände mit einem mittleren Grad an Schutz bildet eine große Vielfalt von Lebensräumen die ihrerseits einen Reichtum an Arten fördern (Abb. 7-11). Verschiedene Organismen stellen selbst Lebensräume für kleinere Arten dar. Die Rhizoide von Tangen bieten kleinen Borsten- und Schnurwürmern, Schnecken und Muscheln Schutz, während andere leere Seepocken-Gehäuse bewohnen. Die Unterseiten von Steinen sind für größere Räuber unzugänglich, und Seescheiden, Moostierchen, Schwämme und Hydroiden, zusammen mit sedentären Borstenwürmern, Krebsen, Seeigeln und Seesternen sind hier vor Raubfischen sicher. Allerdings gibt es auch Räuber, wie Nacktschnecken und Asselspinnen (Pantopoda), die häufig kleiner als ihre Beute sind und auch in sehr enge Räume eindringen können. Felstümpel (Abb. 7-11) ermöglichen Organismen, die ständig von Seewasser bedeckt sein müssen, in höheren Küstenzonen zu leben, als es sonst die Tide erlauben würde. Ferner begünstigen solche Tümpel und andere Kleinbiotope der Felsküsten Weidegänger und Suspensionsfresser weit mehr als andere Bereiche der Gezeitenzone, mit Ausnahme der Korallenriffe und einiger Areale der Schlickstrände.

Brandung und Strömungen können unterhalb der Gezeitenzone die Felsflächen frei von Bewohnern halten. Doch in nährstoffreichen Regionen werden die Felsen von Tangen bis in Tiefen beherrscht, in denen noch Photosynthese möglich ist. Tange sind große Braunalgen, zu denen z. B. auch die Gattung *Laminaria* gehört. Als Anheftungsstrukturen bilden sie die oben schon erwähnten Rhizoide aus, auf denen sich ein Stiel mit einem oder mehreren flachen Riemen oder Wedeln erhebt (Abb. 7-12). Die größten Arten können bis zu 50 m Länge erreichen mit Thalli, die auf und im Wasser schwimmen oder bei einigen Arten auch von gasgefüllten Blasen in der Schwebe gehalten werden. Die Tangwälder sind eines der produktivsten Ökosysteme auf der Welt. Zum Beispiel können Riesentange bis zu 25 cm pro Tag wachsen. Die Tange entlassen große Mengen an gelösten organischen Verbindungen ins Wasser. Ausgedehnte Vorkommen solcher Algen können die Küste umsäumen, zumal sie nur von wenigen Tieren, z. B. von bestimmten Seeigeln und einigen Hinterkiemerschnecken wie dem Seehasen, verzehrt werden. Die Seeigel weiden junge Entwicklungsstadien der Tange ab und können auch mit ihrem Gewicht die Wedel der älteren Pflanzen niederdrücken, wodurch sie anderen Tieren auf den Felsen zugänglich gemacht werden. Der kalifornische Seehase vermag an einem Tag bis zu 1/2 m Tang zu fressen. Die Hauptmasse der Tangwälder geht jedoch als Detritus in das Nahrungsnetz ein und ergänzt so die große Masse der pflanzlichen Zerfallstoffe.

Korallenriffe

Korallenriffe sind nicht nur produktiv und artenreich, sie sind auch aesthetisch, schlichtweg der Höhepunkt mariner Ökosysteme. Korallen sind koloniebildende Hohltiere, Verwandte der allseits bekannten Seeanemonen und Aktinien. Sie legen ein äußeres Skelett in Form eines Kelches aus Calciumcarbonat (Calyx genannt) an, in den sie sich bei Gefahr (Freßfeinde, Austrocknung) zurückziehen und aus dem sie zum eigenen Nahrungserwerb geradezu hervorblühen (Abb. 7-13). Wenn Calciumcarbonat über mehrere Jahre von den Korallen, aber auch von anderen Oganismen wie Kalkalgen und Weichtieren abgelagert wird, so wird es durch chemische Prozesse oder die Tätigkeit von Mikroorganismen und/oder Algen zusammengekittet und bildet entlang der Küsten und um Inseln ausgedehnte Riffe. Solche Korallenriffe finden sich in einem Areal von 190 Mio. km^2, wo immer es geeignetes Substrat innerhalb der lichtdurchfluteten Küstengewässer der Tropen gibt, abseits des Einflußes kontinentaler Sedimente und der Zonen aufsteigenden Wassers in den östlichen Teilen der Ozeane.

Die Bildung heutiger Riffe ist ausschließlich durch das Ansteigen des Meeresspiegels während der letzten 12 000 Jahre möglich gewesen. Obgleich Korallen in den meisten Breiten und nahezu in allen Tiefen vorkommen, entstehen Riffe nur in flachen und warmen Gewässern. Ihre maximale Entfaltung erreichen sie in Tiefen von weniger als 10 m und bei Temperaturen von 25°–29 °C. Als der Meeresspiegel stieg, wuchsen einige Korallen und hielten mit dem Ansteigen Schritt, so daß sie immer im Oberflächenwasser der von ihnen selbst geschaffenen Rücken aus Calciumcarbonat blieben. Die Grenze zwischen jeder Schicht des Riffs markiert eine Zone, die früher einmal ihre Oberfläche war. Korallen bleibt praktisch nichts anderes übrig, als mit dem steigenden Meeresspiegel ebenfalls zu steigen. Doch nicht allen Riffen ist es gelungen, Schritt zu halten. Wenn der Anstieg des Meeresspiegels zusammen mit dem lokalen Absinken des Meeresbodens zu groß ist, als daß ein Aufwärtswachsen ihn ausgleichen könnte, stirbt das Riff. Tote Riffe liegen dann tiefer unter der Oberfläche. Wo jedoch die Korallen in der Lage waren, mit dem ansteigenden Wasser in die Höhe zu wachsen, finden wir heute Riffe, die nach Entstehung, Form und Lage zum Land als Saumriff, Barriereriff oder Atoll bezeichnet werden. Das Saumriff entsteht unmittelbar am Ufer und wächst von der Niedrigwasserlinie seewärts, wobei seine Oberfläche immer dicht unter der Wasserlinie bleibt. Das Barriereriff liegt weit vor der Küste und ist auf die Senkung des Untergrundes oder die Hebung des Meeresspiegels zurückzuführen. Das Atoll ist ein ringförmiges Riff, das eine Lagune umschließt. Auch heute noch wird im allgemeinen entsprechend der Hypothese von Darwin angenommen, daß es seine Entstehung einer unter den Meeresspiegel abgesunkenen, gebirgigen Insel verdankt (Abb. 7-14, 7-15).

Zwei Eigenheiten der Riffe erscheinen widersprüchlich. Ihre Produktivität ist ungeheuer groß, obgleich viele inmitten der tropischen Meere liegen, die ja arm an Nahrung und Nährstoffen sind (s. Kap. 6.3), und zudem scheinen sie auch noch von Konsumenten beherrscht zu werden. Es ist vergleichsweise leicht, die Produzenten zu finden, obwohl viele der photosynthetischen Organismen weder grün sind noch sonst besonders auffallen. Viele Algen sind durch Kalkeinlagerungen als Schutz gegen Wellenschlag und Freßfeinde ausgezeichnet. Andere, z. B. fädige Grünalgen, werden so schnell von Pflanzenfressern abgeweidet, daß ihre Biomasse an der Oberfläche des Riffs nur sehr klein ist, obwohl sie eine hohe Produktivität aufweisen. Eine dritte Gruppe von Algen, die Zooxanthellen, sind Symbionten in den Zellen vieler riffbildender Korallen, wie darüber hinaus auch in einigen anderen Tieren, z. B. der Riesenmuschel *Tridacna* und in einigen Seescheiden (s. Kap. 10.2). Zooxanthellen sind unbewegliche Formen bestimmter Arten von Dinoflagellaten und können im Korallengewebe zu einer Dichte von 30 000 Individuen pro mm^3 angehäuft sein.

Die Gründe, warum diese Inseln eine Photosynthese-Produktivität aufweisen, die 3 000mal so hoch ist wie die des umgebenden Wassers, sind jedoch sehr viel komplexer. Stickstoff wird im allgemeinen als begrenzender Nährstoff im offenen Meer betrachtet. Auf den Riffen aber findet sich ein dünner Film von Cyanobakterien, die Stickstoff aus der Luft zu binden vermögen. Viel von derart aufgenommenem Stickstoff wird ins Wasser entlassen und steht hier photosynthetischen Algen zur Verfügung. Auch gibt es herbivore Organismen, die Cyanobakterien fressen und Stickstoff ausscheiden. Ein zweiter und bedeutender Weg, eine hohe Produktivität zu erreichen, wird durch einen inneren und einen äußeren Nährstoff-Kreislauf geschaffen.

Der innere Zyklus bezieht sich auf die Zooxanthellen und deren Rolle für die Ernährung ihrer Wirte. Korallen sind Räuber, die mit Hilfe von Nesselzellen vor allem Plankton-Tiere harpunieren. Doch gibt es einige Formen, besonders unter den Lederkorallen, die offensichtlich keine Beute fangen, und für andere ist der Planktonfang allein nicht ausreichend. Ferner ist bekannt, daß Korallen Detritus verwerten und auch gelöste organische Verbindungen aus dem Wasser aufnehmen. Einige sind Suspensionsfresser, die mit Hilfe von Schleimbändern planktonische Bakterien fangen. Bei der Mehrzahl der Korallen sind jedoch die Zooxanthellen unerläßlich, obwohl sie von ihren Wirten nicht verdaut werden können. Hungert der Wirt oder wird er gar verletzt, so gehen die Zooxanthellen in ihre mobile Form über und verlassen den Wirt.

Die Zooxanthellen sind Algen und führen eine normale Photosynthese durch. Das hierzu erforderliche Kohlendioxid entstammt sowohl dem Atmungsprozeß der Korallen wie dem Wasser der Umgebung, Ammoniak als Stickstoff-Quelle steht in Form der Exkretionsprodukte der Korallen zur Verfügung, und die restlichen Nährstoffe finden sich ebenfalls im Wasser oder werden durch Stoffwechselvorgänge des Wirtes geliefert. Auch sind die Algen insofern Nutznießer, als der Wirt ihnen ja Schutz gewährt. Auf der anderen Seite regt jede Koralle ihre Zooxanthellen an, lösliche organische Photosyntheseprodukte freizusetzen. Dieses organische Material wird in die Korallengewebe eingebaut. Der Kreislauf ist dann geschlossen, wenn die Abbauprodukte aus dem Stoffwechsel der Korallen den Algen wieder zur Verfügung stehen. So dient der innere Kreislauf dazu, die Verluste von Nährstoffen an die Umgebung zu verringern und dadurch die Produktivität zu steigern.

Auch der äußere Nährstoffzyklus, also der über das Nahrungsnetz ablaufende, ist bei den Korallenstöcken von beachtlicher Leistungsfähigkeit. Die Größe der Tierpopulationen erreicht nahezu – wenn nicht sogar tatsächlich – die maximale Tragfähigkeit des Lebensraums (s. Kap. 5.2), so daß die Nahrung für jeden Herbivoren trotz großer Produktivität der Algen karg ist. Daher liegt ein großer Selektionsvorteil in einem optimalen Auffinden, Fangen und Nutzbarmachen der Nahrung, z. B. werden Nährstoffe sehr schnell von Algen aufgenommen und diese ebenso schnell von den zahlreichen Pflanzenfressern verzehrt. Auch dies setzt die Chancen eines Nährstoffverlustes aus dem Riffsystem auf ein Mindestmaß herab. Ein sehr hoher Anteil der verfügbaren Nährstoffe wird in den Geweben gehalten, wie es in gleicher Weise bei den höchsten terrestrischen Ökosystemen, den tropischen Regenwäldern, geschieht. Immerhin führen die Möglichkeiten, die angesammelte Nährstoffmenge noch zu vergrößern, zu einem noch stärkeren Wachstum, wie es die Korallen in unmittelbarer Nachbarschaft des Ozeans zeigen.

Die symbiontischen Zooxanthellen aber spielen nicht nur bei der Ernährung ihrer Wirte eine Rolle. Sie können auch die schnelle Ablagerung von Calciumcarbonat veranlassen, die wesentlich ist, um die Rifforganismen im warmen Oberflächenwasser am Leben zu erhalten. Korallen sondern Calciumcarbonat um ein Vielfaches schneller im Licht oder in Gegen-

a

b

c

d

Abb. 7-13. Korallen. (a) *Goniopora*, einige Polypen ragen weit aus dem Kalkgerüst heraus, andere sind zurückgezogen. (b) Eine der Leder- oder Weichkorallen der Malediven. (c) *Dendronephthya*, eine Weichkoralle aus dem Roten Meer. (d) Pilzkoralle *Fungia*.

wart von Zooxanthellen ab als im Dunkeln oder in Abwesenheit eben dieser Symbionten. Calcium- und Bicarbonat-Ionen stehen mit Kohlendioxid und Calciumcarbonat in einem chemischen Gleichgewicht. Photosynthese der Zooxanthellen infolge von Lichtwirkung auf die Algen, führt zu einem Absinken der Kohlendioxid-Menge und so zum Ausfällen von Calciumcarbonat. Da jedoch auch bei Dunkelheit Veränderungen in der Ausfällrate auftreten, müssen noch andere Mechanismen beteiligt sein.

Die Ablagerung von Kalk durch Korallen und andere Rifforganismen ist heute von nicht geringerer Bedeutung, als sie es in früheren Zeiten der Erdgeschichte war: Manche Gebirge sind nichts anderes als abgestorbene Korallenriffe. Durch das Kalkskelett und die Nesselzellen sind die Korallen hervorragend gegen Freßfeinde geschützt. Steinkorallen scheinen auch nur wenigen Räubern zum Opfer zu fallen, wie etwa dem Dornenkronen-Seestern, dessen Massenauftreten auf dem Großen Barriereriff vor gar nicht langer Zeit weltweite Beachtung fand.

Das Sediment zwischen den Korallenstöcken und auf dem Boden der Atoll-Lagunen besteht im wesentlichen aus dem Calciumcarbonat der Riffbauer. Einige Fische beißen Korallenstücke ab und zermalmen sie in ihrem Darm, um die kleinen Anteile lebenden Gewebes zu verdauen. Andere Tiere wie Schwämme, Borstenwürmer und Muscheln bohren sich in die Korallenstöcke, wiederum andere höhlen Kalkstein und

Abb. 7-14. Rotfeuerfisch *(Pterois volitans)* in einem Korallenriff im Roten Meer.

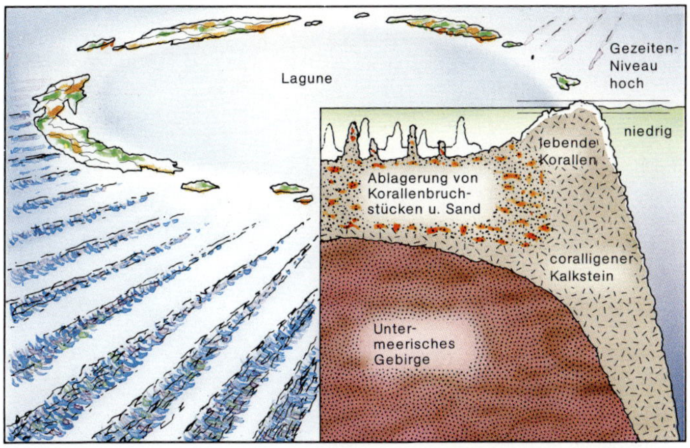

Abb. 7-15. Schnitt durch ein Atoll. An der Oberfläche umgeben Koralleninseln eine Lagune.

Kreide aus. So werden die Riffe auf biologische Weise zu Kalksand abgebaut, ebenso wie rein physikalisch durch Wellenschlag Korallenstöckchen, Kalkalgen und Weichtierschalen pulverisiert werden.

7.4 Aquatische Systeme

Ästuare

Ästuare sind trichterförmig erweiterte Flußmündungen an Küsten mit starken Gezeiten. Im allgemeinen bestehen sie aus Schlickbänken, denen landeinwärts Salzwiesen oder Mangrovesümpfe folgen, manchmal werden sie von Sandstränden begrenzt und führen in den unteren Gezeitenregionen Seegraswiesen. Sind die Flußmündungen in Gebirge eingeschnitten, dann sind sie von felsigen Landzungen umrahmt (Abb. 7-16). Das besondere Kennzeichen der Ästuare ist, daß sich in ihnen von den Flüssen herangebrachtes Süßwasser mit Küstenwasser mischt. Sie gehören zu den Küstenbereichen, die am stärksten vor der Brandung geschützt sind, so daß sich organischer Detritus ansammeln kann und Ästuare so ständig ausreichend Nahrung für Bodenfresser enthalten.

Nicht alle Küsteneinschnitte, die die physiographische Gestalt von Ästuaren haben und auch viele biologische Eigenheiten mit ihnen teilen, sind echte Ästuare, die durch einen Salinitätsgradienten zwischen Süßwasser am Anfang des Einschnitts und Seewasser an der Mündung gekennzeichnet sind. Wo die Überschwemmung niedrig liegenden Küstenlandes nicht ein größeres Flußsystem einschließt, kann ein Ästuar vorgetäuscht werden, obwohl es sich lediglich um einen Meeresarm mit unverdünntem Salzwasser handelt. Doch die starke Ähnlichkeit von Flora und Fauna in solchen Systemen und echten Ästuaren zeigt, daß es nicht der Grad der Salinität ist, der vorrangig die Bewohner bestimmt, sondern daß der Nahrungsreichtum, wie man ihn in stark geschützten Regionen findet, einen viel größeren Einfluß ausübt.

Die Salinität der Ästuare kann größer sein als die des angrenzenden Meeres. Während der Trockenzeit in einigen tropischen Gebieten kann der Wasserverlust durch Verdunstung in einem Ästuar die Wasserzufuhr durch Flüsse und Regen übersteigen und folglich mit der Zeit die Salinität zunehmen. Umgekehrt bringen einige tropische Flüsse, wie der Amazonas und der Zaire so viel Süßwasser mit, daß die Flußmündung, die man als Ästuar ansehen kann, nur Süßwasser enthält, und die Mischzone erst weit draußen in der See zustandekommt.

Von einigen wenigen Süßwasser-Organismen abgesehen, die bis zu einem gewissen Grad in die Ästuare gelangen können, sind die Ästuarbewohner im wesentlichen marinen Formen ähnlich, viele kommen auch draußen im Meer vor. Diese Organismen stehen dem physiologischen Problem gegenüber, in einem Lebensraum ohne optimale und/oder mit veränderlicher Salinität zu leben. Die Lösung liegt offenbar in zweckmäßigen Verhaltensweisen, wie z. B. hoher Beweglichkeit, die den Tieren ermöglicht, innerhalb des Ästuars in einen Bereich günstigen Salzgehalts zu gelangen. Weniger bewegliche Arten haben, um die Schwankungen auszuhalten, Regulationsmechanismen entwickelt, die den Salzhaushalt ihrer Zellen annähernd konstant halten (s. Kap. 2.4). Dieser, Homöostase genannte Mechanismus wirkt entweder auf der Ebene der Zellen, oder es können spezifische Organsysteme ausgebildet sein. Die Probleme aber bleiben immer dieselben: Wasser aus einem verdünnten äußeren Milieu versucht entlang eines osmotischen Gradienten ins Gewebe einzudringen, während bestimmte Ionen dazu neigen, entlang ihres eigenen Konzentrationsgefälles aus dem Gewebe herauszudiffundieren. Die Notwendigkeit, überschüssiges Wasser herauszupumpen, wird immer von der Gefahr begleitet, dabei auch wichtige Ionen zu verlieren. Einige osmotisch angepaßte Arten sind verhältnismäßig tolerant und halten die Salzkonzentration ihrer Körperflüssigkeit passiv mit der ihrer Umgebung im Gleichgewicht, während ihre Körperzellen regulatorisch wirken, häufig unterstützt durch nicht essentielle, aber osmotisch aktive Aminosäuren. Andere Arten haben die Durchlässigkeit ihrer Körperhaut verringert und die gesamte Osmoregulation auf besondere Zentren beschränkt, die Ionen aktiv aus der Umgebung aufnehmen und gegebenenfalls auch Körperflüssigkeit abgeben.

An jedem Ort des Ästuars kann sich die Salinität verhältnismäßig rasch ändern, etwa mit dem Gezeitenstrom oder durch

Abb. 7-16. Themse-Ästuar an der Küste von Essex, deutlich zu erkennen der Fluß, die Sand-Schlickflächen und die Salzwiesen.

Mengenänderungen des einströmenden Flußwassers. So müssen die Ästuarbewohner nicht nur an einen Salzgehalt angepaßt sein, der dem des Meeres verschieden ist, sie müssen zudem auch dessen ständigen Schwankungen widerstehen.

Lagunen

Lagunen unterscheiden sich von den Ästuaren im wesentlichen durch die Breite ihrer Verbindung mit dem Meer und durch die Menge des durchfließenden Süßwassers. Die Mündungen der Ästuare sind breit, die der Lagunen eng, der Zufluß an Süßwasser ist in den Ästuaren groß, in den Lagunen relativ gering. Daraus folgt, daß der Salzgehalt in den Lagunen konstanter ist als in den Ästuaren und sich im allgemeinen nur mit den jahreszeitlich bedingten Schwankungen entsprechend der Verdunstung und des Niederschlags ändert. Stärkere Unregelmäßigkeiten weist dagegen der Wasserstand auf, denn die schmale Verbindung zwischen Lagune und Meer mildert den Tidenhub.

Obgleich in vielerlei Hinsicht den Ästuaren ähnlich, entstehen Lagunen jedoch auf ganz andere Weise. Als langgestreckte Areale sehr flacher Küstengewässer werden sie durch Barrieren, die sich als Landzungen oder den Küsten vorgelagerten Sandbänken entwickelt haben, bis auf die kennzeichnende enge Verbindung vom Meer abgetrennt. Wenn der Tidenhub klein und der Zufluß von Süßwasser gering ist, kann durch Sandaufschüttung die Verbindung zum Meer geschlossen werden und die Lagune sich unter Umständen in einen Süßwassersee verwandeln. Ist der Tidenhub dagegen groß, können Rinnen in der Barriere offen gehalten werden, so daß diese Kette vorgelagerter Inseln ein parallel zur Küste liegendes Becken gegen das offene Meer schützt, wie es als schönstes Beispiel das Wattenmeer der Nordsee vor den Küsten Hollands, Deutschlands und Dänemarks belegt. Lagunen kommen in den Tropen und in höheren Breiten vor; in den tropischen Korallenriffen treten sie als Atoll- und Rifflagunen auf.

Ein etwas anderer Typ von Lagunen entsteht in solchen Küstenbereichen, wo die Kraft der Wellen sehr hoch ist, so daß grober Kies an den Strand geworfen wird und die Mündungen kleiner überschwemmter Flußtäler abdichtet. Solche Lagunen verlaufen meist senkrecht zur Küste, während die anderen im allgemeinen parallel zu ihr ausgerichtet sind.

Die Fauna und Flora der Lagunen läßt sich sehr gut mit der der Ästuare vergleichen. Beide Lebensräume enthalten eine ähnliche Folge von Standort-(Habitat)-Typen. Doch können in jeder beliebigen Region die Faunen auf der Art-Ebene voneinander abweichen, nicht allerdings auf der der Gattung. Paare von verwandten Arten finden sich in beiden Lebensräumen. Warum dies so ist, ist allerdings völlig unklar. In einigen Fällen scheint der jeweilige Ästuar-Partner der widerstandsfähigere und konkurrenzmäßig Überlegene zu sein, wie andererseits kleine und ephemere Lagunen ein Refugium für solche Arten bilden, die in dem rauheren und veränderlichen Lebensraum vor der Barriere unter zwischenartlicher Konkurrenz leiden.

Schelfmeere

Schelfmeere sind flach, und auf dem größten Teil ihres Bodens kann benthische Photosynthese stattfinden, da Licht noch bis in Tiefen von gut 30 m gelangt. Die geringe Tiefe erlaubt auch, daß der gesamte Wasserkörper vom Wind durchmischt wird. So werden aus dem lichtdurchfluteten Bereich abgesunkene Nährstoffe (abgestorbene planktonische Algen, Kot von Pflanzenfressern) und solche, die von am Boden lebenden Tieren ins Wasser abgegeben wurden, aufgewühlt und dem Oberflächenwasser wieder zugeführt. Ferner erhalten einige Schelfmeere aufsteigendes Tiefenwasser das zum Teil reich an Nährstoffen ist (s. Kap. 6.3). Da die Konsumenten in einigen Küstenbiotopen, wie Salzwiesen, Mangrovesümpfen, Seegraswiesen und Tangwäldern, die photosynthetische Primärproduktion nicht voll nutzen, können Gezeitenstrom, Wasserbewegungen und Stürme pflanzliches Material aus diesen Systemen ins angrenzende Meer verfrachten. Im Durchschnitt enthält Flußwasser die doppelte Menge an Nährstoffen pro Volumeneinheit als Meerwasser. Die Nährstoffkonzentrationen im Grundwasser, das an der Küste abgegeben wird, sind vermutlich noch höher. So erhalten die Schelfmeere einen Zufluß an

Abb. 7-17. Sandstrand mit Spülsaum aus Steinen, Muschelschalen und Tangbüschel.

anorganischen Nährstoffen und organischem Material, das aus dem Boden von über 100 Mio. km^2 Land herausgelöst worden ist, und werden zudem mit Detritus von Küstenpflanzen aus halbaquatischen oder überschwemmten Standorten versorgt.

Dies sind die Gründe für den Reichtum der Schelfmeere gerade an solchen Substanzen, die die Primär- und die Sekundärproduktion fördern. Viele wirtschaftlich bedeutende Fische nutzen die flachsten und durch Nährstoffzufluß begünstigten Schelfregionen als Kinderstube für ihre schnell wachsenden Jungen. Viele benthische Küstenformen erzeugen planktonische Larven, die sich von dem reichlich vorhandenen Küsten-Phytoplankton ernähren. An der Küste brütende Seevögel fischen in diesen Gewässern, und auch Delphine und Tümmler kommen hierher. Die Schelfmeere liefern einen beachtlichen Beitrag zum Weltfischfang.

Strandgut, häufig in Form eines Spülsaums und besonders üppig nach Stürmen abgelagert, liefert vielfach die einzigen Anzeichen für marines Leben jenseits der Gezeitenzone (Abb. 7-17). Alltägliche Objekte im Spülsaum englischer Küsten sind die Schalen von Austern und der Bartmuschel *(Modiolus barbatus)*, die Laichballen der Wellhornschnecke, die Büschel von Kolonien des Blättermoostierchens *(Flustra)*, Stücke von verschiedenen Schwämmen, großen Hydrozoenkolonien, gelegentlich sind auch Seesterne dabei. Sie alle gehören zur sogenannten *Modiolus*-Gemeinschaft, die von Suspensionsfressern bestimmt wird, wenngleich sie Vertreter aller Ernährungstypen enthält, z. B. die Wellhornschnecke als Aasfresser und den Seestern als Räuber. Diese Gemeinschaft bildet geradezu einen Teppich auf dem Meeresboden seichter Gewässer, wo vor allem Weichtierschalen ihr ein geeignetes Substrat bieten. Unterhalb der Sedimentoberfläche lebt eine ebenfalls reiche Schelf-Fauna aus Muscheln, Borstenwürmern, amphipoden Krebsen und Stachelhäuten, um nur die größeren Formen zu nennen, aber nur wenige von ihnen werden aufgewühlt und an den Strand geworfen. Solche mit harten Schalen können zu Teilen des Festlands werden, wenn sie durch Fossilisierung und Gesteinsbildung zu Sedimentgestein zusammengepreßt und über den Meeresspiegel angehoben werden. Organismen der Schelfmeere gehören zu den Fossilien, die am häufigsten aufgefunden werden.

7.5 Entlegene Inseln

Inseln unterscheiden sich nach ihrer Größe und Entfernung von der nächsten großen Landmasse. Auf den kleinsten gibt es möglicherweise überhaupt keine terrestrischen Organismen, während die größten in ihrer Fauna und Flora kaum Unterschiede zum Festland erkennen lassen. Inseln, die nur wenige hundert Meter von einer Landmasse entfernt liegen, können einem ähnlich großen Stück Festland völlig gleichen, während solche, die sich isoliert inmitten des Ozeans befinden, durch eine Reihe besonderer Züge gekennzeichnet sein können. Im folgenden werden weitab des Festlands gelegene Eilande und ihre terrestrische Fauna betrachtet.

Der weitaus größte Teil der terrestrischen Organismen breitet sich auf dem Land selbst oder über die Luft aus. Folglich ist die Chance, daß ein Tier rein zufällig eine kleine Insel weit ab vom nächsten Binnenland erreicht, sehr gering. Daher sind solche Inseln relativ artenarm. Die Arten, die sich dort anzusiedeln vermögen, bilden im allgemeinen nur kleine Populationen, weil sie ursprünglich von nur wenigen Pionieren begründet worden sind und außerdem die Insel klein ist. Diese Ausgangssituation ist von tiefgreifender Bedeutung für Genetik und Evolution dieser Arten (s. Kap. 11.1). Die wenigen Gründer-Individuen bringen nur einen kleinen Bestand an Genen ihres Stammes mit, und so unterscheiden sich vom ersten Augenblick einer erfolgreichen Niederlassung Ahnen- und Folgepopulationen genetisch voneinander. Danach wird durch genetische Drift, für die kleine Populationen empfänglich sind, der Genbestand auf der Insel noch kleiner und weicht mehr und mehr von dem des elterlichen Stammes ab. Viele Gründer-Populationen sind daher genetisch unzureichend ausgerüstet, um ihrer neuen Umgebung gewachsen zu sein, und sterben sehr schnell aus. Die Arten aber, die überleben, sind sehr bald so stark vom Stamm ihrer Vorfahren verschieden, daß sie zu eigenen, nur auf der eroberten Insel vorkommenden, sogenannten endemischen Arten werden.

Als tierische Kolonisten entfernter Inseln kommen vor allem aufgrund ihres Flugvermögens Insekten und Vögel infrage. Scharen von Vögeln oder Schwärme von Insekten können bei stürmischem Wetter auf einen Archipel verweht werden. Durch die oben geschilderten Vorgänge des genetischen Verschiedenwerdens kann sich auf jeder Insel eine eigene, endemische Art solcher Gruppen entwickeln.

Da entlegene Inseln von nur wenigen Arten erfolgreich kolonisiert werden, kann jede Gründergeneration einen Lebensraum erobern, in dem wenig oder gar keine Konkurrenz mit anderen Arten auftreten kann (zwischenartliche Konkurrenz). Wenn die Populationsgröße jedoch steigt, dann

a

b

Abb. 7-18. Die Beuteltiere Australiens haben durch Radiation eine Reihe ökologischer Nischen besetzt. (a) Koala *(Phascolarctos cinereus),* lebt in der Baumregion und verzehrt ausschließlich Eukalyptusblätter. (b) Rothalskänguruh *(Thylogale thetis),* bodenlebend und herbivor. (c) Langohriger Fuchskusu *(Trichosurus vulpecula),* eine kleinere, baumlebende Form. (d) Wombat *(Vombatus ursinus),* bewohnt Erdhöhlen.

c

d

stellt sich auch Konkurrenz der Angehörigen derselben Art ein (innerartliche Konkurrenz), weil eben kleine Inseln nur begrenzte Nahrungsquellen besitzen und der zur Verfügung stehende Lebensraum sehr bald besetzt und ein Auswandern unmöglich ist. Die ökologische Kategorie der Räuber fehlt meist, denn die zufällig einfallenden Räuber treffen nur selten auf eine genügend große Beute-Population. Da die Möglichkeit zum Auswandern, die Konkurrenz mit anderen Arten und auch Räuber fehlen, können tierische Populationen sehr bald die maximale Größe erreichen, die der kleine Lebensraum bewältigen kann und die im allgemeinen durch die Menge der zur Verfügung stehenden Nahrung begrenzt ist.

Die starke intraspezifische ohne interspezifische Konkurrenz auf den entlegenen Inseln, scheint in einer Anzahl von Fällen zu einer Radiation von Insel-Faunen und -Floren mit einer Vielfalt adaptiver Formen geführt zu haben. Wenn die Nahrungsquellen abnehmen, weil sie von einer bestimmten Art stark genutzt werden, obwohl andere Nahrungsmöglichkeiten zwar gegeben, aber ungenutzt bleiben, wird ein Selektionsdruck entstehen, der auf Erweiterung des Nahrungsspielraums zielt. Wenn es nur einigen Individuen der Population gelingt, andere Nahrung zu verwerten, und wenn diese Tiere noch dazu geographisch von der Restpopulation isoliert sind, kann sich eine Aufspaltung in zwei Arten vollziehen. Die neue Art kann in einem abgetrennten Tal oder auf einer anderen Insel verbleiben oder auch ihre Verbreitung in die elterlichen Bezirke erweitern. So kann sich aus einem einzigen Organisationstyp eine ganze Reihe von Arten entwickeln, von denen jede eine andere Nahrung oder Umwelt-Ressource nutzt.

Klassische Beispiele für solche Radiationen in Abwesenheit von Konkurrenten bieten bestimmte Insektengruppen auf Hawaii (Abb. 11-4), die Galapagos-Finken, die Beuteltiere Australiens (Abb. 7-18) und die Lemuren Madagaskars. In den letzten beiden Fällen hatte sich die Eroberung vermutlich vollzogen, als die Inseln noch Teil einer größeren Landmasse waren. Die anschließende Trennung von Australien und

Abb. 7-19. Riesenschildkröte der Galapagos-Inseln.

Madagaskar hat den Zugang möglicher Konkurrenten, die sich auf der Landmasse entwickelten, verhindert. Das Schicksal solcher endemischer Insel-Arten nach Erscheinen überlegener Konkurrenten wird am Beispiel der Edentata (Schuppentiere) und Subungulata (Elefanten, Seekühe, Klippschliefer) aufgezeigt, die sich während des Tertiärs im isolierten Südamerika entwickelten (s. Kap. 14.3). Die Wiederanbindung von Süd- an Nordamerika erlaubte die Einwanderung von Säugetieren, die außerhalb der Insel entstanden sind, was zur Folge hatte, daß viele der endemischen Arten Südamerikas im Konkurrenzkampf unterlagen und ausstarben. Das Überleben des altertümlichen Reptils, der Tuatara, auf den Inseln Neuseelands kann vor allem darauf zurückzuführen sein, daß keine konkurrierenden Gruppen die Inseln erreichten.

Die starke intraspezifische Konkurrenz, wie sie bei endemischen Inselformen auftritt, könnte das Riesenwachstum wie auch die Langlebigkeit etwa der Riesenschildkröten der Galapagos- oder Aldabra-Inseln (Abb. 7-19) bewirkt haben. Die Fortpflanzungsstrategie, eine möglichst große Zahl von Genen unter Inkaufnahme hoher Sterberaten durch Konkurrenz an die künftigen Generationen weiterzugeben, besteht darin, ständig eine kleine Zahl relativ großer Nachkommen zu erzeugen, denen eine ausreichende Menge Nahrung oder elterliche Fürsorge zukommt. Dadurch entsteht ein Konkurrenzvorteil, und Konkurrenzhandlungen werden verhindert, bis die Nachkommen für sich allein aufkommen können. Dies erfordert, daß die Eltern lange genug leben, um das notwendige Minimum an Nachkommen zu schaffen. Wenn das Wachstum lange anhält, dann erreichen die Individuen eine beträchtliche Körpergröße, was durchaus ein Konkurrenzvorteil sein kann, etwa im gesamten Verhaltensbereich wie aber auch hinsichtlich der Nahrungsreserven, die im Körper angelegt werden können.

Bei Vögeln kann ein großer Körper den Flug energieaufwendig machen. Hinzu kommt, daß Flugvermögen gefährlich werden kann, weil Tiere dabei von ihrer Insel abgetrieben werden könnten. Da Räuber selten auf Inseln anzutreffen sind, entstehen durch Flugunfähigkeit keine Nachteile. So enthalten oder enthielten viele Inseln große flugunfähige Vögel, wie den Dodo auf Mauritius und den Galapagos-Kormoran. Der Dodo war 1497 bei der Ankunft Vasco da Gamas auf Mauritius noch häufig, aber der Mensch als Räuber hatte ihn, dem die Flucht durch Flug versagt war, schon bis Ende des 17. Jahrhunderts ausgerottet.

Weiterführende Literatur

Carefoot, T.: *Pacific Seashores. A Guide to Intertidal Ecology.* Douglas & McIntyre, 1983.

Carson, R. L.: *Am Saum der Gezeiten. Eine Küstenwanderung.* Biederstein, München o. J.

Landelijke Vereniging tot Behoud van de Waddenzee Harlingen (Hrsg.): *Wattenmeer. Ein Naturraum der Niederlande, Deutschlands und Dänemarks.* K. Wachholtz, Neumünster 1977.

Reineck, H.-E. (Hrsg.): *Das Watt. Ablagerungs- und Lebensraum.* W. Kramer, Frankfurt 1982.

Sackett, R.: *Meeresküsten.* Time-Life Bücher, Amsterdam 1981.

8 Terrestrische Lebensräume

8.1 Die Böden

Unter einem Boden versteht man die belebte, in physikalischer und chemischer Umwandlung begriffene, oberste Schicht der Erdkruste. Die Bodenmächtigkeit ist sehr unterschiedlich; sie reicht von vielen Metern bis zu wenigen Millimetern. Neben lebenden Organismen, toter organischer Substanz und Bestandteilen der Atmosphäre (Wasser, Sauerstoff, Kohlendioxid) enthält ein Boden fast immer auch mineralische Anteile, die allerdings in der Regel mehr oder weniger verwittert sind und oft bereits in Tonminerale überführt sind.

Vier Faktoren bestimmen die Entstehung, das heutige Vorkommen und die Eigenschaften von Böden. Diese Faktoren sind Klima, Muttergestein, Vegetation und topographische Situation, wobei im Falle von Klima und Vegetation auch die früheren Verhältnisse in Betracht gezogen werden müssen. Diese Faktoren sind nicht völlig unabhängig voneinander, weil das Klima die Vegetation beeinflußt und umgekehrt, dennoch ist eine solche Unterscheidung zweckmäßig. Besonders wichtig für die Bodenbildung ist das Ausgangsmaterial. Sandstein ergibt in der Regel Sandboden, dagegen entwickelt sich über Kalkgestein meist ein flachgründiger, von Kalkbrocken durchsetzter Boden mit hohem organischem Anteil. Es gibt auch Fälle, bei denen die Ausgangsgesteine gar nicht genau bekannt sind, beispielsweise beim Löß, ein Sediment, das die Stürme während der Eiszeiten abgelagert haben.

Die Zusammensetzung eines Bodens wird einerseits vom Mineralbestand des Ausgangsmaterials bestimmt, andererseits aber von der Art und Intensität der Verwitterung. Während der Verwitterung werden Ausgangssubstanzen gelöst, chemisch verändert oder mechanisch zerstört. Materialien wie Quarz (eine Form des Siliziumdioxids) sind sehr verwitterungsresistent, während andere ziemlich schnell bis zur Größe von Tonpartikeln zerfallen. Einige der Substanzen werden chemisch umgewandelt und dann ausgewaschen, z. B. das Calciumcarbonat im Kalkgestein, das sich in kohlendioxidhaltigem Wasser ziemlich leicht löst.

Ein weiterer entscheidender Faktor der Bodenbildung ist das Klima, denn Niederschläge, Temperatur und Verdunstung haben tiefgreifende Auswirkungen auf Verwitterung und Auswaschung. Entscheidend ist dabei das Verhältnis von Niederschlag und Verdunstung. Ein abwärts gerichteter Bodenwasserstrom führt zur Auswaschung von gelösten Substanzen und suspendierten Partikeln, überwiegt dagegen die potentielle Verdunstung, so kommt es in der Regel zur Ausbildung oberflächenparalleler Bodenhorizonte, die durch eine hohe Konzentration von Kochsalz, Gips oder Kalk gekennzeichnet sind.

Die Klimageschichte ist vor allem wegen der starken klimatischen Schwankungen im Pleistozän sehr wichtig. Während dieser Epoche kam es zu wiederholten Vorstößen der polaren Eismassen; dabei näherten sich in Mitteleuropa auf dem Höhepunkt der Vereisung die Gletschermassen der Alpen und der gewaltige arktische Eisschild bis auf wenige hundert Kilometer. Schnee- und Waldgrenze sanken in Zeiten zunehmender Vereisung ab und lagen schließlich, wie übrigens auch der Meeresspiegel, weit unter dem heutigen Niveau. Die starken klimatischen Schwankungen sind für die Böden aus folgenden Gründen von Bedeutung: Durch die Tätigkeit der gewaltigen Gletscher ist damals in vielen Gebieten der kalt-gemäßigten Zone der Boden vollständig abgeräumt worden, andererseits haben sie bei ihrem Rückzug später eine ungeheure Menge von Lehm, Sand und Geröll zurückgelassen und dieses Gletschermaterial ist vielerorts zum Ausgangsmaterial für neue Böden geworden. Es gibt weiterhin Regionen, in denen es damals wegen des trockeneren Klimas zur Ausbildung harter, aus Eisen- und Aluminiumoxiden bestehender Lateritschichten im Boden kam, ein irreversibler Vorgang. Als letzter Punkt ist schließlich zu nennen, daß mit dem erneuten Anstieg des Meeresspiegels große Teile des Festlands, z. B. in Florida und den Niederlanden, wieder von der Erdoberfläche verschwanden.

Die Vegetation beeinflußt die Bodenbildung vor allem als Lieferant organischen Materials. Dieses Material kann in sehr unterschiedlicher Form vorliegen, zum Beispiel als wasserdurchtränkter Torf, als sauerer, schwach zersetzter Rohhumus oder als gut gekrümelter Mull, in den bereits zahlreiche Mineralbestandteile eingearbeitet sind. Es beeinflußt viele physikalische und chemische Faktoren des Bodens, seinen pH-Wert (Azidität oder Basizität), den Kationentausch (und damit die Fähigkeit zur Bindung wichtiger Nährstoffe, wie Kalium-, Calcium- oder Magnesium-Ionen), die Versickerungsgeschwindigkeit und den Grad der Durchlüftung.

Neben der Bereitstellung von organischem Material gibt es jedoch auch andere Wirkungen von Pflanzen auf die Entwicklung von Böden. Manche Pflanzen liefern eine recht schwer zersetzliche Streu und dies führt oft zu einer Anhäufung von Rohhumus, zur Bildung organischer Säuren und zu einer zunehmenden Kationenaustausch-Kapazität, die dann ihrerseits zur Freisetzung von Protonen und zum Absinken des pH-Wertes beiträgt. Die organischen Säuren fördern die Auswaschung von Kationen und bewirken damit einen weiteren Abfall des pH-Wertes und überdies eine starke Nährstoffverarmung, ein Vorgang, der als Podsolierung bezeichnet wird.

Die topographische Situation ist bezüglich der Bodenbildung vor allem wegen ihrer Auswirkungen auf den Wasserhaushalt von Bedeutung. Böden in Rinnen oder Senken werden besser mit Wasser versorgt als Böden auf Bergrücken oder an Hängen, überdies führt das hangabwärts sickernde Wasser zahlreiche Schwebstoffe und wichtige Nährstoffe mit sich. Diese gelösten oder suspendierten Partikel sammeln sich am Hangfuß oder in Senken; sie kommen damit auch der Vegetation zugute, die an solchen Stellen meist üppiger entwickelt ist. Die typische räumliche Abfolge von Bodenformen, die sich in einem Gebiet unter dem Einfluß der Geländesituation herausbildet, wird als Catena bezeichnet.

Für die Vegetation sind folgende Eigenschaften eines Bodens besonders wichtig: die Wasserdurchlässigkeit und Durchlüftung, das Nährstoffangebot und die Art der Bodenorganismen, die in ihm leben. Wasserdurchlässigkeit und Durchlüftung hängen vor allem von der Geländesituation und vom Mengenverhältnis der einzelnen Bodenbestandteile ab.

Horizont	Tiefe in cm	Beschreibung
A_{00}	1–2	Blattstreu an der Oberfläche
A_0	20–50	tief rotbrauner Humus ohne Regenwürmer, im oberen Teil praktisch 100 % organisches Material, die unteren 10 cm mit geringen Mineralanteilen, pH um 3,0
B	150	gelblicher Lehm, im unteren Teil mit Gesteinsbrocken, pH um 4,5
C		schwach verwittertes Muttergestein

Abb. 8-1. Bodenprofil eines Bergwaldes in Jamaika.

Stark verdichtete Böden neigen zu Staunässe und Sauerstoffarmut, was zum Absterben von Pflanzenwurzeln führen kann; dagegen sind stark durchlässige Böden häufig auch trockene Böden, in denen das Wasser zeitweise sehr knapp wird. Die Fruchtbarkeit des Bodens kann immer nur im Hinblick auf bestimmte Arten oder Artengruppen bestimmt werden, entweder durch Beobachtungen an der Vegetation oder durch Kulturversuche. Es gibt allerdings wichtige und relativ einfach zu messende Eigenschaften von Böden, die in recht enger Beziehung zur Bodenfruchtbarkeit stehen, z. B. der pH-Wert, die Kationenaustausch-Kapazität und der Gehalt an Nitrat- und Phosphat-Ionen. Manche Pflanzen haben besonders hohe Nährstoffansprüche, die von armen Böden nicht erfüllt werden können. Das hat zur Folge, daß auf Böden mit unterschiedlichem Nährstoffangebot auch unterschiedliche Pflanzengesellschaften vorkommen. Die Bodenorganismen beeinflussen die Fruchtbarkeit eines Bodens vor allem als Zwischenglieder des Abbaus oder als Mykorrhiza-Partner; es gibt allerdings auch viele Arten, die gefährliche Schädlinge oder Erreger von Pflanzenkrankheiten sind.

Viele Böden bestehen aus drei Horizonten, einem oberen, meist dunkelgefärbten A-Horizont, der fast das gesamte organische Material enthält, einem tieferen B-Horizont mit mehr oder minder feiner, mit den Händen zerlegbarer Mineralsubstanz und einem C-Horizont mit dem weitgehend unveränderten Muttergestein. Sehr klar zeigt diese drei Horizonte das Bodenprofil der Abbildung 8-1; es handelt sich bei diesem Beispiel um einen Waldboden in etwa 1500 m Höhe.

Nicht immer tragen die verschiedenen Bodentypen auch eine unterschiedliche Vegetation. Viele großflächig verbreitete Vegetationseinheiten kommen jedoch nur auf einer sehr begrenzten Serie von Bodentypen vor. Die folgenden Beispiele beziehen sich jeweils auf typische Fälle.

Die Böden der borealen Nadelwälder besitzen eine oberflächliche Auflage schwach zersetzter Nadelstreu, die deutlich sauer reagiert (ca. pH 5) und eine Mächtigkeit von 10 cm erreichen kann. Es folgt ein sandiger, ausgebleichter, grauer oder weißlicher Horizont von etwa einem halben Meter Tiefe und darunter ein etwa 35 cm mächtiger Anreicherungshorizont mit Eisenoxiden und organischen Verbindungen. Weiter in der Tiefe schließt sich dann das nur wenig veränderte Ausgangsmaterial an. Dieser Bodentyp wird als Spodosol oder Podsol bezeichnet.

Die Waldböden der gemäßigten (temperaten) Zone sind wesentlich uneinheitlicher. Viele gehören zum Typ der Braunerde, mit einem humosen, hell- bis dunkelbraunen Oberboden von 50–70 cm Mächtigkeit und pH-Werten zwischen 5,5 und 7,0 und einem bleicheren, rein mineralischen B-Horizont.

Das typische Bodenprofil der nordamerikanischen Prärien zeigt einen dunkelbraunen, humosen Oberboden mit pH-Werten zwischen 6 und 7 und einer Mächtigkeit von 50–70 cm. Es folgt ein rein mineralischer, oft mehrere Meter hinab reichender Horizont, in den bei niederschlagsarmen Prärien ein weißer Kalk-Horizont eingelagert ist. Man nennt diesen Bodentyp Mollisol oder Tschernosem (Steppenschwarzerde).

Die sandigen oder steinigen Böden der ariden Zone werden nur selten bis in größere Tiefen durchfeuchtet, deshalb liegen bei ihnen häufig Salzhorizonte in der Nähe der Bodenoberfläche. Dabei kann es sich – z. B. bei den um das Tote Meer gelegenen Böden – um Kochsalz handeln, aber auch um Gips oder Kalk.

Die Hochgebirgsböden sind in der Regel steil und wegen starker Abtragungsvorgänge oft nur von geringer Mächtigkeit, meist ist bei diesen wenig entwickelten Rohböden die Profiltiefe bis zum anstehenden Muttergestein geringer als 50 cm. Sie werden als Entisole bezeichnet.

Vielfältig ist das Spektrum der Böden des tropischen Regenwaldes. Weit verbreitet sind außerordentlich tiefgründige Böden, in denen das Muttergestein bis weit hinab verwittert ist. Dem Zerfall bis zur Größe von Tonpartikeln folgte eine anhaltende Lösungsverwitterung, die schließlich nichts weiter übrig läßt als Aluminium- und Eisenoxide. Diese Oxide können an der Oberfläche in einem irreversiblen Prozeß zu steinharten Lateriten umgewandelt werden. Sehr alt sind auch jene Bodentypen des Regenwaldes, die sich im Laufe einer langen Zeit der Verwitterung (es handelt sich hier um Jahrmillionen) aus reinen Sandböden entwickelt haben. Ergebnis der Verwitterung sind in diesem Fall weiße, nicht selten 20–30 m mächtige Schichten aus Quarz-Material, das lediglich von einer dünnen Schicht aus Sand und in Zersetzung begriffenem Humus bedeckt ist.

8.2 Die Polarregionen

Arktis und Antarktis besitzen außer den niederen Temperaturen nur wenige Gemeinsamkeiten. Die Arktis ist im Grunde nichts weiter als eine riesige Eisscholle, dagegen handelt es sich bei der Antarktis um einen regelrechten Kontinent, der durchschnittlich 3 000–4 000 m hoch, außerordentlich kalt und fast ganz von Eis bedeckt ist, dessen Mächtigkeit an einigen Stellen mehr als 3 000 m beträgt (Abb. 8-2). Beide Polar-

Abb. 8-2. Die Antarktis ist zum größten Teil von Eis bedeckt, das nur an wenigen Stellen von steilen, pflanzenleeren Felsmassiven durchbrochen wird.

regionen haben ein extremes Klima. Im Winter verschwindet die Sonne für Monate unter dem Horizont; in dieser Zeit bildet der Zustrom von Luftmassen aus niedrigeren Breiten die einzige Wärmequelle. Auch im Sommer erzeugt die tiefstehende Sonne nur wenig Wärme, immerhin weisen die der Sonne zugewandten Hänge in den Sommermonaten oft ein relativ warmes Kleinklima auf. An solchen Stellen wachsen beispielsweise in Grönland bis zum 80. Breitengrad immer noch einzelne Blütenpflanzen.

Obgleich die Antarktis mit dem 65. Breitengrad eine ziemlich große Entfernung vom Südpol erreicht, gibt es auf dem ganzen Kontinent nicht mehr als zwei Blütenpflanzen (Abb. 8-3). Dagegen hat Spitzbergen, zwischen dem 76. und 81. nördlichen Breitengrad gelegen, immerhin 160 Blütenpflanzen aufzuweisen. Natürlich gibt es in der Antarktis darüberhinaus auch Moose, Flechten und landlebende Algen, sie bilden aber nirgends eine auch nur halbwegs geschlossene Vegetationsdecke (Abb. 8-4). Wegen des Mangels an pflanzlicher Nahrung sind fast alle Tiere der Polargebiete bei ihrer Ernährung direkt oder indirekt auf das Meer angewiesen, denn die Polarmeere sind sehr fruchtbar und ernähren große Herden von Robben (beide Gebiete), Walen und Pinguinen (Antarktis). In der Antarktis fehlen eigentliche Landtiere, mit Ausnahme einiger Zuckmücken und Milben, dagegen gibt es in der Arktis mit dem circumpolar verbreiteten Eisbären *(Thalarctos maritimus)* sowohl einen Großsäuger als auch zahlreiche Insekten, die allerdings nur während des kurzen Sommers in Erscheinung treten. Die Hauptmasse der Insekten bilden Zweiflügler (Dipteren), darunter derartige Mengen von Stech- und Kriebelmücken, daß sie dem Menschen das Leben fast unerträglich machen können. Aber es gibt auch Schmetterlinge, und selbst Verwandte des Regenwurms (Enchytraeidae) graben sich vereinzelt durch den Schnee. Die reiche Insektenwelt lockt viele Vögel zur Brutzeit in die Arktis, aber sie sind eigentlich keine Tiere des arktischen Eises, eher Geschöpfe der Tundra, in der sie den überwiegenden Teil des Jahres zubringen.

Die Robben sind zwar vom Land weitgehend unabhängig geworden, zur Zeit der Fortpflanzung müssen sie aber doch noch einmal im Jahr auf festes Land – oder festes Eis – zurück. Während sich zu dieser Zeit Hunderttausende von Sattelrobben *(Pagophilus groenlandicus)* auf einer einzigen Eisscholle zusammendrängen, bringen die Weibchen der Ringelrobbe *(Pusa hispida)* ihre Jungen ganz allein zur Welt, geborgen in Schneehöhlen, die sie sich selber in Schneewehen gegraben haben. Anders als die meisten Robben ist das Walroß *(Odobenus rosmarus)* kein Tier des offenen Ozeans, da es sich vorwiegend in flachen Küstengewässern aufhält. Es ist im Vergleich zu den übrigen Robben so groß, daß man es leicht durch seine Körpergröße (die Männchen wiegen bis 1500 kg) und seine vorstehenden Eck- oder Fangzähne erkennen kann.

Auch in der Antarktis spielen die Robben eine wichtige Rolle. Ohne den gewaltigen See-Elefanten *(Mirounga leonina)*, der seine Jungen diesseits des Polarkreises zur Welt bringt, leben hier vier verschiedene Arten. Sie sind allesamt Tiere des

Abb. 8-3. Deschampsia antarctica, eine der beiden Samenpflanzen der Antarktis. Hier wächst ein isolierter Horst des Grases in einem Moosrasen (Südorkney-Inseln).

Abb. 8-4. In den wenigen zeitweise eisfreien Teilen der Antarktis ist die Bodenentwicklung sehr schwach. Hier überzieht die lebhaft gefärbte Flechte *Xanthoria candelaria* den blanken Fels; wenige Moose wachsen auf dem lockeren, steinreichen Rohboden.

offenen Ozeans, die nur gelegentlich auf treibenden Eisschollen an Land kommen. Die größte Art unter ihnen ist der Seeleopard *(Hydrurga leptonyx),* der seinen Namen weniger dem gefleckten Fell verdankt, sondern eher seiner räuberischen Lebensweise: seine bevorzugte Nahrung sind nämlich Pinguine.

Pinguine sind wohl die bekanntesten Tiere der Antarktis, obwohl einige Arten auch in Südamerika und Südafrika vorkommen und eine Art *(Spheniscus mendiculus)* sogar auf den Galapagos-Inseln lebt. Vier der achtzehn Pinguin-Arten leben in der Antarktis, davon ist lediglich der Königspinguin *(Aptenodytes forsteri;* Abb. 8-5) ganz auf den sechsten Kontinent beschränkt; er ist der einzige Vogel, der im Dunkeln des antarktischen Winters brütet. Pinguine haben eine isolierende Speckschicht, die sie im relativ warmen Meerwasser ausreichend schützt – tiefere Temperaturen als –1,8 °C können hier nicht auftreten. Auf dem Land kann es allerdings beträchtlich kälter werden (bis –80 °C), die Pinguine drängen sich dann eng zusammen, um der Kälte eine möglichst geringe Angriffsfläche zu bieten, dabei nimmt es jeder Vogel auf sich, auch einmal auf den äußeren, wesentlich kälteren Plätzen der Gruppe auszuharren.

8.3 Die Tundra

Große Gebiete im Norden Kanadas und auf der europäischen Landmasse sind von baumloser, niedriger Tundrenvegetation bedeckt. Kurze Sommer, kalte und trockene Winter und vom Frost aufgeworfene Böden verhindern hier das Aufkommen von Bäumen. Der größte Teil der eurasiatischen Tundra liegt nördlich des Polarkreises, dagegen biegt in Kanada im Bereich der Hudson Bai die Grenze der Tundrenzone bis zum 55. Breitengrad nach Süden aus. Auf der südlichen Hemisphäre gibt es keine eigentliche Tundrenzone, die entsprechenden Breitengrade der Antarktis bestehen aus eisbedeckten Hochgebirgsplateaus, lediglich die subarktischen Inseln, z. B. die Kerguelen, tragen eine Art baumloser Tundrenvegetation.

Abb. 8-5. Kaiserpinguine brüten auf dem antarktischen Inlandeis während des Winters. Die Jungen wachsen bis zum Sommer heran.

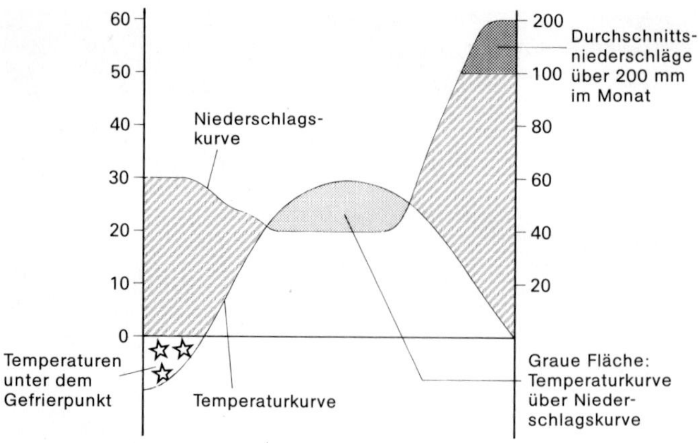

Abb. 8-6. Schematisiertes Klimadiagramm, das hier die Art der Darstellung, wie sie in diesem Kapitel verwendet wird, vorstellen soll. Auf der waagrechten Achse sind die zwölf Monate des Jahres (auf der Nordhalbkugel von Januar bis Dezember, auf der Südhalbkugel von Juli bis Juni) aufgetragen, die warme Jahreszeit liegt also immer in der Mitte des Diagramms. Für die Monatsdurchschnittstemperaturen gilt die Einteilung der linken senkrechten Achse, für die Monatsdurchschnittsniederschläge entsprechend die rechte Achse. Bei 100 mm Niederschlag wechselt der Maßstab von 20-mm- zu 100-mm-Schritten. Bei den folgenden, für die einzelnen Gebiete geltenden Diagrammen sind außerdem die Koordinaten, die Höhe in mm, der Jahresniederschlag in mm und die Durchschnittstemperatur in ° C der jeweiligen Station angegeben, sie sind alle dem Atlasband von Walter und Lieth (1960) entnommen.

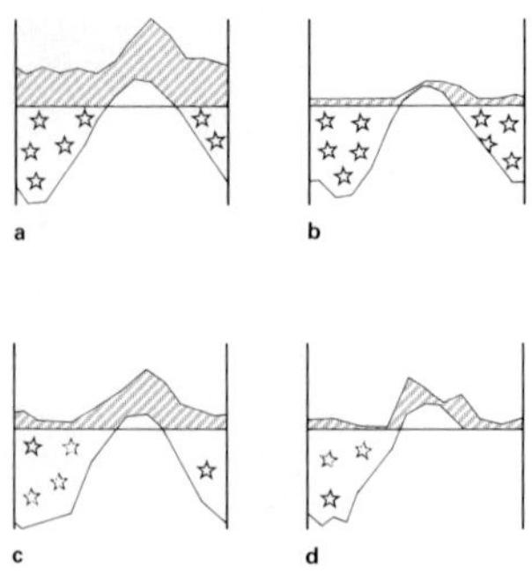

Abb. 8-7. Tundren-Klima.

			m	mm	°C
a	Frobisher Bay, Baffin Is.	63°00′ N, 67°00′ W	21	342	- 9,0
b	Thule, Grönland	76°00′ N, 68°00′ W	37	64	−11,1
c	Dikson, UdSSR	73°40′ N, 80°05′ E	13	166	−12,7
d	Medvezhi Is., UdSSR	71°00′ N, 161°00′ E	13	110	−12,1

Innerhalb der Tundrenzone ändert sich die Tageslänge im Lauf des Jahres überaus stark. Nördlich des Polarkreises herrscht im Sommer die dauernde Helligkeit der Mitternachtssonne und dann ebenso lange die anhaltende Dunkelheit der winterlichen Polarnacht. Parallel zur Änderung der einfallenden Strahlung sinkt auch die Temperatur, und auf halbwegs warme Sommer folgen sehr kalte Winter. Das Ausmaß der jährlichen Temperaturschwankungen hängt von der topographischen Lage des Tundrengebietes ab, ozeanische Gebiete sind im allgemeinen weniger extrem als kontinentale (Abb. 8-7). Der jährliche Niederschlag fällt vor allem im Sommer und ist insgesamt recht gering. Allerdings erreicht wegen der niederen Durchschnittstemperatur die Verdunstung ebenfalls nur geringe Werte, deshalb stellt Wasser in der Regel keinen begrenzenden Faktor für die Pflanzen dar. Im größten Teil der Tundra liegen die Jahresdurchschnittstemperaturen unter 0 °C, so daß der Boden oft bis in große Tiefe ständig gefroren ist und nur im Sommer oberflächlich auftaut (Permafrost). Der wiederholte Wechsel von Auftauen und Gefrieren verursacht dauernde, wenn auch geringe Volumenänderungen des Bodens, durch die auch Pflanzenwurzeln beschädigt oder abgerissen werden können. Diese Frosthebung hat eine langsame Durchmischung (Kryoturbation) des Bodens zur Folge und führt in der Regel zur Ausbildung typischer Muster, deren Form (polygonale Muster auf ebenen Flächen, Streifen oder Girlanden an den Hängen) bereits aus größerer Entfernung erkennbar ist (Abb. 8-8).

Wegen der starken lokalklimatischen Unterschiede ändert sich das Pflanzenkleid der Tundra oft ziemlich kleinflächig; wichtig ist dabei vor allem, ob die Flächen im Winter häufig schneefrei geblasen werden. Standorte, an denen der Schnee sich sammelt, sind zwar geschützt vor extremer Kälte, haben aber den Nachteil, daß im Frühjahr das Abschmelzen der Schneedecke den Wachstumsbeginn sehr verzögert. Die Geländesituation des Standorts ist auch wegen der flach einfallenden Strahlung von Bedeutung. Südexponierte Hänge sind wesentlich wärmer als ebene Flächen oder gar Nordhänge, denn sie empfangen eine wesentlich höhere Strahlungsenergie, ein Unterschied, der mit zunehmendem Breitengrad immer stärker ins Gewicht fällt.

Die Vegetation der Tundra

Die Vegetationsperiode der Tundra ist nur sehr kurz und reicht kaum zur Entwicklung einer vollständigen Pflanzengeneration. Überraschenderweise gibt es dennoch einige einjährige Arten. Die weit überwiegende Zahl der Tundrenpflanzen gehört jedoch zu den ausdauernden Arten, deren Erneuerungsknospen den arktischen Winter direkt an der Erdoberfläche oder aber im Schutz der oberen Bodenschichten überdauern. Auf nassen Flächen wachsen in erster Linie Seggen *(Carex)* und Wollgräser *(Eriophorum)*, während trockenere Standorte von der Zwergbirke *(Betula nana)* oder verschiedenen Zwergweiden *(Salix*-Arten) beherrscht werden. Diese Vegetation niedriger Kräuter und Zwergsträucher wird auf windüberblasenen Rücken häufig durch reine Flechtenrasen ersetzt, in sumpfigen Quellfluren dominieren dagegen reine Moosrasen.

Durch die kurze Vegetationszeit ist es den ausdauernden Pflanzen oft unmöglich, in einer einzigen Vegetationsperiode Blüten und Samen zu erzeugen, deshalb legen viele Arten ihre Blütenknospen bereits im Spätsommer an und öffnen sie erst im folgenden Frühjahr. Besonders auffällige Blüten besitzen solche Arten, die von den spärlichen Insekten bestäubt werden, man vermutet, daß Größe und Schauwert dieser Blüten zur Anlockung der Insekten erforderlich sind (Abb. 8-9). Die Samen der meisten Tundrenpflanzen sind klein und ganz offensichtlich an Windverbreitung angepaßt. Vor allem im südlichen Tundrengebiet gibt es allerdings auch beerentragende Arten; ihre Samen werden dadurch ausgebreitet, daß Vögel oder Säugetiere die Früchte verzehren und später die unverdaulichen Samen ausscheiden.

Die jährliche Primärproduktion der arktischen Tundra liegt zwischen 100 und 300 g/m^2 (Trockensubstanz), in der nördlichen Tundra bei 10–50 g/m^2. Das ist nicht wenig, wenn man bedenkt, daß die Vegetationsperiode nur 50–100 Tage dauert

Abb. 8-8. Luftaufnahme eines Polygonbodens in der Tundra. Diese Böden entstehen durch Gefrier- und Auftauvorgänge im Oberboden.

– allerdings bei Dauerlicht und durchweg reichlicher Wasserversorgung. Der Abbau dieser organischen Substanz ist durch die niedrigen Durchschnittstemperaturen bereits deutlich gehemmt, deshalb kommt es in aller Regel zur Anhäufung von Rohhumus. Die insgesamt geringe Produktivität der Tundra hat zur Folge, daß sie auf menschliche Eingriffe sehr empfindlich reagiert und einmal entstandene Schäden nicht so schnell wieder verschwinden. In jüngerer Zeit sind in vielen Regionen der Tundra wertvolle Bodenschätze gefunden worden; die Ausbeutung dieser Rohstoffe hat einige dieser Gebiete sehr nachhaltig beeinträchtigt (Abb. 8-10).

Tiere der Tundra

Die kurze Vegetationsperiode und die entsprechend niedrige pflanzliche Produktion hat auch nur eine geringe tierische Biomasse zur Folge. Der häufigste große Pflanzenfresser der Tundra ist das Karibu *(Rangifer tarandus groenlandicus;* Abb. 8-11), das im Norden Kanadas lebt und große Wanderungen unternimmt. Die Herden überwintern im Süden am Rand der Waldgebiete und wandern im Frühjahr nach Norden, um dort zu kalben und auf den reichen Gefilden zu weiden. Viele Tiere der Tundra sind Wanderer, da nur wenige die harten Bedingungen im Winter des Hohen Nordens ertragen könnten. Das Rentier *(Rangifer tarandus fennicus)* wandert ebenfalls zum Winter nach Süden, und dieses jahreszeitliche Verhalten hat sich auch noch beim Haus-Ren erhalten. Flechten sind die Lieblingsnahrung der Rentiere, die an Stellen wachsen, an denen keine anderen Pflanzen überleben können, und da sie nur sehr langsam wachsen, dürfen die Rentiere nicht zu lange an einer Stelle bleiben und den örtlichen Bestand auf Jahre schädigen. Rentiere sind echte Hirsche; einzigartig ist, daß auch die Weibchen ein Geweih tragen.

Der zweite große Pflanzenfresser der Tundra ist der Moschusochse *(Ovibos moschatus;* Abb. 4-5), der eine jener „Ziegenartigen Antilopen" ist, die engere Beziehungen zu Schafen und Ziegen als zu Rindern zeigen. Im Gegensatz zu Karibu und Rentier überwintert er innerhalb des Polarkreises, wobei ihn seine dichte Wolle und der schwere Außenmantel schützen. Jahreszeitlich wandern sie jedoch etwas umher und ernähren sich von allen verfügbaren Pflanzen: von Gräsern, Seggen und Weiden im Sommer, von Moosen und Flechten im Winter.

Die häufigsten kleineren Pflanzenfresser in der Tundra sind die Lemminge (Abb. 8-11), von denen es mehrere Arten gibt. Die Populationsdynamik der Lemminge ist typisch für alle kleineren Säugetiere, die in einer schwierigen Umwelt leben: Massenwanderzüge folgen dem periodischen Anwachsen der Anzahl. Lemminge ertränken sich nicht freiwillig, sondern viele kommen beim Versuch, schwimmend Gewässer zu überqueren, um. Unabhängig von diesen Massenbewegungen treten regelmäßige Nord-Süd-Wanderungen auf. Schneehasen *(Lepus timidus),* ebenfalls Pflanzenfresser des Hohen Nordens, bleiben den ganzen Winter über aktiv.

Von Lemmingen und Hasen ernähren sich verschiedene Raubtiere, deren Anzahl mit denen ihrer Beutetiere schwanken. Das Hermelin *(Mustela erminea;* Abb. 8-11) kommt im ganzen Polargebiet vor und ist der Hauptfreßfeind der Lemminge; ein weiterer ist der Eisfuchs *(Alopex lagopus).* Beide färben zur Tarnung im Winter ihr Fell weiß. Das häufigste Raubtier ist der Wolf *(Canis lupus),* der weit verbreitet ist und zahlreiche Unterarten ausgebildet hat. Seine Vorzugsbeute ist das Karibu, wobei er diesen Hirschen auf ihren Wanderungen folgt. Wölfe greifen auch Moschusochsen an, wenn sie ein schwaches Einzeltier antreffen, aber der Verteidigungsring der Moschusochsen bei Bedrohung zeigt, daß Wölfe ihnen gewöhnlich nicht gefährlich werden können (Abb. 4-5). Der Erfolg des Wolfes hängt von seinem Sozialverhalten ab; denn ein Einzeltier könnte ein derartig großes Säugetier nicht erfolgreich jagen.

Für Wasservögel ist die Tundra ein wichtiges Brutgebiet während des kurzen arktischen Sommers, vor allem für Schwäne und Gänse, wenn die langen Tage genug Zeit zur Nahrungsaufnahme bieten. Nur wenige Vögel finden auch im Winter ausreichend Nahrung, aber ihr Flugvermögen erleichtert ihnen Wanderungen nach Süden. Einige widerstandsfähige Arten bleiben jedoch ganzjährig in der Arktis. Zu ihnen gehören Alpenschneehuhn *(Lagopus mutus)* und Moorschneehuhn *(Lagopus lagopus;* Abb. 8-11), die sich beide im Winter weiß färben. Beide werden auch von der riesigen Schnee-Eule *(Nyctea scandiaca)* gejagt, die – ungewöhnlich für eine Eule – tagaktiv ist, sowie vom Gerfalken *(Falco rusticolus),* dem nördlichsten Greifvogel, der umso weißer ist, je weiter nördlich er lebt.

Abb. 8-9. Viele Tundrenpflanzen besitzen recht große und auffällige Blüten. Hier Beispiele aus Grönland: (a) *Cassiope tetragonata;* (b) *Saxifraga oppositifolia;* (c) *Veronica fruticans;* (d) *Papaver radicatum.*

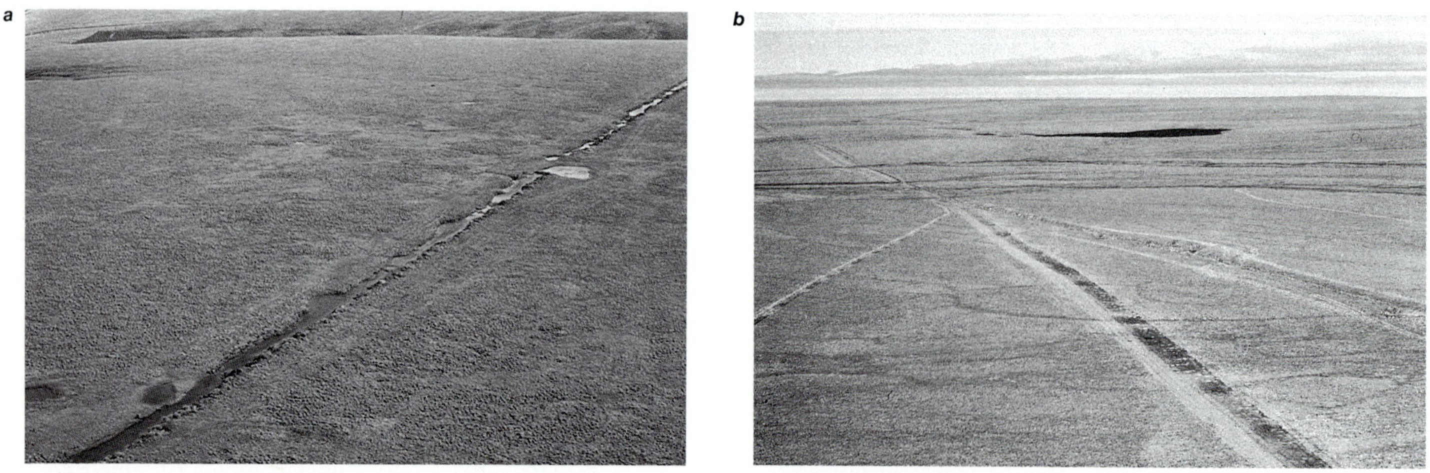

Abb. 8-10. Die Tundrenvegetation ist sehr empfindlich gegen Eingriffe jeglicher Art. Die beiden Aufnahmen zeigen Trassen, die im Zusammenhang mit der Ölsuche in diesem Gebiet entstanden sind: (a) eine junge Trasse, (b) ältere Trassen. Verdichtung und die dunkle Farbe der Oberfläche führen zu unterschiedlicher Auftaugeschwindigkeit des Bodens und zur Erosion.

Abb. 8-11. Typische Beispiele der Tundrenfauna. (a) Hermelin im Winterkleid. (b) Karibus, die ausgedehnte Wanderungen zu und von den Weidegebieten des Hohen Nordens unternehmen. (c) Halsbandlemming der Hohen Breiten. Er färbt sich als einziger Lemming im Winter weiß. Die Anzahl der Individuen ist in einem 3–4-Jahreszyklus starken Schwankungen unterworfen. (d) Ein schwarzer Grauwolf, das wichtigste Raubtier der Arktis. (e) Junger Grizzlybär. Seine Nahrung wechselt im Laufe eines Jahres zwischen vollständig pflanzlicher und vollständig tierischer Kost. (f) Männliches Moorschneehuhn in Kanada. Massenbewegungen in Richtung Süden über das gewöhnliche Verbreitungsgebiet hinaus mögen auf hohen Dichten im Norden beruhen.

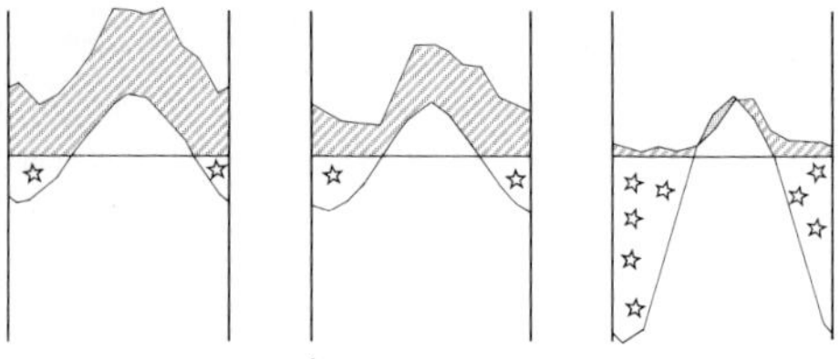

Abb. 8-12. Taiga-Klima.

			m	mm	°C
a	Fort William, Kanada	48°20′ N, 89°10′ W	700	195	2,7
b	Yarensk, UdSSR	61°10′ N, 49°08′ E	509	81	0,0
c	Oimyakon, UdSSR	63°25′ N, 143°10′ E	131	800	−15,3

8.4 Die Taiga

Die auch als borealer Nadelwald bekannte Taiga bedeckt riesige Flächen auf der nördlichen Halbkugel. Sie erstreckt sich von Nordosteuropa über Rußland bis zum Pazifischen Ozean und von Alaska bis Neufundland. An der Grenze zur Tundra zieht sich der Nadelwald immer stärker auf günstige Sonderstandorte zurück, und die Baumhöhe wird geringer, je weiter man nach Norden kommt, bis schließlich die baumlose Tundra erreicht ist. An ihrer südlichen Grenze geht die Taiga nach einer mehr oder weniger breiten Zone von Waldsteppen oder Mischwäldern in reine Laubwälder oder Steppengebiete über. Große Gebiete der Taiga liegen nördlich des Polarkreises. Hier herrscht ein ähnliches Klima wie in der Tundra, allerdings mit wärmeren Sommern, aber die Wintertemperaturen sind mit den Temperaturen der Tundra durchaus vergleichbar (Abb. 8-12). Man muß sich vor Augen halten, daß der „Kältepol" der Nordhalbkugel in der Taiga Ostsibiriens liegt. Aber selbst hier erreichen (bei Januartemperaturen von −50° bis −60 °C) die Juli-Durchschnittstemperaturen immerhin 20 °C, bei einer Wachstumszeit von insgesamt etwa 150 Tagen. In weiten Teilen der Taiga liegt die Jahresdurchschnittstemperatur unter dem Gefrierpunkt, und das bedeutet in der Regel Böden mit Permafrost. Obwohl Frosthebungsvorgänge hier weniger ins Auge fallen als in der Tundra, spielen sie doch eine nicht zu unterschätzende Rolle. Ihr Werk sind z. B. die „betrunkenen Wälder", in denen die Bäume durch die Frostwirkung in Schräglage gebracht werden. Der Jahresniederschlag ist im allgemeinen gering und reicht von etwa 150 mm in den kontinentalen Teilen bis zu 600–700 mm in den ozeanischen Gebieten. In den Wintermonaten schützt eine dichte Schneedecke Tiere und Pflanzen. Auch die Böden der Taiga sind in der Regel podsoliert (s. Kap. 8.1). Die starke Verlagerung von Ton- und Humussubstanzen führt zu einem bleichen, sandigen Oberboden über einem tief gelegenen Anreicherungshorizont mit ausgefällten Eisen- und Humusverbindungen. Meist bleiben die Baumwurzeln auf die obersten Bodenschichten und die lose aufliegenden Rohhumusschichten beschränkt; sie sind in der Regel überreich an Mykorrhiza-Pilzen.

Die Vegetation der Taiga

Die Taiga ist das Reich der Nadelbäume (Abb. 8-13), genauer gesagt, der immergrünen Nadelbäume, denn bis auf die Lärchen *(Larix)* handelt es sich durchweg um immergrüne Arten. In Nordeuropa sind Fichte *(Picea abies)* und Waldkiefer *(Pinus sylvestris)* die beiden beherrschenden Baumarten. Sie werden weiter im Osten von der Sibirischen Fichte *(Picea obovata)* und der Sibirischen Kiefer *(Pinus sibirica)* abgelöst. Dazu kommen Sibirische Lärche *(Larix sibirica)* und die Sibirische Tanne *(Abies sibirica)*. Im extrem kontinentalen Klima östlich des Jenissej übernimmt schließlich *Larix dahurica* (identisch mit *Larix gmelinii)* die Vorherrschaft in der Taiga.

Artenreicher sind die Wälder Nord-Amerikas. Von der atlantischen bis zur pazifischen Küste reicht das Verbreitungsgebiet von *Picea glauca* (der Schimmelfichte) und *Pinus banksiana*, dazu gesellt sich im Osten *Abies balsamea* (die Balsamtanne). An der Nordgrenze der Taiga und in sumpfigen Gegenden übernimmt *Picea mariana* (die Schwarzfichte) die Vorherrschaft, in den kontinentalen Bereichen dagegen *Larix laricina*.

Der Unterwuchs des borealen Nadelwaldes ist in Eurasien und Amerika überraschend ähnlich und enthält viele gemeinsame Arten. Allgegenwärtig sind die Zwergsträucher der Heidekrautgewächse (Ericaceae), z. B. *Vaccinium*-(Abb. 8-14) und *Arctostaphylos*-Arten, dazu gesellt sich das Moosglöckchen *(Linnaea borealis)* mit seinen reizenden Blütchen, das Einblütige Wintergrün *(Moneses uniflora*, identisch mit *Pirola uniflora)* und das Netzblatt *(Goodyera repens)*, eine kleine Orchidee mit kriechenden Trieben. Häufig ist der Boden auch außerordentlich reich an Moosen, nur in den trockensten Gebieten bildet ein reiner Flechtenrasen die Bodenvegetation.

Der Nadelwald bildet in dieser Klimazone das natürliche Endglied der Vegetationsentwicklung. Wenn er vom Menschen geschlagen oder durch Waldbrand vernichtet wird, dann beginnt eine Sukzession, die schließlich wieder zum reinen Nadelwald zurückführt. Die ersten Besiedler sind fast immer Birken *(Betula)* oder Pappeln *(Populus)*, kleine breitlaubige Bäume mit kleinen und leichten Samen, die leicht vom Wind ausgebreitet werden. Sie sind Lichtkeimer und besitzen eine rasche Jugendentwicklung. Sehr früh stellen sich auch die geflügelten Samen der Kiefern ein, erst viel später beginnt der Vormarsch der Fichten. Sie können sich auch im Halbschatten von Wäldern erfolgreich behaupten, es dauert jedoch lange, wahrscheinlich Jahrhunderte, bis sie am Ende wieder die Vorherrschaft übernehmen. Auf diese Weise hat sich durch die zunehmende Häufigkeit der vom Menschen ausgelösten Waldbrände zumindest in einigen Teilen Nordeuropas das Verhältnis der beiden Baumarten zugunsten der Kiefer verschoben.

Vor dem Eintritt des Winters sterben die meisten Kräuter bis auf die unterirdischen Teile ab, die Zwergsträucher werden von einer Schneedecke zugedeckt, die sie vor starker Kälteeinwirkung schützt. Mit Ausnahme der Lärchen behalten jedoch die Nadelbäume ihre Blätter, sie treten im Herbst in ein Ruhestadium ein, bei dem die Photosynthese völlig zum Erliegen kommt und die Atmung auf einen ganz geringen Wert abfällt. In diesem Zustand können die Nadeln außerordentlich tiefe Wintertemperaturen überstehen. Im Frühjahr bewirken dann steigende Temperaturen und zunehmende Tageslänge eine rasche Wiederaufnahme von Photosynthese und Atmung. Die jährliche Primärproduktion der Taiga liegt im allgemeinen zwischen 500 und 1000 g/m^2 (Trockensubstanz), davon ist ungefähr die Hälfte Holz. Die Samenproduktion ist von Jahr zu Jahr sehr unterschiedlich, was sich naturgemäß stark auf die samenfressenden Vögel und Säugetiere auswirkt.

Abb. 8-13. Zwei Aspekte der finnischen Taiga. (a) Ein älterer Kiefernbestand mit Fichtenjungwuchs; ein spätes Stadium der Vegetationsentwicklung auf Brandflächen in der borealen Nadelwaldzone. (b) Trockene Kiefernbestände mit reinem Flechtenunterwuchs.

Tiere der Taiga

Für Tiere ist die Taiga im Winter ein rauhes Land und viele vermeiden ihre Strenge durch Winterschlaf oder Abwanderung. Große Wirbeltiere können jedoch den langen dunklen Winter über aktiv bleiben, da sie kälteangepaßt sind. Wirbellose fallen nur im kurzen Sommer auf, den Winter verbringen sie in einem Ruhestadium (Ei, Larve, Puppe).

Einige Pflanzenfresser leben von Nadelbäumen, von Zapfen oder Rinde. Dazu gehören die Eichhörnchen und der Baumstachler in Nordamerika *(Erethizon dorsatum),* der in geeigneten Waldgebieten nach Süden fast bis in die Tropen verbreitet ist. Auch Flughörnchen leben in diesen nördlichen Wäldern, die eurasiatische Art *Pteromys volitans* und in Nordamerika *Glaucomys sabrinus.* Der größte, bis zu 500 kg schwere Pflanzenfresser dieser Wälder ist der größte Hirsch der Erde, der Elch *(Alces alces;* Abb. 8-15). Er lebt zwar im Nadelwald, verzehrt aber den Laubwuchs im Unterholz. Selbst Wasserpflanzen weidet er ab und watet hierzu tief in das Wasser, um an dieses Futter zu gelangen. Im Winter findet er nur schwer ausreichend Nahrung, doch mit seinem Gewicht drückt er den Schnee so weit nieder, daß Gebüschzweige freigelegt werden.

Kleine Säugetiere überstehen den Winter durch Winterschlaf. Das Waldmurmeltier *(Marmota monax)* in Nordamerika gehört dazu. Dieses Erdhörnchen liegt bis zu 8 Monate in seinem Bau im Winterschlaf, 150 cm unter der Erdoberfläche. Manche Nagetiere bleiben den Winter über aktiv, verzehren die Vegetation unter der dicken Schneedecke, die als Isolationsschicht dient und gleichzeitig vor Räubern schützt. Der Waldlemming *(Myopus schisticolor)* ist ein wühlmausartiger Nager von 10 cm Länge in den nördlichen eurasiatischen Waldgebieten und ernährt sich vorzugsweise von Moos unter umgefallenen Baumstämmen. Die Heidewühlmaus *(Phenacomys intermedius)* in Nordamerika und die Nordische Wühlmaus *(Microtus oeconomus)* im nördlichen Europa und in Sibirien vertreten die Wühlmäuse. Auch Spitzmäuse bleiben in der Nachbarschaft der Wühlmäuse unter Schnee aktiv. Im eurasiatischen Wald sind Arten der Gattung *Sorex* zu Hause, in den nordamerikanischen Wäldern die Amerikanische Zwergspitzmaus *(Microsorex hoyi).* Wegen ihrer geringen Größe und hohen Stoffwechselrate müssen Spitzmäuse häufig Nahrung aufnehmen und haben nur kurze Ruhepausen. Sie verzehren Insekten und andere Wirbellose und hängen im Winter weitgehend von Insektenlarven ab. Zu den Raubtieren zählen einige auffallende Marderarten. Die kleinsten sind die Mauswiesel *(Mustela),* die sich in allen nördlichen Waldgebieten finden. Wegen ihrer geringen Größe können sie mit ihren Beutetieren, Wühlmäusen und Spitzmäusen, unter dem

a b c d

Abb. 8-14. Zwergsträucher (a,b), krautige Pflanzen (c) und Moose (d) bilden die Waldbodenvegetation der borealen Nadelwälder. (a) *Vaccinium uliginosum.* (b) *Ledum palustre.* (c) *Pyrola grandiflora.* (d) *Ptilium crista-castrensis.*

Schnee leben. Das größere Hermelin *(Mustela erminea)* ist weit verbreitet im gesamten nördlichen gemäßigten und arktischen Bereich und besonders in der Taiga häufig. In seiner Nahrung ist es nicht wählerisch und kann selbst Hasen fangen. In den nördlichen Bereichen ihres Vorkommens tragen Mauswiesel und Hermelin ein weißes Winterkleid.

Die Marder *(Martes)* sind die typischsten Raubtiere der Nadelwälder sowohl im eurasiatisch-paläarktischen als auch im nordamerikanisch-nearktischen Bereich der Holarktis. Mit den Wieseln sind sie nahe verwandt. Zu ihnen gehören der Baummarder in Europa und Westsibirien, der sibirische und ostasiatische Zobel, der amerikanische Fichtenmarder und der Fischermarder, der trotz seines Namens vorwiegend terrestrisch lebt. Der größte nördliche Marderverwandte und einer der größten der Welt ist der Vielfraß *(Gulo gulo),* der gewisse Ähnlichkeit mit seinem afrikanischen Verwandten, dem Honigdachs *(Mellivora capensis),* zeigt. Er ist ein grimmiges Tier und kann mit seinen kräftigen Kiefern jeden beliebigen Angreifer ernsthaft verletzen. Vielfraße sind Aasjäger, doch fangen sie auch selbst Beute, vor allem Vögel, und rauben Eier aus Nestern. Zu den größten Raubtieren gehören Bären und Luchs, wenngleich diese nicht auf die nördlichen Wälder beschränkt sind. Braunbären *(Ursus arctos)* sind selten, in Nordamerika ist der Schwarzbär *(Ursus americanus)* die häufigste Art. Er wird nicht sehr groß, wiegt kaum über 135 kg und ernährt sich hauptsächlich von Beeren, Wurzeln und anderer pflanzlicher Kost. Der Luchs *(Lynx lynx)* dagegen ist ausschließlich Fleischfresser und nimmt Vögel, Hasen und Nager zu sich. In Nordamerika und Eurasien ist er weit verbreitet.

Eulen und Greifvögel sind die Beutegreifer unter den Vögeln der Taiga. Eulen ernähren sich hauptsächlich von den gleichfalls nachtaktiven Nagetieren. Mit breit gerundeten Flügeln können sie ausgezeichnet manövrieren, die Struktur ihrer Federn ermöglicht ihnen zudem einen lautlosen Flug, so daß sie sich unbemerkt ihrer Beute nähern können. Eulen können auch sehr gut bei Nacht sehen und haben ein breites

Abb. 8-15. Elch im Bastgeweih. Dieser größte Hirsch ernährt sich im Sommer hauptsächlich von Wasserpflanzen.

binokulares Gesichtsfeld. Falken und Adler ernähren sich von Vögeln über den Wipfeln oder von Eichhörnchen und zuweilen Mardern, die sie in den obersten Zweigen überraschen. Der Habicht *(Accipiter gentilis)* kann hervorragend manövrieren, wenn er einen Vogel zwischen den Bäumen jagt; er kommt in Eurasien und Nordamerika vor.

Einige Vogelarten sind in ihrer Ernährung an Nadelbäume angepaßt. Zu den Vögeln, die wachsende Nadeln abweiden, gehören Rauhfußhühner, z. B. das eurasische Auerhuhn *(Tetrao urogallus)*, dessen Männchen bis 8 kg schwer werden können. Wie bei den meisten Arten dieser Familie treten die Hähne während der Balz an einem Arenabalzplatz auf. Das kleinere Birkhuhn *(Lyrurus tetrix)*, mit dem es gelegentlich bastardiert, hat etwa dasselbe Verbreitungsgebiet. Das Birkhuhn ist weniger spezialisiert und kommt in anderen Habitaten wie Mooren und felsigem Hügelland vor, wo es hauptsächlich von Heidekraut lebt. In Nordamerika ist die Gruppe durch das Tannenhuhn *(Canachites canadensis)* und das Felsengebirgshuhn *(Dendragapus obscurus)* vertreten.

Eine Gruppe der Finken, die Kreuzschnäbel, hat besondere Fähigkeiten entwickelt, mit Nadelbaumzapfen fertig zu werden. Die nahrhaften Samen sind durch zähe Schuppen geschützt, und die meisten Vogelarten müssen warten, bis sich die Zapfen von selbst öffnen, um an die Samen gelangen zu können. Die Schnabelhälften der Kreuzschnäbel überlappen sich an der Spitze, und damit können sie genügend Druck ausüben, um die Schuppen durchzuschneiden. Der Fichtenkreuzschnabel *(Loxia curvirostra)* in Nordamerika und Eurasien ist auf Fichte spezialisiert, der palaearktische Kiefernkreuzschnabel *(Loxia pytyopsittacus)* ist etwas größer und hat einen viel kräftigeren Schnabel, da er sich von dickschaligen Kiefernzapfen ernährt, und eine dritte Art, der Bindenkreuzschnabel *(Loxia leucoptera)*, den man in allen nördlichen Wäldern findet, hat einen feinen Schnabel, mit dem er im wesentlichen dünnschalige Lärchenzapfen bearbeitet. Der sehr ähnliche Hakengimpel *(Pinicola enucleator)*, mit holarktischer Verbreitung, ist größer und sein kräftiger Schnabel ist nicht überkreuzt: er ernährt sich von Zapfen, indem er sie aufschlägt. Im Verhalten ist ihm der Tannenhäher *(Nucifraga caryocatactes)*, ein Rabenvogel, ähnlich.

Reptilien und Amphibien kommen in der Fauna der nördlichen Waldgebiete wegen der kalten Winter und des trockenen Klimas nicht vor. Aber eine Reihe von Insekten hat sich an die spärliche Nahrung der Kiefernwälder angepaßt. Die harzigen Ausflüsse der Bäume sind nicht nur ungenießbar, sie fangen auch kleine Tiere, und einige der besterhaltenen Fossilien sind Insekten, die vor langer Zeit auf ähnliche Weise (im heutigen Bernstein) eingebettet wurden. Auf Nadelbäume spezialisierte Insekten sind unter anderem Blattwespen, eine Hautflüglergruppe, deren raupenförmige Larven Kiefernnadeln verzehren, wodurch sie in Forsten schweren Schaden anrichten können, bevor sie sich im Boden verpuppen. Auch die Holzwespen, deren Larven sich in das Kernholz von Bäumen graben und auch darin verpuppen können, sind Schädlinge. Zu den holzbewohnenden Käfern gehören Rüsselkäfer, bei denen Larven und erwachsene Käfer (Imagines) bohren. Die Käfer bohren zunächst die Borke an und graben Seitengänge für die Larven. Einige dieser Käfer dringen auch in das Innere des Baumstammes vor; das Vorkommen anderer Insektenarten ist lediglich auf die Borke beschränkt. Die geringe Anzahl an Insekten bedingt, daß insektenverzehrende Vögel nur schwach vertreten sind. Nur Spechte vermögen im Holz bohrende Insektenlarven zu nutzen. Am typischsten sind der Schwarzspecht *(Dryocopus martius)* in Europa und Asien und der auch in Nordamerika vorkommende Dreizehenspecht *(Picoides tridactylus)*.

8.5 Grasländer der gemäßigten Zone

Das Klima im Inneren der großen Landmassen auf der Nordhalbkugel ist so kontinental, daß hier keine Bäume mehr gedeihen können; die natürliche Vegetation dieser Zonen ist offenes Grasland. Dieser als Steppe bezeichnete Vegetationstyp zieht sich wie ein Gürtel von Osteuropa über Rußland bis in die Mongolei. Die entsprechende Vegetation im Inneren Nordamerikas wird als Prärie bezeichnet, in Argentinien als Pampa. Ganz ähnliche Grasländer gibt es auch auf der Südinsel Neuseelands.

Das Steppenklima ist geprägt von großen jahreszeitlichen Temperaturunterschieden und Sommertrockenheit, obwohl in

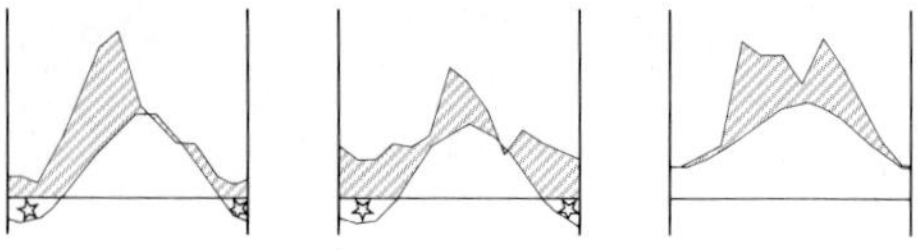

Abb. 8-16. Klima in den Grasländern der gemäßigten Zone.

			m	mm	°C
a	Rapid City, S. Dakota, USA	44°00′N, 103°00′W	965	432	7,8
b	Poltava, UdSSR	49°35′N, 34°35′E	160	451	6,9
c	Santa Rosa, Argentinien	36°40′S, 64°30′W	189	569	15,3

der Regel in jedem Monat des Jahres Regen fällt, allerdings mit einem ausgeprägten Maximum im Frühling und Frühsommer, bei einer Jahressumme zwischen 200 und 750 mm (Abb. 8-16). Zwei bis drei Monate in dieser Zeit liegt eine Schneedecke von 20–30 cm. Dagegen sind die Sommermonate ziemlich warm, 20°–24 °C Durchschnittstemperatur sind keine Seltenheit. Sehr streng ist das Klima der sibirischen Steppen, dagegen erscheint das Klima der Pampas geradezu mild, hier fällt selbst im kältesten Monat des Jahres die Durchschnittstemperatur nicht unter 0 °C. Hauptvegetationszeit ist überall der Frühsommer.

Den Grundstock der Vegetation dieser Grasländer bilden durchweg ausdauernde Grasarten. Dazu kommen jedoch viele ausdauernde krautige Pflanzen, deren niederwüchsige Arten meist schon im zeitigen Frühjahr blühen, noch bevor die Gräser ihre Endgröße erreicht haben.

Die eurasiatischen Steppen

Die Zone der eurasiatischen Steppen zieht sich wie ein breiter Gürtel von Osteuropa durch die ganze Sowjetunion fast bis zur Küste des Pazifischen Ozeans. Im Süden wird dieses Gebiet von Halbwüsten begrenzt, im Norden von der Zone der Laub- oder Nadelwälder. Die wichtigsten Grasarten der nördlichen Gebiete dieser Steppenzone gehören zu den Gattungen *Helictotrichon, Bromus* und *Agrostis,* sie werden in den südlicher gelegenen Teilen von *Stipa-, Koeleria-* und *Festuca-*Arten abgelöst. Den ersten Blütenschmuck des Jahres liefern Arten der Gattungen *Pulsatilla, Adonis* und *Anemone,* dazu kommen Zwiebelpflanzen aus den Gattungen *Hyacinthus, Tulipa* und *Gagea.* Sie blühen gleich nach der Schneeschmelze, noch bevor die Gräser auszutreiben beginnen. Wenig später folgen dann *Paeonia-, Myosotis-, Iris-* und *Lathyrus-*Arten, bis schließlich Ende Mai bis Anfang Juni die Blütenzeit der Gräser einsetzt. Obwohl das Bild der Steppe weitgehend von Gräsern bestimmt wird, ist sie keineswegs artenarm. Eine Untersuchung in der Steppe bei Streletsk ergab auf 12 km^2 immerhin 180 Arten, davon lediglich 20 Gräser.

Die *Stipa-*Arten besitzen lange, gewundene Grannen, die sich entsprechend der Feuchtigkeit schraubig zusammendrehen oder ausrollen. Durch diese Drehbewegung wird das spitze Ende der Frucht in den Boden gebohrt, womit sie dann vor dem Zugriff von Vögeln und dem Einfluß von Steppenfeuern geschützt ist. Eine weitere interessante Anpassung stellt der Typ des „Steppenläufers" dar, bei dem sich der Fruchtstand oder auch größere Teile der Pflanze als Ganzes von der Mutterpflanze ablösen und, vom Wind getrieben, große Entfernungen in der Steppe zurücklegen. Im Laufe dieser Reise werden dann die Samen ausgestreut.

Die Böden der eurasiatischen Steppen gehören zu den Schwarzerden oder Tschernosemen (s. Kap. 8.1), mit einem mächtigen, dunklen Oberboden und einem wesentlich helleren Unterboden. Das Ausgangsmaterial für diese Böden ist Löß, ein helles, über große Gebiete außerordentlich einheitliches Feinmaterial, das als Staub von den Stürmen der Eiszeiten abgelagert wurde. Er wird überlagert von dunklen, durch Humusmaterial gefärbten Schichten, deren Mächtigkeit 1,5 m oder mehr erreichen kann. Der Lößhorizont enthält viele, mit dunklem Material gefüllte Gänge. Es handelt sich um die Grabröhren der Ziesel, ein Tier, das zumindest früher in den Steppengebieten außerordentlich häufig gewesen ist und mit seiner Grabtätigkeit einen wesentlichen Beitrag zur Durchmischung der Böden geleistet hat. Heute sind riesige Steppengebiete in Weizenanbauflächen umgewandelt. Im europäischen Teil der Sowjetunion sind nur noch wenige Reste der ursprünglichen Steppenvegetation erhalten, weiter im Osten existieren dagegen noch größere, zusammenhängende Steppengebiete.

Da die Steppe nur spärliche und geringwertige Vegetation aufweist, ist sie für Tiere im allgemeinen wenig anziehend; dennoch sind manche Arten individuenreich. Die großen Pflanzenfresser unter den Säugetieren müssen lange Wege zurücklegen, um genügend große Weideflächen zu finden, und leben meistens in Herden. Das Przewalskipferd *(Equus przewalskii;* Abb. 8-17) ist jetzt möglicherweise in freier Wildbahn ausgestorben; es war der bedeutendste Pflanzenfresser in der Steppe. Von ihm könnte das Hauspferd abstammen, das zuerst in den eurasiatischen Steppen vor 6 000 Jahren gezähmt wurde. Weiter westlich trat anstelle des Przewalskipferdes der Tarpan *(Equus gmelini),* der ganz ausgestorben ist. Ein weiteres, ehemals häufiges pferdeartiges Tier der eurasiatischen Steppe ist der Halbesel *(Equus hemionus).* Pferdeähnlicher als die afrikanischen Esel, welche die Stammform des Hausesels abgaben, hält er noch in seinen angestammten Gebieten einen dürftigen Bestand aufrecht. Weiter südwestlich, in und um den nördlichen Iran, kommt eine andere Rasse vor, der Onager *(Equus hemionus onager),* der im Altertum domestiziert wurde, bis die stärkeren Pferde aufkamen.

Heutzutage ist der häufigste Großsäuger die Saiga *(Saiga tatrica).* Einstmals hatte man diese eigenartige Antilope mit ihrer vergrößerten Nase fast bis zur Ausrottung gejagt; doch strenger Schutz seit ca. 1930, zusammen mit der hohen Vermehrungsfähigkeit der Saiga, führte wieder zu einer Erholung, so daß ein sorgfältig kontrollierter Bestand alljährlich genutzt werden kann. Das Zweihöckerkamel *(Camelus bactrianus)* ist eine seltene Art der mongolischen Steppe, bei der einige Zweifel bestehen, ob es sich hier um eine echte Wildart handelt oder um verwilderte Tiere, die von Haustieren abstammen.

In Gruppen lebende Nagetiere sind oder waren hauptsächlich für den Verzehr der Steppengräser verantwortlich. Die häufigste Art ist der Ziesel *(Citellus citellus),* ein Erdhörnchen, das meterlange Gänge im Boden gräbt, in denen es überwintert. Der Bobak *(Marmota bobak)* ist viermal größer und legt entsprechend größere Baue an, die sich über Hunderte von Quadratmetern erstrecken und richtige „Städte" mit zahlreichen Eingängen bilden können, die auf Hügeln aufgegrabener Erde liegen und wie kleine Vulkane aussehen. Von den Raubtieren kommen der jetzt in seiner Verbreitung stark eingeschränkte Wolf *(Canis lupus),* der Rotfuchs *(Vulpes vulpes)* und

Abb. 8-17. Pflanzenfresser im Grasland. (a) Der Gabelbock ist der einzige überlebende Vertreter einer sonst ausgestorbenen Huftierfamilie. (b) Der amerikanische Bison war neben dem Gabelbock die beherrschende Art der Prärie, bis im letzten Jahrhundert seine Bestände stark dezimiert wurden. (c) Das Przewalskipferd ist das einzige überlebende Wildpferd, möglicherweise in freier Wildbahn schon ausgestorben, aber in Gefangenschaft noch gut vertreten. (d) Das Wasserschwein ist ein Nagetier mit Huftierverhalten. Nachts weidet es, den Tag verbringt es zumeist am oder im Wasser.

bei geringerer Bedeckung einige Marderarten wie Dachs *(Meles meles)* und Steppeniltis *(Mustela eversmanni)* vor.

Nur wenige Vogelarten sind anzutreffen. Auffällig unter ihnen sind die Trappen, eine Gruppe von Vögeln, die selten auffliegen und sich dann nur schwerfällig in der Luft halten. Der Jungfernkranich *(Anthropoides virgo)* und der Kranich *(Grus grus)* sind andere gesellig lebende Steppenvögel. Dasselbe gilt für Flughühner in mehr wüstenhaften Gebieten. Viele Vögel in der Steppe sind Strichvögel, vor allem die Insektenfresser verlassen sich auf Ortsbewegungen und plötzliches Auftauchen von Heuschrecken. Auch Lerchen, wie die Feldlerche *(Alauda arvensis)*, und Pieper *(Anthus)* sind im Grasland weit verbreitet. Typische Greifvögel sind Adler, z. B. der Kaiseradler *(Aquila heliaca)* und der Raubadler *(Aquila rapax)*. Für die Greifvögel scheint die Verfügbarkeit von Nistplätzen limitierender Faktor zu sein; denn Bäume und Klippen gibt es nur wenige, weshalb sogar große Adler manchmal auf dem Boden nisten.

Für Amphibien ist die Steppe ungünstig, die wenigen vorkommenden Arten sind grabend. Reptilien sind nicht viel zahlreicher und nur Arten mit Winterschlaf können hier leben. Bei der kurzen zur Verfügung stehenden Zeit könnten sich Eier nicht entwickeln, weshalb die meisten Arten ovovivipar sind, d. h. im Mutterleib schlüpfen die Jungen aus den Eiern und werden so geboren.

Die Prärien Nordamerikas

Die natürlichen Grasländer Nordamerikas liegen im Inneren des Kontinents, ungefähr zwischen den Staaten Saskatchewan und Oklahoma. Die Winterkälte nimmt dabei von Süden nach Norden deutlich zu, während gleichzeitig die Niederschläge in westlicher Richtung geringer werden. Die östlichen Prärien mit ihren höheren Niederschlägen und den tiefgründigen Böden gehören zum Typ der Hochgrasprärien, die von hochwüchsigen Grasarten *(Andropogon scoparius, A. gerardii)* beherrscht werden. Sie sind ähnlich artenreich wie die eurasiatischen Steppen, zur Hauptblütezeit können gut und gerne 70 Arten gleichzeitig in Blüte stehen. *Andropogon* ist eine tropische Gattung, deshalb blühen die Präriegräser erst im Spätsommer, ganz im Gegensatz zu den Verhältnissen in den eurasiatischen Steppen, wo die meisten Gräser zu Gattungen der gemäßigten Zone gehören und deshalb auch entsprechend früher blühen. Weiter im Westen mischen sich unter die Hoch-

a

b

Abb. 8-18. (a) Präriehund an der Oberfläche. (b) Präriehund-Behausungen.

gräser allmählich auch kleinere Arten wie *Buchloë dactyloides* und *Bouteloa gracilis.* Sie bilden eine Übergangszone (Mischgrasprärie) zur Kurzgrasprärie, in der die hochwüchsigen Arten völlig fehlen.

Die meisten Prärien wurden irgendwann in Ackerland umgewandelt, deshalb gibt es nur noch wenige ursprüngliche Gebiete. Der Charakter der Prärien ist auch durch Beweidung deutlich verändert worden, durch sie werden die großen Grasarten benachteiligt und es entsteht ein Zustand, wie er eigentlich für wesentlich trockenere Gebiete typisch ist. In den trockenen Kurzgrasprärien haben sich dagegen durch die Beweidung die stacheligen Kakteen oder andere ungenießbare Arten ausgebreitet, während im feuchteren Ostteil die nachlassende Häufigkeit der früher wahrscheinlich sehr regelmäßig und großflächig auftretenden Brände und das Verschwinden des Bisons die Ausbreitung von Gehölzen begünstigt haben mag.

Früher beherrschten zwei große Säugetiere die Prärien: der Bison *(Bison bison;* Abb. 8-17) und der Gabelbock *(Antilocapra americana).* Letzterer ist der einzige Überlebende einer eigenen Familie (Antilocapridae), die neben Hirschen und Rindern steht. Beide Arten gingen im letzten Jahrhundert drastisch zurück. Im Falle des Bisons war dies im wesentlichen eine politische Absicht, um die Indianer ihrer hauptsächlichen Nahrungsquelle während der Kriege zu berauben, die mit dem Vordringen der Siedler in die Prärien zusammenhingen. Der Bison ist ein riesenhaftes Tier, die Bullen wiegen fast eine Tonne. Man nimmt an, daß sie bei der Ausdehnung der Grasländer eine wichtige Rolle spielten, weil sie durch Scheuern Bäume zum Umfallen bringen. Mit dem Verschwinden der Bisons nahmen Bäume in den Gebieten wieder zu, die nicht landwirtschaftlich genutzt worden waren. Die neuen Waldgebiete werden vom Maultierhirsch *(Odocoileus hemionus)* besiedelt, der sich auch in das benachbarte Grasland ausbreitet.

Erdhörnchen und Murmeltiere sind in Nordamerika häufig, wo sie einen ähnlichen ökologischen Stellenwert besitzen wie ihre Vettern in den eurasiatischen Steppen. Eine Gruppe von Murmeltieren, wegen ihres hundeartigen Gebells Präriehunde genannt, gräbt ausgedehnte Gangsysteme unter dem Grasland. Der Schwarzschwanzpräriehund *(Cynomys ludovicianus)* hat ein derart weitverzweigtes Tunnelsystem, daß man die ganze Anlage ähnlich wie beim eurasiatischen Bobak als „Stadt" bezeichnet (Abb. 8-18). Eine solche Präriehundgesellschaft ist in Untergruppen gegliedert und weiter in Familien, die aus einem Männchen und mehreren Weibchen mit ihren Jungen bestehen. Eine andere weitverbreitete Gruppe grabender Nager sind die mit den Eichhörnchen verwandten Taschenratten. Ihr Name rührt von den großen Backentaschen her, in denen sie Nahrung speichern, vor allem Wurzeln und Knollen, die sie in unterirdische flache Baue tragen. Auch die Taschenratten legen ein ausgeklügeltes Gangsystem nahe der Erdoberfläche an, wo sie fressen und in tieferen Kammern schlafen und ihre Jungen aufziehen.

Die Nagetiere der Prärien stellen die Hauptnahrung für eine ganze Reihe von Raubtieren dar. Der Wolf ist in der Prärie nicht verbreitet, aber ein kleinerer Verwandter, der Kojote *(Canis latrans),* lebt dort an seiner Stelle. Er ist im Auffinden von Nahrung sehr erfolgreich, und wenn im Winter viele Erdhörnchen im Winterschlaf liegen, wird er einfach zum Aasfresser. Andere Raubtiere sind der Silberdachs *(Taxidea taxus),* der sich auf das Ausgraben von Taschenratten spezialisiert hat, der Fleckenskunk *(Spilogale putorius)* und der Rotluchs *(Lynx rufus),* der in vielen Habitaten zu Hause ist.

Verschiedene bodenlebende, pflanzenfressende Vertreter stellt die Familie der Rauhfußhühner. Das Beifußhuhn *(Centrocercus urophasianus)* des Westens wird im Osten durch zwei Rassen des Präriehuhns vertreten *(Tympanuchus c. cupido* und *T. c. pallidicinctus).* Alle haben Arenabalzplätze, auf denen die Männchen vor den paarungsbereiten Weibchen einherstolzieren und sich brüsten. Viel Wassergeflügel kommt in der Prärie vor. Die meisten Arten sind Zugvögel, vor allem Gänse und Schwäne, doch brüten auch Enten hier.

Ähnlich häufig wie in den eurasiatischen Steppen sind Greifvögel, und verschiedene Arten nehmen dieselben ökologischen Stellen ein wie dort. So steht für den Raubadler *(Aquila rapax)* der Steinadler *(Aquila chrysaetos),* für den Gleitaar *(Elanus caeruleus)* der Weißschwanzaar *(Elanus leucurus).* Da im langen kalten Winter die Nahrung knapp ist, ziehen viele dieser Greifvögel fort. Manche, vor allem die Bussarde, fressen das Aas großer Säugetiere auf den Ebenen, wenn auch diese Form der Nahrungsbeschaffung mit dem Rückgang der großen Herden stark abgenommen hat. Der Truthahngeier *(Cathartes aura;* Abb. 8-19) brütet in der Prärie auf dem Boden. Mehrere Eulenarten jagen im Grasland, unter ihnen die hier überwinternde, in der Arktis brütende Schnee-

a

b

Abb. 8-19. Greifvögel des Graslandes. (a) Truthahngeier. Die Geier Amerikas gehören zu einer anderen Familie als die Geier der alten Welt. Das Verbreitungsgebiet dieser Art reicht im Norden bis zum südlichen Kanada. (b) Die Geierfalken sind mit den Falken verwandt, zeigen aber oft geierähnliches Verhalten. Hier der Falkland-Karakara.

Abb. 8-20. Offenes Grasland der argentinischen Pampa mit blühenden Gräsern.

Abb. 8-21. Der Große Ameisenbär Südamerikas ist eines der größten Tiere, das sich nur von Insekten ernährt. Mit seinen kräftigen Vorderklauen bricht er die Bauten von Termiten und Ameisen auf.

Eule *(Nyctea scandiaca).* Der Kaninchenkauz *(Athene cunicularia)* lebt in verlassenen Präriehundbauten.

Frösche und Kröten kommen in zeitweiligen oder beständigen Tümpeln der feuchteren Prärie vor. Besonders auf sandigem Boden, wo das Graben leicht ist, sind Reptilien durch Land- und Sumpfschildkröten, Eidechsen und Schlangen gut vertreten.

Die argentinische Pampa

Mit ihrem Verbreitungsgebiet zwischen dem 32. und 38. Breitengrad liegt die Pampa näher am Äquator als die bisher besprochenen Grasländer. Sie ist wärmer und mit 500 bis 1000 mm Regen jährlich auch niederschlagsreicher als die Steppen der nördlichen Hemisphäre, aber im Grunde ebenso arid. Aufgrund der höheren Temperatur steht hier nämlich den ergiebigeren Niederschlägen auch eine höhere Verdunstung gegenüber; es handelt sich deshalb ebenfalls um reines, völlig baumfreies Grasland (Abb. 8-20). Die Vegetation der Pampa ist durch den Menschen stark verändert worden, vor allem durch die Einsaat fremder Grasarten. Die Artenzusammensetzung der wenigen unverändert gebliebenen Restflächen zeigt, daß früher die Hauptgräser der feuchteren Gebiete ursprünglich wohl *Stipa-* und *Bothriochloa-*Arten gewesen sind. Weiter im Süden wird das Klima kühler und gleichzeitig trockener, da die Westwinde einen erheblichen Teil ihrer Feuchtigkeit bereits verlieren, wenn sie den Hochgebirgszug der Anden überqueren. Die östlichen Gebirgsausläufer sind mit 400–600 mm Niederschlag pro Jahr immerhin noch so feucht, daß hier eine steppenartige Grasvegetation mit *Stipa-* und *Festuca-*Arten gedeihen kann, weiter im Osten Patagoniens wird aber das Klima so trocken, daß hier die Vegetation allmählich den Charakter einer von Kugelpolsterpflanzen durchsetzten Halbwüste annimmt.

Großsäuger vermißt man in der Pampa, vor allem Weidetiere wie Rinder, Bisons, Schafe und Antilopen, die in Südamerika fehlen. Einheimische Pferde gibt es ebenso wenig, und nur eine einzige Art, der Pampahirsch *(Ozotoceras bezoarticus),* vertritt die Hirschfamilie. Diese ökologische Planstelle für große Pflanzenfresser übernimmt auf dem südamerikanischen Kontinent eine sehr charakteristische Nagergruppe: es sind die Stachelschweinverwandten (Hystricomorpha), zu denen so bekannte Tiere wie das Meerschweinchen und das Stachelschwein gehören. Diese Nagetiere bilden hier eine eigene Untergruppe, die Caviomorpha, die den Beuteltieren Australiens darin ähneln, daß sie sich in Jahrmillionen isoliert entwickelt und eine große Vielfalt an Arten hervorgebracht haben. Eine von ihnen, das Wasserschwein *(Hydrochoerus hydrochaeris;* Abb. 8-17), ist das größte Nagetier der Erde und lebt als Weidegänger die halbe Zeit im Wasser von Sumpfwäldern (s. Kap. 9.3). Das häufigste Nagetier der Pampa ist der Mara *(Dolichotis patagonum),* der ein hasenartiges Geschöpf mit den langen Beinen einer Antilope ist. Ein anderer Nager ist die Viscacha *(Lagostomus maximus),* die in ihrer ökologischen Rolle den Murmeltieren in Nordamerika und Europa ähnlich ist. Wie diese, legt sie in großen Kolonien ausgedehnte Gangsysteme an und wirft Erdhügel auf. Die Viscacha hat Hinterbeine wie ein Känguruh, doch fehlt ihr dessen langer Schwanz. Das Wilde Meerschweinchen *(Cavia pamparum)* ist eine von mehreren Arten aus dem Grasland. Es muß nicht unbedingt der Vorfahr des Hausmeerschweinchens sein, das von den Inkas vor so langer Zeit domestiziert worden ist, daß man die Stammform nicht mehr kennt. Meerschweinchen graben nicht, sondern bergen sich zwischen Grasbüscheln, während andere verwandte Nager eine beinahe maulwurfartige Lebensweise ausgebildet haben. Die Tukotukos *(Ctenomys)* bauen lange, flache Tunnels, leben aber nicht ganz unterirdisch; ökologisch sind ihnen die nordamerikanischen Taschenratten am ähnlichsten, denen sie bis auf die fehlenden Backentaschen auch äußerlich gleichen. Wie die australischen Beuteltiere haben auch die südamerikanischen Meerschweinchenverwandten erheblich unter den vom Menschen eingeführten fremden Nagetieren gelitten. Wegen ihrer geringen Fortpflanzungsrate können sich die einheimischen Nager gegen die erfolgreichen Neubürger mit ihrer hohen Nachkommenzahl nicht behaupten.

So vielgestaltig die Pflanzenfresser auch sind, die Insektenfresser und Raubtiere nehmen es mit ihnen auf. Viele unter ihnen gehören zu einer Säugetierordnung, den Edentata, von denen nur das Neunbindengürteltier *(Dasypus novemcinctus)* sein Verbreitungsgebiet über Südamerika hinaus erweitert hat. Gürteltiere sind in der Pampa gut vertreten, alle sind Graber, kommen jedoch bei Nacht zum Fressen an die Erdoberfläche. Die körperbedeckenden Platten sind das auffallendste Merk-

a

b

mal der Gürteltiere, das ihnen ein reptilienhaftes Aussehen verleiht. Eine weitere Gruppe der Edentata sind die Ameisenbären mit ihrem weichen, pelzartigen Fell. Der Große Ameisenbär *(Myrmecophaga tridactyla)* hat gewaltige Klauen an den Vorderfüßen, mit denen er kämpft und die Bauten der Termiten, seiner Lieblingsnahrung, aufbricht (Abb. 8-21).

Raubtiere der Pampa sind der Pampafuchs *(Dusicyon gymnocercus)*, der mehr einem Schakal oder Kojoten als einem Rotfuchs ähnelt, und der seltsame langbeinige Mähnenwolf *(Chrysocyon brachyurus)* mit seiner langen, aufrichtbaren Mähne im Nacken. Kleinere räuberische Säugetiere sind einige Skunk-Arten und die Opossums oder Beutelratten, die aber im Unterschied zu den meisten australischen Beuteltieren keinen Beutel haben. Die größten Vögel der Pampa sind zwei Nandu-Arten *(Rhea americana* und *Pterocnemia pennata)*, die zu den flugunfähigen Laufvögeln (Ratiten) gehören wie der Strauß in Afrika, die Kasuare und Emus Australiens und der Kiwi auf Neuseeland (Abb. 8-21). Mit Ausnahme des Kiwi ähneln sich diese Vögel sehr; sie sind Schnelläufer. Viel kleiner sind die rebhuhnartigen Steißhühner (Tinamidae), die über die Pampa eilen. Mit den Hühnervögeln sind sie jedoch nicht verwandt, stehen vielmehr den Ratiten nahe, sind aber flugfähig. Eine weitere eigenartige Gruppe bilden die Wehrvögel (Anhimidae), die trotz ihres Aussehens – ohne gänseartige Schnäbel und Schwimmfüße – mit den Enten und Gänsen verwandt sind. Gänseähnlich verhalten sie sich, indem sie vorzugsweise auf den offenen Flächen weiden.

Die Grasländer Neuseelands

In Neuseeland gibt es natürliche Grasländer nur auf der Südinsel und zwar in ihrem südöstlichen Teil, dort nämlich, wo die vorherrschenden Westwinde, ähnlich wie in Patagonien, einen Großteil der Feuchtigkeit beim Überqueren einer Gebirgskette abgeregnet haben. Hauptarten der Vegetation sind Horstgräser der Gattungen *Festuca* und *Poa*, die in höherer Lage von großen *Dianthonia*-Arten abgelöst werden.

c

Abb. 8-22. Drei große flugunfähige Vögel verschiedener Kontinente. Jeder hat eine ähnliche Nische als Weidegänger auf offenen Flächen gebildet. (a) Australischer Emu. (b) Afrikanischer Strauß; nur bei ihm besteht ein ausgeprägter Geschlechterunterschied im Äußern. (c) Südamerikanischer Nandu.

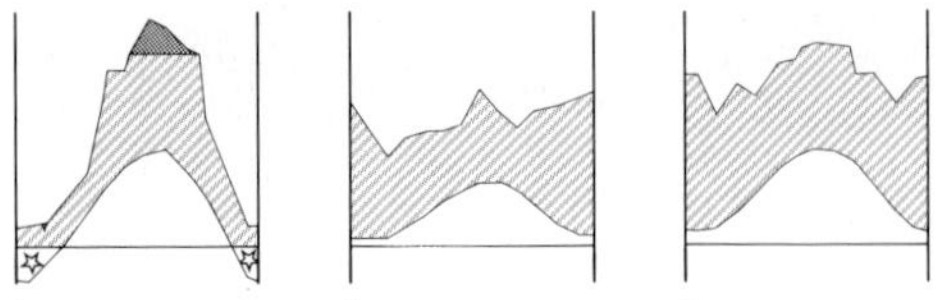

Abb. 8-23. Kühl-temperiertes Waldklima.

		m	mm	°C
a Antung, China	40°10′ N, 124°18′ E	5	1007	6,6
b Brüssel, Belgien	50°51′ N, 4°21′ E	108	835	9,7
c Roanoke, Va, USA	37°19′ N, 79°55′ W	358	1056	13,7

8.6 *Die Wälder der gemäßigten Zone*

An die Wälder der borealen Zone schließt sich im Süden die Zone der laubabwerfenden, sommergrünen Breitlaubwälder. Solche Wälder gibt es in Nordamerika, Ostasien und Westeuropa, allerdings sind sie in der Vergangenheit überall in erheblichem Umfang in Kulturland oder Kunstforste umgewandelt worden. Man kann in der gemäßigten (temperierten) Zone drei Haupttypen von Wäldern unterscheiden, nämlich kühl-temperierte, warm-temperierte und ozeanisch-temperierte Wälder. Diese Einteilung beruht in erster Linie auf der unterschiedlichen floristischen Zusammensetzung der Wälder und ist in manchen Fällen vielleicht eher eine Folge der räumlichen Trennung als wirklich tiefgreifender klimatischer Unterschiede.

In den sommergrünen Wäldern ist die Primärproduktion im wesentlichen auf jene Zeit des Jahres beschränkt, in der die Bäume ihr Laub tragen; die kleinen Kräuter des Waldbodens spielen dabei nur eine ganz untergeordnete Rolle. In der kühlgemäßigten Zone erzeugen die Wälder jährlich etwa 1000–1500 g/m^2 (Trockensubstanz), das meiste davon in Form von Holz. Über die Produktivität der warm-temperierten und der ozeanischen Wälder ist wenig bekannt, ihre jährliche Produktion dürfte aufgrund der längeren Vegetationsperiode etwas höher liegen.

Die Wälder der kühl-temperierten Zone

Am Aufbau dieser Wälder sind in erster Linie Laubbäume beteiligt, in manchen Fällen allerdings gemischt mit einem geringen Nadelholzanteil. Bei relativ kühlen Sommern und milden Wintern können 4–5 Monate lang immer wieder Frostperioden oder Schneefälle auftreten, doch liegen auch in dieser Zeit die Monatsmittel gewöhnlich höher als –5 °C. Die mäßigen Niederschläge (500–1000 mm pro Jahr) sind ohne ein ausgeprägtes Maximum ziemlich gleichmäßig über das Jahr verteilt, wenigstens 120 aufeinander folgende Tage haben Durchschnittstemperaturen über 10 °C (Abb. 8-23). Den artenreichen Wäldern in Ostasien und im östlichen Nordamerika stehen in Europa deutlich ärmere Bestände gegenüber. Während der Eiszeiten konnte nämlich die Flora der beiden erstgenannten Gebiete ziemlich unbehindert nach Süden ausweichen und in den wärmeren Epochen wieder zurückkehren, während in Mitteleuropa die Querriegel von Alpen und Pyrenäen, aber auch das Mittelmeer das Ausweichen nach Süden so sehr behindert haben, daß hier viele Arten ausgestorben sind (s. Kap. 15.3).

Die natürlichen Wälder der kühl-temperierten Zone sind in mehrere Stockwerke gegliedert. Neben einer oberen Baumschicht von 20–50 m Höhe ist meist eine untere Baumschicht von wesentlich geringerer Höhe (7–10 m) erkennbar. Es folgt eine Strauchschicht von 3–4 m Höhe und schließlich die Krautschicht, deren Hauptentwicklung bereits im zeitigen Frühjahr stattfindet, noch vor dem Austrieb des Blätterdachs. Oft ist unmittelbar auf dem Waldboden noch eine eigene Moos- oder Flechtenschicht ausgebildet, sie fehlt allerdings dort, wo im Herbst regelmäßig eine dicke Schicht von Blättern den Waldboden überdeckt.

In den drei Kontinenten unterscheiden sich zwar die jeweils vorherrschenden Baumarten, nicht aber unbedingt deren Gattungen: Eiche *(Quercus)*, Linde *(Tilia)*, Ulme *(Ulmus)*, Buche *(Fagus)* und Ahorn *(Acer)* sind holarktische Gattungen, die in allen drei Kontinenten vorkommen. In Europa haben die Wälder eine derart tiefgreifende anthropogene Veränderung erfahren, daß es oft schwierig ist, das ursprüngliche Verbreitungsgebiet der wichtigsten Baumarten zu erschließen. Ungestörte Waldbestände findet man nur noch auf sehr steilen Hängen und sehr trockenen oder sehr nassen Standorten. Immerhin ist sehr wahrscheinlich, daß in Mitteleuropa überall auf nicht allzu kalten, allzu trockenen oder staunassen Standorten die Rotbuche *(Fagus sylvatica)* die von Natur aus vorherrschende Baumart darstellt. Wo solche Buchenwälder heute noch anzutreffen sind, bilden sie in der Regel so dichte und schattige Bestände, daß nur wenige andere Pflanzen aufkommen können (Abb. 8-24).

In winterkalten oder zeitweise überschwemmten Gebieten mit schweren Lehmböden wird die Buche durch die Stieleiche *(Quercus robur)* ersetzt. Die nahe verwandte Traubeneiche *(Quercus petraea)* meidet dagegen staunasse Böden; ihr Verbreitungsgebiet reicht bis in die westlichsten Gebiete Europas, in denen die Stieleiche nur noch selten auftritt und die Rotbuche völlig fehlt. Eichenwälder sind im allgemeinen ganz besonders stark vom Menschen verändert worden (Abb. 8-25). Durch Auflichtung der Eichenbestände entstand häufig ein Unterwuchs aus Hasel *(Coryllus avellana)*, Feldahorn *(Acer campestre)*, Hainbuche *(Carpinus betulus)* und Winterlinde *(Tilia cordata)*, der dann regelmäßig im Abstand von 7–14 Jahren als Brenn- oder Nutzholz geschlagen wurde. Diese als Mittelwaldwirtschaft bezeichnete Betriebsart lieferte außerdem alle 100–200 Jahre große Eichenstämme, die als Bauholz verwendet werden konnten. Daneben gab es auch die sogenannte Niederwaldwirtschaft, bei der alle Arten, auch die Eichen, in ganz kurzen Abständen abgeschlagen und dann zur Holzkohlegewinnung oder in der Gerberei Verwendung fanden. Sehr verbreitet waren allerdings auch reine Eichen-Hochwälder, deren Bewirtschaftung sowohl auf die Nutzung der Eichen-Früchte zur Schweinemast als auch auf die Gewinnung von Eichen-Hochstämmen ausgerichtet war. Eichenwälder besitzen eine reiche und vielfältige Krautschicht. Auch hier blühen viele Arten im zeitigen Frühjahr noch vor dem Kronenschluß, z. B. Scilla-Arten, Hundsveilchen *(Viola canina)*, Buschwindröschen *(Anemone nemorosa)* und auch einige Orchideen.

Im Gegensatz zu den Laubwäldern in West- und Mitteleuropa sind die laubabwerfenden Wälder in Ostasien von deutlichen jahreszeitlichen Unterschieden des Klimas geprägt; hier liegen die Durchschnittstemperaturen im Winter

Abb. 8-24. Ein Buchenwald in Süd-England. Der Unterwuchs aus Stechpalmen *(Ilex aquifolium)* ist wahrscheinlich anthropogen. Viele dieser Wälder verdanken ihre Existenz der früheren Nutzung als königliches Jagdrevier.

zwei bis drei Monate unter 0 °C und im Sommer mindestens einen Monat über 20 °C. Neben einigen immergrünen Nadelbäumen (z. B. *Pinus koriaensis)* gibt es zahlreiche sommergrüne Arten, vor allem Eichen (z. B. *Quercus mongolica),* Linden-, Birken-, Ahorn- und Walnußarten. Es sind im wesentlichen die gleichen Gattungen, die uns aus Mitteleuropa bekannt sind.

Aufs Neue begegnen wir diesen Gattungen in den großen Laubwaldgebieten Nordamerikas. Auch hier gibt es Buchen- *(Fagus grandifolia),* Linden- *(Tilia americana),* Eschen- *(Fraxinus americana)* und Ahorn-Arten (z. B. der bekannte Zucker-Ahorn, *Acer saccharum).* Häufigster Nadelbaum ist die Weymouth-Kiefer oder Strobe *(Pinus strobus).* Ähnlich wie in den europäischen Laubwäldern entfaltet sich im Frühjahr eine artenreiche Krautschicht mit den schönen Blüten von *Trillium-, Uvularia-, Dicentra-* und *Hepatica*-Arten. Auch hier sind in der Vergangenheit riesige Waldungen gerodet und in Ackerland verwandelt worden, sie beginnen sich jedoch heute infolge unrentabler landwirtschaftlicher Betriebe in manchen Gebieten wieder zu regenerieren.

Die Wälder der warm-temperierten Zone

Das Klima der Gebiete mit warm-temperierten Wäldern ist im Vergleich zur kühl-temperierten Zone im allgemeinen milder und außerdem durch mäßig kühle Winter ohne längere Frostperioden gekennzeichnet (Abb. 8-26). Am besten entwickelt sind Wälder dieses Typs in Ostasien und im östlichen Teil der USA. In Europa gibt es dagegen nur einige isolierte und vergleichsweise arme Bruchstücke solcher Bestände (z. B. im Kaukasus-Gebiet); erwähnt werden muß jedoch eine ganz ungewöhnliche, aber außerordentlich typische Form auf den Kanarischen Inseln.

Die ehemals ausgedehnten warm-temperierten Wälder im nördlichen Teil Chinas sind im Laufe der jahrhundertelangen

Abb. 8-25. Struktur unterschiedlich bewirtschafteter Eichenwälder. (a) Niederwald mit einem schlagreifen Stangenholzbestand. (b) Mittelwald mit einzelnen Eichenhochstämmen über Stockausschlägen von Hasel. (c) Verjüngungshiebe in einem hundertjährigen Hochwald. Vor dem zweiten Hiebgang haben sich bereits Sämlinge entwickelt, die später zu geradschäftigen jungen Bäumen heranwachsen.

Siedlungsgeschichte praktisch vollständig gerodet worden. Aus den wenigen Resten läßt sich aber erschließen, daß diese Wälder in erster Linie aus laubabwerfenden Arten aufgebaut waren, darunter Eichen-, Eschen-, Linden-, Ulmen- und Walnuß-Arten, jeweils in ostasiatischen Formen. Kleinere Baumarten wie *Acer davidii* und *Betula fruticosa* bildeten die untere Baumschicht. In der Strauchschicht standen viele Arten, die uns aus europäischen Parkanlagen und Gärten bekannt sind, etwa *Cotoneaster multiflora, Rosa bella, Lonicera nidita* und *Rhododendron mucronulatum.*

Südlich des Yangtsekiang wird das Klima allmählich milder. Fröste treten hier selten auf, obwohl die Winter insgesamt noch als kühl zu bezeichnen sind. Die reichlichen Niederschläge (1000–2000 mm) fallen überwiegend in den Sommermonaten, weil das Gebiet bereits im Einflußbereich des Monsunklimas liegt. Die heute noch erhaltenen Reste der natürlichen Laubwälder sind außergewöhnlich artenreich; Berichte sprechen von 50 Arten der Gattung *Acer,* 30 Arten von *Sorbus,* jeweils 10 Arten von *Carpinus* und *Fraxinus,* sowie zahlreichen *Tilia-, Ulmus-* und *Betula-*Arten. Zu diesen auch in Europa und Nordamerika vertretenen Gattungen gesellen sich außerdem weitere laubabwerfende Baumarten der Gattungen *Phellodendron, Paulownia* und *Magnolia* und außerdem bereits eine Reihe immergrüner, eher tropischer Vertreter, z. B. *Lithocarpus, Castanopsis* (verwandt mit unserer Eßkastanie) und *Cinnamomum* (z. B. *Cinnamomum camphora,* der Kampfer-Baum). Das Gebiet dieses Mischwaldes aus laubabwerfenden und immergrünen Arten erstreckt sich bis ins südliche Japan mit seinem feuchten, ozeanisch geprägten Klima. Wahrscheinlich sind die Wälder Südchinas deshalb so artenreich, weil hier keine quergestellten Gebirgsriegel während der Kaltzeiten des Pleistozäns das Ausweichen der Arten nach Süden behindert haben; große Florenverluste sind deshalb in diesem Gebiet nicht eingetreten.

Die besten Beispiele der warm-temperierten Wälder Nordamerikas findet man in den Appalachen. Beträchtliche Höhenunterschiede und eine sehr abwechslungsreiche Topographie ergeben hier eine außergewöhnlich reiche Palette verschiedener Standorte mit unterschiedlich strukturierten und in einigen Gebieten noch ganz unberührten Wäldern. Besonders reich entwickelt sind die Wälder auf den feuchtesten, meistens nordexponierten Hängen, obwohl die Niederschläge mit 1500–2000 mm insgesamt ziemlich hoch liegen. Häufig sind allein in der oberen Baumschicht 25–30 Baumarten vertreten, darunter *Tilia-, Aesculus-* (Roßkastanie), *Halesia-, Liriodendron-* (Tulpenbaum), *Fagus-, Castanea-* (Edelkastanie), *Prunus-* und *Betula-*Arten. Häufigster Nadelbaum ist in vielen Fällen die Hemlocktanne *(Tsuga canadensis).* Im Unterwuchs stehen vor allem *Amelanchier-, Rhododendron-* und *Magnolia-*Arten, während sich die reiche Bodenvegetation vor allem aus frühblühenden Arten der Gattungen *Trillium, Erythronium, Dicentra* und *Dentaria* zusammensetzt. Westlich des Mississippi sind die Wälder reich an Eichen und Hickory *(Carya),* mit einem Unterholz aus *Cornus florida, Ostrya virginiana* (Eisenholz) und *Amelanchier.*

Auch im Süden Europas sind die laubabwerfenden Wälder durch den Menschen in größtem Ausmaß zerstört oder verändert worden. Geschont oder gefördert wurden in erster Linie Bäume mit verwertbaren Früchten, wie Edelkastanie *(Castanea sativa),* Walnuß *(Juglans regia)* oder Ölbaum *(Olea europaea),* während weniger nützliche Arten wie *Acer monspessulanum, Fraxinus ornus* und *Ostrya carpinifolia* allmählich zurückgedrängt wurden oder ganz verschwanden.

Bei den warm-temperierten Wäldern müssen schließlich auch noch die Lorbeerwälder der Kanarischen Inseln angeführt werden. Sie waren ursprünglich am besten auf den niederschlagsreicheren, westlichen Inseln La Palma und Teneriffa entwickelt und enthalten im wesentlichen breitlaubige („lorbeerblättrige"), immergrüne Arten wie *Persea indica, Ocotea foetens* und *Laurus azorica.* Diese Wälder sind allerdings in jüngerer Vergangenheit bis auf wenige Restbestände geschlagen worden. Viele der hier vertretenen Gattungen haben ihre nächsten Verwandten in der Flora der Neuen Welt. Man nimmt deshalb an, daß es sich hier um eine Art Reliktwald eines früher wesentlich weiter verbreiteten Typs handelt.

Ozeanisch-temperierte Wälder

Ozeanisch-temperierte Laubwälder gibt es im westlichen Nordamerika, in West-Chile und auf der Südinsel von Neuseeland. In diesen Gebieten steigen hohe Gebirgsketten direkt steil vom Meer hoch und führen so zu einem starken Abregnen der feuchten Westwinde, weshalb in der Regel die jährlichen Niederschläge über 4 000 mm betragen, in Neuseeland können sogar 8 000 mm erreicht werden (Abb. 8-27).

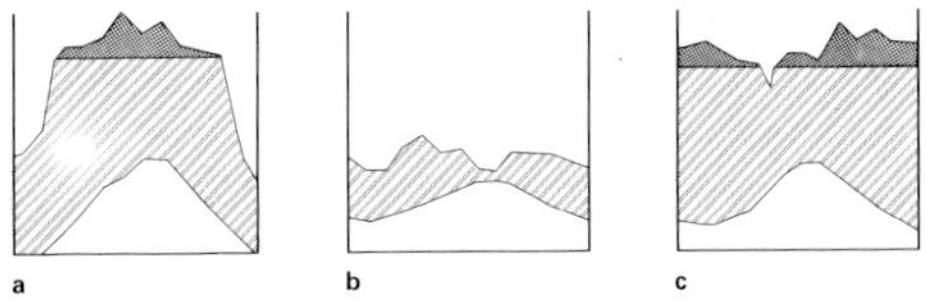

Abb. 8-26. Warm-temperiertes Waldklima.

		m	mm	°C
a Kuling, China	20°35′N, 116°02′E	1070	1914	11,5
b Melbourne, Australien	37°40′S, 145°00′E	38	649	14,7
c Batumi, UdSSR	41°30′N, 41°30′E	3	2404	14,3

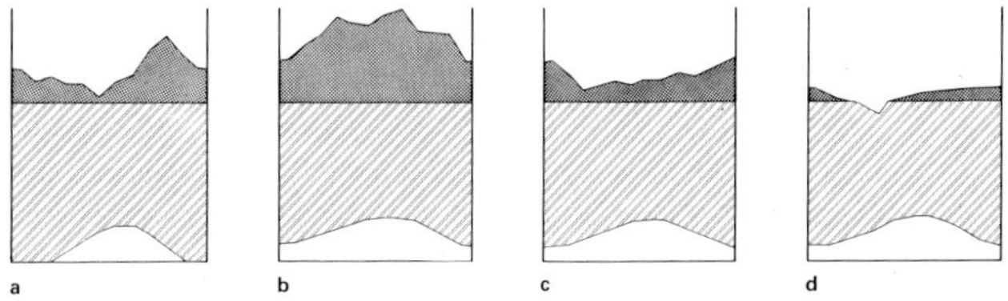

Abb. 8-27. Ozeanisch-temperiertes Waldklima.

		m	mm	°C
a Yakutat, Alaska, USA	59°50′N, 139°44′W	2	3408	4,1
b Milford Sound, Neuseeland	44°54′S, 167°47′E	6	6337	9,9
c Puerto Aisen, Chile	45°10′S, 73°00′W	10	3018	8,9
d Mulrany, Irland	53°54′N, 9°47′W	30	1743	10,0

(Mulrany liegt in einem Moorgebiet)

In Nordamerika erstreckt sich das Gebiet der feucht-temperierten Wälder entlang der Westküste des Kontinents von Nordkalifornien bis Alaska. Die beherrschende Baumgestalt der Wälder Nordkaliforniens war einst der Küsten-Mammutbaum *(Sequoia sempervirens)*, mit Exemplaren von über 100 Metern Höhe. Heute sind seine Bestände allerdings stark zusammengeschmolzen. Weiter im Norden dominieren gemischte Bestände von *Tsuga heterophylla, Thuja plicata, Pseudotsuga menziesii* (Douglasie) und weiteren Holzarten. Obwohl auch hier die größten Stämme als Bauholz geschlagen wurden, erreichen diese Wälder immer noch gewaltigen Höhen von 70–80 m, gleichzeitig aber auch eine hohe Bestandesdichte. Den Unterwuchs bildet ein dichter Teppich aus Moosen und Farnen. Noch weiter im Norden wird das Klima allmählich kühler, doch sind die jahreszeitlichen Unterschiede recht gering und Fröste ziemlich selten, wir sind im Herrschaftsgebiet der Sitkafichte *(Picea sitchensis)*.

Die ozeanisch-temperierten Wälder der Südhalbkugel (in Chile bzw. Neuseeland) gleichen sich in vieler Beziehung, jedenfalls sind die gegenseitigen Ähnlichkeiten größer als die Übereinstimmungen mit den entsprechenden Wäldern auf der Nordhalbkugel. In beiden Teilarealen der Südhemisphäre sind z. B. *Nothofagus-* (die sogenannten Südbuchen) und *Podocarpus-*Arten verbreitet und häufig. Die ozeanisch-temperierten Wälder Chiles bedecken einen schmalen Streifen zwischen dem Fuß der Anden und der Küste. Es ist ein schmales, aber langgezogenes Gebiet, das etwa vom 40. bis zum 50. Breitengrad reicht. Der nördliche Teil gehört mit seiner ausgeprägten Sommertrockenheit zum Herrschaftsbereich von *Nothofagus obligua*, einer laubabwerfenden Art. An ihre Stelle tritt weiter im Süden – bei nunmehr ziemlich gleichmäßig über das Jahr verteilten Niederschlägen – *Nothofagus dombeyi*, eine immergrüne Südbuche. Dazu kommen eine Reihe bemerkenswerter Nadelhölzer, z. B. *Fitzroya patagonica, Austrocedrus chilinensis, Saxegothaea conspicua, Araucaria araucana* und mehrere *Podocarpus-*Arten. Noch weiter im Süden werden diese Arten dann erneut von laubabwerfenden Bäumen wie *Nothofagus betuloides* und *Nothofagus procera* abgelöst. Der Unterwuchs dieser Wälder besteht aus immergrünen Sträuchern (darunter einige bekannte Garten-Pflanzen wie *Desfontainea spinosa* und *Pernettya mucronata)* und einer ungewöhnlich reich entwickelten Vegetation aus Laubmoosen, Lebermoosen und Farnen.

Die entsprechenden neuseeländischen Wälder (Abb. 8-28) sind ganz im Westen der Südinsel am besten ausgebildet. Es handelt sich hier ebenfalls um immergrüne Wälder, in die zahlreiche Nadelhölzer *(Podocarpus totara, P. dacrydioides, Dacrydium cupressinum, Phyllocladus trichomanoides)* eingesprengt sind. Als häufige und auffallende Blütenpflanzen sind darüber hinaus *Medrosideros robusta*, sowie *Leptospermum-, Laurelia-,* und *Corynocarpus-*Arten zu nennen. Es handelt sich in der Regel um sehr dichte Wälder, in denen die Baumstümpfe häufig von Kletterpflanzen, *(z. B. Freycinetia banksii)* überwuchert werden. Viele Lebermoose, Laubmoose und Farne bedecken den Waldboden, einige von ihnen wachsen auch als Epiphyten auf anderen Pflanzen. Diese natürliche und ursprüngliche Waldvegetation Neuseelands ist durch die eingeführte und absichtlich freigelassene Gemse auf das Schwerste geschädigt worden.

Die Heidelandschaften Nordwesteuropas

In Westeuropa fehlen ozeanisch-temperierte Wälder, obwohl hier über weite Strecken ganz ähnliche Bedingungen herrschen wie in den bereits besprochenen Gebieten. Mit 400–1000 mm im Jahr liegen die Niederschläge hier vielleicht etwas niedriger, sie sind allerdings sehr gleichmäßig verteilt; in diesem wolkenreichen und kühlen Gebiet steht dem eine entsprechend geringere Verdunstung gegenüber. Schnee und Frost können bis in tiefste Lagen auftreten. Solche Ereignisse dauern allerdings nie sehr lange, denn im Durchschnitt ist kein Monat kälter als 0 °C. Zu diesem Klima paßt das Bild der großen Heidelandschaften Islands, Schottlands, Englands, Dänemarks, Norddeutschlands und Südschwedens mit ihren endlosen, in erster Linie aus Heidekrautgewächsen (Ericaceae) bestehenden Zwergstrauchbeständen (Abb. 8-29, 8-30). Viele der ehemaligen Heiden sind heute allerdings Ackerland.

Die Vegetation der atlantischen Heide wird über weite Strecken fast ausschließlich vom Heidekraut *(Calluna vulgaris)* beherrscht. Im südlichen, küstennahen Bereich bestimmen dagegen vor allem *Erica cinerea* (Glockenheide), *Daboecia cantabrica* und *Erica vagans* das Bild der Heide; sie werden weiter im Landesinneren von größeren, strauchig wachsenden Schmetterlingsblütlern wie Ginster *(Genista)*, Stechginster *(Ulex)* und Besenginster *(Sarothamnus)* abgelöst. Dieser Heidetyp wächst meist auf sehr armen, flachgründigen und podsolierten Sandböden. Ganz anders sind die Verhältnisse in den am stärksten atlantisch geprägten, von Torfdecken überzogenen Teilen Englands und Irlands. Sie tragen eine feuchte Heidemoor-Vegetation, in der neben zahlreichen Moosen und Sauergräsern vor allem die Moorheide *(Erica tetralix)* eine wichtige Rolle spielt.

Über die Entstehung der Heiden ist viel diskutiert worden. Wahrscheinlich waren die meisten Heidegebiete früher von Wald bedeckt, der dann durch Brand und Beweidung vernichtet worden ist. Viele Heiden werden heute regelmäßig von Schafen beweidet, die durch den Verbiß der Baumkeimlinge eine Wiederbewaldung auf sehr wirksame Weise verhindern. Große Heideflächen im Norden Großbritanniens dienen dagegen in erster Linie der Jagd des Moorhuhns. Diese Heiden werden im Abstand von 10–15 Jahren abgebrannt, dadurch entsteht für das Moorhuhn ein günstiges Mosaik von Flächen mit nachwachsender Heidevegetation, auf denen es sich gut ernähren kann und älteren Beständen, die günstige Nistmöglichkeiten bieten. In diesem Fall verhindern die regelmäßig gelegten Brände das Aufkommen von Bäumen. Pollenanalyse und archäologische Grabungen haben ergeben, daß das Verschwinden der Bäume zeitlich häufig mit dem Auftauchen von Unkraut- und Getreidepollen zusammenfällt (s. Kap. 15); meist handelt es sich dabei um die großen Rodungen der Bronze- und Eisenzeit.

Tiere der temperierten Wälder

Die großen Pflanzenfresser in den kühlen Wäldern sind hauptsächlich Hirsche. Der größte, der Elch *(Alces alces)*, dehnt sein Verbreitungsgebiet südlich der Nadelwälder aus. Der Rothirsch *(Cervus elaphus*; Abb. 4-7) kommt als einzige Art holarktisch vor (vorausgesetzt, man ist damit einverstanden, daß der nordamerikanische Wapiti eine Rasse von *Cervus elaphus* ist und keine eigene Art, *Cervus canadensis)*. Rothirsche treten oft in offenem Land auf, doch nur deshalb, weil ihre ursprüngliche Waldheimat vom Menschen zerstört worden ist. Die Tiere aus dem Grasland sind wegen der kargeren Ernährung deutlich kleiner als ihre Vettern im Wald. In den Wäldern des Fernen Ostens steht an der Stelle des Rothirschs der nahe verwandte Sikahirsch *(Cervus nippon)*. Andere Hirsch-Arten aus Wäldern sind Weißwedelhirsch *(Odocoileus virginianus)* und Maultierhirsch *(Odocoileus hemionus)* in Nordamerika sowie das Reh *(Capreolus capreolus)* in Eurasien.

Der Waldtarpan *(Equus ferus sylvaticus)* war ein Wildpferd des Waldes, das im letzten Jahrhundert ausgestorben ist. Auch der Wisent *(Bison bonasus)* starb in freier Wildbahn aus, überlebte jedoch in Gefangenschaft und wurde im Wald von Bialowieza in Ostpolen wieder eingeführt. Er ist ein reiner Waldbewohner, höher und langbeiniger als der amerikanische Bison der Prärien. Ein kleinerer Pflanzenfresser ist der Biber *(Castor fiber)*, der sowohl in Nordamerika als auch Eurasien vorkommt, allerdings in Europa selten und stark im Rückgang begriffen ist. Der Biber ist wegen seiner Dammbauten berühmt, und wenn auch nicht alle Biber Dämme anlegen, so errichten doch alle Holzbaue, um darin die Wintermonate zu verbringen (vgl. Abb. 9-7).

Das Wildschwein *(Sus scrofa)* ist in den eurasiatischen nördlichen Breiten weit verbreitet, bis in tropische Gebiete hinab. In Nordamerika fehlt es und hat dort auch keinen Platzhalter. Unter den Raubtieren des Waldes gibt es mehrere Marderverwandte, von denen der Dachs *(Meles meles)* in Eurasien die weiteste Verbreitung hat. Der Silberdachs *(Taxidea taxus)* Nordamerikas hat eine Reihe ähnlicher Eigenschaften; beide Arten sind nicht auf das Waldland beschränkt. Die Stinktiere (Skunks) sind ebenfalls für die nordamerikanischen temperierten Waldgebiete kennzeichnend. Auf beiden Seiten des Atlantiks ist der Rotfuchs *(Vulpes vulpes)* ein häufiges Waldtier,

Abb. 8-28. Epiphytenreicher Südbuchen-*(Nothofagus)* Wald auf der Nordinsel von Neuseeland.

ebenso in Nordamerika der Waschbär *(Procyon lotor)* und in Eurasien die Wildkatze *(Felis sylvestris)*. Der Katzenbär oder Kleine Panda *(Ailurus fulgens*; Abb. 8-31) bewohnt den Bambuswald in Nepal, Westbirma und Südchina, während der Große Panda oder Bambusbär *(Ailuropoda melanoleuca)* nur in Südchina vorkommt und auf Bambus als Nahrung spezialisiert ist. Zu den größeren Raubtieren zählen Bären, der amerikanische Schwarzbär *(Ursus americanus)* und der in Ostasien einschließlich Japan beheimatete Kragenbär *(Selenarctos thibetanus)*.

Zahlreiche Vogelarten leben in den kühlen nördlichen Wäldern, viele von ihnen sind auch als Singvögel in Gärten bekannt, wie Gimpel *(Pyrrhula pyrrhula)* und Kernbeißer *(Coccothraustes coccothraustes)*. Von den Krähenvögeln kommen Eichelhäher *(Garrulus glandarius)* und Elster *(Pica pica)* vor. Durch die jahrhundertealte Bewirtschaftung der Wälder hat sich der Vogelbestand gewaltig geändert. Viele Wälder sind in kleine Stücke zerteilt worden, so daß Greifvogelarten des Graslandes wie der Turmfalke *(Falco tinnunculus)*, der auf der Beutesuche rüttelnd in der Luft steht, mit dieser Jagdtechnik auch auf Lichtungen Erfolg haben. Im Gegensatz zu den meisten Eulen sind nur wenige Greifvögel ganz auf Wälder begrenzt. Die Wälder Neuseelands beherbergen viele spezialisierte Vogelarten. Einheimische Landsäugetiere, mit Aus-

Abb. 8-29. Der größte Teil der ozeanisch-temperierten Zone Nordwest-Europas ist von Heidevegetation bedeckt. Kümmerliche Reste von Wäldern finden sich nur in Gebieten, deren Rodung für die Landwirtschaft wenig Erfolg versprach. Hier ein farn- und moosreicher Schluchtwald in Nord-Wales.

Abb. 8-30. Eine Heide in Südschweden auf flachgründigen Böden über Granit. Besonders häufig sind Heidekraut *(Calluna vulgaris)* und Wacholder *(Juniperus communis).* Im Hintergrund, möglicherweise auf etwas tiefgründigerem Boden, Birke und Kiefer.

a

b

Abb. 8-31. Tiere temperierter Wälder. (a) Kleiner Panda (Katzenbär). Die verwandschaftlichen Verhältnisse sind nicht genau geklärt. (b) Ringelnatter. Eine ungiftige Schlange, die sich oft im Wasser aufhält, wo sie Frösche und Fische fängt. (c) Rötelmaus. Diese Tiere kommen im Laubwald von Europa bis zum Baikalsee häufig vor. (d) Siebenschläfer. Die Schläfer (oder Bilche) wurden nach ihrem langen Winterschlaf benannt.

nahme von Fledermäusen, fehlen wegen der langen Isolation und weiten Entfernung vom Festland. Folglich gab es vor der Ankunft des Menschen keine bodenlebenden Raubsäuger und viele Vögel hatten die Flugfähigkeit verloren. Der ungewöhnlichste von ihnen ist der Kiwi *(Apteryx)*, den man meist mit den primär flugunfähigen Laufvögeln zusammen klassifiziert. Kiwis haben einen viel besseren Geruchssinn als alle anderen Vögel und benutzen ihn bei der Suche nach Würmern, die sie verzehren; ihr Sehvermögen ist dagegen schwach ausgebildet. Kiwifedern sind haarartig, die Flügel stummelförmig. Das Weibchen legt nur ein einziges großes Ei, das ein Viertel bis ein Fünftel seines eigenen Körpergewichts wiegt.

Seit der Ankunft der Maoris auf Neuseeland vor weniger als 1000 Jahren sind dort etwa 45 Vogelarten ausgestorben, wovon die meisten Wälder bewohnten. Das Takahe *(Notornis mantelli)*, die größte flugunfähige Ralle, glaubte man ausgestorben, aber 1948 wurde es in einem Tal der Südinsel wiederentdeckt. Mehrere Papageienarten sind dort heimisch, darunter der Kea *(Nestor notabilis)*, der sich gewöhnlich vegetarisch ernährt, aber als einziger Papagei auch Fleisch verzehrt, obwohl er keine lebende Beute macht. Er wagt sich in das Grasland hinaus und ist eine Belästigung für die Schafzüchter geworden, da er den Schafen Wunden auf dem Rücken beibringt. In demselben Gebiet wie der Kea kommt auch der Kakapo *(Strigops habroptilus)* vor, ein seltener Waldpapagei, der beinahe flugunfähig ist und nur noch vom Baum zum Boden herabgleiten kann.

In den temperierten Wäldern sind Reptilien gut vertreten, darunter auch einige Riesenschlangen (Pythons) in den wärmeren Gegenden Australiens. Anderswo sind die Schlangen kleiner und gewöhnlich ungiftig, wie beispielsweise die weit verbreitete Ringelnatter *(Natrix natrix)* und die ebenso harmlose und ökologisch ähnliche Strumpfbandnatter *(Thamnophis sirtalis)* Nordamerikas. Beide halten sich oft im Wasser auf, fangen Frösche und kleine Fische, aber auch Mäuse und andere Kleinsäuger an Land. Viele Echsen kommen auf dem Waldboden und auf Bäumen vor. Die Brückenechse oder Tuatara *(Sphenodon punctatus)* auf Neuseeland ist der einzige Überlebende einer Reptilienordnung, der Rhynchocephalia, die vor 100 Mio. Jahren ausstarb. Das Überleben verdankt auch sie wohl der langen Isolation Neuseelands; jetzt findet man sie nur noch auf kleinen Inseln vor der Küste der Nordinsel. In der Mitte des Schädels hat sie ein gut ausgebildetes lichtempfindliches Gebiet, genannt „das dritte Auge", das allerdings kein Licht sammelt und auch nicht an der Oberfläche erkennbar ist. Amphibien sind für Wälder nicht gerade typisch, es kommen aber Kröten und in warmen Wäldern auch Baumfrösche vor. Frösche und Molche bevölkern Bäche oder Tümpel.

Reich ist das Insektenleben, wenn auch temperierte Wälder nicht mit tropischen Verhältnissen und deren Überfluß an Schmetterlingen wetteifern können. Die Gesamtzahl an Raupen ist jedoch hoch. Viele Blätter zeigen wurmartige Anschwellungen, die die Fraßgänge von Blattminierern, oft Larven von Kleinschmetterlingen, markieren. Einige verlassen das Blattinnere vor der Verpuppung und fressen noch an der Oberfläche weiter, während andere pustelförmige Minen bilden und sich im Blatt verpuppen. Auch Fliegenlarven bilden solche Platzminen aus. An vielen Waldbäumen finden sich Gallen (Abb. 10-7), die meist von Insekten verursacht wurden, vor allem von Wespen. Gewöhnlich legt die Gallwespe ein Ei in das Blatt und das Pflanzengewebe reagiert mit Anschwellungen um den Eintrittsort. Die Gallen bieten auch Unterschlupf und Nahrung für viele andere Insekten und manchmal wird die ursprüngliche Wespenlarve von einer Erzwespe parasitiert, die ihr eigenes Ei auf die sich entwickelnde Larve legt. Die Erzwespenlarve kann wiederum von einem weiteren Eindringling parasitiert werden, einer Schlupfwespe, ein Beispiel für Hyperparasitismus. Offensichtlich leiden die Bäume nicht über Gebühr unter den Gallen, wenngleich auf diese Weise eine gewisse Menge an Photosyntheseprodukten verlorengeht. Die Gesamtmenge der Plünderungen durch Insekten kann im Verlauf einer Wachstumsperiode jedoch zuweilen einen beträchtlichen Anteil der Primärproduktion ausmachen.

8.7 Die mediterranen Zonen

Auf die Region der ozeanisch-temperierten Wälder folgen in Richtung zum Äquator Gebiete mit kühl-feuchten Wintern und trocken-heißen Sommern. Es handelt sich um Winterregengebiete mit Niederschlägen zwischen 300 und 800 mm

c

d

jährlich und vier fast vollständig trockenen Sommermonaten mit Durchschnittstemperaturen von 20–25 °C (Abb. 8-32). Die Mitteltemperatur des kältesten Monats liegt bei etwa 10 °C; Frostperioden sind selten und von geringer Dauer. Hauptvegetationszeiten sind Frühling und Herbst.

Dieser Klimatyp ist vor allem für das Mittelmeergebiet charakteristisch – man spricht oft geradezu vom Mittelmeerklima. Weitere Gebiete dieser Art gibt es in Südkalifornien, in Mittelchile, an der Südspitze von Afrika und in Südwest-Australien. Die Vegetation dieser Gebiete ähnelt sich bei oberflächlicher Betrachtung außerordentlich stark, obwohl die wichtigsten Arten jeweils ganz verschiedenen Familien angehören. Es ist sehr wohl möglich, daß alle diese Gebiete einst von Wäldern oder einer Trockengehölzvegetation bedeckt waren und erst Besiedlung, Brand und Beweidung ihren Charakter grundlegend verändert haben – Einwirkungen, die zum großen Teil bis heute fortbestehen.

Mediterran-Vegetation

Einst waren große Teile des Mittelmeergebiets von immergrünen Steineichen-Wäldern bedeckt. Im Schatten dieser Wälder wuchsen die immergrünen Sträucher *Buxus sempervirens* (Buchsbaum), *Viburnum tinus* und einige *Phillyrea*-Arten; dazu gesellten sich als Bodenvegetation *Ruscus aculeatus* (Mäusedorn), *Asparagus acutifolius* und viele weitere Arten. Auf Silikatböden des westlichen Mittelmeergebietes wurde die Steineiche vermutlich weitgehend durch die Korkeiche *(Quercus suber)* ersetzt, auf trockenen Partien durch die Kermeseiche *(Quercus coccifera)*. Typischer Boden der Steineichen-Wälder über Kalkfels ist die sogenannte Terra rossa, mit einem dunklen, humusreichen Oberboden über einem tonreichen, leuchtend-roten Unterboden (s. Kap. 8.1).

Die Steineichen-Wälder sind im Laufe der Zeit durch Holznutzung und Brand fast überall in Macchie umgewandelt worden, eine offene Gehölzformation aus Sträuchern und kleinen Bäumen, in der lediglich niedere Steineichen und einige *Phyllyrea*-Arten an die ursprünglichen Verhältnisse erinnern. Wird die Vegetation durch häufigeren Schlag oder zusätzliche Beweidung noch stärker aufgerissen, dann entsteht die sogenannte Garrigue (Abb. 8-33) mit ihren niedrigen Strauchgruppen und Zwergformen von *Quercus coccifera, Juniperus oxycedrus* und (weiter östlich) *Sarcopoterium spinosum.* Dazwischen wachsen kleine, aromatische duftende Zwergsträucher, Cistrosen *(Cistus)*, Lavendel *(Lavandula)*, Thymian *(Thymus)* und Rosmarin *(Rosmarinus)*. Auf den offenen Flächen zwischen den niederen Sträuchern entwickelt sich im Spätwinter und im zeitigen Frühjahr ein Blütenmeer aus einjährigen Arten, Zwiebel- und Knollenpflanzen (Abb. 8-34). Die allermeisten dieser Frühlingsblüher sind beim Anbruch des trockenen Sommers längst wieder vom Erdboden verschwunden. Wird der menschliche Einfluß noch stärker und nachhaltiger, dann verschwinden schließlich die Sträucher fast völlig; sie werden von den großen, knollentragenden *Asphodelus*-Arten abgelöst, deren Rosetten von den Weidetieren nicht gefressen werden.

Die meisten Bäume und Sträucher dieser Zone sind immergrün und besitzen harte und schmale Blätter, die in der Sommerhitze nur wenig Wasser verlieren; man spricht von der Hartlaubvegetation des Mittelmeergebietes. Viele Pflanzen enthalten außerdem große Mengen an ätherischen Ölen, die zwar einerseits einen guten Schutz gegen Weidetiere darstellen, andererseits aber auch leicht entflammbar sind.

Die ursprüngliche Vegetation der mediterranen Zone Südkaliforniens war ebenfalls ein offener Eichenwald, mit *Quercus agrifolia* und *Quercus engelmannii* als Hauptarten. Der Macchie des Mittelmeergebietes entspricht die niedere, ebenfalls leicht brennbare Gebüschformation des Chaparral. Auch sie enthält einige Eichenarten, dazu kommen unter anderem mehrere Arten der Gattungen *Ceanothus* und *Arctostaphylos*. Ein wichtiger Standortfaktor sind hier die zahlreichen, meist von Blitzen entzündeten Brände. Die meisten Pflanzen des Chaparral sind deshalb in der Lage, nach dem Abbrennen der oberirdischen Teile aus Wurzelstöcken oder unteren Stammteilen neu auszutreiben.

Das Winterregengebiet Chiles erstreckt sich vom 30. bis zum 37. Breitengrad und bildet einen schmalen Streifen zwischen dem Fuß der Anden und der Küste. Von der ursprünglichen Vegetation ist auch hier nur wenig erhalten geblieben, aber es gibt doch noch letzte Reste richtiger Hartlaubwälder mit *Quillaja saponaria* (Rosaceae), *Peumus boldus* (Monimia-

Abb. 8-32. Mediterran-Klima.

			m	mm	°C
a	Zante, Griechenland	37°47′ N, 20°54′ E	2	1115	18,5
b	Perth, Australien	31°57′ S, 115°52′ E	60	883	17,9
c	Valparaiso, Chile	33°02′ S, 71°40′ W	41	490	14,3
d	Danger Point, Südafrika	34°40′ S, 19°17′ E	28	544	16,0
e	Santa Barbara, Kalif., USA	34°25′ N, 119°40′ W	37	471	15,6

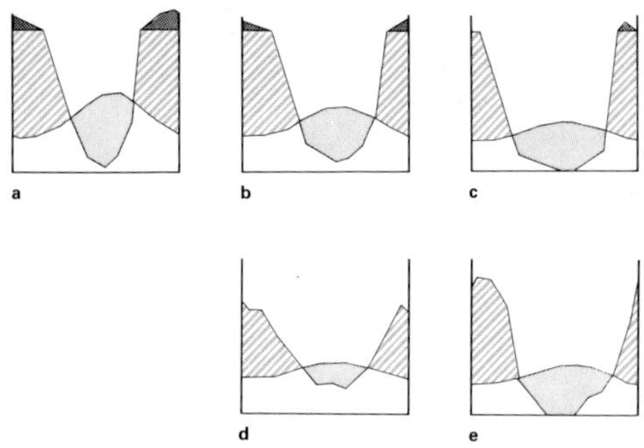

ceae) und *Lithraea caustica* (Anacardinaceae), dazu kommen viele hartlaubige Sträucher. Die mediterrane Vegetationszone Chiles geht im Norden allmählich in außerordentlich trockene, küstennahe Wüsten über, im Süden folgen ozeanisch-temperierte Wälder (s. Kap. 8.6).

Auch in Südafrika ist das Winterregengebiet nicht besonders groß, dafür aber überraschend reich an Arten. Auf den 20 km² des Jonkershoek-Naturreservats sind nicht weniger als 2 000 Pflanzenarten gezählt worden. Das Gebiet weist allerdings ziemlich starke Höhenunterschiede (300–1 000 m) und außerordentlich unterschiedliche Niederschlagsmengen (300–1 800 mm) auf. Einige Gattungen haben in Südafrika eine bemerkenswerte Artenfülle entwickelt. Es gibt hier etwa 600 Arten der Gattung *Erica*, 100 *Protea*-Arten, 115 Arten von *Muraltia* (Polygalaceae) und 120 Arten der Gattung *Restio* (Restionaceae). Insgesamt unterscheidet sich die Flora des Kaplandes überaus stark von den anderen Florenreichen der Erde, fast keine ihrer zahlreichen Arten kommt außerhalb dieses verhältnismäßig kleinen Areals vor. Bezeichnend für die Vegetation des Kaplandes sind die zahlreichen Geophyten; Pflanzen, deren Überdauerungsknospen tief im Boden geborgen liegen. Sie blühen besonders reich, wenn die beschattende Strauchvegetation durch ein Buschfeuer vernichtet wurde. Es gibt zwar nur wenige Bäume, dafür aber ein gut entwickeltes Hartlaubgebüsch (Fynbos) mit zahlreichen Proteaceen. Durch zunehmende Besiedlung, häufige Brände und die Ausbreitung florenfremder Strauch- und Baumarten ist die Kap-Flora stark gefährdet.

Die Vegetation des Winterregengebiets im Südwesten Australiens ähnelt durchaus der Hartlaubvegetation anderer mediterraner Region, ist aber reicher an Gehölzen. Charakteristische Pflanzen dieses Lebensraumes sind neben zahlreichen *Eucalyptus*-Arten vor allem die sogenannten Grasbäume (*Kingia* und *Xanthorrhoea*), außerdem viele Vertreter der Eparidaceae und Stylidiaceae. Mit den Gattungen *Banksia*, *Hakea* und *Grevillea* ist die Familie der Proteaceen ebenfalls sehr zahlreich vertreten.

Im australischen Winterregengebiet kann man mit dem nach Norden deutlich abnehmenden Niederschlag mindestens drei verschiedene Zonen unterscheiden: Im südwestlichsten, regenreichsten Gebiet mit Niederschlägen zwischen 1200 und 1500 mm jährlich bilden Karri-Wälder *(Eucalyptus diversicolor)* die natürliche Endvegetation. Die Bäume erreichen hier nicht selten 60–80 m Höhe; viele der besten Bestände sind allerdings in der Vergangenheit der Bauholzgewinnung zum Opfer gefallen. Hauptbaumart der etwas trockeneren Gebiete (700–1200 mm Niederschlag) bildet *Eucalyptus marginata.* In der dritten Zone sind schließlich die Niederschläge bereits so gering, daß hier kein geschlossener Wald mehr aufkommen kann, strauchige Eucalyptus-Arten aber immerhin noch zu existieren vermögen. Besonders auf armen und sandigen Böden findet man in solchen Gebieten häufig auch eine Art Heidevegetation. Diese Heiden werden in unregelmäßigen Abständen abgebrannt. Viele ihrer Arten blühen und fruchten nur nach solchen Bränden; so kommen beispielsweise *Xanthorrhoea*-Arten erst dann zur Blüte, wenn ein Buschfeuer über sie hinweggegangen ist. Die Samen vieler *Banksia*-Arten sind in verholzte Fruchtkapseln eingeschlossen, die sich erst nach der Einwirkung von Feuer öffnen. Zahlreiche weitere Anpassungen dieser Art machen es wahrscheinlich, daß Feuer in dieser Vegetationsformation schon immer ein wichtiger Standortfaktor gewesen ist.

Tiere der Mediterran-Region

In allen mediterranen Zonen der Erde wurden die Bestände an Großsäugern durch den Menschen stark vermindert. Nordafrika besaß einmal eine Vielzahl Großwildarten, wozu palaearktische Typen wie der Berberhirsch *(Cervus elaphus barbarus,* eine Rothirschrasse) und das Wildschwein *(Sus scrofa)* gehörten. Im Atlas lebt noch der Berberaffe oder Magot *(Macaca sylvanus),* der mit den asiatischen Makaken und nicht mit den afrikanischen Affen südlich der Sahara verwandt ist. Zu den großen Pflanzenfressern mit vermutlich vom Menschen verursachter gegenwärtiger Verbreitung gehören Damhirsch *(Dama dama)* und Mufflon *(Ovis musimon),* dessen Heimat Korsika und Sardinien ist. Durch Einbürgerungen erklärt sich auch die heutige weite Verbreitung eines kleinen Pflanzenfressers, des Kaninchens *(Oryctolagus cuniculus).* Als Raubtier gab es einst den Löwen und möglicherweise gibt es noch einige wenige Exemplare des Leoparden in Nordafrika, doch gehören die meisten Raubtiere heute zu den kleineren Arten.

Das Mittelmeergebiet hat eine reiche Vogelwelt, Kiebitz *(Vanellus vanellus),* Brachvogel *(Numenius arquata)* und Kuhreiher *(Bubulcus ibis)* gehören dazu. Trappen durchstreifen das Grasland, und zwar in Europa die Großtrappe *(Otis tarda)* und in Afrika die Kragentrappe *(Chlamydotis undulata).* Rothuhn *(Alectoris rufa)* und Steinhuhn *(Alectoris graeca)* bewohnen felsiges Buschland im westlichen bzw. östlichen Raum. Zu den Greifvögeln gehören große Adler wie Kaiseradler *(Aquila heliaca)* und Steinadler *(Aquila chrysaetos)* sowie zahlreiche kleinere Bussarde und Falken.

Viele Reptilienarten leben im Mittelmeergebiet; es gibt Schildkröten *(Testudo),* Eidechsen und Schlangen (Abb. 8-35), wie beispielsweise die Balkanzornnatter *(Coluber gemonensis),* die zu den schnellsten und angriffslustigsten Schlangen Europas zählt, sich hauptsächlich von Nagern und Eidechsen ernährt, für den Menschen aber nicht gefährlich ist.

Die Fauna des äußersten Südens von Afrika zeigt Parallelen zum Mittelmeergebiet, obwohl es keine Palaearkten als Dauerbewohner gibt. Viele Großsäuger sind ausgerottet, unter ihnen gab es eigene Unterarten des Buntbocks *(Damaliscus dorcas),* des Bergzebras *(Equus zebra),* der Elenantilope *(Taurotragus oryx),* des Elefanten *(Loxodonta africana)* und des Löwen *(Panthera leo).* Nur eine Art ist inzwischen gänzlich ausgerottet, nämlich der Blaubock *(Hippotragus leucophaeus),* ein naher Ver-

Abb. 8-33. Mediterrane Vegetation auf Kreta. Im Vordergrund die niedrige Garrigue mit Dornsträuchern und *Asphodelus* spec. als Beweidungszeiger. Im Hintergrund die höherwüchsige Macchie mit *Quercus* und *Olea*.

Abb. 8-34. Typisch für die mediterrane Vegetation sind zahlreiche Zwiebel-, Knollen- und Rhizomgeophyten. (a) Blattwespen-Ragwurz *(Ophrys tenthredinifera).* (b) Wilde Gladiole *(Gladiolus segetum).* (c) *Iris xiphoides.*

Abb. 8-35. Tiere der Mediterran-Region. (a) Perleidechse *(Lacerta lepida)*. Sie jagt kleine Nagetiere und andere Reptilien. (b) Treppennatter *(Elaphe scalaris)*. Sie bewegt sich schnell und jagt Vögel, Nager, Eidechsen und Insekten; sie ist ungiftig. (c) Mufflon. Es ist Europas Wildschaf, wenngleich seine gegenwärtige Verbreitung durch den Menschen beeinflußt wurde. (d) Ölkäfer. Zu dieser Familie gehört auch die „Spanische Fliege"; die Entwicklung ist kompliziert und verläuft über Larven, die bei Bienen parasitieren.

wandter der Pferde- und der Rappenantilope. Ein ökologischer Stellvertreter des Magots ist der Schwarzfußbärenpavian *(Papio cynocephalus ursinus)*. Statt des Kaninchens kommt der Springhase *(Pedetes capensis)* vor, ein känguruhähnliches Nagetier. Zu den Raubtieren zählen das Kleinichneumon *(Herpestes ichneumon)* und die Manguste *(Herpestes pulverulentus)*. Auch Erdmännchen *(Suricata suricatta)*, die eine Vorliebe für Gelände mit grabfähigen, lockeren Böden haben, sind hier heimisch.

Sehr reichhaltig ist die Vogelwelt. Zahlreiche Nektarvögel beuten den Reichtum der Blüten aus; zu ihnen gehören die Proteavögel *(Promerops)*, die im Kapland mit Proteapflanzen eng verbunden sind. Aus dem Norden kommen Wintergäste dazu, darunter Rauchschwalben *(Hirundo rustica)* und Weißstörche *(Ciconia ciconia)*. Der Rosaflamingo *(Phoenicopterus ruber roseus)* kommt am Kap vor, ebenso der Brillenpinguin *(Spheniscus demersus)*. Möwen und Seeschwalben sind häufig, zuweilen sind es dieselben oder sehr ähnliche Arten wie im Mittelmeergebiet, was die große Ähnlichkeit beider Regionen unterstreicht.

8.8 Die ariden Zonen

Die ariden Gebiete der Erde liegen überwiegend zwischen dem 15. und 40. Breitengrad, in den subtropischen Gürteln beiderseits des Äquators. In Südafrika sind das die Namib- und die Kalahariwüste, in Nordafrika bildet die Sahara den westlichen Teil des riesigen saharo-arabischen Wüstenkomplexes, der sich bis weit nach Vorderasien erstreckt. Nördlich des Himalaya liegen die kalten zentralasiatischen Wüsten Takla-Makan und Gobi. Der größte Teil Inneraustraliens erhält ebenfalls nur geringe und unregelmäßig verteilte Niederschläge; auch er kann als Wüste, zumindest aber als Halbwüste, bezeichnet werden. Die Wüsten des amerikanischen Kontinents liegen vor allem in Mexiko und im Süden der USA, die trockenste unter ihnen ist aber wahrscheinlich die Atacama-Wüste im Küstengebiet von Chile und Peru.

Das Klima der ariden Zonen (Abb. 8-36) wird in der Regel von einer typischen Hochdruck-Wetterlage bestimmt, mit wolkenlosem Himmel, spärlichem und unregelmäßigem Regen, hohen Temperaturen, starken Winden und hoher Verdunstung. Die Niederschläge sind also nicht nur gering, sie sind vor allem zeitlich und räumlich sehr unregelmäßig verteilt. Die äquatornahen Bereiche des ariden Trockengürtels liegen an der Grenze zur Sommerregenzone und werden gerade noch von den Ausläufern der Sommerregen erreicht; sie leiten über in die Savannen-Zone. An der entgegengesetzten Grenze in höheren Breiten beginnt der Einflußbereich der Winterregen und damit das Gebiet der mediterranen Vegetation. Es ist sehr schwierig, die Grenzen der Wüste bzw. Halbwüste zur Savanne und der mediterranen Zone jeweils genau festzulegen. Wirtschaftlich sind die Wüsten dadurch gekennzeichnet, daß in ihnen kein Ackerbau mehr möglich ist, während in semiariden Gebieten unter günstigen Bedingungen immerhin noch einige besonders trockenresistente Kulturpflanzen angebaut werden können. Botanisch ist die Vollwüste dadurch charakterisiert, daß sich hier die wenigen ausdauernden Pflanzen in Trockentäler oder Senken zurückziehen, in denen das Wasser bei starkem Regen zusammenläuft. Die Pflanzendecke der Halbwüste ist zwar ebenfalls lückenhaft, doch bleiben hier die ausdauernden Pflanzen nicht auf besonders günstige Sonderstandorte beschränkt, sondern sind ohne erkennbare Gesetzmäßigkeit über die ganze Fläche verteilt.

Mit der Bezeichnung „Wüste" verbindet man gewöhnlich die Vorstellung großer Hitze. Das mag für die Verhältnisse während des Tages auch durchaus zutreffen, doch kommt es häufig nachts wegen des Fehlens einer schützenden Vegetation und einer reflektierenden Wolkendecke zu einer derart starken Wärmeabstrahlung, daß die Temperaturunterschiede zwischen Tag und Nacht oft mehr als 30 °C betragen. Die meisten ariden Gebiete liegen in ziemlich deutlicher Entfernung zum Äquator, sie sind deshalb nicht unerheblichen jahreszeitlichen Schwankungen der Temperatur ausgesetzt; in den Wintermonaten können sogar vereinzelt Fröste auftreten. Besonders extreme Klimabedingungen haben einige Wüsten im unmittelbaren Einflußbereich kalter Meeresströmungen aufzuweisen. Das beinahe vollständige Fehlen von Niederschlägen wird hier lediglich gemildert durch den regelmäßig auftretenden Nebel, der sich als Tau an Felsen oder anderen Hindernissen niederschlägt und dadurch häufig auch den Boden der näheren Umgebung oberflächlich durchfeuchtet.

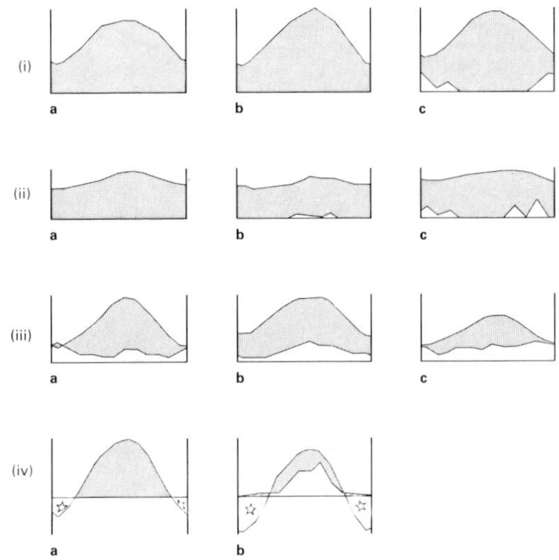

Abb. 8-36. Aride Klimatypen.

			m	mm	°C
1	Heiße, subtropische Wüsten mit sehr geringen Niederschlägen.				
a	Luxor, Ägypten	25°41′N, 32°8′E	78	1	24,2
b	In Salah, Algerien	27°10′N, 2°32′E	279	15	25,1
c	Dharan, Saudi-Arabien		150	54	26,9
2	Küstennahe, subtropische Nebelwüsten im Bereich kalter Meeresströmungen.				
a	Antofagasta, Chile	23°50′S, 70°30′W	94	4	17,2
b	Swakopmund, Namibia	22°37′S, 14°30′E	10	15	15,3
c	Cape Juby, Marokko	27°55′N, 12°55′W	8	51	18,8
3	Wüsten der warm-gemäßigten bzw. kühl-gemäßigten Zone mit geringen und unregelmäßigen Niederschlägen.				
a	Las Vegas, Nevada, USA	36°10′N, 115°05′W	571	112	18,1
b	Charlotte Waters, Australien	25°56′S, 134°54′E	211	134	21,6
c	Puerto Madryn, Argentinien	42°48′S, 65°04′W	12	155	13,6
4	Winterkalte, zentralasiatische Wüsten.				
a	Charchan, China	38°04′N, 85°16′E	966	9	10,6
b	Dalandzadgad, Mongolei	43°37′N, 104°17′E	1466	119	3,9

Die Vegetation der ariden Gebiete

In der ariden Zone ist Wasser der entscheidende Faktor für die Vegetation. Kein anderer Umweltfaktor ist auch nur entfernt von derartig überragender Bedeutung. Die Pflanzen dieser lebensfeindlichen Umgebung lassen sich in zwei große Gruppen einteilen, nämlich in Ephemere, die ungünstige Zeitabschnitte als Frucht oder Same überdauern und Perennierende (Ausdauernde), die dem Wassermangel mit bestimmten Baueigentümlichkeiten und Strategien zu begegnen wissen. Manche von ihnen speichern Wasser in dafür spezialisierten Geweben, einige sind in der Lage, auch tief liegende Wasservorräte zu erschließen, wieder andere schließlich besitzen unterirdische Knollen und entwickeln oberirdische Teile nur dann, wenn die äußeren Bedingungen dafür günstig sind.

Die Ephemeren keimen erst nach einem starken Regen, entwickeln sich dann aber außerordentlich rasch und schließen gewöhnlich ihren Lebenszyklus in weniger als zwei Wochen ab (Abb. 8-37). Es sind sehr anpassungsfähige, äußerlich stark variable Arten, die bei ungünstigen Bedingungen oft nur sehr klein bleiben und ganz wenige Blüten hervorbringen. Ist reichlich Wasser vorhanden, entwickeln sie sich dagegen zu großen, reich blühenden Pflanzen. Die Samen der meisten Arten besitzen bestimmte Dormanz-Mechanismen, die eine Keimung erst nach ausreichenden Niederschlagsmengen ermöglichen. Bei bestimmten Arten keimen die Samen erst dann, wenn das Regenwasser einen wasserlöslichen Keimungshemmstoff aus der Fruchtwand herausgewaschen hat. In den Wüstengebieten West-Australiens und in den Wüsten der USA beobachtet man nach Winter- oder Sommerregen jeweils unterschiedliche Ephemere; Untersuchungen haben gezeigt, daß die Samen der verschiedenen Arten bezüglich der Keimung ganz unterschiedliche Temperaturansprüche besitzen.

Abb. 8-37. Starke Regenfälle führen in Wüstengebieten oft zur Entwicklung von kleinen, kurzlebigen Ephemeren. Hier war der Regen nicht ergiebig genug, um den ausgedörrten, grobscholligen Boden wirklich zu durchfeuchten, zur Keimung der Samen hat er jedoch ausgereicht (Atacama, Südamerika).

Viele ephemere Pflanzen besitzen wegen der spärlichen Bestäuber große und auffällige Blüten. Außer dieser Tatsache und dem außergewöhnlichen Keimungsverhalten der Samen gibt es eigentlich keine ins Auge springende Eigenschaft, die man als Standortanpassung bezeichnen könnte. Ihre ganze Lebensweise ist eine Art Ausweichstrategie. Sie vermeiden die harten und lebensfeindlichen Bedingungen, weil sie es verstanden haben, ihren gesamten Entwicklungszyklus in die kurzen und unregelmäßig auftretenden Niederschlagsperioden zu verlegen.

Im Gegensatz dazu zeigen die ausdauernden (perennierenden) Pflanzen deutliche Anpassungen an ihre wasserarme Umgebung. Manche umgehen trockene Perioden, indem sie sich ganz auf ihre unterirdischen Zwiebeln oder Kriechsprossen zurückziehen, ganz ähnlich wie die Geophyten. Unter der Oberfläche des Bodens gibt es gewöhnlich noch Spuren von Wasser, die immerhin ausreichen, um die Bodenluft weitgehend mit Wasserdampf zu sättigen, die Wasserverluste einer im Boden geborgenen Zwiebel oder eines Rhizoms sind deshalb auch unter solchen Bedingungen außerordentlich gering. Erst bei starken Regen dringt genügend Wasser in den Oberboden ein, so daß Wurzeln und später oberirdische Pflanzenteile gebildet werden können. Manche Arten entwickeln ihre Blüten aber auch ganz ohne vorausgehende Niederschläge; sie nutzen dazu die geringen Wasservorräte ihrer Knolle oder das Wasser tieferer Bodenschichten aus.

Bekannteste Pflanzen der ariden Gebiete sind wohl die Sukkulenten, also Pflanzen, deren verdickte Sproßachsen oder Blätter als Wasserspeicher dienen. Mit der Sukkulenz ist gleichzeitig die Reduktion der Oberfläche, die Ausbildung einer dicken Cuticula und häufig auch ein dichter Besatz von Dornen verbunden, der Pflanzenfresser vom Verzehr des saftigen Pflanzenkörpers abhalten soll. Die Sukkulenten der einzelnen Kontinente gehören zu ganz unterschiedlichen systematischen Gruppen (Abb. 8-38). Typisch für den amerikanischen Kontinent sind die Kakteen mit weit über 2 000 Arten, von denen ursprünglich nur eine *(Rhipsalis baccifera)* außerhalb Amerikas vorgekommen ist. Sie werden in Afrika von den sukkulenten Euphorbiaceen ersetzt, deren äußere Erscheinung den Kakteen oft in verblüffender Weise ähnelt. Südafrika ist die Heimat der *Mesembryanthemum*-Arten (Aizoaceae), deren zahlreiche Formen (ca. 2 300 Arten) fast ausschließlich hier zu finden sind. Die elf Arten der hoch sukkulenten Didiereaceae sind eine Eigenart der Insel Madagaskar.

Das Wurzelsystem der meisten Sukkulenten ist nur sehr flach, greift aber außerordentlich weit aus. Auf diese Weise kann auch das Wasser schwacher Niederschläge schnell und vollständig aufgenommen werden. Während langer Trockenperioden stirbt das periphere Wurzelsystem ab, doch bilden sich nach einem Regen in wenigen Tagen neue wasseraufnehmende Wurzeln, die das Wasser dem Pflanzenkörper zuleiten, wo es schließlich in große, dünnwandige Zellen eingelagert wird. Die Kakteen besitzen in ihren verdickten Sproßachsen keinen geschlossenen Holzzylinder, selbst bei den großen Säulenkakteen besteht der Zentralzylinder lediglich aus quervernetzten Rippen, die der Gesamtkonstruktion eine Beweglichkeit verleihen, so daß die gerippte oder höckrige Oberfläche vieler Kakteen bei abnehmendem Wassergehalt wie der Balgen einer Kamera zusammenschrumpft.

Die Wasserverluste von Kakteen sind nicht zuletzt deshalb so gering, weil bei ihnen das Verhältnis von Oberfläche zu Volumen in der Regel außerordentlich günstig ist. Viele nähern sich der Kugelform, die das beste Verhältnis von Oberfläche und Volumen aufweist. Ausgewachsene Pflanzen können ohne erkennbare Schäden bis zu 25 % ihres Frischgewichts an Wasser verlieren, junge Pflanzen sogar noch mehr. Die Cuticula ist gewöhnlich so dick, daß Wasserverluste praktisch ausschließlich auf die Stomata beschränkt bleiben. Sie sind deshalb oft tief in die Oberfläche eingesenkt und bei vielen Arten mit wolligen Haaren abgedeckt. Viele Kakteen, aber auch andere Sukkulenten, haben außerdem einen weißlichen Haar- oder Wachsüberzug, der einen erheblichen Teil der einfallenden Strahlung sofort reflektiert und damit sowohl zur Dämpfung der Temperatur an der Pflanzenoberfläche als auch zur Verminderung der Wasserverluste beiträgt (Abb. 8-39). Schließlich besitzen viele Sukkulenten eine ganz ungewöhnliche Methode der Kohlendioxid-Fixierung, den sogenannten diurnalen Säurerhythmus (s. Kap. 2.2). Bei ihnen öffnen sich die

Abb. 8-38. Pflanzen mit ausgeprägten Anpassungen an die Trockenheit. (a) *Aloe* sp. weist dicke, fleischige Blätter mit stacheligen Blatträndern auf. (b) *Irida columnaris,* eine außergewöhnliche Vertreterin der Familie Curcurbitaceae. Sie besitzt keine Blätter, sondern lediglich einen lockeren Überzug dornenbewehrter Ruten. (c) *Aconium* sp. Die dicklichen Blätter bilden eine dichte Rosette und sind außerdem von einer blaugrünen Wachsschicht überzogen, die einen Großteil des Lichts reflektiert. (d) *Mammilaria vivipara,* ein nordamerikanischer Kaktus mit dornenbesetzten Warzen und großen, auffälligen Blüten.

a

b

c

d

Abb. 8-39. Oreocereus neocelsianus, ein Kaktus aus der Hochgebirgswüste Boliviens. Der dichte Haarüberzug reflektiert den größten Teil der einfallenden Strahlung und verhindert auf diese Weise eine Überhitzung der Oberfläche; nachts wirkt er dagegen wie ein wärmeisolierender Überzug.

Stomata während der Nacht, wenn der Gasaustausch bei relativ geringen Wasserverlusten möglich ist. Dabei wird das Kohlendioxid sofort nach seinem Eintritt ins Blatt in einer lichtunabhängigen Reaktion an organische Säuren gebunden und dann im Laufe des Tages für die Photosynthese zur Verfügung gestellt. Die Stomata können also tagsüber geschlossen bleiben, weil keine Aufnahme gasförmigen Kohlendioxids mehr nötig ist, mit Sicherheit eine äußerst wassersparende Einrichtung.

Die großen, auffälligen Blüten der Kakteen werden meistens von Insekten bestäubt, einige allerdings auch von Vögeln und einige wenige *(Carnegia gigantea)* sogar von Fledermäusen. Die sukkulenten Euphorbia-Arten Afrikas haben weitaus unauffälligere Blüten; sie sind in erster Linie auf die Anlockung von Wespen ausgerichtet.

Fast alle Sukkulenten produzieren reichlich Samen, denn die Jungpflanzen gelangen nur nach längeren, überdurchschnittlich feuchten Regenperioden über das Keimlingsstadium hinaus. Viele Sukkulente bleiben deshalb auf Wuchsorte beschränkt, die eigentlich weniger trocken sind als es die Toleranzgrenzen der ausgewachsenen Pflanzen zulassen würden.

Eine dritte Gruppe ausdauernder Xerophyten der Wüsten und Halbwüsten zeigt nur wenig äußerlich sichtbare Anpassungen an die harten Bedingungen der Umwelt. Beispiele dafür sind die Tamarisken *(Tamarix)* der Wüsten Nordafrikas und des mittleren Orients, die *Larrea-* und *Prosopis*-Arten im südlichen Nordamerika und schließlich die *Acacia-* und *Eucalyptus*-Arten in Australien. Es handelt sich dabei meist um niedere Bäume mit sehr kleinen Blättern und einer dicken Cuticula. Manche von ihnen sind in der Lage, mit außerordentlich tiefreichenden Wurzelsystemen Wasservorräte zu erschließen, die bis zu 50 m tief im Boden liegen können. Die Blätter werden bei Trockenheit häufig abgeworfen, bei lang anhaltenden Dürrezeiten sogar die schwächeren Äste.

Ausdauernde, wasserspeichernde Pflanzen trockener Standorte sind für Herbivoren eine attraktive Nahrungsquelle. Deshalb sind viele dieser Pflanzen bedornt oder bestachelt. So tragen beispielsweise viele Kakteen einen durchaus ernstzunehmenden Dornenpanzer. Trotzdem finden sich immer wieder einige Tierarten, für die eine solche Bewaffnung nur wenig Abschreckungskraft besitzt. So lassen sich die Dromedare in Afrika von den Dornen der Akazien ebensowenig beeindrucken wie die Wüstenratten in Amerika von den Dornen der Kakteen – sie verwenden Kakteenstücke sogar zum Nestbau. Andere Wüstenpflanzen wehren sich durch schlecht schmeckende oder giftige Inhaltsstoffe. So enthalten viele afrikanischen *Euphorbia*-Arten einen stark reizenden Milchsaft; dennoch können Paviane solche Euphorbien verzehren – und tun das auch. Manche Pflanzen schließlich passen sich ihrer Umgebung auf verblüffende Weise an und sind deshalb nur äußerst schwer zu erkennen. Einige *Mesembryanthemum*-Arten besitzen weißliche, rundliche oder eckige Blätter, die den Kieselsteinen sehr ähneln, zwischen denen sie normalerweise wachsen. Die „lebenden Steine" der Gattung *Lithops* (Aizoaceae) besitzen nur zwei, in den Boden eingesenkte Blätter, die lediglich mit ihren abgeplatteten Enden die Erdoberfläche erreichen. Diese abgeplatteten Spitzen gleichen in Form und Farbe in beeindruckender Weise den umliegenden Kieselsteinen.

Tiere der ariden Gebiete

Wasserknappheit ist der Hauptgrund für die Begrenzung der Ausbreitungsfähigkeit von Tieren in die Wüsten hinein. Auch die täglichen Temperaturschwankungen sind hoch, und die durch extreme Hitze verursachten Probleme werden noch gesteigert durch die Notwendigkeit, Wasser zu sparen. Einige Tiere in Wüsten sind dank ihrer Beweglichkeit von den Beschränkungen durch das Wasser befreit, wie z. B. die Flughühner *(Pterocles)*, die in kurzer Zeit zu weit entfernten Wasserlöchern fliegen können; doch andere Tiere müssen ihre Wasservorräte bewahren. Jedes Tier verliert Wasser und muß zumindest so viel wieder aufnehmen, wie es verloren hat, um seinen Wasserhaushalt aufrecht zu halten. Trinkwasserquellen sind in der Wüste rar, daher müssen sich Wüstentiere meist auf das in der Nahrung vorhandene oder auf das durch den Stoffwechsel gewonnene Wasser beschränken. Tiere können durch Festhalten des schon im Körper vorhandenen Wassers den Bedarf verringern. Wasser geht durch Urin verloren, beträchtliche Verluste kommen auch durch Kotabgabe, durch Verdunsten aus der Lunge und anderen feuchten Oberflächen zustande. Die meisten landlebenden Tiere haben wasserdichte Häute, Säugetiere aber können durch Schwitzen Wasser verlieren. Schwitzen ist vor allem ein Mittel zur Kühlung, verbraucht aber sehr viel Wasser, weshalb Wüstentiere nur im Extremfall schwitzen.

Ein wichtiger Faktor für die Überlebensfähigkeit in der Wüste ist die Körpergröße. Tiere, die klein genug sind, um sich unter einem Stein zu verbergen oder im Sand einzugraben, können die Hitzeprobleme durch Nachtaktivität meistern. Die meisten Wüstentiere sind kleiner als ihre Verwandten in feuchteren Gegenden. Ein anderer Vorteil der Kleinheit liegt darin, daß das in den kalten Nächten an Steinen oder zwischen Sandkörnern sich bildende Kondenswasser als ausgezeichneter Trinkvorrat genutzt werden kann. Ein einzelner Tautropfen kann den Tagesbedarf eines kleinen Insekts oder einer Spinne decken. Ein Nachteil der Kleinheit ist die im Vergleich zur Körpermasse ungünstig große Oberfläche, so daß über sie verhältnismäßig viel Wasser verdunstet. Daher bewegen sich während der Tageshitze nur wenige Insekten und Spinnentiere aus ihrer Deckung. Raubtiere verlassen sich auf die Körperflüssigkeit ihrer Beutetiere, doch bleiben auch sie meist tagsüber im Verborgenen. Für wirbellose Räuber ist das kein Problem, aber Säugetiere können sich nur durch Kleinwerden anpassen: Der katzengroße Fennek *(Fennecus zerda)* und die zierliche Sandkatze *(Felis margarita)* sind im Durchschnitt sehr viel kleiner als ihre Verwandten.

Wüsten ganz ohne Vegetation haben keine Großsäuger. Solche Wüsten sind jedoch nicht völlig ohne Leben; denn kleine grabende Insekten und andere Wirbellose können sich von Samen und Pflanzenresten ernähren, die in die Wüsten hereingeweht werden. Dieses Pflanzenmaterial ist zum Teil schon vor langer Zeit gebildet worden, da in der heißen, wasserlosen Wüste aus Mangel an Bakterien der Abbau nur langsam vor sich geht. Trotz der harten Bedingungen haben sich alle Tiergruppen, die das Land erobert haben, auch in die Wüsten hinein vorgearbeitet, sogar Schnecken und Amphibien. Schnecken lösen das Problem längerer wasserloser Perioden durch eine Form der Ruhe, die als Aestivation bezeichnet wird. Die Gehäuseöffnung wird mit einem undurchdringlichen Verschluß versehen und die Schnecke kann in einem Zustand herabgesetzter Lebenstätigkeiten überdauern, wenn es sein muß jahrelang.

Größere Säugetiere, die sich nicht unter Steinen verbergen oder eingraben können, müssen die harten Beanspruchungen des Klimas ertragen und haben verschiedene Methoden entwickelt, die Hitzewirkungen zu mildern. Eine Anpassung ist die helle Fellfärbung, die das Sonnenlicht eher reflektiert als absorbiert. Eine weitere ist eine dichte Fellkräuselung, wie beim Kamel, da eine dichte Wollbedeckung Wärme sowohl drinnen als auch draußen hält, wobei allerdings Luftzutritt möglich sein muß, wenn ein wirkungsvolles Schwitzen stattfinden soll. In Wüsten lebende Säugetiere unterscheiden sich von den übrigen Säugetieren auch dadurch, daß sie ihre Körpertemperatur nicht konstant halten. Anstatt die Temperatur im Körperinneren niedrig zu halten, was Wasser- und Energieverbrauch bedeuten würde, lassen sie sie ansteigen bis zu einer Höhe, die für andere Säuger Fieber bedeuten würde. So hat man bei der Grantgazelle *(Gazella granti)* bis zu 46 °C gemessen. Der überhitzte Körper kühlt sich in der kalten Wüstennacht wieder ab; am Morgen kann die Temperatur wieder sehr niedrig liegen (z. B. beim Kamel 34 °C). Das ist von Vorteil, da die Wärme der ersten Tagesstunden zur Körpererwärmung verbraucht wird und eine weitere Steigerung der Temperatur erst im Laufe des Tages einsetzt. Gewiß gibt es für diese Temperaturveränderungen Grenzen, doch ist diese Anpassungsfähigkeit überlebenswichtig.

Eine andere Strategie großer Säugetiere der Wüste ist das Ertragen von Wasserverlust aus dem Körper bis zu einem Punkt, der für nichtangepaßte Tiere tödlich wäre. Das Kamel kann bis zu 30 % seines Körpergewichts als Wasser ohne Folgen verlieren, während ein Mensch schon nach Verlust von 12–13 % stirbt. Eine ebenso wichtige Anpassung ist die Fähigkeit, den Verlust durch einmaliges Trinken wettzumachen. Wüstentiere können erstaunliche Mengen in kurzer Zeit trinken und Kamele schaffen über 100 Liter in wenigen Minuten. Ein stark ausgetrockneter Mensch kann dagegen nicht so viel Wasser wie er verloren hat auf einmal trinken, da der menschliche Magen nicht groß genug ist und eine zu schnelle Verdünnung der Körperflüssigkeit den Tod verursachen würde. Die Fähigkeit zum Ertragen von Wasserverlusten ist offensichtlich vorteilhaft beim Wüstenleben, da Tiere dann nicht nahe an einer Wasserstelle bleiben müssen, sondern die spärliche und weitzerstreute Weide ausnutzen können. Wüstensäugetiere können auch bei stärkster Austrocknung normal Nahrung zu sich nehmen – eine weitere Anpassung; beim Menschen dagegen geht der Appetit schon bei mäßigem Durst weitgehend verloren.

Wenn der Körper austrocknet, ergibt sich ein weiteres Problem: Das Blut wird zähflüssiger und kann nicht angemessen im Körper zirkulieren. Tod durch Hitzschlag tritt ein, wenn das Blut die Stoffwechselwärme aus dem Innern des Körpers nicht mehr an die Oberfläche transportieren kann. Die Säugetiere in der Wüste vermeiden dies dadurch, daß sie nur den Geweben Wasser entziehen, während das Blut im normalen Flüssigkeitszustand bleibt.

Wasserersparnis läßt sich auch durch konzentrierten Harn und trockenen Kot erreichen, aber wie wirksam diese Anpassungen auch sein mögen, etwas Wasser geht jeden Tag verloren, und im Bedarfsfall muß das Tier Wasser aufnehmen, um das innere Gleichgewicht zu erhalten. Verhaltensanpassungen können eine ausreichende Wasserversorgung sicherstellen. Beispielsweise braucht eine Grantgazelle im Halbwüstengebiet Nordkenias täglich etwa 3 l Wasser, von denen 0,5 l durch Oxidation der Nahrung gewonnen wird. Der Fehlbetrag läßt sich nicht einfach durch Trinken ausgleichen, da so viel freies Wasser in der Wüste gewöhnlich nicht verfügbar ist. Die Gazelle erhält es durch den Tau, der sich bei Nacht aus der Atmosphäre auf der Vegetation niederschlägt. Die Hauptfutterpflanze der Gazelle, *Disperma,* enthält bei Tag nur zu etwa 3 % ihres Gewichts Wasser, ihre Blätter sind so trocken, daß sie bei Berührung zerbröckeln. Nach einer achtstündigen Exposition in der feuchten Nachtluft aber ist ihr Wassergehalt auf 40 % angestiegen. Daher ist es für die Gazelle lebensnotwendig, bei Nacht zu weiden, wenn sich das Wasser im Futter befindet.

Vögel zeigen wenig Anpassungen an das Wüstenleben, vermutlich weil sie im allgemeinen nur kurzzeitige Besucher sind, die sich schnell an geeignetere Plätze, wie Oasen, begeben können. Flughühner können in der Wüste brüten, weil die Männchen befähigt sind, Wasser mit Hilfe ihrer Brustfedern zu transportieren, die sich mit dem lebensnotwendigen Naß vollsaugen, während der Vogel trinkt. Wasser ist zur Kühlung der Eier und für die Jungen wichtig.

Reptilien sind von Natur aus für das Leben in der Wüste geeignet, da ihre dicke Haut vor starkem Wasserverlust schützt und ihre gemächliche Lebensweise keine wasserverbrauchenden, energieaufwendigen Tätigkeiten erfordert. Ihre niedrige Stoffwechselrate und ihre im allgemeinen geringe Größe ermöglichen es ihnen, sich während besonders harter Zeiten in Spalten zu verbergen. Die bemerkenswerteste Anpassung von Reptilien in Wüsten betrifft ihre Fortbewegung in dem schwierigen Gelände. Einige Echsen weisen verlängerte Schuppen an den Zehenrändern auf, die ähnlich wie Schneeschuhe wirken, andere haben gelappte Zehen, die ihnen Halt auf dem Treibsand geben (Abb. 8-40). Schlangen bewegen sich in einer Weise schnell durch den Sand, die an Schwimmen erinnert; die Seitenwinderklapperschlange *(Crotalus cerastes)* hat eine neuartige Seitwärtsbewegung entwickelt. Andere Echsen bewegen sich schlangenähnlich durch den Sand und weisen einen entsprechend abgewandelten Kopf und Körper auf. Die Augen von Wüstenreptilien werden oft von durchsichtigen Augenlidern geschützt, die ständig verwachsen bleiben. Für Amphibien ist das Wüstenleben schwieriger, da ihre Haut nicht wasserdicht ist und sie meist zur Fortpflanzung Wasser benötigen. Lediglich Kröten haben die Probleme durch Anpassungen erfolgreich gemeistert.

8.9 Die Gebirgsregionen

Gebirgsvegetation

Mit zunehmender Meereshöhe fällt die Temperatur ziemlich gleichmäßig, und zwar um etwa 0,5°–1°C pro 100 Höhenmeter. Die Gebirgsvegetation ist also deutlich niedrigeren Temperaturen ausgesetzt als die Tieflandvegetation des gleichen Breitengrades, und sie zeigt in der Regel eine ausgeprägte Höhendifferenzierung. Dabei liegen die Grenzen der einzelnen Höhenstufen in kleinen Gebirgen im allgemeinen wesentlich tiefer als in großen Gebirgsmassiven. Besteigt man einen Berg der gemäßigten Zone, so wandert man zunächst durch Wälder mit sommergrünen, breitlaubigen Arten. Es folgt der immergrüne Nadelwald und darauf die waldlose, tundrenähn-

Abb. 8-40. Wüstenechsen. (a) Texas-Krötenechse *(Phrynosoma cornutum)* aus den südwestlichen USA und dem nördlichen Mexiko. (b) Die Gila-Krustenechse *(Heloderma suspectum)* kommt in demselben Gebiet wie die Texas-Krötenechse vor. Sie ist giftig, für den Menschen jedoch gewöhnlich nicht tödlich. (c) Die Vorderasiatische Agame *Agama blanfordi* gehört zu einer großen Familie meist in ariden Gebieten lebender Echsen aus Afrika, Asien und Australien. (d) Die Krötenkopfagame *(Phrynocephalus arabicus)* häuft mit einer seitlichen Hautfalte Sand beim Graben auf ihren Körper. Mit ihren gefransten Zehen kann sie schnell über den Sand laufen.

liche, alpine Stufe mit ihren Zwergsträuchern und Rasengesellschaften und schließlich die unbelebte Zone des ewigen Schnees (Abb. 8-41), also eine ganz ähnliche Abfolge, wie man sie auf der nördlichen Hemisphäre etwa bei einem Flug in den hohen Norden beobachten kann.

Die Umweltbedingungen ändern sich allerdings mit zunehmender Meereshöhe nicht in der gleichen Weise wie bei einer Reise nach Norden. Die Tageslänge auf dem Gipfel eines Berges ist ganz ähnlich wie im Tal. Das bedeutet, daß sich die Lebensbedingungen der alpinen Hochgebirgsvegetation sehr deutlich von den Bedingungen der Tundrenzone mit ihrer Mitternachtssonne und der langen winterlichen Dunkelheit unterscheiden. Die klare Luft des Hochgebirges und der relativ kurze Weg der Strahlung durch die Atmosphäre führt bei klarem Himmel zu starker Einstrahlung, infolge der unbehinderten nächtlichen Rückstrahlung aber auch zu sehr starker Abkühlung. Gewöhnlich ist auch der Niederschlag im Gebirge wesentlich höher als im Vorland, weil die zum Aufstieg gezwungenen Luftmassen sich ausdehnen und dadurch abkühlen. Dabei wird die Wasserdampfkapazität der Luft überschritten und es entstehen Wassertröpfchen, die dann als Regen oder Schnee zur Erde fallen. Wenn Wolken- oder Nebelschwaden die Gipfel der Berge einhüllen, können sich die feinen Wassertröpfchen auch direkt auf der Bodenoberfläche oder auf der Vegetation niederschlagen. Oft werden diese Nebeltröpfchen von der höherwüchsigen Vegetation förmlich ausgekämmt, so daß die Werte eines normalen Regenmessers unter Umständen ein falsches Bild von der Niederschlagsmenge vermitteln.

Die Höhengrenzen der Vegetationsstufen im Gebirge sinken mit zunehmender geographischer Breite immer weiter ab. Viele Pflanzen, die in den Alpen nur in der alpinen Höhenstufe vorkommen, findet man z. B. in Nordnorwegen fast in Meereshöhe. In Europa gibt es nur wenige Gebirgszüge, die auf größere Entfernung in Nord-Süd Richtung verlaufen; Wanderungen der Gebirgsvegetation sind also nur in sehr beschränktem Umfang möglich. Deshalb stellen die waldfreien Gipfelregionen der Gebirge biogeographisch häufig Inseln dar, zwischen denen ein Austausch entweder gar nicht oder nur in großen zeitlichen Abständen erfolgt.

Die Gebirge Skandinaviens gleichen in ihrem Florenbestand weitgehend der Tundra bzw. Taiga. Typisch für die Tieflagen der Alpen-Nordseite sind Eichen-Mischwälder, über denen sich zunächst Buchenwälder und dann bis zur Waldgrenze Fichtenwälder anschließen. Es folgt der Bereich alpiner Matten und schließlich die hochalpine bzw. nivale

Abb. 8-41. Höhenzonierung der Vegetation in Uganda. (a) Blick über einen ehemaligen Kahlhieb im Gebirgs-Regenwald der unteren montanen Stufe. (b) Der Mahoma-See (2960 m), umgeben von Nebelwäldern aus baumförmigen Ericaceen, *Rapanea* und *Podocarpus.* (c) Nebelwald in etwa 3000 m Höhe mit starkem Flechtenbehang an den Bäumen *(Usnea)* und einer farnreichen Waldbodenvegetation. (d) Riesiger Ericaceen-Wald bei 3300 m; Stammbasen und Waldboden sind von einem dichten Moosteppich überzogen. (e) *Dendrosenecio adnivalis* und *Lobelia wollastonii* in der Nähe des Bujuku-Sees (ca. 4000 m). (f) *Helichrysum* sp. in der Nähe des Bujuku-Sees.

Abb. 8-42. Riesen-Rosettenpflanzen des afrikanischen und südamerikanischen Hochgebirges. (a) *Lobelia wollastonii* (Ruwenzori, ca. 3300 m). (b) *Puya* sp. aus den Anden Ekuadors (ca. 3100 m). In beiden Fällen stirbt die Rosette nach der Entwicklung des riesigen Blütenstandes ab.

Vegetation aus Flechten, Moosen und Polsterpflanzen. Auf der Alpensüdseite wächst in den tieferen Lagen eine Art Mediterran-Vegetation. Sie wird abgelöst von Buchenwäldern, die in abgewandelter Form bis zur Waldgrenze hinauf reichen. In den Zentralalpen bilden dagegen Arven *(Pinus cembra)* und Lärchen *(Larix decidua)* die obere Waldstufe; in allen Fällen ist aber häufig oberhalb der alpinen Waldgrenze noch ein Krummholzgürtel (z. B. aus *Pinus mugo ssp. mugo)* angeschlossen.

Die obere Grenze des Baumwuchses wird von mehreren Faktoren bestimmt. Einer der Hauptursachen ist ohne Zweifel der höhenbedingte, allgemeine Temperaturrückgang und die damit verbundene Verkürzung der Vegetationsperiode. Alle Bäume brauchen eine bestimmte Wachstumszeit, um wirklich gut entwickelte und ausgereifte Neutriebe, Blätter und Früchte zu bilden. Junge, nicht genügend ausgereifte Triebe sind sehr anfällig gegen Frost, der überdies im Gebirge sehr häufig mit der Gefahr der Austrocknung verbunden ist. Werden etwa die Zweige eines immergrünen Nadelbaumes durch starke Einstrahlung über Umgebungstemperatur erwärmt, dann können die entstehenden Wasserverluste bei gefrorenem Boden und häufig ebenfalls gefrorenem Stamm auf Dauer nicht ersetzt werden; die betroffenen Nadeln sterben ab und sind damit der Frosttrocknis zum Opfer gefallen. Geringe Unterschiede des Standortklimas können die Dauer der Vegetationsperiode merklich beeinflussen. Die genaue Lage der Waldgrenze ist deshalb sehr stark von der Exposition, der Hangneigung und vielen anderen Standortfaktoren abhängig.

Je weiter man nach Süden kommt, um so größer wird die klimatische Spanne, die man beim Aufstieg ins Gebirge durchmißt. So reicht beispielsweise im östlichen Himalaya die Serie der Höhenstufen vom tropischen Regenwald bis zur hochalpinen Vegetation. Tropische Regenwälder und Gebirgsregenwälder mit breitblättrigen, immergrünen Arten (z. B. zahlreiche *Rhododendron*-Arten) überziehen die Ausläufer des Gebirges; ihnen folgt in höherer Lage ein Gebirgswald, der hauptsächlich aus Nadelholz besteht, aber auch einige laubabwerfende Arten enthält. Diese Wälder reichen bis in den Bereich der Waldgrenze, über der sich oft noch ein Gebüsch aus Weiden- oder *Rhododendron*-Arten anschließt. Es folgt die Stufe der alpinen Rasengesellschaften und schließlich, bis in ca. 5 000 m Höhe, das Gebiet der hochalpinen Vegetation.

Klima und Vegetation der tropischen Gebirgswelt haben einen ganz eigenen Charakter. Verglichen mit den großen Unterschieden zwischen Tag und Nacht kann man die jahreszeitlichen Klimaschwankungen, mit Ausnahme der Niederschlagsunterschiede, fast vernachlässigen. Tagsüber liegt die Temperatur meist außerordentlich hoch, dort kommt es sofort nach Sonnenuntergang aufgrund der dünnen und klaren Luft zu einer starken Wärmeabstrahlung und damit zu einem schnellen Temperaturrückgang; Fröste sind deshalb in den frühen Morgenstunden zumindest in der alpinen Höhenstufe die Regel. Man kann dieses Klima auch so beschreiben: nachts Winter, tagsüber Sommer. Die täglichen Frostwechsel machen den Boden stellenweise sehr instabil, doch können sich auch auf solchen Böden einige Moose und Flechten als „Solifluktionsschwimmer" halten. Die Vegetationsgliederung der tropischen Gebirge beginnt mit dem Regenwald des Tieflandes (Abb. 8-41). Er geht mit zunehmender Höhe allmählich in den Gebirgsregenwald über, dabei werden die typischen Stelzwurzeln und Lianen des tropischen Regenwaldes zunehmend seltener, Farne und Epiphyten aber immer reichlicher. Die Wuchshöhe des Gebirgsregenwaldes nimmt im Gebirge immer mehr ab, bis er schließlich vollständig von niedrigen Wäldern mit kleinen, krüppelwüchsigen Gehölzen abgelöst wird. Oberhalb der Waldgrenze folgt eine Gebüschzone, in der gelegentlich riesige, unverzweigte Rosettenpflanzen von 5–8 m Höhe anzutreffen sind. Die Vegetationsfolge wird schließlich abgeschlossen von einer offenen, niederwüchsigen Trockenvegetation.

Die großen Rosettenpflanzen (Abb. 8-42) gehören zu den eindrucksvollsten Gestalten der tropischen Gebirgsvegetation. Für das tropische Afrika sind hier vor allem die Gattungen *Dendrosenecio* und *Lobelia* zu nennen, *Espeletia* für Südamerika. Die Gattung *Espeletia* umfaßt einige Arten mit ganz ähnlicher Wuchsform wie *Dendrosenecio; Puya* (Bromeliaceae) und *Lupinus* (Leguminosae) gleichen dagegen eher den Lobelien. Entsprechende Formen gibt es auch in der Gebirgsstufe auf Hawaii, die dortigen *Argyroxiphium*-Arten (Compositae) erinnern deutlich an *Puya* und *Lobelia.* Nur in den Gebirgen Südost-Asiens scheint es keine Pflanzen mit dieser eigenartigen Wuchsform zu geben. Es ist mehrfach behauptet worden, daß dort die Gattung *Anaphalis* (Compositae) solche Arten besäße, sie sind aber strauchig-verzweigt und haben weder große Blätter noch die typischen, riesigen Rosetten.

Untersuchungen in Ostafrika haben ergeben, daß diese eigenartige Wuchsform wahrscheinlich eine Anpassung an das ausgeprägte Tageszeitenklima darstellt. Die Rosettenblätter falten sich nachts über den Vegetationspunkt und schützen ihn so vor Frosteinwirkung. Bei den großen *Lobelia*-Arten bilden die überlappenden Blattbasen um den Vegetationspunkt eine flüssigkeitsgefüllte Schale, deren wässriger Inhalt von der Pflanze stammt. Diese Flüssigkeit ist am Morgen oft von einer Eisschicht überzogen, am Grunde der Schale, direkt am Vegetationspunkt, bleibt die Temperatur dagegen dauernd über dem Gefrierpunkt. Die Gräser dieser Vegetationszone gehören fast ausschließlich zum Typus der Horst- oder Büschelgräser. Vielleicht hat auch diese Wuchsform wärmeisolierende Funktion, denn die dichten Büschel von alten Trieben und Blattbasen vermindern den Luft- und Wärmeaustausch und verhindern dadurch möglicherweise das Erfrieren des wachsenden Zentralteils.

Die alpine Stufe der feuchten Tropen heißt in Südamerika Paramo. Sie ist neblig-kalt und niederschagsreich. Weiter im Süden tritt an ihre Stelle die trockenere Puna, eine Hochgebirgs-Halbwüste, in der neben Polsterpflanzen vor allem kleine, horstbildende *Festuca-* und *Calamagrostis*-Arten vorkommen.

Tiere der Gebirgsregionen

Gebirge sind nicht gleichmäßig über die Erde verteilt, und ihre Fauna pflegt die Verhältnisse des umliegenden Landes widerzuspiegeln. Es gibt jedoch auch einige Reliktformen, die übrig blieben, nachdem klimatische Veränderungen oder andere Faktoren einen Berg von Nachbargebirgen isoliert hatten. Häufig sind Gebirgsarten auch nur in einem kleinen Gebiet endemisch, d. h. sie kommen sonst nirgends vor. Die Usambaraberge in Tansania sind z. B. außerordentlich reich an endemischen Arten; so leben 85 % der hier vorkommenden Tausendfüßer, 70 % der Chamäleons, 25 % der Schlangen und 5 % der Vögel nur hier.

Die Gipfelregionen der Hochgebirge haben viel mit den Polargebieten gemeinsam: doch ist die Menge an verfügbarem Sauerstoff ein wichtiger Unterschied. Tiere, die das Hochgebirge besiedeln, müssen sich sowohl an verminderten Sauerstoff-Gehalt als auch an Kälte anpassen. Das Vikunja *(Vicugna vicugna;* Abb. 8-43), das in den Anden in Höhen zwischen 4 000 und 5 000 m lebt, hat dreimal mehr rote Blutkörperchen im cm^3 Blut als der Mensch. Tiere können sich ansteigender Höhe individuell durch Vermehrung der roten Blutkörperchen anpassen; man beobachtet das auch bei Bergsteigern. Dies ist wohl die wichtigste Anpassung an niedrigen Sauerstoff-Gehalt. Säugetiere, darunter viele Huftiere, unternehmen oft jahreszeitliche Wanderungen auf und ab im Gebirge, um die reichen Weiden im Gipfelbereich auszunutzen. Vermutlich ändert sich bei ihnen die Anzahl der Blutkörperchen mit den Wanderungen.

Ultraviolettes Licht ist im Gebirge stärker als im Tiefland, da weniger durch die Atmosphäre ausgefiltert wird. Hieraus mag sich für Gebirgsarten herleiten, daß sie einen hohen Anteil an dunkelpigmentierten (melanistischen) Individuen aufweisen. Schwarze Pigmente absorbieren ultraviolettes Licht und vermindern so Schäden am Körpergewebe. Schwarzgefärbte Leoparden, Servals und Goldkatzen sind relativ häufig, aber die Gene, die für die Schwarzfärbung verantwortlich sind, haben sich nicht in der ganzen Population ausgebreitet, weil durch sie auch die Tarnung der Tiere verloren geht.

Von ebenfalls großer Bedeutung für die im Hochgebirge lebenden Tiere sind die dort häufig auftretenden starken Winde, durch die Körperwärme schnell abgeführt wird. Bei Windstille oder nur mäßigem Wind können die Tiere sehr viel niedrigere Temperaturen aushalten.

Der größte Pflanzenfresser im Himalaja ist der Yak *(Bos grunniens),* der viele Anpassungen an seine kalte Umgebung aufweist. Die Körperoberfläche, und damit der Wärmeverlust, ist durch die Entwicklung einer faßförmigen Körpergestalt mit kurzen Beinen reduziert worden. Der Schwanz ist zwischen zottigen Haaren, die von seinem Ansatz wachsen, nicht sichtbar; ebensolche Haare bedecken den ganzen Körper. Unterhalb dieses struppigen Mantels befindet sich ein zweiter aus dickem Pelz. Der Yak wurde seit wenigstens 3 000 Jahren

Abb. 8-43. Das Vikunja, ein Verwandter der Kamele, lebt auf der Puna der Hochanden.

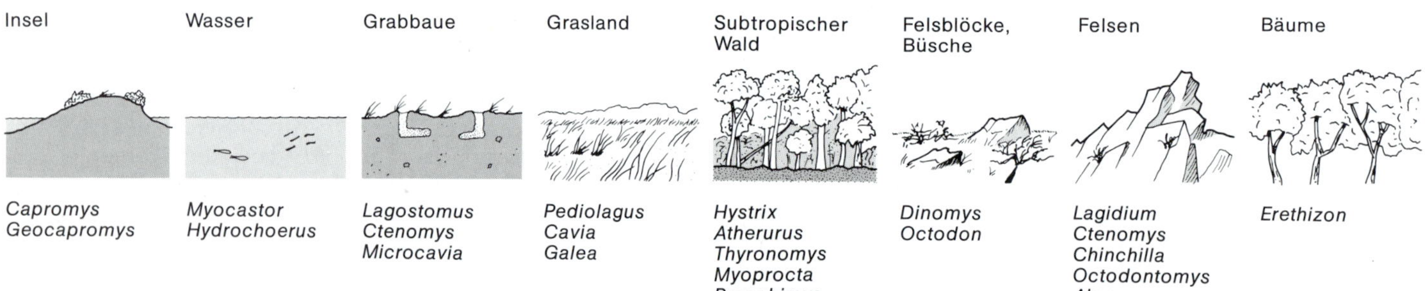

Abb. 8-44. Habitate einiger meerschweinchenverwandter Nagetiere.

domestiziert, doch unterscheidet sich die Haustier- von der Wildform nur durch geringere Größe, dünnere Hörner und oft geschecktes Fell. Wildyaks sind nunmehr selten und auf das nördliche und nordöstliche Tibet oberhalb 4 500 m beschränkt. Früher erstreckte sich ihre Verbreitung über ganz Tibet und die Nachbargebiete in China, Nepal und Indien.

Drei Rassen des Rothirschs leben noch im Himalaja. Der Hangul *(Cervus elaphus hangul)* kommt auf den bewaldeten Hängen des Kaschmirtals vor, doch nur noch wenige Hundert Exemplare sind übrig. Ausgerottet ist möglicherweise der Shou *(Cervus elaphus walleri)*, der in höheren Lagen im Grenzbereich Bhutan – Nepal lebt. Als dritte Rasse ist der Szetschuanhirsch *(Cervus elaphus macneilli)* in Tibet und Westchina verbreitet. Eine kleinere Hirschart, das geweihlose Moschustier *(Moschus moschiferus)*, bewohnt Wälder um 3 500 m Höhe. Die Männchen haben lange Eckzähne, die als Ersatz für ein Geweih beim Kämpfen benutzt werden, und besitzen eine Moschus absondernde Drüse, weswegen sie vom Menschen gejagt wurden.

Auf der tibetanischen Hochebene kommen zwei Antilopen vor, nämlich die Tibetgazelle *(Procapra picticaudata)*, die oberhalb der Waldgrenze bis zu 5 500 m Höhe lebt, und der Tschiru

a

Abb. 8-45. Zwei große Geier. (a) Der Kondor der Gebirge Südamerikas verbringt einen großen Teil des Tages im Suchflug nach Aas. (b) Der Bartgeier hat ein weites Verbreitungsgebiet in Afrika, Südeuropa und Mittelasien.

b

(Pantholops hodgsoni), der sich zwischen 3 500 und 5 500 m aufhält. Beide haben längeres und dichteres Fell als ihre Verwandten in wärmeren Gegenden. Der Tahr *(Hemitragus jemlahicus)* ist eine Art Ziege mit breitem Höhenvorkommen, geht jedoch kaum über die Waldgrenze, ist aber im Himalaja-Gebiet weit verbreitet. Ziegen im engeren Sinn sind der Markhor *(Capra falconeri)* mit mehreren Unterarten und der Sibirische Steinbock *(Capra sibirica),* der die längsten und schönsten Hörner aller Steinböcke besitzt. Im Himalaja gibt es ferner mehrere Ziegenantilopen, zu denen der Goral *(Nemorhaedus goral)* und der Serau *(Capricornis sumatraensis)* gehören, die auch anderswo in Asien vorkommen.

Zu den nordamerikanischen Gebirgshuftieren gehört die Schneeziege *(Oreamnos americanus),* die eine Ziegenantilope und keine echte Ziege ist; sie ist eines der wenigen natürlich weißen Säugetiere. Ein anderes größeres Huftier ist das Dickhornschaf *(Ovis canadensis).* Südamerika hat keine Schafe, Ziegen oder Antilopen, ihren Platz nehmen zwei Kamelverwandte ein – das Vikunja und das Guanako – sowie Meerschweinchenverwandte. Das Vikunja (Abb. 8-43) lebt auf der flachen, welligen Puna und ernährt sich von der dürftigen wüstenangepaßten Vegetation. Die Füße des Vikunjas sind gepolstert und gespreizt wie beim Kamel und nicht mit scharfen Hufen wie bei den Rindern ausgestattet. Daher zerstören sie nicht das Habitat durch Zertrampeln der Vegetation, wie es anderenorts bei hohen Populationsdichten geschieht. Ursprünglich war das Vikunja sehr zahlreich, wurde dann jedoch wegen seines Fells fast bis zur Ausrottung gejagt; seine Wolle ist die feinste überhaupt, ein Haar mißt im Durchmesser ein Viertel eines menschlichen Haares. Mit strengen Schutzbestimmungen ist ihre Zahl wieder angestiegen, so daß es jetzt außer Gefahr sein sollte. Der andere Kamelverwandte, das Guanako *(Lama guanicoe)*, ist vermutlich der Vorfahr der Haustiere Alpaka und Lama und ist größer als das Vikunja; es bewohnt tiefere Hanglagen.

Zu den Nagetieren der Anden gehören die Bergviscacha *(Lagidium)* und das Chinchilla *(Chinchilla)*, die mit der Viscacha *(Lagostomus)* die Familie Chinchillidae bilden. Die Verbreitung der Bergviscacha erstreckt sich über ca. 4 700 km, vom Altiplano in Peru (10 °S) bis zum Andenfuß in Patagonien (52 °S), wo sie in Höhen zwischen 4 000 und 5 000 m leben. Sie sehen wie langschwänzige Kaninchen aus, wiegen je nach Art 900–2 000 g und haben ein dickes Fell. Ihr Lebensraum ist steiniges Gelände, wo sie unter Felsbrocken oder auf Klippensimsen ihr Lager haben. Anders als die Viscacha sind sie tagaktiv und ähneln ökologisch den afrikanischen Klippschliefern. Die Chinchillas sind den Bergviscachas im Aussehen und Habitat ähnlich, leben aber in Wüsten- oder Halbwüstengebieten. Viele weitere meerschweinchenverwandte Nagetiere kommen in den Anden vor (Abb. 8-44). In den niedrigen Lagen gehören die Pakarana dazu *(Dinomys branickii)*, ein hübsches Nachttier mit zwei Reihen weißer Flecken an jeder braunen Seite, sowie der Degu *(Octodon degus)*, der wie ein langschwänziges Meerschweinchen aussieht und dasselbe felsige Buschland bewohnt. Als weitere Verwandte leben auf hohen Felsen die Tukotukos *(Ctenomys)*, Boris *(Octodontomys)* und Chinchillaratten *(Abrocoma)*.

Zu den Raubtieren im Gebirge gehören in Afrika und Asien der Leopard *(Panthera pardus)*, der Schneeleopard *(Panthera uncia)* in Asien und der Puma *(Felis concolor)* in den Rocky Mountains und Anden. Auch mehrere kleinere Katzenarten kommen vor. Die Bären sind vertreten durch den Kragenbär *(Selenarctos thibetanus)*, der im Himalaja bis zur Waldgrenze geht, und den Brillenbär *(Tremarctos ornatus)*, den einzigen Bären Südamerikas, einen fast reinen Vegetarier. Auch Füchse sind zahlreich im Gebirge; der Andenschakal *(Dusicyon culpaeus)* ist der einzige ernsthafte Räuber der Meerschweinchenartigen und nimmt auch junge Vikunjas.

Außerhalb von Südamerika entsprechen in der Lebesweise den Meerschweinchenartigen andere Nagetiere und Pfeifhasen. Bei letzteren handelt es sich um kurzohrige Hasentiere mit zwei Verbreitungsschwerpunkten in Asien und Amerika. Einige Pfeifhasen leben im Grasland, doch gibt es auch Gebirgsarten mit einem Pelzschutz auf jeder Fußsohle, was ihnen die Bewegung auf verschneiten Hängen erleichtert. Murmeltiere und Erdhörnchen kommen auch in den eurasiatischen Gebirgen vor, wobei verschiedene Arten in spezifischen Höhenlagen leben; die kleinsten sind dabei den Gipfeln am nächsten.

Vögel findet man in allen Gebirgsstufen, oftmals in einer verwirrenden Fülle in den unteren Waldgürteln, und auch sie sind genau auf verschiedene Höhenstufen verteilt. Nektarvögel sind in den Hochlagen Afrikas ebenso weit verbreitet wie ihre ökologischen Stellvertreter in Amerika, die Kolibris. Zu den Hochgebirgsvögeln Eurasiens zählen die Braunellen – die Heckenbraunelle *(Prunella modularis)* ist eine Tieflandart –, die Alpendohle *(Pyrrhocorax graculus)* und der Mauerläufer *(Tichodroma muraria)*. Letzterer, ein Kleiberverwandter, hat besonders lange Krallen, mit denen er an senkrechten Felswänden klettert. Zu den Greifvögeln zählt der Steinadler, doch sind Geier die eigentlichen Greifvögel der höchsten Bereiche (Abb. 8-45). Der Kondor *(Vultur gryphus)* ist mit seinen über 3 Metern Spannweite noch weit verbreitet, während sein ebenfalls großer Verwandter, der Kalifornische Kondor *(Gymnogyps californianus)*, kurz vor dem Aussterben steht. In Eurasien und Afrika ist der Bartgeier *(Gypaetus barbatus)* der entsprechende Vogel, man findet ihn in allen Höhen, im Himalaja jedoch nur zwischen 1 200 und 4 000 m. Der größte Vogel des Himalaja ist der Himalajageier *(Gyps himalayensis)*, der sich gewöhnlich zwischen 600 und 2 500 m Höhe aufhält, obwohl man ihn auch noch über 4 500 m antreffen kann.

Reptilien, Amphibien und Wirbellose kommen in den unteren Waldbereichen artenreich vor, manche leben dagegen in den Hochlagen, sogar im ewigen Schnee. In diesen Höhen gibt es kaum Pflanzenwuchs, da es oft sogar bei geeigneten Temperaturen an Boden mangelt; hier verlassen sich die Tiere auf Material, das der Wind heranweht. Zu den vielen Detritusverzehrern gehören die Springschwänze, flügellose kleine Urinsekten, die ihrerseits die Nahrung für zahlreiche kleine Räuber wie Milben, Hundertfüßer und Fliegen bilden. Die Schneeschicht stellt eine Isolierdecke dar, wie in der polaren Tundra, und schützt diese Tiere vor den extremen Temperaturen unter dem Gefrierpunkt.

8.10 Die Vegetation der wechselfeuchten Tropen

Beiderseits des Äquators liegt zwischen dem 10. und dem 25. Breitenkreis eine Zone mit ausgeprägt saisonaler Witterung, das Gebiet der zenitalen Sommerregen (Monsun). Die Niederschläge fallen im Sommer, wenn die Sonne im Zenit steht und die Temperaturen am höchsten sind. An der Grenze zum tropischen Regenwald liegen die Niederschläge mit ca. 1800 mm noch sehr hoch. Sie nehmen in den höheren Breiten immer weiter ab, bis schließlich bei 500 mm allmählich das Gebiet der Halbwüste erreicht ist. Die Regenzeit dauert in den äquatornahen Gebieten insgesamt 6–7 Monate, in den äquatorfernen dagegen nur etwa 3 Monate oder sogar weniger. Die Durchschnittstemperaturen liegen im allgemeinen zwischen 20 °C und 30 °C; die heißesten Jahreszeiten sind die Wochen unmittelbar vor und nach der Regenzeit.

Über die Ursprünglichkeit der heutigen Vegetation dieses Gebiets, insbesondere über die Rolle des Feuers, ist schon viel diskutiert worden. Die gegenwärtig vorherrschende Vegetation besteht aus Grasland mit eingestreutem, unterschiedlich dichtem Baumbestand. Die Bäume erscheinen, gemessen an tropischen Verhältnissen, im Durchschnitt ziemlich klein, oft drehwüchsig oder krüppelig. Je höher die Niederschläge, um so höher die Biomasse der Gräser am Ende der Regenzeit, desto größer aber auch der Vorrat an brennbarem Material in der nun folgenden Trockenzeit, in der fast regelmäßig gewal-

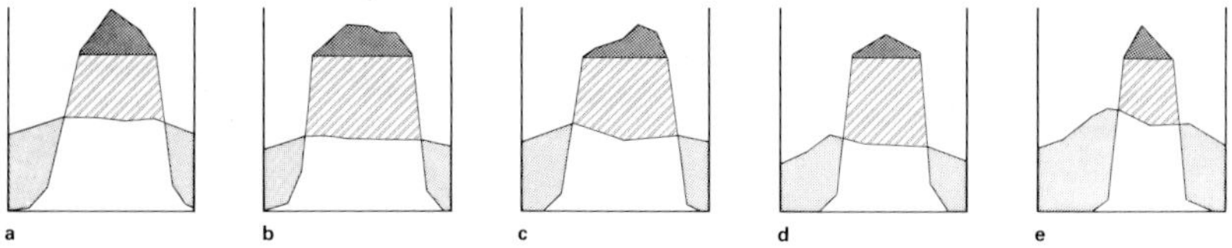

Abb. 8-46. Klima der wechselfeuchten Tropen.

		m	mm	°C
a Darwin, Australien	12°20′S, 130°50′E	32	1538	28,1
b Parana, Brasilien	12°30′S, 47°40′W	260	1580	22,8
c Kaduna, Nigeria	10°30′N, 7°21′E	644	1297	24,9
d Lusaka, Zambia	15°28′S, 28°16′E	1278	835	20,6
e Ahmadabad, Indien	23°00′N, 72°40′E	49	741	27,9

a

Abb. 8-47. Typen der Savanne. (a) Guinea-Savanne in Nord-Ghana am Ende der Trockenzeit. Die Gräser sind vertrocknet und haben noch nicht wieder ausgetrieben, dagegen haben Bäume und Sträucher in Erwartung des Regens bereits neues Laub gebildet. (b) Trocken-Savanne im Norden Kenias. In einer dichten Grasflur aus vorwiegend einjährigen Grasarten (z. B. *Stipagrostis,* in Blüte) stehen Sträucher und einzelne Bäume der Gattungen *Acacia* und *Commiphora.* Der Aspekt erinnert an die Sudan-Savanne. (c) Offenes *Themeda-Hyparrhenia*-Grasland in Uganda mit eingestreuten Gruppen von *Capparis*-Sträuchern und einzelnen Kandelaber-Bäumen *(Euphorbia candelabrum).* Das Gebiet liegt in der Nähe des Äquators und hat dementsprechend jeweils zwei Regen- und Trockenzeiten.

b

c

tige Flächenbrände auftreten. Obwohl es mit Sicherheit auch unter natürlichen Bedingungen vom Blitz gezündete Brände gegeben hat, gibt es doch wenig Zweifel an der Tatsache, daß die Häufigkeit dieser Buschbrände sehr stark zugenommen hat, seit der Mensch den Umgang mit dem Feuer gelernt hat.

Die Trockenwälder und Grasfluren Afrikas

Die Vegetation der Sommerregenzone Westafrikas wird gewöhnlich als Savanne bezeichnet. Es gibt in Guinea, im Sudan und in der Sahel-Zone drei gut unterscheidbare Typen der Savanne (Abb. 8-47), die ganz eindeutig von der unterschiedlichen Niederschlagsmenge abhängen. Sie bilden mehr oder weniger parallel verlaufende Gürtel, die sich in west-östlicher Richtung von Senegal bis zum Tschad erstrecken.

Mit einem Jahresniederschlag zwischen 1000 und 1500 mm und einer Regenzeit von 6–8 Monaten gehört die Guinea-Savanne zum Typ der Feuchtsavanne, mit ausgedehnten Hochgras-Beständen und zahlreichen kleinen, meist breitblättrigen Bäumen. Die Bäume erreichen etwa 10–15 m Höhe, überragen also sehr deutlich die Gräser, die ihrerseits am Ende der Regenzeit etwa 3–4 m hoch stehen.

In dieser Zone sind jährliche Brände die Regel; es sind meist heftige Feuer mit hohen Temperaturen, vor allem wenn sie ziemlich spät in der Trockenzeit auftreten (Abb. 8-48). Die Flammen schlagen dann 10–15 m empor und versengen auch die Kronen der höchsten Bäume. Die Rolle dieser Brände bei der Entstehung und Erhaltung der Savannen ist recht umstritten. Immerhin haben Freilanduntersuchungen gezeigt, daß sich bei sehr frühem (und damit weniger heftigem) Abbrennen oder völligem Ausschluß von Feuer zunehmend Baumwuchs entwickelt und schließlich sogar die ersten typischen Waldbäume erscheinen. Wenn die Brände andererseits jedes Jahr besonders spät gelegt werden, dann verschwindet der Baumwuchs allmählich vollständig, weil jedesmal einige

Abb. 8-48. Ein Grasbrand in der afrikanischen Savanne. Die Flammen sind in diesem Fall zu niedrig, um die Bäume ernsthaft zu gefährden; nur die Grasdecke verbrennt.

ältere Bäume den Flammen zum Opfer fallen und sich gleichzeitig keinerlei Jungwuchs entwickeln kann.

Die typischen Bäume der Savanne widerstehen dem Feuer vor allem durch ihre dicke Borke, die das empfindliche Kambium vor der Hitze des Feuers schützt. Dagegen werden die dünnrindigen Waldbäume viel leichter vom Feuer geschädigt oder abgetötet. Einige Bäume der Savanne besitzen außerdem Jugendstadien, die deutliche Anpassungen an die häufigen Brände erkennen lassen. Diese Anpassungen machen es wahrscheinlich, daß Feuer bzw. Brände in diesem Lebensraum schon sehr lange zu den wichtigsten Standortfaktoren zählen. In der Guinea-Savanne lebt eine reiche Großsäugerfauna. Die Huftiere sind im wesentlichen westafrikanische Arten, wie Buschbock, Kaffernbüffel und Pinselohrschwein; ihre Rassen werden allgemein von West nach Ost zunehmend dunkler. Zebras und andere Pferdeartige gibt es hier nicht, Nashörner sind wahrscheinlich jetzt ausgestorben. Von den Affen sind der Anubispavian *(Papio anubis;* Abb. 8-49) und der Husarenaffe *(Erythrocebus patas)* vertreten, der einzige ganz an das Leben im Grasland angepaßte Affe. Der ausgeprägte Jahreszeitenwechsel in dieser Savanne beeinflußt das Brutverhalten der Vögel stark, und Wanderungen innerhalb des Gürtels oder zwischen anderen Teilen Afrikas sind häufig.

Auf die Guinea-Savanne folgt weiter nördlich das Gebiet der Sudan-Savanne, mit einem Jahresniederschlag zwischen 650 und 1000 mm und einer Regenzeit von 5–6 Monaten.

Abb. 8-49. Ein Anubispavian, eine der wenigen Affenarten im offenen Grasland.

a

b

Abb. 8-50. Äsungsnischen. (a) Das Spitzmaulnashorn äst an Büschen nahe dem Boden. (b) Der Gerenuk stellt sich auf die Hinterbeine und erreicht so höheres Laubwerk. (c) Die Giraffe äst höher als alle anderen Laubverzehrer, aber oft bevorzugt sie, wie hier zu sehen, niedrigere Sträucher.

c

Abb. 8-51. Schabrackenschakale fressen an einem vom Löwen geschlagenen Gnu. Diese kleinen Verwandten des Hundes jagen selbst junge Antilopen, Nagetiere, Vögel und andere kleine Beutetiere.

Es ist dicht besiedelt und wird ackerbaulich intensiv genutzt, so daß nur noch recht wenig von der ursprünglichen Vegetation erhalten ist. Zwei typische Bäume dieser Zone sind Baobab *(Adansonia digitata)* und Doum-Palme *(Hyphaene thebaica).*

Nördlich der Sudan-Savanne liegt die Sahel-Zone. Die Niederschläge betragen hier noch etwa 250–650 mm jährlich; sie sind zeitlich außerordentlich unsicher und unterliegen von Jahr zu Jahr großen Schwankungen. Typisch für diese Zone sind kleine, einjährige Gräser und niedrige, häufig bedornte Gehölze, darunter viele Akazien. Das ganze Gebiet ist in jüngerer Zeit durch Überweidung sehr stark in Mitleidenschaft gezogen worden. Früher waren der Kopfzahl von Nutztierherden durch die geringe Zahl von Wasserstellen enge Grenzen gesetzt; viele Hirten sind damals auch regelmäßig mit ihren Herden nach Süden gewandert, um den Unbilden der Trockenzeit zu entgehen. Diese Wanderungsbewegungen werden heutzutage von den Regierungen nicht gerne gesehen, denn nomadisierende Stämme sind schwer zu verwalten und zu besteuern. Mit dem Rückgang der nomadischen Lebensweise und der Bohrung zahlreicher Brunnen hat sich jedoch der Druck auf die ertragsarmen Weideflächen deutlich verstärkt.

Die Tiere der Sudan-Savanne, vor allem im Sahel, zeigen Wüstenanpassungen. Zu ihnen gehören die Rotstirngazelle *(Gazella rufifrons),* Damagazelle *(Gazella dama)* – die größte Gazellenart – und die prachtvolle Säbelantilope *(Oryx dammah).* Webervögel sind sehr zahlreich, der größte Vogel ist der Strauß. Die Raubtiere werden hier durch den Leoparden *(Panthera pardus)* und den Löwen *(Panthera leo)* vertreten, wenngleich letzterer sich nur selten in der Sahel-Zone findet, wo der Gepard *(Acinonyx jubatus)* das typischere Raubtier ist.

Quer durch das südliche Afrika gibt es ein entsprechendes Grasland, das Bushveldt, von Angola im Westen bis Moçambique im Osten. Auch dies ist eine Übergangszone, und zwar zwischen dem Miombo-Wald im Norden und den Wüsten oder Halbwüsten im Süden. Großsäuger sind zahlreich, wo sie noch nicht vom Menschen ausgerottet wurden, und auch alle Raubtiere kommen vor, z. B. die Fleckenhyäne *(Crocuta crocuta)* und der Hyänenhund *(Lycaon pictus).* Die Vögel sind durch mehrere Arten Hornvögel, zahlreiche Stare, Webervögel, Bienenfresser, Würger, Adler und Bussarde ebenso augenfällig. Viele Arten sind mit denen der nördlichen Grasländer identisch, sie fehlen dagegen im Zwischenbereich. Ähnlich steht es mit dem Breitmaulnashorn *(Ceratotherium simum),* von dem eine Rasse in Südafrika und eine 3 000 km weiter nördlich lebt.

Die drei Savannenzonen Westafrikas reichen ostwärts bis in den Sudan und verlieren sich dann im Hochland von Äthiopien. Weiter im Süden gibt es jedoch auch in Ostafrika regelrechte Savannen; hier ist aber aufgrund der unmittelbaren Äquatornähe die Tendenz zu zwei getrennten Regenzeiten unverkennbar. Kommt man weiter nach Westen, so steigen die Niederschläge schnell an, man erreicht das Gebiet des tropischen Regenwaldes – östlich davon sind jedoch die Niederschläge sehr gering und außerdem unzuverlässig. Die Vegetationsverhältnisse dieses großen Gebietes sind sehr vielfältig; weithin bekannt sind die reinen Grasfluren auf jungen vulkanischen Aschen, denn sie bilden über weite Strecken die Vegetation der großen Nationalparks (Nairobi, Amboseli, Masai, Mara und Serengeti). Häufigstes Gras ist wohl *Themeda triandra,* dazu kommen einzelne, weit verstreut stehende Akazien.

Für die Grasländer in Westkenia und Nordtansania sind große Huftierherden typisch, deren auffallendster Vertreter das Streifengnu *(Connochaetus taurinus)* ist. Während der Regenzeit findet man die Gnus in den östlichen baumlosen Ebenen, wo sie sich paaren und ihre Jungen zur Welt bringen. Flüsse oder ständig vorhandenes Wasser gibt es dort nicht, daher bewegen sich die Tiere zu Beginn der Trockenzeit zu den wasserreichen Waldgebieten, zuerst nach Westen, dann nach Norden; auf einer ähnlichen Route wandern auch Zebras. Weitere auffällige Bewohner der ostafrikanischen Savannen sind Gazellen, von denen zwei Arten weitgehend auf diese Gebiete beschränkt sind, die Grantgazelle *(Gazella granti)* und die kleinere Thomsongazelle *(Gazella thomsoni);* auch Kuhantilopen sind häufig. Kaffernbüffel *(Syncerus caffer)* treten überall auf, wo es genügend Wasser gibt, in dem sie sich wälzen können. Sie gehören zu einer großen, schwarzen, starkhornigen Rasse und bilden manchmal Herden von mehreren hundert Tieren. Warzenschweine *(Phacochoerus aethiopicus)* sind ganz allgemein verbreitet, und nur selten findet man in der Savanne keine Elefanten.

Laubfresser kommen in den ostafrikanischen Grasländern gleichfalls vor, da es dort gewöhnlich irgendwelche Formen von Buschwerk gibt (Abb. 8-50). Der häufigste von ihnen ist die Impala *(Aepyceros melampus),* deren Weibchen große Herden von 50 oder 100 Individuen bilden können, die meist von einem revierbesitzenden Männchen zusammengehalten werden. Impalas sind hervorragende Springer. Ähnliches gilt für die Elenantilope *(Taurotragus oryx),* die größte der Antilopen; die Männchen haben eine Schulterhöhe von 2 m und ein Gewicht von bis zu 750 kg. Von der Giraffe *(Giraffa camelopardalis)* kommt die Massairasse vor, sie hat unregelmäßige Flecken auf dem Fell. Der Gerenuk (Giraffengazelle, *Litocranius walleri)* ist langbeinig und langhalsig; wie eine Ziege auf seinen Hinterbeinen stehend, weidet er Blätter ab, die sonst für eine ähnlich große Antilope unerreichbar wären. In niedrigerer Höhe äst das Spitzmaulnashorn *(Diceros bicornis),* das mit einer beweglichen Oberlippe fast so geschickt zupacken kann wie ein Mensch mit seinen Fingern.

Weiter westlich, in Uganda, beherrschen schwerere Tiere wie Elefant, Flußpferd, Kaffernbüffel, Wasserbock *(Kobus defassa),* Moorantilope *(Adenota kob)* und Topi *(Damaliscus korrigum)* die Savanne. Zwar ist die Artenzahl geringer als im Osten, doch beherbergt das gesamte Gebiet die größte Biomasse an Wildtieren, die es irgendwo auf der Erde gibt. Das bedeutendste Raubtier der Ebene ist der Löwe, der hier seine größte Populationsdichte erreicht. Leoparden kann man dort finden, wo es etwas Bedeckung gibt. Der bestangepaßte Jäger des Graslandes ist allerdings der Gepard; nur er kann schneller als seine Beutetiere laufen, jedoch nicht über längere Strecken.

Ein Spezialist ist hier auch der Hyänenhund, der allerdings seltener wird. Teils liegt das daran, daß er vom Menschen getötet wird (sogar von Naturschützern), teils an Krankheiten; es besteht bei ihm auch ein unerklärliches Ungleichgewicht der Geschlechter mit viel mehr Männchen als Weibchen. Die Fleckenhyäne kann sowohl aktiver Jäger als auch Aasfresser sein, letzteres gilt allerdings auch für die übrigen Raubtiere – mit Ausnahme des Geparden –, falls sich ihnen Gelegenheit dazu bietet. Spezialisierte Fleischfresser sind auch die Schakale (Abb. 8-51), von denen drei Arten auftreten, und die Geier. Als einziger Geier kann nur der gewaltige Ohrengeier *(Torgos tracheliotus)* dickhäutige Tierleichen aufbrechen. Die kleineren Arten müssen warten, bis er oder aasfressende Säugetiere dieses Werk verrichtet haben.

Reich ist das Vogelleben der ostafrikanischen Savanne. Am auffälligsten ist der Strauß *(Struthio camelus;* Abb. 8-21). Jeder Hahn hat eine Haupthenne und mehrere Nebenhennen, die alle in dasselbe Nest legen; doch die Eier der Haupthenne liegen in der Mitte und haben die größte Schlüpfwahrscheinlichkeit. Greifvögel sind zahlreich; der größte ist ein riesiger Adler, der Kampfadler *(Polemaetus bellicosus),* der kleine oder junge Antilopen, Perlhühner oder Klippschliefer als Beute schlägt. Der eigenartigste Greifvogel ist der Sekretär *(Sagittarius serpentarius),* nach seinen abstehenden Hinterkopffedern benannt, die wie Bleistifte hinter dem Ohr aussehen; er fängt Schlangen, Echsen, Nagetiere und große Insekten. Auch Reptilien kommen zahlreich vor, darunter viele Giftschlangen und Riesenschlangen. In Flüssen oder großen Tümpeln leben Nilkrokodile *(Crocodylus niloticus).*

Näher an der Küste, z. B. im Tsavo-Nationalpark in Ostkenia, fällt weniger Regen, der Boden hat sich aus Urgestein gebildet und die Vegetation besteht aus niedrigem Waldland oder Gebüsch mit etwas Gras während der Regenzeit. Viele Bäume haben Dornen und tragen nur kurze Zeit im Jahr Blätter. Wie in vielen ostafrikanischen Nationalparks kann der Wechsel der Vegetation schnell ablaufen, wenn die Populationen der Großsäuger, besonders der Elefanten, anwachsen und vor allem die Holzpflanzen schädigen. In der Dornsavanne war der Elefant sehr häufig, bis Mitte der siebziger Jahre ein großes Gemetzel durch Elfenbeinräuber stattfand; auch das Spitzmaulnashorn hatte hier wohl sein größtes Vorkommen in Afrika. Im Verlauf von etwa 30 Jahren hat sich das Gebiet durch die Wirkungen von Elefanten und Feuer in offenes Grasland verwandelt, was Weidegängern wie den Zebras, Oryxantilopen *(Oryx beisa)* und Warzenschweinen zugute kommt.

Das südliche Gegenstück zur Guinea-Savanne bildet der sogenannte Miombo-Wald. Unter seinem etwa 15 m hohen, offenen Kronendach, das hauptsächlich von *Brachystegia*-Arten gebildet wird, wächst ein Grasbestand, der in der Trockenzeit in der Regel abgebrannt wird. Obwohl die Miombo-Wälder in Moçambique, Sambia, Zaire, Angola und Malawi große Flächen einnehmen, sind sie bisher noch recht wenig untersucht. Große Teile der Miombo-Wälder liegen in hügeligen Landstrichen, deren jeweilige Vegetation stark von der topographischen Situation abhängt. Die typischen Miombo-Wälder wachsen in ebenem Gelände oder auf schwach geneigten Hängen, dagegen sind die Talsohlen wegen der periodisch auftretenden Überschwemmungen meist von reinem Grasland bedeckt. Die Bergrücken und Hügel mit ihren zutage tretenden Felsköpfen tragen häufig eine besonders artenreiche Gehölzvegetation, weil hier der Wasserablauf von den Felsen und die ständige Nachwitterung des Gesteins für bessere Bodenbedingungen sorgt. Es handelt sich bei dieser gesetzmäßigen Abfolge geographisch eng benachbarter Vegetationseinheiten um ein schönes Beispiel einer Catena (s. Kap. 5), die hier zum ersten Mal erkannt und beschrieben worden ist.

Das Miombo-Waldgebiet ist wohl das bedeutendste Wildreservat der Welt. Die Individuendichte der Großsäuger ist nicht hoch, aber das Gebiet ist riesig und nicht zersplittert; die Gesamtzahl an Tieren ist allerdings sehr groß. In seinem Tierbestand ähnelt es der Guinea-Savanne, ist aber artenreicher. Die westafrikanische Kuhantilope wird hier durch Lichtensteins Hartebeest *(Alcelaphus lichtensteini),* die Moorantilope durch die ähnliche Gelbfußmoorantilope *(Adenota vardoni)* und die Weißnackenantilope *(Kobus megaceros)* durch den Litschi-Wasserbock *(Kobus leche)* ersetzt. Viele Arten, die in beiden Gebieten vorkommen, leben auch in der dazwischenliegenden Region. Der Miombo ist die eigentliche Heimat des Gnus, das hier das ganze Gebiet bewohnt, während in der Serengeti nur ein schmaler nördlicher Ausläufer seines Verbreitungsgebiets liegt. Auch vom Kaffernbüffel und Elefanten kommen große Herden vor, ebenso von der prachtvollen Riesenrappenantilope *(Hippotragus niger variani)* mit ihren kräftigen Hörnern.

Man trifft hier ein reiches Vogelleben an. Die Nester von Webervögeln zieren die Bäume; besonders Hornvögel, Sekretär und andere Greifvögel fallen auf. Der hübsche Karminspint *(Merops nubicoides)* ist ein Beispiel für eine südliche Vogelart mit einem nördlichen Gegenstück, in diesem Fall dem Scharlachspint *(Merops nubicus).* Im Miombo überwintern auch zahlreiche Arten aus nördlicheren Tropengebieten und aus Europa.

Die Trockenwälder und Grasfluren Südamerikas

In Südamerika gibt es ausgedehnte Grasfluren, die den Savannen Afrikas durchaus entsprechen. Die großen Savannen-Landschaften nördlich des Äquators werden in Venezuela und Kolumbien als Llanos bezeichnet. Südlich der großen Wälder des Amazonasbeckens erstreckt sich die endlose Weite des Mato Grosso, dessen Vegetation über große Strecken eine überraschende Ähnlichkeit mit manchen Guinea-Savannen aufweist. Südlich des Mato Grosso liegt das periodisch feuchte Gebiet des Gran Chaco, eine Art Parklandschaft aus Grasfluren und Gehölzbeständen. Ziemlich trocken ist auch der Nordwesten von Brasilien; dort wächst eine Dornstrauchvegetation, die als Caatinga bekannt ist. Über die Ursprünglichkeit dieser savannenähnlichen Gebiete gibt es widersprüchliche

Abb. 8-52. Cerrado in Brasilien. Das Gras ist trocken und kann leicht in Brand gesetzt werden. Solche Feuer schädigen die eben austreibenden Bäume sehr stark. Man beachte die auffallende Ähnlichkeit mit der Guinea-Savanne (Abb. 8.-47a).

Abb. 8-53. Caatinga (Brasilien). Das Bild beherrscht ein großer Kaktus *(Cereus* sp.); die anderen Pflanzen sind überwiegend blattlos und in der Regel ebenfalls bedornt. Gräser sind spärlich oder fehlen völlig.

Ansichten, die Auseinandersetzung dreht sich dabei (wie im Falle von Afrika) um die Frage, bis zu welchem Grade die periodisch auftretenden Brände als natürlicher Standortfaktor angesehen werden können.

Die Llanos Venezuelas und Kolumbiens liegen in den ausgedehnten Flußauen der großen Ströme (z. B. des Orinoko) und werden in der Regenzeit teilweise überschwemmt. In aller Regel findet man im Boden eine sehr harte, weitgehend undurchdringliche Schicht. Diese Schicht engt den Wurzelraum unter den Grasfluren stark ein und macht damit ein Aufkommen von Bäumen unmöglich. Abgesehen von wenigen Sonderstandorten handelt es sich bei den Llanos um fast reines Grasland, bestehend vor allem aus Arten der Gattungen *Trachypogon, Paspalum* und *Axonopus.* Es ist allerdings durchsetzt mit kleinen Bäumen der Gattungen *Curatella* (Dilleniaceae) und *Bowdichia* (Leguminosae). Diese Bäume wachsen und blühen vor allem in der Trockenzeit, sie müssen also Wurzeln besitzen, die durch Risse und Spalten der harten Bodenschicht bis zu feuchteren Bodenhorizonten vordringen können.

Südlich der großen Wälder des Amazonasbeckens durchquert man eine Reihe von Vegetationseinheiten, die sich nach der Höhe und Dichte ihres Baumbestandes und nach der Bedeutung der Gräser deutlich unterscheiden. Auf den als Cerradão bezeichneten Trockenwald mit sehr geringem Grasunterwuchs folgt auf trockeneren oder etwas ungünstigeren Flächen die Vegetation der Cerrados oder auch Campo cerrados (Abb. 8-52). In beiden Fällen sind die Baumarten ähnlich, im Cerradão werden sie jedoch deutlich höher (10-15 m) und zusätzlich kommen hier bereits die Arten der geschlossenen Wälder vor. Der Cerrado besteht aus niedrigen, gewöhnlich 4–8 m hohen, krüppelwüchsigen Bäumen und einem Grasunterwuchs, in dem die Gattungen *Tristachya, Paspalum* und *Aristida* häufig vertreten sind. Bei den Bäumen sind vor allem die Gattungen *Qualea, Salvertia* (beide aus der Familie Vochysiaceae), *Caryocar* (Caryocaraceae), *Curatella* (Dilleniaceae) und *Dimorphandra* (Leguminosae) zu nennen. Sie besitzen meist dickliche, ledrige, manchmal stark behaarte Blätter, die bei einigen Arten auch stark zerteilt sein können. Die Rinde der Stämme ist dick, oft stark gefurcht und sehr widerstandsfähig gegen Feuer.

Im Gebiet der Cerradãos und Cerrados finden sich auch Flächen mit reinem Grasland. Diese „campo limbo" genannten Flächen sind zu bestimmten Jahreszeiten überschwemmt und deshalb baumfrei. Vereinzelte, etwas höher liegende Flächen werden als Pantanal bezeichnet; sie tragen, ebenso wie die Termitenhügel, eine Gehölzvegetation mit Bäumen und Sträuchern.

Südlich des Mato Grosso liegt das Gebiet des Gran Chaco, mit einem ausgeprägt saisonalen Klima und einer sehr offenen Vegetation. Während der Regenzeit ist ein großer Teil des Landes überschwemmt, dementsprechend bildet die Vegetation ein ausgeprägtes Mosaik, nämlich Wälder auf den höheren Flächen und Grasland auf den tiefer gelegenen, zeitweise überschwemmten Teilen (s. Kap. 9.3).

Die Caatinga (Abb. 8-53) beherrscht den trockenen Teil Nordost-Brasiliens; sie ist eine Art Trockenwald, in dem Gräser keine gewichtige Rolle spielen. Auf sandigen Böden wachsen bedornte, laubabwerfende Arten der Gattungen *Caesalpinia, Quebrachia* und *Zizyphus,* zusammen mit auffallenden, zum Teil außerordentlich großen Kakteen der Gattungen *Cereus, Pilocereus* und *Opuntia.*

Für die Fauna der südamerikanischen Savannen gilt ähnliches wie für die Fauna der Pampa (s. Kap. 8.5).

Die Trockenwälder und Grasfluren in Australien und Asien

Große Gebiete des indischen Subkontinents und weite Teile Burmas, Thailands und Kambodschas waren ursprünglich von einer Vegetation bedeckt, die mit der Vegetation der Guinea-Savanne oder der Cerrados gut vergleichbar ist. Auch die klimatischen Bedingungen sind ähnlich, es handelt sich eben-

falls um Sommerregengebiete mit einer Trockenzeit von 5–7 Monaten und Durchschnittstemperaturen zwischen 20 °C und 30 °C. Die Niederschläge hängen sehr stark von der geographischen Lage der einzelnen Gebiete ab; sie liegen im Mittel zwischen 600 und 1600 mm jährlich.

Die natürliche Vegetation der trockenen Monsungebiete Indiens ist eine offene, von Sträuchern und Gräsern durchsetzte Geholzvegetation. Es ist heute recht schwierig, auch nur halbwegs natürliche Bestände der ursprünglichen Vegetation zu finden. Fast alle Gebiete werden entweder seit vielen Jahrhunderten beweidet oder sie sind in Ackerland umgewandelt worden. Seit dieser Zeit spielen auch Brand und Holznutzung eine wichtige Rolle. Wichtigste Baumarten der trockenen Bereiche sind heute *Prosopis-*, *Acacia-*, *Anogeissus-* und *Pterocarpus*-Arten, dazu kommen Gräser der Gattungen *Dichanthium*, *Cenchrus* und *Themeda*. Als Hauptbaumarten der etwas regenreicheren Gebiete gelten Sal *(Shorea robusta)* und Teak *(Tectona grandis)* mit ihren Begleitarten *(Terminalia, Dalbergia, Pterocarpus)*. Im Gegensatz zu den trockeneren Ausbildungen enthalten diese Wälder bereits die ersten immergrünen Arten.

Die Tiere der südasiatischen Grasländer haben sich gut an die Vegetationsveränderungen angepaßt, die vom Menschen verursacht wurden, wenn auch nur noch Reste der früher umfangreichen Herden übrig geblieben sind. Typische Antilopen sind die Nilgauantilope *(Boselaphus tragocamelus)*, Hirschziegenantilope *(Antilope cervicapra)* und die Vierhornantilope *(Tetracerus quadricornis)*. Einwanderer aus benachbarten Trockengebieten sind die Indiengazelle *(Gazella bennetti)* und die Streifenhyäne *(Hyaena hyaena)*. Die großen Raubtiere sind meist verschwunden; der Indische Wolf *(Canis lupus pallipes)* lebt nur noch in wenigen isolierten Gebieten und der Asiatische Löwe *(Panthera leo persica)* hat nur noch in Nordwest-Indien ein unsicheres Rückzugsgebiet. Der Asiatische Gepard *(Acinonyx jubatus venatus)* ist wahrscheinlich nicht nur im Grasland ausgestorben.

Ein ganz ausgeprägtes Jahreszeitenklima besitzt auch Indochina mit seinen Saisonregenwäldern. Viele Arten des indischen Subkontinents reichen bis in dieses Gebiet, dazu kommen *Dipterocarpus-* und Kiefern-Arten, z. B. *Pinus kesiya*. Weiter im Süden, auf dem indonesischen Archipel, werden dann die jährlichen Trockenzeiten immer länger und schließlich erscheinen mit den *Eucalyptus*-Arten die ersten australischen Florenelemente.

Die Trockenwälder und Grasländer Australiens lassen sich in zwei Gruppen aufteilen. In Arnhem-Land und im Gebiet von Cape York wächst eine Vegetation, die den Gehölz-Savannen in anderen Teilen der Welt ähnelt. Der Osten Australiens wird dagegen von einer Art subtropischen Graslandes beherrscht, in dem häufig Akazien, seltener aber *Eucalyptus*-Arten als Gehölze auftreten.

Die häufigsten Bäume des offenen Waldlandes im Norden von Australien sind *Eucalyptus miniata* und *Eucalyptus tetrodonta*, beides relativ kleine, gelegentlich aber bis zu 25 m Höhe erreichende Baumarten. Sie besitzen eine fasrige, feuerresistente Borke, die bei den häufigen Bränden einen ziemlich guten Schutz bietet. Die Grasschicht enthält hauptsächlich ausdauernde Arten der Gattungen *Sehima, Themeda* und *Heteropogon*, doch gibt es auch zahlreiche einjährige *Sorghum*-Arten.

Die Grasfluren im Osten Australiens haben ein etwas gemäßigteres Klima. Die Temperaturen liegen hier im allgemeinen niedriger und die Niederschläge sind etwas gleichmäßiger über das Jahr verteilt, allerdings gibt es auch lange und unregelmäßig auftretende Trockenperioden. Die häufigsten Gehölze dieser Zone sind *Acacia harpophylla* und *Acacia aneura*, der Mulga-Strauch. Sie unterscheiden sich von den afrikanischen Akazien durch das Fehlen von Dornen und durch breite, ganzrandige Blätter, die im Grunde nichts anderes darstellen als verbreiterte Blattstiele.

Wesentlich arider ist das Klima der offenen Grasländer des südwestlichen Queensland mit ihren *Astrebla-* und *Iseilema*-Arten. Die geringen Niederschläge (300–500 mm jährlich) fallen vor allem in den Sommermonaten, danach folgt eine lange Trockenzeit. Werden die Verhältnisse noch arider, dann treten schließlich die charakteristischen Igelgräser *(Triodia, Plectrachne)* des „Spinifex-Graslandes" auf.

Die Säugetiere des australischen Graslands sind Beuteltiere; höhere (plazentare) Säugetiere sind erst in den letzten beiden Jahrhunderten eingeführt worden. Die wenigen einheimischen Nicht-Beutler sind Fledermäuse und eine Gruppe von Nagern mit einigen hier endemischen Wasserratten. Vögel und Reptilien sind dagegen nicht einzigartig. Schwanzlurche kommen nicht vor, aber einige Baumfrösche und der vom Menschen eingeführte Grasfrosch. Die Süßwasserfischfauna ist dürftig, obwohl es einen einheimischen Lungenfisch gibt. Insgesamt ist die australische Fauna artenarm, wenn auch von großem zoologischen Interesse.

Abb. 8-54. Die Känguruhs haben in Australien eine ähnliche ökologische Nische gebildet wie die Huftiere im Grasland anderer Erdteile.

Die Nische für große Pflanzenfresser unter den Säugetieren haben hier die Känguruhs gebildet (Abb. 8-54). Sie sind eine jener wenigen Beuteltiergruppen, die sich deutlich von entsprechenden Typen plazentaler Säugetiere unterscheiden. Eine rote und zwei graue Känguruharten gibt es hier, daneben kommen noch drei kleinere Bergkänguruharten vor; alle gehören zur Gattung *Macropus.* Wallabys sind noch kleiner; besonders kleine Arten ähneln Hasen in Lebensweise, Größe und Verhalten; sie ruhen bei Tag in einer ins Gras gescharrten Mulde. Das Quokka *(Setonix brachyurus)* hält sich bevorzugt in Wassernähe auf; mit den kurzen Hinterbeinen und dem spindelförmigen Schwanz sieht es einem Känguruh unähnlich. Als Versuchstier ist es beliebt, und viele Untersuchungen über das Verdauungs- und Fortpflanzungssystem der Känguruhs wurden an ihm durchgeführt. Die kleinsten Känguruhs sind die Rattenkänguruhs, von denen viele gemeinsam unterirdische Baue nach Kaninchenart anlegen, doch haben sie im Gegensatz zu Kaninchen auch einen Greifschwanz und klettern damit auf Bäumen. Rattenkänguruhs hüpfen wie große Känguruhs; trotz ihrer nicht besonders großen Geschwindigkeit können sie durch schnelle Richtungsänderungen Verfolgern entkommen. Eine weitere Gruppe von Pflanzenfressern sind die Wombats (Abb. 7-18), die den Waldmurmeltieren Nordamerikas ähneln und eine nagerartige Bezahnung haben.

Als eingeführtes plazentales Säugetier ist das Kaninchen *(Oryctolagus cuniculus)* hervorragend an das trockne Grasland Australiens angepaßt, wo es zu einem ernsten Konkurrenten für die Schafe wurde und den Schafzüchtern schwere finanzielle Verluste zufügte. Die 1950 absichtlich eingeführte tödliche Krankheit Myxomatose vernichtete zwar nicht alle Kaninchen, doch die resistent gewordenen Überlebenden erreichten nicht mehr so hohe Individuendichten wie zuvor, vermutlich weil die Seuche sporadisch neu ausbricht.

Das bedeutendste Raubtier der Ebenen ist der Dingo. Es handelt sich um eine Hundeform, die von den Ureinwohnern während der letzten wenigen tausend Jahre als Haustier nach Australien gebracht worden ist, dann entkam und verwilderte und sich über den ganzen Erdteil ausbreitete. Der Beutelwolf *(Thylacinus cynocephalus)* als einheimisches Raubtier wurde verdrängt und ist nun – falls nicht schon ausgestorben – auf Tasmanien beschränkt, wo der Dingo nicht Fuß fassen konnte. Auch der Ohrenbeuteldachs *(Thylacomys)* ist in seinem Bestand und Verbreitungsgebiet drastisch eingeschränkt worden.

Der Emu *(Dromaius novaehollandiae;* Abb. 8-21) ist Australiens größter Vogel im Grasland; äußerlich ähnelt er dem kleineren Nandu Südamerikas. Gras, Früchte, Blätter und Insekten gehören zu seiner Nahrung. Andere typische Vögel sind Papageien (Abb. 8-55), mit dem eindrucksvollen Rosakakadu *(Kakatoe roseicapilla)* und dem nahe verwandten Nacktaugenkakadu *(Kakatoe sanguinea),* die beide allgemein als Schädlinge für die Landwirtschaft angesehen werden. Der bekannteste Papagei ist der in der Wildform grüne Wellensittich *(Melopsittacus undulatus).* Er brütet nur bei günstigen Gelegenheiten, während einer ausreichenden Regenzeit nämlich, und wie bei vielen solchen Arten schwankt der Bestand schnell und sehr beträchtlich. Der Zebrafink *(Poephila guttata)* weist ähnliche Eigenschaften auf, er brütet innerhalb weniger Regentage.

Das Thermometerhuhn *(Leipoa ocellata)* gehört zu den Großfußhühnern, die ihre Eier vom warmen Sand oder kompostierten Pflanzenmaterial ausbrüten lassen. Während der sechsmonatigen Brutperiode betreut das Männchen ständig das Nest, öffnet den Hügel täglich und prüft die Temperatur mit der Zunge. Nach dem Schlüpfen sind die Jungen ausgesprochene Nestflüchter, die sich selbst bis zur Oberfläche graben und im nächsten Busch verstecken. Nach ungefähr einem Tag sind sie flugfähig.

Zu den Greifvögeln der Ebenen gehört der Keilschwanzadler *(Aquila audax)* mit einer Spannweite von über 2 m. Er jagt junge Känguruhs, Emuküken und andere Vögel. Der Schwarzmilan *(Milvus migrans)* sucht wie in Europa und Afrika auf Müllkippen nach Abfall. Der Habichtfalke *(Falco berigora),* der oft in völlig baumlosen Gebieten vorkommt, wo er auf dem Boden sitzend ruht, ist oft anzutreffen.

Nicht alle in Australien lebenden Reptilien sind auf diesen Erdteil beschränkt. Mehrere Waranarten leben im Grasland, alle sind Aasfresser, der größte unter ihnen ist der Großwaran *(Varanus giganteus)* mit einer Gesamtlänge bis 240 cm. Die Kragenechse *(Chlamydosaurus kingi)* hat eine von Knorpelspangen gestützte Halskrause.

Beuteltiere haben in den australischen Wäldern fast alle Planstellen eingenommen, die man anderswo von plazentalen Säugetieren kennt. Der bekannteste Vertreter ist der Koala *(Phascolarctos cinereus;* Abb. 7-18). Die Kletterbeutler gehören zu einer anderen Familie als die amerikanischen Opossums; meist sind sie Baumbewohner, zuweilen können sie gleiten. Auch einige Wallabys sind Waldbewohner. Viele Beutelraubtiere jagen auf dem Waldboden oder im Gezweig, darunter der Beutelwolf *(Thylacinus cynocephalus),* der häufigere Beutelteufel *(Sarcophilus harrisi)* und der Ameisenbeutler *(Myrmecobius fasciatus),* der dem südamerikanischen Ameisenbären ähnelt.

a

b

Abb. 8-55. (a) Allfarblori. Die Loris ernähren sich von Nektar, indem sie Blüten zwischen den Schnabelhälften zerquetschen und mit spezialisierten „Bürstenzungen" die Flüssigkeit aufnehmen.

(b) Ein weiterer Vertreter der australischen Papageien ist der Königssittich, der wie die meisten Papageien bunt gefärbt ist und daher für den Ziervogelhandel große Bedeutung hat.

Auch die Leierschwänze *(Menura)*, Singvögel mit lyraförmigen Schwanzfedern, leben in den Wäldern. Das Nest befindet sich in einem Dom aus Stöcken und Pflanzenmaterial und wird nur vom Weibchen versorgt. Der bekannte Jägerliest oder Lachende Hans *(Dacelo novaeguineae)* ist ein Waldeisvogel des westlichen Australien.

8.11 Der tropische Regenwald

Tropische Gebiete mit hohen Niederschlägen gehören zum Herrschaftsbereich des Regenwaldes. Der eigentliche, immergrüne tropische Regenwald bleibt allerdings auf Gebiete mit besonders hohen (mindestens 2 000–3 000 mm) und annähernd gleich verteilten Jahresniederschlägen beschränkt (Abb. 8-56). Solche warmen und gleichzeitig dauerfeuchten Bedingungen herrschen in großen Teilen des tropischen Südost-Asiens, im Kongo-Becken, im Amazonas-Becken und an der Ostküste Madagaskars. Die westafrikanische Küste, Teile Nordost-Australiens, die Westküste von Indien und Burma und auch Teile der Ostküste von Brasilien haben ähnliche oder sogar höhere Niederschläge, doch wird hier die Regenperiode bereits von einer mehr oder weniger deutlichen Trockenzeit unterbrochen. So hat beispielsweise Singapur mit einem Jahresniederschlag von 2 400 mm und Monatssummen zwischen 170 und 250 mm ein typisches Regenwaldklima, nicht aber Freetown in der Sierra Leone mit seinen wesentlich höheren Niederschlägen: Mit einer Trockenzeit von 3–4 Monaten und Monatsmitteln zwischen 5 und 360 mm befinden wir uns hier bereits im Bereich der tropischen regengrünen Wälder – trotz eines Jahresniederschlages von insgesamt 3 400 mm. Die Temperaturen des tropischen Regenwaldes sind im allgemeinen hoch und sehr gleichmäßig. Die Monatsmitteltemperaturen von ca. 24–28 °C unterliegen nur geringen jahreszeitlichen Schwankungen und werden in der Regel von den tageszeitlichen Unterschieden weit übertroffen; oft spricht man vom „Tageszeitenklima". Im Gegensatz zu den anderen Vegetationseinheiten (s. Kap. 8.2 bis 8.10) soll hier der tropische Regenwald als eine einzige, nicht weiter aufgegliederte Einheit behandelt werden. Sein Aufbau und seine floristische Zusammensetzung ist so vielgestaltig und reich, daß es in diesem Rahmen nicht möglich ist, die verschiedenen Gebiete des tropischen Regenwaldes durch einzelne Arten oder Artengruppen charakterisieren zu wollen.

Bestandesstruktur

Wo immer tropischer Regenwald auftritt, besitzt er eine deutlich ausgeprägte Struktur, die allerdings meist wesentlich komplizierter ist, als die irgend eines anderen Vegetationstyps.

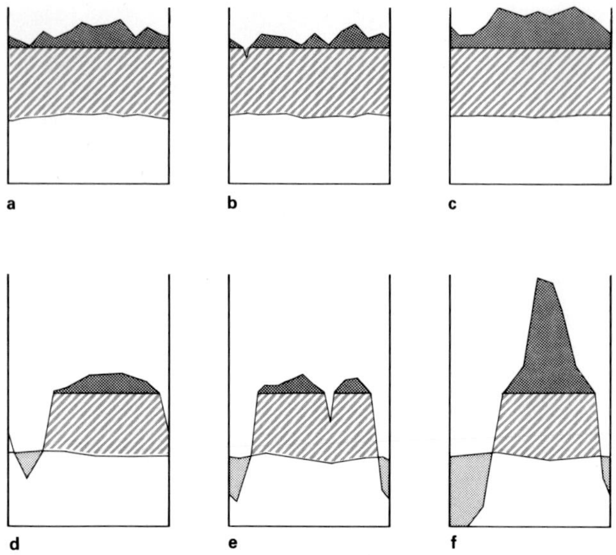

Abb. 8-56. Tropisches Regenwald-Klima.
Immerfeuchtes Klima des immergrünen tropischen Regenwaldes.

			m	mm	°C
a	Iquitos, Peru	3°45′ S, 73°10′ W	106	2623	24,8
b	Djolu, Zaire	0°45′ N, 22°05′ E	400	2052	24,3
c	Bogor, Java, Indonesien	6°36′ S, 106°46′ E	240	4119	25,0

Jahreszeitenklima der teilweise laubabwerfenden („halbimmergrünen") Wälder.

d	Manaus, Brasilien	3°00′ S, 60°00′ W	45	1771	27,2
e	Kumasi, Ghana	6°41′ N, 1°38′ W	278	1481	25,5
f	Freetown, Sierra Leone	8°30′ N, 13°10′ W	11	3510	26,8

Meist können drei ziemlich deutlich voneinander abgesetzte Kronenstockwerke unterschieden werden, obwohl sich manche der Baumgestalten nur schlecht in ein solches Schema zwängen lassen. Dennoch bietet die Aufteilung in Stockwerke die einfachste Gliederungsmöglichkeit der komplizierten Bestände (Abb. 8-56). Die oberste, über den Bestand hinausragende Baumschicht wird von den Riesen des tropischen Regenwaldes gebildet und ist normalerweise nicht mehr geschlossen (Abb. 8-58). Unter ihr folgt das Kronendach der hohen, annähernd kugelförmigen oder weit ausladenden Bäume der zweiten Baumschicht. Die dritte Baumschicht schließlich besteht aus niederwüchsigen Arten, die sich im Schatten des Hauptbestandes zu entwickeln vermögen und hier auch blühen und fruchten. Die Jugendstadien der höherwüchsigen Arten müssen die niedere Baumschicht natürlich durchwachsen.

Unter dem geschlossenen Laubdach der Bäume findet man gewöhnlich noch eine lockere Schicht niedriger Gehölze, die im wesentlichen aus dem Jungwuchs der Bäume aus den oberen Stockwerken besteht, dazu kommen außerdem einige Straucharten. Auch die großen Stauden der Zingiberaceae, Marantaceae und Strelitziaceae sind diesem Unterbau zuzurechnen, in dem sich gelegentlich auch noch eine lückige Krautschicht zu halten vermag. Auf dem dunklen, von einer dünnen Laubschicht überdeckten Boden fehlen gewöhnlich die Moose völlig, obwohl sie an den Stammbasen recht zahlreich sein können.

Der komplizierte Schichtenbau des tropischen Regenwaldes erzeugt eine große Vielfalt unterschiedlicher Lebensräume. So unterliegen beispielsweise Niederschläge und Strahlung an der Obergrenze des Bestandes großen tageszeitlichen Schwankungen. Diese Schwankungen sind jedoch auf dem Waldboden nur noch in wesentlich abgeschwächter Form wahrzunehmen. Ein großer Teil der Niederschläge und der einfallenden Strahlung bleibt nämlich bereits im Kronendach hängen, außerdem wird die nächtliche Ausstrahlung durch das Blätterdach des Bestandes gedämpft. Der Wärmetausch durch Luftturbulenzen spielt ebenfalls nur eine geringe Rolle, weil die Windgeschwindigkeiten mit zunehmender Bestandestiefe sehr rasch abnehmen und am Waldboden auf etwa 1 % der Freilandwerte abgesunken sind. Im Gegensatz zum oberen Kronenraum, in dem die Luftfeuchtigkeit stark wechselt, liegt der Wasserdampfgehalt im Bestandesinneren immer sehr hoch. Der Waldboden ist aus diesem Grund praktisch immer feucht, obwohl ein gewisser Teil der Niederschläge den Boden gar nicht erreicht, sondern bereits vom Kronendach aus wieder verdunstet.

Ganz anders als die meisten Wälder der gemäßigten Zone mit ihren wenigen Baumarten, besteht der tropische Regenwald fast immer aus einer großen Anzahl verschiedener Bäume. Ein einziger Hektar (100 x 100 Meter) kann 50–150 Baumarten enthalten. Im westafrikanischen Regenwald sind auf einer Probefläche von lediglich 25 x 25 Metern bereits 190 verschiedene Arten von Gefäßpflanzen gezählt worden und zweifellos gibt es in Südostasien noch artenreichere Bestände, denn diese Wälder gehören zu einem Vegetationstyp, dessen Diversität auf der ganzen Erde seinesgleichen sucht. Lebhafte Auseinandersetzungen gibt es allerdings über die möglichen Gründe dieser Diversität. Erstens kann man davon ausgehen, daß tropische Regenwälder schon sehr lange existieren und auch von den klimatischen Schwankungen der jüngeren Erdgeschichte weitgehend unberührt geblieben sind. Zweitens hat der große strukturelle Reichtum der Vegetation auch eine reiche Palette unterschiedlicher Kleinstandorte zur Folge. Drittens kommen die Pflanzen des tropischen Regenwalds oft sehr isoliert von ihren Artgenossen vor und neigen deshalb zur Selbsbestäubung, was durch genetische Drift (s. Kap. 11.1) ebenfalls zur Artbildung beiträgt. Allerdings haben neuere Untersuchungen ergeben, daß viele Arten selbststeril sind, so daß diese Hypothese – wie alle anderen übrigens auch – das Phänomen der hohen Diversität des tropischen Regenwaldes nicht vollständig erklären kann.

Pflanzen des tropischen Regenwaldes

Innerhalb der Vegetation des Regenwaldes kann man einzelne Pflanzengruppen mit ähnlicher Wuchsform und ähnlichen Standortansprüchen unterscheiden, die jeweils bestimmte, ökologisch unterschiedliche Teillebensräume bewohnen. Man nennt diese Gruppen Synusien oder Vereine. Einige Beispiele solcher Synusien sind bereits genannt worden: die obere Baumschicht, die niedere Baumschicht und die Waldboden-Pflanzen. Dazu kommen die Lianen, die Epiphyten (Abb. 8-61), die Baumwürger, die Parasiten und Saprophyten (s. Kap. 10.1)

Abb. 8-57. Schematische Darstellung eines Regenwaldes in Nigeria. Es sind nur Bäume mit mehr als 4,6 m Höhe abgebildet.

Abb. 8-58. Der Tiefland-Regenwald ist überaus reich strukturiert. Dieses Bild wurde in Ecuador am Fuß der Anden in etwa 450 m Höhe aufgenommen. Es zeigt sehr viele verschiedene Baumarten, darunter auch Palmen. Die Bäume auf dem Bergrücken im oberen Drittel des Bildes überragen den Hauptbestand und zeigen die typischen hohen, glattrindigen und fast unverzweigten Stämme der Arten aus der oberen Baumschicht.

Bäume und Sträucher

Die Baumriesen des tropischen Regenwaldes erreichen zwar beeindruckende Höhen; sie sind aber weder die höchsten noch die dicksten Bäume der Erde. Diese Rekorde halten *Eucalyptus regnans* aus den subtropischen Wäldern Südostaustraliens und *Sequoiadendron giganteum* aus dem Westen der USA. Die größte an einem Baum aus dem tropischen Regenwald je gemessene Höhe betrug 83 m, es handelte sich dabei um ein Exemplar von *Koompassia excelsa.* Außerdem gibt es mindestens noch 4 weitere südostasiatische Baumarten, die höher als 60 m werden. Die Stämme der Baumriesen aus der oberen Kronenschicht nähern sich bereits der Idealform einer Säule bzw. eines Zylinders. Ein in Malaysia vermessenes Exemplar von *Balanocarpus heimii* hatte einen Meter über dem Boden einen Umfang von 8,25 m und bei den ersten Ästen in 26 m Höhe immerhin noch 6,90 m.

Die Stammbasen vieler Bäume des tropischen Regenwaldes besitzen rippen- oder wulstartige Auswüchse, die als Brettwurzeln bezeichnet werden (Abb. 8-59). Das Verständnis ihrer Funktion wird durch die Tatsache erschwert, daß zwar sehr viele Arten solche Brettwurzeln besitzen, aber eben keineswegs alle. Am plausibelsten klingt die Erklärung, daß sie den Baum gegen die Wirkung des Windes und der Stürme aufrecht halten, und daß sie gleichzeitig das gewaltige Gewicht des Baumes auf eine größere Fläche verteilen. Damit ließe sich zwanglos auch die Tatsache erklären, daß solche Brettwurzeln in Sumpfwäldern mit ihrem weichen Boden wesentlich häufiger zu sein pflegen als in den normalen Wäldern. Ähnliche Funktion wie die Brettwurzeln haben wahrscheinlich auch die sogenannten Stelzwurzeln (Abb. 8-59), die vor allem bei weniger hohen Baumarten vorkommen.

Verglichen mit den Blättern eines laubabwerfenden Waldes in der gemäßigten Zone erscheinen die Blätter des tropischen Regenwaldes bemerkenswert einheitlich. Der normale Blattyp ist oval und besitzt einen schwach keilförmig zulaufenden Blattgrund, eine ausgeprägte Blattspitze („Träufelspitze") und eine glatte Oberfläche. Am besten sind diese lang ausgezogenen Spitzen an den Bäumen des Unterstandes entwickelt, aber auch an den Jungstadien der großen Baumarten. Man nimmt allgemein an, daß diese „Träufelspitzen" zu einer schnelleren Abtrocknung der Blattoberfläche beitragen, was mit Sicherheit einen Vorteil für die Pflanze darstellt. Die Blätter des Unterwuchses sind nämlich langlebig und tragen im Alter häufig einen Überzug von Algen, Flechten und Moosen, die sogenannten Epiphyllen. Diese epiphyllen Organismen entziehen zum einen dem Blatt das ohnehin knappe Licht, zum anderen wachsen sie auf feuchten Blättern am besten. Ein schnell abtrocknendes Blatt hat also eher die Chance, möglichst lange von diesen Lichtkonkurrenten verschont zu bleiben.

Die Erneuerung der Blätter geschieht nicht regelmäßig, und sie erfolgt in großen zeitlichen Abständen, wobei jeder Trieb in der Regel zahlreiche, oft bunt gefärbte Blätter auf einmal entfaltet. Man deutet diese schubweise Erneuerung der Blätter (Abb. 8-60) als eine Strategie, die sich in erster Linie gegen potentielle Freßfeinde richtet. Unter tropischen Bedingungen brauchen die blattfressenden Insekten keine Ruhephase. Sie sind deshalb ständig aktiv und würden bei stetiger Neuproduktion junger Blätter das junge Laub sofort auffressen. Gibt es dagegen kein regelmäßiges Angebot geeigneter Nahrung, dann bleiben die Populationen der pflanzenfressenden Organismen wesentlich kleiner. Damit steigt die Chance, daß die zahlreichen, auf einen Schlag erscheinenden Blätter eines Baumes ein älteres, gut ausdifferenziertes und damit weniger gut genießbares Stadium erreichen, bevor die Population der Freßfeinde sich vergrößert.

Viele Baumarten des Regenwaldes blühen nur in großen zeitlichen Abständen, dann aber häufig gleichzeitig über ein großes Gebiet. Bisher ist nur wenig über die Faktoren bekannt, die einen solchen gemeinsamen Blühbeginn auslösen, bei manchen Sträuchern scheint dafür der plötzliche Temperaturrückgang bei besonders schweren Regenfällen verantwortlich zu sein. Bei anderen Arten kann auch längere Trockenheit die Blütenbildung auslösen.

Einige Bäume und Sträucher aus dem Unterwuchs des Regenwaldes tragen ihre Blüten bzw. Früchte am Hauptstamm oder starken Ästen, ein Phänomen, das als Kauliflorie bezeichnet wird. Mögliche Erklärungen für diese Erscheinung sind bessere Auffälligkeit bzw. Zugänglichkeit für bestäubende Insekten, Vögel oder Fledermäuse, aber auch für Tiere, die später zur Ausbreitung der Samen beitragen. Dazu kommt außerdem die Möglichkeit, schwere Früchte mit großen Samen zu erzeugen, für die die jüngeren Äste zu schwach wären.

Pflanzen des Waldbodens

Die Pflanzen der Krautschicht bilden keine geschlossene Vegetationsdecke. Sie treten häufig in kleinen Trupps oder Herden auf, wobei in vielen Fällen nur eine einzige Art beteiligt ist. Es gibt nur wenige Familien, die hier mit einer größeren Anzahl von Arten vertreten sind, darunter die Zingiberaceae, Commelinaceae, Rubiaceae und Acanthaceae. Gräser sind selten, und diese wenigen Arten haben breite Blätter, die mit den üblichen Grasblättern nur wenig Ähnlichkeit haben. Die weitgehende Windstille des Waldbodens macht Windbestäubung zu einer unsicheren Angelegenheit, deshalb findet man hier einige Arten von Gräsern und Seggen, die nicht wie sonst üblich vom Wind, sondern von Insekten oder anderen Tieren bestäubt werden. Die meisten Pflanzen des Waldbodens blühen nur selten und unregelmäßig; sie breiten sich vorwiegend vegetativ aus.

Lianen

Viele Pflanzen des tropischen Regenwaldes sind auf andere Pflanzen angewiesen, sei es als stützende oder tragende Konstruktion (Lianen und Epiphyten) oder in Bezug auf ihre Ernährung (Parasiten).

Die Lebensform der kletternden Holzpflanzen, der Lianen, erreicht in den Tropen ihre reichste Entfaltung und ihre größte Artenfülle. Viele von ihnen beginnen ihr Leben als unschein-

a

b

Abb. 8-59. (a) Viele Bäume des Regenwaldes entwickeln große Brettwurzeln an ihrer Stammbasis. Hier ein Baum der Gattung *Acrocarpus* (Südindien). (b) Ein Beispiel für Stelzwurzeln *(Musanga cercopioides,* Westafrika) bei einer schnell wachsenden Art des Sekundärwaldes.

Abb. 8-60. Junges Laub an einem Baum im Regenwald von Malaya. Das Festigungsgewebe der außerordentlich schnell wachsenden Blätter ist noch nicht ausgebildet (Schüttellaub). Die rote Anthocyan-Färbung ist vielleicht optischer Hinweis auf die Anwesenheit ungenießbarer Bestandteile in den jungen Blättern.

barer Strauch, später aber verankern die kletternden, mit Ranken oder Haken versehenen Triebe die Pflanze im Unterwuchs, und nicht selten gelangt sie auf diese Weise auch in die hohe Baumschicht. Ist die obere Etage erst einmal erreicht, kann die Liane eine gewaltige Krone entwickeln, die sich oft über mehrere stützende Bäume legt – gelegentlich bestehen bis zu 40 % des Kronendaches aus Lianenblättern.

Der anatomische Bau der armdicken Lianentaue zeigt einige Besonderheiten. Oft bildet der wasserleitende Teil des Holzes keinen geschlossenen Zylinder, sondern er wird in einzelnen, voneinander getrennten Paketen, Segmenten oder Bündeln nach innen abgegliedert (s. Kap. 2.2), in der Regel mit außerordentlich weitlumigen Leitgefäßen. Durch diesen tauartigen Aufbau ergibt sich eine hohe Zugfestigkeit und Flexibilität, wobei die fehlende Biegefestigkeit keine Rolle spielt, weil der Lianenstamm das Gewicht seiner Krone ja nicht zu tragen braucht, sondern nur die Zuglast des frei hängenden Lianenseils. Obwohl der Stamm nur einen geringen Durchmesser besitzt, erlauben die weiten Gefäße einen ausreichenden Wassernachschub in die riesige Krone, allerdings ist die Spannung in den Wassersäulen der Leitgefäße beträchtlich.

Baumwürger

Bekannteste Vertreter dieser rein tropischen Lebensform sind die „Würgerfeigen" der Gattung *Ficus* (Feige). Sie entwickeln sich zunächst als Epiphyten in der Baumschicht und bilden dann ein System von Luftwurzeln, die am Stamm des späteren

Abb. 8-61. Tillandsia sp. (Florida). Die Bromeliaceen sind häufige Epiphyten der amerikanischen Tropen. Sie wachsen auf den dünneren Zweigen und entwickeln nur ein schwaches Wurzelsystem. Der größte Teil ihres Wasserbedarfs stammt aus dem Regenwasser, das sich im Innern der Rosette sammelt.

Opfers hinabwachsen und in den Boden eindringen. Anschließend beschleunigt sich das Wachstum, die Krone des Würgers vergrößert sich zusehends, während eine zunehmende Zahl von Wurzeln den Stamm des Wirtes immer stärker umschlingt und schließlich ihn wie in einem Würgegriff einschließt. Zur gleichen Zeit tritt im Wipfel des Baumes die heranwachsende Krone des Würgers in immer stärkere Konkurrenz mit den Blättern des Tragbaumes, bis dieser schließlich abstirbt und vermodert. Zurück bleibt ein Kronenbaum, dessen anfangs hohler Stamm später durch sekundäre Dickenwachstumsvorgänge immer mehr ausgefüllt wird.

Epiphyten

Unter Epiphyten (Aufsitzerpflanzen) versteht man Pflanzen, die auf anderen pflanzlichen Individuen wachsen. Sie erhalten von ihrer Wirtspflanze lediglich einen Platz am Licht, stellen also keine eigentlichen Parasiten dar. Die Wuchsbedingungen sind sehr unterschiedlich, aber durchweg alle Kleinstandorte sind von Nährstoffmangel und zeitweiliger Trockenheit geprägt. Die dünnen, äußeren Äste einer Baumkrone kennzeichnen etwa das eine Extrem dieses Lebensraums, die Stammbasis in der dunklen Gleichförmigkeit des Waldbodens das andere. Am günstigsten sind offenbar große, waagerechte Äste, auf denen sich die größte Zahl von Epiphyten findet.

Die meisten Arten der Epiphyten gehören zu den Orchideen; mehr als die Hälfte der etwa 18 000 bisher bekannten Orchideenarten sind vermutlich Epiphyten. Auch von den etwa 2 000 Arten der neuweltlichen Bromeliaceen gehört der weitaus überwiegende Teil zu den Epiphyten (Abb. 8-61), fast ebenso häufig sind Farne.

Die meisten Epiphyten sind bis zu einem gewissen Grade xeromorph gebaut; oft besitzen sie kleine, dickliche, ledrige Blätter, dazu kommen meist auch wasserspeichernde Organe. Die Wurzeln epiphytischer Orchideen sind von einem Mantel toter Zellen umgeben, deren Wände jedoch von kleinen Löchern durchbrochen sind. Diese Zellen bilden das sogenannte Velamen radicum, das sich bei Befeuchtung schnell mit Wasser vollsaugt und es dann so lange wie ein Schwamm festhält, bis die tiefer liegenden, lebenden Zellen das Wasser aufgenommen haben. Viele epiphytische Bromeliaceen besitzen Blattrosetten, in denen sich das Wasser sammeln kann. Die Pflanze ist in der Lage, aus diesem Vorratsgefäß das notwendige Wasser aufzunehmen, demgemäß sind die Wurzeln nur schwach ausgebildet und dienen lediglich dazu, die Pflanze an ihrer Unterlage zu befestigen.

Parasiten

Parasitische Pflanzen sind im tropischen Regenwald nicht gerade häufig, dagegen gibt es (vor allem bei den Loranthaceae) eine ganze Reihe Hemiparasiten, die zwar noch grüne Blätter besitzen, in Bezug auf Wasser und Nährsalze aber von ihrer Wirtspflanze abhängig sind. Es gibt allerdings auch einige Vollparasiten, zu denen auch der Wurzelparasit *Rafflesia arnoldii* gehört, die Pflanze mit den größten Blüten aller rezenten Arten.

Saprophyten

Sehr häufig sind im tropischen Regenwald vor allem saprophytische Pilze, obwohl man ihre Fruchtkörper nur recht selten zu Gesicht bekommt. Viel seltener sind dagegen saprophytische Blütenpflanzen, die zudem wegen ihrer geringen Größe und ihrer unauffälligen bräunlichen oder weißlichen Färbung sehr leicht übersehen werden. Am häufigsten unter diesen unscheinbaren, von vermoderndem Material lebenden Pflanzengestalten sind *Burmannia-* (Burmanniaceae), *Thismia-* (Thismiaceae), *Leiphaimos-* (Gentianaceae) und mehrere Orchideen-Arten. Ihre Wurzeln sind in der Regel dicht von Mykorrhiza-Pilzen überzogen, die ihnen die gelösten Bestandteile des Streumaterials zuführen.

Regionale Unterschiede

Trotz weitgehender Übereinstimmung der tropischen Regenwälder in den verschiedenen Kontinenten sind doch gewisse regionale Unterschiede nicht zu übersehen. Beispielsweise sind die südostasiatischen Regenwälder floristisch noch reicher als alle übrigen Gebiete, so besitzt die malayische Halbinsel auf etwa 130 000 km^2 nicht weniger als 7 900 Pflanzenarten, während man im Vergleich dazu auf dem Gebiet der Bun-

Abb. 8-62. Für die Rinderzucht gerodeter Regenwald in Brasilien. Die Tiere weiden zwischen den Überresten der ehemaligen Waldbäume. Solche Weiden verlieren ihre Fruchtbarkeit nach wenigen Jahren, neue Waldzerstörungen sind die Folge.

desrepublik mit seinen 250 000 km^2 lediglich 2 900 Arten zählt. Wichtigste Familie der südostasiatischen Regenwälder sind die Dipterocarpaceae mit mehreren großen Gattungen, darunter Shorea mit etwa 180 Arten. Das größte zusammenhängende Regenwaldgebiet liegt in Südamerika, wo es einen Großteil des Amazonas-Beckens bedeckt. Hier gibt es zwar keine derart herausragende Familie wie die Dipterocarpaceae, immerhin spielen die Moraceae und die Leguminosae eine sehr wichtige Rolle. Die bezeichnendste Familie für dieses Gebiet bilden aber ohne Zweifel die Bromeliaceae mit ihren außerordentlich zahlreichen, meist kleinen und ziemlich unscheinbaren Epiphyten. Im Vergleich zu den bisher genannten Gebieten sind die Regenwälder Afrikas etwas artenärmer. Vielleicht ist dies das Ergebnis einer gewissen Florendezimierung während der Trockenperioden des Pleistozän.

Lokale Unterschiede

Das Gesicht des tropischen Regenwaldes ändert sich mit der Meereshöhe und den Niederschlägen. In allen Hauptgebieten des tropischen Regenwaldes gibt es Gebirge, wo sich verschiedene Höhenstufen der Waldvegetation ausgebildet haben. Zunehmende Höhe über dem Meer bedeutet im allgemeinen steigende Niederschläge. Sie werden oft noch durch Nebelniederschläge vermehrt, die die Vegetation aus den treibenden Wolken aufnimmt. Trotzdem werden die Bäume mit steigender Höhe über dem Meer allmählich kleiner, aber auch reicher an Epiphyten, vor allem an Flechten, Laub- und Lebermoosen, so daß sich die Hochlagen-Regenwälder sehr oft durch dichte Moosüberzüge auf den Ästen und richtiggehende Flechtenvorhänge auszeichnen (Abb. 8-41). Auch die floristische Zusammensetzung ändert sich mit zunehmender Höhe, weil viele Arten der Tieflagen durch andere Arten ersetzt werden.

Folgt man dem Gradienten abnehmender Niederschläge, so ist auffällig, daß sich die Zahl der laubabwerfenden Bäume mit abnehmendem Niederschlag immer weiter vergrößert, bis schließlich an der Grenze zur Gehölzsavanne nur noch laubabwerfende Arten anzutreffen sind. Es ist eigentlich erst in den letzten Jahren klar geworden, daß die größten Bäume gar nicht im niederschlagsreichsten Regenwald vorkommen, sondern eher in Gebieten mit einer bereits deutlich spürbaren Trockenzeit – möglicherweise ist dies die Folge der starken Nährstoffauswaschung in den regenreichen Gebieten.

Die Produktivität des tropischen Regenwaldes

Die Abschätzung der Primärproduktion eines Regenwaldes ist nicht leicht, doch dürfte ein Betrag von 2 000 g/m^2 (Trockengewicht) nicht übertrieben sein. Der tropische Regenwald gehört also mit Sicherheit zu den produktivsten Pflanzengesellschaften der Erde. Bei der großen Artenvielfalt dieses Ökosystems überrascht es nicht, daß hier sehr viele wirtschaftlich wichtige Pflanzen zu Hause sind, in erster Linie natürlich Nutzhölzer, doch stammen auch viele Gewürzpflanzen wie

Abb. 8-63. Der tagaktive Vari ist einer der größten Lemuren mit einer Kopf-Schwanz-Gesamtlänge von 120 cm. Lemuren, deren Vorkommen auf Madagaskar beschränkt ist, gehören zu den primitivsten Primaten und damit zu der Säugetierordnung, der auch Affen, Menschenaffen und der Mensch selbst angehören.

Abb. 8-64. Die südamerikanischen Perückenäffchen haben Insekten, Kleinsäuger und Früchte auf ihrem Speiseplan.

Pfeffer *(Piper nigrum)*, Muskat *(Myristica fragrans)*, Vanille *(Vanilla planifolia)* und Kardamon *(Elletaria cardamomum)* aus dem tropischen Regenwald. Bambus und Rotang-Palmen liefern das Material für Hütten und Hausdächer; aber auch für Rohrmöbel und viele weitere Verwendungen. Chinin (aus *Chinchona)*, Emetin (aus *Cephaelis ipecacuanha)* und Strophantin (aus *Strophanthus)* sind als Drogen ebenso Produkte des Regenwaldes wie Kautschuk, viele Harze, Farben und wichtige technische Öle.

Leider haben die tropischen Regenwälder eine sehr ungewisse Zukunft (Abb. 8-62). In vielen Gebieten schreitet der Einschlag von Stammholz unaufhaltsam fort, noch viel schwerwiegender ist jedoch die Ausbeutung als Faserholz zur Papierherstellung. Der Einschlag als Stammholz betrifft nämlich immer nur einen kleinen Teil des Stammvorrats, so daß sich der Bestand mit den restlichen Bäumen wieder regenerieren kann, in Zellstoffabriken werden dagegen wahllos alle Stämme verwendet. Eine noch größere Bedrohung stellen landsuchende Siedler dar, die nach dem Holzeinschlag in das Gebiet einwandern, den restlichen Wald abhauen oder abbrennen, um auf den freien Flächen Getreide anpflanzen zu können. Der überwiegende Teil des Nährstoffvorrats der tropischen Regenwälder ist in aller Regel in der Vegetation festgelegt. Wird sie geschlagen oder niedergebrannt, dann treten infolge von Auswaschung und Oberflächenablauf sehr rasch große Nährstoffverluste ein. Aus diesem Grunde wird der Getreideanbau auf solchen Flächen meist sehr schnell unrentabel, und neue Flächen müssen gerodet und bebaut werden. Das Verfahren des Wanderfeldbaus *(Shifting Cultivation)* ist sicherlich Jahrtausende alt. Es bedeutete keine große Beeinträchtigung, solange die Bevölkerungsdichte gering und der zeitliche Abstand zwischen zwei Kultivierungsphasen entsprechend lang gewesen ist. Mit zunehmendem Bevölkerungsdruck wurden die Erholungsperioden immer kürzer, und heute schmelzen die verbliebenen Restflächen zusehends dahin. Viele Ökologen geben dem tropischen Regenwald keine zwanzig Jahre Lebenserwartung mehr

Tiere des tropischen Regenwaldes

Obwohl der tropische Regenwald zu den produktivsten Ökosystemen der Erde zählt, ist die tierische Biomasse im allgemeinen niedrig. Viele Tiere sind an ein Baumleben angepaßt und daher klein; Großtiere sind selten und leben in kleinen

a

b

Abb. 8-65. Raubtiere des südamerikanischen Regenwaldes. (a) Jaguar in Brasilien. Diese Großkatze nimmt in Südamerika die Stelle des Leoparden ein. (b) Die Harpyie, die zur Ordnung der Greifvögel gehört, jagt im Kronendach der Wälder Affen.

Gruppen. Das größte Landsäugetier, den Elefant, findet man allerdings in Regenwäldern ebenso wie in regengrünen Wäldern und Buschland. Auch einige große Huftiere, wie das Okapi *(Okapia johnstoni)* in Ostzaïre, bewohnen den Regenwald. Es ist der einzige lebende Verwandte der Giraffe, doch ist noch wenig über dieses Tier wegen seiner einsiedlerischen Lebensweise und des unzugänglichen Habitats bekannt.

Schweine kommen auch in Regenwäldern vor, zwei davon in Afrika: das Pinselohrschwein *(Potamochoerus porcus)* und das Riesenwaldschwein *(Hylochoerus meinertzhageni)*, das ein echter Waldbewohner ist, wenn auch sein bevorzugter Lebensraum Waldrandbereiche sind. In den Regenwäldern Asiens leben drei Schweinearten: das Wildschwein *(Sus scrofa)*, das auch andere Habitate bewohnt, und das rein im Wald vorkommende Bartschwein *(Sus barbatus)*, das der Biomasse nach dort das wichtigste Säugetier ist. Die dritte Art ist der Hirscheber *(Babyrousa babyrussa)*, der in den Wäldern von Sulawesi (Celebes) und benachbarten Inseln lebt und aufwärts gebogene Hauer hat. In den südamerikanischen Regenwäldern ist die Schweinefamilie durch zwei Pekaris vertreten, von denen nur das Weißbartpekari *(Tayassu pecari)* ein reiner Waldbewohner ist.

Das seltene Zwergflußpferd *(Choeropsis liberiensis)* aus Westafrika ist ebenfalls als ein echter Waldbewohner anzusehen; es lebt viel mehr an Land und ist weniger gesellig als sein großer Vetter. Eine eigenartige Gruppe von Waldtieren sind

Abb. 8-66. Der Veilchenohrkolibri aus Peru. Kolibris kommen nur in der Neuen Welt vor. Im Schwirrflug vor den Blüten stehend, nehmen sie mit Hilfe ihrer langen Zunge Nektar auf.

die Hirschferkel (Tragulidae). Sie weisen Merkmale von Hirschen, Antilopen und Schweinen auf und ähneln den primitiven Vorfahren dieser Gruppen. Das Afrikanische Hirschferkel *(Hyemoschus aquaticus)* gleicht in Nahrung und Verhalten einem Schwein. In Asien gibt es drei Arten, die Kantschil *(Tragulus)* genannt werden und kleiner als der afrikanische Vertreter sind.

Viele Rinderartige (Bovidae) kommen in den Regenwäldern vor, darunter eine große Vielfalt von Duckern *(Cephalopus)* und anderen kleinen Antilopen in Afrika, wie Batesböckchen *(Neotragus batesi)* und das winzige Kleinstböckchen *(Neotragus pygmaeus)* mit einer Schulterhöhe von nur 25 cm und einem Gewicht von 3–4 kg. Der Buschbock *(Tragelaphus scriptus)* ist eine mittelgroße Antilope des afrikanischen Regenwaldes, die jedoch auch anderswo anzutreffen ist. Mit ihr verwandt ist der Bongo *(Boocerus euryceros),* mit 225 kg eine ungewöhnlich große Waldantilope. In den Wäldern Asiens kommen Antilopen nicht vor; dort nehmen ihren Platz Hirsche, Rinder und andere Huftiere wie Tapire und Nashörner ein. Der größte Angehörige der Rinderfamilie ist der Gaur *(Bos gaurus),* ein Waldrind mit einer Verbreitung von Indien bis Malaysia. Der Banteng *(Bos javanicus),* die wilde Stammform des Balirindes, lebt heute fast nur noch auf Java. Der Kouprey *(Bos sauveli)* ist eine seltene, erst 1937 entdeckte Rinderart. Der asiatische Wasserbüffel *(Bubalus bubalis)* bevorzugt Sümpfe und überflutetes Grasland vor Wäldern und lagert gewöhnlich bei Tag im Wald. Zu den übrigen Waldrindern gehören der Anoa *(Bubalus depressicornis)* von Sulawesi, die kleinste Art, und der nur wenig größere Tamarau *(Bubalus mindorensis)* auf den Philippinen. Inselrassen sind üblicherweise kleiner als ihre Verwandten auf dem Festland; ähnliche Verzwergung beobachtet man bei vielen anderen Gruppen (s. Kap. 7.5).

Zu den Waldhirschen Asiens gehören der Sambar *(Cervus unicolor),* einem großen Rothirsch ähnelnd, der Barasingha *(Cervus duvauceli),* der feuchtere Wälder vorzieht, und der Axishirsch *(Cervus axis),* der in Indien und Sri Lanka weit verbreitet ist. Drei Nashornarten kommen in Asien, zwei in Afrika vor; doch nur die asiatischen halten sich vorzugsweise im Wald auf. Die größte Art, das Panzernashorn *(Rhinoceros unicornis),* ist zugleich die häufigste, umfaßt aber dennoch insgesamt nur etwa 1000 Individuen. Ein paar hundert Sumatranashörner *(Dicerorhinus sumatrensis)* leben noch, doch vom Javanashorn *(Rhinoceros sondaicus)* sind nur etwa 20 Tiere in einem Schutzgebiet auf Java übrig geblieben. Diese beiden seltenen Inselarten sind zugleich wiederum kleinere Formen. Bei den Tapiren handelt es sich um entfernte Verwandte der Nashörner. Vier eng miteinander verwandte Arten kommen in Asien und Mittel- bis Südamerika vor. Die asiatische Art, der Schabrackentapir *(Tapirus indicus),* hat eine auffallende Schwarzweiß-Zeichnung und sticht damit deutlich von den einfarbigen südamerikanischen Arten ab. Zwei von ihnen, der Mittelamerikanische Tapir *(Tapirus bairdi)* und der Flachlandtapir *(Tapirus terrestris)* sind Waldbewohner.

Die bekannteste Gruppe, die man mit den Tropenwäldern in Verbindung bringt, sind wohl die Affen. Zu den primitiven Halbaffen, deren Vorkommen hauptsächlich auf Wälder beschränkt ist, gehören die Loris in Asien und die Pottos in Afrika. Sie bewegen sich bedächtig und pirschen nachts schlafende Vögel und andere kleine Beute an. Die mit ihnen eng verwandten Galagos Afrikas, auch Buschbabies genannt, sind in ihrem Verhalten ganz anders, bewegen sich schneller und springen mit den Hinterbeinen wie kleine Känguruhs. Das asiatische Gegenstück ist der Koboldmaki. Die Lemuren bilden eine Gruppe von auf Madagaskar beschränkten Halbaffen, die sich dort bei Abwesenheit von höheren Affen zu einer Vielfalt von Arten entwickelt und ökologische Nischen gebildet haben, die sonst den Affen zukommen (Abb. 8-63). Eine Familie, die Katzenmakis, ähnelt Loris und Galagos, die meisten gehören jedoch zur Familie der Lemuren, die Baum- und Bodenbewohner umfaßt. Das sehr seltene und groteske Fingertier *(Daubentonia madagascariensis)* bildet eine eigene Familie. Alle südamerikanischen Affenarten sind Waldbewohner. In ihrem Ursprung sind sie von den Altweltaffen vollkommen verschieden (s. Kap. 14.4). Halbaffen gibt es dort keine, doch nehmen ihre Stelle die Marmosetten und Tamarins ein, die ihnen in Größe und Verhalten ähnlich sind (Abb. 8-64). Im Unterschied zu den meisten Affen haben sie an den Fingern Krallen statt Nägel.

Die meisten altweltlichen Meerkatzen (Cercopithecidae) und alle neuweltlichen Kapuzineraffen (Cebidae) leben in Regenwäldern. Die amerikanischen Arten sind durch den

a

b

Abb. 8-67. Ökologische Stellvertreter. (a) Der Malabarhornvogel des tropischen Asiens und (b) der Riesentukan Südamerikas ernähren sich beide von den Früchten der Waldbäume.

Besitz eines Greifschwanzes besonders gut an das Leben auf Bäumen angepaßt. Die Zahl der Gattungen ist bei den altweltlichen Affen jedoch größer; zu ihnen gehören die laubverzehrenden Guerezas *(Colobus)* Afrikas und die Blätteraffen und Languren Asiens. Die zweite wichtige Affengruppe in den Wäldern Asiens sind die Makaken *(Macaca)* mit dem allbekannten Rhesusaffen *(Macaca mulatta)*. Alle Makaken haben kurze Schwänze, der Schopfmakak *(Macaca nigra)* von Sulawesi und seine Verwandten sogar nur Stummelschwänze.

Die Menschenaffen (Pongidae) leben in den Regenwäldern Afrikas und Asiens (s. Kap. 14.4). Afrikanisch sind der Gorilla *(Gorilla gorilla;* Abb. 14-15) und zwei Schimpansenarten. Der Schimpanse *(Pan troglodytes)* ist weiter als der Gorilla verbreitet, kommt im ganzen Regenwald sowie östlich und westlich davon im offenen Land vor. Der Bonobo *(Pan paniscus)* ist leichter gebaut, hat verhältnismäßig lange Gliedmaßen und ein schwarzes (statt weißes) Gesicht. Asiatische Regenwaldarten sind die Gibbons *(Hylobates)* und der Orang-Utang *(Pongo pygmaeus;* Abb 14-15). Diese Affen sind stärker dem Baumleben angepaßt als ihre afrikanischen Verwandten. Vor allem die Gibbons haben sehr lange Arme, mit denen sie sich von Baum zu Baum schwingen (Brachiatoren). Im Gegensatz zu anderen Menschenaffen sind sie monogam; jedes Paar hat ein Territorium, das es mit lautem heulendem Geschrei verteidigt. Ihre Verbreitung erstreckt sich von Assam über Indochina und Malaysia bis zu den indonesischen Inseln. Orang-Utans gibt es auf dem asiatischen Festland nicht mehr, sie kommen nur noch in den Wäldern auf Sumatra und Borneo vor.

Zu den kleineren Säugetieren des südostasiatischen Regenwaldes gehören die Spitzhörnchen, die man den Affen wie den Insektenfressern zugeordnet hat, die aber vielleicht in eine eigene Ordnung zu stellen wären. Ziemlich eichhörnchenartig in ihrem Verhalten, verzehren sie große Mengen Insekten. Echte Baumhörnchen kommen in den altweltlichen Regenwäldern zahlreich vor. Einige sind imstande, mit Hilfe der zwischen den Gliedmaßen ausgespannten Körperhaut von Baum zu Baum zu gleiten; diese Gleitfähigkeit ist wenigstens zweimal unabhängig voneinander bei den Baumhörnchen entstanden. Ein ganz andersartiges fliegendes Säugetier ist der Philippinen-Gleitflieger *(Cynocephalus volans)*, der in einer eigenen Ordnung steht (Dermoptera). In Australien leben als Gegenstück zu den Flughörnchen die Gleitbeutler. In Südamerika kommen Baumhörnchen nicht vor, vielleicht haben hier die Marmosetten ihre Stelle eingenommen. Auch in Australien und Neuguinea gibt es in den Regenwäldern keine Baumhörnchen; möglicherweise leben hier an ihrer Stelle die sehr beweglichen Baumkänguruhs. Eine Gruppe von Baumbewohnern mit Beschränkung auf Südamerika sind die Faultiere. Wahrscheinlich sind sie mehr als sonstige Säugetiere an ein Baumleben angepaßt. Fast das ganze Leben verbringen sie mit dem Rücken abwärts an Ästen hängend.

Zu den Kleinsäugern auf dem Waldboden zählen in Südamerika mehrere Opossums und meerschweinchenverwandte Nager wie die Paka *(Caniculus paca)* und die Agutis *(Dasyprocta)*. In den afrikanischen Wäldern sind die Elefantenspitzmäuse anzutreffen. Die madegassischen endemischen Tanreks zeigen Konvergenzen zu anderen Insektenfressern: manche ähneln Igeln, andere Spitzmäusen. Auch die asiatischen Wälder sind reich an Insektenfressern, darunter die Haar- oder Rattenigel, eine Unterfamilie der Igel. In den Wäldern Australiens und Neuguineas kommen zwei kleine eierlegende Säugetiergattungen vor, die Ameisenigel.

Einige große Raubtiere beleben den Regenwald, wie der Tiger *(Panthera tigris)* in Asien, der Jaguar *(Panthera onca;* Abb. 8-65) in Südamerika und der Leopard *(Panthera pardus)* in Afrika und Asien. Die verschiedenen Bären Asiens sind vorwiegend Insekten- und Pflanzenfresser, ausgenommen der Kragenbär *(Selenarctos thibetanus)*. Viele Schleichkatzen, wie die Ginsterkatzen *(Genetta)*, sind in den Regenwäldern der Alten Welt vertreten. In Südamerika nehmen einige Verwandte der Waschbären ihre Stelle ein, wie der Wickelbär

a

b

c

d

Abb. 8-68. Wirbellose des tropischen Regenwaldes. (a) *Agraulis vanillae;* (b) *Morphopeleides insularis;* (c) *Amauris niavius;* drei Schmetterlinge aus Mittel- und Südamerika. Solche leuchtend irisierenden Farben sind typisch für tropische Schmetterlinge. (d) Nest der afrikanischen Termite *Cubitermes* auf einem Baumstamm. Die überlappenden Konsolen leiten Regenwasser, das am Stamm herabläuft, vom Nest weg. (e) Riesensaftkugler *(Oniscomorpha).* Viele tropische Tausendfüßer sind sehr lang, aber einige, wie dieser hier, sind kurz und können sich zu einer Kugel zusammenrollen. (f) Vogelspinne Amazoniens. Sie können zwar kleine Vögel überwältigen, meist jedoch ernähren sie sich von Heuschrecken und anderen Insekten. (g) *Taphronota calliparea,* eine große Heuschrecke aus Uganda. (h) Treiberameisen sind in den Tropen weit verbreitet. Sie sind Nomaden, und wenn sie weiterziehen, laufen die Arbeiter, von großen Soldaten bewacht, in Kolonne. Periodisch schwärmen sie nach den Seiten aus und töten alles Lebendige, das nicht weglaufen oder -fliegen kann.

(Potos flavus) und die Nasenbären *(Nasua).* Kleine bis mittelgroße Katzen sind in allen Regenwäldern häufig, ausgenommen in Australien, wo ihr Platz vom Fleckschwanzbeutelmarder *(Dasyurus maculatus)* eingenommen wird, der hauptsächlich Vögel in Baumkronen jagt.

Vögel kommen in den Regenwäldern sehr häufig vor, besonders zahlreich und verschiedenartig in Südamerika. Kolibris (Abb. 8-66), Tukans und Baumsteiger sind ungewöhnliche Waldvögel aus der Neuen Welt. Der Fettschwalm *(Steatornis caripensis)* ist mit den Nachtschwalben verwandt und brütet in dunklen Höhlen; nur von ihm kennt man eine Fähigkeit zur Ultraschallorientierung ähnlich wie bei Fledermäusen. Der Hoatzin *(Opisthocomus hoazin)* ist der einzige lebende Vogel mit Krallen an den Flügeln, allerdings nur bei den frisch Flüggen; sie ähneln denen des ersten bekannten Vogels, des ausgestorbenen *Archaeopteryx* (s. S. 351).

In Afrika leben einige endemische Gruppen von Waldvögeln, darunter die farbenfrohen Turakos. Hornvögel entspree

f

g

h

chen hier den Tukanen (Abb. 8-67) und Nektarvögel den Kolibris. Die Hühnervögel sind durch Perlhühner und den Kongopfau *(Afropavo congensis)* vertreten. In den asiatischen Regenwäldern kommen viele ähnliche Vogeltypen wie in Afrika vor, so Hornvögel oder Nektarvögel, aber besonders reich sind die Hühnervögel, mit dem Bankivahuhn *(Gallus gallus)*, von dem die Haushühner abstammen. Die Urheimat des Pfaus *(Pavo cristatus)* ist der Wald in Indien und Sri Lanka, wo er sich auf dem Rückzug befindet und kaum noch zu sehen ist. Die Regenwälder von Australien und Neuguinea haben zu den asiatischen Gesellschaften viele Beziehungen; aber es gibt auch für das Gebiet eigentümliche Gruppen, wie die Paradiesvögel von Neuguinea und die verwandten Laubenvögel, bei denen die Männchen verzierte Lauben errichten, um Weibchen anzulocken. Die Kasuare *(Casuarius)* sind mit 150 cm Höhe und ca. 50 kg Gewicht für Waldvögel ungewöhnlich groß. Von den verwandten Emus, Nandus und Straußen unterscheiden sie sich durch farbige Kehllappen und knöcherne Helme. Zahlreich sind Papageien wie Kakadus, Loris und Zwergpapageien. Sehr gut vertreten ist auch die Taubenfamilie, zu denen hier die größte lebende Art, die Kronentaube mit ihren 90 cm Länge gehört, die vorzugsweise auf dem Waldboden lebt.

Reptilien und Amphibien sind in den tropischen Regenwäldern gut vertreten. Einige können zwischen den Bäumen gleiten. Zu ihnen gehören die Flugdrachen *(Draco)* aus Malaysia und Indonesien, die ihre Gleitflächen mit faltbaren Speichen, nämlich Rippenfortsätzen, stützen. Die andere Flugechse ist der Faltengecko *(Ptychozoon kuhli)*, ebenfalls aus Südostasien, der Hautlappen eher wie einen Fallschirm denn als Flügel gebraucht. Selbst einen fliegenden Frosch mit ausgespannten Lappen zwischen den Zehen gibt es und die abgeflachte Schmuckbaumschlange *(Chrysopelea ornata)*, die sich von Bäumen in die Luft schleudert. Typische Echsen sind die Chamäleons, die voneinander unabhängig bewegliche Augen und eine lange, klebrige Zunge haben, die sie herausschnellen, um Insekten auf Distanz zu fangen.

Zahlreiche Frösche bewohnen den Regenwald. Viele sind Baumfrösche mit Saugkissen an den Fingern, mit denen sie sich an Blattoberflächen hängen. Manche legen ihre Eier in temporäre Kleingewässer auf den Bäumen, andere verfertigen Schaumnester, in denen die Kaulquappen schlüpfen, bevor sie durch einen heftigen Regenfall auf den Waldboden gespült werden. Einige südamerikanische Frösche legen die Eier auf den Rücken des Männchens, das die sich entwickelnden Larven umherträgt, und einige bodenlebende Arten haben überhaupt kein Larvenstadium mehr, sondern schlüpfen in der feuchten Laubstreu als kleine Erwachsene. Regenwaldfrösche bilden oft einen giftigen Schleim, vermutlich zur Abschreckung von Räubern. Die ungewöhnlichsten Amphibien sind die Blindwühlen, die beinlos sind und wie gefärbte Regenwürmer aussehen. Sie graben im weichen Waldboden und ernähren sich wahrscheinlich von Regenwürmern und anderen kleinen Wirbellosen.

Gewaltig ist die Vielfalt an Wirbellosen im Regenwald (Abb. 8-68). Oft sind sie groß, mit Hundert- und Tausendfüßern bis zu 30 cm Länge und Käfern von der Größe einer Maus. Viele Schmetterlinge kommen vor, oft mit eindrucksvollen Spannweiten. Manche große Spinnen gibt es, die größten sind die Vogelspinnen mit einer Beinspannweite von 25 cm. Aufgrund des Calcium-Mangels im Boden sind Schnecken hier nicht häufig; in Westafrika gibt es aber eine Riesenschnecke *(Achatina)*, die über 20 cm lang werden kann.

Weiterführende Literatur

Brown, L.: *Kontinente in Farben: Afrika.* Droemer, Zürich 1966.

Curry-Lindahl, K.: *Kontinente in Farben: Europa.* Droemer, Zürich 1965.

Dorst, J.: *Kontinente in Farben: Südamerika und Mittelamerika.* Droemer, Zürich 1968.

Ellenberg, H.: *Vegetation Mitteleuropas und der Alpen.* 3. Aufl.; Ulmer, Stuttgart 1982.

Keast, A.: *Kontinente in Farben: Australien und Ozeanien.* Droemer, Zürich 1967.

Pfeffer, P.: *Kontinente in Farben: Asien.* Droemer, Zürich 1969.

Sanderson, I. T.: *Kontinente in Farben: Nordamerika.* Droemer, Zürich 1962.

Vevers, G. et al.: *Weltatlas des Tierlebens.* Mitchell Beazley, London 1974.

Walter, H.: *Vegetation und Klimazonen.* 5. Aufl.; Ulmer, Stuttgart 1984.

Walter, H. und Lieth H.: *Klimadiagramm Weltatlas.* Fischer, Jena 1960.

9 Süßwasser und Feuchtgebiete

Süßwasser bedeckt weniger als 1 % der Erdoberfläche. Wegen der unglaublich großen Vielseitigkeit erweckt dieses Habitat jedoch bei den Biologen starkes Interesse. Der Begriff „Süßwasser" bezieht sich auf jede Art von Wasser, das nicht salzig oder brackig (schwach salzig) ist; man bezeichnet damit nicht nur natürliche Flüsse und Seen, sondern auch durch Wasserbaumaßnahmen und Verschmutzung stark veränderte Gewässer (Abb. 9-1). Für den Biologen ist der stark verschmutzte Unterlauf des Rheins ebenso Süßwasser wie die Gletscherbäche in den Alpen, die an seinem Ursprung liegen.

Feuchtgebiete sind gleichfalls sehr verschiedenartige Umweltbereiche, die zum Teil nur wenig miteinander gemeinsam haben. Man kann mit diesem Ausdruck aber alle Habitate kennzeichnen, die irgendwie eine Zwischenstellung zwischen ständig offenem Wasser und trockenem Land haben. In Kapitel 9.3 werden Feuchtgebiete näher behandelt. Bevor wir uns mit Flüssen und Seen befassen, sollen hier kurz die wichtigsten Aspekte beschrieben werden. Den Charakter eines Feuchtgebiets bestimmt sein Wasserstand und dessen Veränderungen über das Jahr hin. Manche Gebiete haben eine mehr oder weniger ganzjährige Wasserbedeckung, die jedoch so niedrig sein muß, daß ein starkes Pflanzenwachstum oberhalb des Wassers möglich ist. Dies gilt beispielsweise für viele Sümpfe, die mit Schilf oder Binsen bedeckt sind, aber zuweilen auch für Wälder, wie die Sumpfzypressenwälder im Südosten der USA. Ein anderer Feuchtgebietstyp ist zeitweise ganz von Wasser bedeckt, den Rest des Jahres jedoch weitestgehend oder völlig ausgetrocknet. Hierzu gehören z. B. die überfluteten Reisfelder in Bangladesh und Birma und ausgedehnte Waldbereiche längs des Amazonas. Bei einem dritten Typ ist wenig offenes Wasser vorhanden, aber der Wasserspiegel bleibt ganzjährig sehr nahe der Oberfläche. Ein augenfälliges Beispiel liefern die Moore in den gemäßigten Breiten, in denen Torfmoos *(Sphagnum)* vorherrscht.

Noch von einem weiteren Lebensraumtyp ist in diesem Kapitel die Rede, der weder Süßwasser noch Feuchtgebiet darstellt. Es handelt sich um die binnenländischen Salzseen. Trotz ihrer großen Unterschiede im Wasserchemismus behandelt man sie in der Regel eher im Zusammenhang mit Süßwasserseen als mit dem Meer.

Abb. 9-1. Verschmutzter Graben mit Hausmüll.

9.1 Bäche und Flüsse

Bäche und Flüsse haben für viele Pflanzen und Tiere eine große Bedeutung, auch für den Menschen. Viele Typen von Feuchtgebietsvegetation hängen von der jahreszeitlichen Überflutung durch große Flüsse wie Amazonas, Brahmaputra und Nil ab. Manche Tiere – Pflanzen dagegen weniger – haben sich mit Hilfe von Flüssen ausgebreitet. Einige der größten technischen Bauwerke, die je geschaffen wurden, dämmen große Flüsse ein oder ändern ihren Lauf. Fast immer hat dies zu tiefgreifenden ökologischen Änderungen geführt, von denen manche unerwartet, ja oftmals unerwünscht waren. Es gibt viele weitere derartige Planungen, weshalb die Erforschung von Pflanzen und Tieren in Flüssen zunehmend wichtig wird, wenn Biologen den Planern Hinweise auf die zu erwartenden Folgen zukünftiger Dämme und Flußumleitungen geben sollen.

Man versteht die Biologie der Fließgewässerorganismen am leichtesten, wenn man zunächst die kleinen Bäche betrachtet und sich dann die Veränderungen anschaut, die auf dem Weg flußabwärts eintreten.

Man findet in den Einzugsgebieten, aus denen sich Flüsse speisen, oft eine erstaunliche Vielfalt kleiner Bäche. Quellen, die das Wasser aus tiefen Felsschichten heraufbringen, und Entwässerungsläufe alter Bergbaustollen ähneln sich oft durch den über das Jahr gleichartigen Abfluß, Temperaturgang und Chemismus. In den Tropen kann auch die Vegetation solcher Quellen im Jahresverlauf weitgehend unverändert bleiben, während in den gemäßigten Breiten Veränderungen als Folge des jahreszeitlichen Lichtwechsels stattfinden, wie z. B. in den

Abb. 9-2. Forellenregion eines Bergbachs mit Felsblöcken und verhältnismäßig sauberem, schnellfließendem Wasser.

Abb. 9-3. Dichtes Pflanzenwachstum verstopft oft beinahe ein Fließgewässer. Häufig (wie hier im Fluß La Truyère in Frankreich) ist Flutender Hahnenfuß *(Ranunculus fluitans)* beteiligt.

a

b

Abb. 9-4. Zwei Wirbellosenlarven des Süßwassers. (a) Eintagsfliege *(Ecdyonurus dispar).* (b) Steinfliege *(Dinocras cephalotes).*

Abb. 9-5. Flußkrebs *(Astacus fluviatilis),* einer der größten Wirbellosen des Süßwassers.

Brunnenkressenbetten *(Rorippa)* von Kalkquellgebieten. Bei guter Beleuchtung kann die Vegetation im Gewässer sehr dicht sein, wobei zuweilen nur wenige Pflanzen- und Tierarten zugegen sind. Im völligen Gegensatz zu Quellen aus tieferen Schichten stehen Bäche, die die Bodenoberfläche entwässern. Diese können großen Schwankungen von Abfluß, Temperatur und Chemismus im Jahresverlauf unterliegen. Blütenpflanzen fehlen in solchen Gewässern für gewöhnlich, die Flora beschränkt sich auf Algen, einige Flechten und Moose (Leber- und Laubmoose). Manche von ihnen kommen nur an Stellen vor, wo das Wasser ständig fließt. Bereiche des Bachbetts, die nur zur Zeit der Frühjahrshochwässer unter Wasser liegen, werden nur von Algen besiedelt, die sich leicht ausbreiten können und verhältnismäßig schnell wachsen. Flechten und einige Moose tolerieren ziemlich gut eine nur vorübergehende Befeuchtung, können aber fehlen, wenn das Bachbett durch Eisgeschiebe im Frühjahr stark geschabt wird. In vielen größeren Bächen Europas und Asiens fällt das Moos *Cinclidotus fontinaloides* an Felsen auf, die periodisch überschwemmt werden; in Kalkgebieten stehen fast schwarze, vertrocknete Exemplare dieser Art in auffälligem Kontrast zum Untergrund.

Zonierung

Um die Veränderungen beim Abwärtsschreiten von einem kleinen Bach zu einem großen Fluß beschreiben zu können, hat man das ganze Fließgewässersystem in Zonen eingeteilt, die zumeist nach den charakteristischsten Fischarten benannt sind, die dort vorkommen, da diese in bestimmter Weise mit dem Bach- oder Flußtyp wechseln. Nach dem bekannten System von Huet lassen sich vier Regionen unterscheiden, von denen die beiden obersten zur Salmonidenregion, die beiden unteren zur Weißfischregion zusammengefaßt werden können.

Bäche mit starkem Gefälle und großer Fließgeschwindigkeit gehören zur Forellenregion. Das Bachbett besteht gewöhnlich aus Fels, Geröll oder Grobkies, das Wasser ist flach, gut durchlüftet und kühl (Abb. 9-2). Typische Fischart ist die Bachforelle *(Salmo trutta).*

In der Äschenregion sind die Bäche breit und haben weniger starkes Gefälle als oberhalb. Kolke bis zu zwei Metern Tiefe wechseln mit flachen Abschnitten ab, in denen die Strömung ziemlich schnell ist. Das Bachbett besteht aus feinerem Material als in der Forellenregion, oft aus gewaschenem Kies. Im Sommer hat das Wasser oft einen niedrigeren Sauerstoff-Gehalt als weiter oberhalb, ist aber noch immer ausreichend durchlüftet für Salmoniden wie die Äsche *(Thymallus thymallus).*

Weiter flußab, wo das Gefälle flacher ist und schnellfließende mit ausgedehnten langsam strömenden Bereichen abwechseln, folgt die Barbenregion. Die Barbe *(Barbus barbus)* ist der charakteristische Weißfisch; aber auch die Forelle kann hier noch an schnellen Fließstellen vorkommen.

Die Brachsenregion umfaßt den Unterlauf der Flüsse, ebenso Kanäle und Gräben. Die Strömung ist verlangsamt, die Sommertemperatur hoch, und der Sauerstoff-Gehalt kann ziemlich niedrig sein. Das Wasser ist getrübt und oft tiefer als 2 m. Leitfisch ist der Brachsen *(Abramis brama).*

Die Unterscheidung dieser Regionen ist etwas willkürlich. Erschwerend ist, daß nicht alle Fischarten in jedem Fluß vorkommen. In den Tropen wird das Klassifikationssystem durch Fische ganz hinfällig, da Salmoniden fehlen. Lachs, Forelle, Äsche und Verwandte, die in den gemäßigten Breiten leben,

a

b

Abb. 9-6. Zwei Süßwasserlurche. (a) Feuersalamander *(Salamandra salamandra)*. (b) Leopardfrosch *(Rana pipiens)* aus den USA.

benötigen viel Sauerstoff im Wasser; wegen der hohen Temperatur in den Tropen ist dort viel weniger Sauerstoff im Wasser gelöst, weshalb Salmoniden in diesen Regionen fehlen.

Nicht nur die Fischfauna ändert sich beim Gang stromab. Auch die übrige Tier- und Pflanzenwelt wandelt sich in auffälliger Weise. Bei vielen Gruppen von Wirbellosen ändert sich ihre Artenzusammensetzung, vor allem bei Plattwürmern, Zuckmücken, Eintagsfliegen und Steinfliegen. Alle diese Tiere bewegen sich über viel geringere Entfernungen als Fische; somit spiegelt An- und Abwesenheit einer bestimmten Art nur die Bedingungen eines kleinen Abschnitts im Flußbett wider. Auf dem Weg stromab nehmen untergetauchte Blütenpflanzen bei abnehmender Fließgeschwindigkeit zu, Moose dagegen werden seltener. Der Punkt, an dem diese Unterschiede entscheidend werden, hängt von der Größe der Schwankungen im Abfluß ab. Viele Blütenpflanzen sind durch Beschädigungen bei Hochwasser gefährdet, vor allem im Spätsommer, auf dem Höhepunkt des pflanzlichen Wachstums. Nur eine Familie von Blütenpflanzen, die Podostemaceae, hat sich an stärkste Strömungen angepaßt, ist jedoch auf die Tropen beschränkt. In den gemäßigten Breiten sind Arten des Hahnenfuß, wie Flutender Hahnenfuß *(Ranunculus fluitans)*, oft die ersten Blütenpflanzen, die im Fluß erscheinen (Abb. 9-3). Ihnen folgen weiter unten Laichkräuter *(Potamogeton)*, Wasserstern *(Callitriche)* und, vor allem in wärmeren Klimabereichen, Sumpfschrauben *(Vallisneria)*. Wird das Wasser sehr tief, können wurzelnde Pflanzen sich aus Lichtmangel nicht länger im Hauptstrom halten. Das fast kosmopolitisch verbreitete Kammförmige Laichkraut *(Potamogeton pectinatus)* ist oft die letzte Blütenpflanze, die in Tieflandströmen übrig bleibt, schwer beladen mit Schwebstoffen aus dem Wasser. Diese Art speichert jeden Herbst genügend Nährstoffe in ihren im Sand des Flußbetts begrabenen Rhizomen, aus denen jedes Frühjahr frische Sprosse einige Wochen lang wachsen können, bevor sie nahe genug der Oberfläche sind, um dort mit genügend Licht Photosynthese betreiben zu können.

Wirbellose

Die Verfügbarkeit geeigneter Nahrung ist der Hauptfaktor für das Vorkommen der verschiedenen Gruppen von Wirbellosen in Bach und Fluß. Wie in allen Lebensräumen gliedern sich die Wirbellosen in herbivore, detritivore und carnivore Organismen (Pflanzen-, Detritus- und Fleisch-Fresser); doch im Laufe des Gewässers ändern sich zugehörige Ordnungen oder Arten. Unter den Carnivoren sind z. B. Steinfliegen (Abb. 9-4) in der Salmonidenregion am häufigsten, während Libellen in den unteren Regionen mehr und mehr zunehmen. Man findet viel mehr Tiere als Pflanzen auf Fließgewässer beschränkt, da viele von ihnen, wie beispielsweise Köcherfliegenlarven, Detritivoren sind und passiv vorbeitreibende Partikel sammeln und verzehren. Diese Partikel müssen nicht notwendigerweise Bruchstücke von Lebewesen aus dem Fluß sein; im Spätsommer und Herbst ernähren sich zahlreiche Tiere hauptsächlich von Blättern und anderen Pflanzenresten, die im Einzugsgebiet eingeschwemmt wurden (s. Kap. 5.5). Es wurde behauptet, Detritivoren seien in Flüssen viel bedeutender als Herbivoren, da viel mehr an pflanzlichem Material eingeschwemmt wird als dort unmittelbar wächst. Zudem scheinen die großen Wasserpflanzen, jedenfalls in mäßig warmem Wasser, nur wenig Nahrung für Tiere abzugeben. Nur wenige Tiere verzehren z. B. die verbreitete Alge *Cladophora*, die in Tieflandflüssen ungeheure Massen bilden kann. Die Überzüge aus einzelligen Algen werden dagegen sehr wirksam von vielen Arten Schnecken, Eintagsfliegen oder Käfern abgeweidet. Wahrscheinlich sind sie für die Beseitigung der dichten Diatomeenrasen verantwortlich, die sich im Frühjahr in vielen Bach- und Flußbetten bilden. Selten werden diese Beläge im Sommer wieder dicker, was wohl auf Abweiden durch die Wirbellosen beruht.

Die größten Wirbellosen sind in vielen Bächen und Flüssen Krabben oder Flußkrebse (Abb. 9-5), wobei man selten beide zusammen antrifft; Krabben kommen nur in wärmeren Gebieten vor, Krebse können in den meisten Bereichen leben. Beide Tiergruppen sind omnivor und verzehren lebendes oder totes tierisches oder pflanzliches Material, je nach Gelegenheit. In vielen Flüssen sorgen Krebse für die Beseitigung toter Blätter; doch übersieht man oft ihr Wirken wegen ihrer nächtlichen Lebensweise.

Wirbeltiere

Außer Fischen sind noch viele andere Wirbeltiere irgendwie mit Fließgewässern verbunden. Manche leben und ernähren sich nur im Wasser, aber viele sind weit weniger an Wasser gebunden als die Fische. Eine Anzahl von Amphibien (Abb. 9-6) lebt ganz aquatisch, wie z. B. der Riesensalamander in klei-

a

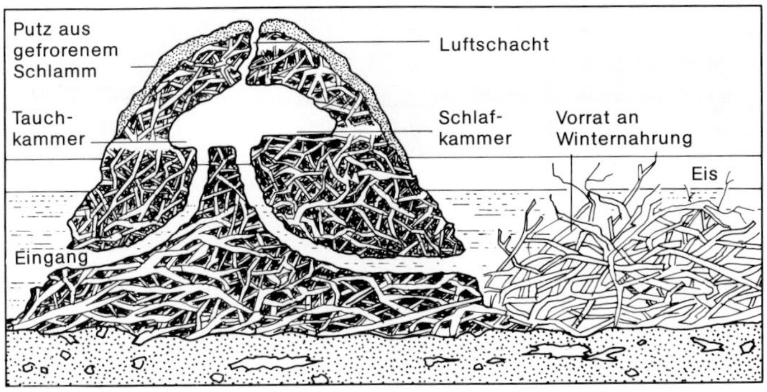

b

Abb. 9-7. (a) Querschnitt durch eine Biberburg. (b) Biberburg und Damm in den Rocky Mountains, USA.

nen Bergbächen des Fernen Osten; dieser Carnivore kann eine Länge von 80 cm oder mehr erreichen und übt vermutlich einen beträchtlichen Einfluß auf den Gewässerabschnitt aus, in dem er lebt.

Drei Gruppen von Reptilien stehen in Beziehung zu Fließgewässern: Krokodile, Kaimane und Alligatoren kommen weit verbreitet in warmen Gegenden vor und waren zumindest früher auch sehr individuenreich. Durch menschliche Einwirkungen wurden sie oft stark dezimiert; sicherlich hat dies einen beträchtlichen ökologischen Einfluß auf die Gewässer. Diese Wirkungen können komplexer Art sein, wie Untersuchungen am Amazonas zeigten. Die Kaimanbestände (hauptsächlich *Melanosuchus niger*) wurden ab ca. 1940 intensiv wirtschaftlich genutzt. 15 Jahre später verzeichnete die Statistik allein für den Hafen von Manaus 5 Mio. Häute, nach diesem Zeitraum war das Tier fast ausgerottet. Der Kaiman verzehrt fast nur Fische; daher war es eine große Überraschung für die Fischer, daß sie nach Verschwinden der Kaimane in ihren Netzen immer weniger fingen. Die Begründung hierfür liegt in der Tatsache, daß die Kaimane große Schwärme von Wanderfischen verzehrten, die die Buchten, in denen die Kaimane lebten, passierten. Die Verdauung dieser Fische führte zu einer starken Nährstoffanreicherung des an sich sehr nährstoffarmen Wassers. Dadurch wuchsen Algen, die ihrerseits die Nahrungsgrundlage für die von den Fischern erbeuteten Fischarten bildeten. Auch Wasserschlangen sind Carnivoren, die sich von Krebsen, Frösche, Kröten und Kleinfischen ernähren. Im Gegensatz hierzu sind Wasserschildkröten meist omnivor, wenn auch einige, wie die Schnappschildkröten *(Chelydra),* erhebliche Mengen Fisch verzehren.

Auch viele Vögel und Säugetiere stehen mit Fließgewässern in Beziehung. Die meisten Vögel finden sich auch in der Nähe von Seen; doch Säugetiere sind zuweilen besonders kennzeichnend für Flüsse oder können eine beträchtliche Wirkung auf sie ausüben. Einige Delphine kommen nur in Flüssen wie dem Amazonas oder den indischen Riesenströmen vor. Die wohl bedeutendste Gruppe von Säugetieren am Fluß stellen Nagetiere dar. Einige untergraben Flußufer durch ihre Wühltätigkeit; dies kann Strömungsrichtungen verändern. Durch ihren Dammbau können Biber (Abb. 9-7) die Natur eines Baches vollkommen umgestalten. Hynes gab Beschreibungen ihrer Wirkungen in den letzten Jahren in Kanada. Nach Einschränkung des Fanges haben sie wieder Gebiete besetzt, in denen sie lange gefehlt hatten und die trocken genug geworden waren für eine Ansiedlung von Waldbäumen. Ausgedehnte Überschwemmungen durch die Biberdämme führten daher in weiten Gebieten zu absterbenden Bäumen.

Bewegungen stromab und stromauf

Hängt man Netze verschiedener Maschenweite in einen Bach oder Fluß, so fangen sie gewöhnlich nicht nur Schwebstoffe, sondern auch viele Lebewesen. Von diesen leben viele auf dem Bachgrund. Mikroskopisch kleine Algen werden in das Freiwasser geschwemmt, von denen einige auch bei Abdrift weiter wachsen können. Zweifellos handelt es sich oft um einen einfachen mechanischen Effekt, wenn bodenbewohnende Formen von der Welle mitgenommen werden. Doch ergaben Untersuchungen, daß einige Algen eher bei Tag als bei Nacht abgeschwemmt werden. Das Gegenteil dürfte für viele Wirbellose zutreffen, deren Drift bei Nacht stark zunimmt, vor allem gleich nach Sonnenuntergang, während Licht hemmend wirkt und die Wahrscheinlichkeit vermindert, daß Tiere wie die Bachflohkrebse *(Gammarus pulex)* durch die Strömung fortgetrieben werden. Vermutlich finden diese Tiere entweder einen neuen Platz, um sich festzuhalten, oder sie werden von Räubern wie Käfern oder carnivoren Köcherfliegenlarven verzehrt. Wenn ein Bergbach nach heftigen Regenfällen angeschwollen ist, kann die Drift so stark ansteigen, daß ganze Populationen in Bereiche geschwemmt werden, wo sie nicht leben können. Dies ist sicher ein gewichtiger Grund für die Beschränkung der Populationsdichte vieler Arten in der Forellenregion. Auf der anderen Seite kann in Trockenzeiten der Bach so stark austrocknen, daß Wassertiere umkommen, wenn sie nicht besondere Überlebensmechanismen entwickelt haben. Einige Pflanzen und Tiere haben widerstandsfähige Stadien, und bei erneutem Fließen des Wassers beginnen sie wieder zu wachsen. Viele Tiere können sich im Bachbett zwischen dem Geröll eingraben, bis in Tiefen von 50 cm oder mehr, wo immer etwas Wasser übrig bleibt.

Man kennt die stromauf gerichtete Wanderung von Fischen besonders vom Lachs, der zu seinem Laichgrund zurückkehrt. Stromaufwärts verlaufende Bewegungen von Wirbellosen sind viel schwieriger zu beobachten, aber kommen sicher oft vor. Die schnelle Ausbreitung der kleinen Schnecke *Potamopyrgus jenkinsi* in Nordwesteuropa während der letzten Jahrzehnte kann beispielsweise nur mit Stromaufbewegungen abgelaufen sein. Auch größere Schnecken können sich gegen die Strömung bewegen. Man hat große Ansammlungen von *Campeloma decisium* unterhalb von Stromschnellen in Michigan gefunden und nimmt an, daß diese Schnecke aufwärts wandern wollte, aber das Hindernis nicht überwinden konnte. Auch Krebstiere können stromauf wandern; das bekannteste Beispiel ist die Chinesische Wollhandkrabbe *(Eriocheir sinensis).* Sie pflanzt sich in Brackwasser fort, wandert aber regel-

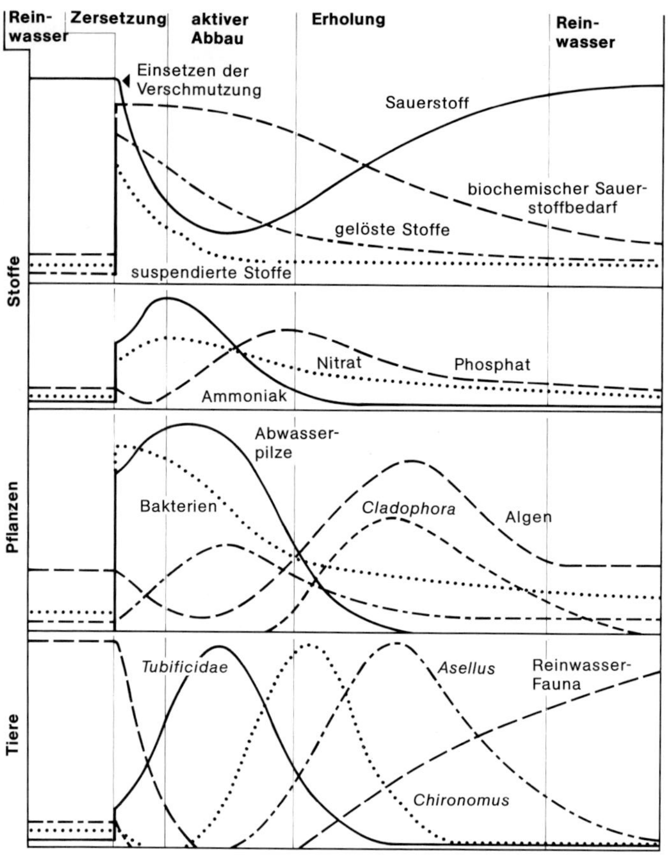

Abb. 9-8. Wirkungen organischer Verunreinigung auf die chemischen und biologischen Parameter eines Flusses. Stromabwärts tritt schrittweise Erholung ein, bis die ursprüngliche Wasserqualität wieder erreicht ist.

mäßig 750 km den Jangtse Kiang hinauf. Man hat sie schon 1400 km vom Meer entfernt angetroffen. Auch nach Europa wurde die Art eingeschleppt und hat z. B. in der Donau 1000 km stromauf zurückgelegt.

Veränderungen durch technische Bauwerke

In vielen Gebieten haben sich Tiere und Pflanzen und deren Abfolge auf dem Wege stromabwärts grundlegend durch menschliche Einwirkungen verändert. Manchmal kann man nicht einmal mehr erahnen, wie der Fluß im Naturzustand aussah. Wälder wurden vielerorts beseitigt, so daß ein höherer Lichteinfall das Jahr über die Bäche trifft. Derartige Veränderungen wirken sich auf das Pflanzenwachstum und den relativen Erfolg der Weidegänger und Detritivoren aus; jedoch gibt es bislang wenig quantitative Untersuchungen hierüber.

Viele Flüsse wurden zur Elektrizitätsgewinnung, Trinkwasserversorgung, für industrielle Zwecke oder zur Abflußregulierung aufgestaut. Regulation kann auf die unterhalb lebende Pflanzen- und Tierwelt tiefgreifende Folgen haben. Verhinderung von Überflutung kann zu gewaltigem Pflanzenwachstum führen, besonders bei jenen schwimmenden Arten, die sonst abdriften würden. Im Tuolumne-Fluß (Kalifornien) trat dies z. B. ein, wo ein üppiges Wachstum der Wasserhyazinthe *(Eichhornia crassipes)* die Folge war. Die Vollendung des Volta-Dammes am unteren Volta in Ghana hatte stromabwärts viele Auswirkungen, von denen nach menschlichen Maßstäben einige gut, andere schädlich waren. Rasch entwickelten sich ausgedehnte Unterwasserbestände von *Potamogeton octandrus* und *Vallisneria aethiopica.* Eine Schnecke *(Neritina)*, die sich von *Vallisneria* ernährte, nahm ebenso zu wie der Fisch *Tilapia.* Die Muschelfischerei am untersten Stromabschnitt ging dagegen zurück, da die stromaufwärts eindringenden Gezeiteneinflüsse sie beeinträchtigt hatten.

Man kennt viele Beispiele für Auswirkungen von Dammbauten in Flüssen auf Fischpopulationen und ihr Verhalten. Ein Damm kann ein unmittelbares Hindernis auf dem Wanderweg sein, wenn keine Fischtreppe oder ein anderes Hilfsmittel angelegt wird. Die Wirkung kann auch subtilerer Art sein, so etwa durch kühlere Frühjahrs- und wärmere Herbsttemperaturen in gemäßigten Breiten. Im Tiefenwasser eines Stausees besteht zuweilen ein beträchtlicher Sauerstoff-Mangel. Bei ungenügendem Abfluß wird der Kies nicht ausreichend von Schlamm gereinigt, um Forellen einen geeigneten Laichplatz zu bieten.

Verunreinigung durch Abwasser

Die Wirkungen von Abwasser auf Flüsse sind oft besonders ausgeprägt. Starke Verschmutzung durch organischen Abfall aus Silagen oder Kläranlagen kann zu starkem Wachstum von „Abwasserpilzen" führen. Sie überziehen in Form eines weißen oder blaßbraunen Schleimes die Oberflächen oder zeigen flockiges, pilzartiges Wachstum mit langen Fahnen. Beherrscht wird diese Gesellschaft durch ein Bakterium *(Sphaerotilus natans)*; andere Bakterien, verschieden Pilze, viele Protozoen und zuweilen einige wenige Algen sind ebenfalls zugegen. Obwohl sie eigentlich nicht zu dieser Gesellschaft gehören, sind Schlammröhrenwürmer oft sehr häufig in stark durch organische Stoffe verunreinigten Gewässern vertreten und erreichen manchmal Dichten bis über eine Million Tiere pro Quadratmeter. Einzelne dieser Wurmarten verschwinden nacheinander, wenn Verhältnisse sich verschlechtern, und bei ganz schlechten Bedingungen bleiben gewöhnlich nur *Limnodrilus hoffmeisteri* und/oder *Tubifex tubifex* übrig. Diese Tiere fallen durch den Besitz des roten Blutfarbstoffes Hämoglobin auf, der es ihnen erlaubt, auch den geringen Sauerstoff-Gehalt auszunutzen, der in derartig hochverschmutztem Wasser enthalten ist. Wenn ein Fluß mit einer größeren Menge organischen Materials eine Strecke ohne weitere Verschmutzung fließt, wird dieses Material schrittweise abgebaut und der Sauerstoff-Gehalt nimmt wegen geringerer bakterieller Tätigkeit wieder zu. Zugleich ändert sich die Population der vorkommenden Pflanzen und Tiere (Abb. 9-8). Abwasserpilze verschwinden, Algen oder höhere Pflanzen lösen sie ab. Die Anzahl der Schlammröhrenwürmer nimmt ab, zunächst treten Zuckmückenlarven *(Chironomus riparius)* an ihre Stelle, dann folgt ein Bereich, in dem die Wasserassel *(Asellus aquaticus)* zusammen mit Egeln, Schnecken und der Schlammfliege *Sialis lutaria* häufig ist. Wo sich das Gewässer weitestgehend erholt hat, kommen verhältnismäßig empfindliche Organismen wie der Bachflohkrebs *(Gammarus pulex)* wieder vor.

Nährstoffanreicherung und Unkrautbekämpfung

Der Gehalt des Wassers an den Pflanzennährstoffen Nitrat, Phosphat und anderen Mineralionen nimmt natürlicherweise stromabwärts zu. Abwassereinleitungen steigern diese Mengen beträchtlich, ebenso Düngemittel, die aus Ackerland und Wäldern ausgeschwemmt werden. Wegen des gesteigerten mineralischen Nährstoffgehalts ersticken viele Flachlandflüsse beinahe durch überreiches Pflanzenwachstum im Sommer. Diese Wasserpflanzen können eine ernsthafte Plage sein, weil sie den Abfluß behindern, Angeln unmöglich machen, weil die Leinen hängenbleiben, und sogar den Tod vieler Fische verursachen. Fischsterben treten aus zwei recht unterschiedlichen Gründen auf, und nicht immer ist in einem bestimmten Fall zu entscheiden, welche Ursache zutrifft. Zum einen atmen die gewaltigen Pflanzenmassen intensiv bei Nacht und verbrauchen den gelösten Sauerstoff weitgehend; dasselbe tritt ein, wenn sie abzusterben beginnen. Der andere mögliche Grund ist beinahe das genaue Gegenteil davon; denn eine intensive Photosynthese bei Tag kann so viel Kohlendioxid verbrauchen, daß das Wasser stark alkalisch wird; dadurch wird Ammoniak aus Abwassereinflüssen hochtoxisch und tötet die Fische.

Bekämpfung von unerwünschten Pflanzen war in vielen Flachlandflüssen lange Zeit wichtig. Früher betraf dies vor allem Pflanzen, die an den Flußufern über dem Wasserspiegel wuchsen, wie z. B. der Ästige Igelkolben *(Sparganium erectum)*, doch muß man sich nun mehr und mehr um submerse Arten kümmern. Beide Gruppen wurden zeitweise abgeschnitten, was jedoch teuer ist und wenig hilft, wenn man die Schnittstücke einfach flußabwärts treiben läßt. Zum Teil werden daher jetzt Herbizide eingesetzt, was aber nicht allgemein akzeptiert wird. Man versucht auch, Pflanzen auf kleinen Flächen abzutöten, aber mit nur so wenig Herbizid, daß die Wirkung lokal bleibt. Länger wirksame Lösungen stellen insbesondere Uferbeschattung kleiner Flüsse durch Bepflanzen mit Bäumen wie Erlen dar, wie man es in den Niederlanden und Norddeutschland vielerorts vorgenommen hat; logischer jedoch wäre die Reduzierung der in das Wasser gelangenden Nährstoffe überhaupt.

Vergiftung

Zusätzlich zur Verschmutzung durch organische Stoffe und gesteigerten Mineralstoffeintrag können Gefahren auch durch eine Vielzahl potentiell giftiger Stoffe entstehen. Hierzu zählen Schwermetalle, wie Kupfer, Zink, Quecksilber und Blei aus industriellen oder bergbaulichen Verfahren, Cyanide, Säuren, Basen und organische Stoffe wie Organochlorpestizide und -herbizide. Organismen unterscheiden sich hinsichtlich ihrer Anfälligkeit für spezielle Giftstoffe; die Wirkungen solcher Stoffe lassen sich daher nicht einfach allgemein beschreiben. Zink ist ein Beispiel, das man mit großem Aufwand untersucht hat. Wird ein zuvor unbelasteter Fluß durch gelöstes Zink verunreinigt, können empfindliche Arten wie die Alge *Cladophora* und Mollusken verschwinden, und mit zunehmender Zink-Konzentration trifft man immer weniger Arten an. Trotzdem zeigen Gewässer, die jahrelang mit Zink belastet waren, in der Regel ein auffälliges Wachstum von Algen und anderen Pflanzen. Die meisten unter solchen Bedingungen vorkommenden Arten haben eine Resistenz gegen Zink erworben. Diese stellt eine bleibende genetische Veränderung dar, da Organismen die Resistenz behalten, auch wenn sie eine Weile ohne das Metall kultiviert und ihm dann wieder ausgesetzt werden. Manchmal wachsen Pflanzen im Drainagewasser aufgegebener Bergwerke wegen fehlender Konkurrenz durch andere Arten so dicht, daß der unbedarfte Beobachter kaum auf den Gedanken käme, das Wasser könnte belastet sein. Trotzdem sind diese Gewässer hochtoxisch für empfindliche Arten. Zunahme des Wachstums, aber Abnahme der Artenzahl beobachtet man bei vielen Formen der Verunreinigung.

Zink mag auch einen anderen Gesichtspunkt von Verschmutzung beleuchten, der für die Wasserwirtschaft Probleme bereitet. Die Giftigkeit dieses Metalls für viele Lebewesen, einschließlich Algen, Wirbellose und Fische, wird durch besondere Eigenschaften des Wassers beeinflußt, wie den Gehalt an gelösten Calcium- oder Magnesium-Salzen (Wasserhärte). Man kann daher keineswegs behaupten, ein bestimmter Gehalt an Zink (oder an einem anderen Metall) sei giftig, und alle Gewässer mit einem geringeren Wert seien gesund. Feste Grenzwerte für Verunreinigungsstoffe lassen sich leicht überwachen; aber es wäre sicher angemessener, die Stoffe nach den möglichen Wirkungen zu beurteilen, die unter den jeweils gegebenen Randbedingungen eintreten. Die meisten Fische können viel mehr Zink bei hartem als bei weichem Wasser ertragen, und Kupfer ist viel weniger giftig, wenn viel gelöste organische Substanz vorhanden ist.

Saure Bergwerksabflüsse

Drainagewässer einiger Bergwerke sind stark sauer, da Schwefelmineralien zu Schwefelsäure oxidiert wurden. Wo ein Fluß viel saures Abwasser erhält, treten tiefgreifende Wirkungen auf Pflanzen und Tiere ein, bis hin zur völligen Auslöschung aller Arten. 1972 waren allein in den USA ca. 16 000 km Gewässerläufe durch Tagebau schwer geschädigt – hauptsächlich im Osten, insbesondere in den Appalachen.

Diese Angelegenheit erhielt eine beträchtliche politische Bedeutung durch die sich rasch ausweitende Minentätigkeit unmittelbar östlich der Rocky Mountains. Bergwerkbetreiber in diesen Gebieten sind dadurch benachteiligt, daß sie strenge Abwasservorschriften zu befolgen haben, während in den Appalachen nichts dergleichen gilt, da hier die Gewässer schon seit Jahrzehnten verschmutzt sind, oftmals durch aufgegebene Bergwerke, für die niemand mehr verantwortlich ist. Für ein Verstehen der Vorgänge sind Kenntnisse der Chemie und Biologie dieser Gewässer nötig.

Wird Kohle mit einem Gehalt an Pyrit (Eisensulfid) oder anderen sulfidreichen Mineralien der oxidierenden Wirkung

Abb. 9-9. Saurer Abfluß ist ein Hauptproblem in alten Kohlebergbaugebieten wie diesem hier in West-Virginia, USA. Nur wenige Pflanzen und Tiere ertragen das Eisenoxid im Wasser, das ihm die orangebraune Färbung gibt.

von Luft und Wasser ausgesetzt, läuft eine Reaktionskette ab, an deren Ende oft Schwefelsäure steht. Der Vorgang kann rein chemisch beginnen, doch treten schon bei etwas sauren Bedingungen zwei Bakterien auf, *Thiobacillus thiooxidans* und *Thiobacillus ferrooxidans*, die eine wichtige Rolle bei der Umsetzung von Sulfat zu Schwefelsäure spielen. Das stark saure Bergwerkswasser löst Metalle wie Eisen, Kupfer oder Zink, was die Belastung noch steigert. Die Metalle sind bei den hohen Konzentrationen, die dabei erreicht werden können, unmittelbar giftig; vor allem aber wird Eisen bald wieder ausgefällt und bildet orange oder dunkelbraune Niederschläge (Abb. 9-9), die alles Leben im Bachbett ersticken. Solche Niederschläge treten beim Zusammentreffen von stark saurem mit weniger saurem Wasser auf, wodurch der pH-Wert auf über 3,0 ansteigen kann.

Trotz der erschwerten Bedingungen gibt es eine Anzahl Lebewesen, die bei den niedrigsten pH-Werten existieren können. Die meisten sind mikroskopisch-klein und morphologisch einfache Formen. Neben Bakterien ist vor allem die Alge *Euglena mutabilis* weitverbreitet; aber auch andere Algen und Protozoen treten in der Regel auf. Steigt der ph-Wert auf über 3,0, erscheinen Rotatorien und zumindestens eine Käferart. Paradoxerweise scheinen die Wirkungen auf die Organismen oft schlimmer zu sein, wenn das Wasser mit zunehmender Entfernung von der Mine weniger sauer wird. Dies liegt an den eisenreichen Ausfällungen, die die Pflanzen an der Photosynthese hindern und die respiratorischen Oberflächen der Wirbellosen verstopfen. Das besondere Problem bei diesen sauren Bergbauabwässern ist, daß sie kaum aufzuhalten sind, wenn sie einmal auftreten. Versuche, bakterientötende Stoffe in aufgegeben Minen zu pumpen, sind gescheitert. Die einzige Lösung ist, die Minen so dicht zu verschließen, daß keine Luft mehr zur Oxidation zur Verfügung steht.

Thermische Verschmutzung

Elektrizitätswerke brauchen große Mengen Kühlwasser, das dem Fluß (oder Meer) erwärmt wieder zugeführt wird. Solche Abwärme kann bei Pflanzen und Tieren viele Veränderungen hervorrufen, wenn die ökologischen Wirkungen auch meist weniger heftig sind, als vorausgesagt. Wärme-intolerante Arten werden verschwinden, während Arten, die sonst im nicht aufgewärmten Wasser fehlen, gedeihen können. Atmung und Wachstum können sich ändern und damit die Freßrate von Tieren. Mittelbar steigert Abwärme die bakterielle Tätigkeit, wodurch sich der Gehalt an gelöstem Sauerstoff verringert, erst recht bei schon vorhandener organischer Verschmutzung. Neu sind Versuche, die Abwärme für biologische Zwecke zu nutzen, wie etwa zur Karpfen- und Aalzucht.

9.2 Seen, Stauseen und Teiche

Es gibt eine große Vielfalt von Seen mit unterschiedlichen physikalischen und chemischen Charakteristika; doch bestimmen hauptsächlich drei Faktoren, welche Pflanzen und Tiere in ihnen leben: die Wassertiefe, die Temperatur und das Nährstoffangebot. Man kann jeden See nach diesen drei Faktoren untersuchen. Die Tiefe beeinflußt alle Vorgänge im See mannigfaltig, aber besonders augenfällig ist die Ausdehnung mit der sich wurzelnde Blütenpflanzen entwickeln können. Sehr flache Seen haben oft eine ausgedehnte Pflanzendecke mit Schwimmblättern, wie die der Seerosen, oder mit Sprossen und Blättern, die aus der Wasseroberfläche herausragen wie beim Sumpfried *(Eleocharis)*. Im Gegensatz dazu sind wurzelnde Blütenpflanzen in sehr tiefen Seen meist auf den Uferbereich beschränkt. Einige Arten können auch auf dem Boden bis in 15 m Tiefe oder mehr vorkommen, wenn das Wasser klar ist und Licht bis in diese Tiefe eindringen kann.

Die Temperatur des Sees und die Durchmischung von Wasser aus verschiedenen Tiefen sind ebenfalls wichtig. In manchen Seen wird das Wasser ständig durch Vertikalströmungen durchmischt, die vom Wind hervorgerufen werden; doch in vielen Seen ist das Wasser zu gewissen Zeiten in eine obere und eine untere Schicht getrennt, wobei kaum ein Austausch zwischen den beiden Schichten stattfindet. Diese Schichtung tritt in den meisten tiefen Seen der gemäßigten Breiten während des späten Frühjahrs ein, wenn die Sonneneinstrahlung eine obere Warmwasserschicht ausbildet, die auf einer kühleren Tiefenschicht schwimmt. Dazwischen liegt ein enger Übergangsbereich, die Sprungschicht (Thermokline) (s. Kap. 6.1). Im Herbst löst sich die Schichtung auf, und das Wasser wird von oben bis zum Grund wieder durchmischt.

Schließlich kann man Seen noch nach der Menge und Art vorhandener Nährstoffe in drei Klassen teilen. Ein oligotropher See hat sehr wenig mineralische, für Pflanzen wichtige Nährstoffe, während ein eutropher See reich an ihnen ist; ein dystropher See hat weiches Wasser (wenige Calcium- oder Magnesium-Ionen), viel Torfmaterial und meist verhältnismäßig niedrigen Nährstoffgehalt. Diese Seetypen stellen Extreme dar, man findet alle Übergänge.

Windermere

Am Beispiel eines Sees soll im einzelnen die Bedeutung dieser Faktoren betrachtet werden: der See Windermere, im Englischen Seendistrikt (Abb. 9-10), ist seit über 50 Jahren intensiv erforscht worden. Er ist der größte natürliche See in England, dabei nur 17 km lang und 1 km breit. Er entstand durch glaziale Wirkung in der Eiszeit und ist mit 67 m verhältnismäßig tief. Die Tiefe schwankt, weil der Seespiegel sich mit der Menge des einfließenden Wassers ändert, aber in den meisten Jahren beträgt dieser Schwankungsbereich nur etwa 50 cm. Trotzdem hat dies eine merkliche Wirkung auf einige Pflanzen und Tiere am Ufer.

Die Pflanzenwelt des Freiwassers besteht in der Hauptsache aus kleinen, schwebenden Algen, dem Phytoplankton. Untergetauchte Pflanzen wachsen nur im Uferbereich, und sie sind wegen der Seetiefe weit weniger bedeutend als das Phytoplankton, das ganzjährig vorhanden ist. Einem Zeitraum sehr langsamen Wachstums im Winter folgt ein immer schnelleres im Frühling. Zu dieser Zeit sind Diatomeen wie *Asterionella* besonders zahlreich. Der Frühjahrsgipfel des Phytoplanktons hat verschiedene Ursachen: Lichtintensität und Tageslänge nehmen zu, im Winter haben sich Nährstoffe im Wasser angereichert, und das Abweiden durch kleine Tiere, das Zooplankton, ist wegen der niedrigen Wassertemperatur noch unwesentlich. Das Seewasser schichtet sich im Mai. Während des Sommers wird fast die gesamte Sonnenenergie in der oberen Schicht eingefangen. Grünalgen und Cyanobakterien sind im Plankton zu dieser Zeit besonders bedeutsam. Die Cyanobakterien bilden manchmal an der Oberfläche nahe dem Ufer eine dünne Wasserblüte, aber die Nährstoffe reichen nicht aus, um eine für die Besucher unangenehme Massenentwicklung hervorrufen zu können. Entsprechend dem Nährstoffgehalt ist Windermere als eine Mischung zwischen einem oligotrophen und eutrophen See einzustufen. Im Frühherbst tritt das nächste Ereignis der zyklischen Vorgänge ein, wenn Ober- und Unterschicht wieder vermischt werden. Für die Cyanobakterien sind diese Bedingungen ungünstig, aber manche Diatomeenarten wachsen zu diesem Zeitpunkt noch gut.

Die Planktonalgen vermehren sich zu den verschiedenen Jahreszeiten unterschiedlich schnell; im Hochsommer haben manche einzelligen Arten eine Generationsfolge von wenigen Tagen. Windermere würde gegen Ende des Sommers in Algen ersticken, wenn ihre Zahl nicht begrenzt würde. Dies besorgen das Zooplankton durch Abweiden, der Befall mit Pilzparasiten (Chytridiales) (Abb. 2-11) und Bakterien. Überraschenderweise ist es sehr schwer, die Wirkung eines bestimmten Faktors auf eine bestimmte Algenart zahlenmäßig genau anzugeben, aber alles in allem ist Abweiden der wichtigste Faktor. Zu den beteiligten Herbivoren zählen Rädertiere (Rotatoria) und Wasserflöhe (Cladocera; Abb. 9-11). Diese wiederum sind Nahrung für kleine Carnivoren, wie beispielsweise Jungfische. Die Algen sind also das erste Glied in vielen verschiedenen Nahrungsketten oder -netzen.

Wie bei vielen Seen in Europa und Nordamerika haben auch im Windermere Maßnahmen des Menschen tiefgreifende Wirkungen auf die Fischfauna gehabt. Der See hat wenige einheimische Arten, vermutlich weil andere Arten, die dort hätten leben können, den See nach der letzten Eiszeit nicht erreichen konnten. Einheimische Arten umfassen Lachsfische und Vertreter anderer Familien. Die Salmoniden sind Seesaibling *(Salvelinus alpinus)*, Bachforelle *(Salmo trutta)* und Lachs *(Salmo salar)*, obwohl letzterer den See nur auf dem Weg zu seinen Laichgründen in zufließenden Bächen durchwandert. Auch die Forelle laicht in diesen Bächen, doch kehren die Jungfische gewöhnlich innerhalb von zwei Jahren in den See zurück. Der Seesaibling dagegen laicht im See selbst und gräbt seine Eier in den Kies des tiefen Seegrunds. Unter den übrigen Fischen sind Aal *(Anguilla anguilla)* und Stichling *(Gasterosteus aculeatus)* ursprünglich, Hecht *(Esox lucius)*, Flußbarsch *(Perca fluviatilis)*, Elritze *(Phoxinus phoxinus)* und Groppe *(Cottus gobio)* dagegen eingesetzt. Abgesehen vom Einsetzen neuer Fischarten wirkt der Mensch auch auf die Verteilung der Größenklassen ein. Dies trifft besonders für den Hecht zu, bei dem größere Tiere durch Abfischen seit 1944 regelmäßig entfernt wurden, um Forelle und Saibling zu begünstigen.

Die Pflanzen und Tiere des Freiwassers bilden den Hauptanteil der Biomasse des Sees. Viele Arten sind aber auf den Uferbereich oder Boden beschränkt, und manche von ihnen spielen für die Beziehungen im See eine wichtige Rolle. Ein Großteil des Ufers ist felsig, weshalb ein Gürtel aus Überwasserpflanzen , z. B. das Schilf *(Phragmites australis)*, sich auf geschützte Abschnitte mit Feinsediment beschränkt. Bis zu einer Tiefe von 4 m können noch andere Pflanzen wurzeln. Die meisten Unterwasserpflanzen bilden Blüten, doch sind sie fast immer unauffällig.

Die Mehrzahl der bodenbewohnenden Wirbellosen lebt im Flachwasser. Hierzu gehören verschiedene Schnecken, Plattwürmer, Egel, Milben, Insektenlarven und Süßwassergarnelen. Unterhalb von 10 m ist die Fauna ganz anders und besteht hauptsächlich aus Ringelwürmern, Erbsenmuscheln *(Pisidium)*, Zuckmückenlarven und Büschelmückenlarven *(Chaoborus)*.

Abb. 9-10. Windermere, ein oligotropher See im Lake District, England.

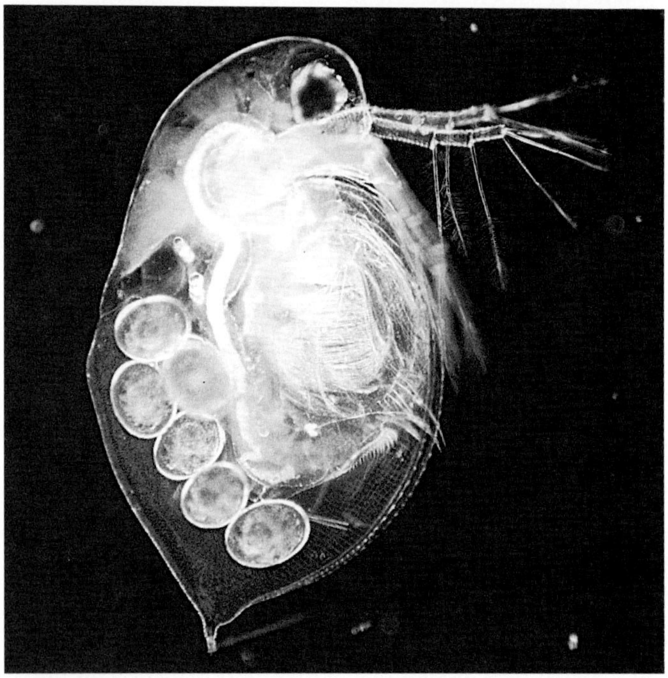

Abb. 9-11. Ein Wasserfloh *(Daphnia),* Bestandteil des Süßwasser-Zooplanktons. Durch die Schale sind Embryonen sichtbar (parthenogenetische Entwicklung).

Arktische, gemäßigte und tropische Seen

Viele andere Seen in Westeuropa ähneln Windermere insofern, als die Seeoberfläche im Winter selten zufriert (Windermere: nur etwa alle 10 Jahre). Die meisten Seen im Norden Europas, Amerikas und Asiens frieren nicht nur zu, sondern tragen auch eine Schneedecke für mehrere Monate. Dies beeinträchtigt den Lichteinfall oder verhindert ihn ganz, weshalb Algen im Winter besonders schlecht wachsen. Folglich kommt die Periode schnellen Wachstums des Phytoplanktons später als in Windermere. Unter noch extremeren Bedingungen, wie sie im Norden Kanadas und der UdSSR gegeben sind, dauert die Eisbedeckung so lange, daß ihre Wirkung auf Pflanzen und Tiere noch stärker ist. Das fällt besonders bei flachen Seen auf, da ein Großteil des im Wasser vorhandenen Sauerstoffs aufgebraucht sein kann, bevor die Schnee- und Eisdecke im Frühling schmilzt. Daher gibt es in vielen derartigen Seen keine einheimischen Fische. Eingesetzte Fische können in solchen Seen nur überleben, wenn das Eis regelmäßig aufgebrochen wird, damit Sauerstoff eindringen kann, oder wenn man Luft in das Wasser pumpt.

Viele kleine Tropenseen weisen kaum eine Schichtung auf. In den Tropen gibt es zwei andere Seentypen, für die sich in den gemäßigten Breiten keine Beispiele finden lassen. Die großen Seen des Ostafrikanischen Grabenbruchs sind ständig in eine obere warme und eine untere kalte Schicht geteilt; über die Thermokline findet kaum ein Austausch statt. Dies bedeutet, daß die Körper von Tieren und Pflanzen, die in der oberen Schicht gestorben sind, unter die Thermokline sinken und alle in ihnen enthaltenen Stoffe in der Seetiefe verbleiben. Die Seesedimente häufen daher ständig wertvolle Pflanzennährstoffe an. Würde man, vielleicht aus wirtschaftlichen Gründen, die Thermokline einzelner dieser Seen zerstören, wäre ein gewaltiger Anstieg von Nährstoffen im oberen Seebereich mit gesteigertem Algenwachstum und daher größeren Fischbeständen zu erwarten. Sicherlich müßten verschiedenste Umweltgesichtspunkte berücksichtigt werden, bevor man einen solchen Plan in Angriff nähme.

Der zweite tropische Seetyp stellt fast das genaue Gegenteil des ersten dar. Das Wasser schichtet sich, wird durchmischt, schichtet sich wieder, und das mehrfach im Jahr. Die Schichtung tritt bei Tag ein, wenn kein Wind weht und viel Wärme in den See gelangt; nachts bewirkt Wind die Durchmischung und die oberen Schichten kühlen sich ab. Die besten Beispiele hierfür finden sich in den Gebirgen Äthiopiens und in den Anden, wo der nächtliche Wärmeverlust in großen Höhen beträchtlich ist. Diese Abfolge kann über Monate hin Tag für Tag

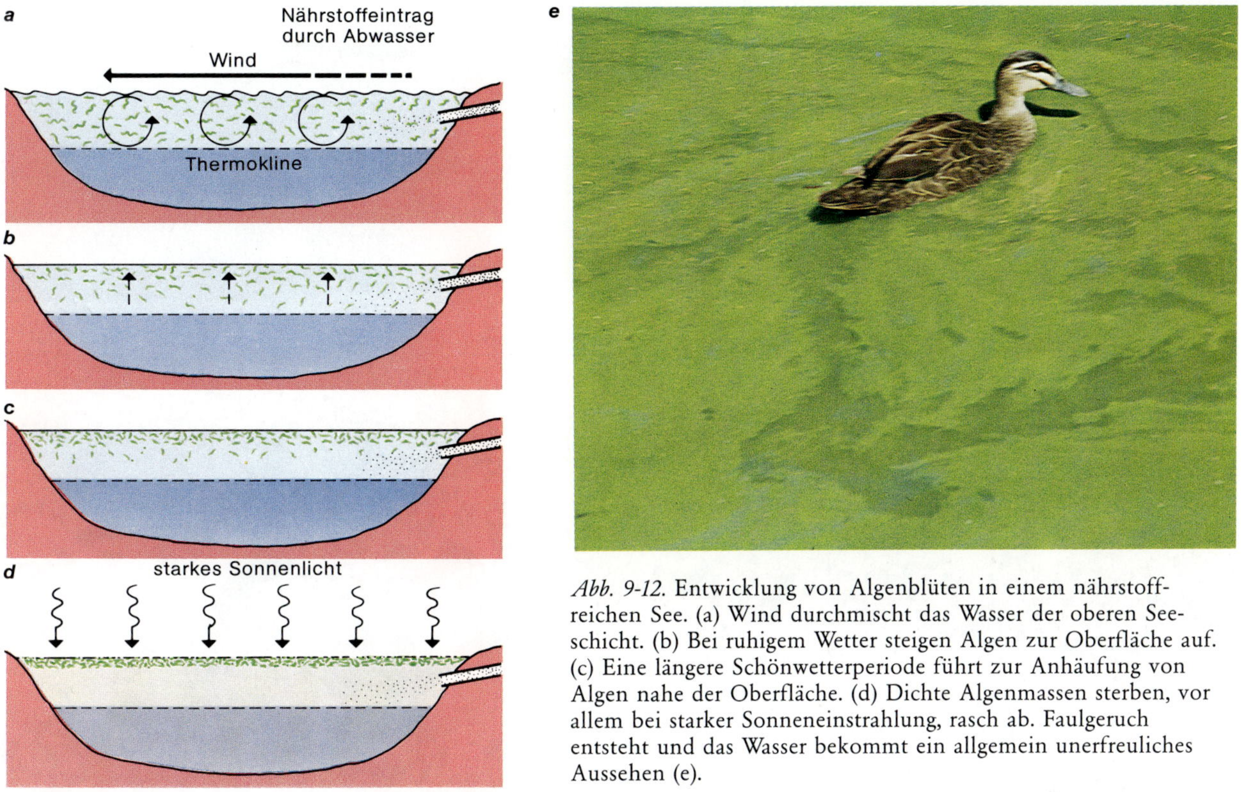

Abb. 9-12. Entwicklung von Algenblüten in einem nährstoffreichen See. (a) Wind durchmischt das Wasser der oberen Seeschicht. (b) Bei ruhigem Wetter steigen Algen zur Oberfläche auf. (c) Eine längere Schönwetterperiode führt zur Anhäufung von Algen nahe der Oberfläche. (d) Dichte Algenmassen sterben, vor allem bei starker Sonneneinstrahlung, rasch ab. Faulgeruch entsteht und das Wasser bekommt ein allgemein unerfreuliches Aussehen (e).

geschehen. Oft sind diese Seen sehr produktiv, und ihr Fischbestand stellt für die einheimische Bevölkerung eine wesentliche Nahrungsgrundlage dar.

Eutrophierung

In geologischen Zeiträumen betrachtet, sind die meisten Seen verhältnismäßig jung. Sie häufen Sedimente an und werden flacher, Gesellschaften höherer Wasserpflanzen nehmen vom Ufer her schrittweise zu. Man kann die Abfolge der Veränderung im Chemismus der aufeinanderfolgenden Sedimentschichten mit ihren Tier- und Pflanzenresten erfassen. Das hat man z. B. ganz genau im Englischen Seendistrikt, im Työtjärvi-See in Finnland, in verschiedenen Seen des Kanadischen Schilds und im Biwa-See in Japan durchgeführt. In den meisten Seen zeichnete sich ab, daß eine Reihe von Veränderungen mit ansteigenden Nährstoffgehalten gekoppelt war. Die Algenmengen nahmen zu, die Artenzusammensetzung von Pflanzen und Tieren änderte sich, die Seen wurden eutropher. Die wichtigste Ausnahme von dieser allgemeinen Regel ist, daß bei sehr jungen Seen durch Wirkung der Eiszeiten oder sonstiger Entstehungsursachen verhältnismäßig hohe Nährstoffgehalte vorliegen können. In solchen Seen vermindern sich die Nährstoffe zunächst schrittweise, dann kehrt sich der Vorgang um und die Seen werden wieder eutropher, wenn die Sedimente zunehmen und sich mehr organische Stoffe durch Photosynthese oder Zuflüsse anhäufen.

Viele Seen haben während des letzten Jahrhunderts größere Veränderungen im Nährstoffgehalt erfahren, als es unter natürlichen Bedingungen geschehen wäre. Solche Eutrophierungen sind auf menschliches Einwirken auf den Wasserchemismus zurückzuführen, vor allem auf erhöhte Phosphat-Gehalte aus Wasch- und Düngemitteln. Cyanobakterien wie *Microcystis* können so massenhaft auftreten, daß sie – vor allem bei Konzentration an der Oberfläche – das Wasser färben. Diese „Wasserblüten" können praktisch über Nacht auftreten, da die Zellen Gasvakuolen enthalten, mit deren Hilfe sie schweben. Wasserblüten empfindet man nicht nur beim Schwimmen als unangenehm, sie können auch giftig für Tiere (und Menschen) sein.

Das Entstehen dichter Algenpopulationen (Abb. 9-12) wirkt seinerseits auf andere Organismen. Große Pflanzen können völlig verschwinden, da die Algen das Licht absorbieren, bevor es die Blätter erreichen kann. Derartiges ereignete sich z. B. im Gebiet der ostenglischen Norfolk Broads, wo sich die Verhältnisse in den sechziger Jahren drastisch verschlechterten. Hatten die Gewässer zuvor deutliche Unterwasserpflanzenbestände, so waren in den Jahren 1972 und 1973 11 der 28 untersuchten Seen fast ganz oder völlig frei von submersen Pflanzen. Solche Pflanzen bieten vielen Tieren Nahrung und/oder Lebensraum; im Loch Leven (Schottland) ist ein großer Bestand des Höckerschwans *(Cygnus olor)* nach dem Verlust von Laichkräutern und anderen Pflanzen praktisch verschwunden. Typischerweise zeigt sich die Eutrophierung vieler Seen im Ersatz von Krebstieren aus der Bodenfauna durch Zuckmückenlarven sowie Borsten- und Schlammröhrenwürmern, und in den gemäßigten Breiten werden Lachsfische durch andere ersetzt. Eutrophierung ist die Folge eines andauernden Eintrags von Nährstoffen in hoher Konzentration; daher kann man den Vorgang durch Beschränkung der in den See eingebrachten Nährstoffe umkehren. Ist der See flach und von vielen Seiten her belastet, wie es oft in landwirtschaftlich genutzten Tiefebenen der Fall ist, läßt sich dies allerdings nicht immer leicht erreichen. Einige Paradebeispiele sind bekannt, sie haben aber meist enorme Geldsummen verschlungen. Im Fall des Lake Washington (im Nordosten der USA) verursachten Abwässer Probleme, die in den fünfziger und frühen sechziger Jahren immer schlimmer wurden. Durch die Ableitung fast des gesamten Abwassers ins Meer am Puget Sound sowie durch Qualitätsverbesserung des verbliebenen

Abb. 9-13. Zwergflamingos *(Phoeniconaias minor)* am Nakuru-See in Kenia.

Zuflusses besserte sich die Lage. Zum Zeitpunkt der Vollendung des Projekts im Jahre 1968 betrugen die Kosten 125 Mio. Dollar, aber die Probleme waren eigentlich nurmehr vom See ins Meer verlegt worden. Als alternatives Verfahren kann man einen Großteil der Phosphate aus dem Abwasser entfernen, bevor es in den See gelangt. Das ist teuer, muß ständig durchgeführt werden und wird meist nur dann eingesetzt, wenn ein See als Trinkwasserspeicher dient.

Stauseen

Stauseen sind künstliche Seen, in denen die Qualität des Wassers besonders wichtig ist, da es als Trinkwasser oder für industrielle Zwecke verwendet wird. In vielerlei Hinsicht ähneln Stauseen natürlichen Seen; doch durch die Art der Bewirtschaftung zeigen sie charakteristische Merkmale. Stauseen können entstehen, wenn ein Flußabschnitt aufgestaut wird, oder wenn Wasser von einem weiter entfernten Fluß her oder aus dem Untergrund gepumpt wird. Für die erstere Möglichkeit braucht man ein geeignetes Flußtal, das man besonders in gebirgigen Gegenden findet, die zweite Möglichkeit bietet sich meist im Flachland an. Staubecken bei großen Städten gehören im allgemeinen zum zweiten Typ. Stauseen im Flußbett sind häufig natürlichen Seen im betreffenden Gebiet recht ähnlich, wenngleich in den ersten Jahren manchmal störendes Massenwachstum von Algen auftreten kann, die ihre Nährstoffe aus dem Abbau der überfluteten Landpflanzen beziehen. In einigen großen Stauseen der Tropen – wie z. B. dem Kariba-See in Simbabwe – hatte man zu Beginn große Schwierigkeiten mit einer starken Entwicklung der Wasserhyazinthe und des Schwimmfarns *Salvinia*. Beseitigt man vor Dammschluß nicht sorgfältig die Landvegetation, kann man eigentlich nur abwarten, bis der Großteil der Nährstoffe sich im Schlamm abgesetzt hat. Besprüht man die an der Oberfläche schwimmenden Pflanzen mit Herbiziden, schafft man mindestens ebensoviele Probleme, wie man löst. Bei kleinen Stauseen ergibt sich zuweilen durch fehlenden Pflanzenwuchs am Ufer eine andere Schwierigkeit: In Zeiten starken Wasserbedarfs sieht der Uferbereich nicht nur unschön aus, sondern durch Wellenschlag kann auch Erosion stattfinden. Wenn sich auch in vielen Teilen der Erde die Pflanzen an eine zeitweilige, alljährliche Überflutung gut angepaßt haben, trifft dies in den gemäßigten Breiten nur für wenige Arten zu. Im nördlichen Europa sind z. B. solche Arten erfolgreich, die kurzlebig und einjährig sind und auf frischem, offenem Boden (nicht auf Geröll oder Fels) wachsen und deren Samen lange Überflutung ertragen können.

Abseits von Flüssen angelegte Stauseen werden oft in der Nähe dichtbevölkerter Gebiete gebaut, wo der Boden teuer ist. Daher sind ihre Wände oft senkrecht und ein Ufersaum fehlt. Wegen ihrer Lage im Flachland ist die Gefahr, nährstoffreiches Wasser zu enthalten und eine Algenüberproduktion zu entwickeln, ungleich größer. Man hat oft Kupfersulfat zur Verhinderung von Cyanobakterienblüten auf die Oberfläche gesprüht, aber weil dies wohl teuer als auch potentiell giftig ist, stellt dieses Verfahren auch keine Lösung dar. Ein besseres Verfahren hat man zuerst an Seen bei London entwickelt und

a b

Abb. 9-14. Zwei Teichinsekten. (a) Rückenschwimmer *(Notonecta)*. (b) Schwimmwanze *(Naucoris)*.

inzwischen vielerorts übernommen: Man mischt das Wasser das ganze Jahr über gut durch und verhindert damit die Ausbildung einer Sprungschicht im Sommer. Da die Algen länger im dunklen Bereich gehalten werden, ist ihr Wachstum eingeschränkt und die besonders lästigen Cyanobakterien mit ihren Gasvakuolen können sich nicht so stark entwickeln.

Salzseen

Salzseen finden sich in Halbwüstengebieten, in denen die Verdunstung höher ist als der Niederschlag. Sie haben meist ein sehr großes Einzugsgebiet, erhalten damit oft sehr große Nährstoffmengen und zeichnen sich durch einen hohen Gehalt an Natrium-Ionen aus. Wasserstand und Salzgehalt schwanken oft jahreszeitlich beträchtlich. In einer Reihe flacher, alkalischer, leicht salziger Seen in den Tropen bilden sich dichte Populationen des Cyanobakteriums *Spirulina*. Die gewaltigen Flamingoscharen, die in einigen Seen im Grabenbruch von Kenia zu beobachten sind (Abb. 9-13), hängen nicht nur von *Spirulina* und dem mit ihr vorkommenden Zooplankton als Nahrung ab, sogar der rosa Farbstoff der Flamingofedern stammt von Carotinoiden aus der Alge. In wenigstens zwei Ländern, nämlich Mexiko zur Zeit der Azteken und im heutigen Tschad, hat sich *Spirulina* in leicht salzigen Seen auch für den Menschen als wichtige Nahrungsquelle erwiesen. In Mexiko, Thailand und Taiwan gibt es heute große Betriebe, in denen dieser Organismus unter kontrollierten Bedingungen angezogen und als Naturkost teuer verkauft wird.

Mit zunehmendem Salzgehalt wird die Flora und Fauna artenärmer, und große Seen mit sehr hohem Salzgehalt, wie das Tote Meer, enthalten nur wenige hochspezialisierte Arten. Auf drei Arten, die fast stets in stark salzhaltigen Gewässern anzutreffen sind, hat man besonderes Augenmerk gerichtet. Es handelt sich um das Bakterium *Halobacterium*, die einzellige Grünalge *Dunaliella* und das Salinenkrebschen *Artemia*. In flachen Salzseen entwickelt sich *Halobacterium* manchmal zu dichten Populationen, die das Wasser tief karmesinrot färben. Dies bietet sich oft beim Flug über Küsten- und zuweilen auch Binnenlandsbereichen von Halbwüsten wie Niederkalifornien und der Arabischen Golfküste als eindrucksvolles Schauspiel.

Teiche

Teiche unterscheiden sich von Seen nicht so sehr dadurch, daß sie künstlich angelegt wurden, sondern durch ihre Kleinheit. Daher verändern sie sich schneller, wenn man dies nicht gezielt verhindert. Je kleiner ein Teich ist, desto eher müssen derartige Maßnahmen getroffen werden. Die Teiche in den meisten Hausgärten würden schnell mit Algen und anderen Pflanzen zuwachsen, wenn man sie nicht regelmäßig ausdünnen würde. Der Zufall spielt eine wichtige Rolle bei der Entwicklung eines frisch angelegten Teichs, vor allem wenn man sich wenig Mühe mit der Bepflanzung und einem vielseitigen Tierbesatz gibt. Viele Pflanzen schlagen in Teichen leicht wieder aus einem Sproßstück aus, und gerät ein solches Stück zufällig oder absichtlich in ein Kleingewässer, kann das pflanzliche Wachstum so mächtig sein, daß das Wasser in kurzer Zeit zugewachsen ist. Später zufällig eintreffende Arten haben dann oft wenig Chancen gegen die den Teich bereits bevölkernden Arten. Einige für Teiche und Tümpel besonders bezeichnende Formen sind auf oder an der Wasseroberfläche lebende Tiere und Pfanzen. Die Wasserlinsen *Lemna* und *Wolffia* sowie verschiedene Insekten (Abb. 9-14) einschließlich Wasserwanzen, wie der Teichläufer *(Gerris)*, und Käfer gehören dazu. Ein anderes Merkmal von Tümpeln ist die große Geschwindigkeit, mit der sich die Temperatur oder der Gehalt an gelöstem Sauerstoff ändern. Kleinere Ereignisse wie zufällige Verunreinigung durch Dünge- oder Unkrautvernichtungsmittel können große Folgen nach sich ziehen, die in größeren Wasserkörpern vielleicht nie entdeckt würden. Alle in Tümpel einsetzbare Fischarten, z. B. Goldfische *(Carassius auratus)*, müssen in der Lage sein, starke Schwankungen von Temperatur und Sauerstoff-Gehalt zu ertragen.

9.3 Feuchtgebiete

Zu Beginn des Kapitels 9 wurde bereits eine einfache Einteilung der verschiedenen Feuchtgebietstypen gegeben. Vor der eingehenderen Beschreibung der einzelnen Typen sind jedoch noch ein paar allgemeine Bemerkungen nötig. Die Moore der gemäßigten nördlichen Breiten sind gut untersucht worden,

a

b

Abb. 9-15. Schwarzwasserfluß in Amazonien. (a) Ovaler Schwarzwassersee im Palmenwald innerhalb des amazonischen Regenwalds. (b) Wasserpflanzen wachsen auf Sand und Gräsern am Ufer des Rio Negro.

und man kann viele verschiedene Typen und Bezeichnungen für ihre Entstehung beschreiben. Im Gegensatz dazu gehören die Feuchtgebietsgesellschaften der Subtropen und Tropen zu den am wenigsten untersuchten Vegetationstypen überhaupt. Sie sind oft schwer zugänglich und ändern sich von Jahr zu Jahr beträchtlich, was Kartierung und ökologische Untersuchungen mühevoll macht. Auch gewisse Krankheiten lassen sich nicht übersehen: Schistosomiasis (Bilharziose) erschwert die Feuchtgebietsforschung in weiten Teilen Afrikas und stellenweise in Asien. Unglücklicherweise werden Feuchtgebiete oft Planungen gewaltigen Ausmaßes unterworfen, wobei zuvor kaum Untersuchungen über die biologischen und ökologischen Folgen solcher Unternehmungen angestellt werden. Beispielsweise befand sich der Jonglei-Kanal, der den Sudd im südlichen Sudan mit seinen treibenden Pfanzenmassen entwässern soll, bereits in einem fortgeschrittenen Planungsstadium, als man Ökologen anstellte, um mögliche Folgen des Kanalbaus zu erforschen.

Feuchtgebiete mit offenem Wasser

Feuchtgebiete, die das ganze Jahr oder nur zeitweise von Wasser bedeckt sind, tragen Wald oder eine Röhrichtvegetation mit Gräsern, Seggen oder Binsen. Die bestentwickelten Feuchtgebietswälder liegen im Amazonasbecken, obwohl sie hier meist nur zu bestimmten Jahreszeiten überflutet werden. Einer der spezialisiertesten Waldtypen ist der Igapó, der an den nördlichen Zuflüssen wächst. Diese sind Schwarzwasserflüsse, die wegen ihres Gehalts an Huminsäuren dunkelbraunes Wasser mit niedrigem pH-Wert und sehr wenig Nährstoffen heranbringen (Abb. 9-15). Bei Hochwasser wird der Wald überflutet, doch liegt der größte Teil den Rest des Jahres über trokken. Zeitweise lebt im Wald eine Süßwasserfauna mit Fischen, die aus dem Hauptstrom in den Wald wandern und mit dem Rückgang des Wassers wieder verschwinden. Anschließend breiten sich Landtiere in den trockner werdenden Wald aus und ziehen sich zu Beginn der Flut erneut zurück. Der Nährstoffgehalt im Wasser und in den Böden ist so gering, daß viele Pflanzentypen nur in sehr geringer Anzahl vorkommen können oder ganz fehlen. Phytoplankton ist selbst im Freiwasser des Hauptstromes nur spärlich vertreten, auch sonst fehlen die im Amazonasbecken weit verbreiteten treibenden Wiesen von Wasserhyazinthen oder ähnlichen Arten. Nur sehr wenige Tiere ernähren sich von den Blättern der Igapó-Bäume, und wenn diese ins Wasser gefallen sind, werden sie durch Bakterien und Pilze nur sehr langsam abgebaut. Es überrascht daher nicht, daß auch die tierischen Populationen in den Schwarzwasserflüssen und in dem sich anschließenden Igapó-Wald sehr schwach sind. Manche Tiere sind dort zu Nahrungsspezialisten geworden wie der Sägesalmler *(Colossoma bidens)*, der stark von Blüten und Früchten abhängig ist, die in das Wasser fallen. Die Ökologie dieser Lebensgemeinschaft hängt ganz vom niedrigen Gehalt an Pflanzennährstoffen ab, so wie beim typischen oligotrophen See im alpinen Hochgebirge.

Ganz andere Gesellschaften treten im Überflutungsgebiet des mittleren und unteren Amazonas auf (Abb. 9-16). Hier sind sowohl das Wasser als auch die abgelagerten Sedimente viel nährstoffreicher, und Flora und Fauna sind ganz verschiedenartig ausgebildet. Diese Gebiete, Várzea genannt, enthalten ein komplexeres Mosaik an Lebensräumen, die besonders bei niedrigem Wasserstand auffallen. Viele dauerhafte Kanäle, Seen und Inseln gibt es, die in den höher gelegenen Teilen mit Wald bedeckt sind. Die Inseln sind aus Sediment entstanden, das der Fluß abgelagert hat. Ihre höchsten Punkte markieren den Höchstwasserstand. Vor allem im Oberlauf des Amazonas, im Solimões, wo der Unterschied zwischen Várzea und gewöhnlichem Wald wenig deutlich wird, machen manche zeitweise unter Wasser stehende Bäume genau das Gegenteil von dem, was Bäume gewöhnlich tun: Sie verlieren alle Blätter bei Hochwasser und beginnen erst bei Fallen des Wassers wieder mit Austrieb. Dieses ungewöhnliche Verhalten wird dadurch verursacht, daß in dem mit Wasser vollgesogenen Schlamm, in welchem die Bäume wurzeln, Sauerstoff-Mangel herrscht und dadurch der ganze Stoffwechsel des Baumes in dieser Jahreszeit verlangsamt ist. Treibende Gräser, Seggen und andere Pflanzen bilden einen Saum um jede dieser Waldinseln aus; bei Wasserhöchststand entstehen ausgedehnte Wiesen, die offene Wasserflächen von über 4 cm Tiefe bedecken. Die Wurzeln dieser Pflanzen hängen von jedem Knoten frei ins Wasser und beherbergen wohl eine der reichsten und verschiedenartigsten Faunengesellschaften am Amazonas und seinen Feuchtgebieten. Bei Rückgang des Wassers ballen sich die Wurzeln meist mit Schlamm zusammen und gelegentlich landet eine solche Wiese auf feuchtem Schlickboden statt im Freiwasser weiterzutreiben.

Abb. 9-16. Ein Pfahlbau im Flußuferwald des Amazonas steht bei Hochwasser mitten im Wasser.

Weite Gebiete im Südosten der USA waren früher Feuchtgebiete; wenn auch viele durch Entwässerung verlorengingen, gibt es dennoch gute Beispiele. Das bekannteste sind die Everglades (Abb. 9-17), wo es Bereiche mit Süßwassermangrove gibt, andere Arten von Feuchtgebietswald oder ausgedehnte, von Seggen *(Carex)* beherrschte Wiesen. Das besterhaltene Beispiel ist jedoch weiter nördlich gelegen, im angrenzenden Georgia. Es ist der Okefenokee-Sumpf (Abb. 9-18), der aus einer komplizierten Mischung von Sumpfzypressenwald, Moorgesellschaften, Wiesen mit Süßwasserpflanzen, Kanälen und kleinen Seen besteht. Wenngleich er nicht so viele Pflanzen- und Tierarten besitzt wie die Várzea am Amazonas, ist dieser Sumpf doch eines der artenreichsten Feuchtgebiete außerhalb der Tropen. Viele Schildkröten gibt es, z. B. die carnivore Schnappschildkröte und die herbivore Dosenschildkröte. Auch Schlangen sind zahlreich, und Alligatoren, die man wegen ihrer Häute um die Jahrhundertwende gejagt hatte, sind nun wieder häufiger anzutreffen.

Kurz sollen noch zwei andere Feuchtgebiete Erwähnung finden, die ungefähr auf demselben Breitengrad liegen wie der Okefenokee (31 °N), die aber ganz andere Vegetationstypen aufweisen. Es handelt sich um Sümpfe im Süden Iraks (30-32 °N) und die Tiefwasserreisfelder in Südostasien (meist 20-24 °N). Die Sümpfe im Irak hängen fast ganz vom Wasser aus Euphrat und Tigris ab, da das umliegende Gebiet Halbwüste ist. Auf dem Höhepunkt des Hochwassers im Frühjahr, verursacht durch Schmelzwasser, werden ca. 35 000 km^2 von Wasser bedeckt, aber nur ein Viertel davon dauerhaft. Abgesehen von kleinen Wasserflächen ist das ständig überflutete Gebiet fast ausschließlich mit einer der beiden Pflanzenarten Schilfrohr *(Phragmites australis)* oder Rohrkolben *(Typha angustata)* bedeckt. Die Sumpfflora umfaßt daneben auch viele kleinere Arten, diese beschränken sich jedoch meist auf Kanäle und Seen. Im Gegenteil zum Okefenokee ist das Wasser sehr kalkhaltig, und überall fallen Schnecken auf. Bilharziose, die zur Übertragung eine Schnecke benötigt, soll weit verbreitet sein, doch fehlen genaue Angaben. In den zahlreichen Kanälen, durch die das Wasser zu den Strömen zurückfinden kann, sind Fische sehr häufig; ihre Artenzusammensetzung ist jedoch in den letzten 20 Jahren durch absichtliche (und vermutlich unglückliche) Einbürgerung von Welsen deutlich verändert worden. Manchmal verwüsten Wildschweine die Sumpfvegetation, aber der bedeutendste Zerstörer ist bei weitem der Mensch. Schilf wird als Futter für die Büffel und für die örtliche Papierindustrie geschnitten. Obwohl nur wenige Menschen in der Sumpfregion leben, liegt das Gebiet in der Nähe eines der ältesten Zivilisationsräume, weshalb sich der ursprüngliche Zustand dieser Feuchtgebiete nur schwer erahnen läßt.

In den Tiefwasserreisfeldern von Bangladesh hat der Mensch die natürliche Vegetation völlig vernichtet. Weite Bereiche im Süden des Landes werden von Juli bis Oktober durch das Hochwasser des Ganges und Brahmaputra überflutet. Im größten Teil dieses Gebiets wird Reis *(Oryza sativa)* angepflanzt, wenn auch einige offene Wasserflächen übrigbleiben. Auch Jute *(Corchorus)* ist von Bedeutung. In den mei-

a

b

c

d

Abb. 9-17. In den Everglades (Florida). (a) Sumpfzypresse *(Taxodium).* (b) Seerose *(Nymphaea).* (c) Silberreiher *(Casmerodius albus).* (d) Alligator *(Alligator mississippiensis).*

sten anderen Anbaugebieten wächst Reis in Reisfeldern; hier dagegen kann er mit steigendem Wasser weiterwachsen. Es gibt Zuchtstämme, die bei Hochwasser bis zu 4 m mithalten können. Auch wenn das Land den Rest des Jahres über trocken liegt und nur eine einzige Pflanze angebaut wird, ist die Wasserflora und -fauna artenreich. Nicht von jeder Art ist bekannt, wie sie die Trockenzeit überdauert; Dormanz im Schlamm, Überleben in Dorfteichen und Wiederbesiedlung vom Hauptstrom her sind die Möglichkeiten.

Moore

Unter einem Moor versteht man ein zeitweise oder ständig nasses Gebiet mit torfbildender Vegetation. Auf der nördlichen Hemisphäre liegt das Hauptverbreitungsgebiet von

Abb. 9-18. Kannenpflanzen *(Sarracenia)* im Okefenokee-Sumpf. Diese insektenfressenden Pflanzen fallen besonders in den Sümpfen der südöstlichen USA auf.

Abb. 9-19. Die Entwicklung von Flach- und Hochmooren. Links ist die unter konstanten klimatischen Verhältnissen ablaufende Entwicklung von einer offenen Wasserfläche bis zu einem aufgewölbten Hochmoor dargestellt. Klimabedingte Abweichungen sind rechts daneben abgebildet.

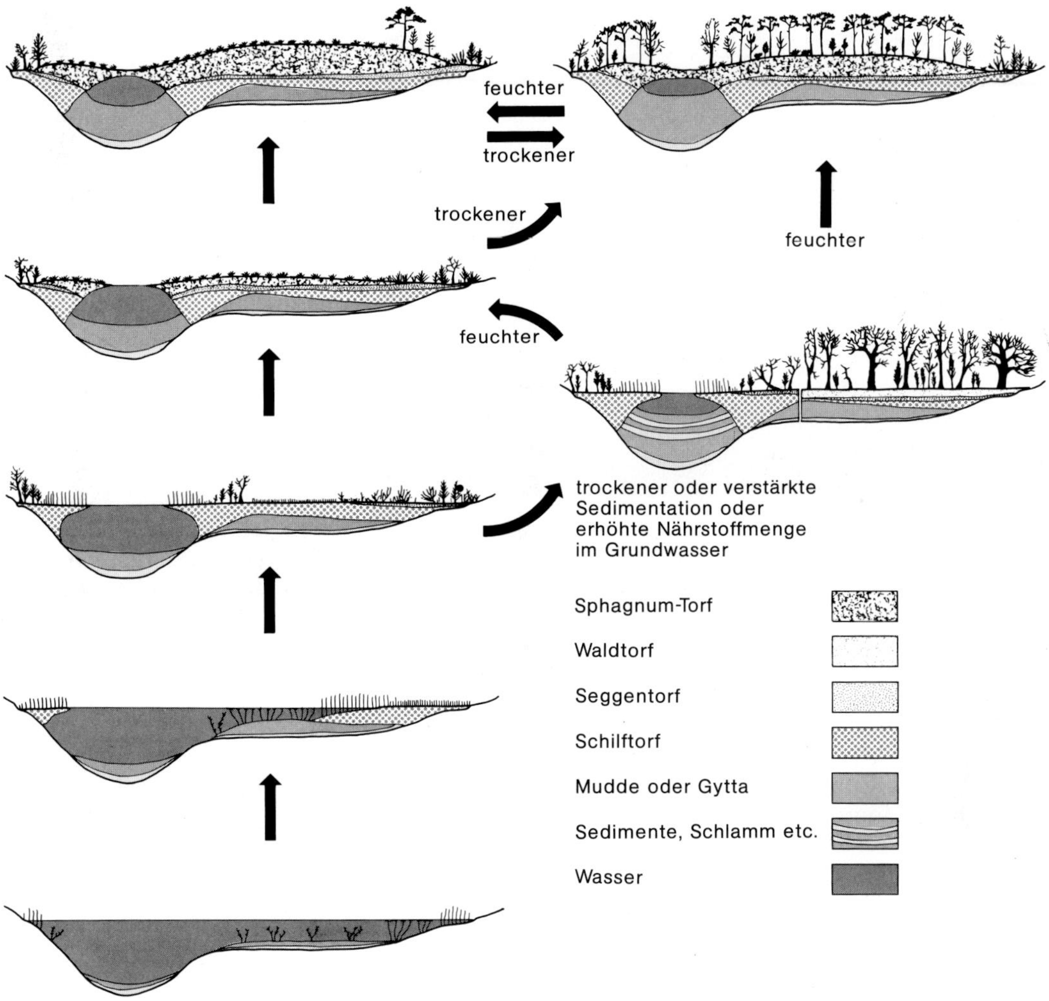

Mooren im Bereich höherere Breitengrade, in Nord- bzw. Osteuropa vor allem in den ebenen Gebieten der borealen Nadelwaldzone. Man unterscheidet grundwasserbeeinflußte (minerotraphente) Niedermoore von den eigentlichen (ombrotraphenten) Hochmooren, deren Wasser- und Ionenhaushalt ausschließlich von den Niederschlägen abhängt.

Anhaltende Wasserdurchtränkung des Substrats führt zur Sauerstoff-Armut in den tieferen Bodenschichten. Dadurch wird die Tätigkeit der streuzersetzenden Mikroorganismen gehemmt, und es kommt zur Anhäufung von Torf, eine Humusform, bei der die unvollständig zersetzten Überbleibsel der Hochmoorpflanzen noch erkennbar sind.

Niedermoore (Flachmoore) finden sich in Quellmulden, an durchsickerten Hängen oder aber als Gürtel um verlandende Seen. Die Niedermoorvegetation bildet hier ein Zwischenglied einer Sukzessionsreihe, die von einer offenen Wasserfläche bei zunehmender Anhäufung pflanzlicher Reste bis zu einem Hochmoor führen kann. Niedermoore entstehen nach einer Verlandungsphase, in der zuerst Röhricht- und dann Großseggen-Bestände das Ufer des Teichs so lange auflanden, bis die wachsende Seggentorf-Auflage schließlich die Oberfläche des Wasserspiegels erreicht hat. In diesem Stadium können dann die ersten Arten der Niedermoorvegetation einwandern. Es hängt entscheidend von der Nährstoffsituation des Standorts ab, welche Arten dabei im Einzelfall beteiligt sind. Bezeichnend für die nährstoffarmen Niedermoore sind in weiten Teilen Europas verschiedene Wollgras-*(Eriophorum)*-Arten, als Beispiel einer recht anspruchsvollen Art könnte dagegen das Sumpf-Herzblatt *(Parnassia palustris)* genannt werden. Fällt das Seeufer steil ab, so kann die Entwicklung indessen anders verlaufen: In diesen Fällen schiebt sich vom Rand der Niedermoorfläche her allmählich ein „Schwingrasen" als Vegetationsdecke über die freie Wasserfläche. Recht häufig finden sich solche Schwingdecken über tiefen Wasserlöchern mit nährstoffarmem Wasser. Unter solchen Bedingungen besteht die schwimmende Vegetationsdecke fast ausschließlich aus Torfmoosen *(Sphagnum)*, die von den Rhizomen der Wollgräser zusammengehalten werden. Mit dem Anwachsen der Torfschicht wird die Oberfläche der Schwingdecke allmählich trockener und die ersten Bäume beginnen einzuwandern. Übersteigt das Gewicht der heranwachsenden Bäume die Tragfähigkeit des Schwingrasens, brechen sie durch die Moordecke und versinken.

Die Zusammensetzung der Vegetation der durchsickerten Hang- und Quellmoore ist ebenfalls deutlich vom Nährstoffangebot abhängig. Vor allem aber unterscheidet sich die Flora und Fauna der kalkbeeinflußten Niedermoore sehr stark von den übrigen Flach- und Übergangsmooren. Vorherrschende Pflanzen sind auch in diesem Falle Seggen, ergänzt von vielen anderen krautigen Pflanzen, darunter sogar einige Orchideen (z. B. die Sumpf-Stendelwurz, *Epipactis palustris)*. Das andere Extrem bilden Niedermoore mit weichem, sehr nährstoffarmem Wasser, ihre Pflanzendecke trägt bereits deutliche Züge der Hochmoor-Vegetation.

Abb. 9-20. Büschel des Wollgrases *(Eriophorum angustifolium).*

Die reiche Vegetation der meisten Niedermoore erweckt einen natürlichen, urwüchsigen Eindruck. Dennoch hat in vielen Fällen der Mensch ihre Zusammensetzung verändert oder beeinflußt. In einigen Gebieten Englands, Irlands und Polens wird auch heute noch regelmäßig Schilf für die Strohdächer der Häuser geschnitten, ein Verfahren, welches das Aufkommen von Bäumen oder Sträuchern sehr wirksam verhindert. Viele Niedermoore sind durch Beweidung, Düngung und Entwässerung in Wiesen umgewandelt worden.

Die Entwicklung eines Hochmoores kann je nach Klimabedingungen sehr verschiedene Richtungen einschlagen. Alle diese Ausbildungen sind jedoch bezüglich der Wasser- und Nährstoffversorgung ausschließlich von den Niederschlägen abhängig (Abb. 9-19). Die beiden Haupt-Typen der nordwesteuropäischen Hochmoore sollen als Beispiele vorgestellt werden. In beiden Fällen bilden Torfmoose *(Sphagnum)* den größten Teil der Pflanzendecke. Sie dominieren vor allem bei sauren, nährstoffarmen Bedingungen und bewirken durch einen Ionenaustausch-Mechanismus eine weitere Absenkung des pH-Wertes. Aufgewölbte Hochmoore entwickeln sich oft über ehemaligen Niedermooren, wenn durch zunehmende Anhäufung von Torf der Einfluß des mineralhaltigen Grundwassers allmählich verlorengeht. Dieser Hochmoor-Typ ist auf kühles, dauerfeuchtes Klima beschränkt, in welchem die aufgewölbte Hochmoor-Oberfläche von den Niederschlägen ständig feucht gehalten wird. Dabei spielen die Sphagnen eine wichtige Rolle, weil sie im lebenden und abgestorbenen Zustand das Wasser wie ein Schwamm festhalten.

Deckenmoore kommen hauptsächlich in Berggebieten vor, in denen hohe Niederschläge und geringe Verdunstung für sehr ausgeglichene, dauerfeuchte Bedingungen sorgen. In den humidesten Teilen Irlands findet man Deckenmoore sogar über wasserdurchlässigem Kalkgestein oder an Hängen mit 25° Hangneigung. Große Hochmoorgebiete sind in der Vergangenheit durch Torfstich, Beweidung und Brand vernichtet worden – manche möglicherweise auch durch Industrieabgase. Die Ersatzvegetation besteht oft aus Wollgräsern *(Eriophorum;* Abb. 9-20) oder, bei regelmäßigem Brand, aus Heidekraut *(Calluna vulgaris).*

Weiterführende Literatur

Barnes, J. R., and Minshall, G. W. (Hrsg.): *Stream Ecology.* Plenum, New York 1983.

Carr, A. (Hrsg.): *Die Everglades von Florida.* 5. Aufl.; Time-Life, Amsterdam 1982.

Engelhardt, W.: *Was lebt in Tümpel, Bach und Weiher?* 10. Aufl.; Franckh, Stuttgart 1983.

Illies, J. (Hrsg.): *Limnofauna Europaea.* 2. Aufl.; Fischer, Stuttgart 1978.

Schwoerbel, J.: *Einführung in die Limnologie.* 5. Aufl.; Fischer, Stuttgart 1984.

Sterling, T. (Hrsg.): *Der Amazonas.* 10. Aufl.; Time-Life, Amsterdam 1984.

Uhlmann, D.: *Hydrobiologie.* Fischer, Stuttgart 1975.

Wetzel, R. G.: *Limnology.* 2. Aufl.; Saunders, Philadelphia 1983.

Whitton, B. A. (Hrsg.): *Ecology of European Rivers.* Blackwell, Oxford 1984.

10 Lebende Organismen als Lebensraum

Die Mannigfaltigkeit der lebenden Organismen auf dieser Erde verteilt sich generell auf drei große Lebensräume. Diese sind die Gewässer und Landgebiete (s. Kap. 6 bis 9) sowie der weniger offensichtliche aber ebenso ausgedehnte Raum, den andere lebende Organismen bieten.

Die Körperoberflächen, natürliche Hohlräume sowie die Gewebe und Zellen im Körperinneren freilebender Organismen stellen die unterschiedlichsten Lebensräume dar. Diese sind im Verlauf der Evolution von vielen Arten besiedelt worden, wobei manche Arten teilweise oder völlig vom Wirtsorganismus abhängig geworden sind. Zahlenmäßig ausgedrückt heißt dies, daß Leben in Verbindung mit anderen Organismen eher die Regel als die Ausnahme darstellt. Zum Beispiel sind im menschlichen Körper schätzungsweise nur 10 % aller Zellen menschliche Zellen; die übrigen sind Bakterien oder andere Mikroorganismen, die auf der Haut, im Verdauungstrakt und verschiedenen Körperöffnungen leben.

Solche auf anderen Organismen beruhende Lebensformen zeichnen sich durch viele äußerst komplizierte Anpassungen aus, und oft sind es gerade diese verwickelten Beziehungen, die ihrer experimentellen Analyse entgegenstehen. So haben wir häufig nur ein oberflächliches Wissen über die wechselseitigen Beziehungen der beiden Partner. Die Einordnung solcher Wechselbeziehungen unterliegt deshalb häufig noch subjektiven und unpräzisen Kriterien, wie etwa dem relativen Nutzen oder Schaden dieser Verbindung, ob sie nur zeitweise oder permanent besteht, oder ob sie gar für einen oder beide Partner lebenswichtig ist oder nur wahlweise eingegangen wird.

Die hier beschriebenen Wechselbeziehungen lebender Organismen sind Beispiele für Symbiosen. Wörtlich heißt Symbiose „Zusammenleben", aber im wissenschaftlichen Sinn ist damit auch ein enger körperlicher und physiologischer Kontakt zwischen den Partnern mit wechselseitigen Abhängigkeiten gemeint. Im ursprünglichen Sinne ist der Begriff Symbiose wertfrei und macht keine Aussage über Schaden oder Nutzen einer Beziehung für die Partner, oft wurde er jedoch ausschließlich zur Beschreibung von Beziehungen mit beiderseitigem Nutzen gebraucht, wie etwa für die Flechten. Heute tendieren die meisten Biologen dahin, den Begriff in der ursprünglichen Bedeutung zu verwenden und ihn zu unterteilen in Parasitismus, wobei einer der Partner üblicherweise geschädigt wird, und Mutualismus, eine offenbar für beide Seiten nützliche Beziehung. Diese Unterteilung ist keine absolute und hängt von weiteren Faktoren ab; so kann durch Veränderung der Umweltbedingungen Mutualismus in Parasitismus umschlagen und umgekehrt.

Im Tier- und Pflanzenreich sind Beziehungen verbreitet, bei denen einem anderen Lebewesen Schutz, Halt oder eine Art der Beförderung gewährt wird, wobei es kaum zu morphologischen Verbindungen zwischen den Partnern kommt und kein Stoffaustausch stattfindet. Bereits hier kann man jedoch Merkmale feststellen, wie sie für stärker ausgeprägte Wechselwirkungen typisch sind. Epiphytische Orchideen, die auf den Zweigen tropischer Bäume wachsen, haben beispielsweise eine ausgeprägte Spezifität für eine oder wenige Baumarten. In ähnlicher Weise sind die Wechselwirkungen zwischen Insekt und Pflanze bei der Bestäubung sowohl hochspezifisch als auch zum beiderseitigen Nutzen. Trotzdem betrachtet man normalerweise keines dieser Beispiele als Symbiose.

Weitere Merkmale betreffen den Abhängigkeitsgrad der Partner voneinander. Zum Beispiel können manche Parasiten einen anderen Organismus befallen, wenn sich die Gelegenheit bietet; ist jedoch kein geeigneter Wirt vorhanden, können sie weiterhin mit freilebenden Arten konkurrieren. Man nennt solche Arten fakultative Parasiten. Die obligaten Parasiten hingegen können nur mit einem bestimmten Wirt überleben. Man findet in der Natur nahezu übergangslos alle Stufen solcher Abhängigkeiten. Schließlich unterscheidet man nach dem Ort, an dem ein Wirt befallen wurde, Ektoparasiten, die auf der Außenseite des Wirts leben, von Endoparasiten, die innere Organe und Gewebe des Wirtsorganismus besiedeln.

10.1 Pflanzen als Wirte
Pflanzen als Lebensräume für Symbionten

Aufgrund ihrer Photosynteseleistung stellen die autotrophen grünen Pflanzen die Primärproduzenten aller Ökosysteme dar. Da sie Grundlage jeder Nahrungspyramide sind, stellen die Pflanzen auch den Hauptanteil der Biomasse im Ökosystem (s. Kap. 5.3). Für ihre Energiegewinnung und ihr Wachstum sind alle heterotrophen Organismen, also alle Tiere und die meisten Mikroorganismen, letztlich von grünen Pflanzen abhängig. Der Großteil der von den grünen Pflanzen zur Verfügung gestellten Energie kommt direkt den abbauenden Organismen zugute oder wird von Laubfressern aufgenommen. Lebewesen, die zur Besiedlung lebender Pflanzen fähig sind, können sich jedoch direkten Zugang zu den Stellen verschaffen, wo die organischen Nährstoffe entstehen. Heterotrophe Pflanzenparasiten werden so durch Kurzschluß der üblichen Nahrungskette zu Primärkonsumenten.

Morphologisch gesehen reichen die grünen Pflanzen von winzigen einzelligen Algen bis zu riesigen Bäumen wie etwa den Mammutbäumen, den größten Lebewesen dieser Erde. Dementsprechend groß ist die Zahl verschiedener Lebensräume für Symbionten, die in engem Kontakt mit Pflanzen leben (Abb. 10-1 bis 10-7). Trotzdem lassen sich zwischen dem Parasitismus mikroskopisch kleiner Pilze auf Algenplankton und der Beziehung zwischen Parasiten und Landpflanzen sinnvolle Vergleiche anstellen, da alle Pflanzen bestimmte gemeinsame Merkmale als Wirtsorganismen besitzen. Zum Beispiel sind die Photosynthesereaktionen und die entstehenden Zucker sehr ähnlich, weshalb Lebewesen, die mit Pflanzen in Beziehung stehen, wahrscheinlich die gleichen primären Nahrungsquellen ausbeuten. Während die zentralen Photosynthesereaktionen ähnlich sind, kann der Sekundärstoffwechsel der Pflanzen außerordentlich verschiedenartig sein. Je nach Art der Wirtspflanze werden eindringende Organismen jeweils auf ein unterschiedliches chemisches Milieu stoßen.

Abb. 10-1. Blattfleckenkrankheit beim Mais. Die nekrotischen Stellen rühren vom T-Toxin her, das von dem nekrotrophen Pilz *Helminthosporium maydis* gebildet wird.

Vergleicht man grüne Pflanzen in ihrer Rolle als Wirt mit Tieren, so lassen sich einige weitere Verallgemeinerungen anstellen. Pflanzengewebe haben meist einen niedrigen pH-Wert, der Lebewesen wie Bakterien Probleme bereiten kann, denn diese Zellen wachsen besser bei neutralem oder alkalischem pH, wie er für tierische Gewebe typisch ist. Weiterhin ist das Verhältnis von Kohlenstoff zu Stickstoff ungünstig, so daß stickstoffhaltige Verbindungen in Pflanzengeweben oft knapp sind. Vermutlich ist das einer der Gründe, weshalb Pilze häufiger als Bakterien als Pflanzenparasiten auftreten. Außerdem sind Pflanzenparasiten den schwankenden Temperaturen in der Pflanze ausgesetzt, und sie müssen extreme physiologische Situationen bewältigen, denen Bewohner warmblütiger Wirtstiere nicht begegnen.

Anatomisches Hauptmerkmal der Pflanzen ist der Besitz formfester Zellwände (s. Kap. 1.2), die hauptsächlich aus Cellulose-Mikrofibrillen aufgebaut sind, in die häufig weitere komplexe Polymere eingelagert werden, wie z. B. Lignin im Holz. Zellwände stellen eine feste Barriere gegen eindringende Organismen dar. Zwangsläufig bedeutet aber das Übergewicht an Zellwandmaterial in der ausgewachsenen Pflanze, daß der überwiegende Teil an Energie und Nährstoffen, die in der Pflanze gespeichert sind, in Form polymerer Verbindungen vorliegen, die gegen enzymatischen Abbau außerordentlich resistent sind. Besonders ausgeprägt ist dies bei mehrjährigen Pflanzen mit sekundärem Dickenwachstum, wie den Bäumen und Sträuchern. Organismen, die verholzte Gewebe als Nahrung verwerten können, müssen spezifische Enzyme wie Cellulasen und Ligninasen besitzen (s. Kap. 5.4). Anscheinend nutzen verhältnismäßig wenige Parasiten diese im Kernholz der Bäume eingeschlossenen Nahrungsreserven. Eine bemerkenswerte Ausnahme machen einige Gattungen der höheren Pilze, die das Stamminnere zerstören und so Stammfäule verursachen. Termiten, die abgestorbenes Holz verzehren, sind auf symbiotische Mikroorganismen in ihrem Verdauungstrakt angewiesen, die ihnen die Verwertung von Cellulose als Nah-

Tab. 10-1. Symbiosen zwischen grünen Pflanzen und heterotrophen Organismen.

Autotropher pflanzlicher Partner	Heterotropher Partner	Art des Zusammenlebens	Ernährungstyp des heterotrophen Partners	Beispiele
ALGE	INVERTEBRAT - Protozoen - Poriferen - Coelenteraten - Turbellarien - Mollusken	mutualistisch	biotroph	Grüne Hydra, Korallen
ALGE oder CYANOBAKTERIUM	PILZ	mutualistisch	biotroph	Flechten
HÖHERE PFLANZE	MIKROORGANISMUS - Pilz	parasitisch auf der Pflanze	nekrotroph	viele pathogene Pilze (Weichfäule, Umfallkrankheiten)
			biotroph	Rostkrankheiten, echter und falscher Mehltau
		mutualistisch	biotroph	ektrotrophe und endotrophe Mykorrhiza
	- Bakterium	parasitisch auf der Pflanze	nekrotroph	viele pathogene Arten *(Erwinia)*
			biotroph	*Agrobacterium*
		mutualistisch	biotroph	Leguminosen- und andere Wurzelknöllchen
	- Mycoplasma	parasitisch auf der Pflanze	biotroph	Asternvergilbung, Eichelfrüchtigkeit an *Citrus*
	- Virus	parasitisch auf der Pflanze	-	Tabakmosaik u.v.a.
	- Viroid	parasitisch auf der Pflanze	-	Spindelknollenkrankheit
	HÖHERE PFLANZE (eingeschränkt oder völlig autotroph)	parasitisch auf dem autotrophen Partner	biotroph	Misteln Teufelszwirn, Kleeseide
	TIER - Protozoen	parasitisch auf der Pflanze	-	*Phytomonas* (auf Palmen, Kokosnuß, Kaffee)
	- Nematoden	parasitisch auf der Pflanze	-	Wurzelgallen, Cystenälchen
	- Mollusken	räuberisch	-	Schnecken
	- Arthropoden Vertreter mehrerer Klassen, darunter Arachniden und Myriapoden, vor allem jedoch Insekten darunter Vertreter folgender Ordnungen:	räuberisch	-	
	Hemipteren			Heuschrecken, Wanzen und Blattläuse
	Lepidopteren			Schmetterlinge, Motten
	Coleopteren			Käfer
	Hymenopteren			Bienen, Wespen, Ameisen
	Dipteren			Fliegen

rungsquelle ermöglichen. Holz ist überwiegend totes Material, so daß die Arten, die auf diesem Substrat leben, mehr mit Saprophyten gemeinsam haben als mit Parasiten, die lebende Zellen befallen.

Landpflanzen als Wirtsorganismen sollte man aus praktischen Gründen in die der Atmosphäre ausgesetzten oberirdischen Organe und das unterirdische Wurzelsystem unterteilen. Als Lebensraum für andere Organismen unterscheiden sich diese beiden Zonen nämlich beträchtlich. Die Wurzeln entwickeln sich geschützt in der Erde, wo Temperatur- und Feuchtigkeitsänderungen sowie andere Faktoren weniger ausgeprägt sind als an den Oberflächen einer Pflanze, die der Luft ausgesetzt sind. So können Blätter während eines einzigen Tages Frost, Sonnenschein, Regen und Wind nacheinander erleben. Bewohner der Blattoberfläche müssen solche Extreme aushalten können. Viele Parasiten verweilen nur kurz auf der Blattoberfläche bis sie ins Gewebe eingedrungen sind; einige Bakterien, Hefen und andere Pilze bilden hingegen auf der Blattoberfläche bleibende Populationen. Im Gegensatz dazu wird die Wachstumszone der Wurzeln (Rhizosphäre) von vielen Mikroorganismen und Nematoden belebt, die sich von abgelösten Zellen und nährstoffreichen Ausscheidungen ernähren.

Die ober- und unterirdische Oberfläche vielzelliger grüner Pflanzen wird von einer schützenden Epidermis überzogen; bei sekundärem Dickenwachstum verhindern Rinde und andere undurchlässige Schichten ein Eindringen. Außerdem werden Blätter und Stamm gewöhnlich von einer wasserabstoßenden Wachsschicht, der Cuticula, geschützt, die Sporen, Eier oder Mikroben enthaltende Wassertropfen einfach abperlen läßt. An vielen Stellen sind die äußeren Schichten jedoch von natürlichen Öffnungen durchbrochen, z. B. Spaltöffnungen und Lentizellen (s. Kap. 2.2), durch die potentielle Eindringlinge gelangen können. Auch das Wachstumsverhalten der Pflanzen kann es Parasiten ermöglichen Fuß zu fassen, beispielsweise wenn einzelne Organe und Gewebe seneszent werden, absterben und abfallen, während andere neu gebildet werden. Man kennt viele mikrobielle Parasiten, die seneszente Pflanzenteile, z. B. nach der Blüte, als Nahrungsquelle nutzen und von dort aus auf lebendes Gewebe übergreifen. Schwach-

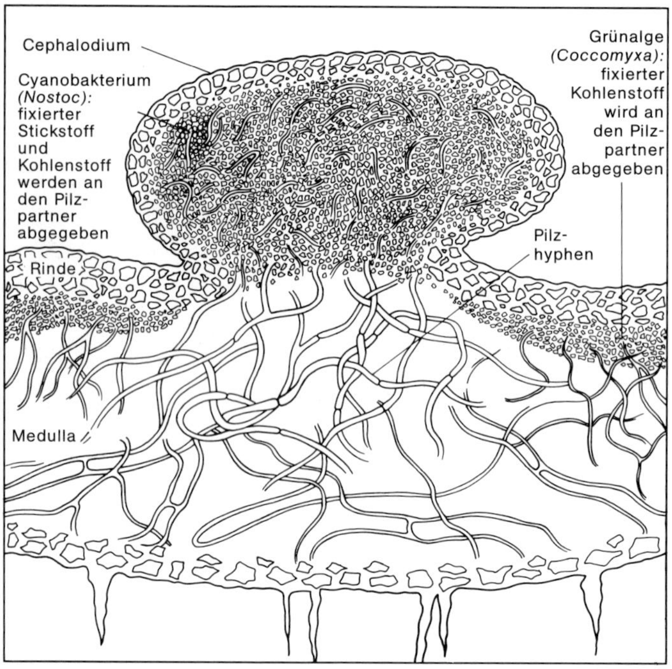

Abb. 10-2. (a) Vertikalschnitt durch den Thallus der Flechte *Peltigera aphthosa*, eine Symbiose zwischen einem Pilz, einer Grünalge und einem Cyanobakterium. (b) Flechtenbewuchs auf einem Felsen in der Gezeitenzone. Das Bild zeigt die drei Hauptwuchsformen der Flechten mit einer *Ramalina*-Art (Strauchflechte), einer *Xanthoria parietina* (Laubflechte) und – unten rechts – einer *Lecanora atra* (Krustenflechte), bei der die Flechte integraler Bestandteil des Gesteins zu sein scheint.

stellen im Wurzelsystem der Pflanzen sind die Bildungsorte der Seitenwurzeln, wo Rinde und Epidermis durch die sich vorschiebende Wurzel unterbrochen werden.

Bei der Betrachtung von Pflanzen als Lebensraum für andere Organismen spielt die Lebensdauer des Wirts eine entscheidende Rolle. Einjährige Pflanzen durchlaufen während einer Wachstumsperiode ihren gesamten Lebenszyklus, so daß Symbionten solcher Wirtspflanzen spezielle Überlebensstrategien besitzen müssen. Bei mehrjährigen Pflanzen – Bäume können mehrere hundert Jahre alt werden – kann eine Symbiose, wenn sie sich erst einmal auf einem Wirt etabliert hat, über viele Jahre hinweg bestehen bleiben.

Bereiche des Zusammenlebens

Symbiotische Beziehungen zwischen grünen Pflanzen und anderen Organismen sind zu vielgestaltig, und daher nicht in ein einheitliches Schema einzuordnen. Im Mittelpunkt des Interesses liegt jedoch der Austausch von Nährstoffen zwischen den Partnern. In mutualistischen Symbiosen gibt die Pflanze einen Teil der Photosyntheseprodukte an den heterotrophen Symbionten ab, erhält aber im Gegenzug Stickstoff- oder andere mineralische Verbindungen. Bei parasitischen Symbiosen werden der Wirtspflanze organische Kohlenstoff-Verbindungen und weitere Nährstoffe entzogen, während sie selbst leer ausgeht.

Tabelle 10-1 faßt die wichtigsten Lebensgemeinschaften zwischen autotrophen grünen Pflanzen und heterotrophen Organismen zusammen. Ziemlich willkürlich unterscheidet man Beziehungen, bei denen die Pflanze der mikroskopische Partner ist, von solchen mit Pflanzen als makroskopischem Wirt. Zur ersten Kategorie zählen Systeme mit einzelligen Grünalgen und Cyanobakterien, bei denen die photosynthetisch aktive Zelle vom heterotrophen Partner offenbar vereinnahmt worden ist; hierher gehören die endosymbiontischen Algen verschiedenartiger Invertebraten (s. Kap. 7.4) und die als Flechten bezeichneten Konsortien von Alge und Pilz. Eine Fülle verschiedenartiger Lebensformen zwischen makroskopischen pflanzlichen Wirten und heterotrophen Symbionten fallen unter die zweite Kategorie.

Symbiosen mit einzelligen Algen

Intrazelluläre Symbiosen mit einzelligen Algen kennt man von annähernd 150 Gattungen der Wirbellosen. Zu den bestuntersuchtesten Beispielen gehört die grüne Hydra *(Chlorohydra viridissima)*. Jede Darmzelle dieses Coelenteraten birgt in sich 12 bis 25 Zoochlorellen der Gattung *Chlorella*. Wenn andere Nahrungsquellen (z. B. Salinenkrebschen) knapp werden, wachsen solche grünen Hydren bei Belichtung schneller als Tiere ohne Chlorellen. Mit Hilfe von radioaktiven Isotopen konnte gezeigt werden, daß während der Photosynthese fixierter Kohlenstoff in Form von Maltose an die tierischen Zellen abgegeben wird. Von ähnlichen freilebenden *Chlorella*-Arten unterscheiden sich in Kultur genommene Zoochlorellen der grünen Hydra darin, daß sie große Mengen von Zucker ins Medium abgeben. Der tierische Partner erhält demnach einen beträchtlichen Anteil der Photosyntheseprodukte. Untersuchungen an einem ähnlichen System zwischen Algen und Seeanemonen ergaben, daß Extrakte aus dem Wirtstier sowohl die Photosynthese stimulierten als auch die Abgabe von Zuckern induzierten. So kann der tierische Partner möglicherweise zum größtmöglichen Eigennutz den Stoffwechsel der endosymbiontischen Algen verändern. Man vermutet, daß die tierischen Partner Abfallprodukte der Algen vernichten oder einfach nur als Schutz für die Algen dienen.

Ähnliche Nährstoffbeziehungen findet man bei Flechten, wobei der heterotrophe Partner hier ein Pilz ist (Abb. 10-2). Die Flechten bilden eine sehr große Gruppe von fast 20 000 Arten, die noch extreme Lebensräume besiedeln können. In den subarktischen Tundren entfällt auf sie ein beträchtlicher Anteil der Gesamtvegetation; sie können sogar die Hauptproduzenten sein. Die äußere Morphologie der Flechten reicht von Thalli, die z. B. auf Steinen einen krustenähnlichen Belag bilden, bis zu verzweigten, strauchartigen Formen, die bei oberflächlicher Betrachtung einem Moos ähneln. Der Hauptanteil des Thallus besteht aus einem Geflecht von Pilzhyphen, in das die Algenzellen entweder in einer besonderen Schicht unterhalb der Oberfläche oder relativ gleichmäßig eingebettet sind. Zwischen den Partnern besteht ein enger Kontakt, wobei die Algenzellen von den Pilzhyphen sehr fest umhüllt werden. Bei einigen Arten dringt der Pilz sogar mit Haustorien in die Algenzelle ein (Abb. 10-2). Hier findet vermutlich der Stoffaustausch zwischen Photo- und Mycobionten statt. Setzt man Flechten im Licht radioaktivem Kohlendioxid aus, findet man in den Pilzhyphen die markierten Verbindungen, die von der Kohlenstoff-Fixierung der Algen herrühren müssen. Bei manchen Arten findet man bis zu 40 % des fixierten Kohlenstoffs innerhalb weniger Stunden im Mycobionten. Weche Kohlenstoff-Verbindung übertragen wird, hängt von der Natur der Alge ab; bei vielen Grünalgen ist es ein Zuckeralkohol (Ribitol), bei Cyanobakterien als Partner wird Glucose übertragen. In jedem Fall profitiert der Pilz von den Photosyntheseprodukten der Alge.

Noch komplexer ist die Nährstoffsituation bei der Flechte *Peltigera aphthosa* (Abb. 10-2). Bei dieser Art enthält der Thallus eine Schicht von Grünalgen der Gattung *Coccomyxa*, während warzenähnliche Auswüchse (Cephaloiden) des Thallus Kolonien des Cyanobakteriums *Nostoc* beherbergen. Zusätzlich zu dem üblichen Kohlenstoff-Transfer können diese *Nostoc*-Zellen atmosphärischen Stickstoff fixieren, den sie ebenfalls an den Pilz abgeben. Bei dieser Symbiose erhält der Pilz von seinen beiden Partnern sowohl organische Kohlenstoff- als auch reduzierte Stickstoff-Verbindungen.

Flechten gelten als klassisches Beispiel einer mutualistischen Symbiose. Obwohl der Nutzen für den Pilz auch experimentell gut belegt werden kann, tritt der Vorteil, den die Alge aus dieser Verbindung gewinnt, nicht so klar zutage. Das Hyphengeflecht bietet wohl einen geschützten Lebensraum, in dem die Algen vor Wasserverlust gesichert sind und wichtige Mineralionen aufnehmen können. Einige Autoren meinen sogar, daß der Pilz an seinem photobiontischen Partner parasitiert. Aber ungeachtet des tatsächlichen Nutzens oder Schadens für den einzelnen Partner, stellen Flechten eine äußerst erfolgreiche und hochentwickelte Symbiose dar, können sie doch Lebensräume erobern, die für die meisten anderen Organismen, besonders für die einzelnen Partner dieser Symbiose, zu unwirtlich sind.

Beziehungen zwischen höheren Pflanzen, Bakterien und Pilzen

Beziehungen dieser Art sind äußerst vielfältig; sie reichen vom gelegentlichen Befall mit einem Parasiten, wobei der Wirt beschädigt oder gar getötet wird, bis zu dauerhaften mutualistischen Symbiosen. Besonders Pilze sind berüchtigt als Verursacher vieler Pflanzenkrankheiten, z. B. des echten und falschen Mehltaus, der Kartoffelfäule und der Rostkrankheiten (Abb. 10-3). Auch das vor einigen Jahren epidemisch aufgetretene Ulmensterben, das die Bestände in Nordamerika und Europa stark dezimiert hat, wird durch einen Pilz verursacht, den Schlauchpilz *Ceratocystis ulmi*. Er wird durch Borkenkäfer verbreitet und befällt das Weichholz (Splint) der Bäume. Es gibt jedoch auch Bakterien und Pilze, die das Wurzelsystem der Pflanzen infizieren, und durch die Bildung mutualistischer Symbiosen für Ackerbau und Forstwirtschaft von Bedeutung sind.

Symbiotische Pilze und Bakterien lassen sich in einen nekrotrophen und einen biotrophen Ernährungstyp unterscheiden. Der eine bezieht seine Energie und Nährstoffe von totem Wirtsgewebe, während der andere von lebenden Zellen abhängig ist. Eine weitere Gruppe stellen die saprotrophen Organismen dar, die auf abgestorbenen Resten organischer Substanz leben. Biotrophie ist eine Voraussetzung für alle mutualistischen Beziehungen. Biotrophie und Nekrotrophie dürfen nicht als absolute Kategorien verstanden werden, d. h. ein Parasit kann durchaus beide Phasen durchlaufen, indem er anfangs ein ausgeglichenes Verhältnis zum Wirt pflegt, ihn dann aber abtötet und auf dem abgestorbenen Gewebe weiterlebt. Trotzdem hat sich diese Unterteilung bewährt, weil sie die unterschiedlichen physiologischen und ökologischen Parameter im Verhältnis Wirt – Parasit widerspiegelt. Typische nekrotrophe Parasiten dringen in Wunden, seneszentes Gewebe oder Sämlinge ein und töten die Zellen durch die Freisetzung hydrolytischer Enzyme oder giftiger Stoffwechselprodukte rasch ab (Abb. 10-3). Der Erreger der Naßfäule etwa, das Bakterium *Erwinia carotovora*, befällt Speichergewebe und erzeugt sich ausbreitende, schleimige Stellen, in deren Bereich die Wirtszellen absterben. Der Verderb von Obst und Gemüse nach der Ernte geht großteils auf das Konto pathogener Bakterien und Pilze, die die sogenannte Weichfäule hervorrufen. Demgegenüber sind die Beziehungen biotropher Organismen zu ihrem Wirt eher gutartig und zeitlich ausgedehnt. Sie beeinflussen vor allem den Stofftransport in einer Weise, daß einfache lösliche Nährstoffe von ihren normalen Bestimmungsorten in Speichergeweben oder Meristemen abgezogen werden und sich stattdessen an den Infektionsstellen anhäufen. Meist haben biotrophe Organismen einen bestimmten Wirt von nur einer einzigen oder wenigen nahe verwandten Arten. Obwohl man manche biotrophe Organismen mit Erfolg in Reinkultur, d. h. ohne den Wirt, kultivieren kann, sind sie ökologisch gesehen doch obligate Symbionten. Die Spezialisierung auf einen bestimmten Wirt und die Ernährungsstrategie lassen die Biotrophie als fortgeschrittene Symbioseform erscheinen. Aber auch die entgegengesetzte Argumentation ist möglich, daß nämlich die nekrotrophen Organismen aus den biotrophen hervorgingen, indem sie allmählich die Fähigkeit erwarben, Biopolymere als Substrate zu nutzen und damit unabhängig von lebendem Gewebe fortbestehen zu können.

Bei Pilzen ist Biotrophie verbreiteter als bei Bakterien. Einige wenige Bakterien gehen jedoch hochspezialisierte Beziehungen mit höheren Pflanzen ein. Dazu gehören die nahe verwandten Gattungen *Agrobacterium* und *Rhizobium*. Eine ganze Reihe höherer Pflanzen kann von *Agrobacterium tumefaciens* infiziert werden, wodurch der sogenannte Wurzelhalstumor (*Crown-Gall*-Tumor) hervorgerufen wird (Abb.

a

b

Abb. 10-3. Beispiele für pflanzenpathogene Pilze, Bakterien und Viren und deren Symptome. (a) Phoma-Wurzelhals- und Stengelfäule beim Raps. Die nekrotischen Stellen an Stengeln und Blättern stammen von dem nekrotrophen Pilz *Leptosphaeria maculans.* (b) Ulmensterben. Chlorose, Welke und Nekrose werden durch den nekrotrophen Pilz *Ceratocystis ulmi* verursacht, der durch den Ulmenborkenkäfer übertragen wird. (c) Kartoffelmehltau. Der Pilz *Phytophthora infestans* infiziert Blätter und Knollen und besitzt nekrotrophe und biotrophe Eigenschaften. Die stark nekrotischen Läsionen am Rand der durchschnittenen Knolle stammen von *Phytophthora infestans.* Im Zentrum kann man jedoch Anzeichen einer Sekundärinfektion durch nekrotrophe Bakterien und Pilze erkennen. (d) Echter Mehltau beim Apfel. Auf der Oberfläche der infizierten Blätter kann man das weiße Myzel und Sporen des biotrophen Pilzes *Podosphaera leucotricha* erkennen. (e) Wurzelhalstumor bei der Sonnenblume. Verantwortlich dafür ist das Bakterium *Agrobacterium tumefaciens,* das eine Reihe von Dikotyledonen infizieren kann. (f) Die chlorotischen Flecken auf den infizierten Blättern von *Abutilon* werden durch ein Virus hervorgerufen, das von einer „weißen Fliege" (Mottenschildlaus) verbreitet wird.

10-3). Das Eindringen in das Pflanzengewebe gelingt dem Bakterium an Wundstellen. Hier setzt es sich an die Oberfläche exponierter Zellen, sezerniert Cellulosemikrofibrillen und verankert sich so an der Zellwand des Wirts. Auf noch unbekannte Weise überträgt es dann eine extrachromosomale Genstruktur, das sogenannte Ti-Plasmid, in die Wirtszelle. Ein Teil des Plasmids wird ins Wirtsgenom integriert und dort transkribiert und translatiert. Es codiert für die Synthese ungewöhnlicher Aminosäuren (Opine), die nur das Bakterium als Nahrungsquelle verwerten kann. Pflanzenzellen, welche das Plasmid enthalten, werden transformiert, d. h. sie teilen sich unentwegt und bilden Tumoren aus, selbst wenn die Bakterien nicht mehr anwesend sind. Das *Agrobacterium*-System wird zur Zeit intensiv untersucht; zum einen bietet es Möglichkeiten für eine Gentechnologie an Pflanzen, zum anderen ist die Tumorbildung selbst außerordentlich interessant im Hinblick auf tierische Tumore.

Auch das Knöllchenbakterium *Rhizobium* verursacht morphologische Veränderungen der Wirtspflanzen. Es lebt in mutualistischen Symbiosen mit Leguminosen, die es mit Kohlenstoff-Verbindungen versorgen, während das Bakterium atmosphärischen Stickstoff fixieren kann. Die Bakterien vermehren sich in der Nachbarschaft des Wurzelsystems der Wirtspflanze und bewirken, daß sich die Wurzelhaare verzweigen. Wenn sich ein Bakterium festgesetzt hat, dringt es in das Wurzelhaar ein und bildet einen Infektionsschlauch, der in das Rindengewebe wächst. Durch Teilungsaktivität der Wirtszellen entsteht nun ein junges Knöllchen. Hier treten die *Rhizobium*-Zellen aus dem Infektionsschlauch in die Wirtszellen über und werden von einer Membran umgeben, die sich von der Plasmamembran der Wirtszelle ableitet. Nun vergrößern sich die Bakterien und differenzieren sich zu sphärischen oder verzweigten stickstoffixierenden Zellen, den Bakteroiden. Das reife Wurzelknöllchen (Abb. 10-4) zeigt eine hochorganisierte Struktur mit einer meristematischen Zone sowie Leitbahnen, die die Bakteroide mit Wasser, Ionen und Kohlenhydraten versorgen.

Das Knöllchen stellt ein perfekt integriertes, ausgefeiltes mutualistisches System dar und bietet den Bakteroiden ein biochemisches Milieu, das eine effiziente Stickstoff-Fixierung erlaubt. So ist das stickstoffixierende Enzym, die Nitrogenase, extrem sauerstoffempfindlich, d. h. es wird durch den für aeroben Zellstoffwechsel notwendigen Sauerstoff inhibiert. Die Wurzelknöllchen enthalten deshalb Leghämoglobin, das Sauerstoff ganz ähnlich wie tierisches Myoglobin bindet und somit die Nitrogenase schützt. Eine Vielzahl atmender Mitochondrien in der Pflanzenzelle ziehen den freien Sauerstoff ab, während das Leghämoglobin die Sauerstoff-Diffusion erhöht, seine aktuelle Konzentration nahe der Bakteroide jedoch gering hält. Möglicherweise ist das Leghämoglobin ein Gemeinschaftsprodukt der beiden biologischen Partner, indem die Bakterien den sauerstoffbindenden Hämanteil und die Pflanze das farblose Apoprotein, an das die Hämgruppe gebunden wird, synthetisieren. Somit stellen die Wurzelknöllc

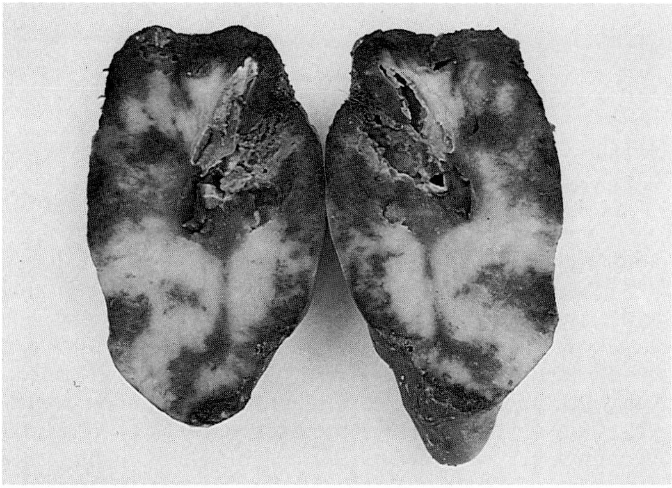

d

e

f

Abb. 10-4. (a) Typische Knötchen des stickstoffixierenden Bakteriums *Rhizobium* an den Wurzeln einer Leguminose, der Ackerbohne. (b) Luzerne *(Medicago sativa)*, links mit, rechts ohne *Rhizobium* kultiviert. Die *Rhizobium*-freien Pflanzen sind chlorotisch, leiden an Stickstoffmangel und wachsen – verglichen mit den infizierten Pflanzen – wesentlich schwächer.

b

a

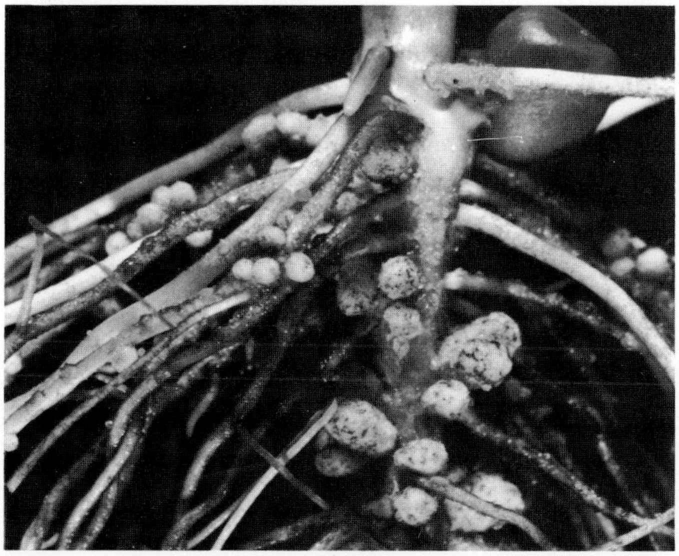

chen der Leguminosen eine Symbiose dar, die sich durch engste biochemische und morphologische Integration auszeichnet.

Man kennt noch eine Reihe von Lebensgemeinschaften zwischen stickstoffixierenden Bakterien oder Cyanobakterien und Pflanzen, darunter auch solche mit Wurzelknöllchen. Die Erle *(Alnus)* hat beispielsweise als Symbionten einen Actinomyceten aus der Gattung *Frankia*. Andere stickstoffixierende Bakterien bilden lose Gemeinschaften mit dem Wurzelwerk, etwa manche *Azospirillum*-Arten, die man im Wurzelbereich tropischer und subtropischer Gräser findet. Diese Bakterien rufen keine Veränderungen an den Wurzeln hervor, und es ist noch unklar, ob der fixierte Stickstoff der Pflanze zugute kommt. Insgesamt jedoch stammt ein beträchtlicher Anteil der reduzierten Stickstoff-Verbindungen, die in die Ökosysteme auf dem Land einfließen, aus solchen Symbiosen.

Die fädige Organisation der Pilze (s. Kap. 2.3) ist hervorragend geeignet, in Pflanzengewebe einzudringen und dort zu leben. Biotrophe Pilze veranlassen die Umsteuerung von Nährstofen an die Infektionsstellen, wodurch die für die Pflanze verfügbare Menge an Photosyntheseprodukten stark reduziert wird. So kann man sich kaum vorstellen, daß einer dieser Pilze dem Wirt tatsächlich nützt. Um so interessanter sind deshalb jene Beziehungen zwischen bestimmten Pilzen und Pflanzenwurzeln, die man Mykorrhiza nennt. Ihre Erstbeschreibung verdanken sie dem deutschen Botaniker Frank (1885), der feststellte, daß die jungen Wurzeln vieler Waldbäume mit Pilzen infiziert waren, ohne erkennbare Schäden zu zeigen. Man unterscheidet zwei Gruppen von Mykorrhizen: Bei der Ektomykorrhiza bilden die Pilze ein dichtes Geflecht, das die Wurzeln völlig umgibt, während bei der Endomykorrhiza Pilzhyphen in die Wurzelzellen eindringen (Abb. 10-5). Ektotrophe Mykorrhiza kennt man von vielen Waldbäumen gemäßigter und subtropischer Regionen, wie z. B. Kiefern, Buchen, Eichen und Eukalyptus, während endotrophe Mykorrhiza bei Ericaceen und Orchideen verbreitet ist. Eine besondere Form der Endomykorrhiza, der vesikulärarbuskuläre Typ, kommt häufig bei krautigen Pflanzen vor. Die Häufigkeit und die weite Verbreitung dieser Symbiosen erweckt den Eindruck, daß die Mykorrhiza für die meisten Pflanzen wichtiger ist als die Wurzeln.

Vergleicht man die Wachstumsraten nicht-infizierter Pflanzen mit solchen, die mit einem Mykorrhiza-Pilz geimpft worden sind, so stellt man fest, daß die infizierten Pflanzen kräftiger werden, vor allem dann, wenn der Boden nährstoffarm ist. So mancher Versuch, exotische Baumarten für die Forstwirtschaft einzuführen, schlug deshalb fehl, weil im Boden der notwendige Pilzpartner nicht vorhanden war.

Auch die im Vergleich mit freilebenden Arten stark eingeschränkte Fähigkeit der Mykorrhiza-Pilze, polymere Nährsubstrate abzubauen, spricht dafür, daß es sich um eine echte mutualistische Partnerschaft handelt.

Die meisten physiologischen Resultate wurden an Ektomykorrhizen gewonnen, wo es möglich ist, den Pilz gesondert vom Wirtsgewebe zu analysieren. Bei entsprechenden Isotopenfütterungsexperimenten bietet man der Wirtspflanze radioaktiven Kohlenstoff und dem Pilz radioaktive Ionen (z. B. Phosphat) an; anschließend ermittelt man die Verteilung beider Isotopen in jedem der beiden Partner. Es zeigt sich auch, daß gewaltige Mengen fixierten Kohlenstoffs an den Pilz übertragen werden, während umgekehrt die Phosphat-Aufnahme über die Pflanzenwurzeln in Anwesenheit des Pilzes gesteigert wird. Die effizientere Ionenaufnahme infizierter Wurzeln kann verschiedene Ursachen haben. Erstens sind Mykorrhiza-Wurzeln stärker verzweigt als vergleichbare nichtinfizierte Wurzeln, d. h. die aufnahmefähige Oberfläche ist vergrößert, vor allem dann, wenn das äußere Myzel die Ionen an das innere Hyphengeflecht weiterleiten kann. Zweitens überleben mykorrhizierte Wurzeln länger und bleiben infolgedessen länger funktionstüchtig. Schließlich könnte die spezifische Ionenaufnahme pro Wurzeloberfläche erhöht sein.

Die Analyse der vesikulär-arbuskulären Mykorrhiza ist schwieriger, zum einen wegen der morphologischen Gegebenheiten, zum anderen weil man die beteiligten Pilze, die Arten *Glomus* und *Endogone* bisher noch nicht ohne den Wirt in Kultur nehmen konnte. Trotzdem ist auch hier die verbesserte Mineralstoffversorgung des Wirts als Folge der Infektion überzeugend belegt. Bei Leguminosenwurzeln kommt die vesikulär-arbuskuläre Mykorrhiza häufig in Verbindung mit Wurzelknöllchen vor, so daß der Nährstoffaustausch in dieser komplexen Dreier-Assoziation abläuft.

Die oben beschriebene Ernährungsgrundlage gilt nicht für alle Mykorrhizen. Bei vielen Orchideensamen reichen die Nahrungsreserven nicht aus, um die Samenkeimung und die Festsetzung des Sämlings zu Ende zu führen. Diese Arten sind auf eine Pilzinfektion angewiesen, um exogene Nährstoffe für ihr Wachstum zu erhalten. In diesem Fall scheint der übliche Nahrungsstrom umgekehrt zu verlaufen: Kohlenhydrate, die der Pilz durch saprotrophe Ernährungsweise dem Boden entzogen hat, gelangen in die Pflanze. Die Abhängigkeit vom Mykorrhiza-Pilz hat bei den Orchideen verschiedene Abstufungen erfahren. Einige Arten besitzen sogar überhaupt kein Chlorophyll mehr und bedürfen deshalb einer permanenten externen Kohlenstoff-Versorgung. Noch verblüffender ist die Biologie der chlorophyllfreien Dikotyledone *Monotropa hypopitys*, auch „Fichtenspargel" genannt. Ursprünglich als Wuzelparasit bestimmter Bäume (Kiefer, Buche) angesehen, teilen sich diese Pflanze und ihre Wirtsbäume einen gemeinsamen Mykorrhiza-Pilz, wie neuere Untersuchungen gezeigt haben. Der Pilz spielt dabei wahrscheinlich eine Vermittlerrolle, indem er lösliche Zucker von den Wurzeln des Baumes erhält und sie dann an *Monotropa* weitergibt.

Die verschiedenen Lebensgemeinschaften zwischen Pilzen und Pflanzenwurzeln veranschaulichen somit ganz unterschiedliche Strategien zur gegenseitigen Nutzung. So könnten sich die Mykorrhiza-Pilze aus Wurzelparasiten entwickelt haben, deren Schädlichkeit allmählich nachließ, so daß die Beziehung immer ausgedehnter und schließlich mutualistisch wurde. Gleichzeitig verlor der Pilz die Fähigkeit, mit freilebenden saprophytischen Arten um die polymeren Nährsubstrate im Erdboden zu konkurrieren.

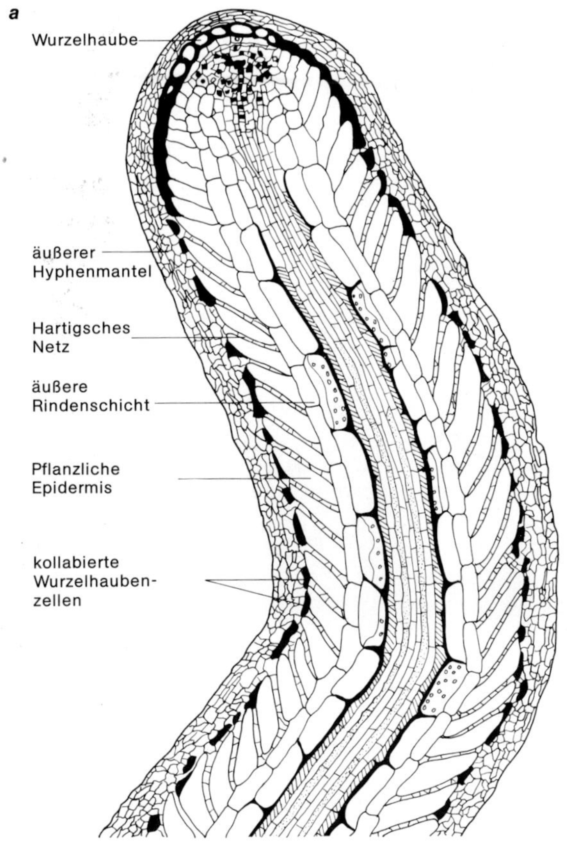

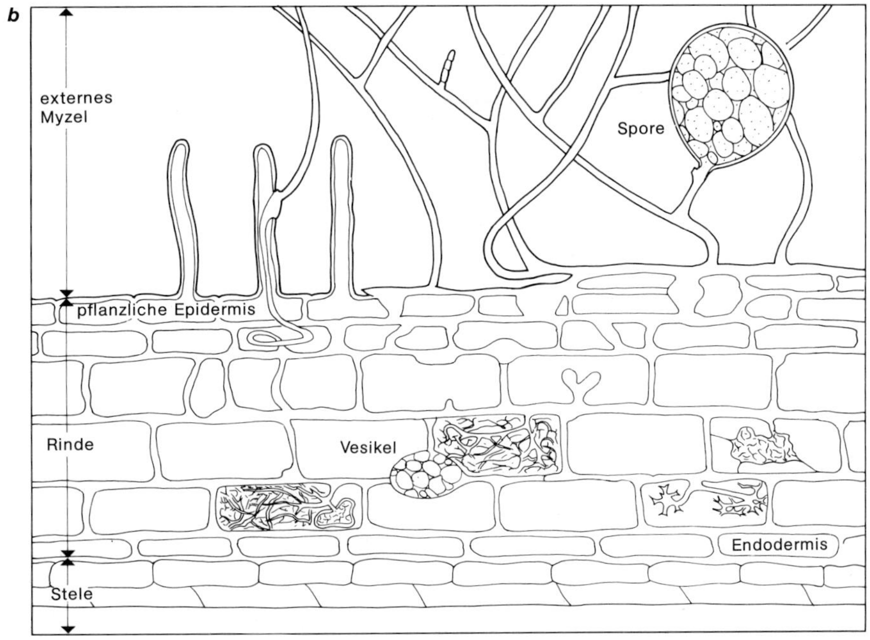

Abb. 10-5. Längsschnitt durch (a) eine Ektomykorrhiza (hier umschließt der Hyphenmantel das Pflanzengewebe vollständig) und (b) eine vesikulär-arbuskuläre Mykorrhiza.

Höhere Pflanzen als Wirte für Viren und Viroide

Viren sind kleine Gebilde, die aus Proteinen und Nucleinsäuren aufgebaut und manchmal von einer Membran umgeben sind (s. S. 18), aber nicht selbständig existieren können. Sind sie jedoch in eine lebende Zelle eingedrungen, programmieren sie deren Stoffwechsel um, so daß neue Viruspartikel produziert werden. Wegen der Besonderheiten dieser nicht zellulär organisierten Vertreter kann man den viralen Parasitismus kaum mit zellulären Parasiten wie den Bakterien oder Pilzen vergleichen. Viren besitzen außerhalb lebender Zellen keine biologische Aktivität, weshalb die meisten Viren zur Übertragung von einer Wirtspflanze zur nächsten auf Tiere mit saugenden Mundwerkzeugen, z. B. Blattläuse und Nematoden, angewiesen sind. Man kennt viele virusbedingte Pflanzenkrankheiten, darunter die Tabakmosaik-Krankheit und die Blattrollkrankheit der Kartoffel.

Bis vor kurzem galten Viren als die kleinsten infektiösen Agentien; doch vor kurzem wurden noch kleinere Partikel, die Viroide, entdeckt. Sie bestehen aus einem kleinen RNA-Molekül, das etwa 10 % der Größe des kleinsten bekannten Virus-Genoms ausmacht. Die RNA enthält zwischen 250 und 350 Nucleotide (s. Kap. 1.1), aber trotz der äußerst begrenzten genetischen Information, die nicht einmal für ein kleines Protein codiert, können Viroide in den Wirtszellen repliziert werden und charakeristische Schadbilder verursachen. Die RNA-Sequenz eines Viroids wurde bereits ermittelt; die Art der Replikation und die pathogene Wirkung dieser RNA-Moleküle sind jedoch noch unbekannt.

Höhere Pflanzen als Pflanzenparasiten

Etwa 2 000–3 000 Pflanzenarten haben Mechanismen entwickelt, um sich auf parasitische Weise auf Kosten anderer grüner Pflanzen zu ernähren. Diese Parasiten gehören den unterschiedlichsten Familien an, sind jedoch alle Angiospermen, die Blüten und Samen hervorbringen. In ihrer Abhängigkeit von der Wirtspflanze unterscheiden sie sich beträchtlich. So tragen etwa die europäischen und amerikanischen Misteln, *Viscum album* (Abb. 10-6) und *Phoradendron flavescens*, wohlentwickelte, chlorophyllhaltige Blätter und sind hinsichtlich ihrer organischen Kohlenstoff-Verbindungen autark. Bei anderen sind die Blätter zu winzigen Schuppen mit wenig oder keinem Chlorophyll reduziert, und ihre Energie-, Nährstoff- und Wasserversorgung ist vom Wirt abhängig. Zwar hat man bei einigen als völlig heterotroph eingeschätzten Parasiten, z. B. bei der Kleeseide *(Cuscuta)*, neuerdings zumindest eine rudimentäre Photosynthesekapazität festgestellt, jedoch müssen auch diese noch einen gewissen Kohlenhydrat-Anteil von der Wirtspflanze beziehen.

Parasitische Angiospermen, die Kohlenhydrate von der Wirtspflanze erhalten, nehmen Einfluß auf den Stofftransport des Wirtes, wie dies ganz ähnlich bei vielen biotrophen Pilzinfektionen der Fall ist. Die Zwergmistel *(Arceuthobium campylopodium)*, ein Schmarotzer auf Tannen *(Abies)*, induziert einen verstärkten Kohlenhydrat-Zustrom und verhindert, daß Saccharose, die bei der Photosynthese in den Blättern gebildet wurde, in das Wirtsgewebe unterhalb der Infektionsstelle abtransportiert werden kann. Im Gegensatz dazu scheinen grüne Misteln den Stofftransport des Wirts nicht zu beeinflussen.

Parasitisch lebende höhere Pflanzen werden oft als Kuriosität eingestuft, jedoch verursachen eine ganze Reihe von ihnen ökonomisch schwerwiegende Schäden bei Getreide und in der Forstwirtschaft. Hauptsächlich in Afrika und Asien werden unter anderem Mais, Zuckerrohr und Reis von Vertretern der Gattung *Striga* befallen, während die Zwergmistel *(Arceuthobium)* schwerwiegende Schäden unter den Koniferen an der nordamerikanischen Pazifikküste anrichtet.

a

b

Abb. 10-6. Misteln. (a) Europäische Mistel *(Viscum album)* auf einer Pappel. (b) Zwergmistel-Befall *(Arceuthobium)* auf einem Kiefernzweig.

Beziehungen zwischen Pflanzen und Nematoden

Zahlenmäßig übertreffen die Nematoden wahrscheinlich alle anderen vielzelligen Tiere auf der Erde. Sie sind hauptsächlich freilebend, aber einige Arten leben parasitisch auf Tieren und Pflanzen. Gewöhnlich unterteilt man die Nematoden auf Pflanzen in Ektoparasiten, die sich auf der Oberfläche und den äußeren Geweben der Wurzel ernähren, und Endoparasiten, die in Pflanzengewebe eindringen. Eine andere Unterteilung trennt herumwandernde Arten, die sich innerhalb und zwischen den Wirten frei bewegen, von seßhaften Arten, die an der ursprünglichen Infektionsstelle verharren.

Sehr spezialisierte Beziehungen zwischen Pflanzen und Nematoden findet man unter den endoparasitischen seßhaften Arten, wie z. B. den Cystenälchen. Diese durchdringen die Wurzelrinde und fressen an Zellen, die der Stele anliegen. Die Injektion von Speichelflüssigkeit des Wurmes induziert hier die Ausbildung einer großen, häufig vielkernigen Transfer-Zelle, die den Durchtritt der Nährstoffe zum Parasiten ermöglicht. Diese Fähigkeit des Wurms, über einen langen Zeitraum den Zellen des Wirts Nährstoffe zu entziehen ohne die Nahrungsquelle dabei abzutöten, läßt auf einen zähen enzymatischen Wettkampf zwischen den beiden Partnern schließen. In der Tat weisen die Cystenälchen viele Charakteristika hochevoluierter Pflanzenparasiten auf, wie z. B. die biotrophe Ernährungsweise, eine lang andauernde Beziehung zwischen beiden Partnern sowie einen begrenzten Wirtsbereich.

Auf Pflanzen parasitierende Nematoden verursachen oft – zusammen mit anderen Faktoren – beträchtliche Schäden. So ermöglichen durch Nematodenfraß hervorgerufene Wunden den Angriff parasitischer Pilze, und manche Nematoden stellen Vehikel für im Boden vorkommende Viren dar.

Beziehungen zwischen Pflanzen und Arthropoden

Die Coevolution von Pflanzen und Arthropoden (insbesondere Insekten) hat sich auf drei Ebenen abgespielt. Da sind zunächst die unterschiedlichsten Mechanismen bei der Blütenbestäubung durch Insekten zu nennen. Nicht weniger interessant sind die mitunter bizarren Anpassungen insektivorer Pflanzen, die Insekten als zusätzliche Nahrungsquelle fangen und verdauen. Schließlich gibt es noch zahlreiche Beispiele von Insekten, die ihrerseits Pflanzen als Ernährungsgrundlage benutzen.

Es überrascht vielleicht, daß nur 9 der 29 Isektenordnungen Pflanzen als Hauptnahrungsquelle nutzen. Dies mag daran liegen, daß die exponierten Oberflächen einer Pflanze einen unwirtlichen Lebensraum darstellen. Zudem haben die Pflanzen äußerst effektive Abwehrmechanismen gegen Räuber und pathogene Erreger entwickelt.

Viele Insekten sind zwar Pflanzenfresser aber keine eigentlichen Parasiten; zu einer engeren Beziehung mit dem Wirt kommt es daher kaum. Aber wie gewöhnlich weisen die biologischen Wechselwirkungen ein breites Spektrum auf, an dessen einen Ende die Beziehungen zwischen Insekt und Pflanze sehr an den Parasitismus erinnern, wie wir ihn bei bestimmten Pilzen und Nematoden gesehen haben. Beispiele hierfür sind die Blattminierer und solche Insekten, die Pflanzengallen hervorrufen.

Manche Insektenlarven ernähren sich innerhalb der Blätter, wo sie in der Epidermis oder zwischen beiden Epidermisschichten regelrechte Minen aushöhlen (Abb. 10-1). Auf den Blättern erscheinen diese Fraßkammern als transparente bzw. verfärbte Bereiche, die oft charakteristische Muster aufweisen. In ihrer Mine genießt die Larve einen gewissen Schutz gegen Umwelteinflüsse und kann sich selektiv ernähren: die Minierer auf Eichenblättern z. B. bevorzugen die schwammigen Mesophyllzellen, die weniger unverdauliche Tannine als das Palsiadenparenchym enthalten. In diesem abgeschirmten Lebensraum können sie das gesamte Larvenstadium durchlaufen, bevor sie als Imago wieder auftauchen, oder sie verlassen das Blattinnere zu einem späten Larvenstadium und fressen auf der Blattoberfläche weiter.

Die Entwicklung anderer Insektenlarven im Pflanzengewebe kann zur Ausbildung hochspezialisierter Pflanzengallen führen (Abb. 10-7). Schon anhand der Morphologie solcher Gallen kann man das entsprechende Insekt sicher bestimmen. Manche Wespenlarven entwickeln sich aus in die Blätter abgelegten Eiern und veranlassen dann ausgewachsene Blattzellen zu erneuter Zellteilung. Diese Reaktivierung des meristematischen Zustandes wird durch pflanzliche Wuchsstoffe ausgelöst, die von der Larve produziert werden. Es gibt sogar Hinweise darauf, daß Cytokinine diese Umprogrammierung der Wirtszellen auslösen, um so die Nährstoffversorgung während der Larvalentwicklung sicherzustellen. Die Erhaltung der Galle ist an die Anwesenheit der jungen Larve geknüpft, sobald diese sich verpuppt oder gar entfernt wird, altert die Galle rasch. In mancherlei Hinsicht zeigt das Wechselspiel zwischen Pflanze und gallenbildenden Insekten Parallelen zu den Mißbildungen und dem Nährstoffentzug bei einer Infektion mit Cystenälchen.

Wechselbeziehungen zwischen Wirt und Symbiont

Morphologie und Lebensweise der verschiedenen Organismenklassen, die mit Pflanzen in Symbiose leben, sind äußerst verschieden. Trotzdem weisen ihre Wechselbeziehungen mit den jeweiligen Wirten gewisse Gemeinsamkeiten auf. Zweckmäßigerweise unterscheidet man dabei folgende Stadien: Auffinden des Wirts, Festsetzen und Eindringen, Besiedlung des Wirtsgewebes, Vermehrung und Verbreitung. In Wirklichkeit sind diese Stadien nicht voneinander getrennt, sie sind vielmehr Schlüsselereignisse bei der allmählichen Etablierung und weiteren Fortsetzung einer Lebensgemeinschaft mit der Wirtspflanze. Diese Stadien können sich überlappen, z. B. ist oft der Verbreitungsmechanismus darauf ausgerichtet, wieder einen neuen Wirt ausfindig zu machen. Ganz entsprechend sind bei ektoparasitischen Arten das Festsetzen und Eindringen gleichbedeutend mit dem Begriff der Besiedlung.

Die Spezifität für eine solche Wechselbeziehung kann bei einer oder mehreren dieser Stationen liegen; der Mißerfolg eines Symbionten liegt dann entweder am Unvermögen, einen Wirt zu finden oder in ihn einzudringen, darin zu wachsen oder sich in ihm zu vermehren. Die Pflanze ihrerseits verfügt über eine Reihe höchst wirksamer Abwehrmechanismen, um einen Befall abzuwehren oder wenigstens zu begrenzen.

Auffinden des Wirts

Ob ein Parasit mit Erfolg Kontakt zu einem neuen Wirt aufnehmen kann, ist stark zufallsbedingt. Durch spezifische Erkennungsmechanismen – sie beruhen auf chemischen Signalen seitens der Wirtspflanze – wird diese Wahrscheinlichkeit jedoch in den meisten Fällen erhöht. In der Erde ruhende Eier von Cystenälchen werden durch Wirkstoffe, die von Pflanzenwurzeln ausgeschieden werden, stimuliert. Auch die Samenkeimung der parasitischen Angiospermen *Striga asiatica* wird durch extrem niedrige Konzentrationen eines Stoffes ausgelöst, der von Baumwollwurzeln freigesetzt wird. Ebenso werden freibewegliche Bakterien und Zoosporen von Pilzen von Wurzeln angelockt; dies geschieht teils durch unspezifische Stoffe wie etwa Aminosäuren, teils durch wirtsspezifische.

Auch Dauerorgane von Pilzen, sogenannte Sklerotien, die im Boden sehr lange als Ruhestadien überdauern können, werden durch Wurzelabsonderungen des Wirts zu erneutem Wachstum aktiviert. Zwiebelwurzeln beispielsweise setzen schwefelhaltige Duftstoffe frei, die von bestimmten Bodenbakterien abgebaut werden. Diese Abbauprodukte wirken spezifisch auf die Sklerotien von *Sclerotium cepivorum*, der die Weißfäule der Zwiebel hervorruft. Andere flüchtige schwefelhaltige Verbindungen, wie sie von Kohl und verwandten Arten gebildet werden, können Schadinsekten wie z. B. die Kohlfliege anlocken. Viele als Pflanzenschädlinge auftretende Insekten spüren ihre bevorzugte Wirtspflanze anhand sekundärer Pflanzenstoffe auf, die spezifisch für die jeweilige Art sind. Wenn diese Insekten anderen Agentien, etwa Viren, als Vektoren dienen, so wird auch deren Wirtsbereich durch dieses hochspezifische Fraßverhalten bestimmt.

Alle diese Erkennungsmechanismen dienen der Etablierung der Symbiose für die jeweilige Generation. Eine alternative Strategie besteht in einer gekoppelten Übertragung der beiden Partner auf die Folgegeneration. Eine fortwährende vegetative Vermehrung der Pflanzen bietet Gewähr für die Übertragung bestimmter Parasiten (Viren, Mycoplasmen), so daß unter Umständen ganze Ernten befallen sein können. Manche Flechten bilden vegetative Thallusstrukturen, sog. Soredien, in denen Algenzellen von Pilzhyphen umgeben sind, so daß eine gemeinsame Ausbreitung beider Symbionten sichergestellt ist. Manche Viren werden sowohl durch Samen als auch durch Pollen übertragen, wenn auch der Prozentsatz infizierter Samen gewöhnlich klein ist. Im Fall des Pollens können jedoch sowohl der befruchtete Samen als auch die Mutterpflanze auf diesem Wege infiziert werden.

Festsetzen und Eindringen

Sobald der Wirt gefunden ist, muß sich der Symbiont festsetzen und in das Wirtsgewebe eindringen, um mit den Nährstoffen in Kontakt zu kommen. Manche Eindringmechanismen gehören zu den raffiniertesten Anpassungen im Bereich des Parasitismus überhaupt.

Die der Luft ausgesetzten Oberflächen einer Pflanze können glatt oder mit einer Wachsschicht überzogen sein, so daß die Festsetzung Probleme bereitet. Früchte und Samen parasitischer Pflanzen verfügen oft über spezielle Haftgewebe. So enthalten Mistelbeeren ein viskoses, klebriges Material, das den Samen einen sicheren Halt auf Zweigen verschafft. Die Klebewirkung dieses Gewebes ist so gut, daß es mit Wasser gemischt als Vogelleim zum Fang von Singvögeln verwendet wurde.

Auf molekularem Niveau spielt sich dagegen die Kontaktaufnahme zwischen äußerer Bakterienmembran und be-

Abb. 10-7. Apfelgalle auf einem Eichenzweig, hervorgerufen durch die Gallwespe *Biorhiza pallida.*

stimmten Proteinen in der Zellwand von Pflanzenzellen ab. Diese molekularen Bindungsprozesse können hochspezifisch sein, wie z. B. zwischen verschiedenen *Rhizobium*-Stämmen und Leguminosenwurzeln.

Dem Befestigungsprozeß folgt die Phase des Eindringens. Viele auf Pflanzen schmarotzende Pilze, Bakterien und Viren umgehen den natürlichen Schutzschild einer Pflanze, indem sie sich natürlicher Öffnungen (z. B. Nektarien, Spaltöffnungen, Lentizellen), Wunden oder Fraßstellen von Überträgerorganismen bedienen. Im letzteren Fall gewährleistet der Vektor nicht nur die Verbreitung von Wirt zu Wirt, er ermöglicht auch das Eindringen des Parasiten, oft sogar in ein spezifisches Organ oder Gewebe. So werden Viren über die Saugrüssel von Blattläusen ins Phloem injiziert, während die Sporen des Ulmenpilzes *Ceratocystis ulmi* über Fraßmale eines Borkenkäfers, der auch Überträger ist, ins Xylem eindringen können.

Von anderen Parasiten können die äußeren Pflanzengewebe auch direkt durchdrungen werden, z. B. durch besondere Mundwerkzeuge – man denke nur an die Saugrüssel der Blattläuse. Besonders gute Beispiele liefern die Infektionsstrategien parasitischer Pilze und Angiospermen. Nach erfolgter Keimung auf dem Wirt bilden viele Pilze Haftscheiben, sogenannte Appressorien, aus; dann bahnen sie sich einen dünnen Penetrationskanal, wobei sie teils durch mechanische Kraft teils durch enzymatische Verdauungsprozesse die Cuticula und die epidermale Zellwand des Wirts durchbrechen. Parasitische Angiospermen haben hochspezialisierte Haustorien entwickelt, Organe, die anfangs nur Haftfunktion ausüben, dann aber in das Wirtsgewebe eindringen und ein ausgedehntes internes System aufbauen, das mit den Leitbündeln des Wirts in Verbindung tritt. Biotrophe Pilze bilden finger- und keulenartige oder verzweigte Strukturen aus, die die Zellwand einzelner Pflanzenzellen durchstoßen und die Plasmamembran der Zelle einstülpen, so daß zwischen den Partnern ein enger physiologischer Kontakt erreicht wird; durch diese Einstülpungen wird außerdem die Oberfläche zur Nährstoffaufnahme vergrößert.

Besiedlung des Wirtsgewebes

Art und Ausmaß des Befalls von Pflanzengeweben durch Symbionten sind außerordentlich verschieden. Das Spektrum reicht dabei vom begrenzten Befall weniger Zellen im Bereich der Eintrittsstelle bis zu ausgedehnten systemischen Infektionen, von denen nahezu jede Zelle der Wirtspflanze betroffen sein kann. Viele Pilze und Bakterien verursachen lokal begrenzte Läsionen an Blättern und Stengeln, während die winzigen Viren und Viroide die Plasmodesmen zwischen den Zellen passieren können und dabei die gesamte Pflanze besiedeln. Bei der Mehrzahl der Symbionten zeigt sich jedoch eine gewisse Gewebespezifität. Beispielsweise halten sich manche Pilze, Bakterien und Mycoplasmen ausschließlich in den Leitbündeln auf und verursachen schwere Welkekrankheiten, indem sie den Stofftransport unterbrechen oder Toxine und Enzyme in den Transpirationsstrom entlassen. Tumorinduzierende Symbionten, die Gallen oder andere Mißbildungen im Wirt hervorrufen, stellen eine eigene Kategorie dar: Diese Organismen ändern die Morphologie des Wirtsgewebes radikal und schaffen sich so ein neues physiologisches Umfeld für ihr eigenes Wachstum.

Vermehrung und Verbreitung

Bakterien und Viren vermehren sich während der Besiedlungsphase auf dem Wirt unentwegt. Andere Parasiten durchlaufen dagegen Perioden der Nahrungsaufnahme und Entwicklung, bevor die Vermehrungsphase einsetzt. Die Larven von Cystenälchen z. B. wandern erst in den Wurzeln umher, lassen sich dann in der Nähe des Phloems nieder, dem sie Nährstoffe entziehen, wachsen unter mehreren Häutungen heran und erlangen schließlich die sexuelle Reife. Auch viele Pilze durchlaufen lange vegetative Wachstumsphasen, bevor sie mit der Sporenbildung beginnen; auch kann die Vermehrung durch Seneszenz und Tod der Wirtszellen ausgelöst werden. Pilzsporen sind oft extrem widerstandsfähige Dauerstadien und dienen daher nicht nur der Verbreitung.

Organismen, die Lebensgemeinschaften mit Pflanzen eingehen, haben die verschiedensten Mechanismen entwickelt, um die Verbreitung von Wirt zu Wirt zu gewährleisten. Zum einen wird eine enorm hohe Anzahl von Nachkommen produziert, die die Umgebung gleichsam absättigen und die Wahrscheinlichkeit eines zufälligen Kontakts zwischen Verbreitungsform und potentiellem Wirt erhöhen. Viele parasitische Pilze erzeugen zahlreiche durch den Wind verbreitete Sporen, die entweder kurze Strecken zwischen den Pflanzen eines Feldes zurücklegen, oder sehr viel größere Distanzen, ja sogar solche Hindernisse wie Ozeane oder Bergketten bewältigen können. Die parasitische Sommerwurz *Orobanche* erzeugt pro Pflanze etwa 100 000 Samen, die dann durch Wind und Wasser verbreitet werden. Eine gemeinsame Tendenz parasitierender Arten äußert sich in der Reduktion oder dem Fehlen all der Organe, die nicht an der Nahrungsaufnahme oder der

Vermehrung beteiligt sind. Das eindrucksvollste Beispiel dafür bietet vielleicht die bizarr anmutende parasitische Angiosperme *Rafflesia,* die aus einer einzigen Blüte mit fast 1 m Durchmesser besteht; diese ist über ein dünnes pilzähnliches Haustoriensystem mit dem Wirt verbunden.

Eine alternative Vermehrungsweise basiert auf der Produktion verhältnismäßig weniger Nachkommen. Ob es sich dabei um Sporen, Eier oder Samen handelt, in jedem Falle besteht die Möglichkeit eines vorübergehend unabhängigen Wachstums, da relativ viele Reservestoffe gespeichert wurden. Die Blüten der Kleeseide *(Cuscuta)* erzeugen meist nur vier Samen, die alle bei der Keimung einen aufgerichteten Schößling mit der Fähigkeit zu aktiven Kreisbewegungen hervorbringen; hierdurch werden die Chancen, mit einem geeigneten Wirt in Berührung zu kommen, natürlich erhöht.

Ein weiteres Merkmal bei den Verbreitungsformen vieler Parasiten ist ihre extrem lange Lebensdauer. Nematodencysten bleiben im Boden bis zu 30 Jahre lang lebensfähig, falls sie nicht auf einen Wirt stoßen, und auch die Dauersporen mancher Pilze überleben ähnlich lange. Überhaupt produzieren Pilze ganz unterschiedliche Typen von Sporen und Verbreitungsformen mit jeweils unterschiedlichen Aufgaben. So bilden Rostpilze auf Getreide während der ganzen Wachstumssaison Unmengen kurzlebiger Uredosporen, die eine rasche epidemische Ausbreitung unter den Wirtspflanzen ermöglicht; im Herbst dagegen werden dickwandige widerstandsfähige Teleutosporen produziert, die das Überleben während der ungünstigen Winterperiode sicherstellen.

Ein wichtiger Verbreitungsmodus für Parasiten besteht schließlich darin, vorübergehend einen anderen Organismus als Vehikel zu benutzen. Vor allem Viren sind hierauf stark angewiesen. Nun werden bestimmte Viren von solch einem Vektor – meist einem pflanzenfressenden Insekt – nicht nur zur nächsten Pflanze transportiert, sie können sich sogar darin vermehren. Dies ist besonders interessant, da ihr Wirtsbereich somit das Tier- und Pflanzenreich überlappt. Das als Vehikel dienende Insekt bleibt somit lebenslang infektiös, ja in manchen Fällen werden sogar die Eier des Vektors mit infiziert, so daß noch die Folgegenerationen das Virus übertragen können.

Auch eine Reihe anderer Parasiten ist von Vektoren in hohem Maße abhängig. Die meisten Misteln verlassen sich bei der Samenverbreitung auf Vögel; in manchen Fällen frißt der Vogel sogar ausschließlich Mistelbeeren und die ausgeschiedenen Samen bleiben sogleich auf den Zweigen potentieller Wirtsbäume haften. Hingegen haben Misteln der Gattung *Arceuthobium* (Abb. 10-6) einen Explosionsmechanismus zur Samenverbreitung entwickelt, der sie von Vögeln unabhängig macht. Sobald die Früchte reifen, baut sich in ihrem Innern ein Druck auf, bis eine basal gelegene Sollbruchstelle aufreißt und die geschoßförmigen Samen mit beträchtlicher Geschwindigkeit bis zu 15 m weit weggeschleudert werden. So können sich diese Parasiten langsam aber unaufhaltsam durch einen Koniferenforst ausbreiten.

Der bedeutendste Vektor ist heute zweifellos der Mensch. Der interkontinentale Reiseverkehr bietet für Parasiten, die unbeabsichtigt in entfernt gelegene geographische Regionen gelangt sind, ungeahnte Entfaltungsmöglichkeiten. In zahlreichen Fällen wurden so durch den Import von Pflanzen, Pflanzenprodukten oder anderem verseuchten Material pathogene Erreger in vormals krankheitsfreie Länder eingeschleppt.

Abwehrmechanismen der Pflanzen

Pflanzen werden von den verschiedenartigsten Symbionten heimgesucht und infiziert, weshalb sie eine ganze Palette von Mechanismen zur Vereitelung solcher Attacken entwickelt haben. Da Pflanzen sessil sind und nicht ausweichen können, waren sie gezwungen, einen Teil ihres Stoffwechselaufkommens in verschiedene Formen der Abwehr zu investieren. Man unterscheidet permanent vorhandene (oder passive) von induzierbaren (oder aktiven) Abwehrsystemen, wobei letztere nur bei einer tatsächlichen Attacke aktiv werden. Zur passiven Abwehr zählen physikalische und chemische Hürden, die das Eindringen eines pathogenen Agens verhindern oder das Pflanzengewebe für den Eindringling ungenießbar oder giftig machen. Zusätzlich zur Epidermis und Cuticula sind die Oberflächen einer Pflanze oft mit spitzen Haaren (Trichomen) besetzt, die vor Insektenfraß schützen und Insektenlarven sogar durchbohren und töten können. Andere Trichome sind klebrig und wirkungsvolle Fallen für Insekten.

Nach Überwindung der physikalischen Barrieren stehen chemische Abwehrstoffe gegen den Eindringling bereit, z. B. Harze, Tannine, Glykoside und Alkaloide, von denen viele auf Insekten äußerst abschreckend wirken. Der Erfolg des Kartoffelkäfers scheint mit seiner Toleranz gegenüber den Kartoffelalkaloiden zusammenzuhängen, die normalerweise Schädlinge abwehren. Weitere chemische Abwehrstoffe können wichtige Schritte bei der Einnistung eines Parasiten unterbinden, z. B. können in der pflanzlichen Zellwand enthaltene Glykoproteine Enzyme von Bakterien und Pilzen inaktivieren, die die Zellwand abbauen.

Die aktiven Abwehrmechanismen einer Pflanze sind vergleichbar mit dem Immunsystem der Wirbeltiere, obwohl die zellulären und molekularen Grundlagen völlig verschieden sind. Beide Systeme werden jedoch durch einen Befall aktiviert, d. h. der Wirt muß über entsprechende Erkennungsmechanismen verfügen. Ein eindrückliches Beispiel für induzierbare Pflanzenabwehr ist die hypersensitive Reaktion, bei der die erste von einem Parasiten befallene Zelle rasch nekrotisiert wird und stirbt. Der Parasit muß daraufhin sein Wachstum einstellen, bleibt also auf eine oder wenige Zellen nahe des Infektionsortes begrenzt. Zur Erklärung der Hypersensitivität sind mehrere Theorien entwickelt worden, darunter solche, die eine Anhäufung antibiotischer Verbindungen bzw. chemische Veränderungen in der Zellwand der Wirtszelle annehmen.

Auch die Synthese von antimikrobiellen Substanzen, den Phytoalexinen, ist an den Abwehrreaktionen gegen infektiöse Bakterien und Pilze beteiligt. Manchmal erhöht sich die Phytoalexin-Konzentration nach einer Pathogeneinwirkung so stark, daß sie ausreicht, dem Wachstum des Parasiten Ein-

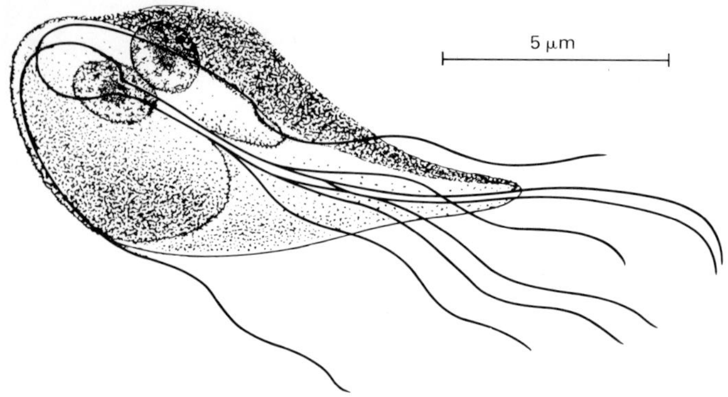

Abb. 10-8. Der Flagellat *Giardia lamblia* ist ein Endoparasit des Darmepithels beim Menschen.

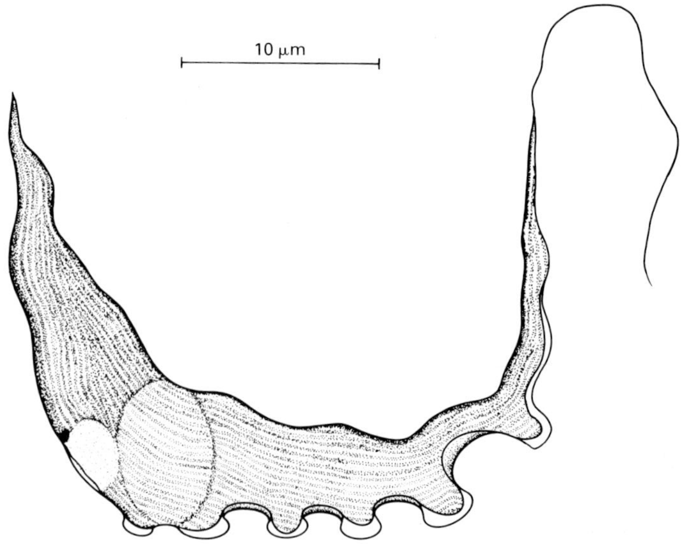

Abb. 10-9. Trypanosoma grayi lebt als endoparasitischer Flagellat im Blut von Nilkrokodilen *(Crocodylus niloticus).*

halt zu gebieten. In den letzten Jahren konnten entscheidende Fortschritte bei der Aufklärung der molekularen Grundlagen der Wirt-Parasit-Spezifität erzielt werden; in den am besten untersuchten Systemen scheint es so zu sein, daß das Eindringen eines inkompatiblen Pilzes Resistenzgene aktiviert, die für die Phytoalexin-Synthese codieren. Eine Erklärung für induzierbare Abwehrmechanismen gegenüber allen parasitischen Arten kann die Phytoalexin-Theorie jedoch nicht liefern. Vielmehr stellt die Synthese antimikrobieller Verbindungen nur eines von vielen Hindernissen struktureller und biochemischer Art dar, die der potentielle Besiedler irgendwie überwinden muß. Für die erfolgreiche Besiedlung einer Pflanze muß der Parasit über molekulare Mechanismen verfügen, um durch Tarnung der Erkennung zu entgehen und die Abwehrmechanismen des Wirts zu unterdrücken oder auszuschalten.

10.2 Parasitismus in tierischen Wirten

Einführung

Zu den Organismen, deren Lebensraum andere lebende Tiere darstellen, gehören parasitische Vertreter vieler systematischer Gruppierungen. Der Begriff Parasit wurde schon auf die verschiedenste Art und Weise definiert; allen diesen Definitionen gemeinsam ist jedoch die Aussage, daß ein Parasit seine Entwicklung nicht zum Abschluß bringen kann, wenn er nicht eine gewisse Zeit auf dem oder im Körper eines lebenden Organismus verbracht hat. Der Wirt hingegen braucht den Parasiten niemals, bringt dieser ihm doch häufig Krankheit oder sogar Tod. Ektoparasiten leben auf dem Wirt, während sich Endoparasiten im Wirtskörper entwickeln; beiden genannten Typen gehören Mikroparasiten (Viren, Mycoplasmen, Bakterien, Pilze, Protozoen) und Makroparasiten (z. B. Würmer und Arthropoden) an.

In mancherlei Hinsicht unterscheidet sich das enge Zusammenleben mit einem Wirtsorganismus von dem in anderen Habitaten. Im Innern anderer Organismen parasitisch lebende Arten stehen nicht mit freilebenden Arten im Konkurrenzkampf, müssen jedoch den Abwehrmechanismen des Wirts begegnen können. Der Parasit hat dann Zugang zu einem reichhaltigen Angebot löslicher und somit leichtverdaulicher Nahrung, während freilebende Arten dem Nahrungswettbewerb unterliegen. Zudem bietet der Wirt günstige Wachstumsbedingungen: Bakterien, Protozoen (Abb. 10-8, 10-9) und andere den Verdauungstrakt bewohnende Organismen werden permanent mit Nahrung versorgt, die vom Wirt bereits partiell abgebaut wurde. Weiterhin gewährleistet die Besiedlung eines Warmblütlers z. B. konstante Temperaturverhältnisse, und auch andere physiologische Parameter sind kaum Schwankungen unterworfen.

Manche Parasiten, beispielsweise der Spulwurm *Ascaris lumbricoides* (Abb. 10-10), machen eine direkte Entwicklung durch, d. h. sie brauchen zu ihrer Entwicklung nur einen einzigen Wirt, und ihre Übertragung geschieht zwischen Wirten derselben Spezies (in diesem Falle des Menschen). Der Pärchenegel *Schistosoma mansoni* (Abb. 10-11) durchläuft dagegen eine indirekte Entwicklung mit mehr als einem Wirt. Derjenige Wirt, in dem die sexuelle Fortpflanzung des Parasiten stattfindet, nennt man gewöhnlich den Endwirt, während solche Wirte, in denen sich ein bestimmter Entwicklungsabschnitt des Parasiten oder dessen nicht-sexuelle Vermehrung abspielt, als Zwischenwirte bezeichnet werden. Der Zwischenwirt kann auch als Vektor dienen (Abb. 10-12). Im Falle des Flagellaten *Trypanosoma brucei,* der keine sexuelle Fortpflanzung kennt, gleichwohl aber mehr als einen Wirt hat, sind solche Definitionen allerdings nicht zutreffend.

Wirt und Parasit müssen immer gemeinsam betrachtet werden, wenn man ihre wechselseitigen Beziehungen verstehen will. Dieses Gebiet ist nicht nur wegen rein wissenschaftlichen Fragestellungen so bedeutend, sondern weil Gesundheit und Wohlergehen von Millionen Menschen, die von schwerwiegenden Parasitosen befallen sind, auf dem Spiel stehen (Tab. 10-3). Es ist sinnvoll, die Beziehungen zwischen Wirt und Parasit vom ökologischen Standpunkt aus zu betrachten. Die Ökologie befaßt sich ja mit den Wechselwirkungen zwischen einem Organismus (hier dem Parasiten) und seinem Lebensraum, und zwar sowohl auf dem Niveau des Einzelindividuums (also innerhalb des Wirts) als auch auf dem Niveau der Gesamtpopulation, was auch den Lebensraum des Wirts in die Betrachtung miteinbezieht.

Abb. 10-10. Direkter Lebenszyklus von *Ascaris lumbricoides* (Spulwurm) im Menschen.

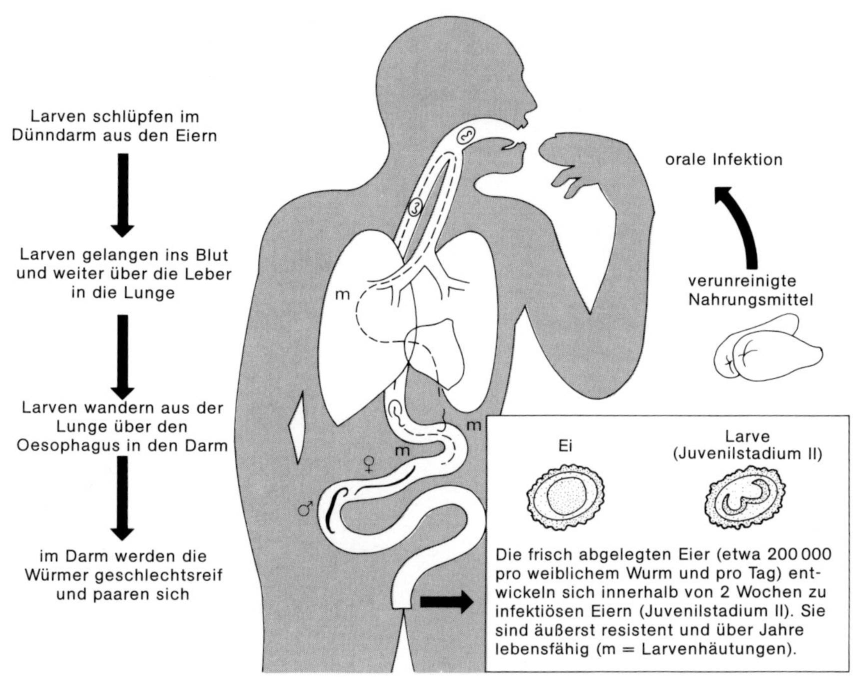

Abb. 10-11. Indirekter Lebenszyklus von *Schistosoma mansoni* (Pärchenegel) im Menschen (Endwirt) und in der Süßwasserschnecke *Biomphalaria glabrata* (Zwischenwirt).

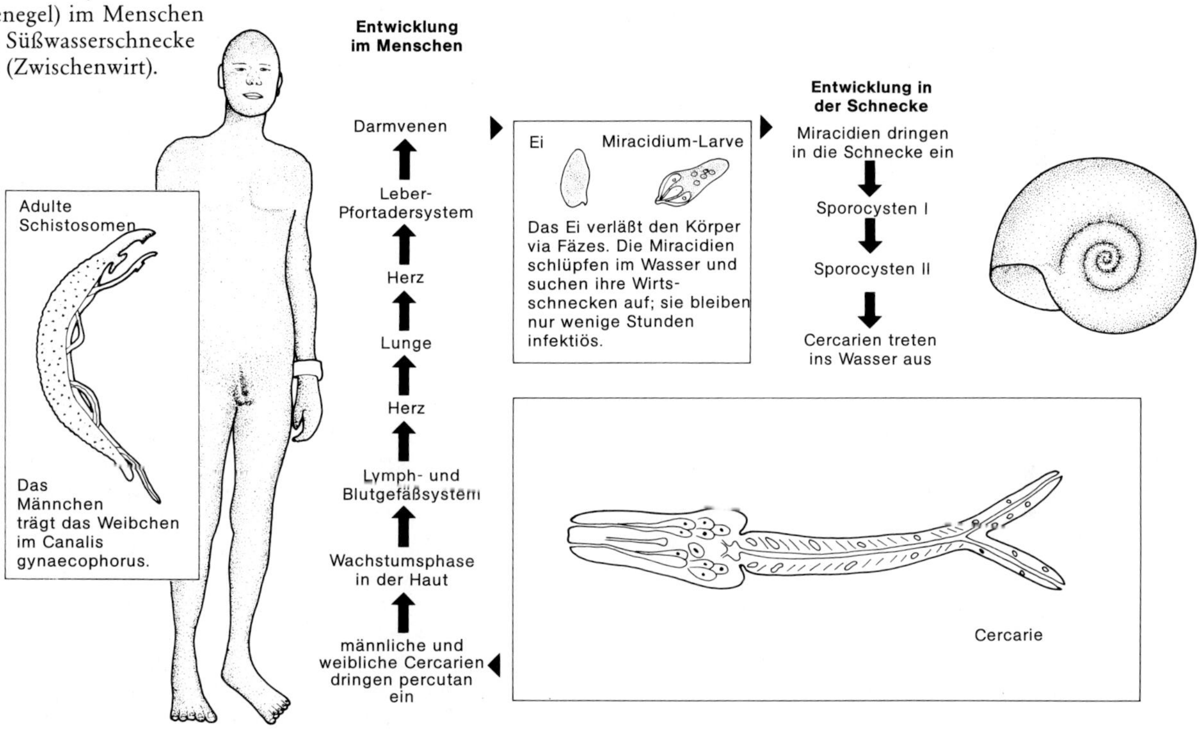

Merkmale der Wirt-Parasit-Wechselbeziehungen

Es gibt typische Merkmale, die das Verhältnis zwischen einem tierischen Wirt und seinem Parasiten charakterisieren:

Der Wirt ist fast immer viel größer als seine Parasiten, und seine Lebensdauer und Generationszeit sind wesentlich länger.

Wirte und Parasiten verfügen über verschiedene Genome und gehören unterschiedlichen Arten an. Nach dieser Definition ist ein Säugerfötus, während er im mütterlichen Uterus heranwächst, natürlich nicht als Parasit aufzufassen. Auch andere Beispiele, etwa die Anglerfische der Tiefsee, bei denen das Männchen degeneriert und zeitlebens an dem größeren freilebenden Weibchen festsitzt, werden dadurch ausgeschlossen. Parasiten von Wirbeltieren, die befähigt sind, körperfremdes Material als solches zu erkennen und dagegen zu reagieren, müssen im Wirtsorganismus eine zeitlang überleben um weiter fortbestehen zu können. Adulte Pärchenegel *(Schistosoma mansoni)* können sogar selbst dann in den Blutgefäßen von Rhesusaffen weiterleben und sich vermehren, wenn das Immunsystem sie erkannt und Reaktionen gegen den Eindringling eingeleitet hat.

Der Lebensraum eines Parasiten ist ein anderes Lebewesen, das seinerseits zur Evolution befähigt ist und sich im Laufe der

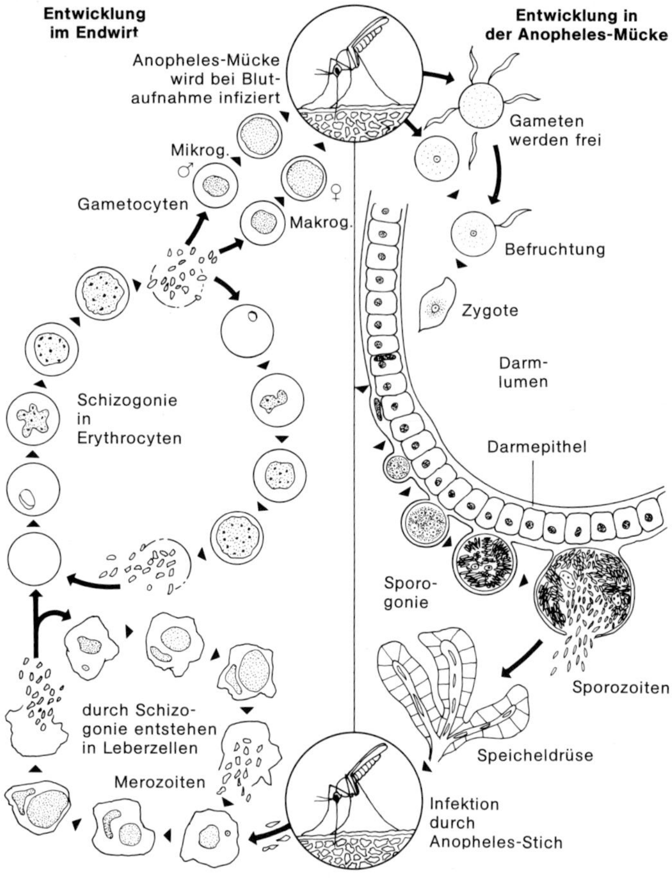

Abb. 10-12. Indirekter Lebenszyklus des Malaria-Erregers beim Menschen *(Plasmodium vivax)*. Eine weibliche *Anopheles*-Mücke dient als Zwischenwirt und Überträger.

Generationen ändern kann. Diesem Trend müssen die Parasiten folgen und sich möglichen Veränderungen bei den Wirtspopulationen anpassen. Umgekehrt wird das Auftreten eines neuen, noch aggressiveren Parasiten den Selektionsdruck auf resistentere Wirtsorganismen erhöhen.

Parasiten besetzen normalerweise ganz bestimmte Stellen in oder auf ihren Wirten, die sich aber im weiteren Infektionsverlauf ändern können. Die Larvenstadien des Nematoden *Angiostrongylus cantonensis*, eines Parasiten in Laborratten, finden sich zuerst verstreut im arteriellen Blutstrom; nach der Häutung befallen sie das Zentralnervensystem, und schließlich wandern sie zu den Lungenarterien, wo sie das Adultstadium verbringen.

Das Vermehrungspotential der Parasiten übersteigt das ihrer Wirte normalerweise bei weitem. Ein weiblicher Spulwurm *(Ascaris lumbricoides)* kann täglich 200 000 Eier erzeugen und freisetzen, das sind insgesamt 73 Millionen während seines einjährigen Lebens. Ein gerade geborenes Mädchen, das einen Wirt für den *Ascaris* darstellen könnte, besitzt etwa 350 000 unbefruchtete Eizellen in seinen Ovarien. Zwischen Pubertät und Menopause werden höchstens 375 davon reif, und selbst ohne Geburtenkontrolle würden wahrscheinlich weniger als 10 Kinder zur Welt kommen. Dieses hohe Vermehrungspotential unterscheidet Parasiten von räuberisch lebenden Organismen, die im allgemeinen eine geringere Vermehrungsrate als ihre Beutetiere haben.

Parasiten besitzen häufig besondere Hafteinrichtungen zur Befestigung in oder auf dem Wirt (Abb. 10-13). Die parasitische Lebensweise hat zum Abbau vieler, für ein freilebendes Tier nützlicher Organe und Strukturen geführt. Dementsprechend sind viele komplizierte Mechanismen entstanden, die die Verbreitung des Parasiten zwischen den Wirten sowie die Etablierung in einem neuen Wirt erleichtern.

Wirt-Parasit-Beziehungen können unterschiedlich lange andauern; das Spektrum reicht von wenigen Tagen, wie bei Grippeviren, bis zu mehreren Jahren, wie im Falle des Hakenwurms *(Ancylostoma duodenale)* beim Menschen.

Parasiten können Krankheiten verursachen oder sogar den Wirt töten. Als ein quantitatives Maß für diese Pathogenität benutzt man den Begriff der Virulenz. Obwohl die Parasiten die Abwehrreaktionen des Immunsystems im allgemeinen stimulieren, muß das nicht unbedingt den Schutz des Wirtes zum Ergebnis haben. Überempfindlichkeitsreaktionen und Gewebeschädigungen durch das Immunsystem tragen beträchtlich zum Krankheitsbild vieler durch Parasiten verursachter Krankheiten bei.

Die Spezifität verschiedener Wirt-Parasit-Beziehungen ist unterschiedlich stark ausgeprägt. Hohe Spezifität liegt vor, wenn der Parasit anscheinend nur in einer Wirtsspezies leben kann – z. B. der Nematode *Enterobius vermicularis*, der nur den Menschen befällt –, während man von geringer Spezifität spricht, wenn verschiedene Wirtsarten infiziert werden können, wie dies bei *Schistosoma japonicum* der Fall ist, einem Pärchenegel in Rindern, Hunden, Ziegen, Büffeln, Schweinen, Ratten und im Menschen.

Je eingehender ein Parasit untersucht wird, desto größer wird die Chance, genetisch unterschiedliche Stämme bei ihm zu entdecken. Beispielsweise ist eine Chlorochin-Behandlung einer durch *Plasmodium falciparum* entstandenen Malaria zwecklos, wenn der Patient durch einen gegen Chlorochin resistenten Stamm des Parasiten infiziert worden ist. Genetische Variationen bei den Wirtsorganismen sind ebenso wichtig. So geht der angeborene Schutz vieler Westafrikaner gegen die von *Plasmodium falciparum* erzeugte Malaria auf die bei den Menschen dieser Region weitverbreitete Sichelzellanämie zurück.

Schließlich lebt eine Parasitenpopulation, die sich auf oder in einem Wirt etabliert hat, natürlicherweise nicht ökologisch isoliert. Parasiten des Verdauungstrakts stellen z. B. nur einen Teil der dortigen Lebensgemeinschaft dar, zu der auch eine Unzahl der dort als natürliche Darmflora lebenden Mikroben gehört. Selbst Parasiten, die ansonsten keimfreie Bereiche des Körpers (etwa Blutgefäße) besiedeln, sind nicht völlig von Vorgängen abgeschirmt, die von anderswo im Körper lokalisierten Organismen ausgelöst werden.

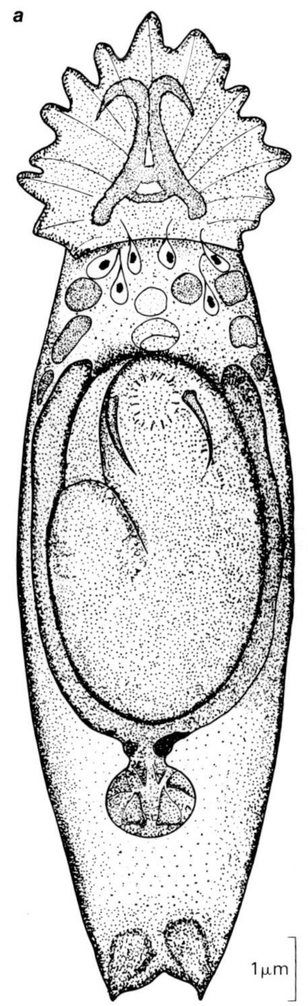

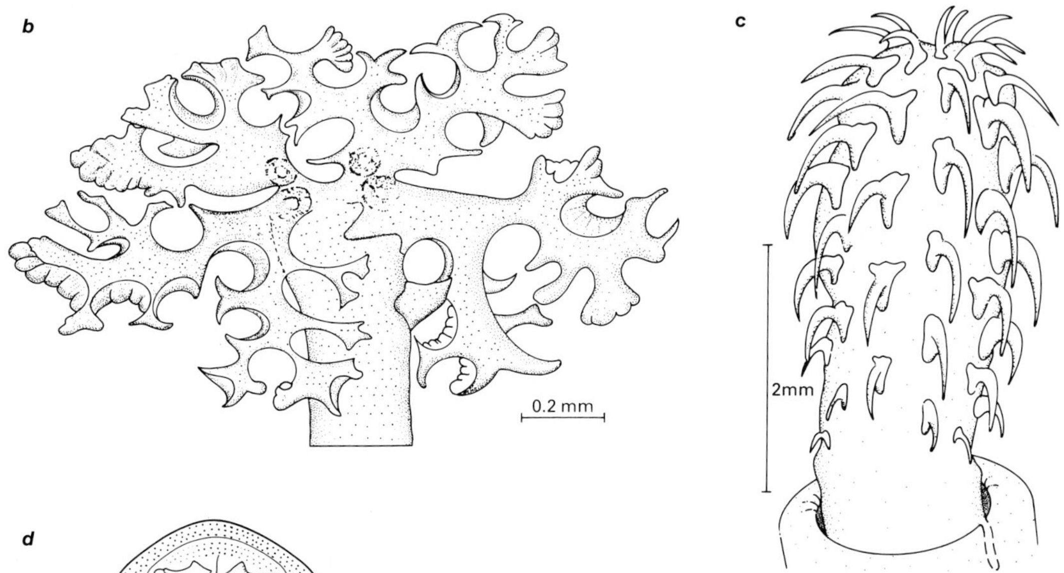

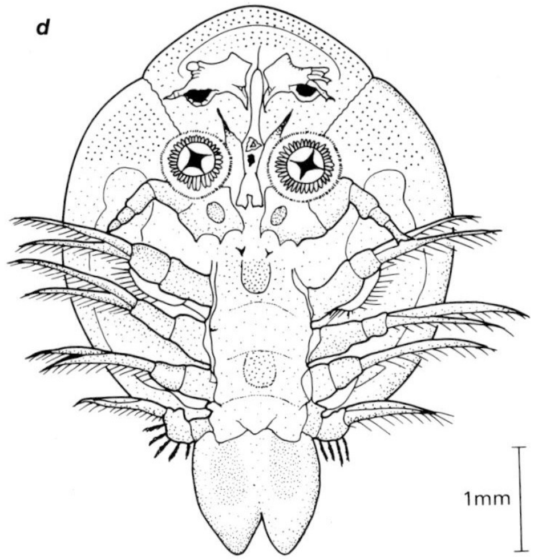

Abb. 10-13. Verschiedene Parasiten. (a) *Gyrodactylus* (Trematoden), Ektoparasit auf Haut und Kiemen von Süßwasserfischen. (b) Scolex von *Phyllobothrium* (Cestoden), mit dem sich der Bandwurm an der Dünndarm-Mucosa seines Wirts (Elasmobranchier) verankert. (c) Der einstülpbare Rüssel (Proboscis) des Acanthocephalen *A. anguillae* dient der Befestigung an der Dünndarm-Mucosa des Aals. (d) *Argulus* (Branchiuren) heftet sich mit ventralen Saugnäpfen auf Haut und Kiemen seiner Wirtsfische fest.
(e) Dorsal- und Ventralansicht einer weiblichen Zecke (*Ornithodoros moubata*).

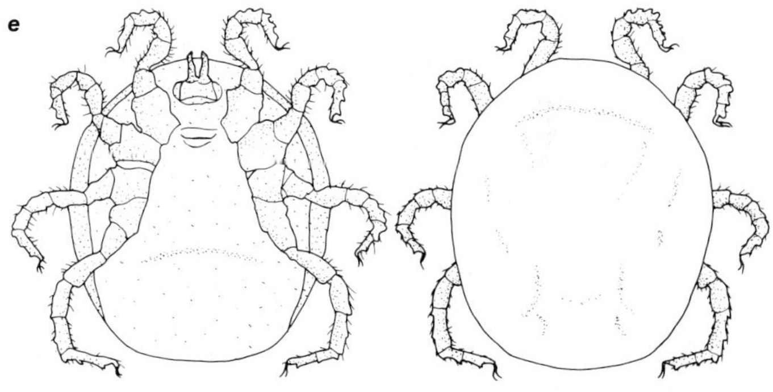

Populationsbiologische Aspekte von Wirt-Parasit-Beziehungen

Die Untersuchung von Populationen bringt mehr Information über Ausbreitung, Populationsdichte und Evolution einer Art als noch so detaillierte qualitative Beschreibungen der Organismen in ihrem Lebensraum. Diese Methode wird in der Parasitologie zunehmend angewandt zur Erforschung der Übertragung und Verbreitung von Parasiten zwischen den Wirtstieren, der Prävalenz von Parasiten innerhalb der Wirtspopulationen, der Inzidenzrate parasitischer Infektionen, sowie der Intensität einer Infektion und der Verbreitung der Parasiten unter den Wirtsindividuen.

Die Prävalenz einer Parasiteninfektion ist ein Maß für die Anzahl der Wirte einer Population, die zu einem bestimmten Zeitpunkt infiziert sind. In der Praxis dauert die Erhebung der Daten zur Bestimmung der Prävalenz natürlich länger als die theoretisch geforderte Momentaufnahme. Infektionen mit Makroparasiten zeigen gewöhnlich eine über einen Zeitraum relativ konstant bleibende Prävalenz (Abb. 10-14). Dies hängt wohl mit den – verglichen mit Mikroparasiten – längeren Generationszeiten der Makroparasiten, ihrer längeren Lebensdauer im Wirt und damit zusammen, daß sie das Immunsystem eher zu allergischen als zu wirksam schützenden Reaktionen stimulieren. Dagegen ist die Prävalenz von Mikroparasiten eher zeitlichen Schwankungen unterworfen (Abb. 10-14). Ausbrüche von Grippe, Masern, Tollwut und Cholera gehen alle auf das Konto von Mikroparasiten und werden als Epidemien bezeichnet; ein Begriff, den man im Falle von Leberegel- oder Hakenwurm-Infektionen kaum verwenden würde. Die unregelmäßige Prävalenz von Mikroparasiten hängt in erster Linie von ihrer kurzen Generationszeit, ihrer kurzen Lebensdauer und der Etablierung anhaltender Immunität bei den Wirtstieren ab, die die Krankheit überstanden haben. Die Inzidenz erfaßt die Anzahl der Neuinfektionen in einer Population über einen bestimmten Zeitraum. Diese Größe ist besonders bei der Untersuchung von Mikroparasiten nützlich.

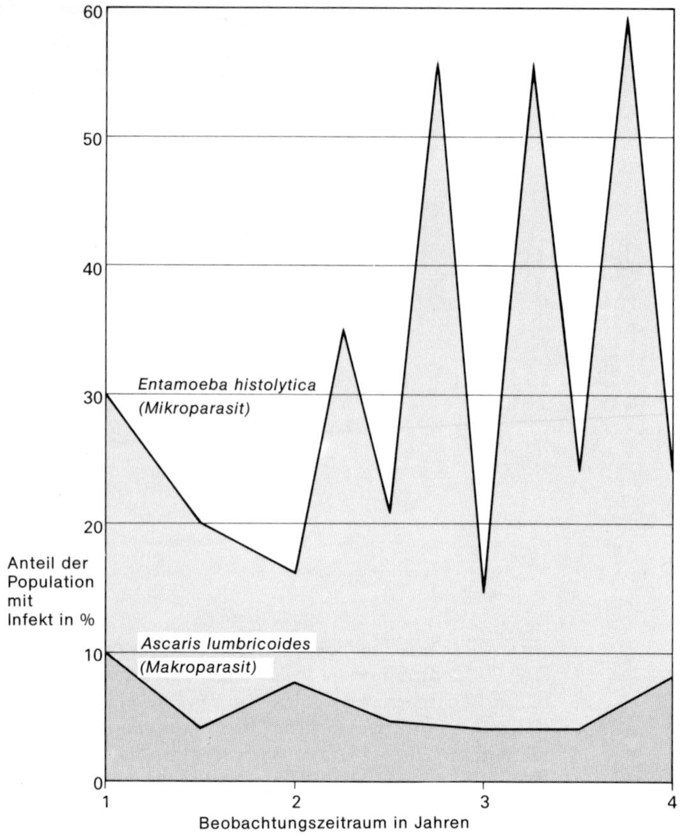

Abb. 10-14. Vergleich des zeitlichen Prävalenzverlaufs für einen Mikroparasiten und einen Makroparasiten des Menschen.

Abb. 10-15. Häufigkeitsverteilung natürlich auftretender Spulwurminfektionen *(Ascaris lumbricoides)* bei Kindern aus Pullakandi, Bangladesh.

Informationen über die Intensität einer Infektion (d. h. die Anzahl der Parasiten pro Wirt) ist für das Verständnis der Übertragung von Makroparasiten sowie des Ausmaßes der durch sie verursachten Morbidität innerhalb einer Population wichtig. Im allgemeinen sind Makroparasiten nicht zufällig auf die Individuen einer Wirtspopulation verteilt, sondern viele Tiere erhalten gar keinen oder ein paar Parasiten, während wenige von sehr vielen befallen sind (Abb. 10-15). Offenbar sind manche Individuen anfälliger gegen Infektionen als andere, wobei solche mit hohem Parasitenbefall wieder als Infektionsherd für weitere Wirtstiere fungieren können. Auch sind solche stark infizierten Individuen von einer höheren Sterblichkeit betroffen als solche mit leichtem Befall. Die Identifizierung dieser anfälligen Wirte kann sehr wichtig sein, um den Parasit unter Kontrolle zu bekommen.

Übermäßiger Parasitenbefall eines Wirtsorganismus ist für die Parasitologen von besonderem Interesse, da die biologische Bedeutung dieses Phänomens nicht bekannt ist und man nicht weiß, ob damit für den Parasiten, für den Wirt oder für beide ein Selektionsvorteil verbunden ist. Probleme ergeben sich auch für die Ärzte, die z. B. für die Diagnose einer *Ascaris*-Infektion auf die mikroskopische Auswertung von Wurmeiern im Stuhl angewiesen sind. Bisher nahm man dabei an, daß die Zahl der Eier pro Stuhlprobe sich proportional zur Spulwürmerzahl im Dünndarm verhält. Es ist jedoch so, daß die Lebensbedingungen im Dünndarm nur für eine bestimmte Populationsgröße optimal sind. Wenn also sehr viele männliche und weibliche Individuen dort vorhanden sind, so kann ihre tägliche Eiproduktion dennoch niedriger sein als bei einer kleineren Population, für die die Ernährungs- und Fortpflanzungsbedingungen ideal sind. Außerdem sagt die alleinige Berücksichtigung der Eimengen nichts über die Anzahl männlicher und nicht geschlechtsreifer Spulwürmer in dem Wirt aus.

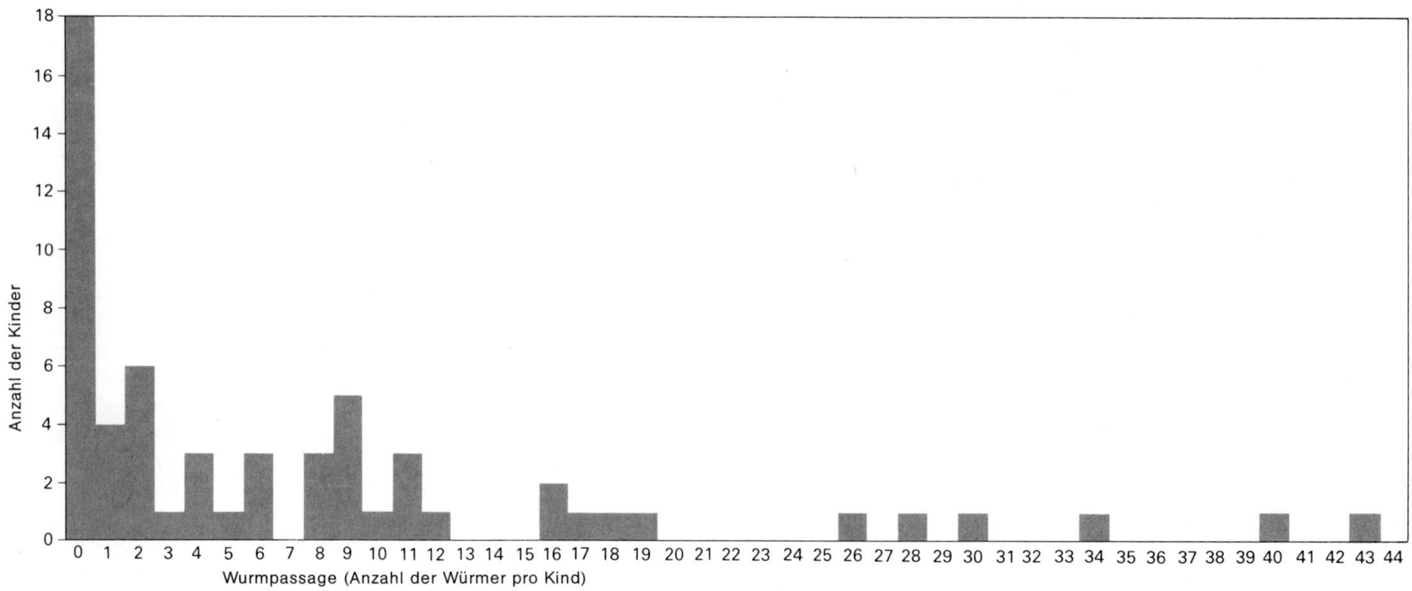

Der kombinierte Einsatz solcher Daten über Verbreitungsmechanismen, Prävalenz, Inzidenzraten und Intensität einer Infektion ermöglicht es, gezielt gegen den Parasiten vorzugehen. So werden Maßnahmen zur Kontrolle der Malaria, die die Populationsdynamik der *Anopheles*-Mücke berücksichtigen und deren Fertilität und Ernährungsgrundlage einzuschränken versuchen, geeignet sein, Auftreten und Verbreitung dieses Erregers zu vermindern.

Die Mannigfaltigkeit der Parasiten in Wirtstieren

Parasitische Arten sind von vielen Stämmen des Tierreiches bekannt. Wahrscheinlich hat sich Parasitismus bei den verschiedensten Gelegenheiten und unabhängig voneinander entwickelt. Einen Überblick über diese Mannigfaltigkeit vermittelt Tabelle 10-2, die Abbildungen zeigen ein paar Beispiele. Die Bedeutung der einzelnen Parasitengruppen geht aus der Tabelle nicht hervor; z. B. nehmen die Viren, die man als die am höchsten evoluierten Parasiten auffassen kann, weniger Raum ein als die Mollusken. Je detaillierter in dieser Tabelle auf einen Parasiten innerhalb einer bestimmten Gruppe – wie etwa bei der Seeanemone *Peachia quinquecapitata* – eingegangen wird, desto schwieriger ist es im allgemeinen, in einer solchen Gruppe einen wirklichen Parasiten zu finden. Mehrere Stämme oder sonstige Hauptgruppen im System bestehen nur aus parasitischen Arten (in der Tabelle mit Sternchen gekennzeichnet); auch infizieren parasitische Vertreter einer bestimmten systematischen Gruppe häufig Wirte der gleichen Gruppe (in der Tabelle mit † gekennzeichnet).

Als Parasitoide bezeichnete Arten töten ihre Wirte am Ende; hierzu gehören bei den Bakterien Pseudomonaden der Gattung *Bdellovibrio,* Dipteren aus der Familie der Tachiniden, bestimmte Hymenopteren und möglicherweise die Nematomorphen (Tab. 10-2). Diese Organismen weisen bestimmte Merkmale von Wirt-Parasit-Wechselbeziehungen auf, einschließlich Adaptationen zur Übertragung und Infektion, sowie einen bestimmten Grad von Wirtsspezifität; auch besitzen ihre Wirte Abwehrmechanismen, die eine Parasitoid-Infektion verhindern kann oder eben nicht. Das Vermehrungspotential beider, der Parasitoide und der Wirtsarten, ist jedoch ähnlich, und normalerweise trifft man nur einen einzelnen Parasitoiden pro Wirt an.

Auf Grund fehlender Information über ihre Biologie wurden manche Ektoparasitenarten aus Tabelle 10-2 ausgeklammert, andere Arten dafür aufgenommen. Vor kurzem wurden ektoparasitische Insekten als solche Arten definiert, die den Großteil ihrer Adultphase in enger Beziehung zu einem Lebensraum verbringen, der die Haut (sowie ihre Auswüchse) von Säugern und Vögeln sowie deren Nester und Schlafplätze umfaßt, und deren Nahrung ebenfalls von den Wirten stammt. Nur zwei Ordnungen, nämlich Läuse und Flöhe, leben ausschließlich ektoparasitisch. Weitere Ektoparasiten finden sich bei den Wanzen und Dipteren und sogar bei Käfern, Ohrwürmern, Schmetterlingen und Motten. Das einzige Kriterium, Vampire (Desmodontidae, eine Familie der Fledermäuse) als Ektoparasiten zu betrachten, liefert ihr Verhalten, Blut von lebenden Wirtstieren zu saugen; nach dieser Definition könnte man jedoch ebenso weibliche Moskitos dazurechnen.

Eine stattliche Anzahl von Vögeln betreibt Brutparasitismus (Abb. 10-16); anscheinend sind auch hier typische Wirt-Parasit-Wechselbeziehungen ausgeprägt.

Übertragung und Infektion

So zahlreich und verschiedenartig wie die Parasiten selbst sind auch ihre Anpassungen, die Kontinuität der Wirt-Parasit-Wechselbeziehungen aufrecht zu erhalten. Zur Übertragung eines Parasiten rechnet man alle Vorgänge zwischen dem Verlassen des einen Wirts und der Kontaktaufnahme mit dem im Zyklus folgenden. Die eigentliche Infektion beschreibt die Schritte, wie sich der Parasit auf dem nächsten Wirt etabliert und sich in dessen physiologische Abhängigkeit begibt. Bei der Übertragung ist die Rolle des Wirts gewöhnlich eben so wichtig wie die des Parasiten; bei vielen Parasiten werden für die Besiedlung des Wirts spezielle Stadien ausgebildet.

Die Verbreitung von Parasiten und ihre Etablierung in einem Teil der potentiellen Wirte erfordert eine gewisse räumliche und zeitliche Überlappung beider Populationen. Zudem spielen folgende Fakten eine Rolle: die Anzahl infektiöser Stadien; die Überlebensaussichten im gegenwärtigen Wirt, im Überträger und im folgenden Wirt; die klimatischen Bedingungen im Lebensraum der Wirtstiere, die entweder direkt die Infektionsstadien bzw. die potentiellen Wirte oder indirekt die Populationen des Überträgers beeinträchtigen können; die Rolle von räuberisch lebenden Organismen und Krankheitserregern, die sowohl die infektiösen Stadien als auch die Populationen der Wirtstiere und Überträger befallen können; das Verhalten adulter Parasiten, infektiöser Stadien und von Wirtstieren (z. B. kann das Verhalten eines infizierten Zwischenwirts so verändert werden, daß sich seine Chance, vom Endwirt erbeutet zu werden, erhöht); die Ernährungslage der Infektionsstadien und die der Wirtstiere. Wichtig sind auch die physiko-chemischen Bedingungen innerhalb des Wirtes; z. B. müssen etwa 100 Mio. Cholerabakterien *(Vibrio cholerae)* aufgenommen werden, um eine Infektion im Dünndarm zu manifestieren. Herrschen dort jedoch alkalische Bedingungen, reicht schon die Hälfte aus. Andere physiologische Parameter sowie der Zustand des Immunsystems (immunologisches Gedächtnis) beim Wirtstier sind ebenfalls von Belang.

Kommt der Mensch als Wirt in Frage, so können bestimmte Verhaltensweisen und Gebräuche ausschlaggebend dafür sein, ob Populationen einer Infektion ausgesetzt werden oder davor geschützt sind. Religiöse Bräuche und Stammesriten, Kochgewohnheiten, der Umgang mit Tieren, die Struktur des Gemeinwesens und Praktiken der Gesundheitspflege – sie alle spielen eine Rolle, wenn es um Wirt-Parasit-Wechselwirkungen beim Menschen geht.

Abb. 10-2. Mannigfaltigkeit der Parasiten tierischer Wirtsorganismen. Nur parasitische Vertreter jeder Gruppe sind aufgeführt.

I Mikroparasiten

A. *VIREN (endoparasitisch; obligat intrazelluläre Parasiten)
Grippe-Virus, Masern-Virus, Tollwut-Virus.

B. PROKARYOTEN (endoparasitische Bakterien)

1. Mycoplasmen (ohne feste Zellwand; Penicillin-Resistenz).
Mycoplasma; wirtsspezifisch; endoparasitisch in Epithelien des Munds, des Atmungs- und Genitaltrakts bei Vögeln und Säugern.
2. Obligate Anaerobier.
Bacteroides, Clostridium.
3. Spirochaeten (lange, schraubenförmig gewundene Zellen).
Treponema pallidum (Syphilis), *Borrelia recurrentis* (Rückfallfieber).
4. Spirillen.
†*Bdellovibrio* (parasitiert in anderen Bakterien).
5. Sporenbildende Stäbchen (Endosporenbildner; grampositive Zellwand).
Bacillus, einschließlich *B. anthracis* (Milzbrand).
6. Mikrokokken (grampositive Zellwand).
Staphylococcus.
7. Weitere (z. T. humanpathogene) Formen.
Neisseria, Rickettsia, Salmonella (Typhus), *Shigella, Yersinia pestis* (Pest).
8. Actinomyceten.
Mycobacterium tuberculosis, M. leprae (Lepra).

C. PROTOZOEN (Eukaryoten)

1. Dinoflagellaten (fast alle Arten leben als marines Plankton).
Angehörige der Blastodiniiden leben endoparasitisch im Darmtrakt, in Körperhöhlen und in Eiern von Copepoden, im Darm von Polychaeten und ektoparasitisch auf Haut und Kiemen von Fischen.
2. Rhizopoden (Amöben).
Entamoeba; Endoparasit im Darm von Wirbellosen und Wirbeltieren.
3. Zooflagellaten (Geißeltierchen; viele Arten endoparasitisch in Wirbellosen und Wirbeltieren).
Bodo, Giardia (Abb. 10-8.), *Histomonas meleagridis, Leishmania* (Orientbeule, Kala-Azar), *Trypanosoma cruzi* (Chagas-Krankheit), *Trichomonas, Trypanosoma brucei*-Gruppe (Schlafkrankheit, Nagana-Seuche).
4. Ciliaten.
Balantidium; endoparasitisch im Dickdarm von Säugern. Einige Ciliaten leben ektoparasitisch auf Kiemen von Crustaceen, andere endoparasitisch im Darm von Seeigeln. Ciliaten im Pansen und Dickdarm laubfressender Säugetiere sind am Aufschluß von Cellulose beteiligt.
5. *Sporozoen (Endoparasiten mit vielen intrazellulär lebenden Arten).
Babesia, Eimeria, Gregarina, Haemoproteus, Isospora, Plasmodium (Malaria) (Abb. 10-12.), *Toxoplasma gondii.*
6. *Cnidosporidien (bilden Cysten mit einem oder mehreren Polfäden; Endoparasiten in Insekten und Fischen).
Glugea, Myxobolus, Nosema.

D. PILZE (verschiedene Arten können bei der biologischen Schädlingsbekämpfung eingesetzt werden)

1. Zygomyceten (Vermehrung durch asexuelle Conidien und Konjugation).
Entomophthora coronata; endoparasitisch in Blattläusen. *Empusa muscae;* endoparasitisch in Stubenfliegen und anderen Dipteren.
2. Deuteromyceten (Vermehrung meist asexuell).
Candida albicans, Trichophyton (Hautpilze).

II Makroparasiten

A. TIERE

1. Coelenteraten (meist marin und freilebend; bilden Nematocysten aus).
Hydrichthys boycei (Hydroidpolyp); ektoparasitisch auf Fischen.
†*Peachia quinquecapitata* (Aktinie); erst endoparasitisch, dann ektoparasitisch auf Medusen von *Phialidium gregarium* (einer Hydrozoenart).
2. Ctenophoren (Rippenquallen; meist marin und freilebend).
Gastrodes parasiticum; frühe Entwicklungsstadien parasitisch im Mantel von Tunicaten.
3. *Mesozoen (kleine, wurmförmige Endoparasiten mariner Invertebraten mit ausgeprägten Gonaden).
Dicyemiden; parasitisch in der Niere von Cephalopoden: *Dicyemenna eltanini.*
Orthonectiden; in Geweben von Platyhelminthen, Nemertinen, Anneliden, Mollusken und Echinodermen.
4. Plathelminthen (große Gruppe freilebender, ekto- und endoparasitischer Arten).
   a. Turbellarien (meist freilebend und aquatisch).
   Fecampia erythrocephala; endoparasitisch in Krebsen.
   b. Trematoden (Saugwürmer).
   Entobdella, Gyrodactylus (Abb. 10-13); Ektoparasiten auf Haut und Kiemen von Fischen.
   Fasciola hepatica, Paragonimus westermani, Schistosoma (Schistosomiasis, Bilharziose) (Abb. 10-11); hauptsächlich Endoparasiten von Wirbeltieren (Abb. 10-13).
   c. Cestoden (Bandwürmer: Endoparasiten im Dünndarm von Vertebraten) (Abb. 10-14).
   Diphyllobothrium latum, Hymenolepis, Taenia.
5. Nemertinen (Schnurwürmer; meist freilebend).
Carcinonemertes; Ektoparasit auf Kiemen von Krebsen, *Uchidana parasitica;* endoparasitisch in der Mantelhöhle der Muschel *Mactra sulcataria.*
6. Rotatorien (Rädertierchen; Kopfbewimperung, sog. Räderorgan, umgürtet das Vorderende; mehrere Arten als Ektoparasiten von Süßwasser-Invertebraten).
Drilophaga bucephalus; ektoparasitisch auf Tubificiden. *Albertia vermicularis;* endoparasitisch im Darm von Oligochaeten.
7. *Acanthocephalen (Kratzer; besitzen charakteristischen einstülpbaren Rüssel, Proboscis (Abb. 10-13); Endoparasiten im Dünndarm von Vertebraten).
Acanthocephalus, Moniliformis moniliformis, Neoechinorhynchus.
8. Nematoden (Fadenwürmer; Häutungen; im Querschnitt rund mit Leibeshöhle; freilebend, auf Pflanzen und Tieren parasitierende Arten; Endoparasiten bei Tieren).
Ancylostoma, Ascaris (Abb. 10-10), *Capillaria, Onchocerca volvulus* (Flußblindheit).
9. *Nematomorphen (Saitenwürmer; Larven endoparasitisch in Arthropoden; geschlechtsreife Tiere freilebend).
Gordius, Paragordius.

10. Mollusken (artenreiche Gruppe; Körper dreigegliedert in Kopf, Fuß und Eingeweidesack, von dem häufig eine Schale sezerniert wird; fast alle Arten freilebend).
    a. Gastropoden (Schnecken); mindestens 11 Arten sind als Endoparasiten von Seegurken (Holothurien) bekannt.
    b. Bivalvia (Muscheln); Larven der Unioniden, z. B. *Anodonta*, entwickeln sich ektoparasitisch in Cysten auf Kiemen und Haut von Fischen.
11. Sipunculiden (unsegmentierte Würmer; Mund von einem Tentakelkranz umgeben; freilebend am Meeresboden).
    Golfingia procera; möglicherweise als Parasit in der Leibeshöhle des Polychaeten *Aphrodite aculeata.*
12. Anneliden (Ringelwürmer; metamere Gliederung; echtes Cölom als Leibeshöhle; meist freilebend).
    a. *Myzostomiden (stark abgewandelte Parasiten auf Echinodermen).
    Asteriomyzostomum, Protomyzostomum und *Mesomyzostoma;* Endoparasiten von Seesternen, Schlangensternen und Seelilien.
    b. Polychaeten (sehr artenreich; meist marin und freilebend).
    † 11 Angehörige der Familie Arabelidae als Endoparasiten in der Leibeshöhle anderer Polychaeten und Echiuriden.
    Ichthyotomus sanguinarius; blutsaugender Ektoparasit auf Aalen.
    c. Oligochaeten (sehr artenreich; meist terrestrisch und im Süßwasser; freilebend).
    Einige Branchiobdelliden (egelähnlicher Körperbau) parasitieren auf den Kiemen von Flußkrebsen.
    Schmardaella lutzi; endoparasitisch im Urogenitalsystem von Baumfröschen.
    d. Hirudineen (Egel; einige blutsaugende Arten als Ektoparasiten von Vertebraten).
    Hirudo, Theromyzon.
13. *Pentastomiden (Zungenwürmer, wahrscheinlich mit Arthropoden verwandt; blutsaugende Endoparasiten carnivorer Vertebraten, besonders von Reptilien).
    Linguatula serrata, Porocephalus crotuli.
14. Crustaceen (überwiegend aquatisch, Arthropoden mit zwei Antennenpaaren).
    a. † Isopoden (dorsoventral abgeflacht).
    Bopyrus; ektoparasitisch auf Kiemen von Crustaceen. *Cymothoa;* ektoparasitisch auf Kiemen und Haut von Fischen. *Pinnotherion vermiforme;* endoparasitisch in Krebsen.
    b. Amphipoden (seitlich abgeflacht).
    Cyamus boopis; (Wal-Laus) Ektoparasit auf Walen.
    c. Copepoden (Seitenaugen und Carapax fehlen; viele ektoparasitische Arten auf marinen Wirten).
    Viele Vertreter der Caligiden, Ergasiliden, Lernaeiden, Lernaeoceriden und Lernaeopodiden sind Fischparasiten und befallen Flossen, Kiemen und Haut. *Mytilicola intestinalis* parasitiert in der Muschel *Mytilis edulis.*
    d. Branchiuren (Karpfenläuse; ektoparasitisch auf Fischen).
    Argulus (Abb. 10-13), *Chonopeltis.*
    e. † Cirripedier (Rankenfüßer; marin).
    Rhizolepas annelidicola, Anelasma squalicola; Ektoparasiten auf Anneliden bzw. Haien. Sacculiniden- und Peltogastriden-Arten parasitieren in Krebsen.
15. Insekten (Arthropoden mit Tracheemsystem, 1 Paar Antennen, 3 Beinpaare).
    a. Dermapteren (Ohrwürmer; etwa 16 Arten als Ektoparasiten von Fledermäusen und Nagern).
    Hemimerus deceptus; Ektoparasit der afrikanischen Hamsterratte *(Cricetomys gambiense).*
    b. *Mallophagen (Feder- und Haarlinge; kleine, flügellose Insekten, Ektoparasiten hauptsächlich auf Vögeln).
    c. *Anopluren (Läuse im engeren Sinne; ausschließlich blutsaugende Ektoparasiten bei Säugern).
    Pediculus humanus, Phthirus pubis.
    d. Hemipteren (Schnabelkerfe; meist freilebende Arten).
    Die Polycteniden sind Ektoparasiten tropischer Fledermäuse. Einige Acanthiiden, z. B. *Cimex* (Bettwanze), sind Ektoparasiten bei Vögeln und Säugern.
    e. Lepidopteren (Schmetterlinge und Motten).
    Bradypodicola hahneli; während der Adultphase Ektoparasit im Fell von Faultieren.
    f. Dipteren (Zweiflügler; darunter Fliegen, Stech- und Sandmücken, Tsetsefliegen).
    Oestriden (Dasselfliegen) und Gasterophiliden (Magenbremsen); Larven leben endoparasitisch in Säugern.
    Hippobosciden (blutsaugende Ektoparasiten an Vögeln und Säugern).
    Nycteribiiden (flügellose Ektoparasiten auf Fledermäusen).
    † Tachiniden (Raupenfliegen); Larven endoparasitisch in Insekten; wichtig bei Bekämpfung von Schadinsekten.
    g. *Siphonapteren (Flöhe; Imaginalstadium als Ektoparasiten von Vögeln und Säugern; Blutsauger).
    Ctenocephalides, Xenopsylla.
    h. † Hymenopteren (Hautflügler; viele freilebende und endoparasitische Arten, z. B. Ichneumoniden und Schlupfwespen als Parasitoide vieler anderer Insektenarten).
    i. Coleopteren (Käfer; 71 der etwa 360 000 Arten dieser Ordnung sind als Ektoparasiten von Säugern beschrieben).
    Leptinus testaceus; Ektoparasit auf Nagern.
    j. † Strepsipteren (Fächerflügler; kleine Insekten). Larven und erwachsene Weibchen sind Endoparasiten anderer Insekten.
16. Acaren (Milben und Zecken; Körperunterteilung in Gnathosoma und Idiosoma).
    a. Milben (klein, artenreich, häufig freilebend; 6 Unterordnungen; einige ektoparasitische Arten).
    Cryptostigmata, Ektoparasiten von Vögeln und Säugern.
    Demodex folliculorum; Ektoparasit auf verschiedenen Säugetieren. *Sarcoptes scabiei;* ruft beim Menschen die Krätze hervor.
    b. *Zecken (Abb. 10-13) (ektoparasitische Blutsauger auf Amphibien, Reptilien, Vögeln und Säugern).
17. Fische (nahezu alle Arten freilebend).
    † Trichomycteriden (südamerikanische Parasitenwelse); Ektoparasiten auf den Kiemen anderer Fische.
18. † Vögel (Brutparasitismus, wobei eine Vogelart Nestbau, Brutgeschäft und Jungenaufzucht einer anderen aufbürdet).
    Anatiden. *Heteronetta atricapilla;* parasitiert bei anderen Enten, Schwänen, Möwen, Bläßhühnern, Ibissen und Rallen. Cuculiden (einschließlich Kuckucke). *Cuculus canorus* (europäischer Kuckuck); Brutparasit bei ca. 125 Vogelarten (Abb. 10-16).
    Indicatoriden (Honiganzeiger); parasitieren bei Spechten, Bartvögeln und anderen Höhlenbrütern.
    Icteriden (Stärlinge). *Molothrus ater* (Kuhstärling); parasitiert bei ca. 200 Vogelarten.
    Viduinen (Witwenvögel); parasitieren bei Prachtfinken.

---

* Alle Angehörige dieser taxonomischen Gruppe sind Parasiten.
† Hierzu gehören Arten, die auf systematisch nahestehenden Wirten parasitieren.

Tab. 10-3. Prävalenz-Abschätzungen für einige medizinisch wichtige Protozoen- und Plathelminthen-Infektionen.

Art der Parasitose	**Anzahl der Fälle**
PROTOZOEN	(Weltbevölkerung etwa 4 200 Millionen)
Schlafkrankheit *(Trypanosoma brucei* Gruppe; Afrika)*	10 000 neue Fälle pro Jahr; 35 Millionen gefährdet
Chagas-Krankheit *Trypanosoma cruzi;* Mittel- und Südamerika)*	10 Millionen; 35 Millionen gefährdet
Malaria *(Plasmodium falciparum, P. malariae, P. ovale P. vivax)* *,**	160 Millionen befallen; 1163 Millionen gefährdet
PLATHELMINTHEN	
Ascariasis *(Ascaris lumbricoides)*	800–1 269 Millionen
Hakenwurmkrankheit *(Ancylostoma duodenale* und *Necator americanus)*	726–932 Millionen
Filariasis *(Wuchereria bancrofti* und verwandte Arten) *,**	250–383 Millionen
Onchocerciasis *(Onchocerca volvulus)* *,**	20–40 Millionen
Taeniasis *(Taenia saginata)*	38–77 Millionen
Schistosomiasis *(Schistosoma haematobium, S. japonicum* und *S. mansoni)* **	200–271 Millionen

* Insekt als Vektor bei der Entwicklung und Übertragung erforderlich
** direkt oder indirekt an Vorhandensein von Wasser gekoppelt

Wirtsresistenz und Immunität

Parasitismus bei tierischen Wirten könnte man als ein heikles physiologisches Gleichgewicht zwischen der Aktivität des Parasiten und der Resistenz des Wirtes auffassen. Bei den Resistenzmechanismen unterscheidet man unspezifische von spezifischen Vorgängen. Bei der Geburt besitzt ein Tier bestimmte angeborene Mechanismen zur Infektionsabwehr, die in der Regel unspezifisch sind. Sobald das Tier heranwächst und sein Immunsystem mit fremden Substanzen, Eindringlingen oder ganz allgemein mit körperfremden Stoffen in Kontakt kommt, entwickeln sich spezifische Immunreaktionen. Bei Säugern können Abwehrstoffe von der Mutter auf die Nachkommen übertragen werden und zwar durch die Plazenta während der Schwangerschaft als auch über die Muttermilch. Zudem haben es manche Tiere, vor allem aber der Mensch, gelernt, aktiv auf ihre Umwelt zu reagieren, so daß bestimmte Infektionen oder deren Folgen vermieden werden können.

Bei Invertebraten beruht die Abwehr endoparasitischer Infektionen hauptsächlich auf der unspezifischen Attacke bestimmter mobiler Zellen (Amoebocyten und Haemocyten), die kleine Partikel wie Bakterien phagocytieren oder größere, wie die Entwicklungsstadien parasitischer Würmer oder Insektenlarven, einkapseln. Für ein immunologisches Gedächtnis, wie es für die spezifischen Reaktionen höherer Tiere charakteristisch ist, gibt es bei den Invertebraten keine Evidenz. In immunkompetenten Vertebraten werden fremde Antigene vom Körper als nichtkörpereigen erkannt und stimulieren die Bildung von Antikörpern und die Mobilisierung bestimmter Immunzellen, die im Idealfall den Eindringling unschädlich machen. Zwei funktionell unterschiedliche Leukocytenpopulationen, man nennt sie B- und T-Lymphocyten, kooperieren dabei mit größeren Leukocyten, die man Makrophagen nennt; sie alle sind für die Immunresistenz bei Wirbeltieren von fundamentaler Bedeutung. Einige Lymphocyten behalten das fremde Antigen in Erinnerung (Gedächtniszellen), so daß die Schutzreaktionen bei nachfolgenden Infektionen schneller und intensiver wirksam werden.

Tatsächlich ist es jedoch oft so, daß die spezifischen Reaktionen der Wirbeltiere auf Parasitenantigene nicht zum Schutz sondern zu Überempfindlichkeitsreaktionen und Immunopathien führen, die den Körper stärker schädigen als die eigentliche Aktivität der Parasiten. Schistosomiasis beispielsweise führt häufig zu chronischen Leberschäden, wenn immunkompetente Zellen, allerdings mit wenig Erfolg, gegen die Eier von *Schistosoma mansoni* aktiv werden, sobald diese in der Leber abgelegt werden.

Wirbeltiere besitzen auch ein großes Potential an nichtspezifischer Infektionsabwehr, einschließlich schützender Abwehrstoffe, die in Talg, Schleim und Tränenflüssigkeit sezerniert werden sowie verschiedene Typen phagocytierender Zellen. Nach Kontakt mit Viren und anderen Mikroparasiten, setzen Zellen höherer Wirbeltiere eine Gruppe eng verwandter Proteine – sogenannte Interferone – frei, wodurch bei anderen Zellen antivirale Reaktionen ausgelöst und deren Empfindlichkeit gegen einen Mikroparasitenbefall herabgesetzt wird. Weitere wirkungsvolle Barrieren gegen Infektionen stellen besonders Eigenschaften der Körperoberfläche dar (Haut, Schuppen, Cuticula). Auch genetische Unterschiede zwischen einzelnen Populationen können sich als wirkungsvolle Resistenzfaktoren erweisen; bekanntestes Beispiel dafür ist wohl die scheinbare Resistenz gegen Malaria *(Plasmodium falciparum)*, die für Individuen mit Sichelzellanämie charakteristisch ist.

Dennoch ist ein ganzes Heer parasitischer Organismen sehr wohl dazu befähigt, sich in einer Umwelt, die mit den verschiedenartigsten Schutzmaßnahmen ausgestattet ist, erfolgreich zu behaupten. Manche Parasiten können durch Antigenvariation der Antikörperbildung im Wirt immer einen Schritt voraus sein, oder sie benutzen eine Tarnung, so daß sie dem Wirt als körpereigen erscheinen, oder sie bewirken eine Schwächung des Immunsystems. Ohne eine ausreichende Kontrolle der Parasiteninfektionen durch das Immunsystem des Wirtes würde allerdings die Wirtsspezies und damit auch seine Parasiten zugrunde gehen.

Abb. 10-16. Ein Rohrsänger füttert geduldig den jungen Kuckuck, der die eigene Brut aus dem Nest verdrängt hat.

Parasitosen des Menschen

Die Fähigkeit, eine Krankheit hervorzurufen, ja sogar den Tod zu bewirken, ist eine grundlegende Eigenschaft parasitischer Organismen. Während seiner gesamten Entwicklungsgeschichte hat der Mensch unter den verheerenden Auswirkungen von Parasitosen gelitten, und global gesehen hat sich an dieser Situation kaum etwas geändert (Tab. 10-3). Die meisten der Betroffenen leben in Entwicklungsländern und werden gleich von mehreren Infektionen heimgesucht: Malaria, Onchocercose (Flußblindheit) und Schistosomiasis (Bilharziose) sind für die Gesundheitsbehörden von besonderer Bedeutung. Die allgemeine Gesundheitsbelastung durch Ascariasis (Spulwurmplage), Ankylostomiasis (Hakenwurmkrankheit) und weitere durch Würmer hervorgerufene Krankheiten wird auch in Zukunft ein großes Problem bleiben.

Weiterführende Literatur

Cox, F. E. G.: *Modern Parasitology.* Blackwell, Oxford 1982.
Dönges, J.: *Parasitologie.* Thieme, Stuttgart 1980.
Harley, J. L. and Smith, J. E.: *Mycorrhizal Symbiosis.* Academic Press, London 1983.
Heussen, A., und Jahns, H.: *Lichenes – Eine Einführung in die Flechtenkunde.* Thieme, Stuttgart 1974.
Hoffmann, G. M., und Schmutterer, H.: *Parasitäre Krankheiten und Schädlinge an landwirtschaftlichen Kulturpflanzen.* Ulmer, Stuttgart 1983.
Kennedy, C. R.: *Ecological Aspects of Parasitology.* North Holland, Amsterdam 1976.
Marshall, A. D.: *The Ecology of Ectoparasitic Insects.* Academic Press, London 1981.
Matthes, D.: *Tiersymbiosen und ähnliche Formen der Vergesellschaftung.* Fischer, Stuttgart 1978.
Mehlhorn, H., und Peters, W.: *Diagnose der Parasiten des Menschen.* Fischer, Stuttgart 1983.
Mohr, W., Schumacher, H.-H., und Weyer, F. (Hrsg.): *Lehrbuch der Tropenkrankheiten.* Thieme, Stuttgart 1975.
Schaede, R.: *Die pflanzlichen Symbiosen.* 3. Aufl.; Fischer, Stuttgart 1962.
Schlösser, E.: *Allgemeine Phytopathologie.* Thieme, Stuttgart 1983.
Sprent, J. I.: *The Biology of Nitrogen-fixing Organisms.* McGraw-Hill, London 1979.

Dritter Teil

Evolution und fossile Überlieferung

Es gibt zwei Aspekte der biologischen Evolution. Der eine betrifft die Vorstellung, daß im Laufe geologischer Epochen Lebewesen durch Veränderungen aus anderen Lebewesen hervorgegangen sind. Wenn man diese Vorstellung akzeptiert, ist die fossile Überlieferung – obgleich unvollständig – in diesem Sinne zu deuten. Das Wort Evolution wird in diesem Zusammenhang oft als eine Art Kürzel verwendet für das, was wir über die Sukzession der Organismen zu wissen glauben.

Der zweite Aspekt der biologischen Evolution ist vom ersten nicht trennbar, sondern versucht, diesen zu erklären. Wenn wir die Hinweise auf eine evolutionäre Sukzession für überzeugend halten, dann ist es nur natürlich, nach Erklärungen für die Veränderung der Organismen im Laufe der Zeit zu suchen. Das Interesse von Charles Darwin an der Tierzucht ist dabei weit entfernt von den vielfältigen Informationen, die aus den gegenwärtigen genetischen und molekularbiologischen Untersuchungen stammen.

Das zentrale Problem der Evolutionsbiologie ist, herauszufinden, wie evolutionäre Veränderungen geschehen können. Müssen sich z. B. immer kleine Änderungen allmählich akkumulieren, oder können gelegentlich große Umgestaltungen in der Organisation zu neuen, lebensfähigen Organismen führen? Verlaufen diese Veränderungen gleichmäßig über die Zeit, oder gibt es Perioden relativer Konstanz, die durch Zeiten raschen Wechsels unterbrochen werden?

In den folgenden Kapiteln werden mögliche Mechanismen der Evolution und die aus ihr resultierenden Muster betrachtet. Eines der auffälligsten Merkmale aller lebenden Organismen ist die Verwendung des gleichen genetischen Codes; die Information über den Aufbau und die Entwicklung der Organismen ist in Nucleinsäuren niedergelegt und wird durch sie auch weitergegeben. Es ist daher wichtig, sich über die Gegebenheiten der präbiotischen Welt Gedanken zu machen, in der sich die ersten Formen des Lebens entwickelten. Die fossile Überlieferung dieser frühesten Periode ist dürftig, und zu der Zeit, als Organismen aufgrund ihres Baus besser fossilierten, gab es schon eine große Formenvielfalt. Bei der Besprechung der wichtigsten fossilen Überlieferungen wird im folgenden besonders den Fragen nachgegangen werden, wie die Umwelt, in der Pflanzen und Tiere lebten, beschaffen war und wie Veränderungen dieser Umwelt Innovationen in der Struktur der Organismen begünstigt haben könnten.

Die Ursprünge der heutigen Flora und Fauna, für die eine beachtliche fossile Überlieferung existiert, lassen sich durch Veränderungen der Lebensräume, die durch Klimaschwankungen hervorgerufen wurden, bereits recht gut beschreiben.

Schnitt durch den Ammoniten *Arietites* aus dem Unteren Jura bei Lyme Regis, Dorset, England. Die Wände und Kammerunterteilungen sind mit mehreren Lagen aus eisenreichem Calcit inkrustiert.

11 Der Prozeß der Evolution

Das am meisten beeindruckende Kennzeichen der lebendigen Welt ist ihre Mannigfaltigkeit. Der Versuch, diese Mannigfaltigkeit analytisch zu erfassen, bringt sowohl den Wissenschaftler als auch den Amateurbiologen in gleichem Maße zum Staunen. Die entscheidenden Stichworte für die Beantwortung der Frage „Warum gibt es so viele verschiedene Organismen?" sind Ökologie und Evolution.

Ökologie ist die Untersuchung der Beziehungen der Organismen untereinander und zu ihrer Umwelt. Notgedrungen wurden die meisten ökologischen Studien an heute lebenden Organismen durchgeführt. Es ist schon schwer genug, Vorstellungen, warum beispielsweise Tiere in ganz bestimmten Lebensräumen auftreten oder warum gewisse Pflanzen besonders gut in ganz bestimmten Klimaten wachsen, experimentell zu überprüfen, auch wenn in diesen Fällen – zumindest potentiell – alle notwendigen Informationen zur Verfügung stehen. Die gleichen quantitativen Methoden auf Organismen und Lebensräume der Vergangenheit anzuwenden, ist ein noch wesentlich schwierigeres Unterfangen.

Die Betrachtung der Evolution kann in mancher Beziehung als ein Studium der ökologischen Beziehungen während eines ungeheuer langen Zeitraumes, im Bereich von Hunderten von Millionen Jahren aufgefaßt werden. Hierbei sind im wesentlichen zwei Aspekte von Bedeutung. Zum einen geht es um die Erforschung der Art der evolutionären (natürlichen) Verwandtschaftsbeziehungen, d.h. um den Stammbaum der Organismen, der durch die geologische Zeit hindurch die nacheinander ablaufende Entwicklung von den früheren zu den heutigen Formen aufzeigt. Zum zweiten geht es um die Erforschung der Evolutionsmechanismen. Beide Aspekte lassen sich nicht voneinander trennen; im folgenden wird zu zeigen versucht, wie beide logisch miteinander verknüpft sind.

Klassifikationen

Zunächst schien es vernünftig, daß Organismen mit großer Ähnlichkeit untereinander auch in einer Klassifikation nahe beieinander stehen sollten. Wenn die deutliche Ähnlichkeit zwischen Organismen tatsächlich eine enge Verwandtschaft bezüglich gemeinsamer Ahnen widerspiegelt (natürliche Verwandtschaft), müßte dann auch eine auf Ähnlichkeit beruhende Klassifikation genau den evolutionären Stammbaum wiedergeben, dessen Äste sich in der Vergangenheit miteinander verbinden. Es ist jedoch weitgehend klar, daß Ähnlichkeit auch zu einer irreführenden Interpretation führen kann. So sind beispielsweise die Flügel der Fledermäuse und der Vögel einander ähnlich. Die notwendigen physikalischen Erfordernisse der Aerodynamik sorgen dafür, daß dies so ist. Gleichwohl werden Fledermäuse und beispielsweise Rinder aufgrund wesentlicher anderer Merkmale als Säugetiere klassifiziert. Dies bedeutet, daß diese beiden Tiergruppen untereinander enger verwandt sind als eine von ihnen mit den Vögeln. Beide, Fledermäuse und Rinder, besitzen Haare, bringen Junge zur Welt, die über eine Placenta ernährt wurden und säugen diese Jungen mit in besonderen Drüsen gebildeter Milch. Diese und andere Merkmale, wie z.B. auch der Aufbau des Mittelohrs, haben die beiden Säugergruppen gemeinsam, den Vögeln jedoch fehlen sie.

Es ist natürlich nicht erforderlich, daß die Klassifikation der Organismen ein genaues Modell für die evolutionären Verwandtschaftsbeziehungen sein muß. Sehr oft ist es viel wichtiger, daß ein Name eindeutig nur für einen bestimmten Organismus verwendet wird, so daß Biologen diesen Namen einander mitteilen können. Solch eine Klassifikation stellt indessen nur eine „Nomenklatur" dar, d.h. lediglich eine Sammlung von Namen, die dem Uneingeweihten nicht viel sagt. Es fehlen dabei Informationen über die charakteristischen Eigenschaften der Organismen. Sobald eine gewisse Erfahrung vorliegt, ist es jedoch möglich, mit einem speziellen Namen aus der Klassifikation auch Informationen über alle zur entsprechenden Gruppe gehörenden Organismen zu verbinden. Die Nennung des Namens „Vogel" (Aves) ruft unmittelbar die Anpassungsmerkmale ins Gedächtnis, die diese Gruppe allgemein charakterisieren. Durch Verwendung eines weniger umfassenden Gruppennamens innerhalb der Vögel kann noch mehr Information vermittelt werden. So zeichnet die Aussage „x ist ein Rabenvogel", ein genaueres Bild der Eigenschaften dieses Vogels, da man sich jetzt im System auf der Stufe der Familie (Corviden) befindet.

Die Kategorie „Art" spielt eine besondere und wichtige Rolle in der Klassifikation. Sie ist im allgemeinen die für die Beschreibung der charakteristischen Eigenschaften eines Organismus kleinste verwendete Einheit, und natürlich war es die „Art", die Charles Darwin in seinem erstmals 1859 veröffentlichten Buch *The Origin of Species* (Der Ursprung der Arten) angesprochen hatte. Der Ausdruck „Art" wird für eine Gruppe von Organismen gebraucht, die sich zumindest potentiell erfolgreich miteinander kreuzen und damit fruchtbare Nachkommen erzeugen können. Angehörige verschiedener Arten können sich nicht erfolgreich paaren oder erzeugen allenfalls sterile Nachkommen. Die Ähnlichkeit zwischen Angehörigen einer Art ist im allgemeinen größer als zwischen Angehörigen verschiedener Arten. Die Einordnung in eine Art ist besonders dann schwierig, wenn Organismen komplexe Entwicklungsabläufe mit Stadien von sehr verschiedenen Erscheinungsbildern aufweisen. So können z.B. erwachsene (adulte) Fliegen verschiedener Arten untereinander ähnlicher sein als die Larven (Maden) mit den Adulten derselben Art. Wenn ferner Männchen und Weibchen in ihrem Erscheinungsbild sehr verschieden sind, kann es zeitweilig schwierig sein, sie als eine Art zu erkennen, freilich nicht für die Organismen selbst, sondern nur für den sie untersuchenden Biologen.

Darwinismus und Neodarwinismus

Bisher wurde hier nur auf die morphologische Erscheinung, auf das sichtbare Bild eines Organismus, oft als Phänotyp bezeichnet, eingegangen. Warum Individuen einer Art einander so stark ähneln, dafür haben in diesem Jahrhundert die Ergebnisse der Genetik überzeugende Gründe geliefert. Diese Vorstellungen waren Darwin noch nicht zugänglich. Die Kombination der Theorien Darwins und seiner Zeitgenossen mit den späteren Arbeiten der Genetik wird oft als Neodarwinismus bezeichnet.

Darwins Werk zeigt zwei Hauptaspekte. Zum einen zog er Ergebnisse seiner eigenen Untersuchungen und vieler anderer in den verschiedenen Gebieten der Naturgeschichte, Vergleichenden Anatomie, Geologie und Verbreitung der Organismen heran. Dies führte ihn zu der Auffassung, daß die Mannigfaltigkeit der Organismen am leichtesten und überzeugendsten durch die Annahme erklärt werden könne, daß die Arten nicht konstant bzw. keine unveränderlichen Einheiten sind. Zweitens verwendete Darwin die umfangreichen Materialien und Informationen über die Züchtung von Pflanzen und Tieren, und konnte so auf einen möglichen Mechanismus der sich in Organismengruppen im Laufe der Zeit vollziehenden Veränderungen schließen, einen Mechanismus, der möglicherweise die Entstehung von neuen Arten erklärt.

Darwin nahm an, daß die Variation zwischen Individuen einer Population oft eine bedeutende Auswirkung auf die Fähigkeit zeigt, in einer gegebenen Umwelt zu überleben, sich zu paaren und Nachkommen zu zeugen. Solche Individuen, die für das Überleben und das Erzeugen von Nachkommen günstige Eigenschaften besitzen, würden mehr Junge bekommen, die ihrerseits wiederum die vorteilhaften Eigenschaften ihrer Eltern erben. Auf diese Weise würde sich in einer Population eine allmähliche Änderung vollziehen, insofern als die entsprechenden Eigenschaften zunehmen. Dies ist Darwins Theorie von der Evolution durch natürliche Auslese (Selektion), das „natürliche" Gegenstück zur Auslese verschiedener Formen durch einen Tier- oder Pflanzenzüchter.

Das Vorkommen von Unterschieden zwischen einzelnen Vertretern einer Art war entscheidend für den von Darwin vorgeschlagenen Mechanismus der biologischen Evolution, und die Tatsache, daß solche Unterschiede beim Menschen und bei anderen Organismen wirklich vorkommen, verlieh Darwins Argumenten eine unmittelbare und überzeugende Wirkung auf viele Wissenschaftler und Laien.

Beide Hauptargumente Darwins gründen sich auf eine Rückübertragung von Beobachtungen auf Ereignisse in der evolutionären Vergangenheit. Aufgrund der vorliegenden geologischen Beweise konnte er die Meinung vertreten, daß die Zeitspanne, seit der es Leben auf der Erde gibt, sehr lang ist. Da bestimmte geologische Abläufe, wie z. B. die Sedimentbildung in Flußdeltas, unmittelbar untersucht werden können, weil sie in einem bestimmten Maß bis heute ablaufen, ist es möglich, die für die Ablagerung von Sedimenten im Laufe der Erdgeschichte notwendige Zeit abzuschätzen (s. Kap. 12.1). Diese Ablagerungen enthalten Fossilien. Die Schlußfolgerung war, daß für die biologische Evolution offenbar Hunderte von Millionen Jahren zur Verfügung standen.

Andererseits war bekannt, daß die künstliche Auslese jeweiliger Eltern mit extremen Eigenschaften von Generation zu Generation zu reinrassigen Formen von Pflanzen oder Tieren führte (s. Kap. 3.2). Wenn sich eine ähnliche Form der Auslese auch „natürlich" in der geologischen Vergangenheit abgespielt hat, fände die Veränderung der Formen des Lebens, die zur heute und in der fossilen Überlieferung beobachtbaren Mannigfaltigkeit geführt hat, eine überzeugende Erklärung.

Es wurde oft betont, daß das eigentliche, offenkundig jedoch fehlende Element in Darwins Beweisführung zum „Ursprung der Arten" die Ursache für die Artbildung (Speziation) selbst ist, nämlich für die Bildung neuer sich nicht untereinander kreuzender Arten, was ja im Gegensatz zur Veränderung innerhalb einer Art in der Zeit steht. Bei der Erforschung der Mechanismen und Ursachen der Artbildung sind wir trotz unseres gewaltig angewachsenen Wissens über die Genetik meist ebenso ratlos wie Darwin.

Evolutionäre Genetik

Die moderne Molekulargenetik liefert uns eine Erklärung sowohl für die Ähnlichkeiten zwischen Eltern und Nachkommen als auch für die Unterschiede zwischen ihnen (s. Kap. 3). Diese Einsichten gründen sich auf die Tatsache, daß die Gene eines Organismus die verschlüsselte (codierte), seine Entwicklung bestimmende Information tragen. Die Gene werden mit erstaunlicher Genauigkeit von den Eltern auf die Nachkommen übertragen (s. Kap. 1.5); doch ist diese Genauigkeit nicht vollständig. Die die codierte Information tragenden Nucleinsäuren können beschädigt und wieder repariert werden, und gelegentlich können auch falsche Informationen auftreten. Wenn diese falschen Informationen nicht letal sind, d. h. ein Absterben des Organismus bewirken, können die Organismen diese weitervererben, was nun im Vergleich zu den Eltern zu einem Unterschied im Genotyp führt (unter Genotyp versteht man die Summe der codierten Informationen in den Genen) und vielleicht zu Veränderungen im Phänotyp, den Eigenschaften des Organismus, die sich durch die Wirkung seiner Gene ausprägen.

Es ist wichtig, zu betonen, daß diese möglichen kleinen Änderungen in der genetischen Konstitution eines Organismus, also in seinem Genotyp, nicht gezielt sind, d. h. daß diese Veränderungen nicht als unmittelbare Antwort auf die Bedürfnisse des Organismus im Zusammenhang mit einer Änderung der Umweltverhältnisse zu verstehen sind. Natürliche Auslese wirkt auf Organismen so, daß einige Individuen am Leben bleiben und sich fortpflanzen, während andere sterben. Dies bewirkt eine Veränderung der Häufigkeit bestimmter Gene, der Genfrequenz, in der Population. Die natürliche Auslese formt gewissermaßen die genetische Zusammensetzung einer Population von Organismen; denn in entscheidendem Ausmaß ist der Überlebens- und Reproduktionserfolg eines Organismus von der Zusammenstellung seiner Gene abhängig.

Natürliche Auslese im Sinne der Populationsgenetik ist somit ein statistisches Phänomen, wobei die Gene der Individuen konkurrieren. Dies folgt aus den verschiedenen Wirkungen dieser Gene auf die Lebensfähigkeit des gesamten Organismus.

Änderungen der Genfrequenz in Populationen im Laufe der Zeit können viele Ursachen haben, die unmittelbare Darwinsche natürliche Selektion auf der Grundlage der „Fitness" ist nur eine davon. Natürliche Auslese kann in bestimmten Fällen zunächst durch die Art der Fortpflanzung überhaupt

Abb. 11-1. Industriemelanismus beim Birkenspanner, *Biston betularia.* Die blasse, auf rußgeschwärzten Flächen auffälligere Form wurde in der Population schrittweise durch steigende Zahlen der dunklen Form ersetzt. Der Farbunterschied ist auf eine einzige dominante Mutation zurückzuführen; der Selektionsdruck (Beute für Vögel!) führte zu Veränderungen im Genpool. Seit neuerdings die Luftverschmutzung zurückgeht, schlägt der Trend um: Nun sind – auf hellen Oberflächen – die dunklen Schmetterlinge auffälliger.

wirken. So wird auf gewisse Eigenschaften, beispielsweise die Größe der Schwanzfedern des männlichen Pfau, eher deswegen die Auslese wirken, weil durch sie mehr Weibchen angezogen werden, als deswegen, weil durch sie unmittelbar die „Fitness" des Nachwuchses vergrößert wird. Eine neue erbliche Veränderung kann durch Mutation und andere Ereignisse auf molekularer Ebene entstehen (s. Kap. 3.1). Die Genfrequenzen können sich im Laufe der Zeit zufällig ändern und zwar durch einen Prozeß, den man als genetische Drift bezeichnet. Dies ist ganz besonders wichtig bei sehr kleinen Gruppen von Individuen. Wenn solche Gruppen von der Hauptfortpflanzungsgemeinschaft (Population) geographisch getrennt werden, kann die dann sich entwickelnde neue Population beträchtliche Unterschiede gegenüber der Ausgangspopulation aufweisen. Ein extremes Beispiel hierfür wäre die Besiedlung einer Insel durch ein einziges trächtiges weibliches Individuum einer Art oder durch einen Samen einer selbstfertilen Pflanze (s. Kap. 7.5).

Genetische Veränderungen brauchen nicht mit dem Maß an morphologischen Veränderungen zu korrelieren, die allein man anhand der fossilen Überlieferung feststellen kann. Eine Reihe von Mutationen, „stille" oder „neutrale" Mutationen, haben keine Wirkung auf den Phänotyp des Organismus, da sie in Bereichen der DNA ablaufen, die weder ein Protein codieren noch die Syntheserate von Proteinen kontrollieren, oder da sie eine nur unbedeutende Veränderung in der Proteinstruktur auslösen. Man nimmt an, daß derartige Mutationen sich im Laufe der Zeit während der gesamten Evolution kontinuierlich angehäuft haben.

Den besten Beweis für das Wirken einer einfachen natürlichen Selektion lieferten Untersuchungen polymorpher Gene (d.h. solcher Gene, die in mehr als einer Form, also in verschiedenen Allelen) vorkommen. So traten beispielsweise in bestimmten Gebieten mit durch die Industrie verursachter Umweltverschmutzung dunkel gefärbte (melanistische) Formen von Nachtfaltern auf, z.B. vom Birkenspanner *(Biston betularia).* Räuber konnten diese dunklen Formen auf den rußgeschwärzten Baumstämmen weniger gut entdecken als die hellen Formen des Wildtyps. Daher vermochten die melanistischen Formen für die nächste Generation eine größere Zahl von Nachkommen zu erzeugen. Das erste Exemplar der dunkel gefärbten Form wurde 1848 beschrieben, 1985 gehörten bereits 98 % dieser Spannerart in Manchester (England) zu dieser Form (Abb. 11-1). Es ist möglich, die relative Benachteiligung der nicht-melanistischen Form in Industriegebieten durch Messungen der beobachteten Änderungen bezüglich der Genfrequenzen in der Population im Laufe der aufeinanderfolgenden Generationen vorauszusagen. Im Falle des Birkenspanners stimmt diese berechenbare Benachteiligung mit der beobachtbaren geringeren Überlebensrate der weißen Form in den Städten gut überein. Dies läßt vermuten, daß der einfache Auslesemechanismus ausreichend war, um die Zunahme der phänotypisch veränderten Form in der Population herbeizuführen.

Evolution ist jedoch viel mehr als das fortschreitende Ersetzen eines Allels durch ein anderes Allel; vielmehr erschienen vollkommen neuartige Merkmale und damit auch komplizierte Regulationsmechanismen für deren Ausbildung. Auch

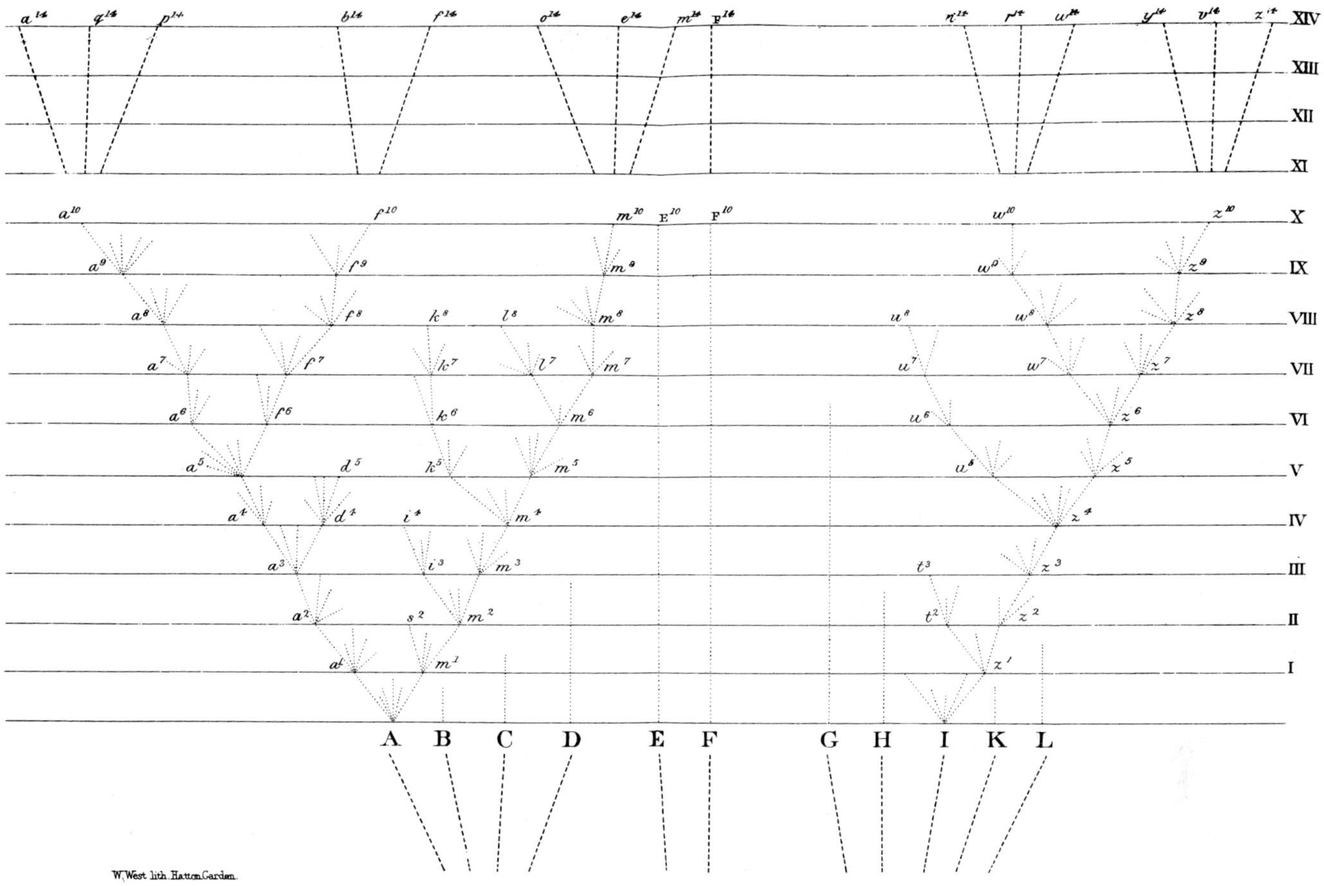

Abb. 11-2. Darwins Abbildung (aus der Originalausgabe von 1859 der „Entstehung der Arten") illustriert die Entstehung von Varietäten durch Abstammung, was mit Veränderungen der Merkmale einhergeht. Die Abbildung stellt die Grundsätze der Radiation, Selektion und Divergenz im Zeitablauf dar.

lassen sich einfache genetische Veränderungen nicht unmittelbar zum Evolutionsprozeß der Artbildung in Beziehung bringen, zu dem ja das Erscheinen neuer, sich nicht untereinander kreuzender Populationen gehört. Von biologischer Seite wird daher durchaus unterschieden zwischen genetischen Veränderungen, die sich durch die natürliche Auslese über mehrere Generationen innerhalb einer Population ausbreiten, und solchen genetischen Ereignissen, die für die Ausbildung einer Art charakteristisch sind.

Mechanismen der Artbildung (Speziation)

In diesem Jahrhundert ging man im Rahmen der neodarwinistischen Theorie meist davon aus, daß die Entstehung neuer Arten ein allmählicher, schrittweise verlaufender Prozeß mit schwankender, jedoch vorwiegend niederer Evolutionsrate ist. Solch eine Interpretation führte zu der Vermutung, daß die großen Lücken in der Kenntnis fossiler Organismen weitgehend auf der verhältnismäßig geringen Chance einer Fossilisation beruhen. Außerdem ist es ohnehin klar, daß die fossile Überlieferung unvollständig ist, wenn man die Zahl von Organismen bedenkt, die während der riesigen Zeitspanne der Erdgeschichte gelebt haben müssen (s. Kap. 12.2).

Neuerdings jedoch wurde argumentiert, daß Lücken in der fossilen Überlieferung oft Perioden von relativ geringen Veränderungen repräsentieren könnten, Perioden einer „Stasis", die durch explosionsähnlich schnellen evolutionären Wandel unterbrochen wurden. Nach dieser Auffassung gibt die fossile Überlieferung, auch wenn sie natürlich nach wie vor unvollständig bleibt, ein mehr oder weniger genaues Bild von Geschwindigkeit und Ablauf der Evolution. Diese neuere Theorie des *Punctuated Equilibrium* (unterbrochenes Gleichgewicht) weckte neues Interesse an den ökologischen Beziehungen der vorzeitlichen Arten und an der Evolution von Biozönosen.

Der Unterschied zwischen dem Modell der schrittweisen und dem der sprunghaften Evolution läßt sich vielleicht am besten zeigen, wenn wir den Ursprung der größeren Bautypen der Organismen betrachten. Von adaptiver Radiation spricht man, wenn die Evolution vieler verschiedener Arten sich auf ein einziges zentrales „Thema" beziehen läßt und von einer einzigen Stammform ausgeht. Solch eine Radiation mag sich abspielen, wenn eine Art Anpassungen erwirbt, die das Eindringen in eine neue Umwelt ermöglichen. Aus dieser Stammart entwickeln sich viele andere, die nun das neue Angebot ökologischer Möglichkeiten vielseitig nutzen. Ein Beispiel für solch ein Ereignis ist die Eroberung des Landes durch Fische, die Luft atmen können. Ausgehend von einem oder mehreren derartigen Ereignissen haben sich die fossilen wie die heutigen Landwirbeltiere entwickelt.

Nach dem Modell der schrittweisen Entwicklung („gradualistisches Modell") verändern sich die von der Stammart ausgehenden Arten allmählich im Laufe der Zeit. Zum anderen betont das Modell der sprunghaften Entwicklung schnell divergierende Artbildung, der lange Perioden verhältnismäßig geringen Wandels folgen. Beim gradualistischen Modell baut sich die morphologische Mannigfaltigkeit sehr langsam durch allmähliche Umwandlung der Arten auf; beim anderen

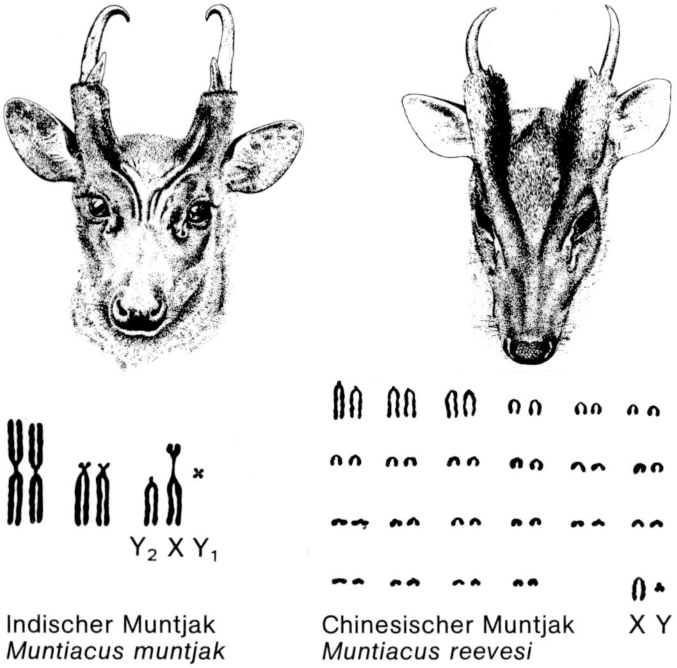

Abb. 11-3. Chromosomen von Muntjak-Arten: Ursache oder Folge einer Artbildung? *Muntiacus muntjak* und *Muntiacus reevesi* sind nahe verwandt, trotzdem sind ihre Chromosomensätze sehr unterschiedlich.

Modell dagegen entsteht morphologische Mannigfaltigkeit während einer vergleichsweise viel kürzeren Zeitspanne.

Die Genetik konnte zur Lösung dieses Problems viel weniger beitragen, als man eigentlich erwarten würde. Dies rührt daher, daß kleine, ständige Veränderungen des genetischen Code eines Organismus – und in Individuen einer Population wird sich ja eine solche Veränderung ausbreiten und verankern – durchaus den Phänotyp nur wenig beeinflussen können. In anderen Fällen allerdings kann diese Auswirkung auf den Phänotyp jedoch sehr weitgehend sein. Ein für die Diskussion dieser beiden Auffassungen besonders geeignetes Phänomen ist der Wandel der pleistozänen („eiszeitlichen") Säuger in Europa. Hier können die Artbildungsraten eigentlich nur mit dem Modell einer sprunghaften Entwicklung erklärt werden: deutlich erkennbare verschiedene Arten müssen sich schnell gebildet haben. Hierbei wurden die langen Zeiträume relativen Gleichgewichtes unterbrochen, während welcher Veränderungen im Bereich der einzelnen Entwicklungslinien in sehr langsamem Maße zu erfolgen schienen. Beim Modell der sprunghaften Evolution wird die Artbildung als ein insbesondere während der adaptiven Radiation ablaufender Prozeß gesehen. Diese Speziation beinhaltet sehr strenge natürliche Auslese auf die besonders hohe Variabilität, die als Kennzeichen kleiner Populationen unter neuen ökologischen Bedingungen gefordert werden muß.

Zur Artbildung ist die Entwicklung von Mechanismen notwendig, die Kreuzungen im Bereich der sich neu entwickelnden Arten, sowohl zwischen jeder von ihnen als auch mit der Ausgangsart, verhindern. Ein solcher Mechanismus mag in strukturellen Chromosomenänderungen bestehen, wobei große Teile genetischen Materials im Genom an andere Stellen gelangen. Unterschiede können auch in der Anzahl der Chromosomen im Zellkern begründet sein; sie ist normalerweise innerhalb einer Art konstant. Derartige Änderungen im Bereich der Chromosomen dürften eine Kreuzung durch Störung der Paarung der homologen Chromosomen bei der Meiose verhindern (s. Kap. 1.5). Eine Hypothese für einen weiteren, eine schnelle Artbildung gestattenden Mechanismus basiert auf der Bedeutung von Regulatorgenen. Regulatorgene kontrollieren die „Arbeit" der Strukturgene, die ihrerseits die Aminosäurensequenz der für Struktur und chemischen Aufbau des Organismus erforderlichen Proteine codieren. Eine kleine Änderung in einem Regulatorgen kann deshalb eine schwerwiegende Auswirkung auf Zeitpunkt oder Rate der Produktion vieler verschiedener Proteine haben. Dies mag dann schließlich zu einem von der Ausgangsform stark verschiedenen Organismus geführt haben.

Die hier dargestellte Theorie der sprunghaften Evolution durch das *Punctuated Equilibrium* vermag die Ursachen für die Artbildung im wesentlichen nicht besser als die eher traditionellen Vorstellungen zu erklären. Sie arbeitet sogar mit den gleichen Mechanismen und legt beispielsweise großen Wert auf Umbauten im Bereich der Chromosomen. Eines der Probleme bei der Untersuchung der Artbildung ist, daß es sich in jedem Fall als schwierig erweist, zu entscheiden, welches die primäre Ursache für die Divergenz ist und welche Mechanismen erst später zum Aufrechterhalten der reproduktiven Isolation gewirkt haben. Es ist wohl so, daß Artbildung das Ergebnis einiger oder sogar vieler verschiedener Mechanismen ist. Zum Beispiel können Mutationen in der DNA eines Organismus eine Rolle spielen, die zu einer unterschiedlichen Aminosäurenzusammensetzung eines Proteins führen, oder lokale Änderungen in der DNA-Menge, oder eine Verdoppelung der Gene in einem bestimmten DNA-Abschnitt (Genduplikationen), oder auch Umorganisationen im Chromosomenbereich, wie die aus der klassischen Genetik bekannten Inversionen, oder Translokationen von Teilen der Chromosomen innerhalb des Genoms.

Der Beginn der reproduktiven Isolation von Populationen birgt ebenfalls manche ungelöste Probleme. Mußten solche Populationen vollständig getrennte, sich nicht überlappende Gebiete bewohnt haben? Oder konnten sich die Populationen überlappen oder vielleicht sogar verschiedene Teile eines gemeinsamen Gebietes bewohnen, wie z. B. Insekten, die auf verschiedenen Nahrungspflanzen leben? Das erstere Modell einer vollständigen räumlichen Trennung (Separation) wird als allopatrische, das zweite als sympatrische Artbildung bezeichnet. Dazwischen liegt die Möglichkeit sich in einer Hybridisationszone nur gering überlappender Populationen, was zuweilen als parapatrische Artbildung bezeichnet wird.

Manche Schwierigkeiten, zwischen Ursachen und Auswirkungen der reproduktiven Isolation zu unterscheiden, könnten durch das Studium des tatsächlichen Ablaufs des Artbildungsprozesses gelöst werden. Eine solche Möglichkeit indessen wird erschwert durch die Einbeziehung des Zeitfaktors und durch die offenkundige Notwendigkeit vorauszusehen, wo und bei welcher vorhandenen Art sich ein derartiger Prozeß wahrscheinlich vollziehen wird. Es bleibt die Erkenntnis, daß es keinen einzigen Fall von Artbildung gibt, bei dem sämtliche Informationen für eine auch nur annähernd exakte Entscheidung zwischen Ursache und nachfolgenden Auswirkungen vorhanden sind.

Wegen der starken Betonung der geographischen Separation im Rahmen des weitgehend akzeptierten allopatrischen Modells sind Insel-Arten besonders wichtig; so bezog auch

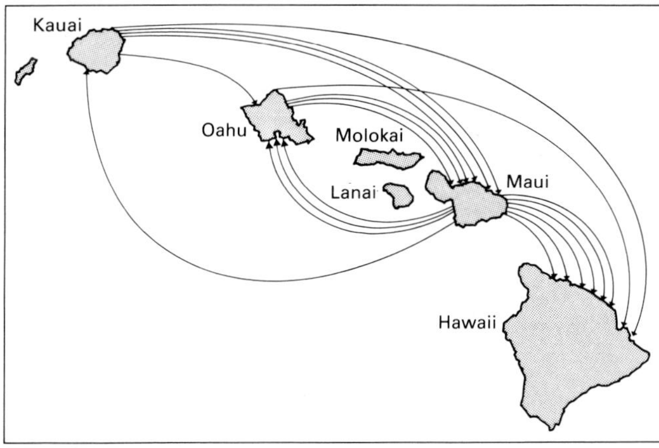

Abb. 11-4. Vermutete Mindestanzahl der zwischen den Inseln erfolgten Gründereffekte bei den *Drosophila*-Arten von Hawaii.

Darwin die Schildkröten und Vögel der Galapagos in seine Überlegungen mit ein (s. Kap. 7.5). Die Fruchtfliege *Drosophila,* die wegen ihrer schnell aufeinanderfolgenden Generationen für Vererbungsexperimente bestens geeignet ist und eine große Zahl neuer Informationen zur Genetik lieferte, wurde besonders eingehend auf den Hawaii-Inseln untersucht (Abb. 11-4). Da die älteste der Hauptinseln etwa 6 Mio. Jahre alt ist, die anderen ein jedoch wesentlich jüngeres Alter aufweisen, und da ferner auf dem Hawaii-Archipel etwa 800 Arten der Familie der Drosophilidae vorkommen, muß die adaptive Radiation verhältnismäßig schnell abgelaufen sein. Vermutlich sind die endemischen Arten der jüngsten Hauptinsel von Hawaii sämtlich weniger als rund 700 000 Jahre alt. Sicherlich war eine der wichtigsten Erkenntnisse dieser langjährigen Studien die Feststellung eines Zusammenhanges der Artbildung mit der Besiedlung neuer Inseln.

Bei Kreuzungsexperimenten im Labor wurde außerdem festgestellt, daß sich erst vor kurzem aufgespaltene Fliegenarten offenbar schnell sogenannte metagame (d. h. nach der Befruchtung angreifende) Isolationsmechanismen erworben haben. Das Kreuzungsprodukt zwischen solchen Arten ist entweder nicht lebensfähig und stirbt im Larvenstadium, oder es ist unfruchtbar und kann damit keine weiteren Nachkommen erzeugen. Wurden dagegen schon seit längerer Zeit getrennte Arten auf ähnliche Weise untersucht, so konnten oft prägame (d. h. vor der Befruchtung angreifende) Isolationsmechanismen festgestellt werden. Beispielsweise werden Paarungen zwischen Arten durch Unvereinbarkeit im Verhalten oder im Sexualbereich verhindert.

Eine weitere wichtige Folgerung aus der Untersuchung von hawaiianischen Drosophiliden war die Erkenntnis der Bedeutung von Gründereffekten bei der Evolution dieser Gruppe: Nur wenige Fliegen, vielleicht auch nur ein einziges befruchtetes Weibchen, waren die Begründer der Besiedlung einer neuen Insel.

Trotz all dieser Anstrengungen hat die Untersuchung der Drosophiliden aus Hawaii wenige schlüssige Hinweise auf die Ursachen der Artbildung geliefert, auch wenn klar ist, daß Genmutation und andere Veränderungen in der DNA zumindest zusammen mit Artbildung auftreten. Interessanterweise scheinen Umorganisationen im Chromosomenbereich als primäre Ursache der Artbildung hier eine verhältnismäßig geringe Rolle gespielt zu haben. Wie Untersuchungen an Eidechsen, Nagetieren und Heuschrecken gezeigt haben, sind derartige Vorgänge dort jedoch durchaus von Bedeutung.

Wenn auch Inseln bei der Untersuchung der Speziation eine sehr große Bedeutung haben, so sollte man doch im Gedächtnis behalten, daß sich Artbildung offensichtlich auch in anderen Lebensräumen abgespielt hat, wobei vielleicht ganz andere Phänomene von entscheidender Bedeutung waren. Aus der Fülle der gesammelten Indizienbeweise ergibt sich die zwingende Schlußfolgerung, daß unterschiedliche auslösende Mechanismen bei verschiedenen Organismen unter verschiedenen Umständen wirksam waren. Was wir als Resultat beobachten, die Speziation nämlich, hat in verschiedenen Fällen wahrscheinlich verschiedene Ursachen.

In den letzten Jahren haben Entdeckungen der Molekularbiologie zu einem größeren Verständnis der komplexen Organisation des Genoms geführt. Aus diesen Erkenntnissen heraus wurden dann auch neue Mechanismen für die evolutionäre Divergenz diskutiert. So verwendet beispielsweise das Konzept des *Molecular Drive* die Beobachtung, daß Teile der DNA im Genom eines Organismus eine sogenannte Amplifikation erfahren können, indem Duplikate der Original-DNA-Sequenz hergestellt werden (Genduplikationen). Wenn in solch einem DNA-Abschnitt vor der Amplifikation eine Mutation stattgefunden hat, sind die Mutationen in allen nachfolgenden Duplikaten nachzuweisen. Dazu kommt eine weitere Erkenntnis: Manche Elemente der DNA können Stränge verwandter DNA anderswo im Genom entsprechend ihrer eigenen Form „umbauen" (Transposition), was die weitere Ausbreitung des mutierten und evtl. duplizierten oder gar vervielfachten Gens in der Population beschleunigen dürfte. Manche solchen Vorgängen unterworfene DNA-Abschnitte mögen sich auf die Fortpflanzungsverträglichkeit oder die embryonale Entwicklung des sie tragenden Organismus auswirken. Es ist möglich, sich einen Prozeß vorzustellen, durch den ein ständiger Druck ausgeübt wird, genetische Homogenität innerhalb von Populationen, genetische Diskontinuität dagegen zwischen Populationen zu fördern. Zur Zeit ist eine solche Kombination von Mechanismen äußerst spekulativ. Eine Theorie des *Molecular Drive* paßt jedoch recht gut zur Vorstellung des *Punctuated Equilibrium,* der Vorstellung einer eher sprunghaften Evolution, und führt damit zu einem von dem seit langem vertretenen gradualistischen Bild stark abweichenden Modell. Wichtig ist dabei nicht, daß die neuen oder alten Theorien notwendigerweise richtig sein müssen, sondern daß sie neue Versuche und Überlegungen fördern, mit denen die alternativen Hypothesen wirkungsvoll einer Beweisführung unterzogen werden können.

Weiterführende Literatur

Evolution. 2. Aufl.; Spektrum der Wissenschaft, Heidelberg 1980.

Heberer, G. (Hrsg.): *Die Evolution der Organismen.* 3 Bände, 3. Aufl.; Fischer, Stuttgart 1967–1974.

Kämpfe, L. (Hrsg.): *Evolution und Stammesgeschichte der Organismen.* Fischer, Stuttgart 1980.

Mayr, E.: *Evolution und die Vielfalt des Lebens.* Springer, Heidelberg 1979.

Osche, G.: *Evolution.* 10. Aufl.; Herder, Freiburg 1979.

Remane, A., Storch, V. und Welsch, U.: *Evolution.* 5. Aufl.; Deutscher Taschenbuchverlag, München 1980.

Siewing, R. (Hrsg.): *Evolution.* 2. Aufl.; Fischer, Stuttgart 1982.

12 Paläontologie

12.1 Stratigraphie, Datierung und Fossilien

Die Aufeinanderfolge der Gesteine

Gesteine können nach der Art ihrer Entstehung in drei Gruppen eingeteilt werden. Magmatische Gesteine bilden sich durch Auskristallisation geschmolzenen Materials (Magma), und zwar entweder in der Tiefe, z. B. Granit und Gabbro, oder aus von Vulkanen ausgestoßenem Material, z. B. aus Lava und vulkanischen Aschen. Sedimentgesteine entstehen entweder aus älteren Gesteinsschichten, die verwittern und dann durch Wind, Wasser oder Eis transportiert und schließlich erneut abgelagert werden, wie z. B. Sandsteine und Schiefertone, oder auch aus Resten lebender Organismen, wie bestimmte Kalkgesteine und Kohle. Metamorphe Gesteine schließlich sind meist durch hohe Temperaturen und/oder hohen Druck aus älteren Gesteinen umkristallisiert. Dazu gehören Gneis, Glimmerschiefer und Marmor.

Sedimentgesteine sind nun die Grundlage der Stratigraphie, der Untersuchung der Abfolge, in der Gesteine nacheinander in Schichten abgelagert wurden. Mit wenigen Ausnahmen kommen Fossilien nur in Sedimentgesteinen vor. Sedimente entstehen insbesondere durch Erosion auf den Festländern, wobei das Verwitterungsmaterial abtransportiert und noch an Land oder im Meer sedimentiert wird. Die meisten Sedimente wurden in Flachmeergebieten im Bereich der Kontinentalschelfe abgelagert. Chemische und physikalische Veränderungen innerhalb der Ablagerungen, verursacht vor allem durch den Überlagerungsdruck der späteren Sedimente, führen zu einer Verminderung des Wassergehalts, einer Verdichtung und normalerweise zur Umwandlung der zunächst weichen, unverfestigten Sedimente in harte Gesteine.

Sedimente lagern sich üblicherweise als flache, verhältnismäßig dünne, horizontale Schichten ab. Nachfolgende Bewegungen der Erdoberfläche führen zu Faltung und verschiedenartiger Störung (durch Brüche und Verschiebungen) der ursprünglichen Schichten, wobei dann anschließende Erosion das in einem bestimmten Gebiet in einer bestimmten Zeit abgelagerte Gestein zum Teil oder völlig wieder zerstört. Zu einer späteren Zeit mag dieses Gebiet wieder unter den Meeresspiegel absinken, worauf sich eine neue Sedimentfolge ablagert. Zahlreiche solcher Zyklen von Ablagerung, Umformung (Diagenese) und Abtragung können aufeinander folgen. Zusätzlich kompliziert sich das Bild durch das Eindringen magmatischer Schmelzen und durch metamorphe Prozesse unter dem Einfluß von hohen Temperaturen und hohen Drucken (Abb. 12-1).

Diese komplizierten Verhältnisse müssen entwirrt werden, wenn man sich mit der Gesteinsfolge und dem relativen Alter der einzelnen Gesteinsschichten auseinandersetzen will. Es ist zunächst davon auszugehen, daß jede Sedimentschicht älter als die darüberliegende Schicht (das „Hangende") und jünger als die darunterliegende (das „Liegende") sein muß. Das relative Alter der einzelnen Schichten an einem bestimmten Ort (relative Ortszeit) kann damit verläßlich festgestellt werden. In einem nächsten Schritt muß die Sedimentfolge eines Gebietes mit der eines anderen Gebietes miteinander in Beziehung gebracht werden, d. h. es muß festgestellt werden, welche Gesteinsschichten zur gleichen Zeit an verschiedenen Orten abgelagert wurden (relative Regionalzeit). Datierungsmethoden können entweder relative oder absolute Zeitangaben liefern. Relative Zeitangaben sagen lediglich aus, in welchem zeitlichen Nacheinander sich die Gesteine bildeten und geologische Vorgänge abliefen. Die Methoden der absoluten Zeitmessung liefern dagegen Aussagen, vor wieviel Jahren die Bildung der in Frage stehenden Gesteine erfolgte. Zu den Methoden der relativen Zeitmessung gehört die Feststellung von zeitlichen Korrelationen mit Hilfe von Fossilien, „Marker-Horizonten", Sauerstoffisotopen-Kurven und paläomagnetischen Daten. Die absolute Zeitmessung benutzt die Zählung von jahresbedingten Strukturen und vor allem die Messung des Zerfalls radioaktiver Isotope.

Methoden der relativen Datierung

Parallelisierung mit Hilfe von Fossilien: Biostratigraphie

Die wichtigste Methode, Sedimentgesteine verschiedener Gebiete zu parallelisieren, beruht auf der Verwendung des Fossilinhaltes. Dabei geht man von der Annahme aus, daß zur selben Zeit in verschiedenen Gebieten abgelagerte Gesteine die gleichen Hauptarten von Fossilien enthalten. Im Idealfall sollte ein solches zur Parallelisierung verwendetes Fossil geographisch weit verbreitet sein, in einer Vielfalt von Gesteinsarten vorkommen, häufig vertreten und leicht zu bestimmen sein und schließlich zu einer sich schnell entwickelnden Evolutionslinie gehören. Solche am besten geeigneten „Leitfossilien" sind pelagische Tiere, d. h. Tiere aus mittleren Tiefen und aus dem Oberflächenbereich des Meeres, so z. B. die ausgestorbenen Ammoniten und Graptolithen.

Die stratigraphische Grundeinheit zur zeitlichen Parallelisierung wird als Zone bezeichnet. Man versteht darunter eine Gesteinsschicht, die durch ein bestimmtes Fossil oder eine bestimmte Fossiliengemeinschaft gekennzeichnet ist. Das Erscheinen einer bestimmten Reihenfolge von Fossilien in übereinanderliegenden Zonen kann die Evolution der Gruppe an diesem Ort widerspiegeln, öfter indessen ist es ein Zeichen der Einwanderung aus anderen Gebieten. Die Wanderungsrate wird im Vergleich zum geologischen Zeitmaß gewöhnlich als so schnell angesehen, daß irgendwelche Ungenauigkeiten in der Parallelisierung aufgrund nur langsamer Wanderung mit Sicherheit vernachlässigt werden können. Nur sehr wenige Fossilien waren zu jedem Zeitpunkt der Erdgeschichte weltweit verbreitet. Dennoch ist es möglich, mit hinreichender Genauigkeit globale Parallelisierungen zu versuchen, wenn man verschiedene, sich im Vorkommen geographisch überlappende Arbeiten betrachtet.

Die Parallelisierung nicht-mariner Fossilfolgen ist weniger befriedigend, da während des größten Teils der Erdgeschichte terrestrische Organismen viel weniger weit verbreitet waren

Abb. 12-1. Schematische Darstellung von Sedimentschichten, ihrer Verformung und Erosion und des Eindringens magmatischer Schmelzen.

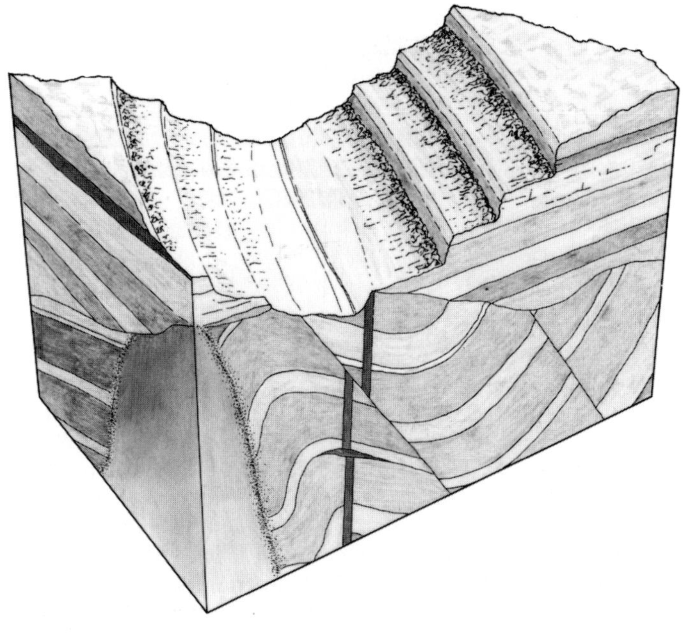

als die marinen. Innerhalb eines Kontinents jedoch wurden durchaus Parallelisierungen mit Hilfe von nicht-marinen Organismen, besonders von Wirbeltieren, vorgenommen. Über die Kontinente hinweg verläßt man sich auf das Vorkommen mariner Gesteinsfolgen innerhalb nicht-mariner Sedimente oder auf absolute Datierung.

Das Quartär ist zu kurz, um wesentlichen evolutionären Wandel zu zeigen; von dieser Seite her gibt es also keine ausreichende Grundlage für dessen weitere zeitliche Unterteilung. Indessen geben auf Klimawechsel zurückzuführende Veränderungen in der Zusammensetzung von Flora und Fauna in Verbindung mit Art und Verlauf von Einwanderungen sowie der Entwicklung (bei Säugern) und des Erlöschens von Formen die Möglichkeit, innerhalb bestimmter Gebiete, z. B. für Nordwesteuropa, eine genaue Zeitskala aufzustellen.

Marker-Horizonte

Bei Vulkanausbrüchen kann die Asche in sehr kurzer Zeit über ein weites Gebiet abgelagert werden und eine Gesteinsschicht bilden. Diese Gesteinsschicht findet dann als *Marker*-Horizont (Leithorizont) innerhalb einer Vielfalt von Sedimentfolgen Verwendung. Solche Schichten sind jedoch leider selten. Auch andere ungewöhnliche Schichten wie Glazialablagerungen oder Salz- und Gipssedimente können als *Marker*-Horizonte herangezogen werden. Sie sind allerdings relativ ungenaue Zeitmarken und nur für begrenzte Gebiete brauchbar.

Sauerstoffisotopen-Kurven

Auf dem Grund der tiefen Ozeane, fern von den Kontinenten, verlief im allgemeinen über Millionen von Jahren die Sedimentation langsam und ständig. In diesen Sedimenten findet man aus Calciumcarbonat aufgebaute Schalen der einzelligen Foraminiferen. Dieses $CaCO_3$ enthält die Sauerstoffisotope ^{18}O und ^{16}O, wobei das Isotopen-Verhältnis $^{18}O:^{16}O$ wohl von der Temperatur des Meerwassers und der Masse des weltweit im Eis gebundenen Wassers beeinflußt wird. Dies bedeutet, daß das Verhältnis ein Maß dafür ist, wieviel Wasser zu der Zeit, als die entsprechenden Foraminiferen lebten, in Eis gebunden war. Aus dem Meer verdunstendes Wasser, das anschließend in wachsendes Eis gelangte, war reicher an ^{16}O, während in den Ozeanen eine höhere ^{18}O-Konzentration verblieb, was sich dann im Isotopen-Verhältnis der Foraminiferenschalen widerspiegelt. Das wechselnde Einbringen des ^{16}O-Isotops in das Eis ist der wichtigere Faktor für die Sedimente ab dem Miozän, d. h. nach der Bildung der antarktischen Eiskappe, während die oben erwähnte Temperatur des Meerwassers den entscheidenden Faktor in den älteren Sedimentfolgen darstellt. Je höher die Temperatur, desto stärker reichert sich ^{18}O im Kalk der Schale an; dementsprechend ändert sich das Isotopen-Verhältnis $^{18}O:^{16}O$ im Meerwasser. Kurven des Sauerstoffisotopen-Verhältnisses zeigen für viele verschiedene Bereiche der Weltmeere bemerkenswert ähnliche Bilder. Genaue Parallelisierungen sind damit von der Kreide an bis heute, vor allem für das Quartär, möglich.

Paläomagnetismus

In sich ablagernden, feinkörnigen Sedimenten und in sich abkühlenden magmatischen Schmelzen vorkommende eisenhaltige Minerale orientieren sich in Richtung des magnetischen Feldes der Erde. Diese polare Anordnung bleibt in den abgelagerten Sedimenten und den abgekühlten Gesteinen auf Dauer erhalten. So konserviert sich gewissermaßen ein Beleg für die Polaritätsänderungen im Laufe der Erdgeschichte, wobei dann auch festgestellt werden konnte, daß in unregelmäßigem Abstand von Tausenden oder Zehntausenden von Jahren das Magnetfeld der Erde umgepolt wurde. Die Ausbildung der jeweiligen paläomagnetischen Zeitabschnitte wurde – insbesondere in Verbindung mit absoluten Datierungsmethoden – dazu benutzt, Lavafolgen an Land und auf den Tiefseeböden miteinander und auch mit den Tiefseesedimenten zu parallelisieren.

Methoden der absoluten Datierung

Jährlich auftretende Phänomene

Manche natürlichen Phänomene verlaufen in regelmäßigen, von Jahr zu Jahr variierenden Abfolgen. Wenn sich dies in einer regelmäßigen Struktur niederschlägt, kann es die Grundlage für eine absolute Zeitmessung bilden. Die erste derartige Methode war das Abzählen von Sedimentschichten im Bereich von Seenbecken am Rand von Gletschern oder Eisschilden. Hier werden häufig feinkörnige Sedimente als sehr dünne, in jedem Jahr deutlich zweigeteilte Schichten abgelagert, die Warven oder Bändertone. Eine dünne, sehr feinkörnige Schicht repräsentiert den Winter, gröberkörnige Schichten entsprechen der vom sommerlichen Schmelzwasser verursachten Ablagerung. Das Muster der Veränderungen in der Dicke dieser Warven über die Zeit von mehreren Jahren hinweg bietet die Möglichkeit, verschiedene Stellen im selben Seenbecken sehr genau zu parallelisieren. So ist es gelungen, für die Gebiete rund um die Ostsee und in Nordamerika genaue Kalender für die letzten 12 000 Jahre zu erhalten.

Gebänderte Sedimente, die in Seen gemäßigter oder wärmerer Klimate abgelagert wurden, sind ebenfalls einer jährlichen Sedimentation entsprechend interpretiert worden. Solche Befunde führten zu einer Berechnung der Dauer von

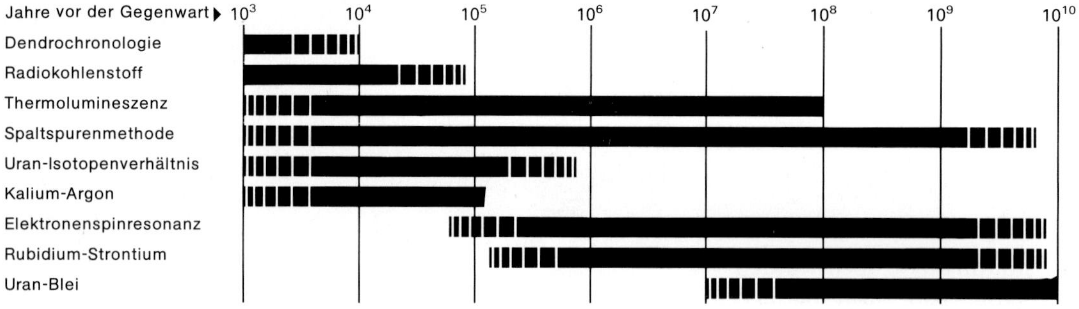

Abb. 12-2. Anwendungsbereiche der wichtigsten Methoden absoluter Zeitmessung.

Interglazialen im Quartär. Doch handelt es sich hier lediglich um eine „fließende" Chronologie, bei der zwar die Dauer eines bestimmten Vorganges, z. B. der Ablagerung eines bestimmten Sediments, genau bekannt ist, jedoch nicht das absolute Datum vor der Gegenwart.

Die Datierung mittels der Jahresringe von Bäumen (Dendrochronologie) ist im Prinzip eine ähnliche Methode wie die Warvendatierung, läßt sich jedoch über weite Bereiche der Erde anwenden. Im Querschnitt zeigt Holz eine Folge von helleren und dunkleren Abschnitten, jeweils ein hellerer und ein dunklerer Abschnitt repräsentieren einen Jahreszuwachs (Jahresring). Die relative Dicke dieser Ringe ändert sich von Jahr zu Jahr und zwar entsprechend der Zuwachsrate des Baumes, die beispielsweise durch Temperatur und Niederschläge beeinflußt wird. Unter Berücksichtigung solcher Variationen der Ringbreite können Hölzer von archäologischen Fundorten oder älteren Bauwerken mit dem älteren Holz der im gleichen Gebiet lebenden Bäume parallelisiert werden, wodurch eine außergewöhnlich genaue Datierung möglich ist. Durch solche sich überlappende Jahresringfolgen gelang es, mehrere tausend Jahre des Postglazials (Holozän) abdeckende Kalender aufzubauen. Bis zu 8 200 Jahre alte, lebende Grannenkiefern aus den Gebirgen Kaliforniens sind dabei von beträchtlichem Wert für die Eichung der Radiokohlenstoff-Methode (s. u.).

Auch wenn hier Genauigkeiten von bis zu einem Jahr erreicht werden können, so hat die Dendrochronologie doch ihre Grenzen: Sie läßt sich nicht viel weiter als bis zu 10 000 Jahre zurück ausdehnen.

Radiometrische Datierung

Die Atomkerne eines radioaktiven Elements unterliegen einem spontanen Zerfall in eine stabilere Form, wobei Strahlung und verschiedene energiereiche Teilchen ausgesandt werden. Die Rate des radioaktiven Zerfalls wird durch die Halbwertszeit ausgedrückt. Dies ist die Zeit, in der die Hälfte der Mutterisotope in Tochterisotope zerfallen ist. Halbwertszeiten radioaktiver Isotope können – je nach Isotop – nur Bruchteile einer Sekunde oder Tausende von Millionen Jahren betragen. So besitzt beispielsweise Radiokohlenstoff, ^{14}C, eine Halbwertszeit von 5730 $\pm$ 40 Jahren, d. h. die Hälfte der ^{14}C-Isotope einer bestimmten Substanzmenge ist nach 5 730 Jahren zerfallen, die Hälfte der verbliebenen ^{14}C-Isotope wiederum in 5 730 Jahren usw. Die Radioaktivität nähert sich immer stärker dem Nullwert, ohne ihn voll zu erreichen. Da der radioaktive Zerfall nur die Atomkerne betrifft, ist er vollständig unabhängig von äußeren Faktoren wie Temperatur und Druck. Dieses Phänomen liefert demnach ideale Uhren für absolute Datierung, wenn radioaktive Zerfallsprozesse mit Halbwertszeiten vorliegen, die dem in Frage stehenden zu messenden Zeitraum vergleichbar sind. Die meisten Methoden beruhen auf dem Verhältnis der Tochterisotope zu der Zahl der Mutterisotope in einer Probe oder auch auf dem Verhältnis der verbliebenen Mutterisotope zu einem stabilen, nicht-radioaktiven Isotop.

Die wesentliche Voraussetzung für solche Messungen ist, daß die ursprünglichen Isotopenverhältnisse der Probe bekannt sind. Die Uhr stand dann auf Null, als sich das Gestein gebildet hat, d. h. das Mutterisotop wurde in das Kristallgitter eines Minerals inkorporiert, als ein magmatisches Gestein aus einer Schmelze abkühlte.

Wenn immer möglich, werden radiometrische Daten einer Probe durch Anwendung von mehr als einer Methode verglichen. Sämtliche radiometrischen Methoden sind auf der ganzen Erde anwendbar, viele sogar bei extraterrestrischem Material, z. B. bei Mondgestein und Meteoriten. Die Zeiträume, die von den wichtigsten Methoden absolut datiert werden können, sind in Abbildung 12-2 dargestellt.

^{14}C-Isotope entstehen laufend im oberen Bereich der Erdatmosphäre, und zwar dadurch, daß durch energiereiche kosmische Strahlung freigesetzte Neutronen mit Stickstoffatomen zusammenstoßen. Die ^{14}C-Isotope werden schnell zu Kohlendioxid ($^{14}CO_2$) oxidiert und verteilen sich, wahrscheinlich innerhalb weniger Jahre, in der Atmosphäre, in den Meeren und in allen lebenden Organismen. Der ^{14}C-Gehalt lebender Organismen steht, von wenigen Ausnahmen abgesehen, im Gleichgewicht mit dem ^{14}C-Gehalt in der Atmosphäre. Nach dem Tod der Organismen nimmt indes der ^{14}C-Gehalt im Körper des Lebewesens infolge des radioaktiven Zerfalls mit der Halbwertszeit von 5 730 Jahren ständig ab. Um das Alter einer kohlenstoffhaltigen Probe zu bestimmen, muß nun das Verhältnis des radioaktiven ^{14}C zu den stabilen Kohlenstoffisotopen bestimmt werden. Außerdem muß das Verhältnis dieser Isotope in lebenden Organismen bekannt sein. Die Radiokohlenstoff-Methode geht davon aus, daß der Gehalt an ^{14}C in der Atmosphäre mindestens während der letzten 50 000 Jahre konstant geblieben ist. Jedoch ergeben Radiokohlenstoff-Messungen von Holzproben der erwähnten sehr alten, lebenden Grannenkiefern im Vergleich zu der mit Hilfe der Dendrochronologie erfolgten absoluten Datierung Abweichungen von mehreren hundert Jahren. Dieser Befund ist vermutlich auf Zeiten größeren ^{14}C-Gehalts in der Atmosphäre zurückzuführen, was das Ergebnis erhöhter kosmischer Strahlung gewesen sein dürfte. Der jüngere Teil der durch die Radiokohlenstoff-Methode gewonnenen Zeitskala kann somit mit Hilfe der Dendrochronologie geeicht werden.

Kalium ist ein weit verbreitetes Element und enthält einen natürlichen Prozentsatz des radioaktiven Isotops ^{40}K; 11 % dieses ^{40}K zerfällt in ^{40}Ar (Argon), die Halbwertszeit beträgt 13 Mrd. Jahre. Es ist möglich, sehr kleine Mengen des entstandenen radioaktiven Argons sehr genau zu messen, so daß diese Methode für einen großen Zeitraum anwendbar ist. Silikatminerale und alle Gesteine magmatischer Herkunft lassen sich so untersuchen. Auch bestimmte Sedimente können auf diese

a b c d

Abb. 12-3. Fossilien. (a) Spurenfossil: Wurmröhre von *Lumbricaria* aus dem mitteljurassischen Lithographenschiefer von Solnhofen, Deutschland. (b) Ammonit mit erhaltener Schale aus der Oberkreide von Folkestone, Kent, England. (c) Versteinerung: gut erhaltener Schneidezahn des pflanzenfressenden Dinosauriers *Iguanodon* aus der Unterkreide der Insel Wight. Der Zahn ist im wesentlichen unverändert, vielleicht mit Ausnahme der Ablagerung sekundärer Mineralien in durch den Abbau organischen Materials entstandenen Hohlräumen. (d) Innen- und Außenseite des versteinerten Panzers von Trilobiten *(Ellipsocephalus)* in einem kambrischen Gestein aus Böhmen, Tschechoslowakei.

Weise datiert werden, wenn sie Glaukonit enthalten, da sich dieses Mineral innerhalb des Sediments bildet und die Mutterisotope des Kaliums bald nach der Ablagerung „einfängt". Das Hauptproblem bezüglich der Genauigkeit dieser Methode ist eine mögliche zu junge Datierung, da aus dem festen Gestein gasförmiges Argon ausgetreten sein kann.

Radioaktives Rubidium (^{87}Rb) besitzt eine Halbwertszeit von 4,7 Mrd. Jahren und zerfällt in ^{87}Sr (Strontium). Die Anteile dieser beiden Isotope können zur Gewinnung radiometrischer Daten in rubidiumhaltigen Mineralen gemessen werden, insbesondere in Glimmern und Feldspäten. Diese Daten werden zumeist dazu benutzt, die Kalium-Argon-Daten zu überprüfen.

Das natürlich vorkommende Uran enthält die radioaktiven Isotope ^{238}U und ^{235}U. ^{238}U zerfällt in einer Reihe von Einzelschritten mit einer Halbwertszeit von 4,5 Mrd. Jahren in ^{206}Pb, ein Blei-Isotop, während das stärker radioaktive ^{235}U eine Halbwertszeit von 713 Mio. Jahren aufweist und – wiederum in Einzelschritten – zu ^{207}Pb als stabilem Endprodukt zerfällt. Die Messung des Zerfalls von Uranisotopen wird heute in hohem Maße als Datierungsmethode verwendet, da es möglich wurde, die sehr kleinen Mengen von Uran und Blei im häufigen Mineral Zirkon zu messen. Wenn Blei bereits im uranhaltigen Ausgangsmaterial vorhanden war, kann ein zu hohes Alter bestimmt werden. Doch kann dieser Fehler glücklicherweise durch den Nachweis des nicht durch radioaktiven Zerfall entstandenen ^{204}Pb ausgeschaltet werden. Nach Korrektur in Hinblick auf ursprünglich vorhandenes Blei sollten dann das ^{235}U/^{207}Pb-Alter und das ^{238}U/^{206}Pb-Alter übereinstimmen. Zuweilen vorkommende Unterschiede sind auf den Verlust an Blei im Gestein zurückzuführen.

Fossilisation

Jede Spur des Lebens der Vorzeit kann man als Fossil bezeichnen. Dazu gehören nicht nur die „Körperfossilien", die Überreste von Organismen also, wie Knochen von Tieren oder Blätter von Pflanzen, die entweder in ihrer ursprünglichen Form oder nach chemischen oder sonstigen Veränderungen erhalten sind, sondern auch die „Spurenfossilien", Bauten, Fährten und andere Zeugen der Tätigkeit von Lebewesen. Ferner kennt man auch chemische Fossilien, organische Verbindungen, die bei biochemischen Reaktionen in der Vorzeit entstanden sind und sich bis heute im Gestein erhalten haben. Alle diese Arten von Fossilien werden von Geologen für Beschreibung und Klassifikation der verschiedenen Gesteinsschichten verwendet. Außerdem enthält die fossile Überlieferung einen großen Teil der Information zum Ablauf der Evolution von Mikroorganismen, Tieren und Pflanzen.

Wieviel Information über den Originalzustand eines Lebewesens im Fossil erhalten ist, wird von vielen Faktoren beeinflußt. Weichteile verschwinden im allgemeinen schnell; sie werden entweder durch Aasfresser verzehrt oder durch Mikroorganismen zersetzt. Übrig bleiben die harten Skelette, die dann das Fossil bilden können. Daß Fossilien mit Weichteilen, wie etwa die im Dauerfrostboden Sibiriens „tiefgekühlten" Mammute, für eine lange geologische Zeit erhalten bleiben, ist unwahrscheinlich; solche besonderen klimatischen Bedingungen dürften sich wohl im Laufe der Zeit ändern.

In präkambrischen Gesteinen sind verhältnismäßig wenige Körperfossilien erhalten mit Ausnahme der Ediacara-Fauna (s. Kap. 13.2), die aus Tieren ohne Skelett besteht und deren Erhaltung dem Fehlen von Räubern zu dieser Zeit zu verdanken sein dürfte. Die starke Zunahme der fossilen Formen zu Beginn des Kambriums hängt mit der Entwicklung von Schalen oder mineralisierten Skeletten bei vielen Gruppen dieser Zeit zusammen, was natürlich die Chance der Erhaltung als Fossilien beträchtlich erhöhte. Hartteile werden freilich auch durch bohrende Organismen angegriffen und können durch Wellenschlag oder Strömungen zerbrochen werden, so daß nur die widerstandsfähigsten Teile übrigbleiben. Die aus Calciumphosphat aufgebauten, als Conodonten bezeichneten zahnähnlichen Fossilien aus dem Paläozoikum sind die einzigen übriggebliebenen Teile der Conodontophoriden, deren Verwandtschaft im übrigen noch vollkommen ungeklärt ist.

Zur Fossilwerdung müssen die Überreste eines Lebewesens im allgemeinen in ein Sediment eingebettet werden. Dort haben sie all die geologischen Prozesse zu überstehen, die sich bei der Umwandlung des ursprünglichen Sediments in Gestein abspielen, ebenso alle Bewegungen der Erdoberfläche sowie Temperatur- und Druckwechsel oder auch Erosion. Organismen, die unmittelbar im Sediment leben, die sogenannte Infauna, werden viel eher erhalten als solche, die auf dem Meeresgrund (Epifauna) bzw. schwimmend oder schwebend (nektontisch oder pelagisch) im Wasser leben. Plötzliche Einbettung durch einen starken Zustrom an Sediment ist zur Erhaltung der empfindlicheren Organismen der Epifauna notwendig, die sonst zerfallen, bevor sie vollständig eingebettet sind.

Terrestrische Tiere und Pflanzen werden nur dann mit einer gewissen Wahrscheinlichkeit erhalten bleiben, wenn sie in einem Hochmoor leben oder wenn ihre Körper in Seen oder Flüsse geschwemmt und dort eingebettet oder ins Meer transportiert werden. In den zuletzt genannten Fällen ist selbstverständlich der ursprüngliche Lebensraum des zum Fossil gewordenen Lebewesens nur schwer auszumachen. Andererseits zeigen Fossilfundstätten terrestrischer Organismen manche verhältnismäßig ungewöhnlichen Umstände, so wie beispielsweise mehrere pleistozäne Tiere in Rancho La Brea, Kalifornien, in den Asphalt von „Pechgruben" geraten sind. Tiere können auch durch Räuber in eine Höhle geschleppt worden sein, wo die Knochen durch feinkörniges Sediment bedeckt wurden, das sich allmählich auf dem Höhlenboden ansammelte.

Wenn die Sedimentbildung über eine bestimmte Zeit kontinuierlich weitergeht, wird durch den Druck der darüberliegenden Schichten das Wasser aus den darunterliegenden, sich verfestigenden Schichten ausgepreßt. Diese Vorgänge können die Form der Fossilien zuweilen gewaltig umbilden. Häufig verändert sich die chemische Zusammensetzung des Fossils oder es wird ein Mineral durch ein anderes ersetzt, wodurch möglicherweise die Reste des Organismus ganz in Gestein überführt werden. Kalkskelette aus Calcit oder vor allem Aragonit (beides Modifikationen des Calciumcarbonats) werden allmählich aufgelöst, wobei der entstehende Hohlraum dann mit einem anderen Mineral ausgefüllt werden kann. In anderen Fällen wird der ursprüngliche Calcit unmittelbar durch Kieselsäure oder Pyrit ersetzt. Calciumphosphat und im besonderen Kieselsäure sind die anderen wichtigen Bausteine des Skeletts, die erhalten bleiben.

Pflanzliche Gewebe sind häufig zusammengepreßt und auf kohliges Material beschränkt, an dem nur wenig vom inneren Aufbau der Pflanzen zu erkennen ist. Bei den am besten bekannten fossilen Floren, beispielsweise der des *Rhynie Chert* aus dem Devon von Schottland (s. Kap. 14.1) handelt es sich um Pflanzen, bei denen beim oder kurz nach dem Absterben mineralhaltige Lösungen ins Gewebe eingedrungen sind. So handelt es sich beim genannten *Rhynie Chert* und bei den Versteinerten Wäldern von Arizona um echte Versteinerungen durch Infiltration mit kieselsäurehaltigen Lösungen.

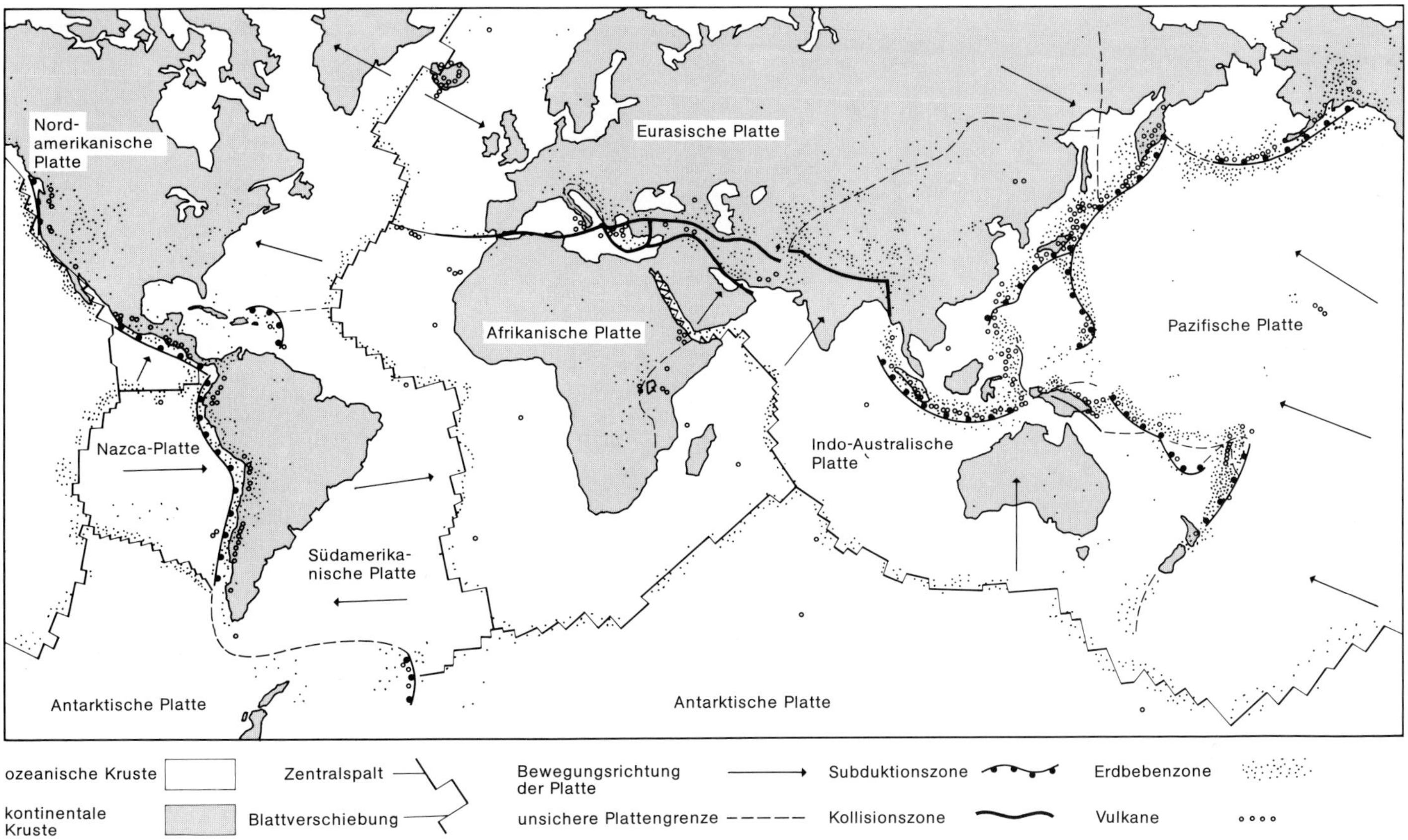

Abb. 12-4. Weltkarte mit aktiven Zonen und Plattengrenzen im Bereich der Erdkruste.

Spurenfossilien werden selten zusammen mit Körperfossilien gefunden. Dabei kann man einzelne Spuren eigentlich nur einer bestimmten Art von Aktivität zuweisen, wie Fortbewegung, Bauen oder Fressen, selten jedoch das verursachende Tier identifizieren.

Bestimmte komplexe, für lebende Organismen typische organische Verbindungen zerfallen in sehr stabile Moleküle und lagern sich zuweilen als unlösliche, als Kerogen bezeichnete Schichten ab. Zu den in präkambrischen Sedimenten gefundenen organischen Verbindungen gehören Kohlenwasserstoffe, Isoprenoide und Porphyrine. Zersetzungsprodukte des Chlorophylls, die in einigen frühen Gesteinen gefunden worden sind, haben wohl keinen anderen bekannten natürlichen Ursprung, so daß ihr Vorkommen auf photosynthetisch aktive Organismen in jener Zeit hinweist.

12.2 Kontinentaldrift

Beweise für Kontinentaldrift

Viele Eigenheiten der früheren und heutigen Verbreitung von Tieren und Pflanzen können leicht erklärt werden, wenn man davon ausgeht, daß die heute durch tiefe Ozeane getrennten Landmassen zu irgendeiner Zeit in der geologischen Vergangenheit verbunden waren. So lieferten beispielsweise die oberkarbonischen Sedimente Nordamerikas und Europas im wesentlichen die gleichen, in sumpfigen Wäldern und unter äquatorialem Klima entstandenen Floren und Faunen. Die Gesteine des späten Karbons und des frühen Perms der Südkontinente (Südamerika, Afrika, Indien, Australasien und Antarktika) zeigen ihrerseits sämtlich Hinweise auf eine ausgedehnte Vereisung, auf die dann Gesteine folgen, die eine von Farnsamern beherrschte, als Glossopteris-Flora bekannte, kühlgemäßigte fossile Flora enthalten.

Solche paläontologischen Hinweise sowie die sich auffallend entsprechenden Küstenlinien Afrikas und Südamerikas führten A. Wegener 1915 dazu, seine Theorie der Kontinentalverschiebung (Kontinentaldrift) aufzustellen. In dieser Theorie wird angenommen, daß ein früherer, als Pangaea bezeichneter einziger Weltkontinent während des späten Mesozoikums auseinanderbrach, und daß dann die Kontinente langsam in die Richtung ihrer heutigen Lage drifteten.

Diese Theorie der Kontinentaldrift wurde indessen erst in den sechziger und siebziger Jahren dieses Jahrhunderts allgemein akzeptiert, vor allem deshalb, weil bis dahin die Geophysiker keinen Mechanismus kannten, durch den Kontinente sich über die Oberfläche der Erdkugel bewegen sollten. Mehrere Biogeographen forderten stattdessen hypothetische Landbrücken über die ozeanischen Becken, um die Art und Weise der Verbreitung früherer und heutiger Organismen zu erklären. Überzeugende Befunde, daß die Kontinente sich in der Tat bewegen, ergaben sich zum einen aus paläomagnetischen Messungen an festländischen Gesteinen und zum anderen aus Untersuchungen der tiefen ozeanischen Becken. Eisenhaltige Mineralien in vulkanischen Laven verhalten sich wie kleine Kompaßnadeln und regeln sich nach dem Verlauf des Erdmagnetfeldes ein. Diese Richtung wird bei Erkalten der Lava und der Bildung des entsprechenden Gesteins beibehalten. Laven aufeinander folgender Zeitabschnitte in einem bestimmten Gebiet halten somit gewissermaßen die offensichtlichen Lageänderungen der erdmagnetischen Pole im Laufe der Erdgeschichte fest. Diese „Polwanderungskurven" sind für jeden Kontinent verschieden, was bestätigt, daß die Kontinente tatsächlich gegeneinander verschoben wurden.

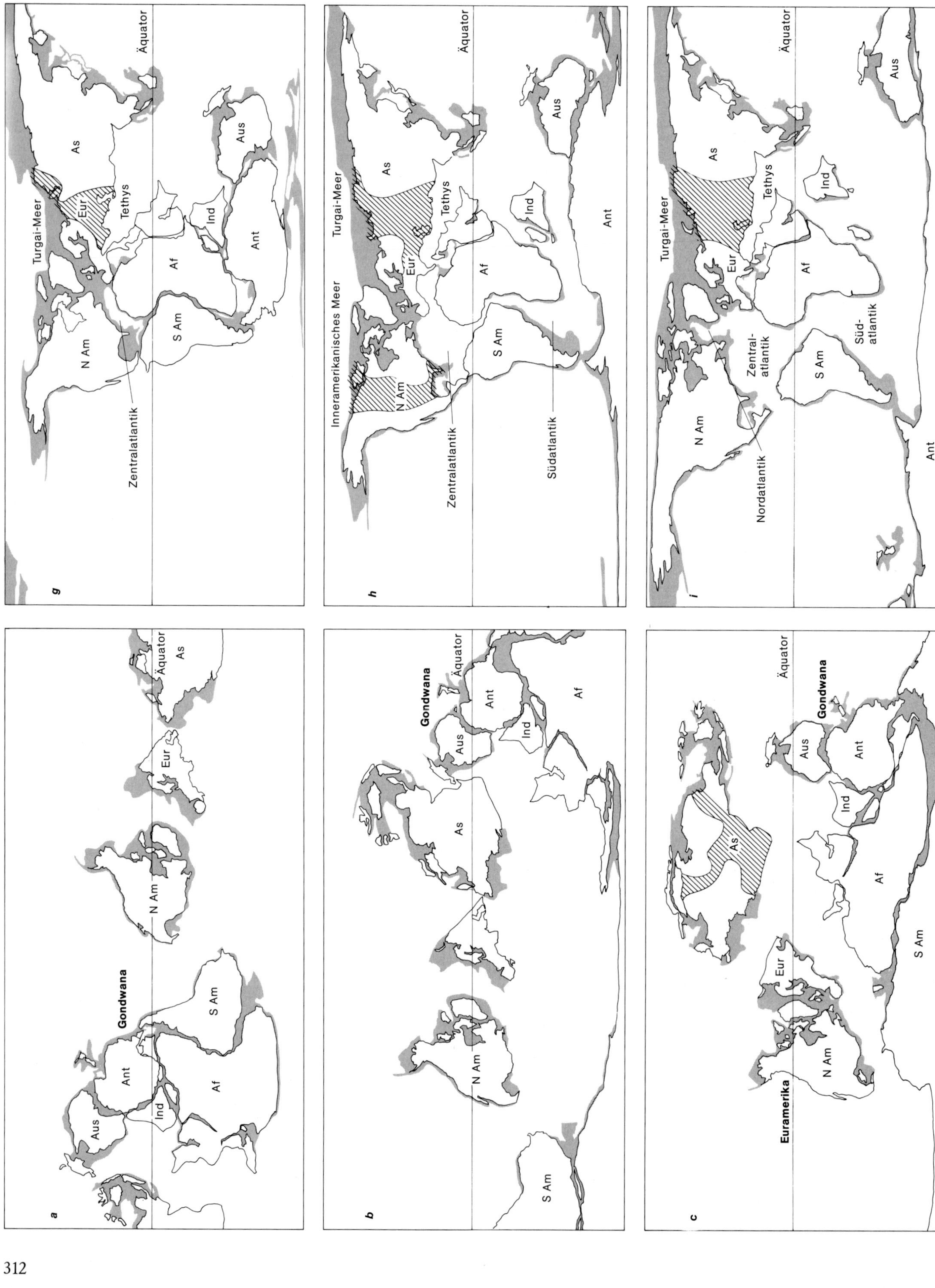
g
Äquator
Turgai-Meer
As
Eur
Tethys
Aus
Ind
Ant
Af
N Am
S Am
Zentralatlantik
h
Äquator
Turgai-Meer
Inneramerikanisches Meer
As
Eur
Tethys
Aus
Ind
Ant
Af
N Am
S Am
Zentralatlantik
Südatlantik
i
Äquator
Turgai-Meer
As
Eur
Tethys
Aus
Ind
Af
Süd-
atlantik
Zentral-
atlantik
S Am
N Am
Nordatlantik
Ant
a
Äquator
As
Eur
N Am
Gondwana
S Am
Ant
Af
Aus
Ind
b
Äquator
Gondwana
Ant
Af
Aus
Ind
As
N Am
S Am
c
Äquator
Gondwana
Aus
Ant
Ind
As
Af
S Am
Eur
N Am
Euramerika

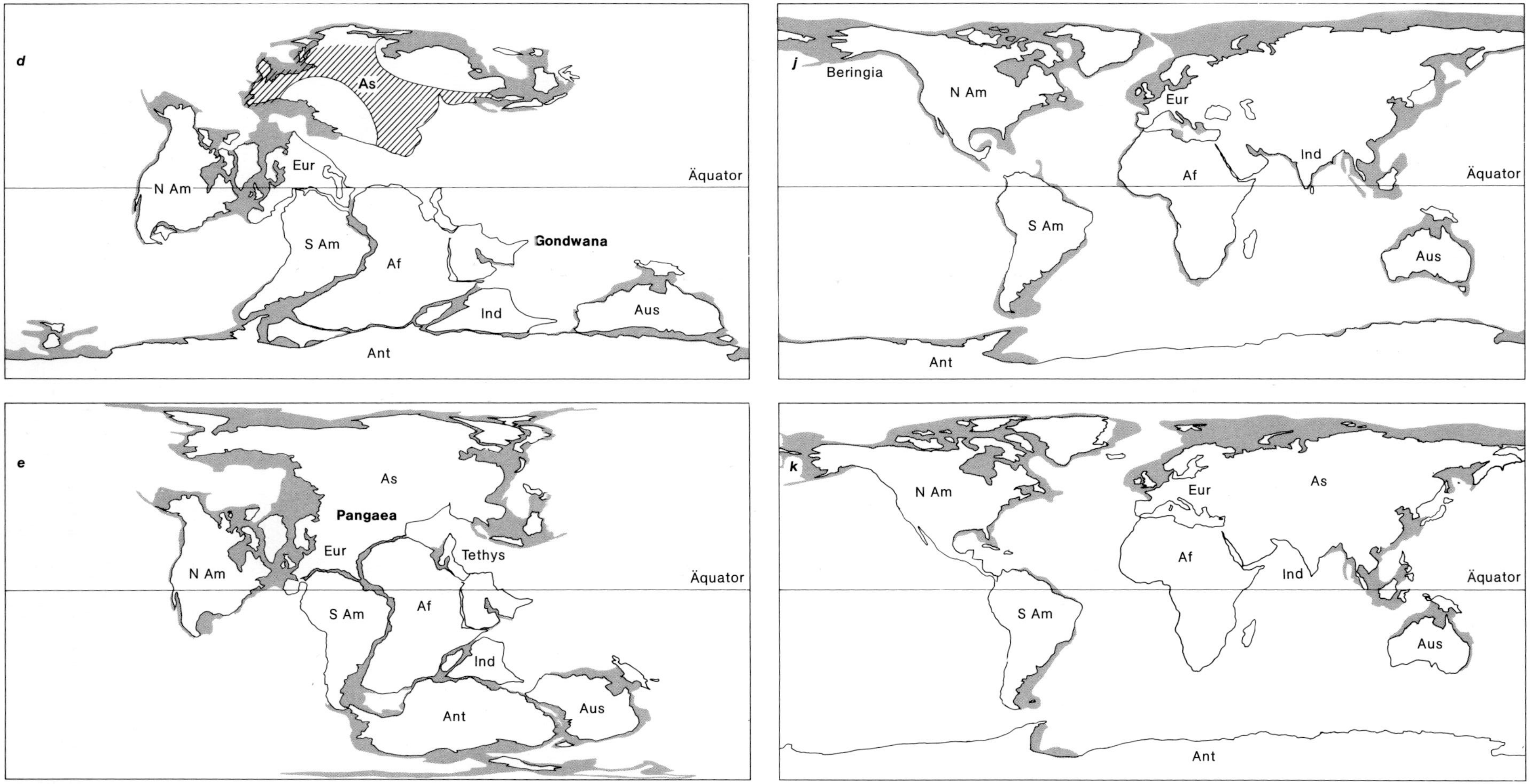

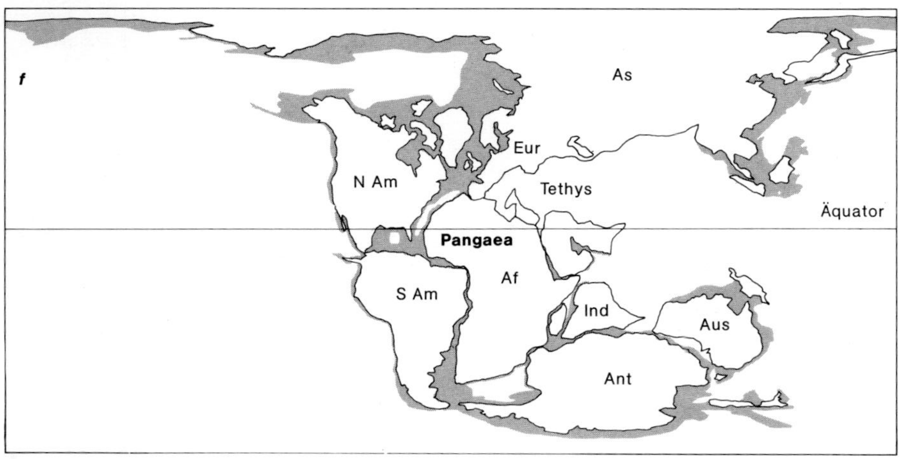

Heutige Kontinente
Af: Afrika Ant: Antarktika As: Asien
Aus: Australien Eur: Europa Ind: Indien
N Am: Nord- und Mittelamerika S Am: Südamerika

Ausdehnung des Festlandes

Epikontinentalmeere

Abb. 12-5. Kontinentaldrift vom Paläozoikum bis heute. (a) Frühes Kambrium. (b) Frühes Ordovizium. (c) Silur. (d) Mittleres Karbon. (e) Perm. (f) Späte Trias. (g) Mittlerer Jura. (h) Mittlere Kreide. (i) Paläozän. (j) Känozoikum. (k) Gegenwart.

GEOLOGISCHE ZEITTAFEL

Ära	Periode	Epoche	Millionen Jahre vor der Gegenwart	PALÄOGEOGRAPHIE	KLIMA
KÄNOZOIKUM	QUARTÄR	Pleistozän	0–2	Im wesentlichen wie heute. Landverbindungen durch periodisches weltweites Absinken des Meeresspiegels.	Bedeutende Schwankungen, auf der Nordhalbkugel Vergletscherung.
KÄNOZOIKUM	TERTIÄR	Pliozän	2–5	**Verbindung von Nord- und Südamerika.**	Anwachsen des Eises in der Arktis.
KÄNOZOIKUM	TERTIÄR	Miozän	5–35	Überwiegend wie heute.	Fortsetzung der weltweiten Abkühlung; deutlicher ausgeprägte Klimazonen je nach geographischer Breite.
KÄNOZOIKUM	TERTIÄR	Oligozän	35–38	Indien trifft auf Asien (Bildung des Himalaja). Schließung der Tethys.	Anwachsen des Eises in der Antarktis. Kühler und trockener als im Eozän.
KÄNOZOIKUM	TERTIÄR	Eozän	38–55	Australien trennt sich von Antarktika und driftet nordwärts. Antarktika, Indien, Australien, Südamerika und wahrscheinlich auch Afrika als echte „Inselkontinente".	— Deutlicher Temperaturabfall. — Insgesamt warm; jahreszeitlich feucht.
KÄNOZOIKUM	TERTIÄR	Paläozän	55–65	Öffnung des Nordatlantik; Europa und Nordamerika bleiben verbunden, Asien und Nordamerika über Beringia in Verbindung. Turgai-Meer.	Ansteigen der Temperatur. Im allgemeinen feucht; kühler als in der Kreidezeit.
MESOZOIKUM		Kreide	65–144	**Hauptzeitraum des Auseinanderbrechens von Pangaea.** Afrika und Indien trennen sich von der Gondwana. Vergrößerung des Zentralatlantik, Öffnung des Südatlantik. Kontinente durch Epikontinentalmeere überflutet. Obere Kreide: Das inneramerikanische Meer trennt das westliche und östliche Nordamerika.	— Temperaturabfall. — Allgemein warm und trocken.
MESOZOIKUM		Jura	144–213	Pangaea beginnt auseinanderzubrechen. Öffnung des Zentralatlantik. Ausdehnung von Epikontinentalmeeren. Das Turgai-Meer trennt Europa von Asien. Nördliches Mittel- und Westeuropa bei 40 °N.	Allgemein warm; feuchter als in der Trias.
MESOZOIKUM		Trias	213–248	Pangaea. Nördliches Mittel- und Westeuropa etwa bei 30 °N.	Allgemein warm und trocken.
PALÄOZOIKUM		Perm	248–286	**Bildung von Pangaea.** Euramerika und Asien verbinden sich (Entstehung des Ural). Die Ausdehnung der Schelfmeere nimmt ab. Mitteleuropa in der tropischen Zone.	Gegen Ende des Perm wärmer und trockener.
PALÄOZOIKUM		Karbon	286–360	Die Kontinente beginnen sich einander zu nähern. Asien driftet nach Norden. Mitteleuropa in der tropischen Zone.	Weltweite Abkühlung; Vergletscherung der Gondwana. Allgemein warm und feucht.
PALÄOZOIKUM		Devon	360–408	Kontinente: Euramerika, Asien, Gondwana. Mitteleuropa in der tropischen Zone.	Allgemein warm und trocken.
PALÄOZOIKUM		Silur	408–438	Nordamerika und Europa verbinden sich zu Euramerika. Mitteleuropa in der tropischen Zone.	Allgemein warm.
PALÄOZOIKUM		Ordovizium	438–505	Kontinente im wesentlichen wie im Kambrium. Sahara in der Nähe des Südpols (Vereisungsspuren). Mitteleuropa im Äquatorialbereich.	Vergletscherung der Sahara.
PALÄOZOIKUM		Kambrium	505–590	Kontinente: Europa, Asien, Nordamerika, Gondwana; überwiegend auf der Südhalbkugel. Mitteleuropa überwiegend südlich des Äquators.	Allgemein warm und trocken.

FLORA	FAUNA
Wiederholte Verschiebung der Vegetationszonen im Zusammenhang mit den klimatischen Veränderungen.	**Aufstieg des Menschen. Aussterben vieler großer Säugetiere.**
Moderne Flora.	**Erste Hominiden.** Erste Elefanten.
Zunehmende Ausbreitung der Gräser. Weiträumige Zunahme des Graslandes auf Kosten der Wälder.	**Größte Mannigfaltigkeit unter den Säugern. Erste Menschenaffen.** Erste (grasfressende) Weidegänger unter den Huftieren: Boviden, Kamele, Pferde. Große Rüsseltiere in Eurasien und Nordamerika. Marine Faunen wie heute.
Flora weitgehend modern. ?Aussterben der Landflora der Antarktis.	**Erste menschenaffenähnliche Primaten.** ?Aussterben der Landfauna der Antarktis. Radiation der Paarhufer und Nashörner. Die eigentlichen Raubtiere (Carnivoren, Fissipedia) ersetzen die Creodonten.
Flora weitgehend modern. Tropische Floren in Europa, Spitzbergen, Grönland.	Erste Wale, Fledermäuse, Unpaarhaufer, Rüsseltiere, Seekühe. Radiation der Nagetiere. Aussterben der Multituberculaten und Amblypoden. Große marine Foraminiferen häufig.
Flora weitgehend modern. Marine Kieselalgen sehr häufig.	**Explosionsartige Radiation der Säugetiere (vorwiegend altertümliche Gruppen). Erste Zahnarme, Hasenartige, Landraubtiere, südamerikanische Huftiere. Erste Primaten:** Halbaffen. Creodonten, Condylarthren und Amblypoden sind die beherrschenden Tiere der nördlichen Faunen. Moderne Muscheln, Schnecken; deutliche Abnahme der Brachiopoden.
Erste Blütenpflanzen (Angiospermen) in der Unterkreide, in der Oberkreide bereits beherrschende Gruppe. Zunahme des marinen Phytoplanktons mit kalkigen Schalenteilen (Coccolithen).	Ende der Kreide. **Aussterben** der Dinosaurier, Pterosaurier, Ichthyosaurier, Plesiosaurier, Ammoniten. Obere Kreide: **Erste plazentale Säugetiere, erste Beuteltiere.** Erste Schlangen. Neue Dinosauriergruppen: Hadrosaurier, Ceratopsier. Marine Ammonitäten und Belemniten sind weiterhin häufig.
Flora ähnlich wie in der Trias. Marine planktontische Algen (Dinoflagellaten, Coccolithophoren) häufig.	**Erster Vogel: *Archaeopteryx*.** Pterosaurier. Radiation der Dinosaurier: beherrschende Landwirbeltiere. Marine Ammoniten, Belemniten und Brachiopoden häufig; Mollusken allgemein zunehmend. **Erscheinen und Radiation der Teleosteer (moderne Knochenfische).**
Schachtelhalme, Farnsamer, Farne, Gymnospermen (*Ginkgo*, Cycadeen, Coniferen).	**Erste Säugetiere. Erste Dinosaurier.** Aussterben der säugerähnlichen Reptilien. Radiation der Insekten. Höhepunkt der Ammonitenentwicklung; erste Steinkorallen der Gruppe Scleractinien.
Farnsamer. Farne. In der Gondwana die *Glossopteris*-Flora.	**In größerem Maße sterben aus:** Trilobiten, eine Reihe anderer Wirbelloser. Zunehmende Entwicklung und Ausbreitung der Ammoniten. Radiation der Reptilien; säugerähnliche Reptilien häufig. Erste Insekten mit eigenen Larvenstadien (holometabole Insekten).
Kohlesumpfwälder mit riesigen Bärlappbäumen, Schachtelhalmen und Farnsamern. Erste Coniferen.	**Erste Reptilien.** Radiation der Amphibien, Insekten, Haie. Korallen, Brachiopoden, Mollusken, Goniatiten, Nautiloiden im Meer.
Explosionsartige Radiation der Landpflanzen. Psilophyten, Bärlappe, farnähnliche Formen und Schachtelhalme. Erste samentragende Pflanzen. Grünalgen häufig.	Oberdevon: **Erste Landwirbeltiere** (Amphibien). **Erste Insekten:** Größte Verbreitung der Kiefermünder (Gnathostomen) und derr kieferlosen Fische (Agnathen). Unterdevon: Aussterben der Graptolithen.
Erste Landpflanzen (Gefäßpflanzen, z. B. *Cooksonia*). Grünalgen häufig.	Weitverbreitete Korallenriffe. Eurypteriden im Höhepunkt ihrer Entwicklung. Radiation der kieferlosen Panzerfische (Ostracodermen). Erste Kieferfische, Brachiopoden häufig.
Blaugrüne Algen, insbesondere auch Stromatolithen bildende Formen.	Größte Mannigfaltigkeit der Graptolithen. Rugose und tabulate Korallen erscheinen erstmals. Brachiopoden in der Flachsee häufig. Mollusken zunehmend. Nautiloiden mit geraden Gehäusen häufig.
Blaugrüne Algen.	**Plötzliches Erscheinen zahlreicher Fossilien,** wohl infolge der Entwicklung von Schalen und Außenskeletten. Trilobiten, Brachiopoden, Mollusken, Graptolithen, Echinodermen, Archaeocyathiden. **Erste Wirbeltiere:** gepanzerte kieferlose Fische.

Die Kurven können dann dazu verwendet werden, die Lage der Kontinente für die verschiedenen Zeitabschnitte der Vergangenheit zu rekonstruieren. Zum zweiten, und dies ist besonders wichtig, führte die Erforschung der Geologie der tiefen ozeanischen Becken zur Entdeckung des Auseinanderdriftens der Ozeanböden *(Sea-Floor Spreading).* Es handelt sich dabei um Prozesse, durch die die Böden der meisten Weltozeane an Ausdehnung zunehmen.

Die Bewegung von Teilen der Erdkruste wird als Plattentektonik bezeichnet.

Plattentektonik

Der innere Aufbau der Erde zeigt drei Hauptschichten, den dichten eisenreichen Kern, den in der Tiefe in halbgeschmolzenem Zustand befindlichen Mantel aus Silikaten und die dünne, feste oberflächliche Erdkruste. Man unterscheidet zwei Arten von Kruste: eine untere, dichtere ozeanische Kruste, die sich über die gesamte Erde erstreckt, und eine obere, leichtere, kontinentale Kruste, die nur über etwa 40 % der Erde ausgebildet ist. Die Gesteine dieser Kruste sind von sehr unterschiedlichem Alter. Festländische Gesteine können über 3 Mrd. Jahre alt sein, während die Gesteine der Ozeanböden verhältnismäßig jung sind und nie ein höheres Alter als 200 Mio. Jahre aufweisen. Die Hälfte der Ozeanböden enthält Gesteine, die weniger als 75 Mio. Jahre alt sind.

Die Kruste und der obere, feste Teil des Mantels, insgesamt etwa 70–100 km dick, wird als Lithosphäre bezeichnet und besteht derzeit offenbar aus etwa 15 starren Platten, von denen sieben sehr große Flächen aufweisen (Abb. 12-4). Diese Platten bewegen sich auf dem zähflüssigen Teil des Erdmantels (Asthenosphäre). Aktive Zonen mit ausgedehnter Vulkan- und Erdbebentätigkeit sind auf die Grenzbereiche der Platten beschränkt. Man unterscheidet drei Haupttypen solcher Kontaktzonen: divergierende Plattengrenzen wie die mittelozeanischen Rücken, konvergierende Plattengrenzen, an denen eine Platte unter die andere in den Mantel abtaucht (Subduktionszone), und konservierende Plattengrenzen, wo im Idealfall Platten lediglich aneinander vorbeigleiten (Verwerfungsspalten).

Entlang einer Plattengrenze steigt neues Material aus tieferen Schichten der Erdkruste auf, z. B. durch vulkanische Eruptionen von Lava im Bereich der mittelozeanischen Rücken, was zu einem Auseinanderdriften der Ozeanböden von 1–10 cm pro Jahr führt. Wenn divergierende Platten Kontinente tragen, entsteht ein zentraler Spalt mit allmählicher Erweiterung. Geschieht dies innerhalb einer Landmasse, wird der Spalt möglicherweise vom Meer überflutet. So bildete sich der Atlantische Ozean, als die amerikanische und afroeuropäische Platte sich entfernten. Das Rote Meer und der Golf von Kalifornien sind Beispiele für ein früheres Stadium eines solchen Prozesses. Das ostafrikanische Grabensystem ist eine Spaltzone in einem noch frühen Stadium, in die das Meer noch nicht eingedrungen ist.

Zur gleichen Zeit wird an anderen Plattenrändern Krustenmaterial durch Eintauchen (Subduktion) in den Mantel unterhalb der Tiefseegräben wieder aufgeschmolzen. Wenn die Ränder einer oder mehrerer Festlandmassen einen solchen Kontakt erreichen, werden die für ein Absenken zu leichten Kontinentalblöcke lediglich gefaltet und bilden dann eine Gebirgskette entlang des Plattenrandes. So entstand der Himalaja, als die indische mit der eurasischen Platte kollidierte; die westlichen, an das Meer grenzenden Gebirge Amerikas (Rocky Mountains und Anden) bildeten sich an der Kontaktzone zwischen den amerikanischen, sich nach Westen bewegenden Platten und den nach Osten driftenden Platten des östlichen Pazifik.

Für das Entstehen und Zerstören der ozeanischen Kruste scheint Wärmeenergie aus dem Zerfall verschiedener unstabiler Elemente im Erdinnern verantwortlich zu sein, wodurch im Mantel Konvektionsströme entstehen, die wahrscheinlich die Ursachen für die Lageänderung der Landmassen im Laufe der Erdgeschichte darstellen. Zahl und Form der Platten blieb auch nicht konstant, so daß im Laufe der Erdgeschichte die Festländer oft miteinander verschmolzen und wieder auseinanderbrachen.

Die festländischen Gesteine sind somit deshalb so lange erhalten geblieben, weil sie leicht sind, d. h. eine geringere Dichte haben. Die Gesteine am Grund der Ozeane sind jung, da sie entlang der zentralen Spalten der mittelozeanischen Rücken ständig neu gebildet werden. Sie entfernen sich nur langsam von den Stätten ihrer Entstehung und werden dann im Bereich der Tiefseerinnen wieder zerstört.

Paläogeographie und Kontinentaldrift

Karten der Paläokontinente, die das Bild der Landmassen zu verschiedenen Zeiten der Erdgeschichte zeigen, gibt es für das gesamte Phanerozoikum, d. h. für die letzten 570 Mio. Jahre (Abb. 12-5). Bis in die Trias können diese Karten aufgrund der Erkenntnisse des *Sea-Floor Spreading* rekonstruiert werden, da alle heutigen Ozeane mit Ausnahme des Pazifik in dieser Zeit entstanden sind und sich vergrößert haben. Karten für das Paläozoikum (Kambrium bis Perm) wurden aus Daten des Paläomagnetismus gewonnen und sind daher mehr hypothetisch.

In jeder Karte sind die Festlandsmassen durch die Ränder der heutigen Kontinentalschelfe definiert. Der heutige Verlauf der Küstenlinien erleichtert dabei das Wiedererkennen der Kontinente. Es muß jedoch betont werden, daß diese Küstenlinien nicht die wirklichen Verhältnisse in den vergangenen geologischen Zeiträumen wiedergeben. Bis heute bedecken epikontinentale (Schelf-)Meere weite Teile der Landmassen, in der geologischen Vergangenheit dürfte dies in stärkerem oder geringerem Maße ebenfalls der Fall gewesen sein, doch läßt sich dies derzeit nur ungenau rekonstruieren. Solche epikontinentalen Meere sind auf den Karten nicht angegeben, außer sie waren von größerer biogeographischer Bedeutung, weil sie beispielsweise Gebiete innerhalb eines Kontinents für lange Zeiträume vollständig trennten.

Während des Kambriums und Ordoviziums scheint es vier

Festlandmassen gegeben zu haben: Nordamerika, Europa, Asien und Gondwana, zu der die heutigen Südkontinente Afrika, Südamerika, Indien, Antarktika und Australasien gehören (Abb. 12-5a). Diese vier Kontinente lagen sämtlich nahe am Äquator bzw. auf der Südhalbkugel. Im Ordovizium lag das heute die Sahara umfassende Gebiet Nordafrikas in der Nähe des Südpols und war weitgehend von Eis bedeckt (Abb. 12-5b). Im Silur kollidierten Nordamerika und Europa entlang der Appalachen, der kaledonischen und skandinavischen Gebirge, was zur Bildung von Euramerika führte, das im damaligen Äquatorialbereich lag (Abb. 12-5c). Im Karbon näherten sich die drei Kontinente, während Südamerika möglicherweise in Kontakt oder zumindest sehr nahe zu Europa (Abb. 12-5d) stand. Die Paläogeographie dieser Zeit spiegelt sich in der Verbreitung fossiler Reptilien wider, die weitgehend auf Euramerika beschränkt waren, sowie in den verschiedenen voneinander getrennten Florenprovinzen: Euramerika, Gondwana und zwei durch ein Epikontinentalmeer getrennte Provinzen in Asien.

Während des Perms vereinigten sich alle Kontinente zum einzigen Kontinent Pangaea, der vom einzigen Weltozean umgeben war (Abb. 12-5e). Mit seinen wenigen Wanderungsschranken für terrestrische Organismen, mit einem wärmeren, überall ähnlichen, viel weniger als heute nach Breitengraden differenzierten Klima erscheinen Flora und Fauna von Pangaea bemerkenswert gleichförmig. Die weitgehende Reduzierung der Standorte im Schelfbereich (nur ein Kontinent!) mag für eine größere Welle des Aussterbens bei marinen Wirbellosen verantwortlich gewesen sein.

Pangaea blieb auch während der folgenden Zeit der Trias erhalten und ermöglichte es Tieren, wie den Dinosauriern und frühen Säugern, alle Gebiete zu besiedeln (Abb. 12-5 f). Im Jura begann Pangaea wieder auseinanderzubrechen. Der Mittelatlantik öffnete sich und in die Kontinente drangen epikontinentale Meere ein (Abb. 12-5g). Dies führte zu einer gewissen Aufteilung der Landgebiete und zu einer evolutionären Divergenz der Landtiere, insbesondere der Dinosaurier.

Während der Kreide lösten sich Afrika und Indien von Gondwana und drifteten nach Norden. Der Mittelatlantik verbreiterte sich, und der Südatlantik entstand. Es entwickelten sich ausgedehnte Schelfmeere, was zu einer weiteren Zersplitterung der Festlandgebiete und einer zunehmend unabhängigen Entwicklung der Landorganismen, insbesondere der Wirbeltiere, führte. Obwohl Nordamerika mit Europa und Asien verbunden blieb, teilten doch in Wirklichkeit zwei Schelfmeere, ein Meeresarm vom Golf von Mexiko quer durch Nordamerika bis Kanada und das Turgai-Meer (Abb. 12-5h) den Nordkontinent Laurasia in drei Teile: Europa und östliches Nordamerika, westliches Nordamerika, Asien. Diese Situation spiegelt sich genau in den Dinosaurierfaunen der drei Gebiete wider. So sind beispielsweise die eher fortgeschrittenen Ceratopsier in der Oberkreide auf das westliche Nordamerika beschränkt.

Im frühen Känozoikum (Paläozän) setzte sich die Ausdehnung des Atlantiks fort, wobei Nordamerika und Europa jedoch noch in Verbindung blieben, was an der großen Ähnlichkeit ihrer Säugerfaunen deutlich wird (Abb. 12-5i). Südamerika und Australien blieben über Antartika miteinander verbunden. Dieser Umstand dürfte die Tatsache erklären, daß bis heute Beuteltiere nur auf diesen beiden Kontinenten vorkommen.

Im Miozän war die Weltkarte von der heutigen nicht sehr verschieden (Abb. 12-5j). Indien war schon früher, vermutlich im Eozän, mit Asien kollidiert, worauf sich der Himalaja bildete. Südamerika und Australien sind nun isolierte Kontinente und ihre besonderen Säugerfaunen entwickelten sich weitgehend getrennt von der übrigen Welt. Nach einer Trennungsperiode im frühen Känozoikum fand zwischen Afrika und Eurasien bei den Säugern ein geringer Austausch statt. Doch war dieser Austausch nur partiell, da offensichtlich Barrieren wie Flachmeere und, später im Pleistozän, Wüstengebiete vorhanden waren, die eine ungehinderte Wanderung der meisten Tiere unmöglich machten. Die Lage von Antarktika am Südpol führte zusammen mit einer weltweiten Abkühlung zu ausgedehnter Vergletscherung dieses Kontinents im Oligozän und Miozän. Dies dürfte auch der Grund für das Aussterben des wesentlichen Teils der dortigen Landfauna und -flora gewesen sein. Ein Vergleich der miozänen Säugerfaunen läßt den Schluß zu, daß zwischen Eurasien und Nordamerika über das Gebiet der heutigen Beringstraße („Beringia") ein gewisser Austausch stattgefunden hat. Im allgemeinen jedoch erfuhren die Säugetiere dieser beiden Gebiete getrennte Entwicklungen.

Während des Pliozäns waren Nord- und Mittelamerika mit Südamerika verbunden, was zu einem sehr auffallenden Faunenaustausch führte. Allerdings erfolgte die Wanderung damals vorwiegend von Norden nach Süden.

Phasen ausgedehnter Vergletscherung im Pleistozän hatten ein Absinken des Meeresspiegels um 100 m oder mehr zur Folge. Dadurch wurden Inselketten verbunden, die heute wieder getrennt sind. Die Britischen Inseln waren mit dem europäischen Kontinent verbunden, ebenso Asien und Nordamerika durch die landfeste Beringstraße. Faunen und Floren konnten sich somit weiter ausbreiten. Australasien dagegen blieb ein Inselkontinent (Abb. 12-5k) wie heute, mit sehr vielen einmaligen Faunen- und Florenelementen.

Weiterführende Literatur

Die Entwicklungsgeschichte der Erde. 2 Bände, 5. Aufl.; Dausien, Hanau 1981.

Franke, H. W.: *Methoden der Geochronologie.* Springer, Heidelberg 1969.

Lehmann, U.: *Paläontologisches Wörterbuch.* 2. Aufl.; Enke, Stuttgart 1977.

Thenius, E.: *Versteinerte Urkunden.* 2. Aufl.; Springer, Heidelberg 1972.

Thenius, E.: *Meere und Länder im Wechsel der Zeiten.* Springer, Heidelberg 1977.

Vogel, K.: *Lebensweise und Umwelt fossiler Tiere.* Quelle & Meyer, Heidelberg 1984.

Ziegler, B.: *Allgemeine Paläontologie. Einführung in die Paläobiologie I.* Schweizerbart, Stuttgart 1972.

13 Frühe Schritte der Evolution

13.1 Die Entstehung des Lebens

Die Erde bildete sich vor etwa 4,6 Mrd. Jahren aus Staub und Gasen. Nach kürzlich durchgeführten Untersuchungen an sehr alten geologischen Formationen in Australien (s. Kap. 13.2) hat es einzellige Organismen – ähnlich den heutigen Cyanobakterien – wahrscheinlich schon vor 3,6 Mrd. Jahren gegeben. Das irdische Leben muß also während der ersten 1000 Jahrmillionen entstanden sein, in denen es die Erde als Planet überhaupt gab.

Wiederholt wurden Theorien entwickelt, wonach lebende Organismen irgendwo im Universum entstanden und nachträglich zufällig oder gezielt auf die Erde gelangt sein sollen. Solche Ideen sind schwer zu widerlegen, man kann nicht einmal ihre Plausibilität abschätzen; sie haben aber die Vorstellungen über die Lebensentstehung kaum beeinflußt. In diesem Kapitel wird von der Annahme ausgegangen, daß das Leben auf der jungen Erde aus leblosen Stoffen entstanden ist.

Es ist unwahrscheinlich, daß Fossilien oder andere geologische Spuren der frühesten Lebensformen gefunden werden können. Daher beruhen Theorien über die Entstehung des Lebens vor allem auf Rückschlüssen aus unserem biochemischen Wissen und der Rekonstruktion der Bedingungen, die vermutlich auf der jungen Erde herrschten.

Die abiotische Synthese organischer Moleküle

Die moderne Forschung über den Ursprung des Lebens begann mit den Ideen von Oparin in den zwanziger Jahren dieses Jahrhunderts. Er postulierte, daß die Erdatmosphäre ursprünglich stark reduzierend war. Ihre Hauptkomponenten seien Methan, Ammoniak und Wasser gewesen, und sie habe im Gegensatz zur heutigen Atmosphäre nur wenig oder gar keinen Sauerstoff enthalten. Aus den genannten Gasen konnte sich unter dem Einfluß der ultravioletten Sonnenstrahlung, durch Gewitter, Vulkanausbrüche, oder durch Hitze- und Druckwellen bei Meteoriteneinschlägen organisches Material gebildet haben, eine präbiotische „Ursuppe". Oparin nahm an, daß das Leben dann durch eine Folge chemischer Reaktionen zunehmender Komplexität entstanden sei. Der erstmals von Miller und Urey erbrachte experimentelle Nachweis dafür, daß eine Mischung organischer Moleküle – darunter solche, die Monomeren von Biomolekülen nahestehen – unter solchen Bedingungen tatsächlich entstehen können, markiert einen der bedeutendsten Fortschritte in der Erforschung des Lebensursprungs. Gegenwärtig steht die Frage im Vordergrund, wie die ersten geordneten Makromoleküle aus den organischen Bausteinen entstehen und wie sich daraus primitive selbstvermehrungsfähige Systeme entwickeln konnten.

Unter den tausenden von organischen Molekülen, die in der Biochemie von Bedeutung sind, spielen die 20 natürlich vorkommenden Aminosäuren und die vier oder fünf Nucleotide eine Sonderrolle. Die Aminosäuren sind die Monomeren von Proteinen, die Nucleotide die Bausteine von Nucleinsäuren, den Trägern der genetischen Information (s. Kap. 1.1). Miller und Urey haben mit ihrer Untersuchung über die Synthese von Aminosäuren in leblosen Systemen (abiotische Synthese) die moderne Experimentalforschung über die Lebensentstehung begonnen. Eine Mischung von Methan, Ammoniak und Wasser – Oparins reduzierende Uratmosphäre – wurde in einer Umlaufapparatur elektrischen Entladungen ausgesetzt, womit Gewitter in der Uratmosphäre simuliert wurden. Nichtflüchtige Produkte wurden in Wasser abgefangen (Abb. 13-1). Nach Abschluß der Reaktion wurde das Gemisch der im Wasser gelösten Substanzen analysiert. Etwa 20 % des Kohlenstoffs der Mischung war zum Aufbau relativ einfacher organischer Moleküle, unter ihnen die Aminosäuren Glycin, Alanin und Asparaginsäure verwandt worden. Man kennt mehrere tausend organische Moleküle vergleichbarer Größe, und so hatte man mit einer solchen recht komplexen Mischung von Verbindungen gerechnet.

Nach diesem Erfolg gab es zahlreiche weitere Synthesen von Biomolekülen aus einfachen Ausgangsverbindungen unter präbiotischen Bedingungen, und auch die entsprechenden Reaktionsmechanismen wurden untersucht. Miller wies nach, daß die Aminosäuren über einfache Aldehyde und Cyanwasserstoff entstanden waren, die sich bei den elektrischen Entladungen gebildet hatten. Oro zeigte dann, daß Cyanwasserstoff allein unter ganz einfachen Bedingungen den Nucleinsäurebaustein Adenin bilden kann. Die übrigen Komponenten der Nucleinsäuren wurden in entsprechender Weise aus Formaldehyd, Dicyan und Cyanoacetylen gewonnen.

Fast alle wichtigen Moleküle lebender Systeme können also leicht aus einfachen, reaktionsfreudigen Gasen gebildet werden, die in einer reduzierenden Atmosphäre unter elektrischen Entladungen, UV-Licht oder hohen Temperaturen entstehen. Die wichtigsten dieser reaktiven Moleküle sind – zusammen mit Ammoniak und Wasser – Cyanwasserstoff, Formaldehyd und Cyanoacetylen. Freier Sauerstoff würde die Zwischenverbindungen und ihre Produkte sofort zerstören. Als vor 2 Mrd. Jahren molekularer Sauerstoff als Produkt der Photosynthese auftrat, bedeutete das eine einschneidende, irreversible Veränderung der Erdatmosphäre – die abiotische Synthese organischer Verbindungen war von damals an nicht mehr möglich.

Diese biochemischen Arbeiten bekamen unerwartete Unterstützung, als Radioastronomen entdeckten, daß interstellare Staubwolken, in denen neue Sterne entstehen, zahlreiche organische Moleküle enthalten, und zwar wieder vor allem Cyanwasserstoff, Formaldehyd und Cyanoacetylen; Meteoriten weisen geringe Mengen von Aminosäuren auf. Dies alles zeigt, daß die Bildung von organischen Molekülen – als Voraussetzung für die Entwicklung von Leben – im gesamten Universum stattfindet. Es ist nicht bekannt, in welchem Ausmaß die organischen Verbindungen in den Gas- und Staubmassen, aus denen sich die Erde gebildet hatte, und die organischen Moleküle in Meteoriten zu dem Material beitrugen, aus dem sich schließlich die ersten lebenden Systeme entwickelten. Aber es gilt als gesichert, daß Biomoleküle auch ohne Lebewesen im interstellaren Raum und in der Uratmos-

Abb. 13-1. Die von Miller zum Nachweis der Bildung von Aminosäuren in unbelebten Systemen verwendete Apparatur. Rechts eine Tabelle mit seinen Ergebnissen.

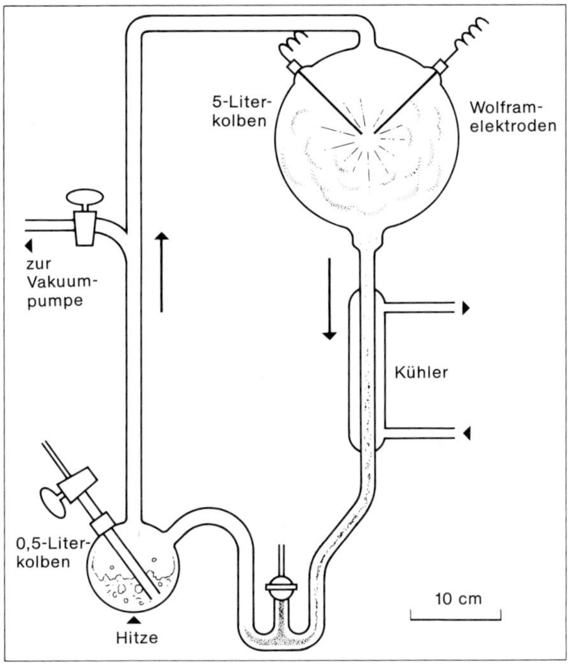

Entstandene Moleküle	µmol	Mol-verhältnis
Glycin	440	100
Alanin	700	180
α-Amino-*n*-buttersäure	270	61
α-Amino-iso-buttersäure	~30	~7
Valin	19,5	4,4
Norvalin	61	14
Isovalin	~5	~1
Leucin	11,3	2,6
Isoleucin	4,8	1,1
Allisoleucin	5,1	1,2
Norleucin	6	1,4
tert-Leucin	<0,02	-
Prolin	1,5	0,3
Asparaginsäure	34	7,7
Glutaminsäure	7,7	1,7
Serin	5	1,1
Threonin	~0,8	~0,2
Allothreonin	~0,8	~0,2
α,γ-Diaminobuttersäure	33	7,6
α-Hydroxy-γ-aminobuttersäure	74	17

Glycin- und Alamin-Ausbeuten auf Kohlenstoffbasis: 0,26% und 0,71%
Gesamtausbeute der aufgezählten Aminosäuren: 1,55%

phäre der Erde gebildet werden können. Vermutlich hätten Aminosäuren und Nucleotide nicht die Hauptkomponenten unseres genetischen Apparates werden können, wenn sie nicht schon häufige Bestandteile der „Ursuppe" gewesen wären.

Polymerisation und makromolekulare Organisation

Wenn man annimmt, daß sich organische Moleküle wie Aminosäuren und die Nucleotidkomponenten auf der jungen Erde anhäuften, ist der nächste Schritt, die Entwicklung selbstvermehrungsfähiger Organismen aus diesen Verbindungen zu erklären. Rekonstruktionsversuche dieses Evolutionsabschnittes sind sehr spekulativ, und die experimentellen Beweise sind, gelinde gesagt, bruchstückhaft.

Sowohl Proteine wie Nucleinsäuren sind „optisch aktiv": Ihre Monomeren kommen in zwei Formen vor, einer Links- (L-) und einer Rechts-(D-)Form, die die Schwingungsebene von polarisiertem Licht nach links bzw. rechts drehen und sich zueinander wie Bild und Spiegelbild verhalten, sonst jedoch gleiche chemische Eigenschaften aufweisen. Nun sind aber die Proteine heutiger Lebewesen aus L-Aminosäuren aufgebaut, die Nucleinsäuren nur aus D-Nucleotiden. Viele biologisch bedeutsame Strukturen können nicht aus einer Mischung von L- und D-Verbindungen gebildet werden. Beispielsweise kann die rechtsgängige DNA-Doppelhelix nur aus D-Nucleotiden entstehen, ihr lingsgängiges Spiegelbild nur aus L-Nucleotiden; eine Mischung beider Nucleotidsorten würde eine völlig abweichende Struktur ergeben, oder überhaupt nichts Regelmäßiges. Entsprechendes gilt auch für regelmäßige Proteinstrukturen, und es ist zweckmäßig – vermutlich sogar notwendig –, daß Biomoleküle jeweils nur in einer der beiden Formen vorliegen. Möglicherweise gibt es gar keinen besonderen Grund dafür, daß Nucleotide ausgerechnet in der D-Form und Aminosäuren in der L-Form in Biomoleküle eingebaut werden. Vielleicht haben sich diese Systeme nur zufällig so und nicht anders herausgebildet.

Spontane Polymerisation von Aminosäuren zu kurzen Polypeptidketten mit zufälligen Sequenzen kann auf verschiedene Weise erfolgen, aber gewöhnlich muß die Monomeren-Lösung dazu eingedickt werden. Auch Nucleotide können unter präbiotischen Bedingungen aus Zuckern, Stickstoffbasen und Phosphatgruppen gebildet werden, und auch hier ist die Zufallspolymerisation zu kurzen Kettenmolekülen im Labor bewerkstelligt worden. Diese Prozesse sind zwar ungenau und unergiebig, zeigen aber, daß die Synthese kurzer Zufallssequenzen bei Polymeren, die an Proteine und Nucleinsäuren erinnern, unter präbiotischen Bedingungen möglich ist. Bei näherer Betrachtung ergeben sich allerdings große Schwierigkeiten. Weder Proteine noch Nucleinsäuren von Lebewesen weisen Zufallssequenzen ihrer Monomeren auf, diese sind vielmehr jeweils in ganz bestimmter Folge aufgereiht, die von Generation zu Generation weitergegeben wird. Die präzise Vermehrung von Biomolekülen, ihr exaktes Kopieren (s. Kap. 3.1), muß sich irgendwann ebenso entwickelt haben wie der genetische Code, der die Übertragung der Basensequenz von Nucleinsäuren in die entsprechende Aminosäuresequenz von Proteinen ermöglicht. Zusätzlich war die Entwicklung von Membranen zur Umhüllung selbstreplizierender Systeme nötig, um Verdünnungsverluste essentieller Zwischenverbindungen zu verhindern.

Es hat immerhin einige Fortschritte gegeben, die einen Nachweis der Replikation in enzymfreien Systemen bringen. Beispielsweise bindet eine Kette von Uracil-Nucleotiden – sogenanntes poly(U) – komplementäre, Adenin enthaltende Nucleotide (A) und erleichtert ihre gegenseitige Verknüpfung. Entsprechendes gilt für poly(C), das die Polymerisation von Guanin enthaltenden Nucleotiden (G) fördert. Solche Reaktionen folgen den Paarungsregeln von Watson und Crick, so daß poly(U) ohne Einfluß auf die Polymerisation von G ist, ebensowenig wie poly(C) auf jene von A. Diese Reaktionen werden in auffälliger Weise durch Metallionen katalysiert. Das Zink-Ion Zn^{2+} ist geradezu ein spezifischer Katalysator für die Polymerisation von G an poly(C). Es ermöglicht die Bildung von Ketten aus 30 G-Nucleotiden, während andere Nucleotide ausgeschlossen bleiben. Das Blei-Ion Pb^{2+} ist katalytisch noch wirksamer, aber nicht so spezifisch.

Ziel solcher Untersuchungen ist ein einfaches, nicht-enzymatisches System, in dem ein Polynucleotid beliebiger

Sequenz die Synthese von komplementären Strängen ermöglicht. Das würde die Entwicklung der Nucleinsäure-Replikation auf der primitiven Erde verständlich machen.

Aus theoretischen Überlegungen ergibt sich, daß wesentliche Steigerungen der biologischen Komplexität erst möglich waren, nachdem das Replikationssystem für Nucleinsäuren an die Steuerung der Polymerisation von Aminosäuren zu geordneten Polypeptidketten angekoppelt war. Die ursprüngliche Beziehung dürfte viel weniger präzis gewesen sein als es der heutige genetische Code verlangt (s. Kap. 3.1), aber eine primitive Art der Codierung scheint Voraussetzung für die Evolution komplexer Strukturen gewesen zu sein. Ob es eine unmittelbare Beziehung zwischen Basentripletts und den Seitenketten von Aminosäuren gibt, ist unbekannt. Crick hat eine Hypothese des „eingefrorenen Zufalls" vorgeschlagen, nach welcher einfach das erste lebensfähige System allein überdauerte – eine interessante Möglichkeit. Aber die Evolution des genetischen Codes ist immer noch der rätselhafteste Aspekt bei der Entstehung des Lebens.

Membranen und Strukturzusammenhalt

Jedes komplizierte biologische System muß seine makromolekularen Komponenten zusammenhalten können. Heute übt die Zellmembran diese Funktion aus, und verständlicherweise hat man Entsprechendes auch für die frühe Lebensentwicklung angenommen. Doch ist dieses Postulat nicht unproblematisch. Alle rezenten Biomembranen besitzen Pumpen und Kanäle für den spezifischen Transport von Nährstoffen, Abfallstoffen, Metallionen usw. (s. Kap. 1.4). Diese Kanäle werden von genau definierten Proteinen gebildet, wie sie am Beginn der Lebensentstehung noch nicht verfügbar waren. Eine ganz undurchlässige Membran ohne Kanäle wäre aber von Nachteil gewesen, da sie verwertbare Komponenten der Ursuppe nicht durchgelassen hätte. Wahrscheinlich wurden ursprünglich die makromolekularen Bestandteile biologischer Systeme durch Aggregation zusammengehalten, vielleicht durch Vermittlung organischer Kolloide oder durch Adsorption an Mineral-Oberflächen, so daß kleine organische Moleküle und Salze leichten Zutritt hatten. Die Entwicklung einer geschlossenen Membran war vermutlich nicht der erste Schritt zu einer spezifischen Organisation, sondern erfolgte erst später, als die Zwischenprodukte komplexer Stoffwechselreaktionen vor Verdünnung bewahrt werden mußten.

13.2 Präkambrische Lebensformen

Zu Ende der präkambrischen Ära (vor 570 Mio. Jahren) gab es – laut Fossilienfunden – eine breite Palette von Wirbellosen, was eine vorausgehende, umfangreiche Evolutionsgeschichte voraussetzt. Ältere präkambrische Sedimente wurden erst vor 20 Jahren durch die Beschreibung der ausgezeichnet erhaltenen Mikrofossilien in der 1,9 Mrd. Jahre alten *Gunflint*-Hornblende von Kanada für die Erforschung der frühen Organismenevolution erschlossen. Heute berichtet man über Mikroorganismen in Sedimenten des Archaikums und Proterozoikums; die ältesten Funde wurden in australischen Sedimenten gemacht, die etwa 3,5 Mrd. Jahre alt sind. Durch die morphologische Beschreibung dieser Organismen und die daraus abgeleiteten Vorstellungen über ihre Physiologie und Ökologie sowie über die Entwicklung der Atmosphäre ist die präkambrische Biologie zu einem wichtigen Forschungsgebiet der modernen Paläontologie geworden.

Unser Wissen über präkambrisches Leben stammt aus drei Quellen: Einmal gibt es die fossilisierten Organismen selbst, die entweder in Hornblende – ein verkieseltes Sediment – eingebettet sind oder aus Sandsteinen und Schiefern gewonnen werden. Zweitens treten besondere Fossilstrukturen, die Stromatolithen, auf. Drittens können die organischen Verbindungen präkambrischer Sedimente analysiert werden. Diese „chemischen Fossilien" umfassen unverzweigte Kohlenwasserstoffe, Isoprenoide und Porphyrine – späte Reste des Stoffwechsels von einstigen Lebewesen. Öfter bilden sich auch unlösliche organische Massen (Kerogen). Aus dem Anteil stabiler Kohlenstoffisotope in solchem Material läßt sich abschätzen, ob es durch Photosynthese entstanden ist.

Stromatolithen sind kegelförmige, säulenartige oder halbkugelige Sedimentstrukturen, die im Längsschnitt geschichtet erscheinen, wobei dunkle Schichten mit viel organischem Material mit helleren Lagen abwechseln, in denen anorganische Sedimente überwiegen (Abb. 13-2). In fossilen Stromatolithen enthalten die dunklen Schichten Reste einzelliger oder fädiger Organismen. Noch heute werden in der Gezeitenzone oder in besonderen, tieferliegenden Lebensräumen solche Riffstrukturen von Cyanobakterien (Blaualgen) und/oder anderen Bakterien gebildet, beispielsweise in den besonders salzreichen Lagunen der Haifischbay in Westaustralien, wo eine lebensfeindliche Umwelt die Nahrungsmöglichkeiten Wirbelloser einschränkt. Ein Filz von Mikroorganismen, gewöhnlich von fädigen Cyanobakterien fängt Sedimentmaterial ein, das dann – infolge ihres Stoffwechsels – durch Calciumcarbonat verfestigt wird. Die lebenden Cyanobakterien wandern gleitend zum Licht und bilden eine neue Oberflächenschicht, während die abgestorbenen Reste die dunklen Lagen des Stromatolithen ergeben.

Lebensgemeinschaften im Archaikum

Mikrofossilien aus dem Archaikum (älter als 2,5 Mrd. Jahre) sind selten und werden gewöhnlich mit großer, oft berechtigter Skepsis betrachtet. Die ältesten Reste stammen von *North Pole* in Westaustralien (Alter: 3,4–3,5 Mrd. Jahre). Sie umfassen verschiedene kugelige Strukturen. Die Einfachheit der Formen erschwert ihre Einordnung, so daß es unsicher ist, ob es sich überhaupt um Organismenreste handelt. Statistische Größenanalysen und der Vergleich mit jüngeren Populationen und heute lebenden Organismen legt immerhin nahe, daß diese Kugelstrukturen Überreste einzelliger Organismen sind. Ob es sich um kugelige Cyanobakterien oder um andere Bakterien handelte, bleibt offen. Die Entdeckung von Stromatolithen in derselben Gegend weist ebenfalls auf die Existenz von

a
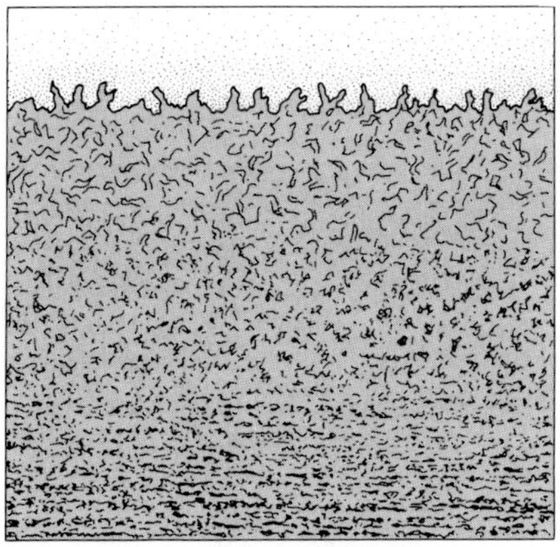

b

c
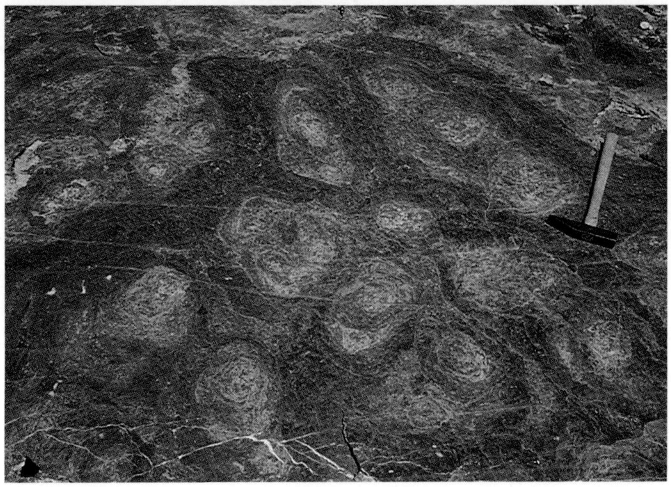

Abb. 13-2. (a) Schematische Darstellung eines Schnittes durch einen „lebenden" Stromatolithen. (b) Schnitt durch einen präkambrischen Stromatolithen aus der Wumishan-Formation, nördlich von Beijing, VR China. (c) Kambrische Stromatolithen-Säulen aus der Orr-Formation in Utah, USA. Die äußeren Oberflächen sind von Kalksediment umhüllt.

Leben hin. Einige erinnern in ihrer Struktur an *Conophyton,* eine Stromatolithen-Form des späten Präkambriums, die durch gleitende, fädige Cyanobakterien gebildet wurde. Doch werden ähnliche Formen heute in heißen Quellen durch grüne, fädige Bakterien *(Chloroflexus)* aufgebaut, so daß die erwähnten Stromatolithen keinen klaren Beweis für das Vorkommen von Cyanobakterien vor 3,4 Mrd. Jahren bedeuten.

Ähnliche Lager von Sphäroiden und Stromatolithen sind von nicht ganz so alten Sedimenten in Südafrika bekannt. In einigen von ihnen, z. B. in der *Fig Tree*-Serie (Alter ca. 3,2 Mrd. Jahre), lassen sich Porphyrine und Isoprenoide nachweisen, die biogen entstanden sein können, und das Verhältnis der Kohlenstoffisotope in Kerogen deutet auf bakterielle oder cyanobakterielle Photosynthese hin.

Proterozoische Lebensgemeinschaften

Das frühe Proterozoikum ist durch eine weite Verbreitung von Stromatolithen ausgezeichnet. Hier finden sich die ersten gesicherten Hinweise auf Cyanobakterien als Mikrofossilien. Eine der ältesten Hornblenden mit Stromatolithen und Mikroorganismen kommt im Transvaal in Südafrika vor und wird auf 2,3 Mrd. Jahre datiert. Diese Sedimente enthalten kugelige Einzeller, aber auch fädige Formen mit größeren, dunkleren Zellen, die man als Akineten deutet (bei rezenten Cyanobakterien dienen solche dickwandige Speicherzellen der ungeschlechtlichen Fortpflanzung). Im Moment stellen sie die ältesten Organismen dar, die Zelldifferenzierung aufweisen. Etwas jüngere Stromatolithen-Hornblenden von Minnesota *(Pokegama*-Quarzit, ca. 2 Mrd. Jahre alt) enthalten Fadenstrukturen mit eingestreuten größeren Zellen, die man für Heterocysten hält. Bei rezenten Cyanobakterien enthalten Heterocysten ein Enzymsystem zur Fixierung von Luft-Stickstoff; Sauerstoff inaktiviert dieses Enzym, und die dicken Wände der Heterocysten hemmen sein Eindringen. Daher deutet die Anwesenheit von Heterocysten in den fossilen Cyanobakterien auf die Anwesenheit von zumindest ein wenig freiem Sauerstoff in der damaligen Atmosphäre. Das Auftreten der Cyanobakterien war entscheidend für die Entwicklung der Atmosphäre, weil sie – im Gegensatz zu Bakterien – bei ihrer Photosynthese Sauerstoff freisetzen. Die Atmosphäre des Archaikums war reduzierend, und die ältesten Organismen waren vermutlich heterotrophe Anaerobier, die vom gelösten organischen Material lebten, das sich in der vorangegangenen Milliarde von Jahren angehäuft hatte. Der erste von Cyanobakterien gebildete Sauerstoff wurde offenbar sofort von reduzierenden Mineralien und organischem Material gebunden und kam nicht in die Atmosphäre. Das Vorkommen von Eisenoxid-Ablagerungen (Bändereisenerze) in archaischen Felsformationen, die gelegentlich auch Mikroorganismen enthalten, deutet darauf hin, daß Sauerstoff erzeugende Organismen in Flachwasser-Biotopen häufig waren, wo zweiwertiges Eisen als „Sauerstoff-Fänger" fungierte und in Form von Eisen-III-Oxid ausgefällt wurde. Das Auftreten von Roteisen-Bändern und das Verschwinden der leicht oxidierbaren Pechblende vor über 2 Mrd. Jahren belegt die Existenz einer Atmosphäre mit molekularem Sauerstoff und zeigt, daß damals die Sauerstoff-Freisetzung seine Fixierung bereits mengenmäßig übertraf.

Man schätzt, daß zur Zeit der *Gunflint*-Ablagerung vor etwa 1,9 Mrd. Jahren die atmosphärische Sauerstoff-Konzentration 1% der heutigen betrug. Die *Gunflint*-Mikroorganismen entwickelten sich üppig in einem seichten eisenhaltigen Becken, wo verschiedene Lebensgemeinschaften identifiziert werden konnten. In den Randbezirken lebte die Stromatolithen bildende, fädige *Gunflintia* – vermutlich ein Cyanobakterium – zusammen mit der sphärischen *Huroniospora.* Eine andere kugelige Form, *Leptoteichos,* kommt vereinzelt in kalkigem

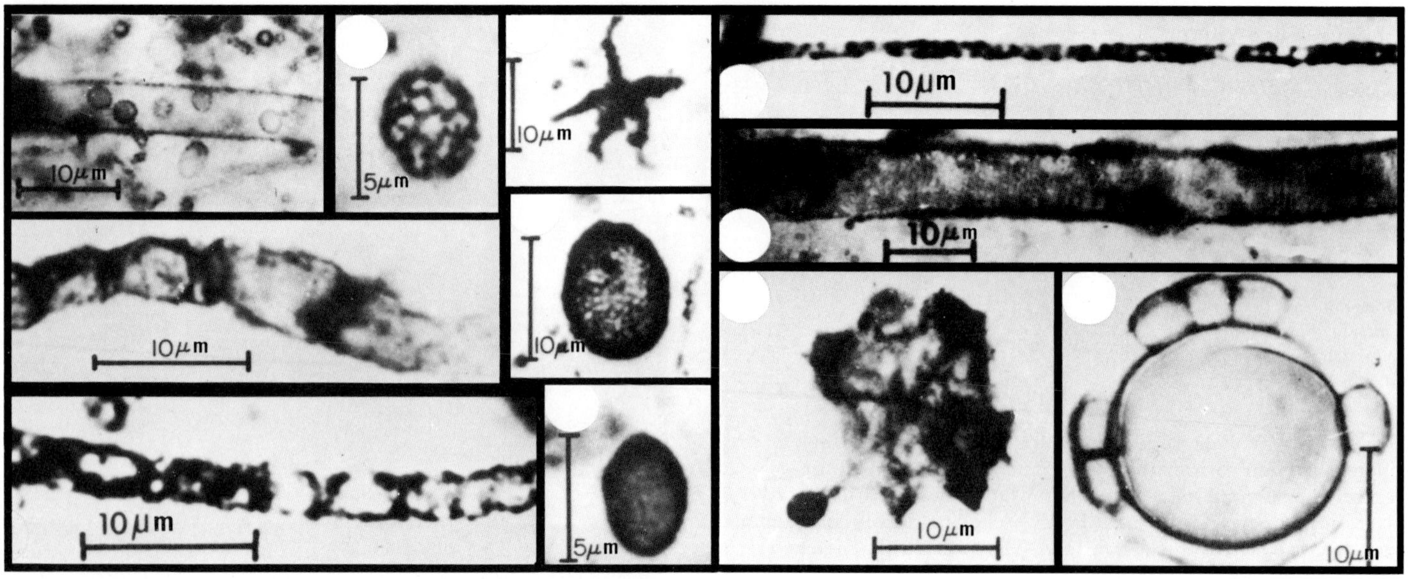

Abb. 13-3. Verschiedene präkambrische Mikrofossilien aus der „Guntflint-Iron"-Formation Kanadas. Sie sind etwa 2 Mrd. Jahre alt.

Material vor, das vermutlich im ruhigen Wasser der Bassinmitte abgelagert wurde. *Leptoteichos* wird als planktontisches Cyanobakterium aufgefaßt. Stellenweise wurde dieses Biotop von dem koloniebildenden Mikroorganismus *Eoastrion* beherrscht, der gestaltmäßig mit dem manganoxidierenden Bakterium *Metallogenium* übereinstimmt, wie man es noch heute in sauerstoffarmen Lebensräumen findet.

Das Auftreten von freiem Sauerstoff in der Atmosphäre beeinflußte die Lebensentwicklung in mannigfacher Weise. Da Sauerstoff für die frühesten Organismen hochgiftig war, mußten sich diese entweder in anaerobe Lebensräume zurückziehen, wie z. B. in Tiefseetone (wo auch heute noch obligatorisch anaerobe Bakterien leben), oder sie mußten biochemische und physiologische Mechanismen für eine Sauerstoff-Toleranz entwickeln. Als der Sauerstoff-Gehalt weiter stieg, bildete sich zusätzlich eine Ozonschicht in der oberen Atmosphäre, die die Erdoberfläche vor ultravioletter Strahlung abschirmte und die Entwicklung komplexer eukaryotischer Zellen sowie die Besiedlung des Festlandes ermöglichte. Schließlich entstanden atmende Zellen, die unter Ausnutzung des Sauerstoffs wesentlich mehr Energie für ihr Wachstum zu gewinnen vermochten.

Die Entwicklung der Cyanobakterien

Das Präkambrium wird manchmal das Zeitalter der Cyanobakterien genannt. Guterhaltene Reste gibt es aus dem gesamten späten Proterozoikum, aber die besterhaltenen, die zugleich die ganze Vielfalt ihrer Organisation widerspiegeln, finden sich in den 800–900 Mio. Jahre alten Ablagerungen von *Bitter Springs* in Zentralaustralien. Auch hier sind die Mikrofossilien mit Stromatolithen assoziiert, die sich in seichtem, warmem Küstenwasser gebildet hatten. In ihnen dominieren fädige Cyanobakterien, die heute lebenden Formen wie *Oscillatoria, Lyngbya* und *Spirulina* ähnlich sehen. Zusätzlich werden kugelige Formen gefunden, die einzeln, in Paaren oder in größeren Kolonien auftreten und von Hüllen – vermutlich Schleim – umgeben waren.

Trotz ihrer morphologischen Ähnlichkeit mit rezenten Cyanobakterien weiß man kaum etwas von ihrer Physiologie.

Eukaryoten im Proterozoikum

Im *Bitter Springs*-Komplex kommen auch größere, kugelige Mikrofossilien mit Durchmessern bis 16 μm vor. Sie enthalten auffällige Strukturen, die man für abgebaute Plasmakomponenten, Kerne oder Speicherstoffe hält. Sie werden als die Überreste eukaryotischer Einzeller gedeutet, die wahrscheinlich den Rot- oder Grünalgen verwandt sind. Es gibt auch Vierergruppen (Tetraden) solcher Zellen, wie sie bei der Sporenbildung durch Meiose auftreten (s. Kap. 1.5). Ähnliche Sphäroide werden auch aus älteren Mikrofossilfunden beschrieben, aus dem 1,3 Mrd. Jahre alten *Beck Springs*-Dolomit. Ihre Eukaryoten-Natur wurde – wie auch bei den jüngeren Fossilien – bezweifelt und intensiv diskutiert. Doch gibt es andere Belege für das Auftreten kernhaltiger Zellen – einem der grundlegendsten Evolutionsereignisse – schon vor Bildung der *Bitter Springs*-Ablagerungen.

Alle bisher beschriebenen Organismen sind eingebettet in harte Hornblenden, und die Aufarbeitung weicherer präkambrischer Schiefer hat andere Organismen zutage gebracht. In spätpräkambrischen Schiefern – insbesondere aus Rußland – kommen häufig kugelige Strukturen vor, die Acritarchen, mit 10–15 μm Durchmesser und säurefesten, gelegentlich gemusterten Wänden. Ihre Beziehung zu anderen Organismen ist ungewiß, aber man hält sie für Vermehrungsstadien oder widerstandsfähige Sporen bzw. Cysten von planktontischen, eukaryotischen Meeresalgen. Ähnliche Fossilien aus kambrischem Gestein lassen sich manchmal eukaryotischen Algen zuordnen (Dinoflagellaten oder Prasinophyceen). Einfach gebaute Acritarchen wurden kürzlich in der *Roper*-Formation in Australien mit einem Alter von 1,3 Mrd. Jahren gefunden – ein weiterer Hinweis auf eukaryotische Zellen aus dieser Ära des Proterozoikums.

Der *Beck Springs*-Dolomit enthält auch spärlich verzweigte Fadenstrukturen, in denen Zellen größeren Durchmessers durch Querwände abgeteilt sind. Sie werden als *Palaeosiphonella* bezeichnet, und man hält auch sie für Eukaryoten, die entweder den Grünalgen oder den Chrysophyceen nahestehen. Weniger eindrucksvoll sind verkohlte, bandartige Filme in 1,3 Mrd. Jahren alten Schiefern in Montana, die wegen ihrer

Größe (bis 2 mm Durchmesser) und regelmäßigen Formen für Reste von makroskopischen Algen gehalten werden. Noch älter sind mikroskopische, blattartige Strukturen *(McArthur-*Serie in Australien, 1,6 Mrd. Jahre), die Anzeichen von Zelldifferenzierungen enthalten und an zelluläre Schleimpilze erinnern. In denselben Ablagerungen kommen kleine Zellen mit Knospen vor, ähnlich den heutigen Hefepilzen. Weitere Belege für präkambrische Pilze kommen von *Bitter Springs,* wo es ausgedehnte, mycelartige Gespinste unverzweigter Fäden gibt *(Eumycetopsis),* die man mit wasserlebenden Phycomyceten in Zusammenhang bringt.

Insgesamt deuten alle diese Befunde darauf hin, daß die Eukaryotenzellen vor mindestens 1,3 Mrd. Jahren entstanden sind. Da die meisten heute lebenden Eukaryoten Sauerstoff für ihre Atmung brauchen, deutet dies auf eine sauerstoffhaltige Atmosphäre zu diesen frühen Zeiten hin. Es ist auch vorauszusetzen, daß sich bereits eine Ozonschicht entwickelt hatte, weil Eukaryoten empfindlich für ultraviolettes Licht (UV) sind. Bakterien und Cyanobakterien werden durch kurzwellige Strahlung weniger geschädigt; sie besitzen einerseits sehr wirkungsvolle DNA-Reparaturmechanismen, andererseits UV-absorbierende Pigmente und Schleimhüllen. Wahrscheinlich haben sich diese Schutzeinrichtungen im Archaikum entwickelt, als noch kein freier Sauerstoff vorhanden war und dennoch in den ungeschützten Gezeitenzonen ein reiches Prokaryoten-Leben herrschte.

Die Untersuchung heute lebender Organismen läßt vermuten, daß sich die frühesten einzelligen Eukaryoten ungeschlechtlich durch Mitose vermehrten (s. Kap. 1.5). Das erste Auftreten der Meiose und damit der Sexualität ist umstritten. Tetraden, das sind tetraedrische Anordnungen von Zellen, finden sich in der 900 Mio. Jahre alten *Bitter Springs-*Formation. Die Entwicklung von Lebenszyklen mit geschlechtlicher Fortpflanzung hat die Evolutionsgeschwindigkeit und die Artenvielfalt beträchtlich gesteigert, und man nimmt an, daß dies entscheidend für die Entstehung vielzelliger und makroskopischer Organismen war.

13.3 Die Evolution der marinen wirbellosen Tiere und Pflanzen

Präkambrische Proto- und Metazoen

Die Liste präkambrischer Tiere ist viel kürzer als die präkambrischer Mikroorganismen, aber sie zeigt, daß noch vor dem Ende dieser Ära eine Vielfalt von Formen ohne Hartteile aufgetreten war. Die ältesten stammen von der *Chuar-*Formation des Grand Canyon (gebildet vor 750 Mio. Jahren); sie werden als Chitinozoen bezeichnet. Es handelt sich um tränen- oder flaschenförmige Strukturen, die wahrscheinlich Ruhestadien mariner, freischwimmender Protozoen – also einzelligen Eukaryoten – waren, die sich vermutlich von Phytoplankton ernährten. Nach anderen Vorstellungen handelt es sich um Eier oder Eihüllen vielzelliger Wirbelloser (Invertebraten). Die ältesten Hinweise auf benthische (am Meeresboden lebende) Metazoen – vielzellige, tierische Eukaryoten – stammen von den Spuren, die von Eindrücken oder Bauten vielzelliger Tiere herrühren (Abb. 12-3). Horizontale und vertikale Höhlen deuten darauf hin, daß ihre weichhäutigen Erbauer bereits ein hydrostatisches Skelett entwickelt hatten und die Organisationstufe von Coelomaten hatten.

Die 600–700 Mio. Jahre alte *Ediacara-*Fauna von Südaustralien enthält weit eindrucksvollere Hinweise auf Metazoen. Es handelt sich um eine Lebensgemeinschaft weichhäutiger Organismen von einfachem Körperbau, die mehreren verschiedenen Tierstämmen angehören (Abb. 13-4). Die Coelenteraten sind durch zahlreiche Quallen (darunter *Cyclomedusa* und *Mawsonia)* und Weichkorallen mit federförmigen Körpern *(Rangea* und *Pteridinium)* vertreten. Drei Arten segmentierter Würmer, vielleicht Anneliden, wurden unter den Gattungsnamen *Dickinsonia* und *Spriggina* beschrieben, neben anderen Formen unbekannter systematischer Stellung, die von manchen Autoren zu den Arthropoden oder sogar Echinodermen gestellt werden. Heute lebende Anneliden können mit nur 6 % der atmosphärischen Sauerstoff-Konzentration auskommen, ein Wert, der auch aus anderen Gründen für die Atmosphäre am Ende des Präkambriums vermutet wird. Faunen wie die der *Ediacara-*Formation wurden auch aus spätpräkambrischen Ablagerungen in Europa, der UdSSR, Nordamerika und Afrika rekonstruiert. Nirgends wurden Tiere mit festen Skeletten gefunden. Die Entwicklung solcher Hartteile war die nächste große evolutionäre „Erfindung".

Das Auftreten wirbelloser Tiere mit Hartteilen

Die meisten Invertebraten-Gruppen erschienen im Kambrium und Ordovizium des frühen Paläozoikums (vor 590–438 Mio. Jahren). Diese Radiation könnte durch eine Klimaverbesserung ausgelöst worden sein, die von einem Anstieg des Meeresspiegels begleitet wurde, ausgelöst durch das Abschmelzen von Gletschermassen, die im späten Präkambrium weite Gebiete bedeckt hatten. Viele der damals entstandenen Arten verschwanden jedoch wieder gegen Ende des Paläozoikums vor 248 Mio. Jahren.

Das Ende des Präkambriums ist durch eine sprunghafte Zunahme der Fossilienzahl und -komplexität ausgezeichnet. Danach folgt das plötzliche Auftreten fossiler Schalenstrukturen in Flachwasser-Ablagerungen, die bereits alle Baupläne der heute lebenden Wirbellosen erkennen lassen. Hartteile von Organismen werden viel leichter erhalten als Weichgewebe. Der Übergang vom Präkambrium zum Kambrium wird tatsächlich am besten durch das Erscheinen reichlicher Schalenreste markiert. Obwohl es eine begrenzte Vielfalt von Weichtieren im Präkambrium gab, findet man eigentlich keine Hinweise auf eine lange Entwicklung von Vorläufern der hartschaligen Tiere des frühen Paläozoikums. Es ist auch unklar, warum damals Hartteile bei so vielen Tieren fast gleichzeitig auftraten. Veränderungen der Atmosphäre und der Ozeane, welche die Sekretion von Skelettsubstanzen wie Silicat und Calciumcarbonat förderten, wurden zwar postuliert, doch gibt es kaum Beweise dafür. Sicher haben aber Hartteile zur mecha-

Abb. 13-4. Rekonstruktion der Ediacara-Fauna mit Seefedern, Quallen und segmentierten Würmern.

nischen Stabilität und zum Schutz vor Freßfeinden beigetragen, die es vielleicht vorher nur selten gab. Auch eine Besiedlung der Sedimente wird in dieser Epoche erstmals beobachtet.

Die Fähigkeit zur Bildung mineralisierter Skelette scheint von zahlreichen Formen des frühen Paläozikums unabhängig voneinander entwickelt worden zu sein, auch von solchen, die schon lange Zeit als Weichtiere existierten, wie Protozoen und Algen. Zu den neuen Formen gehören die Schwämme mit ihren harten Nadeln; die Brachiopoden (Armfüßer), zweischalige Strudler, die heute noch in verschiedenen Formen fortleben; viele Gruppen primitiver Mollusken mit Verwandten des rezenten *Nautilus;* weiterhin Conodontophoriden, die vor allem als gezähnte Mikrofossilien mit Calciumphosphat-Skelett bekannt sind; Archaeocyathiden, schwammähnliche Tiere, die ausgestorben sind; und verschiedene andere ausgestorbene Formen. Später erschienen größere Invertebraten wie die Ostracoden, kleine Krebstiere, verschiedene Echinodermen (entfernt mit den heutigen Seesternen und Seeigeln verwandt) und schließlich die Trilobiten als bekannteste Gruppe ausgestorbener Wirbelloser. Die Trilobiten waren eine sehr vielfältige und erfolgreiche Gruppe von Meeres-Arthropoden, jener gepanzerten Gliedertiere, zu denen auch die Insekten, Spinnen und Krebse gehören. Die Trilobiten erreichten nur das Ende des Paläozoikums, und man weiß nicht, warum sie ausgestorben sind. Sie waren großen Asseln ähnlich, variierten aber stärker nach Größe und Form in Anpassung an unterschiedliche Lebensräume und Verhaltensweisen, über die wir nur wenig wissen.

Die Fauna des frühen Paläozoikums

Die Fauna des Kambriums wurde beherrscht von beschalten Formen, insbesondere den Trilobiten. An manchen Fundorten, z. B. in der *Burgess Shale*-Fauna von Kanada, sind aber auch weichhäutige Organismen erhalten, und Würmer und nichtmineralisierte Arthropoden sind hier weit zahlreicher als mineralisierte Fossilien (Abb. 13-5). Das zeigt, daß unsere Kenntnis vergangener Faunen (und Floren) einseitig auf gut erhaltene Formen ausgerichtet ist. Die Tierwelt des Kambriums war erstaunlich vielfältig, wobei die Zahl der Tierstämme mit unterschiedlichen Bauplänen damals größer war als je zuvor oder später. Viele Gruppen traten aber nur vorübergehend auf, und Vertreter heute noch lebender mariner Wirbelloser gab es nur relativ wenige.

Die rasche Auffächerung der Invertebraten im Kambrium in neue Stämme und Klassen entspricht der Besiedlung neuer ökologischer Nischen, die damals zugänglich wurden. Algenfresser und Filtrierer entstanden neben Aasfressern und Räubern. Viele von ihnen waren ineffizient und starben aus, als leistungsfähigere Konkurrenten erschienen.

Am Ende des Kambriums gab es ein Massenaussterben. Alle Archaeocyathiden und bestimmte Zweige der Brachiopoden, Mollusken und Trilobiten verschwanden. Mit Ausnahme des Auftretens der Bryozoen, kleiner, koloniebildender Tiere, die den Brachiopoden verwandt sind und heute noch vorkommen, war die Bildung neuer Arten hartschaliger Fossilien im unteren Ordovizium eher eine Wiederverzweigung überlebender Stämme, nicht die Herausbildung neuer Stämme wie im frühen Kambrium. Die bedeutendste dieser überlebenden Gruppen waren die Brachiopoden. Sie wurden für den Rest des Paläozoikums zur beherrschenden Tiergruppe des Meeresgrundes. Verschiedene Mollusken, wie die Muscheln und die Kopffüßler (Cephalopoden), erschienen damals und blieben wahrscheinlich die wichtigsten Räuber bis zur Herrschaft der Kieferfische (Kiefermäuler) im Devon. Viele Cephalopoden waren schalentragende Nautiloiden, die heute nur noch im *Nautilus* fortleben. Andere wichtige Gruppen waren die Korallen, gestielte Seelilien (Abb. 13-6) und planktontische Tiere wie die ausgestorbenen Graptolithen. Verschiedene Trilobiten

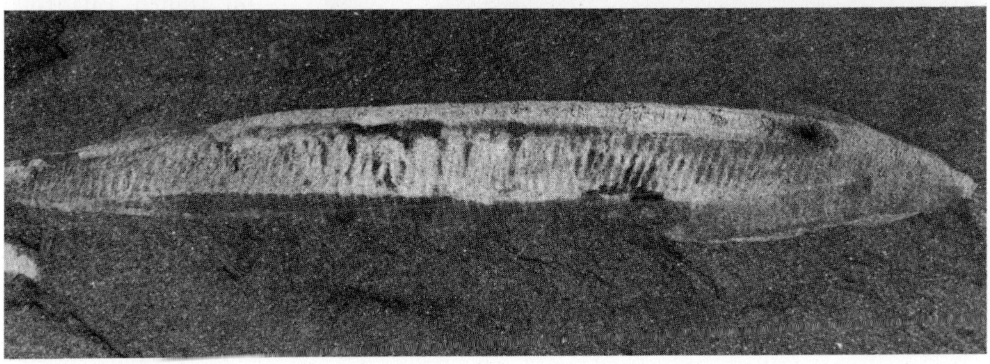

Abb. 13-5. Fossilien des mittleren Kambriums aus den Burgess-Schiefern, Kanada. (a) *Burgessochaeta setigera*, ein etwa 3 cm langer Polychaet. (b) *Sidneyia inexpectans*, ca. 14 cm lang. (c) Ein etwa 6 cm langer Trilobit, *Olenoides serratus*. (d) *Pikaia gracilens*, ein 4 cm langer Chordat.

waren immer noch in tieferen Gewässern verbreitet, doch war ihre Bedeutung gesunken.

Die Auffächerung der Arten im späten Kambrium und im Ordovizium brachte stärker spezialisierte Formen hervor als das späte Präkambrium und frühe Kambrium. Die älteren Formen waren ökologisch weniger festgelegt und hatten vielfältige Nahrungs- und Standortangebote; sie besiedelten weitgehend unbesetzte Lebensräume. Im späten Kambrium und im Ordovizium traten dagegen Arten mit präzisen Anforderungen auf, die ihre weniger scharf angepaßten Vorgänger zu verdrängen vermochten. Zu Ende des Ordoviziums gab es ein zweites großes Aussterben. Über die Hälfte der Invertebraten-Fauna verschwand, doch wurde keine größere Gruppe völlig ausgelöscht. Vermutlich war dieses Aussterben durch ein Absinken des Meeresspiegels bedingt, das wegen der Vergletscherung der Südhalbkugel zum Austrocknen der Flachmeere über den Kontinentalsockeln führte. Außer den Insekten und Spinnen sind seit dem Ordovizium keine größeren Gruppen von Wirbellosen neu entstanden. Ebenso verschwanden seither nur wenige bedeutende Gruppen ganz.

Die Fauna des späten Paläozoikums

Nach dem Rückschlag am Ende des Ordiviziums gab es nach einem Meeresspiegelanstieg und der Wiederherstellung der flachen, fruchtbaren Schelfmeere eine rasche Erholung der Wirbellosen im Silur. Die Tierwelt war ähnlich der des Ordiviziums, aber artenreicher, insbesondere hinsichtlich der Brachiopoden, die bis zu 80 % der Fauna bestritten. Tropische Riffe waren häufig, sie wurden nicht nur von Korallen gebildet, sondern auch von Stromatoporoiden (eine ausgestorbene Gruppe, vermutlich Kalkschwämme), Algen und Bryozoen (Abb. 13-7). Auch spätere paläozoische Faunen entsprachen demselben Grundmuster, das durch 200 Mio. Jahre stabil blieb bis zum Ende der gesamten Ära.

Wesentliche Änderungen des Meereslebens waren das Auftreten spiraliger Cephalopoden, der Ammoniten, und der Fische, den vorherrschenden Fleischfressern. Am Ende des Perms gab es wieder ein massives Artensterben, dem die meisten der bis dahin dominierenden Gruppen mariner Wirbelloser zum Opfer fielen. Im Mesozoikum entwickelten sich bereits durchaus „moderne" Artengemeinschaften.

Abb. 13-6. Mehrere Individuen der Seelilie *Pentacrinus* aus dem frühen Jura (von Lyme Regis, Dorset, England) mit kräftigem Stiel und feinverzweigten Armen.

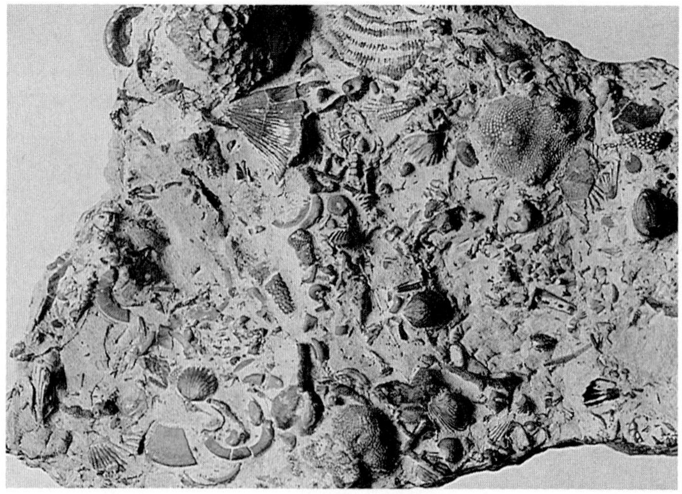

Abb. 13-7. Typischer spät-silurischer Riffkalk (Much Wenlock, Shropshire, England) mit zerbrochenen Resten verschiedener Armfüßer, Bryozoen-Kolonien, koloniebildenden Korallen, seltenen Gastropoden und Seelilien-Fächern.

Wasserpflanzen des frühen Paläozoikums

Die bedeutendsten Pflanzen des frühen Paläozoikums waren Kalkalgen. Man kennt einige verkohlte Abdrücke, vermutlich von weichen Tangen, aber diese können ohne Kentnisse der anatomischen Details, der Pigmentierung und ihrer Fortpflanzungsstadien mit keiner bestimmten Gruppe korreliert werden. Viele kalkbildende Formen finden sich auf Riffen, doch waren sie nicht selbst die Riffbildner. Als solche fungierten die Archaeocyathiden, die zusammen mit dem umgebenden Sediment durch kleine Kalkalgen wie *Epiphyton* und *Frutexites* inkrustiert wurden. Dieselben Algen treten in Riffen des Ordoviziums auf, die vor allem von *Calathium* aufgebaut wurden. Größere Formen finden sich im späteren Ordovizium und im Silur, dessen Riffe von Stromatoporoiden zusammen mit Bryozoen und Tafelkorallen gebildet wurden (Abb. 13-7). Die Kalkalgen und fädige Cyanobakterien konnten auf losem Untergrund nicht leben und besiedelten daher die harten Riffe. Schöne Beispiele dafür befinden sich in den USA (Ordovizium), an der Küste von Wales und von Gotland (Silur) und in Belgien sowie in Deutschland (Devon). Sie überlebten bis zum frühen Karbon. Die häufigsten Kalkalgen der Schelfmeere waren Grünalgen; sie bildeten Kalksand.

Fortpflanzungsstadien grüner Charophyten (Armleuchteralgen, s. Kap. 16.3) erschienen erstmals im späten Silur; im Devon waren sie so häufig, daß sie feinkörnige Tone bildeten, die als „*Chara*-Mergel" bezeichnet werden. Das ist deswegen interessant, weil unter allen Algen die Charophyten die größte Ähnlichkeit zu Landpflanzen aufweisen.

13.4 Die Evolution der Meeres-Wirbeltiere: Fische

Im frühen Paläozoikum Westeuropas und Nordamerikas finden sich die ersten fossilen Vertebraten. Die Fundorte gehörten damals zum Superkontinent Laurasia, nördlich des Äquator gelegen. Korallenriffe in den Ablagerungen deuten auf warme, seichte Schelfmeere hin, die nur geringen jahreszeitlichen Schwankungen unterworfen waren. Später treten dann Fische auch im Süßwasser auf.

Die Vorläufer der Wirbeltiere waren marine Invertebraten, schwerfällige Filtrierer ohne Extremitäten und ohne ausgeprägten Kopf, welche die Manteltiere (Tunicaten) einschließen. Tunicaten-Larven sind beweglich, sie erinnern an Kaulquappen. Sie zeigen viele Eigenschaften von altertümlichen Vertebraten und Embryonen von Wirbeltieren; so besitzen sie etwa ein dorsales, stabförmiges Stützelement, das Notochord, das bei höheren Wirbeltieren der embryonale Vorläufer der Wirbelsäule ist. Es trägt den muskulösen Schwanz, der eine schwimmende Fortbewegung ermöglicht. In der Schlundregion weisen sie Kiemenspalten auf, die der Nahrungsfilterung dienen und jenen der Fische und der Embryonen von Land-Vertebraten entsprechen. In der weiteren Entwicklung verlieren die Tunicaten-Larven viele dieser Charakteristika von Wirbeltieren; würde aber ein solches Tier schon im Larvenstadium geschlechtsreif – träte damit eine sogenannte Neotenie ein, wie sie bei einer Tunicaten-Art tatsächlich vorkommt –, so würde ein neuer Tiertyp entstehen. Man nimmt an, daß die Wirbeltiere auf ähnliche Weise entstanden sind.

Frühe Wirbeltiere: Die kieferlosen Fische (Agnathen)

Die ältesten Fossilien von Vertebraten sind 500 Mio. Jahre alt; sie stammen aus dem späten Kambrium. Die *Burgess*-Schiefer aus dem mittleren Kambrium enthalten die ersten Tiere mit auffälligen Ähnlichkeiten zu Vertebraten aus den Stämmen der Hemichordaten und Chordaten. Die ersten echten Wirbeltiere waren die kieferlosen Fische, von denen Bruchstücke aus

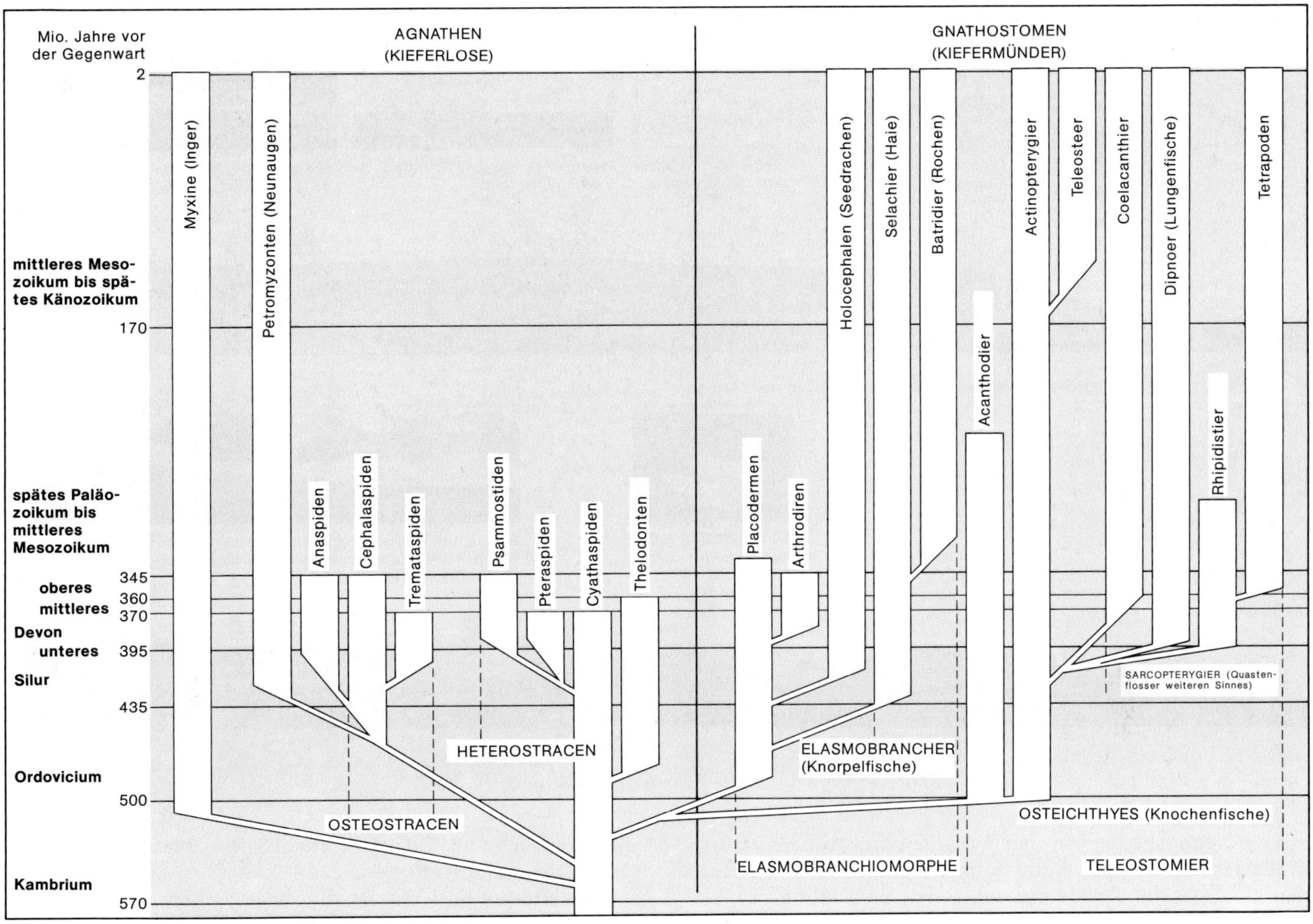

Abb. 13-8. Verwandtschaftsbeziehungen der Fische und ihre Entwicklung im Verlauf der Erdgeschichte.

dem späten Kambrium erhalten sind; doch bleiben Funde bis in das späte Silur selten. Im Devon erreicht die Vielfalt der fossilen Fische einen Höhepunkt, viele neue Arten traten auf und breiteten sich rasch aus. Die Fisch-Fauna von heute ist zwar reich an verschiedenen Anpassungstypen, doch war die devonische Fauna artenreicher (Abb. 13-8).

In der Evolution der Vertebraten gab es von vornherein eine Aufteilung in zwei Gruppen mit unterschiedlicher Nahrungsaufnahme, die sich beide durch ihre räuberische Lebensweise von den ursprünglichen Protovertebraten unterschieden. Die Agnathen waren vermutlich auf Weichtiere als Beute spezialisiert, und die Knorpelbögen ihrer Kiemen waren umgewandelt zu einer komplexen Struktur, dem Kiemenkorb. Ihre Larven könnten noch Filtrierer gewesen sein. Die vorderen Kiemenbögen der anderen Gruppe, der Gnathostomen (Kiefermäuler), sind umgewandelt in Kiefer, die ein richtiges Maul mit Zähnen bilden. Die Gnathostomen waren vermutlich auf gepanzerte oder mit Hartteilen ausgestattete Invertebraten als Beute spezialisiert.

Die Agnathen sind die ursprünglichere Fischgruppe, sie traten auch früher auf, aber die adaptive Radiation der Fische im Devon schließt beide Gruppen ein. Vermutlich waren für beide Ernährungstypen genügend Nischen vorhanden. Der Rückgang der Agnathen im frühen Devon und ihr weitgehendes Verschwinden am Ende des Paläozoikums wurden vermutlich durch Änderungen in Ökologie und Bau der Beutetiere oder durch die Konkurrenz räuberischer Invertebraten verursacht, nicht durch Konkurrenz von seiten der Gnathostomen. Heute lebende Agnathen, wie der Schleimaal oder das Neunauge (Abb. 13-10), sind hochspezialisierte Aasfresser oder Halbparasiten und weisen zu den devonischen Formen kaum Ähnlichkeiten auf. Wenn auch Knochen schon früh zur Ausstattung der Wirbeltiere gehörten, so wurden sie doch ursprünglich nur als Panzerplatten auf Kopf und Rumpf gebildet (z. B. bei paläozoischen Agnathen), während das Innenskelett aus Knorpeln bestand. Bei manchen frühen Agnathen dürften solche Platten elektrische Sinnesorgane getragen haben. Unter den paläozoischen Agnathen gab es drei Hauptlinien, die im Silur und Devon von Bedeutung waren: Zuerst erschien die Heterostraken, eine arten- und erfolgreiche Gruppe. Aus ihnen entstanden vielleicht die Gnathostomen. Unter den Heterostraken gab es sowohl flache Grundbewohner wie freischwimmende Formen. Die beiden anderen Linien der Agnathen waren durch bizarre Verformungen des Vorderkopfes ausgezeichnet. Die gepanzerten Osteostraken umfaßten ebenfalls Grund- und Mittelwasserbewohner. Die Anaspiden, die sich nur in Süßwasserablagerungen des späten Silurs finden, waren den heutigen Fischen am ähnlichsten, sie trugen Schuppen anstelle von verknöcherten Platten und besaßen ein kleines Maul am Vorderende.

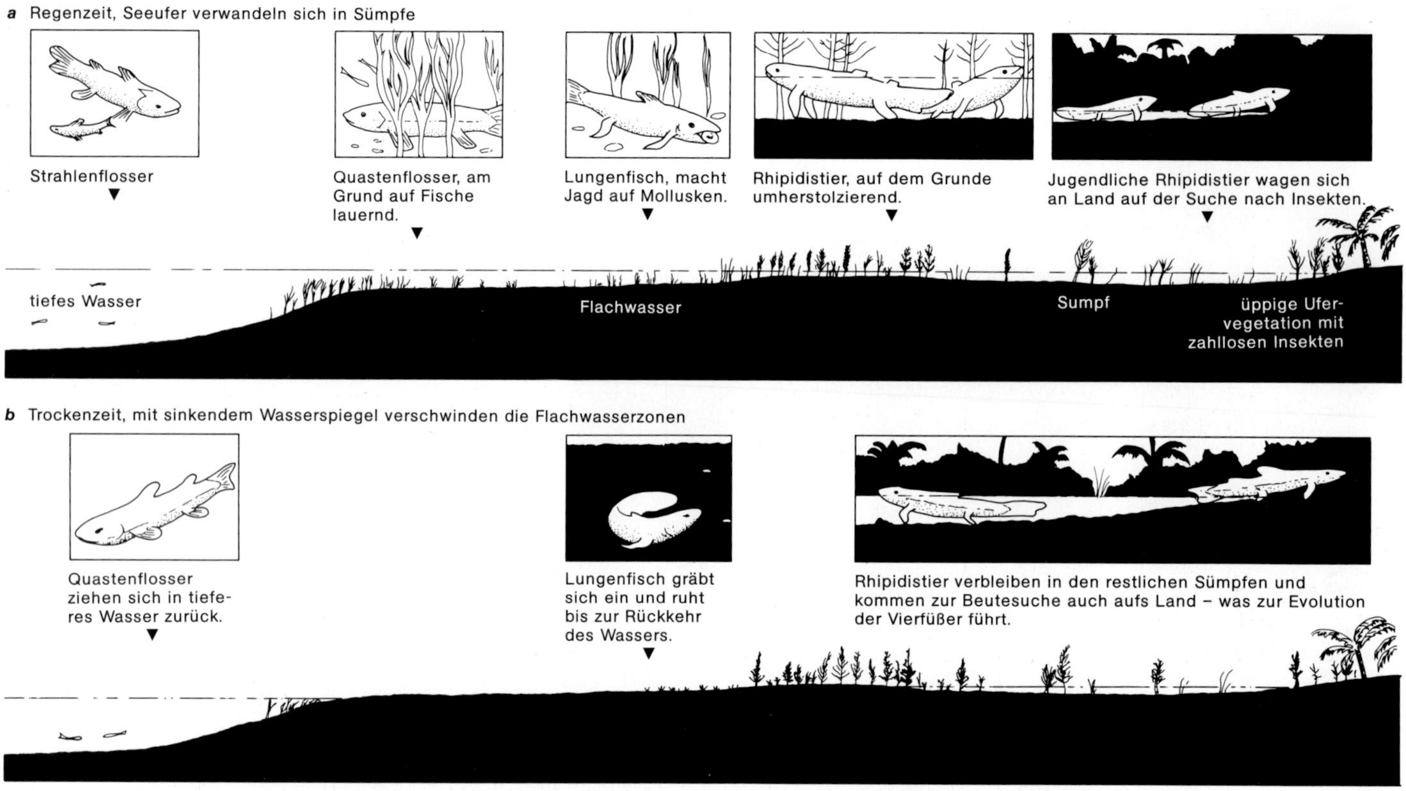

Abb. 13-9. Nischenaufteilung bei devonischen Fischen.

Das Neunauge hat mit den Agnathen die typische Verformung des Kopfes gemein und stammt vermutlich von Anaspiden ab. Erste fossile Neunaugen treten im Karbon auf, sie sehen den heutigen Formen sehr ähnlich. Der Schleimaal *(Myxine)* ist viel primitiver und dürfte sich sehr früh von urtümlichen Vertebraten-Vorläufern abgespalten haben.

Kiefermäuler (Gnathostomen)

Die ältesten Vertebraten mit Kiefern finden sich im späten Silur. Sie entstanden wahrscheinlich nicht im Meer, sondern im Süßwasser, da die Körperflüssigkeit aller heute lebenden Formen weniger salzhaltig als Meereswasser ist. Diejenigen Fische, die in das Meer zurückkehrten, haben verschiedene Mechanismen entwickelt, um den osmotischen Wasserverlust zu vermeiden oder zu kompensieren.

Die Gnathostomen unterscheiden sich von den Agnathen nicht nur durch ihre Kiefer, sondern auch durch den Besitz paariger Flossen und drei halbkreisförmiger Kanäle im Mittelohr, was auf bessere räumliche Orientierung zum Beutefang hinweist. Die heutigen Gnathostomen umfassen zwei klar getrennte Gruppen: Die Knorpelfische (Chondrichthyes) und die Knochenfische (Osteichthyes). Nur die zweitgenannten besitzen ein Skelett aus echten Knochen; diese ersetzen während der Entwicklung das ursprünglich vorhandene Knorpelskelett. Doch bestehen auch sonst Unterschiede. Die Knorpelfische (Haie und Rochen) leben faßt ausschließlich im Meer, haben weder Lunge noch Schwimmblase und pflanzen sich über innere Befruchtung fort; ihre relativ wenigen Eier sind dotterreich. Dagegen verfügen alle Knochenfische entweder über eine Lunge oder eine Schwimmblase (es handelt sich dabei wahrscheinlich um eine modifizierte Lunge), man findet sie sowohl im Meer als auch im Süßwasser, und sie pflanzen sich über äußere Befruchtung und über große Mengen kleiner Eier fort.

Die ältesten Kieferfische, die ausgestorbenen Panzerfische und Acanthodier, besiedelten vermutlich verschiedene Nischen. Acanthodier des unteren Devons lebten offenbar im freien Wasser und hatten starre Stacheln an ihren Flossen, die entweder dem Schwimmen oder der Verteidigung dienten. Spätere Acanthodier glichen mehr den Aalen, sie hatten keine Zähne, dafür aber besondere Reusenstrukturen in den Kiemen, waren also vermutlich Filtrierer. Solche Formen gab es bis ins frühe Perm. Die meisten Panzerfische waren schwergepanzerte, flache, offenbar am Meeresgrund lebende Formen mit ventral gelegenem Maul und mahlenden Zahnplatten. Sie hatten ihre Blütezeit im Devon; im mittleren und späten Devon gab es freischwimmende Räuber von 2 m Länge (Arthrodiren).

Nachdem im späten Devon die ersten Knorpelfische aufgetreten waren, entwickelten sie sich rasch und verdrängten die Panzerfische; die Haie übernahmen als aktive Räuber die Nische der Arthrodiren, die Rochen jene der übrigen Panzerfische als grundbewohnende Aas- und Molluskenfresser. Sie erreichen ihre größte Artenvielfalt im späten Paläoziokum. Im Mesozoikum wurden sie weitgehend durch die heutigen Rochen ersetzt.

Die ersten Knochenfische

Die Knochenfische traten zum ersten Mal im frühen Devon auf. Ihre frühen Vertreter können zwei Reihen zugeordnet werden: den Actinopterygiern (Strahlenflosser) und den Choanichthyes, welche die Quastenflosser (Coelacanthier, Rhipidistier) und Lungenfische einschließen. Von den Strahlenflossern stammen die meisten heutigen Fische ab. Die

a

b

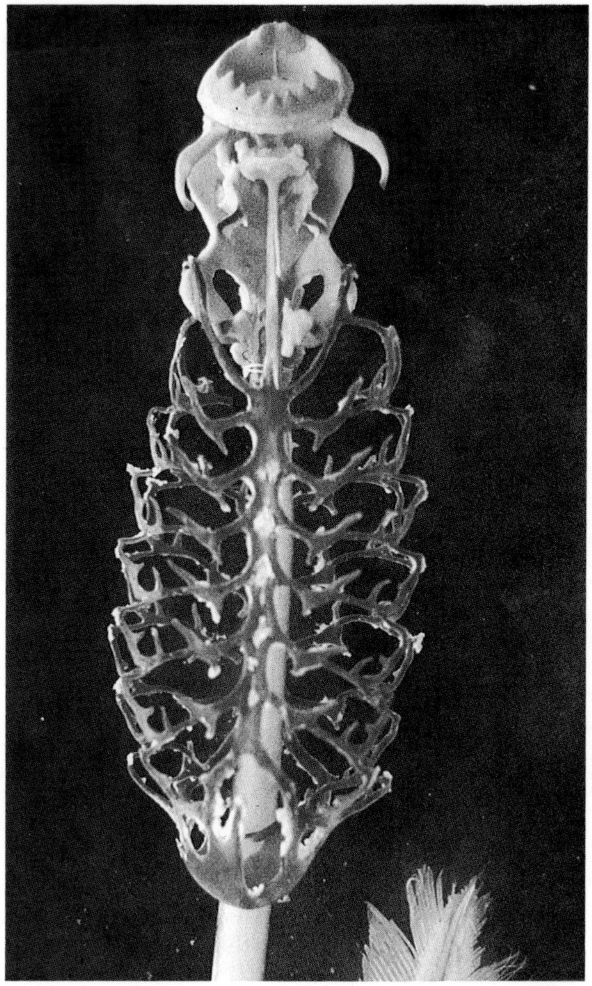

Abb. 13-10. (a, b) Kieferlose Fische (Agnathen). (a) Der zu den Schleimaalen gehörige Bohrer, *Eptatretus stoutii;* diese Tiere ernähren sich von toten oder absterbenden Wirbellosen und Fischen. (b) Skelett eines Neunauges mit Schädel und Kiemenkorb; voll ausgebildete Wirbel entwickeln sich nicht. (c) Ein Kieferfisch, der Australische Lungenfisch *(Neoceratodus forsteri).* Lungenfische leben im Süßwasser und besitzen, ihrem Namen entsprechend, funktionstüchtige Lungen. Ihre Verwandtschaftsbeziehungen zu anderen Gruppen der Fische und zu Vierfüßern sind seit langem Thema intensiver Spekulation.

c

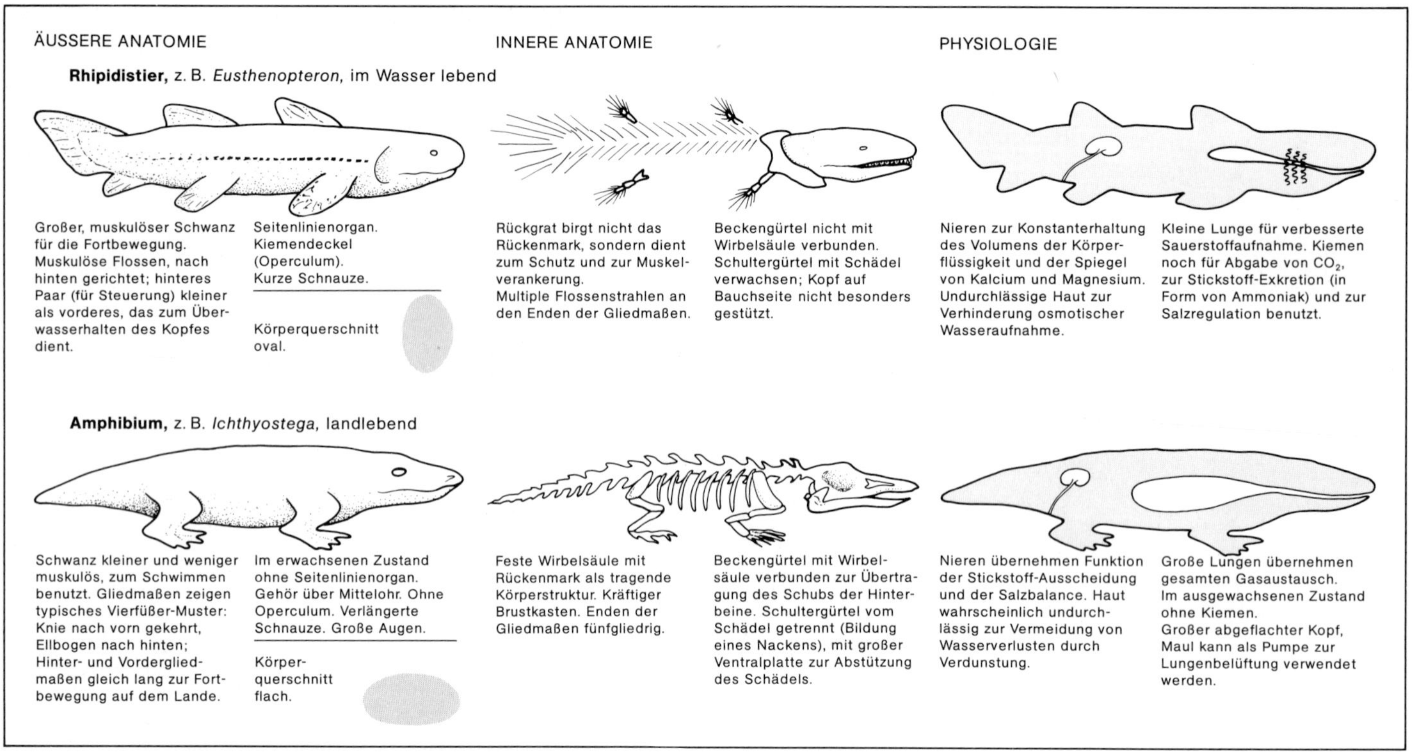

Abb. 13-11. Hauptunterschiede zwischen Quastenflossern und Amphibien.

Quastenflosser und Lungenfische sind heute selten, doch sind sie jene Gruppe, aus der sich nach heutiger Auffassung die Tetrapoden (Amphibien, weiterhin alle Landwirbeltiere) entwickelt haben. Quastenflosser (Abb. 13-11) waren im mittleren Paläozoikum gleich häufig wie Strahlenflosser. Die beiden Gruppen bewohnten offensichtlich verschiedene Lebensräume. Auf Grund der Fossilienfunde und der Physiologie der Stickstoff-Ausscheidung lebender Formen nimmt man an, daß sich die Quastenflosser im Meer entwickelt haben, und daß erst im späten Devon einige Formen sekundär ins Süßwasser zurückkehrten, während sich die Strahlenflosser im Süßwasser entwickelten und dort während des gesamten Paläozoikums verblieben. Die fleischigen Flossen der Quastenflosser mit ihrem kräftigen Innenskelett dürften zur Fortbewegung auf dem Grund flacher Schelfmeere gedient haben. Dagegen waren die Flossen der Strahlenflosser offensichtlich eine Anpassung an das Schwimmen in fließenden Gewässern und Süßwasserseen.

Die Lungenfische leben heute noch fort. Sie waren seit je darauf spezialisiert, am Gewässergrund zu leben und Detritus zu fressen oder Mollusken mit ihren großen Zahnplatten zu zermalmen. Wegen dieser besonderen Bezahnung hält man sie nicht für die Vorfahren der Tetrapoden, trotz vieler Ähnlichkeiten zwischen Lungenfischen und Amphibien, wie z. B. dem Zweikammerherz und dem doppelten Blutkreislauf (Lungen/Körper).

Die Coelacanthier haben mit den Rhipidistiern ein Scharniergelenk am Schädel gemein; dieses funktioniert allerdings in den beiden Ordnungen unterschiedlich, es kann also auch voneinander unabhängig zweimal entstanden sein. Mit Hilfe dieses Gelenkes konnten die Coelacanthier die Beute in ihr Maul saugen. Sie waren vermutlich Räuber, die in Verstecken auf ihre Beute lauerten. Heute lebt von dieser Gruppe nur noch der seltene Tiefseefisch *Latimeria.*

Die Rhipidistier lebten vorwiegend im Süßwasser, und ihr Kiefergelenk dürfte kräftiges Beißen ermöglicht haben. Vermutlich waren sie Räuber. Sie überlebten das Paläozoikum nicht, doch deuten Details ihrer Flossenstruktur und ihres Schädeldaches darauf hin, daß aus ihnen die Tetrapoden hervorgegangen sind.

Entwicklung der Fische nach dem Paläozoikum

Mit dem Rückgang der seichten Gewässer der Schelfmeere am Ende des Devons schwand der Artenreichtum der Fische. Praktisch alle Kieferlosen starben aus, ebenso die Panzerfische, und von den Quastenflossern blieben nur wenige übrig. Während des weiteren Paläozoikums und des frühen Mesozoikums setzte sich die stetige Evolution der Strahlenflosser in Süßwasser und der Haie im Meer fort. Bis zum mittleren Mesozoikum gab es wenig Veränderungen. Damals spaltete sich der Riesenkontinent Pangaea, und mit der Entstehung des Atlantiks trat eine Fülle neuer Nischen auf, welche die rasche Evolution und adaptive Radiation der Strahlenflosser im Jura ermöglichte. Die meisten der damals in den neuen Lebensräumen erfolgreichen Fische gehörten zu den Teleosteern, zu denen auch die meisten der heute lebenden Knochenfische zählen. Entscheidend für ihren Erfolg waren Veränderungen der Kiefer und der Kieferaufhängung, wodurch die Entwicklung vieler spezieller Freßgewohnheiten ermöglicht worden ist.

Weiterführende Literatur

Dose, K. und Rauchfuß, H.: *Chemische Evolution und der Ursprung lebender Systeme.* Wiss. Verlagsges., Stuttgart 1975.
Eigen, M., Gardiner, W., Schuster, P. und Winkler-Oswatitsch, R.: Ursprung der genetischen Information. *Spektrum d. Wiss.,* 36–56, Juni 1981.
Groves, D. I., Dunlop, J. S. R. und Buick, R.: Frühe Lebensspuren. *Spektrum d. Wiss.,* 40–51, Dez. 1981.
Kaplan, R. W.: *Ursprung des Lebens.* 2. Aufl.; Thieme, Stuttgart 1978.
Unsöld, A.: *Evolution kosmischer, biologischer und geistiger Strukturen.* 2. Aufl.; Wiss. Verlagsges., Stuttgart 1983.
Vogellehner, D.: *Paläontologie.* Herder, Freiburg 1972.

14 Ursprung und Entwicklung der Flora und Fauna auf dem Festland

14.1 Das Paläozoikum

Das erste Auftreten von Landpflanzen

Den ersten unmittelbaren Nachweis für eine Landvegetation liefern die fossilen Reste von Gefäßpflanzen aus dem späten Silur. Jedoch haben die Cyanobakterien (Blaualgen), die sich unter den harten Umweltbedingungen der Gezeitenzonen des Präkambriums reich entfalteten, wahrscheinlich alle außer den trockensten Landstandorten im frühen Paläozoikum besiedelt und damit zur Bildung der frühesten Böden beigetragen. Zur heutigen Landvegetation gehören Vertreter verschiedener Gruppen von Algen sowie die Moose (Bryophyten) mit Leber- und Laubmoosen, ferner die Tracheophyten (alle Gefäßpflanzen), d. h. Bärlappe, Schachtelhalme und Farne, Nadelhölzer, Ginkgos, Cycadeen sowie ein- und zweikeimblättrige Blütenpflanzen (s. Kap. 2.2). Auf dem Land dominieren die Gefäßpflanzen; sie sind nämlich in der Lage, den über ihre Oberflächen entstehenden Wasserverlust zu kontrollieren, und können daher auch dann Photosynthese treiben, wenn nur wenig Wasser zur Verfügung steht.

Im anatomischen Bereich sind hierfür eine Reihe von Anpassungen erforderlich: zum einen die Entwicklung von Leitgewebe mit „Gefäßen" (Xylem) für den Wassertransport und von verdickten Zellwänden für Festigkeit und Widerstandsfähigkeit der Pflanze; zum anderen das Vorhandensein einer wasserundurchlässigen Cuticula, um eine Austrocknung der Epidermis zu verhindern, welche jedoch zudem von kleinen Öffnungen (Spaltöffnungen, Stomata) durchsetzt wird, die sich öffnen oder schließen können und so eine Regulation des Gasaustauschs ermöglichen (s. Kap. 2.2). Xylem und Cuticula erfordern die Synthese von sekundären Pflanzenstoffen, insbesondere Lignin und Cutin. Diese komplexen polymeren Verbindungen werden ziemlich leicht fossilisiert und bleiben in den zusammengepreßten Fossilien erhalten, während alle anderen Gewebe in Kohle umgewandelt werden. Die erhaltene Cuticula gibt über die Struktur der Epidermis Aufschluß, und das Xylem liefert den unmittelbaren Beweis für die Gefäßpflanzeneigenschaft des Fossils.

Die Vorläufer der frühesten Gefäßpflanzen waren möglicherweise vielzellige Grünalgen aus der gleichen Gruppe wie die heutige *Chara* und lebten in periodisch austrocknenden, flachen Süßwassertümpeln oder -seen. Der Selektionsdruck, der Austrocknung zu widerstehen, mag wohl zur Entwicklung einer Cuticula und der dickwandigen Sporen geführt haben, um die Ausbreitung während des zeitweiligen Wasserreichtums zu erleichtern, und um während vollkommen trockener Perioden zu überleben. Bei lebenden und fossilen Mossen und Gefäßpflanzen sind die Wände der Sporen und Pollen mit Sporopollenin imprägniert, einer polymeren Verbindung, die Wasserverlust verhindert und als Filter gegen die gefährliche ultraviolette Strahlung wirkt. Die Entwicklung der Fähigkeit, Sporopollenin aufzubauen, war wohl für die Evolution der Landpflanzen von großer Bedeutung. Durch den Wind verbreitete Sporen müssen in einen Luftstrom gebracht werden, was wiederum voraussetzt, daß das pflanzliche System einen Stengel oder eine Achse von einigen Zentimetern Höhe und ausreichender Stabilität aufgebaut hat, um das sporenbildende Organ – das Sporangium mit seiner schützenden Wand – zu tragen. Die Fähigkeit, die hydrophobe polymere Verbindung Lignin zu synthetisieren, ermöglichte dann wohl auch bei den nun größeren Pflanzen, Stützgewebe und ein wasserleitendes Xylem zu entwickeln.

Eine solche Aufeinanderfolge von Entwicklungsvorgängen ist freilich hypothetisch: Es gibt keinen unmittelbaren Beweis für die Vorfahren der Landpflanzen in Form eines Großfossils, d. h. keine Reste großer Teile eines solchen pflanzlichen Systems. Unter den Mikrofossilien liegen jedoch in Form von Sporen und kleinen Cuticula-Resten ohne Spaltöffnungen zahlreiche Befunde vor, die vermuten lassen, daß das feste Land im frühen Silur und sogar bereits im Ordovizium besiedelt war. Wir haben bis heute keine Kenntnis von den Pflanzen, die solche Sporen und Cuticulae geliefert haben und auch keine Information über deren Organisationsstand oder ihre Bedeutung für die nun folgende Evolution der Gefäßpflanzen.

Die frühesten Gefäßpflanzen

Von der Nordhalbkugel kennt man als frühestes Beispiel einer Gefäßpflanze mit Fortpflanzungsorganen die Gattung *Cooksonia* (Abb. 14-1), ein Fossil aus vor etwa 400 Mio. Jahren abgelagerten Sedimenten des späten Silurs. Diese Gattung wird der einfachsten, heute ausgestorbenen Abteilung der Gefäßpflanzen zugeordnet, den Rhyniophyta. Die Fossilien liegen als Teile sehr kleiner, nur wenige Zentimeter hoher Pflanzen vor und stellen Büschel nackter, symmetrisch verzweigter Achsen dar. Jede dieser Achsen zeigt einen zentralen Strang einfacher Leitzellen, die stellenweise mit Lignin verstärkt sind und als Tracheiden bezeichnet werden. An der Spitze jeder Achse stand ein einziges kugel- oder eiförmiges Sporangium mit kleinen glattwandigen Sporen, jedes mit einer sogenannten Triletes- oder Y-Marke, ein Anzeichen dafür, daß diese Sporen in einer Vierergruppe gebildet wurden und damit vermutlich Produkte einer Meiose sind (s. Kap. 1.5). Dies bedeutet, daß es sich hier um Sporophyten handelt. Über die Gametophyten dieser frühen Pflanzen ist nichts bekannt.

Diese frühen Pflanzen besaßen indessen ein deutliches Transportgewebe und waren die ersten Vertreter der Pteridophyten (Gefäßpflanzen mit Sporenreproduktion, d. h. ohne Samen und mit dem genannten Generationswechsel zwischen getrennten Gametophyten und Sporophyten. Ähnliche Fossilien wurden in älteren, mittelsilurischen Sedimenten (Wenlock-Serie, vor rund 415 Mio. Jahren) gefunden. Diese sind jedoch so schlecht erhalten, daß die Frage nach dem Vorhandensein von Tracheiden unentschieden bleiben muß.

Manche Vertreter der Rhyniophyten wie *Hedeia* waren insofern fortgeschrittener, als die endständigen länglichen Sporangien in Ständen zusammengefaßt waren. Solche Fossilien wurden vor nicht allzu langer Zeit zusammen mit der erstmals aus dem Unterdevon von Victoria, Australien, beschriebenen *Baragwanathia* (zu den Lycopodiophyta gehörig?) in spätsiluri-

a

b

Abb. 14-1. (a) Inkohltes Compression-Fossil von *Cooksonia* aus dem späten Silur von Hereford, England. Bemerkenswert sind die nackten Achsen und die Sporangien am Ende der Verzweigungen. (b) Inkohltes Stück von *Psilophyton crenulatum* aus dem Unterdevon von Kanada. Am Ende der Luftsprosse stehen dichte Büschel von Sporangien.

schen Sedimenten entdeckt, die zeitgleich mit den *Cooksonia* enthaltenden walisischen Ablagerungen sind. Zur Abteilung der Lycopodiophyta gehören auch die heute noch vertretenen Bärlappe. Sie waren insofern komplexer als andere frühe Pflanzen, als sie ausgeprägte Wurzeln und Sprosse mit kleinen, schraubig stehenden Blättern besaßen. Während also die Sedimente des Wenlock die bisher ältesten mit aufrechten, fertilen, dem frühen Farn *Cooksonia* vergleichbaren Pflanzen enthalten, läßt doch die Komplexität der wenig jüngeren australischen Pflanzen vermuten, daß die Vorgeschichte der Gefäßpflanzen viel länger gewesen ist und vielleicht bis ins frühe Silur oder sogar ins Ordovizium zurückreicht.

Aus der Zeit gegen Ende des Silurs sind Fossilgemeinschaften mit *Cooksonia* und anderen einfachen Rhyniophyten in küstennahen marinen Schichten und gelegentlich auch in Flußablagerungen erhalten. Eine Anzahl von Fundorten liegt am Rand des *Old Red*-Kontinents, einer erst kurz vorher durch Verschließen des Uratlantik (s. Kap. 12.2) entstandenen, am Äquator liegenden Landmasse. So wie es für die meisten fossilen Reste der Landpflanzen zutrifft, wurden auch diese Pflanzen von ihren Standorten durch Flüsse wegtransportiert, so daß ihre ursprünglichen Lebensräume unbekannt bleiben. Die in Brackwasser- oder Süßwassersedimenten gefundenen Pflanzenreste kommen oft zusammen mit Bruchstücken von Eurypteriden, skorpionähnlichen Gliederfüßern, vor.

Charakteristisch für das frühe (untere) Devon ist das weltweite Auftreten zweier anderer Bautypen einfacher Farnpflanzen. *Zosterophyllum* besaß wie *Cooksonia* nackte Achsen mit einem einfachen zentralen Leitbündel aus Tracheiden. Die Sporangien entsprangen jedoch an den Seiten der Achse, d. h. lateral und nicht terminal, und waren in einer dichten Ähre zusammengefaßt. Die am besten bekannten Vertreter von *Zosterophyllum* stammen vom *Old Red*-Kontinent, wo sie vermutlich zusammen mit einigen Rhyniophyten an den Ufern von Gebirgsseen oder an Flußböschungen meeresnaher Ebenen vorkamen. Aufbauend auf Organisationsformen wie *Cooksonia* und *Zosterophyllum* folgte nun eine Periode zunehmender Mannigfaltigkeit, wobei zunächst eine weitere, als *Psilophyton* bezeichnete Pflanzengattung auftrat (Abb. 14-1). Die Erkenntnisse aus zahlreichen Fossilien führten letztlich zur Einteilung der frühen einfachen Gefäßpflanzen (außer den Bärlappartigen) in drei große Gruppen: die Rhyniophyta, die Zosterophyllophyta und die Trimerophyta.

Psilophyton ist die bekannteste Gattung der Trimerophyta

und besaß nackte oder dornige, regelmäßig verzweigte Sprosse oder entwickelte eine Hauptachse und stark verzweigte Seitenachsen. Einige dieser Seitenachsen endeten in Büscheln verlängerter Sporangien. Die Trimerophyta, die sich spät im unteren Devon entwickelten, stammen möglicherweise von den Rhyniophyta ab und sind vielleicht die Vorfahren vieler mitteldevonischer Pflanzen.

Der Rhynie Chert

Das vielleicht berühmteste pflanzenführende Sediment des Unterdevons ist der *Rhynie Chert* aus Schottland. Bei dieser Ablagerung handelt es sich um ein versteinertes Torfmoor, in dem die Pflanzen mit hervorragenden anatomischen Einzelheiten erhalten geblieben sind, und zwar an ihrem Lebens- und Sterbensort. Zu diesen Pflanzen gehören *Rhynia, Horneophyton, Nothia* und der mutmaßliche Ur-Bärlapp *Asteroxylon;* die einzige, genau in ihrer Lebensform erhaltene Pflanze ist *Rhynia gwynne-vaughanii.* Die ausgezeichnete Erhaltung zeigt beispielsweise, daß die Spaltöffnungen von *Rhynia* Anschluß an ein ausgedehntes Interzellularensystem hatten, was für die Durchlüftung einer Landpflanze wichtig ist, und daß das Bodenwasser durch an den waagerechten Achsen ausgebildete, einzellige Haare aufgenommen wurde.

Die Pflanzengesellschaft selbst ist für das Unterdevon insofern interessant, als ihre Vertreter von anderen Orten des *Old Red* nicht bekannt sind. Einige dieser Formen bereiten auch beträchtliche taxonomische Probleme, da sie zum Teil intermediäre Merkmale zeigen und sich nur schwer in bestehende Gruppen einordnen lassen. *Asteroxylon* steht offensichtlich zwischen den Rhyniophyten und den Lycopodiophyten, da die Gefäßbündelversorgung nicht wie bei den heutigen Bärlappen bis zu den Spitzen der Blätter reicht. Das Vorkommen von Gametophyten im *Rhynie Chert* ist immer noch umstritten. Matten von fädigen Cyanobakterien sowie ein Vertreter der Charophyten *(Palaeonitella)* und fädige Grünalgen sind ebenfalls gefunden worden.

Es ist unmöglich festzustellen, wie typisch die Flora des *Rhynie Chert* für die feuchteren Gebiete des *Old Red* war. Die anderen bekannten Pflanzengesellschaften des Unterdevon zeigen Pflanzen mit einem wesentlich höheren Anteil dickwandiger Gewebe. Man nimmt daher an, daß diese Pflanzen in Gebieten mit viel trockeneren Perioden gelebt haben.

Pflanzen des Mittel- und Oberdevons

Das übrige Devon war eine Zeit fortschreitender Neuentwicklung und zeigt eine große Anzahl von Bärlappgewächsen, Schachtelhalmen, frühen Farnen und sogenannten Progymnospermen, den Vorläufern der Nadelhölzer (Coniferen) und der Farnsamer (Pteridospermen). Die am leichtesten erkennbaren Pflanzen waren die Bärlappgewächse mit ihren einfachen, kleinen, schraubig an der Achse stehenden Blättern. Einer der am vollständigsten erhaltenen Vertreter ist die krautige *Leclercqia* aus dem Mitteldevon. Ihre geteilten Blätter waren fünfzipfelig und tragen eine Ligula (ein kleines, schuppenförmiges Organ); das Xylem ähnelt dem Primärxylem der gewaltigen karbonischen baumförmigen Bärlappgewächse wie *Lepidodendron. Leclercqia* besaß nur einen einzigen Sporentyp. Da Homosporie und das Vorkommen einer Ligula Merkmale sind, die bisher in dieser Kombination bei keiner lebenden Gruppe zusammen gefunden wurden, stellt *Leclercqia* ein wichtiges fossiles Zwischenglied dar. Die überwiegende Zahl der Reste von devonischen Bärlappgewächsen ist noch fragmentarischer erhalten; meist handelt es sich um Stücke beblätterter Stämme oder von Rinde, während Fortpflanzungsorgane fehlen, was die Einordnung innerhalb der Gruppe erschwert. Indessen zeigen einige dieser Stämme einen großen Durchmesser, und ihre Rindenoberfläche gleicht oberflächlich derjenigen der karbonischen Bärlappbäume. Dies bedeutet wohl, daß eine Reihe devonischer Vertreter, wie z. B. *Protolepidodendropsis,* einige Meter Höhe erreicht haben. Gegen Ende des Devons wies diese Pflanzengruppe wahrscheinlich echte Bäume auf, z. B. die Gattung *Cyclostigma.*

Im Gegensatz dazu bereitet es beträchtliche Schwierigkeiten, sich von den Schachtelhalmen und Farnen ein Bild zu machen. Dies gilt mindestens bis zum Ende des Devons. Die Anordnung der sporangientragenden Organe etwa bei *Calamophyton* zeigt gewisse Gemeinsamkeiten mit den Schachtelhalmen; auf der Grundlage der Anatomie des Xylems jedoch steht *Calamophyton* näher bei den Farnen. Die frühesten unzweifelhaften Reste von Schachtelhalmen sind komplexe Zapfen aus dem Oberdevon. Der älteste Farn im modernen Sinn, mit großblättriger Belaubung, sogenannten Megaphyllen, und mit unterseits angeordneten Gruppen von Sporangien (Sori), stammt bereits aus Sedimenten des Karbons. Die Progymnospermen umfassen Pflanzen mit farnähnlicher Reproduktion – die Sporen werden ins Freie ausgestreut – jedoch mit gymnospermoidem, coniferenähnlichem Sekundärholz. Bezüglich der Organisation dürfte es sich hier um eine Zwischenstufe zwischen den Trimerophyten des späten Unterdevons und den karbonischen Gymnospermen handeln. Ausgezeichnet erhaltene Stämme mit sekundärem Xylem, Phloem und Kork zeigen die Tätigkeit peripherer Meristeme, und abgesehen von einigen Unterschieden in der Anordnung der primären Gewebe ist ihre Organisation fast vollständig identisch mit der bei den später erscheinenden Coniferen. Die älteren Vertreter der Gruppe wie *Rellimia* (auch als *Protopteridium* bezeichnet) waren buschige, reich verzweigte Sträucher mit endständigen, verhältnismäßig undifferenzierten achsenähnlichen Blättern. Spätere Progymnospermen wie *Archaeopteris* waren Bäume mit mindestens einen Meter Durchmesser erreichenden Stämmen und Kronen aus flachen, vielfach zusammengesetzten, gefiederten, farnwedelähnlichen Blättern.

In das Devon fallen auch Änderungen im Fortpflanzungsmodus der frühesten Farnpflanzen. Unterdevonische Pflanzen waren homospor, durch Meiose wurde nur ein Typ von haploiden Sporen gebildet. Jede Spore entwickelte sich zu einer selbständigen Pflanze, der freilebenden Gametophytengeneration. *Chaleuria,* eine Pflanze unsicherer Verwandtschaft aus dem späten Unterdevon von Nordamerika, differenzierte zwei unterschiedlich große Sporentypen. Eine solche Heterosporie ist von verschiedenen Entwicklungslinien devonischer Pteridophyten und von den Progymnospermen bekannt. Den Höhepunkt dieser Entwicklunge stellt das Verbleiben der größeren Megasporen auf dem Sporophyten dar, während die kleineren Mikrosporen entlassen und vom Wind auf andere Pflanzen transportiert werden. Die auf dem Sporophyten verbleibende Megaspore entwickelt sich zu einem die weiblichen Gameten (Eizellen) ausbildenden weiblichen Gametophyten. Einer der im Laufe der weiteren Entwicklung der Mikrospore entstehenden männlichen Gameten verschmilzt mit dem weiblichen Gameten. Die dabei entstehende Zygote ist der zentrale Teil des Samens. So hat sich die Samenreproduktion entwickelt. Das Erscheinen der Gymnospermen fällt in das späte Devon.

Pflanzenführende devonische Sedimente sind insbesondere aus der Gondwana nicht zahlreich. Aus den wenigen verfügbaren Daten kann indessen auf eine weltweite Verbreitung devonischer Floren geschlossen werden. Bis jetzt ist nur wenig über ihre Ökologie bekannt. Es ist jedoch durchaus möglich, einige allgemeine Überlegungen zur Struktur dieser Pflanzengemeinschaften anzustellen. So erlaubte beispielsweise der Erwerb eines peripheren Meristems (Kambiums) einen Zuwachs an Umfang und damit eine größere Höhe. Dies mag zur Entwicklung eines Waldes mit vielen verschiedenen Blattstockwerken und zugleich zu einer Zunahme von für die Besiedlung durch Tiere geeigneten Habitaten geführt haben. Manche dieser Kleinlebensräume mögen in tiefem Schatten gelegen haben. Hier waren Heterosporie und der Besitz von Samen wohl von Vorteil, da die im Samen liegenden Nährstoffreserven des weiblichen Gametophyten dem jungen Sporophyten eine Entwicklung ohne die sofortige Notwendigkeit zur Photosynthese gestatteten. Die Samenreproduktion dürfte zugleich die Besiedlung trockener Standorte ermöglicht haben.

Die Besiedlung des Landes durch Tiere

Terrestrische Wirbellose

Fossile terrestrische Invertebraten sind vor dem Silur unbekannt. Die Gründe hierfür können vielfältig sein. Zum einen mag der Mangel an Nahrung die Besiedlung des Landes verhindert haben, zum anderen war durch intensivere ultraviolette Strahlung vor der Entwicklung einer schützenden Ozonschicht in der frühen Erdatmosphäre der Schritt ans Land unmöglich. Vielleicht – dies ist die viel einfachere Deutung – besaßen diese Wirbellosen keine fossilisierbaren mineralischen Skelette und bewohnten keine Gebiete mit schneller Sedimentation. Das langsame Eindringen der Algen und Flechten in feuchte Flachländer im frühen Paläozoikum war möglicherweise begleitet vom Auftreten winziger pflanzen- und detritusfressender Wirbelloser – vergleichbar mit den Vertretern moderner Bodenfaunen. Größere Formen mögen, auf der Suche nach pflanzlichem Detritus und weichhäutiger Beute, anfänglich nur nächtliche Besuche auf dem Land gemacht haben. Die spätere Landnahme jedoch, begünstigt durch die Zunahme von Pflanzenmaterial, das Nahrung und Schutz vor Austrocknung und Strahlung bot, erfolgte wahrscheinlich auf mehreren Wegen, entweder unmittelbar vom Meer über die Küste oder eher schrittweise über Meeresbuchten, Seen und Flüsse.

Die frühesten bekannten Makrofossilien aus der Gruppe der Wirbellosen sind einige schlecht erhaltene Exemplare von pflanzenfressenden Tausendfüßern aus dem frühen Silur. Sie waren vermutlich nicht die einzige landlebende Tiergruppe, verdanken jedoch ihre bevorzugte Erhaltung ihrer mit Kalkeinlagerungen versehenen Körperwand und ihrer Lebensweise am Boden. Im Devon sind die fossilen Belege ebenso spärlich; es lassen sich jedoch drei besondere, von Gliederfüßern (Arthropoden) beherrschte Faunen nachweisen.

Der *Rhynie Chert* aus dem frühen Devon von Schottland repräsentiert ein versteinertes Moor mit kleinen, zwischen Pflanzenstengeln und in Sporangien ausgezeichnet erhaltenen Gliederfüßern. Es handelt sich um einen Springschwanz (Collembolen), ein primitives, flügelloses, sich springend fortbewegendes Insekt, mehrere kleine Milben, die erste Spinne und zahlreiche größere milbenähnliche, als Trigonotarbiden bezeichnete Spinnentiere (Arachniden). Die Trigonotarbiden jagten vielleicht andere Arthropoden, während die Insekten und Milben Sporen, Blattreste und Mikroorganismen fraßen oder Pflanzensaft saugten, wie die zusammen mit ihnen vorkommenden verletzten Pflanzenstiele vermuten lassen. Die Fauna von Alken, Deutschland, stammt aus einer mit stehendem Brackwasser gefüllten Lagune und enthält eine Vielfalt von amphibischen und terrestrischen Arthropoden mit vielen kleinen, heute ausgestorbenen und an Skorpione erinnernden Seeskorpionen (Eurypteriden). Diese hatten mit Platten bedeckte, schwammartige Abdominalkiemen (Kiemenbeine), die ebenso in Wasser wie in Luft funktionsfähig waren. Ebenso waren Pfeilschwanzkrebse (Xiphosuren), Spinnen, mehrere Trigonotarbiden und große tausendfüßerähnliche Pflanzenfresser, die Arthropleuriden vertreten. Die erst kürzlich entdeckte mitteldevonische *Gilboa*-Fauna enthält plattgedrückte Bruchstücke von Trigonotarbiden, Gifthaken von Hundertfüßern, eine Spinnen- und eine Milbenart sowie einen Felsenspringer (flügellose Insekten).

So zeigen die frühen fossilen Belege für die terrestrischen Wirbellosen, auch wenn sie sehr spärlich sind, daß die drei wichtigsten Gruppen der Land-Arthropoden: die Spinnentiere (Arachniden) mit Spinnen, Skorpionen und Milben, die Myriapoden mit räuberischen Hundertfüßern und pflanzenfressenden Tausendfüßern sowie die Insekten, wenn auch flügellos, zur Zeit des Mitteldevons unabhängig voneinander das Land erreicht haben (Abb. 14-2). Einige andere Arthropodengruppen wie die Pfeilschwanzkrebse, Seeskorpione und Arthropleuriden begannen ebenso das Land zu besiedeln, jedoch mit geringerem Erfolg; sie behielten ihre amphibische Lebensweise bei oder starben bald aus.

Das Erscheinen der Tetrapoden

Das Devon, die Periode der größten Mannigfaltigkeit der Fische im Meer und im Süßwasser, ist auch die Zeit, in der die

Abb. 14-2. Frühe Landarthropoden. (a) *Arthropleura.* Die Abbildung zeigt das am vollständigsten bekannte, etwa 4 cm lange Exemplar aus einer ausgestorbenen Gruppe von tausendfüßerartigen Pflanzenfressern. Spätes Karbon, Montceau-les-Mines, Frankreich. (b) Gipsabdruck des amphibisch lebenden Eurypteriden *Mixopterus* mit vorderen Greif- und hinteren Schwimmbeinen. Spätes Silur, Norwegen. (c) *Xyloiulus,* ein Vertreter einer ausgestorbenen Gruppe kräftiger, zylinderförmiger Hundertfüßer. Spätes Karbon, England. (d) *Cryptomartus,* Vertreter einer ausgestorbenen Gruppe der Spinnentiere, der Anthracomartiden. Spätes Karbon, Mazon Creek, Illinois, USA.

Abb. 14-3. (a) Rekonstruktion eines *Lepidodendron* (links) und von Calamiten. (b) In oberkarbonischem Sandstein erhaltener Außenabdruck einer *Lepidodendron*-Rinde mit Blattbasen.

ersten Lebewesen mit vier Beinen, die Tetrapoden oder Vierfüßer, sich aus Quastenflossern entwickelten und mindestens einen Teil ihres Lebens an Land verbrachten. Die ersten Amphibienskelette sind aus dem späten Devon von Grönland bekannt geworden. Andere fossile Belege aus dem Devon, wie einige Fußspuren von Tetrapoden und bruchstückhafte Reste aus Australien, deuten jedoch auf eine größere Verbreitung devonischer Amphibien, als es durch die derzeit vorliegenden Fossilien dokumentiert ist.

Das warme, seichte, sauerstoffarme Wasser der von frühen Landpflanzen umgebenen devonischen Binnenseen schuf wohl einen Lebensraum, in dem bestimmte Fische viele der entscheidenden Merkmale entwickelten, die dann später für ein Leben auf dem Lande von Nutzen waren. Lungen versetzten dabei den frühen Knochenfisch in die Lage, durch Schlucken von Luft zusätzlichen Sauerstoff aufzunehmen, ein Verhalten, das man auch heute bei in tropischen stehenden Gewässern lebenden Strahlenflossern beobachten kann. Bei Flachwasserfischen dürften kräftige Brustflossen ein Emporheben des Vorderendes ihres Körpers ermöglicht haben, um so mit dem Kopf über die Wasseroberfläche zu gelangen. Die Verwendung einer Niere statt der Kiemen zur Exkretion des Stickstoffs und zur Aufrechterhaltung des Ionengleichgewichts mag eine Folge des abnehmenden Gebrauchs der Kiemen in stehendem Wasser gewesen sein.

Die Strahlenflosser, die heute an Land kommen, wie die Schlammspringer, leben ebenfalls in seichten tropischen Gewässern und tauchen bei hoher Luftfeuchte zur Nahrungssuche an Land auf. Ganz ähnlich scheinen die ersten Tetrapoden aus dem Wasser gekommen zu sein. Sie folgten damit der zeitlich früheren Entwicklung von Landpflanzen und Landwirbellosen, die eine reiche, bisher ungenutzte Nahrungsquelle in einer Umwelt ohne Räuber boten. Die Tiere mit den kräftigsten Extremitäten und der besten Lungenatmung hatten dabei auch die besten Überlebenschancen. Es ist weniger wahrscheinlich, daß – wie man zunächst annahm – Trockenperioden die treibende Kraft für das Auftauchen an Land waren, wobei dann die frühen Amphibien auf der Suche nach noch verbliebenen Wasserstellen über Land wanderten. Man kennt heutige Amphibien, die sich in jahreszeitlichen Trockenperioden in der Mitte sich verkleinernder Wasserstellen sammeln und sich eben nicht auf die Suche nach anderen Wasserquellen begeben.

Pflanzen des Karbons

Im frühen Karbon, vor rund 345 Mio. Jahren, war weltweit (außer in Sibirien) die gleiche Vegetation, die sogenannte *Lepidodendropsis*-Flora, zu beobachten. Die häufigsten fossilen Reste stammen von Lycopodiophyta, Schachtelhalmen und von der Beblätterung der frühesten Gymnospermen. Viele dieser Gattungen sind auch später im Karbon vertreten. Von besonderem Interesse bei der Unterkarbonflora ist die beginnende starke Ausbreitung der frühesten Samenpflanzen, der Pteridospermen (Farnsamer), einer Gruppe mit farnähnlicher Beblätterung, bei der an achsenähnlichen Organen oder an den Blättern selbst Samenanlagen stehen. Die Pteridospermen haben vermutlich auf Schwemmland gelebt, während die Küstenmoore und Seeufer von Schachtelhalmen und Bärlappbäumen besiedelt wurden, ein ökologisches Bild, das sich bis ins Oberkarbon hielt.

Später im Karbon ist eine deutliche regionale Differenzierung der Floren in vier Hauptgebiete festzustellen: die euramerikanische, die Angara- (in Sibirien), die Gondwana- und die Cathaysia-Flora. Hier soll die bekannteste dieser Floren, die Flora Euramerikas, betrachtet werden. Das Klima war tropisch bis subtropisch, der Äquator verlief damals durch die heutigen Kohlengebiete der Appalachen und wahrscheinlich bis zu den Kohlengebieten des nördlichen England. Die euramerikanische, von Iowa, USA, bis ins europäische Rußland reichende Flora war erstaunlich einförmig, sowohl was den Artenbestand als auch was die Ökologie betrifft. Das Klima war vielleicht ein wenig kühler als in den heutigen Tropen. In der südlichen Gondwana ist zu dieser Zeit eine Periode mit ausgedehnter Vergletscherung festzustellen.

Für Informationen über die Pflanzen jener Zeit stehen zwei wesentliche Quellen zur Verfügung: die Abdrücke *(Compressions,* mit kohlig erhaltenen Teilen) aus den Schiefern zwischen den Kohleflözen und – für den anatomischen Bau weitaus aufschlußreicher – die *Coal Balls* aus einigen Horizonten in bitumenreichen Flözen. *Coal Balls* sind kugelige Gebilde aus nicht zusammengepreßtem, aber mit Calciumcarbonat verfestigtem Torf.

Karbonische Pteridophyten

Die ihren heutigen Vertretern am wenigsten ähnlichen Farnpflanzen (Pteridophyten) jener Zeit waren die Lepidodendrales, baumförmige Bärlappe bis zu 35 m Höhe. Die Gattung *Lepidodendron* (Schuppenbaum) gehörte zu den beherrschenden Pflanzen der Moorgebiete, ihre Vertreter wurden nach dem Absterben zu den wichtigsten Torfbildnern (Abb. 14-3). Für das weitere Verständnis ist dabei wichtig, daß solche großen Pflanzen niemals vollständig, sondern nur in Bruchstücken erhalten sind. Diese Fragmentation vor der Fossilisation, die auch während des Transportes von Pflanzenteilen an den Ort der Einbettung erfolgte, führte dazu, daß Organen oder Organteilen der gleichen Pflanze verschiedene Gattungsnamen gegeben wurden, bevor man die Zusammenhänge zwischen den Teilen anhand vollständigerer Reste erkennen konnte. Das alles führte zu einer Anhäufung von Namen und zu einer großen Verwirrung in der Nomenklatur. Beispielsweise wird das unterirdische Wurzelsystem von *Lepidodendron* mit dem Gattungsnamen *Stigmaria* bezeichnet. Oft wurden allerdings keine derartigen für die Kenntnis der Gesamtpflanze wichtigen Zusammenhänge gefunden, weil viele Floren aus in hohem Maße fragmentierten Fossilien bestehen.

Stigmaria gehört zu den häufigsten Fossilien der Gesteine unmittelbar unterhalb der Kohleflöze. Da solche Wurzelsysteme in der Regel in der Stellung liegen, in der sie auch wuchsen, kann man annehmen, daß der Schuppenbaum (Abb. 14-3) zu den Erstbesiedlern der nach Überflutungen entstandenen offenen Schlickböden gehörte. Manche Stigmarien tragen noch die radiärsymmetrischen Wurzelanhängsel (Appendices), häufiger jedoch sind nur noch deren rundliche Narben erhalten. Die große Anzahl solcher Würzelchen in den *Coal Balls* zeigt, daß der Torf vollständig von den Wurzelsystemen der Schuppenbäume und ihrer Verwandten durchdrungen war. Bruchstücke der Rinde lassen die charakteristischen rhombischen Blattpolster mit den Blattnarben erkennen. Die großen, unverzweigten, massiven, bis zu 2 m im Durchmesser erreichenden Stämme endeten in einer Krone, deren Zweige längliche Blätter *(Lepidophyllum* oder *Lepidophylloides)* trugen. Die von den älteren Zweigen abgeworfenen Blätter hinterließen kleine Blattnarben auf den Blattpolstern. Trotz der gewaltigen Ausmaße des Stammes wurde nur sehr wenig Sekundärholz gebildet, den Hauptanteil stellt ein Korkgewebe im Bereich der äußeren Rinde.

Lepidodendron war heterospor, besaß also Mikro- und Megasporen in dichten, am Ende der beblätterten Zweige stehenden Zapfen *(Lepidostrobus).* Die als *Lycospora* bezeichneten Mikrosporen gehören oft zu den häufigsten Sporen in der Kohle. Zuweilen findet man in einem Sporangium nur eine einzige Megaspore, ein Merkmal, das auch bei einigen karbonischen Schachtelhalmen beobachtet wurde und in Richtung Samenbildung weist. *Lepidodendron* zeigt eine Reihe anatomischer Merkmale, die für solche Pflanzen charakteristisch sind, welche an Standorten mit hohem Grundwasserstand leben, z. B. ein gut entwickeltes Durchlüftungssystem. Neuere Untersuchungen über die Fortpflanzungsbiologie der Lepidodendren und ihrer Verwandten lassen vermuten, daß die Megasporen durch Wasser verbreitet wurden. Bei manchen Arten zerbrach der Megasporenzapfen in jeweils ein einzelnes Sporangium und das zugehörige Blatt; diese Einheiten sind vielleicht – angetrieben durch den Wind – über das offene Wasser geschwommen, was zu einer weiteren Verbreitung der Megasporen beitrug.

Den heutigen krautigen (d.h. nicht holzigen) Bärlappen vergleichbare Vertreter dieser Gruppe sind im Karbon nur schwer zu identifizieren, da sie den beblätterten Endtrieben der Lepidodendrales ähnlich sind. Andererseits sind eine Reihe von Resten krautiger Formen bekannt, die der heutigen Gattung *Selaginella* gleichen.

Wachstum von großem Ausmaß war nicht auf die Lycopodiophyten beschränkt. Ein Vertreter der Schachtelhalme ist *Calamites* (Abb. 14-3), der eine Höhe von 20 m erreichen konnte, dessen Stamm aber einen weitaus größeren Anteil von Sekundärholz enthielt als der der Lepidodendren. Der Name *Calamites* wurde ursprünglich für häufige Fossilien verwendet, die in Wirklichkeit Ausfüllungen des teilweise hohlen Stammes dieser Pflanzen sind (Marksteinkerne). Seitenzweige und Blätter waren quirlständig. Die Zapfen der Calamiten zeigen eine beträchtliche Formenvielfalt. Die überwiegende Zahl bildete nur eine Art von Sporen mit eigenartigen verlängerten Anhängseln, die besondere Verdickungen aufweisen. Solche Elateren kommen auch beim heutigen Schachtelhalm *(Equisetum)* vor. Obwohl man einige Calamiten auch aus der durch *Lepidodendron* charakterisierbaren Moorvegetation kennt, treten sie besonders in ganz bestimmten Kohlen- und in Seenablagerungen auf. Sie haben wahrscheinlich dichte schilfähnliche Bestände um Seen und am Rand von Flußdeltas gebildet. Eine weitere Gruppe von Schachtelhalmen, die Keilblattgewächse (Sphenophyllen), kamen zum Teil im krautigen Unterwuchs der Sumpfwälder vor. Ihre wuchernden Stengel mit Quirlen keilförmiger, geteilter Blätter ähneln den heutigen Labkräutern *(Galium).* Die Gattung *Calamites* überlebte bis ins Perm, verschwand dann aber bald; die krautigen Formen erloschen in der Trias. Die einzige heute lebende Gattung dieser Gruppe ist *Equisetum* mit mehreren Arten.

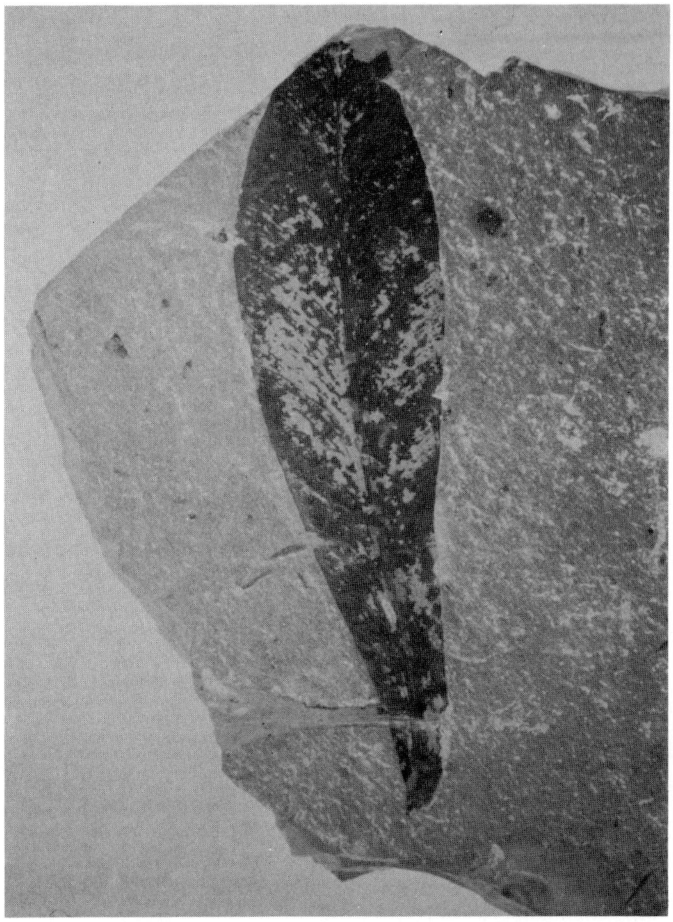

Abb. 14-4. Glossopteris aus dem Perm von Australien. Es handelt sich um ein einfaches Blatt mit deutlichen Kerben und mit Netznervatur.

Im Karbon finden sich die ersten Nachweise für Farne, von denen auch heute noch Gattungen existieren. Es handelt sich um Angehörige der Marattiales, einer kleinen, heute auf die Tropen beschränkten Ordnung. Im Karbon am häufigsten war *Psaronius,* ein über 10 m hoher Baumfarn, dessen Stamm von Wurzeln umgeben war und in einer Krone breiter, vielfach geteilter Blätter endete. Einige dieser Blätter trugen auf ihrer Unterseite Sporangien. Das Gefäßsystem des Stammes war sehr kompliziert und bestand aus mehrfach miteinander verbundenen Einzelbündeln. Derartige Stämme sind besonders in den spätkarbonischen *Coal Balls* von Illinois, USA, häufig, wo *Psaronius* – vielleicht infolge des Absinkens des Wasserspiegels – *Lepidodendron* als die beherrschende Pflanze der Sumpfvegetation ersetzt haben könnte.

Andere Farne lassen sich schwieriger einordnen. Eine als Coenopteridales bezeichnete Gruppe war während des gesamten Karbons verbreitet. Nach ihrem Vorkommen in den *Coal Balls* hatten sie vermutlich eine zwar geringere Bedeutung, waren jedoch ständig, möglicherweise als Vertreter des Unterwuchses, in der Sumpfvegetation vorhanden. Ihre Blätter entsprachen selten dem Bild der für die heutigen Farne typischen großen Wedelblätter; vielmehr bestanden sie aus einem dreidimensionalen Verzweigungssystem, das bei oberflächlicher Betrachtungsweise Sproßachsen gleicht, jedoch als einem einzigen großen Farnwedel homolog angesehen wird.

Karbonische Gymnospermen

Zu den Farnsamern (Pteridospermen) zählen mehr Arten als zu jeder anderen Gruppe von karbonischen Gefäßpflanzen, obwohl sie in den damaligen Pflanzengesellschaften selten eine beherrschende Rolle spielten. Ihre Beblätterungen gehören zu den schönsten Fossilien überhaupt; es ist jedoch nur selten möglich, auch die Gesamtpflanze zu rekonstruieren. Die Pteridospermen wurden um die Jahrhundertwende als neue Gymnospermengruppe erkannt, als an Samen *(Lagenostoma)* bzw. deren Hüllen, die öfter zusammen mit farnähnlichen Blättern *(Sphenopteris)* und Stämmen *(Lyginopteris)* gefunden wurden, die gleichen epidermalen Drüsen entdeckt wurden wie auf diesen vegetativen Organen. Die Wuchsform der gesamten Pflanze ist indessen noch immer nicht ganz klar; die Stämme von *Lyginopteris* waren verhältnismäßig dünn, und es ist daher unwahrscheinlich, daß diese Pflanze sehr groß wurde. *Callistophyton* war ein Farnsamer von eher kletterndem Habitus, *Medullosa* ein Baum von rund 10 m Höhe. Die Stämme erfuhren durch lange erhalten bleibende Blattbasen und Stützwurzeln zusätzliche Stabilität. Die Krone von *Medullosa* setzte sich aus mächtigen farnähnlichen Blättern zusammen; ihre Samen sind in den Sedimenten recht häufig, sitzen allerdings nur selten noch an den Blättern. Manche dieser Samen erreichten beträchtliche Größen (3–10 cm Länge) und enthielten im weiblichen Gametophyten einen bedeutenden Nährstoffvorrat. Für Tiere, die in der Lage waren, die harte äußere Schicht der Samenschale aufzubrechen, waren diese Samen wahrscheinlich eine energiereiche Nahrungsquelle. Stämme von *Medullosa* sind aus den gesamten Kohleablagerungen Nordamerikas bekannt. Sie nehmen allmählich in den sonst von Bärlappen oder von anderen Gymnospermen, den Cordaiten, beherrschten Sumpfgebieten zu.

Die in den Sedimenten zwischen den Kohleflözen erhaltenen Pflanzen weisen auf Pflanzengesellschaften außerhalb der eigentlichen Sumpfgebiete hin. Die vielfältigsten Pflanzengemeinschaften stammen vom Schwemmland der Flüsse. Hier wurden Farne und Farnsamer zusammen mit einer Reihe von Schachtelhalmen und Bärlappen, gelegentlich auch mit Cordaiten nachgewiesen. Die Erhaltung noch weitgehend vollständiger Blätter von Farnsamern läßt vermuten, daß diese Pflanzen auf dem Schwemmland in Flußkrümmungen wuchsen und rasch eingebettet wurden, wenn diese Anlandungen wieder abgetragen wurden.

Andere mit den Farnsamern vergleichbare Gruppen von Gymnospermen sind die Cycadeen und Bennettiteen, die im späten Karbon oder im Perm erscheinen und im Mesozoikum ihren Entwicklungshöhepunkt erreichten. Ihre Vorläufer sind wahrscheinlich im Bereich der Farnsamer zu suchen.

Die frühesten Vertreter der Coniferen im weitesten Sinne gehören zu den Cordaiten; sie sind erstmals im frühen Karbon nachgewiesen. Es waren Bäume mit typischem coniferoidem Holz von beträchtlichen Ausmaßen und schraubig angeordneten, riemenförmigen Blättern, zwischen denen sich an bestimmten Stellen hängende, männliche und weibliche Blütenzapfen entwickelten. Ein vollständiger Baum dieses Typs wurde zwar nie gefunden; einige dürften jedoch bis zu 40 m Höhe erreicht haben. Aufgrund ihrer Ähnlichkeit mit den Coniferen, der Verteilung ihrer Pollen und ihrer Seltenheit in gewissen *Coal Ball*-Horizonten dürften die Cordaiten wohl eher die höhergelegenen, von den kohle- und sedimentbildenden Hauptbereichen entfernteren Standorte besiedelt haben. In den Vereinigten Staaten sind Cordaiten durch das ganze Karbon hindurch gefunden worden; manche Formen mit Stützwurzeln wie bei heutigen Mangroven (s. Abb. 7-6) haben wohl *Lepidodendron* als beherrschenden Baum in der Sumpfvegetation ersetzt, vor allem in den dem Einfluß des Meeres ausgesetzten Küstensümpfen. *Cordaites* starb im Perm aus, nicht lange nach dem Erscheinen der ersten echten Coniferen.

Der früheste unmittelbare Nachweis einer Vegetation, die wohl aus höher gelegenen Gebieten stammt, wurde aus Sedimenten des Namur in den Vereinigten Staaten bekannt. Die häufigsten Pflanzen waren Gymnospermen (Farnsamer, Cordaiten und echte Coniferen) und eine als Noeggerathiales bezeichnete Gruppe unsicherer Verwandtschaft. Bärlappe und Farne waren dagegen selten. Diese „Hochgebiete" lagen wohl gar nicht besonders hoch und sollten besser als „Hinterland" bezeichnet werden. Sie unterschieden sich wahrscheinlich vom küstennahen Flachland dadurch, daß sie eine viel größere Variabilität ihrer ökologischen Nischen aufwiesen. Die trockeneren Standorte müssen nicht notwendigerweise durch ein kühleres Klima und mehr jahreszeitlich verteilte oder insgesamt geringere Niederschläge bedingt gewesen sein, sie können vielmehr auch durch poröse Böden und höhere Verdunstung verursacht worden sein.

Das Perm

Die Vegetation

Im Zusammenhang mit einem bedeutenden Wandel in der Vegetation unmittelbar vor dem Ende des Karbons nahmen der Farn *Psaronius* und der Farnsamer *Medullosa* an Bedeutung zu, die Vegetation der Sumpfgebiete erfuhr eine größere regionale Differenzierung und *Lepidodendron* und die meisten anderen baumförmigen Bärlappe verschwanden. *Lepidodendron* nämlich erscheint in besonderem Maße an reichliche Wasserversorgung angepaßt, und die Sumpfgebiete wurden wohl insgesamt trockener. Im übrigen ist auch aus dem Unterperm in Deutschland eine ähnliche Verteilung von Sumpf- und Küstenstandorten bekannt, wenn auch mit unterschiedlichen Pflanzengesellschaften. Erst im Mittelperm wurden die Tiefländer Euramerikas arid und in der Vegetation herrschten die Gymnospermen vor. Von ihnen sind die Coniferen besonders interessant, da hier die einzelnen Evolutionsstadien von den locker gebauten weiblichen Zapfen der Cordaiten bis zum kompakten Coniferenzapfen verfolgt werden können.

Während des Perm verbesserten sich die Bedingungen in Gondwana. Eine vor allem von der Samenpflanzengruppe der Glossopteriden beherrschte Flora breitete sich schnell über die vorher vom Eis bedeckten Gebiete aus. *Glossopteris* ist besonders durch seine einfachen ungeteilten Blätter bekannt, die in manchen Horizonten so häufig vorkommen, daß man diese Pflanzen als an jahreszeitliche Kälte angepaßte, laubabwerfende Formen ansah (Abb. 14-4). Neuere Untersuchungen haben gezeigt, daß die Glossopteriden wahrscheinlich den Hauptanteil der Vegetation in den sumpfigen Küstengebieten stellten. Ihre Samenanlagen entwickelten sich an blattähnlichen Organen, weshalb *Glossopteris* als Vertreter der Farnsamer angesehen wird, auch wenn das selten gefundene Holz coniferenähnlich ist und Jahresringe aufweist. Im gesamten handelte es sich um Sträucher oder kleine Bäume mit unregelmäßig verzweigter Krone. Die Glossopteriden zeigten im Perm eine reiche Entwicklung, starben aber dann in der Trias aus.

Amphibien

Die adaptive Radiation und die zunehmende Mannigfaltigkeit der Amphibien ist erst im Karbon anhand von Fossilien faßbar. Alle frühen Tetrapoden besitzen eine fünfgliedrige (pentadaktyle) Extremität. Es scheint jedoch kein besonderer Vorteil zu sein, gerade fünf Glieder an jeder Extremität zu haben; vielmehr ist es wohl so, daß alle Tetrapoden sich von einer einzigen Ahnenform bzw. einer einzigen Gruppe ableiten lassen, die eben zufällig diesen Extremitätentyp aufwiesen, und die sich auf eine einzige Entwicklungslinie der Fischgruppe der Rhipidistier zurückführen lassen. Nach Beginn der Amphibienevolution folgte eine Zeit schneller Diversifizierung, da ihnen die potentiell erreichbaren ökologischen Nischen für größere terrestrische oder amphibische Tiere zur Verfügung standen. Die Nischen waren schon durch die frühere Besiedlung des Landes durch Pflanzen und Wirbellose entstanden. Wie ihre devonischen Vorfahren wurden alle bekannten karbonischen Amphibien in Gebieten um den damaligen Äquator gefunden. Sie waren vorzugsweise an ein warmes, nicht durch Jahreszeiten geprägtes Klima angepaßt.

Vom Beginn ihrer Radiation an lassen sich mindestens zwei verschiedene Amphibien-Entwicklungslinien verfolgen: zum einen die kleinen Lepospondylen, die überwiegend wasserlebend blieben und wahrscheinlich ähnliche Nischen wie heute Frösche und Salamander besetzten; zum anderen die großen, verschiedenartigen und zahlreicheren Labyrinthodonten mit mehr terrestrischer Lebensweise, die wahrscheinlich Fleisch- oder Fischfresser waren und ähnlich wie die heutigen Krokodile lebten. Auch hinsichtlich der Größe glichen die Labyrinthodonten heutigen Krokodilen und Alligatoren; sie teilten sich in zwei Hauptlinien, die eine Vielfalt von terrestrischen und amphibischen Biotopen während des späten Karbons und des frühen Perms bewohnten. Die eine dieser Linien führt zu den Reptilien, zur anderen gehören vermutlich die Vorläufer der heutigen Amphibien. Eine frühe Gruppe der erstgenannten Entwicklungslinie bestand aus wasserlebenden, aalähnlichen Formen; eine spezialisierte Gruppe der zweiten Entwicklungslinie umfaßte kleine, landlebende froschähnliche Tiere, die zu den Fröschen geführt haben könnten. Spätere permische Formen, wie die Seymouriamorphen, sind sehr reptilienähnlich und wurden lange Zeit als echte frühe Reptilien angesehen, bis man ihre Kiemen aufweisenden Larvenformen entdeckte. Diese Tiere müssen somit eine typisch amphibienartige ans Wasser gebundene Fortpflanzung gehabt haben.

Das Erscheinen der Reptilien

Die ersten, im späten Karbon gefundenen Reptilien waren kleine, wahrscheinlich insektenfressende Formen mit einer Körperlänge von ungefähr 10 cm. Reptilien konnten auch bis zum frühen Perm weder in größeren Formen auftreten noch einen bemerkenswerten Anteil an der Fauna bilden, da die wichtigsten zur Verfügung stehenden Biotope eher sumpfig waren und natürlich von den Amphibien beherrscht wurden. Als das Klima gegen Ende des Karbons sich weltweit änderte, wurde der von Anfang an trockenere Lebensraum dieser frühen Reptilien zum wichtigsten terrestrischen Umwelttyp. Dies erklärt den nun einsetzenden Evolutionserfolg der frühen Reptilien und den Rückgang der Amphibien im späten Paläozoikum.

Der Ursprung der Reptilien im Bereich der Amphibien ist noch unklar. Lange Zeit nahm man an, daß sie sich aus bestimmten Labyrinthodonten entwickelt haben, die in der Körperform den frühen Reptilien gleichen. Indessen ist das Mittelohr aller bekannten Labyrinthodonten zu spezialisiert, als daß ein Vertreter dieser Gruppe als unmittelbarer Vorläufer der Reptilien in Frage kommen würde. Jedenfalls geht die Geschichte der Reptilien sehr weit zurück, sie haben sich möglicherweise zu einem Zeitpunkt von den Amphibien abgetrennt, als diese gerade ihre Evolution aus dem Fischstadium abgeschlossen hatten.

Der Hauptunterschied zwischen den heute lebenden Reptilien und Amphibien besteht in ihrem Reproduktionsmodus. Reptilien und Vögel bilden ein Ei mit einer Reihe von Embryonalhüllen, deren äußere eine ledrige oder kalkige Schale darstellt. Der Vorteil dieses Eityps liegt darin, daß die Eier ohne die Gefahr der Austrocknung oder einer anderen Schädigung in trockener Umgebung abgelegt werden können. Außerdem bietet die Schale mechanischen Schutz, während der Austausch von Gasen und von Wasserdampf möglich bleibt. Die Entwicklung dieses Eityps war eine unerläßliche Voraussetzung für die Besiedlung trockenerer und höher gelegener Biotope durch frühe Tetrapoden. Sie ermöglichte diesen Tieren Unabhängigkeit vom Wasser, und zwar in jedem Abschnitt ihres Entwicklungszyklus.

Permische Faunen

Im frühen Perm setzt sich die nordwärts gerichtete Drift der Kontinente über den damaligen Äquator hin fort. Die Pelycosaurier, eine Reptiliengruppe, die schließlich zum Ausgangspunkt der zu den Säugern führenden Linie wurde, waren die beherrschenden Vertreter dieser Faunen. Sie entwickelten fischfressende, fleischfressende und pflanzenfressende Formen. Die Pelycosaurier waren mit ungefähr einem Meter Länge mittelgroß bis groß.

Die diapsiden Reptilien, Ahnen der Lepidosaurier (Schlangen und Eidechsen) und der Archosaurier (Dinosaurier, Vögel und Krokodile), waren nur durch kleine, insektenfressende Formen vertreten. Ihre Entwicklung stagnierte, und sie spielten in den großen Tieren vorbehaltenen ökologischen Nischen zu dieser Zeit noch keine wichtige Rolle.

Wasser- und Landschildkröten haben sich vermutlich bereits aus den frühesten Reptilien entwickelt, auch wenn sie fossil erst in der Trias nachweisbar sind. Die marinen Reptilien des Mesozoikums, die Ichthyosaurier und Plesiosaurier, dürften ebenfalls seit der Zeit des frühen Perms als bereits getrennte, von frühen, kleinen, unspezialisierten Reptilien sich ableitende Entwicklungslinien vorliegen.

Olsen hat ausgeführt, daß bezüglich der Nahrungskette zwischen diesen permokarbonischen und den späteren bzw. heutigen Tetrapodenfaunen beträchtliche Unterschiede bestehen. Es gab wenige echt landlebende Pflanzenfresser, die Grundlage der terrestrischen Nahrungskette waren eher Wasserpflanzen als Landpflanzen. Große fleischfressende Pelycosaurier wie *Dimetrodon* haben sich möglicherweise von amphibisch lebenden pflanzenfressenden Pelycosauriern und großen fischfressenden Amphibien wie *Eryops* ernährt. Ein ähnlicher Typ von Biozönosen mit einem hohen Anteil von Fleischfressern und einem Fehlen von landlebenden Pflanzenfressern kann heute beispielsweise in den *Everglades* von Florida beobachtet werden. Die Vegetation der damaligen Wälder bestand weitgehend aus großen Bärlappbäumen und einigen Gymnospermen, und das Pflanzenmaterial war möglicherweise für landlebende Pflanzenfresser wegen der Höhe der Baumschicht gar nicht erreichbar. Das hochgelegene Blätterdach vor allem der reichbeblätterten Bärlappbäume hat dabei wahrscheinlich ein stärkeres Wachstum kleinerer Pflanzen auf dem Boden des Waldes verhindert.

Während des Perms bekam der nordwärts driftende Gondwana-Kontinent mit seiner an kühle Klimate angepaßten *Glossopteris*-Flora Kontakt mit der Landmasse von Laurasia, das westliche Asien bekam Verbindung mit Euramerika. Dies eröffnete neue Habitate im Osten und Süden für solche Reptilien, die sich an jahreszeitliche Abkühlung in weiter vom Äquator entfernten Breiten anpassen konnten. Ins späte Perm fallen Entwicklung und Ausbreitung der Therapsiden nach Gondwana und ins westliche Asien. Diese säugerähnlichen Reptilien sind die Nachfahren der Pelycosaurier.

Bakker hat behauptet, daß Körperhaltung und Knochenbau der Therapsiden vermuten lassen, daß sie einen säugerähnlichen Stoffwechsel besaßen. Diese Meinung wird ebenfalls durch ihr Räuber-Beute-Verhältnis gestützt, wenn auch aus fossilen Vergesellschaftungen gewonnene Daten stets mit Vorsicht interpretiert werden müssen. Mit Räuber-Beute-Verhältnis ist die Zahl der Fleischfresser im Verhältnis zur Zahl der Pflanzenfresser in einer Biozönose gemeint. Endotherme Säuger brauchen aufgrund ihrer hohen Stoffwechselrate zehnmal mehr Nahrung pro Tag als ektotherme (wechselwarme) Reptilien, und sie zeigen daher in ihren Biozönosen ein geringeres Räuber-Beute-Verhältnis. Außerdem waren die Therapsiden im Perm auch in hohen Breiten häufig und demnach wohl in der Lage, eine höhere Körpertemperatur aufrechtzuerhalten. Ferner dürften sie ein Haarkleid besessen haben, um die vermutlich kalten Winter in der Gondwana zu überstehen. Ihre Stoffwechselrate war jedoch wahrscheinlich nicht so hoch wie bei heutigen Säugetieren.

a

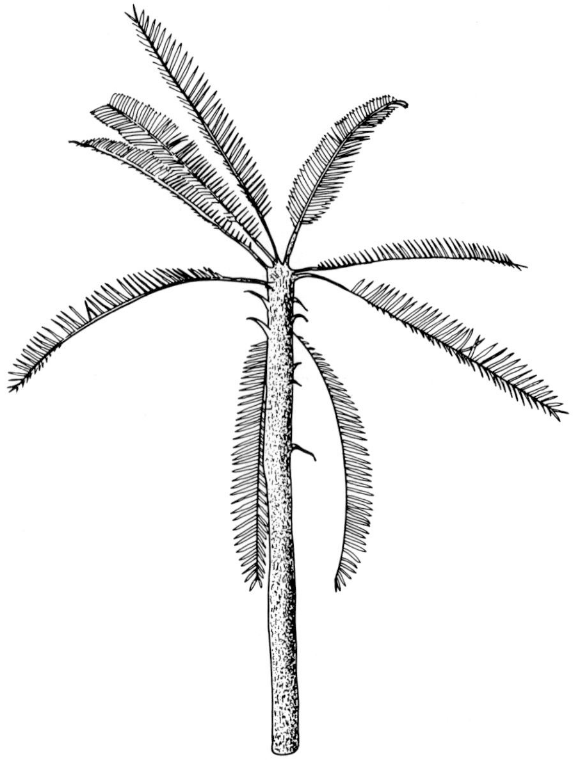

b

Abb. 14-5. (a) Rekonstruktion der Cycadee *Leptocycas gracilis.* (b) Ein heute lebender Vertreter der Cycadeen, *Dioon spinulosum,* aus Mexiko, mit einem einzigen Zapfen. Der Baum ist in der Regel unverzweigt; Verzweigung tritt nur in Kultur oder nach einer Verletzung auf.

Permotriassische Faunen

Die permotriassischen Therapsiden waren ziemlich große Tiere, manche fleischfressenden Formen (Theriodonten) erreichten die Größe eines großen Bärs, manche Pflanzenfresser unter ihnen den Umfang eines kleinen Nashorns. In das späte Perm fällt dann auch die erste Radiation echter landlebender Pflanzenfresser, was wohl im Zusammenhang mit der Ausbreitung der *Glossopteris*-Flora zu sehen ist. Ab dem späten Perm waren alle wichtigen Pflanzenfresser große Tiere, die Therapsiden und die Pareiasaurier (eine mit anderen großen Reptilienlinien nicht verwandte Gruppe, die sich parallel zu anderen pflanzenfressenden Reptilien entwickelt hat, jedoch keine unmittelbaren Nachfahren zeigt). Am Ende des Perms waren die Dicynodonten die beherrschenden terrestrischen Pflanzenfresser. Sie stellen eine Entwicklungslinie der Therapsiden dar, die in vielem Parallelen zu den pflanzenfressenden Säugern zeigt. Allerdings trugen diese Tiere Hornschnäbel – ähnlich wie die Schildkröten – und kommen daher schon deshalb nicht als direkte Vorfahren der Säuger in Betracht. Wie die heutigen Pflanzenfresser besetzten die Dicynodonten alle möglichen, für diesen Nahrungstyp geeigneten Nischen und entwickelten verschiedenste Formen von Kaninchen- bis Nashorngröße. Die großen Vertreter glichen in ihrem Freßverhalten wohl eher gewaltigen Bodenfaultieren als einem Nashorn oder Flußpferd.

Das Zusammentreffen von Laurasia und Gondwana am Ende des Perms führte bei den marinen Wirbellosen zu einem massiven Aussterben, vor allem deshalb, weil die Areale der küstennahen Meeresgebiete sich praktisch auf die Hälfte reduzierten. Auch Landfaunen wurden davon betroffen, wenn auch in viel geringerem Maße. Dabei zeigte sich insbesondere eher eine Abnahme der Vielfalt als ein vollständiges Aussterben einzelner Gruppen.

Die permotriassischen Biozönosen mit vorherrschenden großen Pflanzenfressern waren insbesondere für die höheren Breiten charakteristisch. Die Gebiete um den Äquator waren noch immer von großen teilweise im Wasser lebenden Amphibien beherrscht, vermutlich weil dort die sumpfigen, nicht durch jahreszeitliche Wechsel geprägten Biotope weiter erhalten geblieben waren. Während in den Tiefländern außerhalb der äquatorialen Zone die großen Pflanzenfresser die Hauptrolle spielten, entwickelten sich parallel dazu ähnliche, jedoch weniger ausgedehnte Lebensräume an und in der Nähe von Flußufern, wo die Landpflanzen den Insekten als Nahrung dienten, auf die dann wiederum kleine insektenfressende Reptilien Jagd machten. Vorherrschend in diesen Biozönosen waren die kleinen diapsiden Reptilien, die als Vorfahren der heutigen Eidechsen angesehen werden, und die Thecodonten, die ursprünglichen Archosaurier, Ahnen der Dinosaurier und der Krokodile. In der mittleren Trias begannen diese Formen, vor allem die Thecodonten, ausgehend von diesen eher kleineren Biotopen, eine starke Radiation; sie wurden größer, und gegen Ende der Trias übernahmen ihre Nachfahren von den säugerähnlichen Reptilien und anderen Reptiliengruppen sämtliche für große Tetrapoden geeigneten Nischen im Bereich der Tiefländer.

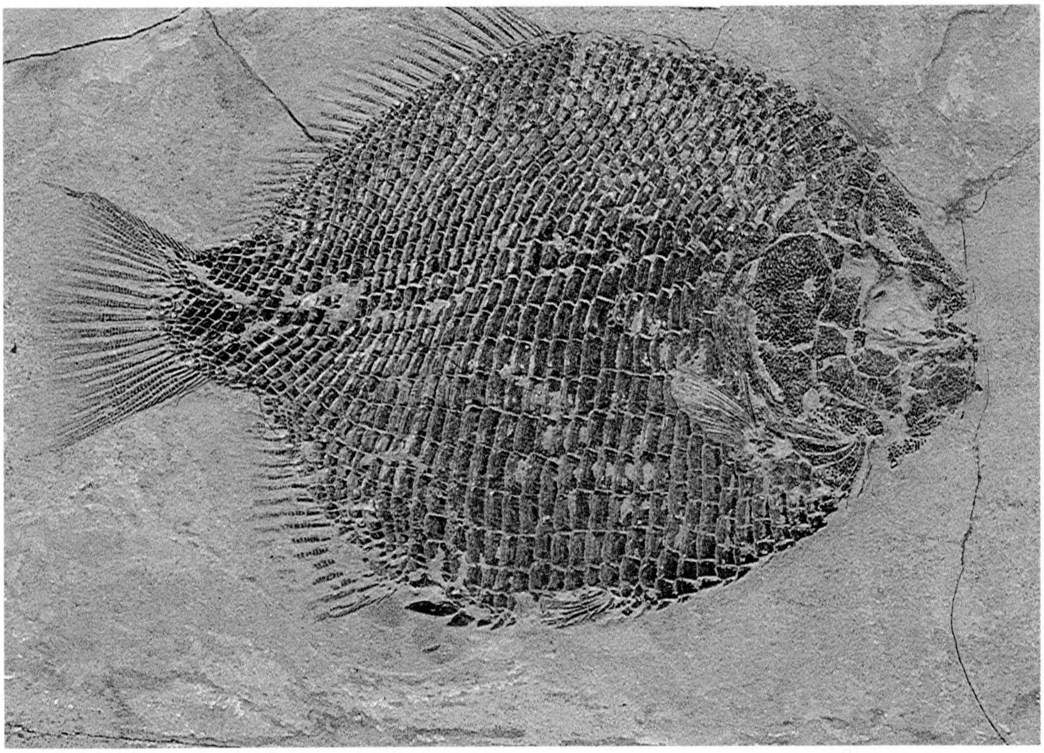

Abb. 14-6. Fossiler Knochenfisch *Dapedius* aus dem Unterjura von Lyme Regis, Dorset, England.

14.2 Das Mesozoikum

Trias und Jura

Triassische und jurassische Floren

Die triassischen Floren in der Gondwana lassen sich durch Farnsamer mit zweigeteilten Blättern und kleinen, ledrigen Fiederchen charakterisieren. Sie werden als *Dicroidium*-Floren bezeichnet und kommen aus höheren Breiten (mehr als 30° südlicher Breite). Das Klima war dort kühl- bis warmgemäßigt. Die euramerikanische Provinz kann vielleicht am besten durch Coniferen und die Gattung *Schizoneura* aus der Gruppe der Schachtelhalme gekennzeichnet werden.

In der späteren Trias erscheinen neue und mannigfaltige Pflanzengesellschaften. Diese entwickelten sich bis zum Mitteljura in den verschiedenen Breiten zu deutlich unterscheidbaren Floren, die bis zur Kreide im wesentlichen unverändert erhalten blieben. Insbesondere die Gymnospermen, darunter die Cycadeen, waren wesentlich stärker differenziert und häufiger als heute. Der früheste, wirklich als solcher anzusprechende Vertreter der Cycadeen, *Leptocycas,* ist aus der späten Trias von Nordamerika bekannt. Diese Pflanze besaß einen rund 1,5 m hohen, schmächtigen Stamm mit einer lockeren Blattkrone. Cycadeenähnliche, gefiederte Blätter sind in diesen und jüngeren Schichten häufig, viele dieser Blätter stammen jedoch von Bennettiteen, Vertretern einer mit den Cycadeen verwandten ausgestorbenen Pflanzengruppe. Blätter dieser beiden Gruppen lassen sich durch Merkmale ihrer Epidermis, insbesondere die Anordnung der Zellen im Spaltöffnungsapparat, unterscheiden. Obwohl Cycadeenblätter ziemlich häufig im Mesozoikum vorkommen, sind Stämme und Reproduktionsorgane selten, so daß Rekonstruktionen sich mehr an dem heutigen Erscheinungsbild dieser Gruppe als an Fossilien orientieren: es waren vermutlich nicht allzu große Pflanzen mit verzweigten Stämmen und regelmäßig angeordneten Blättern (Abb. 14-5). Die frühesten Bennettiteen werden zur Familie der von der Trias bis zur Kreide vertretenen Williamsoniaceen gezählt. Ein Beispiel: *Williamsonia sewardiana* war ein kleiner Baum von ungefähr 2 m Höhe mit einer Krone aus gefiederten Blättern und männlichen und weiblichen Zapfen.

Die Caytoniales waren eine kleine, aber weit verbreitete Gruppe mesozoischer Farnsamer. Sie sind von gewisser Bedeutung, da sie als mögliche Vorläufer der Blütenpflanzen (Angiospermen) angesehen wurden. Die wichtigste Beblätterung dieser Pflanzen, *Sagenopteris,* bestand aus zusammengesetzten Blättern mit nur vier netznervigen Fiederblättchen. Sprosse mit Samenanlagen werden als *Caytonia,* die männlichen Reproduktionsorgane als *Caytonanthus* bezeichnet.

In der oberen Trias erscheinen die ersten Vertreter mehrerer heutiger Coniferenfamilien: die Taxaceen (Eiben), die Araucariaceen (Araukarien), die Cupressaceen (Zypressen, Wacholder und Lebensbäume) und die Taxodiaceen (Sumpfzypressen und Sequoien). Heutige Vertreter aus diesen Familien sind seit dem Jura bekannt. Im Mesozoikum waren die Araukariengewächse auf der Nord- und Südhalbkugel verbreitet, während heute die Familie auf die Südhalbkugel beschränkt ist. Zypressen- und Sumpfzypressengewächse wurden indessen nur auf der Nordhalbkugel gefunden.

Eine andere Gymnospermengruppe, die Ginkgogewächse, ist heute nur noch durch eine einzige Art, den Ginkgo *(Ginkgo biloba)* vertreten, der nur noch in einigen Gebieten Chinas natürlich vorkommt. Der früheste Vertreter dieser Gruppe war wohl *Trichopitys* aus dem unteren Perm. Im Mesozoikum waren die Ginkgogewächse, besonders in den hohen Breiten Asiens, viel weiter verbreitet als heute. Die für Ginkgo charakteristischen fächerförmigen Blätter haben sich praktisch seit dem Mesozoikum morphologisch nicht verändert.

Im Mesozoikum erscheinen nun verschiedene Farnfamilien, die noch heute lebende Vertreter haben, darunter die wichtigen tropischen Familien der Matoniaceen und der Dipteridaceen. Blätter aus diesen Familien waren weitverbreitet,

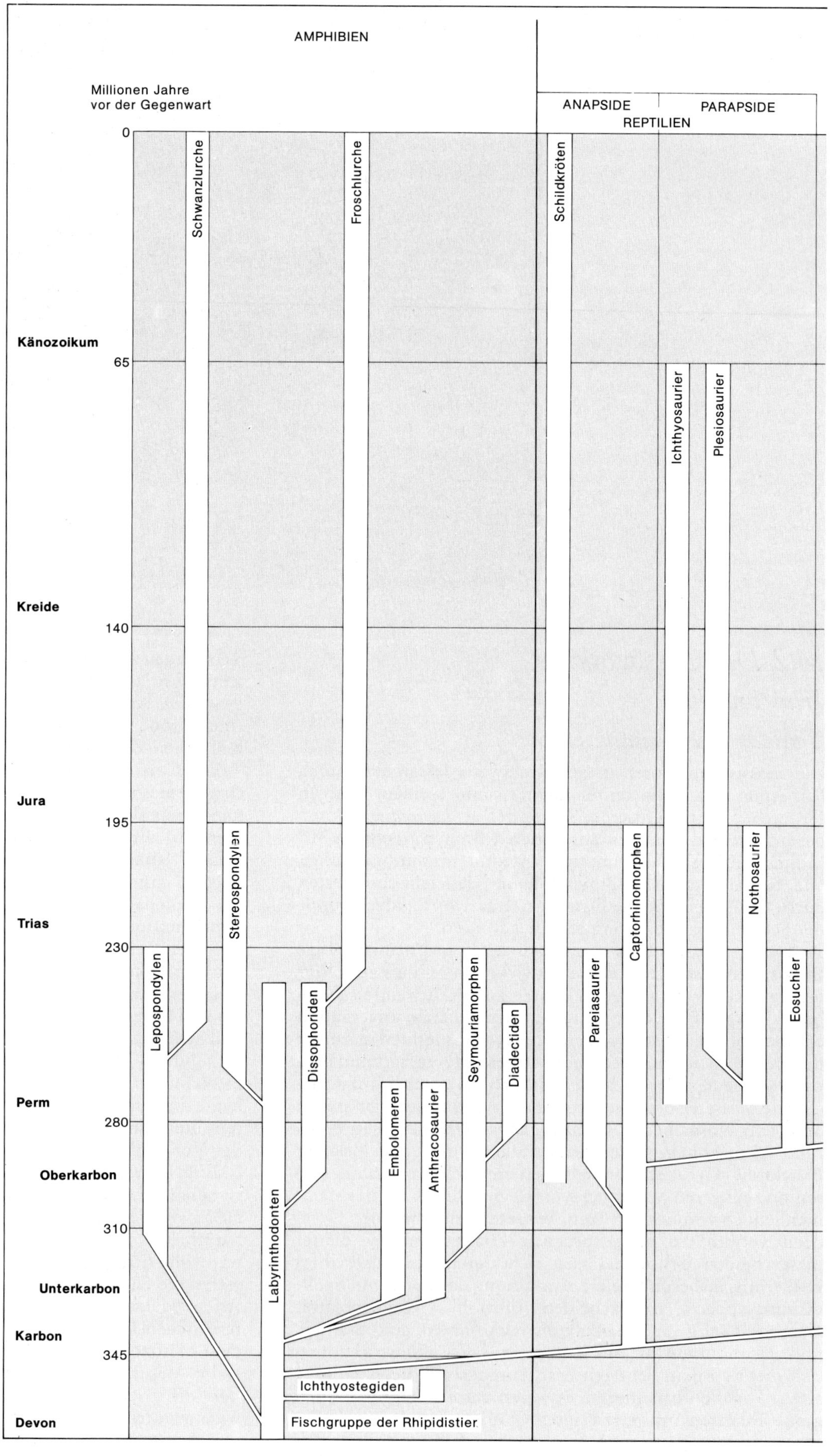

Abb. 14-7. Verwandtschaftsbeziehungen der Tetrapoden und ihre Entwicklung im Verlauf der Erdgeschichte.

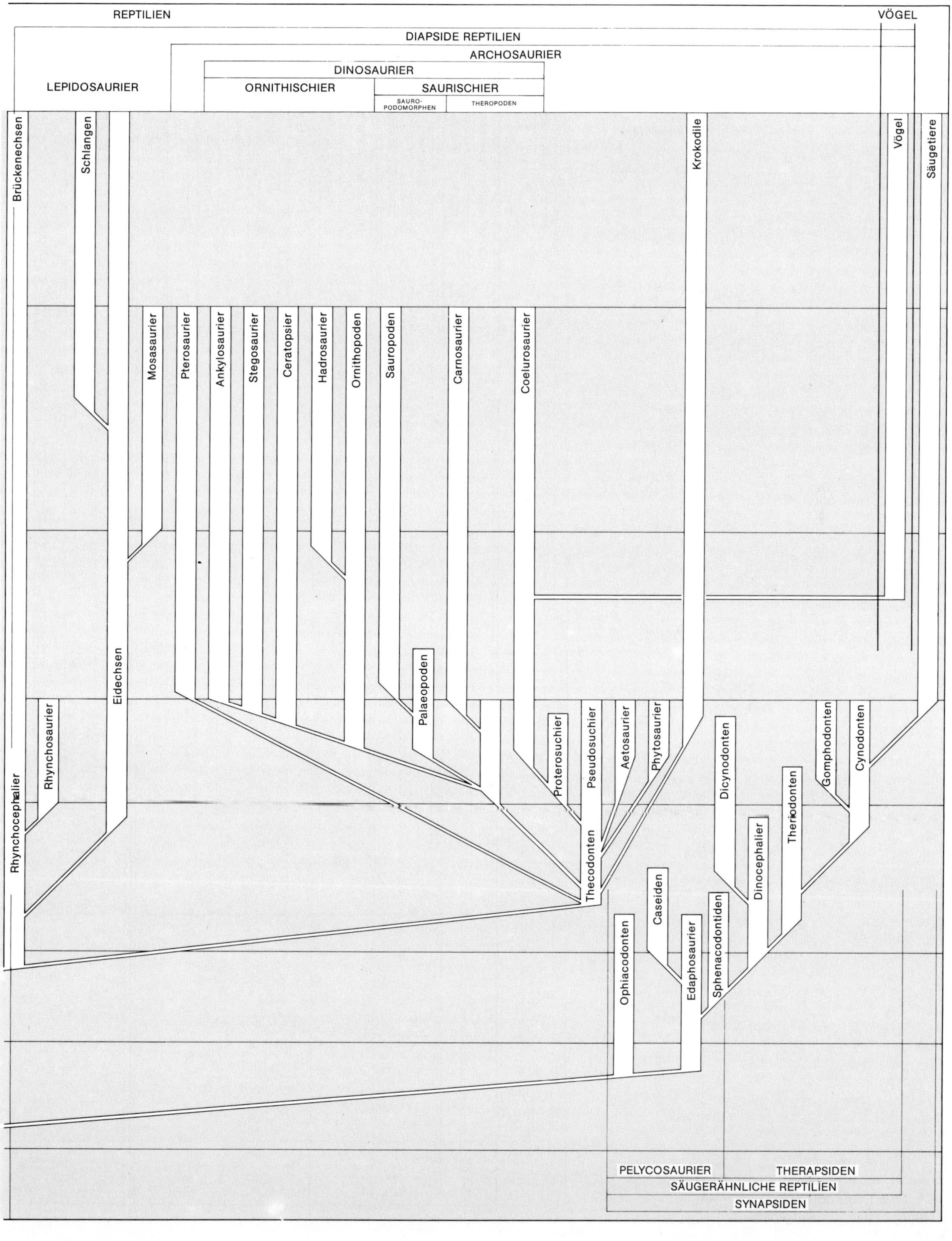
REPTILIEN
VÖGEL
DIAPSIDE REPTILIEN
ARCHOSAURIER
DINOSAURIER
LEPIDOSAURIER
ORNITHISCHIER
SAURISCHIER
SAURO-PODOMORPHEN
THEROPODEN
Brückenechsen
Schlangen
Krokodile
Vögel
Säugetiere
Mosasaurier
Pterosaurier
Ankylosaurier
Stegosaurier
Ceratopsier
Hadrosaurier
Ornithopoden
Sauropoden
Carnosaurier
Coelurosaurier
Eidechsen
Palaeopoden
Rhynchosaurier
Proterosuchier
Pseudosuchier
Aetosaurier
Phytosaurier
Dicynodonten
Gomphodonten
Cynodonten
Rhynchocephalier
Theriodonten
Dinocephalier
Thecodonten
Caseiden
Sphenacodontiden
Edaphosaurier
Ophiacodonten
PELYCOSAURIER
THERAPSIDEN
SÄUGERÄHNLICHE REPTILIEN
SYNAPSIDEN

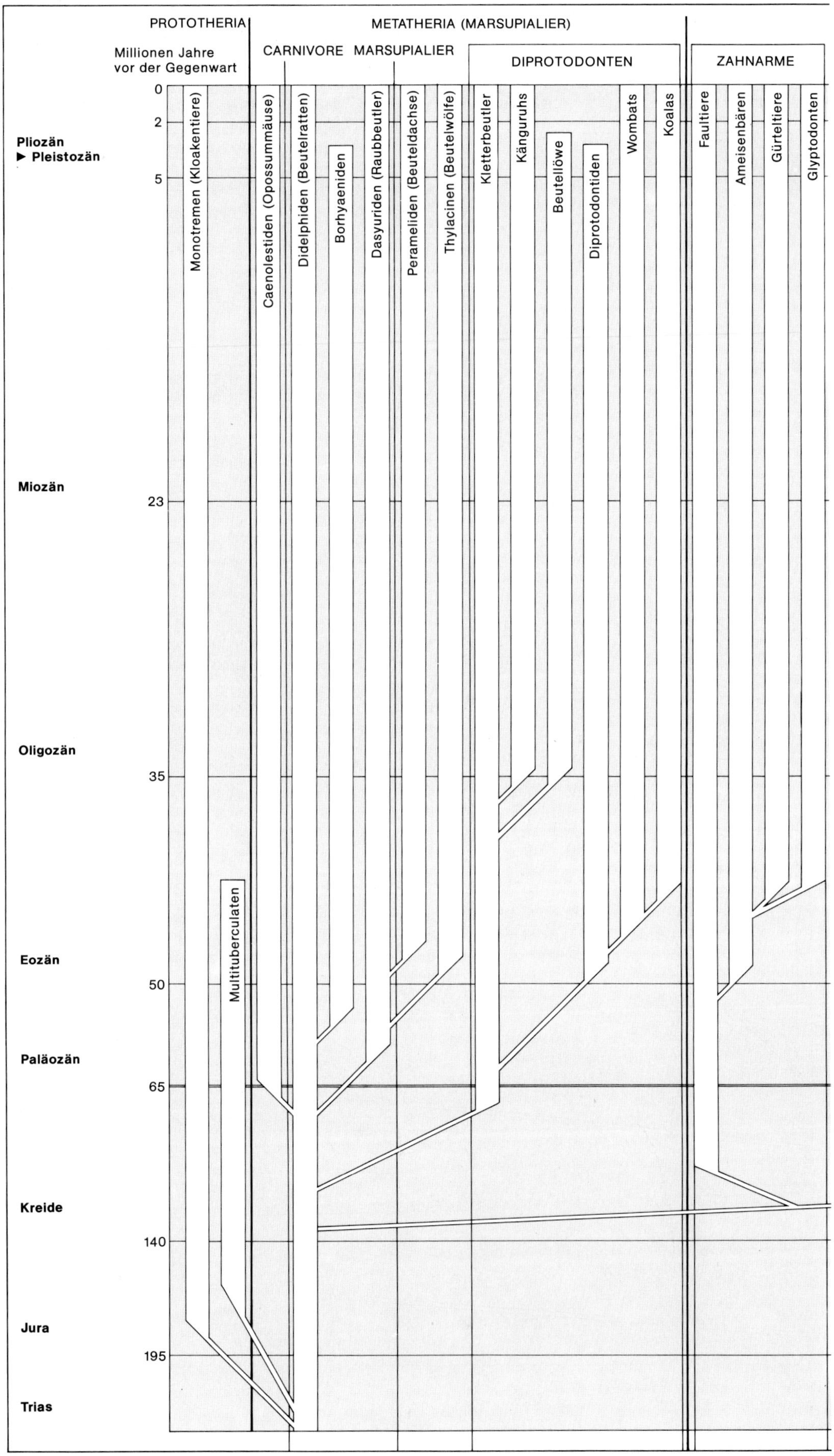

Abb. 14-8. Evolution der Hauptgruppen der Säugetiere.

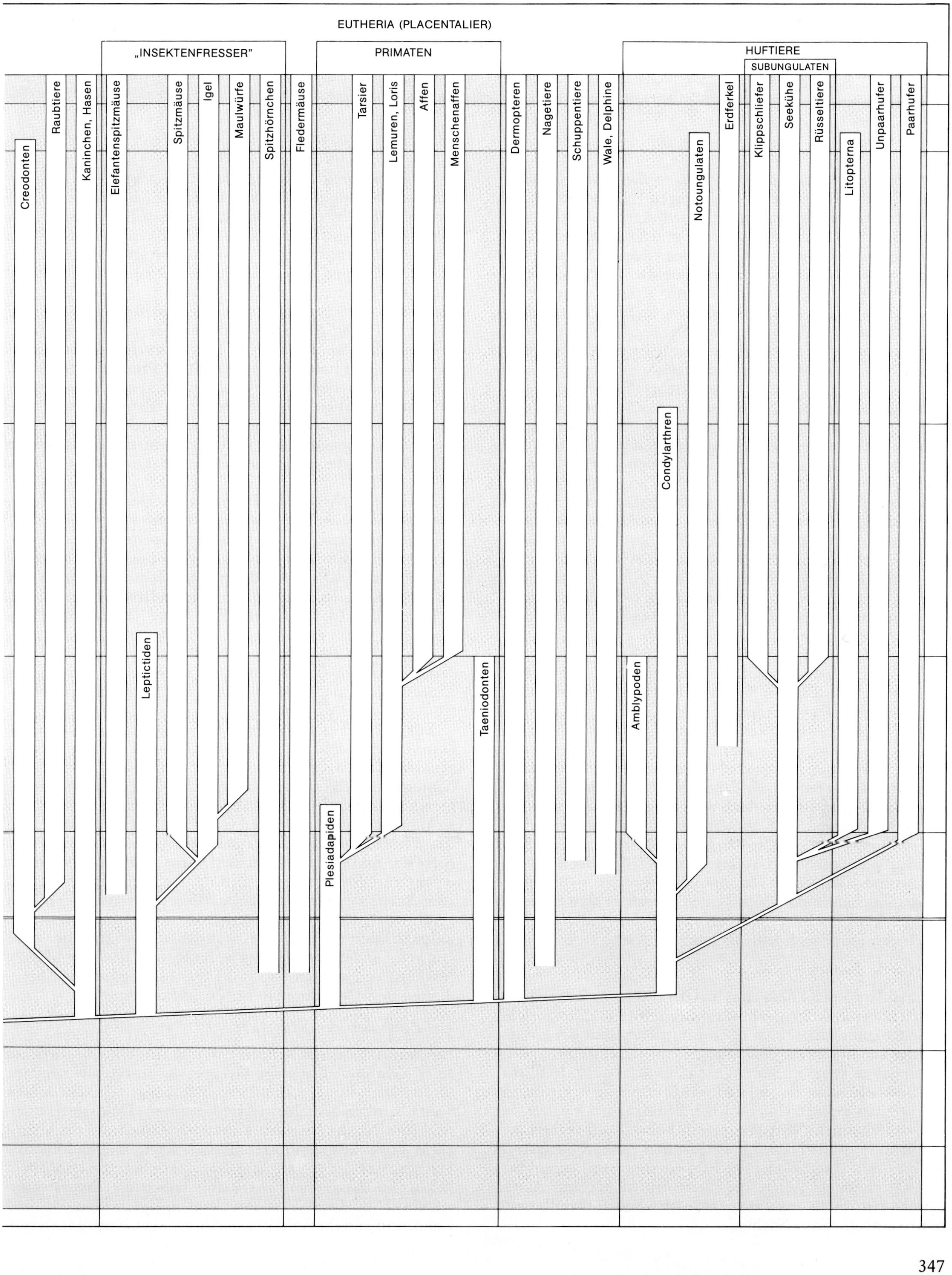
EUTHERIA (PLACENTALIER)
„INSEKTENFRESSER"
PRIMATEN
HUFTIERE
SUBUNGULATEN
Creodonten
Raubtiere
Kaninchen, Hasen
Elefantenspitzmäuse
Leptictiden
Spitzmäuse
Igel
Maulwürfe
Spitzhörnchen
Fledermäuse
Plesiadapiden
Tarsier
Lemuren, Loris
Affen
Menschenaffen
Taeniodonten
Dermopteren
Nagetiere
Schuppentiere
Wale, Delphine
Amblypoden
Condylarthren
Notoungulaten
Erdferkel
Klippschliefer
Seekühe
Rüsseltiere
Litopterna
Unpaarhufer
Paarhufer

z. B. von der Gattung *Dictyophyllum,* so daß man vermuten kann, daß die Farne damals den üppigen Unterwuchs in den Gymnospermenwäldern gebildet haben. Auch die erstmals im Perm erscheinenden Dicksoniaceen und Osmundaceen sind hier vertreten, während die Marattiales, wichtige Vertreter der paläozoischen Vegetation, gegen Ende der Trias abnehmen. Schachtelhalme in Form der Gattung *Equisetites* waren im ganzen Mesozoikum vertreten und zwar im Bereich der Deltas jurassischer Flüsse. Abgesehen von ihrer beträchtlichen Größe dürften diese Formen bestimmten heutigen, im Wasser wachsenden *Equisetum*-Arten geglichen haben.

Bärlappe spielen in den mesozoischen Floren der Nordhalbkugel nur eine geringe Rolle; aus dem Jura sind mit den heutigen Selaginellen und *Lycopodium*-Arten verwandte Formen nachgewiesen worden. Aus der Trias von Eurasien und der Gondwana ist indessen eine neue Gruppe bekannt geworden, die Pleuromeiales, die von manchen Wissenschaftlern als Übergangsgruppe zwischen den größten paläozoischen baumförmigen Bärlappen und den heute lebenden Brachsenkräutern *(Isoetes)* angesehen werden. Die triassische *Pleuromeia* besitzt einen ungefähr 1 m hohen Stamm mit einer vierlappigen, wurzeltragenden Stammbasis und einer endständigen „Krone" von verlängerten, riemenförmigen Blättern. Neuere Untersuchungen in Australien lassen vermuten, daß *Pleuromeia* um Lagunen herum dichte Bestände gebildet hat.

Die mitteljurassischen Pflanzenfundstellen von Yorkshire sind besonders gut bekannt. Sie sind typisch für das Gebiet unmittelbar nördlich der Tethys in Europa, Mittelasien und wahrscheinlich auch in Amerika, obwohl dort über zeitgleiche Floren vergleichsweise wenig bekannt ist. Das Klima war gleichförmig tropisch bis subtropisch. Sibirische Floren um den 40. nördlichen Breitengrad und aus noch weiter nördlich gelegenen Gebieten zeigen dabei einen viel höheren Anteil von Ginkgogewächsen, jedoch wenige Farne und Coniferen. Im Süden dagegen, in Gondwana, umfassen die Farnsamerfloren eine Anzahl von mit dem europäisch-zentralasiatischen Bereich gemeinsamen Gattungen, wobei Cycadeen jedoch selten sind. Diese drei Florenprovinzen aus verschiedenen geographischen Breiten lassen einen gegenüber dem früheren Mesozoikum deutlicheren Wärme- und Klimagradienten zwischen den Polen und dem Äquator vermuten.

Triassische Faunen

Während im Verlauf des Perms und der frühen Trias das Klima in den höheren Breiten wahrscheinlich zeitweise kalt war (Jahreszeitenklima), hatte sich bis zur mittleren Trias der größte Teil der Landmasse aus den polaren Gebieten entfernt, an den Polen gab es keine Eisbildung mehr, und das gesamte Klima war vorwiegend warm, arid und verhältnismäßig wenig durch Jahreszeiten geprägt. Unter solchen Bedingungen waren wohl die endothermen Wirbeltiere mit hoher Stoffwechselrate (Aufnahme großer Nahrungsmengen und von viel Sauerstoff für die Aufrechterhaltung der Körpertemperatur) gegenüber den ektothermen Tieren, die ihre Körpertemperatur durch Zufuhr von Strahlungsenergie von der Sonne stabilisieren müssen, deutlich im Nachteil.

In der mittleren Trias übernahm eine Gruppe der Archosaurier, die Thecodonten (sie waren vermutlich ektotherm), die für große Fleischfresser geeigneten Nischen. Im übrigen waren viele säugerähnliche Reptilien – wie zahlreiche andere Tiere auch – schon am Ende des Perms ausgestorben. Eine andere triassische Gruppe säugerähnlicher Reptilien, die Cynodonten (Abb. 14-7), hatten wohl eine höhere Stoffwechselrate; sie konnten sich während des größten Teils dieses Zeitabschnittes in den kleineren Nischen behaupten. Sie vermochten dabei wohl auch der Konkurrenz der Thecodonten widerstehen, da sie infolge ihrer hohen Stoffwechselrate offenbar in gewissem Maß auch aktiv Beute jagen konnten, während die Thecodonten wahrscheinlich lediglich größeren Pflanzenfressern auflauerten. Die kleinen Cynodonten sind ihrerseits wohl leicht einem Räuber entkommen und vermochten die mittägliche Hitze durch Verbergen unter Büschen oder in Schlupfwinkeln zu überstehen.

Die kleinen Nischen für Pflanzenfresser waren von anderen Cynodonten besetzt, die größeren von den Rhynchosauriern, Reptilien mit papageienähnlichen Schnäbeln. Sie repräsentieren eine dritte deutliche Entwicklungslinie innerhalb der diapsiden Reptilien. Die Thecodonten jedoch drangen nur in den Gebieten um den Äquator in Pflanzenfresser-Nischen ein. Während der Trias verdrängten manche Thecodonten teilweise die noch überlebenden Labyrinthodonten (Amphibien!) aus ihren semiaquatischen Süßwasserbiotopen und verdrängten sie ins Tiefwasser. Eine Entwicklungslinie dieser Thecodonten, die Krokodile, besetzen bis heute die für sie typische Nische der Flußufer.

Ein plötzlicher und weltweiter Wechsel in der Tetrapodenfauna ist gegen Ende der Trias festzustellen. Er bestand in dem geradezu dramatischen Ersetzen der Cynodonten und Thecodonten aller Größen durch die von den Thecodonten abstammenden Dinosaurier. Dieses Ereignis fällt zusammen mit der weiträumigen Radiation der Coniferen, was vermuten läßt, daß das Verschwinden der damaligen Tetrapoden weniger eine Folge der Konkurrenz durch die Dinosaurier war als vielmehr darauf zurückzuführen ist, daß der weltweite Florenwandel zum Aussterben einer Reihe spezialisierter triassischer Linien geführt hat. Die ersten Dinosaurier der späten Trias waren unspezialisierte Tiere, die wahrscheinlich auf die neue Umwelt mit der Entwicklung neuer Formen in einem Maß zu reagieren vermochten, wie es die mehr spezialisierten Thecodonten und Cynodonten eben nicht konnten.

Die Evolution der Säugetiere

Die säugerähnlichen Reptilien werden am Ende der Trias zu einer recht unbedeutenden Gruppe; die einzige überlebende Linie waren die sehr kleinen, echten Säuger. Sie überlebten wahrscheinlich deshalb, weil sie eine für die Dinosaurier unerreichbare Nische besetzen konnten, nämlich die für kleine, nachtaktive Insektenfresser. Dabei dürfte der endotherme Stoffwechsel der Säuger ihre Nachtaktivität erst ermöglicht haben. Im Zusammenhang damit haben die Säuger wahrscheinlich in dieser Zeit ihren ausgeprägten Geruchs- und Gehörsinn und ihr verhältnismäßig großes Gehirn entwickelt.

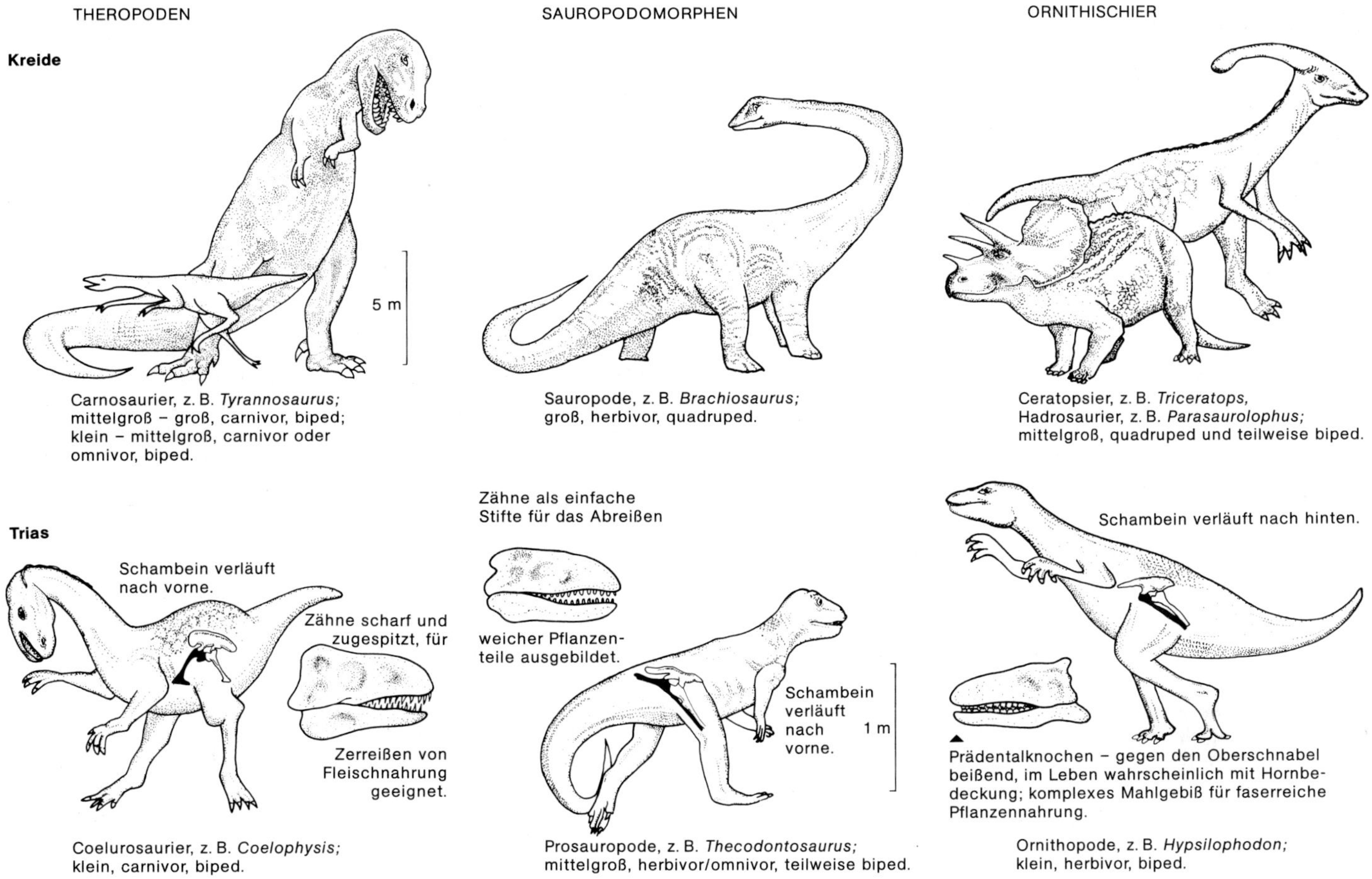

Abb. 14-9. Bautypen der Dinosaurier.

Eine gewisse Art von Brutpflege war vermutlich ein Merkmal aller säugerähnlichen Reptilien. Während von Dinosauriern stammende Eier bekannt sind, wurden zusammen mit den genannten säugerähnlichen Reptilien nie Eier gefunden. Ihr Fortpflanzungsmodus war wohl vergleichbar mit dem der heutigen Kloakentiere (Schnabeltier, Ameisenigel), deren Eier in einem ziemlich fortgeschrittenen Entwicklungsstadium abgelegt und dann vom Muttertier bewacht und warmgehalten werden. Erst im frühen Jura ist der säugertypische Zahnwechsel mit nur zwei Zahngenerationen (Milch- und Dauerzähne) zu finden, ein Modus, der sich aus dem für Reptilien typischen kontinuierlichen Ersetzen der Zähne entwickelt hat. Dies läßt vermuten, daß die Laktation, die die jungen Säugetiere von der Notwendigkeit einer Aufnahme fester Nahrung in den ersten Stadien ihres Lebens freistellt, sich erst in dieser Zeit entwickeln konnte. Ein Behalten des Jungen im Körper und damit ein Verzicht auf das beschalte Ei dürfte damals in den meisten Entwicklungslinien vorgelegen haben.

Bis zum Ende der frühen Kreide blieben die Säuger kleine insektenfressende Tiere. Während des Jura entstanden zwei getrennte Linien, die Theria und die Prototheria. Die Theria mit dreihöckrigen Backenzähnen waren die Ahnen aller lebenden Säugetiere mit Ausnahme der eierlegenden australischen Kloakentiere (Monotremen).

Die Radiation der Dinosaurier

Die Dinosaurier, Nachfahren der Thecodonten, waren von der späten Trias bis zum Ende der Kreide die beherrschenden großen Tetrapoden. Andere Abkömmlinge der Thecodonten sind die Pterosaurier, flugfähige Reptilien, die ebenfalls während des Mesozoikums ihre Hauptentwicklung erfuhren, und die noch heute vertretenen Krokodile.

Bei den Dinosauriern kann man drei, wahrscheinlich von verschiedenen Thecodonten-Gruppen abstammende Hauptlinien unterscheiden (Abb. 14-9). Dies waren zum einen die bipeden fleischfressenden Theropoden mit den großen Carnosauriern und den kleinen Coelurosauriern, ferner die pflanzenfressenden Sauropodomorphen mit den kleinen, teilweise bipeden Palaeopoden und den viel größeren, quadrupeden Sauropoden, und schließlich die pflanzenfressenden Ornithischier, zu denen die kleinen, bipeden Ornithopoden ebenso wie die schwer bewehrten quadrupeden Stegosaurier und Ankylosaurier, die entenschnabligen Hadrosaurier und die gehörnten Ceratopsier der späten Kreide gehören.

Dinosaurier unterscheiden sich von den Thecodonten zunächst durch den Besitz längerer, mehr unmittelbar unter dem Körper liegender Beine und zeigen eine deutliche Tendenz zur Bipedie, d. h. einer Fortbewegungsweise auf nur zwei Beinen. Die kleineren frühen Dinosaurier waren nicht größer als Thecodonten, einige Formen jedoch erreichten schnell extrem große Körpermaße. Gleichzeitig mit der Radiation der Dinosaurier erfolgte die weltweite Ausbreitung der Coniferen, wahrscheinlich der Hauptnahrung der frühen pflanzenfressenden Dinosaurier. Coniferen sind im Grunde eine nährstoffarme Nahrungsquelle, kein heutiger Säuger ernährt sich von ihnen. Allerdings braucht ein großes Tier im Verhältnis zu seiner Größe weniger Nahrung als ein kleines, und die frühen Dinosaurier mögen genau deshalb so groß geworden sein, weil sie Coniferen leicht und massenhaft verwerten konnten. Die

Abb. 14-10. Biologie der Sauropoden.

Wahrscheinlichkeit, einem Raubfeind zum Opfer zu fallen, war zudem gering, zumindest solange bis sich große Fleischfresser entwickelt hatten.

Infolge der Verbindung der Kontinente (Urkontinent Pangaea, s. Kap. 12.2) zeigen die älteren Dinosaurier-Faunen auf der ganzen Erde ein ähnliches Bild. Sie bestanden vorwiegend aus großen, pflanzenfressenden Palaeopoden wie etwa *Plateosaurus,* während die Nischen für kleinere Pflanzenfresser von kleinen Ornithopoden wie *Heterodontosaurus* besetzt waren. Weiterentwickelte Thecodonten wie *Ornithosuchus* lebten als große Fleischfresser, eine sich parallel zu den späteren Carnosauriern entwickelnde Gruppe, die jedoch nicht zu deren unmittelbaren Vorläufern gehört. Kleine Fleischfresser waren die Coelurosaurier.

Von den Landfaunen des frühen und mittleren Jura ist wenig bekannt. Im späten Jura jedoch unterschieden sich die Dinosaurier-Faunen deutlich von den frühen Faunen dieser Gruppe, dennoch waren sie in den verschiedenen Kontinenten recht ähnlich. In dieser Zeit wurden die oben erwähnten Carnosaurier, wie z. B. der nordamerikanische *Allosaurus,* die wichtigsten Fleischfresser. Die Carnosaurier unterscheiden sich von den Coelurosauriern nicht nur durch ihre beträchtlichere Größe, sondern auch durch einen kürzeren Hals, kleinere Vordergliedmaßen und einen kräftigeren Schwanz. Die beherrschenden Pflanzenfresser jener Zeit waren die massiven Sauropoden wie *Diplodocus* sowie die Stegosaurier und die kleinen und großen Ornithopoden, zu denen das bekannte *Iguanodon* gehört. Zunächst vermutete man in den Sauropoden Sumpfbewohner, da sie wohl nicht in der Lage waren, ihr Körpergewicht an Land zu tragen. Neuerdings glaubt man jedoch, daß sie ähnlich wie Giraffen mit ihren langen Hälsen hochgelegene pflanzliche Nahrung an Land abweideten (Abb. 14-10).

Ursprung und Evolution der Vögel

Vögel unterscheiden sich von allen anderen Tieren durch den Besitz von Federn; das erste bekannte Lebewesen mit Federn ist der ausgestorbene Urvogel *Archaeopteryx.* Er erreichte etwa die Größe einer Krähe und lebte im späten Jura Mitteleuropas, d. h. vor rund 140 Mio. Jahren. Über den Bau von *Archaeopteryx* (Abb. 14-11) weiß man verhältnismäßig gut Bescheid, da verschiedene Individuen offenbar in stehende Gewässer (Lagunen) stürzten, wo ihre Skelette unzerstört blieben und genaue Abdrücke ihrer Federn durch Überdeckung mit feinkörnigen Sedimenten konserviert wurden (Lithographenschiefer). Auch wenn dieser Urvogel *Archaeopteryx* durch den Besitz von Federn vogelähnlich ist, gleicht er doch deutlich Reptilien aus der Archosaurier-Gruppe, und zwar vor allem durch den langen, knochigen Schwanz, durch das Vorkommen von Bauchrippen und durch Zähne im Ober- und Unterkiefer. Keines dieser zuletzt genannten Merkmale kommt bei Vögeln vor. Allerdings gleichen *Archaeopteryx* und die heutigen Vögel den Archosauriern durch das Muster der Schädelöffnungen, was auf eine enge Verwandtschaft zwischen diesen Gruppen hinweist.

Abb. 14-11. Rekonstruktion des *Archaeopteryx.*

Es wird oft diskutiert, ob *Archaeopteryx* tatsächlich zu fliegen vermochte. Federn können auch der Thermoregulation und Isolierung dienen, was bei den Vögeln möglicherweise ihre primäre Funktion war, bevor sie als Hilfsmittel zum Fliegen benutzt wurden. Die Vögel können sich aus baumlebenden Reptilien entwickelt haben, die die sich differenzierenden Flügel zum Gleiten benutzten, oder aus schnell laufenden Räubern, die ihre beweglichen Vorderbeine dazu verwendeten, Beute wie etwa Insekten zu fassen, wobei dann Federn als eine Art Netz funktioniert haben könnten.

Eine Gruppe der Archosaurier, die Pterosaurier, war wirklich flugfähig, ist jedoch mit *Archaeopteryx* nicht näher verwandt. Die Flügel sind hier anders aufgebaut: Sie besitzen keine Federn, sondern eine Flughaut. *Archaeopteryx* lief auf seinen Hintergliedmaßen, wobei er nur mit den Zehen in Kontakt mit dem Boden blieb, ein Verhalten, das bei einigen Thecodonten und vielen Dinosauriern zu beobachten ist. Da die Thecodonten die früheste Archosaurier-Gruppe waren, von denen alle weiteren Archosaurier ausgehen, ist es möglich, daß auch die Vögel unmittelbar von dieser Gruppe abstammen. Verschiedene Thecodonten besitzen nämlich als einzige Archosaurier lange, federähnliche Schuppen. Zudem ist das Skelett dieser Thecodonten insgesamt dem des *Archaeopteryx* durchaus ähnlich. Allerdings unterscheiden sich die Skelette in vielen Einzelheiten, so daß wahrscheinlich die Ähnlichkeiten in Wirklichkeit lediglich gemeinsame altertümliche Merkmale darstellen.

Ein unmittelbarer Vorläufer der Vögel wurde auch unter den Coelurosauriern, kleinen, beweglichen, fleischfressenden Dinosauriern, gesucht. Diese haben mit *Archaeopteryx* eine große Zahl spezieller Merkmale gemeinsam, und mit Ausnahme einer Eigenheit im Bereich des Beckengürtels und der typischen zum Gabelbein verschmolzenen Schlüsselbeine der Vögel kommen alle Skelettmerkmale des *Archaeopteryx* bei diesen Vertretern der Coelurosaurier vor. Gegen eine unmittelbare Verwandtschaft spricht allerdings, daß die meisten Coelurosaurier jünger sind als der schon vogelähnliche *Archaeopteryx,* und daß der hauptsächliche Evolutionstrend in der Coelurosaurier-Linie zu jener Zeit eher eine Verkürzung der Vorderextremität bewirkt, wähend *Archaeopteryx* ja gerade verlängerte Vorderextremitäten besitzt. Früher im Mesozoikum dürfte es jedoch einen gemeinsamen Ahnen für Coelurosaurier und *Archaeopteryx,* und damit für die Vögel, gegeben haben.

Radiation und Evolutionserfolg der Insekten

Die meisten Insektenordnungen, die das Massensterben am Ende des Paläozoikums überlebten, sind bis heute vertreten. Gegen Ende der Trias waren die Insektenfaunen insofern durchaus modern, als die meisten Insekten heutigen Ordnungen zuzuordnen sind. Sie umfassen alle größeren Gruppen der flügellosen Urinsekten und die meisten größeren Gruppen der geflügelten Insekten wie Käfer, Wanzen, Heuschrecken und Schaben. Zwei größere Ordnungen der Insekten erscheinen erstmals in der Trias: ursprüngliche Vertreter der Zweiflügler (Dipteren, z. B. Fliegen) und der Hautflügler (Hymenopteren), zu deren modernen Vertretern die Ameisen, Bienen und Wespen gehören. Im Jura schließlich entwickelten sich modernere Dipteren wie die Mücken und auch abgeleitetere Hymenopteren mit deutlicher „Wespentaille" zwischen Thorax und Abdomen. Es sind die Vorläufer der Ameisen und Wespen. Fliegen, Käfer und Florfliegen sind die häufigsten mesozoischen Insekten.

Die Insektenfaunen der Kreide setzten sich aus meist auch heute noch vertretenen Familien zusammen. Eine größere Radiation zweier Insektengruppen in dieser Zeit dürfte mit der Evolution der Blütenpflanzen zusammenhängen. In der mittleren Kreide erscheinen staatenbildende Insekten wie Termiten und Ameisen, in der späten Kreide sind erstmals die Schmetterlinge (Lepidopteren) nachgewiesen. Die einzige bemerkenswerte Radiation neuer Insektenformen im Tertiär war die der Bienen und sozial lebenden Wespen im Oligozän. Die Insekten sind somit eine mannigfaltige, alte und höchst erfolgreiche Gruppe. Über die Hälfte aller heute lebenden Organismenarten sind Insekten. Bisher wurden über eine Million Insektenarten beschrieben, und rund 20 000 neue Arten, mehr als fünfmal soviel wie alle lebenden Säugerarten, kommen jährlich dazu. Insekten haben praktisch alle Lebensräume auf dem Land besiedelt, auch extreme Gebiete wie regenlose Wüsten, Schneegebiete auf Berggipfeln, heiße vulkanische Quellen und Ölquellen.

Die Insekten sind vor allem deswegen so erfolgreich, weil sie wie keine andere Gruppe eine wirksame Lösung für die Schwierigkeiten entwickelt haben, denen ein kleines Landtier ausgesetzt ist. Das größte Problem hierbei ist der Wasserverlust. Kleine Tiere haben im Verhältnis zu ihrem Volumen eine verhältnismäßig große Oberfläche, wodurch sich in trockener Luft der Wasservorrat im Körper schnell vermindert. Insekten sind durch eine mit einer nahezu vollständig wasserundurchlässigen Wachsschicht überzogene Cuticula geschützt. Unvermeidbarer Wasserverlust tritt also nur bei der Atmung, bei der Exkretion und bei der Abgabe der Exkremente auf. Gerade der damit zusammenhängende Wasserverlust ist bei den Insekten ebenfalls stark eingeschränkt. Das Atmungssystem ist so konstruiert, daß die Luft durch mit Cuticula ausgekleidete, wasserundurchlässige Röhren, die Tracheen, unmittelbar an die Oberflächen derjenigen Gewebe gebracht wird, an denen der Gasaustausch stattfindet (Abb. 2-19). Die Öffnungen der Tracheen an der Körperoberfläche, die Stigmen, können dicht verschlossen werden. Der Enddarm, in den auch die der Exkretion dienenden Malpighischen Gefäße münden, weist biochemische Pumpen auf, durch die ein wesentlicher Teil des Wassers aus den Exkreten und aus dem Kot zurückgewonnen wird, so daß unter bestimmten Umständen vollkommen trockene und pulvrige Exkremente produziert werden.

Das zweite größere Problem für ein kleines Landtier besteht darin, eine wirksame Art der Fortbewegung und der Stützung des Körpers zu entwickeln. Die Insekten erbten von ihren Arthropodenvorfahren ein äußeres Cuticularskelett und differenzierten dieses zu einem leichten und doch stabilen sowie in hohem Maße anpassungsfähigen mechanischen System. Die Zusammensetzung der Cuticula kann für verschiedene Zwecke modifiziert werden, so z. B. um außerordentlich harte Mandibeln zu bilden, die sogar Metallbleche durchschneiden können, oder ein weiches und dehnungsfähiges Abdomen für die Anpassung an eine umfangreiche Mahlzeit aus Blut, oder harte, dolchähnliche Organe, die sogar Elefantenhaut durchdringen können. Die zugleich leichte und feste Cuticula der Insekten ist damit auch das ideale Baumaterial für die Flügel.

Die Fähigkeit zu fliegen ist ein entscheidender Faktor für den Erfolg der Insekten. Hierdurch können neue Lebensräume besiedelt werden, und es ist eine schnelle Reaktion auf Umweltänderungen möglich. Alle Insektenflügel sind nach einem ähnlichen Muster konstruiert; sie entwickelten sich sicherlich aus einer einzigen gemeinsamen Ahnengruppe während des Mitteldevons oder früher. Über gut 100 Mio. Jahre, bis zum Beginn der Pterosaurier und Vögel im Jura, hatten die Insekten in der Luft keine Konkurrenten. Obwohl bis zum späten Karbon zahlreiche fossile Insekten bekannt sind, geben sie keine unmittelbaren Hinweise auf den Ursprung der Flügel. Flügel mögen sich aus seitlichen Ausstülpungen des Thorax entwickelt haben, mit denen das Insekt geschickt von kleinen Sträuchern oder Bäumen herab gleiten und auf seinen Beinen landen konnte.

Die Kreidezeit

Die kretazische Vegetation und das Erscheinen der Angiospermen

Im Jura lassen sich in verschiedenen Breiten jeweils bestimmte Klimate und Floren feststellen, eine Zonierung, die mit ihrem charakteristischen Arteninventar in den meisten Fällen auch in der Kreide erhalten blieb. Im südlichen Teil der laurasischen Landmasse, d. h. an der Nordküste der äquatorialen Tethys, lebten subtropische Pflanzengesellschaften mit einer Vielzahl von Farnen aus mehreren heutigen Familien. *Weichselia,* ein für die untere Kreide wichtiger und typischer fossiler Farn, der nördlich und südlich der Tethys vorkam, zeigte jedoch zahlreiche von modernen Formen nicht bekannte Merkmale. Einige dieser Merkmale, so eine dicke Cuticula, eingerollte Fiederblättchen und Stützwurzeln, waren wahrscheinlich Anpassungen an mangroveähnliche Standorte (s. Kap. 7.3). Ein rätselhafter und auffallender Farn, *Tempskya,* besaß einen bis 6 m hohen Scheinstamm aus zahlreichen, kleinen, miteinander verflochtenen Sprossen, Wurzeln und Blattstielen. Solche Stämme sind in ihrer ursprünglichen Stellung in Hochmoorsedimenten erhalten und dürften auch dünne Kohleschichten gebildet haben.

In frühen Kreidefloren finden sich Blattreste von Cycadeen und Bennettiteen und im besonderen die gedrungenen verkieselten Stämme der weit verbreiteten Bennettiteen-Gattung *Cycadeoidea,* deren besterhaltene Fossilien aus den *Black Hills* von Dakota, USA, kommen. Sie trugen wahrscheinlich eine Krone gefiederter Blätter; zwischen den Blattnarben entsprangen zahlreiche zwittrige kugelförmige Zapfen. Sie wurden oft als offene, farbige, seerosenartige Blüten dargestellt. Allerdings gibt es bisher keinen Beweis, daß der um die Samenanlage herum angeordnete Kreis der die Mikrosporangien tragenden Organe (Staubblätter) sich überhaupt entfaltet hat, um den Pollen zu entlassen. Vielmehr handelte es sich möglicherweise um Selbstbestäuber. Bei manchen Zapfen wurden vermutlich auf Insekten zurückgehende starke Beschädigungen gefunden, was vielleicht zu einer gewissen Fremdbestäubung geführt hat. *Cycadeoidea* wurde nie in ihrer ursprünglichen Wuchsform gefunden; nach der Art der Sedimente ist es jedoch wahrscheinlich, daß es sich um eine herausragende Pflanze entlang der Ufer von Strömen und Flüssen gehandelt hat.

Unter den frühkretazischen Coniferen sind verschiedene Familien wie die Araucariaceen, die Cupressaceen, die Taxodiaceen und auch die Pinaceen vertreten, von denen heute rund 200 lebende Arten bekannt sind (Kiefern, Fichten, Lärchen, Tannen, Zedern). Sie waren die wesentlichen Elemente der Waldvegetation der Flußniederungen und der höher gelegenen Gebiete. Coniferen, wie z. B. bestimmte Arten von *Pseudofrenelopsis* aus der ausgestorbenen Familie der Cheirolepidaceae, dürften auch an einigen Küstenstreifen der Tethys Mangrovewälder gebildet haben. Ihre Pollen und Zweige mit reduzierten sukkulenten Blättern erinnern zumindest an moderne Halophyten (salzliebende Pflanzen) und wurden außerdem oft in Küstensedimenten oder in Ablagerungen von Lagunen mit hohem Salzgehalt gefunden. Andere Arten von *Pseudofrenelopsis* dürften hingegen Waldbäume gewesen sein, die an den Ufern der Flüsse und in zeitweise trockenen Niederungen wuchsen.

In der unteren Kreide treten auch die ersten fossilen Angiospermen (Blütenpflanzen) auf. Die ältesten Nachweise sind typische Angiospermenpollen mit einer Keimfalte (monocolpate Pollen), in jüngeren Sedimenten zeigt sich eine weitere Entwicklung mit drei Keimfalten (tricolpate Pollen). Obwohl die diese Pollen produzierenden Pflanzen selbst bisher unbekannt sind, weist doch vieles darauf hin, daß sie sich schnell über die Erde verbreiteten. Das Grabensystem in der nordwestlichen Gondwana, das Westafrika und Südamerika trennte, könnte vielleicht der Entstehungsort der Angiospermen sein. In der späten Kreide beherrschten die Angiospermen bereits die meisten Ökosysteme des Landes. Das plötzliche Erscheinen wohlbekannter, eichen- oder *Ficus*-ähnlicher Blattformen sowie überhaupt die rasche Zunahme der Angiosper-

Abb. 14-12. Inkohlte Blüte von *Scandianthus* aus der Oberkreide von Schweden. Obwohl *Scandianthus* in Beziehung zu einer heute lebenden Ordnung gebracht werden kann, zeigt sie eine bei modernen Gattungen nicht bekannte Merkmalskombination.

men führten zu der Auffassung, daß diese Gruppe sich schon früher im Mesozoikum oder gar im Paläozoikum entwickelt hat, und zwar in höher gelegenen Gebieten, die natürlich für eine Fossilerhaltung ungünstig waren. Neuere paläobiologische Untersuchungen an kreidezeitlichen Blättern – darunter eine detaillierte Analyse der Aderungsmuster und der Cuticula-Merkmale – sowie Pollenuntersuchungen haben inzwischen gezeigt, daß die Angiospermen auch erst in der Kreide entstanden sein können, wobei die frühesten Blätter noch nicht mit irgendwelchen heutigen Formen unmittelbar verwandt waren. Während der Kreide nahmen dann die Angiospermen sowohl an Zahl als auch an Vielfalt stark zu.

Da guterhaltene Fossilien fehlen, müssen wesentliche Aussagen zur Gestalt der frühesten Angiospermen anhand vergleichend-morphologischer und -anatomischer Untersuchungen heutiger Pflanzen gemacht werden. Derartige Untersuchungen lassen vermuten, daß zur Unterklasse Magnoliidae der Dikotylen (s. Kap. 2.2) mit den Magnolien und ihren Verwandten die ursprünglichsten heute lebenden Angiospermen gehören. Diese weisen ein zum Teil nur aus Tracheiden bestehendes Holz auf sowie zahlreiche schraubig angeordnete, nicht miteinander verwachsene Blütenteile, blattähnliche Staubblätter und teilweise offene Fruchtblätter. Einfache, eingeschlechtige Blüten, wie sie die Kätzchen vieler Laubbäume zeigen, sind in Wirklichkeit sekundär reduzierte, speziell an Windbestäubung angepaßte Formen.

Die ersten Blätter mit für die Angiospermen typischer Aderung kommen in Kreidesedimenten ähnlichen Alters vor wie die Pollen. Die ältesten Blätter waren sehr klein (nicht mehr als 25 mm lang) und elliptisch. Jüngere Funde zeigen eine größere Vielfalt, auch wenn die große Mehrheit dieser Blätter noch immer klein war und eine einfache Aderung besaß. Die frühesten Blätter stammten wahrscheinlich von magnolienähnlichen Formen, wenn auch vermutlich nicht von größeren, holzigen Gewächsen. Formen aus der späteren Mittelkreide können bereits anderen Unterklassen zugeordnet werden, z. B. zu den Rosidae, den Nymphaeidae, den Hamamelididae und zu den Monokotylen. Diese schrittweise Entwicklung zunehmend komplexer und vielfältiger Blattformen läuft parallel zu einer fortschreitenden Entwicklung auch des Pollen. Dies alles sind deutliche Anzeichen der beginnenden Radiation der Angiospermen in der Kreide.

Fossile Blüten und Früchte wurden nur wenige gefunden, jedoch nimmt ihre Zahl zu. Mit einer kritischen Untersuchung der kretazischen Blüten wird gerade erst begonnen. Ein sehr wertvoller Fund hierzu kam vor kurzem aus der Oberkreide von Schweden, wo durch einen Waldbrand in Kohle umgewandelte Blüten hinreichende morphologische Einzelheiten zeigen, um eine Zuordnung zu den Ordnungen der Saxifragales und Juglandales zu ermöglichen, obwohl diese Blüten eine bei heutigen Formen unbekannte Merkmalskombination aufweisen (Abb. 14-12).

Zur Koevolution von Insekten und Blüten in der Kreidezeit läßt sich anhand der Fossilüberlieferung nur wenig sagen, obwohl Insekten für den Erfolg der Angiospermen eine große Bedeutung gehabt haben dürften. Pollenuntersuchungen zeigen, daß die frühesten Angiospermen von Insekten bestäubt wurden. Die ersten an Windbestäubung angepaßten Pollenkörner treten erst in der Mittleren Kreide auf, als die Angiospermen in bestimmten Gebieten zum beherrschenden Element wurden.

Es wurde vermutet, daß die über wirkungsvollere Strategien im Reproduktionsbereich verfügenden Angiospermen als Reaktion auf aride Bedingungen entstanden sind. Die frühesten monocolpaten Angiospermenpollen aus dem äquatorialen Afrika kommen zusammen mit anderen Pflanzen vor, die für einen durch jahreszeitlich bedingten Wechsel der Niederschläge typischen Lebensraum charakteristisch sind. Die Sedimente mit solchen Pflanzenresten liegen unter Salzschichten, die für trockene Umweltbedingungen typisch sind. Danach erscheint eine vielfältigere, durch tricolpate Pollen gekennzeichnete Flora, was darauf hindeutet, daß die Angiospermenevolution offenbar von schnell wachsenden und schnell fruchtenden Sträuchern ausging, die an jahreszeitlich trockene Standorte angepaßt waren. Die frühesten Angiospermen in Laurasia stammen aus Sedimenten, die auf gestörte Standorte hinweisen. Daher wurde die Meinung geäußert, daß die Angiospermen nach ihrer Wanderung entlang des Grabensystems, das Afrika und Südamerika trennte und die Tethys kreuzte, insofern „Opportunisten" waren, als sie wie die modernen „Unkräuter" gestörte Standorte wie etwa Sumpfgebiete an den Küsten oder Flußufern schnell besiedeln und erfolgreich mit den vorhandenen Gesellschaften aus Farnpflanzen und Nacktsamern konkurrieren konnten.

Transgressionen und Regressionen des Meeres, die in der unteren Kreide begannen, mögen eine große Zahl solcher instabiler Standorte geschaffen haben. Angiospermenfloren jenes Alters aus Nordamerika können in der Tat mit marinen Einflüssen in Verbindung gebracht werden. Es lassen sich dabei verschiedene Gesellschaften, in denen neben anderen Pflanzen auch Angiospermen vertreten sind, unterscheiden, z. B. im Bereich der Mangrove, im Ufergebiet von küstennahen Strömen, in Küstensümpfen, im angrenzenden Wald mit einer Krautschicht aus Farnen und im Uferbereich von Seen. Flußauen waren von Wäldern aus *Sequoia*-ähnlichen Bäumen (Familie Taxodiaceen) beherrscht, die frühen Angiospermen spielten hier eine nur geringe Rolle. Die charakteristischen, in der frühen Kreide beherrschenden Pteridophyten und Gymnospermen eher randlich gelegener Standorte nahmen jedoch an Zahl ab, und zwar in dem Maße, wie die Angiospermen zunahmen. Viele dieser Gattungen, unter ihnen *Weichselia, Tempskya, Pseudofrenelopsis* und *Cycadeoidea,* überlebten die späte Kreide nicht. Am Ende der Kreide wurden die Angiospermen das beherrschende Element der küstennahen Niederungen und waren auch weiter landeinwärts vorgedrungen, vielleicht zunächst entlang der Flüsse.

Über die Ahnen der Angiospermen gibt es nur Mutmaßungen. Fast alle Gruppen der frühmesozoischen Gymnospermen wurden irgendwann einmal als „Kandidaten" vorgeschlagen, da sie alle, unter Berücksichtigung ihrer lebenden Vertreter, gewisse Angiospermenmerkmale zeigen. Beispielsweise der Trend, den Schutz der Samenanlage zu vergrößern, was vielleicht mit der Bestäubung durch Insekten zusammenhängt, zeigt sich in mehreren, unabhängigen Entwicklungslinien. Gleiches gilt für die Entwicklung einer Netznervatur bei Blättern. Das Konzept einer einzigen Ursprungsgruppe für die Angiospermen fußt weitgehend auf dem Erscheinungsbild heutiger Pflanzen. So werden beispielsweise die Struktur der Siebröhren und des Embryosacks, das Vorkommen der doppelten Befruchtung und die Entwicklung des Embryos als Argumente angeführt. Diese Theorie wird in gewisser Weise durch die kretazischen Fossilien gestützt, die auch vermuten lassen, daß die kleinen, ursprünglichen Angiospermenblätter von einfach gefiederten, zusammengesetzten Blättern angeleitet werden können. Dies führt zu den Cycadeen, Bennettiteen oder Pteridospermen als den mutmaßlichen Vorfahren.

Dinosaurier-Faunen der Kreide

Zu Beginn der Kreide läßt sich ein bemerkenswerter Wandel der Dinosaurier-Faunen feststellen. Dieses Phänomen ist im Zusammenhang mit einer Änderung der Lage der Kontinente und mit dem Wechsel zu einer von Angiospermen beherrschten Flora zu sehen. Die Dinosaurier der im äquatorialen Bereich liegenden Gondwana veränderten sich kaum, hier waren bis zum Ende des Mesozoikums die Sauropoden vorherrschend. Auf dem nördlicher gelegenen Kontinent Laurasia jedoch führte eine Radiation unter den Ornithischiern zu vielen neuen, durch einen kurzen Hals und verhältnismäßig kurze Beine charakterisierte Dinosaurier-Typen, die beträchtlich kleiner als die Sauropoden waren. Diese Ornithischier ernährten sich vermutlich von eher niedrigwüchsigen Vertretern der sich gerade entwickelnden Angiospermen, bei manchen Formen wurden hierbei die stiftähnlichen Reptilienzähne in ein eher kompaktes Mahlgebiß umgewandelt.

Die fleischfressenden Dinosaurier jener Zeit waren die sehr großen Carnosaurier, wie z. B. *Tyrannosaurus,* und die straußgroßen Coelurosaurier, wie z. B. *Deinonychus.* Eine andere Gruppe von Coelurosauriern übernahm teilweise von den Ornithopoden die Nischen für Allesfresser oder Pflanzenfresser. Die Entfaltung der Ornithischier begann mit der Kreide, führte jedoch erst in der späten Kreide zu einem Höhepunkt der Mannigfaltigkeit. Eine herausragende Gruppe in der frühen Kreide waren die schwer gepanzerten Ankylosaurier, die nicht die Körpergröße ihrer Vorfahren, der Stegosaurier, erreichten. Die Ankylosaurier besaßen einfache, stiftähnliche Zähne, was vermuten läßt, daß sie nicht wie die Hadrosaurier und die Ceratopsier der späten Kreide auf harte Pflanzennahrung spezialisiert waren.

Die Hadrosaurier waren mittelgroße bis große, bipede Tiere mit einem komplizierten, vielreihigen Gebiß. Ihre entenähnlichen Schnäbel („Entenschnabel-Dinosaurier"), die mit Schwimmhäuten versehenen Füße und die seitlich zusammengedrückten Schwänze lassen auf eine amphibische Lebensweise schließen. Manche Formen – wie z. B. *Trachodon* – besaßen flache Schädel, andere – wie z. B. *Parasaurolophus* – einen typischen, hohlen Schädelkamm.

Die Ceratopsier waren mittelgroße bis große quadrupede Dinosaurier mit einer schnabelartigen Schnauze und einem komplizierten Scherengebiß. Bei manchen Gattungen finden sich Hörner auf Stirn und Nase sowie ein deutlich ausgeprägtes Nackenschild wie bei *Triceratops.* Dieses Nackenschild mag zur Verteidigung gedient haben. Möglicherweise war es auch der Ansatz für eine kräftige Kiefermuskulatur, was auf eine zähe, faserreiche Nahrung schließen ließe.

Neuerdings werden von einer Reihe von Wissenschaftlern Dinosaurier als endotherme Tiere angesehen, da sie in ihrer Anatomie und in der Struktur ihrer Knochen eher einem großen Säuger als etwa einer Echse gleichen würden. Dies würde andererseits auch hohe Stoffwechselraten und große Aktivität vermuten lassen. Außerdem waren die fleischfressenden Dinosaurier im Vergleich zu den Pflanzenfressern nicht besonders zahlreich, ein für endotherme Tiere typisches Räuber-Beute-Verhältnis. Die aufrechte säugerähnliche Haltung der mutmaßlich endothermen Reptilien und ihre hochvaskularisierten Knochen – beides sicherlich Merkmale, die sie von heute lebenden Reptilien unterscheiden – wurden als eher mit der Körpergröße als mit der Physiologie zusammenhängend interpretiert.

Manche Dinosaurier waren so groß, daß ihre Körpertemperatur sich nur langsam geändert haben dürfte, da ja die Körperoberfläche im Vergleich zum Volumen sehr gering war. In einem warmen tropischen oder subtropischen Klima bestand hierbei wohl kaum die Notwendigkeit zusätzlicher Mechanismen für die Wärmeerzeugung, d. h. die Dinosaurier waren wohl "träge Homoiotherme". Der Beginn der Dinosaurier-Radiation fällt in eine Zeit, in der in der späten Trias ein weltweites Ansteigen der Temperatur festzustellen war, ihr Aussterben am Ende der Kreide ist zeitlich dagegen an ein Absinken der Temperatur gekoppelt. Dies würde mit der Hypothese übereinstimmen, daß die Dinosaurier eben „träge Homoiotherme" waren, die zur Aufrechterhaltung ihrer hohen Körpertemperatur auf ein gleichmäßig warmes Klima angewiesen waren. Allerdings kommen heute in der äquatorialen Zone solche „träge Homoiotherme" nicht vor. Zudem wären solche Tiere nicht zu ausdauernder Aktivität fähig, während doch gerade die Extremitäten vieler Dinosaurier sich anatomisch in eine Richtung entwickelten, in der ihre Leistung ähnlich der von schnell laufenden Säugern war.

Natürlich müssen nicht alle Dinosaurier die gleiche Physiologie gezeigt haben. Ein großer Sauropode mag durchaus ein „träger Homoitherme" gewesen sein und in der Tat damit gewisse Schwierigkeiten gehabt haben. Die kleinen, aktiven und leicht gebauten Dinosaurier, vor allem die als Ahnen der Vögel angesehenen kleinen Coelurosaurier dürften wohl kaum ektotherm gewesen sein wie die heutigen Eidechsen. Die Bezahnung der Hadrosaurier und Ceratopsier läßt eine Nahrungsverwertung wie bei den pflanzenfressenden Säugern vermuten, und die bei jungen Hadrosauriern offensichtlich schnelle Wachstumsrate dürfte ihrerseits wiederum eine hohe Stoffwechselrate erfordert haben. Verschieden hohe Stoffwechselraten sind ja auch unter den heutigen Säugetieren bekannt, und die Dinosaurier als Gruppe dürften bezüglich ihrer Physiologie ein ebenso weites oder sogar noch weiteres Spektrum gezeigt haben.

Radiation der kretazischen Säuger

Für die Evolution der Säugetiere war die frühe Kreide ein wichtiger Zeitabschnitt. Ein Wandel in der Zahnstruktur bei den Theria und Prototheria deutet wohl auf eine Divergenzentwicklung hin, die insbesondere von der ausschließlichen insektivoren zur omnivoren und herbivoren Lebensweise führte. Diese Entwicklung verlief zeitgleich mit dem Erscheinen und der Ausbreitung der Angiospermen sowie einer weiteren Radiation der Insekten, so daß nun eine wesentlich vielfältigere Nahrung zur Verfügung stand. Eine Gruppe heute ausgestorbener, nicht zu den Theria gehörender Säuger, die Multituberculaten, konnten sich während der Kreide erfolgreich entwickeln. Sie besaßen im hinteren Teil des Maules spezielle Mahlzähne und vorne klingenähnliche Schneidezähne. Die Multituberculaten besetzten wahrscheinlich eine Vielfalt von Nischen für bodenlebende und baumlebende Pflanzenfresser und sind hierin mit den heutigen Nagetieren vergleichbar.

In der frühen Kreide vollzog sich nun die Trennung der Theria in die Marsupialier und die Placentalier. Die Placentalier wurden dann fast weltweit die beherrschenden Säugetiere. Während der Kreide erschienen auch die ersten Schlangen und entwickelten verschiedene Formen. Alle heutigen Schlangen sind Fleischfresser, einige besitzen Wärmesinnesorgane zum Aufspüren von Säugetieren. Ihre Evolution mag in Zusammenhang stehen mit der zunehmenden Zahl kleiner, in unterirdischen Bauten lebender Säugetiere, zumal die frühen Schlangen ebenfalls unterirdisch gelebt haben dürften.

Wie bei den Dinosauriern waren auch die Säugerfaunen während der Trias und des Jura weltweit ähnlich. Während der Kreide jedoch, als die Kontinente auseinanderdrifteten, zeigten sich deutliche regionale Unterschiede. Alle mesozoischen Säuger waren verhältnismäßig kleine Tiere. Während die Multituberculaten weltweit verbreitet waren, zeigten sich die Placentalier während des überwiegenden Teils der Kreidezeit mehr oder weniger auf Asien, die Marsupialier dagegen auf Amerika beschränkt. In der späten Kreide wurden die Placentalier in Nordamerika häufiger; es erscheinen nun Formen, die als Vorfahren der modernen Insektenfresser, Raubtiere, Huftiere und Primaten angesehen werden können. Die dann für den Beginn des Tertiärs charakteristische Radiation der placentalen Säugetiere setzte somit bereits vor dem Ende der Kreide ein und war nicht die Folge des Aussterbens der Dinosaurier.

Das Aussterben am Ende der Kreidezeit

Am Ende der Kreidezeit starben alle großen Landtetrapoden (d. h. Tiere mit einem Körpergewicht von mehr als ca. 10 kg) aus, ebenso wie alle marinen Reptilien. Dieses Aussterben war vor allem bezüglich der Gesamtzahl der betroffenen Arten bedeutend, jedoch nicht so radikal wie die Aussterbewelle am Ende des Paläozoikums.

Zum Aussterben der Dinosaurier auf der Höhe ihrer größten Mannigfaltigkeit während der späten Kreide gibt es eine Reihe sehr unterschiedlicher Theorien. Die plausibelste von ihnen meint, daß das Aussterben die Folge einer weltweiten Klimaänderung war. Im übrigen erloschen die Dinosaurier nicht genau gleichzeitig in allen Teilen der Welt; es läßt sich vielmehr über einen Zeitraum von rund 1 Mio. Jahren eine Aussterbewelle von Norden nach Süden verfolgen. Ähnliches ist bei den Pflanzen zu beobachten, wobei die Floren der Äquatorialgebiete wenig betroffen waren.

Es ist unwahrscheinlich, daß das Aussterben der Dinosaurier dadurch verursacht worden ist, daß sie die neu erscheinenden Angiospermen nicht als Nahrung verwerten konnten. Ein kompliziertes Mahlgebiß, das sich dafür bei den pflanzenfressenden Säugetieren entwickelte, hatte sich ja bei den Ornithischiern unter den Sauriern konvergent differenziert. Genauso unwahrscheinlich ist es, daß die Dinosaurier ausstarben, weil die Säuger ihre Eier verzehrten; Säuger lebten doch bereits einige Zeit während des Mesozoikums neben den Dinosauriern. Das Aussterben der Dinosaurier dürfte in Wirklichkeit viel weniger dramatisch verlaufen sein, als es sich uns heute darstellt. Während des späten Paläozoikums und des ganzen Mesozoikums gab es immer wieder ein Erlöschen und Wiederaufbauen von Tetrapoden-Biozönosen, oft in Verbindung mit Perioden eines absinkenden Meeresspiegels oder einer Gebirgsbildung. Beide Vorgänge beeinflussen die Mannigfaltigkeit der Nischen an Land und im Bereich des Schelfes. Mit jedem Zyklus verschwanden die großen und spezialisierten Tetrapoden, worauf dann die Nischen erneut mit neuen Formen besetzt wurden, die sich aus überlebenden kleineren und weniger spezialisierten Tiere entwickelten. So starb z. B. die aus Sauropoden und Stegosauriern bestehende Fauna am Ende des Jura weitgehend aus und wurde durch die Hadrosaurier und die Ceratopsier ersetzt, die sich aus den kleinen, frühkretazischen Ornithopoden entwickelten. Am Ende der Kreide herrschten insofern etwas andere Verhältnisse, als die einsetzende Radiation der Angiospermen eher die Entwicklung der Säuger als die kleiner Reptilien förderte. Somit waren gerade die Säuger die kleinen und unspezialisierten Tiere, auf denen sich eine Fauna großer Tetrapoden im Tertiär wieder aufbaute.

14.3 Das Tertiär

Das Tertiär umfaßt nur das letzte Drittel der Evolutionsgeschichte der Säuger. Während dieser Zeit erfolgte jedoch eine Radiation, die zu einer Besetzung der am Ende des Mesozoikums freigewordenen Nischen für große Tetrapoden führte. Die vorherrschenden Säuger des Paläozäns waren Formen, die heute weitgehend ausgestorben sind. Nur die heutigen Insektenfresser, Primaten und Zahnarmen (Edentaten) sind unmittelbare Nachkommen von damals lebenden Gruppen. Die ersten Vertreter der meisten modernen Säugetierordnungen erschienen jedoch erst im späten Paläozän oder frühen Eozän, das erste Auftreten heutiger Familien dagegen fällt weitgehend in das Oligozän, der Zeit, in der auch Säugetierfaunen modernen Zuschnitts entstanden.

Zu Beginn des Tertiärs waren die heutigen Kontinente weitgehend getrennt, so daß sich die Säuger in diesen verhältnismäßig isolierten Gebieten (s. Kap. 12) ziemlich unabhängig voneinander entwickeln konnten. Dies führte beispielsweise zu der bekannten isolierten Entwicklung der Beuteltierfauna Australiens. Bis zum Ende des Tertiärs waren die in Südamerika endemischen Faunen im Grunde ebenso isoliert wie diejenigen Australiens. Durch wahrscheinlich mehrere Einwanderungswellen aus dem Norden wurde jedoch schließlich – vor allem, als dann gegen Ende des Tertiärs zwischen Südamerika und Nordamerika eine Verbindung entstand – die südamerikanische Fauna fast vollständig durch Formen aus dem Norden verdrängt. Bis zum mittleren Tertiär waren die Faunen Afrikas von denen Eurasiens ebenso deutlich verschieden.

Das zweite, für das Verständnis des Evolutionsverlaufes im Tertiär wichtige Phänomen ist eine dramatische Klimaverschlechterung am Ende des Eozäns. In den hohen Breiten sank die mittlere Jahrestemperatur um mindestens 10 °C, wobei gleichzeitig die Schwankungsbreite der Temperatur im Laufe eines Jahres von etwa 5° bis auf etwa 25 °C anstieg. Dieser Klimawechsel wirkte sich in bedeutendem Maße auf die Landfaunen aus, da die größten Kontinente nun in verhältnismäßig hohen Breiten auf der Nordhalbkugel lagen. Die Evolution der Säugetierfaunen nach dem Oligozän spiegelt die Entwicklung von Tieren und Pflanzen wider, die zunehmend an ein Klima mit jahreszeitlicher Kälte und Trockenheit angepaßt sind.

Das frühe Tertiär

An der Wende von der Kreide zum Tertiär zeigt sich im Bereich der nördlichen Breiten eine deutliche Verringerung der mittleren Jahrestemperaturen, was zu einem Wandel von einem gleichmäßig subtropischen zu einem warmgemäßigten Klima führte. Dies setzte sich bis ins mittlere Paläozän fort, wo die Mannigfaltigkeit der Pflanzen auf der Nordhalbkugel ihren tiefsten Punkt erreichte. Paläozäne Wälder auf der Nordhalbkugel wurden von Bäumen beherrscht, die auf gemäßigtes Klima hinweisen (z. B. Platanen, Espen, Pappeln und Sequoien) während auf der Südhalbkugel ein vollständig isolierter Waldtyp mit vorwiegend Südbuche *(Nothofagus)* und Podocarpaceen verbreitet war. In den tropischen Floren der äquatorialen Zone waren immergrüne Dikotylen und Palmen die wichtigsten Elemente, Farne und Gymnospermen spielten eine geringere Rolle. Umfangreiche Gebiete der gemäßigten Zonen der Welt scheinen von Sumpfwäldern bedeckt gewesen zu sein.

Faunen des frühen Paläozäns sind nur aus Nordamerika bekannt, spätpaläozäne Sedimente hingegen auch aus Europa, Südamerika und Asien. Die Fossilüberlieferung im Tertiär Afrikas und Australiens beginnt erst im Oligozän. Typische paläozäne Faunen zeigen eine beträchtliche Formenvielfalt an auffallend kleinen Tieren, die meist nicht einmal die Größe unserer Haushunde erreichten. Vertreten war außerdem eine Gruppe größerer Huftiere, die schweine- bis flußpferdgroßen Amblypoden, von denen viele wohl eine amphibische Lebensweise in den gemäßigten Sumpfwäldern zeigten.

Die beherrschenden Gruppen im frühen Paläozän Nordamerikas waren die Insektenfresser, die Ahnen etwa der heutigen Spitzmäuse und Igel, halbaffenartige Primaten, die heute ausgestorbenen Multituberculaten und die Urhuftiere (Condylarthren), eine Gruppe, in der die Vorfahren der heutigen Huftiere zusammengefaßt sind. Die damaligen Primaten scheinen eher nagerartige Merkmale zu zeigen und damit vielmehr Buschbabies als Affen zu gleichen. Zu den Condylarthren zählen fleischfressende und aasfressende Formen sowie auch Pflanzenfresser und Allesfresser. Zu ihnen gehören auch die Ahnengruppen der Perissodactyla (Unpaarhufer) und der Artiodactyla (Paarhufer). Weitere Säuger sind die Dermopteren, die Flughunde, die heute auf Südostasien beschränkt sind. Zu den größeren Säugern zählen die ausgestorbene Gruppe der Taeniodonten, große, bärenähnliche Tiere mit starken Klauen.

Im späten Paläozän erscheinen zwei Ordnungen fleischfressender Säuger, die Raubtiere und die heute ausgestorbenen Creodonten. Die paläozänen Vertreter beider Gruppen waren kleine Tiere mit langen Körpern und kurzen Beinen, die wahrscheinlich ihre Beute nicht aktiv verfolgen konnten. Zur Fauna des frühen Tertiärs in Europa und Nordamerika gehörten auch große, flugunfähige, fleischfressende Vögel, die vielleicht aktiv auf kleine Säuger Jagd gemacht haben.

Im späten Paläozän erfolgte auf der Nordhalbkugel eine Klimaverschiebung in Richtung auf neuerliche subtropische Bedingungen, die bis zum Mitteleozän andauerte. Die Wälder

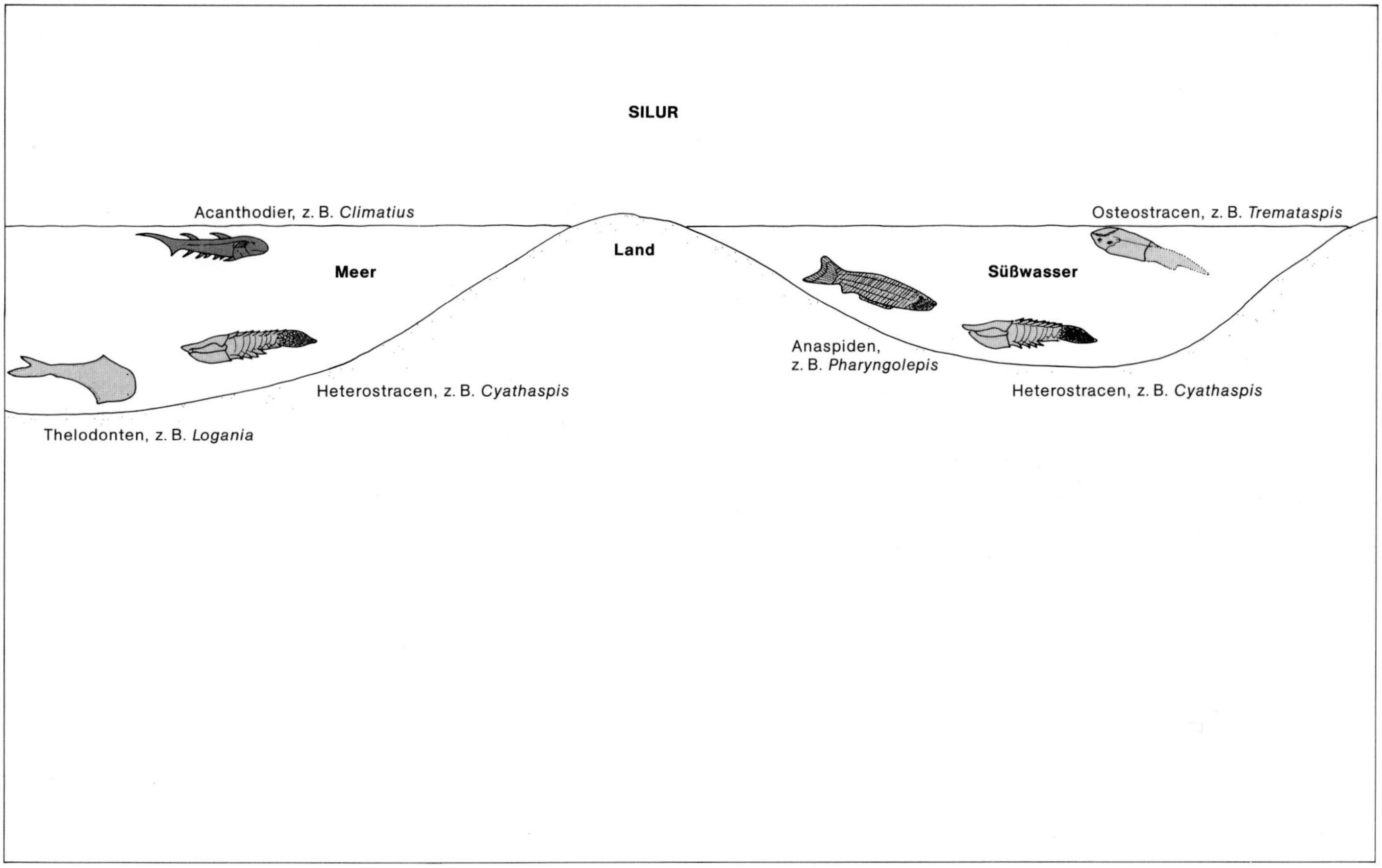
SILUR
Acanthodier, z. B. *Climatius*
Osteostracen, z. B. *Tremataspis*
Land
Meer
Süßwasser
Anaspiden,
z. B. *Pharyngolepis*
Heterostracen, z. B. *Cyathaspis*
Heterostracen, z. B. *Cyathaspis*
Thelodonten, z. B. *Logania*

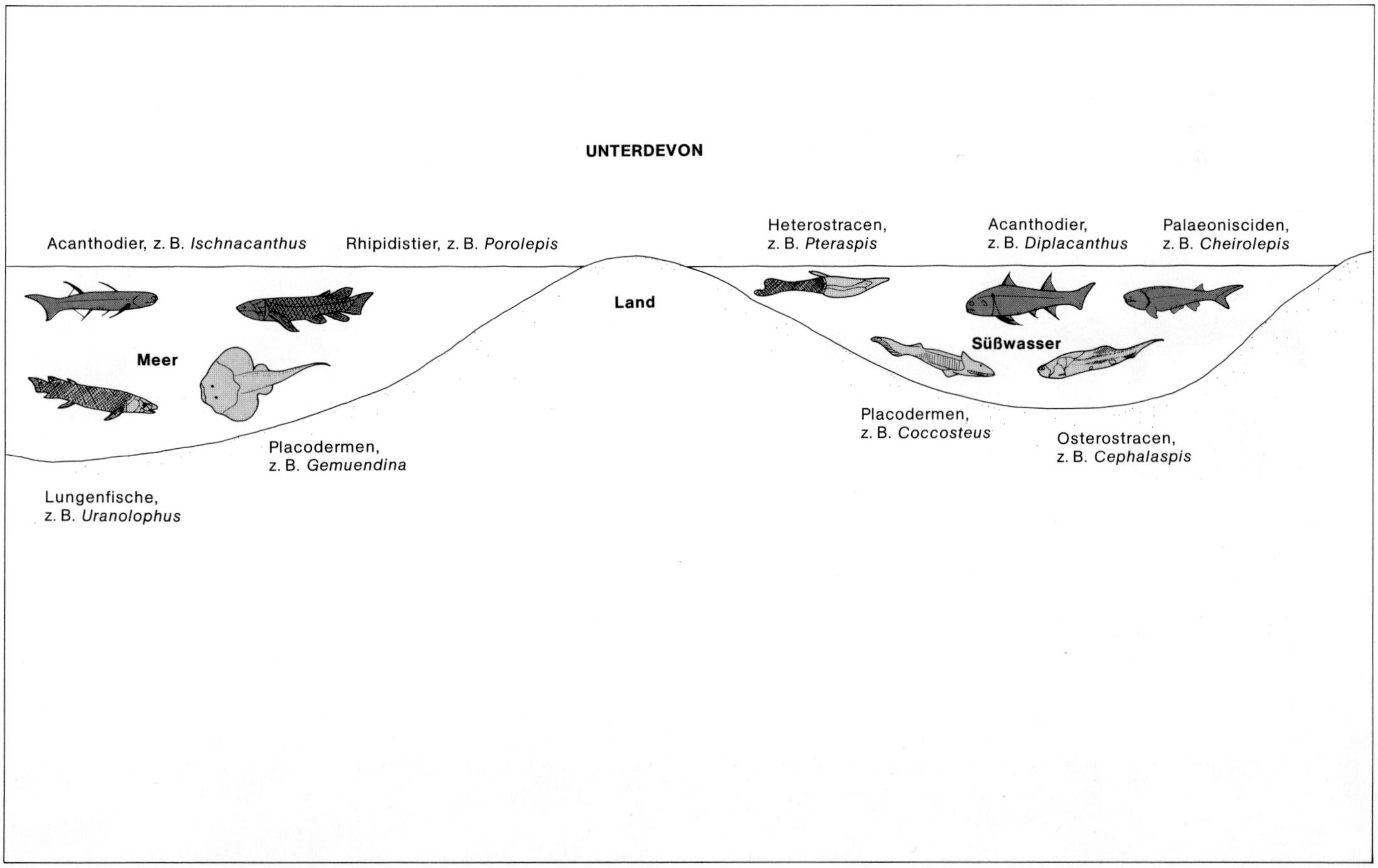
UNTERDEVON
Acanthodier, z. B. *Ischnacanthus*
Rhipidistier, z. B. *Porolepis*
Heterostracen,
z. B. *Pteraspis*
Acanthodier,
z. B. *Diplacanthus*
Palaeonisciden,
z. B. *Cheirolepis*
Land
Meer
Süßwasser
Placodermen,
z. B. *Coccosteus*
Osterostracen,
z. B. *Cephalaspis*
Placodermen,
z. B. *Gemuendina*
Lungenfische,
z. B. *Uranolophus*

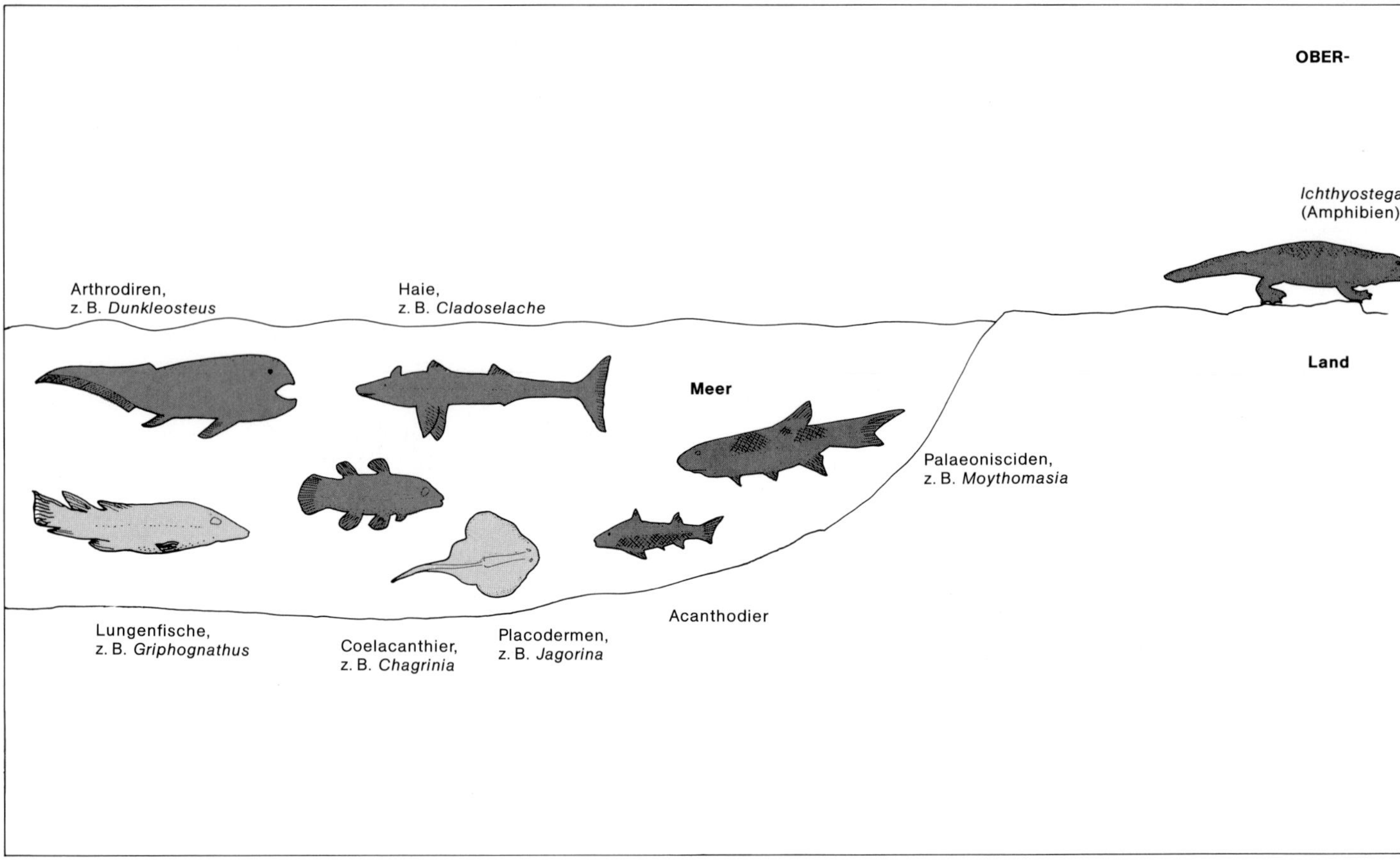
OBER-
Ichthyostega
(Amphibien)
Arthrodiren,
z. B. *Dunkleosteus*
Haie,
z. B. *Cladoselache*
Land
Meer
Palaeonisciden,
z. B. *Moythomasia*
Acanthodier
Lungenfische,
z. B. *Griphognathus*
Coelacanthier,
z. B. *Chagrinia*
Placodermen,
z. B. *Jagorina*

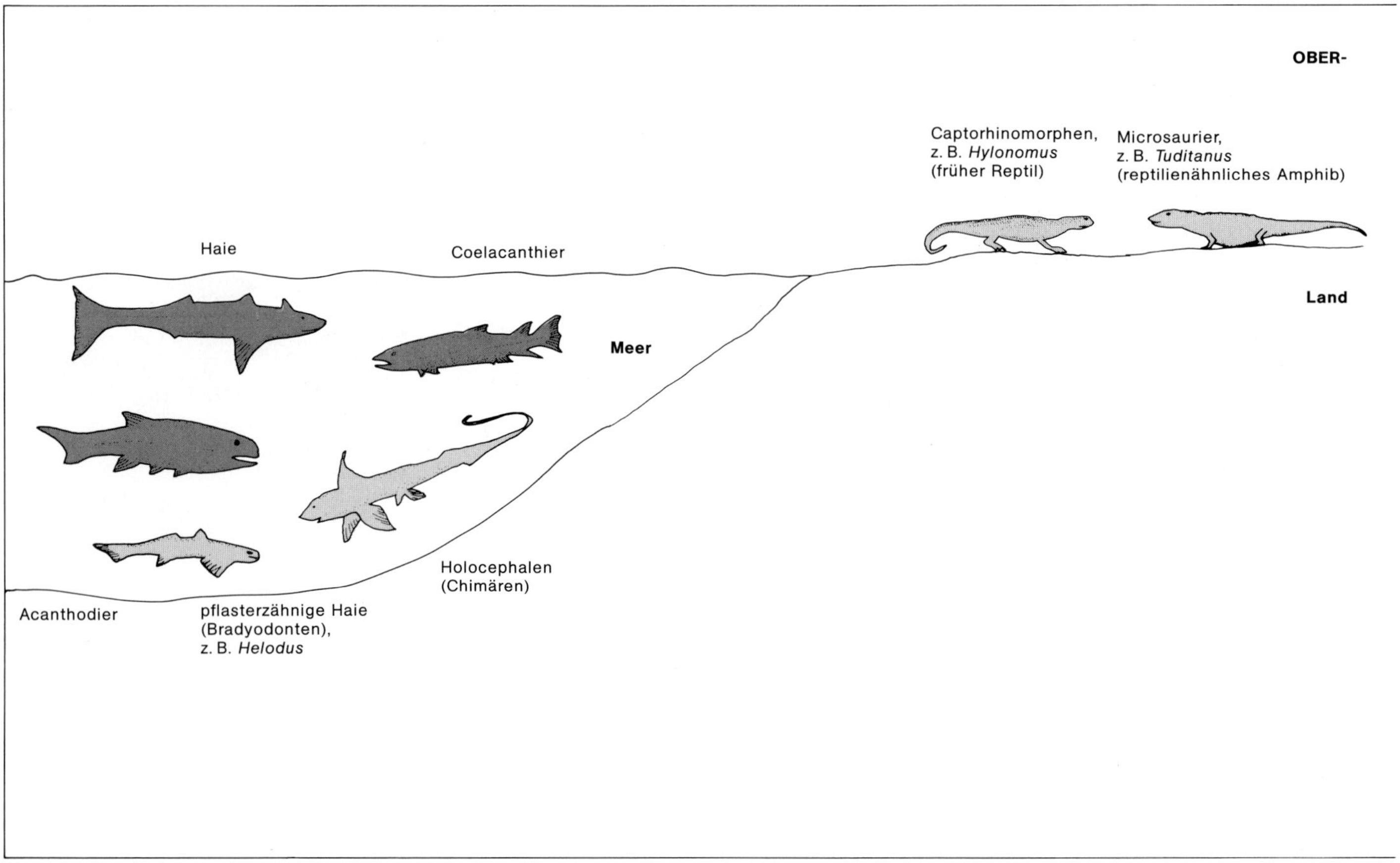
OBER-
Captorhinomorphen,
z. B. *Hylonomus*
(früher Reptil)
Microsaurier,
z. B. *Tuditanus*
(reptilienähnliches Amphib)
Haie
Coelacanthier
Land
Meer
Holocephalen
(Chimären)
Acanthodier
pflasterzähnige Haie
(Bradyodonten),
z. B. *Helodus*

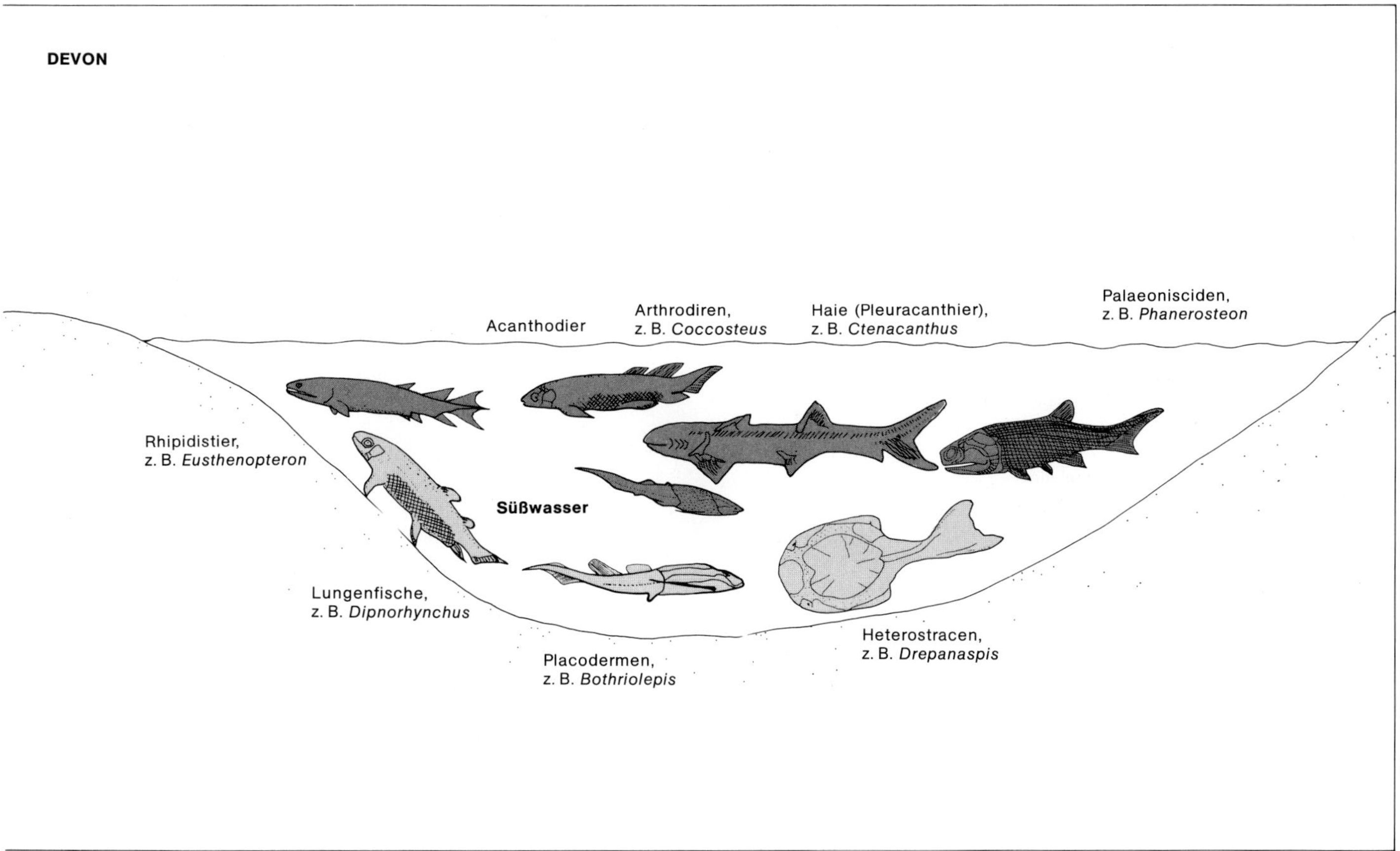
DEVON
Acanthodier
Arthrodiren,
z. B. Coccosteus
Haie (Pleuracanthier),
z. B. Ctenacanthus
Palaeonisciden,
z. B. Phanerosteon
Rhipidistier,
z. B. Eusthenopteron
Süßwasser
Lungenfische,
z. B. Dipnorhynchus
Placodermen,
z. B. Bothriolepis
Heterostracen,
z. B. Drepanaspis

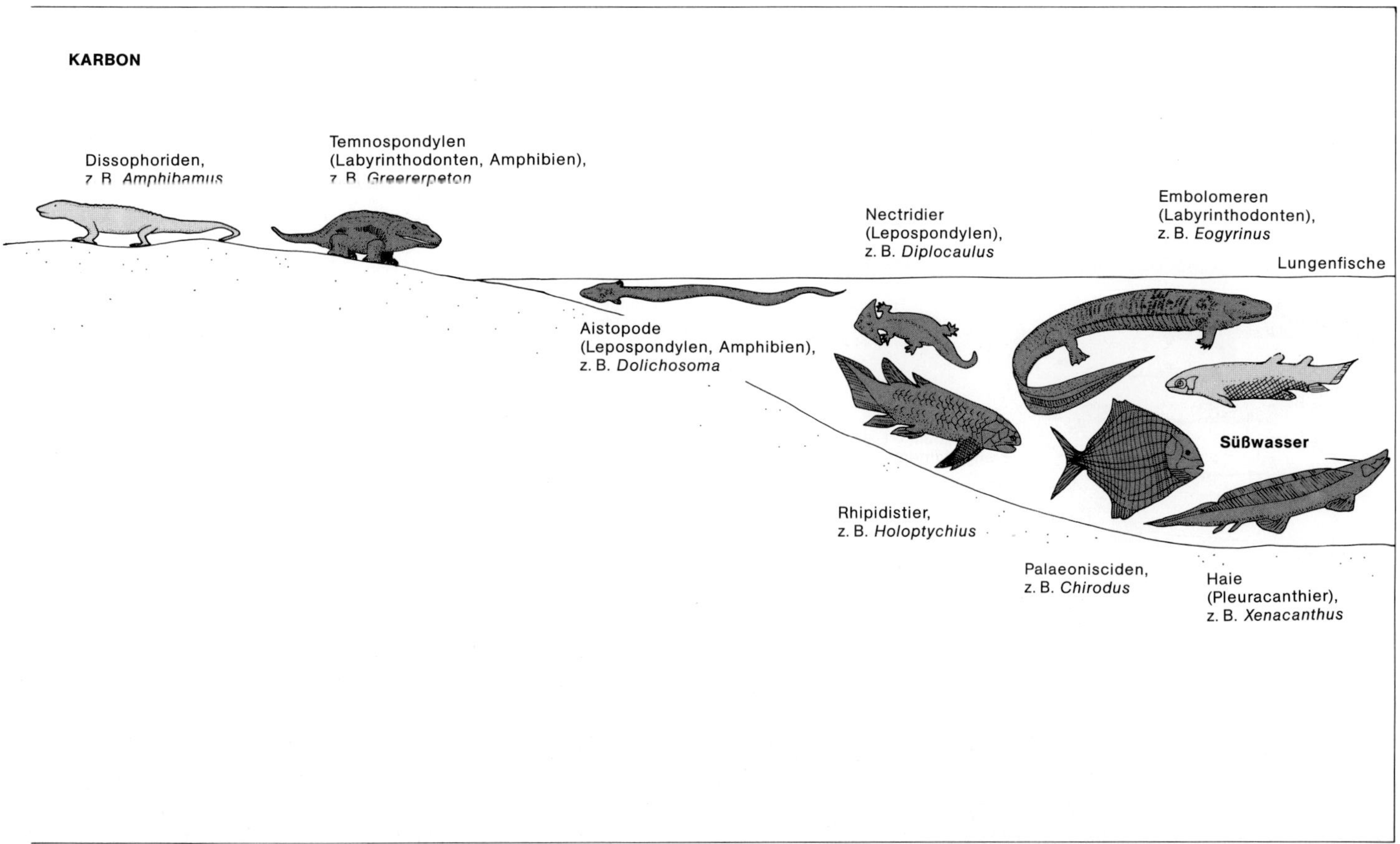
KARBON
Dissophoriden,
z. B. Amphibamus
Temnospondylen
(Labyrinthodonten, Amphibien),
z. B. Greererpeton
Nectridier
(Lepospondylen),
z. B. Diplocaulus
Embolomeren
(Labyrinthodonten),
z. B. Eogyrinus
Lungenfische
Aistopode
(Lepospondylen, Amphibien),
z. B. Dolichosoma
Süßwasser
Rhipidistier,
z. B. Holoptychius
Palaeonisciden,
z. B. Chirodus
Haie
(Pleuracanthier),
z. B. Xenacanthus

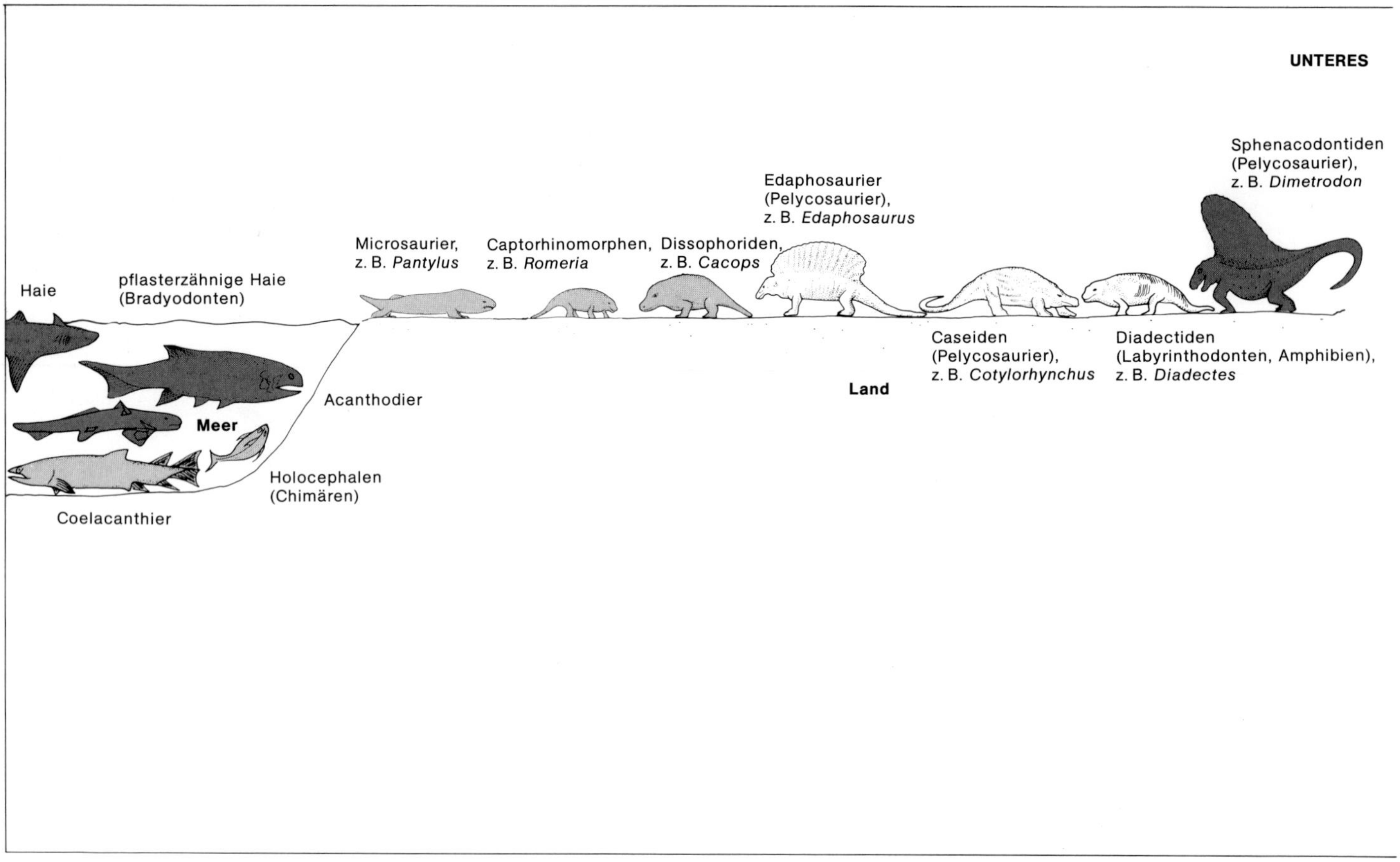
UNTERES
Haie
pflasterzähnige Haie
(Bradyodonten)
Microsaurier,
z. B. *Pantylus*
Captorhinomorphen,
z. B. *Romeria*
Dissophoriden,
z. B. *Cacops*
Edaphosaurier
(Pelycosaurier),
z. B. *Edaphosaurus*
Sphenacodontiden
(Pelycosaurier),
z. B. *Dimetrodon*
Meer
Acanthodier
Holocephalen
(Chimären)
Coelacanthier
Land
Caseiden
(Pelycosaurier),
z. B. *Cotylorhynchus*
Diadectiden
(Labyrinthodonten, Amphibien),
z. B. *Diadectes*

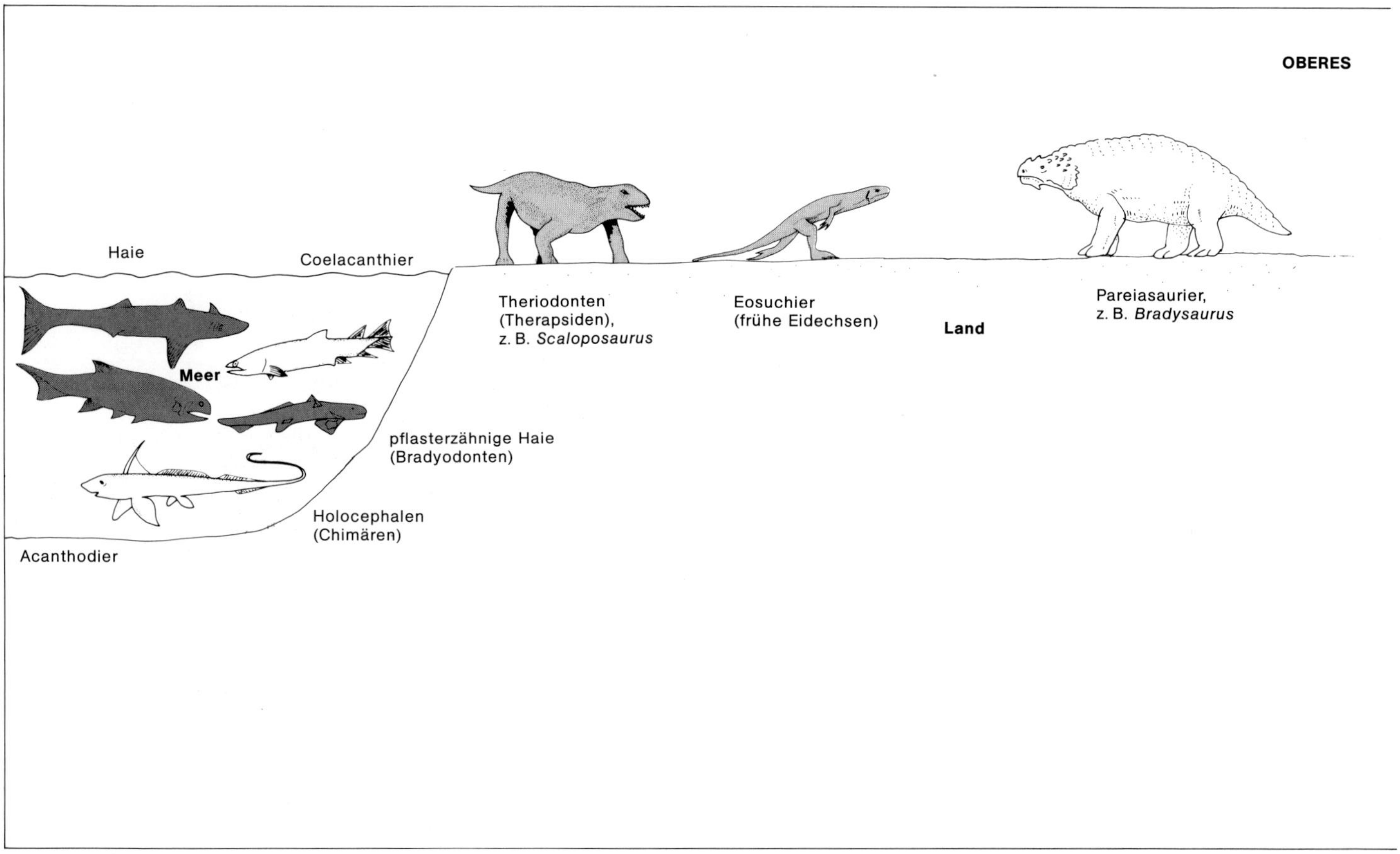
OBERES
Haie
Coelacanthier
Meer
pflasterzähnige Haie
(Bradyodonten)
Holocephalen
(Chimären)
Acanthodier
Theriodonten
(Therapsiden),
z. B. *Scaloposaurus*
Eosuchier
(frühe Eidechsen)
Land
Pareiasaurier,
z. B. *Bradysaurus*

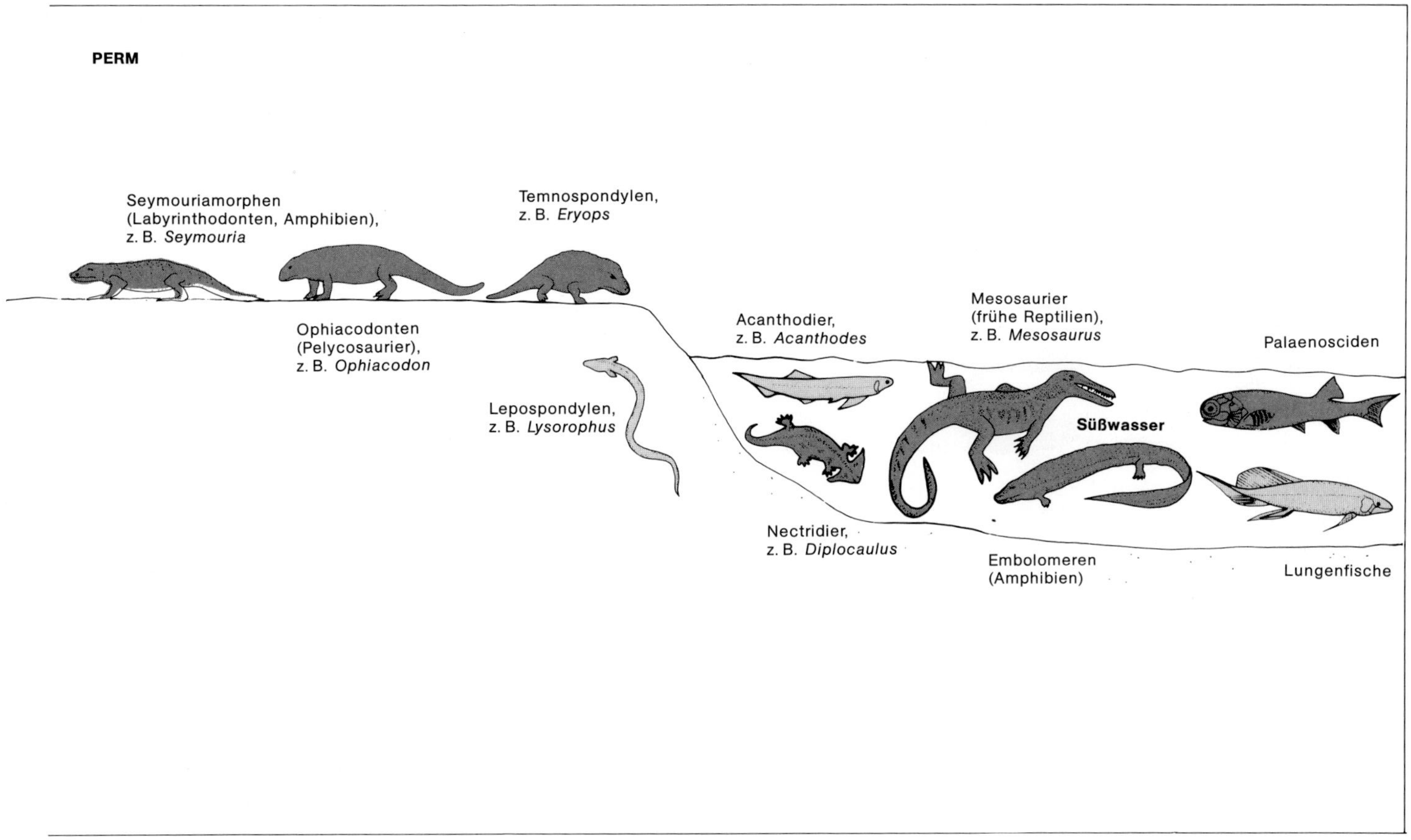
PERM
Seymouriamorphen
(Labyrinthodonten, Amphibien),
z. B. *Seymouria*
Temnospondylen,
z. B. *Eryops*
Ophiacodonten
(Pelycosaurier),
z. B. *Ophiacodon*
Lepospondylen,
z. B. *Lysorophus*
Acanthodier,
z. B. *Acanthodes*
Mesosaurier
(frühe Reptilien),
z. B. *Mesosaurus*
Palaenosciden
Süßwasser
Nectridier,
z. B. *Diplocaulus*
Embolomeren
(Amphibien)
Lungenfische

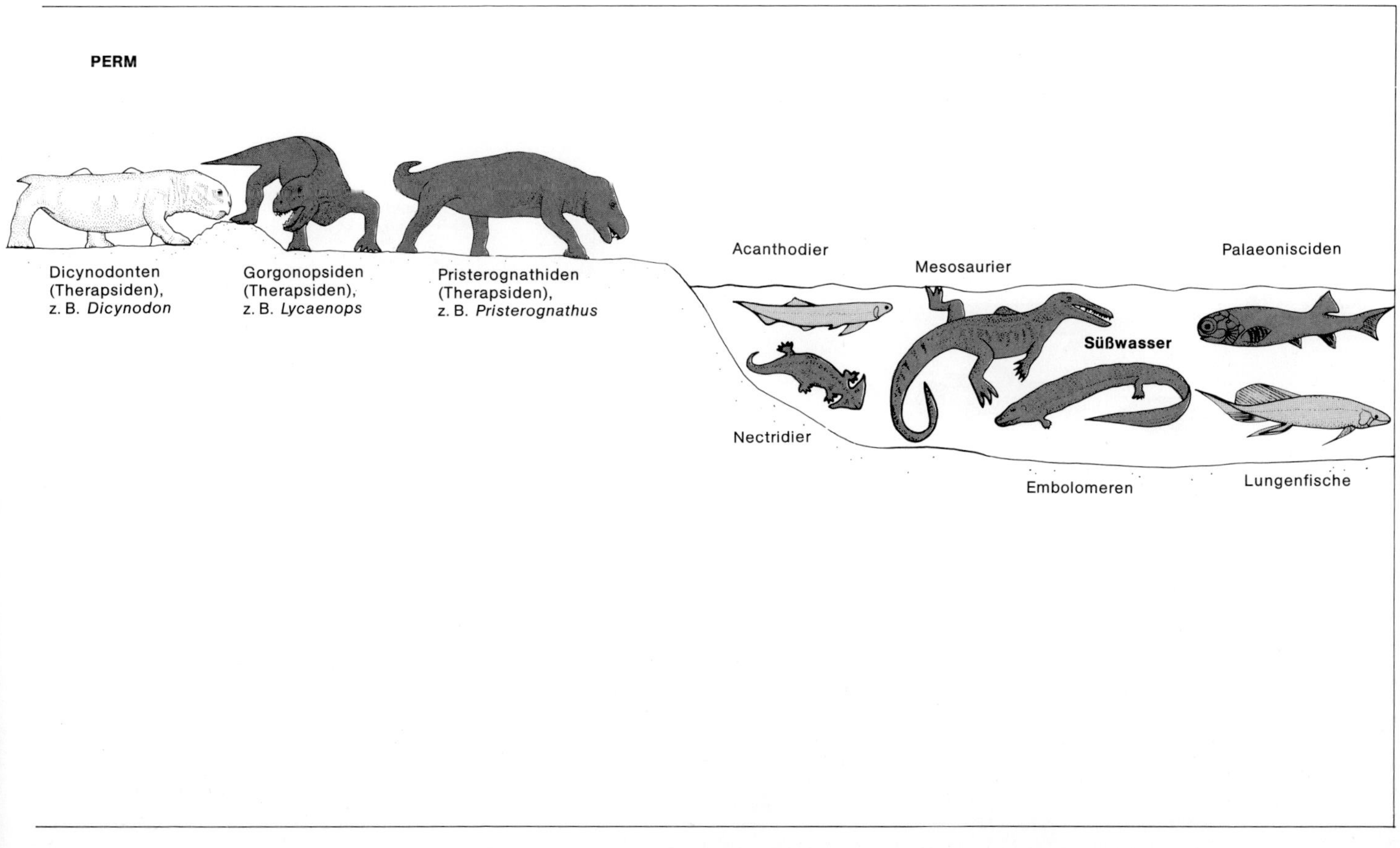
PERM
Dicynodonten
(Therapsiden),
z. B. *Dicynodon*
Gorgonopsiden
(Therapsiden),
z. B. *Lycaenops*
Pristerognathiden
(Therapsiden),
z. B. *Pristerognathus*
Acanthodier
Mesosaurier
Palaeonisciden
Süßwasser
Nectridier
Embolomeren
Lungenfische

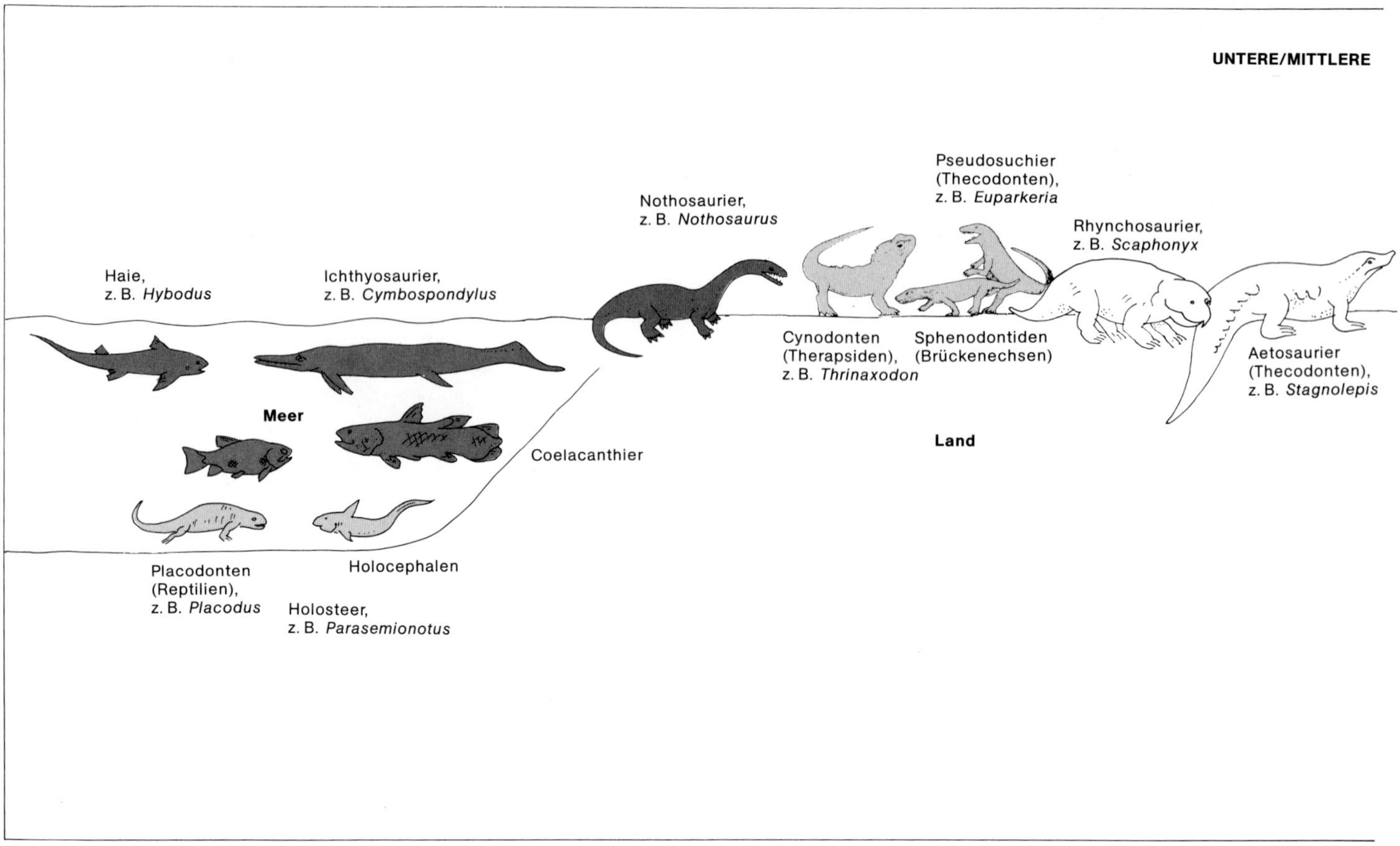
UNTERE/MITTLERE
Haie,
z. B. *Hybodus*
Ichthyosaurier,
z. B. *Cymbospondylus*
Nothosaurier,
z. B. *Nothosaurus*
Pseudosuchier
(Thecodonten),
z. B. *Euparkeria*
Rhynchosaurier,
z. B. *Scaphonyx*
Cynodonten
(Therapsiden),
z. B. *Thrinaxodon*
Sphenodontiden
(Brückenechsen)
Aetosaurier
(Thecodonten),
z. B. *Stagnolepis*
Meer
Coelacanthier
Land
Placodonten
(Reptilien),
z. B. *Placodus*
Holocephalen
Holosteer,
z. B. *Parasemionotus*

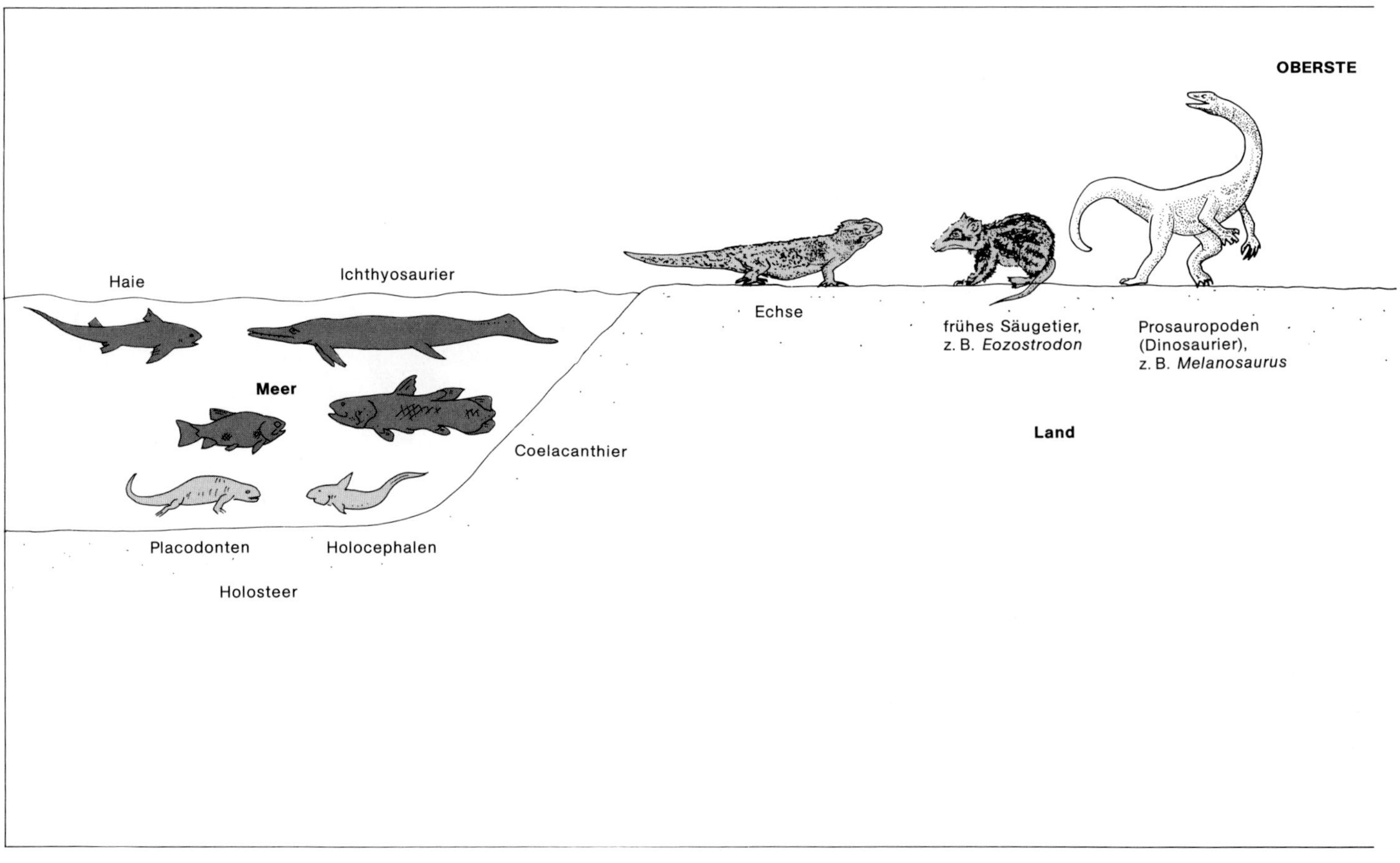
OBERSTE
Haie
Ichthyosaurier
Echse
frühes Säugetier,
z. B. *Eozostrodon*
Prosauropoden
(Dinosaurier),
z. B. *Melanosaurus*
Meer
Coelacanthier
Land
Placodonten
Holocephalen
Holosteer

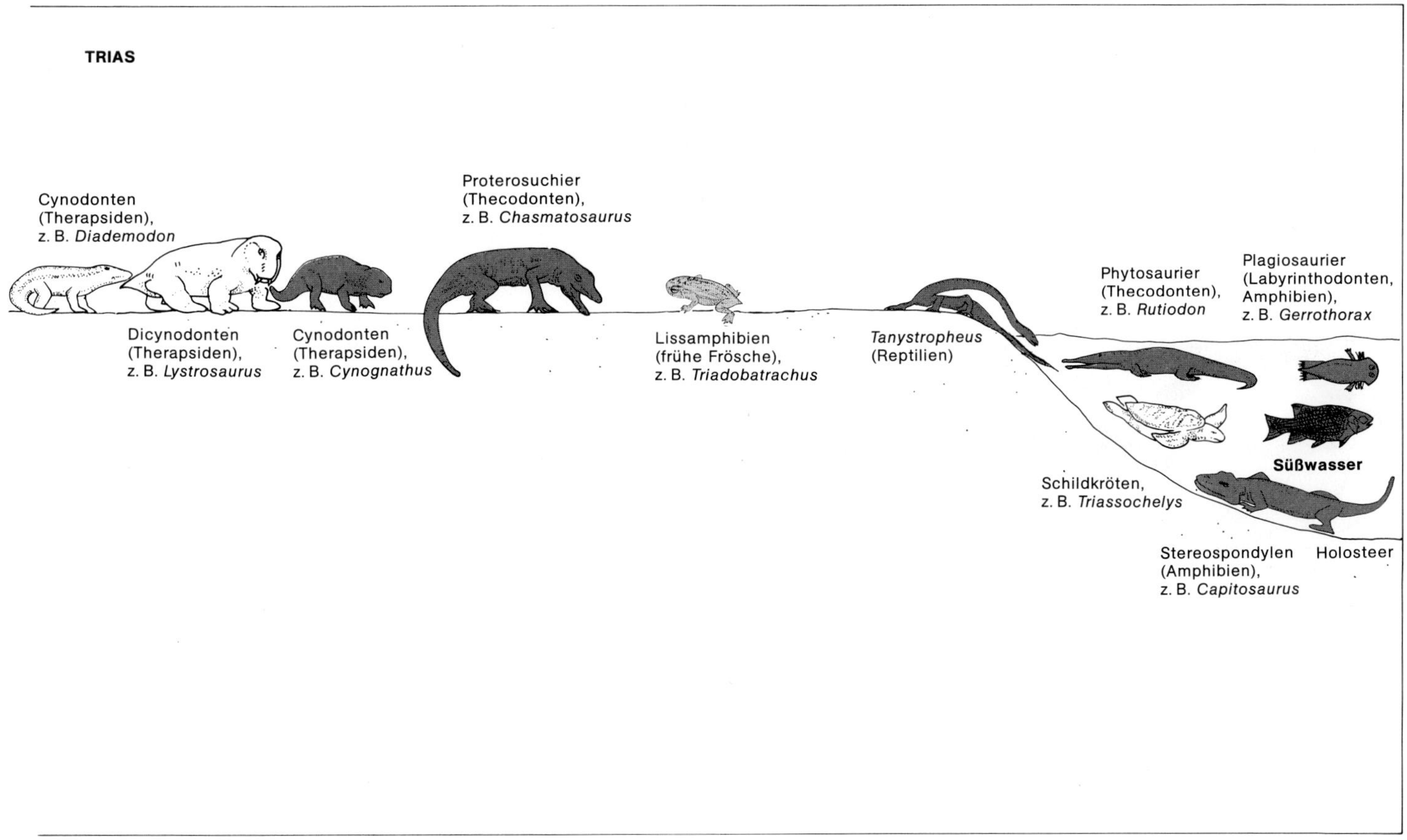
TRIAS
Cynodonten
(Therapsiden),
z. B. *Diademodon*
Proterosuchier
(Thecodonten),
z. B. *Chasmatosaurus*
Dicynodonten
(Therapsiden),
z. B. *Lystrosaurus*
Cynodonten
(Therapsiden),
z. B. *Cynognathus*
Lissamphibien
(frühe Frösche),
z. B. *Triadobatrachus*
Tanystropheus
(Reptilien)
Phytosaurier
(Thecodonten),
z. B. *Rutiodon*
Plagiosaurier
(Labyrinthodonten,
Amphibien),
z. B. *Gerrothorax*
Süßwasser
Schildkröten,
z. B. *Triassochelys*
Stereospondylen
(Amphibien),
z. B. *Capitosaurus*
Holosteer

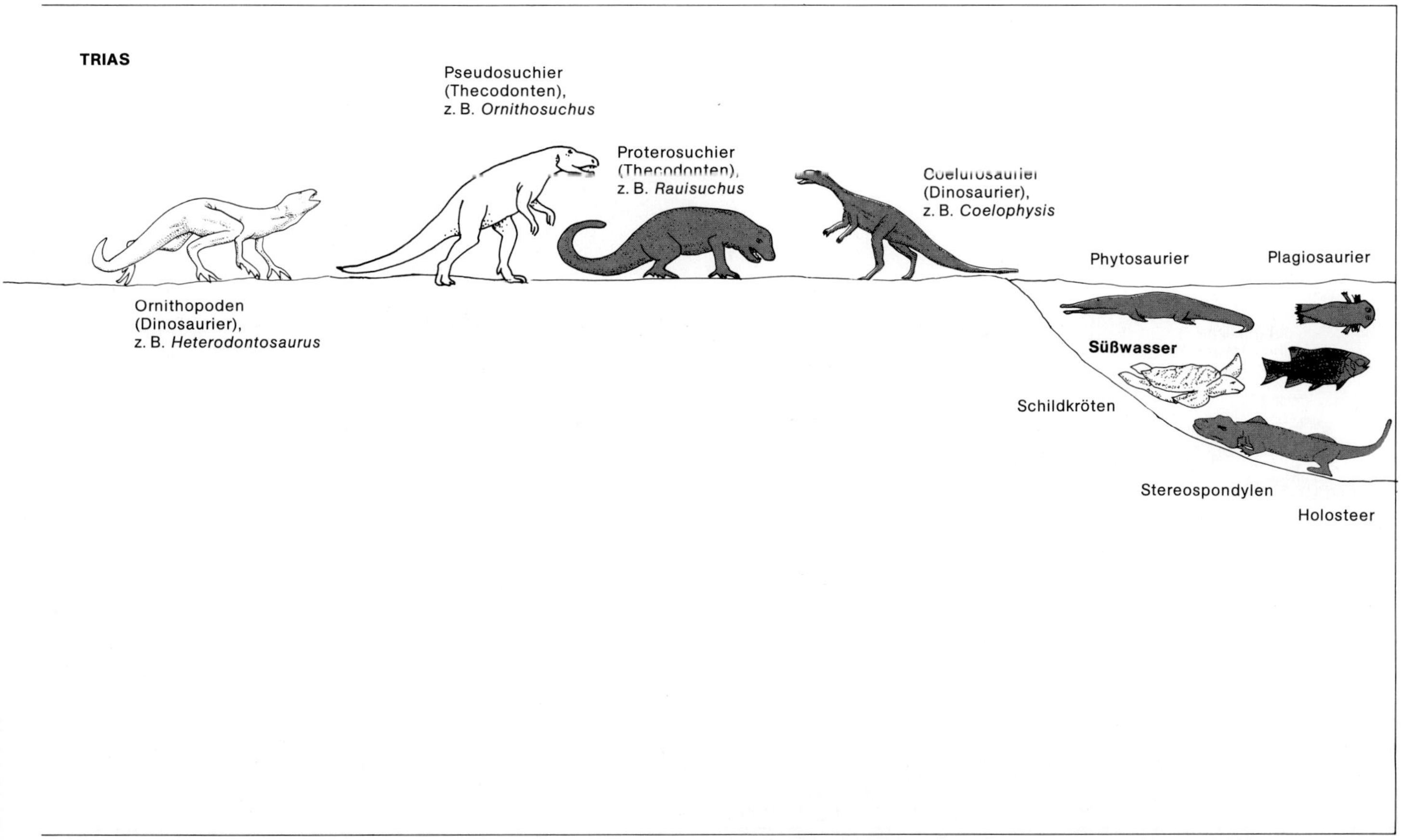
TRIAS
Pseudosuchier
(Thecodonten),
z. B. *Ornithosuchus*
Proterosuchier
(Thecodonten),
z. B. *Rauisuchus*
Coelurosaurier
(Dinosaurier),
z. B. *Coelophysis*
Phytosaurier
Plagiosaurier
Ornithopoden
(Dinosaurier),
z. B. *Heterodontosaurus*
Süßwasser
Schildkröten
Stereospondylen
Holosteer

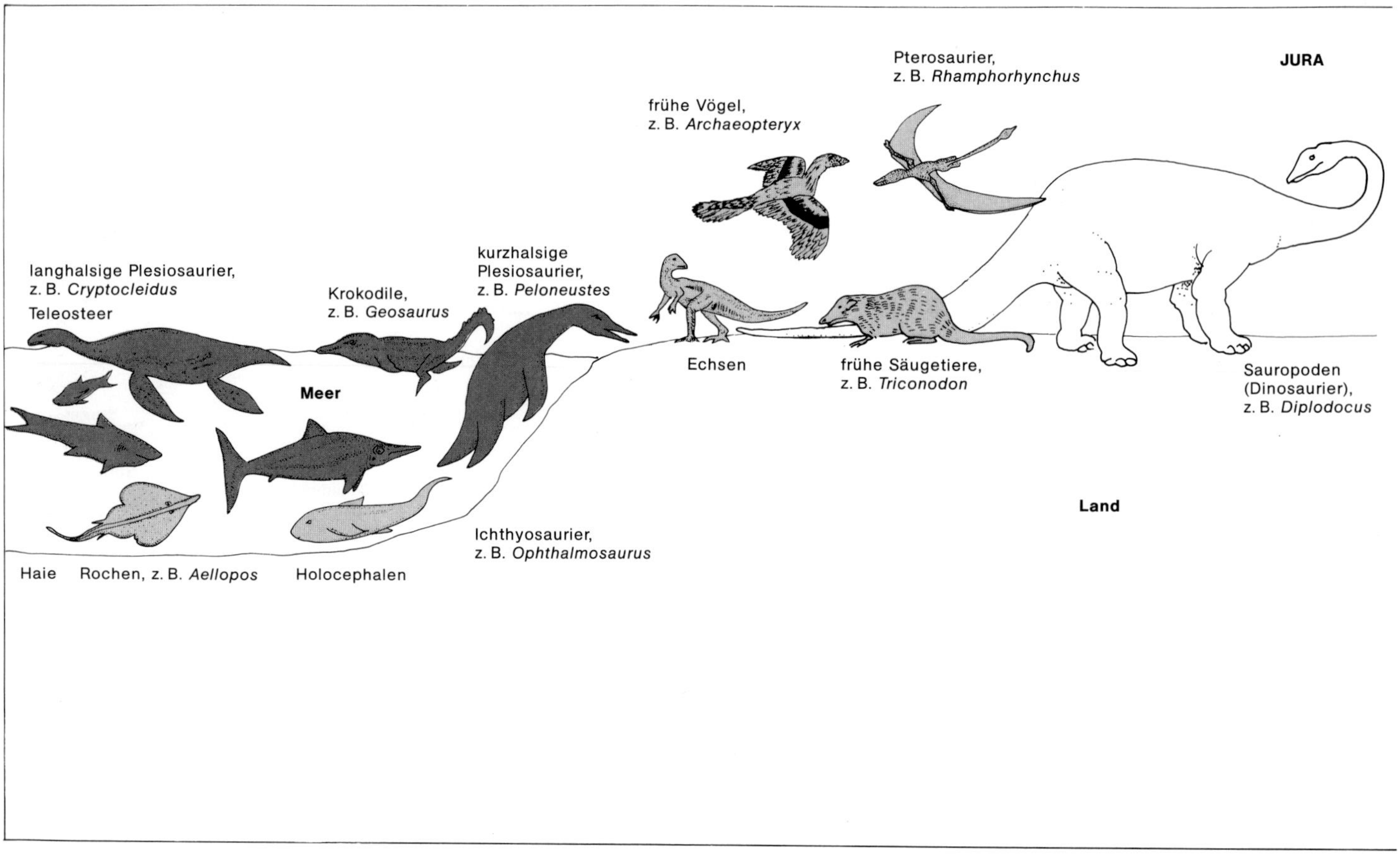
JURA
Pterosaurier,
z. B. *Rhamphorhynchus*
frühe Vögel,
z. B. *Archaeopteryx*
langhalsige Plesiosaurier,
z. B. *Cryptocleidus*
Teleosteer
Krokodile,
z. B. *Geosaurus*
kurzhalsige
Plesiosaurier,
z. B. *Peloneustes*
Meer
Echsen
frühe Säugetiere,
z. B. *Triconodon*
Sauropoden
(Dinosaurier),
z. B. *Diplodocus*
Land
Ichthyosaurier,
z. B. *Ophthalmosaurus*
Haie
Rochen, z. B. *Aellopos*
Holocephalen

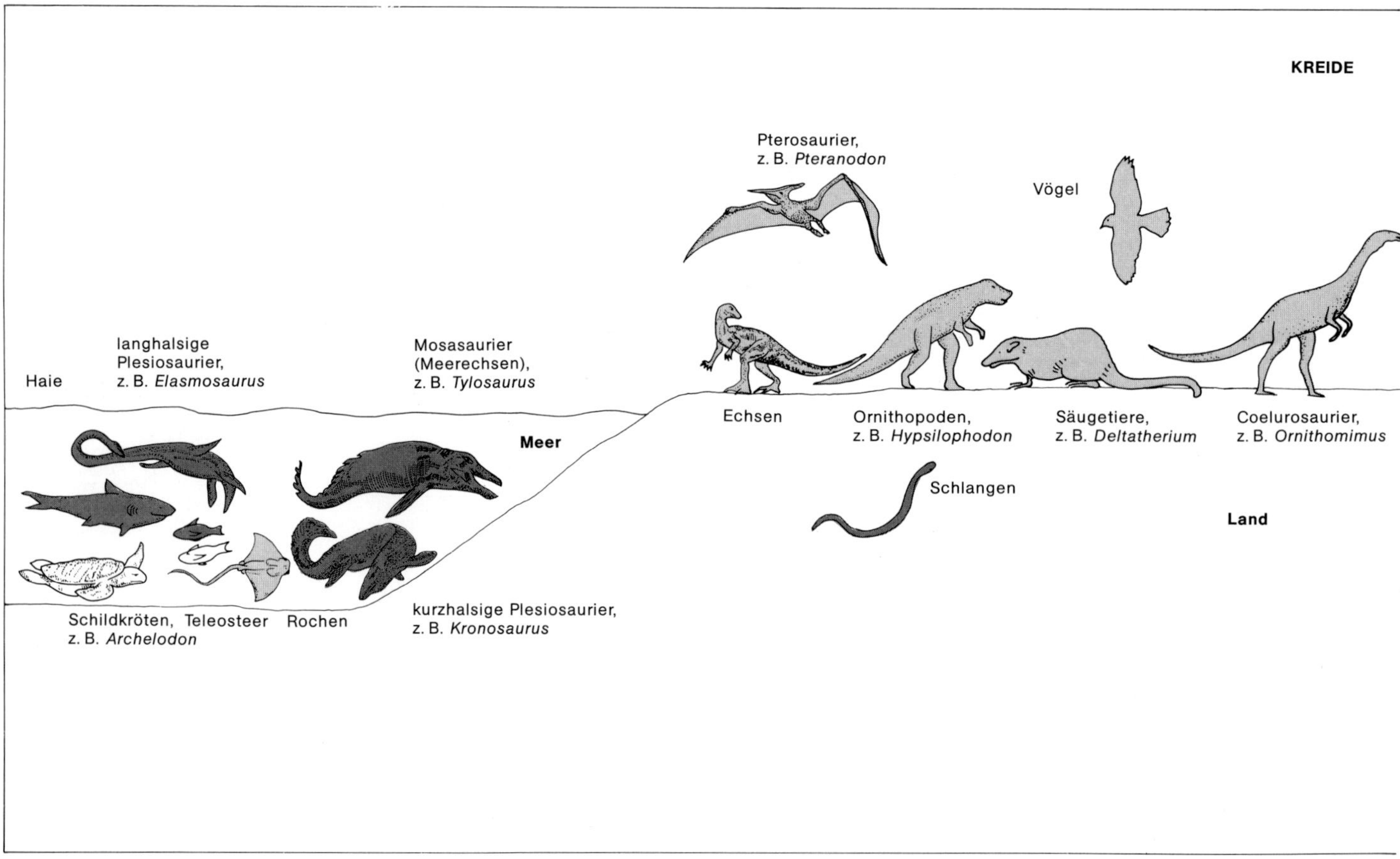
KREIDE
Pterosaurier,
z. B. *Pteranodon*
Vögel
langhalsige
Plesiosaurier,
z. B. *Elasmosaurus*
Haie
Mosasaurier
(Meerechsen),
z. B. *Tylosaurus*
Meer
Echsen
Ornithopoden,
z. B. *Hypsilophodon*
Säugetiere,
z. B. *Deltatherium*
Coelurosaurier,
z. B. *Ornithomimus*
Schlangen
Land
Schildkröten,
z. B. *Archelodon*
Teleosteer
Rochen
kurzhalsige Plesiosaurier,
z. B. *Kronosaurus*

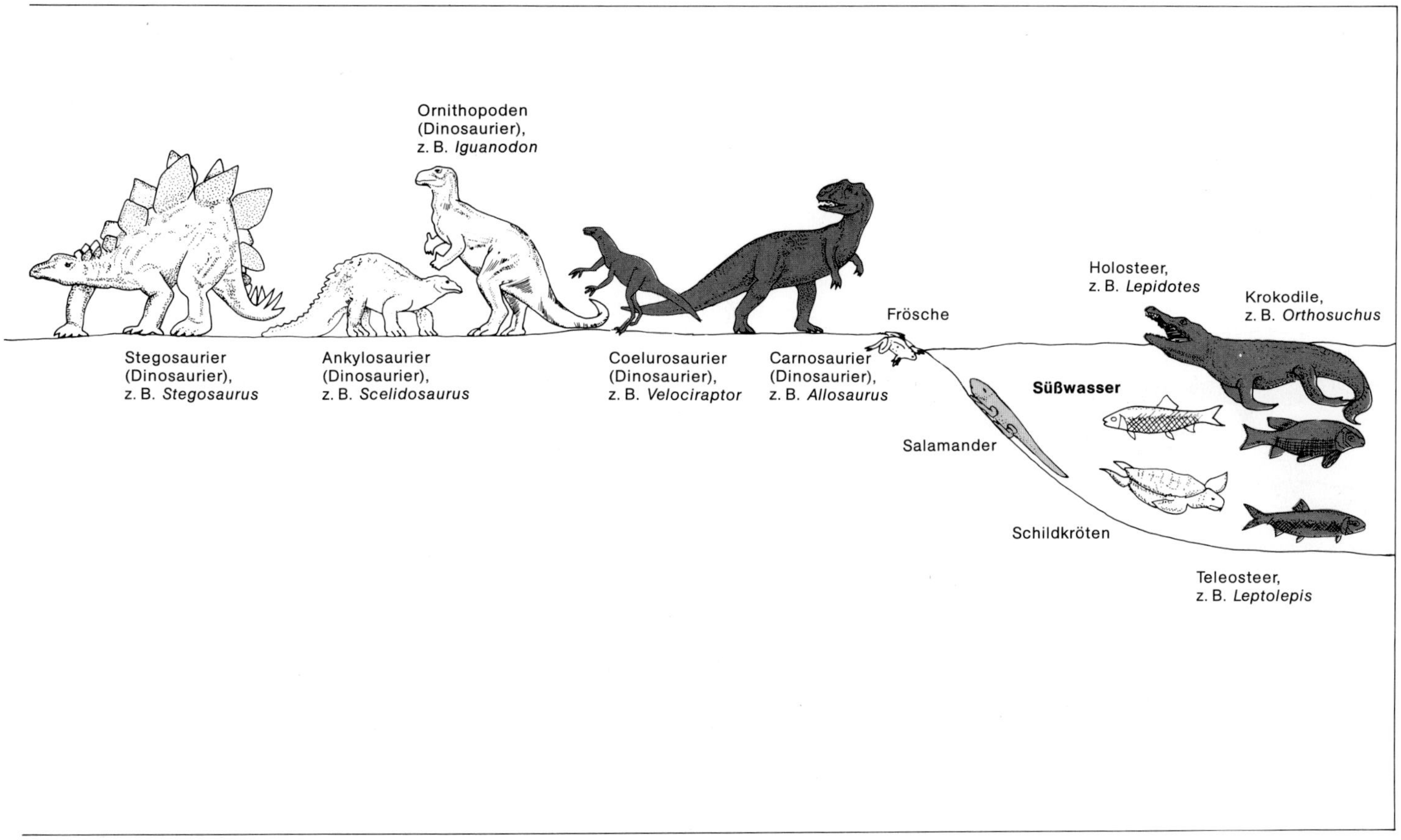
Ornithopoden
(Dinosaurier),
z. B. *Iguanodon*
Stegosaurier
(Dinosaurier),
z. B. *Stegosaurus*
Ankylosaurier
(Dinosaurier),
z. B. *Scelidosaurus*
Coelurosaurier
(Dinosaurier),
z. B. *Velociraptor*
Carnosaurier
(Dinosaurier),
z. B. *Allosaurus*
Frösche
Holosteer,
z. B. *Lepidotes*
Krokodile,
z. B. *Orthosuchus*
Süßwasser
Salamander
Schildkröten
Teleosteer,
z. B. *Leptolepis*

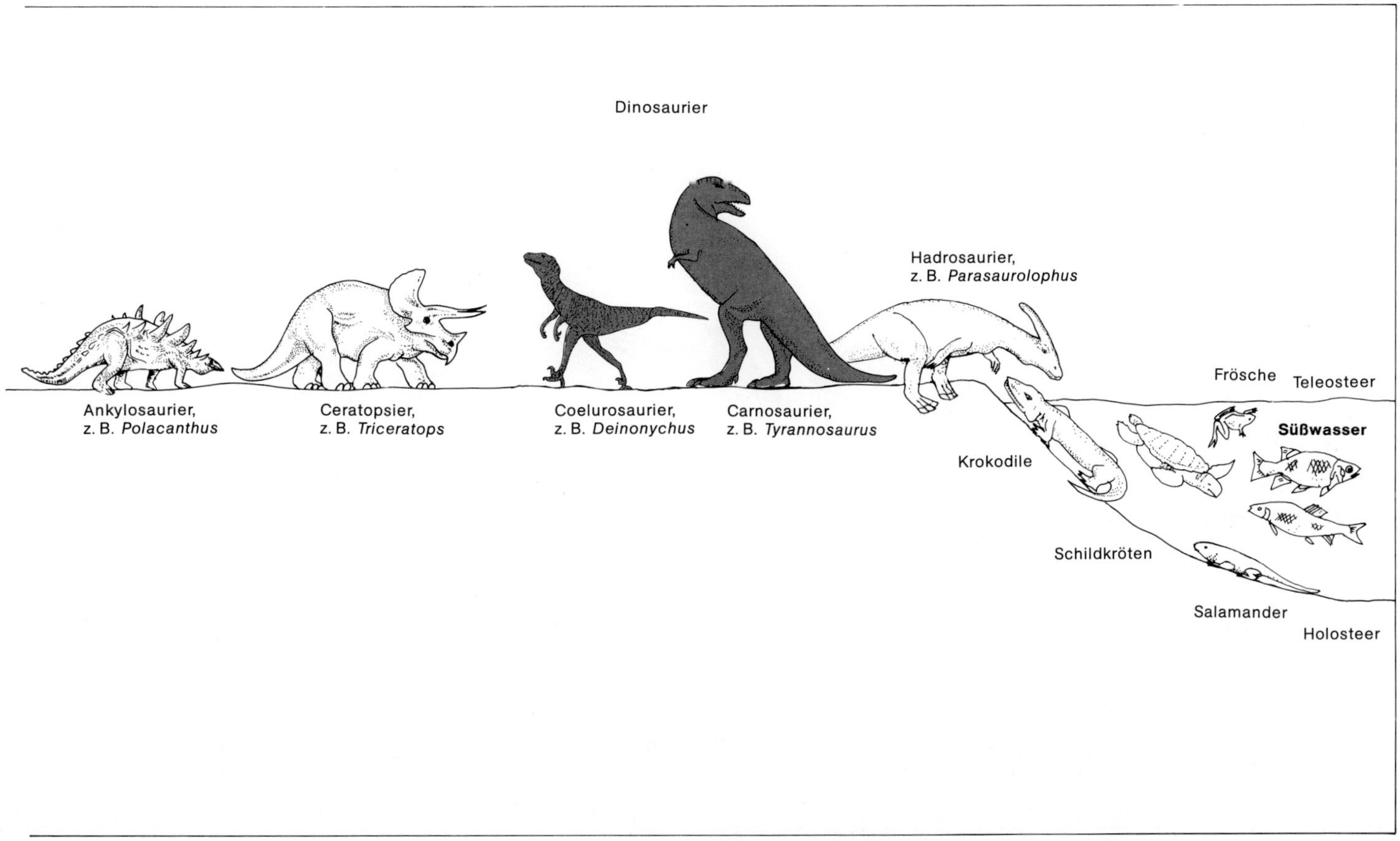
Dinosaurier
Hadrosaurier,
z. B. *Parasaurolophus*
Ankylosaurier,
z. B. *Polacanthus*
Ceratopsier,
z. B. *Triceratops*
Coelurosaurier,
z. B. *Deinonychus*
Carnosaurier,
z. B. *Tyrannosaurus*
Frösche
Teleosteer
Süßwasser
Krokodile
Schildkröten
Salamander
Holosteer

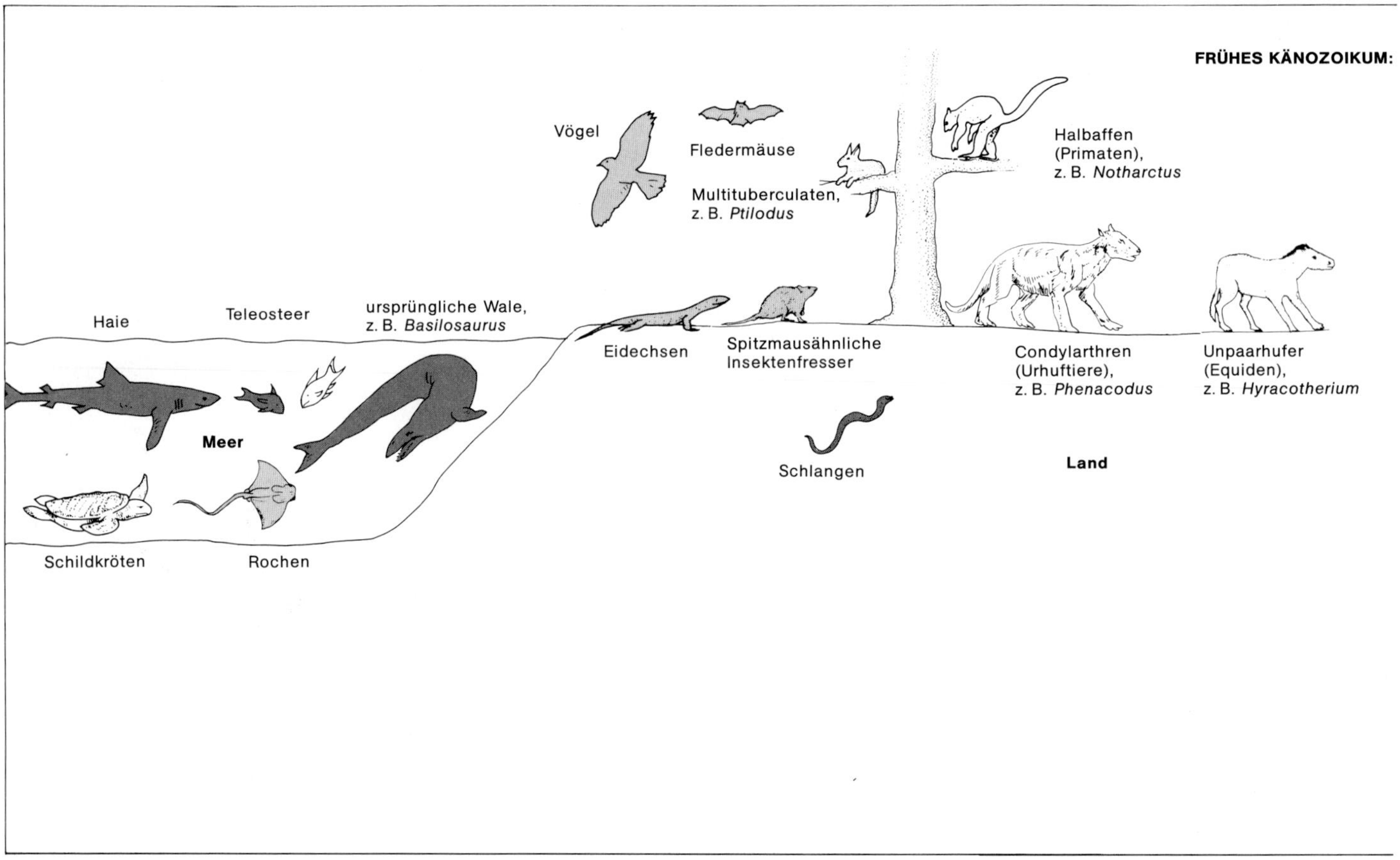
FRÜHES KÄNOZOIKUM:
Vögel
Fledermäuse
Multituberculaten,
z. B. Ptilodus
Halbaffen
(Primaten),
z. B. Notharctus
Haie
Teleosteer
ursprüngliche Wale,
z. B. Basilosaurus
Eidechsen
Spitzmausähnliche
Insektenfresser
Condylarthren
(Urhuftiere),
z. B. Phenacodus
Unpaarhufer
(Equiden),
z. B. Hyracotherium
Meer
Schlangen
Land
Schildkröten
Rochen

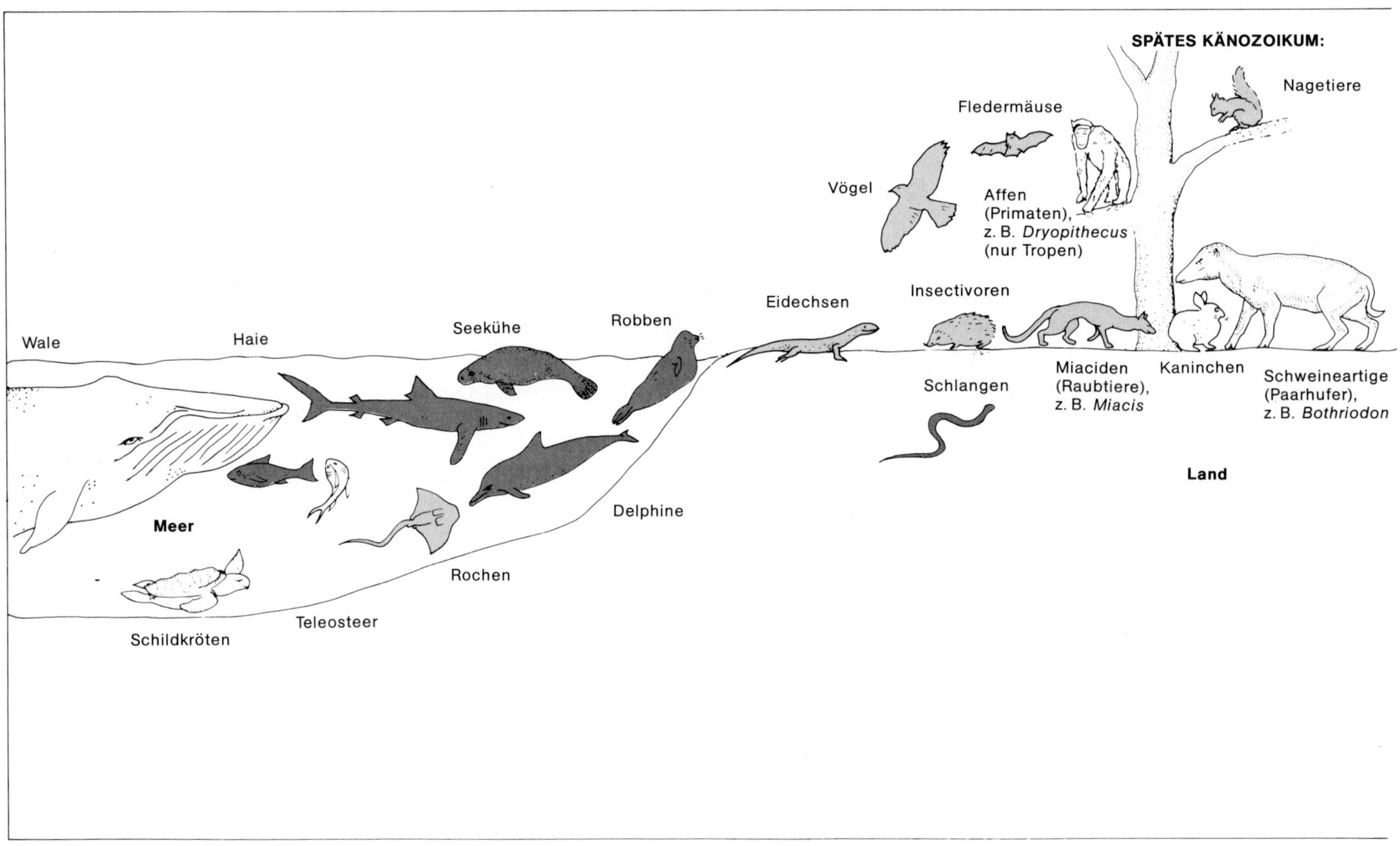
SPÄTES KÄNOZOIKUM:
Nagetiere
Fledermäuse
Vögel
Affen
(Primaten),
z. B. Dryopithecus
(nur Tropen)
Insectivoren
Eidechsen
Wale
Haie
Seekühe
Robben
Miaciden
(Raubtiere),
z. B. Miacis
Kaninchen
Schweineartige
(Paarhufer),
z. B. Bothriodon
Schlangen
Land
Meer
Delphine
Rochen
Schildkröten
Teleosteer

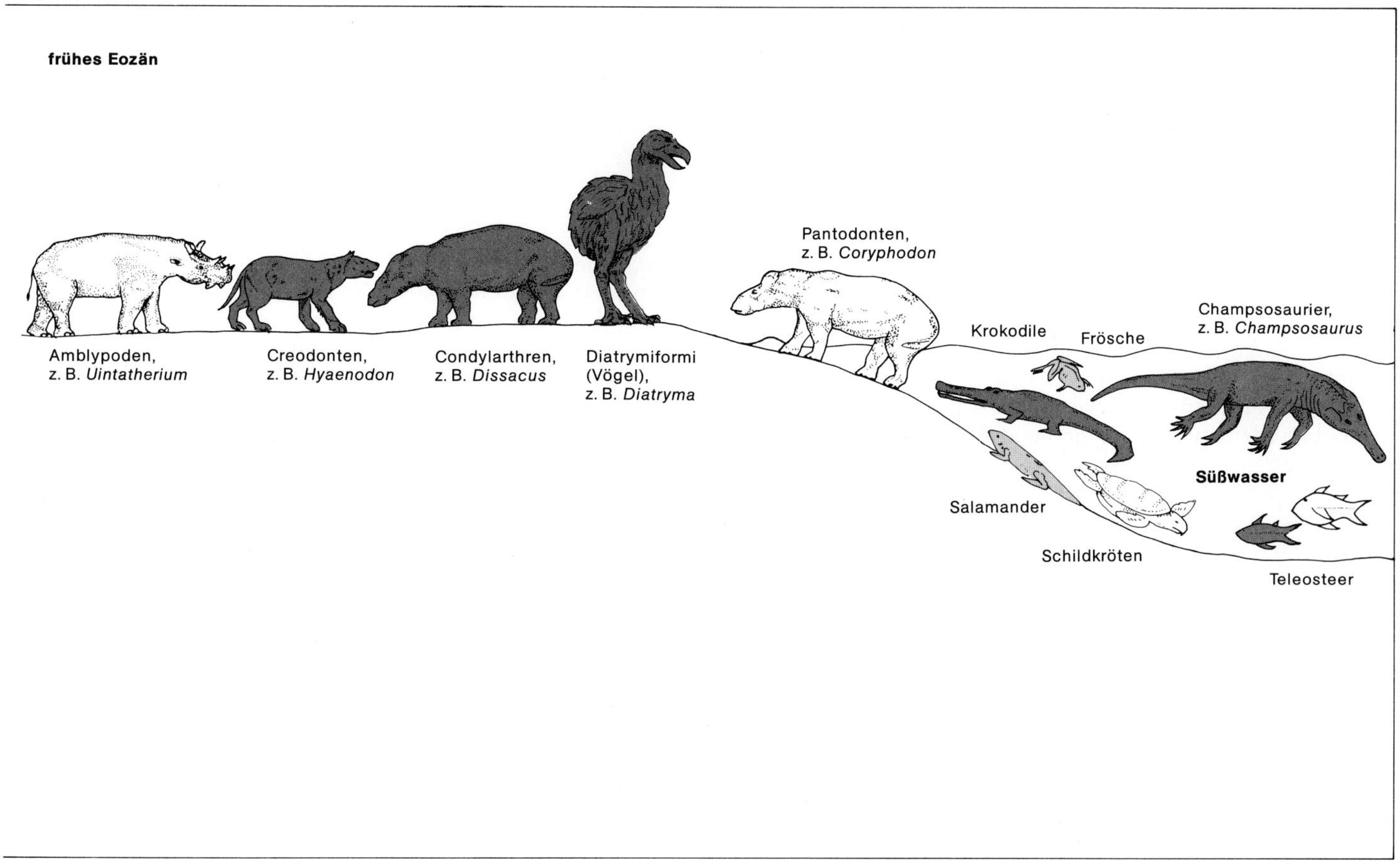
frühes Eozän
Amblypoden, z. B. *Uintatherium*
Creodonten, z. B. *Hyaenodon*
Condylarthren, z. B. *Dissacus*
Diatrymiformi (Vögel), z. B. *Diatryma*
Pantodonten, z. B. *Coryphodon*
Krokodile
Frösche
Champsosaurier, z. B. *Champsosaurus*
Süßwasser
Salamander
Schildkröten
Teleosteer

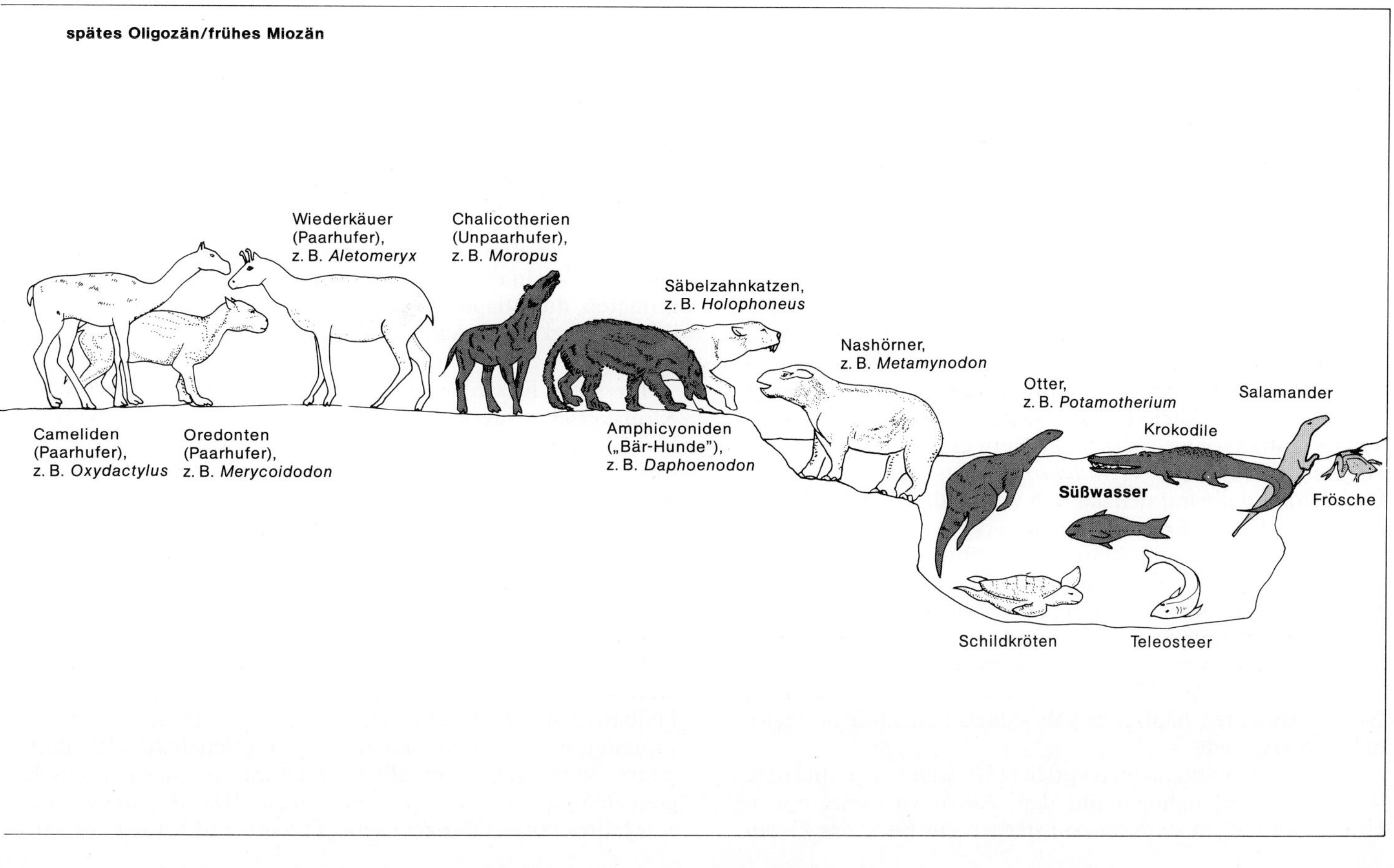
spätes Oligozän/frühes Miozän
Wiederkäuer (Paarhufer), z. B. *Aletomeryx*
Chalicotherien (Unpaarhufer), z. B. *Moropus*
Säbelzahnkatzen, z. B. *Holophoneus*
Nashörner, z. B. *Metamynodon*
Otter, z. B. *Potamotherium*
Salamander
Krokodile
Cameliden (Paarhufer), z. B. *Oxydactylus*
Oredonten (Paarhufer), z. B. *Merycoidodon*
Amphicyoniden („Bär-Hunde"), z. B. *Daphoenodon*
Süßwasser
Frösche
Schildkröten
Teleosteer

im Mittelpaläozän Nordamerikas setzten sich meist fast ausschließlich aus laubabwerfenden Arten zusammen; im späten Paläozän jedoch war ein Drittel der Bäume immergrün. In Verbindung damit erschienen Palmen, Cycadeen und andere nicht frostresistente Formen. Schließlich tauchten dann in den Wäldern des frühen Eozän von Nordamerika die ersten subtropischen Elemente auf: Lianen und Bäume wie z. B. Lorbeer und *Cinnamomum*-Arten (Zimtbaum). Tiere und Pflanzen, die heute nur in der äquatorialen Zone leben, sind vom frühen bis zum mittleren Eozän sogar innerhalb des Polarkreises bekannt. Die typischen Floren der Niederungen bestanden weitgehend aus tropischen Pflanzen (Palmen!), die in ausgedehnten Sumpfgebieten wuchsen, während die Floren der höher gelegenen Gebiete eine größere Vielfalt subtropischer und warmgemäßigter Pflanzen wie Buche und Kiefer zeigten.

Die ungewöhnliche Mischung tropischer und subtropischer Elemente in den nördlichen Breiten während des Eozäns läßt vermuten, daß die mittlere Jahrestemperatur dieser Gebiete nicht so hoch wie in den heutigen Tropen war, daß jedoch mehr Niederschläge fielen, als dies heute in diesen nördlich gelegenen Gebieten der Fall ist, daß diese Niederschläge nicht jahreszeitlich verteilt waren, und daß winterliche Fröste fehlten.

Die Ausbreitung tropischer Vegetation im Eozän über die nördlichen Breiten hinaus führte auch zur Verbreitung einer völlig neuen Säugerfauna. Dies mag allerdings eher auf eine Einwanderung aus den mittelamerikanischen Tropen als auf eine schnelle Evolution innerhalb der gemäßigten Zonen zurückzuführen sein. Die Landbrücke zwischen Nordamerika und Europa bildete sich zu Beginn des Eozäns mehr und mehr heraus, was eine starke Vermischung der Faunen zur Folge hatte. Diese Verbindung brach jedoch im Mitteleozän wieder ab.

Im frühen Eozän erschien eine Reihe moderner Säugerordnungen, unter ihnen die Fledermäuse, die Wale und – besonders bemerkenswert – die Perissodactyla (Unpaarhufer), zu denen z. B. die Pferde und die Nashörner gehören sowie die Artiodactyla (Paarhufer), zu denen die Schweine, Kamele und Antilopen gezählt werden. Bis zum Ende des Eozäns waren die Paarhufer nur durch kleine, allesfressende Formen vertreten. Die Unpaarhufer jedoch entwickelten sich schnell zu kleinen bis mittelgroßen, sich von Blättern ernährenden Formen. Hierher gehören das *Hyracotherium* (aus der Familie der Equiden) und die mit den Tapiren verwandte Gattung *Homogalax.* Die Unpaarhufer waren die ersten Säuger, die faserreiche Pflanzenteile und Blätter als Nahrung verwerten konnten. In den Wäldern des Eozäns, die offenbar trockener waren als im Paläozän, war das Blätterdach wohl weniger dicht und eher von Lichtungen unterbrochen, so daß für am Boden lebende Säuger nun viel mehr Unterwuchs als Nahrung zur Verfügung stand. Die Unpaarhufer waren im Eozän auf allen Nordkontinenten häufig; es gab jedoch beträchtliche regionale Unterschiede.

Die noch vorhandenen pflanzenfressenden Urhuftiere (Condylarthren) nahmen mit dem Auftreten dieser neuen Huftierordnungen stark ab und starben am Ende des Eozän aus. Eine Reihe von Huftieren aus der Gruppe der Amblypoden hielt sich in Nordamerika bis zum Ende des Eozäns. Sie entwickelten Formen mit bizarren Horngebilden wie beispielsweise das im gesamten nashornähnliche, jedoch mit hauerartigen Eckzähnen ausgestattete *Uintatherium.* Das flußpferdähnliche *Coryphodon* war ebenfalls über die nördlichen Kontinente verbreitet. Alle Amblypoden starben am Ende des Eozäns aus.

Die vorherrschenden Fleischfresser waren die Hyaenodonten, Creodonten mit verhältnismäßig langen Gliedmaßen und kräftigen Kiefern. Sie waren vielleicht die ersten Tiere, die in Rudeln jagten, auch wenn ihnen das für heutige soziallebende Raubtiere typische relativ große Gehirn fehlt. Die fleischfressenden Condylarthren waren daneben immer noch auf der gesamten Nordhalbkugel verbreitet.

Die Nagetiere erschienen zuerst im späten Paläozän und entwickelten sich im Eozän weiter. Sie lassen sich charakterisieren durch meißelartige, ständig wachsende Schneidezähne (Nagezähne) und durch Backenzähne (Mahlzähne), die eher durch vor- und zurückgerichtete als durch seitliche Bewegungen (Huftiere!) des Unterkiefers die Nahrung zerkleinern. Die Radiation der Primaten und der Nagetiere im Eozän führte wahrscheinlich zum Aussterben der Multituberculaten, die während der Kreide und während des Paläozäns in den Nischen für kleine Allesfresser bzw. Pflanzenfresser in mannigfachen Formen erfolgreich gewesen waren. Die modernen Überfamilien der Nager (eichhörnchenähnliche Formen, Mäuse und Ratten sowie die südamerikanischen Caviomorphen) erschienen zu Beginn des Oligozäns. Sie erreichten eine beträchtliche Formenvielfalt und waren sehr erfolgreich, blieben jedoch bis heute kleine Tiere und – mit Ausnahme einiger südamerikanischer Formen – begrenzt auf ihre Allesfresser-/Pflanzenfresser-Nischen.

Die paläozänen nagetierähnlichen Primaten erwiesen sich aufgrund der Radiation der echten Nager als wenig erfolgreich. Im Eozän erschienen mit modernen Formen verwandte Primaten, die Adapiden, die wahrscheinlich zu den Lemuren führten, und die Omomyiden, vermutlich die Vorläufer aller anderen höheren Primaten.

Im späten Eozän begann die für das weitere Tertiär typische Klimaverschlechterung. Das Klima der nördlichen Breiten änderte sich insofern, als es im wesentlichen nicht mehr gleichförmig war, sondern durch deutliche Jahreszeiten mit kalten, das Wachstum der Pflanzen unterbrechenden Wintern geprägt wurde. Die Gründe für diese starken Veränderungen im Klima der Erde sind letztlich unbekannt. Möglicherweise hängen sie mit einer Änderung in der Neigung der Erdachse von der Vertikalen zur heutigen Neigung von 23,5° oder mit einer Schwankung der Strahlungsintensität der Sonne zusammen.

Die Klimaverschlechterung war die Ursache für die Abnahme und möglicherweise auch das Verschwinden der Halbaffen aus den nördlichen Breiten am Ende dieser Epoche. Primaten brauchen eine relativ weiche pflanzliche Nahrung; zudem vermögen sie im allgemeinen nur in einer klimatisch gleichmäßigen Umwelt zu überleben, in der während des ganzen Jahres junge Pflanzentriebe, Früchte und Samen zur Verfügung stehen. Im Eozän teilten die baumlebenden Primaten diese Pflanzenfresser-/Allesfresser-Nahrung mit den kleinen bodenlebenden Paarhufern. Als die Zahl der baumlebenden Primaten jedoch im späten Eozän zurückging, nahmen die Paarhufer an Körpergröße zu und vermochten nun mannigfache freigewordene Pflanzenfresser-Nischen zu besetzen.

Das Oligozän

Die Klimaänderung am Ende des Eozäns führte zu einem bedeutenden Wandel auch der Vegetation auf der Nordhalbkugel zu Beginn des Oligozäns. Am Ende des Oligozäns wurde es dann geringfügig wärmer, jedoch trockener als in den warmgemäßigten Sumpfwäldern des Paläozäns.

Im Oligozän vollzog sich die Hauptevolution und Hauptausbreitung der Angiospermen. Die Vegetation der höheren Breiten auf der Nordhalbkugel wandelte sich von einem im wesentlichen breitblättrigen immergrünen Wald zu einem eher lockeren Mischwald mit teils immergrünen, teils laubabwerfenden breitblättrigen Arten. Diesen Waldtyp gibt es noch heute in einigen Reliktarealen, wie z. B. auf der Nordinsel von Neuseeland und an der Spitze des südafrikanischen Kaplandes. Die Flora Nordamerikas setzte sich aus einem Mosaik subtropischer (z. B. Cashew-Nußbaum, Litchi) und gemäßigter Elemente (z. B. Rose, Buche und Kiefer) zusammen. Die Hülsenfrüchtler (Leguminosen), zu denen beispielsweise Erbsen und Bohnen gehören, waren häufig, ebenso die Seggen, Binsen und eine Vielfalt von Farnen. Gräser, die im Eozän zunächst typische Pflanzen der Gewässerränder waren, wurden nun an offenen Standorten häufiger.

Nordamerika stellte im Oligozän eine recht stabile Landmasse dar; Europa hingegen bestand während der ganzen Epoche aus einer Anzahl von Inseln, deren Größe und Lage sich im Zuge der wechselnden Höhe des Meeresspiegels änderte. Damals erstreckte sich ein Meeresarm von der Nordsee bis zur Tethys, die etwa dort lag, wo sich heute das Mittelmeer befindet, dabei allerdings wesentlich größer war. Diese Meerestransgressionen scheinen Eurasien von den Klimaveränderungen im späten Eozän weitgehend abgekoppelt zu haben. Während das Klima in Nordamerika kühler, trockener und mehr jahreszeitlich geprägt wurde, zeigen Flora und Fauna, daß dieser Wandel in Eurasien weniger deutlich war. Das europäische Oligozän behielt einen ausgeprägteren subtropischen Charakter mit Palmen, Korallen und Krokodilen. Freilich ist auch hier eine allgemeine Abnahme der Palmen und anderer tropischer Pflanzen und eine zahlenmäßige Zunahme von eher gemäßigten Arten festzustellen.

Die Paarhufer scheinen nun im mittleren Tertiär die Unpaarhufer als vorherrschende Pflanzenfresser mittlerer Größe abzulösen. Die Nischen für Allesfresser wurden durch die Schweine besetzt, die die kurzen Gliedmaßen und die niederkronigen Zähne beibehielten, die Nischen für Blattfresser in den subtropischen und den gemäßigten Gebieten wurden dagegen von den Wiederkäuern eingenommen. Viele von ihnen entwickelten lange Gliedmaßen und hochkronige Zähne, was eine Parallele zu zahlreichen Unpaarhufern darstellt. Weidegänger unter den Unpaarhufern, vor allem bestimmte Vertreter der Equiden und Nashörner, blieben jedoch bis zum Ende des Miozäns ein wichtiger Teil der Fauna.

Heutige Wiederkäuer (Ruminantier, z. B. Kamele, Hirsche und Rehe, Giraffen und Rinder) besitzen einen kompliziert gebauten Vormagen, den Pansen, für den Abbau der Cellulose, die einen wichtigen Bestandteil der pflanzlichen Zellwand darstellt. Wirbeltiere sind nicht in der Lage, ein Cellulose abbauendes Enzym zu produzieren (s. Kap. 5.4). Aufgenommenes Pflanzenmaterial muß daher mit Hilfe symbiontischer Mikroorganismen im Darm aufgeschlossen werden. Die Wiederkäuer würgen ihre Nahrung wieder hervor und kauen sie noch einmal eine gewisse Zeit. Dieses bei den nordamerikanischen Cameliden und den eurasischen eigentlichen Wiederkäuern offensichtlich unabhängig voneinander entwickelte Wiederkäuen steht in deutlichem Gegensatz zum Verdauungssystem bei den Unpaarhufern, z. B. bei den Pferden und Nashörnern. Dort wird die Nahrung nur einmal gekaut und dann in einer Kammer im Dickdarm oder im Enddarm endgültig aufgeschlossen.

Die im frühen Oligozän Europas lebenden Unpaarhufer waren mit Pferden und Tapiren verwandte Formen, während die Paarhufer – insbesondere die stärker spezialisierten Arten – wahrscheinlich in verwandtschaftlicher Beziehung zu den Kamelen standen. Im mittleren Oligozän begann die Turgai-Meeresenge zwischen Europa und Asien zu verschwinden. Die europäischen Formen wurden nun durch asiatische Unpaarhufer (Nashörner und Chalicotherien) und Paarhufer (Wiederkäuer und schweineähnliche Formen) ersetzt. Der vorherrschende Lebensraum scheinen lichte Wälder gewesen zu sein.

Im nordamerikanischen Oligozän erschienen erstmals Tiere offener Lebensräume, so z. B. das gazellenähnliche, zu den Kamelen gehörende *Poëbrotherium.* Die Pferde, so z. B. das dreizehige *Mesohippus,* dürften schafgroße Waldweidetiere gewesen sein. Große, nashornähnliche Brontotherien, Unpaarhufer mit paarigen Nasenhörnern, waren im frühen Oligozän häufig, starben jedoch im mittleren Oligozän aus. Die im Eozän weltweit häufigen Tapiriden wurden im Oligozän selten, während die Nashörner eine häufige und erfolgreiche Gruppe dieser Zeit waren. Zu ihnen gehören z. B. das kuhgroße, hornlose Nashorn *Trigonias* sowie zwei weitere hornlose Nashorngruppen, die in der Alten wie in der Neuen Welt vertreten sind: die großen, flußpferdähnlichen Amynodonten und die ponygroßen, langbeinigen Hyracodonten, die sich in vieler Hinsicht parallel zu den Pferden entwickelten.

Die häufigsten Tiere Nordamerikas waren damals die Oreodonten, wie z. B. *Merycoidodon,* schafgroße Wiederkäuer, die wahrscheinlich in Herden durch lichte Wälder und über offenes Land zogen. Zu den schweineartigen Paarhufern gehörten sehr große Formen, wie etwa das einem büffelgroßen Warzenschwein ähnliche *Dinohyus,* sowie kleinere Vertreter der Nabelschweine. Kaninchen, die zum ersten Mal im Paläozän von Asien erscheinen, wurden während des Oligozäns in Nordamerika und in Europa zu häufigen Tieren.

Im mittleren Tertiär verschwanden die Creodonten und die

fleischfressenden Condylarthren von der Nordhalbkugel, einige Formen hielten sich in Afrika bis zum Ende des Tertiärs. Die wichtigsten Fleischfresser des Oligozäns gehörten zu zwei heute ausgestorbenen Raubtierfamilien, den Amphicyoniden und den Nimraviden. Die Amphicyoniden („Bär-Hunde") hatten die Größe von Wölfen, waren jedoch schwerer gebaut. Die meisten von ihnen waren wahrscheinlich Aasfresser, andere, wie *Daphoenodon,* dürften jedoch aktive Räuber gewesen sein. Die säbelzähnigen Nimraviden, wie *Nimravus* und *Hoplophoneus,* gleichen auf den ersten Blick echten Katzen und werden oft mit den echten Säbelzahnkatzen wie etwa dem tertiären *Nimravides* und dem pleistozänen *Smilodon* verwechselt. Bei diesen oligozänen Formen handelt es sich jedoch vermutlich in Wirklichkeit um eine frühe Entwicklungsphase hundeartiger Raubtiere. Die Nimraviden waren sämtlich kurzbeinige Tiere, die aus dem Hinterhalt jagten. Man kann sie von echten Katzen dadurch unterscheiden, daß sie am Unterkiefer Wülste entwickelt haben, die den Säbelzahn bei geschlossenem Maul schützten. Die echten Hunde und Katzen waren während dieser Zeit kleine, unspezialisierte Tiere und entwickelten sich erst später weiter.

Mitteltertiäre Faunen in Afrika

Der erste Nachweis tertiärer Faunen in Afrika kommt aus dem frühen Oligozän und zeigt eine große Zahl endemischer Huftiere, so z. B. eine Vielfalt von Rüsseltieren und klippschlieferartigen Huftieren, die zu den heutigen Klippschliefern hinführen. Ferner waren verschiedene Nager, insektenfressende Elefantenspitzmäuse, Erdferkel und altweltliche Primaten, unter ihnen auch frühe Menschenaffen wie *Aegyptopithecus* vertreten. Auch Einwanderer aus Europa kamen zu dieser Zeit vor. Zu ihnen gehören fleischfressende Creodonten und Condylarthren sowie allesfressende Anthracotherien, ausgestorbene, mit den Schweinen verwandte Tiere. Über spätoligozäne Faunen ist nur wenig bekannt; die weite Ausdehnung der Tethys im heutigen Mittelmeergebiet verhinderte wohl einen freien Austausch zwischen den europäischen und afrikanischen Faunen, auch wenn sich einige Einwanderungen nachweisen lassen.

Die afrikanischen Faunen des frühen Miozäns weisen auf einen Lebensraum mit lichten Wäldern hin; die pflanzlichen Funde zeigen, daß an den Küsten der Tethys lorbeerblättrige, immergrüne Wälder wuchsen und daß die Sommer gleichförmig und warm waren. Die Großtierfauna wurde vorwiegend von Nashörnern und Deinotherien gestellt, Rüsseltieren mit nach unten gerichteten Unterkiefer-Stoßzähnen. Nach ihren Nahrungsnischen können offenbar drei Hauptgruppen der Rüsseltiere unterschieden werden: Die Deinotherien ernährten sich von Blättern, die Mastodonten waren mehr allesfressende Weidetiere und die jungtertiären Elefanten vorwiegend Grasfresser. Andere große, sich von Zweigen und Blättern ernährende Tiere („Laubfresser") waren die Chalicotherien, eine Gruppe von Unpaarhufern, die statt Hufen Klauen besaßen, mit denen sie höher stehende Zweige herabziehen konnten, wobei sie sich auf die Hinterbeine stellten. Eine Vielfalt kleinerer Pflanzenfresser besetzte die Nischen in Bodennähe; die Bäume beherbergten die Halbaffen und kleine Menschenaffen (Hominoidea, s. Kap. 14.4). Die großen Nischen für Fleischfresser waren besetzt von den Creodonten, die kleinen Nischen von Vorläufern der Mungos und der Ginsterkatzen.

Im späten Miozän wurde die Tethys in ihrer Ausdehnung kleiner. Es vollzog sich ein bemerkenswerter Austausch von Tieren und Pflanzen zwischen Eurasien und Afrika. Die damals verbreiteten lichten Wälder mit hart- und kleinblättrigen Bäumen weisen auf kühlere und trockenere Klimaverhältnisse hin, wobei die Sommer jedoch warm blieben. Das Aufsteigen des ostafrikanischen Grabensystems während des Miozäns führte zu einer Verminderung der Niederschläge auf der Ostseite des Kontinents. Dies wiederum begünstigte die Ausdehnung offener Grasländer, der Savannen (s. Kap. 8.10). Die Kombination aus unterschiedlichen und vielschichtigen lichten Wäldern und aus den sich neu bildenden Savannen führte zu einer im Vergleich zu den heutigen Verhältnissen größeren Vielfalt von Biotopen. Im Gegensatz zu den heutigen afrikanischen Savannen beherbergten die damaligen Gebiete viele große, sich von Zweigen und Blättern ernährende Tiere.

Die mittel- und jungtertiären Faunen Afrikas waren von rinderartigen Wiederkäuern, wie den Antilopen, und durch eine große Vielfalt von giraffenartigen Tieren beherrscht. Zu ihnen gehören die elchähnlichen Sivatherien, die am Ende des Tertiärs ausstarben. Zum ersten Mal läßt sich das Flußpferd nachweisen. Die fleischfressenden Creodonten wurden durch Katzen und heutigen Hyänen ähnliche Formen ersetzt. Die Vielfalt der Menschenaffen nahm im späten Miozän wieder ab (s. Kap. 14.4); vertreten waren nur noch große, sich quadruped fortbewegende Menschenaffen, wie die Gorillas und die Schimpansen, und bipede bodenlebende Vorfahren des Menschen. Die kleinen Nischen auf Bäumen, ursprünglich besetzt von frühen Menschenaffen, wurden nun durch kleinere Affen eingenommen, die sich von Blättern und Früchten ernährten.

Jungtertiäre Floren und Faunen auf der Nordhalbkugel

Zu Beginn des Miozäns begannen subtropische Elemente von der Nordhalbkugel zu verschwinden, dafür erschienen Nadelwälder und Grassteppen. In Eurasien nahmen gemäßigte Arten (wie Kiefer, Erle, Ulme und Buche) zu, obgleich sich – wohl durch den Einfluß der Tethys – im Miozän hier subtropische Elemente länger hielten als in Nordamerika. Trotz des kühlen Klimas und des sich ausbreitenden Graslandes in Nordamerika weisen Bäume auf der Westseite des Kontinents, wie Amberbaum *(Liquidambar)* und Tupelo *(Nyssa),* auf höhere Jahresniederschläge als heute hin.

Eine Reihe von Nagern wanderte nach Nordamerika ein, ein dreizehiges, von Zweigen und Blättern sich ernährendes Pferd, *Anchitherium,* nach Eurasien und Afrika. Während des frühen Miozäns erschienen in Nordamerika verschiedene

a

b

Abb. 14-13. Die zwei heute noch lebenden Vertreter der Kloakentiere (Monotremen). (a) Schnabeltier *(Ornithorhynchus anatinus),* (b) Schnabeligel *(Tachyglossus aculeatus).*

Nashornformen und Raubtiere aus der Alten Welt. Außerdem traten in dieser Zeit erste Meeressäuger auf, unter ihnen Wale, Delphine, Seehunde und Seelöwen.

Während im Miozän von Eurasien Cerviden (Hirsche) sowie verschiedenartige Suiden (Schweine) die beherrschenden Tiere waren, setzten sich die frühmiozänen Faunen Nordamerikas vor allem aus Oreodonten, Equiden (Pferde) und Cameliden (Kamele) zusammen. Zu den jungen Einwanderern aus Eurasien nach Nordamerika gehören verschiedene Linien von mit den Hirschen verwandten Wiederkäuern: kleine Formen ohne Geweih, die mit größerem Gehörn ausgestatteten Dromomeryciden – einige von ihnen besaßen ein drittes Horn auf dem Hinterkopf – und die kleinen bis mittelgroßen Gabelböcke (Antilocapriden). Von diesen Einwanderern überlebte bis heute nur die Gabelantilope des amerikanischen Westens (Abb. 8-16). Trotz dieser Vielfalt stellten die gehörnten Wiederkäuer in Nordamerika nur einen Anteil von rund 15 % an der gesamten Huftierfauna, während etwa im heutigen Afrika die horntragenden Antilopen über 80 % der dortigen Huftiere ausmachen.

Die mittelmiozänen Faunen Nordamerikas umfaßten eine Vielfalt von Laubfressern in lichten Wäldern und in mehr offenen Biotopen. Dort waren zudem zahlreiche Grasfresser vertreten. Zu den sich von Zweigen und Blättern ernährenden Tieren gehörten Oreodonten, Dromomeryciden, klauentragende Chalicotherien und kleine Nashörner. Die mehr offenen Biotope wurden von Pferden, wie etwa *Merychippus,* Gabelböcken und Kamelen bewohnt. Die Kamele besetzten eine Vielfalt von Pflanzenfresser-Nischen – vergleichbar den heutigen Antilopen in Afrika – und umfaßten kleine, grasfressende, gazellenähnliche und größere laubfressende Formen. Katzenähnliche Nimraviden drangen offensichtlich in die Wälder ein, wo sie auf die laubfressenden Tiere Jagd machten. Die Amphicyoniden („Bär-Hunde") dagegen lebten als Jäger oder Aasfresser in den mehr offenen Biotopen.

Dieses Gleichgewicht im Bereich der einzelnen Biozönosen wurde offenbar durch die Ankunft der Mastodonten aus Afrika über Eurasien gestört. Von den anderen Gruppen der Rüsseltiere erreichten die Elefanten Nordamerika erst im Pleistozän, während die Deinotherien die Alte Welt nie verlassen haben. Das Erscheinen der Mastodonten während des mittleren Miozäns fällt zeitlich mit einer tiefgreifenden Änderung in der Vegetationsstruktur zusammen – die lichten Waldgebiete wurden durch mehr offenes Grasland ersetzt – vielleicht ist es sogar eine Ursache davon. Dieser Verlust an Wald-Habitaten führte bis zum Ende des Miozäns zur Abnahme und in vielen Fällen zum Aussterben der Waldfauna. Große, als Grasfresser lebende und damit für offene Savannen typische Nashörner erschienen als Einwanderer aus Eurasien und verdrängten die kleineren, laubfressenden Formen der Waldgebiete. Das wichtigste Ereignis war allerdings die Radiation der in offenen Biotopen lebenden Pferde, wobei sich eine große Zahl kleiner und mittelgroßer Weidegänger wie *Calippus* und *Neohipparion* entwickelten, die allmählich die Faunen beherrschten. Einige große waldlebende, laubfressende Pferde wie *Hypohippus* konnten sich jedoch bis zum Ende des Miozäns halten.

Eine Linie dreizehiger grasfressender Equiden, vertreten z. B. durch *Hipparion,* wanderte im späten Miozän in Richtung Eurasien und Afrika, auch hier wohl im Zusammenhang mit dem auf diesen Kontinenten sich ebenfalls entwickelnden offenen Grasland. Die Fauna der Alten Welt umfaßte zahlreiche solcher Equiden, außerdem große, grasfressende Antilopen, wie das Gnu, und laubfressende Huftiere. Im Pleistozän wurden *Hipparion* und seine Nachfahren in der Alten Welt durch die nur noch einen Zeh aufweisende moderne Gattung *Equus* ersetzt.

Die Cameliden nahmen in den nordamerikanischen Faunen an Größe zu, in ihrer Vielfalt jedoch ab. Einige Formen, z. B. *Alticamelus,* erreichten giraffenähnliche Proportionen, andere Formen wie *Megatylopus* waren plumper gebaut, jedoch viel größer als heutige Kamele. Die aasfressenden und in Rudeln jagenden „Bär-Hunde" verschwanden im späten Miozän. Es erschienen nun Hunde mit hohen, schweren Schädeln, die Borophaginen. Die Vorläufer der modernen Caniden erreichten zu dieser Zeit etwa die Größe heutiger Terrier. Die Nische aktiver Räuber war im Tertiär von Hyänen besetzt, Bären und echte Katzen waren nun in den Faunen der nördlichen Breiten der Alten Welt häufig.

Das Pliozän ist durch eine umfassende Klimaverschlechterung auf der Nordhalbkugel gekennzeichnet. Die Laubmischwälder verschwanden allmählich und wurden durch eine Vegetation aus Kiefern und krautigen Pflanzen ersetzt. Im Gebiet der heutigen Sowjetunion und Nordamerikas wurden die Sommer sehr trocken, was zur Ausbildung von Halbwüsten führte. Die Mannigfaltigkeit der Tierwelt in den nördlichen Breiten verringerte sich infolge dieser Klimaänderung beträchtlich. Die Vielfalt der Pferde, Kamele und Mastodonten des späten Miozän reduzierte sich auf wenige große Vertreter jeder Gruppe. Demgegenüber blieb die Formenvielfalt der Gabelböcke (Antilocapriden) weitgehend erhalten. Die meisten laubfressenden Huftiere in Nordamerika, unter ihnen die Nashörner, starben aus. Eine Reihe von Cerviden allerdings erschienen im späten Pliozän als Einwanderer aus Eurasien und blieben bis heute erhalten. Echte Caniden, wie etwa die Wölfe, wurden die auf der gesamten Nordhalbkugel vorherrschenden, in Rudeln lebenden Fleischfresser. Tiere der mehr tropischen lichten Wälder wie Giraffen und Deinotherien wurden während des Pliozäns im nördlichen Eurasien sehr selten.

Am Ende des Tertiärs entsprachen Klima- und Vegetationszonen sowie die Tierformen im wesentlichen den heutigen Verhältnissen.

Tertiäre Faunen der Südhalbkugel

Die Südkontinente waren die wichtigsten Gebiete für die nachmesozoische Radiation der Beuteltiere. Bis zum Ende der Kreide waren zwar in Nordamerika die Marsupialier häufig und als klein bleibende Tiere der nördlichen Faunen bis zum Miozän durchaus vertreten; mittelgroße und große Formen jedoch erschienen nur in Südamerika und besonders in Australien, wo sie bis heute die wichtigsten Säuger geblieben sind. Die einzige Gruppe der nicht zu den Theria gehörenden Säuger, die eierlegenden Kloakentiere (Monotremen), gibt es heute nur in Australien. Zu ihnen gehören der sich von Ameisen ernährende Ameisenigel und das otterähnliche, amphibisch lebende Schnabeltier (Abb. 14-13).

Man nimmt heute an, daß die Beuteltiere während des späten Mesozoikums oder des frühen Tertiärs von Südamerika über Antarktika nach Australien gewandert sind, bevor die Südkontinente sich trennten und Antarktika in die heutige Stellung über den Südpol gelangte, was dann zur Bildung einer polaren Eiskappe führte. Es ist nicht bekannt, warum die plazentalen Säugetiere nicht dem gleichen Wanderweg folgten. Das Verbreitungsmuster der Säuger läßt vermuten, daß die Wanderung mit Schwierigkeiten verbunden war, wobei möglicherweise nur wenige Individuen Australien erreichten.

Die Marsupialier gebären ihr Junges in einem sehr frühen Entwicklungsstadium und behalten es so lange in einem Beutel, bis es groß genug ist, um sich selbst zu versorgen. Dieses Verhalten ist an fossilen Skeletten nicht nachweisbar; fossile Beuteltiere werden vielmehr anhand von Merkmalen des Gebisses und nach der Anatomie ihres Schädels bestimmt. Die Art der Marsupialier-Brutpflege war möglicherweise auch typisch für die gesamten altertümlichen Theria. Hieraus dürfte sich dann bei den plazentalen Säugetieren die Strategie entwickelt haben, ihr Junges für eine längere Zeit geschützt im Mutterleib zu tragen. Der Reproduktionstyp der Marsupialier mag allerdings unter bestimmten Umständen gegenüber dem der Plazentalier ein Vorteil gewesen sein, so können beispielsweise einige Arten der Beuteltiere ihr teilweise entwickeltes Junges für mehrere Monate oder länger in ihrem Beutel tragen. Die Embryonen befinden sich dabei in einer Art latenten Lebenszustand (Diapause) und können sich bei günstigen Bedingungen weiterentwickeln. Marsupialier können auch unter ganz schlechten Bedingungen halbentwickelte Junge aus dem Beutel abstoßen. Dies könnte man als bessere Anpassung der Marsupialier gegenüber den Plazentaliern an das rauhe, durch sehr ausgeprägte jahreszeitliche Schwankungen gekennzeichnete Klima Australiens interpretieren.

Ein möglicher Nachteil der Marsupialier-Fortpflanzung ist die Tatsache, daß das neugeborene Junge über gut entwickelte Vordergliedmaßen verfügen muß, damit es unmittelbar nach der Geburt am Beutel hochklettern kann. Dies mag die weitere Evolution der Vordergliedmaßen begrenzt haben und ist möglicherweise die Ursache dafür, daß bei den Marsupialiern die Finger der Vorderextremitäten nicht reduziert oder nicht wie bei den plazentalen Huftieren ihre Klauen zu Hufen umgewandelt worden sind. Stattdessen bewegen sich die Pflanzenfresser unter den Marsupialiern, die Känguruhs, biped fort und zeigen sich damit angepaßt an schnelle Fortbewegung, wenn auch nur mit den Hinterbeinen.

Die australischen Marsupialier erfuhren eine Radiation in eine Vielfalt ganz ähnlicher Nischen wie die nördlichen plazentalen Säugetiere (Abb. 7-18). Allerdings gibt es unter den Marsupialiern keine Äquivalente für Fledermäuse oder Wale, und die Fleischfresser unter den Marsupialiern sind nicht an schnelles Laufen angepaßt wie viele Fleischfresser der Nordhalbkugel, da sie wesentlich kürzere Gliedmaßen besitzen. Die Nischen für Pflanzenfresser waren durch eine Vielfalt von Känguruhs und Wombats besetzt.

Auch die südamerikanischen Faunen zeigten einen großen Anteil an Marsupialiern, jedoch nur Insektenfresser, wie das Opossum, und Fleischfresser, z. B. die Beutelratten. Größere carnivore Formen gehören zu den heute ausgestorbenen, gedrungen wirkenden Borhyaeniden. Sie entwickelten – parallel zu den Plazentaliern – auch Vertreter mit Säbelzähnen. Drei Gruppen der für Südamerika besonders charakteristischen Plazentalier besetzten die Allesfresser- und Pflanzenfresser-Nischen: die Zahnarmen (Edentaten), die Litopternen und die Notungulaten.

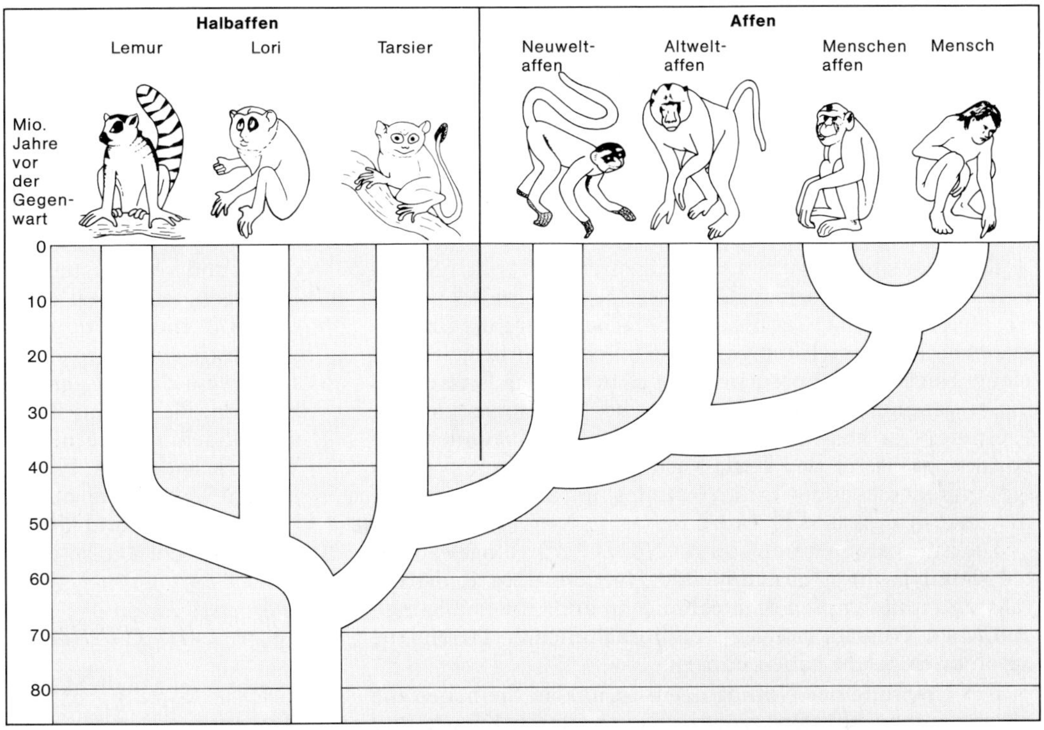

Abb. 14-14. Evolution und Verwandtschaftsbeziehungen der Primatengruppen.

a

b

c

Abb. 14-15. Großmenschenaffen. (a) Eine Gruppe von Berggorillas in Ruanda. (b) Erwachsenes Schimpansenmännchen. Gorillas und Schimpansen sind bodenlebende Menschenaffen und heute auf Teile von Afrika beschränkt. (c) Orang Utan. Diese Menschenaffen sind auf Bäumen lebende Tiere und heute in Sumatra und Borneo beheimatet.

Die Edentaten behielten viele Eigenschaften früher Säugetiere bei, zeigen jedoch auch gewisse spezialisierte Merkmale wie die Tendenz, das Gebiß zu vereinfachen oder ganz zu reduzieren und die Entwicklung von zusätzlichen Wirbelgelenken. Heute gibt es die Zahnarmen nur noch in wenigen Formen. Zu ihnen gehören die Ameisenbären, die Gürteltiere und die Faultiere. Die heutigen Faultiere sind kleine, baumlebende Formen, während des Tertiärs gab es jedoch eine Vielfalt großer bodenlebender Faultiere, unter ihnen das Riesenfaultier des Pliozäns und Pleistozäns.

Die Litopternen waren von aus Nordamerika eingewanderten Condylarthren abstammende Huftiere. Ihre Radiation führte zu mittelgroßen pferdeähnlichen und größeren kamelähnlichen Formen sowie zu nashornähnlichen Tieren, die amphibisch gelebt haben dürften.

Der Ursprung der Notungulaten ist unklar. Sie haben die für die frühen Huftiere typischen untersetzten Körper und kurzen Extremitäten beibehalten, entwickelten sich jedoch in eine Vielzahl von Nahrungsnischen – parallel zu denen der nordhemisphärischen Pflanzenfresser – und differenzierten Formen, vergleichbar den Nagetieren, Kaninchen, Pferden, Gazellen, Schweinen, Chalicotherien und Nashörnern.

Ein Vergleich der südamerikanischen Huftiere mit den Huftieren der Nordkontinente ist besonders interessant. Einige, vor allem Pferden und Gazellen ähnliche Formen entwickelten im Tertiär, früher als es bei den Huftieren der nördlichen Gebiete der Fall war, hochkronige Zähne. Daraus kann man folgern, daß in Südamerika eine offene Savanne mit weitverbreiteten Gräsern früher vorhanden war als im Norden. Während des späten Miozäns wurden große Bereiche der für den südlichen Teil des Kontinents typischen Waldsavanne offene Prärie, wie es dann im Pliozän auch in Nordamerika zu beobachten ist. Damit aber starben zahlreiche südamerikanische Huftiere und Fleischfresser aus.

Im Tertiär lassen sich mehrere verschiedene Einwanderungen aus dem Norden nach Südamerika nachweisen. Nagetiere aus der Unterordnung Caviomorpha, unter ihnen die Meerschweinchen, und Breitnasenaffen erschienen zu Beginn des Oligozäns und besetzten die Nischen für kleine Pflanzenfresser am Boden und auf den Bäumen. Südamerikanische Affen entwickelten sich nicht in Richtung Hominoiden (Menschenaffen), möglicherweise wegen der Konkurrenz der bereits vorhandenen Bodenfaultiere. Im Gegensatz dazu evoluierten die Nagetiere in die in Afrika von kleinen Huftieren besetzten Nischen, was vermuten läßt, daß die südamerikanischen Huftiere nicht die Verdauungsphysiologie der Wiederkäuer entwickelt hatten. Im mittleren Pliozän erschienen Fleischfresser wie die Waschbären und Nasenbären.

Im Pleistozän wurde die Verbindung zwischen Nord- und Südamerika erneut landfest, was einen beachtlichen Faunenaustausch zur Folge hatte. Der Wanderungsstrom führte vor allem von Norden nach Süden; Pferde, Tapire, Nabelschweine, Lamas, Mastodonten und Cerviden sowie Fleischfresser, wie Caniden, Katzen und Bären, wanderten nach Südamerika ein. Die Huftiere Nordamerikas traten wahrscheinlich in erfolgreiche Konkurrenz mit den in Südamerika vorhandenen Huftieren und verdrängten sie schließlich. Die fleischfressenden Borhyaeniden waren allesamt bereits ausgestorben. Gürteltiere, Bodenfaultiere und von den Marsupialiern das Opossum sowie einige große Nager, wie Stachelschweine und Wasserschweine, wanderten dagegen von Süden nach Norden. Am Ende des Pleistozäns starben Pferde, Mastodonten, Elefanten und Bodenfaultiere in beiden Kontinenten, Cameliden und Wasserschweine in Nordamerika aus. Heute leben in der Neuen Welt Tapire nur noch im tropischen Mittelamerika, Nabelschweine und Gürteltiere sind in Nordamerika auf den südlichen Teil der Vereinigten Staaten beschränkt.

14.4 Die Evolution des Menschen

Es gibt zwei Möglichkeiten, um Hinweise auf die Evolutionsgeschichte des Menschen *(Homo sapiens)* zu erhalten. Die Verwandtschaftsbeziehungen des Menschen zu anderen Tieren können zum einen aus der Untersuchung der gemeinsamen morphologischen Merkmale abgeleitet werden, insbesondere der Gemeinsamkeiten mit unseren engsten lebenden Verwandten, den Menschenaffen (Schimpansen, Gorillas, Orang-Utans und Gibbons). Diese so erhaltenen Hinweise auf den vermuteten gemeinsamen Ahnen können dann mit den Ergebnissen der Analyse einer zweiten Art von Beweisstücken – den Fossilien – verglichen werden. Die Verwendung der fossilen Überlieferung bereitet beträchtliche Schwierigkeiten und enthält viele Unsicherheiten, weil zahlreiche Menschenaffenarten, unter ihnen die mutmaßlichen Ahnen des Menschen, heute ausgestorben sind. Es ist unwahrscheinlich, daß jede fossile Art auf einer direkten Linie zur heutigen Art liegt. Zudem sind einige fossile Arten nur aus kleinen Skelettbruchstücken bekannt, und wir haben nur wenig Vorstellung davon, wie typisch gerade dieses Individuum für die Gesamtpopulation zu jener Zeit war. Schließlich sind viele Fossilien nur annäherungsweise datierbar (s. Kap. 12.2).

Die Menschenaffen

Moderne Menschenaffen

Anders als viele Säugetierordnungen sind die Primaten bezüglich Anatomie, Ernährung usw. hinreichend unspezialisiert geblieben, um in einer Vielfalt von Biotopen leben zu können. Sie unterscheiden sich von anderen Säugern unter anderem durch den Besitz eines opponierbaren Daumens bzw. der entsprechenden Großzehe, durch den Besitz von Finger- und Fußnägeln anstatt Klauen und durch vier Schneidezähne in jedem Kiefer.

Zu den Primaten gehören die Halbaffen, die alt- und neuweltlichen kleinen Affen und die Menschenaffen (Abb. 14-14). Wegen der grundlegenden anatomischen Ähnlichkeiten, wie beispielsweise der Bezahnung, wegen des Fehlens eines Schwanzes und des Besitzes eines Wurmfortsatzes wird die Art *Homo sapiens* zu den Menschenaffen (Überfamilie Hominoidea) gestellt. Die niederen Menschenaffen, d.h. die Gibbons

Abb. 14-16. Ähnlichkeit der DNA des Menschen mit der DNA anderer Primatengruppen.

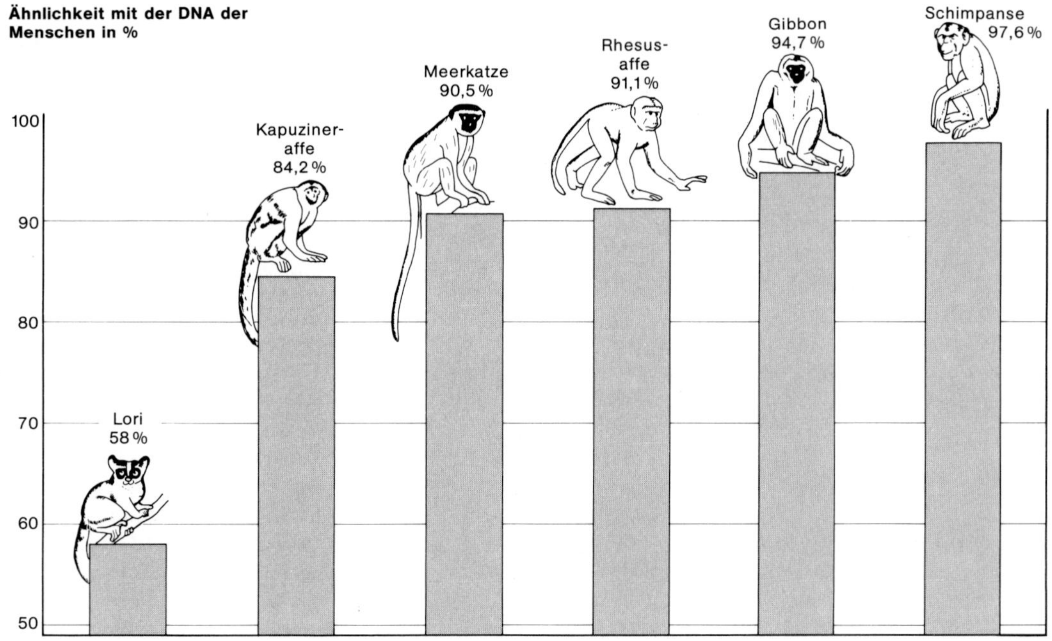

und Siamangs, können durch ihre sehr agile Form der Fortbewegung unterschieden werden: Sie schwingen sich mit den stark verlängerten Armen von Baum zu Baum. Die anderen Menschenaffen werden als Großmenschenaffen oder Höhere Menschenaffen (Pongiden) bezeichnet und umfassen Orang-Utan, Schimpanse, Gorilla und den Menschen (Abb. 14-15).

Neuere Untersuchungen zur Molekularstruktur von körpereigenen Proteinen, insbesondere von Proteinen des Blutes (z. B. Hämoglobin), bestätigten diese Verwandtschaftsbeziehungen und eröffneten zugleich eine Reihe neuer Möglichkeiten von Verwandtschaftsverhältnissen innerhalb der Hominoiden. Ähnlichkeiten zwischen Proteinmolekülen können sehr genau durch die direkte Analyse der Aminosäurensequenz im jeweiligen Protein nachgewiesen werden (Abb. 14-16). Der Vergleich von Aminosäurensequenzen ein und desselben Proteins aus verschiedenen Arten ermöglicht, die verwandtschaftlichen Verhältnisse dieser Arten zueinander zu beurteilen, und zwar auf der Grundlage der kleinstmöglichen Substitutionen (Ersatz), Addition (Zusatz) oder Deletionen (Verlust) von Aminosäuren, die zur Synthese dieser verschiedenen Proteine geführt haben. Ausgangspunkt ist dabei eine bestimmte, postulierte „Ursequenz". Da sich viele genetische Veränderungen unmittelbar durch die Änderung in der Aminosäurensequenz ausdrücken, ist dieser methodische Ansatz sehr genau. Unterschiede in der Aminosäurenzusammensetzung von Proteinen können allerdings auch durch verschiedene indirekte Techniken ermittelt werden. Obwohl einfacher und billiger in der Ausführung, messen diese Techniken jedoch nur die Auswirkung der Änderung der Aminosäurensequenzen anhand gewisser Eigenschaften des Proteinmoleküls, wie etwa an immunologischen oder elektrophoretischen Eigenschaften, und sind damit weniger genau als die Methode der direkten Sequenzanalyse.

Die Ergebnisse derartiger Untersuchungen haben insbesondere bestätigt, daß der Mensch und die Menschenaffen den gleichen gemeinsamen Ursprung haben und Teile derselben Evolutionslinie sind. Anatomische und molekulare Befunde sprechen für die Aufspaltung der Hominoiden in die Gibbons und die Großmenschenaffen. Was die Verwandtschaftsbeziehungen innerhalb der Hominoiden betrifft, unterscheidet sich die Interpretation der Ergebnisse der Molekularbiologie von der einiger anatomischer Daten. Die anatomischen Verhältnisse haben zu der Auffassung geführt, daß bei den Großmenschenaffen zwischen dem Menschen und den anderen Gattungen (Schimpanse, Gorilla und Orang-Utan) eine deutliche Trennung vorhanden ist. Die molekularen Daten zeigen jedoch, daß sich eine erste Trennung in Wirklichkeit zwischen Orang-Utan einerseits und Menschen, Schimpansen und Gorillas andererseits vollzogen haben dürfte. Diese neuere Deutung geht auf die Erkenntnis zurück, daß Mensch, Schimpanse und Gorilla, also die afrikanischen Menschenaffen, im molekularen Bereich gemeinsame Merkmale aufweisen, die beim Orang-Utan fehlen. Dies zeigt, daß ein gemeinsamer Ahne für Mensch und afrikanische Großmenschenaffen vorhanden war, nachdem sich die Entwicklungslinie, die zum Orang-Utan führte, abgetrennt hatte.

Dies bedeutet auch, daß zumindest einige der für Schimpanse, Gorilla und Orang-Utan gemeinsamen Merkmale – wie z. B. Körperbehaarung, Gesichter mit mächtigen Brauen und ausgeprägter Schnauzenbildung (Prognathie) sowie lange Vorderextremitäten – entweder in beiden Gruppen konvergent entstanden sind oder aber ursprüngliche Merkmale der Hominoidea waren und dann allmählich in der zum Menschen führenden Entwicklungslinie verschwunden sind. Der gemeinsame Ahne von Mensch und Großmenschenaffen war infolgedessen im Grund affenähnlich und kann vielleicht folgendermaßen beschrieben werden: Der Schädel war kräftig gebaut und zeigte starke Prognathie sowie dichte Behaarung in der Brauengegend, ferner bei den Männchen einen hohen Schädelkamm und massive Kieferknochen. Die Eckzähne (Canini) waren kräftig, jedoch verhältnismäßig niederkronig, die mittleren Schneidezähne (Incisivi) breit und spatelförmig sowie die Mahl- und Backenzähne (Prämolaren und Molaren) im Verhältnis zur Kiefergröße klein und mit dickem Schmelz im Kronenbereich. Die Gliedmaßen waren an Klettern mit allen vier Extremitäten angepaßt; er besaß bewegliche und voll streckbare Ellenbogengelenke, ein bewegliches Handgelenk, relativ lange Hände und Füße, krümmbare Finger bzw. Zehen mit kräftigen Sehnen, die eine Benutzung als Greifhand bzw. Greiffuß ermöglichten, und Arme, die wahrschein-

a

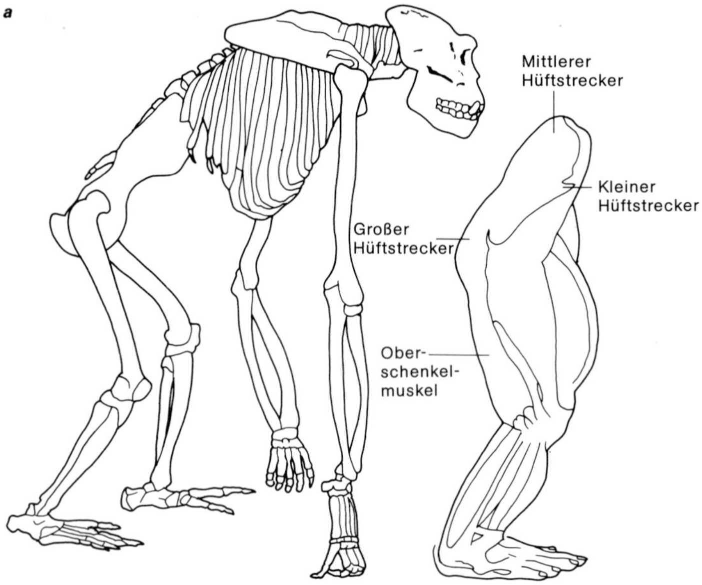

b

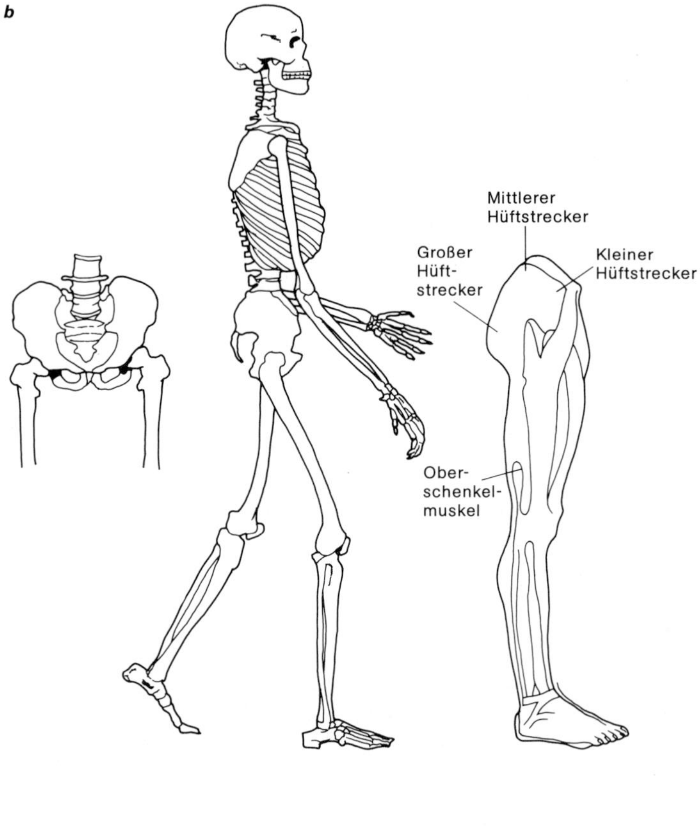

Abb. 14-17. Skelett und Hintergliedmaßen von Gorilla (a) und Mensch (b) zeigen Anpassungen an die verschiedene Art der Fortbewegung. Lange Halswirbelfortsätze stützen (Nackenmuskeln!) den schweren Schädel des Gorilla; das Gehen auf den Knöcheln erfordert lange Arme und kräftige Schultern. Beim Menschen sind Beinmuskulatur und Becken an aufrechtes Stehen und Gehen angepaßt.

lich etwas länger als die Beine waren. Der Ahne der Hominoidea war ein sozial lebendes Wesen mit beträchtlichem Geschlechtsdimorphismus. Er lebte in lichten Wäldern der Tropen, vermutlich in Afrika, und war Allesfresser. Seine Hauptnahrungsquellen waren dabei Früchte und Samen von Bäumen sowie Wurzeln und Pilze vom Boden. Er mag teils auf Bäumen teils auf der Erde gelebt haben, etwa so wie die heutigen Schimpansen. In der Tat unterscheidet sich die eben gegebene Skizze dieser Ahnenform vom modernen Schimpansen eigentlich nur durch verhältnismäßig kleine Einzelheiten. Der Schimpanse ist der am wenigsten spezialisierte heute lebende Vertreter der Hominoidea, er kann als recht zutreffendes Modell für das Bild des Ahnen der Hominoiden angesehen werden.

Die fossilen Menschenaffen

Aus dem frühen Miozän, vor 18-22 Mio. Jahren, sind mindestens elf fossile Menschenaffenarten bekannt. Wichtige Gattungen sind *Proconsul, Limnopithecus, Dendropithecus* und *Micropithecus.* Manche Arten der Gattung *Proconsul* zeigen bestimmte spezielle Merkmale, die sie eigentlich von der Ahnenlinie zu lebenden Menschenaffen und Mensch ausschließen, aber die anderen drei Gattungen besitzen vorwiegend ursprüngliche Merkmale und kommen damit als Hominoiden-Ahnen in Frage.

Alle diese Formen besitzen an das Leben auf Bäumen angepaßte Gliedmaßen und ursprüngliche, für Früchtefresser charakteristische Zahnstrukturen. Dies stimmt gut mit den Befunden von anderen fossilen Faunen und Floren Ostafrikas im frühen Miozän und mit der Paläogeographie überein. Alle diese Erkenntnisse weisen nämlich darauf hin, daß damals das Areal des tropischen Waldes viel größer war als heute. Es ist wahrscheinlich, daß viele dieser frühen Hominoiden dort als primitive Baumbewohner lebten, und daß sie dabei insgesamt ihre unspezialisierten Gliedmaßen beibehielten. Aus dieser Zeit gibt es keinen Hinweis auf beginnende Bipedie.

Während zu Veränderungen im Skelett nichts bekannt ist, liegen zu einem Wandel im Bereich des Gebisses einige Befunde vor. Die fossilen Hominoiden des späten Miozäns und frühen Pliozäns (vor etwa 8-14 Mio. Jahren) zeigen in der Struktur der Kiefer und Zähne große Ähnlichkeiten mit den frühen Australopithecinen, die vor weniger als 4 Mio. Jahren zum ersten Mal nachweisbar sind. *Ramapithecus punjabicus* aus Indien und Pakistan ist die in dieser Beziehung mit *Australopithecus afarensis* am ehesten vergleichbare Art. Mit seinem Alter von rund 8 Mio. Jahren ist dieser *Ramapithecus* verhältnismäßig jung. Die Einbeziehung von *Ramapithecus* in die direkte Vorfahrenlinie des Menschen ist jedoch umstritten. Diese Gattung ist nämlich nahe verwandt mit *Sivapithecus,* einer anderen asiatischen Gattung. In diesem Zusammenhang wird die Meinung vertreten, daß beide, *Ramapithecus* und *Sivapithecus,* in einer Anzahl von Merkmalen eher mit dem Orang-Utan verwandt sind, so z. B. durch die eher abgeleiteten charakteristischen Merkmale des Gesichtsschädels und der Zähne. Eine Verbindung von *Ramapithecus* zum Orang-Utan ist eigentlich viel plausibler als zum Menschen, denn letztere wird nur durch wenige Merkmale gestützt. *Ramapithecus* dürfte daher zumindest kein direkter Vorfahr des Menschen sein. Leider steht aus dem Miozän/Pliozän noch kein anderer überzeugender „Anwärter" hierfür zur Verfügung.

Charakteristische Merkmale des Menschen

Der Mensch läßt sich von den anderen Menschenaffen und vom eben besprochenen möglichen Ahnen durch vier wichtige Merkmalsgruppen unterscheiden. Diese Merkmalsgruppen bezeichnet man als Strukturkomplexe, weil die Entwicklung eines einzigen funktionellen Wandels Veränderungen in vielen Teilen des Organismus bewirken kann. So führte

Abb. 14-18. Schädel eines *Australopithecus* und von vier Arten der Gattung *Homo* zeigen zunehmende Veränderungen.

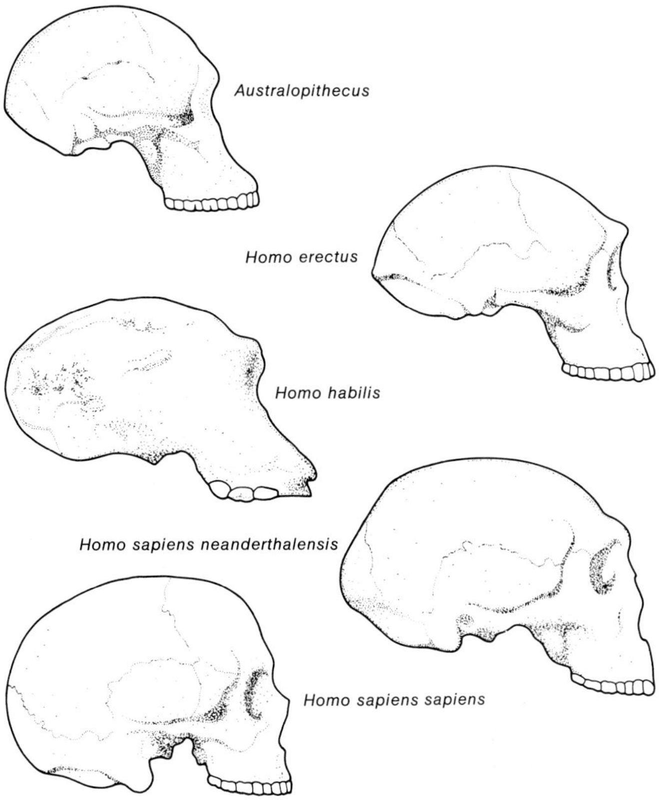

beispielsweise die Entwicklung des aufrechten Ganges (Bipedie) zu Strukturveränderungen im Bereich der Hüfte, des Knies und der Fußknochen; die Arme wurden kürzer als die Beine und der Befestigungspunkt der Wirbelsäule am Schädel wurde verändert (Abb. 14-17). Diese Art der Fortbewegung machte die Arme für andere Tätigkeiten frei, die Hände entwickelten die Fähigkeit, kräftig und genau zuzugreifen, der Daumen konnte den anderen Fingern der Hand gegenübergestellt werden. Der zweite Strukturkomplex hat seine Ursache in der Vergrößerung des Gehirns des Menschen, insbesondere der Teile, die die Manipulationsfähigkeit steuern. Dies führte zu einem im Vergleich zum Gesichtsschädel vergrößerten, stark gewölbten Gehirnschädel. Das somit kurze, nicht vorspringende (orthognathe) Gesicht des Menschen hängt auch zusammen mit der im Hinblick auf eine andere Ernährungsweise erfolgten Entwicklung des Gebisses. Der Zahnbogen (der Teil des Kiefers, der die Zähne trägt) ist gerundet, er besitzt reduzierte Eckzähne, zwei Höcker auf den vorderen Mahlzähnen und dicken Schmelz auf den Molaren. Schließlich ist die Haut kaum behaart. Doch kann dieser Strukturkomplex wegen des Fehlens von Weichteilen in der Fossilüberlieferung in seiner Evolution nicht verfolgt werden.

Eine Reihe von Fossilien zeigt durchaus manche dieser ausschließlich dem Menschen zukommenden Merkmale und kann daher mit der zum Menschen führenden Evolutionslinie verknüpft werden; doch sind unter ihnen nicht unbedingt die unmittelbaren Ahnen der Menschen vertreten.

Bipedie

Trotz der engen Verwandtschaft des Menschen mit den Großmenschenaffen ist der Bau der Hüftbeine sowie der Hinterextremitäten bei Menschenaffen und Menschen sehr verschieden, weil der Mensch aufrecht steht und geht. Insbesondere das Becken wurde niedriger und breiter, und die an ihm ansetzenden Muskeln dienen als Rückenstrecker mit besserer Hebelwirkung (Abb. 14-17). Veränderungen im Bereich des Knies führten dazu, das Gewicht des Körpers anstatt über die Innenseite über die Außenseite des Gelenks zu übertragen. Der Fuß ist kein Greiffuß mehr, die Großzehe wurde in eine Linie mit den übrigen Zehen gebracht. Damit bildete sich eine Sohle für die Übertragung des Gewichts auf den Boden mit einem Gewölbe, das den Druck elastisch aufzufangen vermag.

Diese anatomischen Merkmale lassen sich an Fossilien verhältnismäßig leicht zeigen. Der früheste direkte bis heute bekannte Nachweis für Bipedie stammt aus Afar in Äthiopien, wo zahlreiche Extremitätenknochen gefunden wurden, unter ihnen ein in weiten Teilen erhaltenes, als *„Lucy"* bekannt gewordenes Skelett. Dieses Lebewesen besaß offenbar bereits die Anpassungen an aufrechtes Gehen im Bereich von Hüfte, Knie und Fuß. Bestätigt wurde diese Interpretation durch eine Reihe fossiler Fußabdrücke in Laetoli, Tansania, die zeigen, daß diese frühen Menschen aufrecht gehen konnten. Die fossile Art von Afar und Laetoli ist als *Australopithecus afarensis* beschrieben worden. Die entsprechenden Sedimente sind zuverlässig datiert und zwischen 3 und 3,75 Mio. Jahre alt. Damit wäre dies bis jetzt der früheste Nachweis für Bipedie. Es ist allerdings zweifelhaft, ob die Bipedie funktionell mit der der heutigen Menschen übereinstimmte, zumal die frühesten Australopithecinen sich von modernen Menschen durch mehrere ursprüngliche Merkmale der Hüftregion und der Fußanatomie unterscheiden.

Die 2-3 Mio. Jahre alten Australopithecinen scheinen in dieser Beziehung nicht weit über den Stand von *Australopithecus afarensis* hinauszugehen. In wenig jüngeren Ablagerungen im Osten des Turkanasees, Kenia, fanden sich indessen Fossilien, die das Vorhandensein einer fast modernen Bipedie zeigen. Leider sind die für diese Frage wichtigsten Teile des Skeletts, nämlich Becken und Fuß, nicht oft genug gefunden worden. Einige andere Extremitätenknochen, insbesondere Oberschenkelknochen, sind allerdings im Vergleich zu den Verhältnissen bei *Australopithecus afarensis* so modern, daß die fehlenden Teile wahrscheinlich ebenfalls neuzeitlich waren. Diese Knochenfunde werden im allgemeinen der frühesten Art der Gattung *Homo,* nämlich *Homo habilis,* zugeordnet.

Spätere Skelettreste aus Afrika und Asien lassen auf voll entwickelte Bipedie und zunehmend leistungsstarke Beine schließen. Fossilien von *Homo erectus* und in geringerem Ausmaß auch von früheren Populationen des *Homo sapiens* zeigen Gliedmaßen mit dicken Knochenschäften. Obwohl dies die Schwerfälligkeit der Gliedmaßen vergrößert haben mag, wodurch sich der Bewegungsrhythmus änderte, gibt es doch keinen Hinweis darauf, daß diese frühen Menschen weniger leistungsfähige Zweibeiner waren als die jetzigen Menschen. Der heutige moderne Skelett-Typ erschien in der Evolution des Menschen verhältnismäßig spät, und zwar mit dem Auftreten jungpaläolithischer Populationen im Mittleren Osten und in Europa vor ungefähr 30 000 Jahren.

Die Größe des Gehirns

Menschen besitzen ein größeres Gehirn als die anderen Menschenaffen ähnlicher Körpergröße. Der Prozeß der Vergrößerung des Gehirns während der Evolution des Menschen kann durch Analyse verschieden alter Fossilien nachvollzogen werden. Es gibt keinen klaren Zusammenhang zwischen absoluter oder relativer Gehirngröße einerseits und Intelligenz oder Fähigkeit zu Technik und Kultur andererseits. Viele große Tiere haben – absolut gesehen – ebenso große oder gar größere Gehirne als der Mensch, im Verhältnis zur Körpergröße gesehen sind aber diese Gehirne doch kleiner. Umgekehrt sind eine Reihe kleinerer Tiere bekannt – unter ihnen einige Halbaffen – deren Gehirn im Verhältnis zur Körpergröße größer, absolut gesehen freilich viel kleiner als das Gehirn des Menschen ist. Tümmler besitzen relativ und absolut gesehen ein größeres Gehirn als der Mensch. Wenn man auch annimmt, daß die sich beim Menschen zeigende größere Intelligenz in gewisser Weise mit dem größeren Gehirn zusammenhängt, ist der quantitative Aspekt dieses Zusammenhanges unklar. Im übrigen ist es schwierig, den Grad der Komplexität eines Gehirns zu messen.

Größe und Struktur des Gehirns können durch die Untersuchung von Ausgüssen des Hirnschädels festgestellt werden. Ausgüsse von 2-3 Mio. Jahre alten pliozänen und pleistozänen Schädeln aus Ost- und Südafrika weisen auf eine veränderte Struktur und auf eine Neugestaltung des Gehirns im Laufe der Entwicklung zum Menschen hin, die noch vor dem Entstehen steinzeitlicher Kulturen stattgefunden hat. Der Teilausguß des fragmentarischen Schädels von *Australopithecus afarensis* aus Äthiopien zeigt deutlich eine Ausdehnung und Einfaltung der Rindenbereiche; demnach hat die Neuorganisation des Gehirns vor ungefähr 3,5 Mio. Jahren begonnen. Diese Merkmale sind bei dem 2-3 Mio. Jahre alten *Australopithecus africanus* stärker entwickelt.

Befunde über eine Vergrößerung des Gehirns liegen erst seit 2 Mio. Jahren vor. Der Hirnschädelinhalt von *Australopithecus africanus* schwankte zwischen 420 und 500 cm^3, bei *Australopithecus robustus* zwischen 500 und 530 cm^3. Bei Berücksichtigung des Körpergewichtes kommt man auf etwa gleiche Werte, da *A. robustus* offensichtlich massiger und größer war als *A. africanus.* Der Wert des Hirnschädelinhaltes im Verhältnis zur Körpergröße bei *Australopithecus afarensis* ist ebenfalls ähnlich hoch; der nach dem einzigen Schädelfund geschätzte Wert beträgt 400 cm^3. Nach der Zeit von vor etwa 2 Mio. Jahren nahm die Größe des Gehirns schnell zu. Der Hirnschädelinhalt erreicht Werte von 590-800 cm^3 bei *Homo habilis* (1-2 Mio. Jahre alt) bis zu 1200 cm^3 bei *Homo erectus* (0,5-1 Mio. Jahre alt) und 1350 cm^3 (Mittelwert!) bei *Homo sapiens.*

Merkmale des Gebisses und des Gesichtsschädels

Das Gebiß der fossil überlieferten und der heutigen Menschen ist oft beschrieben worden. Es ist jedoch eine weniger nützliche Informationsquelle als die anderen beiden oben besprochenen Strukturkomplexe. Dies rührt daher, daß im Gebiß des Menschen bis vor kurzer Zeit viele ursprünglichen Hominoidenmerkmale beibehalten worden sind.

Das Gebiß von *Australopithecus afarensis* ist von besonderem Interesse, da es zwei der typischen „menschlichen" Merkmale in Anfangsstadien ihrer Entwicklung zeigt. Es handelt sich um die teilweise Reduktion der Eckzahngröße im Zusammenhang mit der Abrundung des Zahnbogens und um die Entwicklung zweier Höcker auf den vordersten unteren Mahlzähnen (Prämolaren). Zur Zeit der jüngeren Australopithecinen, wie z. B. bei *Australopithecus africanus,* ist der Zahnbogen deutlich gerundet und die vorderen Prämolaren sind deutlich zweihöckrig. Abgesehen von einer allgemeinen Verkleinerung der Zähne, insbesondere der Eckzähne, lassen sich jedoch dann in den letzten paar tausend Jahren nur geringe morphologische Veränderungen in der Entwicklung der Zähne des Menschen erkennen.

Zusammenfassung

Wenn man einen umfassenden Blick auf diese sich evoluierenden Merkmalskomplexe wirft, zeigt sich, daß der Beginn der Entwicklungslinie zum Menschen erst mit *Australopithecus afarensis,* d. h. vor ungefähr 3,5 Mio. Jahren begonnen hat. Aus den vorausgegangenen 4 Mio. Jahren sind fossile Hominoiden nur selten und lückenhaft überliefert. *Ramapithecus* vor rund 8 Mio. Jahren zeigt keines der genannten Merkmale. Es gibt daher keinen echten Beweis für eine direkte Verbindung zwischen *Ramapithecus* und dem Menschen.

Der früheste Nachweis für die Evolution der für den Menschen typischen Strukturkomplexe bei *Australopithecus afarensis* zeigt, daß diese zwar vorhanden, aber nicht voll entwickelt waren. Anpassungen in Richtung Bipedie sind auch mit Anpassungen von Arm, Hüfte und Fuß zum Klettern kombiniert, so daß die eigentliche Bipedie nur ein Teil dieser Adaptationen war. Die Größe des Gehirns begann zu diesem Zeitpunkt noch nicht zuzunehmen, obwohl einige der für den Menschen charakteristischen strukturellen Veränderungen des Gehirns bereits deutlich werden. Das Gebiß blieb im wesentlichen primitiv.

Alle diese Entwicklungstrends wurden bei den jüngeren Australopithecinen, d. h. vor 2-3 Mio. Jahren weiterevoluiert. Vor 1-2 Mio. Jahren erschien die erste Art der Gattung *Homo. Homo habilis* zeigt eine wesentlich fortgeschrittenere Entwicklung der Bipedie, eine bedeutende Zunahme der Gehirngröße sowie zusätzliche Veränderungen in der Struktur des Gehirns und ein moderneres Erscheinungsbild der Zähne.

Homo erectus, vor 0,5-1 Mio. Jahren, ist in vielen Merkmalen nahe mit dem heutigen Menschen verwandt, obgleich er auch andere offensichtlich nur bei ihm auftretende Merkmale zeigt. Dieser Umstand bedingt unter anderem die Problematik, *Homo erectus* als einen direkten Vorfahr des heutigen Menschen zu bezeichnen; er besitzt beispielsweise sehr dicke Schädelknochen und einen starken Hinterhauptsknick. Diese Merkmale sind weder primitiv, noch kommen sie bei weiterentwickelten Fossilien oder gar beim modernen *Homo sapiens* vor. Dies schließt diese Populationen von *Homo erectus* möglicherweise aus der direkten Ahnenlinie des *Homo sapiens* aus, auch wenn *Homo erectus* mit einem solchen direkten Vorfahren zumindest nahe verwandt sein dürfte. Die Fossilüberlieferung umfaßt nach *Homo erectus* eine Anzahl früher Formen des *Homo sapiens,* wie z. B. den Neandertaler. Vor rund 30 000 Jahren erschien dann der heutige *Homo sapiens sapiens.*

Weiterführende Literatur

Campbell, B. G.: *Entwicklung zum Menschen.* 2. Aufl.; Fischer, Stuttgart 1979.
Colbert, E. H.: *Die Evolution der Wirbeltiere.* Fischer, Stuttgart 1965.
Henke, W. und Rothe, H.: *Der Ursprung des Menschen.* 5. Aufl.; Fischer, Stuttgart 1980.
Kuhn-Schnyder, E. und Rieber, H.: *Paläozoologie.* Thieme, Stuttgart 1984.
Leakey, R. E. und Lewin, R.: *Wie der Mensch zum Menschen wurde.* 2. Aufl.; Hoffmann und Campe, Hamburg 1980.
Lehmann, U. und Hillmer, G.: *Wirbellose Tiere der Vorzeit.* Enke, Stuttgart 1980.
Mägdefrau, K.: *Paläobiologie der Pflanzen.* 4. Aufl.; Fischer, Stuttgart 1968.
Steel, R. und Harvey, A. P.: *Lexikon der Vorzeit.* Deutsche Ausgabe von D. Vogellehner (Hrsg.); Herder, Freiburg 1981.
Thenius, E.: *Die Evolution der Säugetiere.* Fischer, Stuttgart 1979.
Vogellehner, D.: *Paläontologie.* 6. Aufl.; Herder, Freiburg 1981.
Zimmermann, W.: *Die Phylogenie der Pflanzen.* 2. Aufl.; Fischer, Stuttgart 1959.

Lebensbild der oberkarbonischen Fundstelle von Nýraňy, Tschechoslowakei, mit Darstellung der aus binnenländischen Kohlesümpfen bekanntgewordenen Arten. Die Kohlesümpfe zeigten dichte Wälder aus baumförmigen Bärlappen (z. B. *Lepidodendron* und *Sigillaria)*, untermischt mit strauchigen Farnsamern (z. B. *Alethopteris)*. Offene, meist stehende Wasserflächen wurden von Beständen aus baumförmigen Schachtelhalmen *(Calamites)* umsäumt. Kleine Lichtungen im Bereich trockener Standorte besiedelten Baumfarne *(Psaronius)*. Zum Unterwuchs gehörten Farne, kletternde, krautige Schachtelhalme *(Sphenophyllum)* und vielleicht auch krautige Bärlappe.

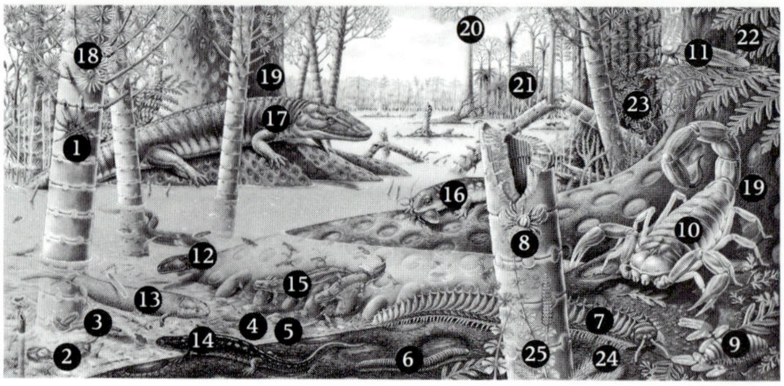

WIRBELLOSE
1. Trigonotarbide
2. Pfeilschwanzkrebse
3. Röhren von Köcherfliegenlarven
4. zweischalige Mollusken
5. Krebstiere (Palaeocariden)
6. *Pleurojulus biomatus* (Hundertfüßer)
7. *Acantherpestes gigas* (Hundertfüßer)
8. *Promygale bohemica* (Anthracomartiden)
9. *Glomeropis ovalis* (Hundertfüßer)
10. *Isobuthus* (Skorpione)
11. Schabe

WIRBELTIERE
12. *Ophiderpeton* (Lepospondylen, Amphibien)
13. *Microbrachis* (Microsaurier)
14. *Scincosaurus* (Lepospondylen, Amphibien)
15. *Branchiosaurus* (Labyrinthodonten, Amphibien, Larvenstadium)
16. *Amphibamus* (Labyrinthodonten, Amphibien)
17. *Cochleosaurus* (Labyrinthodonten, Amphibien)

PFLANZEN
18. *Calamites* (Stamm) mit *Annularia* (Beblätterung)
19. *Lepidodendron* (Stamm) mit *Stigmaria* (Wurzelorgane)
20. *Lepidodendron*
21. *Psaronius* (Baumfarn)
22. *Alethopteris*
23. *Sphenopteris*
24. Bruchstücke der beblätterten Endzweige aus der Krone von *Lepidodendron*
25. *Sphenophyllum* mit Zapfen

Lebensbild der spättriassischen Fundstelle Ischugualasto, West-Argentinien. Die Fauna umfaßt Dinosaurier und säugerähnliche Reptilien. Farne bildeten im wesentlichen die Krautschicht, unter ihnen Vertreter der heute tropischen Familie der Dipteridaceen. Baumfarne bildeten wohl dichte Bestände. Leider ist vom Habitus des für die Flora charakteristischen Farnsamers *Dicroidium* wenig bekannt. Andere Nacktsamer bildeten Sträucher oder kleinere Bäume wie die Ginkgogewächse *(Baiera)*, die Cycadeen *(Leptocycas, Pseudoctenis)* und die Bennettiteen *(Williamsonia)*. Dichtere Wälder des trockeneren Hinterlandes und der Hochgebiete waren wahrscheinlich von Nadelhölzern (Coniferen) beherrscht.

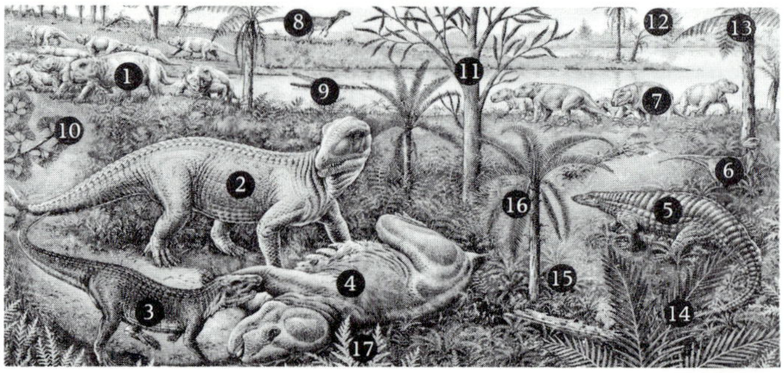

TIERE
1. *Scaphonyx* (Rhynchosaurier)
2. *Saurosuchus* (Thecodonten, Proterosuchier)
3. *Venaticosuchus* (Thecodonten, Ornithosuchier)
4. *Ischigualastia* (Dicynodonten)
5. *Aetosauroides* (Thecodonten, Aetosaurier)
6. *Pisanosaurus* (frühester Dinosaurier aus der Ornithischier-Gruppe)
7. *Exaeretodon* (Cynodonten)
8. *Herrerasaurus* (Dinosaurier, Prosauropoden)
9. *Proterochampsa* (Krokodile)

PFLANZEN
10. *Baiera*
11. *Williamsonia*
12. Coniferen
13. baumförmige Dicksoniacee
14. Blätter von *Pseudoctenis*
15. Blätter von *Dipteridaceen*
16. *Leptocycas*
17. Blätter von *Dicroidium*

Lebensbild der (jüngeren) frühmiozänen Säugerfauna von Sheep Creek, Nebraska. Die Flora war vermutlich im wesentlichen modern.

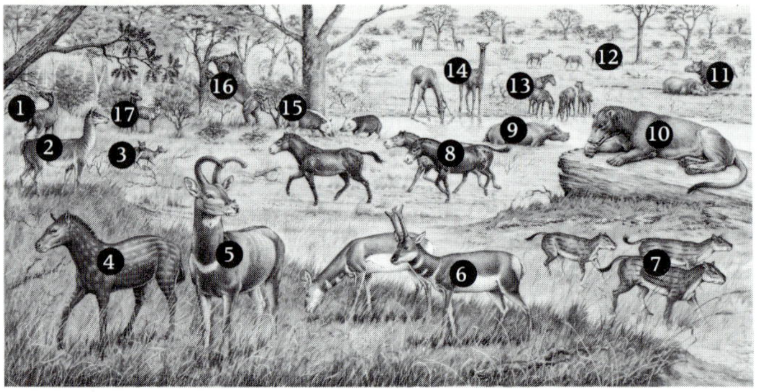

SÄUGETIERE
1. *Anchitherium* (Equiden)
2. *Miolabis* (Cameliden)
3. *Blastomeryx* (Palaeomeryciden)
4. *Archaeohippus* (Equiden)
5. *Sinclairomeryx* (Palaeomeryciden)
6. *Merycodus* (Antilocapriden)
7. *Merychyus* (Merycoidodontiden)
8. *Merychippus* (Equiden)
9. *Teleoceras* (Rhinocerotiden)
10. *Amphicyon* (Caniden)
11. *Aphelops* (Rhinocerotiden)
12. *Protolabis* (Cameliden)
13. *Protohippus* (Equiden)
14. *Pseudalticamelus* (Cameliden)
15. *Hesperhys* (Tayassuiden)
16. *Tylocephalanyx* (Chalicotherien)
17. *Bouromeryx* (Palaeomeryciden)

15 Die jüngste Faunen- und Florengeschichte

15.1 Quartäres Klima und fossile Überlieferung

In diesem und den beiden folgenden Abschnitten wird die Geschichte von Fauna und Flora während der jüngsten Periode der Erdgeschichte, des Quartärs, erläutert. Das Quartär begann vor rund 2 Mio. Jahren. Es kann in das Holozän (Postglazial) mit den letzten 110 000 Jahren und das Pleistozän, den früheren Teil des Quartärs, gegliedert werden. Zuweilen wird die Bezeichnung Pleistozän auch für das gesamte Quartär verwendet.

Bei bestimmten Säugern läßt sich während des Quartärs eine bemerkenswerte Evolution feststellen, während andere Tiere und die Pflanzen, soweit man dies aus den vorliegenden Fossilien erschließen kann, sich offenbar nur sehr wenig verändert haben. Im allgemeinen erfolgten stattdessen vielfach lokale Änderungen der Fauna und Flora, die auf Änderungen der klimatischen Verhältnisse zurückzuführen sind.

Das Quartär läßt sich durch ausgeprägte Klimaschwankungen charakterisieren, die von einem langfristigen Trend weltweiter Abkühlung überlagert sind. Diese klimatischen Veränderungen spiegeln sich in den Fossilien der Sedimente wider und sind die Grundlage für die Abgrenzung der verschiedenen Abschnitte des Quartärs. Die allgemein anerkannten Sedimentfolgen (terrestrische Sedimente) für Europa und Nordamerika sind in Abbildung 15-1 dargestellt. Allerdings ist die Sedimentfolge im Quartär nicht vollständig, was zu beträchtlichen Kontroversen über die Parallelisierung einer Reihe von älteren quartären Ablagerungen selbst in einem so relativ gut bekannten Gebiet wie Nordwesteuropa führt. Anderswo in Europa, so vor allem in Griechenland, und auch in anderen Erdteilen liegen vollständigere Sedimentfolgen vor. Geographische Unterschiede in Fauna und Flora sind dafür verantwortlich, daß man nur schwer zu entscheiden vermag, welcher Teil einer Schichtfolge einem bestimmten Teil einer anderen Abfolge entspricht, wenn beide älter sind als die bei vor rund 60 000 Jahren liegende ^{14}C-Meßgrenze (s. Kap. 12.1).

Klimaveränderungen im Quartär

Wie schon erwähnt, zeigt das Quartär beträchtliche Klimaschwankungen. Es gab verschiedene lange Kälteperioden, von denen jede einige 100 000 Jahre dauerte, mit umfassender Eisbedeckung in hohen Breiten und entsprechendem weltweiten Absinken des Meeresspiegels. Dazwischen lagen kürzere Phasen von jeweils rund 10 000–20 000 Jahren Dauer mit gemäßigten Temperaturen und – gemessen an heutigen Verhältnissen – einem ähnlichen Klima und ähnlicher Höhe des Meeresspiegels. Dieser ständige Klimawechsel war die Ursache für größere Veränderungen in Art, Verbreitung und Stabilität der Vegetation und war teilweise wohl verantwortlich für die hohe Evolutionsrate der Säuger und für das Aussterben mancher Pflanzen- und Tierarten. In das Quartär fällt auch der Aufstieg des Menschen zum beherrschenden Lebewesen der Erde, was zu einer immer schnelleren Veränderung der Umwelt führte. Dies gilt insbesondere für die Zeit nach dem Beginn des Seßhaftwerdens vor rund 10 000 Jahren.

Das mittlere und obere Quartär war in vielen Teilen Europas und Nordamerikas eine Zeit vorherrschend kühlen, niederschlagsarmen Klimas, unterbrochen zum einen durch verhältnismäßig kurze Perioden mit extrem niederen Temperaturen und ausgedehnter Vereisung und zum anderen durch Abschnitte mit gemäßigtem Klima. Die ausgeprägteren gemäßigten Perioden, in denen die Temperaturen den heutigen entsprachen oder sie übertrafen, werden als Interglaziale (Zwischeneiszeiten) bezeichnet, während kürzere und/oder weniger ausgeprägte Phasen mit gemäßigten Temperaturen Interstadiale genannt werden.

Die Ursachen periodischer Klimaschwankungen dieses Ausmaßes sind noch ungeklärt. Dies gilt sowohl für die Tatsache des allgemeinen weltweiten Trends zur Abkühlung während des Tertiärs und Quartärs als auch für die eigentlichen Klimaschwankungen im Quartär. Die im ganzen nordwärts verlaufende Drift der Kontinente, die Lage von Antarktika über dem Südpol und die weitverbreitete Bildung von Gebirgsketten haben sicherlich günstige Bedingungen für das Wachstum von Eisschilden und Gletschern geschaffen. Diese „terrestrischen" Faktoren reichen indessen nicht aus, Ausmaß und Geschwindigkeit der weltweiten Abkühlung zu erklären. Sie scheinen die Auswirkung extraterrestrischer Ursachen zu sein, wobei am wahrscheinlichsten eine Abnahme der von der Sonne gelieferten Energie zugrunde liegen dürfte.

Veränderungen in Foraminiferenschalen aus Bohrkernen von Sedimenten der Ozeanböden und Veränderungen im Verhältnis der stabilen Sauerstoffisotope (^{18}O : ^{16}O) im Calciumcarbonat ihrer Schalen beweisen die Änderung der Temperaturen. Die ^{18}O : ^{16}O-Verhältnisse spiegeln die Menge des in Eisschilden und Gletschern gebundenen weltweiten Wassers wider (s. Kap. 12.1). Seit der letzten größeren Umpolung des erdmagnetischen Feldes vor rund 700 000 Jahren lassen sich neun, in Dauer und Intensität mit der letzten Eiszeit oder Kaltzeit (je nach Gebiet als Devensian, Weichsel-, Würm- oder Wisconsin-Eiszeit bezeichnet, Abb. 15-1) vergleichbare Eiszeiten feststellen. Vor dieser Folge von Eiszeiten gab es einige weniger bedeutende Klimaschwankungen. In terrestrischen Sedimenten lassen sich weit weniger dieser Klimaveränderungen nachweisen als in den marinen Sedimenten. Somit kann nur der jüngste Teil der in den Bohrkernen der Tiefseesedimente nachweisbaren Folge mit entsprechenden Sedimentfolgen an Land parallelisiert werden.

Gletscher und Eisschilde hinterlassen in einem Gebiet auffallende geomorphologische Spuren. Ein besonders charakteristisches Glazialsediment ist Geschiebemergel. Es handelt sich dabei um das vom Eis mitgeführte Gesteinsmaterial, das beim Schmelzen des Eises abgelagert wird. Diese glazialen Ablagerungen können besondere, als Moränen bezeichnete Formen bilden oder als zuweilen über Hunderte von Kilometern verfolgbare unregelmäßige Decken ausgebildet sein. Durch das Schmelzen des Eises entstehen auch Ablagerungen aus von Schmelzwasser unter dem Eis ausgewaschenem Material, z. B. Schuttfächer und Oser. Außerdem kommt es zur

Abb. 15-1. Gliederung des Pleistozäns/Quartärs in Europa und Nordamerika.

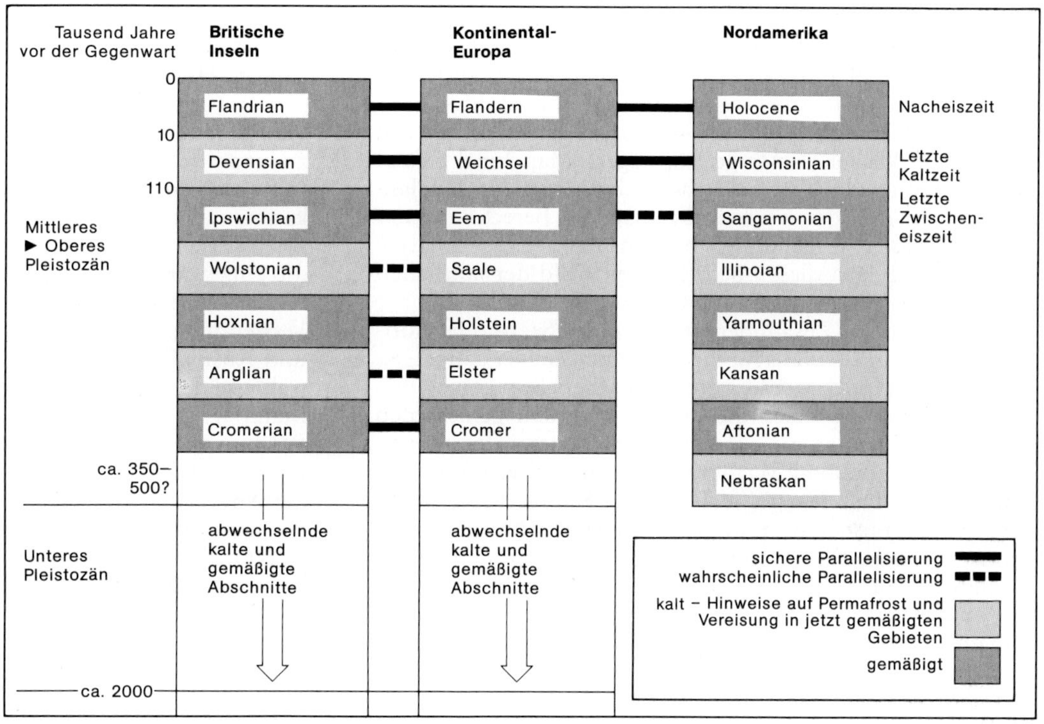

Erosion, indem durch große Mengen schnell fließenden Schmelzwassers tiefe Flußtäler und Schluchten gebildet werden. Auch die Gletscher selbst wirken erodierend auf die Landschaft, sie hinterlassen in Gebirgen Trogtäler und Kare sowie auf hartem Gestein die charakteristischen Gletscherschrammen (Abb. 5-5).

Glaziale Ablagerungen können nur durch die Radiokohlenstoffmethode absolut datiert werden, indirekt jedoch auch durch Parallelisierung mit nichtglazialen organischen Sedimenten, die nach ihrem Fossilinhalt datierbar sind. Zwei Serien von Glazialablagerungen können zeitlich durch ein Interglazial getrennt sein, oder sie sind das Resultat zweier getrennter Eisvorstöße während derselben Eiszeit. In Europa, und zwar in den Alpen und in Nordwesteuropa, lassen sich mindestens vier größere Eisvorstöße nachweisen.

Während der größeren Vereisungsphasen kehrte der größte Teil des von den Ozeanen an die Atmosphäre abgegebenen Wassers nicht über die Flüsse zum Meer zurück. Stattdessen wurde es in Eis gebunden, wodurch der Meeresspiegel weltweit bis zu 100 m oder mehr absank. In Abbildung 15-2 sind die Umrisse der Kontinente, die Oberflächentemperaturen der Meere sowie Eis- und Schneebedeckung und die Vegetation zur Zeit der letzten Vereisung vor rund 18 000 Jahren dargestellt. Das weltweite Absinken des Meeresspiegels legte weite Bereiche des Kontinentalschelfes frei und führte dazu, daß vorher getrennte Landgebiete nun Verbindung bekamen. So erhielten beispielsweise die Britischen Inseln über die trockengefallene Nordsee Verbindung zu Kontinentaleuropa, während Alaska über das Gebiet der Beringstraße mit Sibirien Kontakt erhielt. Diese Landbrücken sind entscheidend für die während der Eiszeiten erfolgenden Wanderungen von Pflanzen und Tieren und des Menschen. Während der Zwischeneiszeiten waren die Landmassen wieder getrennt, da das Eis abschmolz und der Meeresspiegel wieder anstieg.

Hinweise auf die fossile Umwelt anhand des Sediments

Die zu einer bestimmten Zeit abgelagerten Sedimente können zahlreiche Hinweise auf die damaligen Umweltverhältnisse liefern, was oft für die Interpretation fossiler Befunde wertvoll ist. So kann man beispielsweise feststellen, ob in einem Gebiet starke Verwitterung vorherrschte oder ob wärmere Klimabedingungen die Entwicklung einer Vegetation ermöglicht haben, die dann organische Sedimente lieferte. Organische Sedimente werden in verhältnismäßig ungestörten Lebensräumen abgelagert, so in Torfmooren, Sümpfen, Seen und Wäldern. Im Gegensatz dazu werden anorganische Sedimente oft unter gestörten Verhältnissen gebildet. Dies gilt etwa für Lößablagerungen durch den Wind oder Kiesschüttungen und Geschiebemergel-Ablagerungen infolge Vereisung. In Seen wird anorganisches Material durch Ströme und Flüsse eingeschwemmt. Andere quartäre Ablagerungen sind Höhlenlehme und Spaltenfüllungen, Ablagerungen auf Flußterrassen und Sedimente aus Calciumcarbonat (Travertine, Tuffe), die an kalkhaltigen Quellen entstehen. Auch vulkanische Laven und Aschenschichten bildeten sich während des Quartärs. Anorganisches Material kann auch aus dem Wasser ausgefällt werden. So wurde beispielsweise Calciumcarbonat infolge der Photosynthesetätigkeit von Wasserpflanzen in einem See mit alkalischem Wasser als Mergel abgelagert. Manchmal erfolgt diese Ausfällung in jahreszeitlichem Rhythmus, wodurch Jahresschichten gebildet werden, die man zur Berechnung der Sedimentationsrate heranziehen kann. Bei genauer Analyse ist es möglich, aus diesen Schichten ein Bild der jährlichen Umweltverhältnisse zu rekonstruieren.

Die chemische Zusammensetzung eines Seen- oder Torfsediments kann ebenfalls für die Interpretation der damaligen Umwelt verwendet werden. Im englischen Seengebiet beispielsweise konnte mit Hilfe der im Sediment gemessenen Werte für elementaren Kohlenstoff und anorganische Ionen wie Natrium, Kalium, Magnesium, Eisen und Karbonat gezeigt werden, daß der größte Teil dieses Sediments in diesen eher nährstoffarmen Seen durch Flüsse eingeschwemmt worden ist. In mehr nährstoffreichen Seen ist ein größerer Sedimentanteil auf organismische Tätigkeit zurückzuführen. Eutrophierung eines Sees (s. Kap. 9.2) kann oft durch die Zunahme von Nitrat, Phosphat und noch weitgehend unzersetztem organischem Material nachgewiesen werden.

Sedimente enthalten ferner Beweise für die Existenz von Lebewesen in Form von pflanzlichen und tierischen Fossilien. Am weitesten verbreitet und am meisten verwendet für solche Untersuchungen ist Blütenstaub (Pollen). Pollen kommt in der Regel in ausreichend großen Mengen vor, um eine Aufstellung der typischen Pollendiagramme zu ermöglichen. Solche Pollendiagramme zeigen die Häufigkeit verschiedener Pollentypen in den verschiedenen Schichten eines Sediments. Hieraus kann ein Bild der Umwelt und ihrer Veränderungen rekonstruiert werden. Mit charakteristischen Pollenspektren ist es auch möglich, in einem kleineren Gebiet die Schichten an verschiedenen Orten miteinander zu parallelisieren. Andere pflanzliche Fossilien sowie fossile Reste von Tieren, beispielsweise von Käfern, Mollusken und Wirbeltieren, sind in der Regel weniger häufig als Pollen und stammen anders als der Blütenstaub direkt aus dem Gebiet der Sedimentation, während Pollen ja oft viele Kilometer durch den Wind herbeigeweht sein kann. Aus der Kenntnis der heutigen ökologischen Bedürfnisse dieser Pflanzen und Tiere kann man dann ein Bild der damaligen Umweltbedingungen entwerfen (Paläoökologie).

Die Datierung quartärer Sedimente

Allgemeine Methoden der zeitlichen Parallelisierung und der Datierung von Gesteinen wurden bereits in Kapitel 12.1 erläutert. Eine Radiokohlenstoffdatierung kann für organische Sedimente verwendet werden, die jünger als rund 60 000 Jahre und älter als rund 200 Jahre sind. Die Datierung älterer quartärer Sedimente ist schwierig. Andere radiometrische Methoden wie etwa die Verwendung der Uranreihe oder des Kalium-Argon-Verhältnisses sind bei solch jungen Gesteinen recht ungenau und auch nur bei ganz bestimmten Proben, etwa von Tropfsteinen oder vulkanischen Gesteinen, möglich.

Mit Hilfe kurzlebiger Isotope, insbesondere Blei-210 (^{210}Pb), vermag man sehr junge, bis etwa 150 Jahre alte Seensedimente zu datieren, die für die Radiokohlenstoffmethode zu jung sind. Erst vor kurzem erfolgte Veränderungen im Sediment und im Pollenspektrum kann man mit historisch bekannten Umweltveränderungen in Beziehung bringen, beispielsweise mit der Rodung des Waldes in Nordamerika durch die eingewanderten europäischen Siedler.

Zur Datierung postglazialer Seenablagerungen ist auch die Verwendung paläomagnetischer Daten von Bedeutung. Art und Ausmaß der Lageänderung des magnetischen Nordpols während des Holozäns sind bekannt. Da sich magnetisierbares Material in den Sedimenten zur Zeit ihrer Ablagerung zum Pol hin orientierte, kann man das Alter eines solchen Sediments – natürlich nur bei lagerichtig vorliegenden Bohrkernen – durch Vergleich mit der bekannten Abweichung von der heutigen Lage des magnetischen Nordpols bestimmen.

Nur in wenigen Fällen sind Sedimente bekannt, deren einzelne Schichten jeweils der Ablagerung eines Jahres entsprechen (Warwen, s. Kap. 12.1). Auf diese Weise war es möglich, etwa die Dauer des Holstein-Interglazials in Deutschland auf 15 000–16 000 Jahre und die Zeitspanne des Eem-Interglazials auf etwa 11 000 Jahre zu berechnen. Insofern dauert die gegenwärtige Phase gemäßigten Klimas, das Holozän oder Postglazial, bereits rund 10 000 Jahre (Abb. 15-1).

Funde fossiler Wirbeltiere im Quartär

Skelettreste pleistozäner Wirbeltiere findet man in vielen Sedimenten verschiedenartiger Lebensräume. In der Regel enthalten die Sedimente einen hohen Anteil an Calciumcarbonat, der Knochen und Zähne vor einer Auflösung durch saures, durch das Sediment sickerndes Wasser bewahrt. Wirbeltierfossilien aus dem Quartär finden sich meist im Höhlenlehm oder in Flußablagerungen. Marine Sedimente enthalten Reste von Fischen, Walen, Schildkröten und anderen marinen Wirbeltieren, zuweilen auch durch Flüsse eingeschwemmte nichtmarine Fossilien.

Für die Deutung einer „Fossilgemeinschaft" ist es sehr wichtig, die Prozesse möglichst genau zu verstehen, die auf dem Weg von der Lebensgemeinschaft (Biozönose) zur Fossilgemeinschaft (Thanatozönose) eine Rolle gespielt haben (s. Kap. 12.1). Diese Prozesse können im Vergleich zur ursprünglichen Biozönose zu einem sehr verfälschten Bild einer fossilen Fauna führen. So zeigen beispielsweise die Fossilien in Höhlen einen unverhältnismäßig hohen Anteil an Resten von Fleischfressern, da diese Tiere in Höhlen lebten und verendeten. Zum anderen geben Fossilien aus Flußablagerungen im allgemeinen nur ungefähr die relative Häufigkeit von fossilen Gruppen an, die man aufgrund der Populationsdichte dieser oder nahe verwandter heutiger Formen erwarten würde. Beispiele hierfür wären große Zahlen von kleinen Nagern, viele große Pflanzenfresser und verhältnismäßig wenige Fleischfresser. Ferner muß bedacht werden, daß solche

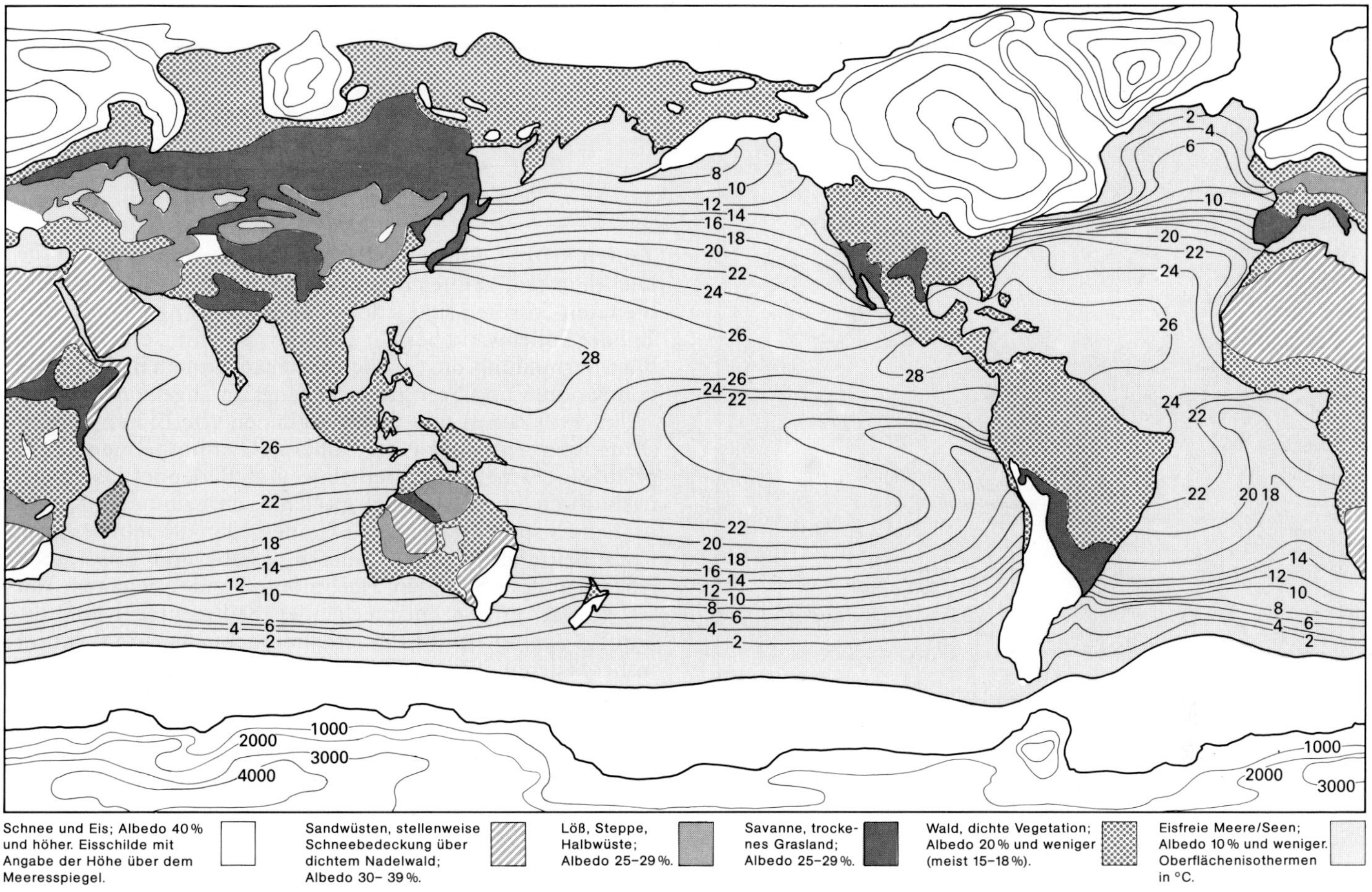

Abb. 15-2. Karte der Oberflächentemperatur der Meere, der Eisbedeckung und des Albedo der Kontinente (Verhältnis der reflektierten zur erhaltenen Strahlung) für den Monat August vor 18 000 Jahren.

Fossilgemeinschaften Tiere enthalten, die entweder durch natürliche Ursachen gestorben sind, oder die in natürlichen Fallen gefangen oder von Räubern erbeutet worden sind. Die Fossilgemeinschaften können dabei am Ort ihrer Entstehung verblieben oder anschließend – beispielsweise durch einen Fluß – transportiert und umgelagert worden sein.

In Fossilgemeinschaften, die infolge natürlichen Todes der Tiere entstanden sind, können sich Knochen und Zähne gehäuft über viele Jahre hinweg ansammeln. So finden sich z. B. in Europa oft zahlreiche Überreste von Bären in Höhlenablagerungen, und zwar vom Braunbär *(Ursus arctos)* und vom ausgestorbenen Höhlenbär *(Ursus spelaeus)*. Es sind offenbar Tiere, die während des Winterschlafes starben. Eine große Vielfalt von Wirbeltieren ist in Flußablagerungen eingebettet. Fast all dies Material wurde vom Lebensort der Tiere, von der Landoberfläche also, angeschwemmt und unterlag daher nach dem Tod des Tieres einem mehr oder weniger weiten Transport.

Natürliche Fallen können sehr vielfältig sein. Oft kann dabei die Ursache für eine Fossilgemeinschaft durch Beobachtung heutiger Tiere erschlossen werden. Große Säuger bleiben von Zeit zu Zeit im weichen Schlick am Rande eines Sees oder Flusses stecken und sterben; ihre Knochen werden dann durch die nachfolgende Ablagerung von Sediment eingebettet. Andere mögen nach dem Einbrechen durch das dünne Eis eines Sees oder Flusses ertrunken sein, wie in dem Fall zahl reicher vollständiger Skelette des ausgestorbenen Riesenhirsches *Megaceros giganteus* aus spätpleistozänen Ablagerungen in Irland. Manche Fossillager in Höhlen scheinen dadurch entstanden zu sein, daß Tiere durch eine Öffnung im Höhlendach gestürzt sind. Sehr selten, jedoch auffallend reich an Wirbeltierfossilien, sind die aus Kalifornien (Rancho La Brea), Südamerika und dem Kaukasus bekannten Asphaltsedimente („Teergruben"). Große Säuger wurden möglicherweise von Wasserlachen auf dem Asphalt angelockt und beim Versuch zu trinken im klebrigen Asphalt gefangen. Davon angelockte Räuber und Aasfresser blieben dann ebenfalls stecken. Noch außergewöhnlicher sind die tiefgefrorenen Kadaver von Mammut, Bison, Pferd und anderen Säugetieren, die im Dauerfrostboden Sibiriens und des arktischen Nordamerika erhalten blieben.

Reste des Skeletts erbeuteter oder als Aas verzehrter Tiere sind meist an den Lebensorten fleischfressender Tiere gehäuft zu finden. Im oberen Pleistozän von England benutzte die Tüpfel- oder Fleckenhyäne *(Crocuta crocuta)* viele Höhlen als Gruben, in die sie Überreste der von ihr selbst oder von anderen Fleischfressern getöteten oder aus anderen Gründen verendeten Tiere verschleppten. Derartige Fossilanhäufungen in diesen Gruben können deswegen leicht identifiziert werden, weil sie vor allem einzelne Zähne, kräftige Knochen und cha-

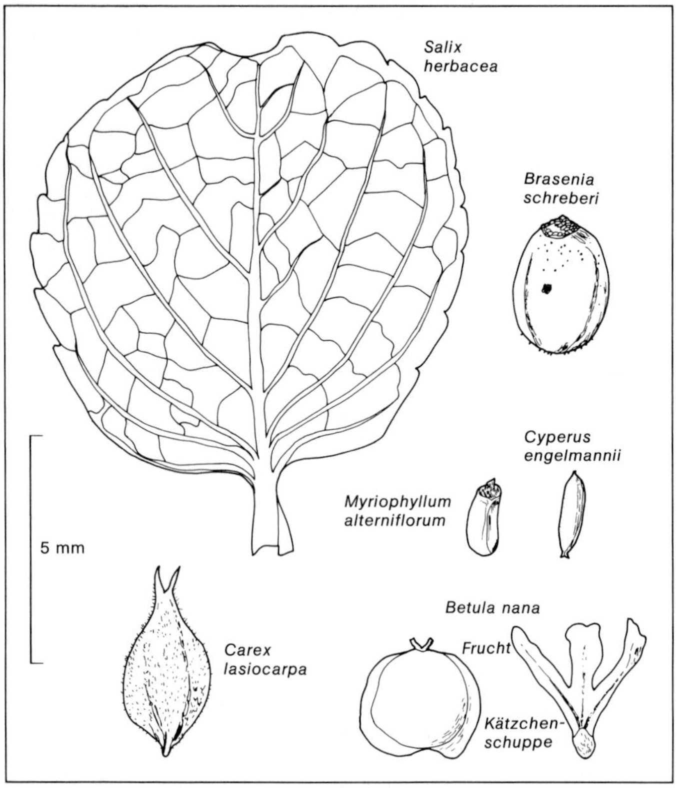

Abb. 15-3. Pflanzliche Makrofossilien: Blatt der Krautweide *(Salix herbacea),* typisch für Sedimente der Kaltzeiten; Samen der Wasserpflanzen Tausendblatt *(Myriophyllum alterniflorum)* und Schleimkraut *(Brasenia schreberi);* Frucht und Kätzchenschuppe der Zwergbirke *(Betula nana);* Frucht und Samen von Riedgräsern *(Carex lasiocarpa* und *Cyperus engelmannii).*

rakteristisch geformte Knochenstücke ausweisen, alles Material, das nach dem Zerbeißen mit den kräftigen Kiefern und Zähnen der Hyänen übrigblieb. In ähnlicher Weise sammelten sich auch Reste der Beutetiere des Menschen in der Nähe seiner Behausungen an (ebenfalls Höhlen oder an einem See bzw. Fluß gelegene freie Plätze). Ansammlungen von Resten kleiner Wirbeltiere (z. B. von Wühlmäusen, Mäusen, Spitzmäusen), die meist zahlreiche Knochen und Zähne enthalten und vor allem in Höhlensedimenten zu finden sind, stammen aus den ausgewürgten Gewöllen von Eulen und anderen Raubvögeln.

Fossile Pflanzen des Quartärs

Die fossilen Pflanzen sind wichtige Belege für die Geschichte der Vegetation. Wenn die Sedimentation in entsprechenden Lebensräumen erfolgt, können Pflanzen oder Teile von ihnen gut erhalten bleiben. So besteht beispielsweise Torf weitgehend aus Pflanzenresten, aus denen oft noch gut identifizierbare Teile leicht herauspräpariert werden können. Zuweilen sind auch Baumstämme und Baumstümpfe erhalten. Sie bilden die sogenannten „Versunkenen Wälder" entlang der Küste, wo durch Schwankungen des Meeresspiegels die auf sumpfigen Böden wachsenden Wälder überflutet und begraben worden sind.

Solche großen Fossilien sind allerdings vergleichsweise selten. In wesentlich größerer Zahl bleiben in Fluß- oder Sumpfsedimenten fossile Früchte sowie andere Pflanzenteile wie Zapfen, Blätter, Blüten und Staubgefäße erhalten (Abb. 15-3). Die kleinsten, zahlreichsten und am ehesten allgemein verbreiteten Fossilien sind jedoch Pollen. Der widerstandsfähige Teil der Pollenwand besteht aus Sporopollenin, einer sehr stabilen Verbindung, die vor allem unter anaeroben Bedingungen von Mooren und Seen nur sehr langsam abgebaut wird.

Früchte, Samen und Pollen stammen von Blütenpflanzen (Angiospermen) und Nacktsamern (Gymnospermen). Farnpflanzen (Farne, Schachtelhalme und Bärlappe) lassen sich nach ihren ebenfalls Sporopollenin enthaltenden Sporen, nach den sporentragenden Organen, den Sporangien, und nach Blattabdrücken bestimmen. Laub- und Lebermoose leben häufig in Sümpfen, Flachmooren und in seichtem Wasser, so daß in den entsprechenden Sedimenten beblätterte Sprosse zahlreicher Moose erhalten geblieben sind. Moose, insbesondere natürlich Torfmoose *(Sphagnum),* bilden oft die Hauptmasse einer Torfablagerung. Seltsamerweise sind Lebermoose schlecht erhalten und werden daher selten als Fossilien gefunden. Auch bestimmte Algen können fossilisiert sein, vor allem die infolge ihrer Schalen aus Kieselsäure häufig gut konservierten Kieselalgen (Diatomeen). Andere Algen, wie etwa die Grünalge *Pediastrum,* bleiben zuweilen ebenfalls erhalten, sofern sie widerstandsfähige Zellwände aufweisen.

Im allgemeinen spricht man bei pflanzlichen Fossilien einerseits von Mikrofossilien, die nur im leistungsfähigen Lichtmikroskop betrachtet werden können, und andererseits von Makrofossilien, die unmittelbar bearbeitet und im allgemeinen mit einem einfacheren Präparationsmikroskop identifiziert werden können. Zu den Mikrofossilien gehören Pollen, Sporen und Algen, zu den Makrofossilien größere Pflanzenteile wie Früchte und Samen, Blätter, Holz und die Moose.

Pollenanalyse

Die Pollenanalyse ist für die Rekonstruktion quartärer Floren die wichtigste und am häufigsten angewandte Methode. Aus der fossilen Flora, den einzelnen feststellbaren Arten also, lassen sich der Vegetationstyp und die Umweltverhältnisse rekonstruieren.

An einer geeigneten Stelle werden hierzu Sedimentproben entnommen. Diese können an einem offenen Profil unmittelbar in regelmäßigen Abständen gewonnen werden, oder es wird eine Säule von Material entnommen und im Labor in Proben aufgeteilt. Eine andere Methode ist die Entnahme eines Bohrkerns aus einem Torfmoor oder aus einem Seensediment mit Hilfe eines speziellen Bohrers. Die im Sediment möglicherweise sehr zahlreichen Pollen können infolge der Widerstandsfähigkeit des Sporopollenins aus dem übrigen, chemisch lösbaren Material gewonnen werden. Pollenkörner sind im allgemeinen kugelig und zeigen eine für jeden Pollentyp charakteristische Zahl und Anordnung von Poren oder Furchen (auch Colpi genannt, daher Bezeichnungen wie monocolpat, tricolpat usw.). Diese Muster können mit einer typisch gestalteten Oberflächen- und Wandstruktur kombiniert sein und Stacheln, Netze und andere Einzelheiten zeigen (Abb. 15-4).

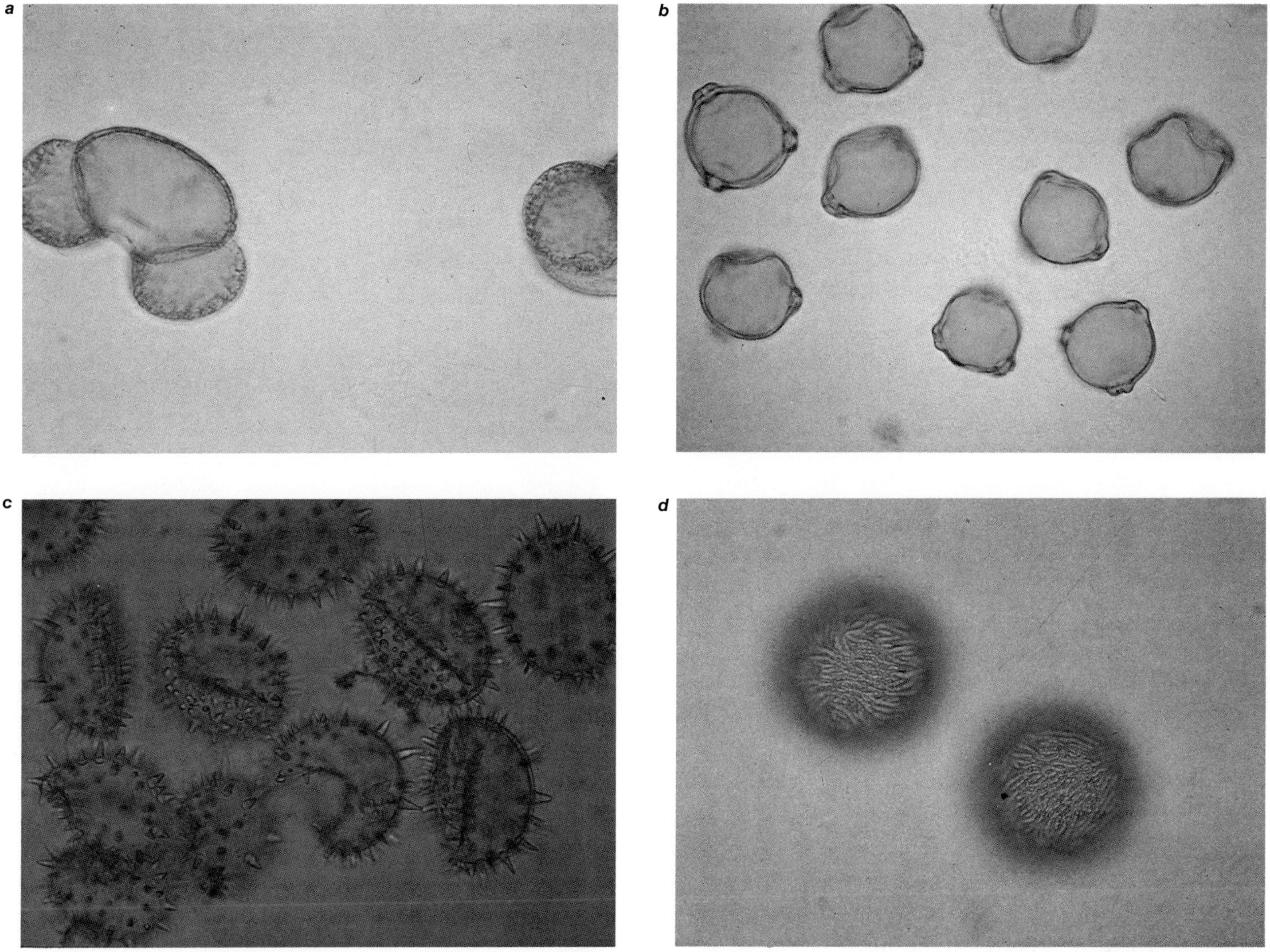

Abb. 15-4. Fotos von Pollenkörnern. (a) Kiefer *(Pinus):* typisch für viele Nadelhölzer, mit fein gekörnter Oberfläche (Durchmesser 40–50 µm) und zwei Luftsäcken. (b) Birke *(Betula):* glattwandige, kugelige Pollen (Durchmesser 25 µm) mit deutlichen Poren rund um den „Äquator". (c) Teichrose *(Nuphar lutea):* bohnenförmige Pollen (Länge 60 µm) mit einer Längsfurche und dorniger Oberflächenstruktur. (d) Himmelsleiter *(Polemonium caeruleum),* kugelige Formen (Durchmesser 45 µm) mit zahlreichen Poren und runzeliger Oberflächenstruktur.

Die von jedem Pollentyp in einer Schicht vorhandene Anzahl einzelner Pollen wird als Prozentsatz der Gesamtzahl der Pollen angegeben (Pollenspektrum einer Schicht). Trägt man die Prozentsätze in Abhängigkeit von der Tiefe – also dem Alter – der Schichten auf, erhält man ein Pollendiagramm (Abb. 15-10). Pollendiagramme können in Pollenzonen aufgeteilt werden, was für die Parallelisierung mit anderen Pollendiagrammen wichtig ist. Das Pollenspektrum eines bestimmten Zeitabschnittes ist unter bestimmten Voraussetzungen ein Spiegel der Vegetation im Gebiet um die in Frage stehende Stelle und kann damit für Aussagen zur Paläoökologie verwendet werden. Veränderungen des Pollenspektrums und damit der Vegetation im Laufe der Zeit können auch auf die Art und Weise der Veränderungen in der Vegetation hinweisen, so etwa auf die Art der Einwanderung und des Seßhaftwerdens verschiedener Arten, oder wie die Vegetation auf Störungen wie Waldbrände oder Eingriffe des Menschen reagiert hat. Die durch die Untersuchung der heutigen Vegetation und ihrer Einzelkomponenten erfahrbaren Umweltansprüche von Pflanzen lassen sich in gewisser Weise auch auf die Interpretation der damaligen Lebensräume übertragen. Dies gilt auch für die Bodentypen und für das Klima.

Pflanzliche Makrofossilien

Pflanzliche Makrofossilien sind chemisch nicht so widerstandsfähig wie Pollen, so daß sie nach sorgfältigem Aufbereiten des Sediments durch eine Reihe von Sieben mit entsprechender Maschenweite gegeben werden müssen. Die Makrofossilien bleiben zurück und werden von feinerem Gesteinsmaterial durch einen leichten Wasserstrahl gelöst. Bei der Untersuchung mit einem Präparationsmikroskop unter geringer Vergrößerung können die Makrofossilien schließlich ausgelesen werden.

Makrofossilien sind für die Parallelisierung verschiedener Schichten nur von begrenztem Wert. Sie helfen vor allem bei der Interpretation paläoökologischer Daten, denn die Zugehörigkeit zu bestimmten Arten kann für Makrofossilien oft wesentlich exakter als für Pollen bestimmt werden. Infolge ihrer allgemein begrenzten Ausbreitungsmöglichkeit – ganz

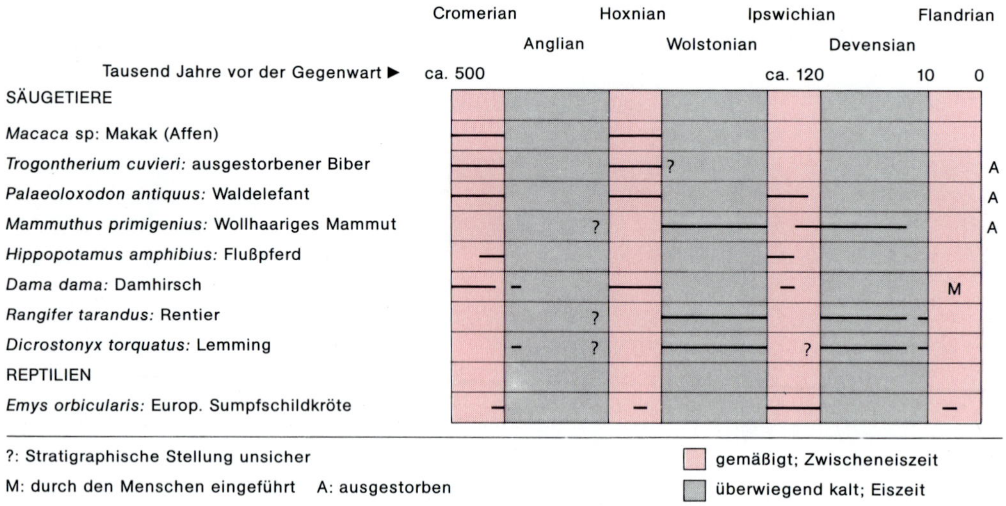

Abb. 15-5. Die pleistozäne Fauna der britischen Inseln.

im Gegensatz zu den oft langen Strecken, die Pollen bis zur Einbettung in das Sediment zurücklegen können – zeigen Makrofossilien einer bestimmten Art in der Regel an, daß die betreffende Art zu jener Zeit auch nahe am heutigen Fundort gewachsen ist. Dies ist bei der Interpretation von Pollenspektren insbesondere dann von Wichtigkeit, wenn diese Spektren Pollen von Pflanzengruppen enthalten, die wie Birke und Kiefer reichlichen und über weite Strecken ausgestreuten Blütenstaub aufweisen. Erst wenn zusätzlich auch Makrofossilien dieser Gattungen vorliegen, ist sicher, daß diese Bäume in der Nähe gewachsen sind. Ebenso können Makrofossilien zeigen, welche Arten einer Gattung den Pollen geliefert haben.

Die meisten Makrofossilien stammen von Pflanzen der Feuchtgebiete oder von Wasserpflanzen, also von Pflanzen, die nahe oder unmittelbar am Ort ihrer Einbettung gelebt haben. Somit vermag eine Fundstelle von Makrofossilien verläßliche paläoökologische Informationen über die am betreffenden Ort herrschenden Umweltbedingungen zu geben. Änderungen in der Zusammensetzung des Makrofossilienspektrums im Laufe einer Sedimentfolge können durch lokale Wasserspiegelschwankungen oder durch weitreichende, Austrocknung oder Überflutung bewirkende Klimaveränderungen verursacht worden sein.

Kieselalgen

Die in Seenablagerungen oft häufigen Kieselalgen (Diatomeen) erweisen sich für die Rekonstruktion vergangener Lebensräume ebenfalls als wertvoll. Diese Organismen werden ähnlich wie Pollen gesammelt und präpariert. Da diese mikroskopisch kleinen Fossilien aus widerstandsfähigen Kieselsäure-Schalen bestehen, können sie durch bestimmte chemische Verfahren von der Gesteinsmatrix getrennt werden.

Die Diatomeen-Gesellschaften zeigen in verschiedenen Bereichen eines Sees und auch in verschiedenen Seen jeweils ein anderes Bild. Diatomeen reagieren auf Faktoren wie chemische Zusammensetzung und Turbulenz des Wassers, die Beschaffenheit des Materials am Grund des Sees und das Vorhandensein größerer Wasserpflanzen. Damit können Kieselalgen zur genauen Rekonstruktion der Ökologie eines Sees verwendet werden. Andererseits sind Diatomeen verhältnismäßig unempfindlich gegen Temperaturveränderungen und damit keine verläßlichen Indikatoren für das Klima der Vergangenheit.

15.2 Die Fauna des Quartärs

Wirbellose

Eine Reihe quartärer Wirbellosengruppen sind fossil gut überliefert, insbesondere die Foraminiferen (beschalte Einzeller), marine und nichtmarine Mollusken sowie die Käfer (Coleopteren).

Foraminiferen kommen oft häufig in marinen Sanden, Schlicken und Tonen vor. Durch die Untersuchung ihrer Verbreitung in Sedimentabfolgen aus Schelfmeeren und aus der Tiefsee ist eine Charakterisierung der verschiedenen Schichten möglich. Zudem liefern sie Informationen über das Klima. So sind beispielsweise im Nordatlantik klimatische Veränderungen durch wechselnde Häufigkeiten von Arten wie *Globorotalia menardie* (Warmwasserart) und Arten wie *Globigerina pachyderma* (Art des kühleren Wassers) dokumentiert.

Mollusken sind aus einer Vielzahl von marinen Sedimenten bekannt; nichtmarine Mollusken, sowohl Süßwasser- als auch terrestrische Arten aus verschiedenen Seen- und Flußablagerungen, findet man jedoch nur, wenn diese stark kalkhaltig sind. An Quellen gebildete Sedimente von Calciumcarbonat enthalten in der Regel reiche Faunen terrestrischer Mollusken. Marine und nichtmarine Mollusken liefern umfangreiche Informationen über das Klima, vor allem über die ökologischen Verhältnisse der unmittelbaren Umgebung. So gibt das Auftreten südlicher Arten von marinen Mollusken vor 5000–7000 Jahren im Holozän der Britischen Inseln einen ersten Hinweis auf wärmeres Klima. Dort sind südliche nichtmarine Arten wie *Corbicula fluminalis* und *Belgrandia marginata* aus den Interglazialen bekannt, während *Columella columella* zu den charakteristischen Arten der Eiszeiten und der heutigen kalten Klimate zählt.

Käfer, die in der Regel bemerkenswert gut erhalten sind, können in großer Zahl in Süßwassersedimenten und auch in Torfablagerungen vorkommen. Käferfaunen aus dem Quartär wurden vorwiegend in Großbritannien und Nordamerika untersucht. Die meisten Arbeiten stammen aus mit der Radiokohlenstoffmethode datierten Fundstellen des Devensian (entspricht der letzten Eiszeit); einige Untersuchungen liegen auch aus früheren interglazialen und glazialen Faunen vor. Faunen aus dem Ipswich von England (letztes Interglazial) weisen südliche und gemäßigte Käferarten auf. Faunen, die verschiedene Phasen des Devensian zeitlich zugeordnet wer-

Abb. 15-6. Die Tierwelt des Devensian (letzte Eiszeit) in England: die Mendip Hills vor rund 35 000 Jahren.

den können, reichen vom arktischen, artenarmen Typ bis zu mehreren, rund 42 000–43 000 Jahre alten Faunen, die gemäßigte und südliche Arten enthalten. Dies weist – im Vergleich zu heute – auf höhere Sommertemperaturen hin. Demgegenüber lassen sich anhand von gleichaltrigen Pollenspektren nur wenige derartige Hinweise finden, was wahrscheinlich damit zusammenhängt, daß die Zeit für eine Wanderung gemäßigter Pflanzenarten aus den eiszeitlichen Refugien in Südeuropa nach Großbritannien zu kurz war.

Wirbeltiere des europäischen Pleistozäns

Altpleistozäne Wirbeltierfaunen stammen etwa aus dem Zeitraum von vor rund 0,7–2 Mio. Jahren. Sie sind von verhältnismäßig wenigen Fundorten, vorwiegend aus Norditalien, Südfrankreich, Spanien und dem östlichen Europa, bekannt.

Die ersten echten Pferde (Gattung *Equus,* aus Nordamerika) und Elefanten (Gattung *Archidiskodon,* aus Südasien) erschienen offenbar fast genau zu Beginn des unteren Pleistozäns. Im wesentlichen haben jedoch die unterpleistozänen Faunen viel mit denen des Pliozäns (s. Kap. 14.3) gemeinsam, während viele für das spätere Pleistozän und für moderne Faunen charakteristische Formen fehlen. Zu den auffallendsten Säugern gehören Affen, primitive Wühlmäuse, Säbelzahnkatzen, Mastodonten *(Anancus)*, Tapire, Zebras *(Equus stenosis)*, geweihtragende Hirsche, Gazellen und ein primitiver Vertreter der Rinder *(Leptobos)*. Für eine Anwesenheit des Menschen in Europa zu irgendeiner Zeit des unteren Pleistozäns gibt es keine überzeugenden Befunde, weder Reste von Skeletten noch Werkzeuge. Auch wenn im jüngsten Teil des unteren Pleistozäns eine Reihe von Tieren wie bestimmte Tapire, Gazellen und das Mastodon ausgestorben sind und sich neue Formen wie Wühlmäuse mit laufend nachwachsenden Molaren entwickelten, bleibt der allgemeine Eindruck bestehen, daß in dieser Zeit im Vergleich zum Faunenwandel im mittleren und oberen Pleistozän nur eine verhältnismäßig niedrige Evolutionsrate zu beobachten ist.

Wirbeltiere aus dem mittleren und oberen Pleistozän sind von vielen Fundorten in den meisten Teilen Europas bekannt, und zwar besonders häufig aus Höhlensedimenten der letzten Eiszeit und der letzten Zwischeneiszeit. Mittel- und Oberpleistozän lassen sich durch eine Verstärkung der schon früher im Pleistozän beobachtbaren Klimaschwankungen charakterisieren, was in Nordeuropa und in den Alpen zu Perioden weitreichender Vereisung führte.

Die Faunengeschichte jener Zeit zeigt infolge der Entwicklung neuer Arten, durch Wanderungsbewegungen und durch Aussterben von Arten starke Veränderungen, wobei als allgemeiner Trend eine Verminderung der Mannigfaltigkeit festzustellen ist. Diese Phänomene spiegeln die sich wiederholenden Streßsituationen wider, denen die Fauna ausgesetzt war: Jede Klimaänderung mußte von den Arten mit Anpassung oder Wanderung beantwortet werden. Dies führte bis zum Ende des Pleistozäns zu einem gewaltigen Ansteigen der Aussterberate. Etwa im Cromer-Interglazial traten in Europa erstmals Menschen auf, was anhand ihrer Skelette und Werkzeuge nachgewiesen werden konnte. Fundorte sind Mauer bei Heidelberg und Verteszöllös in Ungarn.

In Abbildung 15-5 sind mit wenigen Beispielen die Veränderungen in der britischen Fauna während des mittleren und oberen Pleistozäns dargestellt. Bestimmte Arten oder Gruppen sind auf die Zwischeneiszeiten, andere auf die Eiszeiten beschränkt.

Faunen der Eiszeiten (Kaltzeiten)

Da der größte Teil der letzten Eiszeit oder Kaltzeit, die in verschiedenen Teilen Europas als Devensian-, Weichsel- oder Würm-Eiszeit bezeichnet wird (Abb. 15-1), in den mit der Radiokohlenstoffmethode erfaßbaren Bereich fällt, können die Faunen und die Faunengeschichte dieser Zeit weit besser als die Faunen früherer Eiszeiten rekonstruiert werden.

Während des großen Teils jeder Eiszeit erstreckte sich über Nord-und Mitteleuropa eine baumlose, durch krautige Pflanzen beherrschte Vegetation. Dies zeigt sich auch durch das weit südlich der Alpen und Pyrenäen feststellbare Vorkommen von Tieren, die heute in der Arktis leben. Dazu gehören Lemminge, Polarfuchs, Rentier und Moschusochse *(Ovibos)*. Die für die gemäßigten Bedingungen der Interglaziale in Nordeuropa typischen Tiere, wie Auerochs *(Bos primigenius)*, Damhirsch und der mit geraden Stoßzähnen ausgestattete Elefant

Palaeoloxodon, scheinen die Eiszeiten in Refugien im Mittelmeergebiet und in Südwestasien überlebt zu haben.

In Perioden mit gemäßigtem Klima innerhalb der Eiszeiten, sogenannten Interstadialen, ist stets eine nach Norden gerichtete Ausbreitung von Pflanzen und Tieren zu beobachten, deren Ansprüche eher einem gemäßigten Klima entsprachen. Dazu gehören Auerochs im letzten Teil der letzten Eiszeit in Südfrankreich sowie Reh und Biber etwa zur gleichen Zeit in Süddeutschland. Indessen zeigen die typischen kaltzeitlichen Faunen eines soweit nördlich wie z. B. England gelegenen Gebietes eine interessante Mischung tiergeographischer Elemente, die ein Zusammenwirken klimatischer und vegetationsbezogener Faktoren widerspiegeln, wie man sie heute nirgendwo mehr finden kann. So umfassen beispielsweise Faunen aus dem mittleren Abschnitt der letzten Eiszeit (Devensian) von England (vor 30 000–40 000 Jahren) zum einen heute ausgestorbenen Tiere, zum anderen (a) Tiere mit heute arktischer oder nördlicher Verbreitung, (b) Tiere, die heute in den Steppen des Ostens vorkommen, (c) eher im Süden oder in gemäßigten Gebieten lebende Tiere sowie schließlich (d) Tiere, die heute in ökologisch verschiedenen Biotopen zu finden sind (Abb. 15-6). Faunen ähnlichen Alters aus Deutschland zeigen einen viel deutlicheren Anteil an Steppentieren wie Steppenantilope *(Saiga)*, Birkenmaus und Wüstenspringmaus.

Das häufige Vorkommen einer großen Form des Rothirsches *(Cervus elaphus)* in eiszeitlichen Faunen ist ein weiterer Hinweis auf die Unterschiede zwischen den Umweltbedingungen der pleistozänen Eiszeiten und der heutigen arktischen Tundra. Rothirsche fehlen heute nicht nur in der Tundra, sondern im allgemeinen auch in den Wäldern der Taiga (s. Kap. 8.4). Schwierigkeiten bei der Nahrungsversorgung im winterlichen Schnee mögen die Hauptursache dafür sein, daß der Rothirsch heute nicht weiter nach Norden vorgedrungen ist. Löwe und Fleckenhyäne waren in diesen Faunen ebenfalls vertreten.

Faunen der Zwischeneiszeiten (Warmzeiten)

Während der Zwischeneiszeiten (Interglaziale) war die Verbesserung der klimatischen Verhältnisse ausreichend lang, um in Nordwesteuropa die Entwicklung von Wäldern zu ermöglichen. Es waren zunächst Birken- und Nadelwälder, dann auch gemäßigte Laubmischwälder. Diese Veränderungen in Klima und Vegetation waren von der Einwanderung gemäßigter Wirbeltierfaunen mit einer Vielzahl tiergeographischer Elemente begleitet. Die aus dem mittleren Abschnitt der letzten Zwischeneiszeit (Ipswich) von England bekannte Fauna ist in Abbildung 15-7 dargestellt. Die wärmsten Teile jedes Interglazials einschließlich des Postglazials (Holozän) der letzten Eiszeit waren etwas wärmer als die heutige Zeit. Dies zeigt sich am Vorkommen von fossilen Pflanzen und Tieren in interglazialen Sedimenten Europas, das Hunderte von Kilometern nördlich ihres heutigen Verbreitungsgebietes liegt. So fehlt beispielsweise die Sumpfschildkröte *(Emys orbicularis)* heute in Nordeuropa vollständig, da die Sommer für die Entwicklung der Eier zu kühl und zu lichtarm sind. Reichliche Fossilfunde zeigen jedoch, daß sie vor etwa 6000 Jahren so weit nördlich wie in England, Dänemark und Südschweden vorkam. In England läßt sich diese Art in jeder Zwischeneiszeit nachweisen.

Wegen der verwickelten Verhältnisse von Einwanderung, Neuentwicklung und Aussterben von Arten zeigen die Faunen der letzten vier Zwischeneiszeiten große Unterschiede. So kommen beispielsweise Makaken und Biber in England nur bis zum Holstein-/Hoxnian-Interglazial vor. Andererseits ist dieser Zeitabschnitt durch das erste Erscheinen des Auerochsen und das Fehlen des Flußpferdes charakterisiert, das auch im Holozän fehlt.

Ein Faunenwechsel innerhalb der Zwischeneiszeiten ist an detaillierten Fossilfunden des letzten Interglazials (Ipswichian/Eem) aus England und dem östlichen Deutschland nachzuweisen. Die englischen Faunen enthalten Pferd *(Equus ferus)* und Mammut *(Mammuthus primigenius)* nur in der zweiten Hälfte dieser Warmzeit, was offensichtlich mit einer Abnahme der Waldbedeckung zusammenfällt.

Interessant ist auch ein Vergleich der Faunen der verschiedenen Interglaziale in England und Deutschland. Während in der Cromer- und Holtein-Zwischeneiszeit die Faunen in beiden Gebieten sehr ähnlich sind, unterscheidet sich die Fauna im Eem (Ipswichian) deutlicher: In England ist sie mehr vom Typ einer Fauna ozeanisch beeinflußter Wälder mit Auerochs und Flußpferd; in Deutschland dagegen eher kontinental, wobei die genannten Arten fehlen und dafür Steppenbewohner wie Pfeifhasen, Erdhörnchen und Hamster auftreten.

Während der Interglaziale, und dies gilt auch für die derzeitige Zwischeneiszeit, haben sich die in den Eiszeiten weit verbreiteten Tiere in Refugien der heutigen arktischen Tundra (z. B. Lemminge, Polarfuchs) oder in arktische Gebiete und in Gebirge (z. B. Schneehase, Alpen-Schneehuhn) zurückgezogen.

Pleistozäne Wirbeltiere Nordamerikas

Quartäre Wirbeltiere liegen von zahlreichen Fundorten vor, insbesondere aus den Vereinigten Staaten und Alaska. Mit Ausnahme des späten Pleistozäns läßt sich die Faunenfolge in Nordamerika jedoch nur vorläufig mit bestimmten klimatischen Perioden parallelisieren. Da ein brauchbares System datier- und parallelisierbarer Schichten fehlt, wurden die Säugerfaunen des Quartärs in Anlehnung an das Verfahren bei den tertiären Faunen in drei große Altersgruppen gegliedert. Diese Gruppen sind das Blancan (spätes Pliozän und Unterpleistozän), das Irvingtonian (entspricht etwa dem Mittelpleistozän) und das im wesentlichen dem Oberpleistozän entsprechende Rancholabrean. Die Faunen des Rancholabrean können nun entweder dem letzten Interglazial (Sangamonian) oder dem Wisconsinian (in Nordamerika die letzte Eiszeit) zugeordnet werden. Die jüngeren Wisconsinian-Fundorte fallen dann in den Bereich der ^{14}C-Messung.

Die bekannteste Fundstätte pleistozäner Wirbeltiere in Noramerika ist Rancho La Brea bei Los Angeles, Kalifornien.

Abb. 15-7. Die Tierwelt des Ipswichian (letzte Zwischeneiszeit) in England: Cambridge vor rund 120 000 Jahren.

Nach diesem Fundort ist auch die jüngste Periode der Landsäugetiere als Rancholabrean benannt. Hier haben mit Asphalt imprägnierte Sand- und Kiesablagerungen eine reiche Säuger- und Vogelfauna aus dem mittleren bis späten Wisconsinian geliefert. Die Fauna umfaßt viele bis heute in Nordamerika vertretene Tiere, daneben kennt man von hier mehrere heute ausgestorbene Formen wie Säbelzahnkatze, Löwe Bodenfaultiere (z. B. *Paramylodon)*, eine Mammutart *(Mammuthus)*, ein Mastodon, das kamelähnliche *Camelops*, ein Pferd *(Equus)* und Vögel wie der riesige kondorähnliche Geier *Teratornis*.

Die pleistozänen und modernen Säugerfaunen Nordamerikas können in drei große Gruppen gegliedert werden. Es sind zum einen endemische, also nur in Nordamerika vorkommende Arten, dann Formen südamerikanischer Herkunft, die nach Bildung einer Landbrücke zwischen Mittel- und Südamerika im Oberpliozän nach Nordamerika einwandern konnten, und schließlich Arten, die für Nordamerika und Eurasien typisch sind (holarktische Formen).

Endemische Formen, deren Geschichte in Nordamerika bis weit ins Tertiär hineinreicht, sind z. B. die Weißwedelhirsche und Maultierhirsche, Gabelböcke wie *Antilocapra* und das ausgestorbene vierhörnige *Tetrameryx*, außerdem Stinktier, Waschbär und viele Nager, z. B. Lemminge und der ausgestorbene Riesenbiber *Castoroides*. Zu den auffallenderen ausgestorbenen pleistozänen Säugern gehören das kamelähnliche *Camelops*, ein Tapir *(Tapirus)* und das amerikanische Mastodon *(Mastodon americanus)*.

Zu den Formen südamerikanischer Herkunft gehören das heute lebende Gürteltier *(Dasypus)*, ein zu den Zahnarmen (Edentaten) zählendes Säugetier (s. Kap. 14.3), das Stachelschwein (Nagetiere) und das Opossum (Beuteltiere). Ausgestorbene Vertreter der Zahnarmen sind das wie ein riesiges Gürteltier aussehende *Glyptodon* sowie Bodenfaultiere wie *Megatherium* und *Mylodon*.

Zu den zahlreichen holarktischen Säugern, die bis heute in Nordamerika vorkommen, gehören Wapitihirsch, Rentier (Karibu), Elch, Bison, Moschusochse (in der Alten Welt ausgestorben), Braunbär, Wolf, Polarfuchs, Biber, Lemming und viele Wühlmaus-Arten. Heute in Nordamerika ausgestorbene Tiere aus dieser Gruppe sind unter anderen das Wollhaarige Mammut und – vielleicht überraschend – der Löwe, der heute auf Afrika und ein kleines Gebiet in Indien beschränkt ist. Im späten Pleistozän war er jedoch im größten Teil Europas sowie in Nord- und Südamerika verbreitet.

Die Landsäugetiere konnten zeitweise ungehindert zwischen Nordamerika und Eurasien wandern, da im Gebiet der heutigen Beringstraße von Alaska bis zum östlichen Sibirien eine Landbrücke bestand. Dieses Gebiet „Beringia" war während der größten pleistozänen Vereisungsperioden Festland, da stets dann der Meeresspiegel besonders tief lag. Manche eurasischen Säuger, z. B. die Steppen- oder Saigaantilope und der Yak, wanderten im Wisconsinian bis Alaska. An der weiteren Besiedlung des Kontinents hinderte sie jedoch wahrscheinlich der umfangreiche Eisschild, der alle Zugänge zum Süden blockierte, während Alaska selbst weitgehend eisfrei blieb. Gegen Ende des Wisconsinian erreichte der Mensch, der bereits große Teile Sibiriens besiedelt hatte, Beringia und drang in die Neue Welt ein. Diese Wanderungen des Menschen erstreckten sich wahrscheinlich über eine Periode von einigen tausend Jahren.

Das Aussterben im späten Pleistozän

In den letzten hundert Jahren wurde deutlich, daß wir in einer aus zoologischer Sicht verarmten Welt leben, aus der viele große und auffallende Säuger erst in der jüngsten geologischen Vergangenheit verschwunden sind. So umfaßte beispielsweise die europäische Fauna vor rund 20 000 Jahren noch Löwe und Fleckenhyäne, die beide heute nur in Afrika vorkommen, auch ausgestorbene Arten von Elefant, Nashorn und Bison sowie den ausgestorbenen Riesenhirsch *Megaceros*. Zu Faunen ähnlichen Alters in Nordamerika gehören Mastodon, Säbelzahnkatze, Riesenfaultiere, *Glyptodon* und Pferde. Alle diese Arten sind heute in der Neuen Welt ausgestorben, auch wenn die Pferde durch den Menschen wieder eingeführt worden sind. Spätpleistozäne Faunen aus Australien zeigen Tiere wie den Beutellöwen *(Thylacoleo)*, riesige, kurzköpfige Känguruhs und einen als *Diprotodon* benannten wombatähnlichen, jedoch nashorngroßen Pflanzenfresser.

^{14}C-Daten von nordamerikanischen Fossilien ergaben, daß die meisten Tiere vor 10 000–12 000 Jahren ausgestorben sind.

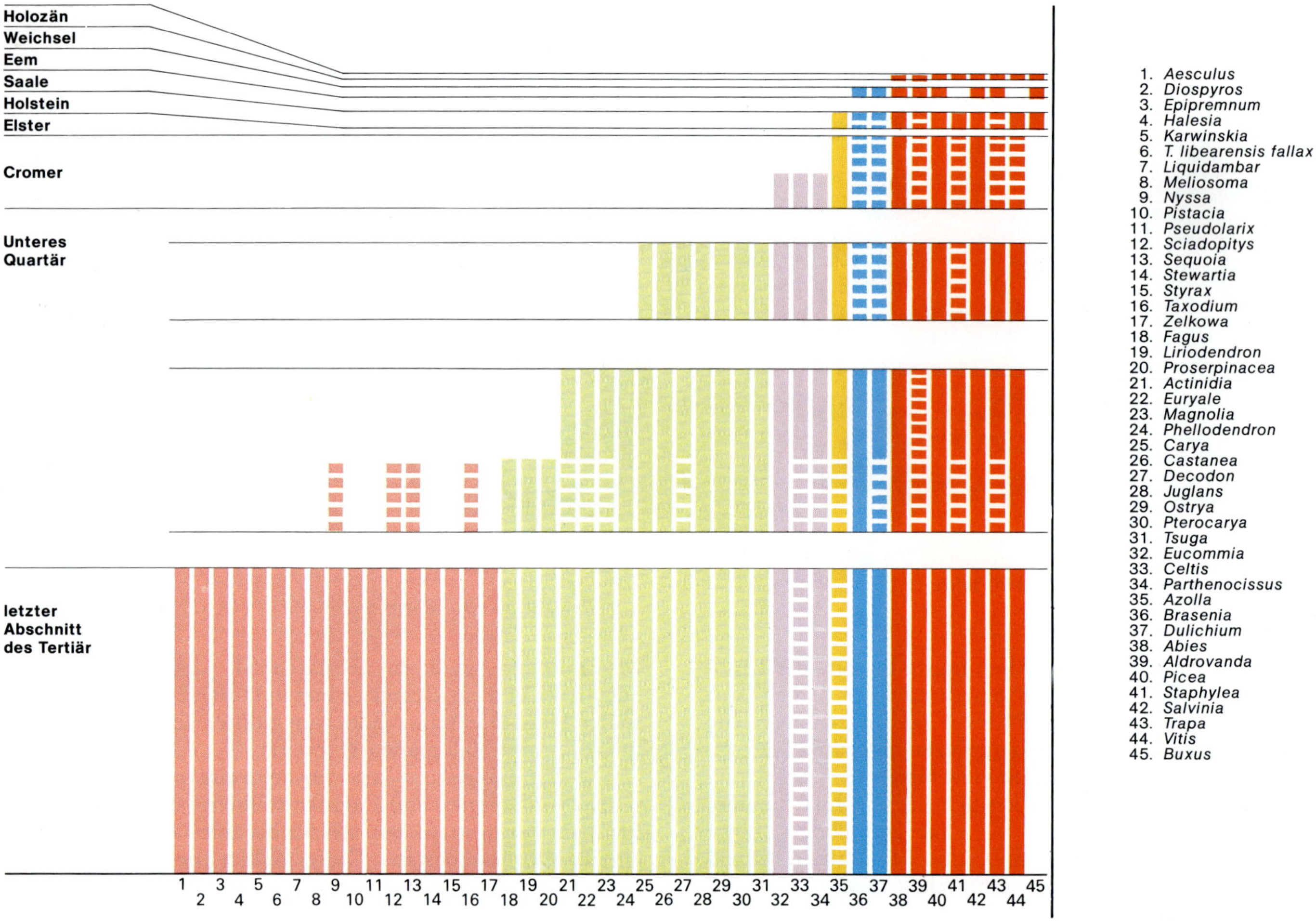

Abb. 15-8. Das Vorkommen von Pflanzen im späten Tertiär und im Quartär der Niederlande zeigt die zunehmende Verarmung während der Eiszeiten. Etwa ein Drittel der Arten des Tertiärs fehlte im Quartär, und nur etwa die Hälfte der verbleibenden Arten blieb über das Unterpleistozän hinaus erhalten. Die Zeiten mit gemäßigtem Klima sind im Verhältnis zu ihrer Dauer dargestellt, die Eiszeiten jedoch nicht.

Eine ähnliche, jedoch weniger deutliche Aussterbewelle erfaßte etwa zu dieser Zeit auch Europa; eine Reihe spätpleistozäner Arten dürfte jedoch bereits vorher ausgestorben sein. Während die Tatsache des starken Ansteigens der Aussterberate im späten Pleistozän unumstritten ist, wird über die Gründe hierfür noch diskutiert. Erklärt werden muß beispielsweise, warum das Aussterben im wesentlichen auf die Landsäugetiere beschränkt war und warum das Aussterben in manchen Gebieten wie in Nord- und Südamerika viel ausgeprägter war als in anderen Gebieten wie z. B. in Afrika und Europa.

In diesem Zusammenhang wurde die Ansicht geäußert, daß viele an die Tundrensteppe der letzten Eiszeit auf der Nordhalbkugel angepaßte Tiere nicht in der Lage waren, sich an die einsetzende Klimaverbesserung und die beginnende Ausbreitung von Wäldern zu Beginn des Postglazials anzupassen. In anderen Gebieten, so z. B. im Südwesten von Nordamerika und in Australien, war wohl ein starkes Ansteigen der Trockenheit im Postglazial die Ursache für eine derartige Faunenverarmung. Die Hypothese, daß klimatische Veränderungen die alleinigen Ursachen für das Aussterben seien, ist indessen unbefriedigend, da ja schließlich zu Beginn einer Reihe vorausgehender Zwischeneiszeiten ähnliche Klimaänderungen vorgelegen haben. Zudem dürften die Umweltbedingungen während der Eiszeiten nie lange stabil gewesen sein, so daß die Tiere sich ständig an Änderungen des Klimas anpassen mußten, ohne daß ein massives Aussterben auftrat.

Eine andere Hypothese sieht die ausgedehnte Jagdtätigkeit des prähistorischen Menschen als Ursache für die Welle des Aussterbens im Spätpleistozän an, diese Ansicht führt jedoch wiederum zu einer Reihe von Schwierigkeiten. Der Verlauf des weltweiten Aussterbens wurde insgesamt als Folge der Ausbreitung des Menschen über die Erde gesehen, so auch die Hauptperiode des Aussterbens in der Neuen Welt als Folge des hier verhältnismäßig späten Erscheinens des Menschen. Allerdings sind ähnliche, wenn auch weniger ausgeprägte Wellen des Aussterbens zur gleichen Zeit in Europa und Afrika zu beobachten, wo schon viel länger Menschen lebten. Überdies häufen sich die Befunde für die Anwesenheit des Menschen in der Neuen Welt erst für die Zeit von vor etwa 12 000 Jahren. Ein Massenaussterben bestimmter Tierarten kann dabei durchaus die Wanderungswege des jungpaläolithischen Menschen widerspiegeln, der ja in der Lage war, mit relativ ausgeklügelten Waffen und Jagdtechniken große Säuger zu jagen. Doch sind hierbei zwei Gesichtspunkte zu bedenken. Zum einen ist es kaum anzunehmen, daß die meisten ausgestorbenen Arten jemals überhaupt gejagt worden sind. Zum anderen ist es wenig wahrscheinlich, daß kleine Populationen des Menschen ohne Feuerwaffen ganze Arten großer Säuger ausrotten

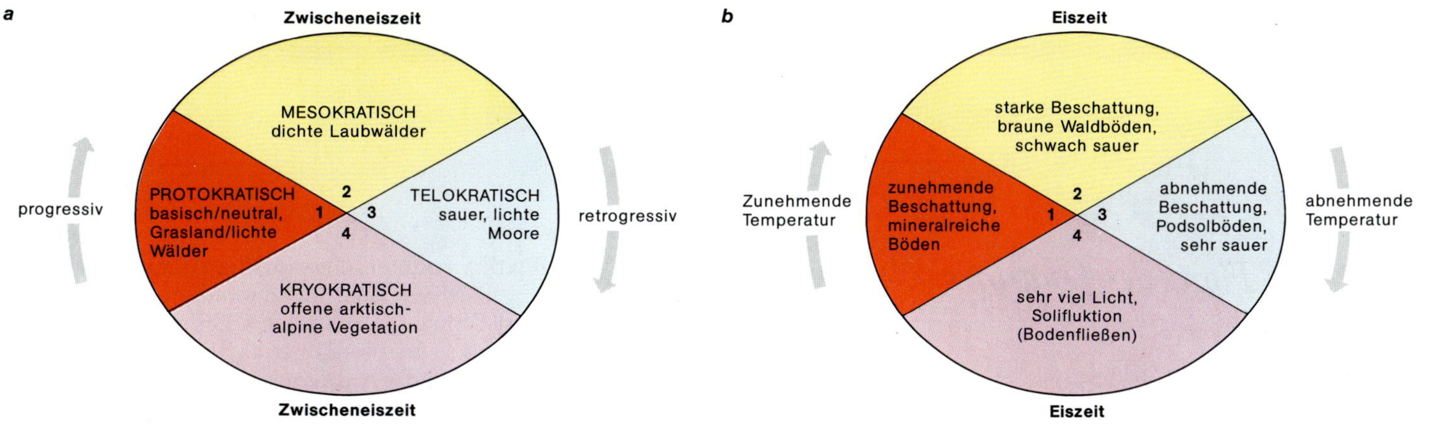

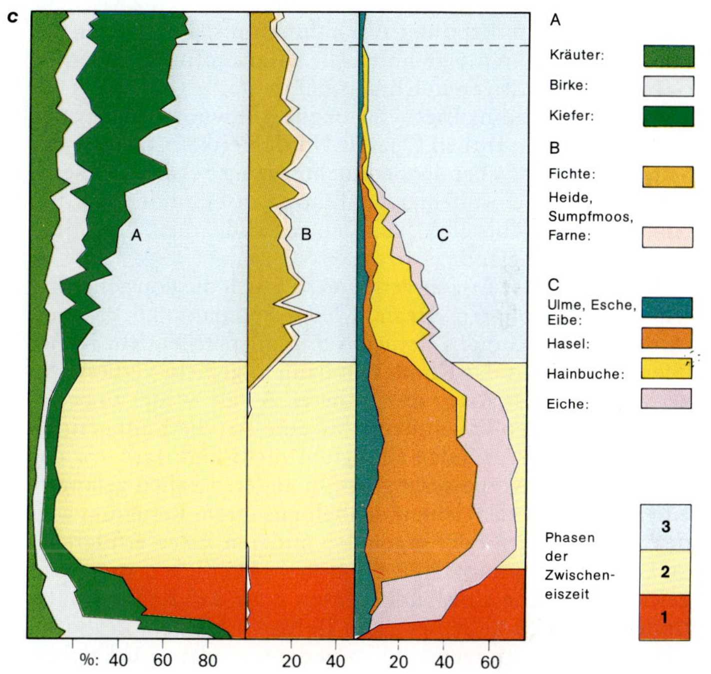

Abb. 15-9. Der interglaziale Zyklus: (a) Phasen und charakteristische Vegetation; (b) Veränderungen der Umweltverhältnisse; (c) Pollendiagramm aus Hollerup, Dänemark, aus dem Eem-Interglazial. A – für das protokratische und kryokratische Stadium typische lichtbedürftige krautige Pflanzen und Bäume. B – für das telokratische Stadium typische Pollen- und Sporen-Häufigkeiten von Pflanzen saurer Böden. C – für das mesokratische Stadium typische Pflanzen fruchtbarer Böden. Die Hainbuche erreicht ihre maximale Häufigkeit im telokratischen Stadium.

konnten, wo doch viele andere große Säuger mehr als 10 000 Jahre länger dem Druck wesentlich größerer Populationen des Menschen mit sehr viel fortgeschritteneren Waffen widerstehen konnten.

Evolution bei quartären Säugern

Pflanzen und wirbellose Tiere – soweit sie fossil gut erhalten sind, wie etwa die Käfer und die Mollusken – zeigen während des gesamten Pleistozäns eine nur sehr geringe Evolutionsrate. Demgegenüber lassen sich bei den Wirbeltieren, insbesondere den Säugern dieser Zeit, bemerkenswerte evolutionäre Veränderungen feststellen.

Die reichlich vorhandenen Fossilien und die genau datierbaren und parallelisierbaren Schichten des Pleistozäns ergeben ein brauchbares Material für das Verfolgen dieses Evolutionsprozesses im Bereich von einigen hunderttausend Jahren. Eine Schwierigkeit hierbei ist allerdings, daß Arten als Reaktion auf die klimatischen Veränderungen während des Pleistozäns ständig ihren Lebensraum änderten. Diese Tatsache führte wahrscheinlich zu einer Vergrößerung der Evolutionsraten, kann aber auch die Deutung der Fossilüberlieferung eines bestimmten geographischen Gebietes bedeutend erschweren.

Bei vielen Arten sind Größenveränderungen ganz regelmäßig zu beobachten. Größer waren beispielsweise die Formen in den Eiszeiten, kleiner in den Zeiten mit gemäßigtem Klima.

Eine sehr weitgehende Evolution gab es in Europa bei der Entwicklungslinie der Elefanten. Sie reicht von *Archidiskodon meridionalis* (Unterpleistozän) über *Mammuthus trogontherii* (Mittelpleistozän) bis zu *Mammuthus primigenius* (Mittel- und Oberpleistozän). Die strukturellen Veränderungen betrafen dabei Schädel, Stoßzähne und Backenzähne. Trends innerhalb der Entwicklungslinie der Elche beziehen sich auf die Struktur des Geweihs sowie auf die Größe des gesamten Tieres. Dies zeigt sich in einer Reihe von *Alces gallicus* (Unterpleistozän) über *Alces latifrons* (Mittelpleistozän) bis *Alces alces* (Oberpleistozän bis heute). Die vielleicht am besten untersuchte Säugerentwicklungslinie ist die der Schermäuse *(Mimomys* und *Arvicola).* Ausgehend von hamsterähnlichen Ahnenformen mit niederkronigen, mahlenden Molaren im Pliozän, zeigen die Arten von *Mimomys* aus dem Unterpleistozän zunehmend Trends zu höheren Zahnkronen und einer Zunahme an Zement und Schmelz. Im Cromer-Interglazial (frühes Mittelpleistozän) entwickelten sich ständig nachwachsende wurzellose Molaren, ein wichtiger Schritt für die Möglichkeit, mit den mehr abschleifend wirkenden Gräsern fertig zu werden. Hier ist auch der Übergang von *Mimomys* zu *Arvicola* zu sehen. Nachfolgende Änderungen bei *Arvicola* zeigen den Trend, beim ersten unteren Molar den Umfang des Schmelzmusters zu vergrößern und es zu vereinfachen.

15.3 Die Flora des Quartärs

Die Eiszeiten (Kaltzeiten)

Wie bereits beschrieben (s. Kap. 15.1), war das Quartär eine Periode vorwiegend kühlen Klimas mit wärmeren Zwischenzeiten. Beim Einsetzen der Abkühlung im späten Tertiär vor rund 6 Mio. Jahren wanderten die Pflanzen nach Süden in Gebiete mit günstigerem Klima, oder sie starben aus, wenn die klimatischen Bedingungen zu ungünstig wurden. Über die Aussterberate im frühen Quartär Nordamerikas ist wegen der Seltenheit entsprechender Sedimente wenig bekannt. Wesentlich mehr darüber weiß man aus Europa, insbesondere aus den Niederlanden (Abb. 15-8), aus Deutschland, Polen, Griechenland und Ostengland.

Während jeder Eiszeit verkleinerten sich die von gemäßigten Arten bewohnten Areale. Kleine Populationen konnten jedoch in sogenannten Refugien mit entsprechendem Klima überleben. Wenn das Klima sich dann allgemein verbesserte, vermochten diese Arten ihre früheren Areale wieder zu besiedeln. In manchen Fällen überlebte eine Art die Kälteperiode in einem entsprechenden Refugium nicht und starb vor der nächsten Klimaverbesserung aus. In anderen Fällen gelang es einer Art nicht, ausreichend schnell aus ihrem Refugium wieder auszuwandern oder gegenüber anderen Arten erfolgreich zu konkurrieren und damit die frühere Häufigkeit wiederzugewinnen. Solche Umstände führten dazu, daß Reliktpopulationen räumlich nahe bei ihren Refugien blieben, in die sie sich während der folgenden Eiszeit dann wieder zurückziehen konnten. Solche kleinen Populationen tendieren dazu, ihre genetische Variabilität zu verlieren, was ihre Überlebensfähigkeit noch weiter beeinträchtigt. Ein Beispiel hierfür ist in Europa die Buche *(Fagus)*, die im Laufe der aufeinanderfolgenden Zwischeneiszeiten abnehmende Häufigkeit zeigt. Während der letzten Eiszeit erschien offenbar ein widerstandsfähigerer Genotyp, so daß während des Holozäns die Buche in weiten Teilen Nordwesteuropas zu einem beherrschenden Baum wurde.

Aus pollenanalytischen Untersuchungen kann man schließen, daß in Europa und Asien während der Eiszeiten eine weitgehend baumlose, steppen- oder tundrenähnliche Vegetation verbreitet war (s. Kap. 8.3). Im südlichen Eurasien, insbesondere im Mittelmeergebiet, herrschte dagegen ein arides Klima. In Nordamerika begleitete ein nur schmales Band baumloser Vegetation den Rand der Eisbedeckung; größere baumfreie Gebiete fanden sich in Alaska und im Bereich der landfesten Beringstraße („Beringia"). Im östlichen Nordamerika fand sich damals ein über 1500 km breiter Gürtel von Nadelwäldern mit vorwiegend Fichte und einem kleineren Anteil von Kiefer sowie einigen laubabwerfenden Bäumen wie Esche, Ulme und Ahorn. Wie man aus den nur lückenhaften Befunden schließen kann, war das Gebiet südlich dieses Waldgürtels arid mit vorwiegend baumloser Vegetation, und zwar auch in den heute subtropischen Gebieten wie Florida.

In Nordamerika konnten die gemäßigten Arten unbehindert von Gebirgsbarrieren nach Süden wandern, was in Europa infolge der west-östlich verlaufenden Gebirge nicht möglich war. Indessen wirkte in Nordamerika die Trockenheit im Süden als Barriere,und die Areale mit entsprechend gemäßigtem Klima nahmen stark ab. Soweit hier Funde vorliegen, kann man annehmen, daß Baumarten aus gemäßigten Klimaten an tiefergelegenen Berghängen und in Flußtälern Refugien gefunden haben. Viele in Europa ausgestorbene Arten des Tertiärs (s. Kap. 14.3 und Abb. 15-8) konnten in Nordamerika überleben und blieben dort bis heute ein Teil der mannigfaltigen Flora.

Während der Eiszeiten war die Vegetation des überwiegenden Teils der baumfreien nordeuropäischen Landschaft südlich des Eisschildes von Gräsern, Seggen, anderen krautigen Pflanzen und Zwergsträuchern geprägt. Diese Pflanzen konnten die Winterkälte und volles Sonnenlicht vertragen, waren jedoch gegen Beschattung empfindlich. Außerdem vertrugen sie durch Frost und schmelzenden Schnee ausgelöste Bewegungen des Bodens relativ gut. Die in diesen Gebieten anzutreffende Artenzusammensetzung ist heute nirgendwo mehr zu beobachten. Eine Reihe von Florenelementen kann man jedoch gemäß ihrer heutigen Verbreitung charakterisieren. Dies sind arktische und alpine Arten, die heute auf ähnliche Areale beschränkt sind, wie Silberwurz *(Dryas octopetala)* und Steinbrecharten *(Saxifraga)*, Steppenpflanzen und Pflanzen trockener, südexponierter Hänge wie Beifuß *(Artemisia)*, Gänsefußgewächse (Chenopodiaceae) und Sanddorn *(Hippophaë)*, Pflanzen unstabiler Standorte, die wir heute als „Unkräuter" bezeichnen, wie Wegerich *(Plantago)* und Kornblume *(Centaurea cyanus)*. Dazu kommen niedrigwüchsige Kräuter, die heute an grasfreien, feuchten und nährstoffreichen Standorten wie Flußufern und Felsvorsprüngen wachsen und zu denen Arten von Baldrian *(Valeriana)*, Mädesüß *(Filipendula)*, Trollblume *(Trollius)*, Engelwurz *(Angelica)* und Weidenröschen *(Epilobium)* gehören.

Das Klima der Kaltzeiten war Schwankungen unterworfen; wärmere Interstadiale wechselten mit Perioden starker Kälte und ausgedehnter Vereisung ab. In Nordwesteuropa konnte innerhalb der letzten Eiszeit, der Weichsel- oder Devensian-Eiszeit, eine Reihe solcher Interstadiale nachgewiesen werden, und zwar mit Hilfe von Fossilien, die in zwischen Sand- oder Kiesschichten liegenden organischen Sedimenten vorkommen. Die vollständigste Fossilfolge dieser Art ist aus den Niederlanden und aus Dänemark bekannt; in England kennt man ein ausgeprägtes Interstadial im Zeitraum von vor 20 000–40 000 Jahren. Fossile Käfer aus dieser Zeit lassen die Annahme zu, daß Teile dieses Interstadials so warm wie das gegenwärtige Klima waren. Baumarten wanderten damals allerdings nicht nach England ein, so daß die Vegetation baumfrei blieb. Dies steht im Gegensatz zum Alleröd-Interstadial, das vor 10 800–12 000 Jahren, d. h. gegen Ende der letzten Vereisungsperiode, in Europa auftrat. Während des Alleröd erreichten Birke und Lärche Mitteleuropa, die Eiche breitete sich in Südwesteuropa aus. In einer kurzen, nur 800 Jahre dauernden kalten Periode, der jüngeren Dryaszeit, kam

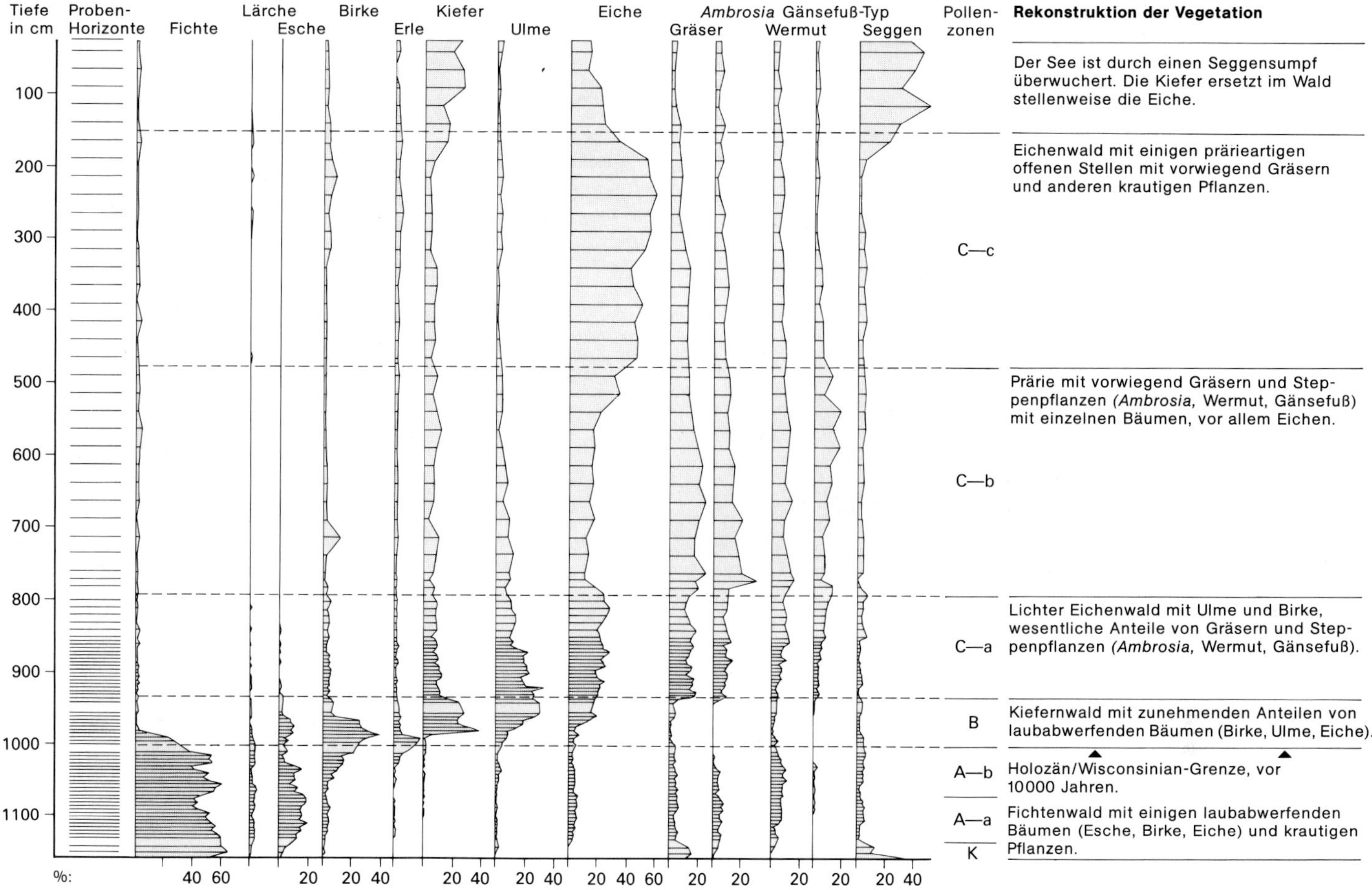

Abb. 15-10. Pollendiagramm aus Kirchner Marsh, USA, mit ausgewählten Pollentypen. Die Klimaänderungen zeigen sich weitgehend in den rechts gezeigten Änderungen der Vegetation. Im kühlen Klima des Wisconsinian wuchsen Fichtenwälder. Eine Erwärmung zu Beginn des Holozäns ermöglichte die Entwicklung von laubabwerfenden Wäldern. Durch fortschreitende weitere Erwärmung trat eine präriеartige Vegetation an die Stelle der Wälder. Funde von Makrofossilien zeigen, daß infolge Trockenheit der Wasserspiegel des Sees fiel. Durch eine Rückkehr zu kühleren und feuchteren Bedingungen entwickelte sich erneut Wald mit vorwiegend Eichen; der See wurde wieder tiefer. Schließlich wurde er mit Sediment aufgefüllt und durch Seggen überwachsen.

es erneut zu einer Vergletscherung, wodurch die Baumvegetation in Nordwesteuropa noch einmal zurückgedrängt wurde. Erst am Beginn des Holozäns vor 10 000 Jahren konnten die Baumarten unbehindert durch starke Klimaschwankungen ihre Areale erweitern.

Auch in Nordamerika kennt man während der letzten Vereisungsperioden verschiedene Interstadiale. Diese entsprechen jedoch zeitlich nicht den europäischen Interstadialen.

Der interglaziale Zyklus in den Warmzeiten

Warme Perioden im Quartär, während derer sich in gemäßigten Breiten Wald entwickeln konnte, zeigen sämtlich eine charakteristische Aufeinanderfolge verschiedener Vegetationstypen. Man kann hier einen typischen ökologischen Wechsel erkennen, den man als interglazialen Zyklus (Abb. 15-9) bezeichnet. Er zeigt sich in vier Phasen einer ökologischen Sukzession.

Am Beginn eines Interglazials steht die protokratische Phase. Das Klima wird allmählich wärmer und noch vor der Einwanderung von Bäumen entwickelt sich eine üppige Kraut- und Strauchvegetation. Die Pioniere unter den Bäumen waren in der Regel Birke, Pappel und Kiefer. Es handelt sich hierbei um Bäume mit hohem Lichtbedarf, die baumfreie und verhältnismäßig offene Böden besiedeln konnten. Sie produzieren schnell zahlreiche, durch den Wind verbreitete Samen bzw. Früchte, die ein wirkungsvolles Einwandern in neue baumfreie Gebiete ermöglichen.

Während der protokratischen Phase wurden die Böden zunehmend reifer und ihr Humusgehalt nahm zu, und es entstanden mineralreiche, fruchtbare Braunerden (s. Kap. 8.1).

Infolgedessen wurden die Bedingungen für laubabwerfende Bäume in der nun folgenden, mesokratischen Phase, günstiger. Dies gilt insbesondere für Ulme, Eiche, Esche und Linde. In jedem Interglazial hängt das Erscheinen der jeweiligen Art und ihre relative Häufigkeit von ihrer Wanderungsrate aus ihren Glazialrefugien, ihrer Konkurrenzkraft und ihren Ausbreitungs- und Einbürgerungschancen ab. Die Laubmischwälder dieser Phase können auf gut durchlässigen Böden für einige tausend Jahre erhalten bleiben. An Stellen mit schlechtdurchlässigen Böden waren Weiden und Erlen häufig. Sümpfe und Seen enthielten eine reiche Sumpf- und Wasservegetation in Verbindung mit nährstoffreichem Wasser von verhältnismäßig hohem (basischem) pH-Wert. Für offene Flächen typische Pflanzen waren auf Areale über der Baumgrenze oder auf für Baumwuchs ungeeignete Standorte innerhalb der

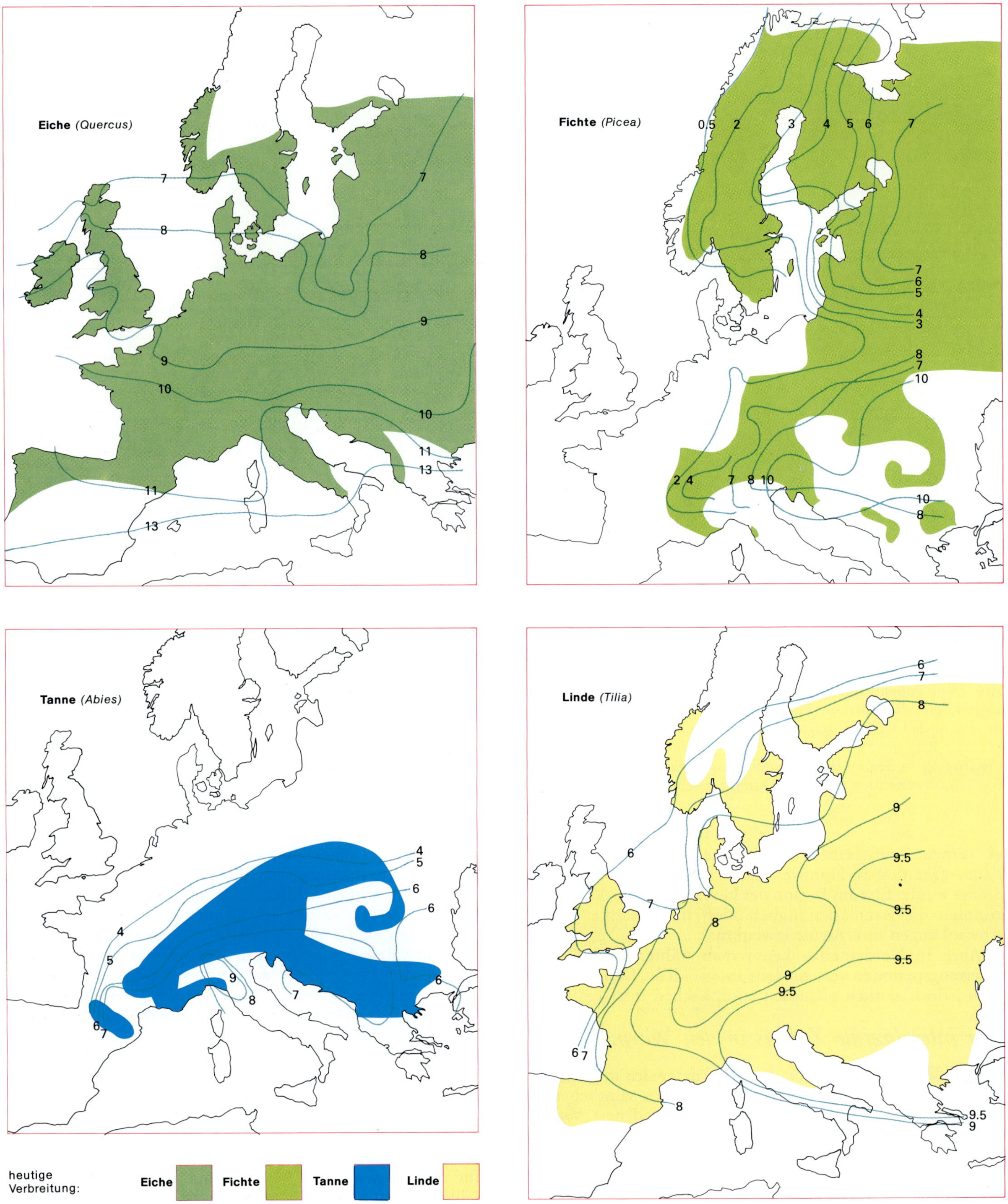

Abb. 15-11. Wanderungskarten für vier Baumarten in Europa während des jüngsten Pleistozäns und des Holozäns. Die Signatur bedeutet, wo und wann (in Tausend Jahre vor der Gegenwart) die betreffende Baumart angekommen ist. Da der Mensch auf die Verbreitung und die Häufigkeit der Bäume einen großen Einfluß hatte, sind nur die Zeitabschnitte angegeben, in denen sich die Arten im Zusammenhang mit natürlichen Umweltfaktoren ausbreiteten. Ihre heutigen Areale sind farbig dargestellt.

bewaldeten Gebiete beschränkt. Solche Standorte sind beispielsweise Ufersäume, Steilhänge oder Felsen.

Mit fortschreitender Auswaschung wurden die Böden allmählich sauer und humusärmer, wobei sich auf gutdurchlässigen Böden Podsole entwickelten (s. Kap. 8.1). Dies ist die telokratische Phase des interglazialen Zyklus. An Stellen mit weniger gutdurchlässigen Böden entstanden saure *Sphagnum*-Moore (Hochmoore). Im Zuge der Veränderungen der Böden drangen verschiedene Baumarten wie Hainbuche und die Nadelbäume Fichte und Tanne ein. Solche Baumarten wurden wohl durch die Bodenveränderungen begünstigt und beschleunigten ihrerseits sicherlich durch die saure Nadelstreu diese Veränderungen. Ein solcher Wandel weg von den Laubwäldern wird als retrogressive Sukzession bezeichnet.

Wenn sich durch zunehmende Abkühlung das Ende eines Interglazials ankündigte – man bezeichnet diese Zeit als kryokratische Phase -, nahmen die Bäume der protokratischen Phase noch einmal zu, bevor sie der für die Eiszeiten typischen offenen Vegetation Platz machten. Die Bodenstruktur wurde durch wechselndes Gefrieren und Auftauen (Kryoturbation) weitgehend zerstört.

Die einzelnen Phasen des interglazialen Zyklus lassen sich in allen Zwischeneiszeiten in Europa und Nordamerika nachweisen. Sie treffen auch auf das Holozän zu, das als noch nicht zu Ende gegangene Zwischeneiszeit betrachtet werden kann. Während dieses Zeitabschnittes begann der Mensch die Welt zu beherrschen. Technische Prozesse veränderten einen großen Teil der natürlichen Vegetation der Erde. Wenn auch hierdurch die Phasen des interglazialen Zyklus vielleicht verschleiert werden, sind sie doch nachzuweisen. In Nordwesteuropa und Nordamerika wurden durch die Tätigkeit des Menschen, vor allem durch das Roden der Wälder, die retrogressiven Prozesse sogar noch beschleunigt. Dadurch verarmen die Böden, und es entwickeln sich saure und ausgewaschene Podsolböden. Wenn am Ende eine als Ortstein bezeichnete undurchlässige Schicht entsteht, begünstigt die geringe Wasserdurchlässigkeit das Wachstum eines Hochmoors, wenn die Durchlässigkeit erhalten bleibt, entwickeln sich Heiden. Die Tätigkeit des Menschen verstärkte somit die an die kryokratische Phase erinnernden Prozesse. Gestörte, instabile Böden hatten eine weitere Ausbreitung von Pflanzen offener Standorte, insbesondere von „Unkräutern", und von Pflanzen und Tieren des Graslandes zur Folge.

Auch wenn diese ökologisch bedingten Prozesse während eines jeden interglazialen Zyklus ähnlich waren, erscheinen doch in jedem einzelnen Zyklus die die Vegetation aufbauenden Pflanzen in verschiedener Kombination, Anordnung und Häufigkeit. So überlebten tertiäre Arten die ersten Zwischeneiszeiten des frühen Quartärs, starben aber dann in Europa am Beginn der vor dem Cromer-Interglazial liegenden Eiszeit aus. Im Eem-Interglazial nahm im telokratischen Stadium in Nordwesteuropa die Hainbuche zusammen mit der Fichte an Häufigkeit zu; nach Ostengland gelangte die Fichte jedoch nicht mehr, während die Hainbuche in den Pollendiagrammen sehr häufig ist. Die Buche verhielt sich in den verschiedenen Zwischeneiszeiten sehr unterschiedlich.

Das Holozän

Das Holozän kann kaum als ein typisches Interglazial angesehen werden, weil in seinem jüngsten Abschnitt der Mensch eine entscheidende Rolle spielt; gerade deshalb ist aber diese Zeit von großem Interesse. Zudem ist sie einer Untersuchung leicht zugänglich, da in Hochmooren, Seen, Flachmooren und aus anderen Böden zahllose Fossilien geborgen werden können, die nicht durch eine nachfolgende Vergletscherung zerstört worden sind. Die Waldgeschichte des Holozäns in Dänemark wurde unter Verwendung von Pollendiagrammen untersucht. Der Mensch nahm vor etwa 5000 Jahren zunehmend Einfluß auf die natürliche Vegetation, vor allem weil ab dieser Zeit der Mensch der Jungsteinzeit (Neolithikum) erstmals Ackerbau betrieb. In dieser Zeit ist beispielsweise eine prozentuale Abnahme des Ulmenpollens festzustellen, zugleich ein Erscheinen von „Unkraut"-Pollen und zuweilen Getreidepollen. Zweifellos sind die beiden letzteren Phänomene ein Ergebnis des Ackerbaus. Umstritten ist jedoch der unmittelbare Zusammenhang der Abnahme der Ulme mit der Kultur des Neolithikers. Diese Abnahme ist zwar eine in Nordwesteuropa weitverbreitete und überwiegend zur gleichen Zeit festzustellende Erscheinung; man kann sich jedoch nur schwer vorstellen, daß die Tätigkeit der Neolithiker eine solch weitgehende Wirkung gehabt haben soll. Es gibt allerdings archäologische Befunde und auch Hinweise von heute lebenden primitiven Ackerbauvölkern, daß Ulmenzweige als Viehfutter verwendet werden, deren Schnitt das Blühen der Ulme weitgehend verhindert. Andere mögliche Ursachen für die Abnahme der Ulme sind eine für die Ulme ungünstige Klimaveränderung und die Ausbreitung einer Krankheit („Ulmensterben").

Wegen des offenbar ständig sich verlagernden neolithischen Ackerbaus sind die in Pollendiagrammen festzustellenden Auswirkungen dieses Ackerbaus an einer Stelle oft nur für eine kurze Zeit zu erkennen. Es läßt sich dann eine Regeneration des Waldes und dann vielleicht wiederum eine weitere Rodung beobachten. Die späteren Ackerbauer der Bronze- und Eisenzeit hatten eine weit größere Auswirkung, da sie umfangreichere und längerdauernde Rodungen durchführten. Seitdem hat der Mensch das mittlere und nördliche Europa zunehmend entwaldet und die heutige weiträumige Ackerbaulandschaft geschaffen.

Die Vegetation Nordamerikas scheint erst dann vom Menschen beeinflußt worden zu sein, als die Europäer kamen und von der Ostküste aus das Land besiedelten. Die modernen Bewirtschaftungsweisen führten zu einem so schnellen Wandel der natürlichen Vegetation in Nordamerika, daß sie heute zumeist genauso stark verändert ist wie in Europa. Die Aufeinanderfolge der Vegetationstypen quer über den nordamerikanischen Kontinent variiert in den einzelnen Gebieten beträchtlich. Ein Beispiel für ein Pollendiagramm aus Minnesota im nördlichen Mittelwesten zeigt Abbildung 15-10. Dieses Gebiet liegt heute in einer Zone laubabwerfender Wälder, war jedoch zu verschiedenen Zeiten seiner Geschichte infolge von Klimaänderungen und Wanderungen auch von

Nadelwäldern und Prärie bedeckt. Erst in den letzten 100 Jahren beeinflußte der Mensch die Vegetation, was sich im Pollendiagramm durch ein Ansteigen von *Ambrosia*-Pollen zeigt.

Pflanzenwanderungen

Wie wir oben gesehen haben, führten klimatische Veränderungen während des Quartärs zu weitreichenden Veränderungen auch bezüglich der Verbreitung von Pflanzen. Während der Eiszeiten breiteten sich in Europa Pflanzen offener Standorte und Arten der Tundra und der Steppe weit aus, während in Nordamerika sich nach Süden ausdehnende Nadelwälder den größten Teil der östlichen Vereinigten Staaten bedeckten. Pflanzenarten aus gemäßigten Klimaten wurden in beiden Kontinenten nach Süden abgedrängt, wo sie auf aride Gebiete trafen, die als Barriere für weitere Wanderungen wirkten. Infolgedessen blieben die an gemäßigtes Klima angepaßten Baumarten und die sie begleitenden Kräuter und Sträucher auf wirklich warme, feuchte Standorte beschränkt, wie sie in beiden Erdteilen im wesentlichen an tieferliegenden Hängen von Gebirgsketten vorkamen, so z. B. in den Appalachen und im Balkan.

Bei einer Klimaverbesserung wurden die bis dahin weitverbreiteten, niedere Temperaturen ertragenden Pflanzen zurückgedrängt, sei es durch die neuen, ihnen nicht zusagenden klimatischen Bedingungen selbst, sei es infolge der Konkurrenz gemäßigter Arten. Die Nadelwälder Amerikas dehnten sich – mit gewissen Veränderungen in ihrer Artenzusammensetzung – nach Norden aus. Fichte und Tanne gesellten sich zu verschiedenen Kieferarten, und andere Laubbäume wie Birke und Pappel wurden selten. Auch die Pflanzen der offenen Tundra wurden in mehr nördliche Gebiete zurückgedrängt, auch wenn einige Arten im Bereich der bewaldeten Gebiete an offeneren, instabilen Standorten wie z. B. an Flußufern sowie auf felsigem Gelände überlebten. Dies zeigt, daß Pflanzen der Tundra nicht notwendigerweise durch das Klima in ihrer Verbreitung eingeschränkt werden, sondern daß sie in der Regel die Konkurrenz mit den kräftigeren Pflanzen des wärmeren Klimas verdrängt. Auch in Europa wanderten die Arten der baumfreien Periode in Richtung Norden oder auf die Gebirge oder beschränkten sich auf baumfreie Refugien innerhalb der bewaldeten Gebiete. Das Wirken des Menschen hat die Verbreitung vieler Pflanzen aus dieser Gruppe gefördert. Andere arktische und alpine Pflanzen waren jedoch in einem wärmeren Klima nicht mehr konkurrenzfähig und zogen sich in große Höhen und hohe Breiten zurück.

Aus Nordamerika und Europa liegen genügend datierte Pollendiagramme vor, um eine Vorstellung von den Wanderungswegen und Wanderungsgeschwindigkeiten der waldbildenden Bäume aus ihren Glazialrefugien seit dem Beginn des gemäßigten holozänen Klimas vor rund 10 000 Jahren zu erarbeiten. Im östlichen Nordamerika lagen diese Refugien im Südosten. Jede Art zeigt ihr eigenes, von den ökologischen Ansprüchen abhängendes Wanderungsverhalten. So wanderten Kiefern schnell nach Norden und Westen und erreichten das südliche Kanada vor 8000 Jahren. Die Hemlocktanne *(Tsuga)* wanderte zunächst ebenfalls rasch, ab 8000 jedoch langsamer, da sie in geschlossenes Waldgebiet eindringen mußte. Vor etwa 5000 Jahren führte eine Krankheit, die in mancher Beziehung dem europäischen Ulmensterben vergleichbar ist, zu einem Zusammenbruch der Population. Die Hemlocktanne erholte sich jedoch und breitete sich langsam nach Westen aus, vielleicht unter dem Einfluß des feuchteren Klimas im Mittelwesten während der letzten 4000 Jahre (Abb. 15-10). Die Buche wanderte verhältnismäßig kontinuierlich nach Norden und drang überall in den für sie günstigen geschlossenen Wald ein. Dies gilt auch für die Kastanie, die in den Wäldern oft zur dominierenden Baumart wurde.

Aus Europa stehen genaue Pollendiagramme, mit denen Wanderungskarten für das Holozän erstellt werden können, in noch größerer Zahl zur Verfügung. Diese Untersuchungen ergaben, daß in Südeuropa neun Hauptrefugien lagen, von denen die Balkanhalbinsel das wichtigste war. Im Gegensatz zu Nordamerika hatten die Bäume die Barriere der Alpen zu überwinden, bevor sie die jenseits gelegenen Niederungen besiedeln konnten. Abbildung 15-11 zeigt Wanderungskarten zweier europäischer Baumgattungen. Die Eiche *(Quercus)* breitete sich von ihrem Refugium in Südeuropa gleichmäßig nach Norden aus und erreichte ihre größte Ausdehnung vor 7000 Jahren. Die Fichte wanderte langsam aus ihren südlichen Refugien, vermutlich eingeschränkt durch das Fehlen entsprechender Böden. Sie breitete sich außerdem – ausgehend von Rußland – nach Westen (Finnland) aus, wobei ihre Verbreitungsgrenze in Norwegen und Schweden heute noch etwas vorrückt. Die Fichte kann in geschlossene Laubwälder eindringen und vermag dort zur beherrschenden Holzart zu werden, da ihre saure Nadelstreu dann die Regeneration anderer Bäume nicht mehr zuläßt.

Neueste Geschichte

Seit 5000 Jahren beeinflußt der Mensch in hohem Maße Verbreitung und Häufigkeit der Pflanzen. Der Mensch ist beweglich und war verantwortlich für das Einführen vieler Pflanzen in Gebiete, wo diese nicht natürlich wachsen. So wurden beispielsweise viele europäische „Unkräuter" und südlich verbreitete Bäume wie die Eßkastanie weiter nach Norden eingeführt. Auch viele Getreidearten gelangten so aus ihren ursprünglichen Arealen in die ganze Welt. Zuweilen können eingeführte Pflanzenarten außerordentlich lästig werden, da wirkungsvolle Konkurrenten fehlen.

Andererseits nahmen etliche Pflanzenarten durch den Menschen beträchtlich ab oder starben sogar aus. Die offenkundigste Auswirkung ist die Verminderung der Waldbedekkung durch das Roden der Wälder zur Holzgewinnung und im Zuge des Ackerbaus. Mit der Verminderung der Waldstandorte nahmen auch zahlreiche Begleitpflanzen wie die Kräuter des Waldbodens ab. In baumfreien oder baumarmen Gebieten (natürliche Steppen und Prärien) wurden die natürlich vorkommenden Pflanzen ebenfalls stark reduziert, und zwar durch Pflügen, Abbrennen und Abweiden. Viele Feuchtgebiete wurden durch Entwässerung oder Wasserverschmutzung, sei es durch Industriechemikalien, sei es durch nährstoffreiches Wasser aus landwirtschaftlich genutztem Land oder aus Städten, ernsthaft geschädigt (s. Kap. 9). Zahlreiche Moor- und Wasserpflanzen sind hierdurch sehr selten geworden, beispielsweise die insektenfangende *Aldrovanda vesiculosa* in Europa. Zahlreiche Moorgebiete sind ebenfalls von der Aktivität des Menschen betroffen. In baumarmen Gebieten wird Torf als Brennmaterial verwendet. Große Mengen von Torf werden außerdem im Gartenbau gebraucht. Auch das Abbrennen von Mooren zur Gewinnung besserer Weideflächen war die Ursache für die Zerstörung vieler Moorgebiete. Dies gilt vor allem für die westlichen Britischen Inseln. Der Mensch bedroht ganz unmittelbar seltene und schöne Arten, indem er sie in freier Natur sammelt, um sie in seine Gärten zu pflanzen. Dies trifft besonders auf die Orchideen zu, und viele Arten der Tropen wurden auf diese Weise beträchtlich dezimiert. In Großbritannien blieb durch die Tätigkeit der Sammler vom Frauenschuh *(Cypripedium calceolus)* gar nur eine einzige Pflanze übrig.

Durch klimatische Ereignisse beeinflußte Veränderungen waren während des Quartärs das Charakteristische an der Flora der gemäßigten Zonen. Dazu gehörten Zeiten des Aussterbens und der erneuten Einwanderung, doch blieben unter diesen natürlichen Bedingungen stets das Gleichgewicht und die Mannigfaltigkeit erhalten. Die Auswirkungen der Eingriffe des Menschen während des späten Holozäns waren allerdings so gewaltig und so schnell, daß die Vegetation gewissermaßen keine Zeit hatte, ein neues Gleichgewicht zu finden. Im Zusammenhang mit Verlust oder Verminderung von Lebensräumen führte dies zu einer Abnahme der Mannigfaltigkeit. Die Untersuchung der Florengeschichte ermöglicht ein Verständnis der Geschichte der Pflanzengesellschaften und zeigt, wie diese auf Klimaveränderungen reagiert und sich im Laufe der Zeit entwickelt haben. Das Auftreten des Menschen hat dieses uralte Experiment beendet und so viele neue Unwägbarkeiten eingebracht, daß wir nicht sicher sein können, wie die Vegetation auf zukünftige klimatische Veränderungen reagieren wird.

Weiterführende Literatur

Birks, H. J. B. and Birks, H. H.: *Quarternary palaeoecology.* E. Arnold, London 1980.

Firbas, F.: *Spät- und nacheiszeitliche Waldgeschichte Mitteleuropas nördlich der Alpen.* 2 Bände; Fischer, Jena 1949-1952.

Frenzel, B.: *Grundzüge der pleistozänen Vegetationsgeschichte Nord-Eurasiens.* Steiner, Wiesbaden 1968.

Hantke, R.: *Eiszeitalter.* 3 Bände; Ott, Thun 1978-1984.

Kurtén, B.: *Pleistocene mammals of Europe.* Weidenfeld & Nicolson, London 1968.

Kurtén, B. and Anderson, E.: *Pleistocene mammals of North America.* Columbia Univ. Press, New York 1980.

Straka, H.: *Arealkunde. Floristisch-historische Geobotanik.* 2. Aufl.; Ulmer, Stuttgart 1970.

Thenius, E.: *Eiszeiten – einst und jetzt.* Franckh, Stuttgart 1974.

Woldstedt, P.: *Das Eiszeitalter.* 3 Bände, 2. bzw. 3. Aufl.; Enke, Stuttgart 1961, 1958, 1965.

Systematik der heutigen Lebewesen

Einführung

Etwa drei bis zehn Millionen verschiedene Organismen-Arten leben heute. Viele weitere Arten sind ausgestorben und zum Teil als Fossilien erhalten. Eine Klassifikation soll die fast grenzenlos erscheinende Vielfalt ordnen und die einzelnen Organismen-Arten und Organismen-Gruppen eindeutig beschreiben.

Die meisten Klassifikations-Systeme gehen auf den schwedischen Biologen Carl von Linné (1707-1778) zurück, der die binomische Nomenklatur einführte, nach der jede Organismen-Art zwei Namen erhält (die traditionsgemäß kursiv geschrieben werden). Der erste Name bezeichnet die Gattung und ist nahe verwandten Arten gemeinsam, der zweite die Art selbst. Die höheren Stufen des Systems geben die Hierarchie der verwandtschaftlichen Beziehungen wieder. Arten werden zu Gattungen, Gattungen zu Familien, Familien zu Ordnungen, Ordnungen zu Klassen, Klassen zu Stämmen (bei Tieren) oder Abteilungen (bei Pflanzen) und Stämme oder Abteilungen in Reiche zusammengefaßt. Die Einordnung des Menschen *(Homo sapiens)* ist als Beispiel in Tabelle S-1 gezeigt. Zwischenstufen der Klassifikation werden mit den Präfixen „Unter" oder „Ober" gekennzeichnet.

Die meisten wissenschaftlichen Namen gehen auf die lateinische oder griechische Sprache zurück. Dies hat sich bei der internationalen Verständigung sehr bewährt.

Die Wissenschaft von der Klassifikation der Organismen wird als Taxonomie bezeichnet. Die meisten Systeme einschließlich des hier vorgestellten basieren auf morphologischen und anatomischen Merkmalen. In neuerer Zeit wurden jedoch auch zunehmend Daten aus genetischen, embryologischen, biochemischen, elektronenmikroskopischen sowie mathematischen Untersuchungen und Analysen hinzugezogen, um exaktere Klassifikationen zu erreichen und um subjektive Elemente auszuschalten.

Im neunzehnten Jahrhundert unterschieden die meisten Taxonomen nur zwei Reiche, die Plantae (Pflanzen) und die Animalia (Tiere). Mit der Zeit wurde deutlich, daß sich nicht alle Organismen zwanglos in eine dieser Gruppen einordnen ließen, und weitere Reiche wurden vorgeschlagen. Das in diesem Buch verwendete System unterscheidet vier Reiche: Bacteria (Archaebakterien, Eubakterien, Cyanobakterien und Prochlorophyten), Fungi (Hefen und Pilze), Plantae (Algen, Moose, Farne, höhere Pflanzen) und Animalia (Tiere).

Neuere Forschungsergebnisse lassen es außerdem als sehr sinnvoll erscheinen, die Reiche zwei übergeordneten Organismengruppen zuzuordnen, den Prokaryoten und den Eukaryoten. Alle Bakterien gehören zu den Prokaryoten; sie besitzen keinen echten Zellkern, keine Mitochondrien oder andere Zellorganelle. Pilze, Pflanzen und Tiere sind Eukaryoten; Zellkerne und andere Zellorganelle sind für ihre Zellen charakteristisch.

Die Viren wurden bisher nicht erwähnt. Für den Taxonomen stellen sie ein gewisses Problem dar, denn Viren bestehen nicht aus Zellen, sondern nur aus einer Nucleinsäure (DNA oder RNA), die von einer Proteinhülle umgeben ist. Für ihre Vermehrung sind sie gänzlich auf einen prokaryotischen oder eukaryotischen Wirt angewiesen. Vielleicht stellen Viren Reduktionsformen pro- oder eukaryotischer Zellen dar, aber das ist nicht sicher. Sie bilden eine eigene Gruppe außerhalb der lebenden Organismen.

Ein Klassifikationssystem spiegelt nicht unbedingt die verwandtschaftlichen Beziehungen zwischen Organismen oder den Weg der Evolution wider. Allerdings wird für die Erstellung eines „natürlichen Systems" die Erfüllung dieser Kriterien angestrebt.

Tab. S-1. Die Klassifikation des Menschen *(Homo sapiens)*.

	Eukaryota	
Reich	Animalia	(Tiere)
Stamm	Chordata	(Chordaten)
Unterstamm	Vertebrata	(Wirbeltiere)
Klasse	Mammalia	(Säugetiere)
Ordnung	Primates	(Primaten)
Familie	Homididae	(Hominiden)
Gattung	*Homo*	
Art	*Homo sapiens*	

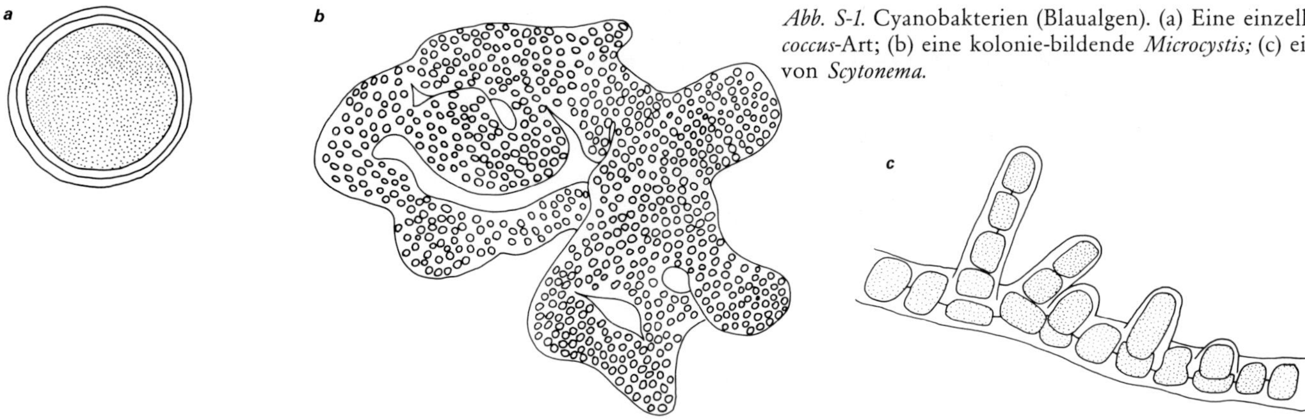

Abb. S-1. Cyanobakterien (Blaualgen). (a) Eine einzellige *Chroococcus*-Art; (b) eine kolonie-bildende *Microcystis;* (c) ein Filament von *Scytonema.*

Die Prokaryoten

Prokaryoten sind kleine Zellen mit einem Durchmesser von 0,5–5 µm. Ihr Genom besteht aus einem einzigen DNA-Molekül und ist vom Rest der Zelle nicht durch eine Membran abgegrenzt. Prokaryoten besitzen nur selten interne Membranen, und ihre Ribosomen sind deutlich kleiner als die der Eukaryoten. Ihre Zellwände, wenn vorhanden, weisen eine besondere Struktur auf. Manche Prokaryoten besitzen Flagellen, die aus einem einzigen Proteinfilament bestehen und die wie eine Achse in der Plasmamembran als eine Art Lager rotieren. Prokaryoten sind meist einzellige Organismen, selten bilden sie Kolonien aus. Ihre Vermehrung geschieht durch einfache Zweiteilung, Sexualvorgänge sind relativ selten. Manche leben aerob, benötigen für ihren Stoffwechsel also Sauerstoff, während andere Anaerobier sind, für die Sauerstoff ein Gift ist. Es gibt unter ihnen photosynthetisch und chemosynthetisch autotrophe Formen sowie heterotrophe Zellen, die organisches Material als Nahrung benötigen, sei es aus dem sie umgebenden Medium oder in saprophytischer oder parasitischer Lebensweise von anderen Zellen.

Zu den Prokaryoten gehört nur das Reich der Bakterien mit den Archaebakterien, Eubakterien, Cyanobakterien und Protochlorophyten.

Reich Bacteria

Abteilung ARCHAEBACTERIA

Archaebakterien besiedeln recht extreme Standorte und haben methanbildende (methanogene) Formen, halophile Formen und thermo-acidophile Formen ausgebildet. Zum Teil wachsen sie bei Temperaturen um 100 °C und bei pH-Werten um 2,0. Archaebakterien besitzen besonders strukturierte Protein- und Polysaccharidhüllen und unterscheiden sich von den übrigen Bakterien in vielfältiger Weise, darunter auch in ihrer ribosomalen RNA. Sie stellen wahrscheinlich eine sehr alte Gruppe dar, die sich früh in der Evolution abgespalten hat.

Abteilung CYANOBACTERIA (Blaualgen) *(Abb. S-1)*

Cyanobakterien sind einzellig oder bilden Filamente und Kolonien und sind fast immer photoautotroph. Sie enthalten Chlorophyll a, Carotinoide und Phycobiliproteine als Photosynthesepigmente, und ihr Photosynthesesystem ähnelt weitgehend dem der eukaryotischen photosynthetischen Organismen. Flagellen sind bei ihnen nicht vorhanden, manche Arten können jedoch an Oberflächen entlanggleiten. Viele Formen bilden gallertige Lager. Bei Arten, die Stickstoff fixieren ist eine Arbeitsteilung der Zellen in photosynthetische Zellen und in besonders geformte Heterocysten zu beobachten. Letztere sind darauf spezialisiert, atmosphärischen Stickstoff zu fixieren.

Cyanobakterien sind weit verbreitet und an vielen Standorten anzutreffen; sie kommen auch als photosynthetische Symbionten in Flechten vor. Wahrscheinlich leiten sich von ihnen die Chloroplasten der eukaryotischen Zellen ab.

Abteilung EUBACTERIA *(Abb. S-2)*

Auch die Eubakterien sind meistens einzellig und bilden nur selten kleinere Kolonien. Sie leben photosynthetisch oder chemosynthetisch autotroph, heterotroph oder parasitisch. Ihre Einteilung erfolgt nach morphologischen, biochemischen und physiologischen Kriterien. Durch eine besondere Anfärbung der Zellwand, der sogenannten Gram-Färbung, werden grampositive und gramnegative Formen unterschieden. Die Gestalt der Zellen ist vielfältig (Abb. S-2); manche sind unbeweglich, andere besitzen eine Flagelle, andere wiederum Flagellenbündel, und wieder andere tragen auf ihrer ganzen Oberfläche Flagellen. Viele Arten können sehr resi-

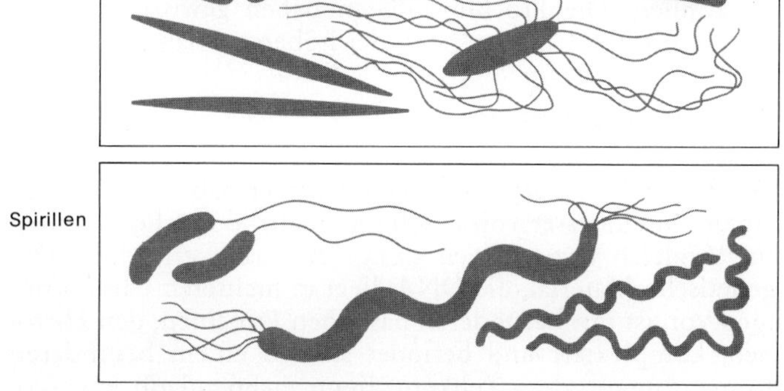

Abb. S-2. Einige Zellformen der Eubakterien.

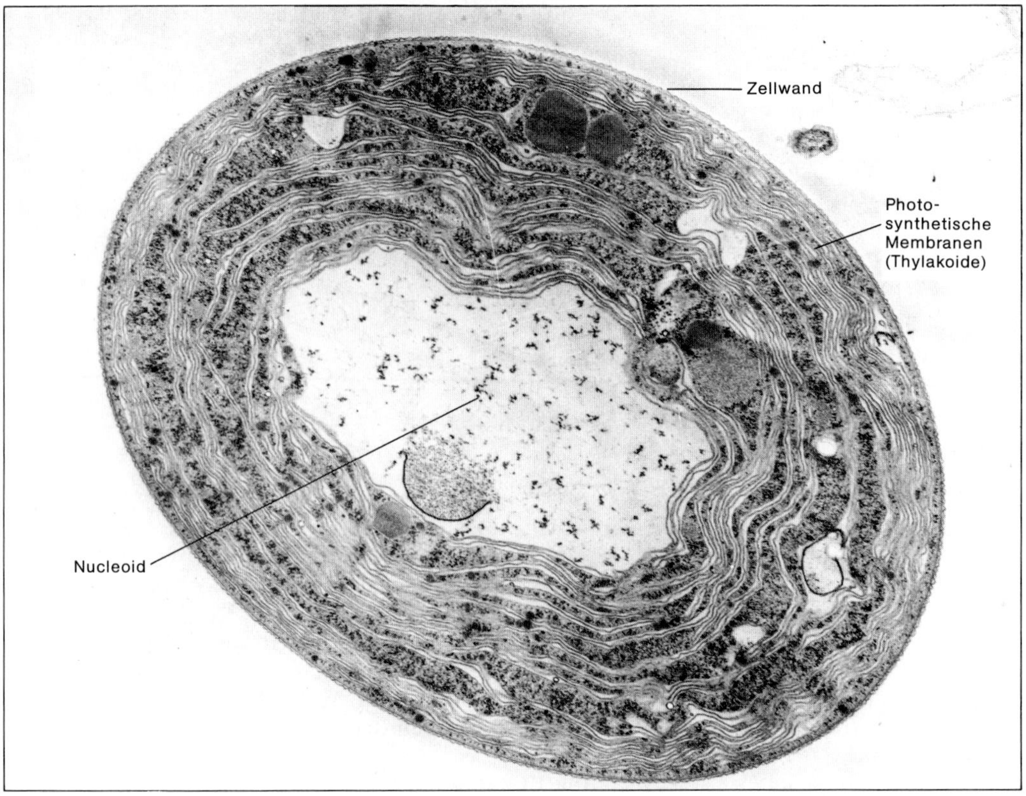

Abb. S-3. Prochlorophyta; elektronenmikroskopische Aufnahme von *Prochloron didemni* (x 1500).

stente Dauerformen, sogenannte Sporen, bilden, die ungünstige äußere Bedingungen überdauern.

Die Actinomyceten stellen eine besondere Gruppe der Eubakterien dar, deren Kolonie-Formen etwas an die von niederen Pilzen erinnern. Sie sind jedoch echte Prokaryoten und haben mit Pilzen insofern nichts gemein. Actinomyceten sind meist Bodenbewohner und tragen auch zu dem charakteristischen Geruch von Erde bei.

Abteilung PROCHLOROPHYTA *(Abb. S-3)*

Die Prochlorophyten sind bewegungslose einzellige photosynthetische Organismen, die in Assoziation mit tropischen und subtropischen, marinen Evertebraten vorkommen. Sie zeigen morphologische und biochemische Merkmale von Bakterien und sind ohne Zweifel Prokaryoten. Sie besitzen jedoch neben Chlorophyll a auch Chlorophyll b, das sonst nur bei Eukaryoten vorkommt. Das wichtigste Disaccharid der grünen Pflanzen, Saccharose, scheinen sie jedoch nicht bilden zu können. Die Prochlorophyten haben gewisse Ähnlichkeiten mit den Chloroplasten der höheren Pflanzen.

Die Eukaryoten

Die Zellen der eukaryotischen Organismen haben gewöhnlich einen Durchmesser von 2–100 μm, manche Eizellen können im Vergleich dazu jedoch riesige Ausmaße erreichen. Das genetische Material, die DNA, liegt in mehreren Chromosomen vor, ist mit besonderen basischen Proteinen, den Histonen, komplexiert und befindet sich in einem besonderen Kompartiment, dem Zellkern. Kennzeichnend für eukaryotische Zellen sind weitere Kompartimente oder Organelle wie Mitochondrien, Golgi-Apparat oder – bei Pflanzenzellen – Chloroplasten. Die Ribosomen im Cytoplasma sind größer als die der Prokaryoten. Mitochondrien und Chloroplasten besitzen eine eigene DNA, ihre Ribosomen ähneln denen der Prokaryoten. Eukaryotische Zellen können Geißeln tragen, die sehr viel komplizierter gebaut sind als die Flagellen der Prokaryoten. Bei den Eukaryoten findet man Einzeller, alle Formen der Koloniebildung bis hin zu vielzelligen Formen, wie sie die höheren Pflanzen und Tiere darstellen (Abb. S-4). Wesentlich für die Evolution der Eukaryoten war zweifellos die „Erfindung" der meiotischen Zellteilung zusätzlich zur mitotischen Teilung (s. Kap. 1.5).

Zu den Eukaryoten gehören die drei Reiche der Fungi, Plantae und Animalia.

Reich Fungi (Pilze und Hefen)

Das in diesem Buch verwendete System der Pilze geht auf G. C. Ainsworth* zurück. Die Einteilung der Pilze (Abb. S-5) basiert im wesentlichen auf ihrer Morphologie und der Art ihrer Vermehrung. Die meisten Pilze besitzen Zellwände, und ihre Zellen selbst sind langgestreckt und werden als Hyphen bezeichnet. Diese zeigen Spitzenwachstum, können sich verzweigen und werden in ihrer Gesamtheit Myzel genannt. Die Form der Querwände (Septen) in den Hyphen ist für manche Pilzgruppen ein typisches Merkmal ebenso wie der chemische Aufbau der Zellwände. Pilze können sich geschlechtlich und vegetativ durch Sporen vermehren.

* Ainsworth, G. C., Sparrow, F. K. and Sassmann, A. S. (Eds.): *The Fungi. An Advanced Treatise.* Academic Press, New York 1973.

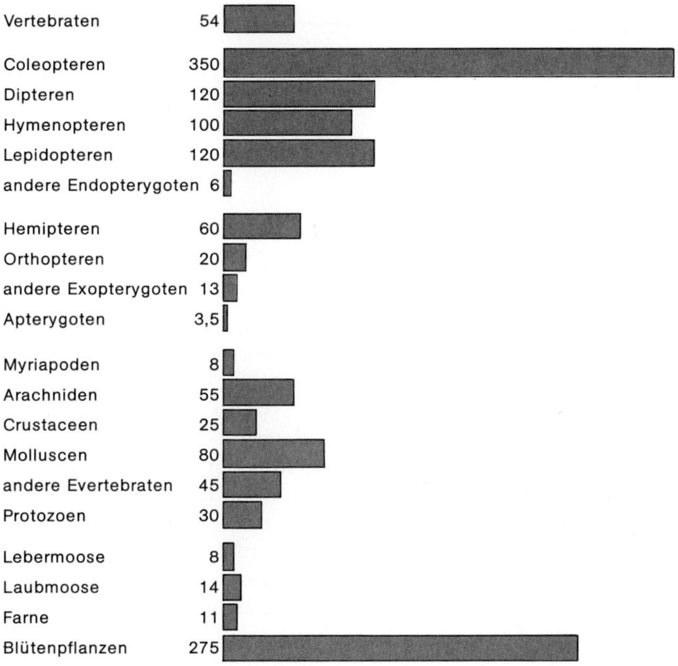

Abb. S-4. Artenzahl (in Tausend) der wichtigsten Gruppen der Eukaryoten.

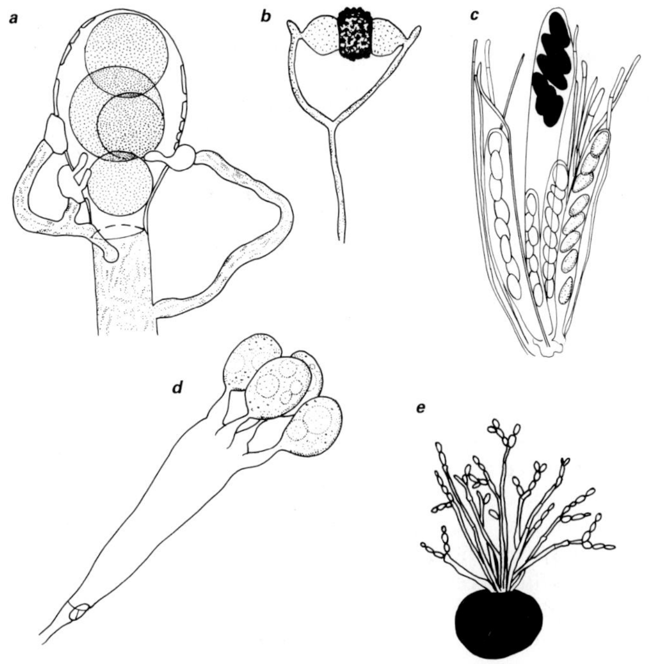

Abb. S-5. Fungi (Pilze). (a) Oomycet; (b) Zygomycet; (c) Ascomycet; (d) Basidiomycet; (e) Deuteromycet.

Abteilung MYXOMYCETES *(Schleimpilze)*

Die Schleimpilze besitzen keine echte Zellwand, sondern nur eine Art Schleimhülle. Sie bilden Plasmodien, d. h. große vielkernige, sich amöboid fortbewegende Zellen, oder Pseudoplasmodien, d. h. Aggregate einzelnen amöboider Zellen. Die einen werden als echte Schleimpilze (Myxomyceten) bezeichnet, die anderen als zelluläre Schleimpilze (Acrasiomyceten). Die Plasmodien der echten Schleimpilze sind oft schön gefärbt; sie können zierliche sporenproduzierende Fruchtkörper bilden, die in Farbe und Form stark variieren. Myxomyceten sind Kosmpoliten und wachsen auf verrottendem Holz und anderen organische Substraten. Eine Untergruppe der Myxomyceten bilden die Plasmodiophoromyceten, die endoparasitisch leben. Zu ihnen gehört z. B. der Erreger der Kohlhernie, einer Krankheit von Kohlpflanzen.

Abteilung EUMYCETES *(echte Pilze)*

Etwa 44 000 Pilzarten sind bisher beschrieben worden, darunter 1100 Mastigomyceten, 610 Zygomyceten, 15 000 Ascomyceten, 12 000 Basidiomyceten und 15 000 Deuteromyceten. Wenn noch die Pilzpartner der Flechten hinzugezählt werden, sind es etwa 62 000 Arten, d. h. ungefähr 29 % aller Pilze sind Flechtenpilze. Die meisten Flechtenpilze gehören zu den Ascomyceten, so daß diese Gruppe tatsächlich die größte Pilzgruppe ist. Die Deuteromyceten bilden eine künstliche Gruppe, in der man solche Formen zusammenfaßt, die die Fähigkeit zur geschlechtlichen Vermehrung verloren haben oder bei denen bisher eine geschlechtliche Vermehrung nicht beobachtet werden konnte, was eine genaue Einordnung nicht zuläßt. Wahrscheinlich handelt es sich bei ihnen um Asco- und Basidiomyceten.

Die Mastigomyceten sind die einzigen unter den echten Pilzen, die begeißelte Zoosporen auszubilden vermögen. Viele leben im Wasser, und zu ihnen gehören die Chytridiomyceten, die keine Mycelien besitzen, die Hypochytridiomyceten und die Oomyceten, zu denen im Wasser lebende Formen, aber auch die falschen Mehltaupilze gezählt werden. Ihre Zellkerne sind diploid, die Hyphen nicht septiert, und in ihren Zellwänden ist Cellulose enthalten.

Die Zygomyceten besitzen wie die Mastigomyceten unseptierte Hyphen, unterscheiden sich von diesen jedoch in den Konstituenten ihrer Zellwand, in der Chitin und Chitosan nachgewiesen worden ist. Die Zellkerne der Zygomyceten sind in der vegetativen Phase haploid. Bei der vegetativen Vermehrung entstehen unbegeißelte Sporen in Sporangien; bei der geschlechtlichen Fortpflanzung verschmelzen ganze Gametangien (Gametangiogamie) zu einer überdauernden Zygote, der sogenannten Zygospore. Zu den Zygomyceten gehören die Mucorales und verschiedene auf Arthropoden parasitierende Organismen.

Alle übrigen Pilze besitzen septierte Hyphen. Die vegetativen Mycelien der Ascomyceten sind hapliod, die Septen enthalten eine einfache zentrale Pore, durch die benachbarte Zellen miteinander verbunden werden. Die Zellwände bestehen aus Chitin und Glucan. Die Gruppe der Ascomyceten wird unterteilt nach den Ausbildungsformen ihrer Fruchtkörper und ihrer charakteristischen Meiosporangien, der Asci, die typischerweise acht Ascosporen enthalten. Die Fruchtkörper können ringsum geschlossen sein oder becher- und scheibenförmig aussehen. Viele Ascomyceten vermehren sich ungeschlechtlich durch Conidien; diese entstehen frei an besonderen Hyphenenden und nicht innerhalb eines Sporangiums. Die Ausbildungsformen von Conidien und Conidienträgern sind bei den Ascomyceten außerordentlich vielfältig und zeigen Anpassungen an die verschiedensten Lebensräume. Zu den Ascomyceten gehören unter anderem die Hefen, die pflanzenpathogenen echten Mehltaupilze, die Schimmelpilze, die Morcheln und Trüffeln, die meisten Flechtenpilze und viele weitere pflanzenpathogene Arten.

Die vegetativen Mycelien der Basidiomyceten sind nicht haploid wie die der übrigen mycelbildenden Pilze (mit Ausnahme der diploiden Oomyceten), sondern enthalten in jeder Zelle zwei haploide Kerne. Diese sogenannte dikaryotische Phase ist für die Basidiomyceten sehr typisch. Ihre Zellwände enthalten wieder Chitin und Glucan, in den Septen zwischen den einzelnen Zellen findet sich eine charakteristische, kompliziert gebaute Pore, der Doliporus.

Die meisten auffälligen höheren Pilze gehören zu den Basidiomyceten, darunter die Porlinge, die Blätterpilze, die Röhrlinge, die Pfifferlinge, Stäublinge, Stinkmorcheln und viele andere. Auch hier sind die Ausbildungsformen der Fruchtkörper und der Basidien, wie die Meiosporangien bei den Basidiomyceten genannt werden, wichtige diagnostische Merkmale. Besonders die Fruchtkörper sind sehr variabel in Größe und Gestalt, am bekanntesten sind die Fruchtkörper der Ständerpilze und der konsolenförmigen, an Bäumen wachsende Porlinge. Eine große Gruppe bilden die Heterobasidiomyceten, zu denen auch die pflanzenpathogenen Rost- und Brandpilze gehören. Bei ihnen sind im Gegensatz zu den übrigen Basidiomyceten die Basidien längs oder quer unterteilt. Die Rost-und Brandpilze entwickeln keine richtigen Fruchtkörper und zeichnen sich häufig durch komplizierte Lebenszyklen und Wirtswechsel aus. Verschiedenartige Conidienformen sind bei ihnen häufig.

Bei den Deuteromyceten wurden bisher keine geschlechtlichen Vermehrungsformen beobachtet, sie werden daher auch oft als *Fungi imperfecti* bezeichnet. Sie vermehren sich ausschließlich ungeschlechtlich durch Conidien. Zu ihnen gehören viele reduzierte Formen bis hin zu einzelligen Organismen, aber auch größere mycelbildende Pilze.

Reich Plantae (Pflanzen)

Pflanzenzellen besitzen im allgemeinen eine Zellwand. Diese besteht aus verschiedenen Polysacchariden, darunter meist auch Cellulose, einem Polymeren der Glucose in β-(1→4)-Bindung. Bei manchen Gruppen enthalten die Zellwände auch Polyphenole wie z. B. Lignin, oder Lipidpolymere wie Cutin und Suberin. Ausgewachsene Pflanzenzellen sind gewöhnlich durch eine große zentrale Vakuole gekennzeichnet, die die verschiedensten Substanzen gelöst enthalten kann. Die meisten Pflanzen sind grün und zur Photosynthese befähigt, d. h. sie enthalten Chloroplasten; es gibt jedoch auch einige parasitische Formen, die die Fähigkeit zur Bildung von Chlorophyll verloren haben. In den Chloroplasten kommen verschiedene photosynthetische Pigmente vor, darunter immer das Chlorophyll a wie bei den Cyanobakterien und Prochlorophyten. Auch hier wird während der Photosynthesevorgänge Wasser gespalten und Sauerstoff freigesetzt.

Für die Klassifikation der Pflanzen sind die morphologischen Merkmale der reproduktiven Strukturen die wichtigsten Kriterien, zunehmend werden jedoch auch chemische Daten (insbesondere bei den Algen) verwendet. In diesem Buch werden die verschiedenen Abteilungen der Pflanzen formal in drei Gruppen zusammengefaßt: die Algen mit sieben Abteilungen, die Bryophyten mit drei Abteilungen und die Gefäßpflanzen mit zwölf Abteilungen.

Die Algen

Der Begriff „Algen" wurde in den modernen Klassifizierungssystemen aufgegeben, inoffiziell wird er jedoch weiterbenutzt. Innerhalb der Algen findet man einige der kleinsten, aber auch einige der größten Pflanzenarten (Abb. S-6). *Micromonas pusilla* z. B., eine zu den Chrysophyten zählende Art, ist nur 1,5 µm lang und hat nur einen Durchmesser von 1 µm, während manche zu den Braunalgen gehörende Tange die stattliche Länge von 60 m und mehr erreichen.

Bei manchen einzelligen Algen kann die Zelle selbst als Gamet fungieren. Bei anderen Algen werden die Gameten und Sporen in besonderen einzelligen oder mehrzelligen Gametangien oder Sporangien produziert. In dieser Hinsicht unterscheiden sich die Algen grundsätzlich von den Bryophyten. Algen können relativ leicht durch eine Anzahl an Ausbildungen charakterisiert werden, die ihnen im Vergleich zu anderen Pflanzen fehlen. Beispielsweise bilden sie niemals ein Xylem aus und besitzen niemals Stomata, und nur ganz selten findet man eine Cuticula. Die Algen werden normalerweise in sieben Abteilungen unterteilt, von denen die Grünalgen, die Braunalgen und die Rotalgen am bekanntesten sind.

Die sieben Abteilungen werden unterschieden durch morphologische Merkmale, insbesondere durch die Feinstruktur der Chloroplasten und der Geißeln, und durch biochemische Merkmale wie Art der photosynthetischen Pigmente, Reservesubstanzen oder Bestandteile der Zellwände. Die Einordnung der einzelnen Gruppen in den Rang von Abteilungen spiegelt die Meinung wider, daß sie relativ früh während der Evolution entstanden sind, und daß nur eine Gruppe, die Chlorophyten (Grünalgen) dem selben Evolutionszweig angehören wie die Bryophyten und die Gefäßpflanzen. Für alle Abteilungen ist Chlorophyll a und β-Carotin charakteristisch, sie unterscheiden sich jedoch im restlichen Pigmentmuster. Die Chloroplasten enthalten flache Membranen, die Thylakoide, in denen die Photosynthesepigmente und überhaupt der gesamte Photosyntheseapparat lokalisiert sind. Diese Thylakoide können in verschiedener und für die einzelnen Abteilungen typischer Weise assoziiert sein. Als wichtigste Reservesubstanzen treten drei Substanzen auf: Glucosepolymere mit α-(1→4)-Bindung, Glucosepolymere mit β-(1→3)-Bindung und Lipide. Die Geißeln unterscheiden sich in ihrem Ort der Insertion (apical, subapical, lateral), ihrer Gestalt (gleiche oder unterschiedliche Formen pro Zelle), in ihrer Anzahl pro Zelle und in ihren feinstrukturellen Charakteristika. Die einzelnen Abteilungen variieren erheblich in der Komplexität ihrer Vegetationskörper (Thalli). Dies ist jedoch kein Unterscheidungsmerkmal, da offensichtlich häufig parallele Entwicklungen während der Evolution abgelaufen sind.

Abteilung CHLOROPHYTA *(Chlorophyten, Grünalgen)*

Zu dieser Gruppe gehören sehr unterschiedliche Formen, von einzelligen Flagellaten und unbegeißelten Zellen über palmelloide Kolonien (unbewegliche Zellen, die von einer gemeinsamen Schleimschicht umgeben sind), unverzweigte und ver-

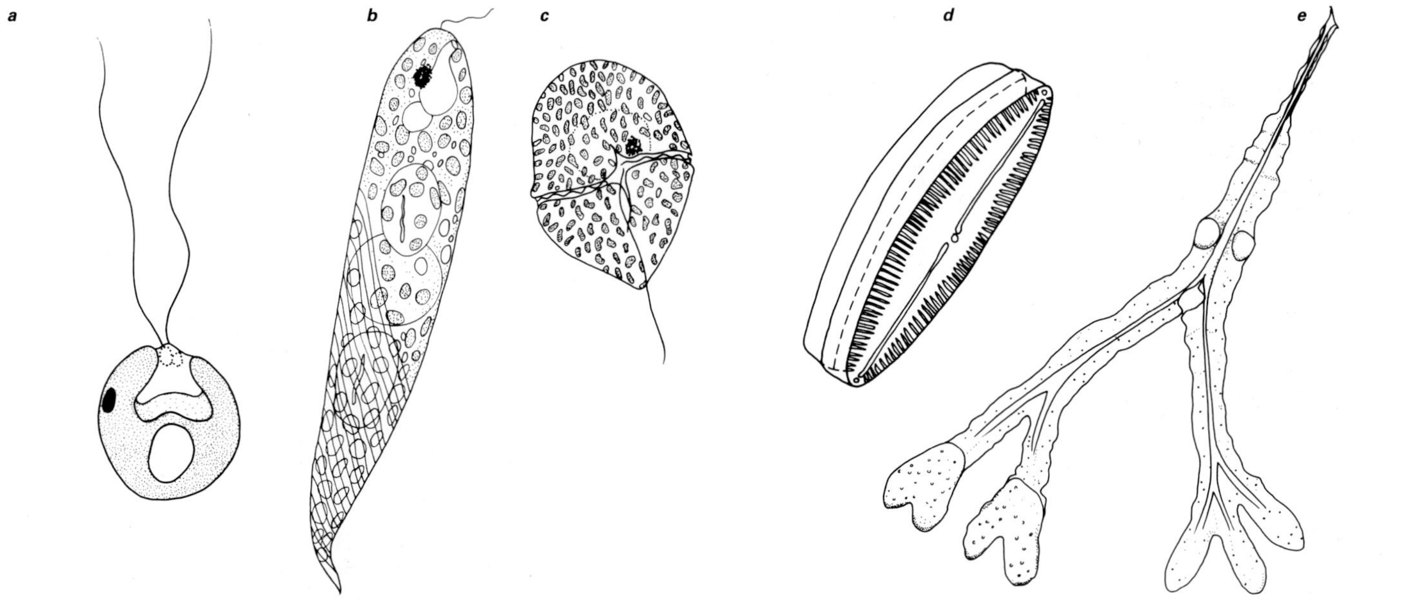

Abb. S-6. Algen. (a) Chorophyta: *Chlamydomonas;* (b) Euglenophyta: *Euglena;* (c) Pyrrophyta: *Gymnodinium;* (d) Chrysophyta: *Pinnularia;* (e) Phaeophyta: *Fucus.*

zweigte Filamente bis hin zu komplexen Kolonien und parenchymatösen Arten. Sie haben von allen Algen die meisten gemeinsamen Merkmale mit den Landpflanzen.

Abteilung CHAROPHYTA *(Armleuchteralgen)*

Diese Algen besitzen an ihren Hauptachsen Wirtel von Seitenzweigen; ihre Internodialzellen sind sehr groß und vielkernig. In die Zellwände ist häufig Calciumcarbonat eingelagert, was den Pflanzen ein weißliches Aussehen verleiht. Fossile Formen sind bereits seit dem Silur bekannt.

Abteilung EUGLENOPHYTA *(Euglenen)*

Die meisten Euglenen sind einzellig und begeißelt. Von den bekannten 36 Gattungen besitzen nur 11 Chlorophyll und sind damit zur Photosynthese fähig. Die übrigen leben saprophytisch.

Abteilung PHAEOPHYTA *(Phaeophyten, Braunalgen, Tange)*

Braunalgen kommen fast ausschließlich im Meer vor. Sie sind vielzellig, filamentös oder parenchymatös und werden häufig sehr groß. Viele *Fucus*-Arten und Tange sind kompliziert aufgebaut mit Organen ähnlich einem Blatt, einem Sproß oder einer Wurzel und einer weitgehenden Gewebsdifferenzierung.

Abteilung CHRYSOPHYTA *(Goldbraune Algen)*

Die Chrysophyten sind eine vielgestaltige Gruppe mit einzelligen, palmelloiden, fädigen und siphonalen Formen (bei letzteren handelt es sich um vielkernige Filamente ohne Querwände). Carotine und Xanthophylle überwiegen mengenmäßig die Chlorophylle und geben dieser Gruppe die charakteristische Farbe. Die Diatomeen (Kieselalgen) stellen die zahlreichsten und wichtigsten Vertreter innerhalb der Chrysophyceen. Ihre aus Kieselsäure bestehenden Zellwände erhalten sich sehr gut; riesige Ablagerungen, bis in den Jura zurück, sind vorhanden und bilden die sogenannte Diatomeen-Erde.

Abteilung PYRROPHYTA

In diese Abteilung gehören die Dinoflagellaten. Auch hier dominieren die Carotine und Xanthophylle, unter denen einige ganz typisch für die Pyrrophyten sind, über die Chlorophylle. Die beweglichen Formen zeigen eine charakteristische Anordnung ihrer Geißeln: eine Geißel ist sehr lang und führt nach hinten, die andere ist bandförmig und liegt in einer Rinne der Zellwand rings um die Zelle. Die Zellwände bestehen meist aus einzelnen Celluloseplatten; viele Formen besitzen dornige Fortsätze der Zellwand. Die Mehrheit lebt im Meeresplankton; bei Massenentwicklungen mancher Formen (z. B. bei *Gymnodinium)* kann eine rote „Wasserblüte" entstehen (Rote Tide), die nicht ungefährlich ist, da von den Zellen giftige Stoffwechselprodukte ausgeschieden werden.

Abteilung RHODOPHYTA *(Rhodophyceen, Rotalgen)*

Auch die Rotalgen kommen bis auf wenige Ausnahmen im Meer vor. Die meisten von ihnen sind vielzellig mit trichalem Wachstum und bilden durch die enge Verflechtung der Fäden pseudoparenchymatische Thalli. Die Gattung *Porphyra* wird seit langer Zeit in Japan als Nahrungsmittel kultiviert.

Die Bryophyten

Häufig werden die Hornmoose, Lebermoose und Laubmoose zusammen in einer Abteilung, den Bryophyten (Abb. S-7), untergebracht. Alle diese Pflanzen haben jedoch als Charakteristikum nur die Form ihres Lebenszyklus gemeinsam. Dieser schließt einen regelmäßigen Wechsel zwischen einer freilebenden haploiden Gametophyten-Generation, die dominiert und langlebig ist, und einer diploiden Sporophyten-Generation, die sich auf dem Gametophyten entwickelt, dort bleibt und auch ernährungsmäßig von diesem abhängig ist. Bei manchen Moosen ist allerdings der Sporophyt relativ kompliziert gebaut. Die übrigen Gemeinsamkeiten aller Bryophyten betreffen die vielzelligen Sexualorgane in der Form von Antheridien und Archegonien, die

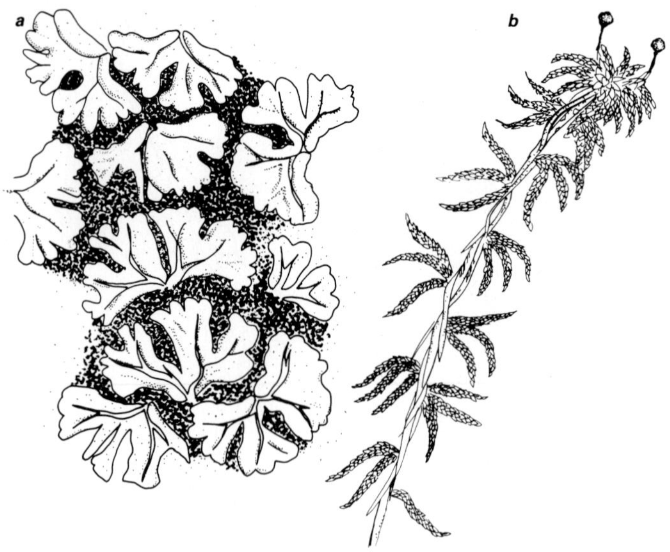

Abb. S-7. Bryophyten. (a) Hepatophyt: *Ricciocarpus;* (b) Bryophyt: *Sphagnum.*

zweigeißeligen, männlichen Gameten, Meiosis und Sporenbildung, eine Sporenverbreitung durch den Wind und eine festsitzende Lebensweise. Diese Gemeinsamkeiten sind zwar bedeutend, man findet solche Eigenschaften aber auch bei Algen und bei Gefäßpflanzen. Die Unterschiede zwischen den drei Gruppen der Bryophyten sind sonst jedoch sehr groß, so daß sie getrennten Abteilungen zugeordnet werden.

Abteilung ANTHOCEROTOPHYTA *(Hornmoose)*

Die Gametophyten-Generation der Hornmoose bildet einen Thallus, dessen Zellen jeweils nur einen großen Chloroplasten enthalten und in dessen Gewebe die Sexualorgane eingesenkt sind. Hornmoose tragen niemals Blättchen, und ihre Rhizoide sind einzellig. Die Sporophyten-Generation besteht aus einer langen zylindrischen Struktur mit einem basalen Meristem, photosynthetischem Gewebe mit Stomata, einer zentralen sterilen Columella und Elateren (sterile, hygroskopische Zellen). Das Sporogon ist nicht in Gametophyten-Gewebe eingeschlossen und öffnet sich mit zwei Längsklappen, zwischen denen die dunkle Columella erscheint. Der Sporenkeimung schließt sich keine Protonema-Phase an.

Abteilung HEPATOPHYTA *(Lebermoose)*

Die Lebermoose stellen die einfachste Gruppe der Landpflanzen dar. Die Gametophyten-Generation kann Blättchen besitzen oder thallös sein. Die Blättchen sind gewöhnlich in drei Reihen angeordnet, zweilappig und nur ein Zellage dick und besitzen nie eine Mittelrippe. Häufig sind einzellige Rhizoide vorhanden, die die Pflanze an das Substrat anheften. Die Sporophyten-Generation ist kurzlebig und besitzt ein nur wenig entwickeltes photosynthetisches Gewebe, keine Stomata, keine Columella in der Kapsel und im allgemeinen kein Leitgewebe für Wasser. Der Stiel (Seta) des Sporophyten verlängert sich, wenn die Kapsel reif wird, und bricht durch das Gametophyten-Gewebe. In der Kapsel sind gewöhnlich auch Elateren enthalten. Der Vorkeim (Protonema), die filamentöse Phase des Gametophyten, die sich bei der Keimung der Spore entwickelt, ist nur sehr kurzlebig oder fehlt ganz.

Abteilung BRYOPHYTA *(Laubmoose)*

Die Gametophyten-Generation der Laubmoose ist immer beblättert und entwickelt sich aus dem relativ langlebigen Protonema. Die Sprosse sind meistens radialsymmetrisch, und die Blättchen besitzen eine Mittelrippe. Die Rhizoide bestehen aus mehreren Zellen. Die Sporophyten-Generation der Laubmoose ist langlebig mit wohl entwickeltem photosynthetischen Gewebe und Stomata an der Basis der Kapsel. Die lange, drahtige Seta, die die Kapsel trägt, führt etwas Gametophyten-Gewebe mit sich. Die Kapsel selbst besitzt eine zentrale Columella aus sterilem Gewebe, jedoch keine Elateren, und öffnet sich bei Reife mit einem Deckel, der einen einfachen oder doppelten Ring oft hygroskopischer Zähne trägt. Ein einfaches Leitgewebe für Wasser ist in den Stämmchen der Gametophyten und in der Seta der Sporophyten der meisten Laubmoose anzutreffen. Die Gattung *Sphagnum,* die in vielen Mooren die dominierenden Pflanzen stellt, ist insofern etwas ungewöhnlich, als sie in ihren Stämmchen spiralig verdickte, tote Zellen enthalten, die Wasser aufsaugen, und eine Kapsel besitzt, die sich explosionsartig öffnet und die Sporen freisetzt.

Die Gefäßpflanzen

Die Gefäßpflanzen, d. h. Pflanzen mit Leitgewebe aus Xylem und Phloem, wurden früher auch als Tracheophyta bezeichnet. Das hier vorgestellte System folgt im wesentlichen H. G. Bold*. Danach werden die heute lebenden Gefäßpflanzen in neun Abteilungen gegliedert. Vier Abteilungen werden zu den Farnpflanzen (Pteridophyten, Abb. S-8a–d) gezählt, vier zu den Nacktsamern (Gymnospermen, Abb. S-8e–h), während die letzte Abteilung die der Blütenpflanzen (Angiospermen, Abb. S-9) darstellt. Beide Gruppen, Gymnospermen und Angiospermen, werden als Samenpflanzen (Spermatophyten) zusammengefaßt. Weitere drei Abteilungen der Farnpflanzen sind nur fossil bekannt (s. Kap. 14), die Rhyniophyta, die Zosterophyllophyta und die Trimerophyta. Es handelt sich hierbei um Pflanzen von recht einfachem Aufbau. Schließlich seien noch die ebenfalls nur fossil bekannten Progymnospermen genannt (Abt. Progymnospermophyta), bei denen Merkmale der Farne und der nacktsamigen Samenpflanzen zusammen vorkommen. Die heute lebenden Gefäßpflanzen lassen sich nun folgendermaßen gliedern:

Farnpflanzen (Pteridophyten)

Abteilung PSILOPHYTA *(Urfarne)*

Es handelt sich hierbei um wurzellose Pflanzen mit regelmäßig verzweigten Rhizomen (unterirdische Sprosse) und Luftsprossen. Ihre fertilen Anhänge sind schuppen- oder blattähnlich und mehr oder weniger schraubig angeordnet. Der

* Bold, H. C., Alexopoulos, C. and Delevoryas, T.: *Morphology of Plants and Fungi.* (4th edition); Harper and Row, New York 1980.

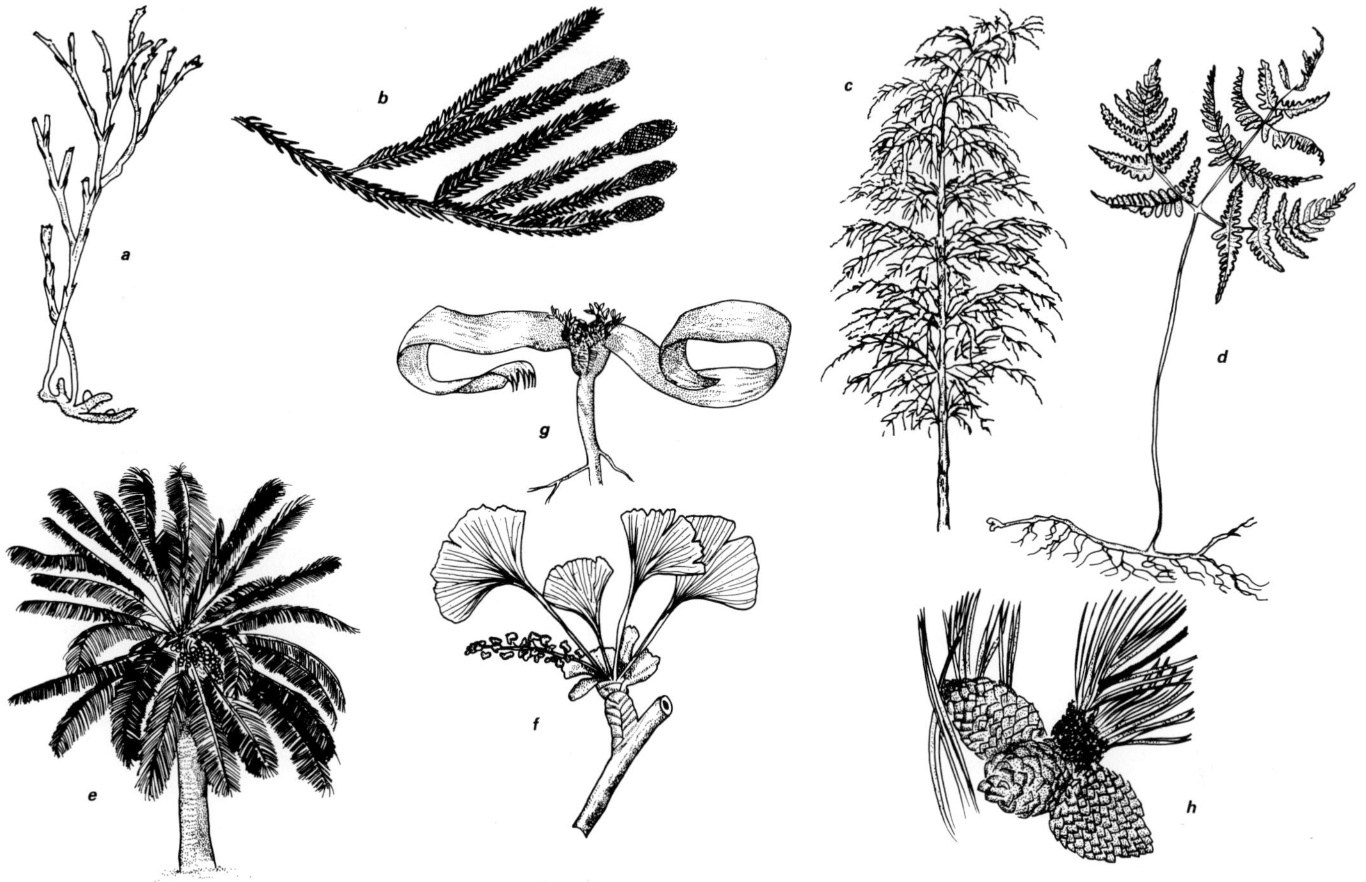

Abb. S-8. Pteridophyten (Farnpflanzen). (a) Psilophyt (Urfarne); (b) Lycopodiophyt (Bärlapp); (c) Equisetophyt (Schachtelhalm); (d) Polypodiophyt (Farn). Gymnospermen (Nacktsamer). (e) Cycadophyt (Cycadee); (f) Ginkgophyt; (g) Gnetophyt; (h) Pinophyt (Nadelholz).

Gametophyt liegt unterirdisch und zeigt eine saprophytische Lebensweise. Die männlichen Gameten (Spermatozoiden) sind begeißelt. Die Sporangien befinden sich an den Enden der sehr kurzen Seitenzweige, weisen dicke Wände auf und sind homospor, d. h. besitzen nur einen Typ von Sporen.

Die Abteilung umfaßt zwei Gattungen, *Psilotum* und *Tmesipteris*. Zu *Psilotum* gehören 2-3 in den Tropen und Subtropen bis Florida und Neuseeland weitverbreitete Arten; *Tmesipteris* umfaßt 2 oder mehr Arten in Australien, Polynesien und Neukaledonien.

Abteilung Lycopodiophyta *(Bärlappe, Lycopsiden)*

Hierzu gehören Pflanzen mit Wurzeln, einfachen oder verzweigten Sprossen und kleinen, schraubig angeordneten Blättern (Mikrophylle). Die Sporangien stehen einzeln auf Tragblättern (Sporophyllen), sind dickwandig, homospor oder heterospor, d. h. mit kleinen Mikro- und großen Megasporen. Die männlichen Gameten (Spermatozoiden) tragen zwei oder mehr Geißeln.

Die Abteilung umfaßt zwei Gruppen, die man als Klassen ansehen kann. Die erste Klasse enthält die Gattung Bärlapp *(Lycopodium)* mit rund 200 Arten, meist in den Tropen, aber auch in montanen und alpinen Bereichen der gemäßigten Zonen beheimatet. Neuerdings wird die Gattung *Lycopodium* in mehrere Gattungen gegliedert. Die zweite Klasse umfaßt im wesentlichen zwei Gattungen, Brachsenkraut *(Isoetes)* mit rund 70 Arten und Moosfarn *(Selaginella)* mit rund 700 Arten. Diese Gattungen sind weltweit verbreitet.

Zu den Bärlappen gehören zahlreiche fossile Arten; die eindrucksvollsten Vertreter sind mit rund 200 Arten die Lepidodendrales (s. Kap. 14.1). Sie erreichten ihre stärkste Entwicklung in den Sumpfgebieten des Oberkarbons, wo sie Wälder mit Höhen von 40 m und mehr bildeten.

Abteilung Equisetophyta *(Schachtelhalme, Sphenopsiden)*

Dies sind Pflanzen mit Wurzeln und oberirdischen Sprossen, die zuweilen unverzweigt oder auch mit quirlig angeordneten Seitenzweigen versehen sind. Die dickwandigen Sporangien bilden Gruppen und stehen in dichten, endständigen „Zapfen". Alle heute lebenden Arten sind homospor, einige fossile Arten waren heterospor.

Die einzige heute lebende Gattung ist der Schachtelhalm *(Equisetum)* mit rund 30 weltweit (außer Australasien) verbreiteten Arten. Die Abteilung umfaßt zahlreiche fossile Gattungen, darunter Arten, deren Individuen bis zu 20 m Höhe erreichten (wie z. B. *Calamites* im Erdaltertum).

Abteilung Polypodiophyta *(Farne, Pteropsiden)*

Hierzu gehören Pflanzen mit Wurzeln und oberirdischen Sprossen. Die Sproßachsen sind meist kurz und stammähnlich, oder mit unterirdisch kriechenden Rhizomen; zuweilen bilden sie auch echte Stämme. Die Blätter (Megaphylle) sind schraubig angeordnet, oft deutlich gefiedert und werden dann als „Wedel" bezeichnet. Sporangien stehen meist in Gruppen (Sori) und befinden sich am Rand oder auf der Unterseite der Wedel. Männliche Gameten (Spermatozoiden) weisen zahlreiche Geißeln auf.

Abb. S-9. Angiospermen, Magnoliophyta (Blütenpflanzen).
(a) *Ursinia speciosa;* (b) Weißeiche *(Quercus alba);* (c) Wald-Platterbse *(Lathyrus sylvestris);* (d) Aronstab *(Arum maculatum).*

Die Farne zeigen in Gestalt und Einzelmerkmalen eine beträchtliche Mannigfaltigkeit. Die über 10 000 heute lebenden Arten von weltweiter Verbreitung besitzen einen Schwerpunkt in den Tropen. Dort reicht das Formenspektrum von kleinen Epiphyten mit ungeteilten Blättern bis zu rund 25 m Höhe erreichenden Baumfarnen mit kräftigen Stämmen und mächtigen, mehrfach gefiederten Wedeln. Man kennt auch zahlreiche fossile Farne.

Samenpflanzen

Nacktsamer (Gymnospermen)

Abteilung CYCADOPHYTA *(Cycadeen)*

Die Cycadeen sind Holzpflanzen mit in der Regel unverzweigten Stämmen. Das Wasserleitgewebe (Holz) ist locker und zeichnet sich durch breite Parenchymstrahlen aus, Mark und Rinde sind im Verhältnis zum Leitgewebe (Xylem und Phloem) stark ausgebildet. Ihre großen Blätter sind in der Regel einfach gefiedert. Die Pflanzen sind zweihäusig, d. h. es gibt männliche und weibliche Pflanzen. Ihre Reproduktionsorgane befinden sich meist in end- oder seitenständigen Zapfen. Staubblätter (Mikrosporophylle) sind schuppen- oder schildförmig, mit unterseits ausgebildeten Pollensäcken; männliche Gameten sind an einem schraubigen Geißelband zu erkennen. Die Samen sind groß.

Man kennt insgesamt 9 Gattungen mit rund 65 Arten in Mittelamerika, Südafrika, Ostasien und Australien. Zahlreiche fossile Arten, unter ihnen die Bennettiteen und die Farnsamer (Pteridospermen) zeigen die frühere weltweite Verbreitung dieser Abteilung.

Abteilung GINKGOPHYTA

Es handelt sich hier um Bäume mit verzweigten Stämmen und typischen Lang- und Kurztrieben. Ihr Holz ist dicht und weist schmale Parenchymstrahlen auf. Die Blätter sind meist fächerförmig, schraubig angeordnet und oft tief eingeschnitten; ihre Nervatur ist regelmäßig gabelig. Die Samenanlagen dieser zweihäusigen Pflanzen stehen paarweise am Ende kurzer Stiele; die männlichen Gameten sind mit einem schraubigen Geißelband ausgestattet.

Die mindestens 16 fossil bekannten Gattungen mit zahlreichen Arten waren einstmals auf der Nordhalbkugel weit verbreitet. Heute ist die Abteilung der Ginkgophyten nur noch mit einer einzigen Art vertreten, *Ginkgo biloba*. Ursprünglich aus Süd-China stammend, wird der Ginkgo vor allem wegen seiner eigenartigen fächerförmigen Blätter weltweit kultiviert.

Abteilung PINOPHYTA *(Coniferophyta, Nadelhölzer)*

Die Nadelhölzer sind verzweigte Bäume mit Lang- und Kurztrieben. Ihr Holz ist dicht, mit niederen Parenchymstrahlen

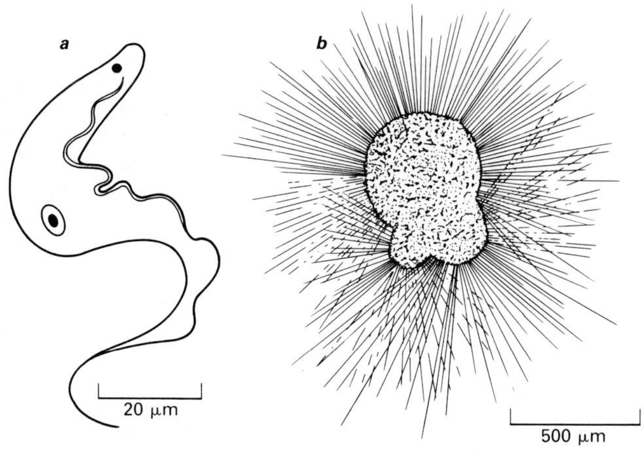

Abb. S-10. Protozoen. (a) Flagellat: *Trypanosoma;* (b) Rhizopode, Foraminifer.

und meist mächtig ausgebildet; Mark und Rinde treten demgegenüber zurück. Die Blätter sind einfach, oft schuppen- oder nadelförmig, zuweilen aber auch breiter und blattartig, schraubig oder gegenständig und stehen zuweilen in Quirlen. Die Reproduktionsorgane sind in Zapfen angeordnet: Männliche Zapfen sind einfach, mit wenigen bis zahlreichen, auf der Unterseite Pollensäcke tragenden Mikrosporophyllen, weibliche Zapfen sind aus Schuppenkomplexen zusammengesetzt.

Zu dieser Abteilung gehören insgesamt rund 50 Gattungen mit etwa 600 lebenden Arten. Die ebenfalls hierher gehörenden Cordaiten sind nur fossil bekannt. Viele Coniferen sind große Bäume und bilden im westlichen Nordamerika sowie in Teilen von Europa und Asien ausgedehnte Wälder. Auf der Südhalbkugel sind die Nadelgehölze in den gemäßigten Regionen Südamerikas, Neuseelands und Australiens vertreten und bilden auch dort Wälder.

Abteilung GNETOPHYTA

Zu dieser Abteilung gehören Bäume, Sträucher, Lianen oder gedrungen wachsende Pflanzen mit teilweise unterirdischen, holzigen Achsen. Ihre einfachen Blätter sind gegenständig oder quirlig, breitelliptisch, bandförmig oder zu kleinen Schuppen reduziert. Das Holz ist mit Gefäßen ausgestattet (!). Die Blüten sind eingeschlechtig, aber auf verschiedene Individuen verteilt (zweihäusige Pflanzen). Die Befruchtung erfolgt mittels eines Pollenschlauches mit zwei männlichen Kernen; der Embryo ist zweikeimblättrig.

Die Gnetophyten umfassen drei Gattungen aus drei sehr verschiedenen Familien; zur Gattung *Gnetum* gehören dabei etwa 40 Arten aus den feuchten, tropischen Wäldern des nördlichen Südamerikas, des westlichen Afrikas sowie Indiens und Malaysias. *Welwitschia* mit der einzigen Art *Welwitschia bainesii* ist in ihrer Verbreitung auf einen rund 950 km langen Streifen im Bereich der Küstenwüste Südwestafrikas beschränkt. Die Gattung *Ephedra* schließlich umfaßt rund 40 Arten in Nord- und Südamerika und in einem breiten Gürtel vom Mittelmeergebiet bis China. Die Vertreter der Gnetophyten stehen den Angiospermen näher als irgendeine andere Gruppe der Gymnospermen.

Bedecktsamer (Angiospermen)

Abteilung MAGNOLIOPHYTA *(Blütenpflanzen)*

Hierzu gehören einjährige, zweijährige sowie ausdauernde Pflanzen mit einem breiten Spektrum von Lebensformen: im Wasser flutende, untergetaucht lebende Arten, Kräuter, Sträucher, Kletterpflanzen, Bäume, Epiphyten und auch farblose Schmarotzer. Zu den Blütenpflanzen zählen kleine, frei schwimmende, etwa 1 mm große Wasserpflanzen ebenso wie bis über 100 m hohe Bäume. Ihr Holz ist in der Regel mit Gefäßen ausgestattet. Die Pflanzen sind einhäusig (männliche und weibliche Reproduktionsorgane auf einem Individuum) oder zweihäusig (auf verschiedenen Individuen), im ersteren Falle entweder mit eingeschlechtigen oder zwittrigen Blüten. Die Blüten bestehen in der Regel aus vier verschiedenen, aufeinanderfolgenden, um eine Achse stehenden Kreisen von Organen. Die äußeren Teile bilden die Blütenhülle (Perianth) mit dem Kelch mit in der Regel grün gefärbten Kelchblättern (Sepalen) mit Schutzfunktion und der meist gefärbten und zur Anlockung der Bestäuber dienenden Krone mit den Kronblättern (Petalen). Zuweilen sind Kelch und Krone auffallend gefärbt, manchmal auch beide unscheinbar (Windbestäubung!), in anderen Fällen ist nur ein Kreis ausgebildet. Auf die Blütenhülle folgen die pollentragenden Organe, die Staubblätter (Stamina), sowie die Organe, die die Samenanlagen tragen, die Fruchtblätter (Karpelle). Nach der Befruchtung entstehen aus den Samenanlagen die Samen. Wichtigstes Merkmal der Angiospermen ist, daß die Samen in einer Frucht eingeschlossen sind.

Die Magnoliophyten können in zwei große Gruppen eingeteilt werden: in die Klasse der zweikeimblättrigen und die Klasse der einkeimblättrigen Pflanzen. Die zweikeimblättrigen Pflanzen (Dikotylen, Magnoliatae) besitzen Embryonen mit zwei Keimblättern. Ihre Stammleitbündel sind meist in einem Ring angeordnet (Querschnitt!) und mit einem Kambium versehen. Die Blattnerven sind in der Regel verzweigt, selten parallel verlaufend. Die Blüten sind vier- oder fünfzählig. Die einkeimblättrigen Pflanzen (Monokotylen, Liliatae) besitzen Embryonen mit nur einem Keimblatt. Ihre Stammleitbündel sind unregelmäßig angeordnet, in der Regel fehlt ein Kambium. Die Blätter sind meist parallelnervig, die Blüten meist dreizählig.

Schätzungen der Zahl der Arten der Blütenpflanzen reichen von 220 000 bis 250 000, was mindestens das Zehnfache der Artenzahl jeder anderen Abteilung des Pflanzenreiches bedeutet. Ihre Verbreitung reicht von der Arktis bis zum Äquator, vom Meer bis zu den Gipfeln der Berge, von tropischen Regenwäldern bis zu den trockensten Wüsten. Da die Blütenpflanzen den wichtigsten Anteil an der Vegetation fast aller Gebiete der Erde stellen, bilden sie auch den Lebensraum für die meisten Tiere des Landes. Auch der Mensch bezieht einen großen Teil seiner Nahrung aus der Welt der Blütenpflanzen. Etwa zwei Drittel der Angiospermen-Arten kommen in den Tropen und in den benachbarten Gebieten vor.

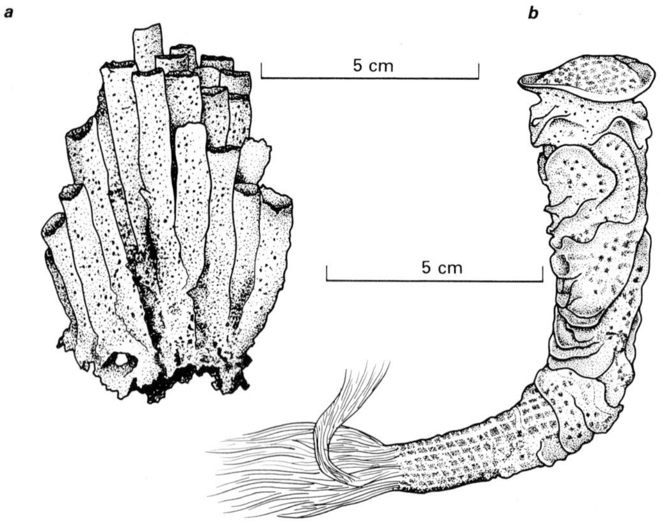

Abb. S-11. Poriferen. (a) *Demospongia;* (b) *Hexactinellida.*

Reich Animalia (Tiere)

Im allgemeinen wird das Tierreich in etwa 30 größere Gruppen eingeteilt. Diese werden als Stämme bezeichnet und entsprechen den Abteilungen bei Bakterien, Pilzen und Pflanzen. In einem Stamm werden nur solche Arten zusammengefaßt, die nach dem gleichen Bauplan konstruiert sind. Doch gehen die Anschauungen über die Zuordnung zu den einzelnen Stämmen auseinander. Die 7 Gruppen (von den Rotatoria bis zu den Nematoda), die hier als 7 selbständige Stämme aufgeführt sind, werden häufig zu einem einzigen Stamm, dem der Aschelminthes oder Nemathelminthes, vereinigt. Andererseits werden die hier als Arthropoda zusammengefaßten Gruppen (Crustacea, Arachnoidea, Myriapoda und Insecta) häufig als eigene Stämme geführt.

Hinsichtlich der Anzahl der zu einem Stamm gehörenden, rezenten Arten gibt es von den Arthropoden mit ca. 888 000 bis zu den Priapuliden mit etwa 8 Arten beträchtliche Unterschiede. Die Arthropoden umfassen etwa 77 % aller beschriebenen rezenten Tierarten, weitere 8 Stämme mit zwischen 10 000 und 100 000 Arten umfassen etwa 21,5 %, und die restlichen 1,5 % verteilen sich auf die übrigen 22 Stämme.

Stamm Protozoa *(Urtiere) (25 000 Arten) (Abb. S-10)*

Der Stamm Protozoa enthält Organismen, die nur aus einer einzigen Zelle oder – in einigen Fällen – aus mehreren zu Kolonien vereinigten Zellen bestehen. Es lassen sich vor allem aufgrund der Bewegungsorganelle 4 Klassen unterscheiden: Flagellaten, Rhizopoden, Sporozoen und Ciliaten.

Die ursprünglichsten sind zweifellos die Flagellaten, nicht zuletzt auch deshalb weil sie noch autotrophe, also zur Photosynthese fähige Formen (Phytoflagellaten) neben heterotrophen, d. h. auf organische Nahrung angewiesene Formen (Zooflagellaten) enthalten. Sie alle tragen eine oder mehrere Geißeln, durch deren häufig propellerartigen Schlag sie sich fortbewegen. Die meisten leben frei im Meer oder im Süßwasser, einige auch endoparasitisch, so z. B. *Trypanosoma gambiense*, der Erreger der Schlafkrankheit. Zu den Phytoflagellaten gehören die weithin bekannten Gattungen *Euglena* und *Volvox*. Unter den Dinoflagellaten ist *Noctiluca miliaris* als Erreger des Meeresleuchtens bekannt.

Die Rhizopoden oder Wurzelfüßer sind durch Scheinfüßchen (Pseudopodien) gekennzeichnet, die je nach Form als Lobopodien (Lappenfüßchen), Filopodien (Fadenfüßchen), Axopodien (Achsenfüßchen) und Reticulopodien (Netzfüß-

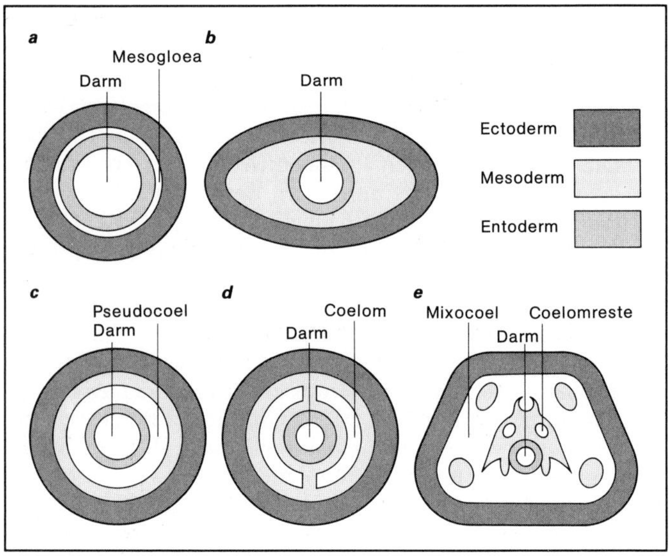

Abb. S-12. Leibeshöhlen bei Metazoen: (a) Cnidaria; (b) Plathelminthen; (c) Nemathelminthen; (d) Anneliden; (e) Arthropoden.

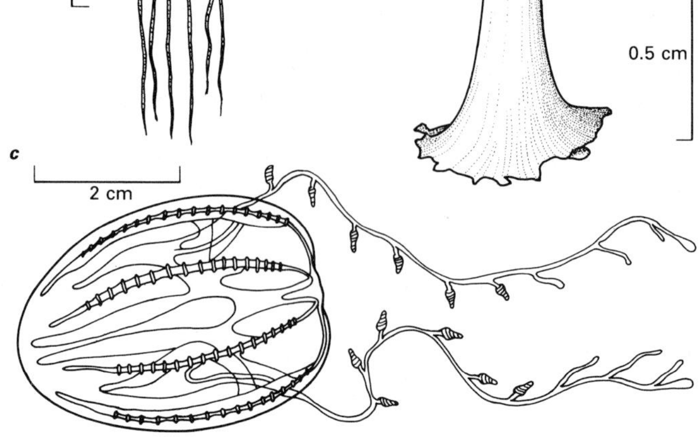

Abb. S-13. Cnidaria. (a) Hydrozoe: *Hydra;* (b) Anthozoe: See-Anemone. Ctenophora. (c) *Pleurobrachia* (See-Stachelbeere).

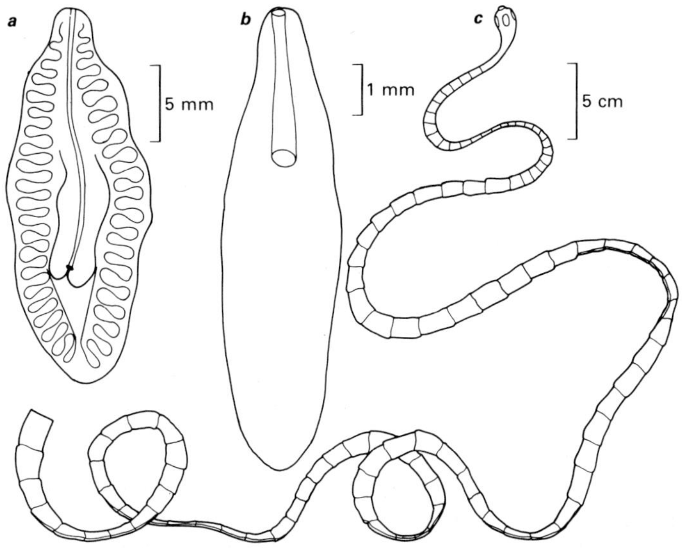

Abb. S-14. Plathelminthen: (a) Turbellarie: *Tricladida;* (b) Trematode; (c) Cestode.

chen) bezeichnet werden. Lobopodien sind kennzeichnend für die Amoeben, Filopodien und Reticulopodien für die Foraminiferen (Kammerlinge) und Axopodien für die Radiolarien (Strahlentierchen).

Die Sporozoen oder Sporentierchen bewegen sich gleitend-kriechend, offenbar aufgrund von kontraktilen Elementen, die der Zellmembran unterlagert sind. Sie leben ausschließlich parasitisch und haben einen komplizierten Generations- und Wirtswechsel, in dem Sporen auftreten, die zur Übertragung in eine Kapsel eingeschlossen werden. *Plasmodium*-Arten sind als Erreger der Malaria bekannt.

Die Ciliaten oder Wimpertierchen tragen Cilien und haben zwei Kerne, einen Mikro- und einen Makronucleus. Ihre Geschlechtsvorgänge sind einmalig im gesamten Tierreich: es werden haploide Mikronuclei ausgetauscht (Konjugation).

Stamm Porifera *(Schwämme) (10 000 Arten) (Abb. S-11)*

Schwämme haben noch keine Organe, zeigen aber Ansätze zu Geweben, in denen die Zellen allerdings noch hohe Freiheitsgrade besitzen. Sie sind an das Leben im Wasser gebundene, festsitzende Strudler und Filtrierer, die mit Hilfe besonderer Geißelzellen Wasser in ihren Körper einstrudeln und daraus Nahrungsteilchen abfiltern. Unterscheiden lassen sie sich vor allem anhand ihres Skeletts.

Die Calcareen, wie z. B. *Leucosolenia*, bilden Kalknadeln aus. Die Demospongien haben ein Skelett aus Spongin, einer eiweißartigen Substanz, und/oder Kieselnadeln. Zu ihnen gehören die Bade- und alle Süßwasserschwämme. Die Hexactinelliden (Glasschwämme) sind durch ihr zartes Kieselskelett als Bewohner der ruhigen Tiefsee ausgewiesen.

Stamm Cnidaria *(Nesseltiere) (10 000 Arten) (Abb. S-13a,b)*

Cnidarier sind radiärsymmetrische Vielzeller (Metazoa, Abb. S-12), die aus zwei Zellschichten bestehen, einem Ekto- und einem Entoderm, die durch eine gallertige Mesogloea getrennt sind. Es gibt nur eine Körperhöhle mit nur einer Öffnung, den Gastralraum mit der häufig von Tentakeln umringten Mundöffnung. Auf diesen Tentakeln finden sich die für

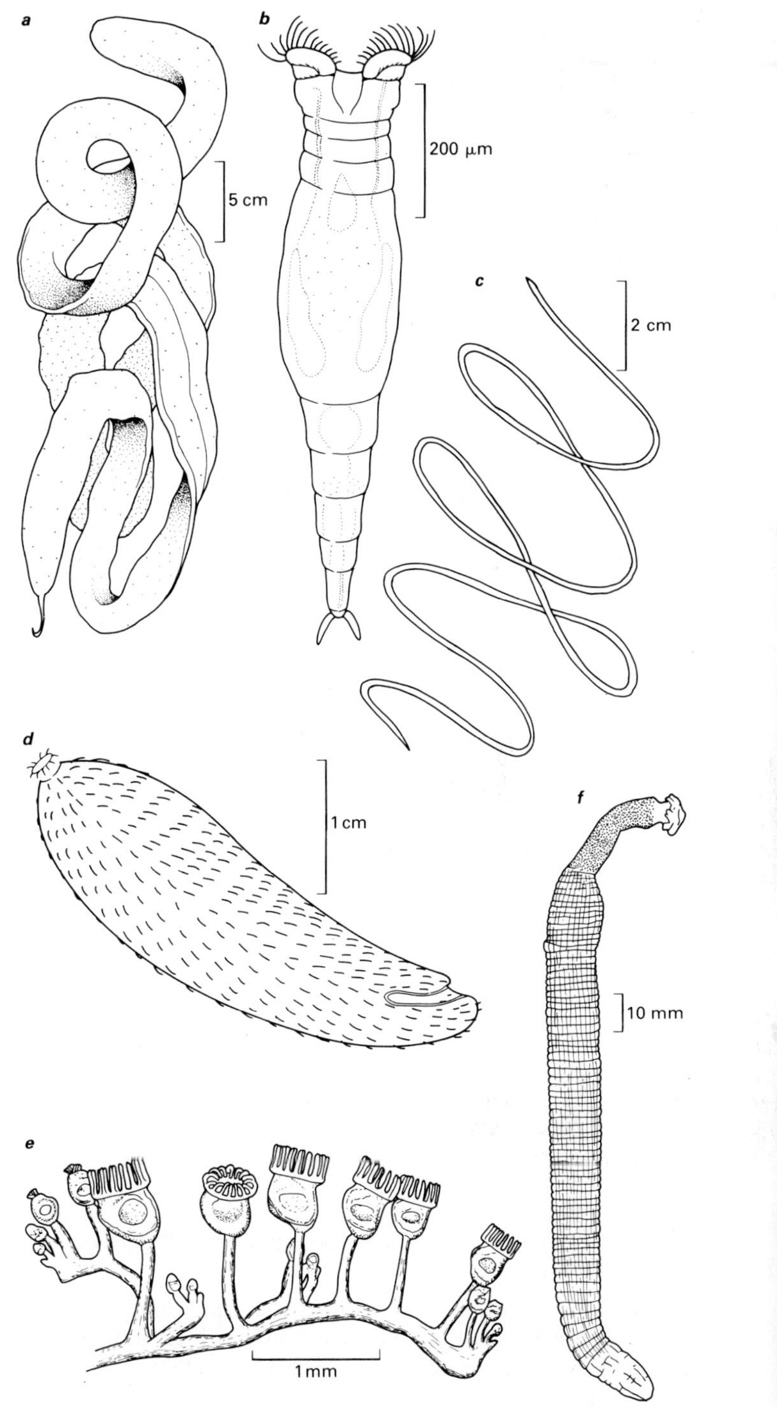

Abb. S-15. (a) Nemertine; (b) Rotator; (c) Nematomorpha; (d) Acanthocephale; (e) Kamptozoe; (f) Sipunculide.

die Cnidarier so typischen Nesselzellen (Cniden). Es werden zwei Morphen ausgebildet: die freischwimmende Meduse und der sessile Polyp, die häufig durch einen Generationswechsel miteinander verbunden sind.

Von den Hydrozoen sei aus dem Süßwasser die Gattung *Hydra* und aus dem Meer *Obelia* genannt. Die Scyphozoen umfassen die großen Quallen, zu denen in der Nordsee z. B. die Ohren-, Kompaß-und Feuerqualle gehören. Die Anthozoen haben kein Medusenstadium, sie sind rein marin. Zu ihnen gehören Seeanemonen, die Leder- und die Steinkorallen.

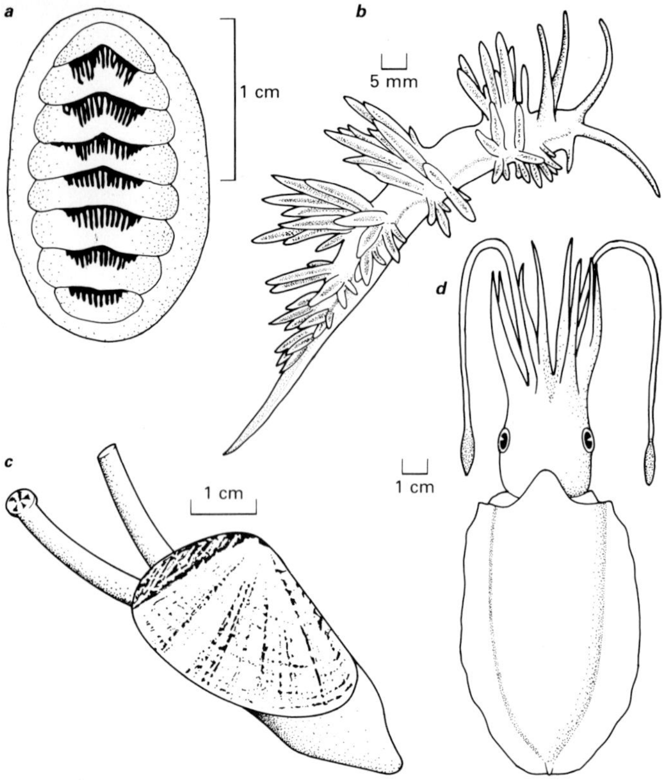

Abb. S-16. Mollusken. (a) Käferschnecke: *Amphineura;* (b) Gastropode: Nacktschnecke; (c) Muschel; (d) Cephalopode: *Sepia* (Tintenfisch).

Stamm Ctenophora *(Rippenquallen) (80 Arten) (Abb. S-13c)*

Auch die Ctenophoren haben einen Gastralraum und eine mächtig ausgebildete Mesogloea. Ihr besonderes Kennzeichen sind 8 meridian verlaufende Ruderplättchen aus Wimpern. Statt mit Nesselzellen fangen sie ihre Nahrung mit Klebzellen (Colloblasten). Beispiele sind *Pleurobrachia* und *Beroë*, die man häufig im Plankton findet.

Stamm Plathelminthes *(Plattwürmer) (20 000 Arten) (Abb. S-14)*

Plattwürmer sind bilateralsymmetrisch und häufig dorsoventral abgeflacht. Sie haben keine Leibeshöhle, ihr Körper ist vielmehr von einem bindegewebigen Mesenchym erfüllt. Ein Darm ohne After ist vorhanden, ein Blutgefäßsystem jedoch fehlt.

Freilebend im Süß- und Meerwasser, aber auch terrestrisch sind die Turbellarien (Strudelwürmer), zu denen die Bachplanarien gehören.

Die Trematoden (Saugwürmer) leben ekto- und entoparasitisch. Beispiele sind der Große und der Kleine Leberegel, *Fasciola hepatica* und *Dicrocoelium dentriticum.*

Die dritte Klasse, die Cestoden (Bandwürmer), sind zumeist Darmparasiten in Wirbeltieren.

Stamm Mesozoa *(50 Arten)*

Diese kleinen Parasiten mariner Wirbelloser bestehen aus einer Lage meist bewimperter Zellen, die eine oder mehrere, der Fortpflanzung dienende Axialzellen umschließen. Sie werden meist als degenerierte Plattwürmer gedeutet.

Stamm Nemertini *(Schnurwürmer) (900 Arten) (Abb. S-15a)*

Ähnlich den Plattwürmern fehlt auch ihnen ein Coelom, doch haben sie einen Darm mit Mund und After sowie ein Blutgefäßsystem. Ihre Eigentümlichkeit aber kommt in einem vor allem zu Beutefang und Verteidigung verwendeten Rüsselapparat zum Ausdruck. Die meisten sind Meeresbewohner, wie z. B. *Lineus* und *Tubulanus*, einige leben im Süßwasser und andere, wie *Geonemertes*, terrestrisch. *Lineus longissimus* wird bis zu 30 m lang, ist aber nicht dicker als 9 mm.

Stamm Rotatoria *(Rädertiere) (1500 Arten) (Abb. S-15b)*

Die Rädertiere leben ausschließlich aquatisch, die meisten im Süßwasser, wenige nur marin. Sie sind kleiner als 2 mm. Ihren Namen verdanken sie einem der Nahrungsaufnahme und Fortbewegung dienenden Wimpernkranz (Räderorgan). Ihre Körperhöhle wird als Pseudocoel bezeichnet.

Stamm Gastrotricha *(150 Arten)*

Die etwa 1 mm großen Gastrotrichen sind nur auf der abgeflachten Bauchseite sowie am Kopf bewimpert. Ihre Cuticula trägt Schuppen oder Stacheln. Als Festheftungsorgane dienen die für sie typischen Haftröhrchen. Ihre Körperhöhle wird als Pseudocoel bezeichnet. Als litorale Bodentiere leben sie im Meer, andere im Süßwasser.

Stamm Kinorhyncha *(100 Arten)*

Auch diese unter 1 mm Länge bleibenden marinen Schlammbewohner werden als Pseudocoelomaten betrachtet. Ihr Körper ist in 13 bis 14 Zonite gegliedert; Wimpern fehlen.

Stamm Priapulida *(10 Arten)*

Auch sie sind marine Schlammbewohner mit einem Pseudocoel. Ihre Cuticula ist geringelt und mit Papillen besetzt, das Vorderende des Körpers ist zu einem einziehbaren Rüssel umgebildet.

Stamm Nematomorpha *(Saitenwürmer) (250 Arten) (Abb. S-15c)*

Die runden, saitenartig dünnen Pseudocoelomaten leben als Juvenile parasitisch in der Leibeshöhle von Arthropoden, als Adulte frei im Süßwasser sowie terrestrisch; eine Gattung ist marin. Ihr Darm ist rückgebildet, die Nahrungsaufnahme erfolgt wahrscheinlich über die Körperoberfläche.

Stamm Nematoda *(Fadenwürmer) (15 000 Arten)*

Nematoden sind langgestreckte, unsegmentierte, drehrunde Pseudocoelomaten. Ihr Körper ist in eine dicke, jedoch elastische Cuticula aus polyphenolgegerbten Proteinen gehüllt, die von der darunterliegenden Epidermis ausgeschieden wird. Mit der ausschließlich vorhandenen, mächtig entwickelten Längsmuskulatur bildet die Epidermis als funktionelle

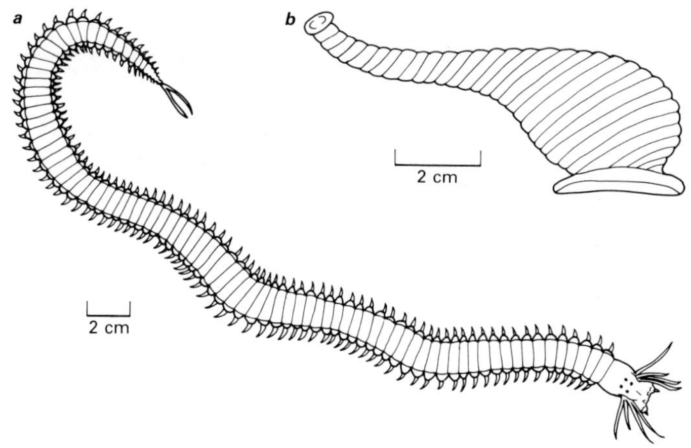

Abb. S-17. Anneliden. (a) Polychaet: Seeringelwurm; (b) Hirudinee: Blutegel.

Einheit den Hautmuskelschlauch. Nematoden kommen in nahezu allen Lebensräumen vor und spielen als Parasiten bei Pflanze, Tier und Mensch eine bedeutende Rolle. Bekannte Parasiten bei Pflanzen sind die Rüben-und Kartoffelälchen, bei Tieren die Spulwürmer.

Stamm Acanthocephala *(Kratzer) (500 Arten) (Abb. S-15d)*

Hier handelt es sich um langgestreckte, pseudocoelomate Endoparasiten in Wirbeltieren; die Larven leben in Gliederfüßern. Der Darm ist völlig rückgebildet. Besonderes Kennzeichen ist ein mit Widerhaken besetzter, einstülpbarer Rüssel am Vorderkörper.

Stamm Kamptozoa *oder* Entoprocta *(60 Arten) (Abb. S-15e)*

Kamptozoa sind vor allem marine, nur wenige Millimeter große, festsitzende Tiere, die einzeln leben oder Kolonien bilden. Durch ihren polypenartigen Bau ähneln sie sehr den Hydrozoenstöckchen, lassen sich aber durch die heftige Nickbewegung, die sie bei Störungen zeigen, zweifelsfrei erkennen.

Stamm Sipunculida *(325 Arten) (Abb. S-15f)*

Die Sipunculiden haben einen walzenförmigen Körper, der sich vorn zu einem einziehbaren Rüssel verschmälert und ein einheitliches Coelom enthält. Sie sind marine Bodenbewohner.

Stamm Echiurida *(Igelwürmer) (150 Arten)*

Auch sie sind unsegmentierte, marine Bodenwürmer mit einheitlichem Coelom. Der Mund wird von einem russelartigen Kopflappen überragt.

Stamm Pogonophora *(50 Arten)*

Der Körper der Pogonophoren kann eine Länge von 30-40 cm erreichen, überschreitet aber nie einen Durchmesser von 1 mm. Da ein Darmkanal fehlt, muß angenommen werden, daß die Tiere die Nahrung über die Haut aufnehmen.

Stamm Mollusca *(Weichtiere: Schnecken, Muscheln, Tintenfische) (100 000 Arten) (Abb. S-16)*

Die Mollusken bilden den zweitgrößten Stamm des Tierreichs. Ihr weicher, unsegmentierter Körper, bestehend aus Kopf, Mantel, Eingeweidesack und Fuß, wird im allgemeinen von einer Kalkschale umhüllt, die von Drüsenzellen am Mantelrand abgesondert wird. Das Coelom ist auf den Herzbeutel und die Gonadenhöhlen beschränkt. Die Mollusken sind zwar weitgehend marin, aber es gibt auch eine große Zahl von Süßwasser- und terrestrischen Arten. Es lassen sich 5 Klassen unterscheiden.

Die Amphineuren umfassen vor allem die Käferschnecken, deren Schale aus 8 dorsalen Platten besteht und deren Kopf weder Augen noch Fühler trägt. Sie sind hauptsächlich Gezeitenbewohner. Die Gastropoden oder Schnecken sind durch eine einzige spiralige Schale gekennzeichnet. Der Kopf trägt

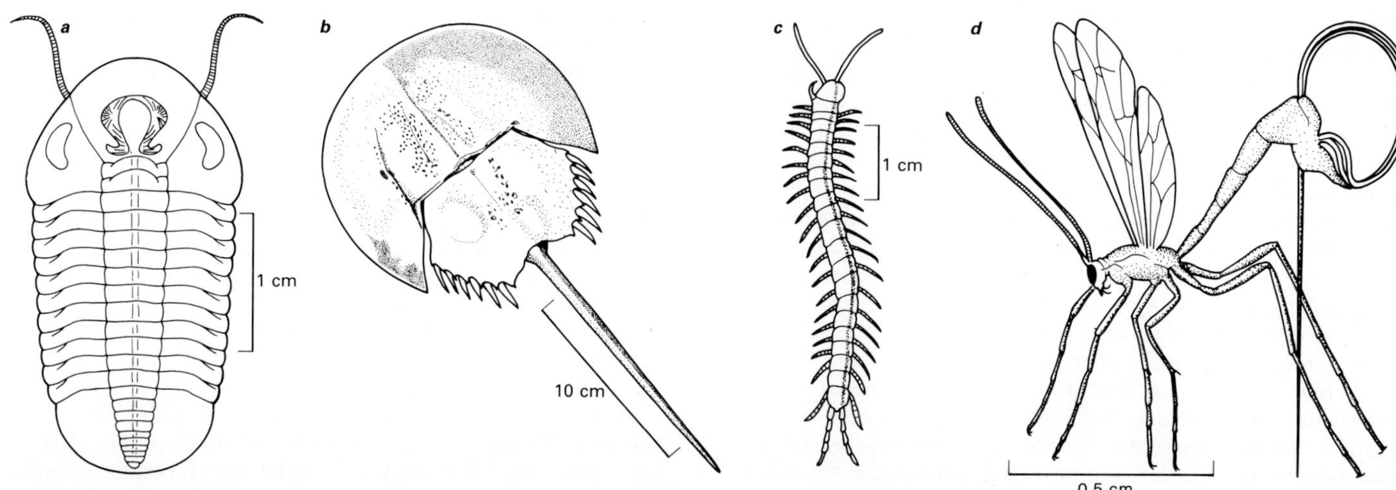

Abb. S-18. Arthropoden. (a) Trilobit; (b) Merostomat: *Limulus* (Schwertschwanz- oder Pfeilschwanzkrebs); (c) Myriapode: Hundertfüßer; (d) Insekt: Hymenoptere (Schlupfwespe).

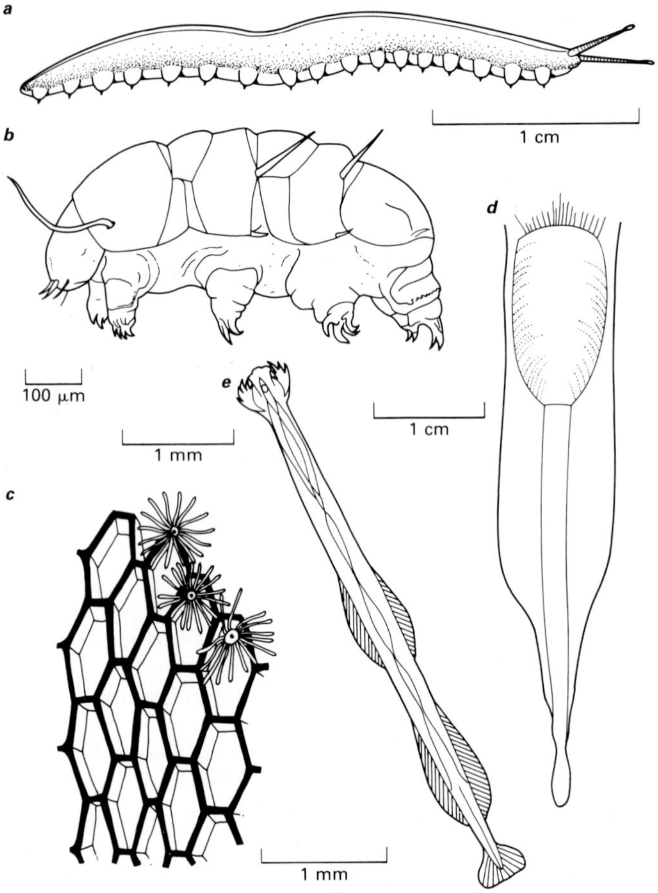

Abb. S-19. (a) Onychophore: *Peripatus;* (b) Tardigrade; (c) Bryozoe; (d) Brachiopode: *Lingula;* (e) Chaetognath: *Sagitta.*

Fühler und Augen. Ihr Fuß bildet zumeist eine Kriechsohle. Die Schale kann reduziert sein oder völlig fehlen, wie vor allem bei den Nacktschnecken des Meeres. Zu den Gastropoden gehören Meeresbewohner (wie z. B. die Napfschnecke *Patella* und die Wattschnecke *Hydrobia*), Landformen (wie z. B. *Cepaea*), Süßwasserschnecken (wie z. B. *Lymnaea*) und terrestrische Nacktschnecken (wie z. B. *Arion*). Die Klasse der rein marinen Scaphopoden (Kahnfüßer) ist durch eine röhrenförmige und an beiden Enden offene Schale gekennzeichnet. Der seitlich zusammengedrückte Körper der Bivalvien (Muscheln) wird von einer zweiklappigen Schale umschlossen. Der Kopf ist rudimentär. Die Nahrung wird mit dem Atemwasser vom Wimperepithel der Kiemen herbeigestrudelt. Muscheln sind meist sedentär und im allgemeinen marin, auch wenn einige im Süßwasser leben. Die größte Muschel, *Tridacna gigas*, die in den tropischen Korallenriffen lebt, kann 135 cm lang und 200 kg schwer werden. Die meisten Angehörigen der Cephalopoden (Tintenfische) sind schnelle Schwimmer (Rückstoß- oder Raketenprinzip) und haben hochentwickelte Augen. Die Tintenfische sind rein marin und haben mit der Gattung *Architeuthis* (Körperlänge 8 m) die größten Formen unter den Wirbellosen hervorgebracht. Zu den zahlreichen fossilen Tintenfischen zählen die Ammoniten und Belemniten. Unter den rezenten Formen ist bei den meisten die Schale reduziert. Bekannte Gattungen sind *Nautilus, Sepia, Loligo* und *Octopus.*

Stamm ANNELIDA *(Ringelwürmer) (9000 Arten) (Abb. S-17)*

Die Anneliden bestehen aus einer Anzahl mehr oder weniger ähnlicher Segmente, die in ihrem Innern je ein Paar Coelomsäcke enthalten. Die größte Klasse bilden die Polychaeten. Ihre Segmente tragen seitlich zweilappige Parapodien mit zahlreichen Borsten. Zu den Polychaeten gehört der Wattwurm *Arenicola marina* ebenso wie die Seeringelwürmer der Gattung *Nereis*. Den Oligochaeten fehlen die Parapodien, und die Borsten sind nur in geringer Zahl vorhanden. Sie leben terrestrisch oder im Süßwasser, wenige auch marin. Die Hirudineen (Egel) sind ohne Borsten und haben einen vorderen und einen hinteren Saugnapf. Sie leben im Süßwasser und auf dem Land, wenige nur im Meer. Sie sind Ektoparasiten oder Carnivoren.

Stamm ONYCHOPHORA *(70 Arten) (Abb. S-19a)*

Ihr Bauplan weist ebenso Anneliden- wie auch Arthropodenmerkmale auf. Der wurmförmige, segmentierte Körper trägt 14-43 Paare parapodienähnlicher Laufbeine. Die Leibeshöhle ist ein flüssigkeitserfülltes Mixocoel, das als Hydroskelett fungiert. Die Atmung erfolgt durch Tracheen. Als Feuchtlufttiere sind sie auf die Tropen beschränkt; sie leben räuberisch. Bekannt ist *Peripatus.*

Stamm ARTHROPODA *(Crustacea, Arachnida, Myriapoda, Insecta) (888 000 Arten) (Abb. S-18)*

Die Arthropoden bilden den größten Tierstamm, der mehr Arten umfaßt als die Stämme und Abteilungen aller anderen tierischen Organismen zusammen. Ihr Körper ist segmentiert und in eine aus Chitin und Protein bestehende Cuticula gehüllt. Jedes Segment kann ein Paar gegliederter Extremitäten tragen.

Primäre und sekundäre Leibeshöhle (Coelom) sind zu einem Mixocoel verschmolzen. Arthropoden kommen in allen Lebensräumen vor. Im wesentlichen wird eine rein fossile Klasse, die Trilobiten von 5 weitestgehend rezenten Klassen (den Merostomaten, Arachniden, Crustaceen, Myriapoden und Insekten) unterschieden.

Die Trilobiten sind im Perm ausgestorbene marine Gliederfüßer, deren Körper aus Kopf, Rumpf und Hinterleib besteht. Der Kopf ist dorsal von einem Rückenschild bedeckt und trägt seitlich Komplexaugen sowie ein Antennenpaar. Die Extremitäten der postantennalen Segmente bestehen aus 2 Ästen, einem Schreit- und einem Kiemenbein.

Zu den Merostomaten gehören die fossilen Seeskorpione (Eurypteriden) und die Schwertschwänze (Xiphosuren) mit dem bekannten *Limulus.*

Die Arachniden umfassen unter anderem die Skorpione, Araneen (Webspinnen), Opiliones (Weberknechte) und die Acari (Milben). Ihr Körper besteht aus Prosoma (Vorderkörper) und Opisthosoma (Hinterkörper). Von den 6 Extremitätenpaaren des Prosoma stehen die ersten beiden im Dienst des Nahrungserwerbs, die anderen sind Laufbeine. Die Arach-

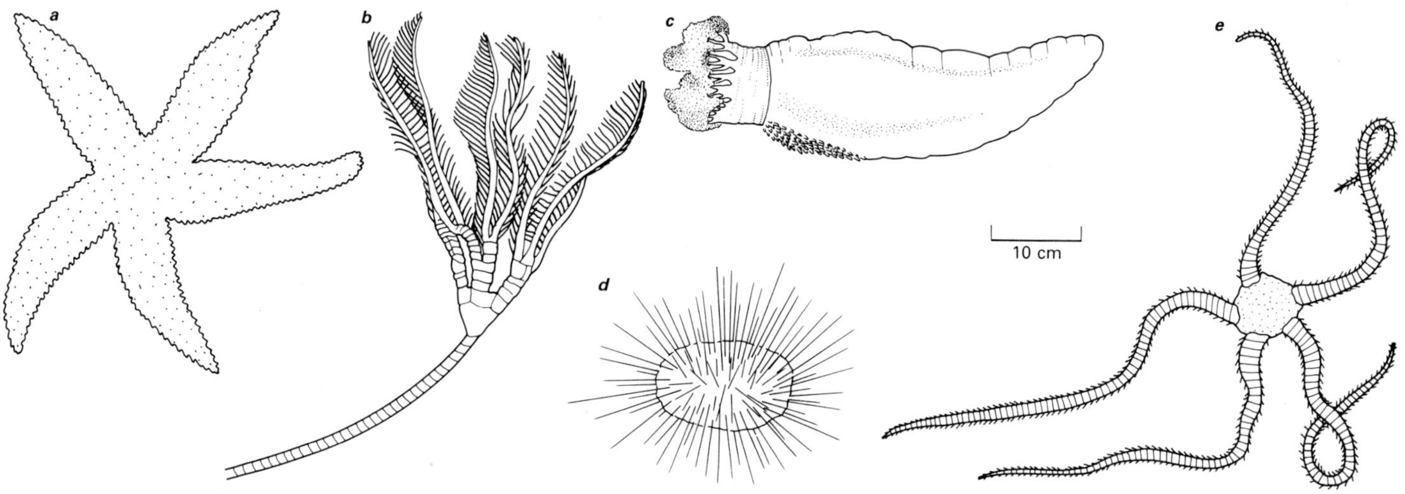

Abb. S-20. Echinodermen. (a) Asteroide: *Asterias* (Seestern); (b) Crinoide (See-Lilie); (c) Holothuroide (Seewalze); (d) Echinoide (Seeigel); (e) Ophiuroide (Schlangenstern).

niden leben terrestrisch und carnivor; nur wenige sind sekundär aquatisch geworden.

Die meisten Crustaceen leben im Wasser und atmen durch Kiemen. Sie haben 2 Paar Antennen und 3 Paar Mundwerkzeuge und sind gewöhnlich in einen Carapax gehüllt. Innerhalb der Crustaceen kann man eine Reihe von Klassen unterscheiden. Zu den mit Blattbeinen versehenen Branchiopoden zählen so unterschiedliche Formen wie das Salzkrebschen *Artemia* und die Wasserflöhe *(Daphnia)*. Den Copepoden fehlt der Carapax, ihre adulten Individuen haben ein einziges, zentrales Auge. Viele ihrer Gattungen, wie z. B. *Calanus*, findet man im marinen Plankton. Zu den nur als Larven frei beweglichen Rankenfüßer gehören die Seepocken und Entenmuscheln. Die Malacostracen bilden die größte Crustaceen-Ordnung, in der unter anderem die Isopoden (z. B. die Kellerasseln), die Amphipoden (z. B. der Bachflohkrebs *Gammarus)*, die Euphausiiden (z. B. der Krill) und die Decapoden (z. B. Hummer, Strandkrabbe) vereinigt sind.

Die Myriapoden umfassen die Hundert- und Tausendfüßer. Ihr Körper besteht aus einer meist großen Zahl gleichartiger, beintragender Segmente. Sie sind Tracheenatmer und leben in feuchten Landbiotopen.

Die mit über 800 000 beschriebenen rezenten Arten bei weitem größte Klasse der Arthropoden – und zudem die beherrschende Gruppe landlebender Wirbelloser überhaupt – sind die Insekten. Einige sind Süßwasserbewohner und nur ganz wenige leben marin. Der Körper besteht aus einem Kopf mit einem Paar Antennen, dem Thorax mit 3 Beinpaaren und einem Hinterleib, der nie Laufbeine trägt. Der Thorax bildet außerdem 2 Paar Flügel aus, die nur den ursprünglichen Apterygoten (wie z. B. dem Silberfischchen) oder solchen Gruppen, die sekundär flügellos geworden sind (wie z. B. Flöhe und Läuse), fehlen. Die Insekten atmen durch Tracheen.

Innerhalb der Pterygoten unterscheidet man je nach Einteilungsprinzip etwa 25 Ordnungen, die sich auf die beiden Entwicklungstypen der Hemi- und Holometabolen verteilen. Hemimetabolen sind Insekten mit unvollkommener Verwandlung (Metamorphose), d. h. ihnen fehlt ein ruhendes Puppenstadium (Libellen, Termiten, Heuschrecken, Schnabelkerfe, Wanzen); Holometabolen hingegen sind Insekten mit vollkommener Verwandlung, also mit ruhendem Puppenstadium (Käfer, Hautflügler, Zweiflügler, Schmetterlinge).

Libellen haben einen großen Kopf und große Augen sowie

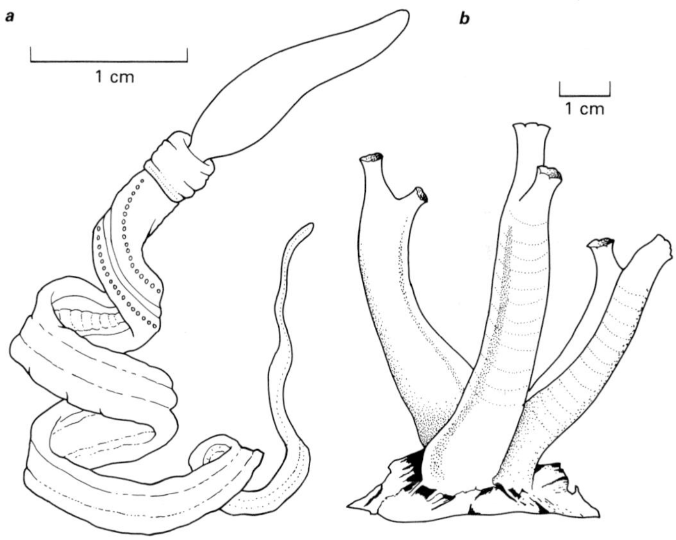

Abb. S-21. (a) Hemichordat; (b) Urchordat: Seescheide.

kauende Mundwerkzeuge. Termiten sind staatenbildend. Bei den Heuschrecken unterscheidet man Laubheuschrecken mit langen Fühlern von Feldheuschrecken mit kurzen Fühlern. Die Mundwerkzeuge der Schnabelkerfe bilden einen Stechrüssel. Auch die Wanzen haben einen Stechrüssel, der bauchseitig zurückgeschlagen werden kann.

Die Vorderflügel der Käfer sind zu festen Elytren umgebildet, die Hinterflügel häutig und faltbar. Hautflügler haben kauende bis leckend-saugende Mundwerkzeuge, häutige Flügel und sind zumeist staatenbildend. Der bekannteste Hautflügler ist die Honigbiene. Die Zweiflügler verdanken ihren Namen der Tatsache, daß ihre Hinterflügel zu sogenannten Schwingkölbchen umgebildet worden sind und nur die Vorderflügel als eigentliche Flügel bestehen blieben. Die Schmetterlinge saugen Pflanzensäfte und haben folglich einen Saugrüssel, ihre Larven leben von festem Pflanzenmaterial, das sie mit kauenden Mundwerkzeugen zerkleinern.

Stamm Tardigrada *(Bärtierchen) (400 Arten) (Abb. S-19b)*

Kleine, weniger als 1 mm messende Tiere, die marin, im Süßwasser oder terrestrisch in meist vergänglichen Wasseransammlungen leben, deren Austrocknen sie in Trockenstarre, als sogenannte Tönnchen überstehen.

Stamm PENTASTOMIDA *(Zungenwürmer) (70 Arten)*

Die Pentastomiden sind zungenförmige Parasiten, die in den Atemwegen von Landwirbeltieren leben. Ihre Epidermis sondert eine Chitincuticula ab. Die Extremitäten sind offenbar bis auf die Krallen reduziert.

Stamm BRYOZOA *(Moostierchen) (4500 Arten) (Abb. S-19c)*

Moostierchen bilden durch Knospung fast ausnahmslos sessile Kolonien. Die Einzeltiere erinnern in ihrem Bau an einen Hydroidpolypen. Der Vorderkörper, der um den Mund eine Tentakelkrone trägt, kann in den Hinterkörper, der im Prinzip nichts anderes ist als ein von einem gelatinösen, hornartigen oder kalkigen Skelett geschütztes Kästchen, zurückgezogen werden. Marin leben z. B. *Membranipora* und *Flustra*, im Süßwasser z. B. *Plumatella.*

Stamm BRACHIOPODA *(Armfüßer) (300 Arten) (Abb. S-19d)*

Brachiopoden sind bodenlebende marine Tiere, deren Körper und Tentakelapparat vollständig in eine zweiklappige kalkhaltige Schale eingeschlossen ist. Der Tentakelapparat dient sowohl dem Nahrungserwerb wie der Atmung. Die meisten bekannten Arten (30 000) sind fossil, sie haben die Meere des Paläozoikums besiedelt.

Stamm PHORONIDA *(Hufeisenwürmer) (18 Arten)*

Diese marinen Bodenbewohner leben in einer Chitinröhre. Ihren Namen verdanken sie der Form ihrer Tentakelkrone.

Stamm CHAETOGNATHA *(Pfeilwürmer) (50 Arten) (Abb. S-19e)*

Die Chaetognathen sind marine Räuber, die als langgestreckte durchsichtige Planktontiere schwimmend und schwebend angetroffen werden.

Stamm ECHINODERMATA *(Stachelhäuter) (Abb. S-20)*

Die Echinodermen sind ausschließlich marine Bodenbewohner. Der Körper der adulten Tiere ist durch fünfstrahlige Radiärsymmetrie gekennzeichnet. Die Körperdecke besteht aus einer oft bewimperten Oberhaut und einer bindegewebigen Unterhaut, in der das Kalkskelett, meist in Form miteinander verbundener Platten eingelagert ist. Zum Skelett gehören auch die Stacheln, die auf Gelenkhöckern der Platten sitzen und mit radiären Muskeln bewegt werden können. Aus einem Teil der Leibeshöhle (Coelom) entsteht das typische und als Ambulacralgefäßsystem benannte Wassergefäßsystem, das dem Nahrungserwerb, vor allem aber der Ortsbewegung dient. Man unterscheidet 5 rezente Klassen: Crinoiden (Haarsterne), Holothurien (Seewalzen), Echinoiden (Seeigel), Asteroiden (Seesterne) und Ophiuriden (Schlangensterne). Die bekanntesten Formen sind der Eßbare Seeigel *(Echinus esculentus)* und der Gemeine Seestern *(Asterias rubens).*

Stamm HEMICHORDATA *(90 Arten) (Abb. S-21a)*

Der Körper dieser marinen und im allgemeinen wurmförmigen Tiere ist in 3 Abschnitte gegliedert, denen 3 selbständige Einheiten der Leibeshöhle (Coelom) entsprechen. Der Vorderdarm ist von Kiemenspalten durchbrochen; eine solche Form von Atemorganen gibt es nur noch bei den Chordaten.

Stamm CHORDATA *(Manteltiere, Lanzettfischchen, Wirbeltiere) (48 000 Arten)*

Die Chordaten sind gekennzeichnet durch 1. einen Kiemendarm, d. h. der Vorderdarm ist primär von paarigen Kiemenspalten durchbrochen; 2. einen röhrenförmigen, dorsal gelegenen Nervenstrang; 3. ein inneres Skelett in Form eines zumindest embryonal vorhandenen dorsalen Achsenstabes unmittelbar unter dem Nervenstrang, Notochord oder Chorda dorsalis genannt.

Der Unterstamm Urchordaten (Abb. S-21b) umfaßt die Tunicaten oder Manteltiere. Dies sind tonnenförmige sessile oder freischwimmende Meeresbewohner, die in eine für sie typische Tunica, einen gelatinösen oder lederartigen Mantel aus einer celluloseartigen Verbindung gehüllt sind, deren Chordatenmerkmale aber zum großen Teil nur bei ihren Larven auftreten. Urchordaten sind die festsitzenden Seescheiden, wie *Ciona* und *Botryllus*, und die planktonischen Salpen und Appendicularien, wie z. B. Oikopleura.

Der Unterstamm Cephalochordaten enthält nur wenige Arten, darunter das weithin bekannte Lanzettfischchen *(Branchiostoma).* Es sind kleine, segmentierte, fischähnliche Tiere ohne Schädel, Wirbelsäule und Kiefer, jedoch mit einer den gesamten Körper durchziehenden Chorda, die zeitlebens erhalten bleibt.

Der Unterstamm Vertebraten (Wirbeltiere) vereinigt all jene Tiere, deren embryonal angelegte Chorda während der Ontogenese durch ein gegliedertes knorpeliges und/oder knöchernes Achsenskelett aus Schädel und Wirbelsäule ersetzt wird. Der Schädel gliedert sich in ein dorsales Neurocranium, den Hirn- oder Oberschädel, der das Gehirn und die Sinnesorgane schützt und ein ventrales Viscerocranium, den Gesichtsschädel, der den Kopfdarm umgibt. Die Wirbelsäule besteht aus gelenkig miteinander verbundenen, zum Teil auch verschmolzenen Wirbeln, deren dorsale Bögen das Rückenmark umschließen und deren ventrale Bögen – zumindest zum Teil – als Sockel für die Rippen dienen. Das Blutgefäßsystem ist geschlossen und enthält ein ventral gelegenes Herz mit 2, 3 oder 4 Kammern.

Zu den Wirbeltieren werden heute 3 fossile, sowie 7 rezente Klassen gezählt. Die verwandtschaftlichen Beziehungen der fossilen zu den rezenten Wirbeltieren sind allerdings noch unklar. Im Süßwasser von Silur und Devon lebten die Ostracodermen oder Panzerfische. Die Placodermen, die vielleicht die gemeinsamen Ahnen von Knorpel- und Knochenfischen sind, hatten ihre Blütezeit im Devon. Aus dem oberen Silur und Perm sind die Acanthoden, die Stachelhaie als Bewohner des Meeres wie des Süßwassers bekannt.

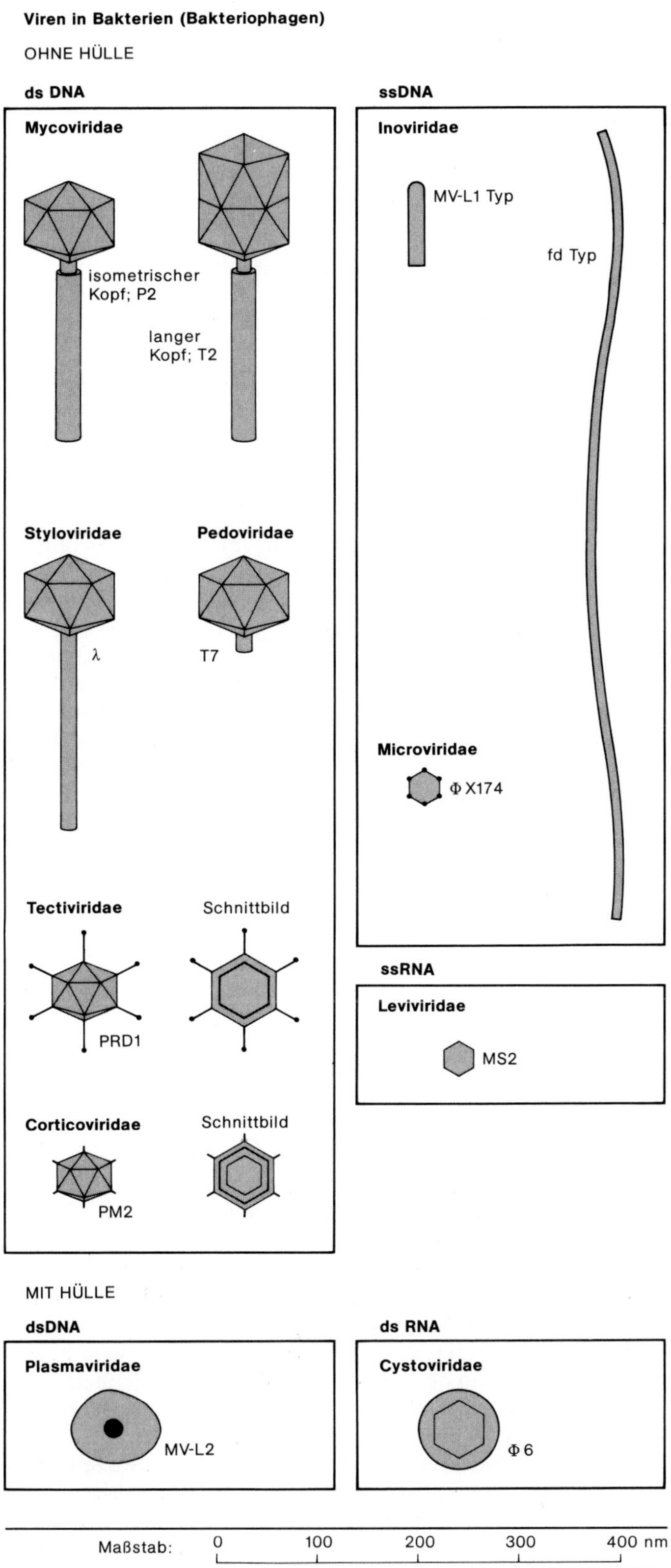

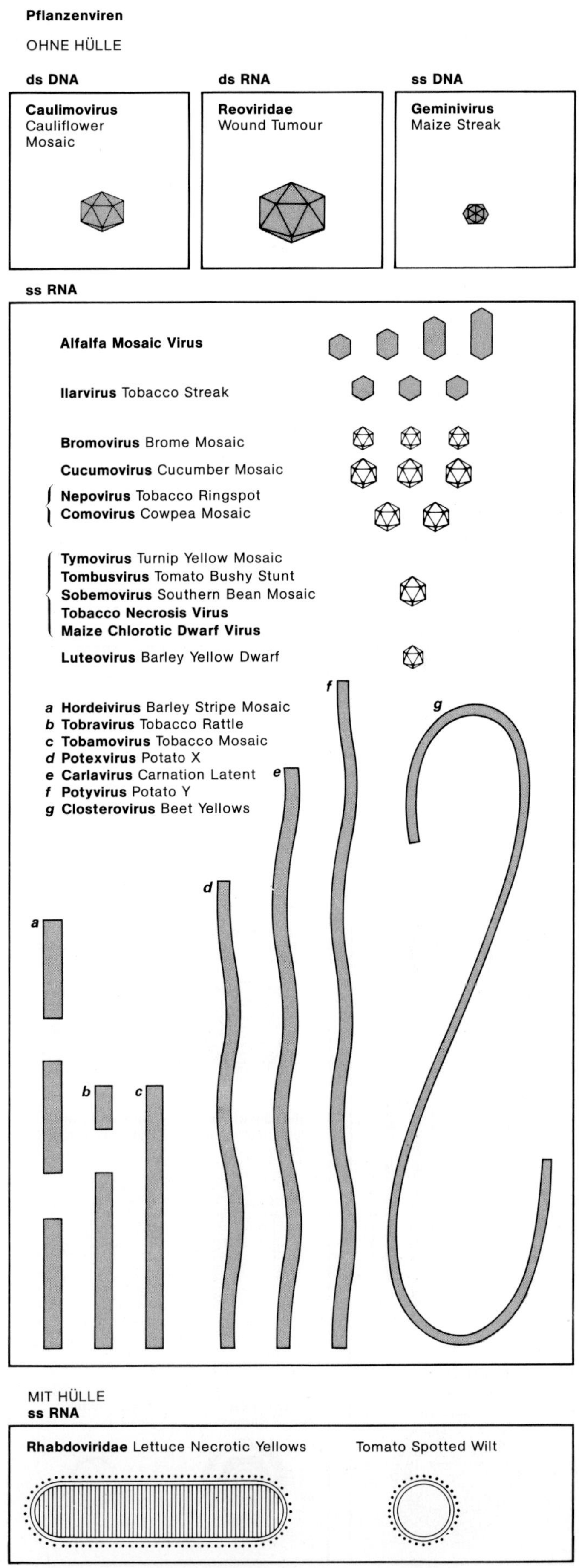

Abb. S-22. Klassifikation der Viren.

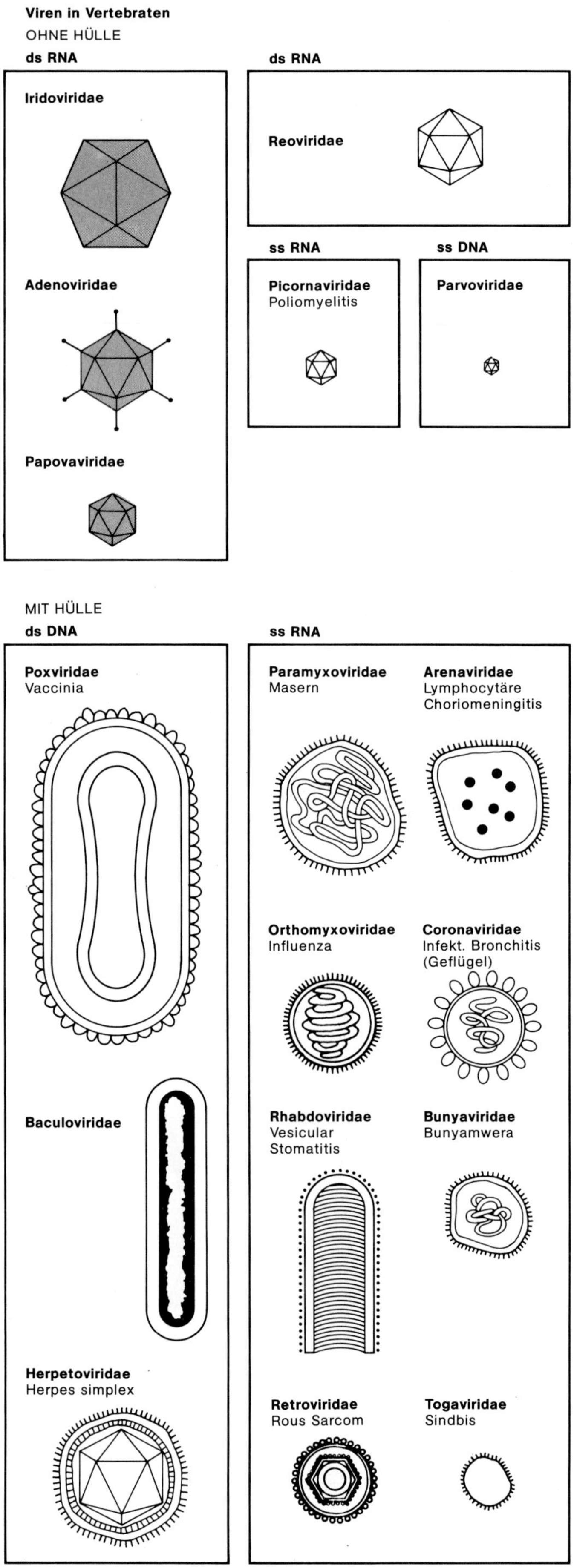

Die erste Klasse der rezenten Wirbeltiere wird von den aalförmigen Cyclostomaten (Rundmäuler) gebildet, die die Schleimfische (Myxinoiden) und die Neunaugen (Petromyzonten) umfassen. Da beide ohne Kiefer sind, werden sie auch als Agnathen den Gnathostomen, den Kiefermündern, gegenübergestellt. Die Gnathostomen umfassen die Klassen der fast rein marinen Chondrichthyes (Knorpelfische) und der im Süß-, Brack- und Meerwasser vorkommenden Osteichthyes (Knochenfische).

Alle anderen Wirbeltiere sind ursprünglich Vierfüßer (Tetrapoden) und Lungenatmer und als solche Landbewohner, die sich im Gegensatz zu den meisten Wirbellosen nicht aus marinen sondern aus Süßwasserformen entwickelt haben. Vermutlich waren die ersten mit Hebelgliedmaßen versehenen Tetrapoden bodenlebende, räuberische Formen, die zeitweilig das Wasser verließen. Aus ihnen entstanden die Amphibien (Lurche), die aber durch ihre leicht austrocknende Haut und die Art ihrer Fortpflanzung und Larvalentwicklung noch an das Wasser gebunden sind. Mit den Reptilien (Kriechtieren), deren Haut mit einer Hornschicht überzogen ist und deren Eier in eine feste Schale und die Embryonen in Keimhüllen eingeschlossen sind, hat sich dann der Übergang zum Landleben endgültig vollzogen. Aus ihnen gingen unabhängig voneinander die Vögel und Säuger hervor. Im Gegensatz zu allen anderen wechselwarmen Wirbeltieren sind sie gleichwarm, indem sie die Temperatur ihres Körpers konstant halten (Vögel 40 °C, Säuger 37 °C) und ihn gegen die Umgebung durch Federn bzw. Haare isolieren.

Viren und Viroide

Viren sind obligate Parasiten von Pflanzen, Tieren und Mikroorganismen; solche, die Bakterien infizieren, werden als Bakteriophagen bezeichnet. Ein Virus stellt einen Partikel aus einem Nucleinsäuremolekül und einer Proteinhülle und manchmal noch einer zusätzlichen Lipoproteinhülle dar, die nur innerhalb von Wirtszellen repliziert werden kann.

Zur Klassifizierung der Viren werden verschiedene Kriterien verwendet, von denen die wichtigsten die folgenden sind:

Struktur der Nucleinsäuren: die Erbsubstanz kann eine einsträngige (ss) oder doppelsträngige (ds) RNA oder DNA sein, deren genaue Basen-Sequenz den Viren-Stamm kennzeichnet.

Organisation und Strategie des Virus-Genoms: Das Genom kann auf ein Viruspartikel (monopartit) beschränkt oder auf 2 und mehr verteilt sein (multipartit). Für die Replikation kann die Anwesenheit eines anderen Virus erforderlich sein.

Virus-Proteine: Individualität, Eigenschaften und Struktur der verschiedenen Virus-Proteine sind wesentliche Merkmale.

Struktur des Virus: Die Viruspartikel können symmetrisch (isometrisch) oder asymmetrisch (anisometrisch) sein. Die besondere Art der Symmetrie, die Anordnung der Untereinheiten in der Proteinhülle und das Vorhandensein oder Fehlen einer äußeren Lipoproteinhülle werden ebenfalls zur Klassifizierung verwendet.

Physikalische und chemische Eigenschaften des Virus: Dichte, Sedimentationskoeffizient, Diffusionskoeffizient, elektrophoretische Mobilität, Absorptionsspektrum im UV-Licht und Widerstandfähigkeit gegenüber verschiedenen Reagentien sind charakteristische Merkmale.

Serologie des Virus: Sie beschreibt die Reaktion eines Virus auf Antikörper, die gegen ihn oder andere Viren entwickelt worden sind.

Virus-Aktivitäten im Wirt: Sie beziehen sich auf die Wirtsspezifität, die hervorgerufenen Symptome und die Ausbreitung innerhalb von Geweben.

Methoden der Virus-Übertragung: Das Virus kann von Wirt zu Wirt durch einen anderen Organismus (Vektor) übertragen werden. Natur und Spezifität der Virus-Vektor-Beziehung sind Klassifizierungsmerkmale.

Zur Klassifizierung der Viren sind verschiedene Systeme vorgeschlagen worden (Abb. S-22).

Einige Viren und virusartige Agentien sind noch nicht einzuordnen. Die wichtigsten unter ihnen sind die sogenannten Viroide, die wesentlich kleiner als echte Viren sind und nur aus einem einzelnen RNA-Strang ohne Proteinhülle bestehen.

Weiterführende Literatur

Ax, P.: *Das Phylogenetische System.* Fischer, Stuttgart 1984.

Esser, K.: *Kryptogamen. Cyanobakterien, Algen, Pilze, Flechten.* 2. Aufl.; Springer, Heidelberg 1985.

Frohne, D. und Jensen, U.: *Systematik des Pflanzenreichs.* 3. Aufl.; Fischer, Stuttgart 1985.

Hennig, W.: *Phylogenetische Systematik.* Parey, Hamburg 1982.

Heywood, V. H. (Hrsg.): *Blütenpflanzen der Welt.* Birkhäuser, Basel 1982.

Nienhaus, F.: *Viren, Mycoplasmen, Rickettsien. Parasiten an der Schwelle des Lebendigen.* Ulmer, Stuttgart 1985.

Remane, A., Storch, V. und Welsch, U.: *Systematische Zoologie.* 2. Aufl.; Fischer, Stuttgart 1980.

Rohwedder, O. und Endress, P. K.: *Samenpflanzen.* Thieme, Stuttgart 1983.

Siewing, R. (Hrsg.): *Lehrbuch der Zoologie. Bd. 2. Systematik.* Fischer, Stuttgart 1985.

Steitz, E., Stengel, G.: *Die Stämme und Klassen des Tierreichs. Eine Übersicht.* Verlag Chemie, Weinheim 1984.

Weberling, F. und Schwantes, H. O.: *Pflanzensystematik.* 4. Aufl.; Ulmer, Stuttgart 1981.

Dank

Wir möchten uns für die vielfältigen Hilfen bei der Ausstattung dieses Buchs bedanken. Insbesondere gilt unser Dank der Botany School, University of Cambridge; dem Department of Earth Sciences, University of Cambridge; der internationalen Wal-Kommission, Rothamsted Experimental Station; und dem Sedgwick Museum, University of Cambridge, für die Bereitstellung von Fossilien für photographische Aufnahmen. Ferner danken wir folgenden Personen für die Überlassung von Bildern:
Titelbild zur Einführung copyright © L.M. McGowan; Titelbild zum Ersten Teil copyright © Brad Amos; 1-1 (a) A. Glauert; 1-1 (b) P.A. Wooding; 1-3 A. Glauert; 1-4 (b) E.A. Munn; 1-4 (c) P.A. Wooding; 1-6 T.N. Wreghitt; 1-14 (a) P.A. Wooding; 1-14 (b) N.J. Lane; 1-17 (b,d,e) P.A. Wooding; 1-17 (c) J.N. Skepper; 2-1 (a,b) F.E. Round; 2-1 (d) copyright © Brad Amos; 2-5 P.A. Wooding; 2-11, 2-13, 2-14 H.J. Hudson; 2-24 (a) copyright © Brad Amos; 2-24 (b), 2-30 copyright © John Mason; 4-4 (a,b) copyright © Tim Clutton-Brock; 4-4 (c) J. Warren; 4-5 (a) copyright © Tim Clutton-Brock; 4-5 (b) copyright © Prince and Pearson; 4-6, 4-7 copyright © Tim Clutton-Brock; 5-3 (a) copyright © Pat Morris; 5-3 (b) copyright © John Mason; 5-3 (c), 5-4 (a) copyright © J.M. Lock; 5-4 (b) copyright © L.M. McGowan; 5-5 copyright © John Mason; 5-8, 5-9 H.J. Hudson; Titelbild zum Zweiten Teil copyright © L.M. Mc-Gowan; 6-6 copyright © John Mason; 6-7 D. Allan; 6-9 (a) R. Price; 6-9 (b) C. Gilbert; 6-10 (a,b,c,d) copyright © John Mason; 6-10 (e) M. Burchett; 9-10 (f) D. Allan; 6-11 (a) H.J. Birks; 6-11 (b) D. Allan; 6-12 copyright © Pat Morris; 7-1 copyright © Gordon Langsbury; 7-2 R.S.K. Barnes; 7-3 copyright © Pat Morris; 7-5 (a) copyright © Pat Morris; 7-5 (b) copyright © John Mason; 7-6 (a,b) courtesy ® J.M. Lock; 7-6 (c) P.F. Yeo; 7-8 R.S.K. Barnes; 7-10 Oleg Polunin; 7-11 (a) copyright © J.M. Lock; 7-11 (b) D. Allan; 7-12 Oleg Polunin; 7-13 (a,d) copyright © Pat Morris; 7-13 (b,c), 7-14 M. Burchett; 7-16 copyright © Pat Morris; 7-17 R.S.K. Barnes; 7-18 (a) copyright © Pat Morris; 7-18 (b,c,d,) copyright © John Mason; 7-19, 8-2 copyright © Prince and Pearson; 8-3 D. Watton; 8-4, 8-5 copyright © Prince and Pearson; 8-8 copyright © Bryan Sage; 8-9 copyright © G. Halliday; 8-10 copyright © Bryan Sage; 8-11 (a) copyright © G. Halliday; 8-11 (b,c,d,e,f) copyright © Bryan Sage; 8-13, 8-14 H.J. Birks; 8-15, 8-17 (a,c) copyright © Pat Morris; 8-17 (b) copyright © John Mason; 8-17 (d) copyright © Tony Morrison; 8-18, 8-19 (a) copyright © John Mason; 8-19 (b) copyright © Marion Morrison; 8-20, 8-21 copyright © Tony Morrison; 8-22 (a) copyright © John Mason; 8.22 (b) copyright © Pat Morris; 8.22 (c) copyright © Marion Morrison; 8-24 copyright © John Mason; 8-28 copyright © Bryan Sage; 8-29 H.J. Birks; 8-30 H.J. Birks; 8-31 (a) copyright © Pat Morris, 8-31 (b,c,d) copyright © John Mason; 8-33 P.F. Yeo; 8-34 (a,b) H.J. Birks; 8-34 (c) Oleg Polunin; 8-35 (a,b,d) I. Spellerberg; 8-35 (c) copyright © Pat Morris; 8-37 copyright © Tony Morrison; 8-38 (a,c) copyright © L.M. McGowan; 8-38 (b) copyright © John Mason; 8-38 (d) H.J. Birks; 8-39 copyright © Tony Morrison; 8-40 (a) copyright © Pat Morris; 8-40 (b) copyright © Bryan Sage; 8-40 (c,d) I. Spellerberg; 8-41 (a,c) copyright © John Mason; 8-41 (b,d,e,f) copyright © L.M. McGowan; 8-42 (a) copyright © John Mason; 8-42 (b), 8-43, 8-45 (a) copyright © Tony Morrison; 8-45 (b) copyright © Pat Morris; 8-47 (a,b) copyright © J.M. Lock; 8-47 (c,d) copyright © L.M. McGowan; 8-48 copyright © Prince and Pearson; 8-49 copyright © Bryan Sage; 8-50 copyright © L.M. McGowan; 8-51 copyright © Bryan Sage; 8-52, 8-53 copyright © Tony Morrison; 8-54, 8-55 (a) copyright © John Mason; 8-55 (b) copyright © Pat Morris; 8-58 copyright © Tony Morrison; 8-59 (a) copyright © John Mason; 8-59 (b) copyright © J.M. Lock; 8-60 P.F. Yeo; 8-61 copyright © John Mason; 8-62 James P. Blair, © 1983 National Geographic Society; 8-63 copyright © Pat Morris; 8-64, 8-65 copyright © Tony Morrison; 8-66 copyright © Marion Morrison; 8-67 (a) copyright © Pat Morris; 8-67 (b) copyright © Tony Morrison; 8-68 (a,b,c,e,g,h) copyright © John Mason; 8-68 (d) copyright © L.M. McGowan; 8-68 (f) copyright © Tony Morrison; 9-1 copyright © John Mason; 9-2., 9-3 B.A. Whitton; 9-4 copyright © Pat Morris; 9-5 J.C. Chubb; 9-6 (a) I. Spellerberg; 9-6 (b), 9-7 copyright © Pat Morris; 9-9 B.A. Whitton; 9-10 copyright © L.M. McGowan; 9-11, 9-12, 9-13 copyright © Pat Morris; 9-14 copyright © John Mason; 9-15, 9-16 copyright © Tony Morrison; 9-17 (a,b) copyright © John Mason; 9-17 (c) copyright © Gordon Langsbury; 9-17 (d) copyright © Bryan Sage; 9-18 B.A. Whitton; 9-20 Oleg Polunin; 10-2 copyright © John Mason; 10-3 (a) C.A. Gilligan; 10-4 (b), 10-6 (a) J.A. Lucas; 10-6 (b), 10-7, 10-16 copyright © John Mason; Titelbild zum Dritten Teil D. Bursell; 11-1 James Cadbury; 12-3 (a,c,d) D. Bursell; 13-3 (b) A.J. Stuart; 13-2, 13-4 (a,d) Simon Conway Morris; 13-4 (b) D. Bruton; 13-4 (c) H.B. Whittington; 13-6 D. Bursell; 13-7 A.J. Stuart; 13-10 © Pat Morris; 14-1 (a) D. Edwards; 14-1 (b) J. Doran; 14-3 (b) D. Bursell; 14-4, 14-5 (b) D. Edwards; 14-6 D. Bursell; 14-12 E.M. Friis; 14-13 copyright © John Mason; 14-15 (a) D. Orchard; 14-15 (b) D. Chivers; 14-15 (c) copyright © Tim Clutton-Brock; 15-4 H.J. Birks; S-3 J. Whatley.

Sachregister

Register der Gattungs- und Artnamen

A. Wissenschaftlicher Name – Trivialname

N

O

P

Register der Gattungs- und Artnamen

B. Trivialname – Wissenschaftlicher Name

Name

Straße

Postleitzahl/Ort

Beruf

Bemerkungen
(z. B. über sonstige Interessensgebiete)

Ihre Daten werden maschinell gespeichert

Bitte mit Postkarten-porto frankieren

Antwort

VCH Verlagsgesellschaft
Abteilung Produktinformation
Postfach 1260/1280

D-6940 Weinheim
Federal Republic of Germany

Name

Straße

Postleitzahl/Ort

Beruf

Bemerkungen
(z. B. über sonstige Interessensgebiete)

Ihre Daten werden maschinell gespeichert

Bitte mit Postkarten-porto frankieren

Antwort

VCH Verlagsgesellschaft
Abteilung Produktinformation
Postfach 1260/1280

D-6940 Weinheim
Federal Republic of Germany